深圳证券交易所
SHENZHEN
STOCK EXCHANGE

深圳证券交易所
创业企业培训中心
GROWTH ENTERPRISES TRAINING CENTRE

深市上市公司自律监管规则汇编

（2023）

深圳证券交易所法律事务部
深圳证券交易所上市公司管理一部
深圳证券交易所上市公司管理二部
深圳证券交易所创业板公司管理部
深圳证券交易所创业企业培训中心
编

中国财经出版传媒集团
中国财政经济出版社
·北 京·

图书在版编目（CIP）数据

深市上市公司自律监管规则汇编.2023 / 深圳证券交易所法律事务部等编.--北京：中国财政经济出版社，2023.12

ISBN 978-7-5223-2580-4

Ⅰ.①深… Ⅱ.①深… Ⅲ.①上市公司-公司法-汇编-深圳-2023 Ⅳ.①D922.291.919

中国国家版本馆 CIP 数据核字（2023）第 224579 号

责任编辑：贾延平　张　莹　　　　责任校对：胡永立
封面设计：陈宇琰　　　　　　　　责任印制：党　辉

深市上市公司自律监管规则汇编（2023）
SHENSHI SHANGSHI GONGSI ZILYU JIANGUAN GUIZE HUIBIAN（2023）

中国财政经济出版社 出版
URL：http：//www.cfeph.cn
E-mail：cfeph@cfeph.cn

社址：北京市海淀区阜成路甲 28 号　邮政编码：100142
营销中心电话：010-88191522　编辑部电话：010-88190957
天猫网店：中国财政经济出版社旗舰店
网址：https：//zgczjjcbs.tmall.com
北京时捷印刷有限公司印刷　各地新华书店经销
成品尺寸：185mm×260mm　16 开　53.75 印张　1 226 000 字
2023 年 12 月第 1 版　2023 年 12 月北京第 1 次印刷
定价：158.00 元
ISBN 978-7-5223-2580-4
（图书出现印装问题，本社负责调换，电话：010-88190548）
本社质量投诉电话：010-88190744
打击盗版举报热线：010-88191661　QQ：2242791300

编印说明

全面深化资本市场改革离不开法治护航。深圳证券交易所（以下简称深交所）历来高度重视业务规则建设，始终坚持在法治轨道上推进改革，致力于构建科学完备、透明高效、简明易行的业务规则体系。2022年，在中国证券监督管理委员会（以下简称中国证监会）统一部署下，深交所加快完善以股票上市规则为核心、自律监管指引为主干、自律监管指南为辅助的三层上市公司自律监管规则体系。2023年2月，全面实行股票发行注册制配套规则发布实施，标志着注册制制度安排基本定型。2023年8月，为深入贯彻落实《国务院办公厅关于上市公司独立董事制度改革的意见》和中国证监会《上市公司独立董事管理办法》的有关要求，推动形成更加科学的独立董事制度体系，促进独立董事发挥应有作用，深交所对相关规则进行了系统修订。

为帮助上市公司理解规则、遵守规则、用好规则，深交所对上市公司自律监管规则进行了汇编，涵盖股票上市规则、自律监管指引、自律监管指南，以及交易、减持、网络服务、自律监管措施和纪律处分、退市、优先股、互联互通存托凭证、红筹企业、创新企业、深港通等相关领域规则，共计60件。汇编收录规则更新至2023年11月8日，敬请广大读者朋友注意。

深圳证券交易所

2023年11月

目　录

1. 股票上市规则

2. 自律监管指引

1. 股票上市规则

关于发布《深圳证券交易所股票上市规则（2023年8月修订）》的通知

（2023年8月4日　深证上〔2023〕701号）

各市场参与人：

为了落实《国务院办公厅关于上市公司独立董事制度改革的意见》和中国证监会《上市公司独立董事管理办法》的有关要求，推动形成更加科学的独立董事制度体系，促进独立董事发挥应有作用，本所对《深圳证券交易所股票上市规则》进行了修订。经中国证监会批准，现予以发布。

本规则自2023年9月4日起施行。本所2022年1月7日发布的《深圳证券交易所股票上市规则（2022年修订）》（深证上〔2022〕12号）和2023年2月17日发布的《深圳证券交易所股票上市规则（2023年修订）》（深证上〔2023〕92号）同时废止。本所此前发布的其他业务规则中有关独立董事的规定与本规则不一致的，以本规则为准。

自本规则施行之日起的一年为过渡期。过渡期内，上市公司董事会及其专门委员会的设置、独立董事专门会议机制等事项与本规则不一致的，应当逐步调整至符合本规则的规定。

深圳证券交易所

2023年8月4日

1.1

深圳证券交易所股票上市规则
（2023 年 8 月修订）

（2023 年 8 月 4 日　深证上〔2023〕701 号）

（1998 年 1 月实施；2000 年 5 月第一次修订；2001 年 6 月第二次修订；2002 年 2 月第三次修订；2004 年 12 月第四次修订；2006 年 5 月第五次修订；2008 年 9 月第六次修订；2012 年 7 月第七次修订；2014 年 10 月第八次修订；2018 年 4 月第九次修订；2018 年 11 月第十次修订；2020 年 12 月第十一次修订；2022 年 1 月第十二次修订；2023 年 2 月第十三次修订；2023 年 8 月第十四次修订）

目　录

第一章　总　　则

1.1　为了规范股票、存托凭证、可转换为股票的公司债券（以下简称可转换公司债券）及其他衍生品种（以下统称股票及其衍生品种）上市行为，以及发行人、上市公司及其他信息披露义务人的信息披露行为，维护证券市场秩序，保护投资者的合法权益，推动提高上市公司质量，促进资本市场健康发展，根据《中华人民共和国公司法》（以下简称《公司法》）、《中华人民共和国证券法》（以下简称《证券法》）、《证券交易所管理办法》等法律、行政法规、部门规章、规范性文件（以下统称法律法规）及《深圳证券交易所章程》，制定本规则。

1.2　在深圳证券交易所（以下简称本所）主板上市的股票及其衍生品种的上市、信息披露、停牌、复牌、退市等事宜，适用本规则。本规则未作规定的，适用本所其他有关规定。

中国证券监督管理委员会（以下简称中国证监会）和本所对境内外证券交易所互联互通存托凭证在本所的上市、信息披露、停牌、复牌、退市等事宜另有规定的，适用其规定。

1.3　发行人申请股票及其衍生品种在本所上市的，应当经本所审核同意。发行人首次公开发行股票或者存托凭证在本所上市的，应当在上市前与本所签订上市协议，明确双方的权利、义务和其他事项。

1.4　发行人、上市公司及其董事、监事、高级管理人员、股东或者存托凭证持有人、实际控制人，收购人及其他权益变动主体，重大资产重组、再融资、重大交易、破产事项等有关各方，为前述主体提供服务的中介机构及其相关人员，以及法律法规规定的对上市、信息披露、停牌、复牌、退市等事项承担相关义务的其他主体，应当遵守法律法规、本规则及本所其他规定。

1.5　本所依据法律法规、本规则、本所其他规定和上市协议、声明与承诺，对本规则第1.4条规定的主体进行自律监管。

第二章　信息披露的基本原则及一般规定

第一节　基本原则

2.1.1　上市公司及相关信息披露义务人应当根据法律法规、本规则及本所其他规定，及时、公平地披露信息，并保证所披露的信息真实、准确、完整，简明清晰、通俗易懂，不得有虚假记载、误导性陈述或者重大遗漏。

本规则所称相关信息披露义务人，是指本规则第1.4条规定的除上市公司外的承担信息披露义务的主体。

2.1.2 上市公司董事、监事、高级管理人员应当保证公司及时、公平地披露信息，以及信息披露内容的真实、准确、完整，不存在虚假记载、误导性陈述或者重大遗漏。

公司董事、监事、高级管理人员不能保证公司所披露的信息真实、准确、完整或者对公司所披露的信息存在异议的，应当在公告中作出声明并说明理由，公司应当予以披露。

2.1.3 相关信息披露义务人应当按照有关规定履行信息披露义务，并积极配合上市公司做好信息披露工作，及时告知公司已发生或者拟发生的可能对公司股票及其衍生品种交易价格产生较大影响的事项（以下简称重大事项或者重大信息）。

公司应当协助相关信息披露义务人履行信息披露义务。

2.1.4 上市公司及相关信息披露义务人披露信息，应当以客观事实或者具有事实基础的判断和意见为依据，如实反映客观情况，不得有虚假记载。

2.1.5 上市公司及相关信息披露义务人披露信息，应当客观，使用明确、贴切的语言和文字，不得有误导性陈述。

公司披露预测性信息及其他涉及公司未来经营和财务状况等信息，应当合理、谨慎、客观。

2.1.6 上市公司及相关信息披露义务人披露信息，应当内容完整，充分披露可能对上市公司股票及其衍生品种交易价格有较大影响的信息，揭示可能产生的重大风险，不得选择性披露部分信息，不得有重大遗漏。

信息披露文件材料应当齐备，格式符合规定要求。

2.1.7 上市公司及相关信息披露义务人应当在本规则规定的期限内披露重大信息，不得有意选择披露时点。

2.1.8 上市公司及相关信息披露义务人应当同时向所有投资者公开披露重大信息，确保所有投资者可以平等地获取同一信息，不得提前向任何单位和个人泄露。

2.1.9 上市公司及相关信息披露义务人披露信息，应当使用事实描述性的语言，简洁明了、逻辑清晰、语言浅白、易于理解。

第二节　一般规定

2.2.1 上市公司及相关信息披露义务人应当披露的信息包括定期报告、临时报告等。公司及相关信息披露义务人应当按照法律法规、本规则及本所其他规定编制公告并披露，并按规定报送相关备查文件。公司及相关信息披露义务人不得以定期报告形式代替应当履行的临时公告义务。

前款所述公告和材料应当采用中文文本。同时采用外文文本的，公司及相关信息披露义务人应当保证两种文本的内容一致。两种文本发生歧义时，以中文文本为准。

公司及相关信息披露义务人应当保证所披露的信息与提交的公告内容一致。公司披露的公告内容与提供给本所的材料内容不一致的，应当立即向本所报告并及时更正。

2.2.2　上市公司公告应当由董事会发布并加盖公司或者董事会公章，监事会决议公告可以加盖监事会公章，法律法规或者本所另有规定的除外。

2.2.3　上市公司及相关信息披露义务人的公告应当在本所网站和符合中国证监会规定条件的媒体（以下统称符合条件媒体）上披露。

公司及相关信息披露义务人不得以公告的形式滥用符合条件媒体披露含有宣传、广告、诋毁、恭维等性质的内容。

2.2.4　上市公司及相关信息披露义务人应当在涉及的重大事项触及下列任一时点及时履行信息披露义务：

（一）董事会或者监事会作出决议时；

（二）签署意向书或者协议（无论是否附加条件或者期限）时；

（三）公司（含任一董事、监事或者高级管理人员）知悉重大事项发生时；

（四）发生重大事项的其他情形。

在前款规定的时点之前出现下列情形之一的，公司应当及时披露相关事项的现状、可能影响事件进展的风险因素：

（一）该重大事项难以保密；

（二）该重大事项已经泄露或者出现媒体报道、市场传闻（以下统称传闻）；

（三）公司股票及其衍生品种交易异常波动。

2.2.5　上市公司及相关信息披露义务人筹划重大事项，持续时间较长的，可以按规定分阶段披露进展情况，提示相关风险。

已披露的事项发生变化，可能对公司股票及其衍生品种交易价格产生较大影响的，公司及相关信息披露义务人应当及时披露进展公告。

2.2.6　上市公司及相关信息披露义务人拟披露的信息被依法认定为国家秘密等，及时披露或者履行相关义务可能危害国家安全、损害公司利益或者导致违反法律法规的，可以免于按照本所有关规定披露或者履行相关义务。

公司及相关信息披露义务人拟披露的信息属于商业秘密等，及时披露或者履行相关义务可能引致不正当竞争、损害公司利益或者导致违反法律法规的，可以暂缓或者免于按照本所有关规定披露或者履行相关义务。

公司及相关信息披露义务人暂缓披露临时性商业秘密的期限原则上不超过两个月。

2.2.7　上市公司及相关信息披露义务人依据本规则第2.2.6条规定暂缓披露、免于披露其信息的，应当符合下列条件：

（一）相关信息未泄露；

（二）有关内幕信息知情人已书面承诺保密；

（三）公司股票及其衍生品种交易未发生异常波动。

不符合本规则第2.2.6条和前款要求，或者暂缓披露的期限届满的，公司及相关信息披露义务人应当及时履行信息披露及相关义务。

暂缓、免于披露的原因已经消除的，公司及相关信息披露义务人应当及时披露，并说明已履行的审议程序、已采取的保密措施等情况。

2.2.8　上市公司及相关信息披露义务人通过股东大会、业绩说明会、分析师会议、路演、接受投资者调研等形式，与任何单位和个人进行沟通时，不得透露、泄露尚未披露的重大信息。

公司及相关信息披露义务人确有需要的，可以在非交易时段通过新闻发布会、媒体专访、公司网站、网络自媒体等方式对外发布重大信息，但公司应当于下一交易时段开始前披露相关公告。

公司及相关信息披露义务人向公司股东、实际控制人或者其他第三方报送文件或者传递信息涉及未公开重大信息的，应当及时履行信息披露义务。

2.2.9　上市公司控股子公司发生本规则第六章、第七章规定的重大事项，视同上市公司发生的重大事项，适用本规则前述各章的规定。

上市公司参股公司发生本规则第六章、第七章规定的重大事项，可能对公司股票及其衍生品种交易价格产生较大影响的，应当参照本规则前述各章的规定履行信息披露义务。

法律法规或者本所另有规定的，适用其规定。

2.2.10　上市公司发生的或者与之有关的事项没有达到本规则规定的披露标准，或者本规则没有具体规定，但该事项对公司股票及其衍生品种交易价格可能产生较大影响的，公司应当参照本规则及时披露。

2.2.11　除依规需要披露的信息之外，上市公司及相关信息披露义务人可以自愿披露与投资者作出价值判断和投资决策有关的信息，但不得与依规披露的信息相冲突，不得误导投资者。

公司及相关信息披露义务人自愿披露信息，应当真实、准确、完整，遵守公平原则，保持信息披露的持续性和一致性，不得进行选择性披露。

公司及相关信息披露义务人自愿披露信息，应当审慎、客观，不得利用该等信息不当影响公司股票及其衍生品种交易价格、从事内幕交易或者其他违法违规行为。

第三节　信息披露管理制度

2.3.1　上市公司应当制定并严格执行信息披露事务管理制度。信息披露事务管理制度应当经公司董事会审议通过并披露。

2.3.2　上市公司应当配备信息披露所必需的通讯设备，建立与本所的有效沟通渠道，并保证对外咨询电话的畅通。

2.3.3　上市公司应当制定董事、监事、高级管理人员及其他相关主体对外发布信息的行为规范，明确发布程序、方式和未经公司董事会许可不得对外发布的情形等事项。

公司控股股东、实际控制人应当比照前款要求，规范与上市公司有关的信息发布行为。

2.3.4　上市公司应当建立和执行内幕信息知情人登记管理制度。内幕信息知情人登记管理制度应当经公司董事会审议通过并披露。

公司及相关信息披露义务人和其他知情人在信息披露前，应当将该信息的知情者控制在最小范围内。

内幕信息知情人在内幕信息依法披露前，不得公开或者泄露内幕信息、买卖或者建议他人买卖公司股票及其衍生品种。

2.3.5　上市公司及相关信息披露义务人应当关注关于本公司的传闻以及本公司股票及其衍生品种的交易情况，及时向相关方了解真实情况。

传闻可能对公司股票及其衍生品种的交易情况产生较大影响的，公司及相关信息披露义务人应当向相关方核实情况，及时披露公告予以澄清说明。

2.3.6　上市公司信息披露采用直通披露和非直通披露两种方式。

信息披露原则上采用直通披露方式，本所可以根据公司信息披露质量、规范运作情况等，调整直通披露公司范围。

直通披露的公告范围由本所确定，本所可以根据业务需要进行调整。

2.3.7　本所根据法律法规、本规则及本所其他规定，对上市公司及相关信息披露义务人披露的信息进行形式审查，对其实质内容不承担责任。

第三章　股票及其衍生品种的上市与变动管理

第一节　首次公开发行股票上市

3.1.1　境内企业申请首次公开发行股票并在本所上市，应当符合下列条件：

（一）符合《证券法》、中国证监会规定的发行条件。

（二）发行后股本总额不低于5000万元。

（三）公开发行的股份达到公司股份总数的25%以上；公司股本总额超过4亿元的，公开发行股份的比例为10%以上。

（四）市值及财务指标符合本规则规定的标准。

（五）本所要求的其他条件。

本所可以根据市场情况，经中国证监会批准，对上市条件和具体标准进行调整。

3.1.2　境内企业申请在本所上市，市值及财务指标应当至少符合下列标准中的一项：

（一）最近三年净利润均为正，且最近三年净利润累计不低于1.5亿元，最近一年净利润不低于6000万元，最近三年经营活动产生的现金流量净额累计不低于1亿元或者营业收入累计不低于10亿元；

（二）预计市值不低于50亿元，且最近一年净利润为正，最近一年营业收入不低于6亿元，最近三年经营活动产生的现金流量净额累计不低于1.5亿元；

（三）预计市值不低于80亿元，且最近一年净利润为正，最近一年营业收入不低于8亿元。

本节所称净利润以扣除非经常性损益前后的孰低者为准，净利润、营业收入、经营活动产生的现金流量净额均指经审计的数值。本节所称预计市值，是指股票公开发行后按照总股本乘以发行价格计算出来的发行人股票名义总价值。

3.1.3　符合《国务院办公厅转发证监会关于开展创新企业境内发行股票或存托凭证试点若干意见的通知》（国办发〔2018〕21号）等有关规定的红筹企业，可以申请发行股票或者存托凭证并在本所上市。

红筹企业申请首次公开发行股票或者存托凭证并在本所上市，应当符合下列条件：

（一）符合《证券法》、中国证监会规定的发行条件。

（二）发行股票的，发行后股份总数不低于5000万股；发行存托凭证的，发行后存托凭证总份数不低于5000万份。

（三）发行股票的，公开发行（含已公开发行）的股份达到公司股份总数的25%以上；公司股份总数超过4亿股的，公开发行（含已公开发行）股份的比例为10%以上。发行存托凭证的，公开发行（含已公开发行）的存托凭证对应基础股份达到公司股份总数的25%以上；发行后存托凭证总份数超过4亿份的，公开发行（含已公开发行）的存托凭证对应基础股份达到公司股份总数的10%以上。

（四）市值及财务指标符合本规则规定的标准。

（五）本所要求的其他条件。

本所可以根据市场情况，经中国证监会批准，对上市条件和具体标准进行调整。

3.1.4　已在境外上市的红筹企业，申请发行股票或者存托凭证并在本所上市的，应当至少符合下列标准中的一项：

（一）市值不低于2000亿元；

（二）市值200亿元以上，且拥有自主研发、国际领先技术，科技创新能力较强，在同行业竞争中处于相对优势地位。

3.1.5　未在境外上市的红筹企业，申请发行股票或者存托凭证并在本所上市的，应当至少符合下列标准中的一项：

（一）预计市值不低于200亿元，且最近一年营业收入不低于30亿元；

（二）营业收入快速增长，拥有自主研发、国际领先技术，在同行业竞争中处于相对优势地位，且预计市值不低于100亿元；

（三）营业收入快速增长，拥有自主研发、国际领先技术，在同行业竞争中处于相对优势地位，且预计市值不低于50亿元，最近一年营业收入不低于5亿元。

前款规定的营业收入快速增长，应当符合下列标准之一：

（一）最近一年营业收入不低于5亿元的，最近三年营业收入复合增长率10%以上；

（二）最近一年营业收入低于5亿元的，最近三年营业收入复合增长率20%以上；

（三）受行业周期性波动等因素影响，行业整体处于下行周期的，发行人最近三年营业收入复合增长率高于同行业可比公司同期平均增长水平。

处于研发阶段的红筹企业和对国家创新驱动发展战略有重要意义的红筹企业，不适用“营业收入快速增长”的上述要求。

3.1.6　发行人具有表决权差异安排的，市值及财务指标应当至少符合下列标准中的一项：

（一）预计市值不低于200亿元，且最近一年净利润为正；

（二）预计市值不低于100亿元，且最近一年净利润为正，最近一年营业收入不低于10亿元。

拥有特别表决权的股份（以下简称特别表决权股份）的持有人资格、公司章程关于表决权差异安排的具体规定，应当符合本规则第四章第六节的规定。

3.1.7　发行人首次公开发行股票经中国证监会予以注册并完成公开发行后，向本所提出上市申请的，应当提交下列文件：

（一）上市申请书；

（二）中国证监会予以注册的决定；

（三）首次公开发行结束后，发行人全部股票已经中国证券登记结算有限责任公司深圳分公司（以下简称结算公司）登记的证明文件；

（四）首次公开发行结束后，会计师事务所出具的验资报告；

（五）发行人、控股股东、实际控制人、董事、监事和高级管理人员等根据本规则及本所其他有关规定要求出具的证明、声明及承诺；

（六）首次公开发行后至上市前，按规定新增的财务资料和有关重大事项的说明文件（如适用）；

（七）本所要求的其他文件。

3.1.8　发行人及其董事、监事、高级管理人员应当保证向本所提交的上市申请文件内容真实、准确、完整，不存在虚假记载、误导性陈述或者重大遗漏。

3.1.9　发行人首次公开发行股票前已发行的股份（以下简称首发前股份），自发行人股票上市之日起一年内不得转让。

3.1.10　发行人向本所申请其首次公开发行的股票上市时，其控股股东和实际控制人应当承诺：自发行人股票上市之日起三十六个月内，不转让或者委托他人管理其直接或者间接持有的发行人首发前股份，也不由发行人回购其直接或者间接持有的发行人首发前股份。发行人应当在上市公告书中公告上述承诺。

自发行人股票上市之日起一年后，出现下列情形之一的，经上述承诺主体申请并经本所同意，可以豁免遵守上述承诺：

（一）转让双方存在实际控制关系，或者均受同一控制人所控制，且受让人承诺继续遵守上述承诺；

（二）因上市公司陷入危机或者面临严重财务困难，受让人提出的挽救公司的方案获得该公司股东大会审议通过和有关部门批准，且受让人承诺继续遵守上述承诺；

（三）本所认定的其他情形。

发行人没有或者难以认定控股股东、实际控制人的，按照有关规定承诺所持首发前股份自发行人股票上市之日起三十六个月内不得转让的股东，适用前款第（一）项规定。

3.1.11　本所在收到发行人提交的本规则第3.1.7条所列全部上市申请文件后五个交易日内，作出是否同意其股票上市的决定。出现特殊情况时，本所可以暂缓作出决定。

3.1.12　首次公开发行的股票上市申请获得本所同意后，发行人应当于其股票上市前五个交易日内，在符合条件媒体披露下列文件：

（一）上市公告书；

（二）公司章程；

（三）本所要求的其他文件。

上述文件应当置备于公司住所，供公众查阅。

发行人在提出上市申请期间，未经本所同意，不得擅自披露与上市有关的信息。

3.1.13　发行人应当在披露招股意向书或者招股说明书后，持续关注有关公司的传闻，及时向有关方面了解真实情况。传闻可能对公司股票及其衍生品种交易价格或者投资决策产生较大影响的，应当在上市首日披露风险提示公告，对相关问题进行说明澄清并提示公司存在的主要风险。

第二节　上市公司股票及其衍生品种的发行与上市

3.2.1　上市公司向本所申请办理向不特定对象发行股票、可转换公司债券等证券发行事宜时，应当提交下列文件：

（一）中国证监会予以注册的决定；

（二）发行的预计时间安排；

（三）发行具体实施方案和发行公告；

（四）招股说明书或者其他发行募集文件；

（五）本所要求的其他文件。

3.2.2　上市公司应当按照中国证监会有关规定，编制并及时披露涉及新股、可转换公司债券等证券发行的相关公告。

3.2.3　发行完成后，上市公司可以向本所申请所发行股票、可转换公司债券等证券上市。

3.2.4　上市公司股东认购公司发行的新股，应当遵守法律法规、本规则及本所其他规定中关于股份转让的限制性规定，在规定的期限内不得转让，但同一实际控制人控制的不同主体之间转让公司股份并承继不得转让限制的除外。

股东认购公司发行的新股，就限制股份转让作出承诺的，在承诺的期限内不得转让，但依法依规履行承诺变更程序的除外。

3.2.5　上市公司申请新股、可转换公司债券在本所上市时，仍应当符合股票、可转换公司债券的相关发行条件。

3.2.6　上市公司向本所申请新股上市，应当提交下列文件：

（一）上市申请书；

（二）按照有关规定编制的上市公告书；

（三）发行结束后，会计师事务所出具的验资报告；

（四）结算公司对新增股份已登记托管的书面确认文件；

（五）董事、监事和高级管理人员持股情况变动的报告（如适用）；

（六）本所要求的其他文件。

3.2.7　上市公司向本所申请可转换公司债券上市，应当提交下列文件：

（一）上市申请书；

（二）按照有关规定编制的上市公告书；

（三）发行结束后，会计师事务所出具的验资报告；

（四）结算公司对可转换公司债券已登记托管的书面确认文件；

（五）受托管理协议；

（六）本所要求的其他文件。

3.2.8 上市公司在本所同意其新股、可转换公司债券等证券上市的申请后，应当于其证券上市前五个交易日内，在符合条件媒体披露下列文件：

（一）上市公告书；

（二）股份变动报告书（适用于新股上市）；

（三）本所要求的其他文件和事项。

第三节 股票及其衍生品种解除限售

3.3.1 投资者持有的下列有限售条件的股票及其衍生品种解除限售，适用本节规定：

（一）首发前股份；

（二）上市公司向特定对象发行的股票及其衍生品种；

（三）其他根据法律法规、本规则及本所其他规定存在限售条件的股票及其衍生品种。

3.3.2 投资者出售已解除限售的股票及其衍生品种应当严格遵守所作出的各项承诺，其股份出售不得影响未履行完毕承诺的继续履行。

3.3.3 上市公司及其投资者应当关注限售股票及其衍生品种的限售期限及相关承诺截至申请解除限售前的履行情况。

保荐人或者独立财务顾问应当对本次解除限售事项的合规性进行核查，并对本次解除限售数量、解除限售时间是否符合有关法律法规、本所有关规定和有关承诺，相关信息披露是否真实、准确、完整发表结论性意见。

3.3.4 投资者申请限售股票及其衍生品种解除限售的，应当委托上市公司办理相关手续，并满足下列条件：

（一）限售期已满；

（二）解除限售不影响该投资者履行作出的有关承诺；

（三）申请解除限售的投资者不存在对公司资金占用，公司对该主体不存在违规担保等损害公司利益的行为；

（四）不存在法律法规、本规则及本所其他规定中规定的限制转让情形。

3.3.5 上市公司应当在本所受理股票及其衍生品种解除限售申请后，及时办理完毕有关登记手续，并在限售股票及其衍生品种解除限售前三个交易日内披露提示性公告。公告内容包括解除限售时间、解除限售数量及占总股本的比例、有关投资者所作出的限售承诺及其履行情况、本次解除限售后公司的股本结构等。

3.3.6 本所对股票及其衍生品种的解除限售事宜另有规定的，适用其规定。

第四节 股票及其衍生品种变动管理

3.4.1 上市公司投资者、董事、监事、高级管理人员等所持股票及其衍生品种变动事宜，应当遵守法律法规、本规则、本所其他规定、公司章程等规定。

投资者及董事、监事、高级管理人员等对持有比例、持有期限、变动方式、变动价格等作出承诺的，应当严格履行所作出的承诺。

3.4.2 在一个上市公司中拥有权益的股份达到该公司已发行的有表决权股份的5%以上，或者其后拥有权益的股份变动涉及《证券法》《上市公司收购管理办法》规定的收购或者股份权益变动情形的，该股东、实际控制人及其他信息披露义务人应当按照《证券法》《上市公司收购管理办法》等规定通知上市公司，并履行公告义务。

前述投资者违反《证券法》第六十三条第一款、第二款的规定买入上市公司有表决权的股份的，在买入后的三十六个月内，该超过规定比例部分的股份不得行使表决权，且不得计入出席上市公司股东大会有表决权的股份总数。

公司应当配合投资者履行信息披露义务。公司股东、实际控制人及其他信息披露义务人未履行报告和公告义务的，公司董事会应当自知悉之日起及时报告和公告，并督促相关股东、实际控制人及其他信息披露义务人履行公告义务。

3.4.3 因上市公司股本变动，导致投资者在该上市公司中拥有权益的股份变动涉及《证券法》《上市公司收购管理办法》规定的收购或者股份权益变动情形的，公司应当自完成股本变动的变更登记之日起两个交易日内就因此导致的投资者的权益变动情况作出公告。

3.4.4 持有上市公司5%以上股份的契约型基金、信托计划或者资产管理计划，应当在权益变动文件中披露支配股份表决权的主体，以及该主体与上市公司控股股东、实际控制人、董事、监事、高级管理人员是否存在关联关系。

契约型基金、信托计划或者资产管理计划成为上市公司控股股东、第一大股东或者实际控制人的，除应当履行前款规定义务外，还应当在权益变动文件中穿透披露至最终投资者。

3.4.5 投资者持有一个上市公司已发行的可转换公司债券达到发行总量的20%时，应当在事实发生之日起两个交易日内通知该上市公司并予以公告。

持有上市公司已发行的可转换公司债券20%以上的投资者，其所持上市公司已发行的可转换公司债券比例每增加或者减少10%时，应当在事实发生之日起两个交易日内通知该上市公司并予以公告。

3.4.6 上市公司应当在可转换公司债券转换为股票的数额累计达到可转换公司债券开始转股前公司已发行股份总额的10%时及时披露。

公司应当在每一季度结束后及时披露因可转换公司债券转换为股份所引起的股份变动情况。

3.4.7 上市公司涉及被要约收购，或者被公司董事、监事、高级管理人员、员工或者其所控制或者委托的法人、其他组织收购的，应当按照《证券法》《上市公司收购管理办法》等规定披露公告并履行相关义务。

3.4.8 上市公司股东、实际控制人及其他信息披露义务人未履行收购、权益变动相关的报告和公告义务，拒不履行相关配合义务，或者存在不得收购上市公司的情形的，公司董事会应当拒绝接受该股东、实际控制人或受其支配的股东向董事会提交的提案或者临时议案，并及时报告本所。

3.4.9 上市公司董事、监事和高级管理人员所持本公司股份为下列情形之一的，不得转让：

（一）本公司股票上市交易之日起一年内；

（二）离职后半年内；

（三）承诺一定期限内不转让并在该期限内；

（四）法律法规、本所规定的其他情形。

公司董事、监事和高级管理人员应当在公司股票上市前、任命生效时及新增持有公司股份时，按照本所的有关规定申报并申请锁定其所持的本公司股份。

3.4.10 上市公司董事、监事和高级管理人员在买卖本公司股票的两个交易日内，本所在网站上公开本次变动前持股数量，本次股份变动的日期、数量、价格，以及本次变动后的持股数量等。

3.4.11 上市公司董事、监事、高级管理人员和持有公司5%以上股份的股东违反《证券法》有关规定，将其所持本公司股票或者其他具有股权性质的证券在买入后六个月内卖出，或者在卖出后六个月内又买入的，公司董事会应当收回其所得收益，并及时披露相关人员前述买卖的情况、收益的金额、公司采取的处理措施和公司收回收益的具体情况等。

前款所称董事、监事、高级管理人员和自然人股东持有的股票或者其他具有股权性质的证券，包括其配偶、父母、子女持有的及利用他人账户持有的股票或者其他具有股权性质的证券。

3.4.12 上市公司控股股东、持有5%以上股份的股东及其一致行动人、董事、监事、高级管理人员披露增持股份计划的，应当明确披露增持数量或者金额，设置数量区间或者金额区间的，应当审慎合理确定上限和下限。

3.4.13 上市公司持有5%以上股份的股东及其一致行动人、实际控制人、董事、监事、高级管理人员，以及本所有关规定规范的其他持股主体，转让其持有的本公司股份的，应当遵守法律法规、本规则及本所其他规定关于持有期限、转让时间、转让数量、转让方式、信息披露、转让限制等规定。

公司存在本规则第九章规定的重大违法强制退市情形的，其控股股东、实际控制人、董事、监事、高级管理人员，以及上述主体的一致行动人，应当遵守本规则第9.5.14条关于不得减持公司股份的规定。

3.4.14 发行人的高级管理人员设立的专项资产管理计划，通过集中竞价方式减持参与战略配售获配股份的，应当参照《深圳证券交易所上市公司股东及董事、监事、高级管理人员减持股份实施细则》关于高级管理人员减持股份的规定履行信息披露义务。

3.4.15　上市公司控股子公司不得取得该上市公司发行的股份。确因特殊原因持有股份的，应当在一年内消除该情形，在消除前，上市公司控股子公司不得对其持有的股份行使表决权。

第四章　公司治理

第一节　一般规定

4.1.1　上市公司应当健全治理机制、建立有效的治理结构，建立完善独立董事制度，形成科学有效的职责分工和制衡机制，强化内部和外部监督，保证内部控制制度的完整性、合理性及有效性。

公司应当确保股东大会、董事会、监事会等机构合法运作和科学决策，明确股东、董事、监事和高级管理人员的权利和义务，保障股东充分行使其合法权利，尊重利益相关者的基本权益，保证公司经营管理合法合规、资金资产安全、信息披露真实、准确、完整，切实防范财务造假、资金占用、违规担保等违法违规行为，维护公司及股东的合法权益。

4.1.2　上市公司董事会、监事会和其他内部机构应当独立运作，独立行使决策权、经营管理权，不得与控股股东、实际控制人及其关联人存在机构混同等影响公司独立经营的情形，保证人员、资产、财务分开，保证机构、业务独立。

4.1.3　上市公司与董事、监事、高级管理人员、控股股东、实际控制人及其他关联人发生资金往来、担保等事项应当遵守法律法规、本规则、本所其他规定和公司章程的规定，不得损害上市公司利益。

因上市公司关联人占用或者转移公司资金、资产或者其他资源而给公司造成损失或者可能造成损失的，公司董事会应当及时采取诉讼、财产保全等措施避免或者减少损失，并追究有关人员的责任。

关联人强令、指使或者要求公司违规提供资金或者担保的，公司及其董事、监事、高级管理人员应当拒绝，不得协助、配合或者默许。

4.1.4　上市公司应当积极践行可持续发展理念，主动承担社会责任，维护社会公共利益，重视环境保护。

公司应当按规定编制和披露社会责任报告等文件。出现违背社会责任等重大事项时，公司应当充分评估潜在影响并及时披露，说明原因和解决方案。

4.1.5　上市公司应当重视和加强投资者关系管理工作，为投资者关系管理工作设置必要的信息交流渠道，建立与投资者之间良好的沟通机制和平台，增进投资者对公司的了解。

公司投资者关系管理工作应当遵循公开、公平、公正原则，真实、准确、完整地介绍和反映公司的实际状况，避免在投资者关系活动中出现透露、泄露未公开重大信息、过度宣传误导投资者决策、对公司股票及其衍生品种价格公开作出预期或者承诺等违反信息披露规则或者涉嫌操纵股票及其衍生品种价格的行为。

公司董事会应当负责制定投资者关系管理工作制度，并指定董事会秘书负责组织和协调投资者关系管理工作。监事会应当对投资者关系管理工作制度实施情况进行监督。

第二节　股东大会、董事会和监事会

4.2.1　上市公司股东大会的召集、召开、表决等应当符合法律法规、本所有关规定和公司章程的要求，应当平等对待全体股东，不得以利益输送、利益交换等方式影响股东的表决，操纵表决结果，损害其他股东的合法权益。

4.2.2　股东自行召集股东大会的，应当在发出股东大会通知前书面通知上市公司董事会并将有关文件报送本所。对于股东依法自行召集的股东大会，公司及其董事会秘书应当予以配合，提供必要的支持，并及时履行信息披露义务。

在股东大会决议公告前，召集股东持股比例不得低于公司总股本的10%。召集股东应当在不晚于发出股东大会通知时，承诺自提议召开股东大会之日至股东大会召开日期间不减持其所持该上市公司股份并披露。

4.2.3　上市公司召开股东大会，应当按照法律法规规定的股东大会通知期限，以公告方式向股东发出股东大会通知。

股东大会通知中应当列明会议召开的时间、地点、方式以及会议召集人和股权登记日等事项，并充分、完整地披露所有提案的具体内容。股东大会的提案内容应当符合法律法规、本规则、本所其他规定和公司章程，属于股东大会职权范围，并有明确议题和具体决议事项。

有助于股东对拟讨论的事项作出合理决策所需的资料，应当在不晚于发出股东大会通知时披露。

4.2.4　上市公司股东大会应当设置会场，以现场会议与网络投票相结合的方式召开。现场会议时间、地点的选择应当便于股东参加。股东大会通知发出后，无正当理由，股东大会现场会议召开地点不得变更。确需变更的，召集人应当于现场会议召开日两个交易日前发布通知并说明具体原因。

4.2.5　上市公司董事会、独立董事、持有1%以上有表决权股份的股东或者依照法律法规设立的投资者保护机构公开请求股东委托其代为行使提案权、表决权等的，征集人应当依规披露征集公告和相关征集文件，不得以有偿或者变相有偿方式公开征集股东权利，上市公司应当予以配合。

4.2.6　发出股东大会通知后，无正当理由，上市公司股东大会不得延期或者取消，股东大会通知中列明的提案不得取消。一旦出现股东大会延期或者取消、提案取消的情形，召集人应当在原定会议召开日两个交易日前发布公告，说明延期或者取消的具体原因；延期召开股东大会的，还应当披露延期后的召开日期。

4.2.7　股东大会召开前股东依法依规提出临时提案的，召集人应当在规定时间内发出股东大会补充通知，披露提出临时提案的股东姓名或者名称、持股比例和新增提案的内容。

4.2.8　召集人应当在股东大会结束当日，披露股东大会决议公告。股东大会决议公告应当包括会议召开的时间、地点、方式，召集人、出席会议的股东（代理人）人数、所持（代理）股份及占上市公司有表决权股份总数的比例、每项提案的表决方式、每项提案的表决结果、法律意见书的结论性意见等。

股东大会审议影响中小投资者利益的重大事项时，应当对除上市公司董事、监事、高级管理人员以及单独或者合计持有上市公司5%以上股份的股东以外的其他股东的表决单独计票并披露。

上市公司股东大会应当由律师对会议的召集、召开、出席会议人员的资格、召集人资格、表决程序（股东回避等情况）以及表决结果等事项是否合法、有效发表意见。法律意见书应当与股东大会决议公告同时披露。

本所要求提供股东大会会议记录的，召集人应当按本所要求提供。

4.2.9　上市公司及其股东、董事、监事、高级管理人员等在股东大会上不得透露、泄露未公开重大信息。

4.2.10　上市公司董事会应当按照法律法规、本所有关规定和公司章程履行职责，公平对待所有股东，并维护其他利益相关者的合法权益。

董事会的人数和人员构成应当符合法律法规、本规则、本所其他规定、公司章程等的要求，董事会成员应当具备履行职责所必需的知识、技能和素质，具备良好的职业道德。

4.2.11　上市公司应当依据法律法规、本所有关规定和公司章程召集、召开董事会，并在会议结束后及时将董事会决议报送本所。董事会决议应当经与会董事签字确认。本所要求提供董事会会议记录的，公司应当按本所要求提供。

公司董事会决议涉及须经股东大会审议的事项或者法律法规、本规则所述重大事项的，公司应当披露董事会决议和相关重大事项公告，本所另有规定的除外。

董事会决议公告应当包括会议通知发出的时间和方式、会议召开的时间、地点和方式、委托他人出席和缺席的董事人数和姓名、缺席的理由和受托董事姓名、每项议案的表决结果以及有关董事反对或者弃权的理由等。重大事项公告应当按照中国证监会有关规定、本所有关规定及本所制定的公告格式予以披露。

4.2.12　上市公司应当在董事会中设置审计委员会，并可以设置战略、提名、薪酬与考核等专门委员会，按照公司章程和董事会授权履行职责。

专门委员会成员全部由董事组成，其中审计委员会、提名委员会、薪酬与考核委员会中独立董事应当过半数并担任召集人；审计委员会成员应当为不在上市公司担任高级管理人员的董事，召集人应当为会计专业人士。

审计委员会负责审核公司财务信息及其披露、监督及评估内外部审计工作和内部控制。下列事项应当经审计委员会全体成员过半数同意后，方可提交董事会审议：

（一）披露财务会计报告及定期报告中的财务信息、内部控制评价报告；

（二）聘用、解聘承办上市公司审计业务的会计师事务所；

（三）聘任或者解聘上市公司财务负责人；

（四）因会计准则变更以外的原因作出会计政策、会计估计变更或者重大会计差错更正；

（五）法律法规、本所有关规定及公司章程规定的其他事项。

提名委员会、薪酬与考核委员会应当按照法律法规、本所有关规定、公司章程和董事会的规定履行职责，就相关事项向董事会提出建议。董事会对相关建议未采纳或者未完全采纳的，应当在董事会决议中记载相关意见及未采纳的具体理由，并进行披露。

4.2.13 上市公司监事会应当按照有关法律法规、本所有关规定和公司章程履行监督职责，维护公司及股东合法权益。

监事会的人员和结构应当确保能够独立有效地履行职责。监事应当具有相应的专业知识或者工作经验，具备有效履职能力和良好的职业道德。公司董事、高级管理人员不得兼任监事。

4.2.14 上市公司应当依据法律法规、本所有关规定和公司章程召集、召开监事会，并在会议结束后及时将监事会决议报送本所。监事会决议应当经与会监事签字确认。本所要求提供监事会会议记录的，公司应当按本所要求提供。

公司依据本所有关规定披露监事会决议的，监事会决议公告应当包括会议通知发出的时间和方式、会议召开的时间、地点和方式、委托他人出席和缺席的监事情况、每项议案的表决结果以及有关监事反对或者弃权的理由、审议事项的具体内容和会议形成的决议等。

4.2.15 上市公司股东大会、董事会、监事会不能正常召开、在召开期间出现异常情况或者决议效力存在争议的，应当立即向本所报告、说明原因并披露相关事项、争议各方的主张、公司现状等有助于投资者了解公司实际情况的信息，以及律师出具的专项法律意见书。

出现前款规定情形的，公司董事会应当维护公司正常生产经营秩序，保护公司及全体股东利益，公平对待所有股东。

第三节　董事、监事和高级管理人员

4.3.1 上市公司董事、监事和高级管理人员应当遵守并保证公司遵守法律法规、本所有关规定和公司章程，忠实、勤勉履职，严格履行其作出的各项声明和承诺，切实履行报告和信息披露义务，维护上市公司和全体股东利益，并积极配合本所的日常监管。

独立董事应当在董事会中充分发挥参与决策、监督制衡、专业咨询作用。

4.3.2 上市公司董事由股东大会选举和更换，并可以在任期届满前由股东大会解除其职务。

董事每届任期不得超过三年，任期届满可以连选连任。

4.3.3 候选人存在下列情形之一的，不得被提名担任上市公司董事、监事和高级管理人员：

（一）根据《公司法》等法律法规及其他有关规定不得担任董事、监事、高级管理人员的情形；

（二）被中国证监会采取不得担任上市公司董事、监事、高级管理人员的证券市场禁入措施，期限尚未届满；

（三）被证券交易场所公开认定为不适合担任上市公司董事、监事、高级管理人员，期限尚未届满；

（四）法律法规、本所规定的其他情形。

上述期限计算至公司董事会审议高级管理人员候选人聘任议案的日期，以及股东大会或者职工代表大会审议董事、监事候选人聘任议案的日期。

公司董事、监事和高级管理人员在任职期间出现第一款第（一）项、第（二）项情形或者独立董事出现不符合独立性条件情形的，相关董事、监事和高级管理人员应当立即停止履职并由公司按相应规定解除其职务。公司董事、监事和高级管理人员在任职期间出现第一款第（三）项、第（四）项情形的，公司应当在该事实发生之日起三十日内解除其职务。本所另有规定的除外。

相关董事、监事应当被解除职务但仍未解除，参加董事会及其专门委员会会议、独立董事专门会议、监事会会议并投票的，其投票无效。

4.3.4　上市公司的董事、监事和高级管理人员在公司股票首次公开发行并上市前，新任董事、监事和高级管理人员在获得任命后一个月内，应当按照本所有关规定签署《董事（监事、高级管理人员）声明及承诺书》，并报送本所和公司董事会。声明与承诺事项发生重大变化（持有本公司的股票情况除外）的，董事、监事和高级管理人员应当在五个交易日内更新并报送本所和公司董事会。

上述人员签署《董事（监事、高级管理人员）声明及承诺书》时，应当由律师见证。董事、监事和高级管理人员应当保证声明事项的真实、准确、完整，不存在虚假记载、误导性陈述或者重大遗漏。

董事会秘书应当督促董事、监事和高级管理人员及时签署《董事（监事、高级管理人员）声明及承诺书》，并按本所规定的途径和方式提交。

4.3.5　上市公司董事应当积极作为，对公司负有忠实义务和勤勉义务。

上市公司董事应当履行下列忠实义务和勤勉义务：

（一）公平对待所有股东。

（二）保护公司资产的安全、完整，不得利用职务之便为公司实际控制人、股东、员工、本人或者其他第三方的利益而损害公司利益。

（三）未经股东大会同意，不得为本人及其关系密切的家庭成员谋取属于上市公司的商业机会，不得自营、委托他人经营上市公司同类业务。

（四）保守商业秘密，不得泄露公司尚未披露的重大信息，不得利用内幕信息获取不当利益，离职后应当履行与公司约定的竞业禁止义务。

（五）保证有足够的时间和精力参与上市公司事务，原则上应当亲自出席董事会，因故不能亲自出席董事会的，应当审慎地选择受托人，授权事项和决策意向应当具体明确，不得全权委托。

（六）审慎判断公司董事会审议事项可能产生的风险和收益，对所议事项表达明确意见；在公司董事会投反对票或者弃权票的，应当明确披露投票意向的原因、依据、改进建议或者措施。

（七）认真阅读上市公司的各项经营、财务报告和有关公司的传闻，及时了解并持续关注公司业务经营管理状况和公司已发生或者可能发生的重大事项及其影响，及时向董事会报告公司经营活动中存在的问题，不得以不直接从事经营管理或者不知悉、不熟悉为由推卸责任。

（八）关注公司是否存在被关联人或者潜在关联人占用资金等公司利益被侵占问题，如发现异常情况，及时向董事会报告并采取相应措施。

（九）认真阅读公司财务会计报告，关注财务会计报告是否存在重大编制错误或者遗漏，主要会计数据和财务指标是否发生大幅波动及波动原因的解释是否合理；对财务会计报告有疑问的，应当主动调查或者要求董事会补充提供所需的资料或者信息。

（十）积极推动公司规范运行，督促公司依法依规履行信息披露义务，及时纠正和报告公司的违规行为，支持公司履行社会责任。

（十一）法律法规、本规则及本所其他规定、公司章程要求的其他忠实义务和勤勉义务。

上市公司监事和高级管理人员应当参照前款规定履行职责。

4.3.6　上市公司董事、监事和高级管理人员应当关注公司控股股东及其一致行动人质押股份情况，按规定审慎核查、评估公司控股股东及其一致行动人的高比例质押行为可能对公司控制权和生产经营稳定性、股权结构、公司治理、业绩补偿义务履行等产生的影响。

4.3.7　上市公司最迟应当在发布召开关于选举独立董事的股东大会通知公告时，将所有独立董事候选人的有关材料（包括提名人声明与承诺、候选人声明与承诺、独立董事履历表等）报送本所，并保证报送材料的真实、准确、完整。提名人应当在声明与承诺中承诺，被提名人与其不存在利害关系或者其他可能影响被提名人独立履职的情形。

公司董事会对独立董事候选人的有关情况有异议的，应当同时报送董事会的书面意见。

在召开股东大会选举独立董事时，公司董事会应当对独立董事候选人是否被本所提出异议的情况进行说明。对于本所提出异议的独立董事候选人，上市公司不得提交股东大会选举。

4.3.8　独立董事履行下列职责：

（一）参与董事会决策并对所议事项发表明确意见；

（二）按照《上市公司独立董事管理办法》的有关规定，对上市公司与其控股股东、实际控制人、董事、高级管理人员之间的潜在重大利益冲突事项进行监督，促使董事会决策符合公司整体利益，保护中小股东的合法权益；

（三）对上市公司经营发展提供专业、客观的建议，促进提升董事会决策水平；

（四）法律法规、中国证监会规定、本所相关规定和公司章程规定的其他职责。

独立董事应当独立、公正地履行职责，不受上市公司及其主要股东、实际控制人等单位或者个人的影响。

4.3.9　独立董事行使下列特别职权：

（一）独立聘请中介机构，对上市公司具体事项进行审计、咨询或者核查；

（二）向董事会提请召开临时股东大会；

（三）提议召开董事会会议；

（四）依法公开向股东征集股东权利；

（五）对可能损害上市公司或者中小股东权益的事项发表独立意见；

（六）法律法规、中国证监会和公司章程规定的其他职权。

独立董事行使前款第一项至第三项职权的，应当经全体独立董事过半数同意。

独立董事行使本条第一款所列职权的，上市公司应当及时披露。上述职权不能正常行使的，公司应当披露具体情况和理由。

4.3.10　下列事项应当经上市公司全体独立董事过半数同意后，提交董事会审议：

（一）应当披露的关联交易；

（二）上市公司及相关方变更或者豁免承诺的方案；

（三）被收购上市公司董事会针对收购所作出的决策及采取的措施；

（四）法律法规、本所有关规定及公司章程规定的其他事项。

4.3.11　上市公司应当建立独立董事专门会议制度，定期或者不定期召开全部由独立董事参加的会议，对本规则第4.3.9条第一款第一项至第三项和第4.3.10条规定的相关事项进行审议。

独立董事专门会议可以根据需要研究讨论上市公司其他事项。

独立董事专门会议应当由过半数独立董事共同推举一名独立董事召集和主持；召集人不履职或者不能履职时，两名及以上独立董事可以自行召集并推举一名代表主持。

上市公司应当为独立董事专门会议的召开提供便利和支持。

4.3.12　上市公司监事应当对公司董事、高级管理人员遵守有关法律法规、本规则、本所其他规定和公司章程以及执行公司职务、股东大会决议等行为进行监督。董事、高级管理人员应当如实向监事提供有关情况和资料，不得妨碍监事行使职权。

监事在履行监督职责过程中，对违反前款有关规定或者决议的董事、高级管理人员，可以提出罢免建议。

监事发现公司董事、高级管理人员违反第一款有关规定或者决议，或者存在其他损害公司利益行为的，已经或者可能给公司造成重大损失的，应当及时向董事会、监事会报告，要求相关方予以纠正，并向本所报告。

4.3.13　上市公司董事、监事和高级管理人员辞职应当提交书面辞职报告。高级管理人员的辞职自辞职报告送达董事会时生效。

除下列情形外，董事和监事的辞职自辞职报告送达董事会或者监事会时生效：

（一）董事、监事辞职导致董事会、监事会成员低于法定最低人数；

（二）职工代表监事辞职导致职工代表监事人数少于监事会成员的三分之一；

（三）独立董事辞职导致上市公司董事会或者其专门委员会中独立董事所占比例不符合法律法规或者公司章程规定，或者独立董事中欠缺会计专业人士。

出现前款规定情形的，辞职应当在下任董事或者监事填补因相关董事、监事辞职产生的空缺后方能生效；在辞职生效前，拟辞职董事或者监事仍应当按照有关法律法规、本规则、本所其他规定和公司章程的规定继续履行职责，但存在本规则第4.3.3条规定情形的除外。

第四节　董事会秘书

4.4.1　上市公司应当设立董事会秘书，作为公司与本所之间的指定联络人。

公司应当设立由董事会秘书负责管理的信息披露事务部门。

4.4.2　董事会秘书对上市公司和董事会负责，履行如下职责：

（一）负责公司信息披露事务，协调公司信息披露工作，组织制定公司信息披露事务管理制度，督促上市公司及相关信息披露义务人遵守信息披露有关规定。

（二）负责组织和协调公司投资者关系管理工作，协调公司与证券监管机构、股东及实际控制人、中介机构、媒体等之间的信息沟通。

（三）组织筹备董事会会议和股东大会会议，参加股东大会、董事会、监事会及高级管理人员相关会议，负责董事会会议记录工作并签字。

（四）负责公司信息披露的保密工作，在未公开重大信息泄露时，及时向本所报告并公告。

（五）关注有关公司的传闻并主动求证真实情况，督促董事会等有关主体及时回复本所问询。

（六）组织董事、监事和高级管理人员进行相关法律法规、本规则及本所其他规定要求的培训，协助前述人员了解各自在信息披露中的职责。

（七）督促董事、监事和高级管理人员遵守法律法规、本规则、本所其他规定和公司章程，切实履行其所作出的承诺；在知悉公司、董事、监事和高级管理人员作出或者可能作出违反有关规定的决议时，应当予以提醒并立即如实向本所报告。

（八）负责公司股票及其衍生品种变动的管理事务等。

（九）法律法规、本所要求履行的其他职责。

4.4.3　上市公司应当为董事会秘书履行职责提供便利条件，董事、监事、财务负责人及其他高级管理人员和公司相关人员应当支持、配合董事会秘书工作。

董事会秘书为履行职责，有权了解公司的财务和经营情况，参加涉及信息披露的有关会议，查阅相关文件，并要求公司有关部门和人员及时提供相关资料和信息。

董事会秘书在履行职责过程中受到不当妨碍和严重阻挠时，可以直接向本所报告。

4.4.4　上市公司董事会秘书应当具备履行职责所必需的财务、管理、法律专业知识，具有良好的职业道德和个人品德。有下列情形之一的人士不得担任公司董事会秘书：

（一）最近三十六个月受到中国证监会行政处罚；

（二）最近三十六个月受到证券交易所公开谴责或者三次以上通报批评；

（三）本公司现任监事；

（四）本所认定不适合担任董事会秘书的其他情形。

4.4.5　上市公司原则上应当在首次公开发行股票并上市后三个月内或者原任董事会

秘书离职后三个月内聘任董事会秘书。

4.4.6 上市公司董事会秘书空缺期间，董事会应当指定一名董事或者高级管理人员代行董事会秘书的职责并公告，同时尽快确定董事会秘书人选。公司指定代行董事会秘书职责的人员之前，由董事长代行董事会秘书职责。

公司董事会秘书空缺期间超过三个月的，董事长应当代行董事会秘书职责，并在六个月内完成董事会秘书的聘任工作。

4.4.7 上市公司在聘任董事会秘书的同时，还应当聘任证券事务代表，协助董事会秘书履行职责。在董事会秘书不能履行职责时，由证券事务代表行使其权利并履行其职责，在此期间，并不当然免除董事会秘书对公司信息披露事务所负有的责任。

证券事务代表的任职条件参照本规则第4.4.4条执行。

4.4.8 上市公司聘任董事会秘书、证券事务代表后应当及时公告，并向本所提交下列资料：

（一）董事会秘书、证券事务代表聘任书或者相关董事会决议、聘任说明文件，包括符合本规则任职条件、职务、工作表现及个人品德等；

（二）董事会秘书、证券事务代表个人简历、学历证明（复印件）；

（三）董事会秘书、证券事务代表的通讯方式，包括办公电话、移动电话、传真、通信地址及专用电子邮件信箱地址等。

上述有关通信方式的资料发生变更时，公司应当及时向本所提交变更后的资料。

4.4.9 上市公司解聘董事会秘书应当具有充分理由，不得无故解聘。

董事会秘书被解聘或者辞职时，公司应当及时向本所报告，说明原因并公告。

董事会秘书可以就被公司不当解聘或者与辞职有关的情况，向本所提交个人陈述报告。

4.4.10 董事会秘书有下列情形之一的，上市公司应当自事实发生之日起一个月内解聘董事会秘书：

（一）出现本规则第4.4.4条所规定情形之一；

（二）连续三个月以上不能履行职责；

（三）在履行职责时出现重大错误或者疏漏，给投资者造成重大损失；

（四）违反法律法规、本规则、本所其他规定或者公司章程，给公司、投资者造成重大损失。

4.4.11 上市公司应当指派董事会秘书、证券事务代表或者本规则规定代行董事会秘书职责的人员负责与本所联系，办理信息披露与股票及其衍生品变动管理事务。

第五节 控股股东和实际控制人

4.5.1 上市公司控股股东、实际控制人应当诚实守信，依法依规行使股东权利、履行股东义务，严格履行承诺，维护上市公司和全体股东的共同利益。

控股股东、实际控制人应当维护上市公司独立性，不得利用对上市公司的控制地位谋取非法利益、占用上市公司资金和其他资源。

4.5.2　上市公司控股股东、实际控制人在公司股票首次公开发行并上市前或者控制权变更完成后一个月内，应当按照本所有关规定签署《控股股东、实际控制人声明及承诺书》，并报送本所和公司董事会。声明与承诺事项发生重大变化的，控股股东、实际控制人应当在五个交易日内更新并报送本所和公司董事会。

控股股东、实际控制人签署《控股股东、实际控制人声明及承诺书》时，应当由律师见证。控股股东、实际控制人应当保证声明事项的真实、准确、完整，不存在虚假记载、误导性陈述或者重大遗漏。

董事会秘书应当督促控股股东、实际控制人及时签署《控股股东、实际控制人声明及承诺书》，并按本所规定的途径和方式提交。

4.5.3　上市公司控股股东、实际控制人应当遵守下列要求：

（一）遵守并促使上市公司遵守法律法规、本规则、本所其他规定和公司章程，接受本所监管；

（二）依法行使股东权利，不滥用控制权损害公司或者其他股东的合法权益；

（三）严格履行所作出的公开声明和各项承诺，不擅自变更或者解除；

（四）严格按照有关规定履行信息披露义务，积极主动配合公司做好信息披露工作，及时告知公司已发生或者拟发生的重大事项；

（五）不得以任何方式占用公司资金；

（六）不得强令、指使或者要求公司及相关人员违法违规提供担保；

（七）不得利用公司未公开重大信息谋取利益，不得以任何方式泄露公司的未公开重大信息，不得从事内幕交易、操纵市场等违法违规行为；

（八）不得通过非公允的关联交易、利润分配、资产重组、对外投资等任何方式损害公司和其他股东的合法权益；

（九）保证公司资产完整、人员独立、财务独立、机构独立和业务独立，不得以任何方式影响公司的独立性；

（十）本所认为应当履行的其他职责。

控股股东、实际控制人应当明确承诺，存在控股股东或者控股股东关联人占用公司资金、要求公司违法违规提供担保的，在占用资金全部归还、违规担保全部解除前不转让所持有、控制的公司股份，但转让所持有、控制的公司股份所得资金用以清偿占用资金、解除违规担保的除外。

4.5.4　上市公司控股股东、实际控制人应当履行信息披露义务，并保证所披露信息的真实、准确、完整、及时、公平，不得有虚假记载、误导性陈述或者重大遗漏。

公司控股股东、实际控制人出现下列情形之一的，应当及时告知公司，并配合公司履行信息披露义务：

（一）所持公司股份涉及本规则第 7.7.9 条所列的事项；

（二）公司的实际控制人及其控制的其他主体从事与公司相同或者相似业务的情况发生较大变化；

（三）拟对上市公司进行重大资产重组、债务重组或者业务重组；

（四）因经营状况恶化进入破产或者解散程序；

（五）出现与控股股东、实际控制人有关传闻，对上市公司股票及其衍生品种交易价格可能产生较大影响；

（六）其他可能对上市公司股票及其衍生品种交易价格产生较大影响的情形。

前款规定的事项出现重大进展或者变化的，控股股东、实际控制人应当将其知悉的有关情况书面告知公司，并配合公司履行信息披露义务。

控股股东、实际控制人收到公司问询的，应当及时了解情况并回复，保证回复内容真实、准确和完整。

4.5.5 上市公司控股股东、实际控制人应当结合自身履约能力和资信情况，充分评估股票质押可能存在的风险，审慎开展股票质押特别是限售股份质押、高比例质押业务，维护公司控制权稳定。

4.5.6 上市公司控股股东、实际控制人应当依法依规行使股东权利、履行股东义务，不得隐瞒其控股股东、实际控制人身份，规避相关义务和责任。

通过签署一致行动协议控制公司的，应当在协议中明确相关控制安排及解除机制。

公司应当根据股权结构、股东持股比例、董事会成员构成及董事的提名任免、过往决策实际情况、股东之间的一致行动协议或者约定等情况，真实、客观、审慎地认定公司控制权归属，无正当、合理理由不得认定为无控股股东、实际控制人。

4.5.7 上市公司披露无控股股东、实际控制人的，公司第一大股东及其最终控制人应当比照控股股东、实际控制人，遵守本节规定。

第六节 表决权差异安排

4.6.1 发行人首次公开发行上市前设置表决权差异安排的，应当经出席股东大会的股东所持表决权的三分之二以上通过。

发行人在首次公开发行上市前不具有表决权差异安排的，不得在首次公开发行上市后以任何方式设置此类安排。

4.6.2 除公司章程规定的表决权差异外，普通股份与特别表决权股份具有的其他股东权利应当完全相同。

4.6.3 持有特别表决权股份的股东应当为对上市公司发展作出重大贡献，并且在公司上市前及上市后持续担任公司董事的人员或者该等人员实际控制的持股主体。

持有特别表决权股份的股东在上市公司中拥有权益的股份合计应当达到公司全部已发行有表决权股份的10%以上。

4.6.4 上市公司章程应当规定每份特别表决权股份的表决权数量。

每份特别表决权股份的表决权数量应当相同，且不得超过每份普通股份的表决权数量的10倍。

4.6.5 上市公司股票在本所上市后，除同比例配股、转增股本、分配股票股利情形外，不得在境内外发行特别表决权股份，不得提高特别表决权比例。

上市公司因股份回购等原因，可能导致特别表决权比例提高的，应当同时采取将相应数量特别表决权股份转换为普通股份等措施，保证特别表决权比例不高于原有水平。

本规则所称特别表决权比例，是指全部特别表决权股份的表决权数量占上市公司全部已发行股份表决权数量的比例。

4.6.6 上市公司应当保证普通表决权比例不低于10%；单独或者合计持有公司10%以上已发行有表决权股份的股东有权提议召开临时股东大会；单独或者合计持有公司3%以上已发行有表决权股份的股东有权提出股东大会议案。

本规则所称普通表决权比例，是指全部普通股份的表决权数量占上市公司全部已发行股份表决权数量的比例。

4.6.7 特别表决权股份不得在二级市场进行交易，但可以按照本所有关规定进行转让。

4.6.8 出现下列情形之一的，特别表决权股份应当按照1∶1的比例转换为普通股份：

（一）持有特别表决权股份的股东不再符合本规则第4.6.3条规定的资格和最低持股要求，或者丧失相应履职能力、离任、死亡；

（二）实际持有特别表决权股份的股东失去对相关持股主体的实际控制；

（三）持有特别表决权股份的股东向他人转让所持有的特别表决权股份，或者将特别表决权股份的表决权委托他人行使，但转让或者委托给受该特别表决权股东实际控制的主体除外；

（四）公司的控制权发生变更。

发生前款第（四）项情形的，上市公司已发行的全部特别表决权股份应当转换为普通股份。

4.6.9 上市公司股东对下列事项行使表决权时，每一特别表决权股份享有的表决权数量应当与每一普通股份的表决权数量相同：

（一）修改公司章程；

（二）改变特别表决权股份享有的表决权数量；

（三）聘请或者解聘独立董事；

（四）聘请或者解聘监事；

（五）聘请或者解聘为上市公司定期报告出具审计意见的会计师事务所；

（六）公司合并、分立、解散或者变更公司形式。

上市公司章程应当规定，股东大会应当对前款第（一）项、第（二）项、第（六）项事项作出决议，并经出席会议的股东所持表决权的三分之二以上通过。但根据第4.6.5条、第4.6.8条的规定，将相应数量特别表决权股份转换为普通股份的除外。

4.6.10 上市公司应当在股东大会通知中列明持有特别表决权股份的股东、所持特别表决权股份数量及对应的表决权数量、股东大会议案是否涉及第4.6.9条规定事项等情况。

4.6.11 上市公司具有表决权差异安排的，应当在定期报告中披露该等安排在报告期内的实施、股份变动、表决权恢复及行使情况等，特别是风险、公司治理等信息，以及该等安排下保护投资者合法权益有关措施的实施情况。

4.6.12　出现下列情形之一的，相关股东应当立即通知上市公司，公司应当及时披露：

（一）特别表决权股份转换成普通股份；

（二）股东所持有的特别表决权股份被质押、冻结、司法标记、司法拍卖、托管、设定信托或者被依法限制表决权等，或者出现被强制过户的风险；

（三）其他重大变化或者调整。

相关公告应当包含具体情形、发生时间、转换为普通股份的特别表决权股份数量（如适用）、剩余特别表决权股份数量（如适用）等内容。

4.6.13　上市公司具有表决权差异安排的，监事会应当在年度报告中，就下列事项出具专项意见：

（一）持有特别表决权股份的股东是否持续符合本规则第 4.6.3 条的要求；

（二）特别表决权股份是否出现本规则第 4.6.8 条规定的情形并及时转换为普通股份；

（三）特别表决权比例是否持续符合本规则的规定；

（四）持有特别表决权股份的股东是否存在滥用特别表决权或者其他损害投资者合法权益的情形；

（五）上市公司及持有特别表决权股份的股东遵守本节其他规定的情况。

持续督导期内，保荐人应当对上市公司特别表决权事项履行持续督导义务，在年度保荐工作报告中对前款规定的事项发表意见，发现股东存在滥用特别表决权或者其他损害投资者合法权益情形时，应当及时督促相关股东改正，并向本所报告。

4.6.14　持有特别表决权股份的股东应当按照所适用的法律法规以及公司章程行使权利，不得滥用特别表决权，不得利用特别表决权损害投资者的合法权益。

出现前款情形，损害投资者合法权益的，本所可以要求公司或者持有特别表决权股份的股东予以改正。

4.6.15　上市公司或者持有特别表决权股份的股东应当按照本所及结算公司的有关规定，办理特别表决权股份登记和转换成普通股份登记事宜。

4.6.16　已在境外上市的红筹企业的表决权差异安排与本节规定存在差异的，可以按照公司注册地公司法等法律法规、境外上市地相关规则和公司章程的规定执行。公司应当详细说明差异情况和原因，以及依法落实保护投资者合法权益要求的对应措施。

第五章　定期报告

第一节　业绩预告和业绩快报

5.1.1　上市公司预计年度经营业绩和财务状况出现下列情形之一的，应当在会计年度结束之日起一个月内进行预告：

（一）净利润为负值；

（二）净利润实现扭亏为盈；

（三）实现盈利，且净利润与上年同期相比上升或者下降 50% 以上；

（四）扣除非经常性损益前后的净利润孰低者为负值，且扣除与主营业务无关的业务收入和不具备商业实质的收入后的营业收入低于 1 亿元；

（五）期末净资产为负值；

（六）公司股票交易因触及本规则第 9.3.1 条第一款规定的情形被实施退市风险警示后的首个会计年度；

（七）本所认定的其他情形。

公司预计半年度经营业绩将出现前款第（一）项至第（三）项情形之一的，应当在半年度结束之日起十五日内进行预告。

公司因第一款第（六）项情形进行年度业绩预告的，应当预告全年营业收入、扣除与主营业务无关的业务收入和不具备商业实质的收入后的营业收入、净利润、扣除非经常性损益后的净利润和期末净资产。

5.1.2　上市公司预计报告期实现盈利且净利润与上年同期相比上升或者下降 50% 以上，但存在下列情形之一的，可以免于披露相应业绩预告：

（一）上一年年度每股收益绝对值低于或者等于 0.05 元，可免于披露年度业绩预告；

（二）上一年半年度每股收益绝对值低于或者等于 0.03 元，可免于披露半年度业绩预告。

5.1.3　上市公司应当合理、谨慎、客观、准确地披露业绩预告，公告内容应当包括盈亏金额区间、业绩变动范围、经营业绩或者财务状况发生重大变动的主要原因等。

存在不确定因素可能影响业绩预告准确性的，公司应当在业绩预告公告中披露不确定因素的具体情况及其影响程度。

5.1.4　上市公司披露业绩预告后，最新预计经营业绩或者财务状况与已披露的业绩预告相比存在下列情形之一的，应当按照本所有关规定及时披露业绩预告修正公告，说明具体差异及造成差异的原因：

（一）因本规则第 5.1.1 条第一款第（一）项至第（三）项披露业绩预告的，最新预计的净利润方向与已披露的业绩预告不一致，或者较原预计金额或区间范围差异幅度较大；

（二）因本规则第 5.1.1 条第一款第（四）项、第（五）项披露业绩预告的，最新预计不触及第 5.1.1 条第一款第（四）项、第（五）项的情形；

（三）因本规则第 5.1.1 条第一款第（六）项披露业绩预告的，最新预计第 5.1.1 条第三款所列指标与原预计方向不一致，或者较原预计金额或区间范围差异幅度较大；

（四）本所规定的其他情形。

5.1.5　上市公司出现下列情形之一的，应当及时披露业绩快报：

（一）在定期报告披露前向有关机关报送未公开的定期财务数据，预计无法保密；

（二）在定期报告披露前出现业绩泄露，或者因业绩传闻导致公司股票及其衍生品种交易异常波动；

（三）拟披露第一季度业绩但上年度年度报告尚未披露。

出现前款第（三）项情形的，公司应当在不晚于第一季度业绩相关公告发布时披露上一年度的业绩快报。

除出现第一款情形外，公司可以在定期报告披露前发布业绩快报。

5.1.6 上市公司披露业绩快报的，业绩快报应当包括公司本期及上年同期营业收入、营业利润、利润总额、净利润、扣除非经常性损益后的净利润、总资产、净资产、每股收益、每股净资产和净资产收益率等数据和指标。

5.1.7 上市公司披露业绩快报后，预计本期业绩或者财务状况与已披露的业绩快报的数据和指标差异幅度达到20%以上，或者最新预计的报告期净利润、扣除非经常性损益后的净利润或者期末净资产方向与已披露的业绩快报不一致的，应当及时披露业绩快报修正公告，说明具体差异及造成差异的原因。

5.1.8 上市公司预计本期业绩与已披露的盈利预测数据有重大差异的，应当及时披露盈利预测修正公告，并披露会计师事务所关于实际情况与盈利预测存在差异的专项说明。

5.1.9 上市公司董事、监事、高级管理人员应当及时、全面了解和关注公司经营情况和财务信息，并和会计师事务所进行必要的沟通，审慎判断是否应当披露业绩预告。

公司及其董事、监事、高级管理人员应当对业绩预告及修正公告、业绩快报及修正公告、盈利预测及修正公告披露的准确性负责，确保披露情况与公司实际情况不存在重大差异。

第二节 年度报告、半年度报告和季度报告

5.2.1 上市公司应当披露的定期报告包括年度报告、半年度报告和季度报告。

公司应当在法律法规、本规则规定的期限内，按照中国证监会及本所有关规定编制并披露定期报告。

5.2.2 上市公司应当在每个会计年度结束之日起四个月内披露年度报告，应当在每个会计年度的上半年结束之日起两个月内披露半年度报告，应当在每个会计年度的前三个月、前九个月结束之日起一个月内披露季度报告。

公司第一季度季度报告的披露时间不得早于上一年度的年度报告披露时间。

公司预计不能在第一款规定的期限内披露定期报告的，应当及时公告不能按期披露的原因、解决方案及延期披露的最后期限。

5.2.3 上市公司应当向本所预约定期报告的披露时间，本所根据均衡披露原则统筹安排。

公司应当按照预约时间办理定期报告披露事宜。因故需变更披露时间的，应当较原预约日期至少提前五个交易日向本所提出申请，说明变更理由，并明确变更后的披露时间，本所视情况决定是否予以调整。本所原则上只接受一次变更申请。

公司未在前款规定的期限内提出定期报告披露预约时间变更申请的，还应当及时公告定期报告披露时间变更，说明变更理由，并明确变更后的披露时间。

5.2.4　上市公司董事会应当确保公司定期报告的按时披露。

公司定期报告应当经董事会审议通过，未经董事会审议通过的定期报告不得披露。

定期报告未经董事会审议、董事会审议未通过或者因故无法形成有关董事会决议的，公司应当披露具体原因和存在的风险以及董事会的专项说明。

5.2.5　上市公司董事会应当按照中国证监会和本所有关规定，组织有关人员安排落实定期报告的编制和披露工作。

公司高级管理人员应当及时编制定期报告草案并提交董事会审议。

5.2.6　上市公司董事、高级管理人员应当对定期报告签署书面确认意见，说明董事会的编制和审议程序是否符合法律法规、本所有关规定的要求，定期报告的内容是否能够真实、准确、完整地反映上市公司的实际情况。

公司监事会应当对董事会编制的定期报告进行审核并提出书面审核意见。监事应当签署书面确认意见。监事会对定期报告出具的书面审核意见，应当说明董事会的编制和审议程序是否符合法律法规、本所有关规定的要求，定期报告的内容是否能够真实、准确、完整地反映上市公司的实际情况。

公司董事、监事无法保证定期报告内容的真实性、准确性、完整性或者有异议的，应当在董事会或者监事会审议、审核定期报告时投反对票或者弃权票。

公司董事、监事和高级管理人员无法保证定期报告内容的真实性、准确性、完整性或者有异议的，应当在书面确认意见中发表意见并陈述理由，公司应当披露。公司不予披露的，董事、监事和高级管理人员可以直接申请披露。

董事、监事和高级管理人员按照前款规定发表意见，应当遵循审慎原则，其保证定期报告内容的真实性、准确性、完整性的责任不仅因发表意见而当然免除。

董事、监事、高级管理人员不得以任何理由拒绝对定期报告签署书面意见。

5.2.7　上市公司年度报告中的财务会计报告应当经会计师事务所审计。

公司半年度报告中的财务会计报告可以不经审计，但有下列情形之一的，公司应当审计：

（一）拟依据半年度财务数据派发股票股利、进行公积金转增股本或者弥补亏损；

（二）中国证监会或者本所认为应当进行审计的其他情形。

公司季度报告中的财务资料无须审计，但中国证监会或者本所另有规定的除外。

5.2.8　上市公司应当在定期报告经董事会审议通过后及时向本所提交下列文件：

（一）年度报告全文及其摘要、半年度报告全文及其摘要或者季度报告；

（二）审计报告（如适用）；

（三）董事会和监事会决议；

（四）董事、监事、高级管理人员书面确认意见；

（五）按要求制作的载有定期报告和财务数据的电子文件；

（六）本所要求的其他文件。

5.2.9　上市公司财务会计报告被出具非标准审计意见的，应当按照中国证监会《公开发行证券的公司信息披露编报规则第14号——非标准审计意见及其涉及事项的处理》（以下简称第 14 号编报规则）的规定，在报送定期报告的同时，向本所提交下列文件并披露：

（一）董事会针对该审计意见涉及事项所做的符合第 14 号编报规则要求的专项说明，审议此专项说明的董事会决议以及决议所依据的材料；

（二）监事会对董事会有关说明的意见和相关决议；

（三）负责审计的会计师事务所及注册会计师出具的符合第 14 号编报规则要求的专项说明；

（四）中国证监会和本所要求的其他文件。

5.2.10 上市公司出现本规则第 5.2.9 条所述非标准审计意见涉及事项属于明显违反会计准则及相关信息披露规范性规定的，公司应当对有关事项进行纠正，并及时披露纠正后的财务会计资料和会计师事务所出具的审计报告或者专项鉴证报告等有关文件。

公司未及时披露、采取措施消除相关事项及其影响的，本所可以对其采取监管措施或者纪律处分，或者报中国证监会调查处理。

5.2.11 上市公司应当认真对待本所对其定期报告的事后审查意见，按期回复本所的问询，并按要求对定期报告有关内容作出解释和说明。需披露更正或者补充公告并修改定期报告的，公司应当在履行相应程序后及时公告。

5.2.12 上市公司因已披露的定期报告存在差错或者虚假记载被责令改正，或者董事会决定进行更正的，应当在被责令改正或者董事会作出相应决定后及时披露，涉及财务信息的，应当按照中国证监会《公开发行证券的公司信息披露编报规则第 19 号——财务信息的更正及相关披露》等有关规定的要求更正及披露。

5.2.13 发行可转换公司债券的上市公司，还应当在年度报告和半年度报告中披露下列内容：

（一）转股价格历次调整、修正的情况，经调整、修正后的最新转股价格；

（二）可转换公司债券发行后累计转股的情况；

（三）前十名可转换公司债券持有人的名单和持有量；

（四）担保人盈利能力、资产状况和信用状况发生重大变化的情况（如适用）；

（五）公司的负债情况、资信变化情况以及在未来年度偿债的现金安排；

（六）中国证监会和本所规定的其他内容。

5.2.14 上市公司未在规定期限内披露定期报告，或者因财务会计报告存在重大会计差错或者虚假记载被中国证监会责令改正但未在规定期限内改正的，公司股票及其衍生品种应当按照本规则第八章的有关规定进行停牌与复牌。

第三节 利润分配和资本公积金转增股本

5.3.1 上市公司应当积极回报股东，综合考虑所处行业特点、发展阶段、自身经营模式、盈利水平以及资金支出安排等，科学、审慎决策，合理确定利润分配政策。

公司应当按照《公司法》和公司章程的规定弥补亏损（如有），提取法定公积金、任意公积金，确定股本基数、分配比例、分配总额及其来源。

公司进行股票股利分配、资本公积金转增股本的，应当符合法律法规、《企业会计准则》、本规则、本所其他规定、公司章程等有关规定，其股份送转比例应当与业绩增长相匹配。

公司现金分红同时分配股票股利的，应当结合公司发展阶段、成长性、每股净资产的摊薄和重大资金支出安排等因素，说明现金分红在本次利润分配中所占比例及其合理性。

5.3.2 上市公司利润分配应当以母公司报表中可供分配利润为依据。同时，为避免出现超分配的情况，公司应当以合并报表、母公司报表中可供分配利润孰低的原则来确定具体的利润分配比例。

5.3.3 上市公司在报告期结束后，至利润分配、资本公积金转增股本方案公告前股本总额发生变动的，应当以最新股本总额作为分配或者转增的股本基数。

公司董事会在审议利润分配、资本公积金转增股本方案时，应当明确在利润分配、资本公积金转增股本方案公告后至实施前，出现股权激励行权、可转债转股、股份回购等股本总额发生变动情形时的方案调整原则。

5.3.4 上市公司存在利润分配、资本公积金转增股本方案尚未提交股东大会审议或者虽经股东大会审议通过但未实施，拟发行证券的，应当在方案实施后发行。

5.3.5 上市公司应当在董事会审议通过利润分配或者资本公积金转增股本方案后，及时披露方案的具体内容，并说明该等方案是否符合公司章程规定的利润分配政策和公司已披露的股东回报规划等。

5.3.6 上市公司应当于实施方案的股权登记日前三至五个交易日内披露方案实施公告。

5.3.7 方案实施公告应当包括下列内容：

（一）通过方案的股东大会届次和日期；

（二）派发现金股利、股票股利、资本公积金转增股本的比例（以每10股表述）、股本基数（按实施前实际股本计算）以及是否含税和扣税情况等；

（三）股权登记日、除权（息）日、新增股份上市日；

（四）方案实施办法；

（五）股本变动结构表（按变动前总股本、本次派发股票股利数、本次转增股本数、变动后总股本、占总股本比例等项目列示）；

（六）派发股票股利、资本公积金转增股本后，需要调整的衍生品种行权（转股）价、行权（转股）比例、承诺的最低减持价情况等（如适用）；

（七）派发股票股利、资本公积金转增股本后，按新股本摊薄计算的上年度每股收益或者本年半年度每股收益；

（八）中国证监会和本所要求的其他内容。

5.3.8 上市公司应当在股东大会审议通过方案后两个月内，完成利润分配及资本公积金转增股本事宜。

第六章　应当披露的交易

第一节　重大交易

6.1.1 本节所称重大交易，包括除上市公司日常经营活动之外发生的下列类型的事项：

（一）购买资产；

（二）出售资产；

（三）对外投资（含委托理财、对子公司投资等）；

（四）提供财务资助（含委托贷款等）；

（五）提供担保（含对控股子公司担保等）；

（六）租入或者租出资产；

（七）委托或者受托管理资产和业务；

（八）赠与或者受赠资产；

（九）债权或者债务重组；

（十）转让或者受让研发项目；

（十一）签订许可协议；

（十二）放弃权利（含放弃优先购买权、优先认缴出资权利等）；

（十三）本所认定的其他交易。

6.1.2 除本规则第6.1.9条、第6.1.10条的规定外，上市公司发生的交易达到下列标准之一的，应当及时披露：

（一）交易涉及的资产总额占上市公司最近一期经审计总资产的10%以上，该交易涉及的资产总额同时存在账面值和评估值的，以较高者为准；

（二）交易标的（如股权）涉及的资产净额占上市公司最近一期经审计净资产的10%以上，且绝对金额超过1000万元，该交易涉及的资产净额同时存在账面值和评估值的，以较高者为准；

（三）交易标的（如股权）在最近一个会计年度相关的营业收入占上市公司最近一个会计年度经审计营业收入的10%以上，且绝对金额超过1000万元；

（四）交易标的（如股权）在最近一个会计年度相关的净利润占上市公司最近一个会计年度经审计净利润的10%以上，且绝对金额超过100万元；

（五）交易的成交金额（含承担债务和费用）占上市公司最近一期经审计净资产的10%以上，且绝对金额超过1000万元；

（六）交易产生的利润占上市公司最近一个会计年度经审计净利润的10%以上，且绝对金额超过100万元。

上述指标计算中涉及数据为负值的，取其绝对值计算。

6.1.3 除本规则第6.1.9条、第6.1.10条的规定外，上市公司发生的交易达到下列标准之一的，应当及时披露并提交股东大会审议：

（一）交易涉及的资产总额占上市公司最近一期经审计总资产的50%以上，该交易涉及的资产总额同时存在账面值和评估值的，以较高者为准；

（二）交易标的（如股权）涉及的资产净额占上市公司最近一期经审计净资产的50%以上，且绝对金额超过5000万元，该交易涉及的资产净额同时存在账面值和评估值的，以较高者为准；

（三）交易标的（如股权）在最近一个会计年度相关的营业收入占上市公司最近一个会计年度经审计营业收入的50%以上，且绝对金额超过5000万元；

（四）交易标的（如股权）在最近一个会计年度相关的净利润占上市公司最近一个会计年度经审计净利润的50%以上，且绝对金额超过500万元；

（五）交易的成交金额（含承担债务和费用）占上市公司最近一期经审计净资产的50%以上，且绝对金额超过5000万元；

（六）交易产生的利润占上市公司最近一个会计年度经审计净利润的50%以上，且绝对金额超过500万元。

上述指标计算涉及的数据为负值的，取其绝对值计算。

6.1.4　上市公司发生的交易属于下列情形之一的，可以免于按照本规则第6.1.3条的规定提交股东大会审议，但仍应当按照有关规定履行信息披露义务：

（一）公司发生受赠现金资产、获得债务减免等不涉及对价支付、不附有任何义务的交易；

（二）公司发生的交易仅达到本规则第6.1.3条第一款第（四）项或者第（六）项标准，且上市公司最近一个会计年度每股收益的绝对值低于0.05元。

6.1.5　上市公司购买或者出售股权的，应当按照公司所持权益变动比例计算相关财务指标适用本规则第6.1.2条和第6.1.3条的规定。

交易导致上市公司合并报表范围发生变更的，应当以该股权对应标的公司的相关财务指标适用本规则第6.1.2条和第6.1.3条的规定。

因委托或者受托管理资产和业务等，导致上市公司合并报表范围发生变更的，参照适用前款规定。

6.1.6　上市公司发生交易达到本规则第6.1.3条规定标准，交易标的为公司股权的，应当披露标的资产经审计的最近一年又一期财务会计报告。会计师事务所发表的审计意见应当为无保留意见，审计基准日距审议相关交易事项的股东大会召开日不得超过六个月。

公司发生交易达到本规则第6.1.3条规定标准，交易标的为公司股权以外的其他资产的，应当披露标的资产由资产评估机构出具的评估报告。评估基准日距审议相关交易事项的股东大会召开日不得超过一年。

公司依据其他法律法规或其公司章程提交股东大会审议，或者自愿提交股东大会审议的，应当适用前两款规定，本所另有规定的除外。

公司发生交易达到本规则第6.1.2条、第6.1.3条规定的标准，交易对方以非现金资产作为交易对价或者抵偿上市公司债务的，应当披露所涉及资产的符合第一款、第二款要求的审计报告或者评估报告。相关交易无需提交股东大会审议的，审计基准日或者评估基准日距审议相关事项的董事会召开日或者相关事项的公告日不得超过第一款、第二款要求的时限。

公司发生交易虽未达到本规则第6.1.3条规定的标准，中国证监会、本所根据审慎原则可以要求公司披露所涉及资产的符合第一款、第二款要求的审计报告或者评估报告。

6.1.7　上市公司购买或者出售交易标的少数股权，因在交易前后均无法对交易标的形成控制、共同控制或者重大影响等客观原因，导致确实无法对交易标的最近一年又一期财务会计报告进行审计的，可以披露相关情况并免于按照本规则第 6.1.6 条的规定披露审计报告，中国证监会或者本所另有规定的除外。

6.1.8　上市公司发生本规则第 6.1.1 条规定的购买资产或者出售资产时，应当以资产总额和成交金额中的较高者为准，按交易事项的类型在连续十二个月内累计计算。经累计计算金额超过上市公司最近一期经审计总资产 30% 的，公司应当及时披露相关交易事项以及符合本规则第 6.1.6 条要求的该交易标的审计报告或者评估报告，提交股东大会审议并经由出席会议的股东所持表决权的三分之二以上通过。

已按照前款规定履行相关义务的，不再纳入相关的累计计算范围。

6.1.9　上市公司提供财务资助，除应当经全体董事的过半数审议通过外，还应当经出席董事会会议的三分之二以上董事审议同意并作出决议，并及时对外披露。

财务资助事项属于下列情形之一的，应当在董事会审议通过后提交股东大会审议，本所另有规定的除外：

（一）单笔财务资助金额超过上市公司最近一期经审计净资产的 10%；

（二）被资助对象最近一期财务报表数据显示资产负债率超过 70%；

（三）最近十二个月内财务资助金额累计计算超过上市公司最近一期经审计净资产的 10%；

（四）本所或者公司章程规定的其他情形。

公司提供资助对象为公司合并报表范围内且持股比例超过 50% 的控股子公司，且该控股子公司其他股东中不包含上市公司的控股股东、实际控制人及其关联人的，可以免于适用前两款规定。

6.1.10　上市公司提供担保，除应当经全体董事的过半数审议通过外，还应当经出席董事会会议的三分之二以上董事审议同意并作出决议，并及时对外披露。

上市公司提供担保属于下列情形之一的，还应当在董事会审议通过后提交股东大会审议：

（一）单笔担保额超过上市公司最近一期经审计净资产 10%；

（二）上市公司及其控股子公司对外提供的担保总额，超过上市公司最近一期经审计净资产 50% 以后提供的任何担保；

（三）上市公司及其控股子公司对外提供的担保总额，超过上市公司最近一期经审计总资产 30% 以后提供的任何担保；

（四）被担保对象最近一期财务报表数据显示资产负债率超过 70%；

（五）最近十二个月内担保金额累计计算超过公司最近一期经审计总资产的 30%；

（六）对股东、实际控制人及其关联人提供的担保；

（七）本所或者公司章程规定的其他情形。

上市公司股东大会审议前款第（五）项担保事项时，应当经出席会议的股东所持表决权的三分之二以上通过。

6.1.11　上市公司的对外担保事项出现下列情形之一时，应当及时披露：

（一）被担保人于债务到期后十五个交易日内未履行还款义务的；

（二）被担保人出现破产、清算及其他严重影响还款能力情形的。

6.1.12 上市公司进行委托理财，因交易频次和时效要求等原因难以对每次投资交易履行审议程序和披露义务的，可以对投资范围、额度及期限等进行合理预计，以额度计算占净资产的比例，适用本规则第6.1.2条和第6.1.3条的规定。

相关额度的使用期限不应超过十二个月，期限内任一时点的交易金额（含前述投资的收益进行再投资的相关金额）不应超过投资额度。

6.1.13 上市公司租入或者租出资产的，应当以约定的全部租赁费用或者租赁收入适用本规则第6.1.2条和第6.1.3条的规定。

6.1.14 上市公司直接或者间接放弃对控股子公司的优先购买或者认缴出资等权利，导致合并报表范围发生变更的，应当以放弃金额与该主体的相关财务指标，适用本规则第6.1.2条和第6.1.3条的规定。

公司放弃权利未导致上市公司合并报表范围发生变更，但相比于未放弃权利，所拥有该主体权益的比例下降的，应当以放弃金额与按权益变动比例计算的相关财务指标，适用本规则第6.1.2条和第6.1.3条的规定。

公司部分放弃权利的，还应当以放弃金额、该主体的相关财务指标或者按权益变动比例计算的相关财务指标，以及实际受让或者出资金额，适用本规则第6.1.2条和第6.1.3条的规定。

6.1.15 上市公司发生除委托理财等本所对累计原则另有规定的事项外的其他交易时，应当对交易标的相关的同一类别交易，按照连续十二个月累计计算的原则，适用本规则第6.1.2条和第6.1.3条的规定。

公司发生的交易按照本节的规定适用连续十二个月累计计算原则时，达到本节规定的披露标准的，可以仅将本次交易事项按照本所有关规定披露，并在公告中说明前期累计未达到披露标准的交易事项。

公司发生的交易按照本节的规定适用连续十二个月累计计算原则时，达到本节规定的应当提交股东大会审议标准的，可以仅将本次交易事项提交股东大会审议，并在公告中说明前期未履行股东大会审议程序的交易事项。公司披露的前述本次交易事项的公告，应当包括符合本规则第6.1.6条要求的审计报告或者评估报告。

公司已按照本规则第6.1.2条或者第6.1.3条规定履行相关义务的，不再纳入累计计算范围。公司已披露但未履行股东大会审议程序的交易事项，仍应当纳入累计计算范围以确定应当履行的审议程序。

6.1.16 上市公司发生交易，相关安排涉及未来支付或者收取或有对价的，应当以预计的最高金额作为成交金额，适用本规则第6.1.2条和第6.1.3条的规定。

6.1.17 上市公司分期实施本规则第6.1.1条规定的各项交易的，应当以协议约定的全部金额为准，适用本规则第6.1.2条和第6.1.3条的规定。

6.1.18 上市公司与同一交易对方同时发生第6.1.1条第一款第（三）项至第（五）项以外方向相反的交易时，应当以其中单个方向的交易涉及的财务指标中较高者为准，适用本规则第 6.1.2 条和第 6.1.3 条的规定。

6.1.19　上市公司发生交易，在期限届满后与原交易对方续签协议、展期交易的，应当按照本节的规定再次履行审议程序和信息披露义务。

6.1.20　上市公司应当根据交易类型，按照本所有关规定披露交易的相关信息，包括交易对方、交易标的、交易协议的主要内容、交易定价及依据、有关部门审批文件（如有）、中介机构意见（如适用）等。

6.1.21　上市公司与其合并报表范围内的控股子公司发生的或者上述控股子公司之间发生的交易，可以免于按照本节规定披露和履行相应程序，中国证监会或者本所另有规定的除外。

第二节　日常交易

6.2.1　本节所称日常交易，是指上市公司发生与日常经营相关的下列类型的事项：

（一）购买原材料、燃料和动力；

（二）接受劳务；

（三）出售产品、商品；

（四）提供劳务；

（五）工程承包；

（六）与公司日常经营相关的其他交易。

资产置换中涉及前款规定交易的，适用本章第一节的规定。

6.2.2　上市公司签署日常交易相关合同，达到下列标准之一的，应当及时披露：

（一）涉及本规则第 6.2.1 条第一款第（一）项、第（二）项事项的，合同金额占上市公司最近一期经审计总资产 50% 以上，且绝对金额超过 5 亿元；

（二）涉及本规则第 6.2.1 条第一款第（三）项至第（五）项事项的，合同金额占上市公司最近一个会计年度经审计主营业务收入 50% 以上，且绝对金额超过 5 亿元；

（三）公司或者本所认为可能对上市公司财务状况、经营成果产生重大影响的其他合同。

6.2.3　上市公司与他人共同承接建设工程项目，公司作为总承包人的，应当以项目的全部投资金额适用本规则第 6.2.2 条的规定；作为非总承包人的，应当以公司实际承担的投资金额适用本规则第 6.2.2 条的规定。

6.2.4　上市公司参加工程承包、商品采购等项目的投标，合同金额或者合同履行预计产生的收入达到本规则第 6.2.2 条规定标准的，在获悉已被确定为中标单位并已进入公示期，但尚未取得中标通知书或者相关证明文件时，应当及时发布提示性公告，并按照本所有关规定披露中标公示的主要内容。

公示期结束后取得中标通知书的，公司应当及时按照本所有关规定披露项目中标相关情况。预计无法取得中标通知书的，公司应当及时披露进展情况并提示风险。

6.2.5　上市公司应当按照本所有关规定披露日常交易的相关信息，包括交易各方、合同主要内容、合同履行对公司的影响、合同的审议程序、有关部门审批文件（如有）、风险提示等。

6.2.6 已按照本规则第6.2.2条披露日常交易相关合同的，上市公司应当关注合同履行进展，与合同约定出现重大差异且影响合同金额30%以上的，应当及时披露并说明原因。

第三节 关联交易

6.3.1 上市公司进行关联交易，应当保证关联交易的合法合规性、必要性和公允性，保持公司的独立性，不得利用关联交易调节财务指标，损害公司利益。交易各方不得隐瞒关联关系或者采取其他手段，规避公司的关联交易审议程序和信息披露义务。

6.3.2 上市公司的关联交易，是指上市公司或者其控股子公司与上市公司关联人之间发生的转移资源或者义务的事项，包括：

（一）本规则第6.1.1条规定的交易事项；

（二）购买原材料、燃料、动力；

（三）销售产品、商品；

（四）提供或者接受劳务；

（五）委托或者受托销售；

（六）存贷款业务；

（七）与关联人共同投资；

（八）其他通过约定可能造成资源或者义务转移的事项。

6.3.3 上市公司的关联人包括关联法人（或者其他组织）和关联自然人。

具有下列情形之一的法人或者其他组织，为上市公司的关联法人（或者其他组织）：

（一）直接或者间接地控制上市公司的法人（或者其他组织）；

（二）由前项所述法人（或者其他组织）直接或者间接控制的除上市公司及其控股子公司以外的法人（或者其他组织）；

（三）持有上市公司5%以上股份的法人（或者其他组织）及其一致行动人；

（四）由上市公司关联自然人直接或者间接控制的，或者担任董事（不含同为双方的独立董事）、高级管理人员的，除上市公司及其控股子公司以外的法人（或其他组织）。

具有下列情形之一的自然人，为上市公司的关联自然人：

（一）直接或者间接持有上市公司5%以上股份的自然人；

（二）上市公司董事、监事及高级管理人员；

（三）直接或者间接地控制上市公司的法人（或者其他组织）的董事、监事及高级管理人员；

（四）本款第（一）项、第（二）项所述人士的关系密切的家庭成员。

在过去十二个月内或者根据相关协议安排在未来十二个月内，存在第二款、第三款所述情形之一的法人（或者其他组织）、自然人，为上市公司的关联人。

中国证监会、本所或者上市公司根据实质重于形式的原则，认定其他与上市公司有特殊关系、可能或者已经造成上市公司对其利益倾斜的自然人、法人（或者其他组织），为上市公司的关联人。

6.3.4 上市公司与本规则第6.3.3条第二款第（二）项所列法人（或者其他组织）受同一国有资产管理机构控制而形成该项所述情形的，不因此构成关联关系，但其法定代表人、董事长、总经理或者半数以上的董事兼任上市公司董事、监事或者高级管理人员的除外。

6.3.5 上市公司董事、监事、高级管理人员、持股5%以上的股东及其一致行动人、实际控制人应当及时向公司董事会报送公司关联人名单及关联关系的说明，由公司做好登记管理工作。

6.3.6 除本规则第6.3.13条的规定外，上市公司与关联人发生的交易达到下列标准之一的，应当履行相应决策程序后及时披露：

（一）与关联自然人发生的成交金额超过30万元的交易；

（二）与关联法人（或者其他组织）发生的成交金额超过300万元，且占上市公司最近一期经审计净资产绝对值超过0.5%的交易。

6.3.7 除本规则第6.3.13条的规定外，上市公司与关联人发生的成交金额超过3000万元，且占上市公司最近一期经审计净资产绝对值超过5%的，应当及时披露并提交股东大会审议，还应当披露符合本规则第6.1.6条要求的审计报告或者评估报告。

公司关联交易事项虽未达到前款规定的标准，中国证监会、本所根据审慎原则可以要求公司提交股东大会审议，并按照前款规定适用有关审计或者评估的要求。

公司依据其他法律法规或其公司章程提交股东大会审议，或者自愿提交股东大会审议的，应当披露符合本规则第6.1.6条要求的审计报告或者评估报告，本所另有规定的除外。

公司与关联人发生下列情形之一的交易时，可以免于审计或者评估：

（一）本规则第6.3.19条规定的日常关联交易；

（二）与关联人等各方均以现金出资，且按照出资比例确定各方在所投资主体的权益比例；

（三）本所规定的其他情形。

6.3.8 上市公司董事会审议关联交易事项时，关联董事应当回避表决，也不得代理其他董事行使表决权。该董事会会议由过半数的非关联董事出席即可举行，董事会会议所作决议须经非关联董事过半数通过。出席董事会会议的非关联董事人数不足三人的，公司应当将该交易提交股东大会审议。

前款所称关联董事包括具有下列情形之一的董事：

（一）交易对方；

（二）在交易对方任职，或者在能直接或者间接控制该交易对方的法人（或者其他组织）、该交易对方直接或者间接控制的法人（或者其他组织）任职；

（三）拥有交易对方的直接或者间接控制权；

（四）交易对方或者其直接、间接控制人的关系密切的家庭成员；

（五）交易对方或者其直接、间接控制人的董事、监事和高级管理人员的关系密切的家庭成员；

（六）中国证监会、本所或者上市公司认定的因其他原因使其独立的商业判断可能受到影响的董事。

6.3.9　上市公司股东大会审议关联交易事项时，关联股东应当回避表决，并且不得代理其他股东行使表决权。

前款所称关联股东包括具有下列情形之一的股东：

（一）交易对方；

（二）拥有交易对方直接或者间接控制权；

（三）被交易对方直接或者间接控制；

（四）与交易对方受同一法人（或者其他组织）或者自然人直接或者间接控制；

（五）在交易对方任职，或者在能直接或者间接控制该交易对方的法人（或者其他组织）、该交易对方直接或者间接控制的法人（或者其他组织）任职；

（六）交易对方及其直接、间接控制人的关系密切的家庭成员；

（七）因与交易对方或者其关联人存在尚未履行完毕的股权转让协议或者其他协议而使其表决权受到限制或者影响；

（八）中国证监会或者本所认定的可能造成上市公司对其利益倾斜的股东。

6.3.10　上市公司与关联人发生的下列交易，应当按照本节规定履行关联交易信息披露义务以及本章第一节的规定履行审议程序，并可以向本所申请豁免按照本规则第6.3.7条的规定提交股东大会审议：

（一）面向不特定对象的公开招标、公开拍卖或者挂牌的（不含邀标等受限方式），但招标、拍卖等难以形成公允价格的除外；

（二）上市公司单方面获得利益且不支付对价、不附任何义务的交易，包括受赠现金资产、获得债务减免等；

（三）关联交易定价由国家规定；

（四）关联人向上市公司提供资金，利率不高于贷款市场报价利率，且上市公司无相应担保。

6.3.11　上市公司与关联人发生的下列交易，可以免于按照本节规定履行相关义务，但属于本章第一节规定的应当履行披露义务和审议程序情形的仍应履行相关义务：

（一）一方以现金方式认购另一方公开发行的股票及其衍生品种、公司债券或者企业债券，但提前确定的发行对象包含关联人的除外；

（二）一方作为承销团成员承销另一方公开发行的股票及其衍生品种、公司债券或者企业债券；

（三）一方依据另一方股东大会决议领取股息、红利或者报酬；

（四）上市公司按与非关联人同等交易条件，向本规则第6.3.3条第三款第（二）项至第（四）项规定的关联自然人提供产品和服务；

（五）本所认定的其他情形。

6.3.12　上市公司不得为本规则第6.3.3条规定的关联人提供财务资助，但向关联参股公司（不包括由上市公司控股股东、实际控制人控制的主体）提供财务资助，且该参股公司的其他股东按出资比例提供同等条件财务资助的情形除外。

公司向前款规定的关联参股公司提供财务资助的，除应当经全体非关联董事的过半数审议通过外，还应当经出席董事会会议的非关联董事的三分之二以上董事审议通过，并提交股东大会审议。

本条所称关联参股公司，是指由上市公司参股且属于本规则第 6.3.3 条规定的上市公司的关联法人（或者其他组织）。

6.3.13 上市公司为关联人提供担保的，除应当经全体非关联董事的过半数审议通过外，还应当经出席董事会会议的非关联董事的三分之二以上董事审议同意并作出决议，并提交股东大会审议。公司为控股股东、实际控制人及其关联人提供担保的，控股股东、实际控制人及其关联人应当提供反担保。

公司因交易导致被担保方成为公司的关联人的，在实施该交易或者关联交易的同时，应当就存续的关联担保履行相应审议程序和信息披露义务。

董事会或者股东大会未审议通过前款规定的关联担保事项的，交易各方应当采取提前终止担保等有效措施。

6.3.14 上市公司与关联人之间进行委托理财等，如因交易频次和时效要求等原因难以对每次投资交易履行审议程序和披露义务的，可以对投资范围、投资额度及期限等进行合理预计，以额度作为计算标准，适用本规则第 6.3.6 条和第 6.3.7 条的规定。

相关额度的使用期限不应超过十二个月，期限内任一时点的交易金额（含前述投资的收益进行再投资的相关金额）不应超过投资额度。

6.3.15 上市公司与关联人发生涉及金融机构的存款、贷款等业务，应当以存款或者贷款的利息为准，适用第 6.3.6 条和第 6.3.7 条的规定。对于上市公司与财务公司发生的关联存款、贷款等业务，由本所另行规定。

6.3.16 上市公司因放弃权利导致与其关联人发生关联交易的，应当按照本规则第 6.1.14 条的标准，适用本规则第 6.3.6 条和第 6.3.7 条的规定。

6.3.17 上市公司与关联人共同投资，应当以上市公司的投资额作为交易金额，适用本规则第 6.3.6 条和第 6.3.7 条的规定。

6.3.18 上市公司关联人单方面受让上市公司拥有权益主体的其他股东的股权或者投资份额等，涉及有关放弃权利情形的，应当按照本规则第 6.1.14 条的标准，适用本规则第 6.3.6 条和第 6.3.7 条的规定；不涉及放弃权利情形，但可能对上市公司的财务状况、经营成果构成重大影响或者导致上市公司与该主体的关联关系发生变化的，上市公司应当及时披露。

6.3.19 上市公司与关联人发生本规则第 6.3.2 条第（二）项至第（六）项所列的与日常经营相关的关联交易事项，应当按照下列标准适用本规则第 6.3.6 条和第 6.3.7 条的规定及时披露和履行审议程序：

（一）首次发生的日常关联交易，公司应当根据协议涉及的交易金额，履行审议程序并及时披露；协议没有具体交易金额的，应当提交股东大会审议。

（二）实际执行时协议主要条款发生重大变化或者协议期满需要续签的，应当根据新修订或者续签协议涉及交易金额为准，履行审议程序并及时披露。

（三）对于每年发生的数量众多的日常关联交易，因需要经常订立新的日常关联交易协议而难以按照本款第（一）项规定将每份协议提交董事会或者股东大会审议的，公司可以按类别合理预计日常关联交易年度金额，履行审议程序并及时披露；实际执行超出预计金额的，应当以超出金额为准及时履行审议程序并披露。

（四）公司与关联人签订的日常关联交易协议期限超过三年的，应当每三年重新履行相关审议程序并披露。

公司应当在年度报告和半年度报告中分类汇总披露日常关联交易的实际履行情况。

6.3.20　上市公司在连续十二个月内发生的下列关联交易，应当按照累计计算的原则分别适用本规则第6.3.6条和第6.3.7条的规定：

（一）与同一关联人进行的交易；

（二）与不同关联人进行的与同一交易标的的交易。

上述同一关联人包括与该关联人受同一主体控制或者相互存在股权控制关系的其他关联人。

6.3.21　上市公司与关联人发生交易或者相关安排涉及未来可能支付或者收取或有对价的，以预计的最高金额为成交金额，适用本规则第6.3.6条和第6.3.7条的规定。

6.3.22　上市公司应当根据关联交易事项的类型披露关联交易的有关内容，包括交易对方、交易标的、交易各方的关联关系说明和关联人基本情况、交易协议的主要内容、交易定价及依据、有关部门审批文件（如有）、中介机构意见（如适用）等。

6.3.23　上市公司与关联人进行交易时涉及相关义务、相关指标计算标准等，本节未规定的，适用本章第一节的规定。

第七章　应当披露的其他重大事项

第一节　股票交易异常波动和传闻澄清

7.1.1　上市公司股票交易根据有关规定被认定为异常波动的，公司应当于次一交易日开市前披露股票交易异常波动公告。

7.1.2　上市公司披露的股票交易异常波动公告应当包括下列内容：

（一）股票交易异常波动情况的说明；

（二）董事会对重要问题的关注、核实情况说明；

（三）向控股股东、实际控制人等的函询情况；

（四）是否存在应披露而未披露信息的声明；

（五）本所要求的其他内容。

7.1.3　上市公司股票交易出现本所业务规则规定的严重异常波动的，应当于次一交易日披露核查公告；无法披露的，应当申请其股票自次一交易日起停牌核查。公司股票应当自披露核查公告之日起复牌。披露日为非交易日的，自次一交易日起复牌。

公司股票交易出现严重异常波动，经公司核查后无应披露而未披露的重大事项，也无法对异常波动原因作出合理解释的，本所可以向市场公告，提示股票交易风险，并视情况实施停牌。

7.1.4 上市公司股票交易出现严重异常波动情形的，公司或者相关信息披露义务人应当核查下列事项：

（一）是否存在导致股票交易严重异常波动的未披露事项；

（二）股价是否严重偏离同行业上市公司合理估值；

（三）是否存在重大风险事项；

（四）其他可能导致股票交易严重异常波动的事项。

公司应当在核查公告中充分提示公司股价严重异常波动的交易风险。

持续督导期内，保荐人及其保荐代表人应当督促上市公司按照本节规定及时进行核查，履行相应信息披露义务。

7.1.5 上市公司股票交易出现本所业务规则规定或者本所认定的异常波动的，本所可以根据异常波动程度和监管需要，采取下列措施：

（一）要求上市公司披露股票交易异常波动公告；

（二）要求上市公司停牌核查并披露核查公告；

（三）向市场提示异常波动股票投资风险；

（四）本所认为必要的其他措施。

7.1.6 传闻可能或者已经对上市公司股票及其衍生品种交易价格产生较大影响的，公司应当及时核实相关情况，并依规披露情况说明公告或者澄清公告。

7.1.7 上市公司披露的澄清公告应当包括下列内容：

（一）传闻内容及其来源；

（二）传闻所涉及事项的真实情况；

（三）相关风险提示（如适用）；

（四）本所要求的其他内容。

第二节 可转换公司债券涉及的重大事项

7.2.1 发生下列可能对可转换公司债券交易或者转让价格产生较大影响的重大事项之一时，上市公司应当及时披露：

（一）《证券法》第八十条第二款、第八十一条第二款规定的重大事项；

（二）因配股、增发、送股、派息、分立、减资及其他原因引起发行人股份变动，需要调整转股价格，或者依据募集说明书或者重组报告书约定的转股价格修正条款修正转股价格；

（三）向不特定对象发行的可转换公司债券未转换的面值总额少于3000万元；

（四）公司信用状况发生重大变化，可能影响如期偿还债券本息；

（五）可转换公司债券担保人发生重大资产变动、重大诉讼、合并、分立等情况；

（六）资信评级机构对可转换公司债券的信用或者公司的信用进行评级并已出具信用评级结果；

（七）本所或者公司认定的其他情形。

7.2.2　上市公司应当在可转换公司债券约定的付息日前三至五个交易日内披露付息公告，在可转换公司债券期满前三至五个交易日内披露本息兑付公告。

7.2.3　上市公司应当在可转换公司债券开始转股前三个交易日内披露实施转股的公告。

7.2.4　上市公司应当持续关注可转换公司债券约定的赎回条件是否满足，预计可能触发赎回条件的，应当在预计赎回条件触发日的五个交易日前至少发布一次风险提示公告。

公司应当在满足可转换公司债券赎回条件的当日决定是否赎回并于次一交易日开市前披露。公司决定行使赎回权的，还应当在满足赎回条件后每五个交易日至少发布一次赎回提示性公告，并在赎回期结束后公告赎回结果及其影响；决定不行使赎回权的，公司应当公告不赎回的具体原因。

7.2.5　上市公司应当在满足可转换公司债券回售条件的次一交易日开市前披露回售公告，此后每五个交易日至少发布一次回售提示性公告，并在回售期结束后公告回售结果及其影响。

经股东大会批准变更募集资金投资项目的，公司应当在股东大会通过后二十个交易日内赋予可转换公司债券持有人一次回售的权利，有关回售公告至少发布三次。其中，在回售实施前、股东大会决议公告后五个交易日内至少发布一次，在回售实施期间至少发布一次，余下一次回售公告的发布时间视需要而定。

7.2.6　发行可转换公司债券的上市公司涉及本所规定应当停止交易或者转让、暂停转股的情形的，应当及时向本所申请并公告。

第三节　合并、分立和分拆

7.3.1　上市公司实施合并、分立、分拆上市的，应当遵守法律法规、本所有关规定，履行相应审议程序和信息披露义务。

公司依据前款规定召开股东大会审议相关议案的，应当经出席股东大会的股东所持表决权的三分之二以上通过。分拆上市的，还应当经出席会议的除上市公司董事、监事、高级管理人员以及单独或者合计持有上市公司5%以上股份的股东以外的其他股东所持表决权的三分之二以上通过。

7.3.2　合并完成后，公司应当办理股份变更登记，按照本规则第三章的规定向本所申请合并后公司的股票及其衍生品种上市。被合并上市公司应当按照本规则第九章的规定终止其股票及其衍生品种的上市。

7.3.3　上市公司拟分拆所属子公司在境内或境外市场上市的，在上市公司首次披露分拆相关公告后，应当及时公告本次分拆上市进展情况。

7.3.4　上市公司所属子公司拟首次公开发行股票并上市的，上市公司董事会应当就所属子公司本次股票发行的具体方案作出决议并提请股东大会审议。

所属子公司拟重组上市的，上市公司董事会应当就本次重组上市的具体方案作出决议并提请股东大会审议。

第四节　重大诉讼和仲裁

7.4.1　上市公司发生的下列诉讼、仲裁事项应当及时披露：

（一）涉案金额超过1000万元，且占上市公司最近一期经审计净资产绝对值10%以上；

（二）涉及上市公司股东大会、董事会决议被申请撤销或者宣告无效的诉讼；

（三）证券纠纷代表人诉讼。

未达到前款标准或者没有具体涉案金额的诉讼、仲裁事项，可能对上市公司股票及其衍生品种交易价格产生较大影响的，公司也应当及时披露。

7.4.2　上市公司连续十二个月内发生的诉讼、仲裁事项，涉案金额累计达到本规则第7.4.1条第一款第（一）项所述标准的，适用本规则第7.4.1条的规定。

已经按照本规则第7.4.1条规定履行披露义务的，不再纳入累计计算范围。

7.4.3　上市公司关于重大诉讼、仲裁事项的公告应当包括下列内容：

（一）案件受理情况和基本案情；

（二）案件对公司本期利润或者期后利润的影响，预计负债计提情况；

（三）公司是否还存在尚未披露的其他诉讼、仲裁事项；

（四）本所要求的其他内容。

7.4.4　上市公司应当及时披露诉讼、仲裁事项的重大进展情况，包括诉讼案件的一审和二审裁判结果、仲裁裁决结果以及裁判、裁决执行情况、对公司的影响等。

第五节　破产事项

7.5.1　上市公司发生重整、和解、清算等破产事项（以下统称破产事项）的，应当按照法律法规、本所有关规定履行相应审议程序和信息披露义务。

上市公司实施预重整等事项的，参照本节规定履行信息披露义务。

7.5.2　上市公司的控股股东、第一大股东、对上市公司经营具有重要影响的子公司或者参股公司发生破产事项，可能对上市公司股票及其衍生品种交易价格产生较大影响的，应当参照本节规定履行信息披露义务。

7.5.3　上市公司出现本规则第九章规定的退市风险警示或者终止上市情形的，应当依据本所有关规定和要求提供相关材料，履行信息披露和申请停牌、复牌等义务。

7.5.4　上市公司应当在董事会作出向法院申请重整、和解或者破产清算的决定时，或者知悉债权人向法院申请公司重整或者破产清算时，及时披露申请情况以及对公司的影响，并作风险提示。

在法院裁定是否受理破产事项前，公司应当每月披露相关进展情况。

7.5.5　法院受理重整、和解或者破产清算申请的，上市公司应当及时披露法院作出裁定的主要内容、指定管理人的基本情况，并明确公司进入破产程序后信息披露事务的责任人。

7.5.6　重整计划涉及引入重整投资人的，上市公司应当及时披露重整投资人的产生机制、基本情况以及投资协议的主要内容等事项。

重整投资人拟取得上市公司股份的，还应当充分披露取得股份的对价、定价依据及公允性、股份锁定安排等相关事项。

7.5.7　上市公司或者管理人应当及时披露债权人会议通知、会议议案的主要内容。在债权人会议审议通过重整计划或者和解协议后，及时披露重整计划、和解协议全文。

重整计划涉及财产变价方案及经营方案，达到本规则规定披露标准的，公司或者管理人应当就相关方案单独履行信息披露义务，并说明方案的具体情况。

7.5.8　重整计划草案涉及出资人权益调整等与股东权利密切相关的重大事项时，应当设出资人组对相关事项进行表决。

出资人组对出资人权益调整相关事项作出决议，必须经出席会议的出资人所持表决权三分之二以上通过。

出资人组会议的召开程序应当参照中国证监会及本所关于召开股东大会的有关规定，公司或者管理人应当提供网络投票方式，为出资人行使表决权提供便利，但法院另有要求的除外。

7.5.9　上市公司或者管理人应当在发出出资人组会议通知时单独披露出资人权益调整方案并说明出资人权益调整的必要性、范围、内容、除权（息）处理原则、是否有利于保护上市公司及中小投资者权益等。

出资人组会议召开后，公司应当及时披露表决结果和律师事务所出具的法律意见书。

7.5.10　法院裁定批准重整计划、和解协议的，上市公司或者管理人应当及时公告裁定内容，并披露重整计划、和解协议全文。重整计划、和解协议与前次披露内容存在差异的，应当说明差异内容及原因。

重整计划或者和解协议未获批准的，公司或者管理人应当及时公告裁定内容及未获批准的原因，并提示公司因被法院宣告破产而股票及其衍生品种可能被终止上市的风险。

7.5.11　在重整计划、和解协议执行期间，上市公司应当及时披露进展情况。重整计划、和解协议执行完毕后，公司应当及时披露相关情况，说明破产事项对公司的影响，并及时披露管理人监督报告和法院裁定内容。

公司不能执行或者不执行重整计划、和解协议的，应当及时披露，说明具体原因、相关责任归属、后续安排等，并提示公司因被法院宣告破产而股票及其衍生品种可能被终止上市的风险。

7.5.12　上市公司采取管理人管理运作模式的，管理人及其成员应当按照《证券法》以及最高人民法院、中国证监会和本所有关规定，真实、准确、完整、及时地履行信息披露义务，并确保对公司所有债权人和股东公平地披露信息。

公司披露的定期报告应当由管理人的成员签署书面确认意见，公司披露的临时报告应当由管理人发布并加盖管理人公章。

7.5.13 上市公司采取管理人监督运作模式的，公司应当继续按照本规则及本所其他规定履行信息披露义务。

管理人应当及时将涉及信息披露的所有事项告知公司董事会，并督促公司董事、监事和高级管理人员勤勉尽责地履行相关义务。

7.5.14 在破产事项中，股东、债权人、重整投资人等持有上市公司股份权益发生变动的，应当按照法律法规和本所有关规定履行信息披露义务。

第六节 会计政策、会计估计变更和资产减值

7.6.1 上市公司不得利用会计政策变更和会计估计变更操纵营业收入、净利润、净资产等财务指标。

7.6.2 上市公司根据法律、行政法规或者国家统一的会计制度的要求变更会计政策的，会计政策变更公告日期不得晚于会计政策变更生效当期的定期报告披露日期。

7.6.3 上市公司自主变更会计政策应当经董事会审议通过，会计政策变更的影响金额达到下列标准之一的，还应当在定期报告披露前提交股东大会审议：

（一）对上市公司最近一个会计年度经审计净利润的影响比例超过50%；

（二）对上市公司最近一期经审计净资产的影响比例超过50%。

本节所述会计政策变更对最近一个会计年度经审计净利润、最近一期经审计净资产的影响比例，是指公司因变更会计政策对最近一个会计年度、最近一期经审计的财务报告进行追溯调整后的公司净利润、净资产与原披露数据的差额除以原披露数据，净资产、净利润为负数的取其绝对值。

7.6.4 上市公司会计政策变更公告应当包括本次会计政策变更情况概述、本次会计政策变更对公司的影响、因会计政策变更对公司最近两年已披露的年度财务报告进行追溯调整导致已披露的报告年度出现盈亏性质改变的说明（如有）等。

公司自主变更会计政策的，除应当在董事会审议通过后及时按照前款规定披露外，还应当公告董事会、审计委员会和监事会对会计政策变更是否符合有关规定的意见；需股东大会审议的，还应当披露会计师事务所出具的专项意见。

7.6.5 上市公司变更重要会计估计的，应当在变更生效当期的定期报告披露前将变更事项提交董事会审议，并在董事会审议通过后比照自主变更会计政策履行披露义务。

会计估计变更的影响金额达到下列标准之一的，公司应当在变更生效当期的定期报告披露前将会计估计变更事项提交股东大会审议，并在不晚于发出股东大会通知时披露会计师的专项意见：

（一）对上市公司最近一个会计年度经审计净利润的影响比例超过50%；

（二）对上市公司最近一期经审计的净资产的影响比例超过50%。

本节所述会计估计变更对最近一个会计年度经审计净利润、最近一期经审计的净资产的影响比例，是指假定公司变更后的会计估计已在最近一个会计年度、最近一期经审计财务报告中适用，据此计算的公司净利润、净资产与原披露数据的差额除以原披露数据，净资产、净利润为负数的取其绝对值。

7.6.6　上市公司计提资产减值准备或者核销资产，对公司当期损益的影响占上市公司最近一个会计年度经审计净利润绝对值的比例达到10%以上且绝对金额超过100万元的，应当及时披露。

第七节　其他

7.7.1　上市公司及有关各方应当依照《上市公司重大资产重组管理办法》及中国证监会其他有关规定、本规则及本所其他有关规定，实施重大资产重组。

7.7.2　上市公司因减少注册资本、实施股权激励或者员工持股计划、将股份用于转换上市公司发行的可转换公司债券以及为维护公司价值及股东权益所必需等而进行的回购，应当依据中国证监会和本所有关规定执行。

7.7.3　上市公司实施股权激励、员工持股计划的，应当符合有关法律法规及本所有关规定，履行相应审议程序和信息披露义务。

7.7.4　上市公司应当建立完善募集资金管理相关制度，按照有关法律法规、本所有关规定以及招股说明书或者其他募集发行文件等所列用途规范使用募集资金，并履行相应审议程序和信息披露义务。

7.7.5　上市公司办理现金选择权业务的，应当遵守法律法规和本所、结算公司的有关规定和公司章程的规定，确保相关股东可以顺利行使现金选择权。

第三方办理现金选择权业务的，应当授权公司代为向本所申请。

7.7.6　上市公司及相关信息披露义务人应当严格遵守承诺事项，按照中国证监会和本所有关规定履行承诺义务。

公司应当将公司和相关信息披露义务人承诺事项从相关信息披露文件中单独摘出，及时逐项在本所网站上予以公开。承诺事项发生变化的，公司应当在本所网站及时更新。

公司未履行承诺的，应当及时披露未履行承诺的原因以及相关人员可能承担的法律责任；相关信息披露义务人未履行承诺的，公司应当主动询问相关信息披露义务人，并及时披露未履行承诺的原因以及董事会拟采取的措施。

公司应当在定期报告中披露承诺事项的履行进展。

7.7.7　上市公司出现下列使公司面临重大风险情形之一的，应当及时披露相关情况及对公司的影响：

（一）发生重大亏损或者遭受重大损失；

（二）发生重大债务和未能清偿到期重大债务的违约情况；

（三）可能依法承担的重大违约责任或者大额赔偿责任；

（四）公司决定解散或者被有权机关依法责令关闭；

（五）重大债权到期未获清偿，或者主要债务人出现资不抵债或者进入破产程序；

（六）公司营业用主要资产被查封、扣押、冻结、抵押、质押或者报废超过总资产的30%；

（七）主要或者全部业务陷入停顿；

（八）公司涉嫌犯罪被依法立案调查，公司的控股股东、实际控制人、董事、监事、高级管理人员涉嫌犯罪被依法采取强制措施；

（九）公司或者其控股股东、实际控制人、董事、监事、高级管理人员受到刑事处罚，涉嫌违法违规被中国证监会立案调查或者受到中国证监会行政处罚，或者受到其他有权机关重大行政处罚；

（十）公司的控股股东、实际控制人、董事、监事、高级管理人员涉嫌严重违纪违法或者职务犯罪被纪检监察机关采取留置措施且影响其履行职责；

（十一）公司董事长或者总经理无法履行职责，除董事长、总经理外的其他公司董事、监事、高级管理人员因身体、工作安排等原因无法正常履行职责达到或者预计达到三个月以上，或者因涉嫌违法违规被有权机关采取强制措施且影响其履行职责；

（十二）本所或者公司认定的其他重大风险情况。

7.7.8　上市公司出现本规则第7.7.7条第（八）项、第（九）项情形且可能触及重大违法强制退市情形的，应当在知悉被相关行政机关立案调查或者被人民检察院提起公诉时及时披露，在其后每月披露一次风险提示公告，说明相关情况进展，并就其股票可能被实施重大违法强制退市进行风险提示。本所或者公司董事会认为有必要的，可以增加风险提示公告的披露次数，并视情况对公司股票及其衍生品种的停牌与复牌作出相应安排。

7.7.9　上市公司出现下列情形之一的，应当及时披露：

（一）变更公司章程、公司名称、股票简称、注册资本、注册地址、办公地址和联系电话等。公司章程发生变更的，还应当将新的公司章程在符合条件媒体披露；

（二）经营方针和经营范围发生重大变化；

（三）依据中国证监会关于行业分类的有关规定，上市公司行业分类发生变更；

（四）董事会审议通过发行新股、可转换公司债券、优先股、公司债券等境内外融资方案；

（五）公司发行新股或者其他境内外发行融资申请、重大资产重组事项收到相应的审核意见；

（六）生产经营情况、外部条件或者生产环境发生重大变化（包括行业政策、产品价格、原材料采购、销售方式等发生重大变化）；

（七）订立重要合同，可能对公司的资产、负债、权益和经营成果产生重大影响；

（八）公司实际控制人或者持有公司5%以上股份的股东持股情况或者控制公司的情况发生或者拟发生较大变化；

（九）法院裁决禁止公司控股股东转让其所持公司股份；

（十）公司的董事、三分之一以上监事、总经理或者财务负责人发生变动；

（十一）任一股东所持公司5%以上股份被质押、冻结、司法标记、司法拍卖、托管、设定信托或者限制表决权等，或者出现被强制过户风险；

（十二）获得额外收益，可能对公司的资产、负债、权益或者经营成果产生重大影响；

（十三）本所或者公司认定的其他情形。

7.7.10　上市公司根据经营及业务发展需要自主变更公司全称或者证券简称的，应当根据实际经营业务情况审慎对待，不得随意变更。

公司变更后的公司名称应当与公司主营业务相匹配，不得利用变更名称影响公司股票及其衍生品种交易价格、误导投资者，不得违反有关法律法规、本规则及本所其他规定。

公司的证券简称应当来源于公司全称，拟变更的证券简称不得与其他上市公司的证券简称相同或者相似，不得出现仅以行业通用名称作为证券简称等情形。

拟变更的证券简称不符合前述规定的，本所可以要求公司纠正，在公司未按要求纠正前，本所不予办理公司证券简称变更事宜。

7.7.11　上市公司应当按规定披露履行社会责任的情况。

公司出现下列情形之一的，应当披露事项概况、发生原因、影响、应对措施或者解决方案：

（一）发生重大环境、生产及产品安全事故；

（二）收到相关部门整改重大违规行为、停产、搬迁、关闭的决定或者通知；

（三）不当使用科学技术或者违反科学伦理；

（四）其他不当履行社会责任的重大事故或者具有负面影响的事项。

7.7.12　本节规定的事项涉及具体金额的，应当参照适用本规则第6.1.2条的规定。

持有上市公司5%以上股份的股东对本节规定事项的发生、进展产生较大影响的，应当及时将其知悉的有关情况书面告知公司，并配合公司履行信息披露义务。

第八章　停牌与复牌

8.1　上市公司发生本规则规定的停牌、复牌事项，应当向本所申请对其股票及其衍生品种停牌与复牌。

本章未有明确规定的，公司可以以本所认为合理的理由，向本所申请对其股票及其衍生品种停牌与复牌，本所视情况决定公司股票及其衍生品种的停牌与复牌事宜。

8.2　上市公司股票被本所实行风险警示或者出现终止上市情形的，公司股票应当按照本规则第九章的有关规定停牌与复牌。

公司股票按本规则第九章规定停牌、复牌的，其衍生品种的停牌、复牌应当与公司股票保持一致。

8.3　上市公司未在法定期限内披露年度报告、半年度报告的，本所于相关定期报告披露期限届满后次一交易日，对该公司股票及其衍生品种实施停牌，后续事宜按照本规则第九章有关规定执行。

公司半数以上董事无法保证年度报告或者半年度报告真实、准确、完整且在相关定期报告披露的法定期限届满前仍有半数以上董事无法保证的，本所于相关定期报告披露期限届满后次一交易日，对该公司股票及其衍生品种实施停牌，后续事宜按照本规则第九章有关规定执行。

8.4　上市公司因财务会计报告存在重大会计差错或者虚假记载，被中国证监会责令改正但未在要求期限内改正的，本所自要求期限届满后次一个交易日起对公司股票及其衍生品种实施停牌，后续事宜按照本规则第九章有关规定执行。

8.5 上市公司信息披露或者规范运作等方面存在重大缺陷，被本所要求改正但未在要求期限内改正的，本所自要求期限届满后次一个交易日起对公司股票及其衍生品种实施停牌，后续事宜按照本规则第九章有关规定执行。

8.6 上市公司出现股本总额发生变化或者因要约收购以外的其他原因导致连续二十个交易日股本总额、股权分布不再具备上市条件的，本所在二十个交易日届满后次一交易日起，对该公司股票及其衍生品种实施停牌，后续事宜按照本规则第九章有关规定执行。

8.7 上市公司因收购人履行要约收购义务，或者收购人以终止上市公司上市地位为目的而发出全面要约的，要约收购期限届满至要约收购结果公告前，公司股票及其衍生品种应当停牌。

根据收购结果，被收购上市公司股本总额、股权分布具备上市条件的，公司股票及其衍生品种于要约收购结果公告后复牌。

根据收购结果，被收购上市公司股本总额、股权分布不再具备上市条件且收购人以终止公司上市地位为收购目的的，公司股票及其衍生品种于要约收购结果公告后继续停牌，并按照本规则第九章有关规定执行。

根据收购结果，被收购上市公司股本总额、股权分布不再具备上市条件但收购人不以终止公司上市地位为收购目的的，公司股票及其衍生品种于要约收购结果公告后继续停牌，并参照本规则第9.4.8条及后续程序执行。

8.8 上市公司股东大会无法正常召开会议并形成决议，且未披露相关情况的，本所于股东大会原定召开日的次一交易日，对该公司股票及其衍生品种实施停牌，公司披露相关信息后复牌。

8.9 传闻出现上市公司尚未披露的信息，可能或者已经对公司股票及其衍生品种交易价格产生较大影响的，本所可以在交易时间对公司股票及其衍生品种实施停牌，公司披露相关公告后复牌。

8.10 上市公司出现股票交易重大异常情形，本所可以对公司股票及其衍生品种实施停牌，并要求公司进行核查，公司披露相关公告后复牌。

公司出现股票衍生品种交易重大异常情形，本所可以对该衍生品种实施停牌，并要求公司进行核查，公司披露相关公告后复牌。

8.11 上市公司实施现金选择权的，可以向本所申请其股票及其衍生品种停牌，并在披露相关公告后复牌。

8.12 上市公司筹划重大事项确有必要申请停牌的，应当根据中国证监会及本所有关规定，向本所申请停牌。

公司应当审慎申请停牌，明确停牌事由，合理确定停牌时间，尽可能缩短停牌时长，并及时申请复牌。

8.13 上市公司在其股票及其衍生品种被实施停牌期间，应当至少每五个交易日披露一次未能复牌的原因和相关事项进展情况，本所另有规定的除外。

8.14 除上述规定外，本所可以依据中国证监会的要求或者基于保护投资者合法权益、维护市场秩序的需要，作出上市公司股票及其衍生品种停牌与复牌的决定。

第九章 退市与风险警示

第一节 一般规定

9.1.1 上市公司触及本章规定终止上市情形的，本所依据本章规定的程序审议和决定其股票终止上市事宜。

本规则所称的退市包括强制终止上市（以下简称强制退市）和主动终止上市。强制退市分为交易类强制退市、财务类强制退市、规范类强制退市和重大违法类强制退市四类情形。

9.1.2 上市公司出现财务状况或者其他状况异常，导致其股票存在终止上市风险，或者投资者难以判断公司前景，其投资权益可能受到损害，存在其他重大风险的，本所依据本章规定程序审议和决定其股票风险警示事宜。

本规则所称的风险警示包括提示存在强制退市风险的风险警示（以下简称退市风险警示）和提示存在其他重大风险的其他风险警示（以下简称其他风险警示）。

公司股票交易被实施退市风险警示的，在股票简称前冠以*ST字样；被实施其他风险警示的，在股票简称前冠以ST字样，以区别于其他股票。公司同时存在退市风险警示和其他风险警示情形的，在股票简称前冠以*ST字样。

退市风险警示股票和其他风险警示股票进入风险警示板交易。

9.1.3 上市公司应当依据本所有关规定和要求提供材料，履行信息披露、停复牌申请等义务。公司未按照有关规定提交公告及相关文件的，本所可以向市场公告，并按照规定对其股票实施停牌、复牌、风险警示或者终止上市等。

9.1.4 上市公司存在股票交易被实施风险警示或者终止上市风险的，应当按照本章有关规定披露风险提示公告。

本所可以视情况要求公司增加风险提示公告的披露次数。

9.1.5 上市公司出现股票交易被实施风险警示情形的，应当披露公司股票交易被实施风险警示公告，公司股票于公告后停牌一个交易日，自复牌之日起，本所对其股票交易实施风险警示。

公司股票交易被实施风险警示公告应当包括股票的种类、简称、证券代码以及实施风险警示的起始日、触及情形；实施风险警示的主要原因；董事会关于争取撤销风险警示的意见及具体措施；股票可能被终止上市的风险提示（如适用）；实施风险警示期间公司接受投资者咨询的主要方式等。

9.1.6 上市公司出现两项以上退市风险警示、终止上市情形的，本所按照先触及先适用的原则对其股票交易实施退市风险警示、终止其股票上市交易。

公司同时存在两项以上退市风险警示情形，其中一项退市风险警示情形已符合撤销条件的，公司应当在规定期限内申请撤销相关退市风险警示情形，经本所审核同意的，不再适用该情形对应的终止上市程序。

公司须符合全部退市风险警示情形的撤销条件，且不存在新增退市风险警示情形的，方可撤销退市风险警示。

公司股票撤销退市风险警示，但还存在应实施其他风险警示情形的，本所根据本章第八节的规定对其股票交易实施其他风险警示。

9.1.7　上市公司认为其出现的其他风险警示情形已消除的，应当及时公告，并可以向本所申请撤销相关其他风险警示情形。

公司全部其他风险警示情形均符合撤销条件，且不存在新增其他风险警示情形的，方可撤销其他风险警示。

公司股票撤销其他风险警示，但还存在应实施退市风险警示情形的，本所根据本章有关规定对其股票交易实施退市风险警示。

9.1.8　上市公司申请撤销风险警示的，应当向本所提交下列文件：

（一）公司关于撤销对其股票交易实施风险警示的申请书；

（二）公司董事会关于申请撤销对公司股票交易实施风险警示的决议；

（三）公司就其符合撤销风险警示条件的说明及有关证明材料；

（四）本所要求的其他有关材料。

9.1.9　上市公司出现本所规定的强制退市情形之一的，本所在规定期限内向公司发出拟终止其股票上市的事先告知书。公司应当在收到本所终止上市事先告知书后及时披露。

9.1.10　上市公司可以在收到或者本所公告送达终止上市事先告知书之日（以在先者为准，下同）起五个交易日内，以书面形式向本所提出听证要求，并载明具体事项及理由。有关听证程序和相关事宜，适用本所有关规定。

公司对终止上市有异议的，可以在收到或者本所公告终止上市事先告知书之日起十个交易日内，向本所提交相关书面陈述和申辩，并提供相关文件。

公司未在本条规定期限内提出听证要求、书面陈述和申辩的，视为放弃相应权利。

9.1.11　本所上市审核委员会（以下简称上市委员会）对上市公司股票终止上市事宜进行审议，作出独立的专业判断并形成审议意见。

上市公司在本规则第9.1.10条规定期限内提出听证要求的，由本所上市委员会按照有关规定组织召开听证会，并在听证程序结束后十五个交易日内就是否终止公司股票上市事宜形成审议意见。

公司未在规定期限内提出听证申请的，本所上市委员会在陈述和申辩提交期限届满后十五个交易日内，就是否终止公司股票上市事宜形成审议意见。

本所根据上市委员会的意见，作出是否终止股票上市的决定。

9.1.12　本所在作出是否撤销风险警示、终止股票上市决定、撤销对公司股票终止上市的决定前，可以要求上市公司提供补充材料，公司应当在本所要求期限内提供有关材料，补充材料期间不计入本所作出有关决定的期限。

公司未在本所要求期限内提交补充材料的，本所继续对相关事项进行审核，并根据本规则作出相关决定。

本所在作出是否撤销风险警示、终止股票上市决定、撤销对公司股票终止上市的决定前，可以自行或者委托相关单位就公司有关情况进行调查核实，调查核实期间不计入本所作出有关决定的期限。

9.1.13　本所在作出终止上市公司股票上市决定之日起两个交易日内，通知上市公司并以交易所公告形式发布相关决定，同时报中国证监会备案。

公司应当在收到本所关于终止其股票上市的决定后，及时披露股票终止上市公告。股票终止上市公告应当包括终止上市股票的种类、简称、证券代码以及终止上市的日期；终止上市决定的主要内容；终止上市后其股票登记、转让、管理事宜；终止上市后公司的联系人、联系地址、电话和其他通讯方式等。

本所决定不对公司股票实施终止上市的，公司应当在收到本所相关决定后，及时披露并申请股票复牌。公司股票不存在其他退市风险警示情形的，自复牌之日起，本所撤销对公司股票实施的退市风险警示。

9.1.14　上市公司股票被终止上市的，其发行的可转换公司债券及其他衍生品种应当终止上市，相关终止上市事宜参照股票终止上市有关规定办理。

本所对可转换公司债券及其他衍生品种的终止上市事宜另有规定的，适用其规定。

9.1.15　上市公司股票被本所强制退市后，进入退市整理期，因触及交易类强制退市情形而终止上市的除外。

9.1.16　强制退市公司应当在本所作出终止其股票上市决定后立即安排股票转入全国中小企业股份转让系统等证券交易场所转让的相关事宜，保证公司股票在摘牌之日起四十五个交易日内可以转让。

强制退市公司在股票被摘牌前，应当与符合规定条件的证券公司（以下简称主办券商）签订协议，聘请该机构在公司股票被终止上市后为公司提供股份转让服务，并授权其办理证券交易所市场登记结算系统的股份退出登记、股份重新确认及登记结算等事宜。

强制退市公司未聘请主办券商的，本所可以为其指定主办券商，并通知公司和该机构。公司应当在两个交易日内就上述事项披露相关公告（公司不再具备法人资格的情形除外）。

主动终止上市公司可以选择在全国中小企业股份转让系统等证券交易场所交易或转让其股票，或者依法作出其他安排。

第二节　交易类强制退市

9.2.1　上市公司出现下列情形之一的，本所终止其股票上市交易：

（一）在本所仅发行 A 股股票的公司，通过本所交易系统连续一百二十个交易日股票累计成交量低于 500 万股；

（二）在本所仅发行 B 股股票的公司，通过本所交易系统连续一百二十个交易日股票累计成交量低于 100 万股；

（三）在本所既发行 A 股股票又发行 B 股股票的公司，通过本所交易系统连续一百二十个交易日其 A 股股票累计成交量低于 500 万股且其 B 股股票累计成交量低于 100 万股；

（四）在本所仅发行A股股票或者仅发行B股股票的公司，通过本所交易系统连续二十个交易日的每日股票收盘价均低于1元；

（五）在本所既发行A股股票又发行B股股票的公司，通过本所交易系统连续二十个交易日的A股和B股每日股票收盘价同时均低于1元；

（六）公司连续二十个交易日在本所的股票收盘市值均低于3亿元；

（七）公司连续二十个交易日股东人数均少于2000人；

（八）本所认定的其他情形。

在本所发行存托凭证的红筹企业出现下列情形之一的，本所决定终止其存托凭证上市交易：

（一）通过本所交易系统连续一百二十个交易日存托凭证累计成交量低于500万份；

（二）通过本所交易系统连续二十个交易日每日存托凭证收盘价乘以存托凭证与基础股票转换比例后的数值均低于1元；

（三）连续二十个交易日在本所的每日存托凭证收盘市值均低于3亿元；

（四）本所认定的其他情形。

本节规定的连续交易日，不包含公司股票或者存托凭证全天停牌日和公司首次公开发行股票或者存托凭证上市之日起的二十个交易日。

证券市场出现重大异常波动等情形的，本所可以根据实际情况调整本条规定的指标。

9.2.2 在本所仅发行A股股票的上市公司，出现连续九十个交易日通过本所交易系统实现的累计股票成交量低于500万股的，应当在次一交易日开市前披露公司股票可能被终止上市的风险提示公告，其后每个交易日披露一次，直至自上述九十个交易日的起算时点起连续一百二十个交易日内通过本所交易系统实现的累计成交量达到500万股以上或者本所作出公司股票终止上市的决定之日止（以在先者为准）。

在本所仅发行B股股票的公司，出现连续九十个交易日通过本所交易系统实现的累计股票成交量低于100万股的，应当在次一交易日开市前披露公司股票可能被终止上市的风险提示公告，其后每个交易日披露一次，直至自上述九十个交易日的起算时点起连续一百二十个交易日内通过本所交易系统实现的累计成交量达到100万股以上或者本所作出公司股票终止上市的决定之日止（以在先者为准）。

在本所既发行A股股票又发行B股股票的公司，出现连续九十个交易日通过本所交易系统实现的A股股票累计成交量低于500万股且B股股票累计成交量低于100万股的，应当在次一交易日开市前披露公司股票可能被终止上市的风险提示公告，其后每个交易日披露一次，直至自上述九十个交易日的起算时点起连续一百二十个交易日内A股股票通过本所交易系统实现的累计成交量达到500万股以上或者B股股票通过本所交易系统实现的累计成交量达到100万股以上，或者本所作出公司股票终止上市的决定之日止（以在先者为准）。

在本所发行存托凭证的红筹企业，出现连续九十个交易日通过本所交易系统实现的存托凭证累计成交量低于500万份的，应当在次一交易日开市前披露公司存托凭证可能被终止上市的风险提示公告，其后每个交易日披露一次，直至自上述九十个交易日的起算时点起连续一百二十个交易日内通过本所交易系统实现的累计成交量达到500万份以上或者本所作出公司存托凭证终止上市的决定之日止（以在先者为准）。

本所可以根据实际情况，对上述风险提示标准进行调整。

9.2.3 上市公司连续十个交易日出现下列情形之一的，应当在次一交易日开市前披露公司股票可能被终止上市的风险提示公告，其后每个交易日披露一次，直至相应的情形消除或者本所作出公司股票终止上市的决定之日止（以在先者为准）：

（一）每日股票收盘价均低于1元；

（二）每日在本所的股票收盘市值均低于3亿元；

（三）每日公司股东人数均低于2000人。

在本所发行存托凭证的红筹企业连续十个交易日出现下列情形之一的，应当在次一交易日开市前披露公司存托凭证可能被终止上市的风险提示公告，其后每个交易日披露一次，直至相应的情形消除或者本所作出公司存托凭证终止上市的决定之日止（以在先者为准）：

（一）每日存托凭证收盘价乘以存托凭证与基础股票转换比例后的数值均低于1元；

（二）每日在本所的存托凭证收盘市值均低于3亿元。

本所可以根据实际情况，对上述风险提示标准进行调整。

9.2.4 上市公司出现本规则第9.2.1条第一款或者在本所发行存托凭证的红筹企业出现本规则第9.2.1条第二款规定情形之一的，应当在事实发生的次一交易日开市前披露，公司股票或者存托凭证于公告后停牌。

本所自公司股票或者存托凭证停牌之日起五个交易日内，向公司发出拟终止其股票或者存托凭证上市的事先告知书。

9.2.5 上市公司收到终止上市事先告知书后，可以根据本章第一节的规定申请听证，提出陈述和申辩。

本所上市委员会就是否终止公司股票或者存托凭证上市事宜进行审议。本所根据上市委员会的审议意见作出是否终止公司股票或者存托凭证上市的决定。

第三节 财务类强制退市

9.3.1 上市公司出现下列情形之一的，本所对其股票交易实施退市风险警示：

（一）最近一个会计年度经审计的净利润为负值且营业收入低于1亿元，或者追溯重述后最近一个会计年度净利润为负值且营业收入低于1亿元；

（二）最近一个会计年度经审计的期末净资产为负值，或者追溯重述后最近一个会计年度期末净资产为负值；

（三）最近一个会计年度的财务会计报告被出具无法表示意见或者否定意见的审计报告；

（四）中国证监会行政处罚决定书表明公司已披露的最近一个会计年度财务报告存在虚假记载、误导性陈述或者重大遗漏，导致该年度相关财务指标实际已触及本款第（一）项、第（二）项情形；

（五）本所认定的其他情形。

本节所述净利润以扣除非经常性损益前后孰低者为准。本节所述营业收入应当扣除与主营业务无关的业务收入和不具备商业实质的收入。本节所述最近一个会计年度是指最近一个已经披露经审计财务会计报告的年度。

公司最近一个会计年度经审计净利润为负值的，公司应当在年度报告中披露营业收入扣除情况及扣除后的营业收入金额；负责审计的会计师事务所应当就公司营业收入扣除事项是否符合前述规定及扣除后的营业收入金额出具专项核查意见。

公司未按本条第二款规定扣除相关收入的，本所可以要求公司扣除，并按照扣除后营业收入决定是否对公司股票实施退市风险警示、终止上市。

9.3.2　上市公司预计将出现本规则第 9.3.1 条第一款第（一）项至第（三）项情形的，应当在相应的会计年度结束后一个月内，披露公司股票交易可能被实施退市风险警示的风险提示公告，并在披露年度报告前至少再披露两次风险提示公告。

公司因追溯重述导致可能出现本规则第 9.3.1 条第一款第（一）项、第（二）项情形，或者相关行政处罚事先告知书表明公司可能出现本规则第 9.3.1 条第一款第（四）项情形的，应当在知悉相关风险情况时立即披露公司股票交易可能被实施退市风险警示的风险提示公告。

9.3.3　上市公司出现本规则第 9.3.1 条第一款第（一）项至第（三）项情形的，应当在披露年度报告或者追溯重述的财务数据的同时，披露公司股票交易被实施退市风险警示公告。公司股票于公告后停牌一个交易日，自复牌之日起，本所对公司股票交易实施退市风险警示。

9.3.4　上市公司出现本规则第 9.3.1 条第一款第（四）项情形的，应当在收到行政处罚决定书后，立即披露相关情况及公司股票交易被实施退市风险警示公告。公司股票于公告后停牌一个交易日，自复牌之日起，本所对公司股票交易实施退市风险警示。

9.3.5　上市公司因出现本规则第 9.3.1 条第一款第（一）项至第（三）项情形，其股票交易被实施退市风险警示的，应当在其股票交易被实施退市风险警示当年会计年度结束后一个月内，披露股票可能被终止上市的风险提示公告，并在披露该年年度报告前至少再披露两次风险提示公告。

公司因追溯重述导致出现本规则第 9.3.1 条第一款第（一）项、第（二）项情形，或者出现本规则第 9.3.1 条第一款第（四）项情形，其股票交易被实施退市风险警示的，应当在披露实际触及退市风险警示指标相应年度次一年度的年度报告前至少披露两次风险提示公告。

9.3.6　上市公司股票交易因本规则第 9.3.1 条规定情形被本所实施退市风险警示的，在退市风险警示期间，公司进行重大资产重组且符合下列全部条件的，可以向本所申请对其股票交易撤销退市风险警示：

（一）根据中国证监会有关重大资产重组规定出售全部经营性资产和负债、购买其他资产且已实施完毕；

（二）通过购买进入公司的资产是一个完整经营主体，该经营主体在进入公司前已在同一管理层之下持续经营三年以上；

（三）公司模拟财务报表（经会计师事务所出具专项说明）的财务数据不存在本规则第 9.3.1 条第一款规定的情形；

（四）本所要求的其他条件。

9.3.7　上市公司因触及本规则第 9.3.1 条第一款第（一）项至第（三）项情形，其股票交易被实施退市风险警示后，首个会计年度的年度报告表明公司符合不存在本规则第 9.3.11 条第一款第（一）项至第（四）项任一情形的条件的，公司可以向本所申请对其股票交易撤销退市风险警示。

公司追溯重述导致出现本规则第 9.3.1 条第一款第（一）项、第（二）项情形，或者因触及本规则 9.3.1 条第一款第（四）项情形，其股票交易被实施退市风险警示后，实际触及退市风险警示指标相应年度次一年度的年度报告表明公司符合不存在本规则第 9.3.11 条第一款第（一）项至第（四）项任一情形的条件的，公司可以向本所申请对其股票交易撤销退市风险警示。

9.3.8　上市公司符合本规则第 9.3.7 条规定条件的，应当于年度报告披露的同时说明是否将向本所申请撤销退市风险警示。公司拟申请撤销退市风险警示的，应当在披露之日起五个交易日内向本所提交申请。

公司向本所申请对其股票交易撤销退市风险警示的，应当于提交申请的次一交易日开市前披露相关公告。

公司提交完备的撤销退市风险警示申请材料的，本所在十五个交易日内决定是否撤销退市风险警示。

9.3.9　本所决定撤销退市风险警示的，上市公司应当及时披露公司股票撤销退市风险警示公告，公司股票于公告后停牌一个交易日，自复牌之日起，本所撤销对公司股票交易的退市风险警示。

9.3.10　本所决定不予撤销退市风险警示的，上市公司应当在收到本所有关书面通知的次一交易日开市前披露公告。

9.3.11　上市公司因触及本规则第 9.3.1 条第一款第（一）项至第（三）项情形其股票交易被实施退市风险警示后，首个会计年度出现下列情形之一的，本所决定终止其股票上市交易：

（一）经审计的净利润为负值且营业收入低于 1 亿元，或者追溯重述后最近一个会计年度净利润为负值且营业收入低于 1 亿元；

（二）经审计的期末净资产为负值，或者追溯重述后最近一个会计年度期末净资产为负值；

（三）财务会计报告被出具保留意见、无法表示意见或者否定意见的审计报告；

（四）未在法定期限内披露过半数董事保证真实、准确、完整的年度报告；

（五）虽符合第 9.3.7 条的规定，但未在规定期限内向本所申请撤销退市风险警示；

（六）因不符合第 9.3.7 条的规定，其撤销退市风险警示申请未被本所审核同意。

公司追溯重述导致出现本规则第 9.3.1 条第一款第（一）项、第（二）项情形，或者因触及第 9. 3. 1 条第一款第（四）项情形其股票交易被实施退市风险警示后，出现前款第（四）项至第（六）项情形或者实际触及退市风险警示指标相应年度的次一年度出现前款第（一）项至第（三）项情形的，本所决定终止其股票上市交易。

9. 3. 12 上市公司出现本规则第 9. 3. 11 条第一款第（一）项至第（三）项情形的，应当在年度报告披露的同时披露公司股票可能被终止上市的风险提示公告。公司股票于公告后停牌。

公司出现本规则第 9. 3. 11 条第一款第（四）项至第（六）项情形的，应当在发生上述情形次一交易日开市前披露公司股票可能被终止上市的风险提示公告。公司股票于公告后停牌。

公司出现本规则第 9. 3. 11 条第二款情形的，按照本条前两款执行。

9. 3. 13 本所根据本规则第 9. 3. 12 条对公司股票实施停牌的，自停牌之日起五个交易日内，向公司发出拟终止其股票上市的事先告知书。

9. 3. 14 上市公司收到终止上市事先告知书后，可以根据本章第一节的规定申请听证，提出陈述和申辩。

本所上市委员会就是否终止公司股票上市事宜进行审议。本所根据上市委员会的审议意见作出是否终止公司股票上市的决定。

9. 3. 15 上市公司因触及本规则第 9. 3. 11 条第二款有关情形其股票被终止上市，相关行政处罚决定被依法撤销或者确认无效，或者因对违法行为性质、违法事实等的认定发生重大变化被依法变更的，参照本规则第 9. 5. 9 条至第 9. 5. 13 条规定的程序办理。

第四节 规范类强制退市

9. 4. 1 上市公司出现下列情形之一的，本所对其股票交易实施退市风险警示：

（一）未在法定期限内披露年度报告或者半年度报告，且在公司股票停牌两个月内仍未披露；

（二）半数以上董事无法保证年度报告或者半年度报告真实、准确、完整，且在公司股票停牌两个月内仍有半数以上董事无法保证；

（三）因财务会计报告存在重大会计差错或者虚假记载，被中国证监会责令改正但未在要求期限内改正，且在公司股票停牌两个月内仍未改正；

（四）因信息披露或者规范运作等方面存在重大缺陷，被本所要求改正但未在要求期限内改正，且在公司股票停牌两个月内仍未改正；

（五）因公司股本总额或者股权分布发生变化，导致连续二十个交易日股本总额、股权分布不再具备上市条件，在规定期限内仍未解决；

（六）公司可能被依法强制解散；

（七）法院依法受理公司重整、和解或者破产清算申请；

（八）本所认定的其他情形。

9. 4. 2 本规则第 9. 4. 1 条第（四）项所述信息披露或者规范运作等方面存在重大缺陷，为下列情形之一：

（一）公司已经失去信息披露联系渠道；

（二）公司拒不披露应当披露的重大信息；

（三）公司严重扰乱信息披露秩序，并造成恶劣影响；

（四）本所认为公司存在信息披露或者规范运作重大缺陷的其他情形。

9.4.3 上市公司是否存在信息披露或者规范运作重大缺陷，及前述重大缺陷是否改正，由本所上市委员会予以认定。上市委员会认定期间不计入公司改正期限。

9.4.4 上市公司出现下列情形之一的，应当立即披露股票交易可能被实施退市风险警示的风险提示公告：

（一）未在法定期限内披露年度报告或者半年度报告；

（二）半数以上董事无法保证年度报告或者半年度报告真实、准确、完整；

（三）因财务会计报告存在重大会计差错或者虚假记载，被中国证监会责令改正；

（四）因信息披露或者规范运作等方面存在重大缺陷，被本所要求改正；

（五）连续十个交易日股本总额或者股权分布不再具备上市条件；

（六）连续二十个交易日股本总额或者股权分布不再具备上市条件。

公司按照前款第（一）项至第（四）项、第（六）项规定披露风险提示公告后，应当至少每十个交易日披露一次相关进展情况和风险提示公告，直至相应情形消除或者公司股票交易被本所实施退市风险警示。

9.4.5 上市公司出现本规则第9.4.1条第（一）项情形的，公司应当在其股票停牌两个月届满的次一交易日开市前披露公司股票交易被实施退市风险警示公告。公司股票于公告后继续停牌一个交易日，自复牌之日起，本所对公司股票交易实施退市风险警示。

公司在股票停牌后两个月内披露过半数董事保证真实、准确、完整的年度报告、半年度报告的，公司股票于公告后复牌。

9.4.6 上市公司出现本规则第9.4.1条第（二）项情形的，公司应当在其股票停牌两个月届满的次一交易日开市前披露公司股票交易被实施退市风险警示公告。公司股票于公告后继续停牌一个交易日，自复牌之日起，本所对公司股票交易实施退市风险警示。

公司在股票停牌后两个月内过半数董事保证年度报告、半年度报告真实、准确、完整的，应当及时公告，公司股票于公告后复牌。

9.4.7 上市公司出现本规则第9.4.1条第（三）项、第（四）项情形的，公司应当在其股票停牌两个月届满的次一交易日开市前披露公司股票交易被实施退市风险警示公告。公司股票于公告后继续停牌一个交易日，自复牌之日起，本所对公司股票交易实施退市风险警示。

公司在股票停牌后两个月内按照有关规定和要求改正的，应当及时公告，公司股票于公告后复牌。

9.4.8 上市公司连续二十个交易日股本总额、股权分布不再具备上市条件的，应当于停牌之日起一个月内披露股本总额、股权分布问题的解决方案。

公司在股票停牌后一个月内披露解决方案的，应当同时披露公司股票交易被实施退市风险警示公告；未在股票停牌后一个月内披露解决方案的，应当在一个月期限届满的次一交易日开市前披露公司股票交易被实施退市风险警示公告。公司股票于公告后继续停牌一个交易日，自复牌之日起，本所对公司股票交易实施退市风险警示。

股票停牌期间，公司股本总额、股权分布重新具备上市条件的，应当及时公告，公司股票于公告后复牌。

9.4.9　上市公司出现本规则第9.4.1条第（六）项至第（八）项情形之一的，应当立即披露相关情况及公司股票交易被实施退市风险警示公告。公司股票于公告后停牌一个交易日，自复牌之日起，本所对公司股票交易实施退市风险警示。

9.4.10　上市公司股票交易因本节规定被实施退市风险警示期间，应当至少每五个交易日披露一次公司股票可能被终止上市的风险提示公告，直至相应情形消除或者本所终止其股票上市。

9.4.11　上市公司因本规则第9.4.1条第（七）项情形其股票交易被实施退市风险警示的，应当分阶段及时披露法院裁定批准公司重整计划、和解协议或者终止重整、和解程序等重整事项的进展，并提示相关风险。

9.4.12　上市公司因本规则第9.4.1条第（一）项至第（六）项情形其股票交易被实施退市风险警示后，符合下列对应条件的，可以向本所申请对其股票交易撤销退市风险警示：

（一）因第9.4.1条第（一）项情形被实施退市风险警示之日起的两个月内，披露相关年度报告、半年度报告，且不存在半数以上董事无法保证真实、准确、完整情形；

（二）因第9.4.1条第（二）项情形被实施退市风险警示之日起的两个月内，过半数董事保证相关年度报告、半年度报告真实、准确、完整；

（三）因第9.4.1条第（三）项情形被实施退市风险警示之日起的两个月内，按有关规定和要求披露经改正的财务会计报告；

（四）因第9.4.1条第（四）项情形被实施退市风险警示之日起的两个月内，公司已改正，公司信息披露和规范运作无重大缺陷；

（五）因第9.4.1条第（五）项情形被实施退市风险警示之日起的六个月内，公司股本总额、股权分布重新具备上市条件；

（六）因第9.4.1条第（六）项情形被实施退市风险警示后，公司可能被依法强制解散的情形已消除。

公司因符合前款第（四）项情形向本所申请对其股票交易撤销退市风险警示的，应当按照本所要求同时披露中介机构专项核查意见，说明公司信息披露、规范运作无重大缺陷，本所提请上市委员会审议，并根据上市委员会的审议意见作出是否撤销退市风险警示的决定。

上市委员会审议期间不计入本所作出相应决定的期限。

9.4.13　上市公司因第9.4.1条第（七）项情形其股票交易被实施退市风险警示后，符合下列条件之一的，可以向本所申请对其股票交易撤销退市风险警示：

（一）重整计划执行完毕；

（二）和解协议执行完毕；

（三）法院受理破产申请后至破产宣告前，依据《企业破产法》作出驳回破产申请的裁定且裁定已生效；

（四）因公司已清偿全部到期债务、第三人为公司提供足额担保或者清偿全部到期债务，法院受理破产申请后至破产宣告前，依据《企业破产法》作出终结破产程序的裁定。

公司因前款第（一）项、第（二）项情形向本所申请撤销对其股票交易实施的退市风险警示的，应当提交法院指定管理人出具的监督报告、律师事务所出具的对公司重整计划或者和解协议执行情况的法律意见书，以及本所要求的其他说明文件。

9.4.14　上市公司符合本规则第9.4.12条、第9.4.13条规定条件的，应当于相关情形出现后及时披露，并说明是否向本所申请撤销退市风险警示。公司拟申请撤销退市风险警示的，应当在披露之日起五个交易日内向本所提交申请。

公司向本所申请对其股票交易撤销退市风险警示的，应当于提交申请的次一交易日开市前披露相关公告。

公司提交完备的撤销退市风险警示申请材料的，本所在十五个交易日内作出是否同意其股票交易撤销退市风险警示的决定。

9.4.15　本所决定撤销退市风险警示的，公司应当及时披露撤销退市风险警示公告。公司股票于公告后停牌一个交易日，自复牌之日起，本所撤销对公司股票交易的退市风险警示。

9.4.16　本所决定不予撤销退市风险警示的，上市公司应当在收到本所有关书面通知的次一交易日开市前披露公告。

9.4.17　上市公司出现下列情形之一的，本所决定终止其股票上市交易：

（一）因第9.4.1条第（一）项情形其股票交易被实施退市风险警示之日起的两个月内仍未披露过半数董事保证真实、准确、完整的相关年度报告或者半年度报告；

（二）因第9.4.1条第（二）项情形其股票交易被实施退市风险警示之日起的两个月内仍有半数以上董事无法保证年度报告或者半年度报告的真实、准确、完整；

（三）因第9.4.1条第（三）项情形其股票交易被实施退市风险警示之日起的两个月内仍未披露经改正的财务会计报告；

（四）因第9.4.1条第（四）项情形其股票交易被实施退市风险警示之日起的两个月内仍未改正的；

（五）因第9.4.1条第（五）项情形其股票交易被实施退市风险警示之日起的六个月内股本总额或者股权分布仍不具备上市条件的；

（六）因第9.4.1条第（六）项、第（七）项情形其股票交易被实施退市风险警示，公司依法被吊销营业执照、被责令关闭或者被撤销等强制解散条件成就，或者法院裁定公司破产的；

（七）虽符合第9.4.12条和第9.4.13条规定的条件，但未在规定期限内向本所申请撤销退市风险警示；

（八）因不符合第9.4.12条和第9.4.13条规定的条件，其撤销退市风险警示申请未被本所审核同意。

9.4.18　上市公司出现本规则第 9.4.17 条情形的，应当在次一交易日开市前披露公司股票可能被终止上市的风险提示公告，公司股票于公告后停牌。

9.4.19　本所根据本规则第 9.4.18 条对公司股票实施停牌的，自停牌之日起五个交易日内，向公司发出拟终止其股票上市的事先告知书。

9.4.20　上市公司收到终止上市事先告知书后，可以根据本章第一节的规定申请听证，提出陈述和申辩。

本所上市委员会就是否终止公司股票上市事宜进行审议。本所根据上市委员会的审议意见作出是否终止公司股票上市的决定。

第五节　重大违法强制退市

9.5.1　本规则所称重大违法强制退市，包括下列情形：

（一）上市公司存在欺诈发行、重大信息披露违法或者其他严重损害证券市场秩序的重大违法行为，其股票应当被终止上市的情形；

（二）公司存在涉及国家安全、公共安全、生态安全、生产安全和公众健康安全等领域的违法行为，情节恶劣，严重损害国家利益、社会公共利益，或者严重影响上市地位，其股票应当被终止上市的情形。

9.5.2　上市公司涉及本规则第 9.5.1 条第（一）项规定的重大违法行为，存在下列情形之一的，本所决定终止其股票上市交易：

（一）公司首次公开发行股票申请或者披露文件存在虚假记载、误导性陈述或者重大遗漏，被中国证监会依据《证券法》第一百八十一条作出行政处罚决定，或者被人民法院依据《刑法》第一百六十条作出有罪裁判且生效。

（二）公司发行股份购买资产并构成重组上市，申请或者披露文件存在虚假记载、误导性陈述或者重大遗漏，被中国证监会依据《证券法》第一百八十一条作出行政处罚决定，或者被人民法院依据《刑法》第一百六十条作出有罪裁判且生效。

（三）根据中国证监会行政处罚决定认定的事实，公司披露的年度报告存在虚假记载、误导性陈述或者重大遗漏，导致公司 2015 年度至 2020 年度内的任意连续会计年度财务类指标已实际触及相应年度的终止上市情形，或者导致公司 2020 年度及以后年度的任意连续会计年度财务类指标已实际触及本章第三节规定的终止上市情形。

（四）根据中国证监会行政处罚决定认定的事实，公司披露的 2020 年度及以后年度营业收入连续两年均存在虚假记载，虚假记载的营业收入金额合计达到 5 亿元以上，且超过该两年披露的年度营业收入合计金额的 50%；或者公司披露的 2020 年度及以后年度净利润连续两年均存在虚假记载，虚假记载的净利润金额合计达到 5 亿元以上，且超过该两年披露的年度净利润合计金额的 50%；或者公司披露的 2020 年度及以后年度利润总额连续两年均存在虚假记载，虚假记载的利润总额金额合计达到 5 亿元以上，且超过该两年披露的年度利润总额合计金额的 50%；或者公司披露的 2020 年度及以后年度资产负债表连续两年均存在虚假记载，资产负债表虚假记载金额合计达到 5 亿元以上，且超过该两年披露的年度期末净资产合计金额的 50%。计算前述合计数时，相关财务数据为负值的，先取其绝对值后再合计计算。

（五）本所根据公司违法行为的事实、性质、情节及社会影响等因素认定的其他严重损害证券市场秩序的情形。

前款第（一）项、第（二）项统称欺诈发行强制退市情形，第（三）项至第（五）项统称重大信息披露违法强制退市情形。

9.5.3　本节第9.5.2条第一款第（三）项所称2015年度至2020年度内的任意连续会计年度财务类指标已实际触及相应年度的终止上市情形，是指下列情形之一：

（一）连续三个会计年度经审计的净利润为负值，第四个会计年度存在扣除非经常性损益前后的净利润孰低者为负值、期末净资产为负值、营业收入低于1000万元或者被会计师事务所出具保留意见、无法表示意见、否定意见的审计报告等四种情形之一；

（二）连续两个会计年度经审计的期末净资产为负值，第三个会计年度存在扣除非经常性损益前后的净利润孰低者为负值、期末净资产为负值、营业收入低于1000万元或者被会计师事务所出具保留意见、无法表示意见、否定意见的审计报告等四种情形之一；

（三）连续两个会计年度经审计的营业收入低于1000万元，第三个会计年度存在扣除非经常性损益前后的净利润孰低者为负值、期末净资产为负值、营业收入低于1000万元或者被会计师事务所出具保留意见、无法表示意见、否定意见的审计报告等四种情形之一；

（四）连续两个会计年度的财务会计报告被会计师事务所出具无法表示意见或者否定意见的审计报告，第三个会计年度存在扣除非经常性损益前后的净利润孰低者为负值、期末净资产为负值、营业收入低于1000万元或者被会计师事务所出具保留意见、无法表示意见、否定意见的审计报告等四种情形之一；

（五）相应年度的《深圳证券交易所股票上市规则》规定的其他与财务类指标相关的终止上市情形。

9.5.4　上市公司涉及本规则第9.5.1条第（二）项规定的重大违法行为，存在下列情形之一的，本所决定终止其股票上市交易：

（一）公司或者其主要子公司被依法吊销营业执照、责令关闭或者被撤销；

（二）公司或者其主要子公司被依法吊销主营业务生产经营许可证，或者存在丧失继续生产经营法律资格的其他情形；

（三）本所根据公司重大违法行为损害国家利益、社会公共利益的严重程度，结合公司承担法律责任类型、对公司生产经营和上市地位的影响程度等情形，认为公司股票应当终止上市的。

9.5.5　依据相关行政处罚事先告知书、人民法院裁判认定的事实，上市公司可能触及本规则第9.5.2条或者第9.5.4条规定情形的，公司应当在知悉相关行政机关向其送达行政处罚事先告知书或者知悉人民法院作出有罪裁判后立即披露相关情况及公司股票交易被实施退市风险警示公告。公司股票于公告后停牌一个交易日，自复牌之日起，本所对公司股票交易实施退市风险警示。

公司因前款情形其股票交易被实施退市风险警示期间，应当每五个交易日披露一次相关事项进展情况并就公司股票可能被实施重大违法强制退市进行风险提示。

9.5.6 依据相关行政机关行政处罚决定、人民法院生效裁判认定的事实，上市公司可能触及本规则第9.5.2条或者第9.5.4条规定情形的，公司应当在收到相关行政机关行政处罚决定书，或者人民法院裁判生效后立即披露相关情况及公司股票可能被终止上市的风险提示公告，公司股票于公告后停牌。

公司未触及本规则第9.5.2条、第9.5.4条规定情形的，应当及时披露相关情况。公司股票于公告披露后停牌一个交易日，自复牌之日起，本所撤销对公司股票交易的退市风险警示。

9.5.7 上市公司触及本节规定的重大违法强制退市情形的，本所在公司披露或者本所向市场公告相关行政机关行政处罚决定书或者人民法院生效裁判后的十五个交易日内，向公司发出终止上市事先告知书。

本所在发出终止上市事先告知书前可以要求公司补充材料，公司应当在本所要求期限内提供有关材料，补充材料期间不计入前款所述十五个交易日。未在要求期限内补充材料的，本所将在要求期限届满后按照前款规定发出终止上市事先告知书。本所可以自行或者委托相关单位就公司相关情况进行调查核实，调查核实期间不计入前款所述十五个交易日。

9.5.8 上市公司收到终止上市事先告知书后，可以根据本章第一节的规定申请听证，提出陈述和申辩。

本所上市委员会就是否终止公司股票上市事宜进行审议。本所根据上市委员会的审议意见作出是否终止公司股票上市的决定。

9.5.9 上市公司因触及重大违法强制退市情形，其股票被终止上市后，出现下列情形之一的，可以向本所申请撤销对其股票终止上市的决定：

（一）相关行政处罚决定被依法撤销或者确认无效，或者因对违法行为性质、违法事实等的认定发生重大变化，被依法变更；

（二）人民法院有罪裁判被依法撤销，且未作出新的有罪裁判。

公司向本所申请撤销对其股票终止上市的，应当在收到相关文件或者法律文书后的三十个交易日内向本所提交下列文件：

（一）公司关于撤销对其股票终止上市的申请书；

（二）公司董事会关于申请撤销对公司股票终止上市的决议；

（三）相关行政处罚决定书被依法撤销、确认无效或者变更的证明文件，或者人民法院的相关裁判文书；

（四）法律意见书；

（五）本所要求的其他有关材料。

9.5.10 本所自收到上市公司按照本规则第9.5.9条规定提出的撤销申请之日起的十五个交易日内，召开上市委员会会议，审议是否撤销对公司股票作出的终止上市决定，并形成审议意见。

本所根据上市委员会的审议意见，作出是否撤销对公司股票终止上市的决定。

9.5.11　本所同意撤销对公司股票终止上市决定的，在作出撤销决定之日起两个交易日内通知公司，同时报中国证监会备案。

9.5.12　在收到本所撤销决定后的二十个交易日内，公司可以向本所提出恢复其股票正常交易的书面申请，并向本所提交下列申请文件：

（一）公司关于恢复其股票正常交易的申请书；

（二）公司董事会关于申请恢复其股票正常交易的决议；

（三）公司股东大会关于申请恢复其股票正常交易的决议；

（四）保荐人出具的保荐意见；

（五）法律意见书；

（六）公司最近一年又一期经审计财务报告；

（七）公司前十大股东名册和公司持股5%以上股东的营业执照或者有关身份证明文件；

（八）公司全部股份在结算公司托管的证明文件；

（九）公司董事、监事及高级管理人员持有本公司股份情况说明；

（十）本所要求的其他材料。

公司股份已经转入全国中小企业股份转让系统等证券交易场所转让或者存在其他合理情况的，经本所同意，可以在本所要求的期限内办理完毕其股份的重新确认、登记、托管等相关手续或者有关事项后，补充提交相应申请文件。

本所自收到公司完备申请材料后的五个交易日内，作出是否受理的决定并通知公司。

公司股票同时存在其他终止上市情形的，本所对其实施终止上市。

9.5.13　本所自作出恢复公司股票正常交易的决定后两个交易日内通知公司，同时报中国证监会备案。

公司应当在收到上述决定后及时公告，并按本所要求办理恢复股票正常交易的相关手续。

公司应当在其股票恢复正常交易前与本所重新签订上市协议，明确双方的权利、义务及其他有关事项。

公司控股股东、实际控制人、董事、监事和高级管理人员等应当签署并提交相应声明及承诺书，其所持股份在公司股票恢复正常交易时的流通或者限售安排，应当按照法律法规及本所有关规定执行。

公司股票恢复公司股票正常交易的同时存在风险警示情形的，本所对其实施相应的风险警示。

9.5.14　上市公司可能触及本节规定的重大违法强制退市情形的，自相关行政处罚事先告知书或者司法裁判作出之日起，至下列任一情形发生前，其控股股东、实际控制人、董事、监事、高级管理人员，以及上述主体的一致行动人，不得减持公司股份：

（一）公司股票终止上市并摘牌；

（二）公司收到相关行政机关相应行政处罚决定或者人民法院生效司法裁判，显示公司未触及重大违法强制退市情形。

公司披露无控股股东、实际控制人的，其第一大股东及第一大股东的实际控制人应当遵守前款规定。

第六节　退市整理期

9.6.1　上市公司股票被本所根据本章第三节至第五节的规定作出终止上市决定的，自本所公告终止上市决定之日起五个交易日后的次一交易日复牌并进入退市整理期交易。退市整理期间，公司的证券代码不变，股票简称后冠以退标识，退市整理股票进入风险警示板交易。

9.6.2　退市整理期的交易期限为十五个交易日。退市整理期间，上市公司股票原则上不停牌。公司因特殊原因向本所申请其股票全天停牌的，停牌期间不计入退市整理期，且停牌天数累计不得超过五个交易日。

公司未在累计停牌期满前申请复牌的，本所于停牌期满后的次一交易日对公司股票复牌。

9.6.3　退市整理期间，上市公司股东所持有限售条件股份的限售期限连续计算，限售期限届满前相关股份不能流通。

9.6.4　上市公司股票进入退市整理期的，公司及相关信息披露义务人仍应当遵守法律法规、本规则及本所其他规定，履行信息披露及相关义务。

9.6.5　上市公司股票进入退市整理期的，公司应当在披露股票终止上市公告的同时披露股票进入退市整理期交易的公告，包括下列内容：

（一）公司股票在退市整理期间的证券简称、证券代码及涨跌幅限制；

（二）公司股票在退市整理期间的起始日、交易期限及预计最后交易日期；

（三）退市整理期公司不筹划、不进行重大资产重组等重大事项的声明；

（四）本所要求披露的其他内容。

9.6.6　上市公司按照本规则第9.6.5条规定披露公告时应当向本所提交下列材料：

（一）公司董事会关于变更证券简称的申请；

（二）公司董事会关于退市整理期间不筹划重大资产重组等事项的承诺函；

（三）本所要求的其他材料。

9.6.7　上市公司应当于退市整理期首日开市前，披露公司股票已被本所作出终止上市决定的风险提示公告，说明公司股票进入退市整理期的起始日和终止日等事项。

退市整理期间，公司应当每五个交易日披露一次股票将被摘牌的风险提示公告，在最后的五个交易日内应当每日披露一次股票将被摘牌的风险提示公告。

9.6.8　上市公司在退市整理期间披露公告时，应当在公告中说明公司股票摘牌时间，并特别提示终止上市风险。

9.6.9　退市整理期间，上市公司董事会应当关注其股票交易、传闻，必要时应当及时作出澄清或者说明。

9.6.10　上市公司股票于退市整理期届满的次一交易日摘牌，公司股票终止上市。

公司股票被本所根据本章第二节的规定作出终止上市决定后，公司股票于十五个交易日内摘牌，公司股票终止上市。

公司应当于股票摘牌当日开市前披露摘牌公告，对公司股票摘牌后进入全国中小企业股份转让系统等证券交易场所转让的具体事宜作出说明，包括进入日期、股份重新确认、登记托管、交易制度等情况。

9.6.11　退市整理期间，上市公司不得筹划或者实施重大资产重组等重大事项。

9.6.12　上市公司股票存在可能被强制退市情形，且公司已公告筹划重大资产重组事项的，公司董事会应当审慎评估并决定如被本所作出终止上市决定后是否进入整理期交易、是否继续推进该重大资产重组事项。不进入退市整理期继续推进重大资产重组的，应当及时召开股东大会，审议继续推进重大资产重组等重大事项且股票不进入退市整理期交易的议案；进入退市整理期不继续推进重大资产重组的，应当及时履行审议程序和披露义务。

公司董事会决定继续推进重大资产重组的，应当在相应股东大会通知中明确：公司如被本所作出终止上市决定，股东大会审议通过该议案的，将不再安排退市整理期交易，公司股票自本所公告终止上市决定之日起五个交易日内予以摘牌，公司股票终止上市；该议案未审议通过的，公司股票将自本所公告终止上市决定之日起五个交易日后的次一交易日复牌并进入退市整理期交易。

公司依据前款规定召开股东大会审议相关议案的，应当经出席会议的股东所持表决权的三分之二以上通过。公司应当对除单独或者合计持有上市公司5%以上股份的股东和上市公司董事、监事、高级管理人员以外的其他股东的投票情况单独统计并披露。

9.6.13　进入破产重整程序或者已经完成破产重整的公司触及强制退市情形的，经人民法院或者其他有权方认定，如公司股票进入退市整理期交易，将导致与破产重整程序或者经人民法院批准的公司重整计划的执行存在冲突等后果的，公司股票可以不进入退市整理期交易。

9.6.14　不进入退市整理期交易的公司应当承诺公司股票如被终止上市，将进入全国中小企业股份转让系统等证券交易场所转让股份。

第七节　主动终止上市

9.7.1　上市公司出现下列情形之一的，可以向本所申请主动终止其股票上市交易：

（一）公司股东大会决议主动撤回其股票在本所上市交易，并决定不再在交易所交易；

（二）公司股东大会决议主动撤回其股票在本所上市交易，并转而申请在其他交易场所交易或者转让；

（三）公司股东大会决议解散；

（四）公司因新设合并或者吸收合并，不再具有独立主体资格并被注销；

（五）公司以终止公司股票上市为目的，向公司所有股东发出回购全部股份或者部分股份的要约，导致公司股本总额、股权分布等发生变化不再具备上市条件；

（六）公司股东以终止公司股票上市为目的，向公司所有其他股东发出收购全部股份或者部分股份的要约，导致公司股本总额、股权分布等发生变化不再具备上市条件；

（七）公司股东以外的其他收购人以终止公司股票上市为目的，向公司所有股东发出收购全部股份或者部分股份的要约，导致公司股本总额、股权分布等发生变化不再具备上市条件；

（八）中国证监会或者本所认可的其他主动终止上市情形。

A 股股票和 B 股股票同时在本所上市交易的公司，依照前款规定申请主动终止上市的，原则上其 A 股股票和 B 股股票应当同时终止上市。

9.7.2 本规则第 9.7.1 条第一款第（一）项、第（二）项规定的股东大会决议事项，应当经出席会议的全体股东所持有效表决权的三分之二以上通过，且经出席会议的除单独或者合计持有上市公司 5% 以上股份的股东和上市公司董事、监事、高级管理人员以外的其他股东所持表决权的三分之二以上通过。

9.7.3 上市公司因本规则第 9.7.1 条第一款第（一）项至第（五）项情形召开股东大会的，应当及时向本所提交下列文件并公告：

（一）董事会关于申请主动终止上市的决议；

（二）召开股东大会通知；

（三）主动终止上市预案；

（四）财务顾问报告（如适用）；

（五）法律意见书（如适用）；

（六）法律法规、本规则及公司章程要求的其他文件。

前款第（三）项所称主动终止上市预案，应当包括公司终止上市原因、终止上市方式、终止上市后经营发展计划、并购重组安排、重新上市安排、代办股份转让安排、异议股东保护措施，以及公司董事会关于主动终止上市对公司长远发展和全体股东利益的影响分析等相关内容。

第一款第（四）项、第（五）项所称财务顾问报告和法律意见书，指财务顾问和律师事务所为主动终止上市提供专业服务，并发表专业意见。其中，第 9.7.1 条第一款第（一）项、第（二）项、第（五）项情形不适用法律意见书，第（三）项情形不适用财务顾问报告和法律意见书。股东大会对主动终止上市事项进行审议后，上市公司应当及时披露股东大会决议公告，说明议案的审议及通过情况。

9.7.4 上市公司根据本规则第 9.7.1 条第一款第（一）项、第（二）项情形，申请主动终止上市的，公司应当向本所申请其股票自股东大会股权登记日的次一交易日起停牌，并在股东大会审议通过主动终止上市决议后及时披露决议情况。公司可以在股东大会决议后的十五个交易日内向本所提交主动终止上市的书面申请。

公司根据本规则第 9.7.1 条第一款第（三）项至第（七）项情形，申请主动终止上市的，应当遵守《公司法》《证券法》《上市公司收购管理办法》《上市公司重大资产重组管理办法》等有关规定及本所有关规定，严格履行决策、实施程序和信息披露义务，并及时向本所申请公司股票停牌和复牌。同时，按照有关规定，及时向本所提交主动终止上市申请。

公司应当在提交申请后，及时披露相关公告。

9.7.5　上市公司主动终止上市事项未获股东大会审议通过的，公司应当及时向本所申请其股票自公司股东大会决议公告后复牌。

9.7.6　上市公司出现本规则第9.7.1条第一款第（六）项、第（七）项情形的，其股票自公司披露收购结果公告或者其他相关权益变动公告后继续停牌，直至本所终止其股票上市。

9.7.7　上市公司依据本规则第9.7.1条的规定向本所申请其股票终止上市的，应当向本所提交下列文件：

（一）终止上市申请书；

（二）股东大会决议（如适用）；

（三）相关终止上市方案；

（四）财务顾问报告；

（五）法律意见书；

（六）本所要求的其他文件。

9.7.8　本所在收到上市公司提交的终止上市申请文件后五个交易日内作出是否受理的决定并通知公司。

公司未能按本节的要求提供申请文件的，本所不受理其股票终止上市申请。

公司应当在收到本所关于是否受理其终止上市申请的决定后，及时披露决定的有关情况并提示其股票可能终止上市的风险。

9.7.9　本所上市委员会对公司股票终止上市的申请进行审议，重点从保护投资者特别是中小投资者权益的角度，在审查上市公司决策程序合规性的基础上，作出独立的专业判断并形成审议意见。

公司依据本规则第9.7.1条的规定申请其股票终止上市的，本所在受理公司申请后的十五个交易日内，本所上市委员会形成审议意见。

本所根据上市委员会的审议意见作出是否终止公司股票终止上市的决定。

9.7.10　因本规则第9.7.1条规定情形其股票被终止上市，且法人主体资格将存续的公司，应当对公司股票终止上市后转让或者交易、异议股东保护措施作出具体安排，保护中小投资者的合法权益。

9.7.11　上市公司主动终止上市的，不设退市整理期，公司股票自本所公告终止上市决定之日起五个交易日内予以摘牌，公司股票终止上市。

第八节　其他风险警示

9.8.1　上市公司出现下列情形之一的，本所对其股票交易实施其他风险警示：

（一）公司存在资金占用且情形严重；

（二）公司违反规定程序对外提供担保且情形严重；

（三）公司董事会、股东大会无法正常召开会议并形成决议；

（四）公司最近一年被出具无法表示意见或者否定意见的内部控制审计报告或者鉴证报告；

（五）公司生产经营活动受到严重影响且预计在三个月内不能恢复正常；

（六）公司主要银行账号被冻结；

（七）公司最近三个会计年度扣除非经常性损益前后净利润孰低者均为负值，且最近一年审计报告显示公司持续经营能力存在不确定性；

（八）本所认定的其他情形。

9.8.2　本规则第9.8.1条第（一）项所述存在资金占用且情形严重，是指上市公司被控股股东或者控股股东关联人占用资金的余额在1000万元以上，或者占公司最近一期经审计净资产的5%以上，且无可行的解决方案或者虽提出解决方案但预计无法在一个月内解决。

本规则第9.8.1条第（二）项所述违反规定程序对外提供担保且情形严重，是指上市公司违反规定程序对外提供担保的余额（担保对象为上市公司合并报表范围内子公司的除外）在1000万元以上，或者占上市公司最近一期经审计净资产的5%以上，且无可行的解决方案或者虽提出解决方案但预计无法在一个月内解决。

公司无控股股东、实际控制人的，被第一大股东或者第一大股东关联人占用资金的，按照本节规定执行。

9.8.3　上市公司生产经营活动受到严重影响，或者出现本规则第9.8.2条情形的，应当及时披露，说明公司是否能在相应期限内解决，同时披露公司股票交易可能被实施其他风险警示的提示性公告。

公司应当至少每月披露一次相关进展情况和风险提示公告，直至相应情形消除或者公司股票交易被本所实施其他风险警示。

9.8.4　上市公司因触及本规则第9.8.1条第（一）项、第（二）项情形其股票交易被实施其他风险警示的，在风险警示期间，应当至少每月披露一次进展公告，披露资金占用或者违反规定程序对外担保的解决进展情况，直至相应情形消除。公司没有采取措施或者相关工作没有进展的，也应当披露并说明具体原因。

公司因触及本规则第9.8.1条第（一）项、第（二）项以外的情形其股票交易被实施其他风险警示的，应当在相关事项取得重大进展或者发生重大变化时及时披露。

9.8.5　上市公司资金占用情形已消除，向本所申请对其股票交易撤销其他风险警示的，应当提交会计师事务所出具的专项审核报告等文件。

公司违反规定程序对外担保情形已消除，向本所申请对其股票交易撤销其他风险警示的，应当提交律师事务所出具的法律意见书等文件。

公司内部控制缺陷整改完成，内部控制能有效运行，向本所申请对其股票交易撤销其他风险警示的，应当提交会计师事务所对其最近一年内部控制出具的标准无保留意见的审计报告或者鉴证报告等文件。

公司最近一年经审计的财务报告显示，其扣除非经常性损益前后的净利润孰低者为正值或者持续经营能力不确定性已消除，向本所申请对其股票交易撤销其他风险警示的，应当提交会计师事务所出具的最近一年审计报告等文件。

9.8.6　上市公司股票交易因触及本规则第9.8.1条第（四）项、第（七）项情形被本所实施其他风险警示的，在风险警示期间，公司进行重大资产重组且符合下列全部条件的，可以向本所申请对其股票交易撤销其他风险警示：

（一）根据中国证监会有关重大资产重组规定出售全部经营性资产和负债、购买其他资产且已实施完毕；

（二）通过购买进入公司的资产是一个完整经营主体，该经营主体在进入公司前已在同一管理层之下持续经营三年以上；

（三）模拟财务报表（经会计师出具专项说明）的主体不存在本规则第9.8.1条规定的情形；

（四）本所要求的其他条件。

9.8.7 上市公司向本所申请对其股票交易撤销其他风险警示的，应当于提交申请的次一交易日开市前披露相关公告。

公司提交完备的撤销其他风险警示申请材料的，本所在十五个交易日内决定是否撤销其他风险警示。

9.8.8 本所决定撤销其他风险警示的，上市公司应当及时披露股票交易撤销其他风险警示公告，公司股票于公告后停牌一个交易日，自复牌之日起，本所对公司股票交易撤销其他风险警示。

9.8.9 本所决定不予撤销其他风险警示的，上市公司应当于收到本所书面通知的次一交易日开市前披露相关公告。

第十章 重新上市

第一节 一般规定

10.1.1 上市公司在其股票终止上市后，申请其股票重新上市的，应当符合本章规定的重新上市条件，本所依据本章规定的程序审议和决定其股票重新上市事宜。

10.1.2 申请重新上市的公司应当根据本章有关规定申报材料和披露信息。公司及其董事、监事和高级管理人员应当保证所申报材料和披露的信息真实、准确、完整，不存在虚假记载、误导性陈述或者重大遗漏。

10.1.3 公司申请重新上市，应当由保荐人保荐，并向本所提交按本所有关规定编制的重新上市申请及相关申请文件。

保荐人及其保荐代表人应当认真履行审慎核查和辅导义务，对公司申请重新上市情况进行尽职调查，按照本所要求编制尽职调查工作报告，并出具重新上市保荐书。

10.1.4 公司申请重新上市，应当聘请律师事务所对其重新上市申请的合法性、合规性以及相关申请文件的真实性、有效性进行尽职调查，出具法律意见书和律师工作报告。

10.1.5 为公司重新上市出具有关文件的中介机构和人员应当勤勉尽责、诚实守信，严格履行职责，并对其所出具文件的真实性、准确性、完整性负责。

10.1.6 本所作出同意公司股票重新上市的决定，不表明对该公司股票的投资价值或者投资者的投资收益作出实质性判断或者保证。

第二节 重新上市申请

10.2.1 上市公司在其股票终止上市后，其终止上市情形（交易类强制退市情形除外）已消除，且同时符合下列条件的，可以向本所申请重新上市：

（一）符合《证券法》、中国证监会规定的发行条件。

（二）公司股本总额不低于5000万元。

（三）社会公众持有的股份占公司股份总数的比例为25%以上；公司股本总额超过4亿元的，社会公众持有的股份占公司股份总数的比例为10%以上。

（四）市值及财务指标符合本规则第三章第一节规定的相应标准。

（五）公司董事、监事、高级管理人员具备法律法规、本所有关规定及公司章程规定的任职条件，且不存在影响其任职的情形。

（六）本所要求的其他条件。

前款第（五）项所称影响其任职的情形，包括：

（一）被中国证监会采取不得担任上市公司董事、监事、高级管理人员的证券市场禁入措施，期限尚未届满；

（二）最近三十六个月内受到中国证监会行政处罚，或者最近十二个月内受到证券交易所公开谴责；

（三）因涉嫌犯罪被司法机关立案侦查或者涉嫌违法违规被中国证监会立案调查，尚未有明确结论意见；

（四）本所规定的其他情形。

公司在终止上市前未完成股权分置改革的，应当按照股权分置改革有关规定的要求就非流通股可以上市交易作出安排。

10.2.2 上市公司因触及重大违法强制退市情形，其股票被本所终止上市后，符合本规则第10.2.1条规定的重新上市条件拟向本所申请其股票重新上市的，还应当符合下列条件：

（一）已全面纠正违法行为并符合下列要求：

1. 公司就重大违法行为所涉事项已进行补充披露或者更正公告；

2. 对重大违法行为的责任追究已处理完毕；

3. 公司就重大违法行为所涉事项已补充履行相关决策程序；

4. 公司因重大违法行为发生的损失已获得相关责任主体弥补；

5. 重大违法行为可能引发的与公司相关的风险因素已消除。

（二）已及时撤换下列有关责任人员：

1. 被人民法院判决有罪的有关人员；

2. 被相关行政机关行政处罚的有关人员；

3. 被相关行政机关依法移送公安机关立案调查的有关人员；

4. 中国证监会、本所认定的对重大违法行为负有重要责任的其他人员。

（三）已对民事赔偿责任作出妥善安排并符合下列要求：

1. 相关赔偿事项已由人民法院作出判决的，该判决已执行完毕；

2. 相关赔偿事项未由人民法院作出判决，但已达成和解的，该和解协议已执行完毕；

3. 相关赔偿事项未由人民法院作出判决，且未达成和解的，已按预计最高索赔金额计提赔偿基金，并将足额资金划入基金专户存储；公司的控股股东及其实际控制人或者第三方已承诺：将对赔偿基金不足或者未予赔偿的部分代为赔付等。

（四）不存在本所规定的终止上市情形。

公司应当聘请律师事务所对前款所述事项进行逐项核查，就公司是否具备申请重新上市的主体资格、是否符合重新上市的条件出具专门意见。

重新上市保荐人应当在重新上市保荐书中对第一款所述事项逐项说明，并就公司重大违法行为影响已基本消除、风险已得到控制，公司符合申请重新上市的条件明确发表意见。

10.2.3　上市公司因触及欺诈发行强制退市情形，其股票被本所终止上市的，不得在本所重新上市。

10.2.4　主动终止上市公司符合本章规定的重新上市条件的，可以随时向本所提出重新上市的申请。

强制退市公司（欺诈发行强制退市情形除外）依据本规则第10.2.1条的规定向本所申请其股票重新上市的，其申请时间应当符合下列规定：

（一）公司因重大违法类强制退市情形（欺诈发行强制退市情形除外）其股票被终止上市的，首次提出重新上市申请与其股票终止上市后进入全国中小企业股份转让系统等证券交易场所的时间间隔应当不少于五个完整的会计年度；

（二）公司因交易类强制退市情形其股票被终止上市的，首次提出重新上市申请与其股票终止上市后进入全国中小企业股份转让系统等证券交易场所的时间间隔应当不少于三个月；

（三）公司因前述两项情形之外的其他强制退市情形其股票被终止上市的，首次提出重新上市申请与其股票终止上市后进入全国中小企业股份转让系统等证券交易场所的时间间隔应当不少于十二个月。

10.2.5　上市公司在其股票终止上市过程中存在下列情形之一的，本所自公司股票终止上市后三十六个月内不受理其重新上市的申请：

（一）上市公司股票可能被强制退市但其董事会已审议通过并公告筹划重大资产重组事项的，公司董事会未按规定及时召开股东大会，决定公司股票在终止上市后是否进入退市整理期交易；

（二）在退市整理期间未按本所有关规定履行信息披露及其他相关义务；

（三）未按本所有关规定安排股份转入全国中小企业股份转让系统等证券交易场所进行转让；

（四）其他拒不履行本所规定的义务、不配合退市相关工作的情形。

10.2.6　公司申请其股票重新上市的，应当经公司董事会同意后提交股东大会审议。

股东大会就该事项作出决议应当经出席会议的股东所持表决权三分之二以上通过。

10.2.7 本所在收到公司重新上市申请文件后的五个交易日内作出是否受理的决定。

公司按照本所要求提供补充材料的时间不计入上述期限内，但补充材料的期限累计不得超过十五个交易日。

10.2.8 公司应当提供按照企业会计准则编制并经会计师事务所审计的最近三个会计年度财务会计报告。

前述财务会计报告的截止日距公司重新上市的申请日间隔应当不超过六个月，超过六个月的，公司应当补充提供最近一期经审计的财务会计报告。

10.2.9 存在下列情形之一的，本所不予受理公司的重新上市申请文件：

（一）重新上市报告书、重新上市保荐书、法律意见书等重新上市申请文件不齐备且未按要求补正；

（二）公司及其控股股东、实际控制人、董事、监事、高级管理人员，中介机构及其主办人员因证券违法违规被中国证监会采取认定为不适当人选、限制业务活动、证券市场禁入，被证券交易所、国务院批准的其他全国性证券交易场所采取一定期限内不接受其出具的相关文件、公开认定不适合担任公司董事、监事、高级管理人员，或者被中国证券业协会采取认定不适合从事相关业务等相关措施，尚未解除；

（三）法律、行政法规及中国证监会规定的其他情形。

第三节 重新上市审核

10.3.1 本所上市委员会对公司股票重新上市的申请进行审议，作出独立的专业判断并形成审议意见。本所根据上市委员会的审议意见，作出是否同意公司股票重新上市的决定。

10.3.2 主动终止上市公司申请其股票重新上市的，本所将在受理公司股票重新上市申请后的三十个交易日内，作出是否同意其股票重新上市申请的决定。

强制退市公司申请其股票重新上市的，本所将在受理公司股票重新上市申请后的六十个交易日内，作出是否同意其股票重新上市申请的决定。

在此期间，本所要求提供补充材料的，公司应当按照本所要求提供。公司补充材料的时间不计入上述期限内，但累计不得超过三十个交易日。本所可以自行或委托相关单位就公司相关情况进行调查核实，调查核实期间不计入本所作出是否同意其股票重新上市申请的期限内。

本章规定的中止审核、暂缓审议、处理会后事项等情形，并要求公司及中介机构补充、修订更新申请文件的，不计入本所作出是否同意其股票重新上市申请的期限内。

公司未按本所要求在前述期限内提交补充材料的，本所在该期限届满后继续对其重新上市申请进行审核，并根据本规则作出是否同意其股票重新上市的决定。

10.3.3 重新上市审核过程中出现下列情形之一的，公司、中介机构应当及时告知本所，本所将中止重新上市审核，通知公司及其保荐人：

（一）公司及其控股股东、实际控制人涉嫌贪污、贿赂、侵占财产、挪用财产或者破坏社会主义市场经济秩序的犯罪，或者涉嫌欺诈发行、重大信息披露违法或者其他涉及国家安全、公共安全、生态安全、生产安全、公众健康安全等领域的重大违法行为，正在被立案调查，或者正在被司法机关立案侦查，尚未结案；

（二）公司的中介机构被中国证监会依法采取限制业务活动、责令停业整顿、指定其他机构托管或者接管等措施，尚未解除；

（三）中介机构主办人员被中国证监会依法采取认定为不适当人选等监管措施或者证券市场禁入的措施，被中国证券业协会采取认定不适合从事相关业务的纪律处分，尚未解除；

（四）中介机构及其主办人员，被证券交易所、国务院批准的其他全国性证券交易场所实施一定期限内不接受其出具的相关文件的纪律处分，尚未解除；

（五）本所审核过程中，公司出现明显不符合本规则第10.2.1条规定的重新上市条件的情形；

（六）公司重新上市申请文件中记载的财务资料已过有效期，需要补充提交；

（七）公司及保荐人主动要求中止重新上市审核，理由正当且经本所同意；

（八）其他本所认为应当中止审核的情形。

出现前款第（一）项至第（六）项所列情形，公司、中介机构未及时告知本所，本所经核实符合中止审核情形的，将直接中止审核。

因第一款第（二）项至第（四）项中止审核，公司根据规定需要更换中介机构的，更换后的中介机构应当自中止审核之日起三个月内完成尽职调查，重新出具相关文件，并对原中介机构出具的文件进行复核，出具复核意见，对差异情况作出说明。公司根据规定无须更换中介机构的，中介机构应当及时向本所出具复核报告。

因第一款第（二）项至第（四）项中止审核，公司更换中介机构主办人员的，更换后的中介机构主办人员应当自中止审核之日起一个月内，对原中介机构主办人员签字的文件进行复核，出具复核意见，对差异情况作出说明。

因第一款第（五）项至第（八）项中止审核的，公司应当在中止审核后三个月内补充提交有效文件或者消除主动要求中止审核的相关情形。

第一款所列中止审核的情形消除或者在第三款至第五款规定的时限内完成相关事项的，本所经审核确认后，恢复对公司的重新上市审核，并通知公司及其保荐人。

10.3.4　重新上市审核过程中出现下列情形之一的，本所将终止重新上市审核，通知公司及其保荐人：

（一）重新上市申请文件内容存在重大缺陷，严重影响投资者理解和本所审核；

（二）公司撤回重新上市申请或者保荐人撤销保荐；

（三）公司未在规定时限内回复本所审核问询或者未对重新上市申请文件作出解释说明、补充修改；

（四）重新上市申请文件存在虚假记载、误导性陈述或者重大遗漏；

（五）公司阻碍或者拒绝中国证监会、本所依法对公司实施的检查；

（六）公司及其关联人以不正当手段严重干扰重新上市审核工作；

（七）公司法人资格终止；

（八）本规则第 10.3.3 条第一款规定的中止审核情形未能在三个月内消除，或者中介机构及其主办人员未能在规定的时限内完成复核事项；

（九）同一次重新上市审核过程中，公司中止审核总时长超过六个月；

（十）其他本所认为应当终止审核的情形。

10.3.5　本所在作出是否同意公司重新上市决定后的两个交易日内通知公司，并报中国证监会备案。

10.3.6　公司重新上市申请未获本所同意的，自本所作出决定之日起六个月内公司不得再次向本所提出重新上市的申请。

10.3.7　本所作出同意公司股票重新上市申请决定后至公司股票重新上市前，发生不符合公司股票重新上市条件、触及中止审核或者终止审核情形，或者其他可能对投资价值及投资决策判断构成重大影响的事项的，公司及其保荐人应当及时向本所报告，并按要求更新发行上市申请文件。公司的中介机构应当持续履行尽职调查职责，并向本所提交专项核查意见。

前款规定的期后事项材料显示，相关事项可能影响公司重新上市条件的，本所可以视情况决定重新提交上市委员会审议，并根据上市委员会的意见作出是否同意其股票重新上市的决定。

第四节　重新上市安排

10.4.1　公司重新上市申请获得本所同意的，应当自本所作出同意其股票重新上市决定之日起三个月内办理完毕公司股份的重新确认、登记、托管等相关手续。本所在公司办理完成相关手续后安排其股票上市交易。公司遇特殊情形需延长办理期限的，应当向本所申请并获本所同意。

公司股票未在上述规定期限内上市交易的，本所关于同意其股票重新上市的文件失效，公司可以于该决定失效之日起的六个月后再次提出重新上市申请。

10.4.2　公司重新上市申请获得本所同意后，应当在其股票重新上市前与本所签订上市协议，并缴纳相关费用。

10.4.3　公司应当在其股票重新上市前向本所提交下列文件：

（一）公司董事、监事和高级管理人员签署的《董事（监事和高级管理人员）声明及承诺书》；

（二）公司控股股东、实际控制人签署的《控股股东、实际控制人声明及承诺书》；

（三）公司全部股份已经结算公司托管的证明文件；

（四）公司行业分类的情况说明；

（五）本所要求的其他文件。

10.4.4　公司股票重新上市首日的开盘参考价原则上为公司股票在全国中小企业股份转让系统等证券交易场所的最后一个交易日的收盘价，重新上市首日不实行股票价格涨跌幅限制。公司股票重新上市首日交易相关事宜应当遵守本所《交易规则》等有关规定。

公司认为有必要调整上述开盘参考定价的，可以向本所提出申请并说明理由，重新上市保荐人应当对此发表专门意见。经本所同意的，公司应当对外披露具体情况。

主动终止上市公司其股票未进入全国中小企业股份转让系统等证券交易场所挂牌转让的，公司应当就其股票开盘参考价的确定方法及其依据等情况进行公告，重新上市保荐人对此发表专门意见。

10.4.5 公司控股股东和实际控制人应当承诺：自公司股票重新上市之日起三十六个月内，不转让或者委托他人管理其直接或者间接持有的公司股份，也不由公司回购其直接或者间接持有的公司股份。

公司无控股股东或者实际控制人的，其第一大股东及其最终控制人比照执行前款规定。

公司董事、监事及高级管理人员应当承诺：自公司股票重新上市之日起十二个月内，不转让或者委托他人管理其直接或者间接持有的公司股份，也不由公司回购其直接或者间接持有的公司股份。

10.4.6 公司股东所持股份在公司申请其股票重新上市时属于下列情形之一的，将分别按照下列规定限售：

（一）股东所持股份为终止上市前的有限售条件且重新上市时限售期尚未届满的，除已通过证券竞价交易等方式公开转让的股份之外，其限售期自公司股票重新上市之日起连续计算直至限售期届满；

（二）股东所持股份为退市期间发行的股份，除已通过证券竞价交易等方式公开转让的股份之外，自公司股票重新上市之日起至少限售十二个月。

10.4.7 公司在退市期间因配股、资本公积金转增股本或者送股而相应增加的股份，其限售期与原对应的股份相同。

10.4.8 经本所审核同意其股票重新上市的，公司应当及时在符合条件媒体公告相关情况，并在其股票重新上市前五个交易日内，在符合条件媒体披露下列文件：

（一）重新上市报告书；

（二）重新上市提示性公告；

（三）重新上市保荐书和法律意见书；

（四）本所要求的其他文件。

第十一章 红筹企业和境内外上市事务

第一节 红筹企业特别规定

11.1.1 红筹企业申请发行股票或者存托凭证并在本所上市的，适用中国证监会、本所关于发行上市审核注册程序的规定。

11.1.2 红筹企业申请其在境内首次公开发行的股票或者存托凭证上市的，应当根据《深圳证券交易所股票发行上市审核规则》的规定，取得本所出具的发行人符合发行条件、上市条件和信息披露要求的审核意见并由中国证监会作出予以注册决定。

11.1.3 红筹企业申请其在境内首次公开发行的股票上市的，应当按照本所有关规定提交上市申请文件，以及本次境内发行股票已经结算公司存管的证明文件、公司在境内设立的证券事务机构及聘任的信息披露境内代表等有关资料。

红筹企业在境内发行存托凭证并上市的，还应当提交本次发行的存托凭证已经结算公司存管的证明文件、经签署的存托协议、托管协议文本以及托管人出具的存托凭证所对应基础证券的托管凭证等文件。

根据公司注册地公司法等法律法规和公司章程或者章程性文件的规定，红筹企业无须就本次境内发行上市事宜提交股东大会审议的，其申请上市时可以不提交股东大会决议，但应当提交相关董事会决议。

11.1.4 红筹企业的股权结构、公司治理、运行规范等事项适用境外注册地公司法等法律法规的，其投资者权益保护水平，包括资产收益、参与重大决策、剩余财产分配等权益，总体上应当不低于境内法律法规规定的要求，并保障境内存托凭证持有人实际享有的权益与境外基础证券持有人的权益相当。

11.1.5 红筹企业提交的上市申请文件和持续信息披露文件，应当使用中文。

红筹企业和相关信息披露义务人应当按照中国证监会和本所规定，在符合条件媒体披露上市和持续信息披露文件。

11.1.6 红筹企业应当在境内设立证券事务机构，并聘任信息披露境内代表，负责办理公司股票或者存托凭证上市期间的信息披露和监管联络事宜。信息披露境内代表应当具备境内上市公司董事会秘书的相应任职能力，熟悉境内信息披露规定和要求，并能够熟练使用中文。

红筹企业应当建立与境内投资者、监管机构及本所的有效沟通渠道，按照规定保障境内投资者的合法权益，保持与境内监管机构及本所的畅通联系。

11.1.7 红筹企业具有协议控制架构或者类似特殊安排的，应当充分、详细披露相关情况，特别是风险和公司治理等信息，以及依法落实保护投资者合法权益规定的各项措施。

红筹企业应当在年度报告中披露协议控制架构或者类似特殊安排在报告期内的实施和变化情况，以及该等安排下保护境内投资者合法权益有关措施的实施情况。

前款规定事项出现重大变化或者调整，可能对公司股票、存托凭证交易价格产生较大影响的，公司和相关信息披露义务人应当及时披露。

11.1.8 红筹企业进行本规则规定需提交股东大会审议的重大交易、关联交易等事项，可以按照其已披露的境外注册地公司法等法律法规和公司章程或者章程性文件规定的权限和程序执行，法律法规另有规定的除外。

红筹企业按照前款规定将相关事项提交股东大会审议的，应当及时披露。

11.1.9 红筹企业注册地公司法等法律法规或者实践中普遍认同的标准对公司董事会、独立董事职责有不同规定或者安排，导致董事会、独立董事无法按照本所规定履行职责或者发表意见的，红筹企业应当详细说明情况和原因，并聘请律师事务所就上述事项出具法律意见。

11.1.10 红筹企业存托凭证在本所上市的，应当在年度报告及半年度报告中披露存托、托管相关安排在报告期内的实施和变化情况以及报告期末前十名境内存托凭证持有人的名单和持有量。发生下列情形之一的，应当及时履行信息披露义务：

（一）存托人、托管人发生变化；

（二）存托的基础财产发生被质押、挪用、司法冻结或者其他权属变化；

（三）对存托协议、托管协议作出重大修改；

（四）存托凭证与基础证券的转换比例发生变动；

（五）中国证监会和本所认为需要披露的其他情形。

存托凭证上市后，未经本所同意，红筹企业不得改变存托凭证与基础证券之间的转换比例。

发生本条第一款第（一）项、第（二）项规定的情形，或者托管协议发生重大修改的，存托人应当及时告知红筹企业，公司应当及时进行披露。

11.1.11 红筹企业、存托人应当合理安排存托凭证持有人权利行使的时间和方式，保障其有足够时间和便利条件行使相应权利，并根据存托协议的约定及时披露存托凭证持有人权利行使的时间、方式、具体要求和权利行使结果。

红筹企业、存托人通过本所股东大会网络投票系统征集存托凭证持有人投票意愿的，具体业务流程参照《深圳证券交易所上市公司股东大会网络投票实施细则》办理，并由公司、存托人按照存托协议的约定向市场公告。

11.1.12 红筹企业和相关信息披露义务人适用本规则相关信息披露要求和持续监管规定，可能导致其难以符合公司注册地、境外上市地有关规定及市场实践中普遍认同的标准的，可以向本所申请调整适用，但应当说明原因和替代方案，并聘请律师事务所出具法律意见。本所认为依法不应调整适用的，红筹企业和相关信息披露义务人应当执行本规则有关规定。

11.1.13 已在境外上市的红筹企业的持续信息披露事宜，参照适用《深圳证券交易所试点创新企业股票或存托凭证上市交易实施办法》等相关规则的规定。

第二节 境内外上市事务

11.2.1 在本所上市的公司同时有股票及其衍生品种在境外证券交易所上市的，公司及相关信息披露义务人应当保证境外证券交易所要求其披露的信息，同时在符合条件媒体上按照本规则及本所其他规定的要求对外披露。

公司及相关信息披露义务人在境外市场进行信息披露时，不属于本所市场信息披露时段的，应当在本所市场最近一个信息披露时段内予以披露。

11.2.2 上市公司及相关信息披露义务人就同一事项履行报告和公告义务时，应当保证同时向本所和境外证券交易所报告，公告内容应当一致。出现重大差异时，公司及相关信息披露义务人应当向本所说明，并披露更正或者补充公告。

11.2.3 上市公司的股票及其衍生品种在境外上市地涉及停牌或者终止上市事项的，应当及时向本所报告相关事项和原因，并提交是否需要向本所申请其股票及其衍生品种停牌、终止上市的书面说明，并予以披露。

11.2.4 本章未尽事宜，适用法律法规、本所有关规定以及本所与其他证券交易所签署的监管合作备忘录的规定。

第十二章 中介机构

第一节 一般规定

12.1.1 上市公司及相关信息披露义务人聘请的为其提供证券服务的保荐人、会计师事务所、律师事务所、资产评估机构、财务顾问和资信评级机构等中介机构，应当符合《证券法》的规定。

中介机构应当承办与自身规模、执业能力、风险承担能力匹配的业务，不得超出胜任能力执业。

12.1.2 中介机构及其相关人员应当勤勉尽责、诚实守信、恪尽职守，按照相关业务规则、行业执业规范和职业道德准则为上市公司及相关信息披露义务人提供证券服务。

12.1.3 中介机构应当建立并保持有效的质量控制体系、独立性管理和投资者保护机制，严格执行内部控制制度，对相关业务事项进行核查验证，审慎发表专业意见。

12.1.4 中介机构为上市公司及相关信息披露义务人的证券业务活动制作和出具上市保荐书、持续督导跟踪报告、审计报告、鉴证报告、资产评估报告、估值报告、法律意见书、财务顾问报告、资信评级报告等文件，应当对所依据文件资料内容的真实性、准确性、完整性进行核查和验证，获取充分、适当的证据，制作、出具的文件不得有虚假记载、误导性陈述或者重大遗漏，结论意见应当合理、明确。

12.1.5 上市公司及相关信息披露义务人应当配合中介机构及其相关人员的工作，向其聘用的中介机构及其相关人员提供与执业相关的所有资料，并确保资料的真实、准确、完整，不得拒绝、隐匿或者谎报。

中介机构在为上市公司及相关信息披露义务人出具专项文件时，发现其提供的材料有虚假记载、误导性陈述、重大遗漏或者其他重大违法行为的，应当要求其补充、纠正。上市公司及相关信息披露义务人不予补充、纠正的，中介机构应当及时向本所报告。

12.1.6 中介机构应当建立健全工作底稿制度，为每一项目建立独立的工作底稿并妥善保存。工作底稿应当内容完整、记录清晰、结论明确，真实、准确、完整地反映证券服务的全过程和所有重要事项。

本所可以根据监管需要调阅、检查工作底稿、证券业务活动记录及相关资料。

12.1.7 中介机构应当在规定期限内如实回复本所就相关事项提出的问询，不得以有关事项存在不确定性等为由不回复本所问询。中介机构回复问询的文件应当符合本所要求，不存在虚假记载、误导性陈述或者重大遗漏，结论意见应当合理、明确。

12.1.8 中介机构及其相关人员不得利用因职务便利获得的上市公司尚未披露的信息进行内幕交易，为自己或者他人谋取利益。

第二节　保荐人

12.2.1　本所实行股票及其衍生品种上市保荐制度。发行人、上市公司向本所申请股票及其衍生品种在本所上市，以及股票被终止上市后公司申请其股票重新上市的，应当由保荐人保荐。中国证监会和本所另有规定的除外。

保荐人应当为同时具有保荐业务资格和本所会员资格的证券公司。

12.2.2　保荐人应当与发行人、上市公司签订保荐协议，明确双方在公司申请上市期间、申请重新上市期间和持续督导期间的权利和义务。

首次公开发行股票的，持续督导期间为股票上市当年剩余时间及其后两个完整会计年度；上市后发行新股、可转换公司债券的，持续督导期间为股票、可转换公司债券上市当年剩余时间及其后一个完整会计年度；重新上市的，持续督导期间为股票重新上市当年剩余时间及其后两个完整会计年度。持续督导期间自股票、可转换公司债券上市之日起计算。中国证监会和本所对其他衍生品种持续督导另有规定的，适用其规定。

持续督导期届满，上市公司及相关信息披露义务人存在尚未完结的督导事项的，保荐人应当就相关事项继续履行督导义务，直至相关事项全部完成。

12.2.3　保荐人应当在签订保荐协议时指定两名保荐代表人具体负责保荐工作，作为保荐人与本所之间的指定联络人。

12.2.4　保荐人保荐股票及其衍生品种上市时，应当向本所提交上市保荐书、保荐协议、保荐人和保荐代表人的相关证明文件、保荐代表人专项授权书，以及与上市保荐工作有关的其他文件。

保荐人保荐股票重新上市时应当提交的文件及其内容，按照本所关于重新上市的有关规定执行。

12.2.5　保荐人应当督促发行人、上市公司建立健全并有效执行公司治理、内部控制和信息披露等制度，督促发行人、上市公司规范运作。

12.2.6　保荐人应当督导发行人、上市公司及其董事、监事、高级管理人员、控股股东和实际控制人，以及其他信息披露义务人按照本规则的规定履行信息披露等义务，并履行其作出的承诺。

12.2.7　保荐人应当对发行人、上市公司募集资金使用情况、限售股票及其衍生品种解除限售进行核查并发表专项意见。

持续督导期间，保荐人应当按照本所有关规定的要求对上市公司及相关信息披露义务人的相关披露事项进行核查并发表专项意见。

12.2.8　持续督导期间，保荐人应当按照本所有关规定的要求对发行人、上市公司的相关事项进行定期现场检查。

12.2.9　持续督导期间，保荐人应当重点关注上市公司是否存在控股股东、实际控制人及其关联人资金占用、违规担保，以及资金往来、现金流重大异常等情况。发现异常情况的，应当督促公司核实并披露，同时按规定及时进行专项现场核查。公司未及时披露的，保荐人应当及时向本所报告。

12.2.10 保荐人应当在上市公司及相关信息披露义务人向本所报送信息披露文件及其他文件之前，或者履行信息披露义务后五个交易日内，完成对有关文件的审阅工作，对存在问题的信息披露文件应当及时督促发行人更正或者补充，并向本所报告。

保荐人履行保荐职责发表的意见应当及时告知发行人、上市公司，同时在保荐工作底稿中保存。

上市公司应当按照中国证监会及本所有关规定，积极配合保荐人、保荐代表人履行持续督导职责。上市公司不配合保荐人、保荐代表人持续督导工作的，保荐人、保荐代表人应当督促改正，并及时向本所报告。

12.2.11 保荐人在履行保荐职责期间有充分理由确信发行人、上市公司可能存在违反本所有关规定的，应当督促发行人、上市公司作出说明并限期纠正；情节严重的，应当向本所报告。

保荐人按照有关规定对发行人、上市公司违法违规事项公开发表声明的，应当于披露前向本所报告。

12.2.12 保荐人有充分理由确信其他中介机构及其签名人员按规定出具的专业意见可能存在虚假记载、误导性陈述或者重大遗漏等违法违规情形或者其他不当情形的，应当及时发表意见；情节严重的，应当向本所报告。

12.2.13 保荐人被撤销保荐资格的，发行人、上市公司应当另行聘请保荐人。

发行人、上市公司和保荐人终止保荐协议或者另行聘请保荐人的，应当及时公告。新聘请的保荐人应当及时向本所提交本规则第12.2.4条规定的有关文件。

保荐人更换保荐代表人的，应当通知发行人、上市公司及时披露保荐代表人变更事宜。

12.2.14 持续督导工作结束后，保荐人应当在发行人、上市公司年度报告披露后的十个交易日内出具保荐总结报告书，并通知发行人、上市公司及时披露。

第三节 会计师事务所

12.3.1 上市公司聘请或者解聘会计师事务所必须由股东大会决定，董事会不得在股东大会决定前委任会计师事务所开展工作。

公司解聘或者不再续聘会计师事务所时，应当在董事会决议后及时通知会计师事务所。公司股东大会就解聘会计师事务所进行表决时，或者会计师事务所提出辞聘的，会计师事务所可以陈述意见。

12.3.2 上市公司应当合理安排新聘或者续聘会计师事务所的时间，不得因未能及时聘请会计师事务所影响定期报告的按期披露。

公司董事、监事、高级管理人员以及控股股东、实际控制人应当向会计师提供必要的工作条件，包括允许会计师接触与编制财务报表相关的所有信息，向会计师提供审计所需的其他信息，允许会计师在获取审计证据时不受限制地接触其认为必要的内部人员和其他相关人员，保证定期报告的按期披露。

会计师事务所及其主办人员，应当严格按照注册会计师执业准则和有关规定，发表恰当的审计意见，不得无故拖延审计工作影响上市公司定期报告的按期披露。

12.3.3　会计师事务所及其主办人员应当秉承风险导向审计理念，严格执行注册会计师执业准则、职业道德守则及有关规定，保持职业怀疑态度，完善鉴证程序，科学选用鉴证方法和技术，充分了解被鉴证单位及其环境，审慎关注重大错报风险，获取充分、适当的证据，合理发表鉴证结论。

12.3.4　上市公司在聘请会计师事务所进行年度审计的同时，应当要求会计师事务所对财务报告内部控制的有效性进行审计并出具审计报告，法律法规另有规定的除外。

第四节　其他中介机构

12.4.1　上市公司应当聘请独立财务顾问就重大资产重组、发行股份购买资产（以下统称重大资产重组）出具意见。

独立财务顾问为公司提供服务时，应当关注重组事项的交易必要性、定价合理性、相关承诺和业绩补偿（如有）的合规性、合理性和可实现性，以及标的资产的协同性和公司控制、整合标的资产的能力，出具明确、恰当的意见。

12.4.2　上市公司和独立财务顾问应当根据重大资产重组业绩承诺的期限、所涉及股份的锁定期限、配套募集资金使用计划等合理确定持续督导期限。持续督导期届满，上市公司及相关信息披露义务人存在尚未完结的督导事项的，独立财务顾问应当依规继续履行督导义务，直至相关事项全部完成。

持续督导期间，独立财务顾问应当督促公司有效控制并整合标的资产，督促重大资产重组有关各方切实履行相关承诺和保障措施。发现交易标的财务会计报告存在虚假记载、重大风险等事项，可能损害公司利益情况的，独立财务顾问应当督促有关各方提供解决方案；情节严重的，应当及时向本所报告。

12.4.3　独立财务顾问应当对重大资产重组涉及的募集资金使用情况、股票及其衍生品种解除限售进行核查并发表专项意见。

独立财务顾问应当督促和检查重大资产重组相关各方落实重大资产重组方案后续计划，切实履行其作出的承诺。

重大资产重组持续督导期间，独立财务顾问应当按照本所有关规定对上市公司发生的相关事项进行核查并发表专项意见。

12.4.4　重大资产重组持续督导期间，独立财务顾问应当按照本所有关规定对上市公司进行现场检查，并出具现场检查报告。

12.4.5　上市公司在重大资产重组及持续督导期内变更独立财务顾问的，应当及时披露，并说明原因以及对交易的影响。

12.4.6　收购人聘请的财务顾问认为收购人利用上市公司的收购损害被收购公司及其股东合法权益的，应当拒绝为收购人提供财务顾问服务。

上市公司聘请的独立财务顾问应当对收购人的主体资格、资信情况、收购意图等进行调查，对要约条件进行分析，对股东是否接受要约提出建议，并对本次收购的公正性和合法性发表专业意见。

收购人和财务顾问应当根据收购人股份限售的期限等合理确定持续督导期限。在上市公司收购过程中和持续督导期间，财务顾问应当关注被收购公司是否存在为收购人及其关联人违规提供担保或者借款等损害上市公司利益的情形，发现有违法或者不当行为的，应当及时督促其纠正，并向本所报告。

持续督导期届满，收购人存在尚未完结的督导事项的，财务顾问应当依规继续履行督导义务，直至相关事项全部完成。

12.4.7　资产评估机构及其主办人员应当严格执行评估准则或者其他评估规范，恰当选择评估方法，评估中提出的假设条件应当符合实际情况，对评估对象所涉及交易、收入、支出、投资等业务的合法性、未来预测的可靠性取得充分证据，充分考虑未来各种可能性发生的概率及其影响，形成合理的评估结论。

评估过程中，资产评估机构及其主办人员应当审慎关注所依赖资料的真实性和权威性，合理确定评估参数，不得以预先设定的价值作为评估结论，不得配合委托方人为虚增或者压低评估值。

12.4.8　律师事务所及其主办人员，应当合理运用查验方式，充分了解委托方的经营情况、面临的风险和问题，对委托方的相关事项进行查验，在确保获得充分、有效证据并对证据进行综合分析的基础上，作出独立判断，出具明确的法律意见。

律师在出具法律意见时，查验事项受到客观条件的限制，无法取得直接证据，且无其他有效替代查验方法的，应当在法律意见书中予以说明，并充分揭示其对相关事项的影响程度及风险。

12.4.9　资信评级机构开展评级业务时，应当正确收集和使用评级信息，甄别基础资料来源的合法性和合规性，根据评级对象外部经营环境、内部运营及财务状况等情况，以及前次评级报告提及的风险因素（如有）进行分析，并密切关注与评级对象相关的信息，在出具的评级报告中进行风险提示。

发生影响前次评级报告结论的重大事项的，资信评级机构应当按照执业要求及时进行不定期跟踪评级。

第十三章　日常监管和违规处理

第一节　日常监管

13.1.1　本所可以对本规则第1.4条规定的监管对象，单独或者合并采取下列日常工作措施：

（一）要求对有关问题作出解释和说明；

（二）要求提供相关文件或者材料；

（三）要求中介机构进行核查并发表意见；

（四）发出各种通知和函件等；

（五）约见有关人员；

（六）要求公开更正、澄清或者说明；

（七）要求限期召开投资者说明会；

（八）要求上市公司董事会追偿损失；

（九）调阅、查看工作底稿、证券业务活动记录及相关资料；

（十）向中国证监会报告有关情况；

（十一）向有关单位通报相关情况；

（十二）向市场说明有关情况；

（十三）其他措施。

13.1.2　本所根据中国证监会及本所有关规定和监管需要，可以对上市公司及相关主体进行现场检查。

13.1.3　本所认为必要的，可以公开对监管对象所采取的日常工作措施，上市公司应当按照本所要求及时披露有关事项。

13.1.4　本规则第1.4条规定的监管对象应当积极配合本所日常监管，在规定期限内按要求提交回复、说明及其他相关文件，或者按规定披露相关公告等，不得以有关事项存在不确定性等为由不履行报告、公告和回复本所问询的义务。

第二节　违规处理

13.2.1　本规则第1.4条规定的监管对象违反本规则、本所其他规定的，本所可以视情节轻重，对其单独或者合并采取自律监管措施或者实施纪律处分。

13.2.2　本所可以根据本规则及本所其他规定采取下列自律监管措施：

（一）口头警示；

（二）书面警示；

（三）约见谈话；

（四）要求限期改正；

（五）要求公开致歉；

（六）要求聘请中介机构对存在的问题进行核查并发表意见；

（七）建议更换相关任职人员；

（八）限制交易；

（九）向相关主管部门出具监管建议函；

（十）其他自律监管措施。

13.2.3　本所可以根据本规则及本所其他规定实施下列纪律处分：

（一）通报批评；

（二）公开谴责；

（三）公开认定一定期限内不适合担任上市公司董事、监事、高级管理人员或者境外发行人信息披露境内代表；

（四）建议法院更换上市公司破产管理人或者管理人成员；

（五）暂不接受发行上市申请文件；

（六）暂不受理中介机构或者其从业人员出具的相关业务文件；

（七）收取惩罚性违约金；

（八）其他纪律处分。

13.2.4 本所设立纪律处分委员会对纪律处分事项进行审议，作出独立的专业判断并形成审议意见，由本所作出是否给予纪律处分的决定。

13.2.5 相关纪律处分决定作出前，当事人可以按照本所有关业务规则规定的受理范围和程序申请听证。

13.2.6 监管对象被本所实施自律监管措施或者纪律处分，应当予以积极配合，及时落实完成。本所要求其自查整改的，监管对象应当及时报送并按要求披露相关自查整改报告。

第十四章 申请复核

14.1 发行人、上市公司、申请股票重新上市的公司或者其他监管对象（以下统称申请人）对本所作出决定不服，相关决定事项属于本所有关规则规定的复核受理范围的，可以在收到本所有关决定或者本所公告有关决定之日（以在先者为准）起十五个交易日内，以书面形式向本所申请复核。

14.2 申请人申请复核，应当有明确的复核请求、事实依据和异议理由。

申请人及相关机构和人员，应当保证所提交的复核申请材料及相关材料不存在虚假记载、误导性陈述或者隐瞒重要事实。

14.3 复核期间，本所决定不停止执行，但本所另有规定或者本所认为需要停止执行的除外。

14.4 申请人对本所作出的不予上市、终止上市、不予重新上市、不同意主动终止上市决定申请复核的，本所自收到申请人提交的复核申请后五个交易日内作出是否受理的决定并通知申请人。

不符合本章和本所其他规定，或者未按规定提交复核申请材料的，本所不受理其复核申请。

14.5 本所设立上诉复核委员会，对申请人的复核申请进行审议，作出独立的专业判断并形成审议意见。

14.6 本所在受理复核申请后三十个交易日内，依据上诉复核委员会的审议意见作出复核决定。该决定为终局决定。

在此期间，本所可以要求申请人提供补充材料，申请人应当在本所要求期限内提供有关材料，补充材料期间不计入本所作出有关决定的期限。

本所可以自行或者委托相关单位就公司有关情况进行调查核实，并将核查结果提交上诉复核委员会审议，调查核实期间不计入本所作出有关决定的期限。

14.7 申请人对本所作出的不予上市、终止上市、不同意主动终止上市决定申请复核的，应当在向本所提出复核申请的次一交易日开市前披露有关内容。

前述当事人在收到本所是否受理其复核申请的决定后，以及收到本所作出的复核决定后，应当及时披露决定的有关内容，并提示相关风险。

14.8　本所依据上诉复核委员会的审议意见作出撤销终止上市决定的，参照本规则第9.5.12条、第9.5.13条规定的程序办理。

14.9　复核程序和其他相关事宜，适用本所有关规定。

第十五章　释　义

15.1　本规则下列用语具有如下含义：

（一）披露或者公告：指上市公司或者相关信息披露义务人按法律、行政法规、部门规章、规范性文件、本规则及本所其他规定在本所网站和符合中国证监会规定条件的媒体上发布信息。

（二）独立董事：指不在上市公司担任除董事外的其他职务，并与其所受聘的上市公司及其主要股东、实际控制人不存在直接或者间接利害关系，或者其他可能影响其进行独立客观判断关系的董事。

（三）高级管理人员：指公司总经理、副总经理、董事会秘书、财务负责人及公司章程规定的其他人员。

（四）控股股东：指拥有上市公司控制权的股东。

（五）实际控制人：指通过投资关系、协议或者其他安排，能够实际支配公司行为的自然人、法人或者其他组织。

（六）中介机构：指为上市公司及相关信息披露义务人出具上市保荐书、持续督导报告、审计报告、鉴证报告、资产评估报告、资信评级报告、法律意见书、财务顾问报告等文件的保荐人、会计师事务所、律师事务所、资产评估机构、财务顾问和资信评级机构等。

（七）重大事项：指对上市公司股票及其衍生品种交易价格可能产生较大影响的事项。

（八）及时披露：指自起算日起或者触及本规则披露时点的两个交易日内披露。

（九）上市公司控股子公司：指上市公司能够控制或者实际控制的公司或者其他主体。此处控制，是指投资方拥有对被投资方的权力，通过参与被投资方的相关活动而享有可变回报，并且有能力运用对被投资方的权力影响其回报金额。

（十）营业收入：指上市公司利润表列报的营业收入；上市公司编制合并财务报表的，为合并利润表列报的营业总收入。本规则第九章对营业收入另有规定的，适用其规定。

（十一）利润总额：指上市公司利润表列报的利润总额；上市公司编制合并财务报表的，为合并利润表列报的利润总额。

（十二）净利润：指上市公司利润表列报的净利润；上市公司编制合并财务报表的，为合并利润表列报的归属于母公司所有者的净利润，不包括少数股东损益。

（十三）净资产：指上市公司资产负债表列报的所有者权益；上市公司编制合并财务报表的，为合并资产负债表列报的归属于母公司所有者权益，不包括少数股东权益。

（十四）每股收益：指根据中国证监会有关规定计算的基本每股收益。

（十五）净资产收益率：指根据中国证监会有关规定计算的净资产收益率。

（十六）无保留意见：指当注册会计师认为财务报表在所有重大方面按照适用的财务报告编制基础的规定编制并实现公允反映时发表的审计意见。

（十七）非标准审计意见：指注册会计师对财务报表发表的非无保留意见或带有解释性说明的无保留意见。前述非无保留意见，是指注册会计师对财务报表发表的保留意见、否定意见或无法表示意见。前述带有解释性说明的无保留意见，是指对财务报表发表的带有强调事项段、持续经营重大不确定性段落的无保留意见或者其他信息段落中包含其他信息未更正重大错报说明的无保留意见。

（十八）追溯重述：指公司因财务会计报告存在重大会计差错或者虚假记载，主动或者被中国证监会责令对此前披露的财务会计报告进行的差错更正。

（十九）破产程序：指《企业破产法》所规范的重整、和解或者破产清算程序。

（二十）管理人管理运作模式：指经法院裁定由管理人负责管理上市公司财产和营业事务的运作模式。

（二十一）管理人监督运作模式：指经法院裁定由公司在管理人的监督下自行管理财产和营业事务的运作模式。

（二十二）现金选择权：指当上市公司实施合并、分立等重大事项或者被收购时，相关股东按照事先约定的价格在规定期限内将其所持有的上市公司股份出售给第三方或者上市公司，以获得现金的权利。

（二十三）被控股股东或者控股股东关联人占用资金：指上市公司为前述主体垫支工资、福利、保险、广告等费用、承担成本和其他支出，代其偿还债务，有偿或者无偿地拆借公司的资金（含委托贷款）给其使用，委托其进行投资活动，为其开具没有真实交易背景的商业承兑汇票，在没有商品和劳务对价情况下或者明显有悖商业逻辑情况下以采购款、资产转让款、预付款等方式向其提供资金，或者证券监管机构认定的其他非经营性占用行为。

控股股东关联人是指上市公司实际控制人，以及上市公司控股股东、实际控制人控制的主体。

（二十四）违反规定程序对外提供担保：指上市公司违反本规则规定的审议程序要求而进行的对外担保行为。

（二十五）股权分布不再具备上市条件：指社会公众持有的股份低于公司股份总数的25%；公司股本总额超过4亿元的，社会公众持有的股份低于公司股份总数的10%。

上述社会公众是指除了下列股东之外的上市公司其他股东：

1. 持有上市公司10%以上股份的股东及其一致行动人；

2. 上市公司的董事、监事、高级管理人员及其关系密切的家庭成员，上市公司董事、监事、高级管理人员直接或者间接控制的法人或者其他组织。

（二十六）关系密切的家庭成员：包括配偶、父母、年满十八周岁的子女及其配偶、兄弟姐妹及其配偶、配偶的父母、配偶的兄弟姐妹和子女配偶的父母。

（二十七）B股每日股票收盘价：指B股股票每日港币计价的收盘价按本所收市行情报表中发布的汇率（即本所计算深证综指所使用的港币与人民币兑换汇率）换算成人民币计价后的收盘价，计算结果按照四舍五入原则取至价格最小变动单位。

（二十八）在本所的股票收盘市值：指公司在本所上市的各类型股票按其股份数量与对应的每日收盘价格计算的股票价值总额。股份数量包括流通股股份数和非流通股股份数，含已回购未注销的股份。

（二十九）表决权差异安排：指发行人依照《公司法》的有关规定，在一般规定的普通股份之外，发行特别表决权股份。每一特别表决权股份拥有的表决权数量大于每一普通股份拥有的表决权数量，其他股东权利与普通股份相同。

（三十）协议控制架构：指红筹企业通过协议方式实际控制境内实体运营企业的一种投资结构。

15.2　本规则未定义的用语的含义，依照国家有关法律、行政法规、部门规章、规范性文件及本所有关规定确定。

15.3　本规则所称“以上”含本数，“超过”“少于”“低于”不含本数。

15.4　本规则所称“元”，如无特指，均指人民币元。

第十六章　附　则

16.1　本规则的制定和修改经本所理事会审议通过，并报中国证监会批准。

16.2　本规则由本所负责解释。

16.3　本规则自2023年9月4日起施行。本所2022年1月7日发布的《深圳证券交易所股票上市规则（2022年修订）》（深证上〔2022〕12号）和2023年2月17日发布的《深圳证券交易所股票上市规则（2023年修订）》（深证上〔2023〕92号）同时废止。本所此前发布的其他业务规则中有关独立董事的规定与本规则不一致的，以本规则为准。

自本规则施行之日起的一年为过渡期。过渡期内，上市公司董事会及其专门委员会的设置、独立董事专门会议机制等事项与本规则不一致的，应当逐步调整至符合本规则的规定。

关于发布《深圳证券交易所创业板股票上市规则（2023年8月修订）》的通知

（2023年8月4日　深证上〔2023〕702号）

各市场参与人：

为了落实《国务院办公厅关于上市公司独立董事制度改革的意见》和中国证监会《上市公司独立董事管理办法》的有关要求，推动形成更加科学的独立董事制度体系，促进独立董事发挥应有作用，本所对《深圳证券交易所创业板股票上市规则》进行了修订。经中国证监会批准，现予以发布。

本规则自2023年9月4日起施行。本所2023年2月17日发布的《深圳证券交易所创业板股票上市规则（2023年修订）》（深证上〔2023〕93号）同时废止。本所此前发布的其他业务规则中有关独立董事的规定与本规则不一致的，以本规则为准。

自本规则施行之日起的一年为过渡期。过渡期内，上市公司董事会及其专门委员会的设置、独立董事专门会议机制等事项与本规则不一致的，应当逐步调整至符合本规则的规定。

深圳证券交易所

2023年8月4日

1.2

深圳证券交易所创业板股票上市规则（2023 年 8 月修订）

（2023 年 8 月 4 日　深证上〔2023〕702 号）

（2009 年 7 月实施；2012 年 4 月第一次修订；2014 年 10 月第二次修订；2018 年 4 月第三次修订；2018 年 11 月第四次修订；2020 年 6 月第五次修订；2020 年 12 月第六次修订；2023 年 2 月第七次修订；2023 年 8 月第八次修订）

目　录

第一章　总　　则

1.1　为了规范公司股票、存托凭证、可转换为股票的公司债券（以下简称可转换公司债券）及其他衍生品种（以下统称股票及其衍生品种）的上市行为，以及发行人、上市公司及相关信息披露义务人的信息披露行为，维护证券市场秩序，保护投资者的合法权益，根据《中华人民共和国公司法》（以下简称《公司法》）、《中华人民共和国证券法》（以下简称《证券法》）、《创业板上市公司持续监管办法（试行）》等法律、行政法规、部门规章、规范性文件及《深圳证券交易所章程》，制定本规则。

1.2　股票及其衍生品种在本所创业板的上市和持续监管事宜，适用本规则；本规则未作规定的，适用本所其他相关规定。

1.3　发行人申请股票及其衍生品种在本所创业板上市，应当经本所审核同意，并在上市前与本所签订上市协议，明确双方的权利、义务和有关事项。

1.4　发行人、上市公司及其董事、监事、高级管理人员、股东或存托凭证持有人、实际控制人、收购人、重大资产重组有关各方等自然人、机构及其相关人员，破产管理人及其成员，以及保荐机构及其保荐代表人、证券服务机构及其相关人员应当遵守法律、行政法规、部门规章、规范性文件、本规则和本所发布的细则、指引、通知、办法、指南等相关规定（以下简称本所其他相关规定），诚实守信，勤勉尽责。

1.5　本所依据法律、行政法规、部门规章、规范性文件、本规则、本所其他相关规定和上市协议、相关主体的声明与承诺，对第1.4条规定的主体进行自律监管。

第二章　股票及其衍生品种上市和交易

第一节　首次公开发行的股票上市

2.1.1　发行人申请在本所创业板上市，应当符合下列条件：

（一）符合中国证券监督管理委员会（以下简称中国证监会）规定的创业板发行条件；

（二）发行后股本总额不低于3000万元；

（三）公开发行的股份达到公司股份总数的25%以上；公司股本总额超过4亿元的，公开发行股份的比例为10%以上；

（四）市值及财务指标符合本规则规定的标准；

（五）本所要求的其他上市条件。

红筹企业发行股票的，前款第二项调整为发行后的股份总数不低于3000万股，前款第三项调整为公开发行的股份达到公司股份总数的25%以上；公司股份总数超过4亿股的，公开发行股份的比例为10%以上。红筹企业发行存托凭证的，前款第二项调整为发行后的存托凭证总份数不低于3000万份，前款第三项调整为公开发行的存托凭证对应基础股份达到公司股份总数的25%以上；发行后的存托凭证总份数超过4亿份的，公开发行存托凭证对应基础股份达到公司股份总数的10%以上。

本所可以根据市场情况，经中国证监会批准，对上市条件和具体标准进行调整。

2.1.2　发行人为境内企业且不存在表决权差异安排的，市值及财务指标应当至少符合下列标准中的一项：

（一）最近两年净利润均为正，且累计净利润不低于5000万元；

（二）预计市值不低于10亿元，最近一年净利润为正且营业收入不低于1亿元；

（三）预计市值不低于50亿元，且最近一年营业收入不低于3亿元。

2.1.3　符合《国务院办公厅转发证监会关于开展创新企业境内发行股票或存托凭证

试点若干意见的通知》(国办发〔2018〕21号) 等相关规定的红筹企业，可以申请其股票或存托凭证在创业板上市。

营业收入快速增长，拥有自主研发、国际领先技术，同行业竞争中处于相对优势地位的尚未在境外上市红筹企业，申请在创业板上市的，市值及财务指标应当至少符合下列标准中的一项：

（一）预计市值不低于100亿元；

（二）预计市值不低于50亿元，且最近一年营业收入不低于5亿元。

前款所称营业收入快速增长，指符合下列标准之一：

（一）最近一年营业收入不低于5亿元的，最近三年营业收入复合增长率10%以上；

（二）最近一年营业收入低于5亿元的，最近三年营业收入复合增长率20%以上；

（三）受行业周期性波动等因素影响，行业整体处于下行周期的，发行人最近三年营业收入复合增长率高于同行业可比公司同期平均增长水平。

处于研发阶段的红筹企业和对国家创新驱动发展战略有重要意义的红筹企业，不适用"营业收入快速增长"的规定。

2.1.4 发行人具有表决权差异安排的，市值及财务指标应当至少符合下列标准中的一项：

（一）预计市值不低于100亿元；

（二）预计市值不低于50亿元，且最近一年营业收入不低于5亿元。

发行人特别表决权股份的持有人资格、公司章程关于表决权差异安排的具体要求，应当符合本规则第四章第四节的规定。

2.1.5 本节所称净利润以扣除非经常性损益前后的孰低者为准，所称净利润、营业收入均指经审计的数值。本节所称预计市值，是指股票公开发行后按照总股本乘以发行价格计算出来的发行人股票名义总价值。

2.1.6 发行人在境内首次公开发行股票经中国证监会予以注册并完成公开发行后，向本所提出上市申请的，应当提交下列文件：

（一）上市申请书；

（二）中国证监会予以注册的决定；

（三）首次公开发行股票结束后发行人全部股票已经中国证券登记结算有限责任公司深圳分公司（以下简称结算公司）登记的证明文件；

（四）首次公开发行结束后，符合《证券法》规定的会计师事务所出具的验资报告；

（五）发行人、控股股东、实际控制人、董事、监事和高级管理人员根据本规则及本所其他相关规定要求出具的证明、声明及承诺；

（六）首次公开发行后至上市前，按规定新增的财务资料和有关重大事项的说明（如适用）；

（七）本所要求的其他文件。

2.1.7 发行人及其董事、监事和高级管理人员应当保证上市申请文件真实、准确、完整，不存在虚假记载、误导性陈述或者重大遗漏。

2.1.8　本所收到发行人完备的上市申请文件后五个交易日内，作出是否同意上市的决定。

发行人发生重大事项，对是否符合上市条件和信息披露要求产生重大影响的，本所可提请上市审核委员会（以下简称上市委员会）进行审议，审议时间不计入前款规定期限。

2.1.9　发行人应当于股票上市前五个交易日内，在本所网站和符合中国证监会规定条件的媒体（以下统称符合条件媒体）披露下列文件：

（一）上市公告书；

（二）公司章程；

（三）本所要求的其他文件。

2.1.10　刊登招股意向书或者招股说明书后，发行人应当持续关注媒体（包括报纸、网站、股票论坛、自媒体等）对公司的相关报道或者传闻，及时向有关方面了解真实情况，相关报道或者传闻可能对公司股票及其衍生品种交易价格或者投资决策产生较大影响的，应当在上市首日刊登风险提示公告，对相关问题进行说明澄清并提示公司存在的主要风险。

第二节　上市公司股票及其衍生品种的发行与上市

2.2.1　上市公司依法向不特定对象发行股票或者可转换公司债券的，应当按照中国证监会及本所有关规定及时披露涉及新股或者可转换公司债券发行的相关公告，并向本所申请办理发行事宜。

2.2.2　上市公司股票或者可转换公司债券发行结束完成登记后，应当按照本所有关规定披露上市公告等相关文件，并向本所申请办理上市事宜。

2.2.3　上市公司申请股票、可转换公司债券在本所上市时仍应当符合相应的发行条件。

2.2.4　上市公司在本所同意其新股或者可转换公司债券的上市申请后，应当在新股或者可转换公司债券上市前五个交易日内，在符合条件媒体披露下列文件：

（一）上市公告书；

（二）股份变动报告书（适用于新股上市）；

（三）本所要求的其他文件。

第三节　股份变动管理

2.3.1　上市公司股东以及董事、监事和高级管理人员所持股份的限售、减持及其他股份变动事宜，应当遵守《公司法》、《证券法》、中国证监会相关规定、本所《上市公司股东及董事、监事、高级管理人员减持股份实施细则》（以下简称《减持细则》）、《上市公司创业投资基金股东减持股份实施细则》等相关规定及公司章程。

上市公司股东可以通过向特定机构投资者询价转让、配售方式转让首次公开发行前已发行的股份（以下简称首发前股份），转让的方式、程序、价格、比例以及后续转让等事项，由本所另行规定，报中国证监会批准后实施。

2.3.2　上市公司股东持有的首发前股份，可以在公司上市前托管在为公司提供首次公开发行上市保荐服务的保荐机构，并由保荐机构按照本所业务规则的规定，对股东减持首发前股份的交易委托进行监督管理。

2.3.3　公司股东持有的首发前股份，自发行人股票上市之日起十二个月内不得转让。

2.3.4　上市公司控股股东、实际控制人及其一致行动人减持本公司首发前股份的，应当遵守下列规定：

（一）自公司股票上市之日起三十六个月内，不得转让或者委托他人管理其直接和间接持有的首发前股份，也不得提议由上市公司回购该部分股份；

（二）法律法规、中国证监会规定、本规则以及本所业务规则对控股股东、实际控制人股份转让的其他规定。

发行人向本所申请其股票首次公开发行并上市时，控股股东、实际控制人及其一致行动人应当承诺遵守前款规定。

转让双方存在控制关系或者受同一实际控制人控制的，自发行人股票上市之日起十二个月后，可豁免遵守本条第一款规定。

2.3.5　公司上市时未盈利的，在实现盈利前，控股股东、实际控制人及其一致行动人自公司股票上市之日起三个完整会计年度内，不得减持首发前股份；自公司股票上市之日起第四个和第五个完整会计年度内，每年减持的首发前股份不得超过公司股份总数的2%，并应当符合《减持细则》关于减持股份的相关规定。

公司上市时未盈利的，在实现盈利前，董事、监事、高级管理人员自公司股票上市之日起三个完整会计年度内，不得减持首发前股份；在前述期间内离职的，应当继续遵守本款规定。

公司实现盈利后，前两款规定的股东可以自当年年度报告披露后次日起减持首发前股份，但应当遵守本节其他规定。

2.3.6　上市公司申请有限售条件的股份上市流通，应当按照本所相关规定办理，并在股份上市流通前三个交易日内披露提示性公告。

2.3.7　上市公司控股股东、实际控制人在限售期满后减持首发前股份的，应当明确并披露未来十二个月的控制权安排，保证公司持续稳定经营。

2.3.8　上市公司董事、监事和高级管理人员应当按照本所有关规定申报并申请锁定其所持的本公司股份。

公司董事、监事、高级管理人员所持本公司股份发生变动的（因公司派发股票股利和资本公积转增股本导致的变动除外），应当及时向公司报告并由公司在本所网站公告。

2.3.9　上市公司可能触及本规则第十章规定的重大违法强制退市情形的，自相关行政处罚事先告知书或者司法裁判作出之日起至下列任一情形发生前，公司控股股东及其一致行动人、实际控制人以及董事、监事、高级管理人员不得减持公司股份：

（一）公司股票终止上市并摘牌；

（二）公司收到相关行政处罚决定或者人民法院司法裁判生效，显示公司未触及重大违法强制退市情形。

公司披露无控股股东、实际控制人的，其第一大股东及第一大股东的实际控制人应当遵守前款规定。

2.3.10　投资者及其一致行动人在上市公司拥有权益的股份变动涉及《证券法》《上市公司收购管理办法》等规定的收购或者股份权益变动情形的，应当按照规定履行报告和公告义务，并及时通知公司发布提示性公告。

公司应当在知悉上述收购或者股份权益变动时，及时对外发布公告。

2.3.11　因上市公司减少股本，导致投资者及其一致行动人拥有权益的公司股份达到《证券法》《上市公司收购管理办法》等规定的股份权益变动情形的，公司应当自完成减少股本的变更登记之日起两个交易日内对外发布公告。

2.3.12　上市公司控股子公司不得取得该上市公司发行的股份。确因特殊原因持有股份的，应当在一年内消除该情形，在消除前，上市公司控股子公司不得对其持有的股份行使表决权。

2.3.13　持有上市公司5%以上股份的契约型基金、信托计划或者资产管理计划，应当在权益变动文件中披露支配股份表决权的主体，以及该主体与上市公司控股股东、实际控制人、董事、监事、高级管理人员是否存在关联关系。

契约型基金、信托计划或者资产管理计划成为上市公司控股股东、第一大股东或者实际控制人的，除应当履行前款规定义务外，还应当在权益变动文件中穿透披露至最终投资者。

2.3.14　上市公司无控股股东、实际控制人的，上市公司第一大股东及其最终控制人应当参照适用本节关于控股股东、实际控制人的规定。

发行人的高级管理人员设立的专项资产管理计划，通过集中竞价方式减持参与战略配售获配股份的，应当参照《减持细则》关于高级管理人员减持股份的规定履行信息披露义务。

第三章　上市保荐和持续督导

第一节　一般规定

3.1.1　发行人向本所申请其首次公开发行的股票、存托凭证和上市后发行的新股、存托凭证、可转换公司债券在本所上市，应当由保荐机构保荐，根据相关规定无须保荐的除外。

保荐机构应当为同时具有保荐业务资格和本所会员资格的证券公司。

3.1.2　保荐机构应当与发行人签订保荐协议，明确双方在公司发行的股票、存托凭证、可转换公司债券申请上市期间和持续督导期间的权利和义务。

首次公开发行股票的，持续督导期间为股票上市当年剩余时间及其后三个完整会计年度；上市后发行新股、可转换公司债券的，持续督导期间为股票、可转换公司债券上市当年剩余时间及其后两个完整会计年度。持续督导期间自股票、可转换公司债券上市之日起计算。

对于在信息披露、规范运作、公司治理、内部控制等方面存在重大缺陷或者违规行为，或者实际控制人、董事会、管理层发生重大变化等风险较大的公司，保荐机构应当督促公司解决相关问题或者消除相关风险。持续督导期届满但相关问题尚未解决或者相关风险尚未消除的，本所可以要求保荐机构继续履行持续督导职责。

3.1.3 保荐机构应当在签订保荐协议时指定两名保荐代表人具体负责保荐工作，作为保荐机构与本所之间的指定联络人。

3.1.4 保荐机构保荐股票、存托凭证、可转换公司债券上市时，应当向本所提交上市保荐书、保荐机构经中国证监会核准经营证券承销与保荐业务的证明文件，以及与上市保荐工作有关的其他文件。

3.1.5 保荐机构应当建立健全并有效执行持续督导业务管理制度。保荐机构和保荐代表人在持续督导期间应当针对上市公司的具体情况，制定履行各项持续督导职责的实施方案，履行持续督导职责。

3.1.6 刊登证券发行募集文件以后直至持续督导工作结束，保荐机构和发行人不得终止保荐协议，但存在合理理由的情形除外。发行人因再次申请发行证券另行聘请保荐机构的，应当终止保荐协议。保荐机构被中国证监会撤销保荐业务资格的，发行人应当终止保荐协议并另行聘请保荐机构。

保荐机构和发行人终止保荐协议的，发行人应当自终止之日起五个交易日内披露，说明原因。

发行人另行聘请保荐机构的，应当及时公告。新聘请的保荐机构应当及时向本所提交本规则第3.1.4条规定的有关文件。

3.1.7 保荐机构更换保荐代表人的，应当及时通知上市公司。上市公司应当在收到通知后及时披露保荐代表人变更事宜。

第二节 持续督导职责的履行

3.2.1 保荐机构应当督导上市公司建立健全并有效执行公司治理制度、财务内控制度和信息披露制度，以及督导上市公司按照本规则的规定履行信息披露及其他相关义务，审阅信息披露文件及其他相关文件，并保证制作、出具的文件真实、准确、完整，没有虚假记载、误导性陈述或者重大遗漏。

保荐机构和保荐代表人应当督导上市公司的控股股东、实际控制人、董事、监事和高级管理人员遵守本规则及本所其他相关规定，并履行其所作出的承诺。

3.2.2 保荐机构应当在上市公司向本所报送信息披露文件及其他文件，或者履行信息披露义务后，完成对有关文件的审阅工作。发现信息披露文件存在问题的，应当及时督促公司更正或者补充。

3.2.3 上市公司股票交易出现本所业务规则规定的严重异常波动情形的，保荐机构、保荐代表人应当督促上市公司及时按照本规则履行信息披露义务。

3.2.4 上市公司临时报告披露的信息涉及募集资金、关联交易、委托理财、提供担保、对外提供财务资助等重大事项的，保荐机构应当按照中国证监会和本所相关规定发表意见。

3.2.5 上市公司日常经营出现以下情形的，保荐机构应当就相关事项对公司日常经营的影响以及是否存在其他未披露重大风险发表意见并披露：

（一）主要业务停滞或者出现可能导致主要业务停滞的重大风险事件；

（二）主要资产被查封、扣押或冻结；

（三）未清偿到期重大债务；

（四）控股股东、实际控制人、董事、监事或者高级管理人员涉嫌犯罪被司法机关采取强制措施；

（五）本所或者保荐机构认为应当发表意见的其他情形。

3.2.6 上市公司出现下列使公司的核心竞争力面临重大风险情形的，保荐机构应当就相关事项对公司核心竞争力和日常经营的影响以及是否存在其他未披露重大风险发表意见并披露：

（一）公司核心技术团队或者关键技术人员等对公司核心竞争力有重大影响的人员辞职或者发生较大变动；

（二）公司在用的核心商标、专利、专有技术、特许经营权等重要资产或者核心技术许可到期、出现重大纠纷、被限制使用或者发生其他重大不利变化；

（三）主要产品、核心技术、关键设备、经营模式等面临被替代或者被淘汰的风险；

（四）重要研发项目研发失败、终止、未获有关部门批准，或者公司放弃对重要核心技术项目的继续投资或者控制权；

（五）本所或者保荐机构认为应当发表意见的其他情形。

3.2.7 上市公司出现下列情形之一的，保荐机构和保荐代表人应当在知悉或者理应知悉之日起十五日内进行专项现场核查：

（一）存在重大财务造假嫌疑；

（二）控股股东、实际控制人、董事、监事或者高级管理人员涉嫌侵占上市公司利益；

（三）可能存在重大违规担保；

（四）资金往来或者现金流存在重大异常；

（五）本所或者保荐机构认为应当进行现场核查的其他事项。

保荐机构进行现场核查的，应当告知上市公司现场核查结果及提请公司注意的事项，并在现场核查结束后十个交易日内披露现场核查报告。

3.2.8 持续督导期内，保荐机构应当自上市公司披露年度报告、半年度报告后十五个交易日内按照中国证监会和本所相关规定在符合条件媒体披露跟踪报告。

保荐机构应当对上市公司进行必要的现场检查，以保证所发表的意见不存在虚假记载、误导性陈述或者重大遗漏。

3.2.9 保荐机构履行保荐职责发表的意见应当及时告知上市公司，并记录于保荐工作档案。

上市公司应当按照中国证监会及本所相关规定，积极配合保荐机构、保荐代表人履行持续督导职责。上市公司不配合保荐机构、保荐代表人持续督导工作的，保荐机构、保荐代表人应当督促改正，并及时向本所报告。

3.2.10 保荐机构在履行保荐职责期间有充分理由确信上市公司可能存在违反本规则规定的行为的，应当督促上市公司作出说明和限期纠正，并向本所报告。

保荐机构按照有关规定对上市公司违法违规事项公开发表声明的，应当于披露前向本所书面报告，经本所审查后在符合条件媒体公告。本所对上述公告进行形式审查，对其内容的真实性不承担责任。

3.2.11 保荐机构有充分理由确信相关证券服务机构及其签字人员出具的专业意见可能存在虚假记载、误导性陈述或者重大遗漏等违法违规情形或者其他不当情形的，应当及时发表意见并向本所报告。

3.2.12 持续督导工作结束后，保荐机构应当在上市公司年度报告披露之日起的十个交易日内披露保荐总结报告书。

3.2.13 持续督导期届满，上市公司募集资金尚未使用完毕的，保荐机构应继续履行募集资金相关的持续督导职责，如有其他尚未完结的保荐工作，保荐机构应当继续完成。

第四章 公司治理

第一节 股东大会、董事会和监事会

4.1.1 上市公司应当建立健全并实施有效的内部控制制度，建立完善独立董事制度，形成科学有效的职责分工和制衡机制，确保股东大会、董事会、监事会等机构合法运作和科学决策，保证公司经营管理合法合规、资金资产安全、信息披露真实、准确、完整。

4.1.2 上市公司应当依据法律法规和公司章程召开股东大会。对于股东提议要求召开股东大会的书面提案，公司董事会应当在规定期限内提出是否同意召开股东大会的书面反馈意见，不得无故拖延。

股东自行召集股东大会的，应当在发出股东大会通知前书面通知上市公司董事会并将有关文件报送本所备案。在发出股东大会通知至股东大会结束当日期间，召集股东的持股比例不得低于10%。

对于股东依法自行召集的股东大会，公司董事会和董事会秘书应当予以配合，提供必要的支持，并及时履行信息披露义务。

4.1.3 上市公司召开股东大会应当平等对待全体股东，不得以利益输送、利益交换等方式影响股东的表决，操纵表决结果，损害其他股东的合法权益。股东大会审议影响中小投资者利益的重大事项时，应当对中小投资者的表决单独计票并披露。

4.1.4 上市公司年度股东大会应当于召开二十日前，临时股东大会应当于召开十五日前，以公告方式向股东发出股东大会通知。股东大会通知中应当列明会议召开的时间、地点、方式，以及会议召集人和股权登记日等事项，充分、完整地披露所有提案的具体内容，同时在符合条件媒体披露有助于股东对拟讨论的事项作出合理判断所必需的其他

资料。

上市公司股东大会应当设置会场，以现场会议形式召开。现场会议时间、地点的选择应当便于股东参加。股东大会通知发出后，无正当理由的，股东大会现场会议召开地点不得变更。确需变更的，召集人应当于现场会议召开日两个交易日前发布通知并说明具体原因。

上市公司应当以网络投票的方式为股东参加股东大会提供便利。股东通过上述方式参加股东大会的，视为出席。

4.1.5 股东大会通知发出后，无正当理由的，不得延期或者取消，股东大会通知中列明的提案不得取消。一旦出现延期或者取消的情形，应当于原定召开日两个交易日前发布通知，说明延期或者取消的具体原因。延期召开股东大会的，应当在通知中公布延期后的召开日期。

4.1.6 股东大会应当聘请律师事务所对会议的召集、召开程序、出席会议人员及召集人的资格、会议的表决程序及结果等事项是否合法有效出具法律意见书。

股东大会决议及法律意见书应当在股东大会结束当日在符合条件媒体披露。

4.1.7 上市公司应当依据法律法规和公司章程召开董事会，董事会决议涉及须经股东大会审议的事项，或者本规则所述重大事项，上市公司应当分别披露董事会决议公告和相关重大事项公告。

4.1.8 上市公司应当依据法律法规和公司章程召开监事会，会议结束后及时披露监事会决议公告。

4.1.9 上市公司应当在董事会中设置审计委员会，并可以设置战略、提名、薪酬与考核等专门委员会，按照公司章程和董事会授权履行职责。

专门委员会成员全部由董事组成，其中审计委员会、提名委员会、薪酬与考核委员会中独立董事应当过半数并担任召集人；审计委员会成员应当为不在上市公司担任高级管理人员的董事，召集人应当为会计专业人士。

审计委员会负责审核公司财务信息及其披露、监督及评估内外部审计工作和内部控制。下列事项应当经审计委员会全体成员过半数同意后，方可提交董事会审议：

（一）披露财务会计报告及定期报告中的财务信息、内部控制评价报告；

（二）聘用、解聘承办上市公司审计业务的会计师事务所；

（三）聘任或者解聘上市公司财务负责人；

（四）因会计准则变更以外的原因作出会计政策、会计估计变更或者重大会计差错更正；

（五）法律法规、中国证监会规定、本所有关规定和公司章程规定的其他事项。

提名委员会、薪酬与考核委员会应当按照法律法规、中国证监会规定、本所有关规定、公司章程和董事会的规定履行职责，就相关事项向董事会提出建议。董事会对相关建议未采纳或者未完全采纳的，应当在董事会决议中记载相关意见及未采纳的具体理由，并进行披露。

4.1.10 股东大会、董事会或者监事会不能正常召开，或者决议效力存在争议的，上市公司应当及时披露相关事项、争议各方的主张、公司现状等有助于投资者了解公司实际情况的信息，以及律师出具的专项法律意见书。

出现前款规定情形的，上市公司董事会应当维护公司正常生产经营秩序，保护公司及全体股东利益，公平对待所有股东。

第二节　董事、监事和高级管理人员

4.2.1　上市公司的董事、监事和高级管理人员应当在公司首次公开发行股票上市前，新任董事、监事和高级管理人员应当在其任命后一个月内，签署《董事（监事、高级管理人员）声明及承诺书》，并向本所和公司董事会报备。

上述人员在签署《董事（监事、高级管理人员）声明及承诺书》时，应当由律师见证，由律师解释该文件的内容，在充分理解后签字盖章，并保证《董事（监事、高级管理人员）声明及承诺书》中声明事项的真实、准确、完整，不存在虚假记载、误导性陈述或者重大遗漏。

声明事项发生重大变化（持股情况除外）的，上述人员应当在五个交易日内更新，并向本所和公司董事会报备。

4.2.2　上市公司董事应当遵守法律法规和公司章程有关规定，履行以下忠实、勤勉义务，维护上市公司利益：

（一）保护公司资产的安全、完整，不得挪用公司资金和侵占公司财产，不得利用职务之便为公司实际控制人、股东、员工、本人或者其他第三方的利益损害公司利益；

（二）未经股东大会同意，不得为本人及其关系密切的家庭成员（具体范围参见本规则第7.2.5条第四项的规定）谋取属于公司的商业机会，不得自营、委托他人经营公司同类业务；

（三）保证有足够的时间和精力参与公司事务，持续关注对公司生产经营可能造成重大影响的事件，及时向董事会报告公司经营活动中存在的问题，不得以不直接从事经营管理或者不知悉为由推卸责任；

（四）原则上应当亲自出席董事会，审慎判断审议事项可能产生的风险和收益；因故不能亲自出席董事会的，应当审慎选择受托人；

（五）积极推动公司规范运行，督促公司真实、准确、完整、公平、及时履行信息披露义务，及时纠正和报告公司违法违规行为；

（六）获悉公司股东、实际控制人及其关联人侵占公司资产、滥用控制权等损害公司或者其他股东利益的情形时，及时向董事会报告并督促公司履行信息披露义务；

（七）严格履行作出的各项承诺；

（八）法律法规、中国证监会规定、本规则及本所其他规定、公司章程规定的其他忠实和勤勉义务。

上市公司监事和高级管理人员应当参照上述要求履行职责。

4.2.3　上市公司最迟应当在发布召开关于选举独立董事的股东大会通知公告时，将所有独立董事候选人的有关材料（包括提名人声明与承诺、候选人声明与承诺、独立董事履历表等）报送本所，并保证报送材料的真实、准确、完整。提名人应当在声明与承诺中承诺，被提名人与其不存在利害关系或者其他可能影响被提名人独立履职的情形。

公司董事会对独立董事候选人的有关情况有异议的，应当同时报送董事会的书面意见。

在召开股东大会选举独立董事时，公司董事会应当对独立董事候选人是否被本所提出异议的情况进行说明。对于本所提出异议的独立董事候选人，上市公司不得提交股东大会选举。

4.2.4　独立董事应当在董事会中充分发挥参与决策、监督制衡、专业咨询作用，按照法律法规、中国证监会和公司章程的规定，履行下列职责：

（一）参与董事会决策并对所议事项发表明确意见；

（二）按照《上市公司独立董事管理办法》的有关规定，对上市公司与其控股股东、实际控制人、董事、高级管理人员之间的潜在重大利益冲突事项进行监督，促使董事会决策符合公司整体利益，保护中小股东的合法权益；

（三）对上市公司经营发展提供专业、客观的建议，促进提升董事会决策水平；

（四）法律法规、中国证监会规定、本所相关规定和公司章程规定的其他职责。

独立董事应当独立、公正地履行职责，不受上市公司及其主要股东、实际控制人等单位或者个人的影响。

4.2.5　独立董事行使下列特别职权：

（一）独立聘请中介机构，对上市公司具体事项进行审计、咨询或者核查；

（二）向董事会提请召开临时股东大会；

（三）提议召开董事会会议；

（四）依法公开向股东征集股东权利；

（五）对可能损害上市公司或者中小股东权益的事项发表独立意见；

（六）法律法规、中国证监会和公司章程规定的其他职权。

独立董事行使前款第一项至第三项职权的，应当经全体独立董事过半数同意。

独立董事行使本条第一款所列职权的，上市公司应当及时披露。上述职权不能正常行使的，公司应当披露具体情况和理由。

4.2.6　下列事项应当经上市公司全体独立董事过半数同意后，提交董事会审议：

（一）应当披露的关联交易；

（二）上市公司及相关方变更或者豁免承诺的方案；

（三）被收购上市公司董事会针对收购所作出的决策及采取的措施；

（四）法律法规、中国证监会规定、本所相关规定和公司章程规定的其他事项。

4.2.7　上市公司应当建立独立董事专门会议制度，定期或者不定期召开全部由独立董事参加的会议，对本规则第4.2.5条第一款第一项至第三项、第4.2.6条规定的相关事项进行审议。

独立董事专门会议可以根据需要研究讨论公司其他事项。

独立董事专门会议应当由过半数独立董事共同推举一名独立董事召集和主持；召集人

不履职或者不能履职时，两名及以上独立董事可以自行召集并推举一名代表主持。

公司应当为独立董事专门会议的召开提供便利和支持。

4.2.8 上市公司董事由股东大会选举或更换，并可在任期届满前由股东大会解除其职务。董事每届任期不得超过三年，任期届满可连选连任。

4.2.9 上市公司应当设立董事会秘书，作为公司与本所之间的指定联络人。

公司应当设立信息披露事务部门，由董事会秘书负责管理。

4.2.10 上市公司原则上应当在首次公开发行股票上市后三个月内或者原任董事会秘书离职后三个月内聘任董事会秘书。董事会秘书空缺期间，董事会应当指定一名董事或者高级管理人员代行董事会秘书的职责，空缺超过三个月的，董事长应当代行董事会秘书职责。

4.2.11 上市公司应当聘任证券事务代表，协助董事会秘书履行职责。在董事会秘书不能履行职责时，由证券事务代表行使其权利并履行其职责，在此期间，并不当然免除董事会秘书对公司信息披露事务负有的责任。

第三节 控股股东和实际控制人

4.3.1 上市公司的控股股东、实际控制人应当在公司首次公开发行股票上市前，或者控制权变更完成后一个月内，签署《控股股东、实际控制人声明及承诺书》，并向本所和公司董事会报备。

控股股东、实际控制人在签署《控股股东、实际控制人声明及承诺书》时，应当由律师见证，由律师解释该文件的内容，在充分理解后签字盖章，并保证《控股股东、实际控制人声明及承诺书》中声明事项的真实、准确、完整，不存在虚假记载、误导性陈述或者重大遗漏。

声明事项发生重大变化（持股情况除外）的，控股股东、实际控制人应当在五个交易日内更新，并向本所和公司董事会报备。

4.3.2 上市公司控股股东、实际控制人应当诚实守信，依法行使股东权利，不滥用控制权损害公司或者其他股东的利益，履行以下义务：

（一）遵守并促使公司遵守国家法律、行政法规、部门规章、规范性文件、本规则和本所其他相关规定、公司章程，接受本所监管；

（二）不以任何方式违法违规占用公司资金或者要求公司违法违规提供担保；

（三）不通过非公允的关联交易、利润分配、资产重组、对外投资等任何方式损害公司和其他股东的合法权益；

（四）不利用公司未公开重大信息谋取利益，不以任何方式泄露有关公司的未公开重大信息，不从事内幕交易、短线交易、操纵市场等违法违规行为；

（五）保证公司资产完整、人员独立、财务独立、机构独立和业务独立，不以任何方式影响公司的独立性；

（六）严格履行作出的公开声明和各项承诺，不擅自变更或者解除；

（七）严格按照有关规定履行信息披露义务，并保证披露的信息真实、准确、完整，不存在虚假记载、误导性陈述或者重大遗漏；积极主动配合公司做好信息披露工作，及时告知公司已发生或者拟发生的重大事项，并如实回答本所的相关问询；

（八）本所认为应当履行的其他义务。

4.3.3　上市公司控股股东应当审慎质押所持公司股份，合理使用融入资金，维持公司控制权和生产经营稳定。

4.3.4　上市公司应当根据股权结构、董事的提名任免以及其他内部治理情况，客观、审慎地认定控制权归属。

签署一致行动协议共同控制公司的，应当在协议中明确共同控制安排及解除机制。

第四节　表决权差异安排

4.4.1　发行人首次公开发行上市前设置表决权差异安排的，应当经出席股东大会的股东所持表决权的三分之二以上通过。

发行人在首次公开发行上市前不具有表决权差异安排的，不得在首次公开发行上市后以任何方式设置此类安排。

4.4.2　除公司章程规定的表决权差异外，普通股份与特别表决权股份具有的其他股东权利应当完全相同。

4.4.3　持有特别表决权股份的股东应当为对上市公司发展作出重大贡献，并且在公司上市前及上市后持续担任公司董事的人员或者该等人员实际控制的持股主体。

持有特别表决权股份的股东在上市公司中拥有权益的股份合计应当达到公司全部已发行有表决权股份的10%以上。

4.4.4　上市公司章程应当规定每份特别表决权股份的表决权数量。每份特别表决权股份的表决权数量应当相同，且不得超过每份普通股份的表决权数量的10倍。

4.4.5　上市公司股票在本所上市后，除同比例配股、转增股本、分配股票股利情形外，不得在境内外发行特别表决权股份，不得提高特别表决权比例。

上市公司因股份回购等原因，可能导致特别表决权比例提高的，应当同时采取将相应数量特别表决权股份转换为普通股份等措施，保证特别表决权比例不高于原有水平。

本规则所称特别表决权比例，是指全部特别表决权股份的表决权数量占上市公司全部已发行股份表决权数量的比例。

4.4.6　上市公司应当保证普通表决权比例不低于10%；单独或者合计持有公司10%以上已发行有表决权股份的股东有权提议召开临时股东大会；单独或者合计持有公司3%以上已发行有表决权股份的股东有权提出股东大会议案。

本规则所称普通表决权比例，是指全部普通股份的表决权数量占上市公司全部已发行股份表决权数量的比例。

4.4.7　特别表决权股份不得在二级市场进行交易，但可以按照本所有关规定进行转让。

4.4.8　出现下列情形之一的，特别表决权股份应当按照1:1的比例转换为普通股份：

（一）持有特别表决权股份的股东不再符合本规则第4.4.3条规定的资格和最低持股要求，或者丧失相应履职能力、离任、死亡；

（二）实际持有特别表决权股份的股东失去对相关持股主体的实际控制；

（三）持有特别表决权股份的股东向他人转让所持有的特别表决权股份，或者将特别表决权股份的表决权委托他人行使，但转让或者委托给受该特别表决权股东实际控制的主体除外；

（四）公司的控制权发生变更。

发生前款第四项情形的，上市公司已发行的全部特别表决权股份应当转换为普通股份。

4.4.9　上市公司股东对下列事项行使表决权时，每一特别表决权股份享有的表决权数量应当与每一普通股份的表决权数量相同：

（一）修改公司章程；

（二）改变特别表决权股份享有的表决权数量；

（三）聘请或者解聘独立董事；

（四）聘请或者解聘监事；

（五）聘请或者解聘为上市公司定期报告出具审计意见的会计师事务所；

（六）公司合并、分立、解散或者变更公司形式。

上市公司章程应当规定，股东大会对前款第一项、第二项、第六项事项作出决议，应当经出席会议的股东所持表决权的三分之二以上通过。

4.4.10　上市公司具有表决权差异安排的，应当在定期报告中披露该等安排在报告期内的实施、股份变动、表决权恢复及行使情况等，特别是风险、公司治理等信息，以及该等安排下保护投资者合法权益有关措施的实施情况。

4.4.11　出现下列情形之一的，相关股东应当立即通知上市公司，公司应当及时披露：

（一）特别表决权股份转换成普通股份；

（二）股东所持有的特别表决权股份被质押、冻结、司法拍卖、托管、设定信托或者被依法限制表决权；

（三）其他重大变化或者调整。

相关公告应当包含具体情形、发生时间、转换为普通股份的特别表决权股份数量、剩余特别表决权股份数量等内容。

4.4.12　上市公司具有表决权差异安排的，监事会应当在年度报告中，就下列事项出具专项意见：

（一）持有特别表决权股份的股东是否持续符合本规则第4.4.3条的要求；

（二）特别表决权股份是否出现本规则第4.4.8条规定的情形并及时转换为普通股份；

（三）特别表决权比例是否持续符合本规则的规定；

（四）持有特别表决权股份的股东是否存在滥用特别表决权或者其他损害投资者合法权益的情形；

（五）上市公司及持有特别表决权股份的股东遵守本节其他规定的情况。

4.4.13　持续督导期内，保荐机构应当在年度跟踪报告中对第4.4.12条规定的事项发表意见。

保荐机构在持续督导期间应当对上市公司特别表决权事项履行持续督导义务，发现股东存在滥用特别表决权或者其他损害投资者合法权益情形时，应当及时督促相关股东改正，并向本所报告。

4.4.14　上市公司应当在股东大会通知中列明持有特别表决权股份的股东、所持特别表决权股份数量及对应的表决权数量、股东大会议案是否涉及第4.4.9条规定事项等情况。

4.4.15　持有特别表决权股份的股东应当按照所适用的法律法规以及公司章程行使权利，不得滥用特别表决权，不得利用特别表决权损害投资者的合法权益。

出现前款情形，损害投资者合法权益的，本所可以要求公司或者持有特别表决权股份的股东予以改正。

4.4.16　上市公司或者持有特别表决权股份的股东应当按照本所及结算公司的有关规定，办理特别表决权股份登记和转换成普通股份登记事宜。

第五章　信息披露一般规定

第一节　信息披露基本原则

5.1.1　上市公司及相关信息披露义务人应当根据法律、行政法规、部门规章、规范性文件、本规则及本所其他相关规定，及时、公平地披露所有可能对公司股票及其衍生品种交易价格或者投资决策产生较大影响的信息或事项（以下简称重大信息、重大事件或者重大事项），并保证所披露的信息真实、准确、完整，简明清晰，通俗易懂，不得有虚假记载、误导性陈述或者重大遗漏。

5.1.2　上市公司董事、监事和高级管理人员应当保证公司所披露的信息真实、准确、完整、及时、公平，不能保证披露的信息内容真实、准确、完整的，应当在公告中作出相应声明并说明理由。

5.1.3　本规则所称真实，是指上市公司及相关信息披露义务人披露的信息应当以客观事实或者具有事实基础的判断和意见为依据，如实反映客观情况，不得有虚假记载和不实陈述。

5.1.4　本规则所称准确，是指上市公司及相关信息披露义务人披露的信息应当使用明确、贴切的语言和简明扼要、通俗易懂的文字，内容应易于理解，不得含有任何宣传、广告、恭维或者夸大等性质的词句，不得有误导性陈述。

公司披露预测性信息及其他涉及公司未来经营和财务状况等信息时，应当合理、谨慎、客观，并充分披露相关信息所涉及的风险因素，以明确的警示性文字提示投资者可能出现的风险和不确定性。

5.1.5 本规则所称完整，是指上市公司及相关信息披露义务人披露的信息应当内容完整、文件齐备，格式符合规定要求，不得有重大遗漏。

5.1.6 本规则所称及时，是指上市公司及相关信息披露义务人应当在本规则规定的期限内披露重大信息。

5.1.7 本规则所称公平，是指上市公司及相关信息披露义务人应当同时向所有投资者公开披露重大信息，确保所有投资者可以平等地获取同一信息，不得实行差别对待政策，不得提前向特定对象单独披露、透露或者泄露未公开重大信息。

第二节 信息披露一般要求

5.2.1 上市公司披露的信息包括定期报告和临时报告。

公司及相关信息披露义务人应当通过本所上市公司网上业务专区和本所认可的其他方式，将公告文稿和相关备查文件及时报送本所，报送文件应当符合本所要求。

公司及相关信息披露义务人报送的公告文稿和相关备查文件应当采用中文文本，同时采用外文文本的，信息披露义务人应当保证两种文本的内容一致。两种文本发生歧义时，以中文文本为准。

5.2.2 上市公司公告文件应当通过符合条件媒体对外披露。上市公司公告（监事会公告除外）应当加盖董事会公章并向本所报备。

公司未能按照既定时间披露，或者在符合条件媒体披露的文件内容与报送本所登记的文件内容不一致的，应当立即向本所报告并披露。

5.2.3 上市公司信息披露采用直通披露（事后审查）和非直通披露（事前审查）两种方式。

信息披露原则上采用直通披露方式，本所可以根据公司信息披露质量、规范运作情况等，调整直通披露公司范围。

直通披露的公告范围由本所确定，本所可以根据业务需要进行调整。

5.2.4 上市公司披露的信息应当前后一致，财务信息应当具有合理的勾稽关系，非财务信息应当能相互印证，不存在矛盾。如披露的信息与已披露的信息存在重大差异的，应当充分披露原因并作出合理解释。

5.2.5 上市公司的公告文稿应当重点突出、逻辑清晰，避免使用大量专业术语、过于晦涩的表达方式和外文及其缩写，避免模糊、空洞、模板化和冗余重复的信息。

5.2.6 除依法需要披露的信息之外，上市公司及相关信息披露义务人可以自愿披露与投资者作出价值判断和投资决策有关的信息。

公司及相关信息披露义务人进行自愿性信息披露的，应当遵守公平信息披露原则，保持信息披露的完整性、持续性和一致性，避免选择性信息披露，不得与依法披露的信息相冲突，不得误导投资者。已披露的信息发生重大变化，有可能影响投资决策的，应当及时披露进展公告，直至该事项完全结束。

公司及相关信息披露义务人按照前款规定披露信息的，在发生类似事件时，应当按照同一标准予以披露。

5.2.7 上市公司应当在涉及的重大事项最先触及下列任一时点后及时履行披露义务：

（一）董事会、监事会作出决议时；

（二）签署意向书或者协议（无论是否附加条件或者期限）时；

（三）公司（含任一董事、监事或者高级管理人员）知悉或者理应知悉重大事项发生时；

（四）筹划阶段事项难以保密、发生泄露、引起公司股票及其衍生品种交易异常波动时。

5.2.8 上市公司筹划重大事项，持续时间较长的，应当分阶段披露进展情况，及时提示相关风险，不得仅以相关事项结果不确定为由不予披露。

已披露的事项发生重大变化，可能对公司股票及其衍生品种交易价格或者投资决策产生较大影响的，公司应当及时披露进展公告。

5.2.9 上市公司及相关信息披露义务人拟披露的信息属于国家秘密、商业秘密等情形，按照本规则披露或者履行相关义务可能导致其违反境内外法律法规、引致不当竞争、损害公司及投资者利益或者误导投资者的，可以按照本所相关规定豁免披露。

上市公司拟披露的信息存在不确定性、属于临时性商业秘密等情形，及时披露可能会损害公司利益或者误导投资者，且有关内幕信息知情人已书面承诺保密的，公司可以按照本所相关规定暂缓披露。

上市公司及相关信息披露义务人应当审慎确定信息披露暂缓、豁免事项，不得随意扩大暂缓、豁免事项的范围。

暂缓披露的信息确实难以保密、已经泄露或者出现市场传闻，导致公司股票及其衍生品种交易价格发生大幅波动的，公司应当立即披露相关事项筹划和进展情况。

5.2.10 上市公司及相关信息披露义务人不得以新闻发布或者答记者问等其他形式代替信息披露或者泄露未公开重大信息。

上市公司及相关信息披露义务人确有需要的，可以在非交易时段通过新闻发布会、媒体专访、公司网站、网络自媒体等方式对外发布应披露的信息，但公司应当于下一交易时段开始前披露相关公告。

5.2.11 上市公司及相关信息披露义务人通过业绩说明会、分析师会议、路演、接受投资者调研等形式，与特定对象沟通时，不得提供公司未公开重大信息。

上市公司向股东、实际控制人及其他第三方报送文件，涉及未公开重大信息的，应当依照本规则披露。

5.2.12 上市公司及相关信息披露义务人适用本所相关信息披露要求，可能导致其难以反映经营活动的实际情况、难以符合行业监管要求或者公司注册地有关规定的，可以向本所申请调整适用，但应当说明原因和替代方案。

本所认为不应当调整适用的，上市公司及相关信息披露义务人应当执行本所相关规定。

5.2.13 上市公司控股子公司发生本规则规定的重大事项，视同上市公司发生的重大事项，适用本规则的规定。

上市公司参股公司发生本规则规定的重大事项，原则上按照上市公司在该参股公司的持股比例计算相关数据适用本规则的规定；上市公司参股公司发生的重大事项虽未达到本规则规定的标准但可能对上市公司股票及其衍生品种交易价格或者投资决策产生重大影响的，应当参照本规则的规定履行信息披露义务。

5.2.14 上市公司可以根据本规则及本所其他相关规定向本所申请其股票及其衍生品种停牌和复牌。

本所可以根据本规则及本所其他相关规定决定对公司股票及其衍生品种实施停牌或者复牌。

公司应当维护证券交易的连续性，谨慎申请停牌，不得以停牌代替公司及有关各方在筹划重大事项过程中的信息保密义务，不得滥用停牌或者复牌损害投资者的合法权益。

证券市场交易出现极端异常情况的，本所可以根据中国证监会的决定或者市场实际情况，暂停办理上市公司停牌申请，维护市场交易的连续性和流动性，维护投资者正当的交易权利。

5.2.15 上市公司出现下列情形的，本所可以视情况决定公司股票及其衍生品种的停牌和复牌：

（一）严重违反法律法规、本规则及本所其他相关规定，且在规定期限内拒不按要求改正；

（二）信息披露存在重大遗漏或者误导性陈述，且拒不按照要求就有关内容进行更正、解释或者补充；

（三）公司运作和信息披露方面涉嫌违反法律法规、本规则或者本所其他相关规定，情节严重而被有关部门调查；

（四）无法保证与本所的有效联系，或者拒不履行信息披露义务；

（五）其他本所认为应当停牌或者复牌的情形。

5.2.16 上市公司收购人履行要约收购义务，要约收购期限届满至要约收购结果公告前，公司股票及其衍生品种应当停牌。

根据收购结果，被收购上市公司股权分布仍符合上市条件的，公司股票及其衍生品种应当于要约收购结果公告日复牌。公告日为非交易日的，自次一交易日起复牌。

根据收购结果，被收购上市公司股权分布不再符合上市条件，且收购人以终止公司上市地位为收购目的的，公司股票及其衍生品种应当于要约收购结果公告日继续停牌，并依照本规则第十章第八节有关规定执行；收购人不以终止公司上市地位为收购目的的，公司股票及其衍生品种应当于要约收购结果公告日继续停牌，并参照本规则第10.4.1条第五项情形相应的程序执行。

第三节 信息披露管理制度及监管

5.3.1 上市公司应当制定并严格执行信息披露事务管理制度。信息披露事务管理制度应当经董事会审议并披露。

5.3.2 上市公司应当制定董事、监事、高级管理人员以及其他相关人员对外发布信息的内部规范制度，明确发布程序、方式和未经董事会许可不得对外发布的情形等事项。

5.3.3 上市公司应当建立健全内幕信息知情人登记管理制度，加强未公开重大信息内部流转过程中的保密工作，尽量缩小知情人员范围，防止泄露未公开重大信息。

内幕信息知情人在重大信息公开前，不得买卖公司股票、泄露内幕信息或者建议他人买卖公司股票。

5.3.4 上市公司股东、实际控制人、收购人等相关信息披露义务人，应当按照有关规定履行信息披露义务，及时告知公司已发生或者拟发生的重大事项，主动配合公司做好信息披露工作。

5.3.5 上市公司及相关信息披露义务人应当密切关注媒体关于公司的报道，以及公司股票及其衍生品种的交易情况，及时向有关方面了解真实情况。

5.3.6 本所根据有关法律、行政法规、部门规章、规范性文件、本规则以及本所其他相关规定，对上市公司及相关信息披露义务人披露的信息进行形式审查，对其内容的真实性不承担责任。

本所经审查认为信息披露文件存在问题的，可以提出问询。公司及相关信息披露义务人应当在规定期限内如实回复本所问询，并按照本规则的规定和本所要求及时、真实、准确、完整地就相关情况作出公告，不得以有关事项存在不确定性或者需要保密等为由不履行报告、公告和回复本所问询的义务；未在规定期限内回复或披露有关公告的，或者本所认为必要的，本所可以采取交易所公告等形式向市场说明有关情况。

5.3.7 保荐机构及其保荐代表人、证券服务机构及其相关人员应当及时制作工作底稿，完整保存发行人、上市公司及相关信息披露义务人的证券业务活动记录及相关资料。

5.3.8 本所可以根据监管需要调阅、检查工作底稿、证券业务活动记录及相关资料，相关主体应当积极配合。

第六章 定期报告

第一节 一般规定

6.1.1 上市公司应当披露的定期报告包括年度报告、半年度报告和季度报告。

公司应当按照中国证监会及本所有关规定编制并披露定期报告。

6.1.2 上市公司应当在每个会计年度结束之日起四个月内披露年度报告，在每个会计年度的上半年结束之日起两个月内披露半年度报告，在每个会计年度的前三个月、前九个月结束后的一个月内披露季度报告。

公司第一季度报告的披露时间不得早于上一年度的年度报告披露时间。

公司预计不能在规定期限内披露定期报告的，应当及时向本所报告，并公告不能按期披露的原因、解决方案及延期披露的最后期限。

6.1.3 上市公司应当与本所约定定期报告的披露时间，本所根据均衡披露原则统筹安排各公司定期报告披露顺序。

公司应当按照本所安排的时间办理定期报告披露事宜。因故需变更披露时间的，应当提前五个交易日向本所提出书面申请，陈述变更理由，并明确变更后的披露时间，本所视情形决定是否予以调整。本所原则上只接受一次变更申请。

6.1.4　上市公司董事会应当确保公司定期报告按时披露。定期报告未经董事会审议、董事会审议未通过或者因故无法形成有关董事会决议的，公司应当披露具体原因和存在的风险、董事会的专项说明。

公司不得披露未经董事会审议通过的定期报告。

6.1.5　上市公司董事、监事、高级管理人员应当依法对公司定期报告签署书面确认意见；公司监事会应当依法对董事会编制的公司定期报告进行审核并提出书面审核意见，说明董事会对定期报告的编制和审核程序是否符合法律法规、中国证监会和本所的规定，报告的内容是否真实、准确、完整地反映公司的实际情况。

董事、监事、高级管理人员无法保证定期报告内容的真实性、准确性、完整性或者有异议的，应当在书面意见中发表意见并陈述理由，上市公司应当披露。上市公司不予披露的，董事、监事、高级管理人员可以直接申请披露。

6.1.6　上市公司的董事、监事和高级管理人员，不得以任何理由拒绝对公司定期报告签署书面意见，影响定期报告的按时披露。

6.1.7　上市公司聘请的为其提供财务会计报告审计、净资产验证及其他相关服务的会计师事务所应当符合《证券法》的规定。

公司聘请或者解聘会计师事务所必须由股东大会决定，董事会不得在股东大会决定前委任会计师事务所。

公司解聘或者不再续聘会计师事务所时，应当事先通知会计师事务所。公司股东大会就解聘会计师事务所进行表决时，会计师事务所可以陈述意见。会计师事务所提出辞聘的，应当向股东大会说明公司有无不当情形。

6.1.8　上市公司年度报告中的财务会计报告必须经审计。

公司半年度报告中的财务会计报告可以不经审计，但有下列情形之一的，公司应当聘请会计师事务所进行审计：

（一）拟依据半年度报告进行利润分配（仅进行现金分红的除外）、公积金转增股本或者弥补亏损的；

（二）中国证监会或者本所认为应当进行审计的其他情形。

公司季度报告中的财务资料无须审计，但中国证监会或者本所另有规定的除外。

6.1.9　上市公司的财务会计报告被注册会计师出具非标准审计意见的，公司应当按照中国证监会《公开发行证券的公司信息披露编报规则第 14 号——非标准审计意见及其涉及事项的处理》（以下简称第 14 号编报规则）的规定，在报送定期报告的同时向本所提交下列文件：

（一）董事会针对该审计意见涉及事项所出具的符合第 14 号编报规则要求的专项说明，审议此专项说明的董事会决议以及决议所依据的材料；

（二）监事会对董事会有关说明的意见和相关的决议；

（三）负责审计的会计师事务所及注册会计师出具的符合第 14 号编报规则要求的专项说明；

（四）中国证监会和本所要求的其他文件。

6.1.10　上市公司出现本规则第 6.1.9 条所述非标准审计意见涉及事项如属于明显违反企业会计准则及相关信息披露规定的，公司应当对有关事项进行纠正，并及时披露纠正后的财务会计资料和会计师出具的审计报告或者专项鉴证报告等有关资料。

公司未及时披露、采取措施消除相关事项及其影响的，本所可以对其采取监管措施或纪律处分，或者报中国证监会调查处理。

6.1.11　上市公司最近一个会计年度的财务会计报告被注册会计师出具否定或者无法表示意见的审计报告，应当于其后披露的首个半年度报告和三季度报告中说明导致否定或者无法表示意见的情形是否已经消除。

6.1.12　上市公司因前期已公开披露的财务会计报告存在差错或者虚假记载被责令改正，或者经董事会决定改正的，应当在被责令改正或者董事会作出相应决定时，及时予以披露，并按照中国证监会《公开发行证券的公司信息披露编报规则第 19 号——财务信息的更正及相关披露》等有关规定的要求更正及披露。

6.1.13　上市公司未在规定期限内披露季度报告的，公司股票及其衍生品种应当于规定期限届满的次一交易日停牌一天。

公司未披露季度报告的同时存在未披露年度报告或者半年度报告情形的，公司股票及其衍生品种应当按照本规则第十章有关规定停牌与复牌。

第二节　业绩预告和业绩快报

6.2.1　上市公司应当严格按照本所相关业务规则合理、谨慎、客观、准确地披露业绩预告、业绩快报及修正公告，不得使用夸大、模糊或者误导性陈述，不得利用该等信息不当影响公司股票及其衍生品种的交易价格。

6.2.2　上市公司预计年度经营业绩或者财务状况将出现下列情形之一的，应当在会计年度结束之日起一个月内进行预告（以下简称业绩预告）：

（一）净利润为负；

（二）净利润与上年同期相比上升或者下降 50% 以上；

（三）实现扭亏为盈；

（四）期末净资产为负。

6.2.3　上市公司因本规则第 10.3.1 条第一款规定的情形，其股票被实施退市风险警示的，应当于会计年度结束之日起一个月内预告全年营业收入、净利润、扣除非经常性损益后的净利润和净资产。

6.2.4　本所鼓励上市公司在定期报告公告前披露业绩快报。

上市公司在定期报告披露前向国家有关机关报送未公开的定期财务数据，预计无法保密的，应当及时披露业绩快报。

上市公司在定期报告披露前出现业绩泄露，或者因业绩传闻导致公司股票及其衍生品种交易异常波动的，应当及时披露业绩快报。

6.2.5 上市公司董事会预计实际业绩或者财务状况与已披露的业绩预告或业绩快报差异较大的，应当及时披露修正公告。

第七章 应披露的交易与关联交易

第一节 重大交易

7.1.1 本章所称“交易”，包括下列类型的事项：

（一）购买或者出售资产；

（二）对外投资（含委托理财、对子公司投资等，设立或者增资全资子公司除外）；

（三）提供财务资助（含委托贷款）；

（四）提供担保（指上市公司为他人提供的担保，含对控股子公司的担保）；

（五）租入或者租出资产；

（六）签订管理方面的合同（含委托经营、受托经营等）；

（七）赠与或者受赠资产；

（八）债权或者债务重组；

（九）研究与开发项目的转移；

（十）签订许可协议；

（十一）放弃权利（含放弃优先购买权、优先认缴出资权利等）；

（十二）本所认定的其他交易。

上市公司下列活动不属于前款规定的事项：

（一）购买与日常经营相关的原材料、燃料和动力（不含资产置换中涉及购买、出售此类资产）；

（二）出售产品、商品等与日常经营相关的资产（不含资产置换中涉及购买、出售此类资产）；

（三）虽进行前款规定的交易事项但属于公司的主营业务活动。

7.1.2 上市公司发生的交易（提供担保、提供财务资助除外）达到下列标准之一的，应当及时披露：

（一）交易涉及的资产总额占上市公司最近一期经审计总资产的10%以上，该交易涉及的资产总额同时存在账面值和评估值的，以较高者作为计算依据；

（二）交易标的（如股权）在最近一个会计年度相关的营业收入占上市公司最近一个会计年度经审计营业收入的10%以上，且绝对金额超过1000万元；

（三）交易标的（如股权）在最近一个会计年度相关的净利润占上市公司最近一个会计年度经审计净利润的10%以上，且绝对金额超过100万元；

（四）交易的成交金额（含承担债务和费用）占上市公司最近一期经审计净资产的10%以上，且绝对金额超过1000万元；

（五）交易产生的利润占上市公司最近一个会计年度经审计净利润的10%以上，且绝对金额超过100万元。

上述指标计算中涉及的数据如为负值，取其绝对值计算。

7.1.3　上市公司发生的交易（提供担保、提供财务资助除外）达到下列标准之一的，应当提交股东大会审议：

（一）交易涉及的资产总额占上市公司最近一期经审计总资产的50%以上，该交易涉及的资产总额同时存在账面值和评估值的，以较高者作为计算依据；

（二）交易标的（如股权）在最近一个会计年度相关的营业收入占上市公司最近一个会计年度经审计营业收入的50%以上，且绝对金额超过5000万元；

（三）交易标的（如股权）在最近一个会计年度相关的净利润占上市公司最近一个会计年度经审计净利润的50%以上，且绝对金额超过500万元；

（四）交易的成交金额（含承担债务和费用）占上市公司最近一期经审计净资产的50%以上，且绝对金额超过5000万元；

（五）交易产生的利润占上市公司最近一个会计年度经审计净利润的50%以上，且绝对金额超过500万元。

上述指标计算中涉及的数据如为负值，取其绝对值计算。

7.1.4　除提供担保、委托理财等本规则及本所其他业务规则另有规定事项外，上市公司进行第7.1.1条规定的同一类别且标的相关的交易时，应当按照连续十二个月累计计算的原则，适用第7.1.2条和第7.1.3条的规定。

已按照第7.1.2条或者第7.1.3条履行义务的，不再纳入相关的累计计算范围。

7.1.5　上市公司与同一交易方同时发生本规则第7.1.1条第一款第二项至第四项以外各项中方向相反的两个交易时，应当按照其中单个方向的交易涉及指标中较高者作为计算标准，适用第7.1.2条和第7.1.3条的规定。

7.1.6　上市公司连续十二个月滚动发生委托理财的，以该期间最高余额为交易金额，适用第7.1.2条和第7.1.3条的规定。

7.1.7　上市公司对外投资设立有限责任公司、股份有限公司或者其他组织，应当以协议约定的全部出资额为标准，适用第7.1.2条和第7.1.3条的规定。

7.1.8　交易标的为股权，且购买或者出售该股权将导致上市公司合并报表范围发生变更的，应当以该股权对应公司的全部资产和营业收入作为计算标准，适用第7.1.2条和第7.1.3条的规定。

前述股权交易未导致合并报表范围发生变更的，应当按照公司所持权益变动比例计算相关财务指标，适用第7.1.2条和第7.1.3条的规定。

7.1.9　上市公司直接或者间接放弃控股子公司股权的优先购买或认缴出资等权利，导致合并报表范围发生变更的，应当以该控股子公司的相关财务指标作为计算标准，适用第7.1.2条和第7.1.3条的规定。

上市公司放弃或部分放弃控股子公司或者参股公司股权的优先购买或认缴出资等权利，未导致合并报表范围发生变更，但持有该公司股权比例下降的，应当以所持权益变动比例计算的相关财务指标与实际受让或出资金额的较高者作为计算标准，适用第 7.1.2 条和第 7.1.3 条的规定。

上市公司对其下属非公司制主体、合作项目等放弃或部分放弃优先购买或认缴出资等权利的，参照适用前两款规定。

7.1.10　交易标的为公司股权且达到本规则第 7.1.3 条规定标准的，上市公司应当披露交易标的最近一年又一期的审计报告，审计截止日距审议该交易事项的股东大会召开日不得超过六个月；交易标的为股权以外的非现金资产的，应当提供评估报告，评估基准日距审议该交易事项的股东大会召开日不得超过一年。

前款规定的审计报告和评估报告应当由符合《证券法》规定的证券服务机构出具。

交易虽未达到第 7.1.3 条规定的标准，但本所认为有必要的，公司应当按照前款规定，披露审计或者评估报告。

7.1.11　上市公司购买、出售资产交易，应当以资产总额和成交金额中的较高者作为计算标准，按交易类型连续十二个月内累计金额达到最近一期经审计总资产 30% 的，除应当披露并参照第 7.1.10 条进行审计或者评估外，还应当提交股东大会审议，经出席会议的股东所持表决权的三分之二以上通过。

已按照前款规定履行相关义务的，不再纳入相关的累计计算范围。

7.1.12　上市公司单方面获得利益的交易，包括受赠现金资产、获得债务减免等，可免于按照第 7.1.3 条的规定履行股东大会审议程序。

上市公司发生的交易仅达到第 7.1.3 条第三项或者第五项标准，且公司最近一个会计年度每股收益的绝对值低于 0.05 元的，可免于按照第 7.1.3 条的规定履行股东大会审议程序。

7.1.13　上市公司提供财务资助，应当经出席董事会会议的三分之二以上董事同意并作出决议，及时履行信息披露义务。

财务资助事项属于下列情形之一的，应当在董事会审议通过后提交股东大会审议：

（一）被资助对象最近一期经审计的资产负债率超过 70%；

（二）单次财务资助金额或者连续十二个月内提供财务资助累计发生金额超过公司最近一期经审计净资产的 10%；

（三）本所或者公司章程规定的其他情形。

上市公司以对外提供借款、贷款等融资业务为其主营业务，或者资助对象为公司合并报表范围内且持股比例超过 50% 的控股子公司，免于适用前两款规定。

7.1.14　上市公司提供担保的，应当经董事会审议后及时对外披露。

担保事项属于下列情形之一的，应当在董事会审议通过后提交股东大会审议：

（一）单笔担保额超过公司最近一期经审计净资产 10% 的担保；

（二）公司及其控股子公司的提供担保总额，超过公司最近一期经审计净资产 50% 以后提供的任何担保；

（三）为资产负债率超过 70% 的担保对象提供的担保；

（四）连续十二个月内担保金额超过公司最近一期经审计净资产的 50% 且绝对金额超

过5000万元；

（五）连续十二个月内担保金额超过公司最近一期经审计总资产的30%；

（六）对股东、实际控制人及其关联人提供的担保；

（七）本所或者公司章程规定的其他担保情形。

董事会审议担保事项时，必须经出席董事会会议的三分之二以上董事审议同意。股东大会审议前款第五项担保事项时，必须经出席会议的股东所持表决权的三分之二以上通过。

股东大会在审议为股东、实际控制人及其关联人提供的担保议案时，该股东或者受该实际控制人支配的股东，不得参与该项表决，该项表决由出席股东大会的其他股东所持表决权的半数以上通过。

7.1.15　上市公司为全资子公司提供担保，或者为控股子公司提供担保且控股子公司其他股东按所享有的权益提供同等比例担保，属于第7.1.14条第二款第一项至第四项情形的，可以豁免提交股东大会审议，但是公司章程另有规定除外。

7.1.16　对于已披露的担保事项，上市公司应当在出现下列情形之一时及时披露：

（一）被担保人于债务到期后十五个交易日内未履行还款义务；

（二）被担保人出现破产、清算或者其他严重影响还款能力情形。

7.1.17　上市公司与其合并范围内的控股子公司发生的或者上述控股子公司之间发生的交易，除中国证监会或者本章另有规定外，可以豁免按照本节规定披露和履行相应程序。

第二节　关联交易

7.2.1　上市公司的关联交易，是指上市公司或者其控股子公司与上市公司关联人之间发生的转移资源或者义务的事项，包括：

（一）本规则第7.1.1条第一款规定的交易事项；

（二）购买原材料、燃料、动力；

（三）销售产品、商品；

（四）提供或者接受劳务；

（五）委托或者受托销售；

（六）关联双方共同投资；

（七）其他通过约定可能造成资源或者义务转移的事项。

7.2.2　上市公司的关联人包括关联法人和关联自然人。

7.2.3　具有下列情形之一的法人或者其他组织，为上市公司的关联法人：

（一）直接或者间接控制上市公司的法人或者其他组织；

（二）由前项所述法人直接或者间接控制的除上市公司及其控股子公司以外的法人或者其他组织；

（三）由本规则第7.2.5条所列上市公司的关联自然人直接或者间接控制的，或者担任董事（独立董事除外）、高级管理人员的，除上市公司及其控股子公司以外的法人或者其他组织；

（四）持有上市公司5%以上股份的法人或者一致行动人；

（五）中国证监会、本所或者上市公司根据实质重于形式的原则认定的其他与上市公司有特殊关系，可能造成上市公司对其利益倾斜的法人或者其他组织。

7.2.4 上市公司与本规则第7.2.3条第二项所列法人受同一国有资产管理机构控制而形成第7.2.3条第二项所述情形的，不因此构成关联关系，但该法人的董事长、经理或者半数以上的董事属于本规则第7.2.5条第二项所列情形者除外。

7.2.5 具有下列情形之一的自然人，为上市公司的关联自然人：

（一）直接或者间接持有上市公司5%以上股份的自然人；

（二）上市公司董事、监事及高级管理人员；

（三）直接或者间接控制上市公司的法人或者其他组织的董事、监事及高级管理人员；

（四）本条第一项至第三项所述人士的关系密切的家庭成员，包括配偶、父母、配偶的父母、兄弟姐妹及其配偶、年满十八周岁的子女及其配偶、配偶的兄弟姐妹和子女配偶的父母；

（五）中国证监会、本所或者上市公司根据实质重于形式的原则认定的其他与上市公司有特殊关系，可能造成上市公司对其利益倾斜的自然人。

7.2.6 具有下列情形之一的法人或者自然人，视同为上市公司的关联人：

（一）因与上市公司或者其关联人签署协议或者作出安排，在协议或者安排生效后，或者在未来十二个月内，具有本规则第7.2.3条或者第7.2.5条规定情形之一的；

（二）过去十二个月内，曾经具有第7.2.3条或者第7.2.5条规定情形之一的。

7.2.7 上市公司与关联人发生的交易（提供担保、提供财务资助除外）达到下列标准之一的，应当及时披露：

（一）与关联自然人发生的成交金额超过30万元的交易；

（二）与关联法人发生的成交金额超过300万元，且占公司最近一期经审计净资产绝对值0.5%以上的交易。

7.2.8 上市公司与关联人发生的交易（提供担保除外）金额超过3000万元，且占公司最近一期经审计净资产绝对值5%以上的，应当提交股东大会审议，并参照本规则第7.1.10条的规定披露评估或者审计报告。

与日常经营相关的关联交易可免于审计或者评估。

关联交易虽未达到本条第一款规定的标准，但本所认为有必要的，公司应当按照第一款规定，披露审计或者评估报告。

7.2.9 上市公司董事会审议关联交易事项时，关联董事应当回避表决，也不得代理其他董事行使表决权。该董事会会议由过半数的非关联董事出席即可举行，董事会会议所做决议须经非关联董事过半数通过。出席董事会的非关联董事人数不足三人的，公司应当将该交易提交股东大会审议。

前款所称关联董事包括下列董事或者具有下列情形之一的董事：

（一）交易对方；

（二）在交易对方任职，或者在能直接或者间接控制该交易对方的法人或者其他组织、该交易对方直接或者间接控制的法人或者其他组织任职；

（三）拥有交易对方的直接或者间接控制权的；

（四）交易对方或者其直接或者间接控制人的关系密切的家庭成员（具体范围参见本规则第7.2.5条第四项的规定）；

（五）交易对方或者其直接或者间接控制人的董事、监事和高级管理人员的关系密切的家庭成员（具体范围参见本规则第7.2.5条第四项的规定）；

（六）中国证监会、本所或者上市公司认定的因其他原因使其独立的商业判断可能受到影响的人士。

7.2.10　上市公司股东大会审议关联交易事项时，关联股东应当回避表决，并且不得代理其他股东行使表决权。

前款所称关联股东包括下列股东或者具有下列情形之一的股东：

（一）交易对方；

（二）拥有交易对方直接或者间接控制权的；

（三）被交易对方直接或者间接控制的；

（四）与交易对方受同一法人或者自然人直接或者间接控制的；

（五）交易对方或者其直接或者间接控制人的关系密切的家庭成员（具体范围参见本规则第7.2.5条第四项的规定）；

（六）在交易对方任职，或者在能直接或者间接控制该交易对方的法人单位或者该交易对方直接或者间接控制的法人单位任职的（适用于股东为自然人的情形）；

（七）因与交易对方或者其关联人存在尚未履行完毕的股权转让协议或者其他协议而使其表决权受到限制或者影响的；

（八）中国证监会或者本所认定的可能造成上市公司对其利益倾斜的法人或者自然人。

7.2.11　上市公司在连续十二个月内发生的以下关联交易，应当按照累计计算原则适用第7.2.7条和第7.2.8条的规定：

（一）与同一关联人进行的交易；

（二）与不同关联人进行的与同一交易标的相关的交易。

上述同一关联人包括与该关联人受同一主体控制或者相互存在股权控制关系的其他关联人。

已按照第7.2.7条或者第7.2.8条的规定履行相关义务的，不再纳入相关的累计计算范围。

7.2.12　上市公司不得为董事、监事、高级管理人员、控股股东、实际控制人及其控股子公司等关联人提供资金等财务资助。上市公司应当审慎向关联方提供财务资助或者委托理财。

上市公司向关联方委托理财的，应当以发生额作为披露的计算标准，按交易类型连续十二个月内累计计算，适用第7.2.7条和第7.2.8条的规定。

已按照第7.2.7条或者第7.2.8条的规定履行相关义务的，不再纳入相关的累计计算范围。

7.2.13　上市公司为关联人提供担保的，应当在董事会审议通过后及时披露，并提交股东大会审议。

上市公司为控股股东、实际控制人及其关联方提供担保的，控股股东、实际控制人及其关联方应当提供反担保。

7.2.14　上市公司达到披露标准的关联交易，应当经全体独立董事过半数同意后，提交董事会审议并及时披露。

7.2.15　上市公司与关联人进行日常关联交易时，按照下列规定披露和履行审议程序：

（一）上市公司可以按类别合理预计日常关联交易年度金额，履行审议程序并披露；实际执行超出预计金额，应当根据超出金额重新履行相关审议程序和披露义务；

（二）上市公司年度报告和半年度报告应当分类汇总披露日常关联交易；

（三）上市公司与关联人签订的日常关联交易协议期限超过三年的，应当每三年重新履行相关审议程序和披露义务。

7.2.16　日常关联交易协议至少应当包括交易价格、定价原则和依据、交易总量或者其确定方法、付款方式等主要条款。

7.2.17　上市公司与关联人发生的下列交易，可以豁免按照第7.2.8条的规定提交股东大会审议：

（一）上市公司参与面向不特定对象的公开招标、公开拍卖的（不含邀标等受限方式）；

（二）上市公司单方面获得利益的交易，包括受赠现金资产、获得债务减免、接受担保和资助等；

（三）关联交易定价为国家规定的；

（四）关联人向上市公司提供资金，利率不高于中国人民银行规定的同期贷款利率标准；

（五）上市公司按与非关联人同等交易条件，向董事、监事、高级管理人员提供产品和服务的。

7.2.18　上市公司与关联人发生的下列交易，可以免予按照关联交易的方式履行相关义务：

（一）一方以现金方式认购另一方公开发行的股票、公司债券或者企业债券、可转换公司债券或者其他衍生品种；

（二）一方作为承销团成员承销另一方公开发行的股票、公司债券或者企业债券、可转换公司债券或者其他衍生品种；

（三）一方依据另一方股东大会决议领取股息、红利或者薪酬；

（四）本所认定的其他交易。

7.2.19　上市公司董事、监事、高级管理人员、持股5%以上的股东及其一致行动人、实际控制人，应当将与其存在关联关系的关联人情况及时告知上市公司。

7.2.20 上市公司计算披露或者审议关联交易的相关金额，本节没有规定的，适用本章第一节的规定。

第八章 其他重大事项

第一节 股票交易异常波动和澄清

8.1.1 股票交易被中国证监会或者本所根据有关规定、业务规则认定为异常波动的，上市公司应当于次一交易日披露股票交易异常波动公告。

股票交易异常波动的计算从公告之日起重新起算。

8.1.2 上市公司股票交易出现本所业务规则规定的严重异常波动的，应当于次一交易日披露核查公告；无法披露的，应当申请其股票自次一交易日起停牌核查。核查发现存在未披露重大事项的，公司应当召开投资者说明会。公司股票应当自披露核查结果公告、投资者说明会公告（如有）之日起复牌。披露日为非交易日的，自次一交易日起复牌。

上市公司股票交易出现严重异常波动，经公司核查后无应披露未披露重大事项，也无法对异常波动原因作出合理解释的，本所可以向市场公告，提示股票交易风险，并视情况实施特别停牌。

8.1.3 上市公司股票出现严重异常波动情形的，公司或相关信息披露义务人应当核查下列事项：

（一）是否存在导致股票交易严重异常波动的未披露事项；

（二）股价是否严重偏离同行业上市公司合理估值；

（三）是否存在重大风险事项；

（四）其他可能导致股票交易严重异常波动的事项。

上市公司应当在核查公告中充分提示公司股价严重异常波动的交易风险。

保荐机构和保荐代表人应当督促上市公司按照本节规定及时进行核查，履行相应信息披露义务。

8.1.4 本所可以根据异常波动程度和监管需要，采取下列措施：

（一）要求上市公司披露股票交易异常波动公告；

（二）要求上市公司停牌核查并披露核查公告；

（三）向市场提示异常波动股票投资风险；

（四）本所认为必要的其他措施。

8.1.5 媒体传闻可能或者已经对上市公司股票及其衍生品种交易价格或者投资决策产生较大影响的，公司应当及时核实，并披露或者澄清。

本所认为相关传闻可能对公司股票及其衍生品种交易价格或者投资决策产生较大影响的，可以要求公司予以核实、澄清。公司应当在本所要求的期限内核实，并及时披露或者澄清。

第二节　行业信息及风险事项

8.2.1　上市公司应当在年度报告、半年度报告中披露对公司股票及其衍生品种交易价格或者投资决策有重大影响的行业信息，包括但不限于：

（一）报告期内公司所属行业的基本特点、发展状况、技术趋势以及公司所处的行业地位等；

（二）行业主管部门在报告期内发布的重要政策及对公司的影响；

（三）结合主要业务的行业关键指标、市场变化情况、市场份额变化情况等因素，分析公司的主要行业优势和劣势，并说明相关变化对公司未来经营业绩和盈利能力的影响。

8.2.2　上市公司年度净利润或营业收入与上年同期相比下降50%以上，或者净利润为负值的，应当在年度报告中披露下列信息，并说明公司改善盈利能力的各项措施：

（一）业绩大幅下滑或者亏损的具体原因；

（二）主营业务、核心竞争力、主要财务指标是否发生重大不利变化，是否与行业趋势一致；

（三）所处行业景气情况，是否存在产能过剩、持续衰退或者技术替代等情形；

（四）持续经营能力是否存在重大风险；

（五）对公司具有重大影响的其他信息。

8.2.3　上市公司应当在年度报告中，遵循关联性和重要性原则，披露下列可能对公司产生重大不利影响的风险因素：

（一）核心竞争力风险，包括技术更迭、产品更新换代或竞争加剧导致市场占有率和用户规模下降，研发投入超出预期或进程未达预期，核心技术、关键设备、经营模式等可能被替代或者被淘汰，核心技术人员发生较大变动等；

（二）经营风险，包括单一客户依赖、原材料价格上涨、产品或服务价格下降等；

（三）债务及流动性风险，包括资产负债率上升、流动比率下降、财务费用增加、债务违约、债权人提前收回借款或提高借款条件等；

（四）行业风险，包括行业出现周期性衰退、产能过剩、市场容量下滑或者增长停滞、行业上下游供求关系发生重大不利变化等；

（五）宏观环境风险，包括相关法律、税收、外汇、贸易等政策发生重大不利变化；

（六）本所或者公司认定的其他重大风险。

8.2.4　上市时未盈利的公司，在实现盈利前应当在年度报告显著位置提示尚未盈利风险，披露公司核心竞争力和经营活动面临的重大风险。

上市公司应当结合行业特点，充分披露尚未盈利的原因，以及对公司现金流、业务拓展、人才吸引、团队稳定性、研发投入、战略性投入、生产经营可持续性等方面的影响。

8.2.5　上市公司出现下列风险事项，应当立即披露相关情况及对公司的影响：

（一）发生重大亏损或者遭受重大损失；

（二）发生重大债务、未清偿到期重大债务或者重大债权到期未获清偿；

（三）可能依法承担重大违约责任或者大额赔偿责任；

（四）计提大额资产减值准备；

（五）公司决定解散或者被有权机关依法吊销营业执照、责令关闭或者强制解散；

（六）预计出现净资产为负值；

（七）主要债务人出现资不抵债或者进入破产程序，上市公司对相应债权未计提足额坏账准备；

（八）营业用主要资产被查封、扣押、冻结，被抵押、质押或者报废超过该资产的30%；

（九）公司因涉嫌违法违规被有权机关调查或者受到重大行政处罚、刑事处罚，控股股东、实际控制人涉嫌违法违规被有权机关调查、采取强制措施或者受到重大行政处罚、刑事处罚；

（十）公司董事、监事和高级管理人员无法正常履行职责，或者因涉嫌违法违规被有权机关调查、采取强制措施，或者受到重大行政处罚、刑事处罚；

（十一）公司核心技术团队或者关键技术人员等对公司核心竞争力有重大影响的人员辞职或者发生较大变动；

（十二）公司在用的核心商标、专利、专有技术、特许经营权等重要资产或者核心技术许可到期、出现重大纠纷、被限制使用或者发生其他重大不利变化；

（十三）主要产品、核心技术、关键设备、经营模式等面临被替代或者被淘汰的风险；

（十四）重要研发项目研发失败、终止、未获有关部门批准，或者公司放弃对重要核心技术项目的继续投资或者控制权；

（十五）发生重大环境、生产及产品安全事故；

（十六）收到政府部门限期治理、停产、搬迁、关闭的决定通知；

（十七）不当使用科学技术、违反科学伦理；

（十八）本所或者公司认定的其他重大风险情况、重大事故或者负面事件。

上述事项涉及具体金额的，应当比照适用本规则第7.1.2条的规定。

8.2.6　上市公司因涉嫌违法违规被有权行政机关立案调查或者被人民检察院提起公诉，且可能触及本规则第10.5.1条规定的重大违法强制退市情形的，公司应当在知悉被立案调查或者被提起公诉时及时对外披露，其后每月披露一次相关情况进展，并就其股票可能被实施重大违法强制退市进行风险提示。

第三节　可转换公司债券涉及的重大事项

8.3.1　发行可转换公司债券的上市公司出现下列情形之一的，应当及时披露：

（一）因发行新股、送股、分立或者其他原因引起股份变动，需要调整转股价格，或者依据募集说明书约定的转股价格向下修正条款修正转股价格的；

（二）可转换公司债券转换为股票的数额累计达到可转换公司债券开始转股前公司已发行股份总额的10%的；

（三）公司信用状况发生重大变化，可能影响按期偿还债券本息的；

（四）可转换公司债券担保人发生重大资产变动、重大诉讼、合并、分立等情况的；

（五）未转换的可转换公司债券总额少于3000万元的；

（六）符合《证券法》规定的信用评级机构对可转换公司债券的信用或者公司的信用进行评级，并已出具信用评级结果的；

（七）公司重大资产抵押、质押、出售、转让、报废；

（八）公司发生未能清偿到期债务的情况；

（九）公司新增借款或者对外提供担保超过上年末净资产的20%；

（十）公司放弃债权或者财产超过上年末净资产的10%；

（十一）公司发生超过上年末净资产10%的重大损失；

（十二）可能对可转换公司债券交易价格产生较大影响的其他重大事件；

（十三）中国证监会和本所规定的其他情形。

8.3.2 投资者持有上市公司已发行的可转换公司债券达到发行总量的20%时，应当在事实发生之日起两个交易日内通知公司予以公告。

持有上市公司已发行的可转换公司债券20%及以上的投资者，其所持公司已发行的可转换公司债券比例每增加或者减少10%时，应当依照前款规定履行通知公告义务。

8.3.3 上市公司应当在可转换公司债券约定的付息日前三至五个交易日内披露付息公告，在可转换公司债券期满前三至五个交易日内披露本息兑付公告。

8.3.4 上市公司应当在可转换公司债券开始转股前三个交易日内披露实施转股的公告。

8.3.5 上市公司应当在满足赎回条件的次一交易日发布公告，明确披露是否行使赎回权。如决定行使赎回权的，公司应当在满足赎回条件后的五个交易日内至少发布三次赎回公告。赎回期结束，公司应当公告赎回结果及影响。

8.3.6 上市公司应当在满足回售条件的次一交易日发布回售公告，并在满足回售条件后的五个交易日内至少发布三次回售公告。回售期结束，公司应当公告回售结果及其影响。

8.3.7 经股东大会批准变更募集资金投资项目的，上市公司应当在股东大会通过后二十个交易日内赋予可转换公司债券持有人一次回售的权利。有关回售公告至少发布三次，其中，在回售实施前、股东大会决议公告后五个交易日内至少发布一次，在回售实施期间至少发布一次，余下一次回售公告发布的时间视需要而定。

8.3.8 上市公司应当在每一季度结束后及时披露因可转换公司债券转换为股份所引起的股份变动情况。

8.3.9 上市公司出现可转换公司债券按规定须停止交易的情形时，应当在获悉有关情形后及时披露其可转换公司债券将停止交易的公告。

第四节　股权激励

8.4.1 上市公司以本公司股票为标的，采用限制性股票、股票期权或者本所认可的其他方式，对董事、高级管理人员及其他员工进行长期性激励的，应当遵守本节规定，按照相关规定履行相应审议程序和信息披露义务。

8.4.2　激励对象可以包括上市公司的董事、高级管理人员、核心技术人员或者核心业务人员，以及公司认为应当激励的对公司经营业绩和未来发展有直接影响的其他员工，独立董事和监事除外。

单独或合计持有上市公司5%以上股份的股东或实际控制人及其配偶、父母、子女以及上市公司外籍员工，在上市公司担任董事、高级管理人员、核心技术人员或者核心业务人员的，可以成为激励对象。上市公司应当充分说明前述人员成为激励对象的必要性、合理性。

下列人员不得成为激励对象：

（一）最近十二个月内被证券交易所认定为不适当人选；

（二）最近十二个月内被中国证监会及其派出机构认定为不适当人选；

（三）最近十二个月内因重大违法违规行为被中国证监会及其派出机构行政处罚或者采取市场禁入措施；

（四）具有《公司法》规定的不得担任公司董事、高级管理人员情形的；

（五）法律法规规定不得参与上市公司股权激励的；

（六）中国证监会认定的其他情形。

8.4.3　上市公司授予激励对象限制性股票，包括下列类型：

（一）激励对象按照股权激励计划规定的条件，获得的转让等部分权利受到限制的本公司股票；

（二）符合股权激励计划授予条件的激励对象，在满足相应获益条件后分次获得并登记的本公司股票。

8.4.4　上市公司授予激励对象限制性股票的授予价格，低于股权激励计划草案公布前一个交易日、二十个交易日、六十个交易日或者一百二十个交易日公司股票交易均价的50%的，应当说明定价依据及定价方式。

出现前款规定情形的，公司应当聘请独立财务顾问，对股权激励计划的可行性、相关定价依据和定价方法的合理性、是否有利于公司持续发展、是否损害股东利益等发表意见。

8.4.5　上市公司可以同时实施多项股权激励计划。上市公司全部在有效期内的股权激励计划所涉及的标的股票总数，累计不得超过公司股本总额的20%。

8.4.6　上市公司授予激励对象第8.4.3条第二项所述限制性股票，应当就激励对象分次获益设立条件，并在满足各次获益条件时分批进行股份登记。当次获益条件不满足的，不得进行股份登记。

公司应当在股权激励计划中明确披露分次授予权益的数量、获益条件、股份授予或者登记时间及相关限售安排。

获益条件包含十二个月以上的任职期限的，实际授予的权益进行登记后，可不再设置限售期。

第五节　重大资产重组

8.5.1　上市公司及有关各方应当依照《上市公司重大资产重组管理办法》及中国证

监会其他相关规定、本规则及本所其他相关规定，实施重大资产重组。

8.5.2 上市公司实施发行股份购买资产、合并、分立等涉及发行股票的并购重组，由本所审核，并经中国证监会注册后实施。

8.5.3 上市公司实施重大资产重组、发行股份购买资产（以下统称重大资产重组），应当符合国家产业政策和相关法律法规，有利于提高上市公司持续经营能力，不得存在损害上市公司和投资者合法权益的情形。

8.5.4 上市公司应当确保能够对购买的标的资产实施有效控制，保证标的资产合规运行，督促重大资产重组有关各方履行承诺。

8.5.5 上市公司应当聘请证券服务机构就重大资产重组出具意见。

独立财务顾问应当就上市公司控制标的资产的能力发表明确意见，并在持续督导期间督促公司有效控制并整合标的资产。

第六节 其他

8.6.1 上市公司及相关信息披露义务人应当严格遵守承诺事项。公司应当及时将公司和相关信息披露义务人的承诺事项单独公告。

公司应当在定期报告中专项披露上述承诺事项的履行情况。如出现公司或者相关信息披露义务人不能履行承诺的情形，公司应当及时披露具体原因和董事会拟采取的措施。

8.6.2 上市公司应当积极回报股东，根据自身条件和发展阶段，制定并执行现金分红、股份回购等股东回报政策。

公司应当在董事会审议通过利润分配或者资本公积金转增股本方案后，及时披露方案的具体内容。

公司实施利润分配或者资本公积金转增股本方案的，应当在实施方案的股权登记日前三至五个交易日内披露方案实施公告。

公司应当在股东大会审议通过方案后两个月内，完成利润分配或者资本公积金转增股本事宜。

8.6.3 上市公司发生的重大诉讼、仲裁事项属于下列情形之一的，应当及时披露相关情况：

（一）涉案金额占公司最近一期经审计净资产绝对值10%以上，且绝对金额超过1000万元的；

（二）涉及公司股东大会、董事会决议被申请撤销或者宣告无效的；

（三）可能对公司生产经营、控制权稳定、公司股票及其衍生品种交易价格或者投资决策产生较大影响的；

（四）本所认为有必要的其他情形。

上市公司发生的重大诉讼、仲裁事项应当采取连续十二个月累计计算的原则，经累计计算达到前款标准的，适用前款规定。已经按照上述规定履行披露义务的，不再纳入累计计算范围。

上市公司应当及时披露重大诉讼、仲裁事项的重大进展情况及其对公司的影响，包括但不限于诉讼案件的一审和二审判决结果、仲裁裁决结果以及判决、裁决执行情况等。

8.6.4 上市公司出现下列情形之一的，应当及时披露：

（一）变更公司名称、证券简称、公司章程、注册资本、注册地址、办公地址和联系电话等，其中公司章程发生变更的，还应当将新的公司章程在符合条件媒体披露；

（二）经营方针、经营范围或者公司主营业务发生重大变化；

（三）变更会计政策、会计估计；

（四）董事会通过发行新股或者其他境内外发行融资方案；

（五）公司发行新股或者其他境内外发行融资申请、重大资产重组事项收到相应的审核意见；

（六）持有公司5%以上股份的股东或者实际控制人持股情况或者控制公司的情况发生或者拟发生较大变化；

（七）公司的实际控制人及其控制的其他企业从事与公司相同或者相似业务的情况发生较大变化；

（八）公司董事长、经理、董事（含独立董事）或者三分之一以上监事提出辞职或者发生变动；

（九）生产经营情况、外部条件或者生产环境发生重大变化（包括主要产品价格或市场容量、原材料采购、销售方式、重要供应商或者客户发生重大变化等）；

（十）订立重要合同，可能对公司的资产、负债、权益或者经营成果产生重大影响；

（十一）法律、行政法规、部门规章、规范性文件、政策、市场环境、贸易条件等外部宏观环境发生变化，可能对公司经营产生重大影响；

（十二）聘任、解聘为公司提供审计服务的会计师事务所；

（十三）法院裁定禁止控股股东转让其所持股份；

（十四）任一股东所持公司5%以上股份被质押、冻结、司法拍卖、托管、设定信托或者被依法限制表决权；

（十五）获得大额政府补贴等额外收益；

（十六）发生可能对公司的资产、负债、权益或者经营成果产生重大影响的其他事项；

（十七）中国证监会和本所认定的其他情形。

8.6.5 上市公司一次性签署与日常生产经营相关的采购、销售、工程承包或者提供劳务等合同的金额占公司最近一个会计年度经审计主营业务收入或者总资产50%以上，且绝对金额超过1亿元的，应当及时披露。

公司应当及时披露重大合同的进展情况，包括但不限于合同生效、合同履行发生重大变化或者出现重大不确定性、合同提前解除、合同终止等。

8.6.6 上市公司独立或者与第三方合作研究、开发新技术、新产品、新业务、新服务或者对现有技术进行改造，相关事项对公司盈利或者未来发展有重要影响的，公司应当及时披露。

8.6.7 上市公司申请或者被债权人申请破产重整、和解或破产清算的，应当及时披露下列进展事项：

（一）法院裁定受理重整、和解或破产清算申请；

（二）重整、和解或破产清算程序的重大进展或法院审理裁定；

（三）法院裁定批准公司破产重整计划、和解协议或清算；

（四）破产重整计划、和解协议的执行情况。

进入破产程序的上市公司，除应当及时披露上述信息外，还应当及时披露定期报告和临时报告。

8.6.8 进入破产程序的上市公司采取管理人管理运作模式的，管理人及其成员应当按照《证券法》以及最高人民法院、中国证监会和本所的相关规定，真实、准确、完整、及时地履行信息披露义务，并确保对公司所有债权人和股东公平地披露信息。

公司披露的定期报告应当由管理人的成员签署书面确认意见，公司披露的临时报告应当由管理人发布并加盖管理人公章。

8.6.9 进入破产程序的上市公司采取管理人监督运作模式的，公司董事会、监事会和高级管理人员应当继续按照本规则和本所有关规定履行信息披露义务。

管理人应当及时将涉及信息披露的所有事项告知公司董事会，并督促公司董事、监事和高级管理人员勤勉尽责地履行信息披露义务。

第九章 风险警示

9.1 上市公司出现财务状况或者其他状况异常，导致其股票存在终止上市风险，或者投资者难以判断公司前景，其投资权益可能受到损害的，本所对该公司股票交易实施风险警示。

9.2 本规则所称风险警示分为提示存在终止上市风险的风险警示（以下简称退市风险警示）和其他风险警示。

上市公司股票交易被实施退市风险警示的，在股票简称前冠以“*ST”字样，被实施其他风险警示的，在股票简称前冠以“ST”字样，以区别于其他股票。公司同时存在退市风险警示和其他风险警示情形的，在公司股票简称前冠以“*ST”字样。

退市风险警示股票和其他风险警示股票进入风险警示板交易。

退市风险警示有关具体事项，按照本规则第十章规定执行。

9.3 上市公司同时存在两项以上其他风险警示情形的，须满足全部其他风险警示情形的撤销条件，方可撤销其他风险警示。

9.4 上市公司出现下列情形之一的，本所对其股票交易实施其他风险警示：

（一）公司生产经营活动受到严重影响且预计在三个月以内不能恢复正常；

（二）公司主要银行账号被冻结；

（三）公司董事会、股东大会无法正常召开会议并形成决议；

（四）公司最近一年被出具无法表示意见或否定意见的内部控制审计报告或鉴证报告；

（五）公司向控股股东或者其关联人提供资金或者违反规定程序对外提供担保且情形严重的；

（六）公司最近三个会计年度扣除非经常性损益前后净利润孰低者均为负值，且最近一年审计报告显示公司持续经营能力存在不确定性；

（七）本所认定的其他情形。

9.5 本规则第9.4条第五项所述“向控股股东或者其关联人提供资金或者违反规定程序对外提供担保且情形严重”，是指上市公司存在下列情形之一且无可行的解决方案或者虽提出解决方案但预计无法在一个月内解决的：

（一）上市公司向控股股东或者其关联人提供资金的余额在1000万元以上，或者占上市公司最近一期经审计净资产的5%以上；

（二）上市公司违反规定程序对外提供担保的余额（担保对象为上市公司合并报表范围内子公司的除外）在1000万元以上，或者占上市公司最近一期经审计净资产的5%以上。

公司无控股股东、实际控制人的，其向第一大股东或者其关联人提供资金，按照本章规定执行。

9.6 上市公司生产经营活动受到严重影响，或者出现本规则第9.5条所述情形的，应当及时对外披露，说明公司是否能在相应期限内解决，同时披露公司股票交易可能被实施其他风险警示的风险提示公告，并至少每月披露一次相关进展情况和风险提示公告，直至相应情形消除或公司股票交易被本所实施其他风险警示。

9.7 上市公司出现本规则第9.4条规定情形的，应当及时对外披露，同时按照本所的要求披露股票交易将被实施其他风险警示的公告，说明被实施其他风险警示的起始日期、主要原因并提示相关风险。公司股票及其衍生品种于公告披露后停牌一天，自复牌之日起，本所对公司股票交易实施其他风险警示。

公司触及第9.4条情形但未按前款规定公告的，本所可以对公司股票交易实施其他风险警示，并向市场公告。

9.8 上市公司因本规则第9.4条第一项至第五项情形被实施其他风险警示的，应当至少每月披露一次进展公告，说明相关情形对公司的影响、公司为消除相关情形已经和将要采取的措施及有关工作进展情况，直至相应情形消除，公司没有采取措施或者相关工作没有进展的，也应当披露并说明具体原因。

9.9 上市公司认为其出现的本规则第9.4条规定的相应情形已消除的，应当及时公告，同时说明是否将向本所申请撤销其他风险警示。公司拟申请撤销其他风险警示的，应当在披露之日起五个交易日内向本所提交申请。

公司向控股股东或者其关联人提供资金的情形已消除，向本所申请撤销其他风险警示的，应当提交会计师事务所出具的专项审核报告等文件。

公司违规对外担保事项已消除，向本所申请撤销其他风险警示的，应当提交律师事务所出具的法律意见书等文件。

公司内部控制缺陷整改完成，内部控制能有效运行，向本所申请撤销其他风险警示的，应当提交会计师事务所对其最近一年内部控制出具的标准无保留意见的审计报告或者鉴证报告等文件。

公司最近一年经审计的财务报告显示，其扣除非经常性损益前后的净利润孰低者为正值或者持续经营能力不确定性已消除，向本所申请撤销其他风险警示的，应当提交会计师事务所出具的最近一年审计报告等文件。

9.10　上市公司因出现第9.4条第四项、第六项情形，其股票交易被本所实施其他风险警示的，在风险警示期间，公司进行重大资产重组且满足以下全部条件的，可以向本所申请撤销其他风险警示：

（一）根据中国证监会有关重大资产重组规定出售全部经营性资产和负债、购买其他资产且已实施完毕；

（二）通过购买进入公司的资产是一个完整经营主体，该经营主体在进入公司前已在同一管理层之下持续经营两年以上；

（三）模拟财务报表的主体不存在第9.4条规定的情形；

（四）本所要求的其他条件。

9.11　上市公司向本所申请撤销其他风险警示的，应当于次一交易日披露相关公告。

公司提交完备的申请材料的，本所在十五个交易日内决定是否撤销其他风险警示。在此期间，本所要求公司提供补充材料的，公司应当在本所规定期限内提供。公司补充材料期间不计入本所作出有关决定的期限。

本所可以自行或委托相关机构就公司相关情况进行调查核实，调查核实期间不计入本所作出有关决定的期限内。

9.12　本所决定撤销其他风险警示的，上市公司应当于次一交易日披露撤销其他风险警示的公告，公司股票及其衍生品种于公告后停牌一天，自复牌之日起，本所撤销对公司股票交易的其他风险警示。

9.13　本所决定不予撤销其他风险警示的，上市公司应当于收到本所书面通知的次一交易日披露相关公告。

第十章　退　　市

第一节　一般规定

10.1.1　上市公司触及本章规定的退市风险警示、终止上市情形的，本所依程序审议和决定其股票退市风险警示、终止上市事宜。

10.1.2　上市公司出现本章规定的退市风险警示或终止上市情形的，应当依据本所有关规定和要求提供相关材料，履行信息披露和申请停复牌等义务。公司未按照相关规定报告或提交公告及相关文件的，本所可以向市场公告，并按照规定对其股票实施停复牌、退市风险警示或终止上市等。

10.1.3　上市公司股票存在被实施退市风险警示或者终止上市风险的，应当按照本章有关规定披露相关风险提示公告。本所可以视情况要求公司调整风险提示公告的披露时点和次数。

10.1.4　上市公司股票交易将被实施退市风险警示的，应当披露公司股票交易将被实施退市风险警示的公告，说明被实施退市风险警示的起始日期、主要原因并提示相关风险。公司股票于公告后停牌一天，自复牌之日起，本所对其股票交易实施退市风险警示。

10.1.5　上市公司出现两项以上退市风险警示、终止上市情形的，其股票按照先触及先适用的原则实施退市风险警示、终止上市。

公司同时存在两项以上退市风险警示情形，其中一项退市风险警示情形已满足撤销条件的，公司应当在规定期限内申请撤销相关退市风险警示情形，经本所审核同意的，不再适用对应情形的终止上市程序。

公司同时存在两项以上退市风险警示情形的，须满足全部退市风险警示情形的撤销条件，方可撤销退市风险警示。

公司股票交易撤销退市风险警示，但还存在其他的风险警示情形的，本所对公司股票交易实施相应的风险警示。

10.1.6　上市公司申请撤销退市风险警示的，应当向本所提交下列文件：

（一）公司关于撤销对其股票交易实施退市风险警示的申请书；

（二）公司董事会关于申请撤销对公司股票交易实施退市风险警示的决议；

（三）公司就其符合撤销退市风险警示条件的说明及有关证明材料；

（四）本所要求的其他有关材料。

10.1.7　上市公司向本所申请撤销退市风险警示，本所要求公司提供补充材料的，公司应当在本所要求期限内提供有关材料。公司补充材料期间不计入本所作出有关决定的期限内。

本所可以自行或委托相关机构就公司相关情况进行调查核实。调查核实期间不计入本所作出有关决定的期限内。

10.1.8　本所在作出上市公司股票终止上市决定之日起两个交易日内，通知公司并发布相关公告，同时报中国证监会备案。

公司应当在收到本所关于终止其股票上市决定后，及时披露股票终止上市公告。

10.1.9　上市公司股票被终止上市的，其发行的可转换公司债券及其他衍生品种应当终止上市，相关终止上市事宜参照股票终止上市有关规定办理。

第二节　交易类强制退市

10.2.1　上市公司出现下列情形之一的，本所决定终止其股票上市交易：

（一）连续一百二十个交易日通过本所交易系统实现的股票累计成交量低于200万股；

（二）连续二十个交易日每日股票收盘价均低于1元；

（三）连续二十个交易日每日股票收盘市值均低于3亿元；

（四）连续二十个交易日每日公司股东人数均少于400人；

（五）本所认定的其他情形。

前款规定的交易日，不包含公司股票全天停牌日和公司首次公开发行股票上市之日起的二十个交易日。

红筹企业发行存托凭证的，第一款第一项调整为连续一百二十个交易日通过本所交易系统实现的存托凭证累计成交量低于 200 万份；第一款第二项调整为连续二十个交易日每日存托凭证收盘价乘以存托凭证与基础股票转换比例后的数值均低于 1 元；第一款第三项调整为连续二十个交易日每日存托凭证市值均低于 3 亿元；不适用第一款第四项的规定。

证券市场出现重大异常波动等情形的，本所可以根据实际情况调整本条规定的指标。

10.2.2 上市公司连续九十个交易日通过本所交易系统实现的股票累计成交量低于 150 万股的，应当在次一交易日披露公司股票可能被终止上市的风险提示公告，其后每个交易日披露一次，直至自上述起算时点起连续一百二十个交易日内通过本所交易系统实现的股票累计成交量达到 200 万股以上或者本所作出公司股票终止上市的决定（以在先者为准）。

10.2.3 上市公司连续十个交易日出现下列情形之一的，应当在次一交易日披露公司股票可能被终止上市的风险提示公告，其后每个交易日披露一次，直至相应的情形消除或者本所作出公司股票终止上市的决定（以在先者为准）：

（一）每日股票收盘价均低于 1 元；

（二）每日股票收盘市值均低于 3 亿元；

（三）每日股东人数均少于 400 人。

10.2.4 上市公司出现第 10.2.1 条规定情形之一的，应当在相应情形出现的次一交易日披露，公司股票及其衍生品种自公告之日起停牌。

本所自公司股票停牌之日起五个交易日内，向公司发出拟终止其股票上市的事先告知书。公司应当在收到本所终止上市事先告知书后及时披露。

10.2.5 上市公司收到终止上市事先告知书后，可以根据本章第六节的规定申请听证，提出陈述和申辩。

公司未在规定期限内提出听证申请的，本所上市委员会在陈述和申辩提交期限届满后十五个交易日内，就是否终止公司股票上市事宜进行审议，作出独立的专业判断并形成审核意见；公司在规定期限内提出听证申请的，本所上市委员会在听证程序结束后十五个交易日内形成审核意见。

本所根据上市委员会的审核意见，作出是否终止公司股票上市的决定。

第三节 财务类强制退市

10.3.1 上市公司出现下列情形之一的，本所对其股票交易实施退市风险警示：

（一）最近一个会计年度经审计的净利润为负值且营业收入低于 1 亿元，或追溯重述后最近一个会计年度净利润为负值且营业收入低于 1 亿元；

（二）最近一个会计年度经审计的期末净资产为负值，或追溯重述后最近一个会计年度期末净资产为负值；

（三）最近一个会计年度的财务会计报告被出具无法表示意见或者否定意见的审计报告；

（四）中国证监会行政处罚决定表明公司已披露的最近一个会计年度财务报告存在虚

假记载、误导性陈述或者重大遗漏，导致该年度相关财务指标实际已触及本款第一项、第二项情形；

（五）本所认定的其他情形。

本节所述净利润以扣除非经常性损益前后孰低者为准。本节所述营业收入应当扣除与主营业务无关的业务收入和不具备商业实质的收入。本节所述最近一个会计年度是指最近一个已经披露经审计财务会计报告的年度。

公司最近一个会计年度经审计净利润为负值的，应当在年度报告中披露营业收入扣除情况及扣除后的营业收入金额；负责审计的会计师事务所应当就公司营业收入扣除事项是否符合前述规定及扣除后的营业收入金额出具专项核查意见。

公司未按本条第二款规定扣除相关收入的，本所可以要求公司扣除，并按照扣除后营业收入决定是否对公司股票实施退市风险警示、终止上市。

本所可以根据实际情况调整本条第一款第一项、第二项规定的指标。

10.3.2　上市公司预计将出现第 10.3.1 条第一款第一项至第三项情形的，应当在相应的会计年度结束后一个月内，披露公司股票交易可能被实施退市风险警示的风险提示公告，并在披露年度报告前至少再发布两次风险提示公告。

公司可能因追溯重述导致出现第 10.3.1 条第一款第一项、第二项情形，或者相关行政处罚事先告知书表明公司可能出现第 10.3.1 条第一款第四项情形的，应当在知悉相关风险情况时立即披露公司股票交易可能被实施退市风险警示的风险提示公告。

10.3.3　上市公司出现第 10.3.1 条第一款第一项至第三项情形的，应当在披露年度报告或者财务会计报告更正公告的同时，披露公司股票交易将被实施退市风险警示的公告。公司股票及其衍生品种于公告后停牌一天。自复牌之日起，本所对公司股票交易实施退市风险警示。

上市公司出现第 10.3.1 条第一款第四项情形的，应当在收到相关行政处罚决定书后，立即披露相关情况和公司股票交易将被实施退市风险警示的公告。公司股票及其衍生品种于公告披露后停牌一天。自复牌之日起，本所对公司股票交易实施退市风险警示。

10.3.4　上市公司因出现第 10.3.1 条第一款第一项至第三项情形，其股票交易被实施退市风险警示的，应当在其股票被实施退市风险警示当年的会计年度结束后一个月内，发布股票可能被终止上市的风险提示公告，并在披露该年年度报告前至少再发布两次风险提示公告。

公司追溯重述导致出现第 10.3.1 条第一款第一项、第二项情形，或者因出现第 10.3.1 条第一款第四项情形，其股票交易被实施退市风险警示的，应当在披露实际触及退市风险警示指标相应年度次一年度的年度报告前至少发布两次风险提示公告。

10.3.5　上市公司股票因出现第 10.3.1 条情形，其股票交易被本所实施退市风险警示的，在退市风险警示期间，公司进行重大资产重组且满足以下全部条件的，可以向本所申请撤销退市风险警示：

（一）根据中国证监会有关重大资产重组规定出售全部经营性资产和负债、购买其他资产且已实施完毕；

（二）通过购买进入公司的资产是一个完整经营主体，该经营主体在进入公司前已在同一管理层之下持续经营两年以上；

（三）公司模拟财务报表的财务数据不存在第10.3.1条第一款规定的情形；

（四）本所要求的其他条件。

10.3.6　上市公司因出现第10.3.1条第一款第一项至第三项情形，其股票交易被实施退市风险警示后，首个会计年度审计结果表明公司未出现第10.3.10条第一款第一项至第四项规定的任一情形的，公司可以向本所申请撤销退市风险警示。公司应当在披露年度报告同时说明是否将向本所申请撤销退市风险警示。公司拟申请撤销退市风险警示的，应当在披露之日起五个交易日内，向本所提交申请。

公司追溯重述导致出现第10.3.1条第一款第一项、第二项情形，或者因出现第10.3.1条第一款第四项情形，其股票交易被实施退市风险警示后，实际触及退市风险警示指标相应年度次一年度的年度报告表明公司未出现第10.3.10条第一款第一项至第四项规定的任一情形的，公司可以向本所申请撤销退市风险警示。公司应当在披露年度报告同时说明是否将向本所申请撤销退市风险警示。公司拟申请撤销退市风险警示的，应当在披露之日起五个交易日内，向本所申请撤销退市风险警示。

10.3.7　上市公司向本所提交撤销退市风险警示的申请后，应当在次一交易日作出公告。

公司提交完备的申请材料的，本所在十五个交易日内决定是否撤销退市风险警示。

10.3.8　本所决定撤销退市风险警示的，公司应当披露公司股票撤销退市风险警示公告，公司股票及其衍生品种在公告后停牌一天。自复牌之日起，本所撤销对公司股票交易的退市风险警示。

10.3.9　本所决定不予撤销退市风险警示的，上市公司应当在收到本所有关书面通知次一交易日披露公告。

10.3.10　上市公司因第10.3.1条第一款第一项至第三项情形其股票交易被实施退市风险警示后，首个会计年度出现以下情形之一的，本所决定终止其股票上市交易：

（一）经审计的净利润为负值且营业收入低于1亿元，或者追溯重述后最近一个会计年度净利润为负值且营业收入低于1亿元；

（二）经审计的期末净资产为负值，或者追溯重述后最近一个会计年度期末净资产为负值；

（三）财务会计报告被出具保留意见、无法表示意见或者否定意见的审计报告；

（四）未在法定期限内披露过半数董事保证真实、准确、完整的年度报告；

（五）虽满足第10.3.6条规定的条件，但未在规定期限内向本所申请撤销退市风险警示；

（六）因不满足第10.3.6条规定的条件，其撤销退市风险警示申请未被审核同意。

公司追溯重述导致出现第10.3.1条第一款第一项、第二项情形，或者因第10.3.1条第一款第四项情形其股票交易被实施退市风险警示后，出现前款第四项至第六项情形或者实际触及退市风险警示指标相应年度的次一年度出现前款第一项至第三项情形的，本所决定终止其股票上市交易。

10.3.11　上市公司出现第10.3.10条第一款第一项至第三项情形的，应当在披露年度报告的同时披露公司股票可能被终止上市的风险提示公告。公司股票及其衍生品种于公告后停牌。

公司出现第10.3.10条第一款第四项至第六项情形的，应当在相应情形发生的次一交易日披露公司股票可能被终止上市的风险提示公告。公司股票及其衍生品种于公告后停牌。

公司出现第10.3.10条第二款情形的，按照本条前两款执行。

10.3.12　本所根据第10.3.11条对上市公司股票及其衍生品种实施停牌的，自停牌之日起五个交易日内，向公司发出拟终止其股票上市的事先告知书。公司应当在收到本所终止上市事先告知书后及时披露。

10.3.13　上市公司收到终止上市事先告知书后，可以根据本章第六节的规定申请听证，提出陈述和申辩。

上市公司未在规定期限内提出听证申请的，本所上市委员会在陈述和申辩提交期限届满后十五个交易日内，就是否终止公司股票上市事宜进行审议，作出独立的专业判断并形成审核意见；公司在规定期限内提出听证申请的，本所上市委员会在听证程序结束后十五个交易日内形成上述审核意见。

本所根据上市委员会的审核意见，作出是否终止股票上市的决定。

10.3.14　上市公司因触及第10.3.10条第二款有关情形其股票被终止上市，相关行政处罚决定被依法撤销或确认无效，或者因对违法行为性质、违法事实等的认定发生重大变化被依法变更的，参照第10.5.8条至第10.5.12条规定的程序办理。

第四节　规范类强制退市

10.4.1　上市公司出现下列情形之一的，本所对其股票交易实施退市风险警示：

（一）未在法定期限内披露年度报告或者半年度报告，且在公司股票停牌两个月内仍未披露；

（二）半数以上董事无法保证年度报告或者半年度报告真实、准确、完整，且在公司股票停牌两个月内仍有半数以上董事无法保证的；

（三）因财务会计报告存在重大会计差错或者虚假记载，被中国证监会责令改正但公司未在要求期限内改正，且在公司股票停牌两个月内仍未改正；

（四）因信息披露或者规范运作等方面存在重大缺陷，被本所要求改正但未在要求期限内改正，且在公司股票停牌两个月内仍未改正；

（五）因公司股本总额或者股权分布发生变化，导致连续二十个交易日不再符合上市条件，在规定期限内仍未解决；

（六）公司可能被依法强制解散；

（七）法院依法受理公司重整、和解和破产清算申请；

（八）本所认定的其他情形。

10.4.2　本规则第10.4.1条第四项情形，具体包括以下情形：

（一）公司已经失去信息披露联系渠道；

（二）公司拒不披露应当披露的重大信息；

（三）公司严重扰乱信息披露秩序，并造成恶劣影响；

（四）本所认为公司信息披露或者规范运作存在重大缺陷的其他情形。

10.4.3　上市公司信息披露或规范运作是否存在重大缺陷及重大缺陷是否改正，由本所上市委员会认定。上市委员会认定期间不计入公司改正的期限。

10.4.4　上市公司出现下列情形之一的，应当立即披露股票交易可能被实施退市风险警示的风险提示公告：

（一）未在法定期限内披露年度报告或者半年度报告；

（二）半数以上董事无法保证年度报告或者半年度报告真实、准确、完整；

（三）因财务会计报告存在重大会计差错或者虚假记载，被中国证监会责令改正；

（四）因信息披露或者规范运作等方面存在重大缺陷，被本所要求改正；

（五）股本总额或者股权分布连续十个交易日不符合上市条件。

公司按照前款规定披露风险提示公告后，应当至少每十个交易日披露一次相关进展情况和风险提示公告，直至相应情形消除或公司股票交易被本所实施退市风险警示。

10.4.5　上市公司出现第10.4.1条第一项规定的未在法定期限内披露相关年度报告或者半年度报告情形的，公司股票及其衍生品种在相应期限届满的次一交易日起停牌。

公司在股票停牌后两个月内披露过半数董事保证真实、准确、完整的相应定期报告的，公司股票及其衍生品种于公告披露后复牌。

公司在股票停牌后两个月内仍未披露过半数董事保证真实、准确、完整的定期报告的，应当在其股票停牌两个月届满的次一交易日披露股票交易将被实施退市风险警示的公告，公司股票及其衍生品种于公告后继续停牌一天，自复牌之日起，本所对公司股票交易实施退市风险警示。

10.4.6　上市公司出现第10.4.1条第二项规定的半数以上董事无法保证年度报告或者半年度报告真实、准确、完整情形的，公司股票及其衍生品种在相应定期报告法定披露期限届满的次一交易日起停牌。

在股票停牌后两个月内，公司过半数董事保证相关定期报告真实、准确、完整的，公司应当及时公告，公司股票及其衍生品种于公告披露后复牌。

在股票停牌后两个月内，公司半数以上董事仍无法保证相关定期报告真实、准确、完整的，公司应当在其股票停牌两个月届满的次一交易日披露股票交易将被实施退市风险警示的公告，公司股票及其衍生品种于公告后继续停牌一天，自复牌之日起，本所对公司股票交易实施退市风险警示。

10.4.7　上市公司出现第10.4.1条第三项、第四项规定的未在规定期限改正情形的，公司股票及其衍生品种在相应改正期限届满的次一交易日起停牌。

公司在股票停牌后两个月内按照相关规定和要求完成改正的，应当及时公告，公司股票及其衍生品种于公告披露后复牌。

公司在股票停牌后两个月内仍未按照相关规定和要求完成改正的，公司应当在其股票停牌两个月届满的次一交易日披露股票交易将被实施退市风险警示的公告，公司股票及其衍生品种于公告后继续停牌一天，自复牌之日起，本所对公司股票交易实施退市风险警示。

10.4.8　上市公司出现第10.4.1条第五项规定的股本总额或者股权分布连续二十个交易日不符合上市条件的，公司股票及其衍生品种自前述情形出现的次一交易日起停牌并披露公司股票交易可能被实施退市风险警示的风险提示公告。公司应当于停牌之日起一个月内披露股本总额或者股权分布问题的解决方案并提示相关风险。

公司在股票停牌后一个月内披露解决方案的，应当同时披露股票交易将被实施退市风险警示的公告，公司股票及其衍生品种于公告后继续停牌一天；公司未在股票停牌后一个月内披露解决方案的，自一个月期限届满的次一交易日披露股票交易将被实施退市风险警示的公告，公司股票及其衍生品种自公告后继续停牌一天。自复牌之日起，本所对公司股票交易实施退市风险警示。

停牌期间股本总额或者股权分布重新符合上市条件的，公司应当及时披露，公司股票及其衍生品种于公告披露后复牌。

10.4.9　上市公司出现第10.4.1条第六项至第八项规定情形之一的，公司应当在该情形出现的次一交易日披露，公司股票及其衍生品种于公告后继续停牌一天。自复牌之日起，本所对公司股票交易实施退市风险警示。

10.4.10　上市公司股票交易被实施退市风险警示期间，应当每五个交易日披露一次风险提示公告，提示其股票可能被终止上市的风险，直至相应情形消除或本所终止其股票上市。

10.4.11　上市公司因第10.4.1条第七项情形其股票交易被实施退市风险警示的，公司应当分阶段及时披露法院裁定批准公司重整计划、和解协议或者终止重整、和解程序等重整事项的进展，并充分提示相关风险。

上市公司破产重整的停复牌应当遵守本所相关规定。

10.4.12　上市公司因第10.4.1条第一项至第六项情形其股票交易被实施退市风险警示后，符合下列对应条件的，可以向本所申请撤销退市风险警示：

（一）因第10.4.1条第一项情形被实施退市风险警示之日起的两个月内，披露过半数董事保证真实、准确、完整的相关年度报告或者半年度报告；

（二）因第10.4.1条第二项情形被实施退市风险警示之日起的两个月内，过半数董事保证相关定期报告真实、准确、完整的；

（三）因第10.4.1条第三项情形被实施退市风险警示之日起的两个月内，按相关规定和要求披露经改正的财务会计报告；

（四）因第10.4.1条第四项情形被实施退市风险警示之日起两个月内，公司已按要求完成改正，信息披露和规范运作无重大缺陷；

（五）因第10.4.1条第五项情形被实施退市风险警示之日起的六个月内，解决股本总额或股权分布问题，且其股本总额或股权分布重新符合上市条件；

（六）因第10.4.1条第六项情形被实施退市风险警示后，公司可能被依法强制解散的情形已消除。

公司满足前款第四项情形向本所申请对其股票交易撤销退市风险警示的，应当按照本所要求同时披露中介机构专项核查意见，说明公司已按要求完成改正，信息披露、规范运作无重大缺陷。本所提请上市委员会审议，并根据上市委员会的审核意见作出是否撤销退市风险警示的决定。

10.4.13　上市公司因第10.4.1条第七项情形其股票交易被实施退市风险警示后，符合下列条件之一的，公司可以向本所申请撤销退市风险警示：

（一）重整计划执行完毕；

（二）和解协议执行完毕；

（三）法院受理破产申请后至破产宣告前，依据《中华人民共和国企业破产法》（以下简称《企业破产法》）作出驳回破产申请的裁定，且申请人在法定期限内未提起上诉；

（四）因公司已清偿全部到期债务、第三人为公司提供足额担保或者清偿全部到期债务，法院受理破产申请后至破产宣告前，依据《企业破产法》作出终结破产程序的裁定。

公司因前款第一项、第二项情形向本所申请撤销对其股票实施的退市风险警示，应当提交法院指定管理人出具的监督报告、律师事务所出具的对公司重整计划或者和解协议执行情况的法律意见书，以及本所要求的其他说明文件。

10.4.14　上市公司符合第10.4.12条、第10.4.13条规定条件的，应当于相关情形出现后及时披露，并说明是否将向本所申请撤销退市风险警示。公司拟申请撤销退市风险警示的，应当在披露之日起五个交易日内向本所提交申请。

公司向本所申请对其股票交易撤销退市风险警示后，应当于次一交易日披露相关公告。

公司提交完备的撤销退市风险警示申请材料的，本所在十五个交易日内决定是否撤销退市风险警示。

10.4.15　本所决定撤销退市风险警示的，公司应当披露撤销退市风险警示的公告。公司股票及其衍生品种在公告后停牌一天。自复牌之日起，本所撤销对公司股票交易的退市风险警示。

10.4.16　本所决定不予撤销退市风险警示的，上市公司应当在收到本所有关书面通知之日作出公告。

10.4.17　上市公司出现下列情形之一的，本所决定终止其股票上市交易：

（一）因第10.4.1条第一项情形被实施退市风险警示之日起的两个月内仍未披露过半数董事保证真实、准确、完整的相关年度报告或者半年度报告；

（二）因第10.4.1条第二项情形其股票交易被实施退市风险警示之日起的两个月内仍有半数以上董事无法保证年度报告或者半年度报告真实、准确、完整；

（三）因第10.4.1条第三项情形被实施退市风险警示之日起的两个月内仍未披露经改正的财务会计报告；

（四）因第10.4.1条第四项情形被实施退市风险警示之日起的两个月内仍未按要求完

成改正；

（五）因第 10.4.1 条第五项情形被实施退市风险警示之日起的六个月内仍未解决股本总额或股权分布问题；

（六）因第 10.4.1 条第六项、第七项情形其股票被实施退市风险警示的，公司依法被吊销营业执照、被责令关闭或者被撤销等强制解散条件成就，或者法院裁定公司破产；

（七）虽满足第 10.4.12 条、第 10.4.13 条规定的条件，但未在规定期限内向本所申请撤销退市风险警示；

（八）因不满足第 10.4.12 条、第 10.4.13 条规定的条件，其撤销退市风险警示申请未被审核同意。

10.4.18　上市公司出现第 10.4.17 条情形的，应当在次一交易日披露公司股票可能被终止上市的风险提示公告，本所自公告披露之日起，对公司股票及其衍生品种实施停牌。

10.4.19　本所根据第 10.4.18 条对上市公司股票及其衍生品种实施停牌的，自停牌之日起五个交易日内，向公司发出拟终止其股票上市的事先告知书。公司应当在收到本所终止上市事先告知书后及时披露。

10.4.20　上市公司收到终止上市事先告知书后，可以根据本章第六节的规定申请听证、提出陈述和申辩。

公司未在规定期限内提出听证申请的，本所上市委员会在陈述和申辩提交期限届满后十五个交易日内，就是否终止公司股票上市事宜进行审议，作出独立的专业判断并形成审核意见；公司在规定期限内提出听证申请的，本所上市委员会在听证程序结束后十五个交易日内形成上述审核意见。

本所根据上市委员会的审核意见，作出是否终止公司股票上市的决定。

第五节　重大违法强制退市

10.5.1　本规则所称重大违法强制退市，包括下列情形：

（一）上市公司存在欺诈发行、重大信息披露违法或者其他严重损害证券市场秩序的重大违法行为，其股票应当被终止上市的情形；

（二）上市公司存在涉及国家安全、公共安全、生态安全、生产安全和公众健康安全等领域的违法行为，情节恶劣，严重损害国家利益、社会公共利益，或者严重影响上市地位，其股票应当被终止上市的情形。

10.5.2　上市公司涉及第 10.5.1 条第一项规定的重大违法行为，存在下列情形之一的，本所决定终止其股票上市交易：

（一）公司首次公开发行股票申请或者披露文件存在虚假记载、误导性陈述或者重大遗漏，被中国证监会依据《证券法》第一百八十一条作出行政处罚决定，或者被人民法院依据《刑法》第一百六十条作出有罪裁判且生效。

（二）公司发行股份购买资产并构成重组上市，申请或者披露文件存在虚假记载、误导性陈述或者重大遗漏，被中国证监会依据《证券法》第一百八十一条作出行政处罚决定，或者被人民法院依据《刑法》第一百六十条作出有罪裁判且生效。

（三）根据中国证监会行政处罚决定认定的事实，公司披露的年度报告存在虚假记载、误导性陈述或者重大遗漏，导致公司连续会计年度财务类指标已实际触及本章第三节规定的终止上市标准。

（四）根据中国证监会行政处罚决定认定的事实，公司披露的营业收入连续两年均存在虚假记载，虚假记载的营业收入金额合计达到5亿元以上，且超过该两年披露的年度营业收入合计金额的50%；或者公司披露的净利润连续两年均存在虚假记载，虚假记载的净利润金额合计达到5亿元以上，且超过该两年披露的年度净利润合计金额的50%；或者公司披露的利润总额连续两年均存在虚假记载，虚假记载的利润总额金额合计达到5亿元以上，且超过该两年披露的年度利润总额合计金额的50%；或者公司披露的资产负债表连续两年均存在虚假记载，资产负债表虚假记载金额合计达到5亿元以上，且超过该两年披露的年度期末净资产合计金额的50%。（计算前述合计数时，相关财务数据为负值的，先取其绝对值后再合计计算。）

（五）本所根据公司违法行为的事实、性质、情节及社会影响等因素认定的其他严重损害证券市场秩序的情形。

前款第一项、第二项统称欺诈发行强制退市情形，第三项至第五项统称重大信息披露违法强制退市情形。

10.5.3　上市公司涉及第10.5.1条第二项规定的重大违法行为，存在下列情形之一的，本所决定终止其股票上市交易：

（一）上市公司或其主要子公司被依法吊销营业执照、责令关闭或者被撤销；

（二）上市公司或其主要子公司被依法吊销主营业务生产经营许可证，或者存在丧失继续生产经营法律资格的其他情形；

（三）本所根据上市公司重大违法行为损害国家利益、社会公共利益的严重程度，结合公司承担法律责任类型、对公司生产经营和上市地位的影响程度等情形，认为公司股票应当终止上市的。

10.5.4　依据相关行政机关行政处罚决定、人民法院生效裁判认定的事实，上市公司可能触及本规则第10.5.2条、第10.5.3条规定情形的，应当在知悉相关行政机关向其送达行政处罚事先告知书或者知悉人民法院作出有罪裁判后立即披露相关情况及公司股票交易将被实施退市风险警示的公告。公司股票及其衍生品种于公告后停牌一天。自复牌之日起，本所对公司股票交易实施退市风险警示。

公司因前款情形其股票交易被实施退市风险警示期间，应当每五个交易日披露一次相关事项进展并就公司股票可能被实施重大违法强制退市进行特别风险提示。

10.5.5　依据相关行政机关行政处罚决定、人民法院生效裁判认定的事实，上市公司可能触及本规则第10.5.2条、第10.5.3条规定情形的，应当在收到相关行政机关行政处罚决定书，或者人民法院裁判生效后立即披露相关情况及公司股票可能被终止上市的风险提示公告。公司股票及其衍生品种于公告披露后停牌。

公司未触及本规则第10.5.2条、第10.5.3条规定情形，且不存在其他的退市风险警示情形的，公司股票及其衍生品种于前述公告披露后停牌一天。自复牌之日起，本所撤销对公司股票交易的退市风险警示。

10.5.6　上市公司触及本节规定的重大违法强制退市情形的，本所将在公司披露或者本所向市场公告相关行政机关行政处罚决定书或者人民法院生效裁判后的十五个交易日内，向公司发出拟终止其股票上市的事先告知书。公司应当在收到本所终止上市事先告知书后及时披露。

本所在发出终止上市事先告知书前可以要求公司补充材料，公司应当在本所要求期限内提供有关材料，补充材料期间不计入前款所述十五个交易日。公司未在要求的期限内补充材料的，本所将在期限届满后按照前款规定发出终止上市事先告知书。

本所可以自行或委托相关机构就公司相关情况进行调查核实，调查核实期间不计入前款所述十五个交易日。

10.5.7　上市公司收到终止上市事先告知书后，可以根据本章第六节的规定申请听证、提出陈述和申辩。

公司未在规定期限内提出听证申请的，本所上市委员会在陈述和申辩提交期限届满后十五个交易日内，就是否终止公司股票上市事宜进行审议，作出独立的专业判断并形成审核意见；上市公司在规定期限内提出听证申请的，本所上市委员会在听证程序结束后十五个交易日内形成审核意见。

本所根据上市委员会的审核意见，在五个交易日内作出是否终止公司股票上市的决定。

10.5.8　上市公司因重大违法强制退市情形，其股票被终止上市后，出现下列情形之一的，可以向本所申请撤销对其股票终止上市的决定：

（一）相关行政处罚决定被依法撤销或确认无效，或者因对违法行为性质、违法事实等的认定发生重大变化，被依法变更；

（二）人民法院有罪裁判被依法撤销，且未作出新的有罪裁判。

公司向本所申请撤销对其股票终止上市的，应当在收到相关文件或法律文书后的三十个交易日内向本所提交下列文件：

（一）公司关于撤销对其股票终止上市的申请书；

（二）公司董事会关于申请撤销对公司股票终止上市的决议；

（三）相关行政处罚决定书被依法撤销、确认无效或变更的证明文件，或者人民法院的相关裁判文书；

（四）法律意见书；

（五）本所要求的其他有关材料。

10.5.9　本所自收到上市公司按照第10.5.8条规定提出的撤销申请之日起的十五个交易日内，召开上市委员会会议，审议是否撤销对公司股票作出的终止上市决定，并形成审核意见。在此期间，本所要求公司提供补充材料的，公司应当按要求提供有关材料，公司补充材料期间不计入前述期限。本所可以自行或委托相关机构就公司相关情况进行调查核实，调查核实期间不计入审议期限。

本所根据上市委员会的审核意见，作出是否撤销对公司股票终止上市的决定。

公司股票同时存在其他的风险警示或终止上市情形的，本所对其实施相应的风险警示或终止上市。

10.5.10　本所同意撤销对公司股票终止上市的，在作出撤销决定之日起两个交易日内通知公司并发布相关公告，同时报中国证监会备案。

10.5.11　在收到本所撤销决定后的二十个交易日内，公司可以向本所提出恢复其股票正常交易的书面申请，并向本所提交下列申请文件：

（一）公司关于恢复其股票正常交易的申请书；

（二）公司董事会关于申请恢复其股票正常交易的决议；

（三）公司股东大会关于申请恢复其股票正常交易的决议；

（四）保荐机构出具的保荐意见；

（五）法律意见书；

（六）公司最近一年又一期经审计财务报告；

（七）公司前十大股东名册和公司持股5%以上股东的营业执照或有关身份证明文件；

（八）公司全部股份在结算公司托管的证明文件；

（九）公司董事、监事及高级管理人员持有本公司股份情况说明；

（十）本所要求的其他材料。

公司股份已经转入全国中小企业股份转让系统等证券交易场所转让或存在其他合理情况的，经本所同意，可以在本所要求的期限内办理完毕其股份的重新确认、登记、托管等相关手续或有关事项后，补充提交相应申请文件。

本所在收到公司完备申请材料后的五个交易日内，作出是否受理的决定并通知公司。公司应当及时对外发布相关公告。

10.5.12　本所在作出恢复公司股票正常交易的决定后两个交易日内通知公司，并报告中国证监会。

公司应当在收到上述决定后及时公告，并按本所要求办理恢复股票正常交易的相关手续。

公司应当在其股票恢复正常交易前与本所重新签订上市协议，明确双方的权利、义务及其他有关事项。

公司控股股东、实际控制人、董事、监事和高级管理人员等应当签署并提交相应声明与承诺，其所持股份在公司股票恢复正常交易时的流通或限售安排，应当按照法律、行政法规、部门规章、规范性文件及本所有关规定执行。

第六节　听证与复核

10.6.1　上市公司可以在收到或者本所公告送达终止上市事先告知书之日（以在先者为准，下同）起五个交易日内，以书面形式向本所提出听证要求，并载明具体事项及理由。有关听证程序和相关事宜，适用本所有关规定。

公司对终止上市有异议的，可以在收到或者本所公告终止上市事先告知书之日起十个交易日内，向本所提交相关书面陈述和申辩，并提供相关文件。

公司未在本条规定期限内提出听证要求、书面陈述或者申辩的，视为放弃相应权利。

公司在本条规定期限内提出听证要求的，由本所上市委员会按照有关规定组织召开听证会。

10.6.2　上市委员会组织召开听证和审议期间，可以要求上市公司和相关中介机构提供补充材料，补充材料期间不计入听证及审议期限，公司和相关中介机构未在本所要求期限内提交补充材料的，本所上市委员会继续进行听证或者审议。

本所可以自行或者委托相关机构就公司有关情况进行调查核实，并将核查结果提交上市委员会审议。调查核实期间不计入审议期限。

10.6.3　上市公司可以在收到或者本所公告送达终止上市决定之日（以在先者为准）起十五个交易日内，以书面形式向本所申请复核。有关复核程序和相关事宜，适用本所有关规定。

公司应当在向本所提出复核申请之日的次一交易日披露有关内容。

10.6.4　本所在收到申请人提交的复核申请文件之日后的五个交易日内，作出是否受理的决定并通知申请人。

申请人应当在收到本所是否受理其复核申请的决定后，及时披露决定的有关内容并提示相关风险。

10.6.5　本所设立上诉复核委员会，对申请人的复核申请进行审议，作出独立的专业判断并形成审核意见。

10.6.6　本所在受理复核申请后三十个交易日内，依据上诉复核委员会的审核意见作出维持或者撤销终止上市的决定。

在此期间，本所要求申请人提供补充材料的，申请人应当在本所规定期限内提供有关材料。申请人提供补充材料期间不计入本所作出有关决定的期限。

本所可以自行或者委托相关机构就公司有关情况进行调查核实，并将核查结果提交复核委员会审议，调查核实期间不计入审议期限。

申请人应当在收到本所的复核决定后，及时披露决定的有关内容。

10.6.7　本所依据上诉复核委员会的审核意见作出撤销终止上市决定的，参照本规则第10.5.11条至10.5.12条规定的程序办理。

第七节　退市整理期

10.7.1　上市公司股票被本所根据本章第三节至第五节的规定作出终止上市决定后，自公告终止上市决定之日起五个交易日后的次一交易日起复牌并进入退市整理期交易。退市整理期间，上市公司的证券代码不变，股票简称应当变更为“××退”。

退市整理股票进入风险警示板交易。

上市公司股票被本所根据本章第二节规定作出终止上市决定的，不进入退市整理期。

10.7.2　退市整理期的交易期限为十五个交易日。公司股票在退市整理期内原则上不停牌，因特殊原因申请全天停牌的，停牌期间不计入退市整理期，但停牌天数累计不得超过五个交易日。

公司未在累计停牌期满前申请复牌的，本所于停牌期满后的次一交易日对公司股票复牌。

10.7.3 上市公司股票进入退市整理期的，公司及相关信息披露义务人仍应当遵守法律法规、本规则及本所有关规定，履行信息披露及相关义务。

10.7.4 退市整理期间，上市公司股东所持有限售条件股份的限售期限连续计算，限售期限届满前相关股份不能流通。

10.7.5 上市公司应当在收到本所终止其股票上市决定后及时披露股票终止上市公告，并同时披露其股票进入退市整理期交易相关情况，相关公告应当包括以下内容：

（一）终止上市股票的种类、证券简称、证券代码以及终止上市决定的主要内容；

（二）公司股票在退市整理期间的证券代码、证券简称及涨跌幅限制；

（三）公司股票在退市整理期间的起始日、交易期限及预计最后交易日期；

（四）退市整理期公司不筹划、不进行重大资产重组等重大事项的声明；

（五）终止上市后公司股票登记、转让、管理等事宜；

（六）终止上市后公司的联系人、联系地址、电话和其他通讯方式；

（七）本所要求披露的其他内容。

10.7.6 上市公司应当于退市整理期的第一天，发布公司股票已被本所作出终止上市决定的风险提示公告，说明公司股票进入退市整理期的起始日和终止日等事项。

退市整理期间，公司应当每五个交易日发布一次股票将被摘牌的风险提示公告，在最后五个交易日内每日发布一次股票将被摘牌的风险提示公告。

10.7.7 上市公司在退市整理期间发布公告时，应当在公告中说明公司股票摘牌时间，并特别提示终止上市风险。

10.7.8 退市整理期间，上市公司董事会应当关注其股票交易、媒体报道和市场传闻，必要时应当及时作出澄清说明。

10.7.9 上市公司股票于退市整理期届满的次一交易日摘牌，公司股票终止上市。

公司股票被本所根据本章第二节的规定作出终止上市决定后，公司股票在十五个交易日内摘牌，公司股票终止上市。

公司应当于股票摘牌当日披露摘牌公告，对公司股票摘牌后进入全国中小企业股份转让系统等证券交易场所转让的具体事宜作出说明，包括进入日期、股份重新确认、登记托管、交易制度等情况。

10.7.10 上市公司应当在本所作出终止其股票上市决定后，立即安排股票转入全国中小企业股份转让系统等证券交易场所转让的相关事宜，保证公司股票在摘牌之日起四十五个交易日内可以转让。

10.7.11 上市公司在股票被摘牌前，应当与符合《证券法》规定的证券公司（以下简称主办券商）签订协议，聘请该机构在公司股票被终止上市后为公司提供股份转让服务，并授权其办理证券交易所市场登记结算系统的股份退出登记、股份重新确认及登记结算等事宜。

公司未聘请主办券商的，本所可以为其指定主办券商，并通知公司和该机构。公司应当在两个交易日内就上述事项发布相关公告（公司不再具备法人资格的情形除外）。

10.7.12　退市整理期间，上市公司不得筹划或者实施重大资产重组等重大事项。

10.7.13　上市公司股票存在可能被强制退市情形，且公司已公告筹划重大资产重组事项的，公司董事会应当审慎评估并决定是否继续推进该重大资产重组事项。不进入退市整理期继续推进重大资产重组的，应当及时召开股东大会，审议继续推进重大资产重组等重大事项且股票不进入退市整理期交易的议案；进入退市整理期不继续推进重大资产重组的，应当及时履行审议程序和披露义务。

公司董事会决定继续推进重大资产重组的，应当在相应股东大会通知中明确：股东大会审议通过该议案的，不再安排退市整理期交易，公司股票自本所公告终止上市决定之日起十五个交易日内予以摘牌，公司股票终止上市；该议案未审议通过的，公司股票自公告终止上市决定之日起五个交易日后的次一交易日复牌并进入退市整理期交易。

公司依据前款规定召开股东大会审议相关议案的，应当经出席会议的股东所持表决权的三分之二以上通过。公司应当对除单独或者合计持有上市公司5%以上股份的股东和上市公司董事、监事、高级管理人员以外的其他股东的投票情况单独统计并披露。

10.7.14　进入破产重整程序或者已经完成破产重整的公司触及强制退市情形的，经人民法院或者其他有权方认定，如公司股票进入退市整理期交易，将导致与破产重整程序或者经人民法院批准的公司重整计划的执行存在冲突等后果的，公司股票可以不进入退市整理期交易。

10.7.15　不进入退市整理期交易的公司应当承诺公司股票如被终止上市，将进入全国中小企业股份转让系统等证券交易场所转让股份。

10.7.16　上市公司股票进入退市整理期交易的，应当在收到本所关于终止其股票上市决定后的两个交易日内，向本所提交以下材料：

（一）公司董事会关于变更证券简称的申请；

（二）公司董事会关于退市整理期间不筹划重大资产重组等事项的承诺函；

（三）退市整理期股票交易的风险提示公告；

（四）本所要求的其他材料。

第八节　主动终止上市

10.8.1　上市公司出现下列情形之一的，可以向本所申请主动终止其股票上市交易：

（一）上市公司股东大会决议主动撤回其股票在本所上市交易，并决定不再在证券交易所交易；

（二）上市公司股东大会决议主动撤回其股票在本所上市交易，并转而申请在其他交易场所交易或转让；

（三）上市公司股东大会决议解散；

（四）上市公司因新设合并或者吸收合并，不再具有独立主体资格并被注销；

（五）上市公司以终止公司股票上市为目的，向公司所有股东发出回购全部股份或者部分股份的要约，导致公司股本总额、股权分布等发生变化不再符合上市条件；

（六）上市公司股东以终止公司股票上市为目的，向公司所有其他股东发出收购全部股份或者部分股份的要约，导致公司股本总额、股权分布等发生变化不再符合上市条件；

（七）上市公司股东以外的其他收购人以终止公司股票上市为目的，向公司所有股东发出收购全部股份或者部分股份的要约，导致公司股本总额、股权分布等发生变化不再符合上市条件；

（八）中国证监会或本所认可的其他主动终止上市情形。

10.8.2　本规则第10.8.1条第一项、第二项规定的股东大会决议事项，除须经出席会议的全体股东所持有效表决权的三分之二以上通过外，还须经出席会议的除下列股东以外的其他股东所持有效表决权的三分之二以上通过：

（一）上市公司的董事、监事、高级管理人员；

（二）单独或者合计持有上市公司5%以上股份的股东。

10.8.3　上市公司因本规则第10.8.1条第一项至第五项规定情形召开股东大会的，应当及时向本所提交下列文件并公告：

（一）董事会关于申请主动终止上市的决议；

（二）召开股东大会通知；

（三）主动终止上市预案；

（四）财务顾问报告（如适用）；

（五）法律意见书（如适用）；

（六）法律、行政法规、部门规章、规范性文件、本所及公司章程要求的其他文件。

前款第三项所称“主动终止上市预案”，应当包括但不限于：公司终止上市原因、终止上市方式、终止上市后经营发展计划、并购重组安排、股份转让安排、异议股东保护措施，以及公司董事会关于主动终止上市对公司长远发展和全体股东利益的影响分析等相关内容。

第一款第四项、第五项所称“财务顾问报告”和“法律意见书”，指财务顾问和律师事务所为主动终止上市提供专业服务，并发表专业意见。上市公司出现第10.8.1条除第三项以外情形的，应当提交财务顾问报告，出现第10.8.1条第四项、第六项至第八项情形的，还应当提交法律意见书。

股东大会对主动终止上市事项进行审议后，上市公司应当及时披露股东大会决议公告，说明议案的审议及通过情况。

10.8.4　上市公司根据第10.8.1第一项、第二项规定的情形，申请主动终止上市的，公司应当向本所申请其股票及其衍生品种自股东大会股权登记日的次一交易日起停牌，并在股东大会审议通过主动终止上市决议后及时披露决议情况。公司可以在股东大会决议后的十五个交易日内向本所提交主动终止上市的书面申请。

上市公司因自愿解散、公司合并、回购股份及要约收购等情形根据本规则第10.8.1条第三项至第七项的规定申请其股票终止上市的，应当同时遵守《公司法》《证券法》、中国证监会、本所及公司章程关于上市公司解散、重组、回购、收购等相关规定的要求，履行相应审议程序和披露义务，安排公司股票及其衍生品种的停复牌，及时向本所提交主动终止上市的书面申请。

公司应当在提交申请后，及时披露相关公告。

10.8.5　公司主动终止上市决议未获股东大会审议通过的，应当及时向本所申请其股票及其衍生品种自公司股东大会决议公告当日起复牌。

10.8.6　上市公司出现本规则第10.8.1条第六项、第七项规定情形的，其股票及其衍生品种自公司披露收购结果公告或者其他相关股权变动公告后继续停牌。

10.8.7　上市公司依据本规则第10.8.1条的规定向本所申请其股票终止上市的，应当向本所提交下列文件：

（一）终止上市申请书；

（二）股东大会决议（如适用）；

（三）相关终止上市方案；

（四）财务顾问报告；

（五）法律意见书；

（六）本所要求的其他文件。

10.8.8　本所将在收到上市公司提交的终止上市申请文件后五个交易日内作出是否受理的决定并通知公司。

公司应当在收到本所关于是否受理其终止上市申请的决定后，及时披露决定的有关情况并提示其股票可能终止上市的风险。

10.8.9　本所上市委员会对公司股票终止上市的申请进行审议，重点从保护投资者特别是中小投资者权益的角度，在审查上市公司决策程序合规性的基础上，作出独立的专业判断并形成审核意见。

上市公司依据本规则第10.8.1条第一项、第二项的规定申请其股票终止上市的，本所将在受理公司申请后的十五个交易日内，依据上市委员会意见作出是否同意公司股票终止上市申请的决定。

上市公司因自愿解散、公司合并、回购股份、要约收购等情形依据本规则第10.8.1条第三项至第七项的规定申请其股票终止上市的，除另有规定外，本所将在上市公司披露解散决议公告、合并交易完成公告、回购或者收购结果公告后的十五个交易日内，依据上市委员会意见作出是否同意公司股票终止上市申请的决定。

10.8.10　在本所受理公司申请至作出决定期间，本所要求公司提供补充材料的，公司应当在本所规定期限内提供有关材料。公司提供补充材料的期限累计不得超过三十个交易日。公司补充材料期间不计入本所作出有关决定的期限。

公司未能在本所规定的期限内提供补充材料的，本所将在规定的期限届满后作出是否同意公司股票终止上市申请的决定。

10.8.11　本所在作出同意公司股票终止上市决定后两个交易日内通知公司并发布相关公告，并报中国证监会备案。

10.8.12　因本规则第10.8.1条规定情形其股票被终止上市，且法人主体资格将存续的公司，应当对公司股票终止上市后转让或交易、异议股东保护措施作出具体安排，保护中小投资者的合法权益。

10.8.13　上市公司应当在收到本所关于终止其股票上市决定后及时披露股票终止上市公告。公司股票不进入退市整理期交易。

股票终止上市公告应当包括以下内容：

（一）终止上市股票的种类、简称、证券代码以及终止上市的日期；

（二）终止上市决定的主要内容；

（三）公司股票终止上市后相关安排、异议股东保护措施落实情况等；

（四）终止上市后其股票登记、转让、管理事宜（如适用）；

（五）终止上市后公司的联系人、联系地址、电话和其他通讯方式；

（六）中国证监会和本所要求的其他内容。

10.8.14　上市公司主动终止上市的，本所在公司公告股票终止上市决定之日起五个交易日内对其予以摘牌，公司股票终止上市。

第九节　重新上市

10.9.1　上市公司在其股票终止上市后，符合本所规定条件的，可以向本所申请重新上市。

10.9.2　上市公司因触及本规则第10.5.2条第一款第一项、第二项规定的欺诈发行情形，其股票被终止上市的，本所不受理其重新上市申请。

上市公司因触及本规则第10.5.2条第一款第三项至第五项和第10.5.3条规定的重大违法情形，其股票被终止上市的，自其股票进入全国中小企业股份转让系统等证券交易场所转让之日起的五个完整会计年度内，本所不受理其重新上市申请。公司提交重新上市申请的，应当同时符合下列条件：

（一）已全面纠正重大违法行为并符合下列要求：

1. 公司已就重大信息披露违法行为所涉事项披露补充或者更正公告；

2. 对重大违法行为的责任追究已处理完毕；

3. 公司已就重大违法行为所涉事项补充履行相关决策程序；

4. 公司控股股东、实际控制人等相关责任主体对公司因重大违法行为发生的损失已作出补偿；

5. 重大违法行为可能引发的与公司相关的风险因素已消除。

（二）已撤换下列与重大违法行为有关的责任人员：

1. 被人民法院判决有罪的有关人员；

2. 被相关行政机关行政处罚的有关人员；

3. 被相关行政机关依法移送公安机关立案调查的有关人员；

4. 中国证监会、本所认定的与重大违法行为有关的其他责任人员。

（三）已对相关民事赔偿承担做出妥善安排并符合下列要求：

1. 相关赔偿事项已由人民法院作出判决的，该判决已执行完毕；

2. 相关赔偿事项未由人民法院作出判决，但已达成和解的，该和解协议已执行完毕；

3. 相关赔偿事项未由人民法院作出判决，且也未达成和解的，公司及相关责任主体已按预计最高索赔金额计提赔偿基金，并将足额资金划入专项账户，且公司的控股股东和实际控制人已承诺：若赔偿基金不足赔付，其将予以补足。

（四）不存在本规则规定的终止上市情形。

（五）公司聘请的重新上市保荐机构、律师事务所已对前述四项条件所述情况进行核查验证，并出具专项核查意见，明确认定公司已完全符合前述四项条件。

10.9.3　上市公司股票被强制退市后，公司不配合退市相关工作，或者未按本规则的规定履行相关义务的，本所自其股票进入全国中小企业股份转让系统等证券交易场所转让之日起三十六个月内不受理其重新上市申请。

10.9.4　上市公司主动退市的，可以随时向本所提出重新上市申请。

10.9.5　退市公司申请重新上市，应当按照中国证监会、本所有关规定制作申请文件，依法由保荐机构保荐并向本所申报。

10.9.6　重新上市的具体条件和其他事宜，由本所另行规定。

第十一章　红筹企业和境内外事项的协调

第一节　红筹企业特别规定

11.1.1　红筹企业申请发行股票或者存托凭证并在创业板上市的，适用中国证监会、本所关于发行上市审核注册程序的规定。

11.1.2　红筹企业申请其在境内首次公开发行的股票或者存托凭证上市的，应当根据本所《股票发行上市审核规则》的规定，取得本所出具的同意发行上市审核意见并由中国证监会作出予以注册决定。

红筹企业在境内发行存托凭证并上市的，还应当提交本次发行的存托凭证已经结算公司存管的证明文件、经签署的存托协议、托管协议文本以及托管人出具的存托凭证所对应基础证券的托管凭证等文件。

根据公司注册地公司法等法律法规和公司章程或者章程性文件（以下简称公司章程）的规定，红筹企业无需就本次境内发行上市事宜提交股东大会审议的，其申请上市时可以不提交股东大会决议，但应当提交相关董事会决议。

11.1.3　红筹企业的股权结构、公司治理、运行规范等事项适用境外注册地公司法等法律法规的，其投资者权益保护水平，包括资产收益、参与重大决策、剩余财产分配等权益，总体上应不低于境内法律法规规定的要求，并保障境内存托凭证持有人实际享有的权益与境外基础证券持有人的权益相当。

11.1.4　红筹企业提交的上市申请文件和持续信息披露文件，应当使用中文。

红筹企业和相关信息披露义务人应当按照中国证监会和本所规定，在符合条件媒体披露上市和持续信息披露文件。

11.1.5　红筹企业应当在境内设立证券事务机构，并聘任信息披露境内代表，负责办理公司股票或者存托凭证上市期间的信息披露和监管联络事宜。信息披露境内代表应当具备境内上市公司董事会秘书的相应任职能力，熟悉境内信息披露规定和要求，并能够熟练使用中文。

红筹企业应当建立与境内投资者、监管机构及本所的有效沟通渠道，按照规定保障境内投资者的合法权益，保持与境内监管机构及本所的畅通联系。

11.1.6 红筹企业具有协议控制架构或者类似特殊安排的，应当充分、详细披露相关情况，特别是风险和公司治理等信息，以及依法落实保护投资者合法权益规定的各项措施。

红筹企业应当在年度报告中披露协议控制架构或者类似特殊安排在报告期内的实施和变化情况，以及该等安排下保护境内投资者合法权益有关措施的实施情况。

前款规定事项出现重大变化或者调整，可能对公司股票、存托凭证交易价格产生较大影响的，公司和相关信息披露义务人应当及时披露。

11.1.7 红筹企业进行本规则规定需提交股东大会审议的重大交易、关联交易等事项，可以按照其已披露的境外注册地公司法等法律法规和公司章程规定的权限和程序执行，法律法规另有规定的除外。

公司按照前款规定将相关事项提交股东大会审议的，应当及时披露。

11.1.8 红筹企业注册地公司法等法律法规或者实践中普遍认同的标准对公司董事会、独立董事职责有不同规定或者安排，导致董事会、独立董事无法按照本所规定履行职责或者发表意见的，红筹企业应当详细说明情况和原因，并聘请律师事务所就上述事项出具法律意见。

11.1.9 红筹企业存托凭证在本所上市的，应当在年度报告及半年度报告中披露存托、托管相关安排在报告期内的实施和变化情况以及报告期末前十名境内存托凭证持有人的名单和持有量。发生以下情形之一的，应当及时履行信息披露义务：

（一）存托人、托管人发生变化；

（二）存托的基础财产发生被质押、挪用、司法冻结或者其他权属变化；

（三）对存托协议、托管协议作出重大修改；

（四）存托凭证与基础证券的转换比例发生变动；

（五）中国证监会和本所认为需要披露的其他情形。

存托凭证上市后，未经本所同意，红筹企业不得改变存托凭证与基础证券之间的转换比例。

发生本条第一款第一项、第二项规定的情形，或者托管协议发生重大修订的，存托人应当及时告知红筹企业，公司应当及时进行披露。

11.1.10 红筹企业、存托人应当合理安排存托凭证持有人权利行使的时间和方式，保障其有足够时间和便利条件行使相应权利，并根据存托协议的约定及时披露存托凭证持有人权利行使的时间、方式、具体要求和权利行使结果。

红筹企业、存托人通过本所股东大会网络投票系统征集存托凭证持有人投票意愿的，具体业务流程参照本所《上市公司股东大会网络投票实施细则》办理，并由公司、存托人按照存托协议的约定向市场公告。

11.1.11　红筹企业和相关信息披露义务人适用本规则相关信息披露要求和持续监管规定，可能导致其难以符合公司注册地、境外上市地有关规定及市场实践中普遍认同的标准的，可以向本所申请调整适用，但应当说明原因和替代方案，并聘请律师事务所出具法律意见。本所认为依法不应调整适用的，红筹企业和相关信息披露义务人应当执行本规则相关规定。

第二节　境内外事项的协调

11.2.1　上市公司及相关信息披露义务人应当保证境外证券交易所要求其披露的信息，同时在符合条件媒体按照本规则和本所其他相关规定的要求披露。

公司及相关信息披露义务人在境外市场进行信息披露时，不属于本所市场信息披露时段的，应当在本所市场最近一个信息披露时段内予以披露。

11.2.2　上市公司就同一事件向境外证券交易所提供的报告和公告，应当与向本所提供的内容一致。出现重大差异时，公司应当向本所说明，并按照本所要求披露更正或者补充公告。

11.2.3　上市公司股票及其衍生品种在境外上市地被要求停牌或者被暂停上市、终止上市的，应当及时通知本所并进行披露，本所视情况予以处理。

为保证信息披露的及时、公平，本所可以根据公司申请或者实际情况，决定公司境内股票或者存托凭证的停牌与复牌事宜。

11.2.4　本节未尽事宜，适用法律、行政法规、部门规章、规范性文件、本所其他相关规定以及本所与其他证券交易所签署的监管合作备忘录的规定。

第十二章　日常监管和违规处理

12.1　本所对本规则第1.4条规定的监管对象实施日常监管，具体措施包括：

（一）要求作出解释和说明；

（二）要求提供相关备查文件或者材料；

（三）要求聘请保荐机构、相关证券服务机构进行核查并发表意见；

（四）约见有关人员；

（五）调阅、查看工作底稿、证券业务活动记录及相关资料；

（六）发出规范运作建议书；

（七）向中国证监会报告有关情况；

（八）向有关单位通报相关情况；

（九）其他措施。

12.2　本所根据本规则及本所其他相关规定和监管需要，可对上市公司及相关主体进行现场检查，相关主体应当积极配合。

前款所述现场检查，指本所在上市公司及相关主体的生产、经营、管理场所以及其他相关场所，采取查阅、复制文件和资料、查看实物、谈话及询问等方式，对上市公司及相关主体的信息披露、公司治理等规范运作情况进行监督检查的行为。

12.3　本规则第1.4条规定的监管对象违反本规则、本所其他相关规定或者其所作出的承诺的，本所可对其实施以下自律监管措施：

（一）口头警示；

（二）书面警示；

（三）约见谈话；

（四）要求限期改正；

（五）要求公开更正、澄清或说明；

（六）要求公开致歉；

（七）要求限期召开投资者说明会；

（八）要求上市公司董事会追偿损失；

（九）对未按要求改正的上市公司股票及其衍生品种实施停牌；

（十）建议更换相关任职人员；

（十一）暂停适用信息披露直通车业务；

（十二）限制交易；

（十三）向相关主管部门出具监管建议函；

（十四）其他自律监管措施。

12.4　发行人、上市公司、相关信息披露义务人及其相关人员违反本规则、本所其他相关规定或者其所作出的承诺的，本所视情节轻重给予以下处分：

（一）通报批评；

（二）公开谴责。

12.5　上市公司控股股东、实际控制人违反本规则、本所其他相关规定或者其所作出的承诺的，本所视情节轻重给予以下处分：

（一）通报批评；

（二）公开谴责；

（三）公开认定其不适合担任上市公司董事、监事、高级管理人员。

以上第二项、第三项处分可以并处。

12.6　上市公司董事、监事、高级管理人员违反本规则、本所其他相关规定或者其所作出的承诺的，本所视情节轻重给予以下处分：

（一）通报批评；

（二）公开谴责；

（三）公开认定其不适合担任上市公司董事、监事、高级管理人员、董事会秘书。

以上第二项、第三项处分可以并处。

12.7　保荐机构及其保荐代表人、证券服务机构及其相关人员出具的相关文件存在虚假记载、误导性陈述或者重大遗漏，或者存在违反本规则、本所其他相关规定或者其所作出的承诺的其他情形的，本所视情节轻重给予以下处分：

（一）通报批评；

（二）公开谴责；

（三）暂不受理其出具的相关文件。

以上第一项、第二项可以与第三项并处。

12.8　破产管理人或者管理人成员违反本规则或者本所其他相关规定的，本所视情节轻重给予以下处分：

（一）通报批评；

（二）公开谴责；

（三）建议法院更换管理人或者管理人成员。

以上第二项、第三项处分可以并处。

12.9　发行人、上市公司、相关信息披露义务人和其他责任人违反本规则、与本所签订的协议或者向本所作出的承诺的，本所可以视情节轻重采取向其收取惩罚性违约金的纪律处分。

收取惩罚性违约金的具体事宜，由本所另行规定。

12.10　本所设立纪律处分委员会对涉及本规则第1.4条规定的监管对象的纪律处分事项进行审核，作出独立的专业判断并形成审核意见。

本所根据纪律处分委员会的审核意见，作出是否给予纪律处分的决定。

12.11　相关纪律处分决定作出前，当事人可以按照本所有关业务规则规定的受理范围和程序申请听证。

当事人对本所作出的相关纪律处分决定不服的，可以按照本所有关业务规则规定的受理范围和程序申请复核。

12.12　监管对象被本所实施自律监管措施或者纪律处分，本所要求其自查整改的，监管对象应当及时报送并按要求披露相关自查整改报告。

第十三章　释　　义

13.1　本规则下列用语具有以下含义：

（一）披露：指上市公司或者相关信息披露义务人按法律、行政法规、部门规章、规范性文件、本规则和本所其他相关规定在符合条件媒体上公告信息。

（二）及时：指自起算日起或者触及本规则披露时点的两个交易日内。

（三）相关信息披露义务人：包括发行人、上市公司及其董事、监事、高级管理人员、股东或存托凭证持有人、实际控制人、收购人、重大资产重组有关各方等自然人、机构及其相关人员，破产管理人及其成员等。

（四）独立董事：指不在上市公司担任除董事外的其他职务，并与其所受聘的上市公司及其主要股东、实际控制人不存在直接或者间接利害关系，或者其他可能影响其进行独立客观判断关系的董事。

（五）高级管理人员：指公司经理、副经理、董事会秘书、财务负责人及公司章程规定的其他人员。

（六）控股股东：指其持有的股份占公司股本总额50%以上的股东；或者持有股份的比例虽然不足50%，但依其持有的股份所享有的表决权已足以对股东大会的决议产生重大影响的股东。

（七）实际控制人：指通过投资关系、协议或者其他安排，能够实际支配公司行为的人。

（八）控制：指有权决定一个企业的财务和经营政策，并能据以从该企业的经营活动中获取利益。有下列情形之一的，为拥有上市公司控制权：

1. 为上市公司持股50%以上的控股股东；
2. 可以实际支配上市公司股份表决权超过30%；
3. 通过实际支配上市公司股份表决权能够决定公司董事会半数以上成员选任；
4. 依其可实际支配的上市公司股份表决权足以对公司股东大会的决议产生重大影响；
5. 中国证监会或者本所认定的其他情形。

（九）上市公司控股子公司：指上市公司持有其50%以上股份，或者能够决定其董事会半数以上成员组成，或者通过协议或者其他安排能够实际控制的公司。

（十）承诺：指上市公司及相关信息披露义务人在招股说明书、配股说明书、募集说明书、定期报告、临时报告、整改报告或者承诺函等文件中就重要事项所作出的保证和提出的相关解决措施。

（十一）净资产：指归属于公司普通股股东的期末净资产，不包括少数股东权益金额。

（十二）净利润：指归属于公司普通股股东的净利润，不包括少数股东损益金额。

（十三）利润总额：指上市公司利润表列报的利润总额；上市公司编制合并财务报表的为合并利润表列报的利润总额。

（十四）营业收入：指上市公司利润表列报的营业收入；上市公司编制合并财务报表的为合并利润表列报的营业总收入。

（十五）每股收益：指根据中国证监会有关规定计算的基本每股收益。

（十六）净资产收益率：指根据中国证监会有关规定计算的净资产收益率。

（十七）证券服务机构：指为证券发行、上市、交易等证券业务活动制作、出具审计报告、资产评估报告、法律意见书、财务顾问报告、资信评级报告等文件的会计师事务所、资产评估机构、律师事务所、财务顾问机构、资信评级机构、投资咨询机构。

（十八）上市时未盈利：指公司上市前一个会计年度经审计扣除非经常性损益前后净利润孰低者为负。

（十九）实现盈利：指上市时未盈利的企业上市后首次在一个完整会计年度实现盈利。

（二十）红筹企业：指注册地在境外，主要经营活动在境内的企业。

（二十一）协议控制架构：指红筹企业通过协议方式实际控制境内实体运营企业的一种投资结构。

（二十二）表决权差异安排：是指发行人依照《公司法》第一百三十一条的规定，在一般规定的普通股份之外，发行拥有特别表决权的股份。每一特别表决权股份拥有的表决权数量大于每一普通股份拥有的表决权数量，其他股东权利与普通股份相同。

（二十三）破产程序：指《企业破产法》所规范的重整、和解或者破产清算程序。

（二十四）管理人管理运作模式：指经法院裁定由管理人负责管理上市公司财产和营业事务的运作模式。

（二十五）管理人监督运作模式：指经法院裁定由公司在管理人的监督下自行管理财产和营业事务的运作模式。

（二十六）股权分布不符合上市条件：指社会公众持有的公司股份连续二十个交易日低于公司股份总数的25%；公司股本总额超过4亿元的，社会公众持股的比例连续二十个交易日低于公司股份总数的10%。

上述社会公众是指除了以下股东之外的上市公司其他股东：

1. 持有上市公司10%以上股份的股东及其一致行动人；

2. 上市公司的董事、监事、高级管理人员及其关系密切的家庭成员（具体范围参见本规则第7.2.5条第四项的规定），上市公司董事、监事、高级管理人员直接或者间接控制的法人或者其他组织。

（二十七）追溯重述：指因财务会计报告存在重大会计差错或者虚假记载，公司主动改正或者被中国证监会责令改正后，对此前披露的年度财务会计报告进行的调整。

（二十八）非标准审计意见：指注册会计师对财务报表发表的非无保留意见或带有解释性说明的无保留意见。前述非无保留意见，是指注册会计师对财务报表发表的保留意见、否定意见或无法表示意见。前述带有解释性说明的无保留意见，是指对财务报表发表的带有强调事项段、持续经营重大不确定性段落的无保留意见或者其他信息段落中包含其他信息未更正重大错报说明的无保留意见。

（二十九）一致行动人：指《上市公司收购管理办法》规定的一致行动人。

13.2　本规则未定义的用语的含义，依照国家有关法律、行政法规、部门规章、规范性文件及本所有关业务规则、细则、指引和通知确定。

13.3　本规则所称“以上”“以内”“以下”都含本数，“超过”“少于”“低于”不含本数。

13.4　本规则所称“元”，如无特指，均指人民币元。

第十四章　附　　则

14.1　本规则的制定和修改经本所理事会审议通过，并报中国证监会批准。

14.2　本规则由本所负责解释。

14.3　红筹企业存托凭证的上市、交易等各项费用，参照本所创业板A股相关标准收取。

14.4　本规则自2023年9月4日起施行。本所2023年2月17日发布的《深圳证券交易所创业板股票上市规则（2023年修订）》（深证上〔2023〕93号）同时废止。本所此前发布的其他业务规则中有关独立董事的规定与本规则不一致的，以本规则为准。

自本规则施行之日起的一年为过渡期。过渡期内，上市公司董事会及其专门委员会的设置、独立董事专门会议机制等事项与本规则不一致的，应当逐步调整至符合本规则的规定。

2. 自律监管指引

关于发布《深圳证券交易所上市公司自律监管指引第 1 号——主板上市公司规范运作（2023 年修订）》的通知

（2023 年 8 月 4 日　深证上〔2023〕703 号）

各市场参与人：

为了落实《国务院办公厅关于上市公司独立董事制度改革的意见》和中国证监会《上市公司独立董事管理办法》的有关要求，推动形成更加科学的独立董事制度体系，促进独立董事发挥应有作用，本所对《深圳证券交易所上市公司自律监管指引第 1 号——主板上市公司规范运作》进行了修订，现予以发布。

本指引自 2023 年 9 月 4 日起施行。本所 2022 年 1 月 7 日发布的《深圳证券交易所上市公司自律监管指引第 1 号——主板上市公司规范运作》（深证上〔2022〕13 号）同时废止。本所此前发布的其他业务规则中有关独立董事的规定与本指引不一致的，以本指引为准。

自本指引施行之日起的一年为过渡期。过渡期内，上市公司董事会及专门委员会的设置、独立董事专门会议机制、独立董事的独立性、任职条件、任职期限及兼职家数等事项与本指引不一致的，应当逐步调整至符合本指引的规定。

深圳证券交易所

2023 年 8 月 4 日

2.1

深圳证券交易所上市公司自律监管指引第1号——主板上市公司规范运作（2023年修订）

（2023年8月4日　深证上〔2023〕703号）

目　录

第一章　总　　则

1.1　为了规范主板上市公司（以下简称上市公司）的组织和行为，提高上市公司规范运作水平，保护上市公司和投资者的合法权益，促进上市公司质量不断提高，推动市场健康稳定发展，根据《中华人民共和国公司法》（以下简称《公司法》）、《中华人民共和国证券法》（以下简称《证券法》）、《证券交易所管理办法》、《上市公司治理准则》等法律、行政法规、部门规章、规范性文件（以下统称法律法规）和《深圳证券交易所股票上市规则》（以下简称《股票上市规则》），制定本指引。

1.2　上市公司及其董事、监事、高级管理人员、股东或者存托凭证持有人、实际控制人，收购人及其他权益变动主体，重大资产重组、再融资、重大交易、破产事项等有关各方，为前述主体提供证券服务的中介机构及其相关人员，以及法律、行政法规和中国证监会规定的在上市、信息披露、停牌、复牌、退市等事项承担相关义务的其他主体，应当遵守法律法规、本指引和本所其他规定，诚实守信，自觉接受本所监督管理。

1.3　上市公司应当根据法律法规、本指引、本所其他规定和公司章程，建立规范的公司治理结构和健全的内部控制制度，完善股东大会、董事会、监事会议事规则和权力制衡机制，规范董事、监事、高级管理人员的任职管理及履职行为，履行信息披露义务，积极承担社会责任，采取有效措施保护投资者特别是中小投资者的合法权益。

1.4　本指引第1.2条规定的各主体应当诚实守信，廉洁守法，不得以任何方式干扰本所自律管理工作。

第二章　股东大会、董事会和监事会

第一节　股东大会

2.1.1　上市公司应当完善股东大会运作机制，平等对待全体股东，保障股东依法享有的知情权、查询权、分配权、质询权、建议权、股东大会召集权、提案权、提名权、表决权等权利，积极为股东行使权利提供便利，切实保障股东特别是中小股东的合法权益。

上市公司应当积极采用累积投票、网络投票等方式，为股东特别是中小股东参加股东大会及行使表决权提供便利。

2.1.2 上市公司应当在公司章程中规定股东大会的召集、召开和表决等程序，制定股东大会议事规则，并列入公司章程或者作为章程附件。

2.1.3 董事会、监事会和符合条件的股东召集股东大会的，应当遵守法律法规和本所相关规定。

2.1.4 召集人应当充分、完整披露所有提案的具体内容，以及为使股东对有关提案作出合理判断所需的全部资料或解释。

有关提案涉及独立董事及中介机构发表意见的，上市公司最迟应当在发出股东大会通知时披露相关意见。

2.1.5 召集人应当合理设置股东大会提案，保证同一事项的提案表决结果是明确的。除采用累积投票制以外，股东大会对所有提案应当逐项表决，股东大会对同一事项有不同提案的，应按照提案提出的时间顺序进行表决，股东或者其代理人不得对同一事项的不同提案同时投同意票。

在一次股东大会上表决的提案中，一项提案生效是其他提案生效的前提的，召集人应当在股东大会通知中明确披露，并就作为前提的提案表决通过是后续提案表决结果生效的前提进行特别提示。

提案人应当在提案函等载有提案内容的文件中明确说明提案间的关系，并明确相关提案是否提交同一次股东大会表决，并就表决方式的选取原因及合法合规性进行说明。

2.1.6 股东提出股东大会临时提案的，不得存在下列任一情形：

（一）提出提案的股东不符合持股比例等主体资格要求；

（二）超出提案规定时限；

（三）提案不属于股东大会职权范围；

（四）提案没有明确议题或具体决议事项；

（五）提案内容违反法律法规、本所有关规定；

（六）提案内容不符合公司章程的规定。

提出临时提案的股东，应当向召集人提供持有公司3%以上股份的证明文件。股东通过委托方式联合提出提案的，委托股东应当向被委托股东出具书面授权文件。

提出临时提案的股东或其授权代理人应当将提案函、授权委托书、表明股东身份的有效证件等相关文件在规定期限内送达召集人。

临时提案的提案函内容应当包括：提案名称、提案具体内容、提案人关于提案符合《上市公司股东大会规则》、本指引和本所相关规定的声明以及提案人保证所提供持股证明文件和授权委托书真实性的声明。

临时提案不存在第一款规定的情形的，召集人不得拒绝将临时提案提交股东大会审议。召集人应当在规定时间内发出股东大会补充通知，披露提出临时提案的股东姓名或者名称、持股比例和新增提案的具体内容。

召集人认定临时提案存在第一款规定的情形，进而认定股东大会不得对该临时提案进行表决并做出决议的，应当在收到提案后两日内公告相关股东临时提案的内容，并说明做出前述认定的依据及合法合规性，同时聘请律师事务所对相关理由及其合法合规性出具法律意见书并公告。

2.1.7 除单独或者合计持有公司3%以上股份普通股股东提出临时提案情形外，发出股东大会通知后不得修改股东大会通知中已列明的提案或增加新的提案。

召集人根据规定需对提案披露内容进行补充或更正的，不得实质性修改提案，且相关补充或更正公告应当在股东大会网络投票开始前发布，与股东大会决议同时披露的法律意见书中应当包含律师对提案披露内容的补充、更正是否构成提案实质性修改出具的明确意见。

对提案进行实质性修改的，有关变更应当视为一个新的提案，不得在本次股东大会上进行表决。

2.1.8 股东大会的现场会议日期和股权登记日都应当为交易日。股权登记日和会议召开日之间的间隔应当不少于两个工作日且不多于七个工作日。股权登记日一旦确定，不得变更。

发出股东大会通知后，股东大会因故需要延期的，召集人应当在原定现场会议召开日前至少两个交易日公告并说明原因。股东大会延期的，股权登记日仍为原股东大会通知中确定的日期、不得变更，且延期后的现场会议日期仍需遵守与股权登记日之间的间隔不多于七个工作日的规定。

2.1.9 发出股东大会通知后，股东大会因故需要取消的，召集人应当在现场会议召开日前至少两个交易日公告并说明原因。

2.1.10 上市公司董事会、独立董事、持有1%以上有表决权股份的股东或者依照法律法规设立的投资者保护机构，可以作为征集人，自行或者委托证券公司、证券服务机构，公开请求上市公司股东委托其代为出席股东大会，并代为行使提案权、表决权等股东权利，但不得以有偿或者变相有偿方式公开征集股东权利。

征集人应当依规披露征集公告和相关征集文件，并按规定披露征集进展情况和结果，公司应当予以配合。征集人持有公司股票的，应当承诺在审议征集议案的股东大会决议公告前不转让所持股份。

征集人可以采用电子化方式公开征集股东权利，为股东进行委托提供便利，上市公司应当予以配合。

公司可以在公司章程中规定股东权利征集制度的实施细则，但不得对征集行为设置最低持股比例等不适当障碍而损害股东的合法权益。

征集人仅对股东大会部分提案提出投票意见的，应当同时征求股东对于其他提案的投票意见，并按其意见代为表决。

2.1.11 上市公司不得通过授权的形式由董事会或者其他机构和个人代为行使股东大会的法定职权。股东大会授权董事会或者其他机构和个人代为行使其他职权的，应当符合法律法规、本指引、本所其他规定和公司章程、股东大会议事规则等规定的授权原则，并明确授权的具体内容。

2.1.12　股东大会审议影响中小投资者利益的重大事项时，应当对除上市公司董事、监事、高级管理人员以及单独或者合计持有上市公司5%以上股份的股东以外的其他股东的表决情况单独计票并披露。

2.1.13　上市公司股东或者其委托代理人在股东大会上投票的，应当对提交表决的议案明确发表同意、反对或者弃权意见。股票名义持有人根据相关规则规定，按照所征集的实际持有人对同一议案的不同投票意见行使表决权的除外。

同一表决权通过现场、本所网络投票平台或者其他方式重复进行表决的，以第一次投票结果为准。

2.1.14　上市公司应当为股东特别是中小股东参加股东大会提供便利，为投资者发言、提问及与公司董事、监事及高级管理人员交流提供必要的时间。中小股东有权对上市公司经营和相关议案提出建议或者质询，公司董事、监事及高级管理人员在遵守公平信息披露原则的前提下，应当对中小股东的质询予以真实、准确地答复。公司召开股东大会可以同时进行网络直播。

2.1.15　董事、监事的选举，应当充分反映中小股东意见。股东大会在董事、监事选举中应当积极推行累积投票制。

下列情形应当采用累积投票制：

（一）选举两名以上独立董事；

（二）单一股东及其一致行动人拥有权益的股份比例在30%及以上的上市公司选举两名及以上董事或监事。

股东大会以累积投票方式选举董事的，独立董事和非独立董事的表决应当分别进行。不采取累积投票方式选举董事、监事的，每位董事、监事候选人应当以单项提案提出。

采用累积投票制度的公司应当在公司章程中规定该制度的实施细则，本所鼓励上市公司通过差额选举的方式选举独立董事。

2.1.16　存在股东需在股东大会上回避表决或者承诺放弃表决权情形的，召集人应当在股东大会通知中明确披露相关情况，援引披露股东需回避表决或者承诺放弃表决权理由的相关公告，同时应当就该等股东可否接受其他股东委托进行投票作出说明，并进行特别提示。

2.1.17　投资者违反《证券法》第六十三条第一款、第二款的规定买入上市公司有表决权的股份的，在买入后的三十六个月内，对该超过规定比例部分的股份不得行使表决权。上市公司应当按照《证券法》的规定，不得将前述股份计入出席股东大会有表决权的股份总数，上市公司应当在股东大会决议公告中披露前述情况。

2.1.18　以下事项必须经出席股东大会的股东所持表决权的三分之二以上通过：

（一）修改公司章程及其附件（包括股东大会议事规则、董事会议事规则及监事会议事规则）；

（二）增加或者减少注册资本；

（三）公司合并、分立、解散或者变更公司形式；

（四）分拆所属子公司上市；

（五）《股票上市规则》第6.1.8条、第6.1.10条规定的连续十二个月内购买、出售重大资产或者担保金额超过公司资产总额百分之三十；

（六）发行股票、可转换公司债券、优先股以及中国证监会认可的其他证券品种；

（七）以减少注册资本为目的回购股份；

（八）重大资产重组；

（九）股权激励计划；

（十）上市公司股东大会决议主动撤回其股票在本所上市交易、并决定不再在交易所交易或者转而申请在其他交易场所交易或转让；

（十一）股东大会以普通决议认定会对公司产生重大影响、需要以特别决议通过的其他事项；

（十二）法律法规、本所相关规定、公司章程或股东大会议事规则规定的其他需要以特别决议通过的事项。

前款第四项、第十项所述提案，除应当经出席股东大会的股东所持表决权的三分之二以上通过外，还应当经出席会议的除上市公司董事、监事、高级管理人员和单独或者合计持有上市公司百分之五以上股份的股东以外的其他股东所持表决权的三分之二以上通过。

上市公司章程的相应条款应当符合前两款的规定。

2.1.19　上市公司股东大会应当由律师出具法律意见书，并与股东大会决议一并公告，法律意见书应当至少包括以下内容：

（一）该次股东大会的召集、召开程序是否符合法律法规、本所相关规定和公司章程的规定；

（二）召集人资格是否合法有效；

（三）出席该次股东大会的股东及股东授权委托代表人数，代表股份数量；出席会议人员资格是否合法有效；

（四）该次股东大会表决程序是否合法有效；

（五）相关股东回避表决的情况。如该次股东大会存在股东大会通知后其他股东被认定需回避表决等情形的，法律意见书应当详细披露相关理由并就其合法合规性出具明确意见；

（六）存在本节第2.1.17条情形的，应当对相关股东表决票不计入股东大会有表决权股份总数是否合法合规、表决结果是否合法合规出具明确意见；

（七）除采取累积投票方式选举董事、监事的提案外，每项提案获得的同意、反对、弃权的股份数及其占出席会议有效表决权股份总数的比例以及提案是否获得通过。采取累积投票方式选举董事、监事的提案，每名候选人所获得的选举票数、是否当选；该次股东大会表决结果是否合法有效；

（八）应公司要求对其他有关问题出具的法律意见。

律师出具的法律意见不得使用“基本符合”“未发现”等含糊措辞，并应当由两名执业律师和所在律师事务所负责人签名，加盖该律师事务所印章并签署日期。

第二节 董事会

2.2.1 上市公司应当制定董事会议事规则，并列入公司章程或者作为章程附件，报股东大会批准，确保董事会规范、高效运作和审慎、科学决策。

2.2.2 董事会会议应当严格按照董事会议事规则召集和召开，按规定事先通知所有董事，并提供充分的会议材料，包括会议议题的相关背景材料、董事会专门委员会意见（如有）、全部由独立董事参加的会议（以下简称独立董事专门会议）审议情况（如有）等董事对议案进行表决所需的所有信息、数据和资料，及时答复董事提出的问询，在会议召开前根据董事的要求补充相关会议材料。

董事会专门委员会召开会议的，上市公司原则上应当不迟于专门委员会会议召开前三日提供相关资料和信息。

董事会及其专门委员会会议以现场召开为原则。在保证全体参会董事能够充分沟通并表达意见的前提下，必要时可以依照程序采用视频、电话或者其他方式召开。

2.2.3 董事会及其专门委员会会议、独立董事专门会议应当按规定制作会议记录，会议记录应当真实、准确、完整，充分反映与会人员对所审议事项提出的意见。

出席会议的董事、董事会秘书和记录人员应当在会议记录上签名。董事会会议记录应当妥善保存。

2.2.4 董事会各项法定职权应当由董事会集体行使，不得授权他人行使，并不得以公司章程、股东大会决议等方式加以变更或者剥夺。

公司章程规定的董事会其他职权涉及重大业务和事项的，应当实行集体决策审批，不得授权董事长、总经理等行使。

董事会授权董事长在董事会闭会期间行使董事会部分职权的，上市公司应当在公司章程中明确规定授权的原则和具体内容。

2.2.5 董事会应当设置审计委员会，并可以根据需要设置战略、提名、薪酬与考核等专门委员会。专门委员会对董事会负责，依照公司章程和董事会授权履行职责，专门委员会的提案应当提交董事会审议决定。

专门委员会成员全部由董事组成，其中审计委员会成员应当为不在上市公司担任高级管理人员的董事。审计委员会、提名委员会、薪酬与考核委员会中独立董事应当过半数并担任召集人，审计委员会的召集人应当为会计专业人士。

上市公司应当在公司章程中对专门委员会的组成、职责等作出规定，并应当制定专门委员会工作规程，明确专门委员会的人员构成、委员任期、职责范围、议事规则和档案保存等相关事项。国务院有关主管部门对专门委员会的召集人另有规定的，从其规定。

2.2.6 上市公司应当为审计委员会提供必要的工作条件，配备专门人员或者机构承担审计委员会的工作联络、会议组织、材料准备和档案管理等日常工作。审计委员会履行职责时，上市公司管理层及相关部门须给予配合。

审计委员会认为必要的，可以聘请中介机构提供专业意见，有关费用由公司承担。

2.2.7 上市公司审计委员会由董事会任命三名或者以上董事会成员组成。审计委员会成员应当勤勉尽责，切实有效地监督、评估上市公司内外部审计工作，促进公司建立有效的内部控制并提供真实、准确、完整的财务报告。

审计委员会成员应当具备履行审计委员会工作职责的专业知识和经验。

2.2.8 上市公司董事会审计委员会负责审核公司财务信息及其披露、监督及评估内外部审计工作和内部控制，下列事项应当经审计委员会全体成员过半数同意后，方可提交董事会审议：

（一）披露财务会计报告及定期报告中的财务信息、内部控制评价报告；

（二）聘用或者解聘承办上市公司审计业务的会计师事务所；

（三）聘任或者解聘上市公司财务负责人；

（四）因会计准则变更以外的原因作出会计政策、会计估计变更或者重大会计差错更正；

（五）法律法规、本所有关规定以及公司章程规定的其他事项。

审计委员会每季度至少召开一次会议，两名及以上成员提议时，或者召集人认为有必要时，可以召开临时会议。审计委员会会议须有三分之二以上成员出席方可举行。

2.2.9 董事会审计委员会应当审阅上市公司的财务会计报告，对财务会计报告的真实性、准确性和完整性提出意见，重点关注公司财务会计报告的重大会计和审计问题，特别关注是否存在与财务会计报告相关的欺诈、舞弊行为及重大错报的可能性，监督财务会计报告问题的整改情况。

审计委员会向董事会提出聘请或更换外部审计机构的建议，审核外部审计机构的审计费用及聘用条款，不应受上市公司主要股东、实际控制人或者董事、监事及高级管理人员的不当影响。

审计委员会应当督促外部审计机构诚实守信、勤勉尽责，严格遵守业务规则和行业自律规范，严格执行内部控制制度，对公司财务会计报告进行核查验证，履行特别注意义务，审慎发表专业意见。

2.2.10 上市公司董事、监事及高级管理人员发现公司发布的财务会计报告存在虚假记载、误导性陈述或者重大遗漏并向董事会、监事会报告的，或者保荐人、独立财务顾问、外部审计机构向董事会、监事会指出公司财务会计报告存在虚假记载、误导性陈述或者重大遗漏的，董事会应当及时向本所报告并予以披露。

上市公司根据前款规定披露相关信息的，应当在公告中披露财务会计报告存在的重大问题、已经或者可能导致的后果，以及已采取或者拟采取的措施。

上市公司审计委员会应当督促公司相关责任部门制定整改措施和整改时间，进行后续审查，监督整改措施的落实情况，并及时披露整改完成情况。

2.2.11 上市公司应当在年度报告中披露审计委员会年度履职情况，主要包括其履行职责的具体情况和审计委员会会议的召开情况。

审计委员会就其职责范围内事项向董事会提出审议意见，董事会未采纳的，公司应当披露该事项并充分说明理由。

2.2.12 上市公司董事会提名委员会负责拟定董事、高级管理人员的选择标准和程序，对董事、高级管理人员人选及其任职资格进行遴选、审核，并就下列事项向董事会提出建议：

（一）提名或者任免董事；

（二）聘任或者解聘高级管理人员；

（三）法律法规、本所有关规定以及公司章程规定的其他事项。

董事会对提名委员会的建议未采纳或者未完全采纳的，应当在董事会决议中记载提名委员会的意见以及未采纳的具体理由，并进行披露。

2.2.13 上市公司董事会薪酬与考核委员会负责制定公司董事、高级管理人员的考核标准并进行考核，制定、审查董事、高级管理人员的薪酬政策与方案，并就下列事项向董事会提出建议：

（一）董事、高级管理人员的薪酬；

（二）制订或者变更股权激励计划、员工持股计划，激励对象获授权益、行使权益条件成就；

（三）董事、高级管理人员在拟分拆所属子公司安排持股计划；

（四）法律法规、本所有关规定以及公司章程规定的其他事项。

董事会对薪酬与考核委员会的建议未采纳或者未完全采纳的，应当在董事会决议中记载薪酬与考核委员会的意见以及未采纳的具体理由，并进行披露。

第三节 监事会

2.3.1 上市公司监事会依法检查公司财务，监督董事、高级管理人员履行职责的合法合规性，行使公司章程规定的其他职权，维护公司及股东的合法权益。

监事会发现董事、高级管理人员违反法律法规和本所相关规定或者公司章程的，应当向董事会通报或者向股东大会报告，并及时披露，也可以直接向监管机构报告。

监事会的人员和结构应当确保能够独立有效地履行职责。

2.3.2 上市公司应当制定监事会议事规则，并列入公司章程或者作为章程附件，报股东大会批准，确保监事会有效履行职责。

2.3.3 上市公司应当采取有效措施保障监事的知情权，为监事正常履行职责提供必要的协助，任何人不得干预、阻挠。

2.3.4 监事会会议记录应当真实、准确、完整，充分反映与会人员对所审议事项提出的意见，出席会议的监事和记录人员应当在会议记录上签字。监事会会议记录应当妥善保存。

2.3.5 监事会应当对董事会编制的财务会计报告进行审核并提出书面审核意见，书面审核意见应当说明报告编制和审核程序是否符合相关规定，内容是否真实、准确、完整。

监事会依法检查公司财务，监督董事、高级管理人员在财务会计报告编制过程中的行为，必要时可以聘请中介机构提供专业意见。董事、高级管理人员应当如实向监事会提供有关情况和资料，不得妨碍监事会行使职权。

监事发现上市公司或者董事、监事、高级管理人员、股东、实际控制人等存在与财务会计报告相关的欺诈、舞弊行为及其他可能导致重大错报的情形时，应当要求相关方立即纠正或者停止，并及时向董事会、监事会报告，提请董事会、监事会进行核查，必要时应当向本所报告。

第三章　董事、监事和高级管理人员

第一节　总体要求

3.1.1　董事、监事和高级管理人员应当遵守法律法规、本指引、本所其他规定和公司章程，在公司章程、股东大会或者董事会授权范围内，忠实、勤勉、谨慎履职，并严格履行其作出的各项承诺。

3.1.2　上市公司董事、监事和高级管理人员应当在公司股票首次公开发行并上市前，新任董事、监事应当在股东大会或者职工代表大会通过其任命后一个月内，新任高级管理人员应当在董事会通过其任命后一个月内，签署一式三份《董事（监事、高级管理人员）声明及承诺书》，并报本所和公司董事会。

董事、监事和高级管理人员签署《董事（监事、高级管理人员）声明及承诺书》时，应当由律师见证，并由律师解释该文件的内容，董事、监事和高级管理人员在充分理解后签字。

董事会秘书应当督促董事、监事和高级管理人员及时签署《董事（监事、高级管理人员）声明及承诺书》，并按本所规定的途径和方式提交《董事（监事、高级管理人员）声明及承诺书》的书面文件和电子文件。

3.1.3　上市公司董事、监事和高级管理人员应当在《董事（监事、高级管理人员）声明及承诺书》中声明：

（一）持有本公司股票的情况；

（二）有无因违反法律法规、本指引或者本所其他规定受查处的情况；

（三）其他任职情况和最近五年的工作经历；

（四）拥有其他国家或者地区的国籍、长期居留权的情况；

（五）本所认为应当说明的其他情况。

3.1.4　上市公司董事、监事和高级管理人员应当保证《董事（监事、高级管理人员）声明及承诺书》中声明事项的真实、准确、完整，不存在虚假记载、误导性陈述或者重大遗漏。

3.1.5　上市公司董事、监事和高级管理人员在任职（含续任）期间出现声明事项发生重大变化的（持有本公司的股票情况除外），董事、监事和高级管理人员应当在五个交易日内更新并报本所和公司董事会。

3.1.6　上市公司董事、监事和高级管理人员应当履行以下职责并在《董事（监事、高级管理人员）声明及承诺书》中作出承诺：

（一）遵守并促使上市公司遵守法律法规，履行忠实义务和勤勉义务；

（二）遵守并促使上市公司遵守本指引和本所其他相关规定，接受本所监管；

（三）遵守并促使上市公司遵守《公司章程》；

（四）本所认为应当履行的其他职责和应当作出的其他承诺。

监事还应当承诺监督董事和高级管理人员遵守其承诺。

高级管理人员还应当承诺及时向董事会报告有关公司经营或者财务方面出现的可能对公司股票及其衍生品种交易价格产生较大影响的事项。

3.1.7　董事、监事和高级管理人员不得利用其在上市公司的职权牟取个人利益，不得因其作为董事、监事和高级管理人员身份从第三方获取不当利益。

3.1.8　董事、监事和高级管理人员应当保护上市公司资产的安全、完整，不得挪用公司资金和侵占公司财产。

董事、监事和高级管理人员应当严格区分公务支出和个人支出，不得利用公司为其支付应当由其个人负担的费用。

3.1.9　董事、监事和高级管理人员与上市公司订立合同或者进行交易的，应当根据本所相关规定和公司章程的规定提交公司董事会或者股东大会审议通过，并严格遵守公平性原则。

3.1.10　董事、监事和高级管理人员不得利用职务便利为自己或者他人牟取属于上市公司的商业机会，不得自营或者为他人经营与公司相同或者类似的业务。

3.1.11　董事、监事和高级管理人员应当勤勉尽责地履行职责，具备正常履行职责所需的必要的知识、技能和经验，并保证有足够的时间和精力履行职责。

3.1.12　董事、监事和高级管理人员应当严格按照有关规定履行报告义务和信息披露义务，并保证报告和披露的信息真实、准确、完整，不存在虚假记载、误导性陈述或者重大遗漏。

董事、监事和高级管理人员向上市公司董事会、监事会报告重大事件的，应当同时通报董事会秘书。

董事、监事和高级管理人员应当积极配合本所的日常监管，在规定期限内回答本所问询并按本所要求提交书面说明和相关资料，按时参加本所的约见谈话。

3.1.13　董事、监事和高级管理人员应当严格遵守公平信息披露原则，做好上市公司未公开重大信息的保密工作，不得以任何方式泄露公司未公开重大信息，不得进行内幕交易、操纵市场或者其他欺诈活动。一旦出现泄露，应当立即通知公司并督促其公告，公司不予披露的，应当立即向本所报告。

3.1.14　董事、监事和高级管理人员应当及时阅读并核查上市公司在符合中国证监会规定条件的媒体及本所网站（以下统称符合条件媒体）上发布的信息披露文件，发现与董事会决议、监事会决议不符或者与事实不符的，应当及时了解原因，提请董事会、监事会予以纠正，董事会、监事会不予纠正的，应当立即向本所报告。

第二节　董事、监事及高级管理人员任职管理

3.2.1　上市公司应当在公司章程中规定规范、透明的董事、监事和高级管理人员提

名、选任程序，保障董事、监事和高级管理人员选任公开、公平、公正。

3.2.2 董事、监事和高级管理人员候选人存在下列情形之一的，不得被提名担任上市公司董事、监事和高级管理人员：

（一）根据《公司法》等法律法规及其他有关规定不得担任董事、监事、高级管理人员的情形；

（二）被中国证监会采取不得担任上市公司董事、监事、高级管理人员的市场禁入措施，期限尚未届满；

（三）被证券交易场所公开认定为不适合担任上市公司董事、监事和高级管理人员，期限尚未届满；

（四）法律法规、本所规定的其他情形。

董事、监事和高级管理人员候选人存在下列情形之一的，公司应当披露该候选人具体情形、拟聘请该候选人的原因以及是否影响公司规范运作：

（一）最近三十六个月内受到中国证监会行政处罚；

（二）最近三十六个月内受到证券交易所公开谴责或者三次以上通报批评；

（三）因涉嫌犯罪被司法机关立案侦查或者涉嫌违法违规被中国证监会立案调查，尚未有明确结论意见；

（四）重大失信等不良记录。

上述期间，应当以公司董事会、股东大会等有权机构审议董事、监事和高级管理人员候选人聘任议案的日期为截止日。

3.2.3 上市公司董事会中兼任公司高级管理人员以及由职工代表担任的董事人数总计不得超过公司董事总数的二分之一。

公司董事、高级管理人员及其配偶和直系亲属在公司董事、高级管理人员任职期间不得担任公司监事。

3.2.4 董事、监事和高级管理人员候选人被提名后，应当自查是否符合任职条件，及时向上市公司提供其是否符合任职条件的书面说明和相关材料。

候选人应当作出书面承诺，同意接受提名，承诺公开披露的候选人资料真实、准确、完整以及符合任职条件，并保证当选后切实履行职责。

3.2.5 董事会秘书候选人除应符合本节规定的高级管理人员的任职条件外，提名人和候选人还应在其被提名时说明候选人是否熟悉履职相关的法律法规、是否具备与岗位要求相适应的职业操守、是否具备相应的专业胜任能力与从业经验。

董事会秘书为履行职责有权参加相关会议，查阅有关文件，了解公司的财务和经营等情况。董事会及其他高级管理人员应当支持董事会秘书的工作，对于董事会秘书提出的问询，应当及时、如实予以回复，并提供相关资料。任何机构及个人不得干预董事会秘书的正常履职行为。

3.2.6 董事、监事、高级管理人员候选人简历中，应当包括下列内容：

（一）教育背景、工作经历、兼职等情况，在公司5%以上股东、实际控制人等单位的工作情况以及最近五年在其他机构担任董事、监事、高级管理人员的情况；

（二）是否与持有公司5%以上股份的股东、实际控制人、公司其他董事、监事、高级管理人员存在关联关系；

（三）持有本公司股票的情况；

（四）是否受过中国证监会及其他有关部门的处罚和证券交易所纪律处分，是否因涉嫌犯罪被司法机关立案侦查或者涉嫌违法违规被中国证监会立案稽查，尚未有明确结论；

（五）是否曾被中国证监会在证券期货市场违法失信信息公开查询平台公示或者被人民法院纳入失信被执行人名单；

（六）本所要求披露的其他重要事项。

股东大会选举董事、监事的，相关提案中除了应当充分披露上述资料外，还应当说明相关候选人是否存在不得提名为董事、监事的情形，是否符合法律法规、本指引、本所其他规定和公司章程等规定的任职要求。候选人存在第四项、第五项相关情形的，股东大会召集人应披露推举该候选人的原因、是否对上市公司规范运作和公司治理产生影响及公司的应对措施。

3.2.7　董事、监事和高级管理人员候选人在股东大会、董事会或者职工代表大会等有权机构审议其受聘议案时，应当亲自出席会议，就其任职条件、专业能力、从业经历、违法违规情况、与上市公司是否存在利益冲突，与公司控股股东、实际控制人以及其他董事、监事和高级管理人员的关系等情况进行说明。

3.2.8　董事、监事和高级管理人员辞职应当提交书面辞职报告。高级管理人员的辞职自辞职报告送达董事会时生效。除下列情形外，董事和监事的辞职自辞职报告送达董事会或者监事会时生效：

（一）董事、监事辞职将导致董事会、监事会成员低于法定最低人数；

（二）职工代表监事辞职将导致职工代表监事人数少于监事会成员的三分之一；

（三）独立董事辞职将导致上市公司董事会或者其专门委员会中独立董事所占比例不符合法律法规或者公司章程的规定，或者独立董事中欠缺会计专业人士。

在上述情形下，辞职应当在下任董事或者监事填补因其辞职产生的空缺后方能生效。在辞职生效之前，拟辞职董事或者监事仍应当按照有关法律法规和公司章程的规定继续履行职责，但存在本指引第3.2.2条第一款规定情形的除外。

董事、监事提出辞职的，上市公司应当在提出辞职之日起六十日内完成补选，确保董事会及其专门委员会、监事会构成符合法律法规和公司章程的规定。

3.2.9　董事、监事和高级管理人员应当在辞职报告中说明辞职时间、辞职原因、辞去的职务、辞职后是否继续在上市公司及其控股子公司任职（如继续任职，说明继续任职的情况）等情况。

3.2.10　上市公司董事、监事和高级管理人员在任职期间出现本节3.2.2条第一款第一项或者第二项情形的，相关董事、监事和高级管理人员应当立即停止履职并由公司按相应规定解除其职务。公司董事、监事和高级管理人员在任职期间出现本节3.2.2条第一款第三项或者第四项情形的，公司应当在该事实发生之日起三十日内解除其职务。本所另有规定的除外。

相关董事、监事应当停止履职但未停止履职或者应被解除职务但仍未解除，参加董事会会议及其专门委员会会议、独立董事专门会议、监事会会议并投票的，其投票无效且不计入出席人数。

3.2.11　董事、监事和高级管理人员在离职生效之前，以及离职生效后或者任期结束后的合理期间或者约定的期限内，对上市公司和全体股东承担的忠实义务并不当然解除。

董事、监事和高级管理人员离职后，其对公司的商业秘密负有的保密义务在该商业秘密成为公开信息之前仍然有效，并应当严格履行与公司约定的禁止同业竞争等义务。

第三节　董事、监事及高级管理人员行为规范

3.3.1　董事应当在调查、获取作出决策所需文件和资料的基础上，充分考虑所审议事项的合法合规性、对上市公司的影响（包括潜在影响）以及存在的风险，以正常合理的谨慎态度勤勉履行职责并对所议事项表示明确的个人意见。对所议事项有疑问的，应当主动调查或者要求董事会提供决策所需的更充足的资料或者信息。

3.3.2　董事应当关注董事会审议事项的决策程序，特别关注相关事项的提议程序、决策权限、表决程序和回避事宜。

3.3.3　董事应当亲自出席董事会会议，因故不能亲自出席董事会会议的，应当审慎选择并以书面形式委托其他董事代为出席，独立董事不得委托非独立董事代为出席会议。涉及表决事项的，委托人应当在委托书中明确对每一事项发表同意、反对或者弃权的意见。董事不得作出或者接受无表决意向的委托、全权委托或者授权范围不明确的委托。董事对表决事项的责任不因委托其他董事出席而免除。

一名董事不得在一次董事会会议上接受超过两名董事的委托代为出席会议。在审议关联交易事项时，非关联董事不得委托关联董事代为出席会议。

3.3.4　出现下列情形之一的，董事应当作出书面说明并对外披露：

（一）连续两次未亲自出席董事会会议；

（二）任职期内连续十二个月未亲自出席董事会会议次数超过其间董事会会议总次数的二分之一。

3.3.5　董事会审议授权事项时，董事应当对授权的范围、合法合规性、合理性和风险进行审慎判断，充分关注是否超出公司章程、股东大会议事规则和董事会议事规则等规定的授权范围，授权事项是否存在重大风险。

董事应当对授权事项的执行情况进行持续监督。

3.3.6　董事会在审议重大交易事项时，董事应当详细了解发生交易的原因，审慎评估交易对上市公司财务状况和长远发展的影响，特别关注是否存在通过关联交易非关联化的方式掩盖关联交易的实质以及损害公司和中小股东合法权益的行为。

3.3.7　董事会在审议关联交易事项时，董事应当对关联交易的必要性、公平性、真实意图、对上市公司的影响作出明确判断，特别关注交易的定价政策及定价依据，包括评估值的公允性、交易标的的成交价格与账面值或者评估值之间的关系等，严格遵守关联董事回避制度，防止利用关联交易调控利润、向关联人输送利益以及损害公司和中小股东的

合法权益。

3.3.8　董事会在审议重大投资事项时，董事应当认真分析投资项目的可行性和投资前景，充分关注投资项目是否与上市公司主营业务相关、资金来源安排是否合理、投资风险是否可控以及该事项对公司的影响。

3.3.9　董事会在审议提供担保事项前，董事应当充分了解被担保方的经营和资信情况，认真分析被担保方的财务状况、营运状况和信用情况等。

董事应当对担保的合规性、合理性、被担保方偿还债务的能力以及反担保措施是否有效等作出审慎判断。

董事会在审议对上市公司的控股子公司、参股公司的担保议案时，董事应当重点关注控股子公司、参股公司的各股东是否按出资比例提供同等担保或者反担保等风险控制措施。

3.3.10　董事会在审议涉及会计政策变更、会计估计变更、重大会计差错更正等事项时，董事应当关注变更或者更正的合理性、对上市公司定期报告会计数据的影响、是否涉及追溯调整、是否导致公司相关年度盈亏性质改变、是否存在利用该等事项调节各期利润误导投资者的情形。

3.3.11　董事会在审议提供财务资助事项前，董事应当积极了解被资助方的基本情况，如经营和财务状况、资信情况、纳税情况等。

董事会在审议提供财务资助事项时，董事应当对提供财务资助的合规性、合理性、被资助方偿还能力以及担保措施是否有效等作出审慎判断。

3.3.12　董事会在审议为控股子公司（上市公司合并报表范围内且持股比例超过50%的控股子公司除外）、参股公司提供财务资助事项时，董事应当关注被资助对象的其他股东是否按出资比例提供财务资助且条件同等，是否存在直接或者间接损害上市公司利益的情形，以及上市公司是否按规定履行审批程序和信息披露义务。

3.3.13　董事会在审议出售或者转让在用的商标、专利、专有技术、特许经营权等与上市公司核心竞争能力相关的资产时，董事应当充分关注该事项是否存在损害公司和中小股东合法权益的情形，并应当对此发表明确意见。前述意见应当在董事会会议记录中作出记载。

3.3.14　董事会在审议委托理财事项时，董事应当充分关注是否将委托理财的审批权授予董事或者高级管理人员个人行使，相关风险控制制度和措施是否健全有效，受托方的诚信记录、经营状况和财务状况是否良好。

3.3.15　董事会在审议证券投资与衍生品交易等投资事项时，董事应当充分关注上市公司是否建立专门内部控制制度，投资风险是否可控以及风险控制措施是否有效，投资规模是否影响公司正常经营，资金来源是否为自有资金，是否存在违反规定的投资等情形。

3.3.16　董事会在审议变更募集资金用途事项时，董事应当充分关注变更的合理性和必要性，在充分了解变更后项目的可行性、投资前景、预期收益等情况后作出审慎判断。

3.3.17　董事会在审议上市公司收购和重大资产重组事项时，董事应当充分调查收购或者重组的意图，关注收购方或者重组交易对方的资信状况和财务状况，交易价格是否公允、合理，收购或者重组是否符合公司的整体利益，审慎评估收购或者重组对公司财务状况和长远发展的影响。

3.3.18 董事会在审议利润分配和资本公积金转增股本方案时，董事应当关注方案的合规性和合理性，是否与上市公司可分配利润总额、资金充裕程度、成长性、公司可持续发展等状况相匹配。

3.3.19 董事会在审议重大融资事项时，董事应当关注上市公司是否符合融资条件，并结合公司实际，分析各种融资方式的利弊，合理确定融资方式。涉及向关联人非公开发行股票议案的，应当特别关注发行价格的合理性。

3.3.20 董事会在审议定期报告时，董事应当认真阅读定期报告全文，重点关注定期报告内容是否真实、准确、完整，是否存在重大编制错误或者遗漏，主要会计数据和财务指标是否发生大幅波动及波动原因的解释是否合理，是否存在异常情况，经营情况讨论与分析是否全面分析了上市公司报告期财务状况与经营成果并且充分披露了可能影响公司未来财务状况与经营成果的重大事项和不确定性因素等。

董事应当依法对定期报告是否真实、准确、完整签署书面确认意见，不得委托他人签署，也不得以任何理由拒绝签署。

董事对定期报告内容的真实性、准确性、完整性无法保证或者存在异议的，应当说明具体原因并公告，董事会和监事会应当对所涉及事项及其对公司的影响作出说明并公告。

3.3.21 董事应当严格执行并督促高级管理人员执行股东大会决议、董事会决议等相关决议。

在执行过程中发现下列情形之一时，董事应当及时向上市公司董事会报告，提请董事会采取应对措施：

（一）实施环境、实施条件等出现重大变化，导致相关决议无法实施或者继续实施可能导致公司利益受损；

（二）实际执行情况与相关决议内容不一致，或者执行过程中发现重大风险；

（三）实际执行进度与相关决议存在重大差异，继续实施难以实现预期目标。

独立董事应当持续关注第2.2.8条、第2.2.12条、第2.2.13条和第3.5.17条所列事项相关的董事会决议执行情况，发现存在违反法律法规、本所相关规定及公司章程规定，或者违反股东大会和董事会决议等情形的，应当及时向董事会报告，并可以要求上市公司作出书面说明。涉及披露事项的，上市公司应当及时披露。上市公司未作出说明或者及时披露的，独立董事可以向本所报告。

3.3.22 董事应当及时关注媒体对上市公司的报道，发现与公司实际情况不符、可能或者已经对公司股票及其衍生品种交易产生较大影响的，应当及时向有关方面了解情况，督促公司查明真实情况并做好信息披露工作，必要时应当向本所报告。

3.3.23 出现下列情形之一的，董事应当立即向本所报告并披露：

（一）向董事会报告所发现的上市公司经营活动中的重大问题或者其他董事、监事、高级管理人员损害公司利益的行为，但董事会未采取有效措施的；

（二）董事会拟作出涉嫌违反法律法规、《股票上市规则》、本指引、本所其他规定或者公司章程的决议时，董事明确提出反对意见，但董事会坚持作出决议的；

（三）其他应当报告的重大事件。

3.3.24 董事应当积极关注上市公司事务，通过审阅文件、问询相关人员、现场考察、组织调查等多种形式，主动了解公司的经营、运作、管理和财务等情况。对于关注到的重大事项、重大问题或者市场传闻，董事应当要求公司相关人员及时作出说明或者澄清，必要时应当提议召开董事会审议。

3.3.25 监事应当对上市公司董事、高级管理人员遵守法律法规、本指引、本所其他规定和公司章程以及执行公司职务的行为进行监督。董事、高级管理人员应当如实向监事提供有关情况和资料，不得妨碍监事行使职权。

3.3.26 监事在履行监督职责过程中，对违反法律法规、本指引、本所其他规定、公司章程或者股东大会决议的董事、高级管理人员，可以提出罢免的建议。

3.3.27 监事应当对董事会专门委员会的执行情况进行监督，检查董事会专门委员会成员是否按照董事会专门委员会议事规则履行职责。

3.3.28 上市公司高级管理人员应当严格执行股东大会决议、董事会决议等相关决议，不得擅自变更、拒绝或者消极执行相关决议。高级管理人员在执行相关决议过程中发现公司存在第3.3.21条所列情形之一的，应当及时向总经理或者董事会报告，提请总经理或者董事会采取应对措施。

3.3.29 上市公司出现下列情形之一的，总经理或者其他高级管理人员应当及时向董事会报告，充分说明原因及对公司的影响，并提请董事会按照有关规定履行信息披露义务：

（一）公司所处行业发展前景、国家产业政策、税收政策、经营模式、产品结构、主要原材料和产品价格、主要客户和供应商等内外部生产经营环境出现重大变化的；

（二）预计公司经营业绩出现亏损、扭亏为盈或者同比大幅变动，或者预计公司实际经营业绩与已披露业绩预告情况存在较大差异的；

（三）其他可能对公司生产经营和财务状况产生较大影响的事项。

3.3.30 上市公司财务负责人对财务报告编制、会计政策处理、财务信息披露等财务相关事项负有直接责任。

财务负责人应当加强对公司财务流程的控制，定期检查公司货币资金、资产受限情况，监控公司与控股股东、实际控制人等关联方之间的交易和资金往来情况。财务负责人应当监控公司资金进出与余额变动情况，在资金余额发生异常变动时积极采取措施，并及时向董事会报告。

财务负责人应当保证公司的财务独立，不受控股股东、实际控制人影响，若收到控股股东、实际控制人及其关联人占用、转移资金、资产或者其他资源等侵占公司利益的指令，应当明确予以拒绝，并及时向董事会报告。

3.3.31 监事审议上市公司重大事项、高级管理人员进行上市公司重大事项决策，参照本节董事对重大事项审议的相关规定执行。

3.3.32 董事、监事和高级管理人员发现上市公司或者公司董事、监事、高级管理人员、股东、实际控制人等存在涉嫌违反法律法规或其他损害公司利益的行为时，应当要求相关方立即纠正或者停止，并及时向董事会或者监事会报告、提请核查，必要时应当向本所报告。

董事、监事和高级管理人员获悉上市公司控股股东、实际控制人及其关联人发生本所《股票上市规则》第4.5.4条相关情形时，应当及时向公司董事会或者监事会报告，并督促公司按照有关规定履行信息披露义务。公司未及时履行信息披露义务，或者披露内容与实际情况不符的，相关董事、监事和高级管理人员应当立即向本所报告。

3.3.33　董事、监事、高级管理人员应当在其职责范围内尽到合理注意义务，不得单纯以对公司业务不熟悉或者对相关事项不了解为由主张免除责任。

董事、监事、高级管理人员采取有效措施消除违规行为不良影响，或者在违规行为被发现前，积极主动采取或要求公司采取纠正措施，并向本所或者相关监管机构报告，或者在违规行为所涉期间，由于不可抗力、失去人身自由等原因无法正常履行职责的，本所将在责任认定上予以考虑。

第四节　董事长行为规范

3.4.1　董事长应当积极推动上市公司内部各项制度的制订和完善，加强董事会建设，确保董事会工作依法正常开展，依法召集、主持董事会会议并督促董事亲自出席董事会会议。

3.4.2　董事长应当遵守董事会议事规则，保证上市公司董事会会议的正常召开，及时将应当由董事会审议的事项提交董事会审议，不得以任何形式限制或者阻碍其他董事独立行使其职权。

董事长应当严格遵守董事会集体决策机制，不得以个人意见代替董事会决策，不得影响其他董事独立决策。

3.4.3　董事长不得从事超越其职权范围的行为。

董事长在其职权范围（包括授权）内行使权力时，对上市公司经营可能产生重大影响的事项应当审慎决策，必要时应当提交董事会集体决策。

对于授权事项的执行情况，董事长应当及时告知其他董事。

3.4.4　董事长应当积极督促董事会决议的执行，并及时将有关情况告知其他董事。

实际执行情况与董事会决议内容不一致，或者执行过程中发现重大风险的，董事长应当及时召集董事会进行审议并采取有效措施。

董事长应当定期向总经理和其他高级管理人员了解董事会决议的执行情况。

3.4.5　董事长应当保证全体董事和董事会秘书的知情权，为其履行职责创造良好的工作条件，不得以任何形式阻挠其依法行使职权。

3.4.6　董事长在接到有关上市公司重大事件的报告后，应当立即敦促董事会秘书及时履行信息披露义务。

第五节　独立董事任职管理及行为规范

3.5.1　独立董事除应当遵守本指引关于董事的一般规定外，还应当遵守本节关于独立董事的特别规定。

3.5.2　独立董事候选人应当符合下列法律法规和本所相关规定有关独立董事任职条件和要求：

（一）《公司法》有关董事任职条件的规定；

（二）《中华人民共和国公务员法》的相关规定（如适用）；

（三）中国证监会《上市公司独立董事管理办法》的相关规定；

（四）中共中央纪委《关于规范中管干部辞去公职或者退（离）休后担任上市公司、基金管理公司独立董事、独立监事的通知》的相关规定（如适用）；

（五）中共中央组织部《关于进一步规范党政领导干部在企业兼职（任职）问题的意见》的相关规定（如适用）；

（六）中共中央纪委、教育部、监察部《关于加强高等学校反腐倡廉建设的意见》的相关规定（如适用）；

（七）中国人民银行《股份制商业银行独立董事和外部监事制度指引》等的相关规定（如适用）；

（八）中国证监会《证券基金经营机构董事、监事、高级管理人员及从业人员监督管理办法》等的相关规定（如适用）；

（九）《银行业金融机构董事（理事）和高级管理人员任职资格管理办法》《保险公司董事、监事和高级管理人员任职资格管理规定》《保险机构独立董事管理办法》等的相关规定（如适用）；

（十）其他法律法规及本指引等有关独立董事任职条件和要求的规定。

3.5.3　独立董事候选人应当具备上市公司运作相关的基本知识，熟悉相关法律法规及本所业务规则，具有五年以上法律、经济、管理、会计、财务或者其他履行独立董事职责所必需的工作经验。

3.5.4　独立董事候选人应当具有独立性，下列人员不得担任独立董事：

（一）在上市公司或者其附属企业任职的人员及其直系亲属和主要社会关系；

（二）直接或者间接持有上市公司已发行股份1%以上或者是上市公司前十名股东中的自然人股东及其直系亲属；

（三）在直接或者间接持有上市公司已发行股份5%以上的股东或者在上市公司前五名股东任职的人员及其直系亲属；

（四）在上市公司控股股东、实际控制人的附属企业任职的人员及其直系亲属；

（五）与上市公司及其控股股东、实际控制人或者其各自的附属企业有重大业务往来的人员，或者在有重大业务往来的单位及其控股股东、实际控制人任职的人员；

（六）为上市公司及其控股股东、实际控制人或者其各自的附属企业提供财务、法律、咨询、保荐等服务的人员，包括但不限于提供服务的中介机构的项目组全体人员、各级复核人员、在报告上签字的人员、合伙人、董事、高级管理人员及主要负责人；

（七）最近十二个月内曾经具有前六项所列情形之一的人员；

（八）本所认定不具有独立性的其他人员。

前款第四项至第六项中的上市公司控股股东、实际控制人的附属企业，不包括根据《股票上市规则》第6.3.4条规定，与上市公司不构成关联关系的附属企业。

第一款中“直系亲属”是指配偶、父母、子女；“主要社会关系”是指兄弟姐妹、兄弟姐妹的配偶、配偶的父母、配偶的兄弟姐妹、子女的配偶、子女配偶的父母等；“重大业务往来”是指根据本所《股票上市规则》及本所其他相关规定或者上市公司章程规定需提交股东大会审议的事项，或者本所认定的其他重大事项；“任职”是指担任董事、监事、高级管理人员以及其他工作人员。

独立董事应当每年对独立性情况进行自查，并将自查情况提交董事会。董事会应当每年对在任独立董事独立性情况进行评估并出具专项意见，与年度报告同时披露。

3.5.5 独立董事候选人应当具有良好的个人品德，不得存在本指引3.2.2条规定的不得被提名为上市公司董事的情形，并不得存在下列不良记录：

（一）最近三十六个月内因证券期货违法犯罪，受到中国证监会行政处罚或者司法机关刑事处罚的；

（二）因涉嫌证券期货违法犯罪，被中国证监会立案调查或者被司法机关立案侦查，尚未有明确结论意见的；

（三）最近三十六个月内受到证券交易所公开谴责或者三次以上通报批评的；

（四）重大失信等不良记录；

（五）在过往任职独立董事期间因连续两次未能亲自出席也不委托其他独立董事出席董事会会议被董事会提请股东大会予以解除职务，未满十二个月的；

（六）本所认定的其他情形。

3.5.6 在同一上市公司连续任职独立董事已满六年的，自该事实发生之日起三十六个月内不得被提名为该上市公司独立董事候选人。首次公开发行上市前已任职的独立董事，其任职时间连续计算。

3.5.7 独立董事候选人原则上最多在三家境内上市公司（含本次拟任职上市公司）担任独立董事，并确保有足够的时间和精力有效地履行独立董事职责。

3.5.8 以会计专业人士身份被提名的独立董事候选人，应当具备丰富的会计专业知识和经验，并至少符合下列条件之一：

（一）具备注册会计师资格；

（二）具有会计、审计或者财务管理专业的高级职称、副教授或以上职称、博士学位；

（三）具有经济管理方面高级职称，且在会计、审计或者财务管理等专业岗位有五年以上全职工作经验。

3.5.9 上市公司董事会、监事会、单独或者合计持有上市公司已发行股份1%以上的股东可以提出独立董事候选人，并经股东大会选举决定。

依法设立的投资者保护机构可以公开请求股东委托其代为行使提名独立董事的权利。

本条第一款规定的提名人不得提名与其存在利害关系的人员或者有其他可能影响独立履职情形的关系密切人员作为独立董事候选人。

上市公司在董事会中设置提名委员会的，提名委员会应当对被提名人任职资格进行审查，并形成明确的审查意见。

3.5.10　独立董事在任职后出现不符合独立性条件或者任职资格的，应当立即停止履职并辞去职务，并按照本指引第3.2.8条、第3.2.10条的有关规定执行。

独立董事连续两次未能亲自出席董事会会议，也不委托其他独立董事代为出席的，董事会应当在该事实发生之日起三十日内提议召开股东大会解除该独立董事职务。

独立董事被解除职务导致董事会或者其专门委员会中独立董事所占比例不符合法律法规或者公司章程的规定，或者独立董事中欠缺会计专业人士的，上市公司应当自前述事实发生之日起六十日内完成补选。

独立董事在任期届满前被解除职务并认为解除职务理由不当的，可以提出异议和理由，上市公司应当及时予以披露。

3.5.11　独立董事在任期届满前提出辞职的，除按照本指引第3.2.8条、第3.2.9条的有关规定执行外，还应当在辞职报告中对任何与其辞职有关或者其认为有必要引起上市公司股东和债权人注意的情况进行说明。

上市公司应当对独立董事辞职的原因及关注事项予以披露。

3.5.12　独立董事候选人应当就其是否符合法律法规和本所相关规则有关独立董事任职条件、任职资格及独立性等要求作出声明与承诺。

独立董事提名人应当就独立董事候选人是否符合任职条件和任职资格、是否存在影响其独立性的情形等内容进行审慎核实，并就核实结果作出声明与承诺。

3.5.13　上市公司最迟应当在发布召开关于选举独立董事的股东大会通知公告时向本所报送《独立董事提名人声明与承诺》《独立董事候选人声明与承诺》《独立董事候选人履历表》，披露相关声明与承诺和提名委员会或者独立董事专门会议的审查意见，并保证公告内容的真实、准确、完整。

3.5.14　上市公司董事会、独立董事候选人、独立董事提名人应当在规定时间内如实回答本所的问询，并按要求及时向本所补充有关材料。未按要求及时回答问询或者补充有关材料的，本所将根据现有材料决定是否对独立董事候选人的任职条件和独立性提出异议。

3.5.15　独立董事候选人不符合独立董事任职条件或者独立性要求的，本所可以对独立董事候选人的任职条件和独立性提出异议，公司应当及时披露。

在召开股东大会选举独立董事时，董事会应当对独立董事候选人是否被本所提出异议的情况进行说明。本所提出异议的独立董事候选人，上市公司不得提交股东大会选举。如已提交股东大会审议的，应当取消该提案。

3.5.16　独立董事履行下列职责：

（一）参与董事会决策并对所议事项发表明确意见；

（二）对本指引第2.2.8条、第2.2.12条、第2.2.13条和第3.5.17条所列上市公司与其控股股东、实际控制人、董事、高级管理人员之间的潜在重大利益冲突事项进行监督，促使董事会决策符合上市公司整体利益，保护中小股东合法权益；

（三）对上市公司经营发展提供专业、客观的建议，促进提升董事会决策水平；

（四）法律法规、本所有关规定以及公司章程规定的其他职责。

独立董事应当独立公正地履行职责，不受上市公司及其主要股东、实际控制人等单位或者个人的影响。若发现所审议事项存在影响其独立性的情况，应当向公司申明并实行回避。任职期间出现明显影响独立性情形的，应当及时通知公司，提出解决措施，必要时应当提出辞职。

3.5.17　下列事项应当经上市公司全体独立董事过半数同意后，提交董事会审议：

（一）应当披露的关联交易；

（二）上市公司及相关方变更或者豁免承诺的方案；

（三）被收购上市公司董事会针对收购所作出的决策及采取的措施；

（四）法律法规、本所有关规定以及公司章程规定的其他事项。

3.5.18　独立董事行使下列特别职权：

（一）独立聘请中介机构，对上市公司具体事项进行审计、咨询或者核查；

（二）向董事会提议召开临时股东大会；

（三）提议召开董事会会议；

（四）依法公开向股东征集股东权利；

（五）对可能损害上市公司或者中小股东权益的事项发表独立意见；

（六）法律法规、本所有关规定以及公司章程规定的其他职权。

独立董事行使前款第一项至第三项所列职权的，应当经全体独立董事过半数同意。

独立董事行使本条第一款所列职权的，上市公司应当及时披露。上述职权不能正常行使的，上市公司应当披露具体情况和理由。

独立董事聘请中介机构的费用及其他行使职权时所需的费用由上市公司承担。

3.5.19　独立董事发表独立意见的，所发表的意见应当明确、清楚，且至少应当包括下列内容：

（一）重大事项的基本情况；

（二）发表意见的依据，包括所履行的程序、核查的文件、现场检查的内容等；

（三）重大事项的合法合规性；

（四）对上市公司和中小股东权益的影响、可能存在的风险以及公司采取的措施是否有效；

（五）发表的结论性意见，包括同意意见、保留意见及其理由、反对意见及其理由、无法发表意见及其障碍。

独立董事应当对出具的独立意见签字确认，并将上述意见及时报告董事会，与公司相关公告同时披露。

3.5.20　独立董事应当积极参加并亲自出席其任职的专门委员会会议，因故不能亲自出席会议的，应当事先审阅会议材料，形成明确的意见，并书面委托该专门委员会其他独立董事代为出席。独立董事履职中关注到专门委员会职责范围内的上市公司重大事项，可以依照程序及时提请专门委员会进行讨论和审议。

3.5.21　上市公司应当定期或者不定期召开独立董事专门会议。本指引第3.5.17条、第 3. 5. 18 条第一款第一项至第三项所列事项，应当经独立董事专门会议审议。

上市公司未在董事会中设置提名委员会、薪酬与考核委员会的，由独立董事专门会议按照本指引第 3. 5. 9 条的规定对被提名人任职资格进行审查，就本指引第 2. 2. 12 条第一款、第 2. 2. 13 条第一款所列事项向董事会提出建议。独立董事专门会议可以根据需要研究讨论上市公司其他事项。

独立董事专门会议应当由过半数独立董事共同推举一名独立董事召集和主持；召集人不履职或者不能履职时，两名及以上独立董事可以自行召集并推举一名代表主持。

上市公司应当为独立董事专门会议的召开提供便利和支持。

3. 5. 22　董事会会议召开前，独立董事可以与董事会秘书进行沟通，董事会以及相关人员应当对独立董事提出的问题、要求和意见认真研究，及时向独立董事反馈议案修改等落实情况。

独立董事对董事会议案投反对票或者弃权票的，应当说明具体理由及依据、议案所涉事项的合法合规性、可能存在的风险以及对上市公司和中小股东权益的影响等。上市公司在披露董事会决议时，应当同时披露独立董事的异议意见，并在董事会决议和会议记录中载明。

两名及以上独立董事认为董事会会议材料不完整、论证不充分或者提供不及时的，可以书面向董事会提出延期召开会议或者延期审议该事项，董事会应当予以采纳。

3. 5. 23　上市公司应当依法提供保障，为独立董事履行职责提供必要的工作条件和人员支持，保障独立董事享有与其他董事同等的知情权。

独立董事行使职权的，上市公司董事、高级管理人员等相关人员应当予以配合，不得拒绝、阻碍或者隐瞒相关信息，不得干预其独立行使职权。独立董事依法行使职权遭遇阻碍的，可以向董事会说明情况，要求董事、高级管理人员等相关人员予以配合，并将受到阻碍的具体情形和解决状况记入工作记录；仍不能消除障碍的，可以向本所报告。

独立董事履职事项涉及应披露信息的，上市公司应当及时办理披露事宜；上市公司不予披露的，独立董事可以直接申请披露，或者向本所报告。

3. 5. 24　独立董事每年在上市公司的现场工作时间应当不少于十五日。

除按规定出席股东大会、董事会及其专门委员会、独立董事专门会议外，独立董事可以通过定期获取上市公司运营情况等资料、听取管理层汇报、与内部审计机构负责人和承办上市公司审计业务的会计师事务所等中介机构沟通、实地考察、与中小股东沟通等多种方式履行职责。

3. 5. 25　独立董事应当制作工作记录，详细记录履行职责的情况。独立董事履行职责过程中获取的资料、相关会议记录、与上市公司及中介机构工作人员的通讯记录等，构成工作记录的组成部分。对于工作记录中的重要内容，独立董事可以要求董事会秘书等相关人员签字确认，上市公司及相关人员应当予以配合。

独立董事工作记录及上市公司向独立董事提供的资料，应当至少保存十年。

3. 5. 26　独立董事应当依法履行董事义务，充分了解公司经营运作情况和董事会议题内容，维护上市公司和全体股东的利益，尤其关注中小股东的合法权益保护。

公司股东间或者董事间发生冲突，对公司经营管理造成重大影响的，独立董事应当主动履行职责，维护公司整体利益。

本所鼓励独立董事公布通信地址或者电子信箱与投资者进行交流，接受投资者咨询、投诉，主动调查损害公司和中小投资者合法权益的情况，并将调查结果及时回复投资者。

3.5.27 出现下列情形之一的，独立董事应当及时向本所报告：

（一）被公司免职，本人认为免职理由不当的；

（二）由于公司存在妨碍独立董事依法行使职权的情形，致使独立董事辞职的；

（三）董事会会议资料不完整或者论证不充分，二名及以上独立董事书面要求延期召开董事会会议或者延期审议相关事项的提议未被采纳的；

（四）对公司或者其董事、监事、高级管理人员涉嫌违法违规行为向董事会报告后，董事会未采取有效措施的；

（五）严重妨碍独立董事履行职责的其他情形。

3.5.28 独立董事应当向上市公司年度股东大会提交述职报告，独立董事年度述职报告最迟应当在上市公司发出年度股东大会通知时披露，述职报告应当包括下列内容：

（一）全年出席董事会方式、次数及投票情况，出席股东大会次数；

（二）参与董事会专门委员会、独立董事专门会议工作情况；

（三）对本指引第2.2.8条、第2.2.12条、第2.2.13条、第3.5.17条所列事项进行审议和行使本指引第3.5.18条第一款所列独立董事特别职权的情况；

（四）与内部审计部门及承办上市公司审计业务的会计师事务所就公司财务、业务状况进行沟通的重大事项、方式以及结果等情况；

（五）与中小投资者的沟通交流情况；

（六）在上市公司现场工作的时间、内容等情况；

（七）履行职责的其他情况。

第四章 股东、控股股东和实际控制人

第一节 总体要求

4.1.1 上市公司股东应当遵守法律法规、本指引、本所其他规定和公司章程，依法行使股东权利，不得滥用股东权利损害公司和其他股东的利益。

控股股东、实际控制人应当遵守诚实信用原则，依法行使权利、履行义务，维护上市公司独立性，不得滥用控制地位损害上市公司和其他股东的合法权益，不得利用对公司的控制地位牟取非法利益。

4.1.2 控股股东、实际控制人不得隐瞒其控股股东、实际控制人身份，逃避相关义务和责任。

上市公司应当根据股东持股比例、董事会成员构成及其推荐和提名主体、过往决策实际情况、股东之间的一致行动协议或者约定、表决权委托等情况，客观、审慎、真实、准

确地认定上市公司控制权的归属，无正当、合理理由不得认定为无控股股东、实际控制人。

4.1.3 控股股东、实际控制人应当按照本所《股票上市规则》的要求签署《控股股东、实际控制人声明及承诺书》，并在《控股股东、实际控制人声明及承诺书》中声明：

（一）直接和间接持有上市公司股票的情况；

（二）有无因违反法律法规、《股票上市规则》或者其他相关规定受查处的情况；

（三）关联人基本情况；

（四）本所认为应当说明的其他情况。

4.1.4 控股股东、实际控制人签署《控股股东、实际控制人声明及承诺书》时，应当由律师见证，并由律师解释该文件的内容，相关控股股东、实际控制人在充分理解后签字盖章。

4.1.5 控股股东、实际控制人应当履行下列职责并在《控股股东、实际控制人声明及承诺书》中作出承诺：

（一）遵守并促使上市公司遵守法律法规；

（二）遵守并促使公司遵守本所《股票上市规则》、本指引、本所其他相关规定，接受本所监督；

（三）遵守并促使公司遵守公司章程；

（四）依法行使股东权利，不滥用控制权损害公司或者其他股东的利益；

（五）严格履行作出的公开声明和各项承诺，不擅自变更或者解除；

（六）严格按照有关规定履行信息披露义务；

（七）本所认为应当履行的其他职责和应当作出的其他承诺。

控股股东、实际控制人应当明确承诺，如存在控股股东、实际控制人及其关联人占用公司资金、要求公司违法违规提供担保的，在占用资金全部归还、违规担保全部解除前不转让所持有、控制的公司股份，但转让所持有、控制的公司股份所得资金用以清偿占用资金、解除违规担保的除外。

4.1.6 上市公司股东、控股股东和实际控制人应当积极配合公司履行信息披露义务，保证披露信息的真实、准确、完整、及时、公平，不得有虚假记载、误导性陈述或者重大遗漏。

控股股东和实际控制人应当指定相关部门和人员负责信息披露工作，及时向上市公司告知相关部门和人员的联系信息，积极配合公司的信息披露工作和内幕信息知情人登记工作，不得向上市公司隐瞒或者要求、协助上市公司隐瞒重要信息。

本所、公司向股东、实际控制人调查、询问有关情况和信息时，相关股东、实际控制人应当积极配合并及时、如实答复，提供相关资料，确认、说明或者澄清有关事实，并保证相关信息和资料的真实、准确和完整。

4.1.7 上市公司股东和实际控制人以及其他知情人员应当对其知悉的上市公司未披露重大信息予以保密，不得利用公司未公开重大信息牟取利益，不得进行内幕交易、操纵市场或者其他欺诈活动。

4.1.8 上市公司控股股东和实际控制人的董事、监事和高级管理人员应当遵守并促使相关控股股东、实际控制人遵守法律法规、《股票上市规则》、本指引、本所其他规定和公司章程的规定。

4.1.9 上市公司无控股股东、实际控制人的，公司第一大股东及其最终控制人应当比照控股股东、实际控制人，履行本章的规定。

第二节 独立性

4.2.1 控股股东、实际控制人应当采取切实措施保证上市公司资产完整、人员独立、财务独立、机构独立和业务独立，不得通过任何方式影响公司的独立性。

控股股东、实际控制人依照法律法规或者有权机关授权履行国有资本出资人职责的，从其规定。

4.2.2 控股股东、实际控制人不得通过下列任何方式影响上市公司人员独立：

（一）通过行使提案权、表决权等法律法规、本所相关规定及上市公司章程规定的股东权利以外的方式影响公司人事任免，限制上市公司董事、监事及高级管理人员或者其他在公司任职的人员履行职责；

（二）聘任公司高级管理人员在控股股东或者其控制的企业担任除董事、监事以外的其他行政职务；

（三）向公司高级管理人员支付薪金或者其他报酬；

（四）无偿要求公司人员为其提供服务；

（五）指使上市公司董事、监事及高级管理人员以及其他在上市公司任职的人员实施损害上市公司利益的决策或者行为；

（六）有关法律法规规定及本所认定的其他情形。

4.2.3 控股股东、实际控制人及其关联人不得通过下列任何方式影响上市公司财务独立：

（一）与公司共用或者借用公司银行账户等金融类账户，或将公司资金以任何方式存入控股股东、实际控制人及其关联人控制的账户；

（二）通过各种方式非经营性占用公司资金；

（三）要求公司违法违规提供担保；

（四）将公司财务核算体系纳入控股股东、实际控制人管理系统之内，如共用财务会计核算系统或者控股股东、实际控制人可以通过财务会计核算系统直接查询公司经营情况、财务状况等信息；

（五）有关法律法规规定及本所认定的其他情形。

4.2.4 控股股东、实际控制人控制的财务公司为上市公司提供日常金融服务的，应当按照法律法规和本所相关规定，督促财务公司以及相关各方配合上市公司履行关联交易的决策程序和信息披露义务，监督财务公司规范运作，保证上市公司存储在财务公司资金的安全，不得利用支配地位强制公司接受财务公司的服务。

4.2.5 控股股东、实际控制人及其关联人不得以下列任何方式占用上市公司资金：

（一）要求公司为其垫付、承担工资、福利、保险、广告等费用、成本和其他支出；

（二）要求公司代其偿还债务；

（三）要求公司有偿或者无偿、直接或者间接拆借资金给其使用（含委托贷款）；

（四）要求公司委托其进行投资活动；

（五）要求公司为其开具没有真实交易背景的商业承兑汇票；

（六）要求公司在没有商品和劳务对价情况或者明显有悖商业逻辑情况下以采购款、资产转让款、预付款等方式向其提供资金；

（七）中国证监会及本所认定的其他情形。

控股股东、实际控制人不得以“期间占用、期末归还”或者“小金额、多批次”等形式占用公司资金。

4.2.6 控股股东、实际控制人应当维护上市公司业务独立，支持并配合公司建立独立的生产经营模式，不得与公司在业务范围、业务性质、客户对象、产品可替代性等方面存在可能损害公司利益的竞争，不得利用其对公司的控制地位，牟取属于公司的商业机会。控股股东、实际控制人应当采取措施，避免或者消除与公司的同业竞争。

控股股东、实际控制人应当维护公司在生产经营、内部管理、对外投资、对外担保等方面的独立决策，支持并配合公司依法履行重大事项的内部决策程序，以行使提案权、表决权等法律法规、本所相关规定及公司章程规定的股东权利的方式，通过股东大会依法参与公司重大事项的决策。

4.2.7 控股股东、实际控制人应当维护上市公司在提供担保方面的独立决策，支持并配合公司依法依规履行对外担保事项的内部决策程序与信息披露义务，不得强令、指使或者要求公司及相关人员违规对外提供担保。

控股股东、实际控制人强令、指使或者要求公司从事违规担保行为的，公司及其董事、监事及高级管理人员应当拒绝，不得协助、配合、默许。

4.2.8 控股股东、实际控制人及其关联人不得通过下列任何方式影响上市公司资产完整：

（一）与公司共用主要机器设备、厂房、专利、非专利技术等；

（二）与公司共用原材料采购和产品销售系统；

（三）有关法律法规及本所认定的其他情形。

4.2.9 控股股东、实际控制人应当维护上市公司机构独立，支持公司董事会、监事会、业务经营部门或者其他机构及其人员的独立运作，不得通过行使提案权、表决权等法律法规、本所相关规定及公司章程规定的股东权利以外的方式，干预公司机构的设立、调整或者撤销，或者对公司董事会、监事会和其他机构及其人员行使职权进行限制或者施加其他不正当影响。

4.2.10 控股股东、实际控制人与上市公司之间进行关联交易，应当遵循平等、自愿、等价、有偿的原则，并签署书面协议，不得要求公司与其进行显失公平的关联交易，不得要求公司无偿或者以明显不公平的条件为其提供商品、服务或者其他资产，不得通过任何方式影响公司的独立决策，不得通过欺诈、虚假陈述或者其他不正当行为等方式损害公司和中小股东的合法权益。

第三节　控股股东和实际控制人行为规范

4.3.1　控股股东、实际控制人及其关联人不得利用关联交易、资产重组、对外投资、担保、利润分配和其他方式直接或者间接侵占上市公司资金、资产，损害公司及其他股东的合法权益。

4.3.2　对上市公司违法行为负有责任的控股股东及实际控制人，应当主动、依法将其持有的公司股权及其他资产用于赔偿中小投资者。

4.3.3　控股股东、实际控制人应当充分保护中小股东的提案权、表决权、董事提名权等权利，不得以任何理由限制、阻挠其合法权利的行使。

控股股东、实际控制人提出议案时应当充分考虑并说明议案对公司和中小股东利益的影响。

4.3.4　控股股东、实际控制人及其一致行动人买卖上市公司股份，应当遵守法律法规和本所相关规定，遵守有关声明和承诺，不得以利用他人账户或者向他人提供资金的方式买卖公司股份。

4.3.5　控股股东、实际控制人应当维持控制权稳定。确有必要转让上市公司股权导致控制权变动的，应当保证交易公允、公平、合理、具有可行性，不得利用控制权转让炒作股价，不得损害公司和其他股东的合法权益。

4.3.6　控股股东、实际控制人转让上市公司控制权之前，应当对拟受让人的主体资格、诚信状况、受让意图、履约能力、是否存在不得转让控制权的情形等情况进行合理调查，保证交易公允、公平、合理，有利于维护公司和中小股东利益。

控股股东、实际控制人及其关联人如存在占用公司资金、要求公司违法违规提供担保等违规情形的，控股股东、实际控制人在转让控制权之前，应将占用资金全部归还、违规担保全部解除；存在未履行承诺情形的，应当采取措施保证承诺履行不受影响。

控股股东、实际控制人转让公司控制权时，应当关注、协调新老股东更换，确保上市公司董事会以及公司管理层平稳过渡。

4.3.7　控股股东、实际控制人应当建立信息披露管理制度，相关制度应至少包含以下内容：

（一）涉及上市公司的重大信息的范围；

（二）未披露重大信息的报告流程；

（三）内幕信息知情人登记制度；

（四）未披露重大信息保密措施；

（五）对外发布信息的流程；

（六）配合公司信息披露工作的程序；

（七）相关人员在信息披露事务中的职责与权限；

（八）其他信息披露管理制度。

4.3.8　控股股东、实际控制人对涉及上市公司的未公开重大信息应当采取严格的保密措施。对应当披露的重大信息，应当第一时间通知公司并通过公司对外公平披露，不得提前泄露。一旦出现泄露应当立即通知公司，并督促公司立即公告。

控股股东、实际控制人为履行法定职责要求公司提供有关对外投资、财务预算数据、财务决算数据等未披露信息时，应当做好内幕信息知情人的登记备案工作，并承担保密义务。

除第二款规定外，控股股东、实际控制人不得调用、查阅公司未披露的财务、业务等信息。

4.3.9 控股股东、实际控制人应当向上市公司提供实际控制人及其一致行动人的基本情况，配合公司逐级披露公司与实际控制人之间的股权和控制关系。

通过投资关系、协议或者其他安排共同控制公司的，除按前款规定提供信息以外，还应当书面告知公司实施共同控制的方式和内容。

通过接受委托或者信托等方式拥有公司权益的控股股东、实际控制人，应当及时将委托人情况、委托或者信托合同以及其他资产管理安排的主要内容书面告知公司，配合公司履行信息披露义务。

契约型基金、信托计划或者资产管理计划成为公司控股股东或者实际控制人的，除应当履行第三款规定义务外，还应当在权益变动文件中穿透披露至最终投资者。

4.3.10 媒体出现与控股股东、实际控制人有关的报道或者传闻，且可能对上市公司股票及其衍生品种交易价格产生较大影响的，控股股东、实际控制人应当主动了解真实情况，及时将相关信息告知公司和答复公司的询证，并保证所提供信息和材料的真实、准确、完整，配合公司履行信息披露义务。

控股股东、实际控制人及其相关人员在接受媒体采访和投资者调研，或者与其他机构和个人进行沟通时，不得提供、传播与公司相关的未披露的重大信息，或者提供、传播虚假信息、进行误导性陈述等。

4.3.11 控股股东、实际控制人应当按照本所要求如实填报并及时更新关联人信息，保证所提供的信息真实、准确、完整。

第五章 内部控制

5.1 上市公司应当完善内部控制制度，确保董事会、监事会和股东大会等机构合法运作和科学决策，建立有效的激励约束机制，树立风险防范意识，培育良好的企业精神和内部控制文化，创造全体职工充分了解并履行职责的环境。

公司应当建立健全印章管理制度，明确印章的保管职责和使用审批权限，并指定专人保管印章和登记使用情况。

公司董事会应当对公司内部控制制度的制定和有效执行负责。

5.2 上市公司的内部控制制度应当涵盖公司经营活动中与财务报告和信息披露事务相关的所有业务环节，包括：销货与收款、采购及付款、存货管理、固定资产管理、资金管理、投资与融资管理、人力资源管理、信息系统管理和信息披露事务管理等。

5.3　上市公司的人员应当独立于控股股东。公司的高级管理人员在控股股东或者其控制的企业不得担任除董事、监事以外的其他行政职务。控股股东高级管理人员兼任公司董事、监事的，应当保证有足够的时间和精力承担公司的工作。

5.4　上市公司的资产应当独立完整、权属清晰，不被董事、监事、高级管理人员、控股股东、实际控制人及其关联人占用或者支配。

5.5　上市公司应当建立健全独立的财务核算体系，能够独立作出财务决策，具有规范的财务会计制度和对分公司、子公司的财务管理制度。

5.6　上市公司应当加强对关联交易、提供担保、募集资金使用、重大投资、信息披露等活动的控制，按照本所有关规定的要求建立相应控制政策和程序。

5.7　上市公司应当设立内部审计部门，对公司内部控制制度的建立和实施、公司财务信息的真实性和完整性等情况进行检查监督。上市公司各内部机构或者职能部门、控股子公司以及对上市公司具有重大影响的参股公司应当配合内部审计部门依法履行职责，不得妨碍内部审计部门的工作。

内部审计部门应当保持独立性，不得置于财务部门的领导之下，或者与财务部门合署办公。

内部审计部门对审计委员会负责，向审计委员会报告工作。

5.8　审计委员会在监督及评估内部审计部门工作时，应当履行下列主要职责：

（一）指导和监督内部审计制度的建立和实施；

（二）审阅公司年度内部审计工作计划；

（三）督促公司内部审计计划的实施；

（四）指导内部审计部门的有效运作。公司内部审计部门须向审计委员会报告工作，内部审计部门提交给管理层的各类审计报告、审计问题的整改计划和整改情况须同时报送审计委员会；

（五）向董事会报告内部审计工作进度、质量以及发现的重大问题等；

（六）协调内部审计部门与会计师事务所、国家审计机构等外部审计单位之间的关系。

5.9　内部审计部门应当履行以下主要职责：

（一）对上市公司各内部机构、控股子公司以及对上市公司具有重大影响的参股公司的内部控制制度的完整性、合理性及其实施的有效性进行检查和评估；

（二）对上市公司各内部机构、控股子公司以及对上市公司具有重大影响的参股公司的会计资料及其他有关经济资料，以及所反映的财务收支及有关的经济活动的合法性、合规性、真实性和完整性进行审计，包括但不限于财务报告、业绩快报、自愿披露的预测性财务信息等；

（三）协助建立健全反舞弊机制，确定反舞弊的重点领域、关键环节和主要内容，并在内部审计过程中合理关注和检查可能存在的舞弊行为；

（四）至少每季度向董事会或者审计委员会报告一次，内容包括但不限于内部审计计划的执行情况以及内部审计工作中发现的问题。

5.10　上市公司应当根据自身经营特点和实际状况，制定公司内部控制自查制度和年度内部控制自查计划。

公司应当要求各内部机构（含分支机构）、控股子公司积极配合内部审计部门的检查监督，必要时可以要求其定期进行自查。

5.11　内部审计人员获取的审计证据应当具备充分性、相关性和可靠性。内部审计人员应当将获取审计证据的名称、来源、内容、时间等信息清晰、完整地记录在工作底稿中。内部审计部门应当建立工作底稿制度，并依据法律法规的规定，建立相应的档案管理制度，明确内部审计工作报告、工作底稿及相关资料的保存时间。

5.12　内部审计部门每季度应当向董事会或者审计委员会至少报告一次内部审计工作情况和发现的问题，并至少每年向其提交一次内部审计报告。

内部审计部门对审查过程中发现的内部控制缺陷，应当督促相关责任部门制定整改措施和整改时间，并进行内部控制的后续审查，监督整改措施的落实情况。

内部审计部门在审查过程中如发现内部控制存在重大缺陷或者重大风险，应当及时向董事会或者审计委员会报告。

5.13　审计委员会应当督导内部审计部门至少每半年对下列事项进行一次检查，出具检查报告并提交审计委员会。检查发现上市公司存在违法违规、运作不规范等情形的，应当及时向本所报告：

（一）公司募集资金使用、提供担保、关联交易、证券投资与衍生品交易、提供财务资助、购买或者出售资产、对外投资等重大事件的实施情况；

（二）公司大额资金往来以及与董事、监事、高级管理人员、控股股东、实际控制人及其关联人资金往来情况。

审计委员会应当根据内部审计部门提交的内部审计报告及相关资料，对公司内部控制有效性出具书面的评估意见，并向董事会报告。董事会或者审计委员会认为公司内部控制存在重大缺陷或者重大风险的，或者保荐人、独立财务顾问、会计师事务所指出上市公司内部控制有效性存在重大缺陷的，董事会应当及时向本所报告并予以披露。公司应当在公告中披露内部控制存在的重大缺陷或者重大风险、已经或者可能导致的后果，以及已采取或者拟采取的措施。

5.14　上市公司董事会或者其审计委员会应当根据内部审计部门出具的评价报告及相关资料，出具年度内部控制评价报告。内部控制评价报告至少应当包括下列内容：

（一）董事会对内部控制报告真实性的声明；

（二）内部控制评价工作的总体情况；

（三）内部控制评价的依据、范围、程序和方法；

（四）内部控制缺陷及其认定情况；

（五）对上一年度内部控制缺陷的整改情况；

（六）对本年度内部控制缺陷拟采取的整改措施；

（七）内部控制有效性的结论。

5.15　上市公司董事会应当在审议年度报告的同时，对内部控制评价报告形成决议。监事会应当对内部控制评价报告发表意见，保荐人或独立财务顾问（如有）应当对内部控制评价报告进行核查，并出具核查意见。

上市公司应当在年度报告披露的同时，在符合条件媒体上披露内部控制评价报告和内部控制审计报告，法律法规另有规定的除外。

5.16 如会计师事务所对上市公司内部控制有效性出具非标准审计报告、保留结论或者否定结论的鉴证报告（如有），或者指出公司非财务报告内部控制存在重大缺陷的，公司董事会、监事会应当针对所涉及事项作出专项说明，专项说明至少应当包括下列内容：

（一）所涉及事项的基本情况；

（二）该事项对公司内部控制有效性的影响程度；

（三）公司董事会、监事会对该事项的意见；

（四）消除该事项及其影响的具体措施。

5.17 上市公司应当重点加强对控股子公司的管理控制，主要包括：

（一）建立对各控股子公司的控制制度，明确向控股子公司委派的董事、监事及重要高级管理人员的选任方式和职责权限等；

（二）根据上市公司的战略规划，协调控股子公司的经营策略和风险管理策略，督促控股子公司据以制订相关业务经营计划、风险管理程序和内部控制制度；

（三）制定控股子公司的业绩考核与激励约束制度；

（四）制定控股子公司重大事项的内部报告制度，及时向上市公司报告重大业务事件、重大财务事件以及其他可能对上市公司股票及其衍生品种交易价格产生较大影响的信息，并严格按照授权规定将重大事件报公司董事会审议或者股东大会审议；

（五）要求控股子公司及时向上市公司董事会秘书报送其董事会决议、股东大会或股东会决议等重要文件；

（六）定期取得并分析各控股子公司的季度或者月度报告，包括营运报告、产销量报表、资产负债表、利润表、现金流量表、向他人提供资金及对外担保报表等，并根据相关规定，委托会计师事务所审计控股子公司的财务报告；

（七）对控股子公司内控制度的实施及其检查监督工作进行评价。

上市公司存在多级下属企业的，应当相应建立和完善对各级下属企业的管理控制制度。

上市公司对分公司和对上市公司经营具有重大影响的参股公司的内控制度应当比照上述要求作出安排。

第六章 重大事项管理

第一节 提供财务资助

6.1.1 上市公司及其控股子公司有偿或者无偿提供资金、委托贷款等行为，适用本节规定，但下列情况除外：

（一）公司以对外提供借款、贷款等融资业务为其主营业务；

（二）资助对象为上市公司合并报表范围内且持股比例超过50%的控股子公司，且该控股子公司其他股东中不包含上市公司的控股股东、实际控制人及其关联人；

（三）中国证监会或者本所认定的其他情形。

6.1.2　上市公司应当建立健全有关财务资助的内部控制制度，在公司章程或者公司其他规章制度中明确股东大会、董事会审批提供财务资助的审批权限、审议程序以及违反审批权限、审议程序的责任追究机制，采取充分、有效的风险防范措施。

6.1.3　上市公司提供财务资助，应当经出席董事会的三分之二以上的董事同意并作出决议并及时履行信息披露义务。

公司董事会审议财务资助事项时，应当充分关注提供财务资助的原因，在对被资助对象的资产质量、经营情况、行业前景、偿债能力、信用状况、第三方担保及履约能力情况等进行全面评估的基础上，披露该财务资助事项的风险和公允性，以及董事会对被资助对象偿还债务能力的判断。

保荐人或独立财务顾问（如有）应当对财务资助事项的合法合规性、公允性及存在的风险等发表意见。

6.1.4　上市公司应当充分披露所采取的风险防范措施，包括被资助对象或者其他第三方是否就财务资助事项提供担保等。由第三方就财务资助事项提供担保的，应当披露该第三方的基本情况及其担保履约能力情况。

6.1.5　上市公司不得为本所《股票上市规则》第6.3.3条规定的关联法人（或者其他组织）和关联自然人提供资金等财务资助。公司的关联参股公司（不包括上市公司控股股东、实际控制人及其关联人控制的主体）的其他股东按出资比例提供同等条件的财务资助的，上市公司可以向该关联参股公司提供财务资助，应当经全体非关联董事的过半数审议通过，还应当经出席董事会会议的非关联董事的三分之二以上董事审议通过，并提交股东大会审议。

除前款规定情形外，上市公司对控股子公司、参股公司提供财务资助的，该公司的其他股东原则上应当按出资比例提供同等条件的财务资助。如其他股东未能以同等条件或者出资比例向该公司提供财务资助的，应当说明原因以及上市公司利益未受到损害的理由，上市公司是否已要求上述其他股东提供相应担保。

6.1.6　上市公司提供财务资助，应当与被资助对象等有关方签署协议，约定被资助对象应遵守的条件、财务资助的金额、期限、违约责任等内容。

6.1.7　对于已披露的财务资助事项，上市公司还应当在出现以下情形之一时，及时披露相关情况及拟采取的补救措施，并充分说明董事会关于被资助对象偿债能力和该项财务资助收回风险的判断：

（一）被资助对象在约定资助期限到期后未能及时还款的；

（二）被资助对象或者就财务资助事项提供担保的第三方出现财务困难、资不抵债、现金流转困难、破产及其他严重影响还款能力情形的；

（三）本所认定的其他情形。

逾期财务资助款项收回前，公司不得向同一对象追加提供财务资助。

6.1.8 上市公司存在下列情形之一的，应当参照本节的规定执行：

（一）在主营业务范围外以实物资产、无形资产等方式对外提供资助；

（二）为他人承担费用；

（三）无偿提供资产使用权或者收取资产使用权的费用明显低于行业一般水平；

（四）支付预付款比例明显高于同行业一般水平；

（五）本所认定的其他构成实质性财务资助的行为。

第二节 提供担保

6.2.1 上市公司为他人提供担保，包括为其控股子公司提供担保，适用本节规定。

6.2.2 上市公司应当按照有关法律法规和本所相关规定，在公司章程中明确股东大会、董事会关于提供担保事项的审批权限，以及违反审批权限和审议程序的责任追究机制，并严格执行提供担保审议程序。

未经董事会或者股东大会审议通过，公司不得提供担保。

6.2.3 上市公司应当在印章保管与使用管理相关制度中明确与担保事项相关的印章使用审批权限，做好与担保事项相关的印章使用登记。

6.2.4 上市公司对外担保时应当采取必要措施核查被担保人的资信状况，并在审慎判断被担保方偿还债务能力的基础上，决定是否提供担保。

上市公司为控股股东、实际控制人及其关联人提供担保的，应当要求对方提供反担保。

6.2.5 上市公司为其控股子公司、参股公司提供担保，该控股子公司、参股公司的其他股东应当按出资比例提供同等担保等风险控制措施，如该股东未能按出资比例向上市公司控股子公司或者参股公司提供同等担保等风险控制措施，上市公司董事会应当披露主要原因，并在分析担保对象经营情况、偿债能力的基础上，充分说明该笔担保风险是否可控，是否损害上市公司利益等。

6.2.6 上市公司向其控股子公司提供担保，如每年发生数量众多、需要经常订立担保协议而难以就每份协议提交董事会或者股东大会审议的，上市公司可以对最近一期财务报表资产负债率为70%以上和70%以下的两类子公司分别预计未来十二个月的新增担保总额度，并提交股东大会审议。

前述担保事项实际发生时，上市公司应当及时披露。任一时点的担保余额不得超过股东大会审议通过的担保额度。

6.2.7 上市公司向其合营或者联营企业提供担保且同时满足以下条件，如每年发生数量众多、需要经常订立担保协议而难以就每份协议提交董事会或者股东大会审议的，上市公司可以对未来十二个月内拟提供担保的具体对象及其对应新增担保额度进行合理预计，并提交股东大会审议：

（一）被担保人不是上市公司的董事、监事、高级管理人员、持股5%以上的股东、实际控制人及其控制的法人或其他组织；

（二）被担保人的各股东按出资比例对其提供同等担保或反担保等风险控制措施。

前述担保事项实际发生时，上市公司应当及时披露，任一时点的担保余额不得超过股东大会审议通过的担保额度。

6.2.8 上市公司向其合营或者联营企业进行担保额度预计，同时满足以下条件的，可以在其合营或联营企业之间进行担保额度调剂，但累计调剂总额不得超过预计担保总额度的50%：

（一）获调剂方的单笔调剂金额不超过上市公司最近一期经审计净资产的10%；

（二）在调剂发生时资产负债率超过70%的担保对象，仅能从资产负债率超过70%（股东大会审议担保额度时）的担保对象处获得担保额度；

（三）在调剂发生时，获调剂方不存在逾期未偿还负债等情况；

（四）获调剂方的各股东按出资比例对其提供同等担保或反担保等风险控制措施。

前述调剂事项实际发生时，上市公司应当及时披露。

6.2.9 上市公司应当持续关注被担保人的财务状况及偿债能力等，如发现被担保人经营状况严重恶化或者发生公司解散、分立等重大事项的，上市公司董事会应当及时采取有效措施，将损失降低到最小程度。

提供担保的债务到期后，上市公司应当督促被担保人在限定时间内履行偿债义务。若被担保人未能按时履行义务，上市公司应当及时采取必要的补救措施。

6.2.10 上市公司担保的债务到期后需展期并继续由其提供担保的，应当作为新的对外担保，重新履行审议程序和信息披露义务。

6.2.11 上市公司控股子公司为上市公司合并报表范围内的法人或者其他组织提供担保的，上市公司应当在控股子公司履行审议程序后及时披露。按照本所《股票上市规则》第6.1.10条，需要提交上市公司股东大会审议的担保事项除外。

上市公司控股子公司为前款规定主体以外的其他主体提供担保的，视同上市公司提供担保，应当遵守本节相关规定。

6.2.12 上市公司及其控股子公司提供反担保应当比照担保的相关规定执行，以其提供的反担保金额为标准履行相应审议程序和信息披露义务，但上市公司及其控股子公司为以自身债务为基础的担保提供反担保的除外。

6.2.13 上市公司董事会应当建立定期核查制度，对上市公司担保行为进行核查。上市公司发生违规担保行为的，应当及时披露，并采取合理、有效措施解除或者改正违规担保行为，降低公司损失，维护公司及中小股东的利益，并追究有关人员的责任。

6.2.14 因控股股东、实际控制人及其关联人不及时偿债，导致上市公司承担担保责任的，公司董事会应当及时采取追讨、诉讼、财产保全、责令提供担保等保护性措施避免或者减少损失，并追究有关人员的责任。

第三节 募集资金管理

6.3.1 本指引所称募集资金是指上市公司通过发行股票及其衍生品种，向投资者募集并用于特定用途的资金。

本指引所称超募资金是指实际募集资金净额超过计划募集资金金额的部分。

6.3.2 上市公司应当审慎使用募集资金，保证募集资金的使用与发行申请文件的承诺相一致，不得随意改变募集资金的投向。

上市公司应当真实、准确、完整地披露募集资金的实际使用情况。出现严重影响募集资金投资计划正常进行的情形时，应当及时公告。

募集资金投资项目通过上市公司的子公司或者上市公司控制的其他企业实施的，上市公司应当确保该子公司或者受控制的其他企业遵守本节规定。

6.3.3 上市公司董事会应当负责建立健全公司募集资金管理制度，并确保该制度的有效实施。

募集资金管理制度应当对募集资金专户存储、使用、变更、监督以及募集资金使用的申请、分级审批权限、决策程序、风险控制措施、信息披露程序和责任追究等内容进行明确规定。

6.3.4 上市公司的董事、监事和高级管理人员应当勤勉尽责，督促上市公司规范使用募集资金，自觉维护上市公司募集资金安全，不得参与、协助或纵容上市公司擅自或变相改变募集资金用途。

6.3.5 上市公司会计部门应当对募集资金的使用情况设立台账，详细记录募集资金的支出情况和募集资金项目的投入情况。

公司内部审计部门应当至少每季度对募集资金的存放与使用情况检查一次，并及时向审计委员会报告检查结果。

公司审计委员会认为公司募集资金管理存在违规情形、重大风险或者内部审计部门没有按前款规定提交检查结果报告的，应当及时向董事会报告。董事会应当在收到报告后二个交易日内向本所报告并公告。

6.3.6 上市公司应当审慎选择商业银行并开设募集资金专项账户（以下简称专户），募集资金应当存放于经董事会批准设立的专户集中管理，专户不得存放非募集资金或者用作其他用途。

公司存在两次以上融资的，应当分别设置募集资金专户。

超募资金也应当存放于募集资金专户管理。

6.3.7 上市公司应当在募集资金到位后一个月内与保荐人或者独立财务顾问、存放募集资金的商业银行签订三方监管协议（以下简称三方协议）。三方协议至少应当包括下列内容：

（一）公司应当将募集资金集中存放于专户；

（二）募集资金专户账号、该专户涉及的募集资金项目、存放金额；

（三）公司一次或者十二个月内累计从专户中支取的金额超过五千万元人民币或者募集资金净额的20%的，公司及商业银行应当及时通知保荐人或者独立财务顾问；

（四）商业银行每月向公司出具银行对账单，并抄送保荐人或者独立财务顾问；

（五）保荐人或者独立财务顾问可以随时到商业银行查询专户资料；

（六）保荐人或者独立财务顾问的督导职责、商业银行的告知及配合职责、保荐人或者独立财务顾问和商业银行对公司募集资金使用的监管方式；

（七）公司、商业银行、保荐人或者独立财务顾问的权利、义务和违约责任；

（八）商业银行三次未及时向保荐人或者独立财务顾问出具对账单或者通知专户大额支取情况，以及存在未配合保荐人或者独立财务顾问查询与调查专户资料情形的，公司可以终止协议并注销该募集资金专户。

公司应当在上述三方协议签订后及时公告三方协议主要内容。

公司通过控股子公司实施募集资金投资项目的，应当由公司、实施募集资金投资项目的控股子公司、商业银行和保荐人或独立财务顾问共同签署三方协议，公司及其控股子公司应当视为共同一方。

上述三方协议在有效期届满前提前终止的，公司应当自三方协议终止之日起一个月内与相关当事人签订新的三方协议并及时公告。

6.3.8 募集资金原则上应当用于上市公司主营业务，除金融类企业外，募集资金不得用于证券投资、衍生品交易等高风险投资或者为他人提供财务资助，也不得直接或者间接投资于以买卖有价证券为主要业务的公司。

上市公司不得将募集资金用于质押、委托贷款或者其他变相改变募集资金用途的投资。

上市公司应当确保募集资金使用的真实性和公允性，防止募集资金被控股股东、实际控制人等关联人占用或者挪用，并采取有效措施避免关联人利用募集资金投资项目获取不正当利益。

6.3.9 募集资金投资项目出现下列情形之一的，上市公司应当对该项目的可行性、预计收益等重新进行论证，决定是否继续实施该项目：

（一）募集资金投资项目涉及的市场环境发生重大变化的；

（二）募集资金投资项目搁置时间超过一年的；

（三）超过最近一次募集资金投资计划的完成期限且募集资金投入金额未达到相关计划金额50%的；

（四）募集资金投资项目出现其他异常情形的。

公司应当在最近一期定期报告中披露项目的进展情况、出现异常的原因，需要调整募集资金投资计划的，应当同时披露调整后的募集资金投资计划。

6.3.10 上市公司将募集资金用作以下事项时，应当经董事会审议通过，并由监事会以及保荐人或者独立财务顾问发表明确同意意见：

（一）以募集资金置换预先已投入募集资金投资项目的自筹资金；

（二）使用暂时闲置的募集资金进行现金管理；

（三）使用暂时闲置的募集资金暂时补充流动资金；

（四）变更募集资金用途；

（五）改变募集资金投资项目实施地点；

（六）使用节余募集资金；

（七）超募资金用于在建项目及新项目。

公司变更募集资金用途，还应当经股东大会审议通过。

相关事项涉及关联交易、购买资产、对外投资等的，还应当按照本所《股票上市规则》第六章的规定履行审议程序和信息披露义务。

6.3.11 单个或者全部募集资金投资项目完成后，节余资金（包括利息收入）低于该项目募集资金净额10%的，上市公司使用节余资金应当按照第6.3.10条第一款履行相应程序。

节余资金（包括利息收入）达到或者超过该项目募集资金净额10%的，公司使用节余资金还应当经股东大会审议通过。

节余资金（包括利息收入）低于五百万元或者低于项目募集资金净额1%的，可以豁免履行前述程序，其使用情况应当在年度报告中披露。

6.3.12 上市公司以募集资金置换预先投入的自筹资金的，应当由会计师事务所出具鉴证报告。公司可以在募集资金到账后六个月内，以募集资金置换自筹资金。

公司已在发行申请文件中披露拟以募集资金置换预先投入的自筹资金且预先投入金额确定的，应当在置换实施前对外公告。

6.3.13 上市公司可以对暂时闲置的募集资金进行现金管理，其投资产品的期限不得超过十二个月，且必须安全性高、流动性好，不得影响募集资金投资计划正常进行。

投资产品不得质押，产品专用结算账户（如适用）不得存放非募集资金或者用作其他用途，开立或者注销产品专用结算账户的，公司应当及时公告。

6.3.14 上市公司使用暂时闲置的募集资金进行现金管理的，应当在董事会会议后及时公告下列内容：

（一）本次募集资金的基本情况，包括募集时间、募集资金金额、募集资金净额及投资计划等；

（二）募集资金使用情况、募集资金闲置的原因；

（三）闲置募集资金投资产品的额度及期限，是否存在变相改变募集资金用途的行为和保证不影响募集资金项目正常进行的措施；

（四）投资产品的收益分配方式、投资范围、产品发行主体提供的安全性分析，公司为确保资金安全所采取的风险控制措施等；

（五）监事会以及保荐人或独立财务顾问出具的意见。

公司应当在出现产品发行主体财务状况恶化、所投资的产品面临亏损等重大风险情形时，及时对外披露风险提示性公告，并说明公司为确保资金安全采取的风险控制措施。

6.3.15 上市公司使用闲置募集资金暂时补充流动资金的，仅限于与主营业务相关的生产经营使用，且应当符合下列条件：

（一）不得变相改变募集资金用途或者影响募集资金投资计划的正常进行；

（二）已归还前次用于暂时补充流动资金的募集资金；

（三）单次补充流动资金时间不得超过十二个月；

（四）不使用闲置募集资金直接或者间接进行证券投资、衍生品交易等高风险投资。

6.3.16 上市公司使用闲置募集资金暂时补充流动资金的，应当在董事会审议通过后及时公告下列内容：

（一）本次募集资金的基本情况，包括募集时间、募集资金金额、募集资金净额及投资计划等；

（二）募集资金使用情况；

（三）闲置募集资金补充流动资金的金额及期限；

（四）闲置募集资金补充流动资金预计节约财务费用的金额、导致流动资金不足的原因、是否存在变相改变募集资金用途的行为和保证不影响募集资金项目正常进行的措施；

（五）监事会以及保荐人或者独立财务顾问出具的意见；

（六）本所要求的其他内容。

补充流动资金到期日之前，公司应当将该部分资金归还至募集资金专户，并在资金全部归还后及时公告。

6.3.17　上市公司存在下列情形的，视为募集资金用途变更：

（一）取消或者终止原募集资金项目，实施新项目；

（二）变更募集资金投资项目实施主体（实施主体在上市公司及其全资子公司之间变更的除外）；

（三）变更募集资金投资项目实施方式；

（四）本所认定为募集资金用途变更的其他情形。

6.3.18　上市公司董事会应当科学、审慎地选择新的投资项目，对新的投资项目进行可行性分析，确信投资项目具有较好的市场前景和盈利能力，能够有效防范投资风险，提高募集资金使用效益。

6.3.19　上市公司将募集资金投资项目变更为合资经营方式实施的，应当在充分了解合资方基本情况的基础上，慎重考虑合资的必要性，并且公司应当控股，确保对募集资金投资项目的有效控制。

6.3.20　上市公司变更募集资金用途用于收购控股股东或者实际控制人资产（包括权益）的，应当确保在收购完成后能够有效避免同业竞争及减少关联交易。

6.3.21　上市公司改变募集资金投资项目实施地点的，应当在董事会审议通过后及时公告，说明改变情况、原因、对募集资金投资项目实施造成的影响以及保荐人或者独立财务顾问出具的意见。

6.3.22　上市公司全部募集资金项目完成前，因项目终止出现节余资金，将部分募集资金用于永久补充流动资金的，应当符合以下要求：

（一）募集资金到账超过一年；

（二）不影响其他募集资金项目的实施；

（三）按照募集资金用途变更的要求履行审批程序和信息披露义务。

6.3.23　上市公司应当根据企业实际生产经营需求，提交董事会或者股东大会审议通过后，按照以下先后顺序有计划地使用超募资金：

（一）补充募集资金投资项目资金缺口；

（二）用于在建项目及新项目；

（三）归还银行借款；

（四）暂时补充流动资金；

（五）进行现金管理；

（六）永久补充流动资金。

6.3.24　上市公司将超募资金用于在建项目及新项目，应当按照在建项目和新项目的进度情况使用。

公司使用超募资金用于在建项目及新项目，保荐人或者独立财务顾问应当出具专项意见。项目涉及关联交易、购买资产、对外投资等的，还应当按照本所《股票上市规则》第六章等规定履行审议程序和信息披露义务。

6.3.25　上市公司使用超募资金偿还银行贷款或者永久补充流动资金的，应当经股东大会审议通过，监事会以及保荐人或者独立财务顾问应当发表明确同意意见并披露，且应当符合以下要求：

（一）公司应当承诺补充流动资金后十二个月内不进行证券投资、衍生品交易等高风险投资及为控股子公司以外的对象提供财务资助并对外披露；

（二）公司应当按照实际需求偿还银行贷款或者补充流动资金，每十二个月内累计金额不得超过超募资金总额的30%。

6.3.26　上市公司董事会应当持续关注募集资金实际管理和使用情况，每半年度全面核查募集资金投资项目的进展情况，出具半年度及年度募集资金存放与使用情况专项报告，并聘请会计师事务所对年度募集资金存放与使用情况出具鉴证报告。公司应当将会计师事务所出具的鉴证报告与定期报告同时在符合条件媒体披露。

募集资金投资项目实际投资进度与投资计划存在差异的，公司应当解释具体原因。募集资金投资项目年度实际使用募集资金与最近一次披露的募集资金投资计划预计使用金额差异超过30%的，公司应当调整募集资金投资计划，并在募集资金存放与使用情况的专项报告和定期报告中披露最近一次募集资金年度投资计划、目前实际投资进度、调整后预计分年度投资计划以及投资计划变化的原因等。

会计师事务所应当对董事会的专项报告是否已经按照本所相关规定编制以及是否如实反映了年度募集资金实际存放、使用情况进行合理鉴证，提出鉴证结论。

鉴证结论为“保留结论”“否定结论”或者“无法提出结论”的，公司董事会应当就鉴证报告中会计师提出该结论的理由进行分析、提出整改措施并在年度报告中披露。

6.3.27　保荐人或者独立财务顾问应当至少每半年对上市公司募集资金的存放与使用情况进行一次现场检查。每个会计年度结束后，保荐人或者独立财务顾问应当对公司年度募集资金存放与使用情况出具专项核查报告并披露。

公司募集资金存放与使用情况被会计师事务所出具了“保留结论”“否定结论”或者“无法提出结论”鉴证结论的，保荐人或者独立财务顾问还应当在其核查报告中认真分析会计师事务所提出上述鉴证结论的原因，并提出明确的核查意见。

保荐人或者独立财务顾问发现上市公司、商业银行未按约定履行三方协议的，或者在对公司进行现场检查时发现公司募集资金管理存在重大违规情形或者重大风险等，应当督促公司及时整改并向本所报告。

第四节　承诺及承诺履行

6.4.1　上市公司和相关信息披露义务人应当严格遵守中国证监会和本所的相关规定，履行其作出的各项公开承诺，采取有效措施确保承诺的履行，不得擅自变更或者解除。

6.4.2　承诺人应当及时将其作出的承诺事项告知上市公司，公司应当及时将承诺人承诺事项从相关信息披露文件中单独摘出，逐项在本所网站上予以公开。

6.4.3　承诺人作出的承诺应当明确、具体、可执行，不得承诺根据当时情况判断明显不可能实现的事项。承诺人应当在承诺中作出履行承诺声明、明确违反承诺的责任，并切实履行承诺。

承诺事项需要主管部门审批的，承诺人应当明确披露需要取得的审批，并明确如无法取得审批的补救措施。

承诺人应当关注自身经营、财务状况及承诺履行能力，在其经营财务状况恶化、担保人或者担保物发生变化导致或者可能导致其无法履行承诺时，应当及时告知上市公司，并予以披露，说明有关影响承诺履行的具体情况，同时提供新的履行担保。

6.4.4　承诺人作出的承诺事项应当包括下列内容：

（一）承诺的具体事项；

（二）履约方式、履约时限、履约能力分析、履约风险及防范对策；

（三）履约担保安排，包括担保方、担保方资质、担保方式、担保协议（函）主要条款、担保责任等（如有）；

（四）履行承诺声明和违反承诺的责任；

（五）本所要求的其他内容。

上市公司的实际控制人、股东、关联方、收购人和上市公司在首次公开发行股票、再融资、并购重组以及公司治理专项活动等过程中作出的解决同业竞争、资产注入、股权激励、解决产权瑕疵等各项承诺事项，必须有明确的履约时限，不得使用“尽快”“时机成熟时”等模糊性词语，承诺履行涉及行业政策限制的，应当在政策允许的基础上明确履约时限。

6.4.5　承诺人所作出的承诺应当符合本节规定，相关承诺事项应当由上市公司予以披露，公司如发现承诺人作出的承诺事项不符合本节要求，应当及时披露相关信息并向投资者作出风险提示。

公司应当在定期报告中披露报告期内发生或者正在履行中的所有承诺事项及具体履行情况。

当承诺履行条件即将达到或者已经达到时，承诺人应当及时通知公司，并履行承诺和信息披露义务。

6.4.6　上市公司股东、交易对手方对公司或相关资产在报告年度经营业绩作出承诺的，公司董事会应关注业绩承诺的实现情况。公司或相关资产年度业绩未达到承诺的，董事会应对公司或相关资产的实际盈利数与承诺数据的差异情况进行单独审议，详细说明差异情况及公司已或拟采取的措施，督促公司相关股东、交易对手方履行承诺。

公司应在年度报告中披露上述事项，要求会计师事务所、保荐人或独立财务顾问（如适用）对此出具专项审核意见，并与年报同时在符合条件媒体披露。

公司追溯调整公司或相关资产承诺期实际盈利数的，应当及时披露相关情况并明确说明调整后是否实现。公司或相关资产年度业绩未达到承诺的，董事会应当对相关情况进行审议，会计师事务所、保荐人或独立财务顾问（如适用）应当进行出具专项审核意见。

6.4.7 上市公司控股股东、实际控制人通过处置股权等方式丧失控制权的，如该控股股东、实际控制人承诺的相关事项未履行完毕，相关承诺义务应当予以履行或者由收购人予以承接，相关事项应当明确披露。

6.4.8 因相关法律法规、政策变化、自然灾害等自身无法控制的客观原因导致承诺无法履行或者无法按期履行的，承诺人应当及时披露相关信息。

除因相关法律法规、政策变化、自然灾害等自身无法控制的客观原因外，承诺确已无法履行或者履行承诺不利于维护上市公司权益的，承诺人应当充分披露原因，并向公司或者其他投资者提出用新承诺替代原有承诺或者提出豁免履行承诺义务。

上述变更方案应当经上市公司全体独立董事过半数同意后，提交董事会和股东大会审议，承诺人及关联人应当回避表决。如原承诺以特别决议方式审议通过的，本次变更仍应当以特别决议方式审议。监事会应当就承诺人提出的变更方案是否合法合规、是否有利于保护公司或者其他投资者的利益发表意见。变更方案未经股东大会审议通过且承诺到期的，视同超期未履行承诺。

6.4.9 承诺人对其所持有的上市公司股份的持有期限等追加承诺的，不得影响其已经作出承诺的履行。承诺人作出追加承诺后两个交易日内，应当通知上市公司董事会并及时公告。

6.4.10 承诺人作出股份限售等承诺的，其所持股份因司法强制执行、继承、遗赠、依法分割财产等原因发生非交易过户的，受让方应当遵守原股东作出的相关承诺。

6.4.11 上市公司董事会应当督促承诺人严格遵守承诺。承诺人违反承诺的，董事会应当主动、及时要求相关承诺人承担违约责任，并及时披露相关承诺人违反承诺的情况、公司采取的补救措施、违约金计算方法、董事会收回相关违约金的情况等内容。

第五节　利润分配和资本公积金转增股本

6.5.1 上市公司应当综合考虑所处行业特点、发展阶段、自身经营模式、盈利水平以及是否有重大资金支出安排等因素，科学、审慎决策，合理确定利润分配政策。

6.5.2 上市公司制定利润分配政策时，应当履行公司章程规定的决策程序。董事会应当就股东回报事宜进行专项研究论证，制定明确、清晰的股东回报规划，并详细说明规划安排的理由等情况。公司应当在公司章程中载明以下内容：

（一）公司董事会、股东大会对利润分配尤其是现金分红事项的决策程序和机制，对既定利润分配政策尤其是现金分红政策作出调整的具体条件、决策程序和机制，以及为充分听取独立董事和中小股东意见所采取的措施；

（二）公司的利润分配政策尤其是现金分红政策的具体内容，利润分配的形式，利润分配尤其是现金分红的期间间隔，现金分红的具体条件，发放股票股利的条件，各期现金分红最低金额或者比例（如有）等。

6.5.3 上市公司通过股东回报规划对公司未来利润分配事项作出安排的，应当充分考虑相关规划的合理性和可执行性。

公司应当严格执行股东回报规划。确有必要根据相关规划确定的原则对利润分配事项作出调整的，应当按规定履行相应的调整决策程序，并充分披露调整的具体原因及合理性。

6.5.4 上市公司应当在公司章程中明确现金分红相对于股票股利在利润分配方式中的优先顺序。

具备现金分红条件的，应当采用现金分红进行利润分配。

6.5.5 上市公司在制定现金分红方案时，董事会应当认真研究和论证公司现金分红的时机、条件和最低比例、调整的条件及其决策程序要求等事宜。

监事会对董事会执行现金分红政策和股东回报规划以及是否履行相应决策程序和信息披露等情况进行监督。监事会发现董事会存在未严格执行现金分红政策和股东回报规划、未严格履行相应决策程序或未能真实、准确、完整进行相应信息披露的，应当发表明确意见，并督促其及时改正。

6.5.6 上市公司合并资产负债表、母公司资产负债表中本年末未分配利润均为正值，公司不进行现金分红或者最近三年现金分红总额低于最近三年年均净利润的30%的，公司应当在披露利润分配方案的同时，披露以下内容：

（一）结合所处行业特点、发展阶段及自身经营模式、盈利水平、资金需求等因素，对不进行现金分红或现金分红水平较低原因的说明；

（二）留存未分配利润的预计用途以及收益情况；

（三）公司在相应期间是否按照中国证监会相关规定为中小股东参与现金分红决策提供了便利。

6.5.7 上市公司利润分配方案中现金分红的金额达到或者超过当期归属于上市公司股东净利润的100%，且达到或者超过当期末可供分配利润的50%的，公司应当同时披露该现金分红方案的提议人、公司确定该现金分红方案的理由、方案是否将造成公司流动资金短缺、公司在过去十二个月内是否使用过募集资金补充流动资金以及在未来十二个月内是否计划使用募集资金补充流动资金等内容。

6.5.8 上市公司在报告期结束后，至利润分配、资本公积金转增股本方案公布前发生股本总额变动的，应当以最新股本总额作为分配或者转增的股本基数。

公司董事会在审议利润分配、资本公积金转增股本方案时，应当明确在利润分配、资本公积金转增股本方案公布后至实施前，出现股权激励行权、可转债转股、股份回购等情形时的方案调整原则，未约定或者约定不明确的，公司应当按照“现金分红金额、送红股金额、资本公积金转增股本金额固定不变”的原则，在方案实施公告中披露按公司最新股本总额计算的分配、转增比例。

根据中国证监会相关规定，拟发行证券的公司存在利润分配、资本公积金转增股本方案尚未提交股东大会表决或者虽经股东大会表决通过但未实施的，应当在方案实施后发行。相关方案实施前，主承销商不得承销公司发行的证券。

6.5.9 上市公司利润分配方案经股东大会审议通过后，应当及时做好资金安排，确保现金分红方案顺利实施。

6.5.10 上市公司实施高比例送转股份（以下简称高送转）方案的，应当符合《公司法》《企业会计准则》以及公司章程等规定，并符合公司确定的利润分配政策、利润分配计划、股东长期回报规划以及作出的相关承诺。

高送转是指上市公司每十股送红股与公积金转增股本合计达到或者超过五股。

6.5.11 上市公司披露高送转方案的，应当符合下列条件之一：

（一）最近两年同期净利润持续增长，且每股送转股比例不得高于上市公司最近两年同期净利润的复合增长率；

（二）报告期内实施再融资、并购重组等导致净资产有较大变化的，每股送转股比例不得高于上市公司报告期末净资产较之于期初净资产的增长率；

（三）最近两年净利润持续增长且最近三年每股收益均不低于 1 元，上市公司认为确有必要披露高送转方案的，应当充分披露高送转的主要考虑及其合理性，且送转股后每股收益不低于 0.5 元（仅适用于依据年度财务报表进行高送转）。

最近两年同期净利润的复合增长率，是指 $[$第 N 年净利润/第 N－2 年净利润的绝对值$]^{1/2}-1$；若分子采取第 N 年中期净利润的，分母相应为第 N－2 年同期的净利润。

6.5.12 上市公司存在下列情形之一的，不得披露高送转方案：

（一）报告期净利润为负、净利润同比下降 50% 以上或者送转股后每股收益低于 0.2 元的；

（二）公司的提议股东和控股股东及其一致行动人、董事、监事及高级管理人员（以下统称相关股东）在前三个月存在减持情形或者后三个月存在减持计划的。

上市公司应当向相关股东问询其未来三个月是否不存在减持计划及未来四至六个月的减持计划并披露。相关股东应当将其作为承诺事项予以遵守。

上市公司在相关股东所持限售股（股权激励限售股除外）限售期届满前后三个月内，不得披露高送转方案。

6.5.13 上市公司不得利用高送转方案配合股东减持。

6.5.14 上市公司应当在高送转方案公告中充分披露以下内容：

（一）方案的具体内容，包括提议人、提议理由以及每 10 股送红股、派息及公积金转增股本情况；

（二）方案的合法合规性；

（三）结合净利润、净资产的增长情况等说明高送转与公司业绩增长的匹配情况，或结合最近三年每股收益情况等说明高送转的主要考虑及其合理性；

（四）相关股东前三个月的持股变动情况、未来三个月不存在减持计划的承诺及未来四至六个月的减持计划；

（五）方案披露前后三个月不存在相关股东所持限售股（股权激励限售股除外）限售

期届满的情形；

（六）相关说明及风险提示，明确方案对公司报告期内净资产收益率及投资者持股比例没有实质性影响，说明方案对公司报告期内每股收益、每股净资产的摊薄情况，以及方案尚需履行的审议程序及其不确定性等。

6.5.15　上市公司及相关内幕信息知情人不得单独或者与他人合谋，利用利润分配、资本公积金转增股本方案从事内幕交易、操纵市场等违法违规行为。

6.5.16　在筹划或者讨论利润分配、资本公积金转增股本方案过程中，上市公司应当将内幕信息知情人控制在最小范围内，及时登记内幕信息知情人员名单及其个人信息，并采取严格的保密措施，防止方案提前泄露。

公司还应当密切关注媒体关于公司分配方案、转增方案的报道和公司股票及其衍生品种的交易情况，及时采取相应措施。

第六节　员工持股计划

6.6.1　上市公司采用回购、二级市场购买、非公开发行、股东自愿赠与以及其他法律法规及中国证监会允许的方式实施员工持股计划的，适用本节规定。本节未作规定的，适用中国证监会及本所其他有关规定。

6.6.2　上市公司实施员工持股计划，应当遵循依法合规、自愿参与、风险自担的原则，按照法律法规、中国证监会及本所有关规定的要求履行相应的审议程序和信息披露义务。

为上市公司员工持股计划出具意见的中介机构和人员，应当诚实守信、勤勉尽责，保证所出具文件内容真实、准确、完整。

6.6.3　任何人不得利用员工持股计划进行内幕交易、操纵市场等违法违规行为。

上市公司实施员工持股计划时，应当遵守市场交易规则，不得在法律法规规定的上市公司董事、监事、高级管理人员不得买卖本公司股票的期间买卖本公司股票。

6.6.4　上市公司筹划员工持股计划，应当做好内幕信息管理工作。

员工持股计划有关各方对所知悉的员工持股计划相关信息，在依法依规披露前负有保密义务。

6.6.5　上市公司在董事会审议前披露筹划员工持股计划提示性公告的，提示性公告应当至少包括以下内容：

（一）员工持股计划拟持有的公司股票数量（上限）及占公司股本总额的比例（上限）；

（二）员工持股计划参加对象是否包括公司董事、监事或高级管理人员；

（三）员工持股计划的股票来源；

（四）员工持股计划尚需履行的程序，存在的不确定性和风险；

（五）预计披露员工持股计划草案的时间（自披露提示性公告之日起不得超过3个月）；

（六）本所要求的其他内容。

6.6.6 上市公司董事会审议员工持股计划相关事项时，拟参加员工持股计划的董事及与其存在关联关系的董事应当回避。出席董事会的非关联董事人数不足三人的，上市公司应当将该事项直接提交股东大会审议。

上市公司应当在董事会审议通过员工持股计划草案后及时披露董事会决议、员工持股计划草案、监事会意见等文件。

监事会应当就员工持股计划是否有利于上市公司的持续发展，是否损害上市公司利益及中小股东合法权益，计划推出前征求员工意见的情况，公司是否以摊派、强行分配等方式强制员工参加持股计划等事项发表意见。

6.6.7 上市公司员工持股计划草案全文内容应当至少包括：

（一）实施员工持股计划的目的；

（二）员工持股计划规模，包括拟持有公司股票的数量、占公司股本总额的比例等；

（三）员工持股计划的参加对象及确定标准，包括拟参加员工持股计划的上市公司董事、监事、高级管理人员的姓名及其所获份额对应的股份比例，及拟参加员工持股计划的其他员工所获份额对应的合计股份比例等；员工持股计划的参加对象同时是上市公司持股5%以上股东、实际控制人的，还应当披露相关人员参加目的、是否有利于保护中小股东合法权益；

（四）员工持股计划的资金来源，同时披露是否存在上市公司向员工提供财务资助或为其贷款提供担保的情况；资金来源涉及杠杆资金的，应当披露杠杆倍数和杠杆资金来源、杠杆倍数是否合规；资金来源为上市公司提取激励基金的，应当披露基金的计提方法、相关会计处理；

（五）员工持股计划的股票来源；来源于上市公司所回购股份的，应当披露定价依据、定价方式及其合理性，相关会计处理及理由，对公司经营业绩的影响；来源于股东自愿赠与的，应当披露相关会计处理及理由，对公司经营业绩的影响；

（六）员工持股计划的存续期限，存续期限届满后若继续展期应履行的程序，员工持股计划的锁定期及其合理性、合规性；

（七）员工持股计划管理模式；

（八）员工持股计划资产管理机构（如有）的选任程序、管理协议的主要条款（管理费用的计提及支付方式等）；

（九）员工持股计划持有人会议的召集、表决程序、表决权行使机制，持有人代表或机构的选任程序及其职责；

（十）结合员工持股计划管理模式及决策程序，说明员工持股计划所持股份对应股东权利的情况，包括上市公司股东大会的出席、提案、表决等的安排，参加现金分红、债券兑息、送股、转增股份、配股和配售债券等的安排，以及公司融资时员工持股计划的参与方式；同时披露员工持股计划在股东大会审议上市公司与股东、董事、监事、高级管理人员等参与对象的交易相关提案时是否需要回避；说明员工持股计划不得买卖上市公司股票的期间；

（十一）本次员工持股计划与公司控股股东或第一大股东、实际控制人、董事、监事、高级管理人员、已存续员工持股计划（如有）之间是否存在关联关系或一致行动关系；上市公司同时存在多个员工持股计划的，应当说明各员工持股计划所持上市公司权益是否合并计算及依据；

（十二）第三方是否为员工参加持股计划提供奖励、资助、补贴、兜底等安排；如是，应当披露相关安排的提供人、来源、形式、可执行性等具体情况，以及第三方的履约保障措施；

（十三）员工持股计划持有人对通过持股计划获得的股份权益的占有、使用、收益和处分权利的安排；员工持股计划持有人出现离职、退休、死亡或其他不再适合参加持股计划等情形时，所持股份权益的处置办法；

（十四）员工持股计划期满后所持有股份的处置办法、损益分配方法；

（十五）员工持股计划变更和终止的情形及决策程序；

（十六）已经或者尚需获得的国有资产管理机构、行业主管等部门的批准情况（如适用）；

（十七）本所要求的其他内容。

6.6.8　上市公司应当在相关股东大会现场会议召开的两个交易日前公告员工持股计划的法律意见书。法律意见书应当至少就以下事项发表结论性意见：

（一）员工持股计划内容的合法合规性，包括员工持股计划的规模及比例（上市公司全部有效的员工持股计划所持有的股票总数累计是否超过公司股本总额的10%、单个员工所获股份权益对应的股票总数累计是否超过公司股本总额的1%）、参加对象、资金来源（其中杠杆倍数的合规性）、股票来源（其中是否存在来源于上市公司所回购股份）、存续期限、管理模式等；

（二）员工持股计划审议程序的合法合规性；

（三）员工持股计划在股东大会审议上市公司与股东、董事、监事、高级管理人员等参与对象的交易相关提案时回避安排的合法合规性；

（四）员工持股计划在本公司融资时参与方式的合法合规性；

（五）员工持股计划一致行动关系认定的合法合规性；

（六）本所要求的其他内容。

6.6.9　股东大会就员工持股计划进行表决时，存在下列情形的股东及其一致行动人应当回避：自身或关联方拟成为员工持股计划的资产管理机构、认购计划份额、提供或垫付资金、提供股票、分享收益，以及其他可能导致利益倾斜的情形。

员工持股计划方案应当经出席会议的非关联股东所持表决权的过半数通过。

上市公司股东大会决议公告应当披露中小股东对员工持股计划相关提案的表决情况和表决结果。

6.6.10　在股东大会审议通过后，公司拟变更员工持股计划的，应当按照员工持股计划方案的约定经董事会或者股东大会审议通过，并披露差异对照表及变更原因。

6.6.11　上市公司实施员工持股计划依照规定需取得有关部门批准的，应当在取得有关批复文件后的两个交易日内公告批复情况。

6.6.12　员工持股计划股票来源于二级市场购买的，上市公司应当在股东大会审议通过员工持股计划后六个月内每月公告一次购买股票的时间、方式、数量、价格等具体情况。员工持股计划需在六个月内完成标的股票的购买。

6.6.13　上市公司应当在员工持股计划完成标的股票的购买或过户的两个交易日内进行公告，内容包括但不限于获得标的股票的时间、按股票来源类别列示的数量、对应会计处理（如有）、按资金来源类别列示的购买金额、员工实际认购份额与股东大会审议通过的拟认购份额的一致性，相关方为员工参加持股计划提供的奖励、资助、补贴、兜底等的进展（如有），并说明本次员工持股计划与上市公司控股股东或第一大股东、实际控制人、董事、监事、高级管理人员、已存续的员工持股计划（如有）之间是否存在关联关系或一致行动关系。

6.6.14　员工因参加员工持股计划，其股份权益发生变动，应当按照法律法规、本所相关规定的要求履行相应义务。

6.6.15　员工持股计划及其一致行动人持有公司股票达到权益变动信息披露标准的，应当按照法律法规、本所相关规定的要求履行披露义务。

6.6.16　员工持股计划持有人会议产生管理委员会的，应当在持有人会议决议后及时公告管理委员会成员是否在上市公司控股股东或者实际控制人（无控股股东的，第一大股东）单位担任职务，是否为持有上市公司5%以上股东、实际控制人、上市公司董事、监事、高级管理人员或者与前述主体存在关联关系。

6.6.17　员工持股计划存续期内，发生下列情形之一的，应当及时披露：

（一）员工持股计划变更、提前终止，或者相关当事人未按照约定实施员工持股计划的；

（二）员工持股计划持有人之外的第三人对员工持股计划的股票和资金提出权利主张的；

（三）员工持股计划锁定期届满；

（四）出现单个员工所获份额对应的股票总数累计达到公司股本总额的1%的；

（五）触发兜底等安排但未能如期兑现的；

（六）本所认定的其他情形。

6.6.18　员工持股计划在锁定期届满后减持完毕全部所持本公司股份的，上市公司应当及时披露公告，披露内容至少包括减持期间、股份数量及占公司股本总额的比例；通过集中竞价交易以外方式进行减持的部分，还应当披露受让方与上市公司5%以上股东、实际控制人是否存在关联关系或者一致行动关系。员工持股计划持股期间及其与草案披露的存续期或者展期后的存续期应当一致。

6.6.19　上市公司应当在员工持股计划存续期限届满前六个月披露提示性公告，说明即将到期的员工持股计划所持有的股票数量及占公司股本总额的比例。

6.6.20　上市公司应当至迟在员工持股计划存续期限届满时披露到期的员工持股计划所持有的股票数量及占公司股本总额的比例、届满后的处置安排。拟展期的，应对照第6.6.7条的披露要求逐项说明与展期前的差异情况，并按员工持股计划方案的约定履行相应的审议程序和披露义务。

6.6.21 上市公司应当及时、真实、准确、完整地披露相关各方作出的涉及员工持股计划的各项承诺，并督促相关方切实履行承诺。

6.6.22 上市公司应当在半年度报告、年度报告中披露报告期内员工持股计划的实施情况，内容应当至少包括：

（一）报告期内全部有效的员工持股计划持有的股票总额及占上市公司股本总额的比例；

（二）报告期内持股员工的范围、人数及其变更情况，董事、监事、高级管理人员情况单独列示；

（三）报告期内实施计划的资金来源；

（四）报告期内资产管理机构的变更情况（如有）；

（五）报告期内因持有人处置份额等引起的权益变动情况（如有）。

上市公司在年度报告中，还应当披露以下内容：

（一）报告期内股东权利行使的情况；

（二）员工持股计划持有人出现离职、退休、死亡或其他不再适合继续参加持股计划等情形的处置情况（如有），或除前述情形外的其他处置情况（如有），包括处置总体情况、受让方（如有）与上市公司5%以上股东、实际控制人是否存在关联关系或者一致行动关系，以及相关处置是否符合员工持股计划的约定；

（三）员工持股计划管理委员会（如有）成员发生变化的；

（四）员工持股计划对报告期上市公司的财务影响及相关会计处理（如有）；

（五）报告期内员工持股计划终止的情况（如有）；

（六）本所要求的其他内容。

6.6.23 员工持股计划行使提案权、表决权等股东权利的，上市公司相关股东大会的法律意见书中应当对员工持股计划行使股东权利的行为和决策过程是否符合员工持股计划的约定，审议涉及股东或者董事、监事、高级管理人员的相关提案时是否存在应回避而未回避表决情形等发表意见。

6.6.24 上市公司及其董事、监事、高级管理人员或者其他员工，通过设立资产管理计划、信托计划、持股平台等形式实施员工持股计划类似方案的，参照本节相关规定履行信息披露义务。

第七章　投资者关系管理

第一节　总体要求

7.1.1 上市公司以及董事、监事、高级管理人员和工作人员开展投资者关系管理工作，应当遵守法律法规和本所其他相关规定，体现公平、公正、公开原则，客观、真实、准确、完整地介绍和反映公司的实际状况，不得出现以下情形：

（一）透露或通过符合条件媒体以外的方式发布尚未公开披露的重大信息；

（二）发布含有虚假或者引人误解的内容，作出夸大性宣传、误导性提示；

（三）对公司股票及其衍生产品价格作出预期或者承诺；

（四）歧视、轻视等不公平对待中小股东的行为；

（五）其他违反信息披露规则或者涉嫌操纵证券市场、内幕交易等违法违规行为。

7.1.2 上市公司开展投资者关系管理活动，应当以已公开披露信息作为交流内容，不得以任何方式透露或者泄露未公开披露的重大信息。

投资者关系活动中涉及或者可能涉及股价敏感事项、未公开披露的重大信息或者可以推测出未公开披露的重大信息的提问的，公司应当告知投资者关注公司公告，并就信息披露规则进行必要的解释说明。

公司不得以投资者关系管理活动中的交流代替正式信息披露。公司在投资者关系管理活动中不慎泄露未公开披露的重大信息的，应当立即通过符合条件媒体发布公告，并采取其他必要措施。

7.1.3 上市公司应当建立投资者关系管理机制，董事会秘书负责组织和协调投资者关系管理工作。除非得到明确授权并经过培训，公司其他董事、监事、高级管理人员和员工应当避免在投资者关系活动中代表公司发言。

7.1.4 上市公司投资者关系管理工作人员应当具备履行职责所必需的专业知识，具有良好的职业素养。公司应当定期对控股股东、实际控制人、董事、监事、高级管理人员及相关人员进行投资者关系管理的系统培训，增强其对相关法律法规、本所相关规则和公司规章制度的理解。

7.1.5 上市公司进行投资者关系活动应建立完备的投资者关系管理档案制度，投资者关系管理档案至少应包括下列内容：

（一）投资者关系活动参与人员、时间、地点；

（二）投资者关系活动的交流内容；

（三）未公开重大信息泄密的处理过程及责任追究情况（如有）；

（四）其他内容。

投资者关系管理档案应当按照投资者关系管理的方式进行分类，将相关记录、现场录音、演示文稿、活动中提供的文档（如有）等文件资料存档并妥善保管，保存期限不得少于 3 年。

7.1.6 上市公司应当在定期报告中公布公司网址和咨询电话号码。当网址或者咨询电话号码发生变更后，公司应当及时进行公告。

公司应当保证咨询电话、传真和电子信箱等对外联系渠道畅通，确保咨询电话在工作时间有专人接听，并通过有效形式及时向投资者答复和反馈相关信息。

7.1.7 保荐人及其保荐代表人、独立财务顾问及其主办人对上市公司公平信息披露履行持续督导义务，督导公司建立健全并严格执行公平信息披露相关制度，发现公司及相关主体存在违反本指引规定的，应当立即向本所报告并督促公司采取相应措施。

7.1.8 上市公司应当建立、健全投资者关系管理活动相关制度及程序，保证信息披露的公平性：

（一）公司应当制定接待和推广制度，内容应当至少包括接待和推广的组织安排、活动内容安排、人员安排、禁止擅自披露、透露或者泄露未公开重大信息的规定等；

（二）公司应当制定信息披露备查登记制度，对接受或者邀请特定对象的调研、沟通、采访等活动予以详细记载，内容应当至少包括活动时间、地点、方式（书面或者口头）、双方当事人姓名、活动中谈论的有关公司的内容、提供的有关资料等，公司应当在定期报告中将信息披露备查登记情况予以披露；

（三）公司应当将投资者关系管理活动相关制度公开。

7.1.9　上市公司应当对以非正式公告方式向外界传达的信息进行严格审查，设置审阅或者记录程序，防止泄露未公开重大信息。

上述非正式公告的方式包括：股东大会、新闻发布会、产品推介会；公司或者相关个人接受媒体采访；直接或者间接向媒体发布新闻稿；公司（含子公司）网站与内部刊物；董事、监事或者高级管理人员博客、微博、微信等社交媒体；以书面或者口头方式与特定投资者沟通；以书面或者口头方式与证券分析师沟通；公司其他各种形式的对外宣传、报告等；本所认定的其他形式。

第二节　投资者关系管理的形式和要求

7.2.1　上市公司可以通过公司官方网站、本所网站和本所投资者关系互动平台（以下简称互动易平台）、新媒体平台、电话、传真、邮箱、投资者教育基地等方式，采取股东大会、投资者说明会、路演、投资者调研、证券分析师调研等形式，建立与投资者的重大事件沟通机制。

7.2.2　上市公司可以在官方网站设立投资者关系管理专栏，用于发布和更新投资者关系管理工作相关信息。

7.2.3　上市公司应当为中小股东、机构投资者到公司现场参观、座谈沟通提供便利，合理、妥善地安排活动过程，做好信息隔离，不得使来访者接触到未公开披露的重大信息。

7.2.4　上市公司应当承担投资者投诉处理的首要责任，完善投诉处理机制，妥善处理投资者诉求。

公司与投资者之间发生的纠纷，可以自行协商解决、向调解组织申请调解、向仲裁机构申请仲裁或者向人民法院提起诉讼。

7.2.5　上市公司应当充分关注互动易收集的信息以及其他媒体关于本公司的报道，充分重视并依法履行有关公司的媒体报道信息引发或者可能引发的信息披露义务。

7.2.6　上市公司在投资者说明会、业绩说明会、分析师会议、路演等投资者关系活动结束后应当及时编制投资者关系活动记录表，并于次一交易日开市前在互动易和公司网站（如有）刊载。活动记录表至少应当包括以下内容：

（一）活动参与人员、时间、地点、形式；

（二）交流内容及具体问答记录；

（三）关于本次活动是否涉及应披露重大信息的说明；

（四）活动过程中所使用的演示文稿、提供的文档等附件（如有）；

（五）本所要求的其他内容。

第三节　投资者说明会

7.3.1　上市公司召开投资者说明会的，应当采取便于投资者参与的方式进行。公司应当在投资者说明会召开前发布公告，说明投资者关系活动的时间、方式、地点、网址、公司出席人员名单和活动主题等。投资者说明会原则上应当安排在非交易时段召开。

公司应当在投资者说明会召开前以及召开期间为投资者开通提问渠道，做好投资者提问征集工作，并在说明会上对投资者关注的问题予以答复。

7.3.2　参与投资者说明会的上市公司人员应当包括公司董事长（或者总经理）、财务负责人、独立董事和董事会秘书。公司处于持续督导期内的，鼓励保荐代表人或独立财务顾问主办人参加。

7.3.3　除依法履行信息披露义务外，上市公司应当积极召开投资者说明会，向投资者介绍情况、回答问题、听取建议。存在下列情形的，上市公司应当及时召开投资者说明会：

（一）公司当年现金分红水平未达相关规定，需要说明原因的；

（二）公司在披露重组预案或重组报告书后终止重组的；

（三）公司股票交易出现相关规则规定的异常波动，公司核查后发现存在未披露重大事件的；

（四）公司相关重大事件受到市场高度关注或质疑的；

（五）公司在年度报告披露后，按照中国证监会和本所相关规定应当召开年度报告业绩说明会的；

（六）其他按照中国证监会和本所规定应当召开投资者说明会的情形。

7.3.4　本所鼓励上市公司在年度报告披露后十五个交易日内举行年度报告业绩说明会，对公司所处行业状况、发展战略、生产经营、财务状况、分红情况、风险与困难等投资者关心的内容进行说明。

7.3.5　股东大会对现金分红具体方案进行审议前，上市公司应当通过多种渠道主动与股东特别是中小股东进行沟通和交流，充分听取中小股东的意见和诉求，及时答复中小股东关心的问题。

第四节　上市公司接受调研

7.4.1　上市公司接受从事证券分析、咨询及其他证券服务的机构及个人、从事证券投资的机构及个人（以下简称调研机构及个人）的调研时，应当妥善开展相关接待工作，并按规定履行相应的信息披露义务。

7.4.2　上市公司、调研机构及个人不得利用调研活动从事市场操纵、内幕交易或者其他违法违规行为。

7.4.3　上市公司控股股东、实际控制人、董事、监事、高级管理人员及其他员工在接受调研前，应当知会董事会秘书，原则上董事会秘书应当全程参加。

7.4.4　上市公司与调研机构及个人进行直接沟通的，除应邀参加证券公司研究所等机构举办的投资策略分析会等情形外，应当要求调研机构及个人出具单位证明和身份证等资料，并要求与其签署承诺书。

承诺书至少应当包括下列内容：

（一）不故意打探公司未公开重大信息，未经公司许可，不与公司指定人员以外的人员进行沟通或者问询；

（二）不泄露无意中获取的未公开重大信息，不利用所获取的未公开重大信息买卖或者建议他人买卖公司股票及其衍生品种；

（三）在投资价值分析报告等研究报告、新闻稿等文件中不使用未公开重大信息，除非公司同时披露该信息；

（四）在投资价值分析报告等研究报告中涉及盈利预测和股价预测的，注明资料来源，不使用主观臆断、缺乏事实根据的资料；

（五）在投资价值分析报告等研究报告、新闻稿等文件在对外发布或者使用前知会公司；

（六）明确违反承诺的责任。

7.4.5　上市公司应当就调研过程和交流内容形成书面调研记录，参加调研的人员和董事会秘书应当签字确认。具备条件的，可以对调研过程进行录音录像。

7.4.6　上市公司应当建立接受调研的事后核实程序，明确未公开重大信息被泄露的应对措施和处理流程，要求调研机构及个人将基于交流沟通形成的投资价值分析报告等研究报告、新闻稿等文件在发布或者使用前知会公司。

公司在核查中发现前条所述文件存在错误、误导性记载的，应当要求其改正，对方拒不改正的，公司应当及时对外公告进行说明；发现前述文件涉及未公开重大信息的，应当立即向本所报告并公告，同时要求调研机构及个人在公司正式公告前不得对外泄露该信息，并明确告知其在此期间不得买卖或者建议他人买卖公司股票及其衍生品种。

7.4.7　媒体、市场或投资者对上市公司发布调研记录提出质疑的，本所可以视情况要求公司对有关问题作出解释和说明，并予以披露。

公司股票及其衍生品交易出现异常的，本所可以视情况要求公司提示相关风险。

上市公司接受调研及发布调研记录不符合本指引要求的，本所可以要求公司改正。

7.4.8　上市公司接受新闻媒体及其他机构或者个人调研或采访，参照本章规定执行。

上市公司控股股东、实际控制人接受与公司相关的调研或采访，参照本章规定执行。

第五节　互动易平台

7.5.1　上市公司应当通过互动易等多种渠道与投资者交流，指派或授权专人及时查看并处理互动易的相关信息。公司应当就投资者对已披露信息的提问进行充分、深入、详细的分析、说明和答复。

对于重要或者具普遍性的问题及答复，公司应当加以整理并在互动易以显著方式刊载。

7.5.2 上市公司在互动易平台发布信息的，应当谨慎、客观，以事实为依据，保证所发布信息的真实、准确、完整和公平，不得使用夸大性、宣传性、误导性语言，不得误导投资者，并充分提示相关事项可能存在的重大不确定性和风险。

上市公司信息披露以其通过符合条件媒体披露的内容为准，在互动易动平台发布的信息不得与依法披露的信息相冲突。

7.5.3 上市公司在互动易平台发布信息及对涉及市场热点概念、敏感事项问题进行答复，应当谨慎、客观、具有事实依据，不得利用互动易平台迎合市场热点或者与市场热点不当关联，不得故意夸大相关事项对公司生产、经营、研发、销售、发展等方面的影响，不当影响公司股票及其衍生品种价格。

第八章　社会责任

8.1 上市公司应当在追求经济效益、保护股东利益的同时，积极保护债权人和职工的合法权益，诚信对待供应商、客户和消费者，践行绿色发展理念，积极从事环境保护、社区建设等公益事业，从而促进公司本身与全社会的协调、和谐发展。

8.2 上市公司在经营活动中，应当遵循自愿、公平、等价有偿、诚实信用的原则，遵守社会公德、商业道德，接受政府和社会公众的监督，不得依靠夸大宣传、虚假广告等不当方式牟利，不得通过贿赂、走私等非法活动牟取不正当利益，不得侵犯他人的商标权、专利权和著作权等知识产权，不得从事不正当竞争行为。

8.3 上市公司应当根据所处行业及自身经营特点，形成符合本公司实际的社会责任战略规划及工作机制。上市公司的社会责任战略规划至少应当包括公司的商业伦理准则、员工保障计划及职业发展支持计划、合理利用资源及有效保护环境的技术投入及研发计划、社会发展资助计划以及对社会责任规划进行落实管理及监督的机制安排等内容。

8.4 上市公司应当积极履行社会责任，定期评估公司社会责任的履行情况。“深证100”样本公司应当在年度报告披露的同时披露公司履行社会责任的报告（以下简称社会责任报告）。

本所鼓励其他有条件的上市公司，在年度报告披露的同时披露社会责任报告。

8.5 上市公司应当依据《公司法》和公司章程的规定，建立职工董事、职工监事选任制度，确保职工在公司治理中享有充分的权利；支持工会依法开展工作，对工资、福利、劳动安全卫生、社会保险等涉及职工切身利益的事项，通过职工代表大会、工会会议等民主形式听取职工的意见，关心和重视职工的合理需求。

8.6 上市公司应当将生态环保要求融入发展战略和公司治理过程，并根据自身生产经营特点、对环境的影响程度等实际情况，履行下列环境保护责任：

（一）遵守环境保护法律法规与行业标准；

（二）制订执行公司环境保护计划；

（三）高效使用能源、水资源、原材料等自然资源；

（四）合规处置污染物；

（五）建设运行有效的污染防治设施；

（六）足额缴纳环境保护相关税费；

（七）保障供应链环境安全；

（八）其他应当履行的环境保护责任事项。

8.7 上市公司可以根据自身实际情况，在公司年度社会责任报告中披露或者单独披露如下环境信息：

（一）公司环境保护方针、年度环境保护目标及成效；

（二）公司年度资源消耗总量；

（三）公司环保投资和环境技术开发情况；

（四）公司排放污染物种类、数量、浓度和去向；

（五）公司环保设施的建设和运行情况；

（六）公司在生产过程中产生的废物的处理、处置情况，废弃产品的回收、综合利用情况；

（七）与环保部门签订的改善环境行为的自愿协议；

（八）公司受到环保部门奖励的情况；

（九）公司自愿公开的其他环境信息。

从事火力发电、钢铁冶炼、水泥生产、电解铝、矿产开发等对环境影响较大行业的上市公司，应当披露前款第一至七项所列的环境信息，并应重点说明公司在环保投资和环境技术开发方面的工作情况。

8.8 上市公司应当定期指派专人检查环保政策的实施情况，对不符合公司环境保护政策的行为应当予以纠正，并采取相应补救措施。

公司出现重大环境污染事故时，应当及时披露环境污染的产生原因、对公司业绩的影响、环境污染的影响情况、公司拟采取的整改措施等。

8.9 属于环境保护部门公布的重点排污单位的上市公司或者其重要子公司，应当根据法律法规和本所相关规定在年度报告中披露相关环境信息。

公司在报告期内以临时报告的形式披露环境信息内容的，应当说明后续进展或者变化情况。如相关事项已在临时报告披露且后续实施无进展或者变化的，仅需披露该事项概述，并提供临时报告披露网站的相关查询索引。

8.10 上市公司应当根据自身生产经营模式，履行下列生产及产品安全保障责任：

（一）遵守产品安全法律法规与行业标准；

（二）建立安全可靠的生产环境和生产流程；

（三）建立产品质量安全保障机制与产品安全事故应急方案；

（四）其他应当履行的生产与产品安全责任。

8.11 上市公司应当根据员工构成情况，履行下列员工权益保障责任：

（一）建立员工聘用解雇、薪酬福利、社会保险、工作时间等管理制度及违规处理措施；

（二）建立防范职业性危害的工作环境与配套安全措施；

（三）开展必要的员工知识和职业技能培训；

（四）其他应当履行的员工权益保护责任。

8.12 上市公司应当严格遵守科学伦理规范，尊重科学精神，恪守应有的价值观念、社会责任和行为规范，发挥科学技术的正面效应。

公司应当避免研究、开发和使用危害自然环境、生命健康、公共安全、伦理道德的科学技术，不得从事侵犯个人基本权利或者损害社会公共利益的研发和经营活动。

公司在生命科学、人工智能、信息技术、生态环境、新材料等科技创新领域开发或者使用创新技术的，应当遵循审慎和稳健原则，充分评估其潜在影响及可靠性。

8.13 上市公司可以将社会责任报告与年度报告同时对外披露。社会责任报告的内容至少应当包括：

（一）关于职工保护、环境污染、商品质量、社区关系等方面的社会责任制度的建设和执行情况；

（二）履行社会责任存在的问题和不足、与本指引相关要求存在的差距及其原因；

（三）改进措施和具体时间安排。

第九章 附 则

9.1 本指引第1.2条所规定的相关主体违反本指引的，本所按照《股票上市规则》和《深圳证券交易所自律监管措施和纪律处分实施办法》等相关规定对其采取自律监管措施或者纪律处分措施。

9.2 本指引由本所负责解释。

9.3 本指引自2023年9月4日起施行。本所2022年1月7日发布的《深圳证券交易所上市公司自律监管指引第1号——主板上市公司规范运作》（深证上〔2022〕13号）同时废止。本所此前发布的其他业务规则中有关独立董事的规定与本指引不一致的，以本指引为准。

自本指引施行之日起的一年为过渡期。过渡期内，上市公司董事会及专门委员会的设置、独立董事专门会议机制、独立董事的独立性、任职条件、任职期限及兼职家数等事项与本指引不一致的，应当逐步调整至符合本指引的规定。

附件一：上市公司董事（监事、高级管理人员、控股股东、实际控制人）声明及承诺书

附件二：红筹企业董事（监事、高级管理人员、控股股东、实际控制人）声明及承诺书

附件三：上市公司独立董事提名人与候选人声明与承诺、独立董事候选人履历表及其填写说明

附件四：募集资金三方监管协议（范本）

附件一：

上市公司董事声明及承诺书

第一部分　声　明

一、基本情况

1. 上市公司全称：____________________

2. 上市公司股票简称：____________________　股票代码：__________

3. 本人姓名：____________________

4. 别名：____________________

5. 曾用名：____________________

6. 出生日期：____________________

7. 住址：____________________

8. 国籍：____________________

9. 拥有哪些国家或者地区的长期居留权（如适用）：__________

10. 专业资格（如适用）：____________________

11. 身份证号码：____________________

12. 护照号码（如适用）：____________________

13. 近亲属的姓名、身份证号码：____________________

配偶：____________________

父母：____________________

子女（含年满十八岁具有民事行为能力的子女）：__________

兄弟姐妹：____________________

14. 最近五年工作经历：____________________

____

____

二、是否有配偶、父母、年满十八岁具有民事行为能力的子女及配偶、兄弟姐妹及配偶担任本公司董事、监事或者高级管理人员？

是□　否□

如是，请详细说明。

三、是否在其他公司任职？

是□　否□

如是，请填报各公司的名称、注册资本、经营范围以及本人在该公司任职的情况。

四、是否负有数额较大的到期未清偿债务，或者未偿还经法院判决、裁定应当偿付的债务，或者被法院采取强制措施，或者受到仍然有效的法院判决、裁定所限制？

是□　否□

如是，请详细说明。

五、是否曾担任因经营不善破产清算、关停并转或者曾有类似情况的公司、企业的董事、监事或者厂长、经理？

是□　否□

六、是否曾担任因违法而被吊销营业执照的公司、企业的法定代表人？

是□　否□

七、是否曾因犯有贪污、贿赂、内幕交易、操纵证券、期货交易价格、挪用财产、侵占财产罪或者其他破坏社会主义经济秩序罪而受到刑事处罚？

是□　否□

如是，请详细说明。

八、是否曾因违反《证券法》《上市公司信息披露管理办法》和《证券市场禁入规定》等证券市场法律、行政法规或者部门规章而受到行政处罚？

是□　否□

如是，请详细说明。

九、除第七项、第八项以外，本人是否曾违反其他法律、行政法规受到刑事处罚或者行政处罚，是否曾违反本所相关规定受到本所处分？

是□　否□

如是，请详细说明。

十、是否正处于被指控犯有贪污、贿赂、内幕交易、操纵证券、期货交易价格、挪用财产、侵占财产罪或者其他破坏社会主义经济秩序罪的刑事诉讼中？

是□　否□

如是，请详细说明。

十一、是否因涉嫌违反证券市场法律、行政法规正受到中国证监会的调查或者涉及在任何中国证监会所进行的行政程序中？

是□　否□

如是，请详细说明。

十二、本人以及本人的配偶、父母、子女是否持有本公司股票及其衍生品种？

是□　否□

如是，请详细说明。

十三、在上市公司及其控股子公司业务中，过去或者现在是否拥有除前项以外的任何其他利益？

是□　否□

如是，请详细说明。

十四、是否已明确知悉作为上市公司的董事，如果对下列问题负有直接责任的，将被追究刑事责任：

（一）公司向股东和社会公众提供虚假的或者隐瞒重大事实的财务会计报告，严重损害股东或者其他人利益，或者有其他严重情节的；

（二）公司对依法应当披露的其他重要信息不按照规定披露，严重损害股东或者其他人利益，或者有其他严重情节的；

是□　否□

十五、是否已明确知悉作为上市公司的董事，如果违背对公司的忠实义务，利用职务便利，操纵上市公司从事下列行为之一，致使上市公司利益遭受特别重大损失的，将被追究刑事责任：

（一）无偿向其他单位或者个人提供资金、商品、服务或者其他资产的；

（二）以明显不公平的条件，提供或者接受资金、商品、服务或者其他资产的；

（三）向明显不具有清偿能力的单位或者个人提供资金、商品、服务或者其他资产的；

（四）向明显不具有清偿能力的单位或者个人提供担保，或者无正当理由为其他单位或者个人提供担保的；

（五）无正当理由放弃债权、承担债务的；

（六）采用其他方式损害上市公司利益的。

是□　否□

十六、除上述问题所披露的信息外，是否有需要声明的其他事项，而不声明该等事项可能影响本人对上述问题回答的真实性、准确性或者完整性？

是□　否□

如是，请详细说明。

本人____________（正楷体）郑重声明，上述回答是真实、准确和完整的，保证不存在任何虚假记载、误导性陈述或者遗漏。本人完全明白作出虚假声明可能导致的后果。深圳证券交易所可依据上述回答所提供的资料，评估本人是否适宜担任上市公司的董事。

声 明 人：　　　　　　　（签署）

日　　期：

此项声明于　　　年　　月　　日在　　　　　　　　　　（地点）作出。

见证律师：

日　　期：

第二部分　承　诺

本人________________（正楷体）向深圳证券交易所承诺：

一、本人在履行上市公司董事的职责时，将遵守并促使本公司和本人的授权人遵守国家法律、行政法规和部门规章等有关规定，本人将廉洁守法，履行忠实、勤勉义务，不以任何方式干扰深圳证券交易所自律管理工作。

二、本人在履行上市公司董事的职责时，将遵守并促使本公司和本人的授权人遵守中国证监会发布的部门规章、规范性文件的有关规定。

三、本人在履行上市公司董事的职责时，将遵守并促使本公司和本人的授权人遵守

《深圳证券交易所股票上市规则》和深圳证券交易所的其他相关规定。

四、本人在履行上市公司董事的职责时，将遵守并促使本公司和本人的授权人遵守公司章程。

五、本人接受深圳证券交易所的监管，包括及时、如实地答复深圳证券交易所向本人提出的任何问题，及时按照《深圳证券交易所股票上市规则》和深圳证券交易所的其他相关规定的要求报送资料、提供相关文件的正本或者副本，并出席本人被要求出席的会议。

六、本人授权深圳证券交易所将本人提供的承诺与声明的资料向中国证监会报告。

七、本人如违反上述承诺，愿意承担由此引起的一切法律责任和接受深圳证券交易所的任何处分。

八、本人因履行上市公司董事的职责或者本承诺而与深圳证券交易所发生争议提起诉讼时，由深圳证券交易所住所地法院管辖。

承 诺 人：　　　　　（签署）

日　　期：

此项承诺于　　　年　　月　　日在　　　　　　（地点）作出。

见证律师：

日　　期：

上市公司监事声明及承诺书

第一部分　声　明

一、基本情况

1. 上市公司全称：________________

2. 上市公司股票简称：________________　股票代码：________

3. 本人姓名：________________

4. 别名：________________

5. 曾用名：________________

6. 出生日期：________________

7. 住址：________________

8. 国籍：________________

9. 拥有哪些国家或者地区的长期居留权（如适用）：________________

10. 专业资格（如适用）：________________

11. 身份证号码：________________

12. 护照号码（如适用）：________________

13. 近亲属的姓名、身份证号码：________________

配偶：______________________________

父母：______________________________

子女（含年满十八岁具有民事行为能力的子女）：______________

兄弟姐妹：______________________________

14. 最近五年工作经历：______________________________

____

____

二、是否有配偶、父母、年满十八岁具有民事行为能力的子女及配偶、兄弟姐妹及配偶担任本公司董事、监事或者高级管理人员？

是□　否□

如是，请详细说明。

三、是否在其他公司任职？

是□　否□

如是，请填报各公司的名称、注册资本、经营范围、以及本人在该公司任职的情况。

四、是否负有数额较大的到期未清偿债务，或者未偿还经法院判决、裁定应当偿付的债务，或者被法院采取强制措施，或者受到仍然有效的法院判决、裁定所限制？

是□　否□

如是，请详细说明。

五、是否曾担任因经营不善破产清算、关停并转或者曾有类似情况的公司、企业的董事、监事或者厂长、经理？

是□　否□

六、是否曾担任因违法而被吊销营业执照的公司、企业的法定代表人？

是□　否□

七、是否曾因犯有贪污、贿赂、内幕交易、操纵证券、期货交易价格、挪用财产、侵占财产罪或者其他破坏社会主义经济秩序罪而受到刑事处罚？

是□　否□

如是，请详细说明。

八、是否曾因违反《证券法》《上市公司信息披露管理办法》和《证券市场禁入规定》等证券市场法律、行政法规或者部门规章而受到行政处罚？

是□　否□

如是，请详细说明。

九、除第七项、第八项以外，本人是否曾违反其他法律、行政法规受到刑事处罚或者行政处罚，是否曾违反本所相关规定受到本所处分？

是□　否□

如是，请详细说明。

十、是否正处于被指控犯有贪污、贿赂、内幕交易、操纵证券、期货交易价格、挪用财产、侵占财产罪或者其他破坏社会主义经济秩序罪的刑事诉讼中？

是□　否□

如是，请详细说明。

十一、是否因涉嫌违反证券市场法律、行政法规正受到中国证监会的调查或者涉及在任何中国证监会所进行的行政程序中？

是□　否□

如是，请详细说明。

十二、本人以及本人的配偶、父母、子女是否持有本公司股票及其衍生品种？

是□　否□

如是，请详细说明。

十三、在上市公司及其控股子公司业务中，过去或者现在是否拥有除前项以外的任何其他利益？

是□　否□

如是，请详细说明。

十四、是否已明确知悉作为上市公司的监事，如果对下列问题负有直接责任的，将被追究刑事责任：

（一）公司向股东和社会公众提供虚假的或者隐瞒重大事实的财务会计报告，严重损害股东或者其他人利益，或者有其他严重情节的；

（二）公司对依法应当披露的其他重要信息不按照规定披露，严重损害股东或者其他人利益，或者有其他严重情节的；

是□　否□

十五、是否已明确知悉作为上市公司的监事，如果违背对公司的忠实义务，利用职务便利，操纵上市公司从事下列行为之一，致使上市公司利益遭受特别重大损失的，将被追究刑事责任：

（一）无偿向其他单位或者个人提供资金、商品、服务或者其他资产的；

（二）以明显不公平的条件，提供或者接受资金、商品、服务或者其他资产的；

（三）向明显不具有清偿能力的单位或者个人提供资金、商品、服务或者其他资产的；

（四）向明显不具有清偿能力的单位或者个人提供担保，或者无正当理由为其他单位或者个人提供担保的；

（五）无正当理由放弃债权、承担债务的；

（六）采用其他方式损害上市公司利益的。

是□　否□

十六、除上述问题所披露的信息外，是否有需要声明的其他事项，而不声明该等事项可能影响本人对上述问题回答的真实性、准确性或者完整性？

是□　否□

如是，请详细说明。

本人____________（正楷体）郑重声明，上述回答是真实、准确和完整的，保证不存在任何虚假记载、误导性陈述或者遗漏。本人完全明白作出虚假声明可能导致的后果。深圳证券交易所可依据上述回答所提供的资料，评估本人是否适宜担任上市公司的监事。

声 明 人（签署）：
日　　期：

此项声明于　　　　年　　月　　日在　　　　　　　　　（地点）作出。

见证律师：
日　　期：

第二部分　承　诺

本人＿＿＿＿＿＿（正楷体）向深圳证券交易所承诺：

一、本人在履行上市公司监事的职责时，将遵守并促使本公司及其董事和高级管理人员遵守国家法律、行政法规和部门规章等有关规定，本人将廉洁守法，履行忠实、勤勉义务，不以任何方式干扰深圳证券交易所自律管理工作。

二、本人在履行上市公司监事的职责时，将遵守并促使本公司及其董事和高级管理人员遵守中国证监会发布的部门规章、规范性文件的有关规定。

三、本人在履行上市公司监事的职责时，将遵守并促使本公司及其董事和高级管理人员遵守《深圳证券交易所股票上市规则》和深圳证券交易所的其他相关规定。

四、本人在履行上市公司监事的职责时，将遵守并促使本公司及其董事和高级管理人员遵守公司章程。

五、本人在履行上市公司监事的职责时，将监督本公司董事和高级管理人员认真履行职责并严格遵守在《董事（高级管理人员）声明及承诺书》中作出的承诺。

六、本人接受深圳证券交易所的监管，包括及时、如实地答复深圳证券交易所向本人提出的任何问题，及时按照《深圳证券交易所股票上市规则》和深圳证券交易所的其他相关规定的要求报送资料、提供相关文件的正本或者副本，并出席本人被要求出席的会议。

七、本人授权深圳证券交易所将本人提供的承诺与声明的资料向中国证监会报告。

八、本人如违反上述承诺，愿意承担由此引起的一切法律责任和接受深圳证券交易所的任何处分。

九、本人因履行上市公司监事的职责或者本承诺而与深圳证券交易所发生争议提起诉讼时，由深圳证券交易所住所地法院管辖。

承 诺 人（签署）：
日　　期：

此项承诺于　　　　年　　月　　日在　　　　　　　　　（地点）作出。

见证律师：
日　　期：

上市公司高级管理人员声明及承诺书

第一部分　声　明

一、基本情况

1. 上市公司全称：＿＿＿＿＿＿＿＿＿＿＿＿＿＿＿＿＿＿＿＿

2. 上市公司股票简称：＿＿＿＿＿＿＿＿＿＿＿＿　股票代码：＿＿＿＿＿

3. 本人姓名：＿＿＿＿＿＿＿＿＿＿＿＿＿＿＿＿＿＿＿＿

4. 别名：＿＿＿＿＿＿＿＿＿＿＿＿＿＿＿＿＿＿＿＿

5. 曾用名：＿＿＿＿＿＿＿＿＿＿＿＿＿＿＿＿＿＿＿＿

6. 出生日期：＿＿＿＿＿＿＿＿＿＿＿＿＿＿＿＿＿＿＿＿

7. 住址：＿＿＿＿＿＿＿＿＿＿＿＿＿＿＿＿＿＿＿＿

8. 国籍：＿＿＿＿＿＿＿＿＿＿＿＿＿＿＿＿＿＿＿＿

9. 拥有哪些国家或者地区的长期居留权（如适用）：＿＿＿＿＿＿＿＿＿＿

10. 专业资格（如适用）：＿＿＿＿＿＿＿＿＿＿＿＿＿＿＿＿＿＿＿＿

11. 身份证号码：＿＿＿＿＿＿＿＿＿＿＿＿＿＿＿＿＿＿＿＿

12. 护照号码（如适用）：＿＿＿＿＿＿＿＿＿＿＿＿＿＿＿＿＿＿＿＿

13. 近亲属的姓名、身份证号码：＿＿＿＿＿＿＿＿＿＿＿＿＿＿＿＿

配偶：＿＿＿＿＿＿＿＿＿＿＿＿＿＿＿＿＿＿＿＿

父母：＿＿＿＿＿＿＿＿＿＿＿＿＿＿＿＿＿＿＿＿

子女（含年满十八岁具有民事行为能力的子女）：＿＿＿＿＿＿＿＿＿＿

兄弟姐妹：＿＿＿＿＿＿＿＿＿＿＿＿＿＿＿＿＿＿＿＿

14. 最近五年工作经历：＿＿＿＿＿＿＿＿＿＿＿＿＿＿＿＿＿

二、是否有配偶、父母、年满十八岁具有民事行为能力的子女及配偶、兄弟姐妹及配偶担任本公司董事、监事或者高级管理人员？

是□　否□

如是，请详细说明。

三、是否在其他公司任职？

是□　否□

如是，请填报各公司的名称、注册资本、经营范围、以及本人在该公司任职的情况。

四、是否负有数额较大的到期未清偿债务，或者未偿还经法院判决、裁定应当偿付的债务，或者被法院采取强制措施，或者受到仍然有效的法院判决、裁定所限制？

是□　否□

如是，请详细说明。

五、是否曾担任因经营不善破产清算、关停并转或者曾有类似情况的公司、企业的董事、监事或者厂长、经理？

是□　否□

六、是否曾担任因违法而被吊销营业执照的公司、企业的法定代表人？

是□　否□

七、是否曾因犯有贪污、贿赂、内幕交易、操纵证券、期货交易价格、挪用财产、侵占财产罪或者其他破坏社会主义经济秩序罪而受到刑事处罚？

是□　否□

如是，请详细说明。

八、是否曾因违反《证券法》《上市公司信息披露管理办法》和《证券市场禁入规定》等证券市场法律、行政法规或者部门规章而受到行政处罚？

是□　否□

如是，请详细说明。

九、除第七项、第八项以外，本人是否曾违反其他法律、行政法规受到刑事处罚或者行政处罚，是否曾违反本所相关规定受到本所处分？

是□　否□

如是，请详细说明。

十、是否正处于被指控犯有贪污、贿赂、内幕交易、操纵证券、期货交易价格、挪用财产、侵占财产罪或者其他破坏社会主义经济秩序罪的刑事诉讼中？

是□　否□

如是，请详细说明。

十一、是否因涉嫌违反证券市场法律、行政法规正受到中国证监会的调查或者涉及在任何中国证监会所进行的行政程序中？

是□　否□

如是，请详细说明。

十二、本人以及本人的配偶、父母、子女是否持有本公司股票及其衍生品种？

是□　否□

如是，请详细说明。

十三、在上市公司及其控股子公司业务中，过去或者现在是否拥有除前项以外的任何其他利益？

是□　否□

如是，请详细说明。

十四、是否已明确知悉作为上市公司的高级管理人员，如果对下列问题负有直接责任的，将被追究刑事责任：

（一）公司向股东和社会公众提供虚假的或者隐瞒重大事实的财务会计报告，严重损害股东或者其他人利益，或者有其他严重情节的；

（二）公司对依法应当披露的其他重要信息不按照规定披露，严重损害股东或者其他人利益，或者有其他严重情节的；

是□　否□

十五、是否已明确知悉作为上市公司的高级管理人员，如果违背对公司的忠实义务，利用职务便利，操纵上市公司从事下列行为之一，致使上市公司利益遭受特别重大损失的，将被追究刑事责任：

（一）无偿向其他单位或者个人提供资金、商品、服务或者其他资产的；

（二）以明显不公平的条件，提供或者接受资金、商品、服务或者其他资产的；

（三）向明显不具有清偿能力的单位或者个人提供资金、商品、服务或者其他资产的；

（四）向明显不具有清偿能力的单位或者个人提供担保，或者无正当理由为其他单位或者个人提供担保的；

（五）无正当理由放弃债权、承担债务的；

（六）采用其他方式损害上市公司利益的。

是□　否□

十六、除上述问题所披露的信息外，是否有需要声明的其他事项，而不声明该等事项可能影响本人对上述问题回答的真实性、准确性或者完整性？

是□　否□

如是，请详细说明。

本人____________（正楷体）郑重声明，上述回答是真实、准确和完整的，保证不存在任何虚假记载、误导性陈述或者遗漏。本人完全明白作出虚假声明可能导致的后果。深圳证券交易所可以依据上述回答所提供的资料，评估本人是否适宜担任上市公司的高级管理人员。

声 明 人：　　　　　（签署）

日　　期：

此项声明于　　　年　　月　　日在　　　　　　（地点）作出。

见证律师：

日　　期：

第二部分　承　诺

本人____________（正楷体）向深圳证券交易所承诺：

一、本人在履行上市公司高级管理人员的职责时，将遵守并促使本公司遵守国家法律、行政法规和部门规章等有关规定，本人将廉洁守法，履行忠实、勤勉义务，不以任何方式干扰深圳证券交易所自律管理工作。

二、本人在履行上市公司高级管理人员的职责时，将遵守并促使本公司遵守中国证监会发布的部门规章、规范性文件等有关规定。

三、本人在履行上市公司高级管理人员的职责时，将遵守并促使本公司遵守《深圳证券交易所股票上市规则》和深圳证券交易所的其他相关规定。

四、本人在履行上市公司高级管理人员的职责时，将遵守并促使本公司遵守公司章程。

五、本人在履行上市公司高级管理人员的职责时，将及时向董事会和董事会秘书报告公司经营和财务等方面出现的可能对公司股票及其衍生品种交易价格产生较大影响的事项、《深圳证券交易所股票上市规则》和深圳证券交易所的其他相关规定要求的其他重大事项。

六、本人接受深圳证券交易所的监管，包括及时、如实地答复深圳证券交易所向本人提出的任何问题，及时按照《深圳证券交易所股票上市规则》和深圳证券交易所的其他相关规定的要求报送资料、提供相关文件的正本或者副本，并出席本人被要求出席的会议。

七、本人授权深圳证券交易所将本人提供的承诺与声明的资料向中国证监会报告。

八、本人如违反上述承诺，愿意承担由此引起的一切法律责任和接受深圳证券交易所的任何处分。

九、本人因履行上市公司高级管理人员职责或者本承诺而与深圳证券交易所发生争议提起诉讼时，由深圳证券交易所住所地法院管辖。

承 诺 人（签署）：

日　　期：

此项承诺于　　　年　　月　　日在　　　　　　（地点）作出。

见证律师：

日　　期：

上市公司控股股东、实际控制人声明及承诺书（法人及其他组织版本）

第一部分　声　明

一、基本情况

1. 上市公司全称：______________________________

2. 上市公司股票简称：______________　股票代码：__________

3. 本单位全称：______________________________

4. 本单位住所：______________________________

5. 本单位主要业务范围：______________________________

二、是否有除上市公司外的其他关联公司？

是□　否□

如是，请填报各公司的名称、注册代码、注册资本、经营范围。

三、是否负有数额较大的到期未清偿债务？

是□　否□

如是，请详细说明。

四、是否存在占用上市公司资金或者要求上市公司违法违规提供担保的情形？

是□　否□

如是，请详细说明。

五、是否曾违反《证券法》等证券法律、行政法规受到刑事处罚或者行政处罚？

是□　否□

如是，请详细说明。

六、是否曾违反其他法律、行政法规受到刑事处罚或者行政处罚？

是□　否□

如是，请详细说明。

七、是否曾违反证券交易所业务规则或者其他相关规定受到证券交易所处分？

是□　否□

如是，请详细说明。

八、是否因涉嫌违反证券市场法律、行政法规正受到中国证监会的调查？

是□　否□

如是，请详细说明。

九、直接或者间接持有上市公司的股票及其衍生品种情况。

请详细说明。

十、在上市公司及其控股子公司业务中，过去或者现在是否拥有除股权以外的任何其他利益？

是□　否□

如是，请详细说明。

十一、是否已明确知悉作为上市公司的控股股东、实际控制人，指使上市公司董事、监事、高级管理人员违背对上市公司的忠实义务，利用职务便利，操纵上市公司从事下列行为之一，致使上市公司利益遭受重大或者特别重大损失的，将被追究刑事责任：

（一）无偿向其他单位或者个人提供资金、商品、服务或者其他资产的；

（二）以明显不公平的条件，提供或者接受资金、商品、服务或者其他资产的；

（三）向明显不具有清偿能力的单位或者个人提供资金、商品、服务或者其他资产的；

（四）向明显不具有清偿能力的单位或者个人提供担保，或者无正当理由为其他单位或者个人提供担保的；

（五）无正当理由放弃债权、承担债务的；

（六）采用其他方式损害上市公司利益的。

是□　否□

十二、除上述问题所披露的信息外，是否有需要声明的其他事项，而不声明该等事项可能影响本单位对上述问题回答的真实性、准确性或者完整性？

是□　否□

如是，请详细说明。

____________（正楷体）郑重声明，上述回答是真实、准确和完整的，保证不存在任何虚假记载、误导性陈述或者遗漏。本单位完全明白作出虚假声明可能导致的法律后果。

声明人（盖章）：
法定代表人签名：
日　　期：

此项声明于　　　年　　月　　日作出。

见证律师：
日　　期：

第二部分　承　诺

____________（正楷体）作为____________股份有限公司（以下简称上市公司）的控股股东（或者实际控制人），向深圳证券交易所承诺：

一、本单位保证严格遵守并促使上市公司严格遵守《公司法》《证券法》等法律、行政法规、部门规章、规范性文件的相关规定。本单位将廉洁守法，不以任何方式干扰深圳证券交易所自律管理工作。

二、本单位保证严格遵守并促使上市公司严格遵守中国证监会发布的部门规章、规范性文件的有关规定。

三、本单位保证严格遵守并促使上市公司严格遵守《深圳证券交易所股票上市规则》《深圳证券交易所上市公司自律监管指引第1号——主板上市公司规范运作》和深圳证券交易所其他相关规定。

四、本单位保证严格遵守并促使上市公司严格遵守公司章程的规定。

五、本单位保证依法行使股东权利，不滥用股东权利损害上市公司或者其他股东的利益，包括但不限于：

（一）本单位及本单位的关联人不以任何方式占用上市公司资金及要求上市公司违法违规提供担保；

（二）本单位及本单位的关联人不通过非公允关联交易、利润分配、资产重组、对外投资等任何方式损害上市公司和其他股东的合法权益；

（三）本单位及本单位的关联人不利用上市公司未公开重大信息牟取利益，不以任何方式泄漏有关上市公司的未公开重大信息，不从事内幕交易、短线交易、操纵市场等违法违规行为；

（四）本单位及本单位的关联人不以任何方式影响上市公司的独立性，保证上市公司资产完整、人员独立、财务独立、机构独立和业务独立。

本单位及本单位的关联人存在占用上市公司资金或要求上市公司违法违规提供担保的，在占用资金全部归还、违规担保全部解除之前不转让所持有、控制的上市公司股份，或者转让所持有、控制的公司股份所得资金用以清偿占用资金、解除违规担保。

六、对上市公司招股说明书、募集说明书等证券发行文件中存在的虚假记载、误导性陈述或者重大遗漏负有责任，致使投资者在证券交易中遭受损失的，本单位将依法赔偿投资者的损失。

七、本单位保证严格履行作出的各项公开声明与承诺，不擅自变更或者解除。

八、本单位保证严格按照法律、行政法规、部门规章、规范性文件、《深圳证券交易所股票上市规则》和深圳证券交易所其他相关规定履行信息披露义务，积极主动配合上市公司做好信息披露工作，及时告知上市公司已发生或者拟发生的重大事件。

九、本单位同意接受深圳证券交易所的监管，包括及时、如实地答复深圳证券交易所向本单位提出的任何问题，及时按照《深圳证券交易所股票上市规则》和深圳证券交易所的其他相关规定的要求报送资料、提供相关文件的正本或者副本，并委派法定代表人出席本单位被要求出席的会议等。

十、本单位承诺按照深圳证券交易所要求的时间和方式，填报及更新本单位持有上市公司股票及其衍生品种的情况等，并确保相关信息的真实、准确和完整。

十一、本单位授权深圳证券交易所将本单位提供的承诺与声明的资料向中国证监会报告。

十二、本单位如违反上述承诺和保证，愿意承担由此引起的一切法律责任和接受深圳证券交易所采取的监管措施或者纪律处分。

十三、本单位因履行本承诺而与深圳证券交易所发生争议提起诉讼时，由深圳证券交易所住所地法院管辖。

承诺人（盖章）：
法定代表人签名：
日　　期：

此项承诺于　　　年　　月　　日作出。

见证律师：
日　　期：

上市公司控股股东、实际控制人声明及承诺书（自然人版本）

第一部分　声　明

一、基本情况

1. 上市公司全称：______________________________

2. 上市公司股票简称：____________________　股票代码：__________

3. 本人姓名：______________________________

4. 别名：______________________________

5. 曾用名：____________________
6. 出生日期：____________________
7. 住址：____________________
8. 国籍：____________________
9. 拥有哪些国家或者地区的长期居留权（如适用）：

____

10. 专业资格（如适用）：____________________
11. 身份证号码：____________________
12. 护照号码（如适用）：____________________
13. 近亲属的姓名、身份证号码：

配偶：____________________

父母：____________________

子女：____________________

兄弟姐妹：____________________

14. 最近五年工作经历：____________________

____

____

二、是否有配偶、父母、子女及其配偶、兄弟姐妹及其配偶担任本公司董事、监事或者高级管理人员？

是□　否□

如是，请详细说明。

三、是否在其他公司任职？

是□　否□

如是，请填报各公司的名称、注册资本、经营范围以及本人在该公司任职的情况。

四、是否存在下列情形：

（一）无民事行为能力或者限制民事行为能力；

是□　否□

（二）因贪污、贿赂、侵占财产、挪用财产或者破坏社会主义市场经济秩序，被判处刑罚，执行期满未逾五年，或者因犯罪被剥夺政治权利，执行期满未逾五年；

是□　否□

如是，请详细说明。

（三）担任破产清算的公司、企业的董事或者厂长、经理，对该公司、企业的破产负有个人责任，自该公司、企业破产清算完结之日起未逾三年；

是□　否□

如是，请详细说明。

（四）担任因违法被吊销营业执照、责令关闭的公司、企业的法定代表人，并负有个人责任，自该公司、企业被吊销营业执照之日起未逾三年；

是□　否□

如是，请详细说明。

（五）个人所负数额较大的债务到期未清偿；

是□　否□

如是，请详细说明。

（六）是否存在占用上市公司资金或者要求上市公司违法违规提供担保的情形？

是□　否□

如是，请详细说明。

五、是否曾违反《证券法》等证券法律、行政法规受到刑事处罚或者行政处罚？

是□　否□

如是，请详细说明。

六、是否曾违反其他法律、行政法规受到刑事处罚或者行政处罚？

是□　否□

如是，请详细说明。

七、是否曾违反证券交易所业务规则或者其他相关规定受到证券交易所处分？

是□　否□

如是，请详细说明。

八、是否因涉嫌违反证券法律、行政法规正受到中国证监会的调查？

是□　否□

如是，请详细说明。

九、本人以及本人的配偶、父母、子女直接或者间接持有本公司股票及其衍生品种情况。

请详细说明。

十、在上市公司及其控股子公司业务中，过去或者现在是否拥有除前项以外的任何其他利益？

是□　否□

如是，请详细说明。

十一、是否已明确知悉作为上市公司的控股股东、实际控制人，指使上市公司董事、监事、高级管理人员违背对上市公司的忠实义务，利用职务便利，操纵上市公司从事下列行为之一，致使上市公司利益遭受重大或者特别重大损失的，将被追究刑事责任：

（一）无偿向其他单位或者个人提供资金、商品、服务或者其他资产的；

（二）以明显不公平的条件，提供或者接受资金、商品、服务或者其他资产的；

（三）向明显不具有清偿能力的单位或者个人提供资金、商品、服务或者其他资产的；

（四）向明显不具有清偿能力的单位或者个人提供担保，或者无正当理由为其他单位或者个人提供担保的；

（五）无正当理由放弃债权、承担债务的；

（六）采用其他方式损害上市公司利益的。

是□　否□

十二、除上述问题所披露的信息外，是否有需要声明的其他事项，而不声明该等事项可能影响本人对上述问题回答的真实性、准确性或者完整性？

是□　否□

如是，请详细说明。

本人____________（正楷体）郑重声明，上述回答是真实、准确和完整的，保证不存在任何虚假记载、误导性陈述或者遗漏。本人完全明白作出虚假声明可能导致的法律后果。

声明人（签署）：

日　　期：

此项声明于　　　年　　月　　日作出。

见证律师：

日　　期：

第二部分　承　诺

本人____________（正楷体）作为____________股份有限公司（以下简称上市公司）的控股股东（或者实际控制人），向深圳证券交易所郑重承诺：

一、本人保证严格遵守并促使上市公司严格遵守《公司法》《证券法》等法律、行政法规、部门规章、规范性文件的相关规定。本单位将廉洁守法，不以任何方式干扰深圳证券交易所自律管理工作。

二、本人保证严格遵守并促使上市公司严格遵守中国证监会发布的部门规章、规范性文件的有关规定。

三、本人保证严格遵守并促使上市公司严格遵守《深圳证券交易所股票上市规则》《深圳证券交易所上市公司自律监管指引第1号——主板上市公司规范运作》和深圳证券交易所其他相关规定。

四、本人保证严格遵守并促使上市公司严格遵守公司章程的规定。

五、本人保证依法行使股东权利，不滥用股东权利损害上市公司或者其他股东的利益，包括但不限于：

（一）本人及本人的关联人不以任何方式占用上市公司资金及要求上市公司违法违规提供担保；

（二）本人及本人的关联人不通过非公允关联交易、利润分配、资产重组、对外投资等任何方式损害上市公司和其他股东的合法权益；

（三）本人及本人的关联人不利用上市公司未公开重大信息牟取利益，不以任何方式泄漏有关上市公司的未公开重大信息，不从事内幕交易、短线交易、操纵市场等违法违规行为；

（四）本人及本人的关联人不以任何方式影响上市公司的独立性，保证上市公司资产完整、人员独立、财务独立、机构独立和业务独立。

本人及本人的关联人存在占用上市公司资金或者要求上市公司违法违规提供担保的，在占用资金全部归还、违规担保全部解除之前不转让所持有、控制的上市公司股份，或者转让所持有、控制的公司股份所得资金用以清偿占用资金、解除违规担保。

六、对上市公司招股说明书、募集说明书等证券发行文件中存在的虚假记载、误导性陈述或者重大遗漏负有责任，致使投资者在证券交易中遭受损失的，本人将依法赔偿投资者的损失。

七、本人保证严格履行作出的各项公开声明与承诺，不擅自变更或者解除。

八、本人保证严格按照法律、行政法规、部门规章、规范性文件、《深圳证券交易所股票上市规则》和深圳证券交易所其他相关规定履行信息披露义务，积极主动配合上市公司做好信息披露工作，及时告知上市公司已发生或者拟发生的重大事件。

九、本人同意接受深圳证券交易所的监管，包括及时、如实地答复深圳证券交易所向本公司提出的任何问题，及时按照《深圳证券交易所股票上市规则》和深圳证券交易所的其他相关规定的要求报送资料、提供相关文件的正本或者副本，并亲自出席本人被要求出席的会议。

十、本人承诺按照深圳证券交易所要求的时间和方式填报及更新近亲属身份信息，以及本人和近亲属持有上市公司股票及其衍生品种的情况等，并确保相关信息的真实、准确和完整。

十一、本人授权深圳证券交易所将本人提供的承诺与声明的资料向中国证监会报告。

十二、本人如违反上述承诺和保证，愿意承担由此引起的一切法律责任和接受深圳证券交易所采取的监管措施或者纪律处分。

十三、本人因履行本承诺而与深圳证券交易所发生争议提起诉讼时，由深圳证券交易所住所地法院管辖。

承诺人（签署）：
日　　期：

此项承诺于　　　　年　　月　　日作出。

见证律师：
日　　期：

附件二：

红筹企业董事声明及承诺书

第一部分　声　明

一、基本情况

1. 上市公司全称：________________________

2. 上市公司股票简称：______ 股票代码：______
3. 本人姓名：______
4. 别名：______
5. 曾用名：______
6. 出生日期：______
7. 住址：______
8. 国籍：______
9. 拥有哪些国家或者地区的长期居留权（如适用）：______
10. 专业资格（如适用）：______
11. 身份证号码：______
12. 护照号码（如适用）：______
13. 近亲属的姓名、身份证号码：______
配偶：______
父母：______
子女（含年满十八岁具有民事行为能力的子女）：______
兄弟姐妹：______
14. 最近五年工作经历：______
______
______

二、是否有配偶、父母、年满十八岁具有民事行为能力的子女及配偶、兄弟姐妹及配偶担任本公司董事、监事或者高级管理人员？

是□　否□

如是，请详细说明。

三、是否在其他公司任职？

是□　否□

如是，请填报各公司的名称、注册资本、经营范围以及本人在该公司任职的情况。

四、是否负有数额较大的到期未清偿债务，或者未偿还经法院判决、裁定应当偿付的债务，或者被法院采取强制措施，或者受到仍然有效的法院判决、裁定所限制？

是□　否□

如是，请详细说明。

五、是否曾担任因经营不善破产清算、关停并转或者曾有类似情况的公司、企业的董事、监事或者厂长、经理？

是□　否□

六、是否曾担任因违法而被吊销营业执照的公司、企业的法定代表人？

是□　否□

七、是否曾因犯有贪污、贿赂、内幕交易、操纵证券、期货交易价格、挪用财产、侵占财产罪或者其他破坏社会主义经济秩序罪而受到刑事处罚？

是□ 否□

如是，请详细说明。

八、是否曾因违反《证券法》《上市公司信息披露管理办法》和《证券市场禁入规定》等证券市场法律、行政法规或者部门规章而受到行政处罚？

是□ 否□

如是，请详细说明。

九、除第七项、第八项以外，本人是否曾违反其他法律、行政法规受到刑事处罚或者行政处罚，是否曾违反本所相关规定受到本所处分？

是□ 否□

如是，请详细说明。

十、是否正处于被指控犯有贪污、贿赂、内幕交易、操纵证券、期货交易价格、挪用财产、侵占财产罪或者其他破坏社会主义经济秩序罪的刑事诉讼中？

是□ 否□

如是，请详细说明。

十一、是否因涉嫌违反证券市场法律、行政法规正受到中国证监会的调查或者涉及在任何中国证监会所进行的行政程序中？

是□ 否□

如是，请详细说明。

十二、本人以及本人的配偶、父母、子女是否持有本公司股票及其衍生品种？

是□ 否□

如是，请详细说明。

十三、在上市公司及其控股子公司业务中，过去或者现在是否拥有除前项以外的任何其他利益？

是□ 否□

如是，请详细说明。

十四、是否已明确知悉作为上市公司的董事，如果对下列问题负有直接责任的，将被追究刑事责任：

（一）公司向股东和社会公众提供虚假的或者隐瞒重大事实的财务会计报告，严重损害股东或者其他人利益，或者有其他严重情节的；

（二）公司对依法应当披露的其他重要信息不按照规定披露，严重损害股东或者其他人利益，或者有其他严重情节的；

是□ 否□

十五、是否已明确知悉作为上市公司的董事，如果违背对公司的忠实义务，利用职务便利，操纵上市公司从事下列行为之一，致使上市公司利益遭受特别重大损失的，将被追究刑事责任：

（一）无偿向其他单位或者个人提供资金、商品、服务或者其他资产的；

（二）以明显不公平的条件，提供或者接受资金、商品、服务或者其他资产的；

（三）向明显不具有清偿能力的单位或者个人提供资金、商品、服务或者其他资产的；

（四）向明显不具有清偿能力的单位或者个人提供担保，或者无正当理由为其他单位或者个人提供担保的；

（五）无正当理由放弃债权、承担债务的；

（六）采用其他方式损害上市公司利益的。

是□　否□

十六、除上述问题所披露的信息外，是否有需要声明的其他事项，而不声明该等事项可能影响本人对上述问题回答的真实性、准确性或者完整性？

是□　否□

如是，请详细说明。

本人____________（正楷体）郑重声明，上述回答是真实、准确和完整的，保证不存在任何虚假记载、误导性陈述或者遗漏。本人完全明白作出虚假声明可能导致的后果。深圳证券交易所可依据上述回答所提供的资料，评估本人是否适宜担任上市公司的董事。

声明人（签署）：

日　　期：

此项声明于　　　　年　　月　　日在　　　　　　　　（地点）作出。

见证律师：

日　　期：

第二部分　承　诺

本人____________（正楷体）向深圳证券交易所承诺：

一、本人在履行上市公司董事的职责时，将遵守并促使本公司和本人的授权人遵守国家法律、行政法规和部门规章等有关规定，本人将廉洁守法，履行忠实、勤勉义务，不以任何方式干扰深圳证券交易所自律管理工作。

二、本人在履行上市公司董事的职责时，将遵守并促使本公司和本人的授权人遵守中国证监会发布的部门规章、规范性文件的有关规定。

三、本人在履行上市公司董事的职责时，将遵守并促使本公司和本人的授权人遵守《深圳证券交易所股票上市规则》和深圳证券交易所的其他相关规定。

四、本人在履行上市公司董事的职责时，将遵守并促使本公司和本人的授权人遵守公司章程。

五、本人接受深圳证券交易所的监管，包括及时、如实地答复深圳证券交易所向本人提出的任何问题，及时按照《深圳证券交易所股票上市规则》和深圳证券交易所的其他相关规定的要求报送资料、提供相关文件的正本或者副本，并出席本人被要求出席的会议。

六、本人授权深圳证券交易所将本人提供的承诺与声明的资料向中国证监会报告。

七、本人如违反上述承诺，愿意承担由此引起的一切法律责任和接受深圳证券交易所的任何处分。

八、本人因履行上市公司董事的职责或者本承诺而与深圳证券交易所发生争议提起诉讼时，由深圳证券交易所住所地法院管辖。

承 诺 人（签署）：
日　　期：

此项承诺于　　　年　　月　　日在　　　　　　　（地点）作出。

见证律师：
日　　期：

红筹企业监事声明及承诺书

第一部分　声　明

一、基本情况

1. 上市公司全称：____________________
2. 上市公司股票简称：____________________　股票代码：__________
3. 本人姓名：____________________
4. 别名：____________________
5. 曾用名：____________________
6. 出生日期：____________________
7. 住址：____________________
8. 国籍：____________________
9. 拥有哪些国家或者地区的长期居留权（如适用）：____________________
10. 专业资格（如适用）：____________________
11. 身份证号码：____________________
12. 护照号码（如适用）：____________________
13. 近亲属的姓名、身份证号码：____________________

配偶：____________________

父母：____________________

子女（含年满十八岁具有民事行为能力的子女）：____________________

兄弟姐妹：____________________

14. 最近五年工作经历：____________________

二、是否有配偶、父母、年满十八岁具有民事行为能力的子女及配偶、兄弟姐妹及配偶担任本公司董事、监事或者高级管理人员？

是□　否□

如是，请详细说明。

三、是否在其他公司任职？

是□　否□

如是，请填报各公司的名称、注册资本、经营范围、以及本人在该公司任职的情况。

四、是否负有数额较大的到期未清偿债务，或者未偿还经法院判决、裁定应当偿付的债务，或者被法院采取强制措施，或者受到仍然有效的法院判决、裁定所限制？

是□　否□

如是，请详细说明。

五、是否曾担任因经营不善破产清算、关停并转或者曾有类似情况的公司、企业的董事、监事或者厂长、经理？

是□　否□

六、是否曾担任因违法而被吊销营业执照的公司、企业的法定代表人？

是□　否□

七、是否曾因犯有贪污、贿赂、内幕交易、操纵证券、期货交易价格、挪用财产、侵占财产罪或者其他破坏社会主义经济秩序罪而受到刑事处罚？

是□　否□

如是，请详细说明。

八、是否曾因违反《证券法》《上市公司信息披露管理办法》和《证券市场禁入规定》等证券市场法律、行政法规或者部门规章而受到行政处罚？

是□　否□

如是，请详细说明。

九、除第七项、第八项以外，本人是否曾违反其他法律、行政法规受到刑事处罚或者行政处罚，是否曾违反本所相关规定受到本所处分？

是□　否□

如是，请详细说明。

十、是否正处于被指控犯有贪污、贿赂、内幕交易、操纵证券、期货交易价格、挪用财产、侵占财产罪或者其他破坏社会主义经济秩序罪的刑事诉讼中？

是□　否□

如是，请详细说明。

十一、是否因涉嫌违反证券市场法律、行政法规正受到中国证监会的调查或者涉及在任何中国证监会所进行的行政程序中？

是□　否□

如是，请详细说明。

十二、本人以及本人的配偶、父母、子女是否持有本公司股票及其衍生品种？

是□　否□

如是，请详细说明。

十三、在上市公司及其控股子公司业务中，过去或者现在是否拥有除前项以外的任何其他利益？

是□　否□

如是，请详细说明。

十四、是否已明确知悉作为上市公司的监事，如果对下列问题负有直接责任的，将被追究刑事责任：

（一）公司向股东和社会公众提供虚假的或者隐瞒重大事实的财务会计报告，严重损害股东或者其他人利益，或者有其他严重情节的；

（二）公司对依法应当披露的其他重要信息不按照规定披露，严重损害股东或者其他人利益，或者有其他严重情节的；

是□　否□

十五、是否已明确知悉作为上市公司的监事，如果违背对公司的忠实义务，利用职务便利，操纵上市公司从事下列行为之一，致使上市公司利益遭受特别重大损失的，将被追究刑事责任：

（一）无偿向其他单位或者个人提供资金、商品、服务或者其他资产的；

（二）以明显不公平的条件，提供或者接受资金、商品、服务或者其他资产的；

（三）向明显不具有清偿能力的单位或者个人提供资金、商品、服务或者其他资产的；

（四）向明显不具有清偿能力的单位或者个人提供担保，或者无正当理由为其他单位或者个人提供担保的；

（五）无正当理由放弃债权、承担债务的；

（六）采用其他方式损害上市公司利益的。

是□　否□

十六、除上述问题所披露的信息外，是否有需要声明的其他事项，而不声明该等事项可能影响本人对上述问题回答的真实性、准确性或者完整性？

是□　否□

如是，请详细说明。

本人____________（正楷体）郑重声明，上述回答是真实、准确和完整的，保证不存在任何虚假记载、误导性陈述或者遗漏。本人完全明白作出虚假声明可能导致的后果。深圳证券交易所可依据上述回答所提供的资料，评估本人是否适宜担任上市公司的监事。

声 明 人（签署）：
日　　期：

此项声明于　　　　年　　月　　日在　　　　　　　　（地点）作出。

见证律师：
日　　期：

第二部分　承　诺

本人____________（正楷体）向深圳证券交易所承诺：

一、本人在履行上市公司监事的职责时，将遵守并促使本公司及其董事和高级管理人员遵守国家法律、行政法规和部门规章等有关规定，本人将廉洁守法，履行忠实、勤勉义务，不以任何方式干扰深圳证券交易所自律管理工作。

二、本人在履行上市公司监事的职责时，将遵守并促使本公司及其董事和高级管理人员遵守中国证监会发布的部门规章、规范性文件的有关规定。

三、本人在履行上市公司监事的职责时，将遵守并促使本公司及其董事和高级管理人员遵守《深圳证券交易所股票上市规则》和深圳证券交易所的其他相关规定。

四、本人在履行上市公司监事的职责时，将遵守并促使本公司及其董事和高级管理人员遵守公司章程。

五、本人在履行上市公司监事的职责时，将监督本公司董事和高级管理人员认真履行职责并严格遵守在《董事（高级管理人员）声明及承诺书》中作出的承诺。

六、本人接受深圳证券交易所的监管，包括及时、如实地答复深圳证券交易所向本人提出的任何问题，及时按照《深圳证券交易所股票上市规则》和深圳证券交易所的其他相关规定的要求报送资料、提供相关文件的正本或者副本，并出席本人被要求出席的会议。

七、本人授权深圳证券交易所将本人提供的承诺与声明的资料向中国证监会报告。

八、本人如违反上述承诺，愿意承担由此引起的一切法律责任和接受深圳证券交易所的任何处分。

九、本人因履行上市公司监事的职责或者本承诺而与深圳证券交易所发生争议提起诉讼时，由深圳证券交易所住所地法院管辖。

承 诺 人（签署）：

日　　期：

此项承诺于　　　　年　　月　　日在　　　　　　　　（地点）作出。

见证律师：

日　　期：

红筹企业高级管理人员声明及承诺书

第一部分　声　明

一、基本情况

1. 上市公司全称：____________________

2. 上市公司股票简称：____________________　股票代码：__________

3. 本人姓名：____________________

4. 别名：____________________

5. 曾用名：____________________

6. 出生日期：____________________

7. 住址：______

8. 国籍：______

9. 拥有哪些国家或者地区的长期居留权（如适用）：______

10. 专业资格（如适用）：______

11. 身份证号码：______

12. 护照号码（如适用）：______

13. 近亲属的姓名、身份证号码：______

配偶：______

父母：______

子女（含年满十八岁具有民事行为能力的子女）：______

兄弟姐妹：______

14. 最近五年工作经历：______

______

______

二、是否有配偶、父母、年满十八岁具有民事行为能力的子女及配偶、兄弟姐妹及配偶担任本公司董事、监事或者高级管理人员？

是□　否□

如是，请详细说明。

三、是否在其他公司任职？

是□　否□

如是，请填报各公司的名称、注册资本、经营范围、以及本人在该公司任职的情况。

四、是否负有数额较大的到期未清偿债务，或者未偿还经法院判决、裁定应当偿付的债务，或者被法院采取强制措施，或者受到仍然有效的法院判决、裁定所限制？

是□　否□

如是，请详细说明。

五、是否曾担任因经营不善破产清算、关停并转或者曾有类似情况的公司、企业的董事、监事或者厂长、经理？

是□　否□

六、是否曾担任因违法而被吊销营业执照的公司、企业的法定代表人？

是□　否□

七、是否曾因犯有贪污、贿赂、内幕交易、操纵证券、期货交易价格、挪用财产、侵占财产罪或者其他破坏社会主义经济秩序罪而受到刑事处罚？

是□　否□

如是，请详细说明。

八、是否曾因违反《证券法》《上市公司信息披露管理办法》和《证券市场禁入规定》等证券市场法律、行政法规或者部门规章而受到行政处罚？

是□　否□

如是，请详细说明。

九、除第七项、第八项以外，本人是否曾违反其他法律、行政法规受到刑事处罚或者行政处罚，是否曾违反本所相关规定受到本所处分？

是□　否□

如是，请详细说明。

十、是否正处于被指控犯有贪污、贿赂、内幕交易、操纵证券、期货交易价格、挪用财产、侵占财产罪或者其他破坏社会主义经济秩序罪的刑事诉讼中？

是□　否□

如是，请详细说明。

十一、是否因涉嫌违反证券市场法律、行政法规正受到中国证监会的调查或者涉及在任何中国证监会所进行的行政程序中？

是□　否□

如是，请详细说明。

十二、本人以及本人的配偶、父母、子女是否持有本公司股票及其衍生品种？

是□　否□

如是，请详细说明。

十三、在上市公司及其控股子公司业务中，过去或者现在是否拥有除前项以外的任何其他利益？

是□　否□

如是，请详细说明。

十四、是否已明确知悉作为上市公司的高级管理人员，如果对下列问题负有直接责任的，将被追究刑事责任：

（一）公司向股东和社会公众提供虚假的或者隐瞒重大事实的财务会计报告，严重损害股东或者其他人利益，或者有其他严重情节的；

（二）公司对依法应当披露的其他重要信息不按照规定披露，严重损害股东或者其他人利益，或者有其他严重情节的；

是□　否□

十五、是否已明确知悉作为上市公司的高级管理人员，如果违背对公司的忠实义务，利用职务便利，操纵上市公司从事下列行为之一，致使上市公司利益遭受特别重大损失的，将被追究刑事责任：

（一）无偿向其他单位或者个人提供资金、商品、服务或者其他资产的；

（二）以明显不公平的条件，提供或者接受资金、商品、服务或者其他资产的；

（三）向明显不具有清偿能力的单位或者个人提供资金、商品、服务或者其他资产的；

（四）向明显不具有清偿能力的单位或者个人提供担保，或者无正当理由为其他单位或者个人提供担保的；

（五）无正当理由放弃债权、承担债务的；

（六）采用其他方式损害上市公司利益的。

是□　否□

十六、除上述问题所披露的信息外，是否有需要声明的其他事项，而不声明该等事项可能影响本人对上述问题回答的真实性、准确性或者完整性？

是□　否□

如是，请详细说明。

本人＿＿＿＿＿（正楷体）郑重声明，上述回答是真实、准确和完整的，保证不存在任何虚假记载、误导性陈述或者遗漏。本人完全明白作出虚假声明可能导致的后果。深圳证券交易所可以依据上述回答所提供的资料，评估本人是否适宜担任上市公司的高级管理人员。

声 明 人（签署）：

日　　期：

此项声明于　　　年　　月　　日在　　　　　　（地点）作出。

见证律师：

日　　期：

第二部分　承　诺

本人＿＿＿＿＿（正楷体）向深圳证券交易所承诺：

一、本人在履行上市公司高级管理人员的职责时，将遵守并促使本公司遵守国家法律、行政法规和部门规章等有关规定，履行忠实、勤勉义务，本人将廉洁守法，不以任何方式干扰深圳证券交易所自律管理工作。

二、本人在履行上市公司高级管理人员的职责时，将遵守并促使本公司遵守中国证监会发布的部门规章、规范性文件等有关规定。

三、本人在履行上市公司高级管理人员的职责时，将遵守并促使本公司遵守《深圳证券交易所股票上市规则》和深圳证券交易所的其他相关规定。

四、本人在履行上市公司高级管理人员的职责时，将遵守并促使本公司遵守《公司章程》。

五、本人在履行上市公司高级管理人员的职责时，将及时向董事会和董事会秘书报告公司经营和财务等方面出现的可能对公司股票及其衍生品种交易价格产生较大影响的事项、《深圳证券交易所股票上市规则》和深圳证券交易所的其他相关规定要求的其他重大事项。

六、本人接受深圳证券交易所的监管，包括及时、如实地答复深圳证券交易所向本人提出的任何问题，及时按照《深圳证券交易所股票上市规则》和深圳证券交易所的其他相关规定的要求报送资料、提供相关文件的正本或者副本，并出席本人被要求出席的会议。

七、本人授权深圳证券交易所将本人提供的承诺与声明的资料向中国证监会报告。

八、本人如违反上述承诺，愿意承担由此引起的一切法律责任和接受深圳证券交易所的任何处分。

九、本人因履行上市公司高级管理人员职责或者本承诺而与深圳证券交易所发生争议提起诉讼时，由深圳证券交易所住所地法院管辖。

承 诺 人（签署）：

日　　期：

此项承诺于　　　　年　　月　　日在　　　　　　　　（地点）作出。

见证律师：

日　　期：

红筹企业控股股东、实际控制人声明及承诺书
（法人及其他组织版本）

第一部分　声　明

一、基本情况

1. 上市公司全称：______________________________

2. 上市公司股票简称：________________　股票代码：________

3. 本单位全称：______________________________

4. 本单位住所：______________________________

5. 本单位主要业务范围：______________________________

二、是否有除上市公司外的其他关联公司？

是□　否□

如是，请填报各公司的名称、注册代码、注册资本、经营范围。

三、是否负有数额较大的到期未清偿债务？

是□　否□

如是，请详细说明。

四、是否存在占用上市公司资金或者要求上市公司违法违规提供担保的情形？

是□　否□

如是，请详细说明。

五、是否曾违反《证券法》等证券法律、行政法规受到刑事处罚或者行政处罚？

是□　否□

如是，请详细说明。

六、是否曾违反其他法律、行政法规受到刑事处罚或者行政处罚？

是□　否□

如是，请详细说明。

七、是否曾违反证券交易所业务规则或者其他相关规定受到证券交易所处分？

是□　否□

如是，请详细说明。

八、是否因涉嫌违反证券市场法律、行政法规正受到中国证监会的调查？

是□　否□

如是，请详细说明。

九、直接或者间接持有上市公司的股票及其衍生品种情况。

请详细说明。

十、在上市公司及其控股子公司业务中，过去或者现在是否拥有除股权以外的任何其他利益？

是□　否□

如是，请详细说明。

十一、是否已明确知悉作为上市公司的控股股东、实际控制人，指使上市公司董事、监事、高级管理人员违背对上市公司的忠实义务，利用职务便利，操纵上市公司从事下列行为之一，致使上市公司利益遭受重大或者特别重大损失的，将被追究刑事责任：

（一）无偿向其他单位或者个人提供资金、商品、服务或者其他资产的；

（二）以明显不公平的条件，提供或者接受资金、商品、服务或者其他资产的；

（三）向明显不具有清偿能力的单位或者个人提供资金、商品、服务或者其他资产的；

（四）向明显不具有清偿能力的单位或者个人提供担保，或者无正当理由为其他单位或者个人提供担保的；

（五）无正当理由放弃债权、承担债务的；

（六）采用其他方式损害上市公司利益的。

是□　否□

十二、除上述问题所披露的信息外，是否有需要声明的其他事项，而不声明该等事项可能影响本单位对上述问题回答的真实性、准确性或者完整性？

是□　否□

如是，请详细说明。

____________（正楷体）郑重声明，上述回答是真实、准确和完整的，保证不存在任何虚假记载、误导性陈述或者遗漏。本单位完全明白作出虚假声明可能导致的法律后果。

声明人（盖章）：

法定代表人签名：

日　　期：

此项声明于　　　年　　月　　日作出。

见证律师：

日　　期：

第二部分 承 诺

______________（正楷体）作为____________股份有限公司（以下简称上市公司）的控股股东（或者实际控制人），向深圳证券交易所承诺：

一、本单位保证严格遵守并促使上市公司严格遵守《公司法》《证券法》等法律、行政法规、部门规章、规范性文件的相关规定。本单位将廉洁守法，不以任何方式干扰深圳证券交易所自律管理工作。

二、本单位保证严格遵守并促使上市公司严格遵守中国证监会发布的部门规章、规范性文件的有关规定。

三、本单位保证严格遵守并促使上市公司严格遵守《深圳证券交易所股票上市规则》《深圳证券交易所上市公司自律监管指引第 1 号——主板上市公司规范运作》和深圳证券交易所其他相关规定。

四、本单位保证严格遵守并促使上市公司严格遵守公司章程的规定。

五、本单位保证依法行使股东权利，不滥用股东权利损害上市公司或者其他股东的利益，包括但不限于：

（一）本单位及本单位的关联人不以任何方式占用上市公司资金及要求上市公司违法违规提供担保；

（二）本单位及本单位的关联人不通过非公允关联交易、利润分配、资产重组、对外投资等任何方式损害上市公司和其他股东的合法权益；

（三）本单位及本单位的关联人不利用上市公司未公开重大信息牟取利益，不以任何方式泄漏有关上市公司的未公开重大信息，不从事内幕交易、短线交易、操纵市场等违法违规行为；

（四）本单位及本单位的关联人不以任何方式影响上市公司的独立性，保证上市公司资产完整、人员独立、财务独立、机构独立和业务独立。

本单位及本单位的关联人存在占用上市公司资金或要求上市公司违法违规提供担保的，在占用资金全部归还、违规担保全部解除之前不转让所持有、控制的上市公司股份，或者转让所持有、控制的公司股份所得资金用以清偿占用资金、解除违规担保。

六、对上市公司招股说明书、募集说明书等证券发行文件中存在的虚假记载、误导性陈述或者重大遗漏负有责任，致使投资者在证券交易中遭受损失的，本单位将依法赔偿投资者的损失。

七、本单位保证严格履行作出的各项公开声明与承诺，不擅自变更或者解除。

八、本单位保证严格按照法律、行政法规、部门规章、规范性文件、《深圳证券交易所股票上市规则》和深圳证券交易所其他相关规定履行信息披露义务，积极主动配合上市公司做好信息披露工作，及时告知上市公司已发生或者拟发生的重大事件。

九、本单位同意接受深圳证券交易所的监管，包括及时、如实地答复深圳证券交易所向本单位提出的任何问题，及时按照《深圳证券交易所股票上市规则》和深圳证券交易所的其他相关规定的要求报送资料、提供相关文件的正本或者副本，并委派法定代表人出席本单位被要求出席的会议等。

十、本单位承诺按照深圳证券交易所要求的时间和方式，填报及更新本单位持有上市公司股票及其衍生品种的情况等，并确保相关信息的真实、准确和完整。

十一、本单位授权深圳证券交易所将本单位提供的承诺与声明的资料向中国证监会报告。

十二、本单位如违反上述承诺和保证，愿意承担由此引起的一切法律责任和接受深圳证券交易所采取的监管措施或者纪律处分。

十三、本单位因履行本承诺而与深圳证券交易所发生争议提起诉讼时，由深圳证券交易所住所地法院管辖。

承诺人（盖章）：
法定代表人签名：
日　　期：

此项声承诺于　　　年　　月　　日作出。

见证律师：
日　　期：

红筹企业控股股东、实际控制人声明及承诺书（自然人版本）

第一部分　声　明

一、基本情况

1. 上市公司全称：____________________

2. 上市公司股票简称：________________　股票代码：________

3. 本人姓名：____________________

4. 别名：____________________

5. 曾用名：____________________

6. 出生日期：____________________

7. 住址：____________________

8. 国籍：____________________

9. 拥有哪些国家或者地区的长期居留权（如适用）：

____

10. 专业资格（如适用）：____________________

11. 身份证号码：____________________

12. 护照号码（如适用）：____________________

13. 近亲属的姓名、身份证号码：

配偶：______

父母：______

子女：______

兄弟姐妹：______

14. 最近五年工作经历：______

______

______

二、是否有配偶、父母、子女及其配偶、兄弟姐妹及其配偶担任本公司董事、监事或者高级管理人员？

是☐　否☐

如是，请详细说明。

三、是否在其他公司任职？

是☐　否☐

如是，请填报各公司的名称、注册资本、经营范围以及本人在该公司任职的情况。

四、是否存在下列情形：

（一）无民事行为能力或者限制民事行为能力；

是☐　否☐

（二）因贪污、贿赂、侵占财产、挪用财产或者破坏社会主义市场经济秩序，被判处刑罚，执行期满未逾五年，或者因犯罪被剥夺政治权利，执行期满未逾五年；

是☐　否☐

如是，请详细说明。

（三）担任破产清算的公司、企业的董事或者厂长、经理，对该公司、企业的破产负有个人责任，自该公司、企业破产清算完结之日起未逾三年；

是☐　否☐

如是，请详细说明。

（四）担任因违法被吊销营业执照、责令关闭的公司、企业的法定代表人，并负有个人责任，自该公司、企业被吊销营业执照之日起未逾三年；

是☐　否☐

如是，请详细说明。

（五）个人所负数额较大的债务到期未清偿；

是☐　否☐

如是，请详细说明。

（六）是否存在占用上市公司资金或者要求上市公司违法违规提供担保的情形？

是☐　否☐

如是，请详细说明。

五、是否曾违反《证券法》等证券法律、行政法规受到刑事处罚或者行政处罚？

是□　否□

如是，请详细说明。

六、是否曾违反其他法律、行政法规受到刑事处罚或者行政处罚？

是□　否□

如是，请详细说明。

七、是否曾违反证券交易所业务规则或者其他相关规定受到证券交易所处分？

是□　否□

如是，请详细说明。

八、是否因涉嫌违反证券法律、行政法规正受到中国证监会的调查？

是□　否□

如是，请详细说明。

九、本人以及本人的配偶、父母、子女直接或者间接持有本公司股票及其衍生品种情况。

请详细说明。

十、在上市公司及其控股子公司业务中，过去或者现在是否拥有除前项以外的任何其他利益？

是□　否□

如是，请详细说明。

十一、是否已明确知悉作为上市公司的控股股东、实际控制人，指使上市公司董事、监事、高级管理人员违背对上市公司的忠实义务，利用职务便利，操纵上市公司从事下列行为之一，致使上市公司利益遭受重大或者特别重大损失的，将被追究刑事责任：

（一）无偿向其他单位或者个人提供资金、商品、服务或者其他资产的；

（二）以明显不公平的条件，提供或者接受资金、商品、服务或者其他资产的；

（三）向明显不具有清偿能力的单位或者个人提供资金、商品、服务或者其他资产的；

（四）向明显不具有清偿能力的单位或者个人提供担保，或者无正当理由为其他单位或者个人提供担保的；

（五）无正当理由放弃债权、承担债务的；

（六）采用其他方式损害上市公司利益的。

是□　否□

十二、除上述问题所披露的信息外，是否有需要声明的其他事项，而不声明该等事项可能影响本人对上述问题回答的真实性、准确性或者完整性？

是□　否□

如是，请详细说明。

本人＿＿＿＿＿＿（正楷体）郑重声明，上述回答是真实、准确和完整的，保证不存在任何虚假记载、误导性陈述或者遗漏。本人完全明白作出虚假声明可能导致的法律后果。

声明人（签署）：
日　　期：

此项声明于　　　年　　月　　日作出。

见证律师：
日　　期：

第二部分　承　诺

本人＿＿＿＿＿＿（正楷体）作为＿＿＿＿＿＿股份有限公司（以下简称上市公司）的控股股东（或者实际控制人），向深圳证券交易所郑重承诺：

一、本人保证严格遵守并促使上市公司严格遵守《公司法》《证券法》等法律、行政法规、部门规章、规范性文件的相关规定。本单位将廉洁守法，不以任何方式干扰深圳证券交易所自律管理工作。

二、本人保证严格遵守并促使上市公司严格遵守中国证监会发布的部门规章、规范性文件的有关规定。

三、本人保证严格遵守并促使上市公司严格遵守《深圳证券交易所股票上市规则》《深圳证券交易所上市公司自律监管指引第 1 号——主板上市公司规范运作》和深圳证券交易所其他相关规定。

四、本人保证严格遵守并促使上市公司严格遵守公司章程的规定。

五、本人保证依法行使股东权利，不滥用股东权利损害上市公司或者其他股东的利益，包括但不限于：

（一）本人及本人的关联人不以任何方式占用上市公司资金及要求上市公司违法违规提供担保；

（二）本人及本人的关联人不通过非公允关联交易、利润分配、资产重组、对外投资等任何方式损害上市公司和其他股东的合法权益；

（三）本人及本人的关联人不利用上市公司未公开重大信息牟取利益，不以任何方式泄漏有关上市公司的未公开重大信息，不从事内幕交易、短线交易、操纵市场等违法违规行为；

（四）本人及本人的关联人不以任何方式影响上市公司的独立性，保证上市公司资产完整、人员独立、财务独立、机构独立和业务独立。

本人及本人的关联人存在占用上市公司资金或者要求上市公司违法违规提供担保的，在占用资金全部归还、违规担保全部解除之前不转让所持有、控制的上市公司股份，或者转让所持有、控制的公司股份所得资金用以清偿占用资金、解除违规担保。

六、对上市公司招股说明书、募集说明书等证券发行文件中存在的虚假记载、误导性陈述或者重大遗漏负有责任，致使投资者在证券交易中遭受损失的，本人将依法赔偿投资者的损失。

七、本人保证严格履行作出的各项公开声明与承诺，不擅自变更或者解除。

八、本人保证严格按照法律、行政法规、部门规章、规范性文件、《深圳证券交易所股票上市规则》和深圳证券交易所其他相关规定履行信息披露义务，积极主动配合上市公司做好信息披露工作，及时告知上市公司已发生或者拟发生的重大事件。

九、本人同意接受深圳证券交易所的监管，包括及时、如实地答复深圳证券交易所向本公司提出的任何问题，及时按照《深圳证券交易所股票上市规则》和深圳证券交易所的其他相关规定的要求报送资料、提供相关文件的正本或者副本，并亲自出席本人被要求出席的会议。

十、本人承诺按照深圳证券交易所要求的时间和方式填报及更新近亲属身份信息，以及本人和近亲属持有上市公司股票及其衍生品种的情况等，并确保相关信息的真实、准确和完整。

十一、本人授权深圳证券交易所将本人提供的承诺与声明的资料向中国证监会报告。

十二、本人如违反上述承诺和保证，愿意承担由此引起的一切法律责任和接受深圳证券交易所采取的监管措施或者纪律处分。

十三、本人因履行本承诺而与深圳证券交易所发生争议提起诉讼时，由深圳证券交易所住所地法院管辖。

承诺人（签署）：

日　　期：

此项承诺于　　　年　　月　　日作出。

见证律师：

日　　期：

附件三：

上市公司独立董事提名人声明与承诺

提名人__________现就提名__________为________________股份有限公司第______届董事会独立董事候选人发表公开声明。被提名人已书面同意作为___________________股份有限公司第________届董事会独立董事候选人（参见该独立董事候选人声明）。本次提名是在充分了解被提名人职业、学历、职称、详细的工作经历、全部兼职、有无重大失信等不良记录等情况后作出的，本提名人认为被提名人符合相关法律、行政法规、部门规章、规范性文件和深圳证券交易所业务规则对独立董事候选人任职资格及独立性的要求，具体声明并承诺如下事项：

一、被提名人已经通过___________________股份有限公司第________届董事会提名委员会或者独立董事专门会议资格审查，提名人与被提名人不存在利害关系或者其他可能影响独立履职情形的密切关系。

□ 是　□ 否

如否，请详细说明：________________

二、被提名人不存在《中华人民共和国公司法》第一百四十六条等规定不得担任公司董事的情形。

□ 是　□ 否

如否，请详细说明：________________

三、被提名人符合中国证监会《上市公司独立董事管理办法》和深圳证券交易所业务规则规定的独立董事任职资格和条件。

□ 是　□ 否

如否，请详细说明：________________

四、被提名人符合公司章程规定的独立董事任职条件。

□ 是　□ 否

如否，请详细说明：________________

五、被提名人已经参加培训并取得证券交易所认可的相关培训证明材料（如有）。

□ 是　□ 否

如否，请详细说明：________________

六、被提名人担任独立董事不会违反《中华人民共和国公务员法》的相关规定。

□ 是　□ 否

如否，请详细说明：________________

七、被提名人担任独立董事不会违反中共中央纪委《关于规范中管干部辞去公职或者退（离）休后担任上市公司、基金管理公司独立董事、独立监事的通知》的相关规定。

□ 是　□ 否

如否，请详细说明：________________

八、被提名人担任独立董事不会违反中共中央组织部《关于进一步规范党政领导干部在企业兼职（任职）问题的意见》的相关规定。

□ 是　□ 否

如否，请详细说明：________________

九、被提名人担任独立董事不会违反中共中央纪委、教育部、监察部《关于加强高等学校反腐倡廉建设的意见》的相关规定。

□ 是　□ 否

如否，请详细说明：________________

十、被提名人担任独立董事不会违反中国人民银行《股份制商业银行独立董事和外部监事制度指引》的相关规定。

□ 是　□ 否

如否，请详细说明：________________

十一、被提名人担任独立董事不会违反中国证监会《证券基金经营机构董事、监事、高级管理人员及从业人员监督管理办法》的相关规定。

□ 是　□ 否

如否，请详细说明：________________

十二、被提名人担任独立董事不会违反《银行业金融机构董事（理事）和高级管理人员任职资格管理办法》的相关规定。

□ 是　□ 否

如否，请详细说明：________________

十三、被提名人担任独立董事不会违反《保险公司董事、监事和高级管理人员任职资格管理规定》《保险机构独立董事管理办法》的相关规定。

□ 是　□ 否

如否，请详细说明：________________

十四、被提名人担任独立董事不会违反其他法律、行政法规、部门规章、规范性文件和深圳证券交易所业务规则等对于独立董事任职资格的相关规定。

□ 是　□ 否

如否，请详细说明：________________

十五、被提名人具备上市公司运作相关的基本知识，熟悉相关法律、行政法规、部门规章、规范性文件及深圳证券交易所业务规则，具有五年以上法律、经济、管理、会计、财务或者其他履行独立董事职责所必需的工作经验。

□ 是　□ 否

如否，请详细说明：________________

十六、以会计专业人士被提名的，被提名人至少具备注册会计师资格，或具有会计、审计或者财务管理专业的高级职称、副教授或以上职称、博士学位，或具有经济管理方面高级职称且在会计、审计或者财务管理等专业岗位有五年以上全职工作经验。

□ 是 □ 否　□ 不适用

如否，请详细说明：________________

十七、被提名人及其直系亲属、主要社会关系均不在公司及其附属企业任职。

□ 是　□ 否

如否，请详细说明：________________

十八、被提名人及其直系亲属不是直接或间接持有公司已发行股份1%以上的股东，也不是上市公司前十名股东中自然人股东。

□ 是　□ 否

如否，请详细说明：________________

十九、被提名人及其直系亲属不在直接或间接持有公司已发行股份5%以上的股东任职，也不在上市公司前五名股东任职。

□ 是　□ 否

如否，请详细说明：________________

二十、被提名人及其直系亲属不在公司控股股东、实际控制人的附属企业任职。

□ 是　□ 否

如否，请详细说明：________________

二十一、被提名人不是为公司及其控股股东、实际控制人或者其各自的附属企业提供财务、法律、咨询、保荐等服务的人员，包括但不限于提供服务的中介机构的项目组全体人员、各级复核人员、在报告上签字的人员、合伙人、董事、高级管理人员及主要负责人。

□是　□否

如否，请详细说明：______

二十二、被提名人与上市公司及其控股股东、实际控制人或者其各自的附属企业不存在重大业务往来，也不在有重大业务往来的单位及其控股股东、实际控制人任职。

□是　□否

如否，请详细说明：______

二十三、被提名人在最近十二个月内不具有第十七项至第二十二项所列任一种情形。

□是　□否

如否，请详细说明：______

二十四、被提名人不是被中国证监会采取不得担任上市公司董事、监事、高级管理人员的证券市场禁入措施，且期限尚未届满的人员。

□是　□否

如否，请详细说明：______

二十五、被提名人不是被证券交易场所公开认定不适合担任上市公司董事、监事和高级管理人员，且期限尚未届满的人员。

□是　□否

如否，请详细说明：______

二十六、被提名人不是最近三十六个月内因证券期货犯罪，受到司法机关刑事处罚或者中国证监会行政处罚的人员。

□是　□否

如否，请详细说明：______

二十七、被提名人不是因涉嫌证券期货违法犯罪，被中国证监会立案调查或者被司法机关立案侦查，尚未有明确结论意见的人员。

□是　□否

如否，请详细说明：______

二十八、被提名人最近三十六月未受到证券交易所公开谴责或者三次以上通报批评。

□是　□否

如否，请详细说明：______

二十九、被提名人不存在重大失信等不良记录。

□是　□否

如否，请详细说明：______

三十、被提名人不是过往任职独立董事期间因连续两次未能亲自出席也不委托其他董事出席董事会会议被董事会提请股东大会予以解除职务，未满十二个月的人员。

□ 是　□ 否

如否，请详细说明：______________________________

三十一、包括本次提名的公司在内，被提名人担任独立董事的境内上市公司数量不超过三家。

□ 是　□ 否

如否，请详细说明：______________________________

三十二、被提名人在公司连续担任独立董事未超过六年。

□ 是　□ 否

如否，请详细说明：______________________________

提名人郑重承诺：

一、本提名人保证上述声明真实、准确、完整，没有虚假记载、误导性陈述或重大遗漏；否则，本提名人愿意承担由此引起的法律责任和接受深圳证券交易所的自律监管措施或纪律处分。

二、本提名人授权公司董事会秘书将本声明的内容通过深圳证券交易所业务专区录入、报送给深圳证券交易所或对外公告，董事会秘书的上述行为视同为本提名人行为，由本提名人承担相应的法律责任。

三、被提名人担任独立董事期间，如出现不符合独立性要求及独立董事任职资格情形的，本提名人将及时向公司董事会报告并督促被提名人立即辞去独立董事职务。

提名人（签署/盖章）：

××××年××月××日

上市公司独立董事候选人声明与承诺

声明人________作为______________股份有限公司第________届董事会独立董事候选人，已充分了解并同意由提名人________提名为______________股份有限公司（以下简称该公司）第________届董事会独立董事候选人。现公开声明和保证，本人与该公司之间不存在任何影响本人独立性的关系，且符合相关法律、行政法规、部门规章、规范性文件和深圳证券交易所业务规则对独立董事候选人任职资格及独立性的要求，具体声明并承诺如下事项：

一、本人已经通过______________股份有限公司第________届董事会提名委员会或者独立董事专门会议资格审查，提名人与本人不存在利害关系或者其他可能影响独立履职情形的密切关系。

□ 是　□ 否

如否，请详细说明：______________________________

二、本人不存在《中华人民共和国公司法》第一百四十六条等规定不得担任公司董事的情形。

□是　□否

如否，请详细说明：＿＿＿＿＿＿＿＿＿＿＿＿＿＿＿＿

三、本人符合中国证监会《上市公司独立董事管理办法》和深圳证券交易所业务规则规定的独立董事任职资格和条件。

□是　□否

如否，请详细说明：＿＿＿＿＿＿＿＿＿＿＿＿＿＿＿＿

四、本人符合该公司章程规定的独立董事任职条件。

□是　□否

如否，请详细说明：＿＿＿＿＿＿＿＿＿＿＿＿＿＿＿＿

五、本人已经参加培训并取得证券交易所认可的相关培训证明材料（如有）。

□是　□否

如否，请详细说明：＿＿＿＿＿＿＿＿＿＿＿＿＿＿＿＿

六、本人担任独立董事不会违反《中华人民共和国公务员法》的相关规定。

□是　□否

如否，请详细说明：＿＿＿＿＿＿＿＿＿＿＿＿＿＿＿＿

七、本人担任独立董事不会违反中共中央纪委《关于规范中管干部辞去公职或者退（离）休后担任上市公司、基金管理公司独立董事、独立监事的通知》的相关规定。

□是　□否

如否，请详细说明：＿＿＿＿＿＿＿＿＿＿＿＿＿＿＿＿

八、本人担任独立董事不会违反中共中央组织部《关于进一步规范党政领导干部在企业兼职（任职）问题的意见》的相关规定。

□是　□否

如否，请详细说明：＿＿＿＿＿＿＿＿＿＿＿＿＿＿＿＿

九、本人担任独立董事不会违反中共中央纪委、教育部、监察部《关于加强高等学校反腐倡廉建设的意见》的相关规定。

□是　□否

如否，请详细说明：＿＿＿＿＿＿＿＿＿＿＿＿＿＿＿＿

十、本人担任独立董事不会违反中国人民银行《股份制商业银行独立董事和外部监事制度指引》的相关规定。

□是　□否

如否，请详细说明：＿＿＿＿＿＿＿＿＿＿＿＿＿＿＿＿

十一、本人担任独立董事不会违反中国证监会《证券基金经营机构董事、监事、高级管理人员及从业人员监督管理办法》的相关规定。

□是　□否

如否，请详细说明：＿＿＿＿＿＿＿＿＿＿＿＿＿＿＿＿

十二、本人担任独立董事不会违反《银行业金融机构董事（理事）和高级管理人员任职资格管理办法》的相关规定。

□ 是　□ 否

如否，请详细说明：________________

十三、本人担任独立董事不会违反《保险公司董事、监事和高级管理人员任职资格管理规定》《保险机构独立董事管理办法》的相关规定。

□ 是　□ 否

如否，请详细说明：________________

十四、本人担任独立董事不会违反其他法律、行政法规、部门规章、规范性文件和深圳证券交易所业务规则等对于独立董事任职资格的相关规定。

□ 是　□ 否

如否，请详细说明：________________

十五、本人具备上市公司运作相关的基本知识，熟悉相关法律、行政法规、部门规章、规范性文件及深圳证券交易所业务规则，具有五年以上法律、经济、管理、会计、财务或者其他履行独立董事职责所必需的工作经验。

□ 是　□ 否

如否，请详细说明：________________

十六、以会计专业人士被提名的，候选人至少具备注册会计师资格，或具有会计、审计或者财务管理专业的高级职称、副教授或以上职称、博士学位，或具有经济管理方面高级职称且在会计、审计或者财务管理等专业岗位有五年以上全职工作经验。

□ 是　□ 否　□ 不适用

如否，请详细说明：________________

十七、本人及本人直系亲属、主要社会关系均不在该公司及其附属企业任职。

□ 是　□ 否

如否，请详细说明：________________

十八、本人及本人直系亲属不是直接或间接持有该公司已发行股份1%以上的股东，也不是该上市公司前十名股东中自然人股东。

□ 是　□ 否

如否，请详细说明：________________

十九、本人及本人直系亲属不在直接或间接持有该公司已发行股份5%以上的股东任职，也不在该上市公司前五名股东任职。

□ 是　□ 否

如否，请详细说明：________________

二十、本人及本人直系亲属不在该公司控股股东、实际控制人的附属企业任职。

□ 是　□ 否

如否，请详细说明：________________

二十一、本人不是为该公司及其控股股东、实际控制人或者其各自的附属企业提供财务、法律、咨询、保荐等服务的人员，包括但不限于提供服务的中介机构的项目组全体人员、各级复核人员、在报告上签字的人员、合伙人、董事、高级管理人员及主要负责人。

□是　□否

如否，请详细说明：＿＿＿＿＿＿＿＿＿＿＿＿＿＿＿＿＿＿＿＿＿＿＿＿

二十二、本人与上市公司及其控股股东、实际控制人或者其各自的附属企业不存在重大业务往来，也不在有重大业务往来的单位及其控股股东、实际控制人任职。

□是　□否

如否，请详细说明：＿＿＿＿＿＿＿＿＿＿＿＿＿＿＿＿＿＿＿＿＿＿＿＿

二十三、本人在最近十二个月内不具有第十七项至第二十二项所列任一种情形。

□是　□否

如否，请详细说明：＿＿＿＿＿＿＿＿＿＿＿＿＿＿＿＿＿＿＿＿＿＿＿＿

二十四、本人不是被中国证监会采取不得担任上市公司董事、监事、高级管理人员证券市场禁入措施，且期限尚未届满的人员。

□是　□否

如否，请详细说明：＿＿＿＿＿＿＿＿＿＿＿＿＿＿＿＿＿＿＿＿＿＿＿＿

二十五、本人不是被证券交易场所公开认定不适合担任上市公司董事、监事和高级管理人员，且期限尚未届满的人员。

□是　□否

如否，请详细说明：＿＿＿＿＿＿＿＿＿＿＿＿＿＿＿＿＿＿＿＿＿＿＿＿

二十六、本人不是最近三十六个月内因证券期货犯罪，受到司法机关刑事处罚或者中国证监会行政处罚的人员。

□是　□否

如否，请详细说明：＿＿＿＿＿＿＿＿＿＿＿＿＿＿＿＿＿＿＿＿＿＿＿＿

二十七、本人不是因涉嫌证券期货违法犯罪，被中国证监会立案调查或者被司法机关立案侦查，尚未有明确结论意见的人员。

□是　□否

如否，请详细说明：＿＿＿＿＿＿＿＿＿＿＿＿＿＿＿＿＿＿＿＿＿＿＿＿

二十八、本人最近三十六月未受到证券交易所公开谴责或者三次以上通报批评。

□是　□否

如否，请详细说明：＿＿＿＿＿＿＿＿＿＿＿＿＿＿＿＿＿＿＿＿＿＿＿＿

二十九、本人不存在重大失信等不良记录。

□是　□否

如否，请详细说明：＿＿＿＿＿＿＿＿＿＿＿＿＿＿＿＿＿＿＿＿＿＿＿＿

三十、本人不是过往任职独立董事期间因连续两次未能亲自出席也不委托其他董事出席董事会会议被董事会提请股东大会予以撤换，未满十二个月的人员。

□是　□否

如否，请详细说明：＿＿＿＿＿＿＿＿＿＿＿＿＿＿＿＿＿＿＿＿＿＿＿＿

三十一、包括该公司在内，本人担任独立董事的境内上市公司数量不超过三家。

□是　□否

如否，请详细说明：________________________________

三十二、本人在该公司连续担任独立董事未超过六年。

□是　□否

如否，请详细说明：________________________________

候选人郑重承诺：

一、本人完全清楚独立董事的职责，保证上述声明及提供的相关材料真实、准确、完整，没有虚假记载、误导性陈述或重大遗漏；否则，本人愿意承担由此引起的法律责任和接受深圳证券交易所的自律监管措施或纪律处分。

二、本人在担该公司独立董事期间，将严格遵守中国证监会和深圳证券交易所的相关规定，确保有足够的时间和精力勤勉尽责地履行职责，作出独立判断，不受该公司主要股东、实际控制人或其他与公司存在利害关系的单位或个人的影响。

三、本人担任该公司独立董事期间，如出现不符合独立董事任职资格情形的，本人将及时向公司董事会报告并立即辞去该公司独立董事职务。

四、本人授权该公司董事会秘书将本声明的内容及其他有关本人的信息通过深圳证券交易所业务专区录入、报送给深圳证券交易所或对外公告，董事会秘书的上述行为视同为本人行为，由本人承担相应的法律责任。

五、如任职期间因本人辞职导致独立董事比例不符合相关规定或欠缺会计专业人士的，本人将持续履行职责，不以辞职为由拒绝履职。

候选人（签署）：

××××年××月××日

上市公司独立董事候选人履历表

上市公司名称			上市公司代码	
一、个人情况				
姓名		曾用名		照片
性别		民族		
出生日期		政治面貌		
国籍		是否有其他国家/地区居留权		
身份证号		护照号码		
移动电话		电子邮件		
工作单位		通信地址		
单位邮编		单位电话		

续表

家庭住址		邮政编码			
是否属于会计专业人士		会计专业资格取得时间		证书号码	
本人专长		是否曾受处罚			
是否为该公司在任独立董事		在该公司担任独立董事的起始日期		担任独立董事的境内上市公司家数	

二、社会关系

与本人关系	配偶	父亲	母亲	子女	兄弟姐妹
姓名					
身份证号码					
联系电话					
工作单位					
持股情况					
持股数量					

三、教育背景

学习期间	学校	专业	学历	学位

四、工作经历

工作期间	工作单位	职位	职业领域

五、专业培训

培训期间	培训单位	培训证明材料	培训内容

六、独立董事兼职情况

任职期间	公司名称	公司代码

七、其他专业资格职称

取得时间	资格名称	授予单位	证书号码

续表

八、所获奖励			
获奖日期	获奖名称	颁奖单位	证书号码

九、著作成就		
著作成就名称	认可、发表或出版单位	取得、发表或出版时间

十、其他情况
1. 本次担任该上市公司独立董事获得的年度报酬总额：________ 2. 本人是否拥有该上市公司股票及其衍生品种及持有数量（如是）：________ 3. 本人在该上市公司及其附属公司中，过去或现在是否具有除前述1、2条以外的任何利益：________ 4. 本人担任该上市公司的独立董事的提名人为：________ 5. 本人其他可能有助于或者不利于本次独立董事任职的情况：________
十一、承诺
本人（请以正楷体填写姓名）郑重声明，本履历表内容是真实、完整和准确的，保证不存在任何遗漏、虚假陈述或误导成份。本人完全明白作出虚假声明可能导致的后果。深圳证券交易所可依据本履历表所提供的资料，确定本人是否适宜担任该上市公司的独立董事。 签字： 时间：

上市公司独立董事候选人履历表填写说明

独立董事应认真参阅本填写说明填写履历表各项内容，保证填写内容真实、准确、完整，如有不适用或者不存在的情况，请填写“不适用”或者“无”。

一、基本简况

1. “是否会计专业人士”项：如是，需注明属于“会计学专业副教授（教授）、会计学博士、高级会计师、注册会计师”中的具体项目，可填写多项。

2. “本人专长”项：请说明有助于本人履行独立董事职务的专长情况，如没有填“无”，如有应注明具体专长，如“法律专业人士，行业专家”等，有几项注明几项。

3. “是否曾受处罚”项：如是，填写本人曾受到的各种行政处罚、刑事处罚以及证券交易所纪律处分等，如无填“否”，如有应注明具体情况，如××××年××月因犯罪被剥夺政治权利，××××年××月被中国证监会采取证券市场禁入措施、期限为×年，××××年××月被××证券交易所公开认定不适合担任上市公司董事/监事/高级管理人员，期限为×年，××××年××月因证券期货违法犯罪受到中国证监会行政处罚/司法机关刑事处罚，××××年××月被××证券交易所公开谴责，××××年××月被××证券交易所通报批评，××××年××月被×××认定为失信惩戒对象等。

4.“是否具有其他国家或者地区居留权”项：如是，需注明具有居留权的所在国或者地区。

5.“担任独立董事的境内上市公司家数”项：包括本次拟任职独立董事的上市公司。

二、社会关系

1.“子女”、“兄弟姐妹”项：有多位子女或者多位兄弟姐妹的，可在相应栏目列明序号分别填写。

2.“持股情况”项：应填写本人直系亲属（配偶、父母、子女）是否持有本人担任独立董事职务的上市公司的股票，其他社会关系可不填写。

三、教育背景

请从中学开始填写各项内容，逐一注明学习期间、就读学校或研究机构、专业、学历、学位。

四、工作经历

请填写最近十年工作经历，自开始工作起逐一按格式填至现在工作单位止，同一单位工作中间岗位有变动者要分开填写。“职业领域”项请填写本人日常工作职责所处的学科领域，如：法律、工商管理、会计、审计、财务管理等。

五、专业培训

请填写对有助于担任独立董事的培训，语言培训、为通过各种考试所接受的培训不要求填写。

六、独立董事兼职情况

请填写本人在境内上市公司兼任独立董事情况。

七、其他专业资格职称

请填写取得的除会计专业资格外，目前仍有效的各种专业资格、职称情况。

八、所获奖励

请填写自大学毕业后所获取的各种奖励。

九、著作成就

请填写包括本人为第一作者或主编的论文与著作，或者本人在其中起主要作用所取得的各种工作成果。著作及成就众多者可选出最突出的前十项填写，尤其是对有助于担任独立董事的相关成就。

十、其他

1. 获得的年度报酬总额：如为固定报酬，请填写××万元；如为“固定+浮动”报酬，请填写“起步××万元，每次参会××万元”（仅作为举例，可根据实际情况填写）。

2. 表格中所有“期间”项（包括学习、工作、培训、任职等），请填写起始年月（××××年××月）到终止年月（××××年××月）或至今。

附件四：

募集资金三方监管协议（范本）

甲方：________________________股份有限公司（以下简称甲方）

乙方：____________银行____________分行（以下简称乙方）

丙方：________________________（保荐人或者财务顾问）（以下简称丙方）

注释：协议甲方是实施募集资金投资项目的法人主体，如果募集资金投资项目由上市公司直接实施，则上市公司为协议甲方，如果由子公司或者上市公司控制的其他企业实施，则上市公司及该子公司或者上市公司控制的其他企业为协议甲方。

本协议需以《深圳证券交易所上市公司自律监管指引第1号——主板上市公司规范运作》以及上市公司制定的募集资金管理制度中相关条款为依据制定。

为规范甲方募集资金管理，保护中小投资者的权益，根据有关法律法规及《深圳证券交易所上市公司自律监管指引第1号——主板上市公司规范运作》的规定，甲、乙、丙三方经协商，达成如下协议：

一、甲方已在乙方开设募集资金专项账户（以下简称专户），账号为________________________，截至________年____月____日，专户余额为________万元。该专户仅用于甲方__________________项目、__________________项目募集资金的存储和使用，不得用作其他用途。

甲方以存单方式存放的募集资金__________万元（若有），开户日期为20______年____月____日，期限____个月。甲方承诺上述存单到期后将及时转入本协议规定的募集资金专户进行管理或者以存单方式续存，并通知丙方。甲方存单不得质押。

二、甲乙双方应当共同遵守《中华人民共和国票据法》《支付结算办法》《人民币银行结算账户管理办法》等法律、法规、规章。

三、丙方作为甲方的保荐人/财务顾问，应当依据有关规定指定保荐代表人/主办人或者其他工作人员对甲方募集资金使用情况进行监督。丙方应当依据《深圳证券交易所上市公司自律监管指引第1号——主板上市公司规范运作》以及甲方制订的募集资金管理制度履行其督导职责，并可以采取现场调查、书面问询等方式行使其监督权。甲方和乙方应当配合丙方的调查与查询。丙方每半年对甲方募集资金的存放和使用情况进行一次现场检查。

四、甲方授权丙方指定的保荐代表人/主办人________________、________________可以随时到乙方查询、复印甲方专户的资料；乙方应当及时、准确、完整地向其提供所需的有关专户的资料。

保荐代表人/主办人向乙方查询甲方专户有关情况时应当出具本人的合法身份证明；丙方指定的其他工作人员向乙方查询甲方专户有关情况时应当出具本人的合法身份证明和单位介绍信。

五、乙方按月（每月______日前）向甲方出具对账单，并抄送丙方。乙方应当保证对账单内容真实、准确、完整。

六、甲方一次或者十二个月内累计从专户中支取的金额超过五千万元或者募集资金净额的20%的，乙方应当及时以传真方式通知丙方，同时提供专户的支出清单。

七、丙方有权根据有关规定更换指定的保荐代表人/主办人。丙方更换保荐代表人/主办人的，应当将相关证明文件书面通知乙方，同时按本协议第十一条的要求书面通知更换后保荐代表人/主办人的联系方式。更换保荐代表人/主办人不影响本协议的效力。

八、乙方连续三次未及时向丙方出具对账单或者向丙方通知专户大额支取情况，以及存在未配合丙方调查专户情形的，甲方或者丙方可以要求甲方单方面终止本协议并注销募集资金专户。

九、本协议自甲、乙、丙三方法定代表人或者其授权代表签署并加盖各自单位公章之日起生效，至专户资金全部支出完毕并依法销户之日起失效。

丙方义务至持续督导期结束之日，即20______年12月31日解除。

十、本协议一式______份，甲、乙、丙三方各持一份，向深圳证券交易所、中国证监会______________监管局各报备一份，其余留甲方备用。

十一、联系方式：

1. ____________________股份有限公司（甲方）

地址：____________________________

邮编：____________________________

传真：____________________________

联系人：__________________________

电话：____________________________

手机：____________________________

E－mail：____________________________

2. _______________银行____________________分行（乙方）

地址：____________________________

邮编：____________________________

传真：____________________________

联系人：__________________________

电话：____________________________

手机：____________________________

E－mail：____________________________

3. ________________（保荐人或者财务顾问）（丙方）

地址：____________________________

邮编：____________________________

保荐代表人/主办人A：____________________________

身份证号码：____________________________________

电话：____
手机：____
E - mail：____
传真：____
保荐代表人/主办人 B：__________________________
身份证号码：__________________________________
电话：____
手机：____
E - mail：____
传真：____
协议签署：____________________________________
甲方：__________________________股份有限公司（盖章）
法定代表人或者授权代表：___________
20________年______月______日
法定代表人或者授权代表：
乙方：________银行________分行________支行（盖章）
法定代表人或者授权代表：___________
20________年______月______日
丙方：__________________证券（股份）有限公司（盖章）
法定代表人或者授权代表：___________
20________年______月______日

关于发布《深圳证券交易所上市公司自律监管指引第2号——创业板上市公司规范运作（2023年修订）》的通知

（2023年8月4日　深证上〔2023〕704号）

各市场参与人：

为了落实《国务院办公厅关于上市公司独立董事制度改革的意见》和中国证监会《上市公司独立董事管理办法》的有关要求，推动形成更加科学的独立董事制度体系，促进独立董事发挥应有作用，本所对《深圳证券交易所上市公司自律监管指引第2号——创业板上市公司规范运作》进行了修订，现予以发布。

本指引自2023年9月4日起施行。本所2022年1月7日发布的《深圳证券交易所上市公司自律监管指引第2号——创业板上市公司规范运作》（深证上〔2022〕14号）同时废止。本所此前发布的其他业务规则中有关独立董事的规定与本指引不一致的，以本指引为准。

自本指引施行之日起的一年为过渡期。过渡期内，上市公司董事会及专门委员会的设置、独立董事专门会议机制、独立董事的独立性、任职条件、任职期限及兼职家数等事项与本指引不一致的，应当逐步调整至符合本指引的规定。

深圳证券交易所

2023年8月4日

2.2

深圳证券交易所上市公司自律监管指引第2号——创业板上市公司规范运作（2023年修订）

（2023年8月4日　深证上〔2023〕704号）

目　录

第一章　总　则

1.1　为了规范创业板上市公司（以下简称上市公司）的组织和行为，提高上市公司规范运作水平，保护上市公司和投资者的合法权益，促进上市公司质量不断提高，推动创业板市场健康稳定发展，根据《中华人民共和国公司法》（以下简称《公司法》）、《中华人民共和国证券法》（以下简称《证券法》）、《证券交易所管理办法》、《上市公司治理准则》等法律、行政法规、部门规章、规范性文件（以下统称法律法规）和《深圳证券交易所创业板股票上市规则》（以下简称《创业板上市规则》），制定本指引。

1.2　本指引适用于股票在深圳证券交易所（以下简称本所）创业板上市的公司。

存托凭证在本所创业板上市的公司，参照适用本指引。

1.3　上市公司及其董事、监事、高级管理人员、股东、实际控制人、收购人及其他权益变动主体、存托凭证持有人，重大资产重组、再融资、重大交易、破产事项等有关各方、中介机构及其相关人员，以及法律、行政法规和中国证监会规定的在上市、信息披露、停牌、复牌、退市等事项承担相关义务的其他主体，应当遵守法律法规、《创业板上市规则》、本指引和本所其他规定，诚实守信、廉洁守法，自觉接受本所监督管理，不得以任何方式干扰本所自律管理工作。

1.4　上市公司应当根据法律法规、《创业板上市规则》、本指引、本所其他规定和公司章程，建立规范的公司治理结构和健全的内部控制制度，完善股东大会、董事会、监事会议事规则和权力制衡机制，规范董事、监事、高级管理人员的任职管理和履职行为，履行信息披露义务，积极承担社会责任，采取有效措施保护投资者特别是中小投资者的合法权益。

第二章　股东大会、董事会和监事会

第一节　股东大会

2.1.1　上市公司应当完善股东大会运作机制，平等对待全体股东，保障股东依法享有的知情权、查询权、分配权、质询权、建议权、股东大会召集权、提案权、提名权、表决权等权利，积极为股东行使权利提供便利，切实保障股东特别是中小股东的合法权益。

2.1.2　上市公司应当在公司章程中规定股东大会的召集、召开和表决等程序，制定股东大会议事规则，并列入公司章程或者作为章程附件。

2.1.3　董事会、监事会、符合条件的股东召集股东大会的，应当遵守法律法规和本所有关规定。

2.1.4　召集人应当充分、完整地披露股东大会所有提案的具体内容，以及有助于股东对拟讨论的事项作出合理判断所必需的其他资料。

有关提案涉及独立董事及中介机构发表意见的，上市公司最迟应当在发出股东大会通知时披露相关意见。

2.1.5　召集人应当合理设置股东大会提案，保证同一事项的提案表决结果明确清晰。除采用累积投票制以外，股东大会对所有提案应当逐项表决，股东大会对同一事项有不同提案的，应当按照提案提出的时间顺序进行表决，股东或者其代理人不得对同一事项的不同提案同时投同意票。

在一次股东大会上表决的提案中，一项提案生效是其他提案生效的前提的，召集人应当在股东大会通知中明确披露，并就作为前提的提案表决通过是后续提案表决结果生效的前提进行特别提示。

提案人应当在提案函等载有提案内容的文件中明确说明提案间的关系，并明确相关提案是否提交同一次股东大会表决，并就表决方式的选取原因及合法合规性进行说明。

2.1.6　股东提出股东大会临时提案的，不得存在下列任一情形：

（一）提出提案的股东不符合持股比例等主体资格要求；

（二）超出提案规定时限；

（三）提案不属于股东大会职权范围；

（四）提案没有明确议题或具体决议事项；

（五）提案内容违反法律法规、本所有关规定；

（六）提案内容不符合公司章程的规定。

提出临时提案的股东，应当向召集人提供持有公司3%以上股份的证明文件。股东通过委托方式联合提出提案的，委托股东应当向被委托股东出具书面授权文件。

提出临时提案的股东或其授权代理人应当将提案函、授权委托书、表明股东身份的有效证件等相关文件在规定期限内送达召集人。

临时提案的提案函内容应当包括：提案名称、提案具体内容、提案人关于提案符合《上市公司股东大会规则》、本指引和本所相关规定的声明以及提案人保证所提供持股证明文件和授权委托书真实性的声明。

临时提案不存在第一款规定的情形的，召集人不得拒绝将临时提案提交股东大会审议。召集人应当在规定时间内发出股东大会补充通知，披露提出临时提案的股东姓名或者名称、持股比例和新增提案的具体内容。

召集人认定临时提案存在第一款规定的情形，进而认定股东大会不得对该临时提案进行表决并做出决议的，应当在收到提案后两日内公告相关股东临时提案的内容，并说明做出前述认定的依据及合法合规性，同时聘请律师事务所对相关理由及其合法合规性出具法律意见书并公告。

2.1.7 除单独或者合计持有公司3%以上股份普通股股东（含表决权恢复的优先股股东）提出临时提案情形外，发出股东大会通知后不得修改股东大会通知中已列明的提案或增加新的提案。

召集人根据规定需对提案披露内容进行补充或更正的，不得实质性修改提案，且相关补充或更正公告应当在股东大会网络投票开始前发布，与股东大会决议同时披露的法律意见书中应当包含律师对提案披露内容的补充、更正是否构成提案实质性修改出具的明确意见。

对提案进行实质性修改的，有关变更应当视为一个新的提案，不得在本次股东大会上进行表决。

2.1.8 股东大会的现场会议日期和股权登记日都应当为交易日。股权登记日和会议召开日之间的间隔应当不少于两个工作日且不多于七个工作日。股权登记日一旦确定，不得变更。

发出股东大会通知后，股东大会因故需要延期的，召集人应当在原定现场会议召开日前至少两个交易日公告并说明原因。股东大会延期的，股权登记日仍为原股东大会通知中确定的日期、不得变更，且延期后的现场会议日期仍需遵守与股权登记日之间的间隔不多于七个工作日的规定。

2.1.9 发出股东大会通知后，股东大会因故需要取消的，召集人应当在现场会议召开日前至少两个交易日公告并说明原因。

2.1.10 上市公司董事会、独立董事、持有1%以上有表决权股份的股东或者依照法律法规设立的投资者保护机构，可以作为征集人，自行或者委托证券公司、证券服务机构，公开请求股东委托其代为出席股东大会，并代为行使提案权、表决权等股东权利，但不得以有偿或者变相有偿方式公开征集股东权利。

征集人应当依规披露征集公告和相关征集文件，并按规定披露征集进展情况和结果，公司应当予以配合。征集人持有公司股票的，应当承诺在审议征集议案的股东大会决议公告前不转让所持股份。

征集人可以采用电子化方式公开征集股东权利，为股东进行委托提供便利，上市公司应当予以配合。

公司可以在公司章程中规定股东权利征集制度的相关安排，但不得对征集投票行为设置高于《证券法》规定的持股比例等障碍而损害股东的合法权益。

征集人仅对股东大会部分提案提出投票意见的，应当同时征求股东对于其他提案的投票意见，并按其意见代为表决。

2.1.11 上市公司不得通过授权的形式由董事会或者其他机构和个人代为行使股东大会的法定职权。股东大会授权董事会或者其他机构和个人代为行使其他职权的，应当符合法律法规、《创业板上市规则》、本指引、本所其他相关规定和公司章程、股东大会议事规则等规定的授权原则，并明确授权的具体内容。

2.1.12 股东大会审议影响中小投资者利益的重大事项时，应当对除上市公司董事、监事、高级管理人员以及单独或者合计持有上市公司5%以上股份的股东以外的其他股东的表决情况单独计票并披露。

2.1.13 上市公司股东或者其委托代理人在股东大会上投票的，应当对提交表决的议案明确发表同意、反对或者弃权意见。股票名义持有人根据相关规则规定，按照所征集的实际持有人对同一议案的不同投票意见行使表决权的除外。

同一表决权通过现场、本所网络投票平台或者其他方式重复进行表决的，以第一次投票结果为准。

2.1.14 上市公司应当为股东特别是中小股东参加股东大会提供便利，为投资者发言、提问及与公司董事、监事及高级管理人员交流提供必要的时间。中小股东有权对上市公司经营和相关议案提出建议或者质询，公司相关董事、监事或者高级管理人员在遵守公平信息披露原则的前提下，应当对中小股东的质询予以真实、准确答复。公司召开股东大会可以同时进行网络直播。

2.1.15 上市公司应当在董事、监事选举时实行累积投票制度，选举一名董事或者监事的情形除外。本所鼓励公司选举董事、监事时实行差额选举。

股东大会选举董事时，独立董事和非独立董事的表决应当分别进行。

2.1.16 存在股东需在股东大会上回避表决或者承诺放弃表决权情形的，召集人应当在股东大会通知中明确披露相关情况，援引披露股东需回避表决或者承诺放弃表决权理由的相关公告，同时应当就该等股东可否接受其他股东委托进行投票作出说明，并进行特别提示。

2.1.17 投资者违反《证券法》第六十三条第一款、第二款的规定买入上市公司有表决权的股份的，在买入后的三十六个月内，对该超过规定比例部分的股份不得行使表决权。上市公司应当按照《证券法》的规定，不得将前述股份计入出席股东大会有表决权的股份总数，上市公司应当在股东大会决议公告中披露前述情况。

2.1.18 以下事项必须经出席股东大会的股东所持表决权的三分之二以上通过：

（一）修改公司章程及其附件（包括股东大会议事规则、董事会议事规则及监事会议事规则）；

（二）增加或者减少注册资本；

（三）公司合并、分立、解散或者变更公司形式；

（四）分拆所属子公司上市；

（五）《创业板上市规则》规定的连续十二个月内购买、出售重大资产或者担保金额超过公司资产总额百分之三十；

（六）发行股票、可转换公司债券、优先股以及中国证监会认可的其他证券品种；

（七）回购股份用于减少注册资本；

（八）重大资产重组；

（九）股权激励计划；

（十）上市公司股东大会决议主动撤回其股票在本所上市交易、并决定不再在交易所交易或者转而申请在其他交易场所交易或转让；

（十一）股东大会以普通决议认定会对公司产生重大影响、需要以特别决议通过的其他事项；

（十二）法律法规、本所有关规定、公司章程或股东大会议事规则规定的其他需要以特别决议通过的事项。

前款第四项、第十项所述提案，除应当经出席股东大会的股东所持表决权的三分之二以上通过外，还应当经出席会议的除上市公司董事、监事、高级管理人员和单独或者合计持有上市公司5%以上股份的股东以外的其他股东所持表决权的三分之二以上通过。

上市公司章程的相应条款应当符合前两款的规定。

2.1.19　上市公司股东大会应当由律师对会议的召集、召开程序、出席会议人员的资格、召集人资格、表决程序及表决结果等事项出具法律意见书，并与股东大会决议一并公告。

律师出具的法律意见不得使用“基本符合”“未发现”等含糊措辞，并应当由两名执业律师和所在律师事务所负责人签字确认，加盖该律师事务所印章并签署日期。

第二节　董事会

2.2.1　上市公司董事会应当按照法律法规、《创业板上市规则》、本指引、本所其他规定和公司章程履行职责，公平对待所有股东，并维护其他利益相关者的合法权益。

董事会的人数及人员构成应当符合法律法规、《创业板上市规则》、本指引和公司章程等的要求，董事会成员应当具备履行职责所必需的知识、技能和素质，具备良好的职业道德。

2.2.2　上市公司应当制定董事会议事规则，并列入公司章程或者作为章程附件，报股东大会批准，确保董事会规范、高效运作和审慎、科学决策。

2.2.3　董事会会议应当严格按照董事会议事规则召集和召开，按规定事先通知所有董事，并提供充分的会议材料，包括会议议题的相关背景材料、董事会专门委员会意见

(如有)、独立董事专门会议审议情况（如有）等董事对议案进行表决所需的所有信息、数据和资料，及时答复董事提出的问询，在会议召开前根据董事的要求补充相关会议材料。

董事会专门委员会召开会议的，上市公司原则上应当不迟于专门委员会会议召开前三日提供相关资料和信息。

董事会及其专门委员会会议以现场召开为原则。在保证全体参会董事能够充分沟通并表达意见的前提下，必要时可以依照程序采用视频、电话或者其他方式召开。

2.2.4　董事会及其专门委员会会议、独立董事专门会议应当按规定制作会议记录，会议记录应当真实、准确、完整，充分反映与会人员对所审议事项提出的意见。

出席会议的董事、董事会秘书和记录人员应当在会议记录上签字确认。董事会会议记录应当作为上市公司重要档案妥善保存。

2.2.5　董事会各项法定职权应当由董事会集体行使，不得授权他人行使，不得以公司章程、股东大会决议等方式加以变更或者剥夺。

公司章程规定的董事会其他职权，涉及重大业务和事项的，应当进行集体决策，不得授权单个或者部分董事单独决策。

董事会授权董事会成员等在董事会闭会期间行使除前两款规定外的部分职权的，应当在公司章程中明确规定授权的原则和具体内容。

2.2.6　董事会应当设置审计委员会，并可以根据需要设置战略、提名、薪酬与考核等专门委员会。专门委员会对董事会负责，依照公司章程和董事会授权履行职责，专门委员会的提案应当提交董事会审议决定。

专门委员会成员全部由董事组成，其中审计委员会成员应当为不在上市公司担任高级管理人员的董事。审计委员会、提名委员会、薪酬与考核委员会中独立董事应当过半数并担任召集人，审计委员会的召集人应当为会计专业人士。

上市公司应当在公司章程中对专门委员会的组成、职责等作出规定，并应当制定专门委员会工作规程，明确专门委员会的人员构成、委员任期、职责范围、议事规则和档案保存等相关事项。国务院有关主管部门对专门委员会的召集人另有规定的，从其规定。

2.2.7　上市公司应当为审计委员会提供必要的工作条件，配备专门人员或者机构承担审计委员会的工作联络、会议组织、材料准备和档案管理等日常工作。审计委员会履行职责时，上市公司管理层及相关部门应当给予配合。

审计委员会认为必要的，可以聘请中介机构提供专业意见，有关费用由公司承担。

2.2.8　上市公司审计委员会由董事会任命三名或者以上董事会成员组成。审计委员会成员应当勤勉尽责，切实有效地监督、评估上市公司内外部审计工作，促进公司建立有效的内部控制并提供真实、准确、完整的财务报告。

审计委员会成员应当具备履行审计委员会工作职责的专业知识和经验。

2.2.9　上市公司董事会审计委员会负责审核公司财务信息及其披露、监督及评估内外部审计工作和内部控制，下列事项应当经审计委员会全体成员过半数同意后，方可提交董事会审议：

（一）披露财务会计报告及定期报告中的财务信息、内部控制评价报告；

（二）聘用或者解聘承办上市公司审计业务的会计师事务所；

（三）聘任或者解聘上市公司财务负责人；

（四）因会计准则变更以外的原因作出会计政策、会计估计变更或者重大会计差错更正；

（五）法律法规、本所有关规定以及公司章程规定的其他事项。

审计委员会每季度至少召开一次会议，两名及以上成员提议时，或者召集人认为有必要时，可以召开临时会议。审计委员会会议须有三分之二以上成员出席方可举行。

2.2.10 董事会审计委员会应当审阅上市公司的财务会计报告，对财务会计报告的真实性、准确性和完整性提出意见，重点关注公司财务会计报告的重大会计和审计问题，特别关注是否存在与财务会计报告相关的欺诈、舞弊行为及重大错报的可能性，监督财务会计报告问题的整改情况。

审计委员会向董事会提出聘请或更换外部审计机构的建议，审核外部审计机构的审计费用及聘用合同，不应受上市公司主要股东、实际控制人或者董事、监事及高级管理人员的不当影响。

审计委员会应当督促外部审计机构诚实守信、勤勉尽责，严格遵守业务规则和行业自律规范，严格执行内部控制制度，对公司财务会计报告进行核查验证，履行特别注意义务，审慎发表专业意见。

2.2.11 上市公司董事、监事及高级管理人员发现公司发布的财务会计报告存在虚假记载、误导性陈述或者重大遗漏并向董事会、监事会报告的，或者保荐机构、独立财务顾问、外部审计机构向董事会、监事会指出公司财务会计报告存在虚假记载、误导性陈述或者重大遗漏的，董事会应当及时向本所报告并予以披露。

上市公司根据前款规定披露相关信息的，应当在公告中披露财务会计报告存在的重大问题、已经或者可能导致的后果，以及已采取或者拟采取的措施。

上市公司审计委员会应当督促公司相关责任部门制定整改措施和整改时间，进行后续审查，监督整改措施的落实情况，并及时披露整改完成情况。

2.2.12 上市公司应当在年度报告中披露审计委员会年度履职情况，主要包括审计委员会会议的召开情况和履行职责的具体情况。

审计委员会就其职责范围内事项向上市公司董事会提出审议意见，董事会未采纳的，公司应当披露该事项并充分说明理由。

2.2.13 上市公司董事会提名委员会负责拟定董事、高级管理人员的选择标准和程序，对董事、高级管理人员人选及其任职资格进行遴选、审核，并就下列事项向董事会提出建议：

（一）提名或者任免董事；

（二）聘任或者解聘高级管理人员；

（三）法律法规、本所有关规定以及公司章程规定的其他事项。

董事会对提名委员会的建议未采纳或者未完全采纳的，应当在董事会决议中记载提名委员会的意见以及未采纳的具体理由，并进行披露。

2.2.14 上市公司董事会薪酬与考核委员会负责制定公司董事、高级管理人员的考核标准并进行考核，制定、审查董事、高级管理人员的薪酬政策与方案，并就下列事项向董事会提出建议：

（一）董事、高级管理人员的薪酬；

（二）制订或者变更股权激励计划、员工持股计划，激励对象获授权益、行使权益条件成就；

（三）董事、高级管理人员在拟分拆所属子公司安排持股计划；

（四）法律法规、本所有关规定以及公司章程规定的其他事项。

董事会对薪酬与考核委员会的建议未采纳或者未完全采纳的，应当在董事会决议中记载薪酬与考核委员会的意见以及未采纳的具体理由，并进行披露。

第三节 监事会

2.3.1 上市公司监事会依法检查公司财务，监督董事、高级管理人员履行职责的合法合规性，行使公司章程规定的其他职权，维护公司及股东的合法权益。

监事会发现董事、高级管理人员违反法律法规和本所有关规定或者公司章程的，应当向董事会通报或者向股东大会报告，并及时披露，也可以直接向监管机构报告。

监事会的人员和结构应当确保监事会能够独立有效地履行职责。

2.3.2 上市公司应当制定监事会议事规则，并列入公司章程或者作为章程附件，报股东大会批准，确保监事会有效履行职责。

2.3.3 上市公司应当采取有效措施保障监事的知情权，为监事正常履行职责提供必要的协助，任何人不得干预、阻挠。

2.3.4 监事会会议记录应当真实、准确、完整，充分反映与会人员对所审议事项提出的意见，出席会议的监事和记录人员应当在会议记录上签字。监事会会议记录应当作为上市公司重要档案妥善保存。

2.3.5 监事会应当对董事会编制的财务会计报告进行审核并提出书面审核意见，书面审核意见应当说明报告编制和审核程序是否符合相关规定，内容是否真实、准确、完整。

监事会依法检查公司财务，监督董事、高级管理人员在财务会计报告编制过程中的行为，必要时可以聘请中介机构提供专业意见。董事、高级管理人员应当如实向监事会提供有关情况和资料，不得妨碍监事会行使职权。

监事发现上市公司或者董事、监事、高级管理人员、股东、实际控制人等存在与财务会计报告相关的欺诈、舞弊行为及其他可能导致重大错报的情形时，应当要求相关方立即纠正或者停止，并及时向董事会、监事会报告，提请董事会、监事会进行核查，必要时应当向本所报告。

第三章　董事、监事和高级管理人员

第一节　总体要求

3.1.1　董事、监事和高级管理人员应当遵守法律法规、《创业板上市规则》、本指引、本所其他规定和公司章程，在公司章程、股东大会或者董事会授权范围内，忠实、勤勉、谨慎履职，并严格履行其作出的各项承诺。

3.1.2　上市公司董事、监事和高级管理人员应当按照本所《创业板上市规则》的要求签署《董事（监事、高级管理人员）声明及承诺书》，并在《董事（监事、高级管理人员）声明及承诺书》中声明：

（一）持有本公司股票的情况；

（二）有无因违反法律法规、《创业板上市规则》、本指引或者本所其他规定受查处的情况；

（三）其他任职情况和最近五年的工作经历；

（四）拥有其他国家或者地区的国籍、长期居留权的情况；

（五）本所认为应当说明的其他情况。

3.1.3　上市公司董事、监事和高级管理人员应当履行以下职责并在《董事（监事、高级管理人员）声明及承诺书》中作出承诺：

（一）遵守并促使上市公司遵守法律法规，履行忠实义务和勤勉义务；

（二）遵守并促使上市公司遵守《创业板上市规则》、本指引、本所其他相关规定，接受本所监管；

（三）遵守并促使上市公司遵守公司章程；

（四）本所认为应当履行的其他职责和应当作出的其他承诺。

监事还应当承诺监督董事和高级管理人员遵守其承诺。

高级管理人员还应当承诺及时向董事会报告有关公司经营或者财务方面出现的可能对公司股票及其衍生品种交易价格产生较大影响的事项。

3.1.4　董事、监事和高级管理人员不得利用其在上市公司的职权谋取个人利益，不得利用其董事、监事和高级管理人员身份从第三方获取不当利益，不得利用职务便利为自己或者他人谋取属于公司的商业机会，不得自营、委托他人经营公司同类业务。

3.1.5　董事、监事和高级管理人员应当保护上市公司资产的安全、完整，不得挪用公司资金和侵占公司财产。

董事、监事和高级管理人员应当严格区分公务支出和个人支出，不得利用公司为其支付应当由其个人负担的费用。

3.1.6　董事、监事和高级管理人员应当具备正常履行职责所需的必要的知识、技能和经验，并保证有足够的时间和精力履行职责。

3.1.7　董事、监事和高级管理人员应当严格按照相关规定履行报告义务和信息披露义务，并保证报告和披露的信息真实、准确、完整，不存在虚假记载、误导性陈述或者重大遗漏。

董事、监事和高级管理人员向上市公司董事会、监事会报告重大信息的，应当同时通报董事会秘书。

董事、监事和高级管理人员应当积极配合本所的日常监管，在规定期限内回答本所问询并按本所要求提交书面说明和相关资料，按时参加本所的约见谈话。

3.1.8 董事、监事和高级管理人员应当严格遵守公平信息披露原则，做好上市公司未公开重大信息的保密工作，不得以任何方式泄露公司未公开重大信息，不得从事内幕交易、市场操纵或者其他欺诈活动。一旦出现泄露情形，应当立即通知公司并督促其公告，公司不予披露的，应当立即向本所报告。

3.1.9 董事、监事和高级管理人员发现上市公司或者公司董事、监事、高级管理人员、股东、实际控制人等存在涉嫌违法违规或者其他损害公司利益的行为时，应当要求相关方立即纠正或者停止，并及时向董事会或者监事会报告、提请核查，必要时应当向本所报告。

董事、监事和高级管理人员获悉上市公司控股股东、实际控制人及其关联人出现下列情形之一的，应当及时向公司董事会或者监事会报告，并督促公司按照相关规定履行信息披露义务：

（一）占用公司资金，挪用、侵占公司资产；

（二）要求公司违法违规提供担保；

（三）对公司进行或者拟进行重大资产重组、债务重组或者业务重组；

（四）持股或者控制公司的情况已发生或者拟发生较大变化；

（五）持有、控制公司5%以上的股份被质押、冻结、司法拍卖、托管、设置信托或者被依法限制表决权，或者出现被强制过户风险；

（六）经营状况恶化，出现债务逾期或者其他资信恶化情形，以及进入或者拟进入破产、清算等程序；

（七）受到刑事处罚，涉嫌违法违规被中国证监会立案调查或者受到中国证监会行政处罚，或者受到其他有权机关重大行政处罚；

（八）出现与控股股东、实际控制人有关的报道或者传闻，对上市公司股票及其衍生品种交易价格可能产生较大影响；

（九）涉嫌严重违纪违法或者职务犯罪被纪检监察机关采取留置措施且影响其履行职责；

（十）涉嫌犯罪被采取强制措施；

（十一）对公司股票及其衍生品种交易价格或者投资决策有较大影响的其他情形。

公司未及时履行信息披露义务，或者披露内容与实际情况不符的，相关董事、监事和高级管理人员应当立即向本所报告。

3.1.10 董事、监事和高级管理人员获悉上市公司控股股东、实际控制人及其关联人出现质押平仓风险、债务逾期或者其他资信恶化情形的，应当重点关注相关主体与上市公司之间的关联交易、资金往来、担保、共同投资，以及控股股东、实际控制人是否存在占用公司资金或者利用公司为其自身或其关联方违法违规提供担保等情形。

3.1.11　董事、监事和高级管理人员应当及时阅读并核查上市公司在符合中国证监会规定条件的媒体及本所网站（以下统称符合条件媒体）上发布的信息披露文件，发现与董事会决议、监事会决议不符或者与事实不符的，应当及时了解原因，提请董事会、监事会予以纠正，董事会、监事会不予纠正的，应当立即向本所报告。

3.1.12　董事、监事和高级管理人员发现上市公司或者其他董事、监事和高级管理人员存在违法违规行为或者运作不规范的，应当立即向公司董事会、监事会及本所报告，不得以辞职为理由免除报告义务。

第二节　董事、监事及高级管理人员任职管理

3.2.1　上市公司应当在公司章程中规定规范、透明的董事、监事和高级管理人员提名、选任程序，保障董事、监事和高级管理人员选任公开、公平、公正。

3.2.2　上市公司董事会中兼任公司高级管理人员以及由职工代表担任的董事人数总计不得超过公司董事总数的二分之一。

公司董事、高级管理人员及其配偶和直系亲属在公司董事、高级管理人员任职期间不得担任公司监事。

3.2.3　董事、监事和高级管理人员候选人存在下列情形之一的，不得被提名担任上市公司董事、监事和高级管理人员：

（一）根据《公司法》等法律规定及其他有关规定不得担任董事、监事、高级管理人员的情形；

（二）被中国证监会采取不得担任上市公司董事、监事、高级管理人员的市场禁入措施，期限尚未届满；

（三）被证券交易场所公开认定为不适合担任上市公司董事、监事和高级管理人员，期限尚未届满；

（四）法律法规、本所规定的其他情形。

3.2.4　董事、监事和高级管理人员候选人存在下列情形之一的，公司应当披露具体情形、拟聘任该候选人的原因以及是否影响公司规范运作，并提示相关风险：

（一）最近三十六个月内受到中国证监会行政处罚；

（二）最近三十六个月内受到证券交易所公开谴责或者三次以上通报批评；

（三）因涉嫌犯罪被司法机关立案侦查或者涉嫌违法违规被中国证监会立案调查，尚未有明确结论意见；

（四）重大失信等不良记录。

上述期间，应当以公司董事会、股东大会、职工代表大会等有权机构审议董事、监事和高级管理人员候选人聘任议案的日期为截止日。

3.2.5　董事会秘书候选人除应当符合第3.2.3条规定外，同时不得存在下列任一情形：

（一）最近三十六个月受到中国证监会行政处罚；

（二）最近三十六个月受到证券交易所公开谴责或者三次以上通报批评；

（三）本公司现任监事；

（四）本所认定不适合担任董事会秘书的其他情形。

拟聘任董事会秘书因涉嫌犯罪被司法机关立案侦查或者涉嫌违法违规被中国证监会立案调查，尚未有明确结论意见的，上市公司应当及时披露拟聘任该人士的原因以及是否存在影响上市公司规范运作的情形，并提示相关风险。

3.2.6　董事会秘书应当由上市公司董事、副总经理、财务负责人或者公司章程规定的其他高级管理人员担任。

拟聘任的董事会秘书除应符合本节规定的高级管理人员的任职要求外，提名人和候选人还应在其被提名时说明候选人是否熟悉履职相关的法律法规、是否具备与岗位要求相适应的职业操守、是否具备相应的专业胜任能力与从业经验。

3.2.7　董事会秘书作为上市公司高级管理人员，为履行职责有权参加相关会议，查阅有关文件，了解公司的财务和经营等情况。董事会及其他高级管理人员应当支持董事会秘书的工作，对于董事会秘书提出的问询，应当及时、如实予以回复，并提供相关资料。

3.2.8　董事、监事和高级管理人员候选人被提名后，应当自查是否符合任职条件，及时向上市公司提供其是否符合任职条件的书面说明和相关材料。

候选人应当作出书面承诺，同意接受提名，承诺公开披露的候选人资料真实、准确、完整，并保证当选后切实履行职责。

3.2.9　董事、监事和高级管理人员候选人简历中，应当包括下列内容：

（一）教育背景、工作经历、兼职等情况，在公司5%以上股东、实际控制人等单位的工作情况以及最近五年在其他机构担任董事、监事、高级管理人员的情况；

（二）持有本公司股票的情况；

（三）是否存在本指引第3.2.3条、第3.2.5条（如适用）所列情形；

（四）是否与持有公司5%以上有表决权股份的股东、实际控制人、公司其他董事、监事和高级管理人员存在关联关系；

（五）是否受过中国证监会及其他有关部门的处罚和证券交易所纪律处分，是否因涉嫌犯罪被司法机关立案侦查或者涉嫌违法违规被中国证监会立案稽查，尚未有明确结论；

（六）是否曾被中国证监会在证券期货市场违法失信信息公开查询平台公示或者被人民法院纳入失信被执行人名单；

（七）本所要求披露的其他重要事项。

3.2.10　董事、监事和高级管理人员候选人在股东大会、董事会或者职工代表大会等有权机构审议其受聘议案时，应当亲自出席会议，就其任职条件、专业能力、从业经历、违法违规情况、与上市公司是否存在利益冲突，与公司控股股东、实际控制人以及其他董事、监事和高级管理人员的关系等情况进行说明。

3.2.11　董事、监事和高级管理人员辞职应当提交书面辞职报告。高级管理人员的辞职自辞职报告送达董事会时生效。除下列情形外，董事和监事的辞职自辞职报告送达董事会或者监事会时生效：

（一）董事、监事辞职将导致董事会、监事会成员低于法定最低人数；

（二）职工代表监事辞职将导致职工代表监事人数少于监事会成员的三分之一；

（三）独立董事辞职将导致上市公司董事会或者其专门委员会中独立董事所占比例不符合法律法规或者公司章程的规定，或者独立董事中欠缺会计专业人士。

在上述情形下，辞职应当在下任董事或者监事填补因其辞职产生的空缺后方能生效。在辞职生效之前，拟辞职董事或者监事仍应当按照法律法规、《创业板上市规则》、本指引、本所其他规定和公司章程的规定继续履行职责，但本指引第3.2.3条另有规定的除外。

董事、监事提出辞职的，上市公司应当在提出辞职之日起六十日内完成补选，确保董事会及其专门委员会、监事会构成符合法律法规和公司章程的规定。

3.2.12　董事、监事和高级管理人员应当在辞职报告中说明辞职时间、辞职原因、辞去的职务、辞职后是否继续在上市公司及其控股子公司任职（如继续任职，说明继续任职的情况）等情况。

3.2.13　董事、监事和高级管理人员在任职期间出现本节第3.2.3条第一项或者第二项情形的，相关董事、监事和高级管理人员应当立即停止履职并由公司按相应规定解除其职务；公司董事、监事和高级管理人员在任职期间出现本节第3.2.3条第三项或者第四项情形的，公司应当在该事实发生之日起三十日内解除其职务。

相关董事、监事应当停止履职但未停止履职或者应被解除职务但仍未解除，参加董事会会议及其专门委员会会议、独立董事专门会议、监事会会议并投票的，其投票无效且不计入出席人数。

3.2.14　董事会秘书有下列情形之一的，上市公司应当自该事实发生之日起一个月内解聘董事会秘书：

（一）出现本指引第3.2.3条、第3.2.5条规定情形之一的；

（二）连续三个月以上不能履行职责的；

（三）在履行职责时出现重大错误或者疏漏，给公司或者股东造成重大损失的；

（四）违反法律法规、《创业板上市规则》、本指引、本所其他规定或者公司章程，给公司或者股东造成重大损失的。

3.2.15　上市公司解聘董事会秘书应当具有充分理由，不得无故将其解聘。

董事会秘书被解聘或者辞职时，公司应当及时向本所报告，说明原因并公告。

董事会秘书有权就被公司不当解聘或者与辞职有关的情况，向本所提交个人陈述报告。

3.2.16　上市公司原则上应当在首次公开发行股票上市后三个月内或者原任董事会秘书离职后三个月内聘任董事会秘书。

董事会秘书空缺期间，董事会应当指定一名董事或者高级管理人员代行董事会秘书的职责并公告，同时尽快确定董事会秘书人选。公司董事会秘书空缺超过三个月的，董事长应当代行董事会秘书职责，并在代行后的六个月内完成董事会秘书的聘任工作。

3.2.17 董事、监事和高级管理人员在离职生效之前，以及离职生效后或者任期结束后的合理期间或者约定的期限内，对上市公司和全体股东承担的忠实义务并不当然解除。

董事、监事和高级管理人员离职后，其对公司的商业秘密负有的保密义务在该商业秘密成为公开信息之前仍然有效，并应当严格履行与公司约定的同业竞争限制等义务。

第三节　董事、监事及高级管理人员行为规范

3.3.1 董事应当亲自出席董事会会议，因故不能亲自出席董事会会议的，应当审慎选择并以书面形式委托其他董事代为出席，独立董事不得委托非独立董事代为出席会议。涉及表决事项的，委托人应当在委托书中明确对每一事项发表同意、反对或者弃权的意见。董事不得作出或者接受无表决意向的委托、全权委托或者授权范围不明确的委托。董事对表决事项的责任不因委托其他董事出席而免除。在审议关联交易事项时，非关联董事不得委托关联董事代为出席会议。

一名董事在一次董事会会议上不得接受超过二名董事的委托代为出席会议。

3.3.2 董事应当关注董事会审议事项的决策程序，特别关注相关事项的提议程序、决策权限、表决程序和回避事宜。

3.3.3 董事应当在调查、获取作出决策所需文件和资料的基础上，充分考虑所审议事项的合法合规性、对上市公司的影响（包括潜在影响）以及存在的风险，以正常合理的谨慎态度勤勉履行职责并对所议事项发表明确意见。对所议事项有疑问的，应当主动调查或者要求董事会补充提供决策所需的资料或者信息。

3.3.4 出现下列情形之一的，董事应当作出书面说明并对外披露：

（一）连续两次未亲自出席董事会会议；

（二）连续十二个月未亲自出席董事会会议次数超过其间董事会会议总次数的二分之一。

3.3.5 董事会审议授权事项时，董事应当对授权的范围、合法合规性、合理性和风险进行审慎判断，充分关注是否超出公司章程、股东大会议事规则和董事会议事规则等规定的授权范围，授权事项是否存在重大风险。

董事应当对授权事项的执行情况进行持续监督。

3.3.6 董事会审议重大交易事项时，董事应当详细了解交易发生的原因，审慎评估交易对上市公司财务状况和长远发展的影响，特别关注是否存在通过关联交易非关联化等方式掩盖关联交易的实质以及损害公司和中小股东合法权益的行为。

3.3.7 董事会审议关联交易事项时，董事应当对关联交易的必要性、公平性、真实意图、对上市公司的影响作出明确判断，特别关注交易的定价政策及定价依据，包括评估值的公允性、交易标的的成交价格与账面值或者评估值之间的差异原因等，严格遵守关联董事回避制度，防止利用关联交易操纵利润、向关联人输送利益以及损害公司和中小股东的合法权益。

3.3.8 董事会审议重大投资事项时，董事应当认真分析投资项目的可行性和投资前景，充分关注投资项目是否与上市公司主营业务相关、资金来源安排是否合理、投资风险

是否可控以及该事项对公司的影响。

3.3.9 董事会审议提供担保事项时，董事应当积极了解被担保方的基本情况，如经营和财务状况、资信情况、纳税情况等。

董事应当对担保的合规性、合理性、被担保方偿还债务的能力以及反担保措施是否有效、担保风险是否可控等作出审慎判断。

董事会审议对上市公司的控股公司、参股公司的担保议案时，董事应当重点关注控股子公司、参股公司的其他股东是否按股权比例提供同比例担保或者反担保等风险控制措施，该笔担保风险是否可控，是否损害上市公司利益。

3.3.10 董事会审议涉及会计政策变更、会计估计变更、重大会计差错更正等事项时，董事应当关注变更或者更正的合理性、对定期报告会计数据的影响、是否涉及追溯调整、是否导致公司相关年度盈亏性质变化、是否存在利用该等事项调节利润的情形。

3.3.11 董事会审议提供财务资助事项时，董事应当积极了解被资助方的基本情况，如经营和财务状况、资信情况、纳税情况等。

董事会审议提供财务资助事项时，董事应当对提供财务资助的合规性、合理性、被资助方偿还能力以及担保措施是否有效等作出审慎判断。

3.3.12 董事会审议上市公司为持股比例不超过50%的控股子公司、参股公司或者与关联人共同投资形成的控股子公司提供财务资助时，董事应当关注被资助对象的其他股东是否按出资比例提供财务资助且条件同等，是否损害上市公司利益。

3.3.13 董事会审议出售或者转让在用的商标、专利、专有技术、特许经营权等与上市公司核心竞争能力相关的资产时，董事应当充分关注该事项是否存在损害公司和中小股东合法权益的情形，并对此发表明确意见。前述意见应当在董事会会议记录中作出记载。

3.3.14 董事会审议委托理财事项时，董事应当充分关注是否将委托理财的审批权授予董事或者高级管理人员个人行使，相关风险控制制度和措施是否健全有效，受托方的诚信记录、经营状况和财务状况是否良好。

3.3.15 董事会审议证券投资与衍生品交易等高风险事项时，董事应当充分关注上市公司是否建立专门内部控制制度，投资风险是否可控以及风险控制措施是否有效，投资规模是否影响公司正常经营，资金来源是否为自有资金，是否存在违反规定的投资等情形。

3.3.16 董事会审议变更募集资金用途议案时，董事应当充分关注变更的合理性和必要性，在充分了解变更后项目的可行性、投资前景、预期收益等情况后作出审慎判断。

3.3.17 董事会审议上市公司收购和重大资产重组事项时，董事应当充分调查收购或者重组的意图，关注收购方或者重组交易对方的资信状况和财务状况，交易价格是否公允、合理，收购或者重组是否符合公司的整体利益，审慎评估收购或者重组对公司财务状况和长远发展的影响。

3.3.18 董事会审议利润分配和资本公积金转增股本方案时，董事应当关注方案的合规性和合理性，是否与上市公司可分配利润总额、资金充裕程度、成长性、可持续发展等状况相匹配。

3.3.19 董事会审议重大融资议案时，董事应当关注上市公司是否符合融资条件，并结合公司实际，分析各种融资方式的利弊，合理确定融资方式。

3.3.20 董事会审议定期报告时，董事应当认真阅读定期报告全文，重点关注定期报告内容是否真实、准确、完整，是否存在重大编制错误或者遗漏，主要会计数据和财务指标是否发生大幅波动及波动原因的解释是否合理，是否存在异常情况，董事会报告是否全面分析了上市公司报告期财务状况与经营成果并且充分披露了可能影响公司未来财务状况与经营成果的重大事项和不确定性因素等。

董事应当依法对定期报告是否真实、准确、完整签署书面确认意见，不得委托他人签署，也不得以任何理由拒绝签署。

董事无法保证定期报告内容的真实性、准确性、完整性或者对定期报告内容存在异议的，应当在书面确认意见中发表意见并说明具体原因，董事会和监事会应当对所涉及事项及其对公司的影响作出说明并公告。

3.3.21 董事应当严格执行并督促高级管理人员执行股东大会决议、董事会决议等相关决议。

在执行过程中发现下列情形之一时，董事应当及时向董事会报告，提请董事会采取应对措施：

（一）实施环境、实施条件等出现重大变化，导致相关决议无法实施或者继续实施可能导致公司利益受损；

（二）实际执行情况与相关决议内容不一致，或者执行过程中发现重大风险；

（三）实际执行进度与相关决议存在重大差异，继续实施难以实现预期目标。

独立董事应当持续关注本指引第2.2.9条、第2.2.13条、第2.2.14条和第3.5.17条所列事项相关的董事会决议执行情况，发现存在违反法律法规、本所相关规定及公司章程规定，或者违反股东大会和董事会决议等情形的，应当及时向董事会报告，并可以要求上市公司作出书面说明。涉及披露事项的，上市公司应当及时披露。上市公司未作出说明或者及时披露的，独立董事可以向本所报告。

3.3.22 董事应当及时关注媒体对上市公司的报道，发现与公司实际情况不符、可能或者已经对公司股票及其衍生品种交易或者投资决策产生较大影响的，应当及时向有关方面了解情况，督促公司查明真实情况并做好信息披露工作，必要时应当向本所报告。

3.3.23 出现下列情形之一的，董事应当立即向本所报告并披露：

（一）向董事会报告所发现的上市公司经营活动中的重大问题或者其他董事、高级管理人员损害公司利益的行为，但董事会未采取有效措施的；

（二）董事会拟作出涉嫌违反法律法规、《创业板上市规则》、本指引、本所其他相关规定或者公司章程的决议时，董事明确提出反对意见，但董事会仍然坚持作出决议的；

（三）其他应当报告的重大事项。

3.3.24 董事应当积极关注上市公司事务，通过审阅文件、问询相关人员、现场考察、组织调查等多种形式，主动了解公司的经营、运作、管理和财务等情况。对于关注到的重大事项、重大问题或者市场传闻，董事应当要求公司相关人员及时予以说明或者澄清，必要时应当提议召开董事会审议。

3.3.25　董事应当保证上市公司所披露信息的真实、准确、完整，董事不能保证公司披露的信息真实、准确、完整或者对披露的信息存在异议的，应当在公告中作出相应声明并说明理由，董事会、监事会应当对所涉及事项及其对公司的影响作出说明并公告。

3.3.26　监事应当对上市公司董事、高级管理人员遵守法律法规、《创业板上市规则》、本指引、本所其他相关规定和公司章程以及执行公司职务的行为进行监督。董事、高级管理人员应当如实向监事提供有关情况和资料，不得妨碍监事行使职权。

3.3.27　监事在履行监督职责过程中，对违反法律法规、《创业板上市规则》、本指引、本所其他相关规定、公司章程或者股东大会决议的董事、高级管理人员，可以提出罢免建议。

3.3.28　监事应当对独立董事履行职责的情况进行监督，充分关注独立董事是否持续具备应有的独立性，是否有足够的时间和精力有效履行职责，履行职责时是否受到上市公司主要股东、实际控制人或者非独立董事、高级管理人员的不当影响等。

3.3.29　监事应当对董事会专门委员会的履职情况进行监督，检查董事会专门委员会成员是否按照董事会专门委员会议事规则履行职责。

3.3.30　监事应当依法对定期报告是否真实、准确、完整签署书面确认意见，不得委托他人签署，也不得以任何理由拒绝签署。

监事无法保证定期报告内容的真实性、准确性、完整性或者对定期报告内容存在异议的，应当在书面确认意见中发表意见并说明具体原因，公司应当予以披露。

3.3.31　高级管理人员应当严格执行股东大会决议、董事会决议等相关决议，不得擅自变更、拒绝或者消极执行相关决议。高级管理人员在执行相关决议过程中发现公司存在第3.3.21条第二款所列情形之一的，应当及时向总经理或者董事会报告，提请总经理或者董事会采取应对措施。

3.3.32　上市公司出现下列情形之一的，总经理或者其他高级管理人员应当及时向董事会报告，充分说明原因及对公司的影响，并提请董事会按照有关规定履行信息披露义务：

（一）公司所处行业发展前景、国家产业政策、税收政策、经营模式、产品结构、主要原材料和产品价格、主要客户和供应商等内外部生产经营环境出现重大变化的；

（二）预计公司经营业绩出现亏损、扭亏为盈或者同比大幅变动，或者预计公司实际经营业绩与已披露业绩预告情况存在较大差异的；

（三）其他可能对公司生产经营和财务状况产生较大影响的事项。

3.3.33　高级管理人员应当认真阅读定期报告全文，重点关注定期报告内容是否真实、准确、完整，与最近一期披露的季度报告、半年度报告是否存在重大差异，并关注董事会报告是否全面分析公司的财务状况与经营成果，是否充分披露可能对公司产生影响的重大事项和不确定性因素等。

高级管理人员应当依法对定期报告是否真实、准确、完整签署书面确认意见，不得委托他人签署，也不得以任何理由拒绝签署。

高级管理人员无法保证定期报告内容的真实性、准确性、完整性或者对定期报告内容存在异议的，应当在书面确认意见中发表意见并说明具体原因，公司应当予以披露。

3.3.34　董事会秘书对上市公司和董事会负责，履行以下职责：

（一）负责公司信息披露事务，协调公司信息披露工作，组织制订公司信息披露事务管理制度，督促公司及相关信息披露义务人遵守信息披露相关规定；

（二）负责公司投资者关系管理和股东资料管理工作，协调公司与证券监管机构、股东及实际控制人、证券服务机构、媒体等之间的信息沟通；

（三）组织筹备董事会会议和股东大会，参加股东大会、董事会会议、监事会会议及高级管理人员相关会议，负责董事会会议记录工作并签字确认；

（四）负责公司信息披露的保密工作，在未公开重大信息出现泄露时，及时向本所报告并公告；

（五）关注媒体报道并主动求证真实情况，督促董事会及时回复本所问询；

（六）组织董事、监事和高级管理人员进行证券法律法规和本所相关规则的培训，协助前述人员了解各自在信息披露中的权利和义务；

（七）督促董事、监事和高级管理人员遵守证券法律法规、《创业板上市规则》、本指引、本所其他相关规定及公司章程，切实履行其所作出的承诺；在知悉公司作出或者可能作出违反有关规定的决议时，应当予以提醒并立即如实向本所报告；

（八）《公司法》《证券法》、中国证监会和本所要求履行的其他职责。

3.3.35　上市公司应当在聘任董事会秘书时与其签订保密协议，要求其承诺在任职期间以及在离任后持续履行保密义务直至有关信息披露为止，但涉及公司违法违规的信息除外。

董事会秘书离任前，应当接受董事会、监事会的离任审查，在公司监事会的监督下移交有关档案文件、正在办理或者待办理事项。

3.3.36　财务负责人对财务报告编制、会计政策处理、财务信息披露等财务相关事项负有直接责任。

财务负责人应当加强对公司财务流程的控制，定期检查公司货币资金、资产受限情况，监控公司与控股股东、实际控制人等关联方之间的交易和资金往来情况。财务负责人应当监控公司资金进出与余额变动情况，在资金余额发生异常变动时积极采取措施，并及时向董事会报告。

财务负责人应当保证公司的财务独立，不受控股股东、实际控制人影响，若收到控股股东、实际控制人及其关联人占用、转移资金、资产或者其他资源等侵占公司利益的指令，应当明确予以拒绝，并及时向董事会报告。

3.3.37　监事审议上市公司重大事项、高级管理人员进行上市公司重大事项决策，参照本节董事对重大事项审议的相关规定执行。

3.3.38　董事、监事、高级管理人员应当监督上市公司的规范运作情况，积极推动公司各项内部制度建设，主动了解已发生和可能发生的重大事项及其进展情况对公司的影响，在其职责范围内尽到合理注意义务，不得以不直接从事或者不熟悉相关业务为由推卸责任。

3.3.39 董事、监事、高级管理人员在买卖本公司股票及其衍生品种前，应当知悉法律法规、《创业板上市规则》、本指引和本所其他相关规定中关于内幕交易、操纵市场、短线交易等禁止行为的规定，不得进行违法违规的交易。

3.3.40 上市公司根据公司章程的规定对未担任公司董事、监事及高级管理人员的核心技术人员、销售人员、管理人员等所持本公司股份规定更长的禁止转让期间、更低的可转让比例或者附加其他限制转让条件的，应当及时披露并做好后续管理。公司应当在定期报告中及时披露上述人员股份锁定或者解除限售情况。

第四节　董事长行为规范

3.4.1 董事长应当积极推动上市公司内部各项制度的制订和完善，加强董事会建设，确保董事会工作依法正常开展，依法召集、主持董事会会议并督促董事亲自出席董事会会议。

3.4.2 董事长应当遵守董事会议事规则，保证上市公司董事会会议的正常召开，及时将应当由董事会审议的事项提交董事会审议，不得以任何形式限制或者阻碍其他董事独立行使职权。

董事长应当严格遵守董事会集体决策机制，不得以个人意见代替董事会决策，不得影响其他董事独立决策。

3.4.3 董事长不得从事超越其职权范围的行为。

董事长在其职权范围（包括授权）内行使权力时，应当审慎决策对上市公司经营可能产生重大影响的事项，必要时应当提交董事会集体决策。

对于授权事项的执行情况，董事长应当及时告知其他董事。

3.4.4 董事长应当积极督促董事会决议的执行，并及时将有关情况告知其他董事。

实际执行情况与董事会决议内容不一致，或者执行过程中发现重大风险的，董事长应当及时召集董事会进行审议并采取有效措施。

董事长应当定期向总经理和其他高级管理人员了解董事会决议的执行情况。

3.4.5 董事长应当保证全体董事和董事会秘书的知情权，为其履行职责创造良好的工作条件，不得以任何形式阻挠其依法行使职权。

3.4.6 董事长在接到有关上市公司重大事项的报告后，应当要求董事会秘书及时履行信息披露义务。

第五节　独立董事任职管理及行为规范

3.5.1 独立董事除应当遵守本指引关于董事的一般规定外，还应当遵守本节关于独立董事的特别规定。本所鼓励上市公司在独立董事中配备公司业务所在行业方面的专家。

3.5.2 独立董事候选人应当符合下列法律法规和本所规则有关独立董事任职条件和要求的相关规定：

（一）《公司法》有关董事任职条件的规定；

（二）《中华人民共和国公务员法》的相关规定（如适用）；

（三）中国证监会《上市公司独立董事管理办法》的相关规定；

（四）中共中央纪委《关于规范中管干部辞去公职或者退（离）休后担任上市公司、基金管理公司独立董事、独立监事的通知》的相关规定（如适用）；

（五）中共中央组织部《关于进一步规范党政领导干部在企业兼职（任职）问题的意见》的相关规定（如适用）；

（六）中共中央纪委、教育部、监察部《关于加强高等学校反腐倡廉建设的意见》的相关规定（如适用）；

（七）中国人民银行《股份制商业银行独立董事和外部监事制度指引》等的相关规定（如适用）；

（八）中国证监会《证券基金经营机构董事、监事、高级管理人员及从业人员监督管理办法》等的相关规定（如适用）；

（九）《银行业金融机构董事（理事）和高级管理人员任职资格管理办法》《保险公司董事、监事和高级管理人员任职资格管理规定》《保险机构独立董事管理办法》等的相关规定（如适用）；

（十）其他法律法规及本指引等有关独立董事任职条件和要求的规定。

3.5.3　独立董事候选人应当具备上市公司运作相关的基本知识，熟悉相关法律法规及本所业务规则，具有五年以上法律、经济、管理、会计、财务或者其他履行独立董事职责所必需的工作经验。

3.5.4　独立董事候选人应当具有独立性，下列人员不得担任独立董事：

（一）在上市公司或者其附属企业任职的人员及其直系亲属和主要社会关系；

（二）直接或者间接持有上市公司已发行股份1%以上或者是上市公司前十名股东中的自然人股东及其直系亲属；

（三）在直接或者间接持有上市公司已发行股份5%以上的股东或者在上市公司前五名股东任职的人员及其直系亲属；

（四）在上市公司控股股东、实际控制人的附属企业任职的人员及其直系亲属；

（五）与上市公司及其控股股东、实际控制人或者其各自的附属企业有重大业务往来的人员，或者在有重大业务往来的单位及其控股股东、实际控制人任职的人员；

（六）为上市公司及其控股股东、实际控制人或者其各自的附属企业提供财务、法律、咨询、保荐等服务的人员，包括但不限于提供服务的中介机构的项目组全体人员、各级复核人员、在报告上签字的人员、合伙人、董事、高级管理人员及主要负责人；

（七）最近十二个月内曾经具有前六项所列情形之一的人员；

（八）本所认定不具有独立性的其他人员。

前款第四项至第六项中的上市公司控股股东、实际控制人的附属企业，不包括《创业板上市规则》规定的与上市公司不构成关联关系的附属企业。

第一款中“直系亲属”是指配偶、父母、子女；“主要社会关系”是指兄弟姐妹、兄弟姐妹的配偶、配偶的父母、配偶的兄弟姐妹、子女的配偶、子女配偶的父母等；“重大业务往来”是指根据本所《创业板上市规则》及本所其他相关规定或者上市公司章程规定需提交股东大会审议的事项，或者本所认定的其他重大事项；“任职”是指担任董事、监事、高级管理人员以及其他工作人员。

独立董事应当每年对独立性情况进行自查，并将自查情况提交董事会。董事会应当每年对在任独立董事独立性情况进行评估并出具专项意见，与年度报告同时披露。

3.5.5 独立董事候选人应当具有良好的个人品德，不得存在本指引第3.2.3条规定的不得被提名为上市公司董事的情形，并不得存在下列不良记录：

（一）最近三十六个月内因证券期货违法犯罪，受到中国证监会行政处罚或者司法机关刑事处罚的；

（二）因涉嫌证券期货违法犯罪，被中国证监会立案调查或者被司法机关立案侦查，尚未有明确结论意见的；

（三）最近三十六个月内受到证券交易所公开谴责或者三次以上通报批评的；

（四）重大失信等不良记录；

（五）在过往任职独立董事期间因连续两次未能亲自出席也不委托其他独立董事出席董事会会议被董事会提请股东大会予以解除职务，未满十二个月的；

（六）本所认定的其他情形。

3.5.6 在同一上市公司连续任职独立董事已满六年的，自该事实发生之日起三十六个月内不得被提名为该上市公司独立董事候选人。首次公开发行上市前已任职的独立董事，其任职时间连续计算。

3.5.7 独立董事候选人原则上最多在三家境内上市公司（含本次拟任职的上市公司）担任独立董事，并确保有足够的时间和精力有效地履行独立董事职责。

3.5.8 以会计专业人士身份被提名的独立董事候选人，应当具备丰富的会计专业知识和经验，并至少符合下列条件之一：

（一）具备注册会计师资格；

（二）具有会计、审计或者财务管理专业的高级职称、副教授或以上职称、博士学位；

（三）具有经济管理方面高级职称，且在会计、审计或者财务管理等专业岗位有五年以上全职工作经验。

3.5.9 上市公司董事会、监事会、单独或者合计持有上市公司已发行股份1%以上的股东可以提出独立董事候选人，并经股东大会选举决定。

依法设立的投资者保护机构可以公开请求股东委托其代为行使提名独立董事的权利。

本条第一款规定的提名人不得提名与其存在利害关系的人员或者有其他可能影响独立履职情形的关系密切人员作为独立董事候选人。

上市公司在董事会中设置提名委员会的，提名委员会应当对被提名人任职资格进行审查，并形成明确的审查意见。

3.5.10 独立董事候选人应当就其是否符合法律法规和本所相关规则有关独立董事任职条件、任职资格及独立性等要求作出声明与承诺。

独立董事提名人应当就独立董事候选人是否符合任职条件和任职资格、是否存在影响其独立性的情形等内容进行审慎核实，并就核实结果作出声明与承诺。

3.5.11　上市公司最迟应当在发布召开关于选举独立董事的股东大会通知公告时向本所报送《独立董事提名人声明与承诺》《独立董事候选人声明与承诺》《独立董事候选人履历表》，披露相关声明与承诺和提名委员会或者独立董事专门会议的审查意见，并保证公告内容的真实、准确、完整。公司董事会对独立董事候选人的有关情况有异议的，应当同时报送董事会的书面意见。

3.5.12　上市公司董事会、独立董事候选人、独立董事提名人应当在规定时间内如实回答本所的问询，并按要求及时向本所补充有关材料。未按要求及时回答问询或者补充有关材料的，本所将根据现有材料决定是否对独立董事候选人的任职条件和独立性提出异议。

3.5.13　独立董事候选人不符合独立董事任职条件或者独立性要求的，本所可以对独立董事候选人的任职条件和独立性提出异议，公司应当及时披露。

在召开股东大会选举独立董事时，董事会应当对独立董事候选人是否被本所提出异议的情况进行说明。本所提出异议的独立董事候选人，上市公司不得提交股东大会选举。如已提交股东大会审议的，应当取消该提案。

3.5.14　独立董事在任职后出现不符合独立性条件或者任职资格的，应当立即停止履职并辞去职务，并按照本指引第3.2.11条、第3.2.13条的有关规定执行。

独立董事连续两次未能亲自出席董事会会议，也不委托其他独立董事代为出席的，董事会应当在该事实发生之日起三十日内提议召开股东大会解除该独立董事职务。

独立董事被解除职务导致董事会或者其专门委员会中独立董事所占比例不符合法律法规或者公司章程的规定，或者独立董事中欠缺会计专业人士的，上市公司应当自前述事实发生之日起六十日内完成补选。

独立董事在任期届满前被解除职务并认为解除职务理由不当的，可以提出异议和理由，上市公司应当及时予以披露。

3.5.15　独立董事在任期届满前提出辞职的，除按照本指引第3.2.11条、第3.2.12条的有关规定执行外，还应当在辞职报告中对任何与其辞职有关或者其认为有必要引起上市公司股东和债权人注意的情况进行说明。

上市公司应当对独立董事辞职的原因及关注事项予以披露。

3.5.16　独立董事履行下列职责：

（一）参与董事会决策并对所议事项发表明确意见；

（二）对本指引第2.2.9条、第2.2.13条、第2.2.14条和第3.5.17条所列上市公司与其控股股东、实际控制人、董事、高级管理人员之间的潜在重大利益冲突事项进行监督，促使董事会决策符合上市公司整体利益，保护中小股东合法权益；

（三）对上市公司经营发展提供专业、客观的建议，促进提升董事会决策水平；

（四）法律法规、本所有关规定以及公司章程规定的其他职责。

独立董事应当独立公正地履行职责，不受上市公司及其主要股东、实际控制人等单位或者个人的影响。若发现所审议事项存在影响其独立性的情况，应当向公司申明并实行回避。任职期间出现明显影响独立性情形的，应当及时通知公司，提出解决措施，必要时应当提出辞职。

3.5.17　下列事项应当经上市公司全体独立董事过半数同意后，提交董事会审议：

（一）应当披露的关联交易；

（二）上市公司及相关方变更或者豁免承诺的方案；

（三）被收购上市公司董事会针对收购所作出的决策及采取的措施；

（四）法律法规、本所有关规定以及公司章程规定的其他事项。

3.5.18　独立董事行使下列特别职权：

（一）独立聘请中介机构，对上市公司具体事项进行审计、咨询或者核查；

（二）向董事会提议召开临时股东大会；

（三）提议召开董事会会议；

（四）依法公开向股东征集股东权利；

（五）对可能损害上市公司或者中小股东权益的事项发表独立意见；

（六）法律法规、本所有关规定以及公司章程规定的其他职权。

独立董事行使前款第一项至第三项所列职权的，应当经全体独立董事过半数同意。

独立董事行使本条第一款所列职权的，上市公司应当及时披露。上述职权不能正常行使的，上市公司应当披露具体情况和理由。

独立董事聘请中介机构的费用及其他行使职权时所需的费用由上市公司承担。

3.5.19　独立董事发表独立意见的，所发表的意见应当明确、清晰，且至少应当包括下列内容：

（一）重大事项的基本情况；

（二）发表意见的依据，包括所履行的程序、核查的文件、现场检查的内容等；

（三）重大事项的合法合规性；

（四）对上市公司和中小股东权益的影响、可能存在的风险以及公司采取的措施是否有效；

（五）发表的结论性意见，包括同意意见、保留意见及其理由、反对意见及其理由、无法发表意见及其障碍。

独立董事应当对出具的独立意见签字确认，并将上述意见及时报告董事会，与公司相关公告同时披露。

3.5.20　独立董事应当积极参加并亲自出席其任职的专门委员会会议，因故不能亲自出席会议的，应当事先审阅会议材料，形成明确意见，书面委托该专门委员会其他独立董事代为出席。独立董事履职中关注到专门委员会职责范围内的上市公司重大事项，可以依照程序及时提请专门委员会进行讨论和审议。

3.5.21　上市公司应当定期或者不定期召开独立董事专门会议。本指引第3.5.17条、第3.5.18条第一款第一项至第三项所列事项，应当经独立董事专门会议审议。

上市公司未在董事会中设置提名委员会、薪酬与考核委员会的，由独立董事专门会议按照本指引第3.5.9条的规定对被提名人任职资格进行审查，就本指引第2.2.13条第一款、第2.2.14条第一款所列事项向董事会提出建议。独立董事专门会议可以根据需要研究讨论上市公司其他事项。

独立董事专门会议应当由过半数独立董事共同推举一名独立董事召集和主持；召集人不履职或者不能履职时，两名及以上独立董事可以自行召集并推举一名代表主持。

上市公司应当为独立董事专门会议的召开提供便利和支持。

3.5.22 上市公司董事会会议召开前，独立董事可以与董事会秘书进行沟通，董事会及相关人员应当对独立董事提出的问题、要求和意见认真研究，及时向独立董事反馈议案修改等落实情况。

独立董事对董事会议案投反对票或者弃权票的，应当说明具体理由及依据、议案所涉事项的合法合规性、可能存在的风险以及对上市公司和中小股东权益的影响等。上市公司在披露董事会决议时，应当同时披露独立董事的异议意见，并在董事会决议和会议记录中载明。

两名及以上独立董事认为董事会会议材料不完整、论证不充分或者提供不及时的，可以书面向董事会提出延期召开会议或者延期审议该事项，董事会应当予以采纳。

3.5.23 上市公司应当依法提供保障，为独立董事履行职责提供必要的工作条件和人员支持，保障独立董事享有与其他董事同等的知情权。

独立董事行使职权的，上市公司董事、高级管理人员等相关人员应当予以配合，不得拒绝、阻碍或者隐瞒相关信息，不得干预其独立行使职权。独立董事依法行使职权遭遇阻碍的，可以向董事会说明情况，要求董事、高级管理人员等相关人员予以配合，并将受到阻碍的具体情形和解决状况记入工作记录；仍不能消除障碍的，可以向本所报告。

独立董事履职事项涉及披露信息的，上市公司应当及时办理披露事宜；上市公司不予披露的，独立董事可以直接申请披露，或者向本所报告。

3.5.24 独立董事每年在上市公司的现场工作时间应当不少于十五日。

除按规定出席股东大会、董事会及其专门委员会、独立董事专门会议外，独立董事可以通过定期获取上市公司运营情况等资料、听取管理层汇报、与内部审计机构负责人和承办上市公司审计业务的会计师事务所等中介机构沟通、实地考察、与中小股东沟通等多种方式履行职责。

3.5.25 独立董事应当制作工作记录，详细记录履行职责的情况。独立董事履行职责过程中获取的资料、相关会议记录、与上市公司及中介机构工作人员的通讯记录等，构成工作记录的组成部分。对于工作记录中的重要内容，独立董事可以要求董事会秘书等相关人员签字确认，上市公司及相关人员应当予以配合。

独立董事工作记录及上市公司向独立董事提供的资料，应当至少保存十年。

3.5.26 独立董事应当依法履行董事义务，充分了解上市公司经营运作情况和董事会议题内容，维护公司和全体股东的利益，尤其关注中小股东的合法权益保护。

公司股东间或者董事间发生冲突，对公司经营管理造成重大影响的，独立董事应当积极主动履行职责，维护公司整体利益。

本所鼓励独立董事公布通信地址或者电子信箱与投资者进行交流，接受投资者咨询、投诉，主动调查损害公司和中小投资者合法权益的情况，并将调查结果及时回复投资者。

3.5.27　出现下列情形之一的，独立董事应当及时向本所报告：

（一）被公司免职，本人认为免职理由不当的；

（二）由于公司存在妨碍独立董事依法行使职权的情形，致使独立董事辞职的；

（三）董事会会议材料不完整或者论证不充分，两名及以上独立董事书面要求延期召开董事会会议或者延期审议相关事项的提议未被采纳的；

（四）对公司或者其董事、监事、高级管理人员涉嫌违法违规行为向董事会报告后，董事会未采取有效措施的；

（五）严重妨碍独立董事履行职责的其他情形。

3.5.28　独立董事应当向上市公司年度股东大会提交述职报告，独立董事年度述职报告最迟应当在上市公司发出年度股东大会通知时披露，述职报告应当包括下列内容：

（一）全年出席董事会方式、次数及投票情况，出席股东大会次数；

（二）参与董事会专门委员会、独立董事专门会议工作情况；

（三）对本指引第2.2.9条、第2.2.13条、第2.2.14条、第3.5.17条所列事项进行审议和行使本指引第3.5.18条第一款所列独立董事特别职权的情况；

（四）与内部审计部门及承办上市公司审计业务的会计师事务所就公司财务、业务状况进行沟通的重大事项、方式以及结果等情况；

（五）与中小投资者的沟通交流情况；

（六）在上市公司现场工作的时间、内容等情况；

（七）履行职责的其他情况。

第四章　股东、控股股东和实际控制人

第一节　总体要求

4.1.1　上市公司股东和实际控制人应当遵守法律法规、《创业板上市规则》、本指引、本所其他相关规定和公司章程，依法行使股东权利，不得滥用股东权利损害公司和其他股东的利益。

控股股东、实际控制人对上市公司及其他股东负有诚信义务。控股股东应当依法行使股东权利，履行股东义务。控股股东、实际控制人不得利用其控制权损害公司及其他股东的合法权益，不得利用对公司的控制地位谋取非法利益。

4.1.2　控股股东、实际控制人不得隐瞒其控股股东、实际控制人身份，逃避相关义务和责任。

上市公司应当根据股东持股比例、董事会成员构成及其推荐和提名主体、过往决策实际情况、股东之间的一致行动协议或者约定、表决权委托等情况，客观、审慎、真实、准确地认定上市公司控制权的归属，无正当、合理理由不得认定为无控股股东、无实际控制人。

4.1.3　控股股东、实际控制人应当按照本所《创业板上市规则》的要求签署《控股

股东、实际控制人声明及承诺书》，并在《控股股东、实际控制人声明及承诺书》中声明：

（一）直接和间接持有上市公司股票的情况；

（二）有无因违反法律法规、《创业板上市规则》、本指引、本所其他相关规定受查处的情况；

（三）关联人基本情况；

（四）本所认为应当说明的其他情况。

4.1.4 控股股东、实际控制人应当履行下列职责并在《控股股东、实际控制人声明及承诺书》中作出承诺：

（一）遵守并促使上市公司遵守法律法规；

（二）遵守并促使公司遵守本所《创业板上市规则》、本指引、本所其他相关规定，接受本所监督；

（三）遵守并促使公司遵守公司章程；

（四）依法行使股东权利，不滥用控制权损害公司或者其他股东的利益；

（五）严格履行作出的公开声明和各项承诺，不擅自变更或者解除；

（六）严格按照有关规定履行信息披露义务；

（七）本所认为应当履行的其他职责和应当作出的其他承诺。

控股股东、实际控制人应当明确承诺如存在控股股东、实际控制人及其关联人占用公司资金、要求公司违法违规提供担保的，在占用资金全部归还、违规担保全部解除前不转让所持有、控制的公司股份，但转让所持有、控制的公司股份所得资金用以清偿占用资金、解除违规担保的除外。

4.1.5 上市公司股东和实际控制人应当严格按照《证券法》《上市公司收购管理办法》《创业板上市规则》等相关规定履行信息披露义务，及时报告和公告其收购及股份权益变动等信息，并保证披露的信息真实、准确、完整，不得有虚假记载、误导性陈述或者重大遗漏。

4.1.6 控股股东和实际控制人应当指定相关部门和人员负责信息披露工作，及时向上市公司告知相关部门和人员的联系信息，积极配合公司的信息披露工作和内幕信息知情人登记工作，不得向上市公司隐瞒或者要求、协助上市公司隐瞒重要信息。

本所、公司向股东、实际控制人核实、询问有关情况和信息时，相关股东、实际控制人应当积极配合并及时、如实回复，提供相关资料，确认、说明或者澄清有关事实，并保证相关信息和资料的真实、准确和完整。

4.1.7 上市公司股东和实际控制人以及其他知情人员应当对其知悉的上市公司未披露的重大信息予以保密，不得以任何方式泄露有关公司的未公开重大信息，不得利用公司未公开重大信息谋取利益，不得从事内幕交易、市场操纵或者其他欺诈活动。

4.1.8 发生下列情况之一时，持有、控制上市公司5%以上股份的股东或者实际控制人应当立即通知公司并配合其履行信息披露义务：

（一）相关股东持有、控制的公司5%以上股份被质押、冻结、司法拍卖、托管或者设定信托或者被依法限制表决权，或者出现强制过户风险；

（二）相关股东或者实际控制人进入破产、解散等程序；

（三）相关股东或者实际控制人持股或者控制公司的情况已发生或者拟发生较大变化，实际控制人及其控制的其他企业从事与公司相同或者相似业务的情况发生较大变化；

（四）相关股东或者实际控制人对公司进行重大资产、债务重组或者业务重组；

（五）控股股东、实际控制人受到刑事处罚，涉嫌违法违规被中国证监会立案调查或者受到中国证监会行政处罚，或者受到其他有权机关重大行政处罚；

（六）出现与控股股东、实际控制人有关的报道或者传闻，对上市公司股票及其衍生品种交易价格可能产生较大影响；

（七）涉嫌严重违纪违法或者职务犯罪被纪检监察机关采取留置措施且影响其履行职责；

（八）涉嫌犯罪被采取强制措施；

（九）其他可能对上市公司股票及其衍生品种交易价格产生较大影响的情形。

上述情形出现重大变化或者进展的，相关股东或者实际控制人应当及时通知公司、向本所报告并予以披露。

实际控制人及其控制的其他企业与公司发生同业竞争或者同业竞争情况发生较大变化的，应当说明是否对公司产生重大不利影响以及拟采取的解决措施等。

公司无法与实际控制人取得联系，或者知悉相关股东、实际控制人存在第一款所述情形的，应及时向本所报告并予以披露。

4.1.9　控股股东、实际控制人应当尽量保持公司股权结构和经营的稳定，在质押所持本公司股份时，应当充分考虑对上市公司控制权和生产经营稳定性的影响。公司控股股东出现债务逾期或其他资信恶化情形的，应当及时披露有关情况及对公司控制权稳定性的影响。

4.1.10　在上市公司收购、相关股份权益变动、重大资产或者债务重组等有关信息依法披露前发生下列情形之一的，相关股东或者实际控制人应当及时通知公司发布提示性公告，披露有关收购、相关股份权益变动、重大资产或者债务重组等事项的筹划情况和既有事实：

（一）相关信息已经泄露或者市场出现有关该事项的传闻；

（二）公司股票及其衍生品种交易出现异常波动；

（三）相关股东或者实际控制人预计相关信息难以保密；

（四）本所认定的其他情形。

4.1.11　控股股东和实际控制人的董事、监事和高级管理人员应当遵守并促使相关控股股东、实际控制人遵守法律法规、《创业板上市规则》、本指引、本所其他相关规定和公司章程的规定。

4.1.12　上市公司持有5%以上股份的股东、董事、监事和高级管理人员违反《证券法》相关规定，将其所持本公司股票或者其他具有股权性质的证券在买入后六个月内卖出，或者在卖出后六个月内又买入的，公司董事会应当收回其所得收益，并及时披露以下内容：

（一）相关人员违规买卖的情况；

（二）公司采取的处理措施；

（三）收益的计算方法和董事会收回收益的具体情况；

（四）本所要求披露的其他事项。

前款所称董事、监事、高级管理人员、自然人股东持有的股票或者其他具有股权性质的证券，包括其配偶、父母、子女持有的及利用他人账户持有的股票或者其他具有股权性质的证券。

4.1.13 公司无控股股东、实际控制人的，第一大股东及其最终控制人应当比照控股股东、实际控制人，遵守本章的规定。

第二节 独立性

4.2.1 控股股东、实际控制人应当采取切实有效措施保证上市公司资产完整、人员独立、财务独立、机构独立和业务独立，不得通过任何方式影响公司的独立性。控股股东、实际控制人及其控制的其他企业不得开展对公司构成重大不利影响的同业竞争。

控股股东、实际控制人依照法律法规或者有权机关授权履行国有资本出资人职责的，从其规定。

4.2.2 控股股东、实际控制人不得通过下列方式影响上市公司人员独立：

（一）通过行使提案权、表决权等法律法规、本所有关规定及上市公司章程规定的股东权利以外的方式影响公司人事任免，限制公司董事、监事、高级管理人员以及其他在公司任职的人员履行职责；

（二）聘任公司高级管理人员在控股股东或者其控制的企业担任除董事、监事以外的其他行政职务；

（三）向公司高级管理人员支付薪金或者其他报酬；

（四）无偿要求公司人员为其提供服务；

（五）指使上市公司董事、监事及高级管理人员以及其他在上市公司任职的人员实施损害上市公司利益的决策或者行为；

（六）法律法规及本所认定的其他情形。

4.2.3 控股股东、实际控制人及其关联人不得通过下列方式影响上市公司财务独立：

（一）与公司共用银行账户或者借用公司银行账户等金融类账户，将公司资金以任何方式存入控股股东、实际控制人及其关联人控制的账户；

（二）通过各种方式非经营性占用公司资金；

（三）要求公司违法违规提供担保；

（四）将公司财务核算体系纳入控股股东、实际控制人管理系统之内，如共用财务会计核算系统或者控股股东、实际控制人可以通过财务会计核算系统直接查询公司经营情况、财务状况等信息；

（五）相关法律法规及本所认定的其他情形。

4.2.4　控股股东、实际控制人控制的财务公司为上市公司提供日常金融服务的，应当按照法律法规和本所相关规定，督促财务公司以及相关各方配合上市公司履行关联交易的决策程序和信息披露义务，监督财务公司规范运作，保证上市公司存储在财务公司资金的安全，不得利用支配地位强制公司接受财务公司的服务。

4.2.5　控股股东、实际控制人及其关联人不得以下列方式占用上市公司资金：

（一）要求公司为其垫付、承担工资、福利、保险、广告等费用、成本和其他支出；

（二）要求公司代其偿还债务；

（三）要求公司有偿或者无偿、直接或者间接拆借资金给其使用；

（四）要求公司通过银行或者非银行金融机构向其提供委托贷款；

（五）要求公司委托其进行投资活动；

（六）要求公司为其开具没有真实交易背景的商业承兑汇票或要求公司在没有商品和劳务对价或者对价明显不公允的情况下以其他方式向其提供资金；

（七）不及时偿还公司承担对其的担保责任而形成的债务；

（八）要求公司通过无商业实质的往来款向其提供资金；

（九）因交易事项形成资金占用，未在规定或者承诺期限内予以解决的；

（十）中国证监会和本所认定的其他情形。

控股股东、实际控制人不得以“期间占用、期末归还”或者“小金额、多批次”等形式占用公司资金。

4.2.6　控股股东、实际控制人及其控制的其他企业不得通过下列方式影响上市公司业务独立：

（一）开展对公司构成重大不利影响的同业竞争；

（二）要求公司与其进行显失公平的关联交易；

（三）无偿或者以明显不公平的条件要求公司为其提供商品、服务或者其他资产；

（四）相关法律法规及本所认定的其他情形。

控股股东、实际控制人不得利用其对上市公司的控制地位，谋取属于公司的商业机会。

控股股东、实际控制人应当维护上市公司在生产经营、内部管理、对外投资、对外担保等方面的独立决策，支持并配合上市公司依法履行重大事项的内部决策程序，以行使提案权、表决权等法律法规、本所相关规定以及公司章程规定的股东权利的方式，通过股东大会依法参与上市公司重大事项的决策。

4.2.7　控股股东、实际控制人应当维护上市公司在提供担保方面的独立决策，支持并配合公司依法依规履行对外担保事项的内部决策程序与信息披露义务，不得强令、指使或者要求公司及相关人员违规对外提供担保。

控股股东、实际控制人强令、指使或者要求公司从事违规担保行为的，公司及其董事、监事及高级管理人员应当拒绝，不得协助、配合、默许。

4.2.8　控股股东、实际控制人及其关联人不得通过下列任何方式影响上市公司资产完整：

（一）与公司共用主要机器设备、厂房、专利、非专利技术等；

（二）与公司共用原材料采购和产品销售系统；

（三）有关法律法规及本所认定的其他情形。

4.2.9 控股股东、实际控制人应当维护上市公司机构独立，支持公司董事会、监事会、业务经营部门或者其他机构及其人员的独立运作，不得通过行使提案权、表决权等法律法规、本所相关规定及公司章程规定的股东权利以外的方式，干预公司机构的设立、调整或者撤销，或者对公司董事会、监事会和其他机构及其人员行使职权进行限制或者施加其他不正当影响。

4.2.10 控股股东、实际控制人与上市公司之间进行交易，应当遵循平等、自愿、等价、有偿的原则，不得通过任何方式影响公司的独立决策，不得通过欺诈、虚假陈述或者其他不正当行为等方式损害公司和中小股东的合法权益。

第三节 控股股东和实际控制人行为规范

4.3.1 控股股东、实际控制人及其关联人不得利用关联交易、资产重组、垫付费用、对外投资、担保、利润分配和其他方式直接或者间接侵占上市公司资金、资产，损害公司及其他股东的合法权益。

4.3.2 对上市公司违法行为负有责任的控股股东及实际控制人，应当主动、依法将其持有的公司股权及其他资产用于赔偿中小投资者。

4.3.3 控股股东、实际控制人应当充分保护中小股东的提案权、表决权、董事提名权等权利，不得以任何理由或者方式限制、阻挠其合法权利的行使。

控股股东、实际控制人提出议案时应当充分考虑并说明议案对上市公司和中小股东利益的影响。

4.3.4 控股股东、实际控制人及其一致行动人买卖上市公司股份，应当遵守法律法规和本所相关规定，遵守有关声明和承诺，不得以利用他人账户或者向他人提供资金的方式买卖上市公司股份。

4.3.5 控股股东、实际控制人应当维持控制权稳定。确有必要转让上市公司股权导致控制权变动的，应当保证交易公允、公平、合理、具有可行性，不得利用控制权转让炒作股价，不得损害上市公司和其他股东的合法权益。

4.3.6 控股股东、实际控制人转让上市公司控制权之前，应当对拟受让人的主体资格、诚信状况、受让意图、履约能力、是否存在不得转让控制权的情形等情况进行合理调查，保证公平合理，不得损害公司和其他股东的合法权益。

控股股东、实际控制人转让控制权前存在以下情形的，应当予以解决：

（一）未清偿对公司的债务或者未解除公司为其提供的担保；

（二）对公司或者其他股东的承诺未履行完毕；

（三）对公司或者中小股东利益存在重大不利影响的其他事项。

前述主体转让股份所得用于归还公司、解除公司为其提供担保的，可以转让。

4.3.7 控股股东、实际控制人转让上市公司控制权时，应当注意协调新老股东更换，并确保公司董事会以及管理层平稳过渡。

4.3.8 控股股东、实际控制人应当建立信息披露管理制度，相关制度应当至少包含以下内容：

（一）涉及上市公司的重大信息的范围；

（二）未披露重大信息的报告流程；

（三）内幕信息知情人登记制度；

（四）未披露重大信息保密措施；

（五）对外发布信息的流程；

（六）配合上市公司信息披露工作的程序；

（七）相关人员在信息披露事务中的职责与权限；

（八）其他信息披露管理制度。

4.3.9 控股股东、实际控制人不得通过直接调阅、要求上市公司向其报告等方式获取公司未公开的重大信息，但法律法规另有规定的除外。

4.3.10 控股股东、实际控制人对涉及上市公司的未公开重大信息应当采取严格的保密措施。对于需要披露的重大信息，应当第一时间通知公司并通过公司对外公平披露，不得泄露。一旦出现泄露应当立即通知公司，并督促公司立即公告。

4.3.11 媒体出现与控股股东、实际控制人有关的报道或者传闻，且可能对上市公司股票及其衍生品种交易价格产生较大影响的，控股股东、实际控制人应当主动了解真实情况，及时将相关信息告知公司和答复公司的询证，并保证所提供信息和材料的真实、准确、完整，配合公司履行信息披露义务。

控股股东、实际控制人及其相关人员在接受媒体采访和投资者调研，或者与其他机构和个人进行沟通时，不得提供、传播与上市公司相关的未披露的重大信息，或者提供、传播虚假信息、进行误导性陈述等。

4.3.12 控股股东、实际控制人应当向上市公司提供实际控制人及其一致行动人的基本情况，配合公司逐级披露公司与实际控制人之间的股权和控制关系。

通过投资关系、协议或者其他安排共同控制公司的，除按前款规定提供信息以外，还应当书面告知公司实施共同控制的方式和内容，并由上市公司披露。

通过接受委托或者信托等方式拥有公司权益的控股股东、实际控制人，应当及时将委托人情况、委托或者信托合同以及其他资产管理安排的主要内容书面告知公司，配合公司履行信息披露义务。

契约型基金、信托计划或者资产管理计划成为公司控股股东或者实际控制人的，除应当履行第三款规定义务外，还应当在权益变动文件中穿透披露至最终投资者。

4.3.13 控股股东、实际控制人应当按照本所要求如实填报并及时更新关联人信息，保证所提供的信息真实、准确、完整。

第四节 限售股份及其衍生品种解除限售

4.4.1 上市公司股东持有的下列有限售条件股份（以下简称限售股份）及其衍生品

种解除限售适用本节规定：

（一）公司首次公开发行前已经发行的股份；

（二）公司向特定对象发行的股份及其衍生品种；

（三）其他根据法律法规及本所相关规定存在限售条件的股份及其衍生品种。

4.4.2　在限售股份及其衍生品种解除限售前，相关股东和上市公司不得通过提供、传播虚假或者误导性信息等任何方式操纵公司股票及其衍生品种交易价格。

4.4.3　上市公司股东出售已解除限售的股份及其衍生品种应当严格遵守其作出的各项承诺，不得影响未履行完毕的承诺的履行。

4.4.4　保荐机构及其保荐代表人、独立财务顾问及其主办人应当按照有关规定督导相关股东严格履行其作出的各项承诺，规范限售股份及其衍生品种解除限售行为。

保荐机构或者独立财务顾问（如有）应当对解除限售事项的合规性进行核查，并对解除限售数量、解除限售时间是否符合相关法律法规、《创业板上市规则》、本指引、本所其他相关规定和股东承诺，相关信息披露是否真实、准确、完整发表结论性意见。保荐机构或者独立财务顾问对有关事项存在异议的，应当对异议事项作出详细说明。

4.4.5　上市公司及其股东、保荐机构或者独立财务顾问应当关注限售股份及其衍生品种的限售期限。股东申请限售股份及其衍生品种解除限售的，应当委托公司董事会办理相关手续，并满足下列条件：

（一）限售期已满；

（二）解除限售不违反该投资者作出的有关承诺；

（三）对申请解除限售的股份及其衍生品种拥有权益的主体，不存在对公司资金占用或者公司对该主体的违规担保等损害公司利益的行为；

（四）不存在法律法规、《创业板上市规则》、本指引及本所其他规定中规定的限制转让情形。

4.4.6　上市公司董事会应当在本所受理限售股份及其衍生品种解除限售申请后，及时办理完毕有关登记手续，并在限售股份及其衍生品种解除限售前三个交易日内披露提示性公告。

第五章　内部控制

5.1　上市公司应当完善内部控制制度，确保股东大会、董事会和监事会等机构合法运作和科学决策，建立有效的激励约束机制，树立风险防范意识，培育良好的企业精神和内部控制文化，创造全体职工充分了解并履行职责的环境。

公司应当建立健全印章管理制度，明确印章的保管职责和使用审批权限，并指定专人保管印章和登记使用情况。

公司董事会负责内部控制制度的建立健全和有效实施。

5.2　上市公司的内部控制制度应当涵盖上市公司经营活动中与财务报告和信息披露事务相关的所有业务环节，包括：销货与收款、采购与付款、存货管理、固定资产管理、资金管理、投资与融资管理、人力资源管理、信息系统管理和信息披露事务管理等。内部审计部门可以根据公司所处行业及生产经营特点，对内部审计涵盖的业务环节进行调整。

5.3 上市公司人员应当独立于控股股东。公司的高级管理人员在控股股东或者其控制的企业不得担任除董事、监事以外的其他行政职务。控股股东单位高级管理人员兼任公司董事、监事的，应当保证有足够的时间和精力承担公司的工作。

5.4 上市公司的资产应当独立完整、权属清晰，不被董事、监事、高级管理人员、控股股东、实际控制人及其关联人占用或者支配。

5.5 上市公司应当建立健全独立的财务核算体系，能够独立作出财务决策，具有规范的财务会计制度和对分公司、子公司的财务管理制度。

5.6 上市公司应当健全治理机制、建立有效的公司治理结构，明确股东、董事、监事和高级管理人员的权利和义务，保证股东充分行使其合法权利，确保董事会对公司和股东负责，保障重大信息披露透明，依法运作、诚实守信。

5.7 上市公司董事会、监事会和其他内部机构应当独立运作，独立行使经营管理权，不得与控股股东、实际控制人及其关联人存在机构混同等影响公司独立经营的情形，保证人员、资产、财务分开，保证机构、业务独立。

5.8 上市公司应当加强对关联交易、提供担保、募集资金使用、重大投资、出售资产、信息披露等活动的控制，按照本所规定的要求建立相应的控制制度和程序。

5.9 上市公司在与董事、监事、高级管理人员、控股股东、实际控制人及其关联人发生经营性资金往来时，应当严格履行相关审议程序和信息披露义务，明确经营性资金往来的结算期限，不得以经营性资金往来的形式变相为董事、监事、高级管理人员、控股股东、实际控制人及其关联人提供资金等财务资助。

因相关主体占用或者转移公司资金、资产或者其他资源而给上市公司造成损失或者可能造成损失的，公司董事会应当及时采取诉讼、财产保全等保护性措施避免或者减少损失，并追究有关人员的责任。

相关主体强令、指使或者要求公司从事违规担保行为的，公司及其董事、监事、高级管理人员应当拒绝，不得协助、配合或者默许。

5.10 上市公司应当在公司章程中明确股东大会、董事会对重大投资的审批权限。重大投资的内部控制应当遵循合法、审慎、安全、有效的原则，控制投资风险、注重投资效益。

董事会应当持续关注重大投资的执行进展和投资效益情况，如出现未按计划投资、未能实现项目预期收益、投资发生较大损失等异常情况的，应当查明原因并及时采取有效措施。

5.11 上市公司应当合理安排、使用资金，致力发展公司主营业务。本所不鼓励公司使用自有资金进行证券投资、委托理财和衍生品交易。公司经过慎重考虑后，仍决定开展前述投资的，应当制定严格的决策程序、报告制度和监控措施，并根据公司的风险承受能力合理确定投资规模及期限。

公司进行证券投资、委托理财或者衍生品交易应当经公司董事会或者股东大会审议通过的，不得将审批权限授予董事个人或者经营管理层行使。公司进行委托理财的，应当选择资信状况及财务状况良好，无不良诚信记录及盈利能力强的合格专业理财机构作为受托方，并与受托方签订书面合同，明确委托理财的金额、期限、投资品种、双方的权利义务及法律责任等。

5.12　上市公司应当设立内部审计部门，对公司内部控制制度的建立和实施、公司财务信息的真实性和完整性等情况进行检查监督。

内部审计部门应当保持独立性，不得置于财务部门的领导之下，或者与财务部门合署办公。

内部审计部门对审计委员会负责，向审计委员会报告工作。

5.13　上市公司各内部机构或者职能部门、控股子公司以及对上市公司具有重大影响的参股公司应当配合内部审计部门依法履行职责，不得妨碍内部审计部门的工作。

5.14　审计委员会在指导和监督内部审计部门工作时，应当履行下列主要职责：

（一）指导和监督内部审计制度的建立和实施；

（二）审阅公司年度内部审计工作计划；

（三）督促公司内部审计计划的实施；

（四）指导内部审计部门的有效运作，公司内部审计部门应当向审计委员会报告工作，内部审计部门提交给管理层的各类审计报告、审计问题的整改计划和整改情况应当同时报送审计委员会；

（五）向董事会报告内部审计工作进度、质量以及发现的重大问题等；

（六）协调内部审计部门与会计师事务所、国家审计机构等外部审计单位之间的关系。

5.15　内部审计部门应当履行下列主要职责：

（一）对上市公司各内部机构、控股子公司以及对上市公司具有重大影响的参股公司的内部控制制度的完整性、合理性及其实施的有效性进行检查和评估；

（二）对上市公司各内部机构、控股子公司以及对上市公司具有重大影响的参股公司的会计资料及其他有关经济资料，以及所反映的财务收支及有关的经济活动的合法性、合规性、真实性和完整性进行审计，包括但不限于财务报告、业绩预告、业绩快报、自愿披露的预测性财务信息等；

（三）协助建立健全反舞弊机制，确定反舞弊的重点领域、关键环节和主要内容，并在内部审计过程中关注和检查可能存在的舞弊行为；

（四）至少每季度向审计委员会报告一次，内容包括但不限于内部审计计划的执行情况以及内部审计工作中发现的问题。

5.16　内部审计部门应当建立工作底稿制度，依据相关法律法规的规定，建立相应的档案管理制度，明确内部审计工作报告、工作底稿及相关资料的保存时间。

5.17　内部审计部门每年应当至少向审计委员会提交一次内部审计报告。

内部审计部门对审查过程中发现的内部控制缺陷，应当督促相关责任部门制定整改措施和整改时间，并进行内部控制的后续审查，监督整改措施的落实情况。

内部审计部门在审查过程中如发现内部控制存在重大缺陷或者重大风险，应当及时向审计委员会报告。

5.18 审计委员会应当督导内部审计部门至少每半年对下列事项进行一次检查，出具检查报告并提交审计委员会。检查发现上市公司存在违法违规、运作不规范等情形的，应当及时向本所报告并督促上市公司对外披露：

（一）公司募集资金使用、提供担保、关联交易、证券投资与衍生品交易等高风险投资、提供财务资助、购买或者出售资产、对外投资等重大事件的实施情况；

（二）公司大额资金往来以及与董事、监事、高级管理人员、控股股东、实际控制人及其关联人资金往来情况。

审计委员会应当根据内部审计部门提交的内部审计报告及相关资料，对公司内部控制有效性出具书面评估意见，并向董事会报告。

5.19 上市公司董事会或者其审计委员会应当根据内部审计部门出具的评价报告及相关资料，出具年度内部控制评价报告。内部控制评价报告至少应当包括以下内容：

（一）董事会对内部控制报告真实性的声明；

（二）内部控制评价工作的总体情况；

（三）内部控制评价的依据、范围、程序和方法；

（四）内部控制存在的缺陷及其认定情况；

（五）对上一年度内部控制缺陷的整改情况；

（六）对本年度内部控制缺陷拟采取的整改措施；

（七）内部控制有效性的结论。

5.20 上市公司董事会应当在审议年度报告的同时，对内部控制评价报告形成决议。监事会应当对内部控制评价报告发表意见，保荐机构或者独立财务顾问（如有）应当对内部控制评价报告进行核查，并出具核查意见。

公司应当在披露年度报告的同时，在符合条件媒体上披露内部控制评价报告及监事会、保荐机构或者独立财务顾问（如有）等主体出具的意见。

5.21 如保荐机构、会计师事务所指出上市公司内部控制存在重大缺陷的，公司董事会、监事会应当针对所涉及事项作出专项说明，专项说明至少应当包括所涉及事项的基本情况，董事会、监事会对该事项的意见，以及消除该事项及其影响的具体措施。

5.22 上市公司应当重点加强对控股子公司的管理控制，主要包括：

（一）建立对各控股子公司的控制制度，明确向控股子公司委派的董事、监事及高级管理人员的选任方式和职责权限等；

（二）根据上市公司的战略规划，协调控股子公司的经营策略和风险管理策略，督促控股子公司据以制定相关业务经营计划、风险管理程序和内部控制制度；

（三）制定控股子公司的业绩考核与激励约束制度；

（四）制定控股子公司重大事项的内部报告制度，及时向上市公司报告重大业务事项、重大财务事项以及其他可能对上市公司股票及其衍生品种交易价格或者投资决策产生较大影响的信息，并严格按照授权规定将重大事项报上市公司董事会或者股东大会审议；

（五）要求控股子公司及时向上市公司董事会秘书报送其董事会决议、股东大会或股东会决议等重要文件；

（六）定期取得并分析各控股子公司的季度或者月度报告，包括营运报告、产销量报表、资产负债表、利润表、现金流量表、向他人提供资金及提供担保报表等，并根据相关规定，委托会计师事务所审计控股子公司的财务报告；

（七）对控股子公司内控制度的实施及其检查监督工作进行评价。

上市公司存在多级下属企业的，应当相应建立和完善对各级下属企业的管理控制制度。

上市公司对分公司和具有重大影响的参股公司的内控制度应当比照上述要求作出安排。

第六章　募集资金管理

第一节　总体要求

6.1.1　本指引所称募集资金是指上市公司通过发行股票及其衍生品种，向投资者募集并用于特定用途的资金，但不包括上市公司实施股权激励计划募集的资金。

6.1.2　上市公司应当建立并完善募集资金存储、使用、变更、监督和责任追究的制度，明确募集资金使用的分级审批权限、决策程序、风险控制措施及信息披露要求，保证募集资金项目的正常进行。

6.1.3　上市公司的董事、监事和高级管理人员应当勤勉尽责，督促公司规范使用募集资金，自觉维护公司募集资金安全，不得参与、协助或纵容公司擅自或变相改变募集资金用途。

6.1.4　募集资金投资项目通过上市公司的子公司或者上市公司控制的其他企业实施的，上市公司应当确保该子公司或者受控制的其他企业遵守本章规定。

第二节　募集资金存储

6.2.1　上市公司应当审慎选择商业银行并开设募集资金专项账户（以下简称专户），募集资金应当存放于经董事会批准设立的专户集中管理，专户不得存放非募集资金或者用作其他用途。

公司存在两次以上融资的，应当分别设置募集资金专户。

6.2.2　上市公司应当在募集资金到位后一个月内与保荐机构或者独立财务顾问、存放募集资金的商业银行（以下简称商业银行）签订三方监管协议（以下简称三方协议）。三方协议应当包括以下内容：

（一）公司应当将募集资金集中存放于专户；

（二）募集资金专户账号、该专户涉及的募集资金投资项目、存放金额；

（三）公司一次或者十二个月内累计从专户中支取的金额超过5000万元或者募集资金净额的20%的，公司及商业银行应当及时通知保荐机构或者独立财务顾问；

（四）商业银行每月向公司出具银行对账单，并抄送保荐机构或者独立财务顾问；

（五）保荐机构或者独立财务顾问可以随时到商业银行查询专户资料；

（六）保荐机构或者独立财务顾问的督导职责、商业银行的告知及配合职责、保荐机构或者独立财务顾问和商业银行对公司募集资金使用的监管方式；

（七）公司、商业银行、保荐机构或者独立财务顾问的权利、义务及违约责任；

（八）商业银行三次未及时向保荐机构或者独立财务顾问出具对账单或者通知专户大额支取情况，以及存在未配合保荐机构或者独立财务顾问查询与调查专户资料情形的，公司可以终止协议并注销该募集资金专户。

公司应当在上述协议签订后及时公告协议主要内容。

公司通过控股子公司实施募集资金投资项目的，应当由公司、实施募集资金投资项目的控股子公司、商业银行和保荐机构或者独立财务顾问共同签署三方监管协议，公司及其控股子公司应当视为共同一方。

上述协议在有效期届满前提前终止的，公司应当自协议终止之日起一个月内与相关当事人签订新的协议并及时公告。

第三节　募集资金使用

6.3.1　上市公司应当审慎使用募集资金，保证募集资金的使用与招股说明书或者募集说明书的承诺一致，不得随意改变募集资金投向，不得变相改变募集资金用途。

公司应当真实、准确、完整地披露募集资金的实际使用情况。出现严重影响募集资金投资计划正常进行的情形时，公司应当及时公告。

6.3.2　除金融类企业外，募集资金不得用于开展委托理财（现金管理除外）、委托贷款等财务性投资以及证券投资、衍生品投资等高风险投资，不得直接或者间接投资于以买卖有价证券为主要业务的公司。

上市公司不得将募集资金用于质押或者其他变相改变募集资金用途的投资。

6.3.3　上市公司应当确保募集资金使用的真实性和公允性，防止募集资金被控股股东、实际控制人及其关联人占用或者挪用，并采取有效措施避免关联方利用募集资金投资项目获取不正当利益。

6.3.4　募集资金投资项目出现下列情形之一的，上市公司应当对该项目的可行性、预计收益等重新进行论证，决定是否继续实施该项目：

（一）募集资金投资项目涉及的市场环境发生重大变化的；

（二）募集资金投资项目搁置时间超过一年的；

（三）超过最近一次募集资金投资计划的完成期限且募集资金投入金额未达到相关计划金额50%的；

（四）募集资金投资项目出现其他异常情形的。

公司应当在最近一期定期报告中披露项目的进展情况、出现异常的原因，需要调整募集资金投资计划的，应当同时披露调整后的募集资金投资计划。

6.3.5　上市公司将募集资金用作以下事项时，应当经董事会审议通过，并由监事会以及保荐机构或者独立财务顾问发表明确同意意见：

（一）以募集资金置换预先已投入募集资金投资项目的自筹资金；

（二）使用暂时闲置的募集资金进行现金管理；

（三）使用暂时闲置的募集资金暂时补充流动资金；

（四）变更募集资金用途；

（五）改变募集资金投资项目实施地点；

（六）调整募集资金投资项目计划进度；

（七）使用节余募集资金。

公司变更募集资金用途，以及使用节余募集资金达到股东大会审议标准的，还应当经股东大会审议通过。

6.3.6 上市公司单个或者全部募集资金投资项目完成后，将节余募集资金（包括利息收入）用作其他用途，金额低于500万元且低于该项目募集资金净额5%的，可以豁免履行第6.3.5条规定的程序，其使用情况应当在年度报告中披露。

使用节余募集资金（包括利息收入）达到或者超过该项目募集资金净额10%且高于1000万元的，还应当经股东大会审议通过。

6.3.7 上市公司以募集资金置换预先已投入募集资金投资项目的自筹资金的，应当由会计师事务所出具鉴证报告。公司可以在募集资金到账后六个月内，以募集资金置换自筹资金。

公司已在发行申请文件中披露拟以募集资金置换预先投入的自筹资金且预先投入金额确定的，应当在置换实施前对外公告。

6.3.8 上市公司可以对暂时闲置的募集资金进行现金管理，其投资产品的期限不得超过十二个月，并满足安全性高、流动性好的要求，不得影响募集资金投资计划正常进行。

投资产品不得质押，产品专用结算账户（如适用）不得存放非募集资金或者用作其他用途，开立或者注销产品专用结算账户的，公司应当及时公告。

6.3.9 上市公司使用闲置募集资金进行现金管理的，应当在董事会会议后及时公告下列内容：

（一）本次募集资金的基本情况，包括募集资金到账时间、募集资金金额、募集资金净额及投资计划等；

（二）募集资金使用情况、闲置的情况及原因，是否存在变相改变募集资金用途的行为和保证不影响募集资金项目正常进行的措施；

（三）投资产品的发行主体、类型、投资范围、期限、额度、收益分配方式、预计的年化收益率（如有）、董事会对投资产品的安全性及流动性的具体分析与说明；

（四）监事会以及保荐机构或者独立财务顾问出具的意见。

公司应当在发现投资产品发行主体财务状况恶化、所投资的产品面临亏损等重大风险情形时，及时对外披露风险提示性公告，并说明公司为确保资金安全采取的风险控制措施。

6.3.10　上市公司闲置募集资金暂时用于补充流动资金的，仅限于与主营业务相关的生产经营使用，并应当符合以下条件：

（一）不得变相改变募集资金用途或者影响募集资金投资项目的正常进行；

（二）已归还前次用于暂时补充流动资金的募集资金；

（三）单次补充流动资金时间不得超过十二个月；

（四）不得将闲置募集资金直接或者间接用于证券投资、衍生品交易等高风险投资。

6.3.11　上市公司用闲置募集资金暂时补充流动资金的，应当在董事会审议通过后及时公告以下内容：

（一）本次募集资金的基本情况，包括募集资金到账时间、募集资金金额、募集资金净额及投资计划等；

（二）募集资金使用情况、闲置的情况及原因；

（三）导致流动资金不足的原因、闲置募集资金补充流动资金的金额及期限；

（四）闲置募集资金补充流动资金预计节约财务费用的金额、是否存在变相改变募集资金投向的行为和保证不影响募集资金投资项目正常进行的措施；

（五）监事会以及保荐机构或者独立财务顾问出具的意见；

（六）本所要求的其他内容。

补充流动资金到期日之前，公司应当将该部分资金归还至募集资金专户，并在资金全部归还后两个交易日内公告。公司预计无法按期将该部分资金归还至募集资金专户的，应当在到期日前按照前款要求履行审议程序并及时公告，公告内容应当包括资金去向、无法归还的原因、继续用于补充流动资金的原因及期限等。

6.3.12　上市公司应当根据公司的发展规划及实际生产经营需求，妥善安排实际募集资金净额超过计划募集资金金额部分（以下简称超募资金）的使用计划，科学、审慎地进行项目的可行性分析，提交董事会审议通过后及时披露。使用计划公告应当包括下列内容：

（一）募集资金基本情况，包括募集资金到账时间、募集资金金额、实际募集资金净额超过计划募集资金的金额、已投入的项目名称及金额、累计已计划的金额及实际使用金额；

（二）计划投入的项目介绍，包括各项目的基本情况、是否涉及关联交易、可行性分析、经济效益分析、投资进度计划、项目已经取得或者尚待有关部门审批的说明及风险提示（如适用）；

（三）保荐机构或者独立财务顾问关于超募资金使用计划合理性、合规性和必要性的独立意见。

计划单次使用超募资金金额达到5000万元且达到超募资金总额的10%以上的，还应当提交股东大会审议通过。

6.3.13　上市公司使用超募资金偿还银行贷款或者永久补充流动资金的，应当经董事会和股东大会审议通过，保荐机构或者独立财务顾问应当发表明确同意意见并披露，且应当符合以下要求：

（一）用于永久补充流动资金和归还银行贷款的金额，每十二个月内累计不得超过超募资金总额的30%；

（二）公司在补充流动资金后十二个月内不得进行证券投资、衍生品交易等高风险投资及为控股子公司以外的对象提供财务资助。公司应当在公告中对此作出明确承诺。

6.3.14　上市公司存在下列情形之一的，视为募集资金用途变更：

（一）取消或者终止原募集资金项目，实施新项目；

（二）变更募集资金投资项目实施主体（实施主体在上市公司及其全资子公司之间变更的除外）；

（三）变更募集资金投资项目实施方式；

（四）本所认定为募集资金用途变更的其他情形。

6.3.15　上市公司董事会应当科学、审慎地选择新的投资项目，对新的投资项目进行可行性分析，确保投资项目具有较好的市场前景和盈利能力，能够有效防范投资风险，提高募集资金使用效益。

6.3.16　上市公司拟将募集资金投资项目变更为合资经营的方式实施的，应当在充分了解合资方基本情况的基础上，慎重考虑合资的必要性。公司应当控股，确保对募集资金投资项目的有效控制。

6.3.17　上市公司改变募集资金投资项目实施地点的，应当在董事会审议通过后及时公告，说明改变情况、原因、对募集资金投资项目实施造成的影响以及保荐机构或者独立财务顾问出具的意见。

第四节　募集资金管理和监督

6.4.1　上市公司董事会应当持续关注募集资金实际管理和使用情况，每半年度全面核查募集资金投资项目的进展情况，出具半年度及年度募集资金存放与使用情况专项报告，并与定期报告同时披露，直至募集资金使用完毕且报告期内不存在募集资金使用情况。

募集资金投资项目实际投资进度与投资计划存在差异的，公司应当解释具体原因。募集资金投资项目年度实际使用募集资金与最近一次披露的募集资金投资计划当年预计使用金额差异超过30%的，公司应当调整募集资金投资计划，并在募集资金存放与使用情况专项报告和定期报告中披露最近一次募集资金年度投资计划、目前实际投资进度、调整后预计分年度投资计划以及投资计划变化的原因等。

6.4.2　上市公司当年存在募集资金使用的，应当在进行年度审计的同时，聘请会计师事务所对实际投资项目、实际投资金额、实际投入时间和项目完工程度等募集资金使用情况进行专项审核，并对董事会出具的专项报告是否已经按照本指引及相关格式要求编制以及是否如实反映了年度募集资金实际存放、使用情况进行合理鉴证，提出鉴证结论。公司应当在年度募集资金存放与使用专项报告中披露鉴证结论。

鉴证结论为“保留结论”“否定结论”或者“无法提出结论”的，公司董事会应当就鉴证报告中注册会计师提出该结论的理由进行分析，提出整改措施并在年度报告中披露。

6.4.3　保荐机构或者独立财务顾问应当至少每半年对上市公司募集资金的存放和使用情况进行一次现场检查。每个会计年度结束后，保荐机构或者独立财务顾问应当对上市公司年度募集资金存放与使用情况出具专项核查报告。公司应当在年度募集资金存放与使用专项报告中披露专项核查结论。

公司募集资金存放与使用情况被会计师事务所出具了“保留结论”“否定结论”或者“无法提出结论”鉴证结论的，保荐机构或者独立财务顾问还应当在其核查报告中认真分析会计师事务所出具上述鉴证结论的原因，并提出明确的核查意见。

保荐机构或者独立财务顾问发现上市公司、商业银行未按约定履行三方协议的，或者在对上市公司进行现场检查时发现公司募集资金管理存在重大违规情形或者重大风险的，应当及时向本所报告并披露。

第七章　其他重大事件管理

第一节　提供财务资助

7.1.1　上市公司及其控股子公司有偿或者无偿对外提供资金、委托贷款等行为，适用本节规定，但下列情况除外：

（一）公司以对外提供借款、贷款等融资业务为其主营业务；

（二）资助对象为上市公司合并报表范围内且持股比例超过50%的控股子公司，且该控股子公司其他股东中不包含上市公司的控股股东、实际控制人及其关联人。

7.1.2　上市公司应当建立健全有关财务资助的内部控制制度，在公司章程或者公司其他规章制度中明确股东大会、董事会审批提供财务资助的权限范围、审议程序以及违反审批权限、审议程序的责任追究机制，采取充分、有效的风险防范措施。

7.1.3　上市公司董事会审议提供财务资助事项时，应当充分关注提供财务资助的原因，在对被资助对象的资产质量、经营情况、行业前景、偿债能力、信用状况、第三方担保及履约能力情况等进行全面评估的基础上，披露该财务资助事项的利益、风险和公允性，以及董事会对被资助对象偿还债务能力的判断。

保荐机构或独立财务顾问（如有）应当对财务资助事项的合法合规性、公允性及存在的风险等发表意见。

7.1.4　上市公司披露提供财务资助事项，应当经公司董事会审议通过后及时公告下列内容：

（一）财务资助事项概述，包括财务资助协议的主要内容、资金用途以及对财务资助事项的审批程序；

（二）被资助对象的基本情况，包括但不限于成立时间、注册资本、控股股东、实际控制人、法定代表人，主营业务、主要财务指标（至少应当包括最近一年经审计的资产总额、负债总额、所有者权益、营业收入、净利润等）以及资信情况等；与上市公司是否存在关联关系，如存在，应当披露具体的关联情形；上市公司在上一会计年度对该对象提供财务资助的情况；

（三）所采取的风险防范措施，包括但不限于被资助对象或者其他第三方就财务资助事项是否提供担保。由第三方就财务资助事项提供担保的，应当披露该第三方的基本情况及其担保履约能力情况；

（四）为与关联人共同投资形成的控股子公司或者参股公司提供财务资助的，应当披露被资助对象的其他股东的基本情况、与上市公司的关联关系及其按出资比例提供财务资助的情况；其他股东未按同等条件、未按出资比例向该控股子公司或者参股公司相应提供财务资助的，应当说明原因以及上市公司利益未受到损害的理由；

（五）董事会意见，主要包括提供财务资助的原因，在对被资助对象的资产质量、经营情况、行业前景、偿债能力、信用状况、第三方担保及履约能力情况等进行全面评估的基础上，披露该财务资助事项的利益、风险和公允性，以及董事会对被资助对象偿还债务能力的判断；

（六）保荐机构或者独立财务顾问意见，主要对财务资助事项的合法合规性、公允性及存在的风险等发表意见（如适用）；

（七）公司累计提供财务资助金额及逾期未收回的金额；

（八）本所要求的其他内容。

7.1.5　上市公司不得为《创业板上市规则》规定的关联法人、关联自然人提供资金等财务资助。公司的关联参股公司（不包括上市公司控股股东、实际控制人及其关联人控制的主体）的其他股东按出资比例提供同等条件的财务资助的，上市公司可以向该关联参股公司提供财务资助，应当经全体非关联董事的过半数审议通过，还应当经出席董事会会议的非关联董事的三分之二以上董事审议通过，并提交股东大会审议。

除前款规定情形外，上市公司对控股子公司、参股公司提供财务资助的，该公司的其他股东原则上应当按出资比例提供同等条件的财务资助。如其他股东未能以同等条件或者出资比例向该公司提供财务资助的，应当说明原因以及上市公司利益未受到损害的理由，上市公司是否已要求上述其他股东提供相应担保。

本条所称关联参股公司，是指由上市公司参股且属于《创业板上市规则》规定的上市公司的关联法人。

7.1.6　上市公司提供财务资助，应当与被资助对象等有关方签署协议，约定被资助对象应当遵守的条件、财务资助的金额、期限、违约责任等内容。

7.1.7　对于已披露的财务资助事项，上市公司应当在出现以下情形之一时，及时披露相关情况、已采取的补救措施及拟采取的措施，并充分说明董事会关于被资助对象偿债能力和该项财务资助收回风险的判断：

（一）被资助对象在约定资助期限到期后未能及时还款的；

（二）被资助对象或者就财务资助事项提供担保的第三方出现财务困难、资不抵债、现金流转困难、破产及其他严重影响还款能力情形的；

（三）本所认定的其他情形。

逾期财务资助款项收回前，公司不得向同一对象追加提供财务资助。

7.1.8 上市公司存在下列情形之一的，应当参照本节的规定执行：

（一）在主营业务范围外以实物资产、无形资产等方式对外提供资助；

（二）为他人承担费用；

（三）无偿提供资产使用权或者收取资产使用权的费用明显低于行业一般水平；

（四）支付预付款比例明显高于同行业一般水平；

（五）本所认定的其他构成实质性财务资助的行为。

7.1.9 上市公司出现因交易或者关联交易导致其合并报表范围发生变更等情况的，若交易完成后原有事项构成本节规定的财务资助情形，应当及时披露财务资助事项及后续安排。

第二节 提供担保

7.2.1 上市公司为他人提供担保，包括为其控股子公司提供担保，适用本节规定。

7.2.2 上市公司提供担保应当遵循合法、审慎、互利、安全的原则，严格控制风险。

7.2.3 上市公司应当按照法律法规、《创业板上市规则》、本指引和本所其他规定，在公司章程中明确股东大会、董事会关于提供担保事项的审批权限，以及违反审批权限和审议程序的责任追究机制，并严格执行提供担保审议程序。

未经董事会或者股东大会审议通过的，公司不得提供担保。

7.2.4 上市公司应当明确与担保事项相关的印章使用审批权限，做好与担保事项相关的印章使用登记。

7.2.5 上市公司董事会应当在审议提供担保议案前充分调查被担保人的经营和资信情况，认真审议分析被担保人的财务状况、营运状况、信用情况和所处行业前景，依法审慎作出决定。公司可以在必要时聘请外部专业机构对担保风险进行评估，以作为董事会或者股东大会进行决策的依据。

7.2.6 保荐机构或者独立财务顾问（如适用）应当在董事会审议提供担保事项（对合并范围内子公司提供担保除外）时就其合法合规性、对公司的影响及存在风险等发表独立意见，必要时可以聘请会计师事务所对公司累计和当期提供担保情况进行核查。如发现异常，应当及时向董事会和本所报告并披露。

7.2.7 上市公司为其控股子公司、参股公司提供担保，该控股子公司、参股公司的其他股东原则上应当按出资比例提供同等担保或者反担保等风险控制措施。相关股东未能按出资比例向上市公司控股子公司或者参股公司提供同等比例担保或反担保等风险控制措施的，上市公司董事会应当披露主要原因，并在分析担保对象经营情况、偿债能力的基础上，充分说明该笔担保风险是否可控，是否损害上市公司利益等。

7.2.8 上市公司为其控股子公司提供担保，如每年发生数量众多、需要经常订立担保协议而难以就每份协议提交董事会或者股东大会审议的，上市公司可以对资产负债率为70%以上以及资产负债率低于70%的两类子公司分别预计未来十二个月的新增担保总额度，并提交股东大会审议。

前述担保事项实际发生时，上市公司应当及时披露，任一时点的担保余额不得超过股东大会审议通过的担保额度。

7.2.9　对于应当提交股东大会审议的担保事项，判断被担保人资产负债率是否超过70%时，应当以被担保人最近一年经审计财务报表、最近一期财务报表数据孰高为准。

7.2.10　上市公司出现因交易或者关联交易导致其合并报表范围发生变更等情况的，若交易完成后原有担保形成对关联方提供担保的，应当及时就相关关联担保履行相应审议程序和披露义务。董事会或者股东大会未审议通过上述关联担保事项的，交易各方应当采取提前终止担保或取消相关交易或者关联交易等有效措施，避免形成违规关联担保。

7.2.11　上市公司控股子公司为上市公司合并报表范围内的法人或其他组织提供担保的，上市公司应当在控股子公司履行审议程序后及时披露。

上市公司控股子公司为前款规定主体以外的其他主体提供担保的，视同上市公司提供担保，应当遵守本节相关规定。

7.2.12　上市公司及其控股子公司提供反担保应当比照担保的相关规定执行，以其提供的反担保金额为标准履行相应审议程序和信息披露义务，但上市公司及其控股子公司为以自身债务为基础的担保提供反担保的除外。

7.2.13　上市公司应当持续关注被担保人的财务状况及偿债能力等，如发现被担保人存在经营状况严重恶化、债务逾期、资不抵债、破产、清算或者其他严重影响还款能力情形的，董事会应当及时采取有效措施，将损失降低到最小程度。

提供担保的债务到期后，公司应当督促被担保人在限定时间内履行偿债义务。若被担保人未能按时履行偿债义务，公司应当及时采取必要的补救措施。

7.2.14　上市公司担保的债务到期后需展期并需继续由其提供担保的，应当作为新的提供担保事项，重新履行审议程序和信息披露义务。

7.2.15　上市公司应当妥善管理担保合同及相关原始资料，及时进行清理检查，并定期与银行等相关机构进行核对，保证存档资料的完整、准确、有效，关注担保的时效、期限。

7.2.16　上市公司董事会应当建立定期核查制度，对上市公司担保行为进行核查。上市公司发生违规担保行为的，应当及时披露，董事会应当采取合理、有效措施解除或者改正违规担保行为，降低公司损失，维护公司及中小股东的利益，并追究有关人员的责任。

因控股股东、实际控制人及其关联人不及时偿债，导致上市公司承担担保责任的，公司董事会应当及时采取追讨、诉讼、财产保全、责令提供担保等保护性措施避免或者减少损失，并追究有关人员的责任。

第三节　日常经营重大合同

7.3.1　上市公司签署与日常经营活动相关合同，达到下列标准之一的（以下简称重大合同），应当及时披露：

（一）涉及购买原材料、燃料、动力或者接受劳务等事项的，合同金额占公司最近一期经审计总资产50%以上，且绝对金额超过1亿元；

（二）涉及销售产品或商品、工程承包或者提供劳务等事项的，合同金额占公司最近一期经审计主营业务收入50%以上，且绝对金额超过1亿元；

（三）公司或者本所认为可能对公司财务状况、经营成果产生重大影响的其他合同。

7.3.2　上市公司披露与日常生产经营相关的重大合同至少应当包含合同重大风险提示、合同各方情况介绍、合同主要内容、合同履行对公司的影响、合同的审议程序等事项。

7.3.3　上市公司参加工程施工、工程承包、商品采购等项目的投标，合同金额达到第7.3.1条所述标准的，在获悉已被确定为中标单位并已进入公示期、但尚未取得中标通知书或者相关证明文件时，应在第一时间发布提示性公告，披露中标公示的主要内容，包括但不限于公示媒体名称、招标人、项目概况、项目金额、项目执行期限、中标单位、公示起止时间、中标金额、中标事项对公司业绩的影响，并对获得中标通知书存在不确定性和项目执行过程中面临的困难等事项进行风险提示。

公司后续取得中标通知书的，应当按照本节和相关公告格式的规定及时披露项目中标有关情况。公司在公示期结束后预计无法取得中标通知书的，应当及时披露进展情况并充分提示风险。

公司作为联合体成员中标的，应当在提示性公告和中标公告中明确披露联合体成员、公司的权利和义务、合同履行预计对公司收入和利润产生的影响。

7.3.4　上市公司应当及时披露重大合同的进展情况，包括但不限于合同生效、合同履行发生重大变化或者出现重大不确定性、合同提前解除、合同终止等。

7.3.5　上市公司应当在年度报告、半年度报告中持续披露日常经营重大合同的履行情况，包括但不限于合同总金额、合同履行的进度、本期及累计确认的销售收入金额、应收账款回款情况等，并说明影响重大合同履行的各项条件是否发生重大变化，是否存在合同无法履行的重大风险等情况。

7.3.6　上市公司处于持续督导期的，保荐机构应当在出具定期报告跟踪报告前，对公司重大合同履行情况进行核查，在跟踪报告中充分说明影响重大合同履行的各项条件是否发生重大变化，是否存在合同无法履行的重大风险等。

7.3.7　上市公司签署重大合同，合同金额占公司最近一个会计年度经审计主营业务收入或者总资产100%以上，且绝对金额超过2亿元的，还应当履行以下义务：

（一）公司董事会应当对公司和交易对方的履约能力进行分析判断；

（二）公司应当聘请律师核查交易对方基本情况的真实性、交易对方是否具备签署及履行合同等的相关资质，以及合同签署和合同内容的合法性、真实性和有效性，公司以公开招投标方式承接重大合同的情况除外；

（三）公司处于持续督导期的，保荐机构或者独立财务顾问应当对公司和交易对方的履约能力出具专项意见。

公司应当在重大合同公告中披露董事会的分析说明、法律意见书以及保荐机构或者独立财务顾问的结论性意见（如有）。

7.3.8　上市公司签署政府和社会资本合作项目合同（以下简称PPP项目），能够控制该项目的，按照项目总投资额适用第7.3.1条、第7.3.7条规定；不能够控制该项目的，按照公司承担的投资金额适用第7.3.1条、第7.3.7条规定。

7.3.9　上市公司签署工程承包合同、PPP项目合同，达到第7.3.1条、第7.3.7条标准的，除应当遵循第7.3.2条、第7.3.7条要求外，还应当披露以下内容：

（一）对于工程承包合同，应当披露工程项目的建设内容、工程施工的进度计划、收入确认政策、资金来源等内容；

（二）对于PPP项目合同，应当披露PPP项目总投资额、公司承担的投资金额、合作模式、运作方式、项目期限以及公司的收益来源等内容。

7.3.10　上市公司披露的重大合同涉及新业务、新技术、新模式、新产品或者其他市场关注度较高事项的，还应当披露进入新领域的原因，以及新业务的可行性论证情况，包括但不限于是否配备相应人员、是否取得相应资质、是否已有明确资金来源和技术储备等，并分析新业务领域的行业竞争情况、平均盈利水平（如毛利率）及其与公司现有业务盈利水平的对比情况。

7.3.11　上市公司与相关方签署仅达成初步意向、存在较大不确定性或者法律约束力较低的框架性协议等合同，可能对公司财务状况、经营成果、股票及其衍生品种交易价格或者投资决策产生较大影响的，应当及时披露框架性协议等相关内容，充分提示不确定性风险，签署正式合同后按照本节要求进行披露。

第四节　承诺及承诺履行

7.4.1　上市公司及其股东、实际控制人、董事、监事、高级管理人员、收购人、重大资产重组有关各方、公司购买资产对应经营实体的股份或者股权持有人等（以下简称承诺人）应当严格履行其作出的各项承诺，采取有效措施确保承诺的履行，不得擅自变更或者解除承诺。

7.4.2　承诺人作出的承诺应当符合法律法规、《创业板上市规则》、本指引、本所其他规定的要求，承诺人应当及时将作出的承诺事项告知上市公司，公司应当及时将承诺人承诺事项从相关信息披露文件中单独摘出，逐项在本所网站上予以公开。

7.4.3　承诺人作出的承诺应当具体、明确、无歧义、可执行，不得承诺根据当时情况判断明显不可能实现的事项。承诺人应当在承诺中作出履行承诺声明，明确违反承诺的责任，并切实履行承诺。

承诺事项需要主管部门审批的，承诺人应当明确披露需要取得的审批，并明确如无法取得审批的补救措施。

承诺人应当关注自身经营、财务状况及承诺履行能力，在发生自身经营或者财务状况恶化、担保人或者担保物发生变化等导致或者可能导致其无法履行承诺的情形时，应当及时告知上市公司并披露，说明有关影响承诺履行的具体情况，同时提供新的履约担保。

当承诺履行条件即将达到或者已经达到时，承诺人应当及时通知公司，并履行承诺和信息披露义务。

7.4.4　承诺人作出的承诺事项应当包括下列内容：

（一）承诺的具体事项；

（二）履约方式、履约时限、履约能力分析、履约风险及防范对策；

（三）履约担保安排，包括担保方、担保方资质、担保方式、担保协议（函）主要条款、担保责任等（如有）；

（四）履约承诺声明和违反承诺的责任；

（五）本所要求的其他内容。

上市公司的实际控制人、股东、关联方、收购人和上市公司在首次公开发行股票、再融资、并购重组以及公司治理专项活动等过程中作出的解决同业竞争、资产注入、股权激励、解决产权瑕疵等各项承诺事项应当有明确的履约时限，不得使用“尽快”“时机成熟时”等模糊性词语；承诺履行涉及行业政策限制的，应当在政策允许的基础上明确履约时限。

7.4.5 上市公司董事会应当充分评估承诺的可执行性，确保承诺人作出的承诺事项符合本指引要求。

公司应当在定期报告中披露报告期内发生或者正在履行中的所有承诺事项及具体履行情况。

7.4.6 上市公司股东、交易有关各方对公司或相关资产年度经营业绩作出承诺的，董事会应当关注业绩承诺的实现情况。公司或相关资产年度经营业绩未达到承诺的，公司董事会应当对公司或相关资产的实际盈利数与承诺数据的差异情况进行单独审议，详细说明差异情况及上市公司已采取或者拟采取的措施，督促相关承诺方履行承诺。

公司应当在年度报告中披露上述事项，并要求会计师事务所、保荐机构或独立财务顾问（如适用）对此出具专项审核意见，与年度报告同时在符合条件媒体披露。

公司追溯调整相关资产承诺期实际盈利数的，应当及时披露相关情况并明确说明调整后是否实现业绩承诺。相关资产年度业绩未达到承诺的，董事会应当对相关情况进行审议，会计师事务所、保荐机构或独立财务顾问（如适用）应当进行出具专项审核意见。

7.4.7 上市公司控股股东、实际控制人通过处置其股权等方式丧失控制权的，如原控股股东、实际控制人承诺的相关事项未履行完毕，相关承诺义务应当继续予以履行或者由收购人予以承接，相关事项应当在收购报告书中明确披露。

7.4.8 因相关法律法规、政策变化、自然灾害等自身无法控制的客观原因导致承诺无法履行或者无法按期履行的，承诺人应当及时披露相关信息。

除因相关法律法规、政策变化、自然灾害等自身无法控制的客观原因外，承诺确已无法履行或者履行承诺不利于维护上市公司权益的，承诺人应当充分披露原因，并向公司或者其他投资者提出用新承诺替代原有承诺或者提出豁免履行承诺义务。

上述变更方案应当经上市公司全体独立董事过半数同意后，提交董事会和股东大会审议，承诺人及关联人应当回避表决。如原承诺以特别决议方式审议通过的，本次变更仍应当以特别决议方式审议。监事会应当就承诺人提出的变更方案是否合法合规、是否有利于保护公司或者其他投资者的利益发表意见。变更方案未经股东大会审议通过且承诺履行期限到期的，视同超期未履行承诺。

7.4.9 承诺人对其所持有的上市公司股份的持有期限等追加承诺的，不得影响其已经作出承诺的履行。承诺人作出追加承诺后两个交易日内，应当通知上市公司董事会并及时公告。

7.4.10　承诺人作出股份限售等承诺的，其所持股份因司法强制执行、继承、遗赠、依法分割财产等原因发生非交易过户的，受让方应当遵守原股东作出的相关承诺。

7.4.11　上市公司董事会应当充分关注承诺履行情况，督促承诺人严格遵守承诺。承诺人违反承诺的，董事会应当主动、及时采取措施督促承诺人承担违约责任，并及时披露相关承诺人违反承诺的情况、公司采取的补救措施、进展情况、违约金计算方法及董事会收回相关违约金的情况（如有）等内容。

第五节　变更公司名称

7.5.1　本节所称变更公司名称，是指上市公司根据经营及业务发展需要自主变更公司全称或者证券简称。公司因股票交易被实施或撤销退市风险警示、其他风险警示等变更证券简称的，不属于本节规范的范围。

7.5.2　上市公司应当根据业务经营实际情况审慎对公司名称进行变更，不得随意变更。变更后的公司名称应当与公司主营业务相匹配，不得带有误导性内容，不得利用变更名称不当影响公司股价，不得存在其他不良影响。

7.5.3　上市公司因主营业务变更拟变更公司名称的，原则上应当在主营业务变更完成后进行公司名称变更，并符合以下标准之一：

（一）新业务最近十二个月已实现的营业收入占公司营业收入的比例达到30%以上；

（二）新业务最近十二个月已实现的营业利润占公司营业利润的比例达到30%以上。

在计算新业务实现的营业收入、营业利润占比时，原则上应当选取公司最近一个会计年度经审计的营业收入、营业利润作为比较基数，如公司因实施完成股权收购、资产注入、重大资产重组等原因导致主营业务发生变化的，为增强可比性，应当选取公司依据交易完成后的资产、业务架构编制的最近一个会计年度经审计或者经审阅的备考财务报表中的营业收入、营业利润作为比较基数。

7.5.4　上市公司证券简称应当来源于公司全称，中文证券简称中特殊字符以外的部分原则上不得超过四个汉字，英文证券简称原则上不得超过二十个英文字符。确有必要的，上市公司可申请不超过八个汉字的中文证券简称。变更后的证券简称不得与其他上市公司及全国中小企业股份转让系统挂牌公司的证券简称相同，不得仅以行业通用名称作为证券简称，不得含有可能误导投资者的内容和文字，不得违反有关法律法规的规定。

拟变更的证券简称不符合上述规定的，本所可以要求公司予以纠正，在公司未按要求纠正前，本所可以不予办理公司证券简称变更。

7.5.5　上市公司拟变更公司全称的，应当经董事会和股东大会审议通过。公司应当在董事会审议通过后及时披露董事会决议、拟变更公司名称的公告等文件。

公司拟变更公司全称同时变更证券简称的，应当提前五个交易日向本所提交书面申请，本所自收到有关材料之日起五个交易日内未提出异议的，公司可以发出召开董事会审议变更证券简称事项的会议通知，经董事会审议通过后披露。

7.5.6　上市公司对公司中文全称进行变更的，应当在工商变更登记手续完成后及时披露变更公司名称的公告，中文全称应以《营业执照》所载名称为准。

7.5.7　上市公司办理实施证券简称变更的，应当向本所提交《上市公司变更公司全称报备、变更证券简称申请表》，确定新证券简称的启用日期并及时披露变更证券简称公告。

7.5.8　上市公司因拟变更公司名称受到重大媒体质疑的，应当及时就更名事项作出补充说明并披露。本所可视情况要求公司召开投资者说明会，就更名事项与投资者互动交流。公司应当在投资者说明会召开后及时披露投资者说明会的召开情况。

7.5.9　上市公司披露变更公司名称相关公告前后股票交易出现异常的，本所可视情况要求公司对股票交易情况进行自查。同时，本所可以要求公司报送内幕信息知情人名单，并可视情况对公司股票交易进行核查。

7.5.10　新上市公司确定证券简称时，应当参照本节相关规定执行。

第六节　会计政策、会计估计变更及资产减值

7.6.1　本指引所称会计政策变更和会计估计变更，是指《企业会计准则第28号——会计政策、会计估计变更和差错更正》定义的会计政策变更和会计估计变更。

7.6.2　上市公司不得利用会计政策变更和会计估计变更操纵净利润、所有者权益等财务指标。

7.6.3　上市公司根据法律法规或者国家统一的会计制度的要求变更会计政策的，会计政策变更公告日期最迟不得晚于会计政策变更生效当期的定期报告披露日期。会计政策变更公告至少应当包含以下内容：

（一）本次会计政策变更情况概述，包括变更的日期、变更的原因、变更前采用的会计政策、变更后采用的会计政策等；

（二）本次会计政策变更对公司的影响，包括本次会计政策变更涉及公司业务的范围，变更会计政策对定期报告所有者权益、净利润的影响等；

（三）如果因会计政策变更对公司最近一年已披露的年度财务报告进行追溯调整，导致公司已披露的报告年度出现盈亏性质改变的，公司应当进行说明；

（四）本所认为需要说明的其他事项。

7.6.4　上市公司自主变更会计政策达到以下标准之一的，应当在董事会审议批准后，提交会计师事务所出具的专项意见并在会计政策变更生效当期的定期报告披露前提交股东大会审议：

（一）会计政策变更对最近一个会计年度经审计净利润的影响比例超过50%的；

（二）会计政策变更对最近一期经审计所有者权益的影响比例超过50%的。

会计政策变更对最近一个会计年度经审计净利润、最近一期经审计所有者权益的影响比例，是指上市公司因变更会计政策对最近一个会计年度、最近一期经审计的财务报告进行追溯重述后的公司净利润、所有者权益与原披露数据的差额（取绝对值）除以原披露数据（取绝对值）。

7.6.5 上市公司自主变更会计政策的，除应当在董事会审议通过后及时按照第7.6.3条披露相关内容外，还应当公告以下内容：

（一）董事会决议公告；

（二）审计委员会和监事会对会计政策变更是否符合有关规定的意见；

（三）会计师事务所出具的专项意见（适用于需股东大会审议的情形）；

（四）本次会计政策变更对尚未披露的最近一个报告期净利润、所有者权益的影响情况；

（五）本所要求的其他文件。

7.6.6 上市公司自主变更会计政策，未按本指引要求履行审议程序和披露义务的，按照前期差错更正的方法处理。

7.6.7 上市公司变更重要会计估计的，应当在董事会审议通过后比照自主变更会计政策履行披露义务。达到以下标准之一的，应当在变更生效当期的定期报告披露前将专项意见提交股东大会审议：

（一）会计估计变更对最近一个会计年度经审计净利润的影响比例超过50%的；

（二）会计估计变更对最近一期经审计的所有者权益的影响比例超过50%的；

（三）会计估计变更可能导致下一报告期公司盈亏性质发生变化的。

会计估计变更对最近一个会计年度经审计净利润、最近一期经审计的所有者权益的影响比例，是指假定公司变更后的会计估计已在最近一个年度、最近一期财务报告中适用，据此计算的公司净利润、所有者权益与原披露数据的差额（取绝对值）除以原披露数据（取绝对值）。

会计估计变更应当自该估计变更被董事会、股东大会（如适用）等相关机构审议通过后生效。

7.6.8 上市公司计提资产减值准备或者核销资产对公司当期损益的影响占公司最近一个会计年度经审计净利润绝对值的比例在10%以上且绝对金额超过100万元的，应当及时履行信息披露义务。

7.6.9 上市公司披露计提资产减值准备公告应当包含以下内容：

（一）本次计提资产减值准备情况概述，至少包括本次计提资产减值准备的原因、资产范围、总金额、拟计入的报告期间、公司的审批程序等；

（二）本次计提资产减值准备合理性的说明以及对公司的影响，至少包括对本报告期所有者权益、净利润的影响等；

（三）年初至报告期末对单项资产计提的减值准备占公司最近一个会计年度经审计的净利润绝对值的比例在30%以上且绝对金额超过1000万元的，还应当列表至少说明计提减值准备的资产名称、账面价值、资产可收回金额、资产可收回金额的计算过程、本次计提资产减值准备的依据、数额和原因；

（四）董事会或者审计委员会关于公司计提资产减值准备是否符合《企业会计准则》的说明（如有）；

（五）监事会关于计提资产减值准备是否符合《企业会计准则》的说明（如有）；

（六）本所认为需要说明的其他事项。

7.6.10　上市公司应当按照《企业会计准则》和中国证监会相关规定，结合可获取的内部与外部信息，合理判断并识别商誉减值迹象。当商誉所在资产组或资产组组合出现减值迹象时，公司应当及时进行商誉减值测试，并恰当考虑该减值迹象的影响。对因企业合并所形成的商誉，不论其是否存在减值迹象，都应当至少在每年年度终了进行减值测试。公司应当合理区别并分别处理商誉减值事项和并购重组相关方的业绩补偿事项，不得以业绩补偿为由，不进行商誉减值测试。

公司应当在财务报告中详细披露与商誉减值相关的、对财务报表使用者作出决策有用的所有重要信息。

第七节　利润分配和资本公积金转增股本

7.7.1　上市公司应当综合考虑所处行业特点、发展阶段、自身经营模式、盈利水平以及是否有重大资金支出安排等因素，科学、审慎决策，合理确定利润分配政策。

7.7.2　上市公司制定利润分配政策时，应当履行公司章程规定的决策程序。董事会应当就股东回报事宜进行专项研究论证，制订明确、清晰的股东回报规划，并详细说明规划安排的理由等情况。公司应当在章程中载明以下内容：

（一）公司董事会、股东大会对利润分配尤其是现金分红事项的决策程序和机制，对既定利润分配政策尤其是现金分红政策作出调整的具体条件、决策程序和机制，以及为充分听取独立董事和中小股东意见所采取的措施；

（二）公司的利润分配政策尤其是现金分红政策的具体安排，利润分配的形式，利润分配尤其是现金分红的期间间隔，现金分红的具体条件，发放股票股利的条件，各期现金分红最低金额或者比例（如有），以及现金分红相对于股票股利在利润分配方式中的优先顺序等。

7.7.3　上市公司通过股东回报规划对公司未来利润分配事项作出安排的，应当充分考虑相关规划的合理性和可执行性。

公司应当严格执行股东回报规划。确有必要根据相关规划确定的原则对利润分配事项作出调整的，应当按规定履行相应的调整决策程序，并充分披露调整的具体原因及合理性。

7.7.4　上市公司具备现金分红条件的，应当采用现金分红进行利润分配。

7.7.5　上市公司在制定现金分红具体方案时，董事会应当认真研究和论证公司现金分红的时机、条件和最低比例、调整的条件及其决策程序要求等事宜。

监事会对董事会执行现金分红政策和股东回报规划以及是否履行相应决策程序和信息披露等情况进行监督。监事会发现董事会存在未严格执行现金分红政策和股东回报规划、未严格履行相应决策程序或未能真实、准确、完整进行相应信息披露的，应当发表明确意见，并督促其及时改正。

7.7.6　上市公司制定利润分配方案时，应当以母公司报表中可供分配利润为依据。同时，为避免出现超分配的情况，公司应当以合并报表、母公司报表中可供分配利润孰低的原则来确定具体的利润分配总额和比例。

7.7.7 上市公司利润分配方案中现金分红的金额达到或者超过当期净利润的100%，且达到或者超过当期期末累计可供分配利润的50%的，公司应当同时披露该现金分红方案的提议人，公司确定该现金分红方案的理由，分红方案是否将造成公司流动资金短缺，公司在过去十二个月内是否使用过募集资金补充流动资金以及在未来十二个月内是否计划使用募集资金补充流动资金等内容。

7.7.8 上市公司原则上应当依据经审计的财务报表进行利润分配，且应当在董事会审议定期报告的同时审议利润分配方案。上市公司拟以半年度财务报告为基础进行现金分红，且不送红股或者不用资本公积金转增股本的，半年度财务报告可以不经审计。

7.7.9 上市公司在报告期结束后，至利润分配、资本公积金转增股本方案公布前发生股本总额变动的，应当以最新股本总额作为分配或者转增的股本基数。

公司董事会在审议利润分配、资本公积金转增股本方案时，应当明确在方案公布后至实施前，出现股权激励行权、可转债转股、股份回购等情形时的方案调整原则，未约定或者约定不明确的，公司应当按照“现金分红总额、送红股总额、资本公积金转增股本总额固定不变”的原则，在方案实施公告中披露按公司最新股本总额计算的分配、转增比例。

7.7.10 上市公司实施高比例送转股份（以下简称高送转）方案的，应当符合《公司法》《企业会计准则》以及公司章程等规定，并符合公司确定的利润分配政策、利润分配计划、股东长期回报规划以及作出的相关承诺。

高送转是指上市公司每十股送红股与公积金转增股本合计达到或者超过五股。

7.7.11 上市公司披露高送转方案的，应当符合下列条件之一：

（一）最近两年同期净利润持续增长，且每股送转股比例不得高于上市公司最近两年同期净利润的复合增长率；

（二）报告期内实施再融资、并购重组等导致净资产有较大变化的，每股送转股比例不得高于上市公司报告期末净资产较之于期初净资产的增长率；

（三）最近两年净利润持续增长且最近三年每股收益均不低于1元，上市公司认为确有必要披露高送转方案的，应当充分披露高送转的主要考虑及其合理性，且送转股后每股收益不低于0.5元（仅适用于依据年度财务报表进行高送转）。

最近两年同期净利润的复合增长率，是指 $[第N年净利润/第N-2年净利润的绝对值]^{1/2}-1$；若分子采取第N年中期净利润的，分母相应为第N-2年同期的净利润。

7.7.12 上市公司存在下列情形之一的，不得披露高送转方案：

（一）报告期净利润为负、净利润同比下降50%以上或者送转股后每股收益低于0.2元的；

（二）公司的提议股东和控股股东及其一致行动人、董事、监事及高级管理人员（以下统称相关股东）在前三个月存在减持情形或者后三个月存在减持计划的；

上市公司应当向相关股东问询其未来三个月是否不存在减持计划及未来四至六个月的减持计划并披露。相关股东应当将其作为承诺事项予以遵守。

上市公司在相关股东所持限售股（股权激励限售股除外）限售期届满前后三个月内，

不得披露高送转方案。

7.7.13　上市公司不得利用高送转方案配合股东减持。

7.7.14　上市公司在披露利润分配方案时，公告应当包含以下内容：

（一）按照《公司法》和公司章程的规定弥补亏损（如有）、提取法定公积金、任意公积金的情况以及股本基数、分配比例、分配总额及其来源；

（二）本期利润分配及现金分红的基本情况；现金分红同时发放股票股利的，应当结合公司发展阶段、成长性、每股净资产的摊薄和重大资金支出安排等因素，说明现金分红在本次利润分配中所占比例及其合理性。以当年已实施的回购股份金额视同现金分红金额的，应当说明该种方式计入现金分红的金额和比例；

（三）利润分配方案是否符合公司章程规定的利润分配政策和公司已披露的股东回报规划等。

上市公司披露高送转方案的，还应当披露以下内容：

（一）相关股东前三个月的持股变动情况、未来三个月不存在减持计划的承诺及未来四至六个月的减持计划；

（二）方案披露前后三个月不存在相关股东所持限售股（股权激励限售股除外）限售期届满的情形；

（三）相关说明及风险提示，明确方案对公司报告期内净资产收益率及投资者持股比例没有实质性影响，说明方案对公司报告期内每股收益、每股净资产的摊薄情况，以及方案尚需履行的审议程序及其不确定等。

7.7.15　上市公司及相关内幕信息知情人不得单独或者与他人合谋，利用利润分配、资本公积金转增股本方案从事内幕交易、市场操纵等违法违规行为。

7.7.16　在筹划或者讨论利润分配、资本公积金转增股本方案过程中，上市公司应当将内幕信息知情人控制在最小范围内，及时登记内幕信息知情人名单及其个人信息，并采取严格的保密措施，防止利润分配、资本公积金转增股本方案泄露。

第八节　员工持股计划

7.8.1　上市公司采用回购、二级市场购买、向特定对象发行、股东自愿赠与以及其他法律法规及中国证监会允许的方式实施员工持股计划的，适用本节规定。本节未作规定的，适用中国证监会及本所其他有关规定。

本指引所称员工持股计划，是指上市公司根据员工意愿，通过合法方式使上市公司员工获得本公司股票并长期持有，股份权益按约定分配给员工的制度安排。

7.8.2　上市公司实施员工持股计划，应当遵循依法合规、自愿参与、风险自担的原则，按照法律法规、中国证监会及本所相关规定的要求履行相应的审议程序和信息披露义务。

为上市公司员工持股计划出具意见的中介机构和人员，应当诚实守信、勤勉尽责，保证所出具文件内容真实、准确、完整。

7.8.3　任何人不得利用员工持股计划从事内幕交易、市场操纵等违法违规行为。

上市公司实施员工持股计划时，应当遵守市场交易规则，不得在法律法规规定的上市公司董事、监事、高级管理人员不得买卖本公司股票的期间买卖本公司股票。

7.8.4 上市公司筹划员工持股计划，应当做好内幕信息管理工作。

员工持股计划有关各方对所知悉的员工持股计划相关信息，在依法依规披露前负有保密义务。

7.8.5 上市公司在董事会审议前披露筹划员工持股计划提示性公告的，提示性公告应当至少包括以下内容：

（一）员工持股计划拟持有的公司股票数量（上限）及占公司股本总额的比例（上限）；

（二）员工持股计划参加对象是否包括公司董事、监事或高级管理人员；

（三）员工持股计划的股票来源；

（四）员工持股计划尚需履行的程序，存在的不确定性和风险；

（五）预计披露员工持股计划草案的时间（自披露提示性公告之日起不得超过三个月）；

（六）本所要求的其他内容。

7.8.6 上市公司董事会审议员工持股计划相关事项时，拟参加员工持股计划的董事及与其存在关联关系的董事应当回避。出席董事会的非关联董事人数不足三人的，上市公司应当将该事项直接提交股东大会审议。

上市公司应当在董事会审议通过员工持股计划草案后及时披露董事会决议、员工持股计划草案、监事会意见等文件。

监事会应当就员工持股计划是否有利于上市公司的持续发展，是否损害上市公司利益及中小股东合法权益，计划推出前征求员工意见的情况，公司是否以摊派、强行分配等方式强制员工参加持股计划等事项发表意见。

7.8.7 上市公司员工持股计划草案全文内容应当至少包括：

（一）实施员工持股计划的目的；

（二）员工持股计划规模，包括拟持有公司股票的数量、占公司股本总额的比例等；

（三）员工持股计划的参加对象及确定标准，包括拟参加员工持股计划的上市公司董事、监事、高级管理人员的姓名及其所获份额对应的股份比例，及拟参加员工持股计划的其他员工所获份额对应的合计股份比例等；员工持股计划的参加对象同时是上市公司持股5%以上股东、实际控制人的，还应当披露相关人员参加目的、是否有利于保护中小股东合法权益；

（四）员工持股计划的资金来源，同时披露是否存在上市公司向员工提供财务资助或为其贷款提供担保的情况；资金来源涉及杠杆资金的，应当披露杠杆倍数和杠杆资金来源、杠杆倍数是否合规；资金来源为上市公司提取激励基金的，应当披露基金的计提方法、相关会计处理；

（五）员工持股计划的股票来源；来源于上市公司所回购股份的，应当披露定价依据、定价方式及其合理性，相关会计处理及理由，对公司经营业绩的影响；来源于股东自愿赠与的，应当披露相关会计处理及理由，对公司经营业绩的影响；

（六）员工持股计划的存续期限，存续期限届满后若继续展期应履行的程序，员工持股计划的锁定期及其合理性、合规性；

（七）员工持股计划管理模式；

（八）员工持股计划资产管理机构（如有）的选任程序、管理协议的主要条款（管理费用的计提及支付方式等）；

（九）员工持股计划持有人会议的召集、表决程序、表决权行使机制，持有人代表或机构的选任程序及其职责；

（十）结合员工持股计划管理模式及决策程序，说明员工持股计划所持股份对应股东权利的情况，包括上市公司股东大会的出席、提案、表决等的安排，参加现金分红、债券兑息、送股、转增股份、配股和配售债券等的安排，以及公司融资时员工持股计划的参与方式；同时披露员工持股计划在股东大会审议上市公司与股东、董事、监事、高级管理人员等参与对象的交易相关提案时是否需要回避；说明员工持股计划不得买卖上市公司股票的期间；

（十一）本次员工持股计划与公司控股股东或第一大股东、实际控制人、董事、监事、高级管理人员、已存续员工持股计划（如有）之间是否存在关联关系或一致行动关系；上市公司同时存在多个员工持股计划的，应当说明各员工持股计划所持上市公司权益是否合并计算及依据；

（十二）第三方是否为员工参加持股计划提供奖励、资助、补贴、兜底等安排；如是，应当披露相关安排的提供人、来源、形式、可执行性等具体情况，以及第三方的履约保障措施；

（十三）员工持股计划持有人对通过持股计划获得的股份权益的占有、使用、收益和处分权利的安排；员工持股计划持有人出现离职、退休、死亡或其他不再适合参加持股计划等情形时，所持股份权益的处置办法；

（十四）员工持股计划期满后所持有股份的处置办法、损益分配方法；

（十五）员工持股计划变更和终止的情形及决策程序；

（十六）已经或者尚需获得的国有资产管理机构、行业主管等部门的批准情况（如适用）；

（十七）本所要求的其他内容。

7.8.8 上市公司应当在相关股东大会现场会议召开的两个交易日前公告员工持股计划的法律意见书。法律意见书应当至少就以下事项发表结论性意见：

（一）员工持股计划内容的合法合规性，包括员工持股计划的规模及比例（上市公司全部有效的员工持股计划所持有的股票总数累计是否超过公司股本总额的10%、单个员工所获股份权益对应的股票总数累计是否超过公司股本总额的1%）、参加对象、资金来源（其中杠杆倍数的合规性）、股票来源（其中是否存在来源于上市公司所回购股份）、存续期限、管理模式等；

（二）员工持股计划审议程序的合法合规性；

（三）员工持股计划在股东大会审议上市公司与股东、董事、监事、高级管理人员等参与对象的交易相关提案时回避安排的合法合规性；

（四）员工持股计划在本公司融资时参与方式的合法合规性；

（五）员工持股计划一致行动关系认定的合法合规性；

（六）本所要求的其他内容。

7.8.9 股东大会就员工持股计划进行表决时，存在下列情形的股东及其一致行动人应当回避：自身或关联方拟成为员工持股计划的资产管理机构、认购计划份额、提供或垫付资金、提供股票、分享收益，以及其他可能导致利益倾斜的情形。

员工持股计划方案应当经出席会议的非关联股东所持表决权的过半数通过。

上市公司股东大会决议公告应当披露中小股东对员工持股计划相关提案的表决情况和表决结果。

7.8.10 在股东大会审议通过后，公司拟变更员工持股计划的，应当按照员工持股计划方案的约定经董事会或者股东大会审议通过，并披露差异对照表及变更原因。

7.8.11 上市公司实施员工持股计划依照规定需取得有关部门批准的，应当在取得有关批复文件后的两个交易日内公告批复情况。

7.8.12 员工持股计划股票来源于二级市场购买的，上市公司应当在股东大会审议通过员工持股计划后六个月内每月公告一次购买股票的时间、方式、数量、价格等具体情况。员工持股计划需在六个月内完成标的股票的购买。

7.8.13 上市公司应当在员工持股计划完成标的股票的购买或过户的两个交易日内进行公告，内容包括但不限于获得标的股票的时间、按股票来源类别列示的数量、对应会计处理（如有）、按资金来源类别列示的购买金额、员工实际认购份额与股东大会审议通过的拟认购份额的一致性，相关方为员工参加持股计划提供的奖励、资助、补贴、兜底等的进展（如有），并说明本次员工持股计划与上市公司控股股东或第一大股东、实际控制人、董事、监事、高级管理人员、已存续的员工持股计划（如有）之间是否存在关联关系或一致行动关系。

7.8.14 员工因参加员工持股计划，其股份权益发生变动，依据法律法规、本所相关规定应当履行相应义务的，应当切实履行。

7.8.15 员工持股计划及其一致行动人持有公司股票达到权益变动信息披露标准的，应当依据法律法规、本所相关规定的要求履行披露义务。

7.8.16 员工持股计划持有人会议产生管理委员会的，应当在持有人会议决议后及时公告管理委员会成员是否在上市公司控股股东或者实际控制人（无控股股东的，第一大股东）单位担任职务，是否为持有上市公司5%以上股东、实际控制人、上市公司董事、监事、高级管理人员或者与前述主体存在关联关系。

7.8.17 员工持股计划存续期内，发生下列情形之一的，应当及时披露：

（一）员工持股计划变更、提前终止，或者相关当事人未按照约定实施员工持股计划的；

（二）员工持股计划持有人之外的第三人对员工持股计划的股票和资金提出权利主

张的；

（三）员工持股计划锁定期届满；

（四）出现单个员工所获份额对应的股票总数累计达到公司股本总额的1%的；

（五）触发兜底等安排但未能如期兑现的；

（六）本所认定的其他情形。

7.8.18 员工持股计划在锁定期届满后减持完毕全部所持本公司股份的，上市公司应当及时披露公告，披露内容至少包括减持期间、股份数量及占公司股本总额的比例；通过集中竞价交易以外方式进行减持的部分，还应当披露受让方与上市公司5%以上股东、实际控制人是否存在关联关系或者一致行动关系。员工持股计划持股期间及其与草案披露的存续期或者展期后的存续期应当一致。

7.8.19 上市公司应当在员工持股计划存续期限届满前六个月披露提示性公告，说明即将到期的员工持股计划所持有的股票数量及占公司股本总额的比例。

7.8.20 上市公司应当至迟在员工持股计划存续期限届满时披露到期的员工持股计划所持有的股票数量及占公司股本总额的比例、届满后的处置安排。拟展期的，应对照第7.8.7条的披露要求逐项说明与展期前的差异情况，并按员工持股计划方案的约定履行相应的审议程序和披露义务。

7.8.21 上市公司应当及时、真实、准确、完整地披露相关各方作出的涉及员工持股计划的各项承诺，并督促相关方切实履行承诺。

7.8.22 上市公司应当在半年度报告、年度报告中披露报告期内员工持股计划的实施情况，内容应当至少包括：

（一）报告期内全部有效的员工持股计划持有的股票总额及占上市公司股本总额的比例；

（二）报告期内持股员工的范围、人数及其变更情况，董事、监事、高级管理人员情况单独列示；

（三）报告期内实施计划的资金来源；

（四）报告期内资产管理机构的变更情况（如有）；

（五）报告期内因持有人处置份额等引起的权益变动情况（如有）。

上市公司在年度报告中，还应当披露以下内容：

（一）报告期内股东权利行使的情况；

（二）员工持股计划持有人出现离职、退休、死亡或其他不再适合继续参加持股计划等情形的处置情况（如有），或除前述情形外的其他处置情况（如有），包括处置总体情况、受让方（如有）与上市公司5%以上股东、实际控制人是否存在关联关系或者一致行动关系，以及相关处置是否符合员工持股计划的约定；

（三）员工持股计划管理委员会（如有）成员发生变化的；

（四）员工持股计划对报告期上市公司的财务影响及相关会计处理（如有）；

（五）报告期内员工持股计划终止的情况（如有）；

（六）本所要求的其他内容。

7.8.23 员工持股计划行使提案权、表决权等股东权利的，上市公司相关股东大会的法律意见书中应当对员工持股计划行使股东权利的行为和决策过程是否符合员工持股计划的约定，审议涉及股东或者董事、监事、高级管理人员的相关提案时是否存在应回避而未回避表决情形等发表意见。

7.8.24 上市公司及其董事、监事、高级管理人员或者其他员工，通过设立资产管理计划、信托计划、持股平台等形式实施员工持股计划类似方案的，参照本节相关规定履行信息披露义务。

第九节 信息披露豁免与暂缓

7.9.1 上市公司应当披露的信息存在《创业板上市规则》规定的可暂缓、豁免披露情形的，由公司自行审慎判断，本所对信息披露暂缓、豁免事项实行事后监管。

7.9.2 上市公司应当严格管理信息披露暂缓、豁免事项，建立相应的内部管理制度，明确信息披露暂缓、豁免事项的内部审批程序。

前款规定的内部管理制度应当经公司董事会审议通过并披露。

7.9.3 上市公司拟披露的信息存在不确定性、属于临时性商业秘密等情形，及时披露可能损害公司利益或者误导投资者的，可以暂缓披露。

7.9.4 暂缓披露的信息应当符合下列条件：

（一）相关信息尚未泄露；

（二）有关内幕信息知情人已书面承诺保密；

（三）公司股票及其衍生品种的交易未发生异常波动。

7.9.5 上市公司拟披露的信息属于国家秘密、商业秘密等情形，按《创业板上市规则》披露或者履行相关义务可能导致其违反境内外法律法规、引致不正当竞争、损害公司及投资者利益或者误导投资者的，可以豁免披露。

7.9.6 上市公司应当审慎确定信息披露暂缓、豁免事项，并采取有效措施防止暂缓或者豁免披露的信息泄露。

公司决定对特定信息作暂缓、豁免披露处理的，应当由公司董事会秘书负责登记，并经公司董事长签字确认后，妥善归档保管。

7.9.7 已暂缓披露的信息被泄露或者出现市场传闻的，上市公司应当及时核实相关情况并披露。

暂缓披露的原因已经消除的，上市公司应当及时公告相关信息，并披露此前该信息暂缓披露的事由、公司内部登记审批等情况。

7.9.8 上市公司不得滥用暂缓、豁免程序，规避应当履行的信息披露义务。公司将不符合暂缓、豁免披露条件的信息作暂缓、豁免处理，或者存在其他违反本指引规定行为的，本所视情况采取监管措施或者予以纪律处分。

第八章　投资者关系管理

第一节　总体要求

8.1.1　上市公司以及董事、监事、高级管理人员和工作人员开展投资者关系管理工作，应当遵守法律法规、《创业板上市规则》、本指引和本所其他相关规定，体现公开、公平、公正原则，客观、真实、准确、完整地介绍和反映公司的实际状况，不得出现以下情形：

（一）透露或通过非法定方式发布尚未公开披露的重大信息；

（二）发布含有虚假或者引人误解的内容，作出夸大性宣传、误导性提示；

（三）对公司股票及其衍生品种价格作出预期或者承诺；

（四）歧视、轻视等不公平对待中小股东的行为；

（五）其他违反信息披露规则或者涉嫌操纵证券市场、内幕交易等违法违规行为。

8.1.2　上市公司开展投资者关系管理活动，应当以已公开披露信息作为交流内容，不得以任何方式透露或者泄露未公开披露的重大信息。

投资者关系活动中涉及或者可能涉及股价敏感事项、未公开披露的重大信息或者可以推测出未公开披露的重大信息的提问的，公司应当告知投资者关注公司公告，并就信息披露规则进行必要的解释说明。

公司不得以投资者关系管理活动中的交流代替正式信息披露。公司在投资者关系管理活动中不慎泄露未公开披露的重大信息的，应当立即通过符合条件媒体发布公告，并采取其他必要措施。

8.1.3　上市公司应当建立投资者关系管理机制，指定董事会秘书担任投资者关系管理负责人。除非得到明确授权并经过培训，公司其他董事、监事、高级管理人员和员工应当避免在投资者关系活动中代表公司发言。

8.1.4　上市公司应当尽量避免在年度报告、半年度报告披露前三十日内接受投资者现场调研、媒体采访等。

8.1.5　上市公司投资者关系管理工作人员应当具备履行职责所必需的专业知识，具有良好的职业素养。公司应当定期对控股股东、实际控制人、董事、监事、高级管理人员及相关人员进行投资者关系管理的系统培训，增强其对相关法律法规、本所相关规则和公司规章制度的理解。

8.1.6　上市公司进行投资者关系活动应建立完备的投资者关系管理档案制度，投资者关系管理档案至少应包括下列内容：

（一）投资者关系活动参与人员、时间、地点；

（二）投资者关系活动的交流内容；

（三）未公开重大信息泄密的处理过程及责任追究情况（如有）；

（四）其他内容。

投资者关系管理档案应当按照投资者关系管理的方式进行分类，将相关记录、现场录音、演示文稿、活动中提供的文档（如有）等文件资料存档并妥善保管，保存期限不得少于三年。

8.1.7 上市公司应当在定期报告中公布公司网址和咨询电话号码。当网址或者咨询电话号码发生变更后，公司应当及时进行公告。

公司应当保证咨询电话、传真和电子信箱等对外联系渠道畅通，确保咨询电话在工作时间有专人接听，并通过有效形式及时向投资者答复和反馈相关信息。

8.1.8 保荐机构及其保荐代表人、独立财务顾问及其主办人对上市公司公平信息披露履行持续督导义务，督导公司建立健全并严格执行公平信息披露相关制度，发现公司及相关主体存在违反本指引规定的，应当立即向本所报告并督促公司采取相应措施。

8.1.9 上市公司应当建立、健全投资者关系管理活动相关信息披露内部控制制度及程序，保证信息披露的公平性：

（一）公司应当制定接待和推广制度，内容应当至少包括接待和推广的组织安排、活动内容安排、人员安排、禁止擅自披露、透露或者泄露未公开重大信息的规定等；

（二）公司应当制定信息披露备查登记制度，对调研、沟通、采访等投资者关系管理活动予以详细记载，内容应当至少包括活动时间、地点、方式（书面或者口头）、双方当事人姓名、活动中谈论的有关公司的内容、提供的有关资料等，公司应当在定期报告中将信息披露备查登记情况予以披露；

（三）公司应当将投资者关系管理活动相关制度公开。

8.1.10 上市公司应当对以非正式公告方式向外界传达的信息进行严格审查，设置审阅或者记录程序，防止泄露未公开重大信息。

上述非正式公告的方式包括：股东大会、新闻发布会、产品推介会；公司或者相关个人接受媒体采访；直接或者间接向媒体发布新闻稿；公司（含子公司）网站与内部刊物；董事、监事或者高级管理人员博客、微博、微信等社交媒体；以书面或者口头方式与特定投资者、证券分析师沟通；公司其他各种形式的对外宣传、报告等；本所认定的其他形式。

第二节 投资者关系管理的形式和要求

8.2.1 上市公司可以通过公司官方网站、本所网站和本所投资者关系互动平台（简称互动易平台）、新媒体平台、电话、传真、邮箱、投资者教育基地等方式，采取股东大会、投资者说明会、路演、投资者调研、证券分析师调研等形式，建立与投资者的重大事件沟通机制。

8.2.2 上市公司中小股东、机构投资者到公司现场参观、座谈沟通时，公司应当合理、妥善地安排参观及沟通过程，做好信息隔离，不得使来访者接触到未公开披露的重大信息。

8.2.3 上市公司应当承担投资者投诉处理的首要责任，完善投诉处理机制，妥善处理投资者诉求。

公司与投资者之间发生的纠纷，可以自行协商解决、向调解组织申请调解、向仲裁机构申请仲裁或者向人民法院提起诉讼。

8.2.4 上市公司应当充分关注互动易平台信息及各类媒体关于公司的报道，充分重视并依法履行相关信息和报道引发或者可能引发的信息披露义务。

8.2.5 上市公司在投资者说明会、业绩说明会、分析师会议、路演等投资者关系活动结束后应当及时编制投资者关系活动记录表，并于次一交易日开市前在互动易平台和公司网站（如有）刊载。活动记录表至少应当包括以下内容：

（一）活动参与人员、时间、地点、形式；

（二）交流内容及具体问答记录；

（三）关于本次活动是否涉及应披露重大信息的说明；

（四）活动过程中所使用的演示文稿、提供的文档等附件（如有）；

（五）本所要求的其他内容。

第三节 投资者说明会

8.3.1 本所鼓励上市公司召开投资者说明会，向投资者介绍情况、回答问题、听取建议。

上市公司相关重大事项受到市场高度关注或者质疑的，除按规定及时履行信息披露义务外，应当及时召开投资者说明会。

8.3.2 上市公司召开投资者说明会的，应当采取便于投资者参与的方式进行。公司应当在投资者说明会召开前发布公告，说明投资者关系活动的时间、方式、地点、网址、公司出席人员名单和活动主题等。投资者说明会原则上应当安排在非交易时段召开。

公司应当在投资者说明会召开前以及召开期间为投资者开通提问渠道，做好投资者提问征集工作，并在说明会上对投资者关注的问题予以答复。

8.3.3 参与投资者说明会的上市公司人员应当包括公司董事长（或者总经理）、财务负责人、独立董事和董事会秘书。公司处于持续督导期内的，鼓励保荐代表人或独立财务顾问主办人参加。

8.3.4 本所鼓励上市公司在年度报告披露后十五个交易日内举行年度报告业绩说明会，对公司所处行业状况、发展战略、生产经营、财务状况、分红情况、风险因素等投资者关心的内容进行说明。

8.3.5 股东大会对现金分红具体方案进行审议前，上市公司应当通过多种渠道主动与股东特别是中小股东进行沟通和交流，充分听取中小股东的意见和诉求，及时答复中小股东关心的问题。

第四节 上市公司接受调研

8.4.1 上市公司接受从事证券分析、咨询及其他证券服务的机构及个人、从事证券投资的机构及个人（以下简称调研机构及个人）的调研时，应当妥善开展相关接待工作，并按规定履行相应的信息披露义务。

8.4.2 上市公司、调研机构及人员不得利用调研活动从事市场操纵、内幕交易或者其他违法违规行为。

8.4.3 上市公司控股股东、实际控制人、董事、监事、高级管理人员及其他员工在接受调研前，应当知会董事会秘书，原则上董事会秘书应当全程参加采访及调研。接受采访或者调研人员应当就调研过程和交流内容形成书面记录，与采访或者调研人员共同亲笔签字确认，董事会秘书应当签字确认。具备条件的，可以对调研过程进行录音录像。

8.4.4 上市公司与调研机构及个人进行直接沟通的，除应邀参加证券公司研究所等机构举办的投资策略分析会等情形外，应当要求调研机构及个人出具单位证明和身份证等资料，并要求其签署承诺书。

承诺书应当至少包括以下内容：

（一）不故意打探公司未公开重大信息，未经公司许可，不与公司指定人员以外的人员进行沟通或者问询；

（二）不泄露无意中获取的未公开重大信息，不利用所获取的未公开重大信息买卖或者建议他人买卖公司股票及其衍生品种；

（三）在投资价值分析报告等研究报告、新闻稿等文件中不使用未公开重大信息，除非公司同时披露该信息；

（四）在投资价值分析报告等研究报告中涉及盈利预测和股价预测的，注明资料来源，不使用主观臆断、缺乏事实根据的资料；

（五）在投资价值分析报告等研究报告、新闻稿等文件对外发布或者使用前知会公司；

（六）明确违反承诺的责任。

8.4.5 上市公司应当建立接受调研的事后核实程序，明确未公开重大信息被泄露的应对措施和处理流程，要求调研机构及个人将基于交流沟通形成的投资价值分析报告等研究报告、新闻稿等文件在发布或者使用前知会公司。

公司在核查中发现前条所述文件存在错误、误导性记载的，应当要求其改正，对方拒不改正的，公司应当及时对外公告进行说明；发现前述文件涉及未公开重大信息的，应当立即向本所报告并公告，同时要求调研机构及个人在公司正式公告前不得对外泄露该信息，并明确告知其在此期间不得买卖或者建议他人买卖公司股票及其衍生品种。

8.4.6 媒体、市场或投资者对上市公司发布调研记录提出质疑的，本所可以视情况要求公司对有关问题作出解释和说明，并予以披露。

公司股票及其衍生品种交易出现异常的，本所可以视情况要求公司提示相关风险。

上市公司接受调研及发布调研记录不符合本指引要求的，本所可以要求公司改正。

8.4.7 上市公司接受新闻媒体及其他机构或者个人调研或采访，参照本章规定执行。

上市公司控股股东、实际控制人接受与公司相关的调研或采访，参照本章规定执行。

第五节 互动易平台

8.5.1 上市公司应当通过互动易平台等多种渠道与投资者交流，指派或授权专人及时查看并处理互动易平台的相关信息。公司应当就投资者对已披露信息的提问进行充分、深入、详细地分析、说明和答复。

对于重要或者具普遍性的问题及答复，公司应当加以整理并在互动易平台以显著方式刊载。

公司在互动易平台刊载信息或者答复投资者提问等行为不能替代应尽的信息披露义务，公司不得在互动易平台就涉及或者可能涉及未公开重大信息的投资者提问进行回答。

8.5.2 上市公司在互动易平台发布信息的，应当谨慎、客观，以事实为依据，保证所发布信息的真实、准确、完整和公平，不得使用夸大性、宣传性、误导性语言，不得误导投资者，并充分提示相关事项可能存在的重大不确定性和风险。

上市公司信息披露以其通过符合条件媒体披露的内容为准，在互动易平台发布的信息不得与依法披露的信息相冲突。

8.5.3 上市公司在互动易平台发布信息及对涉及市场热点概念、敏感事项问题进行答复，应当谨慎、客观、具有事实依据，不得利用互动易平台迎合市场热点或者与市场热点不当关联，不得故意夸大相关事项对公司生产、经营、研发、销售、发展等方面的影响，不当影响公司股票及其衍生品种价格。

第九章　社会责任

9.1 上市公司应当在追求经济效益、保护股东利益的同时，积极保护债权人和职工的合法权益，诚信对待供应商、客户和消费者，践行绿色发展理念，积极从事环境保护、社区建设等公益事业，从而促进公司自身与全社会的协调、和谐发展。

9.2 上市公司在经营活动中，应当遵循自愿、公平、等价有偿、诚实信用的原则，遵守社会公德、商业道德，接受政府和社会公众的监督，不得依靠夸大宣传、虚假广告等不当方式牟利，不得通过贿赂、走私等非法活动谋取不正当利益，不得侵犯他人的商标权、专利权和著作权等知识产权，不得从事不正当竞争行为。

9.3 上市公司应当根据所处行业及自身经营特点，形成符合本公司实际的社会责任战略规划及工作机制。上市公司的社会责任战略规划至少应当包括公司的商业伦理准则、员工保障计划及职业发展支持计划、合理利用资源及有效保护环境的技术投入及研发计划、社会发展资助计划以及对社会责任规划进行落实管理及监督的机制安排等内容。

9.4 上市公司应当积极履行社会责任，定期评估公司社会责任的履行情况。“深证100”样本公司应当在年度报告披露的同时披露公司履行社会责任的报告（以下简称社会责任报告）。

本所鼓励其他有条件的上市公司，在年度报告披露的同时披露社会责任报告。

社会责任报告的内容至少应当包括：

（一）关于职工保护、环境保护、商品质量、社区关系等方面的社会责任制度的建设和执行情况；

（二）履行社会责任存在的问题和不足、与本指引存在的差距及其原因；

（三）改进措施和具体时间安排。

9.5　上市公司应当树立回报股东的意识，制定切实合理的利润分配方案，积极回报股东。

9.6　上市公司应当确保公司财务稳健，保障公司资产、资金安全，在追求股东利益最大化的同时兼顾债权人的利益。

9.7　上市公司应当依据《公司法》和公司章程的规定，建立职工董事、职工监事选任制度，确保职工在公司治理中享有充分的权利；支持工会依法开展工作，对工资、福利、劳动安全卫生、社会保险等涉及职工切身利益的事项，通过职工代表大会、工会会议等民主形式听取职工的意见，关心和重视职工的合理需求。

9.8　上市公司应当将生态环保要求融入发展战略和公司治理过程，并根据自身生产经营特点、对环境的影响程度等实际情况，履行下列环境保护责任：

（一）遵守环境保护法律法规与行业标准；

（二）制订执行公司环境保护计划；

（三）高效使用能源、水资源、原材料等自然资源；

（四）合规处置污染物；

（五）建设运行有效的污染防治设施；

（六）足额缴纳环境保护相关税费；

（七）保障供应链环境安全；

（八）其他应当履行的环境保护责任事项。

9.9　上市公司可以根据自身实际情况，在公司年度社会责任报告中披露或者单独披露如下环境信息：

（一）公司环境保护方针、年度环境保护目标及成效；

（二）公司年度资源消耗总量；

（三）公司环保投资和环境技术开发情况；

（四）公司排放污染物种类、数量、浓度和去向；

（五）公司环保设施的建设和运行情况；

（六）公司在生产过程中产生的废物的处理、处置情况，废弃产品的回收、综合利用情况；

（七）与环保部门签订的改善环境行为的自愿协议；

（八）公司受到环保部门奖励的情况；

（九）公司自愿公开的其他环境信息。

从事对环境影响较大行业或业务的上市公司，应当在社会责任报告中披露前款第一项至第七项所列的环境信息，并重点说明公司在环保投资和环境技术开发方面的工作情况。

9.10　上市公司应当定期指派专人检查环境保护政策的实施情况，对不符合公司环境保护政策的行为应当予以纠正，并采取相应补救措施。

公司出现重大环境污染事故时，应当及时披露环境污染的产生原因、对公司业绩的影响、环境污染的影响情况、公司拟采取的整改措施等。

9.11　属于环境保护部门公布的重点排污单位的上市公司或者其重要子公司，应当根据法律法规和本所相关规定在年度报告中披露相关环境信息。

公司在报告期内以临时报告的形式披露环境信息内容的，应当说明后续进展或者变化情况。如相关事项已在临时报告披露且后续实施无进展或者变化的，仅需披露该事项概述，并提供临时报告披露网站的相关查询索引。

9.12　上市公司应当根据自身生产经营模式，履行下列生产及产品安全保障责任：

（一）遵守产品安全法律法规与行业标准；

（二）建立安全可靠的生产环境和生产流程；

（三）建立产品质量安全保障机制与产品安全事故应急方案；

（四）其他应当履行的生产与产品安全责任。

9.13　上市公司应当根据员工构成情况，履行下列员工权益保障责任：

（一）建立员工聘用解雇、薪酬福利、社会保险、工作时间等管理制度及违规处理措施；

（二）建立防范职业性危害的工作环境与配套安全措施；

（三）开展必要的员工知识和职业技能培训；

（四）其他应当履行的员工权益保护责任。

9.14　上市公司应当严格遵守科学伦理规范，尊重科学精神，恪守应有的价值观念、社会责任和行为规范，发挥科学技术的正面效应。

公司应当避免研究、开发和使用危害自然环境、生命健康、公共安全、伦理道德的科学技术，不得从事侵犯个人基本权利或者损害社会公共利益的研发和经营活动。

公司在生命科学、人工智能、信息技术、生态环境、新材料等科技创新领域开发或者使用创新技术的，应当遵循审慎和稳健原则，充分评估其潜在影响及可靠性。

9.15　上市公司应当主动接受政府部门和监管机关的监督和检查，关注社会公众及媒体对公司的评论。

第十章　释　　义

10.1　本指引下列用语具有以下含义：

（一）披露：指上市公司及相关信息披露义务人按照法律法规、《创业板上市规则》、本指引和本所其他相关规定在符合条件媒体上公告信息。

（二）重大信息：指根据法律法规、《创业板上市规则》、本指引和本所其他相关规定应当披露的，对上市公司股票及其衍生品种交易价格或者投资决策可能或者已经产生较大影响的信息。

（三）未公开重大信息：指未在符合条件媒体上公开披露的重大信息。

（四）及时：自起算日或者触及《创业板上市规则》规定的披露时点的两个交易日内。

（五）中介机构：指为发行人、上市公司及相关信息披露义务人出具发行、上市及持续督导报告、审计报告及其他鉴证报告、资产评估报告、资信评级报告、法律意见书、财务顾问报告等文件的保荐机构、会计师事务所、律师事务所、资产评估机构、财务顾问和评级机构等。

（六）所有者权益：指归属于公司普通股股东的所有者权益。

（七）净利润：指归属于公司普通股股东的净利润，不包括少数股东损益金额。

（八）独立董事专门会议：指全部由上市公司独立董事参加，为履行独立董事职责专门召开的会议。

（九）本指引所称“元”如无特指，均指人民币元。

第十一章　附　　则

11.1　本指引第 1.3 条所规定的相关主体违反本指引的，本所按照《创业板上市规则》和《深圳证券交易所自律监管措施和纪律处分实施办法》等相关规定对其采取自律监管措施或者纪律处分措施。

11.2　本指引由本所负责解释。

11.3　本指引自 2023 年 9 月 4 日起施行。本所 2022 年 1 月 7 日发布的《深圳证券交易所上市公司自律监管指引第 2 号——创业板上市公司规范运作》（深证上〔2022〕14 号）同时废止。本所此前发布的其他业务规则中有关独立董事的规定与本指引不一致的，以本指引为准。

自本指引施行之日起的一年为过渡期。过渡期内，上市公司董事会及专门委员会的设置、独立董事专门会议机制、独立董事的独立性、任职条件、任职期限及兼职家数等事项与本指引不一致的，应当逐步调整至符合本指引的规定。

附件一：创业板上市公司董事（监事、高级管理人员、控股股东、实际控制人）声明及承诺书

附件二：创业板红筹企业董事（监事、高级管理人员、控股股东、实际控制人）声明及承诺书

附件三：上市公司独立董事提名人与候选人声明与承诺、上市公司独立董事候选人履历表

附件四：募集资金三方监管协议（范本）

附件一：

创业板上市公司董事声明及承诺书

第一部分　声　明

一、基本情况

1. 上市公司全称：________________________

2. 上市公司股票简称：____________　股票代码：__________

3. 本人姓名：________________

4. 别名：________________

5. 曾用名：________________

6. 出生日期：________________

7. 住址：________________

8. 国籍：________________

9. 拥有哪些国家或者地区的长期居留权（如适用）：____________

10. 专业资格（如适用）：________________

11. 身份证号码：________________

12. 护照号码（如适用）：________________

13. 近亲属的姓名、身份证号码：

配偶：________________

父母：________________

子女：________________

兄弟姐妹：________________

14. 最近五年工作经历：________________________

____

____

二、是否有配偶、父母、子女及其配偶、兄弟姐妹及其配偶担任本公司董事、监事或者高级管理人员？

是□　否□

如是，请详细说明。

三、是否在其他公司任职？

是□　否□

如是，请填报各公司的名称、注册资本、经营范围以及本人在该公司任职的情况。

四、是否存在下列情形：

（一）无民事行为能力或者限制民事行为能力；

是□ 否□

（二）因贪污、贿赂、侵占财产、挪用财产或者破坏社会主义市场经济秩序，被判处刑罚，执行期满未逾五年，或者因犯罪被剥夺政治权利，执行期满未逾五年；

是□ 否□

如是，请详细说明。

（三）担任破产清算的公司、企业的董事或者厂长、经理，对该公司、企业的破产负有个人责任，自该公司、企业破产清算完结之日起未逾三年；

是□ 否□

如是，请详细说明。

（四）担任因违法被吊销营业执照、责令关闭的公司、企业的法定代表人，并负有个人责任，自该公司、企业被吊销营业执照之日起未逾三年；

是□ 否□

如是，请详细说明。

（五）个人所负数额较大的债务到期未清偿。

是□ 否□

如是，请详细说明。

五、是否曾违反《证券法》等证券法律、行政法规受到行政处罚？

是□ 否□

如是，请详细说明。

六、是否曾违反其他法律、行政法规受到刑事处罚或者行政处罚？

是□ 否□

如是，请详细说明。

七、是否曾违反证券交易所业务规则或者其他相关规定受到证券交易所处分？

是□ 否□

如是，请详细说明。

八、是否因涉嫌违反证券法律、行政法规正受到中国证监会的调查？

是□ 否□

如是，请详细说明。

九、本人以及本人的配偶、父母、子女是否持有本公司股票及其衍生品种？

是□ 否□

如是，请详细说明。

十、是否持有上市公司特别表决权股份？

是□ 否□

如是，请详细说明。

十一、在本公司及其控股子公司业务中，过去或者现在是否拥有除前项以外的任何其他利益？

是□ 否□

如是，请详细说明。

十二、是否已明确知悉作为上市公司的董事，如果对下列问题负有直接责任的，将被追究刑事责任：

（一）公司向股东和社会公众提供虚假的或者隐瞒重大事实的财务会计报告，严重损害股东或者其他人利益，或者有其他严重情节的；

（二）公司对依法应当披露的其他重要信息不按照规定披露，严重损害股东或者其他人利益，或者有其他严重情节的。

是□　否□

十三、是否已明确知悉作为上市公司的董事，如果违背对公司的忠实义务，利用职务便利，操纵上市公司从事下列行为之一，致使上市公司利益遭受重大或者特别重大损失的，将被追究刑事责任：

（一）无偿向其他单位或者个人提供资金、商品、服务或者其他资产的；

（二）以明显不公平的条件，提供或者接受资金、商品、服务或者其他资产的；

（三）向明显不具有清偿能力的单位或者个人提供资金、商品、服务或者其他资产的；

（四）向明显不具有清偿能力的单位或者个人提供担保，或者无正当理由为其他单位或者个人提供担保的；

（五）无正当理由放弃债权、承担债务的；

（六）采用其他方式损害上市公司利益的。

是□　否□

十四、除上述问题所披露的信息外，是否有需要声明的其他事项，而不声明该等事项可能影响本人对上述问题回答的真实性、准确性或者完整性？

是□　否□

如是，请详细说明。

本人____________（正楷体）郑重声明，上述回答是真实、准确和完整的，保证不存在任何虚假记载、误导性陈述或者遗漏。本人完全明白作出虚假声明可能导致的法律后果。深圳证券交易所可以依据上述回答所提供的资料，评估本人是否适宜担任上市公司的董事。

声明人（签署）：

日　　期：

此项声明于　　　　年　　　月　　　日作出。

见证律师：

日　　期：

第二部分　承　诺

本人____________（正楷体）向深圳证券交易所承诺：

一、本人在履行上市公司董事的职责时，将遵守并促使本公司和本人的授权人遵守国家法律、行政法规和部门规章等有关规定，本人将廉洁守法，履行忠实、勤勉义务，不以任何方式干扰深圳证券交易所自律管理工作。

二、本人在履行上市公司董事的职责时，将遵守并促使本公司和本人的授权人遵守中国证监会发布的部门规章、规范性文件的有关规定。

三、本人在履行上市公司董事的职责时，将遵守并促使本公司和本人的授权人遵守《深圳证券交易所创业板股票上市规则》和深圳证券交易所其他相关规定。

四、本人在履行上市公司董事的职责时，将遵守并促使本公司和本人的授权人遵守公司章程。

五、本人接受深圳证券交易所的监管，包括及时、如实地答复深圳证券交易所向本人提出的任何问题，及时提供《深圳证券交易所创业板股票上市规则》等业务规则、细则、指引和通知规定应当报送的资料及要求提供的其他文件的正本或者副本，并出席本人被要求出席的会议，接受深圳证券交易所的监管措施和纪律处分等。

六、本人承诺按照深圳证券交易所要求的时间和方式填报及更新近亲属身份信息，以及本人和近亲属持有上市公司股票及其衍生品种的情况，并确保相关信息的真实、准确和完整。

七、本人授权深圳证券交易所将本人提供的承诺与声明的资料向中国证监会报告。

八、本人如违反上述承诺，愿意承担由此引起的一切法律责任。

九、本人因履行上市公司董事的职责或者本承诺而与深圳证券交易所发生争议提起诉讼时，由深圳证券交易所住所地法院管辖。

承诺人（签署）：

日　　期：

此项承诺于　　　　年　　　月　　　日作出。

见证律师：

日　　期：

创业板上市公司监事声明及承诺书

第一部分　声　明

一、基本情况

1. 上市公司全称：＿＿＿＿＿＿＿＿＿＿＿＿＿＿＿＿＿＿＿＿

2. 上市公司股票简称：＿＿＿＿＿＿＿＿＿＿＿＿　股票代码：＿＿＿＿＿

3. 本人姓名：＿＿＿＿＿＿＿＿＿＿＿＿＿＿

4. 别名：＿＿＿＿＿＿＿＿＿＿＿＿＿＿＿

5. 曾用名：＿＿＿＿＿＿＿＿＿＿＿＿＿＿

6. 出生日期：________________

7. 住址：________________

8. 国籍：________________

9. 拥有哪些国家或者地区的长期居留权（如适用）：________________

10. 专业资格（如适用）：________________

11. 身份证号码：________________

12. 护照号码（如适用）：________________

13. 近亲属的姓名、身份证号码：

配偶：________________

父母：________________

子女：________________

兄弟姐妹：________________

14. 最近五年工作经历：________________

____

____

二、是否有配偶、父母、子女及其配偶、兄弟姐妹及其配偶担任本公司董事、监事或者高级管理人员？

是□　否□

如是，请详细说明。

三、是否在其他公司任职？

是□　否□

如是，请填报各公司的名称、注册资本、经营范围以及本人在该公司任职的情况。

四、是否存在下列情形：

（一）无民事行为能力或者限制民事行为能力；

是□　否□

（二）因贪污、贿赂、侵占财产、挪用财产或者破坏社会主义市场经济秩序，被判处刑罚，执行期满未逾五年，或者因犯罪被剥夺政治权利，执行期满未逾五年；

是□　否□

如是，请详细说明。

（三）担任破产清算的公司、企业的董事或者厂长、经理，对该公司、企业的破产负有个人责任，自该公司、企业破产清算完结之日起未逾三年；

是□　否□

如是，请详细说明。

（四）担任因违法被吊销营业执照、责令关闭的公司、企业的法定代表人，并负有个人责任，自该公司、企业被吊销营业执照之日起未逾三年；

是□　否□

如是，请详细说明。

（五）个人所负数额较大的债务到期未清偿。

是□　否□

如是，请详细说明。

五、是否曾违反《证券法》等证券法律、行政法规受到行政处罚？

是□　否□

如是，请详细说明。

六、是否曾违反其他法律、行政法规受到刑事处罚或者行政处罚？

是□　否□

如是，请详细说明。

七、是否曾违反证券交易所业务规则或者其他相关规定受到证券交易所处分？

是□　否□

如是，请详细说明。

八、是否因涉嫌违反证券法律、行政法规正受到中国证监会的调查？

是□　否□

如是，请详细说明。

九、本人以及本人的配偶、父母、子女是否持有本公司股票及其衍生品种？

是□　否□

如是，请详细说明。

十、在本公司及其控股子公司业务中，过去或者现在是否拥有除前项以外的任何其他利益？

是□　否□

如是，请详细说明。

十一、是否已明确知悉作为上市公司的监事，如果对下列问题负有直接责任的，将被追究刑事责任：

（一）公司向股东和社会公众提供虚假的或者隐瞒重大事实的财务会计报告，严重损害股东或者其他人利益，或者有其他严重情节的；

（二）公司对依法应当披露的其他重要信息不按照规定披露，严重损害股东或者其他人利益，或者有其他严重情节的。

是□　否□

十二、是否已明确知悉作为上市公司的监事，如果违背对公司的忠实义务，利用职务便利，操纵上市公司从事下列行为之一，致使上市公司利益遭受重大或者特别重大损失的，将被追究刑事责任：

（一）无偿向其他单位或者个人提供资金、商品、服务或者其他资产的；

（二）以明显不公平的条件，提供或者接受资金、商品、服务或者其他资产的；

（三）向明显不具有清偿能力的单位或者个人提供资金、商品、服务或者其他资产的；

（四）向明显不具有清偿能力的单位或者个人提供担保，或者无正当理由为其他单位或者个人提供担保的；

（五）无正当理由放弃债权、承担债务的；

（六）采用其他方式损害上市公司利益的。

是□　否□

十三、除上述问题所披露的信息外，是否有需要声明的其他事项，而不声明该等事项可能影响本人对上述问题回答的真实性、准确性或者完整性？

是□　否□

如是，请详细说明。

本人____________（正楷体）郑重声明，上述回答是真实、准确和完整的，保证不存在任何虚假记载、误导性陈述或者遗漏。本人完全明白作出虚假声明可能导致的法律后果。深圳证券交易所可以依据上述回答所提供的资料，评估本人是否适宜担任上市公司的监事。

声明人（签署）：

日　　期：

此项声明于　　　　年　　　　月　　　　日作出。

见证律师：

日　　期：

第二部分　承　诺

本人______________（正楷体）向深圳证券交易所承诺：

一、本人在履行上市公司监事的职责时，将遵守并促使本公司及其董事和高级管理人员遵守国家法律、行政法规和部门规章等有关规定，本人将廉洁守法，履行忠实、勤勉义务，不以任何方式干扰深圳证券交易所自律管理工作。

二、本人在履行上市公司监事的职责时，将遵守并促使本公司及其董事和高级管理人员遵守中国证监会发布的部门规章、规范性文件的有关规定。

三、本人在履行上市公司监事的职责时，将遵守并促使本公司及其董事和高级管理人员遵守《深圳证券交易所创业板股票上市规则》和深圳证券交易所其他相关规定。

四、本人在履行上市公司监事的职责时，将遵守并促使本公司及其董事和高级管理人员遵守公司章程。

五、本人在履行上市公司监事的职责时，将监督本公司董事和高级管理人员认真履行职责并严格遵守在《董事（高级管理人员）声明及承诺书》中作出的承诺。

六、本人接受深圳证券交易所的监管，包括及时、如实地答复深圳证券交易所向本人提出的任何问题，及时提供并促使本公司董事和高级管理人员及时提供《深圳证券交易所创业板股票上市规则》等业务规则、细则、指引和通知规定应当报送的资料及要求提供的其他文件的正本或者副本，并出席本人被要求出席的会议，接受深圳证券交易所的监管措施和纪律处分等。

七、本人承诺按照深圳证券交易所要求的时间和方式填报及更新近亲属身份信息，以及本人和近亲属持有上市公司股票及其衍生品种的情况，并确保相关信息的真实、准确和完整。

八、本人授权深圳证券交易所将本人提供的承诺与声明的资料向中国证监会报告。

九、本人如违反上述承诺，愿意承担由此引起的一切法律责任。

十、本人因履行上市公司监事的职责或者本承诺而与深圳证券交易所发生争议提起诉讼时，由深圳证券交易所住所地法院管辖。

承诺人（签署）：
日　　期：
此项承诺于　　　　年　　　月　　　日作出。
见证律师：
日　　期：

创业板上市公司高级管理人员声明及承诺书

第一部分　声　明

一、基本情况

1. 上市公司全称：________________

2. 上市公司股票简称：________________　股票代码：________________

3. 本人姓名：________________

4. 别名：________________

5. 曾用名：________________

6. 出生日期：________________

7. 住址：________________

8. 国籍：________________

9. 拥有哪些国家或者地区的长期居留权（如适用）：________________

10. 专业资格（如适用）：________________

11. 身份证号码：________________

12. 护照号码（如适用）：________________

13. 近亲属的姓名、身份证号码：

配偶：________________

父母：________________

子女：________________

兄弟姐妹：________________

14. 最近五年工作经历：________________

____

____

____

二、是否有配偶、父母、子女及其配偶、兄弟姐妹及其配偶担任本公司董事、监事或者高级管理人员？

是□　否□

如是，请详细说明。

三、是否在其他公司任职？

是□　否□

如是，请填报各公司的名称、注册资本、经营范围以及本人在该公司任职的情况。

四、是否存在下列情形：

（一）无民事行为能力或者限制民事行为能力；

是□　否□

（二）因贪污、贿赂、侵占财产、挪用财产或者破坏社会主义市场经济秩序，被判处刑罚，执行期满未逾五年，或者因犯罪被剥夺政治权利，执行期满未逾五年；

是□　否□

如是，请详细说明。

（三）担任破产清算的公司、企业的董事或者厂长、经理，对该公司、企业的破产负有个人责任，自该公司、企业破产清算完结之日起未逾三年；

是□　否□

如是，请详细说明。

（四）担任因违法被吊销营业执照、责令关闭的公司、企业的法定代表人，并负有个人责任，自该公司、企业被吊销营业执照之日起未逾三年；

是□　否□

如是，请详细说明。

（五）个人所负数额较大的债务到期未清偿。

是□　否□

如是，请详细说明。

五、是否曾违反《证券法》等证券法律、行政法规受到行政处罚？

是□　否□

如是，请详细说明。

六、是否曾违反其他法律、行政法规受到刑事处罚或者行政处罚？

是□　否□

如是，请详细说明。

七、是否曾违反证券交易所业务规则或者其他相关规定受到证券交易所处分？

是□　否□

如是，请详细说明。

八、是否因涉嫌违反证券法律、行政法规正受到中国证监会的调查?

是□　否□

如是，请详细说明。

九、本人以及本人的配偶、父母、子女是否持有本公司股票及其衍生品种?

是□　否□

如是，请详细说明。

十、在本公司及其控股子公司业务中，过去或者现在是否拥有除前项以外的任何其他利益?

是□　否□

如是，请详细说明。

十一、是否已明确知悉作为上市公司的高级管理人员，如果对下列问题负有直接责任的，将被追究刑事责任:

(一) 公司向股东和社会公众提供虚假的或者隐瞒重大事实的财务会计报告，严重损害股东或者其他人利益，或者有其他严重情节的;

(二) 公司对依法应当披露的其他重要信息不按照规定披露，严重损害股东或者其他人利益，或者有其他严重情节的。

是□　否□

十二、是否已明确知悉作为上市公司的高级管理人员，如果违背对公司的忠实义务，利用职务便利，操纵上市公司从事下列行为之一，致使上市公司利益遭受重大或者特别重大损失的，将被追究刑事责任:

(一) 无偿向其他单位或者个人提供资金、商品、服务或者其他资产的;

(二) 以明显不公平的条件，提供或者接受资金、商品、服务或者其他资产的;

(三) 向明显不具有清偿能力的单位或者个人提供资金、商品、服务或者其他资产的;

(四) 向明显不具有清偿能力的单位或者个人提供担保，或者无正当理由为其他单位或者个人提供担保的;

(五) 无正当理由放弃债权、承担债务的;

(六) 采用其他方式损害上市公司利益的。

是□　否□

十三、除上述问题所披露的信息外，是否有需要声明的其他事项，而不声明该等事项可能影响本人对上述问题回答的真实性、准确性或者完整性?

是□　否□

如是，请详细说明。

本人________________(正楷体) 郑重声明，上述回答是真实、准确和完整的，保证不存在任何虚假记载、误导性陈述或者遗漏。本人完全明白作出虚假声明可能导致的后果。深圳证券交易所可以依据上述回答所提供的资料，评估本人是否适宜担任上市公司的高级管理人员。

声明人（签署）：

日　　期：

此项声明于　　　　年　　　月　　　日作出。

见证律师：

日　　期：

第二部分　承　诺

本人________________（正楷体）向深圳证券交易所承诺：

一、本人在履行上市公司高级管理人员的职责时，将遵守并促使本公司遵守国家法律、行政法规和部门规章等有关规定，本人将廉洁守法，履行忠实、勤勉义务，不以任何方式干扰深圳证券交易所自律管理工作。

二、本人在履行上市公司高级管理人员的职责时，将遵守并促使本公司遵守中国证监会发布的部门规章、规范性文件等有关规定。

三、本人在履行上市公司高级管理人员的职责时，将遵守并促使本公司遵守《深圳证券交易所创业板股票上市规则》和深圳证券交易所其他相关规定。

四、本人在履行上市公司高级管理人员的职责时，将遵守并促使本公司遵守公司章程。

五、本人在履行上市公司高级管理人员的职责时，将及时向董事会和董事会秘书报告公司经营和财务等方面出现的可能对公司股票及其衍生品种交易价格产生较大影响的事项和《深圳证券交易所创业板股票上市规则》等业务规则、细则、指引和通知规定的其他重大事项。

六、本人接受深圳证券交易所的监管，包括及时、如实地答复深圳证券交易所向本人提出的任何问题，及时提供《深圳证券交易所创业板股票上市规则》等业务规则、细则、指引和通知规定应当报送的资料及要求提供的其他文件的正本或者副本，并出席本人被要求出席的会议，接受深圳证券交易所的监管措施和纪律处分等。

七、本人承诺按照深圳证券交易所要求的时间和方式填报及更新近亲属身份信息，以及本人和近亲属持有上市公司股票及其衍生品种的情况，并确保相关信息的真实、准确和完整。

八、本人授权深圳证券交易所将本人提供的承诺与声明的资料向中国证监会报告。

九、本人如违反上述承诺，愿意承担由此引起的一切法律责任。

十、本人因履行上市公司高级管理人员职责或者本承诺而与深圳证券交易所发生争议提起诉讼时，由深圳证券交易所住所地法院管辖。

承诺人（签署）：

日　　期：

此项承诺于　　　　年　　　月　　　日作出。

见证律师：

日　　期：

创业板上市公司控股股东、实际控制人声明及承诺书（法人及其他组织版本）

第一部分　声　明

一、基本情况

1. 上市公司全称：______________________________

2. 上市公司股票简称：______________　股票代码：________

3. 本单位全称：______________________________

4. 本单位住所：______________________________

5. 本单位主要业务范围：______________________________

二、是否有除上市公司外的其他关联公司？

是□　否□

如是，请填报各公司的名称、注册资本、经营范围。

三、是否负有数额较大的到期未清偿债务？

是□　否□

如是，请详细说明。

四、是否存在占用上市公司资金或者要求上市公司违规提供担保的情形？

是□　否□

如是，请详细说明。

五、是否曾违反《证券法》等证券法律、行政法规受到行政处罚？

是□　否□

如是，请详细说明。

六、是否曾违反其他法律、行政法规受到刑事处罚或者行政处罚？

是□　否□

如是，请详细说明。

七、是否曾违反证券交易所业务规则或者其他相关规定受到证券交易所处分？

是□　否□

如是，请详细说明。

八、是否因涉嫌违反证券市场法律、行政法规正受到中国证监会的调查？

是□　否□

如是，请详细说明。

九、是否直接或者间接持有上市公司的股票及其衍生品种？

是□　否□

如是，请详细说明。

十、在上市公司及其控股子公司业务中，过去或者现在是否拥有除股权以外的任何其他利益？

是□　否□

如是，请详细说明。

十一、是否已明确知悉作为上市公司的控股股东、实际控制人，指使上市公司董事、监事、高级管理人员违背对上市公司的忠实义务，利用职务便利，操纵上市公司从事下列行为之一，致使上市公司利益遭受重大或者特别重大损失的，将被追究刑事责任：

（一）无偿向其他单位或者个人提供资金、商品、服务或者其他资产的；

（二）以明显不公平的条件，提供或者接受资金、商品、服务或者其他资产的；

（三）向明显不具有清偿能力的单位或者个人提供资金、商品、服务或者其他资产的；

（四）向明显不具有清偿能力的单位或者个人提供担保，或者无正当理由为其他单位或者个人提供担保的；

（五）无正当理由放弃债权、承担债务的；

（六）采用其他方式损害上市公司利益的。

是□　否□

十二、除上述问题所披露的信息外，是否有需要声明的其他事项，而不声明该等事项可能影响本单位对上述问题回答的真实性、准确性或者完整性？

是□　否□

如是，请详细说明。

________________（正楷体）郑重声明，上述回答是真实、准确和完整的，保证不存在任何虚假记载、误导性陈述或者遗漏。本单位完全明白作出虚假声明可能导致的法律后果。

声明人（盖章）：

法定代表人签名：

日　　期：

此项声明于　　　　年　　　月　　　日作出。

见证律师：

日　　期：

第二部分　承　诺

____________________（正楷体）作为____________股份有限公司（以下简称上市公司）的控股股东（或者实际控制人），向深圳证券交易所承诺：

一、本单位保证严格遵守并促使上市公司严格遵守《公司法》《证券法》等法律、行政法规、部门规章、规范性文件的相关规定。本单位将廉洁守法，不以任何方式干扰深圳证券交易所自律管理工作。

二、本单位保证严格遵守并促使上市公司严格遵守中国证监会发布的部门规章、规范性文件的有关规定。

三、本单位保证严格遵守并促使上市公司严格遵守《深圳证券交易所创业板股票上市规则》和深圳证券交易所其他相关规定。

四、本单位保证严格遵守并促使上市公司严格遵守公司章程的规定。

五、本单位保证依法行使股东权利，不滥用股东权利损害上市公司或者其他股东的利益，包括但不限于：

（一）本单位及本单位的关联人不以任何方式违法违规占用上市公司资金及要求上市公司违法违规提供担保；

（二）本单位及本单位的关联人不通过非公允关联交易、利润分配、资产重组、对外投资等任何方式损害上市公司和其他股东的合法权益；

（三）本单位及本单位的关联人不利用上市公司未公开重大信息谋取利益，不以任何方式泄漏有关上市公司的未公开重大信息，不从事内幕交易、短线交易、操纵市场等违法违规行为；

（四）本单位及本单位的关联人不以任何方式影响上市公司的独立性，保证上市公司资产完整、人员独立、财务独立、机构独立和业务独立。

本单位及本单位的关联人存在占用上市公司资金或要求上市公司违法违规提供担保的，在占用资金全部归还、违规担保全部解除之前不转让所持有、控制的上市公司股份，或者转让所持有、控制的公司股份所得资金用以清偿占用资金、解除违规担保。

六、本单位保证严格履行本公司作出的各项公开声明与承诺，不擅自变更或者解除。

七、本单位保证严格按照法律、行政法规、部门规章、规范性文件、《深圳证券交易所创业板股票上市规则》和深圳证券交易所其他相关规定履行信息披露义务，积极主动配合上市公司做好信息披露工作，及时告知上市公司已发生或者拟发生的重大事件。

八、本单位同意接受深圳证券交易所的监管，包括及时、如实地答复深圳证券交易所向本单位提出的任何问题，提供深圳证券交易所有关业务规则规定应当报送的资料及要求提供的其他文件的正本或者副本，并委派法定代表人出席本公司被要求出席的会议，接受深圳证券交易所的监管措施和纪律处分等。

九、本单位承诺按照深圳证券交易所要求的时间和方式填报及更新本单位持有上市公司股票及其衍生品种的情况，并确保相关信息的真实、准确和完整。

十、本单位授权深圳证券交易所将本单位提供的承诺与声明的资料向中国证监会报告。

十一、本单位如违反上述承诺和保证，愿意承担由此引起的一切法律责任。

十二、本单位因履行本承诺而与深圳证券交易所发生争议提起诉讼时，由深圳证券交易所住所地法院管辖。

承诺人（盖章）：

法定代表人签名：

日　　期：

此项承诺于　　　　年　　　月　　　日作出。

见证律师：

日　　期：

创业板上市公司控股股东、实际控制人声明及承诺书（自然人版本）

第一部分　声　明

一、基本情况

1. 上市公司全称：________________

2. 上市公司股票简称：________________　股票代码：________

3. 本人姓名：________________

4. 别名：________________

5. 曾用名：________________

6. 出生日期：________________

7. 住址：________________

8. 国籍：________________

9. 拥有哪些国家或者地区的长期居留权（如适用）：________________

10. 专业资格（如适用）：________________

11. 身份证号码：________________

12. 护照号码（如适用）：________________

13. 近亲属的姓名、身份证号码：

配偶：________________

父母：________________

子女：________________

兄弟姐妹：________________

14. 最近五年工作经历：________________

____

____

____

二、是否有配偶、父母、子女及其配偶、兄弟姐妹及其配偶担任本公司董事、监事或者高级管理人员？

是□　否□

如是，请详细说明。

三、是否在其他公司任职？

是□　否□

如是，请填报各公司的名称、注册资本、经营范围以及本人在该公司任职的情况。

四、是否存在下列情形：

（一）无民事行为能力或者限制民事行为能力；

是□　否□

（二）因贪污、贿赂、侵占财产、挪用财产或者破坏社会主义市场经济秩序，被判处刑罚，执行期满未逾五年，或者因犯罪被剥夺政治权利，执行期满未逾五年；

是□　否□

如是，请详细说明。

（三）担任破产清算的公司、企业的董事或者厂长、经理，对该公司、企业的破产负有个人责任，自该公司、企业破产清算完结之日起未逾三年；

是□　否□

如是，请详细说明。

（四）担任因违法被吊销营业执照、责令关闭的公司、企业的法定代表人，并负有个人责任，自该公司、企业被吊销营业执照之日起未逾三年；

是□　否□

如是，请详细说明。

（五）个人所负数额较大的债务到期未清偿；

是□　否□

如是，请详细说明。

（六）是否存在占用上市公司资金或者要求上市公司违规提供担保的情形？

是□　否□

如是，请详细说明。

五、是否曾违反《证券法》等证券法律、行政法规受到行政处罚？

是□　否□

如是，请详细说明。

六、是否曾违反其他法律、行政法规受到刑事处罚或者行政处罚？

是□　否□

如是，请详细说明。

七、是否曾违反证券交易所业务规则或者其他相关规定受到证券交易所处分？

是□　否□

如是，请详细说明。

八、是否因涉嫌违反证券法律、行政法规正受到中国证监会的调查？

是□　否□

如是，请详细说明。

九、本人以及本人的配偶、父母、子女是否直接或者间接持有本公司股票及其衍生品种？

是□　否□

如是，请详细说明。

十、在上市公司及其控股子公司业务中，过去或者现在是否拥有除前项以外的任何其他利益？

是□　否□

如是，请详细说明。

十一、是否已明确知悉作为上市公司的控股股东、实际控制人，指使上市公司董事、监事、高级管理人员违背对上市公司的忠实义务，利用职务便利，操纵上市公司从事下列行为之一，致使上市公司利益遭受重大或者特别重大损失的，将被追究刑事责任：

（一）无偿向其他单位或者个人提供资金、商品、服务或者其他资产的；

（二）以明显不公平的条件，提供或者接受资金、商品、服务或者其他资产的；

（三）向明显不具有清偿能力的单位或者个人提供资金、商品、服务或者其他资产的；

（四）向明显不具有清偿能力的单位或者个人提供担保，或者无正当理由为其他单位或者个人提供担保的；

（五）无正当理由放弃债权、承担债务的；

（六）采用其他方式损害上市公司利益的。

是□　否□

十二、除上述问题所披露的信息外，是否有需要声明的其他事项，而不声明该等事项可能影响本人对上述问题回答的真实性、准确性或者完整性？

是□　否□

如是，请详细说明。

本人____________（正楷体）郑重声明，上述回答是真实、准确和完整的，保证不存在任何虚假记载、误导性陈述或者遗漏。本人完全明白作出虚假声明可能导致的法律后果。

声明人（签署）：

日　　期：

此项声明于　　　年　　　月　　　日作出。

见证律师：

日　　期：

第二部分　承　诺

本人________________（正楷体）作为____________股份有限公司（以下简称上市公司）的控股股东（或者实际控制人），向深圳证券交易所郑重承诺：

一、本人保证严格遵守并促使上市公司严格遵守《公司法》《证券法》等法律、行政法规、部门规章、规范性文件的相关规定。本人将廉洁守法，不以任何方式干扰深圳证券交易所自律管理工作。

二、本人保证严格遵守并促使上市公司严格遵守中国证监会发布的部门规章、规范性文件的有关规定。

三、本人保证严格遵守并促使上市公司严格遵守《深圳证券交易所创业板股票上市规则》和深圳证券交易所其他相关规定。

四、本人保证严格遵守并促使上市公司严格遵守公司章程的规定。

五、本人保证依法行使股东权利，不滥用股东权利损害上市公司或者其他股东的利益，包括但不限于：

（一）本人及本人的关联人不以任何方式违法违规占用上市公司资金及要求上市公司违法违规提供担保；

（二）本人及本人的关联人不通过非公允关联交易、利润分配、资产重组、对外投资等任何方式损害上市公司和其他股东的合法权益；

（三）本人及本人的关联人不利用上市公司未公开重大信息谋取利益，不以任何方式泄漏有关上市公司的未公开重大信息，不从事内幕交易、短线交易、操纵市场等违法违规行为；

（四）本人及本人的关联人不以任何方式影响上市公司的独立性，保证上市公司资产完整、人员独立、财务独立、机构独立和业务独立。

本人及本人的关联人存在占用上市公司资金或者要求上市公司违法违规提供担保的，在占用资金全部归还、违规担保全部解除之前不转让所持有、控制的上市公司股份，或者转让所持有、控制的公司股份所得资金用以清偿占用资金、解除违规担保。

六、本人保证严格履行本人作出的各项公开声明与承诺，不擅自变更或者解除。

七、本人保证严格按照法律、行政法规、部门规章、规范性文件、《深圳证券交易所创业板股票上市规则》和深圳证券交易所其他相关规定履行信息披露义务，积极主动配合上市公司做好信息披露工作，及时告知上市公司已发生或者拟发生的重大事件。

八、本人同意接受深圳证券交易所的监管，包括及时、如实地答复深圳证券交易所向本公司提出的任何问题，提供深圳证券交易所有关业务规则规定应当报送的资料及要求提供的其他文件的正本或者副本，并亲自出席本人被要求出席的会议，接受深圳证券交易所的监管措施和纪律处分等。

九、本人承诺按照深圳证券交易所要求的时间和方式填报及更新近亲属身份信息，以及本人和近亲属持有上市公司股票及其衍生品种的情况，并确保相关信息的真实、准确和完整。

十、本人授权深圳证券交易所将本人提供的承诺与声明的资料向中国证监会报告。

十一、本人如违反上述承诺和保证，愿意承担由此引起的一切法律责任。

十二、本人因履行本承诺而与深圳证券交易所发生争议提起诉讼时，由深圳证券交易所住所地法院管辖。

承诺人（签署）：

日　　期：

此项承诺于　　　　年　　　　月　　　　日作出。

见证律师：

日　　期：

说明：

1. 按照《深圳证券交易所创业板股票上市规则》的规定必须向本所呈报《董事（监事、高级管理人员、控股股东、实际控制人）声明及承诺书》的人士，均必须填写第一部分声明和第二部分承诺。控股股东、实际控制人为法人或者其他组织的，按照《控股股东、实际控制人声明及承诺书（法人或者其他组织版本）》规定的格式填写。控股股东、实际控制人为自然人的，按照《控股股东、实际控制人声明及承诺书（自然人版本）》规定的格式填写。

2. 同时兼任高级管理人员的董事，应当分别向本所呈报《董事声明及承诺书》和《高级管理人员声明及承诺书》。

3. 填写人员应当如实回答《声明及承诺书》中所有问题。若没有真实、准确、完整、及时填写声明部分，或者没有填写承诺部分，或者没有遵守承诺，则属违反《深圳证券交易所创业板股票上市规则》，本所有权根据本规则予以相应处分。

4. 除本所另有要求外，因声明事项发生变化需要按照本规则向本所报送最新资料的，应当同时报送更新后的《声明及承诺书》电子文件。

5. 上市公司应当保证报送本所的《声明及承诺书》电子文件与相关人员（或者单位）亲自签署（盖章）的书面文件一致。

6. 若所附格式文件不够填写，可以另书并请装订在后。

7. 若对填写事项有疑问，请咨询本所或者律师。

附件二：

创业板红筹企业董事声明及承诺书

第一部分　声　明

一、基本情况

1. 上市公司全称：________________

2. 上市公司股票或者存托凭证简称：________________

上市公司股票或者存托凭证代码：________________

3. 本人姓名：________________

4. 别名：________________

5. 曾用名：________________

6. 出生日期：______________________________
7. 联系地址：______________________________
8. 国籍：______________________________
9. 专业资格（如适用）：______________________________
10. 中国身份证号码（如适用）：______________________________
11. 护照号码（如适用）：______________________________
12. 近亲属的姓名、身份证号码：
配偶：______________________________
父母：______________________________
子女：______________________________
兄弟姐妹：______________________________
13. 最近五年的工作经历：______________________________
____
____
____

二、是否有配偶、父母、子女及其配偶、兄弟姐妹及其配偶担任本公司董事、监事或者高级管理人员？

是□　否□

如是，请详细说明。

三、是否在其他公司任职？

是□　否□

如是，请填报各公司的名称以及任职情况。

四、是否被中国证监会或者证券交易所认定为上市公司董事、监事、高级管理人员的不合适人选？是否曾因违反证券交易场所业务规则或者其他相关规定而受到处分？

是□　否□

如是，请详细说明。

五、过去十年中是否曾因违反境内外证券市场法律、法规或因涉及金融问题（如贪污、贿赂、诈骗、侵占等）而受到刑事、行政处罚或者正处于有关调查、诉讼程序中？

是□　否□

如是，请详细说明。

六、本人以及本人的配偶、父母、子女是否持有本公司股票、存托凭证及其衍生品种？

是□　否□

如是，请详细说明。

七、是否持有上市公司特别表决权股份？

是□　否□

如是，请详细说明。

八、在本公司及其控股子公司业务中，过去或者现在是否拥有除前项以外的任何其他利益？

是☐　否☐

如是，请详细说明。

九、是否已明确知悉作为上市公司的董事，如果对下列问题负有直接责任的，将被追究刑事责任：

（一）公司向股东和社会公众提供虚假的或者隐瞒重大事实的财务会计报告，严重损害股东、存托凭证持有人或者其他人利益，或者有其他严重情节的；

（二）公司对依法应当披露的其他重要信息不按照规定披露，严重损害股东、存托凭证持有人或者其他人利益，或者有其他严重情节的。

是☐　否☐

十、是否已明确知悉作为上市公司的董事，违背对公司的忠实义务，利用职务便利，操纵上市公司从事下列行为之一，致使上市公司利益遭受特别重大损失的，将被追究刑事责任：

（一）无偿向其他单位或者个人提供资金、商品、服务或者其他资产的；

（二）以明显不公平的条件，提供或者接受资金、商品、服务或者其他资产的；

（三）向明显不具有清偿能力的单位或者个人提供资金、商品、服务或者其他资产的；

（四）向明显不具有清偿能力的单位或者个人提供担保，或者无正当理由为其他单位或者个人提供担保的；

（五）无正当理由放弃债权、承担债务的；

（六）采用其他方式损害上市公司利益的。

是☐　否☐

十一、除上述问题所涉及的信息外，是否有需要声明的其他事项，而不声明该等事项可能影响您对上述问题回答的真实性、完整性或者准确性？

是☐　否☐

如是，请详细说明。

本人____________（正楷体）郑重声明：上述回答是真实、准确和完整的，保证不存在任何虚假记载、误导性陈述或者重大遗漏。本人完全明白作出虚假声明可能导致的后果。

声明人（签署）：

日　　期：

此项声明于　　年　月　日作出。

见证律师：

日　　期：

第二部分　承　诺

本人________________（正楷体）向深圳证券交易所承诺：

一、本人在履行上市公司董事的职责时，将遵守并促使本公司和本人的授权人遵守国家法律、行政法规和部门规章等有关规定，本人将廉洁守法，履行忠实、勤勉义务，不以任何方式干扰深圳证券交易所自律管理工作。

二、本人在履行上市公司董事的职责时，将遵守并促使本公司和本人的授权人遵守中国证监会发布的部门规章、规范性文件的有关规定。

三、本人在履行上市公司董事的职责时，将遵守并促使本公司和本人的授权人遵守《深圳证券交易所创业板股票上市规则》和深圳证券交易所其他相关规定。

四、本人在履行上市公司董事的职责时，将遵守并促使本公司和本人的授权人遵守公司章程。

五、本人接受深圳证券交易所的监管，包括及时、如实地答复深圳证券交易所向本人提出的任何问题，及时提供《深圳证券交易所创业板股票上市规则》等业务规则、细则、指引和通知规定应当报送的资料及要求提供的其他文件的正本或者副本，并出席本人被要求出席的会议，接受深圳证券交易所的监管措施和纪律处分等。

六、本人承诺按照深圳证券交易所要求的时间和方式填报及更新近亲属身份信息，以及本人和近亲属持有上市公司股票、存托凭证及其衍生品种的情况，并确保相关信息的真实、准确和完整。

七、本人授权深圳证券交易所将本人提供的承诺与声明的资料向中国证监会报告。

八、本人如违反上述承诺，愿意承担由此引起的一切法律责任。

九、本人因履行上市公司董事的职责或者本承诺而与深圳证券交易所发生争议提起诉讼时，适用中国境内法律，并由深圳证券交易所住所地法院管辖。

十、本人在执行职务过程中，与深圳证券交易所以外的主体因发行人（上市公司）在境内发行股票或者存托凭证并在创业板上市发生争议提起诉讼的，适用中国境内法律，并由中国境内有管辖权的人民法院管辖。

承诺人（签署）：

日　　期：

此项承诺于　　　　年　　　月　　　日作出。

见证律师：

日　　期：

创业板红筹企业监事声明及承诺书

第一部分　声　明

一、基本情况

1. 上市公司全称：______________________________

2. 上市公司股票或者存托凭证简称：________

上市公司股票或者存托凭证代码：________

3. 本人姓名：________

4. 别名：________

5. 曾用名：________

6. 出生日期：________

7. 联系地址：________

8. 国籍：________

9. 专业资格（如适用）：________

10. 中国身份证号码（如适用）：________

11. 护照号码（如适用）：________

12. 近亲属的姓名、身份证号码：

配偶：________

父母：________

子女：________

兄弟姐妹：________

13. 最近五年的工作经历：________

____

____

____

二、是否有配偶、父母、子女及其配偶、兄弟姐妹及其配偶担任本公司董事、监事或者高级管理人员？

是□　否□

如是，请详细说明。

三、是否在其他公司任职？

是□　否□

如是，请填报各公司的名称以及任职情况。

四、是否被中国证监会或者证券交易所认定为上市公司董事、监事、高级管理人员的不合适人选？是否曾因违反证券交易场所业务规则或者其他相关规定而受到处分？

是□　否□

如是，请详细说明。

五、过去十年中是否曾因违反境内外证券市场法律、法规或因涉及金融问题（如贪污、贿赂、诈骗、侵占等）而受到刑事、行政处罚或者正处于有关调查、诉讼程序中？

是□　否□

如是，请详细说明。

六、本人以及本人的配偶、父母、子女是否持有本公司股票、存托凭证及其衍生品种？

是□　否□

如是，请详细说明。

七、在本公司及其控股子公司业务中，过去或者现在是否拥有除前项以外的任何其他利益？

是□　否□

如是，请详细说明。

八、是否已明确知悉作为上市公司的监事，如果对下列问题负有直接责任的，将被追究刑事责任：

（一）公司向股东和社会公众提供虚假的或者隐瞒重大事实的财务会计报告，严重损害股东、存托凭证持有人或者其他人利益，或者有其他严重情节的；

（二）公司对依法应当披露的其他重要信息不按照规定披露，严重损害股东、存托凭证持有人或者其他人利益，或者有其他严重情节的。

是□　否□

九、是否已明确知悉作为上市公司的监事，违背对公司的忠实义务，利用职务便利，操纵上市公司从事下列行为之一，致使上市公司利益遭受特别重大损失的，将被追究刑事责任：

（一）无偿向其他单位或者个人提供资金、商品、服务或者其他资产的；

（二）以明显不公平的条件，提供或者接受资金、商品、服务或者其他资产的；

（三）向明显不具有清偿能力的单位或者个人提供资金、商品、服务或者其他资产的；

（四）向明显不具有清偿能力的单位或者个人提供担保，或者无正当理由为其他单位或者个人提供担保的；

（五）无正当理由放弃债权、承担债务的；

（六）采用其他方式损害上市公司利益的。

是□　否□

十、除上述问题所涉及的信息外，是否有需要声明的其他事项，而不声明该等事项可能影响您对上述问题回答的真实性、完整性或者准确性？

是□　否□

如是，请详细说明。

本人________________________（正楷体）郑重声明：上述回答是真实、准确和完整的，保证不存在任何虚假记载、误导性陈述或者重大遗漏。本人完全明白作出虚假声明可能导致的后果。

声明人（签署）：

日　　期：

此项声明于　　　　年　　　　月　　　　日作出。

见证律师：

日　　期：

第二部分　承　诺

本人________________（正楷体）向深圳证券交易所承诺：

一、本人在履行上市公司监事的职责时，将遵守并促使本公司及其董事和高级管理人员遵守国家法律、行政法规和部门规章等有关规定，本人将廉洁守法，履行忠实、勤勉义务，不以任何方式干扰深圳证券交易所自律管理工作。

二、本人在履行上市公司监事的职责时，将遵守并促使本公司及其董事和高级管理人员遵守中国证监会发布的部门规章、规范性文件的有关规定。

三、本人在履行上市公司监事的职责时，将遵守并促使本公司及其董事和高级管理人员遵守《深圳证券交易所创业板股票上市规则》和深圳证券交易所其他相关规定。

四、本人在履行上市公司监事的职责时，将遵守并促使本公司及其董事和高级管理人员遵守公司章程。

五、本人在履行上市公司监事的职责时，将监督本公司董事和高级管理人员认真履行职责并严格遵守在《董事（高级管理人员）声明及承诺书》中作出的承诺。

六、本人接受深圳证券交易所的监管，包括及时、如实地答复深圳证券交易所向本人提出的任何问题，及时提供并促使本公司董事和高级管理人员及时提供《深圳证券交易所创业板股票上市规则》等业务规则、细则、指引和通知规定应当报送的资料及要求提供的其他文件的正本或者副本，并出席本人被要求出席的会议，接受深圳证券交易所的监管措施和纪律处分等。

七、本人承诺按照深圳证券交易所要求的时间和方式填报及更新近亲属身份信息，以及本人和近亲属持有上市公司股票、存托凭证及其衍生品种的情况，并确保相关信息的真实、准确和完整。

八、本人授权深圳证券交易所将本人提供的承诺与声明的资料向中国证监会报告。

九、本人如违反上述承诺，愿意承担由此引起的一切法律责任。

十、本人因履行上市公司监事的职责或者本承诺而与深圳证券交易所发生争议提起诉讼时，适用中国境内法律，并由深圳证券交易所住所地法院管辖。

十一、本人在执行职务过程中，与深圳证券交易所以外的主体因发行人（上市公司）在境内发行股票或者存托凭证并在创业板上市发生争议提起诉讼的，适用中国境内法律，并由中国境内有管辖权的人民法院管辖。

承诺人（签署）：

日　　期：

此项承诺于　　　　年　　　月　　　日作出。

见证律师：

日　　期：

创业板红筹企业高级管理人员声明及承诺书

第一部分　声　明

一、基本情况

1. 上市公司全称：____________________________________

2. 上市公司股票或者存托凭证简称：____________

上市公司股票或者存托凭证代码：____________

3. 本人姓名：______________________

4. 别名：______________________

5. 曾用名：______________________

6. 出生日期：______________________

7. 联系地址：______________________

8. 国籍：______________________

9. 专业资格（如适用）：________________

10. 中国身份证号码（如适用）：____________

11. 护照号码（如适用）：________________

12. 近亲属的姓名、身份证号码：

配偶：__________________________

父母：__________________________

子女：__________________________

兄弟姐妹：________________________

13. 最近五年的工作经历：________________________________

____

____

____

二、是否有配偶、父母、子女及其配偶、兄弟姐妹及其配偶担任本公司董事、监事或者高级管理人员？

是□　否□

如是，请详细说明。

三、是否在其他公司任职？

是□　否□

如是，请填报各公司的名称以及任职情况。

四、是否被中国证监会或者证券交易所认定为上市公司董事、监事、高级管理人员的不合适人选？是否曾因违反证券交易场所业务规则或者其他相关规定而受到处分？

是□　否□

如是，请详细说明。

五、过去十年中是否曾因违反境内外证券市场法律、法规或因涉及金融问题（如贪污、贿赂、诈骗、侵占等）而受到刑事、行政处罚或者正处于有关调查、诉讼程序中？

是□　否□

如是，请详细说明。

六、本人以及本人的配偶、父母、子女是否持有本公司股票、存托凭证及其衍生品种？

是□　否□

如是，请详细说明。

七、在本公司及其控股子公司业务中，过去或者现在是否拥有除前项以外的任何其他利益？

是□　否□

如是，请详细说明。

八、是否已明确知悉作为上市公司的高级管理人员，如果对下列问题负有直接责任的，将被追究刑事责任：

（一）公司向股东和社会公众提供虚假的或者隐瞒重大事实的财务会计报告，严重损害股东、存托凭证持有人或者其他人利益，或者有其他严重情节的；

（二）公司对依法应当披露的其他重要信息不按照规定披露，严重损害股东、存托凭证持有人或者其他人利益，或者有其他严重情节的。

是□　否□

九、是否已明确知悉作为上市公司的高级管理人员，如果违背对公司的忠实义务，利用职务便利，操纵上市公司从事下列行为之一，致使上市公司利益遭受重大或者特别重大损失的，将被追究刑事责任：

（一）无偿向其他单位或者个人提供资金、商品、服务或者其他资产的；

（二）以明显不公平的条件，提供或者接受资金、商品、服务或者其他资产的；

（三）向明显不具有清偿能力的单位或者个人提供资金、商品、服务或者其他资产的；

（四）向明显不具有清偿能力的单位或者个人提供担保，或者无正当理由为其他单位或者个人提供担保的；

（五）无正当理由放弃债权、承担债务的；

（六）采用其他方式损害上市公司利益的。

是□　否□

十、除上述问题所涉及的信息外，是否有需要声明的其他事项，而不声明该等事项可能影响您对上述问题回答的真实性、完整性或者准确性？

是□　否□

如是，请详细说明。

本人________________（正楷体）郑重声明：上述回答是真实、准确和完整的，保证不存在任何虚假记载、误导性陈述或者重大遗漏。本人完全明白作出虚假声明可能导致的后果。

声明人（签署）：
日　　期：
此项声明于　　　　年　　　月　　　日作出。
见证律师：
日　　期：

第二部分　承　诺

本人________________（正楷体）向深圳证券交易所承诺：

一、本人在履行上市公司高级管理人员的职责时，将遵守并促使本公司遵守国家法律、行政法规和部门规章等有关规定，本人将廉洁守法，履行忠实、勤勉义务，不以任何方式干扰深圳证券交易所自律管理工作。

二、本人在履行上市公司高级管理人员的职责时，将遵守并促使本公司遵守中国证监会发布的部门规章、规范性文件等有关规定。

三、本人在履行上市公司高级管理人员的职责时，将遵守并促使本公司遵守《深圳证券交易所创业板股票上市规则》和深圳证券交易所其他相关规定。

四、本人在履行上市公司高级管理人员的职责时，将遵守并促使本公司遵守公司章程。

五、本人在履行上市公司高级管理人员的职责时，将及时向董事会和董事会秘书报告公司经营和财务等方面出现的可能对公司股票及其衍生品种交易价格产生较大影响的事项和《深圳证券交易所创业板股票上市规则》等业务规则、细则、指引和通知规定的其他重大事项。

六、本人接受深圳证券交易所的监管，包括及时、如实地答复深圳证券交易所向本人提出的任何问题，及时提供《深圳证券交易所创业板股票上市规则》等业务规则、细则、指引和通知规定应当报送的资料及要求提供的其他文件的正本或者副本，并出席本人被要求出席的会议，接受深圳证券交易所的监管措施和纪律处分等。

七、本人承诺按照深圳证券交易所要求的时间和方式填报及更新近亲属身份信息，以及本人和近亲属持有上市公司股票、存托凭证及其衍生品种的情况，并确保相关信息的真实、准确和完整。

八、本人授权深圳证券交易所将本人提供的承诺与声明的资料向中国证监会报告。

九、本人如违反上述承诺，愿意承担由此引起的一切法律责任。

十、本人因履行上市公司高级管理人员职责或者本承诺而与深圳证券交易所发生争议提起诉讼时，适用中国境内法律，并由深圳证券交易所住所地法院管辖。

十一、本人在执行职务过程中，与深圳证券交易所以外的主体因发行人（上市公司）在境内发行股票或者存托凭证并在创业板上市发生争议提起诉讼的，适用中国境内法律，并由中国境内有管辖权的人民法院管辖。

承诺人（签署）：
日　　期：
此项承诺于　　年　月　日作出。
见证律师：
日　　期：

创业板红筹企业控股股东、实际控制人声明及承诺书（法人及其他组织版本）

第一部分　声　明

一、基本情况
1. 上市公司全称：________________
2. 上市公司股票或者存托凭证简称：________________
上市公司股票或者存托凭证代码：________________
3. 本单位全称：________________
4. 本单位住所：________________
5. 本单位主要业务范围：________________
____

二、是否有除上市公司外的其他关联公司？
是□　否□
如是，请填报各公司的名称、注册资本、经营范围。
三、是否负有数额较大的到期未清偿债务？
是□　否□
如是，请详细说明。
四、是否存在占用上市公司资金或者要求上市公司违规提供担保的情形？
是□　否□
如是，请详细说明。
五、是否曾违反《证券法》等证券法律、行政法规受到行政处罚？
是□　否□
如是，请详细说明。
六、是否曾违反其他法律、行政法规受到刑事处罚或者行政处罚？
是□　否□
如是，请详细说明。

七、是否曾违反证券交易所业务规则或者其他相关规定受到证券交易所处分？

是□　否□

如是，请详细说明。

八、是否因涉嫌违反证券市场法律、行政法规正受到中国证监会的调查？

是□　否□

如是，请详细说明。

九、是否直接或者间接持有上市公司的股票、存托凭证及其衍生品种？

是□　否□

如是，请详细说明。

十、在上市公司及其控股子公司业务中，过去或者现在是否拥有除股权以外的任何其他利益？

是□　否□

如是，请详细说明。

十一、是否已明确知悉作为上市公司的控股股东、实际控制人，指使上市公司董事、监事、高级管理人员违背对上市公司的忠实义务，利用职务便利，操纵上市公司从事下列行为之一，致使上市公司利益遭受重大或者特别重大损失的，将被追究刑事责任：

（一）无偿向其他单位或者个人提供资金、商品、服务或者其他资产的；

（二）以明显不公平的条件，提供或者接受资金、商品、服务或者其他资产的；

（三）向明显不具有清偿能力的单位或者个人提供资金、商品、服务或者其他资产的；

（四）向明显不具有清偿能力的单位或者个人提供担保，或者无正当理由为其他单位或者个人提供担保的；

（五）无正当理由放弃债权、承担债务的；

（六）采用其他方式损害上市公司利益的。

是□　否□

十二、除上述问题所披露的信息外，是否有需要声明的其他事项，而不声明该等事项可能影响本单位对上述问题回答的真实性、准确性或者完整性？

是□　否□

如是，请详细说明。

________________（正楷体）郑重声明，上述回答是真实、准确和完整的，保证不存在任何虚假记载、误导性陈述或者遗漏。本单位完全明白作出虚假声明可能导致的法律后果。

声明人（盖章）：

法定代表人签名：

日　　期：

此项声明于　　　　年　　　月　　　日作出。

见证律师：

日　　期：

第二部分　承　诺

________________（正楷体）作为____________股份有限公司/有限责任公司（以下简称上市公司）的控股股东（或者实际控制人），向深圳证券交易所承诺：

一、本单位保证严格遵守并促使上市公司严格遵守《公司法》《证券法》等法律、行政法规、部门规章、规范性文件的相关规定。本单位将廉洁守法，不以任何方式干扰深圳证券交易所自律管理工作。

二、本单位保证严格遵守并促使上市公司严格遵守中国证监会发布的部门规章、规范性文件的有关规定。

三、本单位保证严格遵守并促使上市公司严格遵守《深圳证券交易所创业板股票上市规则》和深圳证券交易所其他相关规定。

四、本单位保证严格遵守并促使上市公司严格遵守公司章程的规定。

五、本单位保证依法行使股东权利，不滥用股东权利损害上市公司或者其他股东的利益，包括但不限于：

（一）本单位及本单位的关联人不以任何方式违法违规占用上市公司资金及要求上市公司违法违规提供担保；

（二）本单位及本单位的关联人不通过非公允关联交易、利润分配、资产重组、对外投资等任何方式损害上市公司和其他股东的合法权益；

（三）本单位及本单位的关联人不利用上市公司未公开重大信息谋取利益，不以任何方式泄漏有关上市公司的未公开重大信息，不从事内幕交易、短线交易、操纵市场等违法违规行为；

（四）本单位及本单位的关联人不以任何方式影响上市公司的独立性，保证上市公司资产完整、人员独立、财务独立、机构独立和业务独立。

六、本单位保证严格履行本公司作出的各项公开声明与承诺，不擅自变更或者解除。

七、本单位保证严格按照法律、行政法规、部门规章、规范性文件、《深圳证券交易所创业板股票上市规则》和深圳证券交易所其他相关规定履行信息披露义务，积极主动配合上市公司做好信息披露工作，及时告知上市公司已发生或者拟发生的重大事件。

八、本单位同意接受深圳证券交易所的监管，包括及时、如实地答复深圳证券交易所向本单位提出的任何问题，提供深圳证券交易所有关业务规则规定应当报送的资料及要求提供的其他文件的正本或者副本，并委派法定代表人出席本公司被要求出席的会议，接受深圳证券交易所的监管措施和纪律处分等。

九、本单位承诺按照深圳证券交易所要求的时间和方式填报及更新本单位持有上市公司股票、存托凭证及其衍生品种的情况，并确保相关信息的真实、准确和完整。

十、本单位授权深圳证券交易所将本单位提供的承诺与声明的资料向中国证监会报告。

十一、本单位如违反上述承诺和保证，愿意承担由此引起的一切法律责任。

十二、本单位因履行本承诺而与深圳证券交易所发生争议提起诉讼时，适用中国境内法律，并由深圳证券交易所住所地法院管辖。

十三、本单位与深圳证券交易所以外的主体因发行人（上市公司）在境内发行股票或者存托凭证并在创业上市发生争议提起诉讼的，适用中国境内法律，并由中国境内有管辖权的人民法院管辖。

承诺人（盖章）：
法定代表人签名：
日　　期：
此项承诺于　　　　年　　　　月　　　　日作出。
见证律师：
日　　期：

创业板红筹企业控股股东、实际控制人声明及承诺书（自然人版本）

第一部分　声　明

一、基本情况

1. 上市公司全称：________________

2. 上市公司股票或者存托凭证简称：________________

上市公司股票或者存托凭证代码：________________

3. 本人姓名：________________

4. 别名：________________

5. 曾用名：________________

6. 出生日期：________________

7. 联系地址：________________

8. 国籍：________________

9. 专业资格（如适用）：________________

10. 中国身份证号码（如适用）：________________

11. 护照号码（如适用）：________________

12. 近亲属的姓名、身份证号码：

配偶：________________

父母：________________

子女：________________

兄弟姐妹：________________

13. 最近五年的工作经历：________________

二、是否有配偶、父母、子女及其配偶、兄弟姐妹及其配偶担任本公司董事、监事或者高级管理人员？

是□　否□

如是，请详细说明。

三、是否在其他公司任职？

是□　否□

如是，请填报各公司的名称、注册资本、经营范围以及本人在该公司任职的情况。

四、是否存在下列情形：

（一）无民事行为能力或者限制民事行为能力；

是□　否□

（二）因贪污、贿赂、侵占财产、挪用财产或者破坏社会主义市场经济秩序，被判处刑罚，执行期满未逾五年，或者因犯罪被剥夺政治权利，执行期满未逾五年；

是□　否□

如是，请详细说明。

（三）担任破产清算的公司、企业的董事或者厂长、经理，对该公司、企业的破产负有个人责任，自该公司、企业破产清算完结之日起未逾三年；

是□　否□

如是，请详细说明。

（四）担任因违法被吊销营业执照、责令关闭的公司、企业的法定代表人，并负有个人责任，自该公司、企业被吊销营业执照之日起未逾三年；

是□　否□

如是，请详细说明。

（五）个人所负数额较大的债务到期未清偿；

是□　否□

如是，请详细说明。

（六）是否存在占用上市公司资金或者要求上市公司违规提供担保的情形？

是□　否□

如是，请详细说明。

五、是否曾违反《证券法》等证券法律、行政法规受到行政处罚？

是□　否□

如是，请详细说明。

六、是否曾违反其他法律、行政法规受到刑事处罚或者行政处罚？

是□　否□

如是，请详细说明。

七、是否曾违反证券交易所业务规则或者其他相关规定受到证券交易所处分？

是□　否□

如是，请详细说明。

八、是否因涉嫌违反证券法律、行政法规正受到中国证监会的调查？

是□　否□

如是，请详细说明。

九、本人以及本人的配偶、父母、子女是否直接或者间接持有本公司股票、存托凭证及其衍生品种？

是□　否□

如是，请详细说明。

十、在上市公司及其控股子公司业务中，过去或者现在是否拥有除前项以外的任何其他利益？

是□　否□

如是，请详细说明。

十一、是否已明确知悉作为上市公司的控股股东、实际控制人，指使上市公司董事、监事、高级管理人员违背对上市公司的忠实义务，利用职务便利，操纵上市公司从事下列行为之一，致使上市公司利益遭受重大或者特别重大损失的，将被追究刑事责任：

（一）无偿向其他单位或者个人提供资金、商品、服务或者其他资产的；

（二）以明显不公平的条件，提供或者接受资金、商品、服务或者其他资产的；

（三）向明显不具有清偿能力的单位或者个人提供资金、商品、服务或者其他资产的；

（四）向明显不具有清偿能力的单位或者个人提供担保，或者无正当理由为其他单位或者个人提供担保的；

（五）无正当理由放弃债权、承担债务的；

（六）采用其他方式损害上市公司利益的。

是□　否□

十二、除上述问题所披露的信息外，是否有需要声明的其他事项，而不声明该等事项可能影响本人对上述问题回答的真实性、准确性或者完整性？

是□　否□

如是，请详细说明。

本人________________（正楷体）郑重声明，上述回答是真实、准确和完整的，保证不存在任何虚假记载、误导性陈述或者重大遗漏。本人完全明白作出虚假声明可能导致的法律后果。

声明人（签署）：

日　　期：

此项声明于　　　　年　　　月　　　日作出。

见证律师：

日　　期：

第二部分　承　诺

本人________________（正楷体）作为________________股份有限公司/有限责任公司（以下简称上市公司）的控股股东（或者实际控制人），向深圳证券交易所郑重承诺：

一、本人保证严格遵守并促使上市公司严格遵守《公司法》《证券法》等法律、行政法规、部门规章、规范性文件的相关规定。本人将廉洁守法，不以任何方式干扰深圳证券交易所自律管理工作。

二、本人保证严格遵守并促使上市公司严格遵守中国证监会发布的部门规章、规范性文件的有关规定。

三、本人保证严格遵守并促使上市公司严格遵守《深圳证券交易所创业板股票上市规则》和深圳证券交易所其他相关规定。

四、本人保证严格遵守并促使上市公司严格遵守公司章程的规定。

五、本人保证依法行使股东权利，不滥用股东权利损害上市公司或者其他股东的利益，包括但不限于：

（一）本人及本人的关联人不以任何方式违法违规占用上市公司资金及要求上市公司违法违规提供担保；

（二）本人及本人的关联人不通过非公允关联交易、利润分配、资产重组、对外投资等任何方式损害上市公司和其他股东的合法权益；

（三）本人及本人的关联人不利用上市公司未公开重大信息谋取利益，不以任何方式泄漏有关上市公司的未公开重大信息，不从事内幕交易、短线交易、操纵市场等违法违规行为；

（四）本人及本人的关联人不以任何方式影响上市公司的独立性，保证上市公司资产完整、人员独立、财务独立、机构独立和业务独立。

六、本人保证严格履行本人作出的各项公开声明与承诺，不擅自变更或者解除。

七、本人保证严格按照法律、行政法规、部门规章、规范性文件、《深圳证券交易所创业板股票上市规则》和深圳证券交易所其他相关规定履行信息披露义务，积极主动配合上市公司做好信息披露工作，及时告知上市公司已发生或者拟发生的重大事件。

八、本人同意接受深圳证券交易所的监管，包括及时、如实地答复深圳证券交易所向本公司提出的任何问题，提供深圳证券交易所有关业务规则规定应当报送的资料及要求提供的其他文件的正本或者副本，并亲自出席本人被要求出席的会议，接受深圳证券交易所的监管措施和纪律处分等。

九、本人承诺按照深圳证券交易所要求的时间和方式填报及更新近亲属身份信息，以及本人和近亲属持有上市公司股票、存托凭证及其衍生品种的情况，并确保相关信息的真实、准确和完整。

十、本人授权深圳证券交易所将本人提供的承诺与声明的资料向中国证监会报告。

十一、本人如违反上述承诺和保证，愿意承担由此引起的一切法律责任。

十二、本人因履行本承诺而与深圳证券交易所发生争议提起诉讼时，适用中国境内法律，并由深圳证券交易所住所地法院管辖。

十三、本人与深圳证券交易所以外的主体因发行人（上市公司）在境内发行股票或者存托凭证并在创业板上市发生争议提起诉讼的，适用中国境内法律，并由中国境内有管辖权的人民法院管辖。

承诺人（签署）：

日　　期：

此项承诺于　　　　年　　　月　　　日作出。

见证律师：

日　　期：

说明：

1. 按照《深圳证券交易所创业板股票上市规则》的规定必须向本所呈报《董事（监事、高级管理人员、控股股东、实际控制人）声明及承诺书》的人士，均必须填写第一部分声明和第二部分承诺。控股股东、实际控制人为法人或者其他组织的，按照《控股股东、实际控制人声明及承诺书（法人或者其他组织版本）》规定的格式填写。控股股东、实际控制人为自然人的，按照《控股股东、实际控制人声明及承诺书（自然人版本）》规定的格式填写。

2. 同时兼任高级管理人员的董事，应当分别向本所呈报《董事声明及承诺书》和《高级管理人员声明及承诺书》。

3. 填写人员应当如实回答《声明及承诺书》中所有问题。若没有真实、准确、完整、及时填写声明部分，或者没有填写承诺部分，或者没有遵守承诺，则属违反《深圳证券交易所创业板股票上市规则》，本所有权根据本规则予以相应处分。

4. 除本所另有要求外，因声明事项发生变化需要按照本规则向本所报送最新资料的，应当同时报送更新后的《声明及承诺书》电子文件。

5. 上市公司应当保证报送本所的《声明及承诺书》电子文件与相关人员（或者单位）亲自签署（盖章）的书面文件一致。

6. 若所附格式文件不够填写，可以另书并请装订在后。

7. 若对填写事项有疑问，请咨询本所或者律师。

附件三：

上市公司独立董事提名人声明与承诺

提名人＿＿＿＿＿＿＿＿现就提名＿＿＿＿＿＿为＿＿＿＿＿＿＿＿股份有限公司第＿＿届董事会独立董事候选人发表公开声明。被提名人已书面同意作为＿＿＿＿＿＿＿＿

股份有限公司第________届董事会独立董事候选人（参见该独立董事候选人声明）。本次提名是在充分了解被提名人职业、学历、职称、详细的工作经历、全部兼职、有无重大失信等不良记录等情况后作出的，本提名人认为被提名人符合相关法律、行政法规、部门规章、规范性文件和深圳证券交易所业务规则对独立董事候选人任职资格及独立性的要求，具体声明并承诺如下事项：

一、被提名人已经通过____________________股份有限公司第______届董事会提名委员会或者独立董事专门会议资格审查，提名人与被提名人不存在利害关系或者其他可能影响独立履职情形的密切关系。

□是　□否

如否，请详细说明：____

二、被提名人不存在《中华人民共和国公司法》第一百四十六条等规定不得担任公司董事的情形。

□是　□否

如否，请详细说明：____

三、被提名人符合中国证监会《上市公司独立董事管理办法》和深圳证券交易所业务规则规定的独立董事任职资格和条件。

□是　□否

如否，请详细说明：____

四、被提名人符合公司章程规定的独立董事任职条件。

□是　□否

如否，请详细说明：____

五、被提名人已经参加培训并取得证券交易所认可的相关培训证明材料（如有）。

□是　□否

如否，请详细说明：____

六、被提名人担任独立董事不会违反《中华人民共和国公务员法》的相关规定。

□是　□否

如否，请详细说明：____

七、被提名人担任独立董事不会违反中共中央纪委《关于规范中管干部辞去公职或者退（离）休后担任上市公司、基金管理公司独立董事、独立监事的通知》的相关规定。

□是　□否

如否，请详细说明：____

八、被提名人担任独立董事不会违反中共中央组织部《关于进一步规范党政领导干部在企业兼职（任职）问题的意见》的相关规定。

□是　□否

如否，请详细说明：____

九、被提名人担任独立董事不会违反中共中央纪委、教育部、监察部《关于加强高等学校反腐倡廉建设的意见》的相关规定。

□ 是 □ 否

如否，请详细说明：________________________

十、被提名人担任独立董事不会违反中国人民银行《股份制商业银行独立董事和外部监事制度指引》的相关规定。

□ 是 □ 否

如否，请详细说明：________________________

十一、被提名人担任独立董事不会违反中国证监会《证券基金经营机构董事、监事、高级管理人员及从业人员监督管理办法》的相关规定。

□ 是 □ 否

如否，请详细说明：________________________

十二、被提名人担任独立董事不会违反《银行业金融机构董事（理事）和高级管理人员任职资格管理办法》的相关规定。

□ 是 □ 否

如否，请详细说明：________________________

十三、被提名人担任独立董事不会违反《保险公司董事、监事和高级管理人员任职资格管理规定》《保险机构独立董事管理办法》的相关规定。

□ 是 □ 否

如否，请详细说明：________________________

十四、被提名人担任独立董事不会违反其他法律、行政法规、部门规章、规范性文件和深圳证券交易所业务规则等对于独立董事任职资格的相关规定。

□ 是 □ 否

如否，请详细说明：________________________

十五、被提名人具备上市公司运作相关的基本知识，熟悉相关法律、行政法规、部门规章、规范性文件及深圳证券交易所业务规则，具有五年以上法律、经济、管理、会计、财务或者其他履行独立董事职责所必需的工作经验。

□ 是 □ 否

如否，请详细说明：________________________

十六、以会计专业人士被提名的，被提名人至少具备注册会计师资格，或具有会计、审计或者财务管理专业的高级职称、副教授或以上职称、博士学位，或具有经济管理方面高级职称且在会计、审计或者财务管理等专业岗位有五年以上全职工作经验。

□ 是 □ 否 □ 不适用

如否，请详细说明：________________________

十七、被提名人及其直系亲属、主要社会关系均不在公司及其附属企业任职。

□ 是 □ 否

如否，请详细说明：________________________

十八、被提名人及其直系亲属不是直接或间接持有公司已发行股份 1% 以上的股东，也不是上市公司前十名股东中自然人股东。

□是　□否

如否，请详细说明：＿＿＿＿＿＿＿＿＿＿＿＿＿＿＿＿＿＿＿＿＿＿＿＿＿＿＿＿＿＿＿

十九、被提名人及其直系亲属不在直接或间接持有公司已发行股份5%以上的股东任职，也不在上市公司前五名股东任职。

□是　□否

如否，请详细说明：＿＿＿＿＿＿＿＿＿＿＿＿＿＿＿＿＿＿＿＿＿＿＿＿＿＿＿＿＿＿＿

二十、被提名人及其直系亲属不在公司控股股东、实际控制人的附属企业任职。

□是　□否

如否，请详细说明：＿＿＿＿＿＿＿＿＿＿＿＿＿＿＿＿＿＿＿＿＿＿＿＿＿＿＿＿＿＿＿

二十一、被提名人不是为公司及其控股股东、实际控制人或者其各自的附属企业提供财务、法律、咨询、保荐等服务的人员，包括但不限于提供服务的中介机构的项目组全体人员、各级复核人员、在报告上签字的人员、合伙人、董事、高级管理人员及主要负责人。

□是　□否

如否，请详细说明：＿＿＿＿＿＿＿＿＿＿＿＿＿＿＿＿＿＿＿＿＿＿＿＿＿＿＿＿＿＿＿

二十二、被提名人与上市公司及其控股股东、实际控制人或者其各自的附属企业不存在重大业务往来，也不在有重大业务往来的单位及其控股股东、实际控制人任职。

□是　□否

如否，请详细说明：＿＿＿＿＿＿＿＿＿＿＿＿＿＿＿＿＿＿＿＿＿＿＿＿＿＿＿＿＿＿＿

二十三、被提名人在最近十二个月内不具有第十七项至第二十二项所列任一种情形。

□是　□否

如否，请详细说明：＿＿＿＿＿＿＿＿＿＿＿＿＿＿＿＿＿＿＿＿＿＿＿＿＿＿＿＿＿＿＿

二十四、被提名人不是被中国证监会采取不得担任上市公司董事、监事、高级管理人员的证券市场禁入措施，且期限尚未届满的人员。

□是　□否

如否，请详细说明：＿＿＿＿＿＿＿＿＿＿＿＿＿＿＿＿＿＿＿＿＿＿＿＿＿＿＿＿＿＿＿

二十五、被提名人不是被证券交易场所公开认定不适合担任上市公司董事、监事和高级管理人员，且期限尚未届满的人员。

□是　□否

如否，请详细说明：＿＿＿＿＿＿＿＿＿＿＿＿＿＿＿＿＿＿＿＿＿＿＿＿＿＿＿＿＿＿＿

二十六、被提名人不是最近三十六个月内因证券期货犯罪，受到司法机关刑事处罚或者中国证监会行政处罚的人员。

□是　□否

如否，请详细说明：＿＿＿＿＿＿＿＿＿＿＿＿＿＿＿＿＿＿＿＿＿＿＿＿＿＿＿＿＿＿＿

二十七、被提名人不是因涉嫌证券期货违法犯罪，被中国证监会立案调查或者被司法机关立案侦查，尚未有明确结论意见的人员。

□是　□否

如否，请详细说明：______________________________

二十八、被提名人最近三十六月未受到证券交易所公开谴责或者三次以上通报批评。

□ 是　□ 否

如否，请详细说明：______________________________

二十九、被提名人不存在重大失信等不良记录。

□ 是　□ 否

如否，请详细说明：______________________________

三十、被提名人不是过往任职独立董事期间因连续两次未能亲自出席也不委托其他董事出席董事会会议被董事会提请股东大会予以解除职务，未满十二个月的人员。

□ 是　□ 否

如否，请详细说明：______________________________

三十一、包括本次提名的公司在内，被提名人担任独立董事的境内上市公司数量不超过三家。

□ 是　□ 否

如否，请详细说明：______________________________

三十二、被提名人在公司连续担任独立董事未超过六年。

□ 是　□ 否

如否，请详细说明：______________________________

提名人郑重承诺：

一、本提名人保证上述声明真实、准确、完整，没有虚假记载、误导性陈述或重大遗漏；否则，本提名人愿意承担由此引起的法律责任和接受深圳证券交易所的自律监管措施或纪律处分。

二、本提名人授权公司董事会秘书将本声明的内容通过深圳证券交易所业务专区录入、报送给深圳证券交易所或对外公告，董事会秘书的上述行为视同为本提名人行为，由本提名人承担相应的法律责任。

三、被提名人担任独立董事期间，如出现不符合独立性要求及独立董事任职资格情形的，本提名人将及时向公司董事会报告并督促被提名人立即辞去独立董事职务。

提名人（签署/盖章）：

××××年××月××日

上市公司独立董事候选人声明与承诺

声明人________作为______________股份有限公司第________届董事会独立董事候选人，已充分了解并同意由提名人________提名为____________________股份有限公司（以下简称该公司）第______届董事会独立董事候选人。现公开声明和保证，本人与该公司之间不存在任何影响本人独立性的关系，且符合相关法律、行政法规、部门规章、规范性文件和深圳证券交易所业务规则对独立董事候选人任职资格及独立性的要求，具体声明并承诺如下事项：

一、本人已经通过________________股份有限公司第______届董事会提名委员会或者独立董事专门会议资格审查，提名人与本人不存在利害关系或者其他可能影响独立履职情形的密切关系。

□是　□否

如否，请详细说明：________________________________

二、本人不存在《中华人民共和国公司法》第一百四十六条等规定不得担任公司董事的情形。

□是　□否

如否，请详细说明：________________________________

三、本人符合中国证监会《上市公司独立董事管理办法》和深圳证券交易所业务规则规定的独立董事任职资格和条件。

□是　□否

如否，请详细说明：________________________________

四、本人符合该公司章程规定的独立董事任职条件。

□是　□否

如否，请详细说明：________________________________

五、本人已经参加培训并取得证券交易所认可的相关培训证明材料（如有）。

□是　□否

如否，请详细说明：________________________________

六、本人担任独立董事不会违反《中华人民共和国公务员法》的相关规定。

□是　□否

如否，请详细说明：________________________________

七、本人担任独立董事不会违反中共中央纪委《关于规范中管干部辞去公职或者退（离）休后担任上市公司、基金管理公司独立董事、独立监事的通知》的相关规定。

□是　□否

如否，请详细说明：________________________________

八、本人担任独立董事不会违反中共中央组织部《关于进一步规范党政领导干部在企业兼职（任职）问题的意见》的相关规定。

□是　□否

如否，请详细说明：________________________________

九、本人担任独立董事不会违反中共中央纪委、教育部、监察部《关于加强高等学校反腐倡廉建设的意见》的相关规定。

□是　□否

如否，请详细说明：________________________

十、本人担任独立董事不会违反中国人民银行《股份制商业银行独立董事和外部监事制度指引》的相关规定。

□ 是　□ 否

如否，请详细说明：________________________

十一、本人担任独立董事不会违反中国证监会《证券基金经营机构董事、监事、高级管理人员及从业人员监督管理办法》的相关规定。

□ 是　□ 否

如否，请详细说明：________________________

十二、本人担任独立董事不会违反《银行业金融机构董事（理事）和高级管理人员任职资格管理办法》的相关规定。

□ 是　□ 否

如否，请详细说明：________________________

十三、本人担任独立董事不会违反《保险公司董事、监事和高级管理人员任职资格管理规定》《保险机构独立董事管理办法》的相关规定。

□ 是　□ 否

如否，请详细说明：________________________

十四、本人担任独立董事不会违反其他法律、行政法规、部门规章、规范性文件和深圳证券交易所业务规则等对于独立董事任职资格的相关规定。

□ 是　□ 否

如否，请详细说明：________________________

十五、本人具备上市公司运作相关的基本知识，熟悉相关法律、行政法规、部门规章、规范性文件及深圳证券交易所业务规则，具有五年以上法律、经济、管理、会计、财务或者其他履行独立董事职责所必需的工作经验。

□ 是　□ 否

如否，请详细说明：________________________

十六、以会计专业人士被提名的，候选人至少具备注册会计师资格，或具有会计、审计或者财务管理专业的高级职称、副教授或以上职称、博士学位，或具有经济管理方面高级职称且在会计、审计或者财务管理等专业岗位有五年以上全职工作经验。

□ 是 □ 否 □ 不适用

如否，请详细说明：________________________

十七、本人及本人直系亲属、主要社会关系均不在该公司及其附属企业任职。

□ 是　□ 否

如否，请详细说明：________________________

十八、本人及本人直系亲属不是直接或间接持有该公司已发行股份1%以上的股东，也不是该上市公司前十名股东中自然人股东。

□ 是　□ 否

如否，请详细说明：________________________

十九、本人及本人直系亲属不在直接或间接持有该公司已发行股份5%以上的股东任职，也不在该上市公司前五名股东任职。

□是　□否

如否，请详细说明：________________________

二十、本人及本人直系亲属不在该公司控股股东、实际控制人的附属企业任职。

□是　□否

如否，请详细说明：________________________

二十一、本人不是为该公司及其控股股东、实际控制人或者其各自的附属企业提供财务、法律、咨询、保荐等服务的人员，包括但不限于提供服务的中介机构的项目组全体人员、各级复核人员、在报告上签字的人员、合伙人、董事、高级管理人员及主要负责人。

□是　□否

如否，请详细说明：________________________

二十二、本人与上市公司及其控股股东、实际控制人或者其各自的附属企业不存在重大业务往来，也不在有重大业务往来的单位及其控股股东、实际控制人任职。

□是　□否

如否，请详细说明：________________________

二十三、本人在最近十二个月内不具有第十七项至第二十二项所列任一种情形。

□是　□否

如否，请详细说明：________________________

二十四、本人不是被中国证监会采取不得担任上市公司董事、监事、高级管理人员证券市场禁入措施，且期限尚未届满的人员。

□是　□否

如否，请详细说明：________________________

二十五、本人不是被证券交易场所公开认定不适合担任上市公司董事、监事和高级管理人员，且期限尚未届满的人员。

□是　□否

如否，请详细说明：________________________

二十六、本人不是最近三十六个月内因证券期货犯罪，受到司法机关刑事处罚或者中国证监会行政处罚的人员。

□是　□否

如否，请详细说明：________________________

二十七、本人不是因涉嫌证券期货违法犯罪，被中国证监会立案调查或者被司法机关立案侦查，尚未有明确结论意见的人员。

□是　□否

如否，请详细说明：________________________

二十八、本人最近三十六月未受到证券交易所公开谴责或者三次以上通报批评。

□ 是　□ 否

如否，请详细说明：________________________________

二十九、本人不存在重大失信等不良记录。

□ 是　□ 否

如否，请详细说明：________________________________

三十、本人不是过往任职独立董事期间因连续两次未能亲自出席也不委托其他董事出席董事会会议被董事会提请股东大会予以撤换，未满十二个月的人员。

□ 是　□ 否

如否，请详细说明：________________________________

三十一、包括该公司在内，本人担任独立董事的境内上市公司数量不超过三家。

□ 是　□ 否

如否，请详细说明：________________________________

三十二、本人在该公司连续担任独立董事未超过六年。

□ 是　□ 否

如否，请详细说明：________________________________

候选人郑重承诺：

一、本人完全清楚独立董事的职责，保证上述声明及提供的相关材料真实、准确、完整，没有虚假记载、误导性陈述或重大遗漏；否则，本人愿意承担由此引起的法律责任和接受深圳证券交易所的自律监管措施或纪律处分。

二、本人在担该公司独立董事期间，将严格遵守中国证监会和深圳证券交易所的相关规定，确保有足够的时间和精力勤勉尽责地履行职责，作出独立判断，不受该公司主要股东、实际控制人或其他与公司存在利害关系的单位或个人的影响。

三、本人担任该公司独立董事期间，如出现不符合独立董事任职资格情形的，本人将及时向公司董事会报告并立即辞去该公司独立董事职务。

四、本人授权该公司董事会秘书将本声明的内容及其他有关本人的信息通过深圳证券交易所业务专区录入、报送给深圳证券交易所或对外公告，董事会秘书的上述行为视同为本人行为，由本人承担相应的法律责任。

五、如任职期间因本人辞职导致独立董事比例不符合相关规定或欠缺会计专业人士的，本人将持续履行职责，不以辞职为由拒绝履职。

候选人（签署）：

××××年××月××日

上市公司独立董事候选人履历表

<table>
<tr><td>上市公司名称</td><td colspan="2"></td><td>上市公司代码</td><td colspan="2"></td></tr>
<tr><td colspan="6">一、个人情况</td></tr>
<tr><td>姓名</td><td></td><td>曾用名</td><td></td><td colspan="2" rowspan="6">照 片</td></tr>
<tr><td>性别</td><td></td><td>民族</td><td></td></tr>
<tr><td>出生日期</td><td></td><td>政治面貌</td><td></td></tr>
<tr><td>国籍</td><td></td><td>是否有其他国家/地区居留权</td><td></td></tr>
<tr><td>身份证号</td><td></td><td>护照号码</td><td></td></tr>
<tr><td>移动电话</td><td></td><td>电子邮件</td><td></td></tr>
<tr><td>工作单位</td><td></td><td>通信地址</td><td colspan="3"></td></tr>
<tr><td>单位邮编</td><td></td><td>单位电话</td><td colspan="3"></td></tr>
<tr><td>家庭住址</td><td></td><td>邮政编码</td><td colspan="3"></td></tr>
<tr><td>是否属于会计专业人士</td><td></td><td>会计专业资格取得时间</td><td></td><td>证书号码</td><td></td></tr>
<tr><td>本人专长</td><td></td><td>是否曾受处罚</td><td colspan="3"></td></tr>
<tr><td>是否为该公司在任独立董事</td><td></td><td>在该公司担任独立董事的起始日期</td><td></td><td>担任独立董事的境内上市公司家数</td><td></td></tr>
</table>

二、社会关系

与本人关系	配偶	父亲	母亲	子女	兄弟姐妹
姓名					
身份证号					
联系电话					
工作单位					
持股情况					
持股数量					

三、教育背景

学习期间	学校	专业	学历	学位

四、工作经历

工作期间	工作单位	职位	职业领域

续表

五、专业培训			
培训期间	培训单位	培训证明材料	培训内容

六、独立董事兼职情况		
任职期间	公司名称	公司代码

七、其他专业资格职称			
取得时间	资格名称	授予单位	证书号码

八、所获奖励			
获奖日期	获奖名称	颁奖单位	证书号码

九、著作成就		
著作成就名称	认可、发表或出版单位	取得、发表或出版时间

十、其他情况
1. 本次担任该上市公司独立董事获得的年度报酬总额：________ 2. 本人是否拥有该上市公司股票及其衍生品种及持有数量（如是）：________ 3. 本人在该上市公司及其附属公司中，过去或现在是否具有除前述1、2条以外的任何利益：________ 4. 本人担任该上市公司的独立董事的提名人为：________ 5. 本人其他可能有助于或者不利于本次独立董事任职的情况：________

十一、承诺
本人（请以正楷体填写姓名）郑重声明，本履历表内容是真实、完整和准确的，保证不存在任何遗漏、虚假陈述或误导成份。本人完全明白作出虚假声明可能导致的后果。深圳证券交易所可依据本履历表所提供的资料，确定本人是否适宜担任该上市公司的独立董事。 签字： 时间：

上市公司独立董事候选人履历表填写说明

独立董事应认真参阅本填写说明填写履历表各项内容，保证填写内容真实、准确、完整，如有不适用或者不存在的情况，请填写“不适用”或者“无”。

一、基本简况

1. “是否属于会计专业人士”项：如是，需注明属于“会计学专业副教授（教授）、会计学博士、高级会计师、注册会计师”中的具体项目，可填写多项。

2. “本人专长”项：请说明有助于本人履行独立董事职务的专长情况，如没有填“无”，如有应注明具体专长，如“法律专业人士，行业专家”等，有几项注明几项。

3. “是否曾受处罚”项：如是，填写本人曾受到的各种行政处罚、刑事处罚以及证券交易所纪律处分等，如无填“否”，如有应注明具体情况，如××××年××月因犯罪被剥夺政治权利，××××年××月被中国证监会采取证券市场禁入措施、期限为×年，××××年×月被××证券交易所公开认定不适合担任上市公司董事/监事/高级管理人员，期限为×年，××××年××月因证券期货违法犯罪受到中国证监会行政处罚/司法机关刑事处罚，××××年××月被××证券交易所公开谴责，××××年××月被××证券交易所通报批评，××××年××月被×××认定为失信惩戒对象等。

4. “是否具有其他国家或者地区居留权”项：如是，需注明具有居留权的所在国或者地区。

5. “担任独立董事的境内上市公司家数”项：包括本次拟任职独立董事的上市公司。

二、社会关系

1. “子女”“兄弟姐妹”项：有多位子女或者多位兄弟姐妹的，可在相应栏目列明序号分别填写。

2. “持股情况”项：应填写本人直系亲属（配偶、父母、子女）是否持有本人担任独立董事职务的上市公司的股票，其他社会关系可不填写。

三、教育背景

请从中学开始填写各项内容，逐一注明学习期间、就读学校或研究机构、专业、学历、学位。

四、工作经历

请填写最近十年工作经历，自开始工作起逐一按格式填至现在工作单位止，同一单位工作中间岗位有变动者要分开填写。“职业领域”项请填写本人日常工作职责所处的学科领域，如：法律、工商管理、会计、审计、财务管理等。

五、专业培训

请填写对有助于担任独立董事的培训，语言培训、为通过各种考试所接受的培训不要求填写。

六、独立董事兼职情况

请填写本人在境内上市公司兼任独立董事情况。

七、其他专业资格职称

请填写取得的除会计专业资格外，目前仍有效的各种专业资格、职称情况。

八、所获奖励

请填写自大学毕业后所获取的各种奖励。

九、著作成就

请填写包括本人为第一作者或主编的论文与著作，或者本人在其中起主要作用所取得的各种工作成果。著作及成就众多者可选出最突出的前十项填写，尤其是对有助于担任独立董事的相关成就。

十、其他

1. 获得的年度报酬总额：如为固定报酬，请填写××万元；如为“固定＋浮动”报酬，请填写“起步××万元，每次参会××万元”（仅作为举例，可根据实际情况填写）。

2. 表格中所有“期间”项（包括学习、工作、培训、任职等），请填写起始年月（××××年××月）到终止年月（××××年××月）或至今。

附件四：

募集资金三方监管协议（范本）

甲方：____________________股份有限公司（以下简称甲方）

乙方：__________银行__________分行（以下简称乙方）

丙方：____________________（保荐机构/财务顾问）（以下简称丙方）

注释：协议甲方是实施募集资金投资项目的法人主体，如果募集资金投资项目由上市公司直接实施，则上市公司为协议甲方，如果由子公司或者上市公司控制的其他企业实施，则子公司或者上市公司控制的其他企业为协议甲方。

本协议需以《深圳证券交易所上市公司自律监管指引第 2 号——创业板上市公司规范运作》以及上市公司制定的募集资金管理制度中相关条款为依据制定。

为规范甲方募集资金管理，保护中小投资者的权益，根据有关法律法规及《深圳证券交易所上市公司自律监管指引第 2 号——创业板上市公司规范运作》的规定，甲、乙、丙三方经协商，达成如下协议：

一、甲方已在乙方开设募集资金专项账户（以下简称专户），账号为____________________，截至__________年______月______日，专户余额为________万元。该专户仅用于甲方______________________项目、______________________项目募集资金的存储和使用，不得用作其他用途。

甲方以存单方式存放的募集资金________万元（若有），开户日期为________年______月______日，期限______个月。甲方承诺上述存单到期后将及时转入本协议规定的募集资金专户进行管理或者以存单方式续存，并通知丙方。甲方存单不得质押。

二、甲乙双方应当共同遵守《中华人民共和国票据法》《支付结算办法》《人民币银行结算账户管理办法》等法律、行政法规、部门规章。

三、丙方作为甲方的保荐机构/财务顾问，应当依据有关规定指定保荐代表人/主办人或者其他工作人员对甲方募集资金使用情况进行监督。丙方应当依据《深圳证券交易所上市公司自律监管指引第 2 号——创业板上市公司规范运作》以及甲方制定的募集资金管理制度履行其督导职责，并有权采取现场调查、书面问询等方式行使其监督权。甲方和乙方应当配合丙方的调查与查询。丙方对甲方现场调查时应同时检查募集资金专户存储情况。

四、甲方授权丙方指定的保荐代表人/主办人__________、__________可以随时到乙方查询、复印甲方专户的资料；乙方应当及时、准确、完整地向其提供所需的有关专户的资料。

保荐代表人/主办人向乙方查询甲方专户有关情况时应出具本人的合法身份证明；丙方指定的其他工作人员向乙方查询甲方专户有关情况时应出具本人的合法身份证明和单位介绍信。

五、乙方按月（每月______日之前）向甲方出具对账单，并抄送丙方。乙方应保证对账单内容真实、准确、完整。

六、甲方一次或十二个月以内累计从专户中支取的金额超过________万元（按照孰低原则在 5000 万元或募集资金净额的 20%之间确定）的，乙方应当及时以传真方式通知丙方，同时提供专户的支出清单。

七、丙方有权根据有关规定更换指定的保荐代表人/主办人。丙方更换保荐代表人/主办人的，应将相关证明文件书面通知乙方，同时按本协议第十一条的要求向甲方、乙方书面通知更换后的保荐代表人/主办人联系方式。更换保荐代表人/主办人不影响本协议的效力。

八、乙方连续三次未及时向丙方出具对账单或向丙方通知专户大额支取情况，以及存在未配合丙方调查专户情形的，甲方有权单方面终止本协议并注销募集资金专户。

九、本协议自甲、乙、丙三方法定代表人或者其授权代表签署并加盖各自单位公章之日起生效，至专户资金全部支出完毕且丙方督导期结束后失效。

十、本协议一式______份，甲、乙、丙三方各持一份，向深圳证券交易所、中国证监会______监管局各报备一份，其余留甲方备用。

十一、联系方式：

1. __________________公司（甲方）

地　址：____________________________

邮　编：____________________

传　真：____________________

联系人：____________________

电　话：____________________

手　机：____________________

Email：____________________

2. ________________银行________________分行（乙方）

地　址：______________________________

邮　编：______________________________

传　真：______________________________

联系人：______________________________

电　话：______________________________

手　机：______________________________

E－mail：______________________________

3. ________________（保荐机构/财务顾问）（丙方）

地　址：______________________________

邮　编：______________________________

保荐代表人/主办人 A：______________________

电　话：______________________________

手　机：______________________________

Email：______________________________

传　真：______________________________

保荐代表人/主办人 B：______________________

电　话：______________________________

手　机：______________________________

E－mail：______________________________

传　真：______________________________

协议签署：

甲方：________________股份有限公司（盖章）

法定代表人或授权代表：

________年______月______日

乙方：____________银行____________分行____________支行（盖章）

法定代表人或授权代表：____________________

________年______月______日

丙方：____________证券（股份）有限公司（盖章）

法定代表人或授权代表：____________________

________年______月______日

关于发布《深圳证券交易所上市公司自律监管指引第3号——行业信息披露（2023年修订）》的通知

（2023年2月10日　深证上〔2023〕78号）

各市场参与人：

为落实中国证监会《关于推动提高上市公司质量三年行动方案（2022—2025）》，助力上市公司高质量发展，进一步提升行业信息披露的针对性、有效性，本所对《深圳证券交易所上市公司自律监管指引第3号——行业信息披露》进行了修订，现予以发布，自发布之日起施行。

本所2022年1月7日发布的《关于发布〈深圳证券交易所上市公司自律监管指引第3号——行业信息披露〉的通知》（深证上〔2022〕15号）同时废止。

特此通知。

深圳证券交易所

2023年2月10日

2.3

深圳证券交易所上市公司自律监管指引第3号——行业信息披露（2023年修订）

（2023年2月10日　深证上〔2023〕78号）

目　录

第一章　一般规定

1.1　为了规范深圳证券交易所（以下简称本所）特定行业上市公司（以下简称上市公司或者公司）披露所属行业经营性信息，提高信息披露的有效性，保护投资者的合法权益，根据《中华人民共和国公司法》《中华人民共和国证券法》《上市公司信息披露管理办法》等法律、行政法规、部门规章、规范性文件和《深圳证券交易所股票上市规则》《深圳证券交易所创业板股票上市规则》（以下统称《股票上市规则》）等业务规则，制定本指引。

1.2　特定行业上市公司应当按照本指引的规定，披露投资者作出价值判断和投资决策所需的行业经营性信息。

本指引所称特定行业，指本指引第二章至第十章具体行业信息披露规定所规范的行业；行业经营性信息，指与上市公司业务相关的行业信息和经营性信息。

上市公司除遵守本指引的规定外，还应当根据法律、行政法规、部门规章、规范性文件、《股票上市规则》及本所其他规定，履行相应的审议程序和信息披露义务。

1.3　上市公司特定业务的营业收入占公司最近一个会计年度经审计营业收入30%以上的，或者归属于母公司所有者的净利润（以下简称净利润）占公司最近一个会计年度经审计的净利润30%以上的，或者该业务可能对公司业绩或者股票及其衍生品种交易价格产生较大影响的，应当按照本指引的规定履行信息披露义务。

本所鼓励从事特定业务未达到前款标准的，以及相关行业的上市公司，参照本指引相关规定执行。

上市公司控股子公司从事特定业务，视同上市公司从事该等业务，适用本指引的规定。上市公司参股公司从事特定业务，可能对上市公司业绩或者股票及其衍生品种交易价格产生较大影响的，应当参照本指引规定履行信息披露义务。

上市公司同时从事多个业务且均达到本条第一款规定标准的，应当分别参照相关章节具体规定，履行信息披露义务。

1.4　本指引按照中国证监会上市公司行业分类结构与代码的顺序进行编排。

1.5　上市公司应当在年度报告中披露所属行业的宏观形势、市场环境、行业政策、发展状况、经营特点，以及公司的行业地位、经营模式、竞争优势、经营成果、主要风险及应对措施。

本所鼓励上市公司在半年度报告中披露前述信息。

1.6　上市公司根据《公开发行证券的公司信息披露编报规则第15号——财务报告的一般规定》（以下简称《15号编报规则》）披露财务报告附注时，应当依据自身经营模式和结算方式，披露与行业特征相关的具体会计政策、会计估计和会计科目注释。

本所鼓励上市公司在半年度报告中披露前述信息。

1.7　本所鼓励上市公司每月或者每季度定期披露反映行业特征的主要经营数据。上市公司披露前述数据时，各月或者各季度数据的统计口径原则上应当保持一致，并披露统计口径。

本指引第二章至第十章规定特定行业上市公司应当定期披露主要经营数据的，从其规定。

1.8 上市公司购买或者出售特定行业资产、取得或者丧失特定行业资质，达到《股票上市规则》规定标准或者对股票及其衍生品种交易价格可能产生较大影响的，应当及时履行相应的审议程序和临时信息披露义务，并按照本指引第二章至第十章的规定披露相关资产的行业经营性信息。

上市公司在对上述事项首次履行信息披露义务后，应当按照《股票上市规则》的规定及时披露进展情况。

1.9 上市公司披露行业经营性信息时，应当合理、审慎、客观，简明清晰、通俗易懂；涉及引用数据的，应当确保引用内容客观、权威，并注明来源；涉及专业术语的，应当对其含义作出详细解释，便于投资者理解。

1.10 上市公司披露的行业经营性信息发生或者可能发生变化，对投资者作出价值判断和投资决策有较大影响的，公司应当及时披露，并说明对当期及未来发展的影响。

1.11 上市公司因特殊原因无法按照本指引个别条款的规定履行信息披露义务的，可以根据实际情况调整披露内容或者不披露相关内容，但应当说明并披露原因、提示投资者注意相关风险。

第二章 农、林、牧、渔业

第一节 种业、种植业务

2.1.1 本节所称种植业务，指种植粮食、棉花、油料、糖料、水果、蔬菜、茶叶、蚕桑、花卉、麻料、中药材、烟草、食用菌等作物的业务活动。

2.1.2 本节所称的上市公司，指达到本指引第1.3条规定标准的从事种业、种植业务的上市公司。

2.1.3 上市公司根据中国证监会相关格式准则要求，披露年度报告、半年度报告时，应当同时按照下列要求履行信息披露义务：

（一）在披露报告期内所从事的主要业务和主要经营情况时：

1. 应当详细披露公司主要经营模式（包括生产和采购模式、销售和结算模式、新产品研发模式、生物资产管理模式等）的具体内容，模式的特有风险和模式变化等情况；

2. 采用“公司+基地（或者合作社）+农户”“公司+农户”或者“公司+基地”等生产采购模式的公司，应当披露各模式运作的主要方式和内容（如为委托代制模式或者自制模式等），生产过程中形成的农作物等存货的所有权归属方，以及如出现自然灾害、技术不当等情况影响存货产量时，相关主要风险的承担方等情况；

3. 采用经销商销售模式的公司，应当披露该模式运作的主要方式和内容（如向经销商销售的产品为买断式销售或者非买断式销售等）、公司产品风险转移的具体时点、期后涉及的销售退回的处理方式等情况；

4. 存在研发活动的公司，应当披露公司的研发模式，包括公司主要作物育种程序、育种条件和育种周期、研发活动实施主体（如公司自育品种、公司与科研单位合作育种、科研单位的商业化育种等）、以及不同研发模式下研发成果的所有权归属方等情况；

5. 存在因发芽、老化死亡等生物特性导致生物资产数量发生变动的公司，应当结合生物资产的生物特性（如花卉、种苗等资产由于发芽、老化死亡等生物特性，除采购、销售等出入库外，还会因自身生物特性等原因发生变动），披露公司对生物资产存量和生物资产增量的管理模式，包括公司如何保证生物资产数量的准确性，以及公司为保证生物资产数量和价值准确性所建立的各项管理制度、盘点核查程序和信息系统运用等情况。

（二）在回顾分析报告期内的主要经营情况时，应当披露报告期内通过审定的品种数量、报告期内制种产量及其变化、种植产量及其变化、以及报告期内发生的销售退回（包括销售退回总额和涉及的主要品种）等情况。

（三）在披露报告期内公司主要资产变化时，应当披露公司商标、专利、品种权等重要无形资产在报告期内的重大变化情况以及对公司的影响。

（四）在披露报告期内公司核心竞争力的重要变化及对公司的影响时，应当披露品种经营权等重要无形资产自主研发与授权许可使用的占比及其变化情况，说明公司核心技术是否来源于第三方，是否存在有关的知识产权纠纷或者潜在纠纷，以及公司业务、核心技术的独立性等情况。

对于授权许可使用且对公司生产经营有重大影响的品种权等重要无形资产，应当披露具体授权使用方式、授权协议的具体期限、许可方是否为关联方、以及公司与第三方的授权协议到期后如不能续签对公司生产经营、经营业绩、持续发展的具体影响。

（五）在披露公司的风险因素时，应当结合公司业务特点，披露对公司有重大影响的具体风险，如新品种研发和推广风险、库存和市场价格大幅波动风险、销售价格及利润季节性波动风险、食品安全风险、自然灾害和病虫害风险、自然人客户较多且变动较大的风险、产业政策变化风险、税收优惠政策变化风险等情况。

（六）当报告期内发生对公司造成重大影响的自然灾害、病虫灾害或者食品安全事故等重大事件时，应当在报告期内重要事项中披露相关事件对公司的影响情况，包括但不限于预计的损失金额、保险投保情况及可能的赔偿情况、公司拟采取的应对措施等。

（七）当报告期内公司享受的农业企业税收优惠政策和产业政策发生重大变化时，应当在报告期内重要事项中披露政策变化具体情况，包括但不限于变化内容、预计对公司业绩的影响情况以及公司拟采取的应对措施等。

（八）当报告期内公司生产经营用地发生重大变化，如通过土地流转、租赁或者其他方式取得的重要生产经营用地在报告期内被国家或者集体依法征用、占用、收回，国家有关耕地保护、土地承包经营流转的政策发生重大不利变化，或者通过企业兼并获得新的重要生产经营用地等，应当在报告期内重要事项中披露相关事项对公司的影响情况，包括但不限于事项变化具体情况、预计的影响金额、公司拟采取的应对措施（如适用）等。

2.1.4 上市公司根据《15号编报规则》披露财务报告附注时，应当同时按照下列要求履行信息披露义务：

（一）披露重要会计政策和会计估计时：

1. 采用经销商销售模式的公司，应当披露收入确认的具体时点、对销售退回、销售返利和销售奖励的会计核算方法和账务处理方式；

2. 存在因发芽、老化死亡等生物特性导致生物资产数量发生变动的公司，应当披露公司对相关生物资产增量的成本归集、成本核算和成本结转方法，说明对应的成本结转方法与公司总体生物资产成本结转制度是否一致；

3. 采用不同研发模式的公司，应当结合不同研发活动的特点针对性披露研发支出会计政策，如对于科研体系的打造、突破性大品种等全局性研发活动，及对于细分市场品种研究的具体研发活动，分别披露研究阶段和开发阶段划分的标准、开发阶段支出资本化的具体条件等情况。

（二）披露存货项目注释时，应当披露期末存货余额占比较大的存货的品种结构；对于种业企业，还应当披露报告期内的转商金额等信息。

2.1.5　上市公司在报告期内出现下列情形之一的，应当以临时报告方式按照对应要求履行信息披露义务：

（一）公司新品种通过品种审定且公司预计相关品种将对公司经营业绩产生重大影响的，应当及时披露相关品种获得审定的日期、审定部门、品种的农艺性状（产量特点、品质特征与抗性，如抗病、抗虫、抗逆境等）、适宜种植和推广区域、农业部农作物品种审定公告链接、公司对被审定品种是否具有自主知识产权以及对公司的影响等；

（二）公司获得植物新品种权且公司预计相关品种权将对公司经营业绩产生重大影响的，应当及时披露实施和使用品种权的范围、适用地域性以及品种权的保护期限等；

（三）公司生产经营用地发生重大变化的，如通过土地流转、租赁或者其他方式取得的重要生产经营用地在报告期内被国家或者集体依法征用、占用、收回，国家有关耕地保护、土地承包经营流转的政策发生重大不利变化等，或者通过企业兼并获得新的重要生产经营用地等，预计影响金额占最近一期经审计净资产或者净利润10%以上的，应当及时披露相关事项对公司的影响情况，包括但不限于事项变化具体情况、预计的影响金额、公司拟采取的应对措施（如适用）等。

2.1.6　主营业务包含种业相关业务的上市公司，应当在业务年度结束时，以临时报告方式披露该业务年度的总体销售情况和期末库存信息，包括业务年度涵盖的期间、业务年度总营业收入、总销售数量，营业收入排名前五的品种大类、销售收入、销售数量及占比情况，业务年度结束时的库存商品金额，对于期末余额占比较大的库存商品，公司应当同时披露相应商品的品种结构等信息。

经营多种类别种子的公司，如不同类别种子的业务年度不同，应当以公司主要类别种子的业务年度统一时点对前述信息进行披露；多主业公司应当同时对上述披露仅包含种业相关业务板块作出风险提示。

2.1.7　发生对上市公司造成重大影响的自然灾害、病虫灾害、食品安全事故等重大事件时，公司如预计损失金额占其最近一期经审计净资产或者净利润10%以上的，应当及时以临时报告方式披露相关事件可能产生的风险、对公司生产经营的影响、预计的损失金额、保险投保情况及可能的赔偿情况、公司拟采取的应对措施、灾后重建计划等情况，并及时披露有关事项的进展情况。

2.1.8　上市公司在产品推广、销售过程中出现因产品质量等原因导致产品被退回或者召回等情形时，如预计损失金额占最近一期经审计净资产或者净利润10%以上的，应当及时以临时报告方式披露事项可能产生的风险、对公司生产经营的影响、预计的损失金额、公司拟采取的应对措施等情况。

2.1.9　上市公司单个新建产能项目（包括使用募集资金投资的项目）投资金额占公司最近一期经审计净资产10%以上的，应当按照下列要求履行临时信息披露义务：

（一）在董事会审议通过该投资项目后，应当及时披露项目所在地、生产经营用地取得方式及履行程序的合规性、新增产能规模、建设期、达产期、资金来源及规模、主要风险等；

（二）在项目执行过程中出现重大不确定性情形（如所在地政策变动、土地纠纷、变更地址等）时，应当及时披露并提示相关风险；

（三）应当及时披露项目的重大进展情况，包括项目达产情况等。

2.1.10　上市公司享受的税收优惠政策和产业政策发生重大变化时，如预计影响金额占最近一期经审计净资产或者净利润10%以上的，应当及时以临时报告方式披露政策变化情况，预计对公司的影响以及公司拟采取的应对措施等情况。

第二节　畜禽、水产养殖相关业务

2.2.1　本节所称的上市公司，指达到本指引第1.3条规定标准的从事畜禽、水产养殖相关业务的上市公司。

2.2.2　上市公司根据中国证监会相关格式准则要求披露年度报告、半年度报告时，应当同时按照下列要求履行信息披露义务：

（一）在披露报告期内所从事的主要业务和主要经营情况时：

1. 应当详细披露经营养殖模式的具体内容、模式的特有风险和模式变化情况，如采用与其他方合作养殖模式的，应当披露合作的主要内容，包括但不限于各方职责分工、定价方式、结算模式；合作方的数量、养殖规模区间分布、地区分布以及报告期内合作方的变化情况等；

2. 应当按自行繁育、外购等分项披露报告期末公司生物资产的数量、金额和淘汰率；

3. 涉及向合作社或者农户等个人采购的，且合计金额占采购总金额比例20%以上的，应当披露采购的具体内容、总金额、结算方式，以及前五大个人供应商的名称、金额、采购款实际支付情况等；

4. 存在向合作方提供担保或者财务资助的，应当根据合作方类型分别披露截至报告期末担保余额或者财务资助余额、报告期内已承担担保责任或者财务资助逾期未收回金额的具体情况。

（二）结合公司业务特点，具体分析并披露对公司有重大影响的各类风险，如疫病风险、市场价格大幅波动风险、食品安全风险、季节性风险、自然灾害风险、自然人客户较多且变动较大的风险、产业政策变化风险等。

（三）当报告期内出现重大流行疫病且国务院兽医主管部门公布重大动物疫情时，应当在报告期内重要事项中披露疫病发生情况，包括但不限于疫病类型、预计损失金额、影响业绩情况以及采取的应对措施等。

（四）当报告期内发生对公司业务造成重大影响的自然灾害时，应当披露自然灾害对公司业务的影响情况，包括但不限于预计的损失金额、保险投保情况及可能的赔偿情况、公司拟采取的应对措施、灾后重建计划等。

2.2.3　上市公司根据《15号编报规则》披露财务报告附注时，应当同时披露主要会计政策和会计估计，应当结合公司具体业务分主要产品披露存货盘点制度、具体盘点方法、存货成本结转制度和具体结转方法，并结合公司经营模式和生物资产的生产周期、流动性、生长环境等特点披露公司生物资产的确认、计量等会计政策和会计估计。

2.2.4　上市公司主营业务为畜禽养殖业务的，应当每月通过临时公告形式披露该业务月度产品销售数量（或者生产数量）、销售收入及各指标同/环比变动情况，在同/环比变动幅度超过30%时，还应当披露具体原因，多主业公司应当同时对上述披露仅包含养殖业务板块作出风险提示。

本所鼓励从事水产类养殖业务公司参照前款规定执行。

2.2.5　上市公司新建产能项目投资金额占公司最近一期经审计净资产10%以上的，应当按照下列要求履行临时信息披露义务：

（一）在董事会审议通过该投资项目后，应当及时披露项目所在地、新增产能规模、建设期、达产期、资金来源及规模、主要风险等。

（二）在项目执行过程中出现重大不确定性情形（如所在地政策变动、土地纠纷、变更地址等）时，应当及时披露并提示相关风险。

（三）应当及时披露项目的重大进展情况，包括项目达产情况、出栏情况等。

2.2.6　上市公司出现重大流行疫病且国务院兽医主管部门公布重大动物疫情时，应当及时披露临时报告提示疫病风险；预计直接损失金额占最近一期经审计净资产10%以上的，应当及时披露疫病类型、预计损失金额、保险赔偿情况、控制疫病的措施及效果，以及对当期业绩的影响情况等；公司还应当在后续定期披露进展情况，直至公司面临的疫情得到控制。

2.2.7　上市公司出现重大自然灾害时，预计损失金额占最近一期经审计净资产10%以上的，应当及时披露自然灾害可能产生的风险、对公司生产经营影响情况、预计损失金额、保险投保情况及可能的赔偿情况、公司拟采取的应对措施、灾后重建计划等。

第三章　固体矿产资源业

3.1　本章所指的固体矿产资源相关业务，包括：

（一）上市公司向矿产资源主管部门提出新设矿业权申请、通过参加矿产资源主管部门组织的矿业权招标拍卖挂牌活动有偿取得矿业权、受让其他主体拥有的矿业权、直接或者间接收购已取得矿业权的矿山企业股权；

（二）上市公司转让其拥有的矿业权或者转让其拥有矿业权的矿山企业股权；

（三）上市公司进行的矿产资源勘探及开采活动。

上述矿业权包括探矿权和采矿权。

3.2　本章所称上市公司，指达到本指引第1.3条规定标准的从事固体矿产资源相关业务的上市公司。

3.3　上市公司披露年度报告时，应当按照下列要求履行信息披露义务：

（一）上市公司应当披露报告期内直接影响行业发展的宏观经济走势、税费制度改革、限产转型政策、下游需求以及新兴运营模式等外部因素的变化情况，并说明其对公司当期和未来发展的具体影响，以及公司已经或者计划采取的应对措施；

（二）上市公司应当结合自身经营情况，披露下列反映行业发展状况与公司行业地位的信息：

1. 主要产品或者服务的用途；

2. 主要产品的工艺流程或者服务流程；

3. 主要经营模式，包括生产模式和销售模式；

本所鼓励上市公司披露在全行业或者区域市场的市场地位、竞争优势、市场份额，以及在行业总体经济总量中的占比等情况，相关数据须注明数据来源及测算方法；

（三）上市公司应当分品种披露矿产品的产销量、营业收入、营业成本、毛利率等主要经营、财务数据及其较前一年度的变动情况。如果上市公司拥有多个矿山，鼓励上市公司分矿山进行披露；

（四）上市公司应当披露报告期内进行的矿产勘探活动，以及相关的勘探支出情况，包括资本化金额和费用化金额。若报告期内未进行任何矿产勘探活动，应当如实说明。另外，上市公司应当根据首次披露的固体矿产资源/储量情况，结合之后进行的勘探活动所引起的固体矿产资源/储量增减变动情况、开采活动所消耗的固体矿产资源/储量情况，披露固体矿产资源/储量的最新资料；

（五）上市公司应当披露与行业相关的具体会计政策。上市公司应当在年度报告财务报表附注中披露勘探开发支出、资源税、维简费、安全生产费及其他与行业直接相关费用的提取标准、年度提取金额、使用情况、会计政策。公司应当在企业会计准则的基础上，依据公司自身的经营模式和结算方式，细化收入、在建工程转固定资产等确认条件、确认时点、计量依据等会计政策标准。

上市公司从事固体矿产资源相关业务未达到本条规定标准的，本所鼓励公司参照本条规定执行。

3.4　上市公司拟取得、出让矿业权或者主要资产为矿业权的公司股权，达到本所《股票上市规则》披露要求的，首次披露时应当披露下列基本情况：

（一）拟取得矿业权的具体方式，如申请新设矿业权、通过招标拍卖挂牌活动取得矿业权、受让其他主体拥有的矿业权、直接或者间接收购已取得矿业权的公司股权等；

（二）矿业权的历史权属情况，包括矿业权权利人取得方式和时间、审批部门层级、有效存续期限、最近三年权属变更情况、最近一期期末账面价值，以及上述资产对公司生产经营的重要程度；

（三）矿业权对应矿产资源类型（主矿及共伴生矿）、地理位置坐标、勘查面积或者矿区面积、勘探开发所处阶段、储量（证实储量、可信储量）、资源量（探明资源量、控制资源量、推断资源量）矿产品用途、生产规模等；

（四）涉及固体矿产资源/储量信息时，应当按照《固体矿产资源储量分类》（GB/T 17766－2020）要求披露：

上市公司在披露矿产储量、资源量时，应当披露矿产资源储量（证实储量、可信储量）、资源量（探明资源量、控制资源量、推断资源量）对应的级别、数量（包括矿石量、金属或者氧化物含量）、矿石品位等。如果是煤炭资源，应当披露煤的种类、含硫量、发热量等主要煤质指标。如果上市公司拥有多个矿山，应当分矿山进行披露；

对于矿石品位指标，特别是稀有矿石资源，应当简单描述该矿石品位的高低程度，可以与全球或者国内同类矿山平均品位或者该矿种的工业品位进行简单对比；

（五）上市公司是否具备相关矿业开发的资质和准入条件：

1. 是否已取得矿产资源开发利用所需要的资质条件、是否符合国家关于特定矿种的行业准入条件；

2. 尚不具备开采资质或者不符合行业准入条件的，应当说明拟采取的解决办法以及预计可具备相关资质条件的时间；

（六）对于已进入矿产资源开采阶段的矿业权，应当说明最近三年经营情况，包括但不限于主要产品形态、年开采量（矿石量及品位）、精矿产量及品级、单位售价、年销售收入、年净利润；

对于尚未进入矿产资源开采阶段的矿业权，应当披露目前勘探的工程量（钻孔、探槽等）和分析测试量，并结合水、电、交通、周边居民情况、采选技术等生产配套条件，说明达到生产状态需完成的工作、需履行的审批程序、预计投产时间、达产时间、生产规模、单位经营成本、单位完全成本、年收入及净利润等。如果年收入、净利润等受矿产品价格波动影响较大的，应当进行价格敏感性分析；

（七）是否已取得矿产资源主管部门颁发的许可证（如勘查许可证或者采矿许可证）；

已取得许可证的，应当说明矿业权的剩余有效期。许可证即将到期的，应当说明是否将申请延期，办理延续登记需满足的条件、相关成本以及存在的风险；

未取得许可证的，应当说明是否具备取得许可证的条件、需履行的审批程序、需缴纳的各项费用、是否存在实质性障碍、计划申请许可证的时间以及存在的风险；

（八）矿产资源开采是否已取得必要的开采许可、项目审批、环保审批和安全生产许可。过去三年，是否存在重大违规开采、环保事故和安全生产事故等情形，是否因上述情形受到相关主管部门处罚。曾经受到处罚的，应当说明所采取的整改措施和整改验收情况。存在重污染情况的，应当披露污染治理情况、因环境保护原因受到处罚的情况、最近三年相关费用成本支出及未来支出的情况，说明是否符合环境保护的要求。存在高危险情况的，应当披露安全生产治理情况、最近三年相关费用成本支出及未来支出的情况，说明是否符合安全生产的要求。在固体矿产资源相关业务存在委托经营情况，应当说明上市公司对相关业务的管理方式，环保、安全相关责任等情况；

（九）矿业权权利人是否已按国家有关规定缴纳了相关费用，包括探矿权出让收益、采矿权出让收益、矿业权占用费、资源税等。存在欠费情况的，应当说明解决措施及其影响；

（十）矿业权是否存在质押、查封等权利限制或者诉讼仲裁等权利争议情况；

（十一）上市公司应当说明矿业权投资生效需满足的条件和履行的审批程序，如矿业权转让需取得矿产资源主管部门的同意并办理登记手续，国有矿山企业转让矿业权需取得国有资产管理部门批准等；

（十二）如果上市公司目前的主营业务为非固体矿产资源业务，且公司属于首次开展固体矿产资源业务时，上市公司要充分披露其矿业相关管理人员、地质专业人员的配备情况，主要人员勘探及开采的行业经验是否能够保障公司业务的顺利进行。如果缺乏相应的专业人员，上市公司应当说明拟解决的途径并充分揭示风险。

如果拟投资的矿产资源属于境外项目，公司可根据实际情况调整披露或者不披露相关内容，但应当说明并披露原因，并说明矿产资源所在国矿业项目实施关键流程及相关法律法规，拟投资的矿业项目所处阶段以及境外矿产资源开采相关税费缴纳情况。

3.5　上市公司在首次披露拟取得、出让矿业权或者主要资产为矿业权的公司股权时，应当根据矿业项目具体情况充分揭示在矿产资源勘查、立项、获准、开采等环节存在的风险因素，并对重大风险进行特别提示。相关风险因素包括但不限于下列内容：

（一）矿业权取得、矿产勘查和开发的审批风险。矿业权取得、矿产开发需获得批准的，说明需履行的审批程序、预计获得批准的时间及其不确定性；

（二）矿产资源勘查失败风险；

（三）矿业权价值和开发效益存在的不确定性风险，说明资源储量预估值与实际值存在差异的风险等；

（四）矿产资源尚不具备开采条件；

（五）矿业权权属存在限制或者争议；

（六）无法获取采矿权证的行政审批风险；

（七）无法获取相配套生产经营所需证照的行政审批风险；

（八）无法取得预期采矿规模的技术风险和自然条件约束；

（九）工程建设资金前期投入较大的风险；

（十）安全生产的风险；

（十一）产业结构调整、少数客户依赖、矿产品销售价格波动的风险；

（十二）税收政策变化风险（如资源税、出口退税等）；

（十三）缺乏矿山经营管理方面专业人才的风险；

（十四）公司与周边居民的关系处理的风险；

（十五）前期投资超预期的风险；

（十六）境外矿产资源面临的境外法律风险；

（十七）公司或者本所认为应当说明的其他风险。

上市公司对这些风险因素能作出定量分析的，应当进行定量分析，不能作出定量分析的，应当进行定性描述。

3.6 上市公司进行矿业权投资，在首次履行信息披露义务后，应当按照《股票上市规则》的规定及时披露进展情况，包括但不限于下列信息：

（一）取得勘查许可证或者采矿许可证；

（二）矿业权权利延续申请获得批准或者被否决；

（三）矿业权投资相关申请获得批准或者被否决；

（四）矿产资源勘查取得重大成果；

（五）矿山开始投产或者扩产；

（六）公司的矿产资源品种、储量、品位以及开采条件发生重大变化的，并详细说明具体变动情况、原因和影响；

（七）矿产资源勘探开发发生重大安全生产事故的，应当详细说明事件对公司的影响，包括但不限于预计损失情况、是否可能被主管部门责令停产、吊销相关资质及许可，以及拟采取的应对措施等；

（八）矿产资源勘探开发发生重大环境污染事故的，应当披露环境事故发生的基本情况、超标或者违规排放的情况、超标或者违规排放对环境、社会及其他利益相关者造成的影响和损失，事故处理方式和处理结果，收到的处罚情况（如有），以及对公司后续生产经营的影响及公司的整改措施；

（九）矿业权投资相关协议未按计划履行；

（十）矿业权投资相关业绩承诺未实现或者预期无法实现；

（十一）本所认为其他应当披露的重大情况。

3.7 上市公司拟取得、出让矿业权或者主要资产为已取得矿业权的公司股权，达到《股票上市规则》要求提交股东大会的交易，上市公司披露的矿产资源储量信息应当同时满足下列要求：

（一）首次披露某一矿业权的矿产资源储量信息时，应当提供地质勘查报告或者矿产资源储量核实报告，并提交矿产资源储量评审机构出具的评审意见；

地质勘查报告或者矿产资源储量核实报告、评审机构评审意见应当以附件形式进行披露，同时介绍相应评审机构的具体情况；

（二）涉及境外矿产资源的，上市公司应当提供境内矿产资源储量评审机构出具的评审意见或者境外证券交易所公认的合格人士编制并签字的独立技术报告。如境内评审机构出具评审意见，应当说明其具体情况；如境外出具独立技术报告，相应合格人士必须至少有一次在境外交易所出具独立技术报告的经验，且公司应当对上述合格人士是否仍具备出具独立技术报告的资质进行说明；

（三）上述矿产资源储量评审机构、合格人士应当满足独立性要求；

（四）涉及固体矿产资源业务的，应当按照《矿山储量动态管理要求》的规定，大、中型矿山必须建立矿山地质测量机构，小型矿山必须配备地质测量人员。年度报告或者临时公告中披露的资源储量更新信息，应当由公司内部的地质测量机构负责人或者地质测量专业人员予以声明：保证资源储量信息的真实、准确、完整。

3.8　上市公司进行主营业务以外的矿业权投资，达到本所《股票上市规则》要求提交股东大会的交易，应当委托律师事务所对矿业权投资涉及的法律问题出具法律意见书。法律意见书除应当核实普通交易所涉及的一般法律事项外，还应当逐一核实下列事项，并就矿业权的取得是否合法有效发表结论性意见：

（一）交易主体是否已具有矿业权的权属证书，相关矿业权是否存在权利限制或者权利争议情况；

（二）矿业权的取得或者出让是否已获得矿产资源主管部门（如需要）、项目审批部门（如需要）、环保审批部门（如需要）、安全生产管理部门（如需要）等有权审批部门的同意。如未获得，办理相关登记、备案或者审批手续是否存在法律障碍；

（三）矿业权是否已经具有资质的矿业权评估机构评估，相关评估报告是否仍处于有效期内；

（四）上市公司为矿业权取得人或者受让人的，是否具备开采利用矿业权所涉特定矿种的资质，是否符合其行业准入条件；

（五）上市公司取得或者受让境外矿业权的，需说明该行为是否符合矿产所在地的外资管理、行业管理等法律规定。

上市公司应当在矿业权投资公告中披露法律意见书的结论性意见，同时在本所网站和符合中国证监会规定条件的媒体披露法律意见书全文。

3.9　上市公司涉及矿业权价值、作价依据、作价方法等评估相关信息的披露，参照本所自律监管指南规定的资产评估业务有关公告格式的披露要求执行。

3.10　上市公司披露涉及矿业权的经济行为时，本所认为有必要的，公司应当委托律师事务所出具专项法律意见书。

3.11　本章中储量、资源量等行业专用术语的定义，按照中华人民共和国国家标准《固体矿产资源储量分类》（GB/T 17766－2020）的定义执行。

第四章　制造业

第一节　食品及酒制造相关业务

4.1.1　本节所称食品及酒制造相关业务，是指供人食用或者饮用产品的生产、加工及销售业务，包括国家市场监督管理总局颁布的食品生产许可分类目录中所涉及的食品、食品添加剂等产品，不包括烟草或者只作为药品用的产品。

公司从事食品及酒制造相关业务过程中涉及农产品养殖和种植业务的，同时需按照本指引第二章的要求进行披露。

4.1.2　本节所称的上市公司，指达到本指引第1.3条规定标准的从事食品及酒制造相关业务的上市公司。

4.1.3 上市公司按中国证监会相关格式准则披露年度报告时，应当同时按照下列要求履行信息披露义务：

（一）上市公司应当结合行业情况和公司经营状况，披露主营业务情况、竞争格局、公司在行业中具备的竞争优势、公司存在的风险因素等信息。

如公司产品涉及许可销售的，需披露公司取得的许可证书或者备案凭证名称、数量，报告期内取得证书或者备案凭证的产品名称、取得时间、取得方式、备案号等情况。

如报告期内公司出现商标权属纠纷、食品质量问题、食品安全事故等情况且对公司产生重大影响的，应当在定期报告中披露相关事项的进展情况，以及公司为消除上述事件影响所采取的应对措施。

（二）上市公司应当结合行业特征和自身业务特点，披露生产模式、采购模式、销售模式等与经营相关的主要内容。如报告期内公司经营模式发生重大变化的，应当披露新模式的特点、发生变化的原因、主要风险因素等情况。

（三）上市公司应当披露品牌运营情况，包括但不限于主要产品类型、代表品牌名称、新产品投放情况等。在对主要产品按类别披露时，公司应当说明分类标准并保持一致性；如分类标准发生变化，需说明变化产生的原因。

（四）上市公司应当详细披露下列与销售相关的具体内容：

1. 主要销售模式，如直销模式、经销模式等；并结合自身销售模式的特点，说明主要销售渠道，如线上销售、线下销售（门店销售、商超销售等）、自营销售、代理销售等。

2. 公司应当按照销售模式或者销售渠道分类，披露不同销售模式或者销售渠道下的营业收入、营业成本、毛利率及同比变动情况。

公司应当按照产品类别分类，披露各类产品的营业收入、营业成本、毛利率及同比变动情况。

3. 涉及经销模式的，应当按照区域分类，披露报告期末经销商数量、报告期内增加数量、减少数量，如报告期末对同一地区经销商数量变动同比超过30%的，应当详细披露发生变化的原因。

公司应当披露对经销客户的主要结算方式、经销方式，以及报告期内对前五大经销客户的销售收入总额、销售占比、期末应收账款总金额。

4. 涉及门店销售终端的，应当按照区域分类，分别披露直营门店、加盟门店及其他合作方式下的门店的期末数量、期初数量。如报告期末对同一地区的门店变动数量超过30%的，应当详细披露发生变化的原因。门店销售终端营业收入低于当期营业收入总额10%的，可以免于披露上述信息。

5. 涉及线上直销销售的，应当披露主要线上销售产品品种、平台名称等信息。

6. 如占当期营业收入总额10%以上的主要产品销售价格较上一报告期的变动幅度超过30%的，需分析售价变动原因及对公司产生的影响。

（五）上市公司应当详细披露下列与采购相关的具体内容：

1. 采购模式及采购内容，主要采购内容（如原材料、燃料和动力等）的金额。

2. 涉及向合作社或者农户采购原材料，且合计金额占采购总金额比例超过30%的，需披露向其采购的具体内容、总金额、结算方式、采购款实际支付情况等。

3. 报告期内，主要外购原材料价格同比变动超过30%的，公司应当披露发生变动的具体原因并说明对主营业务成本的影响。

（六）上市公司应当详细披露下列与生产相关的具体内容：

1. 主要生产模式，包括但不限于自产、委托加工等。

2. 涉及委托加工生产的，应当披露委托加工产品的内容、数量、占该类产品生产量的比重、委托加工劳务金额。如公司委托加工产品数量同比变动超过30%的，应当详细说明发生变化的原因。

委托加工生产产品成本占营业成本比例低于10%的可免于披露。

3. 本所鼓励上市公司按照产品分类，披露营业成本的主要构成项目，如原材料、人工费用、折旧、能源和动力等项目的金额、在成本总额中的占比情况。

（七）上市公司应当详细披露下列与产量和库存量相关的具体内容：

1. 按照主要产品分类，分别披露生产量、销售量、库存量、同比变动情况；如同比变动超过30%的，应当说明发生变化的原因。

酒类制造企业应当披露期末成品酒、半成品酒（含基础酒）的库存量。

2. 按照生产主体分类，分别披露主要产品的设计产能、实际产能、在建产能情况。

（八）上市公司应当详细披露销售费用的具体构成、金额、销售费用占比、同比增长率等信息；如单项细分费用同比变动超过30%的，应当披露变动的具体原因。

公司可根据自身经营模式、营销方式等特点对销售费用进行分类，应当包括但不限于广告宣传费、促销费、仓储费及物流费、人工费用等项目。公司应当披露报告期内投放广告的主要方式、金额，包括但不限于线上广告、线下广告、电视广告等。

上市公司披露半年度报告时，鼓励公司参照本条规定执行。

4.1.4　上市公司根据《15号编报规则》披露财务报告附注时，应当同时按照下列要求履行信息披露义务：

（一）公司应当根据经营模式特点，在重要会计政策及会计估计中披露不同销售模式下的收入确认会计政策、产品风险转移的具体时点、期后销售退回、销售返利及销售奖励的会计核算方法等。

（二）在合同负债项目的注释中，应当披露上述往来款项的账龄、金额前五名的单位合计金额及占比情况。

（三）在存货项目的注释中，应当按照库存商品的主要产品类型，分别披露余额、存货跌价准备的计提情况等。

（四）在货币资金项目的注释中，酒制造企业应当详细披露是否存在与相关方建立资金共管账户等特殊利益安排的情形，如存在，说明具体内容。

4.1.5　上市公司出现下列情形之一且对公司产生重大影响的，应当以临时报告方式履行信息披露义务：

（一）公司产品被市场监督管理局检查出存在食品安全问题，或者因产品质量等原因导致产品被退回、召回、消费者投诉等情形时，应当在知悉该事项或者出现媒体报道时，及时披露相关产品的具体名称、最近一年销售收入金额、占营业收入比例，对问题产品的后续处理计划，并预计损失金额及对公司未来经营业绩的影响、公司拟采取的应对措施等情况。

（二）公司所处细分行业因出现重大食品安全事故或者产品出现影响公众健康安全的事件时，应当在知悉该事项或者出现媒体报道时，及时披露事件的具体情况、相关事件是否涉及公司产品、对公司生产经营的影响及拟采取的应对措施等情况。

（三）公司所处细分行业发生重大环境污染事故的，应当披露环境事故发生的基本情况、超标或者违规排放的情况、超标或者违规排放对环境、社会及其他利益相关者造成的影响和损失，事故处理方式和处理结果，收到的处罚情况（如有），以及对公司后续生产经营的影响及公司的整改措施。

（四）公司如涉及商标权属纠纷等情况的，应当及时披露相关事项产生的原因、商标权所有人的情况，并判断对生产经营是否产生重大影响及后续处理措施等。

第二节　纺织服装相关业务

4.2.1　本节所称的纺织服装相关业务，是指从事以棉、毛、麻、丝、人造纤维、皮革皮草等为原材料进行针织、纺织、印染、加工等相关业务，以及从事服装、鞋帽、箱包等相关服饰的设计、生产加工、销售业务。

4.2.2　本节所称的上市公司，指达到本指引第 1.3 条规定标准的从事纺织服装相关业务的上市公司。

4.2.3　上市公司按中国证监会相关格式准则披露年度报告、半年度报告时，应当按照下列要求履行信息披露义务：

（一）上市公司应当披露反映纺织服装行业面临的宏观环境、市场环境、行业发展以及所处行业周期等外部因素：

1. 公司应当结合宏观经济数据与行业指标（如社会消费品零售总额等）说明行业发展状况、公司经营情况与行业发展是否匹配，如公司情况与行业情况存在较大差异，应当分析原因。

2. 鼓励公司结合业务规模、经营区域、产品类别和特点、竞争对手情况，披露所在细分行业或者区域的市场竞争格局、发展趋势、公司市场地位、竞争优势及劣势等，并说明领域划分的具体标准。

3. 上市公司应当披露报告期内对所在行业具有重大影响的国家及地方税收、进出口政策、境外市场尤其是投资项目所在地的市场环境等外部因素的变化情况，说明其对公司的具体影响、公司已经或者计划采取的应对措施，并进行必要的风险提示。

（二）上市公司应当披露主要产品和经营模式，包括研发设计模式、采购模式、生产模式、销售模式、品牌经营等相关经营信息，重点分析公司所在的产业链位置、盈利模式、产品特色等要素。

（三）上市公司应当结合行业特点和自身经营模式，披露可能对公司未来发展战略和经营目标产生不利影响的风险因素，包括但不限于原材料价格变动的风险、存货管理及跌价风险、进出口贸易风险、品牌运营风险，并说明公司对相应风险的应对措施。

（四）上市公司应当披露自有产能状况，包括总产能、产能利用率。存在境外产能的，公司还应当披露境内外产能的占比、布局、境外产能利用率并披露公司未来的境外产能扩建计划，包括但不限于当前或者计划建设的工厂等。产能利用率同比变动超过10%的，应当结合订单、库存和销售情况说明原因。

（五）上市公司应当详细披露产品的销售渠道，包括线上销售、直营销售、加盟销售、分销销售等，并具体说明不同销售渠道的实际运营方式，还应当按照销售渠道分别列示营业收入、成本、毛利率以及同比变动情况，对毛利率变动幅度较大的，应当说明变化原因。

（六）上市公司应当披露销售费用及构成，报告期内上市公司销售费用同比变动超过30%或者销售费用构成发生较大变化的，应当根据行业特点、自身经营和销售模式，并结合销售员工的数量及薪酬、广告宣传费用、折扣活动、门店租赁装修情况、加盟商补贴等因素披露变动原因。

（七）加盟商、分销商实现销售收入占比超过30%的，应当具体披露加盟、分销商的总数以及与加盟、分销商的具体合作模式，包括但不限于拿货政策、结算方式以及预计负债的计提等情况，并根据具体合作模式披露公司收入确认的会计政策，以及报告期内前五大加盟商、分销商情况（属同一控制的应当合并计算）、开始合作时间、是否为关联方、销售总额、加盟商的层级。

（八）线上销售实现销售收入占比超过30%的，应当披露报告期内线上业务的具体运营模式及收入占比。对于自建销售平台的，公司应当披露自建平台开始运营的时间、注册用户数量、月均活跃用户数量、主要销售品牌或者品类的退货率等。对于与第三方销售平台合作的，公司应当对销售收入占比超过10%以上的平台分别列示报告期内的交易金额、退货率等情况。涉及代运营模式的，公司应当披露合作方名称、主要合作内容、费用支付情况等。

（九）上市公司有实体门店销售终端的，应当披露下列内容：

1. 实体门店分布情况，公司应当按照直营和加盟等分别披露门店的数量、面积、报告期内新开门店的数量和类型、报告期末关闭门店的数量、类型和关闭原因以及涉及品牌等。

2. 直营门店总面积和店效情况，包括开业12个月以上直营门店的平均营业收入变动情况，以及营业收入排名前五的门店名称、开业日期、营业收入及店面平效等信息。公司存在加盟或者分销的，鼓励公司披露前五大加盟店的上述信息。

（十）上市公司应当披露主要产品的存货情况，包括存货周转天数、存货数量、存货库龄、存货余额同比增减情况及原因；上市公司应当结合库龄、产品的季节性特征、产品的历史退货率等信息披露存货跌价准备的计提情况。鼓励公司披露加盟或者分销商等终端渠道的上述存货信息。

（十一）上市公司涉及生产和销售品牌服装、服饰以及家纺产品的，应当披露下列品牌建设情况：

1. 自有品牌，包括核心品牌及其他品牌名称和商标名称、各品牌的主要产品类型、特点、目标客户群、主要产品价格带、主要销售区域和城市级别等；

2. 合作品牌，除本条第一项要求披露的事项外，还包括品牌及商标权权属、合作方名称、合作方式和合作期限等；

3. 被授权品牌，除本条第一项要求披露的事项外，还包括授权方、授权期限、是否为独家授权等情况；

4. 公司应当结合品牌的品牌定位和竞争格局分析报告期内各品牌的营销与运营，包括营销网络、报告期内的主要市场推广活动以及推广活动产生的效应等。

（十二）上市公司从事服装设计相关业务的，应当披露自有的服装设计师数量、签约的服装设计师数量、搭建的设计师平台的运营情况等信息。

4.2.4　上市公司开设门店，预计对公司经营业绩产生重大影响的，鼓励及时披露新增门店地址、开设时间、合同面积（建筑面积或者使用面积）、投资金额、产品类别、经营业态、经营模式（直营、加盟或者其他模式）、物业权属状态（自有物业、租赁物业或者其他权属状态）等内容。公司前期已披露相关物业的购买、租赁信息的，可援引前期公告。

上市公司关闭门店对公司经营业绩产生重要影响的，应当及时披露关闭门店的名称、地址、开业及停业时间、关闭原因、对公司的影响等。

4.2.5　上市公司开设或者关闭线上销售渠道的，应当披露渠道的名称、主营品牌和主要产品类别等内容，关闭线上渠道的，应当披露关闭的具体原因、开业时间、开店期间经营情况，并说明对公司当期及未来发展的影响。

4.2.6　上市公司发生重大环境污染事故的，应当及时披露下列信息：

（一）环境事故发生的基本情况，包括但不限于发生日期、地点、原因、初步影响和损害程度；

（二）超标或者违规排放的情况，包括但不限于污染物名称和污染源分布情况，超标或者违规排放次数、排放总量、最高排放浓度/强度等；

（三）超标或者违规排放对环境、社会及其他利益相关者造成的影响和损失；

（四）事故处理方式和处理结果，受到的处罚情况（如有），以及对公司后续生产经营的影响及公司的整改措施。

公司如无法在事故发生后及时披露前款全部内容的，可以按照分阶段披露原则及时披露环境事故的具体情况和进展情况。

公司应当在年度报告、半年度报告中持续披露上述环境事故的后续处理情况，并核查公司环境监测方案和风险管理措施是否存在重大缺陷；如是，应当披露相关解决或者整改方案。

4.2.7　上市公司如涉及商标权属纠纷等情况的，应当及时披露相关事项产生原因、商标权所有人的情况，并判断对生产经营是否产生重大影响及后续处理措施等。

4.2.8　上市公司若为经销商提供担保及财务资助的，上市公司除了按照本所《股票上市规则》相关章节进行披露之外，还应当披露同该经销商合作时间，对其销售政策、过去十二个月累计销售金额及截至公告披露日的回款情况。

4.2.9　上市公司应当及时披露重要品牌合作情况。公司除参照本所自律监管指南规定的签署战略框架协议有关公告格式的要求进行披露外，还应当披露合作品牌的产品情况、目标客户群、最近三年的经营销售情况，以及品牌合作方式、经营模式、合作期限、合作涉及的投融资计划等合作协议重要条款。公司应当披露本次品牌合作对未来经营的影响，并予以必要的风险提示。

公司取消品牌合作的，除按前款要求披露合作品牌基本情况外，还应当披露取消合作的具体原因、对公司经营的影响等情况。

4.2.10　上市公司举办订货会的，鼓励披露每半年举办订货会的情况，如订货会召开次数、时间、订货金额、同比增减情况及上年同期订货会执行率等。

4.2.11　本节有关用语含义如下：

（一）销售渠道：指实体门店销售、线上销售或者通过其他方式进行的销售。

（二）门店：指在一定硬件设施基础上（营业场所）建立起地点相对固定的实体零售场所，包括商场专柜、店中店、独立店铺等形式。

（三）线上销售：指顾客通过计算机、手机或者其他设备等利用互联网渠道购买商品而实现的销售。

（四）直营：指由公司直接投资经营管理各门店的经营形态。

（五）加盟：指企业将自行设计或者生产的产品、服务的营业系统（包括商标、商号等企业形象、经营技术、营业场合和区域），以合同的形式授予加盟店经销权或者营业权。

（六）分销：指企业将自行设计或者生产的产品、服务通过分销商、经销商销售给终端消费者的模式，其中企业将产品、服务的所有权转移给分销商或者经销商。

（七）目标客户群：指商品有针对性地提供给具有特定消费特征和消费能力的客户群体。

（八）价格带：指商品销售价格的上限与下限之间的范围。

第三节　化工行业相关业务

4.3.1　本节所称化工行业相关业务，是指上市公司从事化学原料和化学制品制造、化学纤维制造、橡胶和塑料制品制造、石油加工和贸易等相关业务活动。

4.3.2　本节所称的上市公司，指达到本指引第1.3条规定标准的从事化工行业相关业务的上市公司。

4.3.3　上市公司根据中国证监会相关格式准则要求披露年度报告时，应当同时按照下列要求履行信息披露义务：

（一）结合报告期内宏观经济形势、产业发展政策环境、环保政策、进出口贸易政策、上下游产业链情况等外部因素的变化情况，分析行业发展状况及总体供求趋势、市场竞争格局、公司的行业地位、核心竞争优势和主要劣势，并说明对公司当期及未来发展的影响，以及公司已经或者计划采取的应对措施；

（二）结合公司自身业务特点与行业惯例，披露公司经营模式、主要产品的分类、用途、价格影响因素，并分项列示占公司营业收入或者净利润10%以上的各项产品、产量、销量及收入实现情况、报告期内的售价走势，并分析变动原因；

（三）结合主要产品的成本要素构成，详细披露主要原材料的采购模式、各项主要原材料采购额占采购总额的比例、结算方式是否发生重大变化、主要原材料每半年度的平均价格等。如主要原材料价格较上一报告期发生重大变化，应当披露变动的原因，并量化分析原材料价格波动对公司营业成本的影响；

（四）上市公司能源采购价格占生产总成本30%以上的，应当披露主要能源供应情况，包括但不限于主要能源类型、主要能源每半年度的采购金额及数量等。报告期内上市公司主要能源类型发生重大变化的，应当披露变化的原因、对公司生产经营的影响以及公司的应对措施；

（五）主要产品生产技术所处的阶段、核心技术人员情况、专利技术、产品研发优势等；

（六）以列表方式披露主要产品的设计产能、报告期内的产能利用率、在建产能及其投资建设情况等，并分别披露主要化工园区生产的产品种类；

（七）报告期内正在申请或者新增取得的环评批复情况，如涉及新增产能，需明确环评申请所处阶段，并提示风险；

（八）报告期内出现非正常停产情形的，应当披露非正常停产的原因、停产子公司或者车间产生的营业收入和净利润占最近一个会计年度经审计营业收入和净利润的比例、复产情况或者预计复产时间，以及对公司生产经营的影响等；

（九）报告期内主要产品生产、运输、销售等方面已取得及应当取得的相关批复、许可、资质及有效期。下一报告期内相关批复、许可、资质有效期限将届满的，公司应当披露续期条件的达成情况；

（十）报告期内公司发生重大安全事故的，还应当披露影响，包括但不限于预计损失情况、是否可能被主管部门责令停产、吊销相关资质及许可，拟采取的应对措施；

（十一）报告期内安全管理相关内部控制制度的建设及运行情况，包括但不限于公司安全生产监管体系、安全生产标准化建设、安全生产工艺、安全生产投入、安全生产教育与培训和报告期内接受主管单位安全检查的情况等；

（十二）上市公司境外业务产生的营业收入或者净利润占公司最近一个会计年度经审计营业收入或者净利润10%以上的，还应当披露境外业务开展的具体情况、报告期内税收政策对境外业务的影响及公司的应对措施；

（十三）报告期内开展金融工具套期保值业务的，应当披露衍生品交易情况；

（十四）公司从事下列化工细分行业的，除披露前款规定内容外，还应当披露下列信息：

1. 从事石油加工、石油贸易行业的，应当披露公司主要销售渠道、进出口贸易规模及相关税收政策对公司生产经营的影响、公司码头、仓储、储罐容量等物流设施情况；

2. 从事化肥行业的，应当披露公司营销方式对公司生产经营的影响、销售淡季生产能力的安排、进出口贸易规模及税收政策等变化情况、以及农业生产的季节性波动对公司生产经营的影响；

3. 从事农药行业的，应当披露公司农药产品登记情况、主要产品的用途及竞争优势、进出口贸易规模及税收政策等变化情况及对公司生产经营的影响；

4. 从事氯碱、纯碱行业的，应当披露公司单位产值能耗情况、是否享受优惠电价，并说明电价政策和购电价格变化对公司营业成本的影响。

4.3.4 上市公司根据《15 号编报规则》披露财务报告附注时，应当披露与行业相关的具体会计政策，并按照下列要求履行信息披露义务：

（一）依据自身业务模式和结算方式，详细披露收入确认会计政策，并披露行业特殊的收入确认条件、确认时点和核算依据；

（二）披露报告期内固定资产、在建工程投资情况，包括但不限于新增投资规模、预计产能、建设周期、在建工程转固情况；

（三）披露报告期内安全专项储备的核算情况，包括但不限于计提比例、计提金额和使用情况。

4.3.5 上市公司在报告期内出现下列情形之一的，应当以临时报告方式按照对应要求履行信息披露义务：

（一）上市公司出现非正常停产的，应当及时披露相关情况，包括但不限于停产产能占比情况、停产子公司或者车间产生的营业收入和净利润占最近一个会计年度经审计营业收入和净利润的比例、预计复产时间、公司的应对措施等。

（二）上市公司主要产品销售价格、原材料采购价格等发生重大变动的，应当及时披露价格变动情况、对公司生产经营的影响以及公司的应对措施。本所鼓励上市公司每季度披露主要产品和原材料价格环比变动情况。

（三）上市公司能源采购价格占生产总成本 30% 以上的，主要能源类型发生重大变化时，应当及时披露对公司生产经营的影响以及公司的应对措施。

（四）上市公司取得或者丧失重要生产许可或者资质时，应当及时披露相关情况，并说明对公司未来业务的影响。

4.3.6 上市公司发生重大环境污染事故的，应当及时披露下列信息：

（一）环境事故发生的基本情况，包括但不限于发生事故主体、发生时间、地点、原因、对公司生产经营的影响、对社会环境的损害程度、造成的人员伤亡及直接经济损失、可能需赔偿的经济损失；

（二）污染排放超标或者违规排放的情况，包括但不限于污染物名称和污染源分布情况，排放浓度、超出排放标准的情况等（如适用）；

（三）相关事项对环境、社会及其他利益相关者造成的影响和损失；

（四）相关主管部门作出行政处罚的原因、违规情形、处罚结果，以及对公司后续生产经营的影响及公司的整改措施（如适用）。

公司如无法在事故发生后及时披露前款全部内容的，可以按照分阶段披露原则及时披露环境事故的具体情况和进展情况。

公司应当在年度报告、半年度报告中持续披露上述环境事故的后续处理情况，并核查公司环境监测方案和风险管理措施是否存在重大缺陷；如是，应当披露相关解决或者整改方案。

第四节　民用爆破相关业务

4.4.1　本节所称民用爆破相关业务，是指用于非军事目的的各类火药、炸药及其制品和雷管、导火索等点火、起爆器材的研发、生产、销售、购买、进出口、运输、储存及爆破服务等相关业务活动。

4.4.2　本节所称的上市公司，指达到本指引第1.3条规定标准的从事民用爆破相关业务的上市公司。

4.4.3　上市公司根据中国证监会相关格式准则要求披露年度报告、半年度报告时，应当同时按照下列要求履行信息披露义务：

（一）上市公司应当结合报告期内宏观经济情况和民用爆破行业的上下游行业情况，分析民用爆破行业的总体供求趋势，并对报告期内公司主要销售区域市场份额变化情况、利润水平的变动趋势及其原因等进行有针对性的讨论与分析，并说明对公司当期及未来发展的具体影响，以及公司已经或者计划采取的应对措施；

（二）上市公司应当披露报告期内产业政策和行业监管法律法规相关情况，相关政策和法律法规发生重大变化的，应当说明相关事项对公司的影响，并说明公司已经或者计划采取的应对措施；

（三）上市公司应当区分不同产品和服务类型（如工业炸药、起爆器材、爆破服务等）披露营业收入、营业成本、毛利率，分不同区域（国内主要销售省份和境外销售区域等）披露营业收入及其较前一年度的变动情况；

（四）上市公司应当分别披露各类民用爆炸产品的许可产能、产能利用率、在建产能及其投资建设情况等。鼓励公司结合市场供求情况，在年度报告中披露下一年度的产能调整方案；

（五）上市公司应当披露在报告期内取得的民用爆炸产品生产、储存、运输及爆破作业相关资质及许可的类型、适用区域和有效期。报告期内相关资质与许可发生重大变化的，公司应当说明影响及应对措施。下一报告期内相关资质与许可有效期限届满的，公司应当披露续期条件的达成情况；

（六）上市公司应当披露报告期内安全管理相关内部控制制度的建设及运行情况，包括但不限于公司安全生产监管体系、安全生产标准化建设、安全生产工艺、安全生产投入、安全生产教育与培训和报告期内接受主管单位安全检查的情况等。报告期内公司发生重大安全事故的，还应当披露影响，包括但不限于预计损失情况、是否可能被主管部门责令停产、吊销相关资质及许可，拟采取的应对措施；

（七）上市公司在境外开展民用爆破业务涉及营业收入占公司最近一个会计年度经审计营业收入、或者涉及净利润占公司最近一个会计年度经审计净利润、或者涉及投资额占公司最近一个会计年度经审计净资产10%以上的，或者从事其他对公司存在较大影响的境外业务的，应当对公司境外业务开展的具体情况进行披露。报告期内，上市公司开展境外业务所在国家或者地区的经营环境和行业政策发生重大变化的，应当披露具体影响和应对措施。

4.4.4 上市公司根据《15号编报规则》披露财务报告附注时，应当披露与行业相关的具体会计政策，并按照下列要求履行信息披露义务：

（一）依据自身业务模式和结算方式对收入确认会计政策进行详细披露，包括披露行业特殊的收入确认条件、确认时点、核算依据、确定履约进度的方法等；

（二）披露报告期内安全专项储备的核算情况，包括计提比例、计提金额和安全专项储备在报告期内的使用情况。

4.4.5 上市公司拟新增或者减少的产能达到上一会计年度期末许可产能总量10%的，应当以临时报告形式披露相关事项的进展，包括新取得许可和资质的情况、新建生产线试运行及正式投产的情况等。

4.4.6 上市公司拟通过股权收购方式收购从事民用爆破相关业务标的公司的，应当参照本节披露标的公司从事民用爆破相关业务的资质、许可和产能等相关情况。

4.4.7 上市公司在民用爆炸产品研发、生产、销售、购买、进出口、运输、储存和进行爆破服务过程中发生可能对公司股票及其衍生品种交易价格产生重大影响的安全事故时，应当及时进行披露并揭示风险，包括但不限于公司是否可能被主管部门责令停产、吊销相关资质及许可、调减许可产能、公司预计获得保险理赔金额、对当期损益的影响以及拟采取的应对措施等。

第五节 非金属建材相关业务

4.5.1 本节所称的非金属建材相关业务，主要是指工程建筑用非金属材料的生产、制造和销售等业务。非金属建材包括但不限于水泥、建筑石材、建筑陶瓷、玻璃、玻璃纤维、砖、瓦、石灰、石膏、混凝土及其制品，以及相关防水、耐火、保温、塑料管材、装饰板材、涂料材料和其他材料。

4.5.2 本节所称的上市公司，指达到本指引第1.3条规定标准的从事非金属建材相关业务的上市公司。

4.5.3 上市公司应当在年度报告的“经营情况讨论与分析”中披露下列反映行业和自身生产经营特征的信息：

（一）结合宏观经济数据与行业指标（如行业总产能、总产销量、总能耗、总排放量等）变化说明行业发展状况、公司经营情况与行业发展是否匹配，如公司情况与行业情况存在较大差异，应当分析原因；

（二）报告期内对行业或者公司具体生产经营有重大影响的国家行业管理体制、产业政策及主要法规等变动情况及其具体影响，并说明已经或者计划采取的应对措施；

（三）针对周期性非金属建材产品（主要指水泥、建筑石材、石灰、石膏及相关制品、玻璃、混凝土等产品），应当披露所在细分行业或者主要产品区域的市场竞争状况、公司的市场地位及竞争优势与劣势等情况；

（四）结合披露的宏观环境、行业特性、消费需求及原材料等信息，详细说明公司生产经营所处行业的周期性、季节性和区域性等特征；

（五）主要产销模式，并列表说明不同销售区域或者细分产品的生产量、销售量、库存量等经营性指标情况，并披露该等指标的同比变动情况，以及在主要销售区域或者细分产品的毛利率变动趋势及其原因；

（六）针对周期性非金属建材产品，应当披露相关产品的产能、产能利用率、成品率（如适用），以及在建产能及其投资建设情况等。鼓励公司结合市场供求情况，在年度报告中披露下一年度的产能利用率调整计划；

（七）主要产品的原材料和能源及其供应情况，报告期内主要原材料和能源的价格出现大幅波动的，应当披露其对公司生产经营的影响及应对措施。

4.5.4　上市公司发生重大环境污染事故的，应当及时披露下列信息：

（一）环境事故发生的基本情况，包括但不限于发生日期、地点、原因、初步影响和损害程度；

（二）超标或者违规排放的情况，包括但不限于污染物名称和污染源分布情况，超标或者违规排放次数、排放总量、最高排放浓度/强度等；

（三）超标或者违规排放对环境、社会及其他利益相关者造成的影响和损失；

（四）事故处理方式和处理结果，受到的处罚情况（如有），以及对公司后续生产经营的影响及公司的整改措施。

公司如无法在事故发生后及时披露前款全部内容的，可以按照分阶段披露原则及时披露环境事故的具体情况和进展情况。

公司应当在年度报告、半年度报告中持续披露上述环境事故的后续处理情况，并核查公司环境监测方案和风险管理措施是否存在重大缺陷；如是，应当披露相关解决或者整改方案。

4.5.5　上市公司生产经营过程中发生重大安全事故的，应当比照本节第4.5.4条规定，及时披露有关具体情况、影响及应对措施，并应当在年度报告、半年度报告中持续披露该等安全生产事故的处理进展情况。

4.5.6　本所鼓励上市公司按月度披露周期性非金属建材产品的主要经营数据，包括但不限于按销售区域或者细分产品的产量、销量或者销售收入，以及各指标同比/环比变动情况等。

4.5.7　上市公司披露的行业经营性信息发生重大变化，或者在不同销售区域的产销情况发生重大变化，如大幅提价、被安排错峰生产等，可能对股票及其衍生品种交易价格产生较大影响的，公司应当及时披露，并简要说明对当期及未来发展的影响。

4.5.8　上市公司对周期性非金属建材产品拟新建产能项目投资金额占公司最近一期经审计净资产10%以上的，应当按照下列要求履行临时信息披露义务：

（一）在董事会审议通过该投资项目后，及时披露新增产能规模、已履行或者未履行的报批程序、有权机关的许可情况、项目所在地、建设期、达产期、资金来源及规模、主要风险等；

（二）如在项目执行过程中出现重大不确定性情形（如所在地产业政策和环保标准变动、土地纠纷等），及时披露并提示相关风险；

（三）及时披露项目的重大进展情况，包括项目达产情况、成品率（如适用）等。

第六节　工程机械相关业务

4.6.1　本节所称工程机械相关业务，是指广泛应用于土石方工程、流动起重装卸工程、人货升降输送工程、市政和环卫及各种建设工程、综合机械化施工等的工程机械设备的研发、生产、销售、运营及服务等相关业务活动，工程机械设备的范畴包括但不限于挖掘、起重、压实、掘进、桩工、凿岩与钻采、铲土运输、混凝土、高空作业、水利与环卫、路面及轨道交通的施工与养护等机械设备。

4.6.2　本节所称的上市公司，指达到本指引第 1.3 条规定标准的从事工程机械相关业务的上市公司。

4.6.3　上市公司应当在年度报告“公司业务概要”等部分披露下列信息：

（一）工程机械行业的基本情况和报告期的变化情况（如有），包括但不限于行业壁垒、行业周期性、行业发展阶段、其他行业特征（如规模经济、资本密集性、资产周转）等；

（二）报告期内从事的工程机械业务的运营模式、相关产品的生产销售模式、物流管理和应用领域的变化情况（如有）及其原因，以及上述变化对公司经营效率的影响；

（三）公司核心竞争力情况，如从行业标准制定、研发能力、产品设计、产品性能、成本控制、专有设备或者技术、营销和服务能力、品牌优势等方面分析公司的核心竞争优势，报告期公司核心竞争力发生较大变化的，应当披露变化的具体情况和原因。

4.6.4　鼓励上市公司在年度报告“公司业务概要”等部分披露下列信息：

（一）产品设计、产能规划、生产制造、销售政策、信用政策、售后政策等经营环节的相关信息；

（二）反映工程机械产品竞争力的信息，如简要介绍整机、系统或者零部件的主要性能、可靠性、节能和智能化等基本情况。同时鼓励结合主要机型核心零部件的自主知识产权情况和自主配套能力等进一步分析技术实力情况。

4.6.5　上市公司应当在年度报告“管理层讨论与分析”等部分披露下列信息：

（一）结合自身的机械产品类别、经营区域、竞争对手等情况说明行业竞争格局和公司的行业地位或者区域市场地位，报告期行业地位或者市场地位发生变化的，应当说明发生变化的具体情况；

（二）报告期内对所处行业有重要影响的政策的变化情况（如有），包括但不限于宏观经济政策、财政税收政策、行业监管政策、资质及招投标管理政策等，以及行业政策变化对公司的影响；

（三）已披露的产能扩张、资产收购等重大投资计划在报告期发生较大变化的，应当披露变化的具体情况和原因；

（四）报告期内偿债能力发生较大变化的，披露变化的具体情况、原因及对公司的影响。

4.6.6 鼓励上市公司在年度报告“管理层讨论与分析”等部分披露下列信息：

（一）所在工程机械行业产业链或者价值链情况（例如从零部件制造、系统总成到整机制造）以及公司在行业产业链中的定位；

（二）结合报告期上下游行业（如上游材料、下游工程应用领域）的发展情况，对报告期市场供求特点、市场份额变化情况、利润水平的变动趋势等进行有针对性的讨论与分析；

（三）以列表方式披露公司主要产品的设计产能、产能利用率、在建产能及其投资建设情况等；

（四）结合市场发展、行业竞争状况、投融资情况、相关财务指标等，对偿债能力进行详细分析。

4.6.7 上市公司的工程机械相关产品采用按揭销售、融资租赁、先租后售等模式的销售金额占营业收入比重达到10%以上的，应当在年度报告“公司业务概要”部分披露其业务模式、各类销售模式报告期内的销售金额及占营业收入的比例、期初应收或者存在风险敞口的余额、前期款项回收的进展情况（如报告期收取租金或者收到对方还款的总金额、款项逾期金额及占比）、期末应收或者存在风险敞口的余额、审议程序和信息披露义务的履行等情况。

相关销售模式中由公司承担回购、追偿、垫付保证金（或者月供、租金）义务或者合同存在其他风险条款的，应当披露风险条款的设置情况，并结合条款内容说明公司销售收入的确认政策、计量标准及其合理性，说明可能发生风险损失的情形、会计处理等。

报告期内触发上述风险条款相关义务且对当期扣除非经常性损益后净利润的影响达到10%以上的，公司应当在年度报告和半年度报告中披露风险触发的具体情况，包括但不限于触发情形和原因，涉及回购、追偿或者垫付的金额，相关会计处理，对当期主要财务指标的影响等，同时对未来报告期的风险情况进行充分评估和预判，披露公司的风险应对措施并作出相应风险提示。

4.6.8 经销商向金融机构申请贷款并作为货款直接支付给上市公司，同时由上市公司对经销商的上述贷款提供担保且实质风险敞口为已收讫货款的，公司应当在年度报告和半年度报告中披露前述担保尚存在担保责任的期初余额、本期增加、本期减少、期末余额；分别或者汇总列示尚存在担保责任的余额中前五大担保对象对应的担保余额、本期担保发生额及占报告期对其销售金额的比例。

报告期触发上市公司履行相应担保义务的，应当披露触发担保义务的具体情形和原因、涉及金额、相关会计处理、对当期主要财务指标的影响、公司采取的风险应对措施等。

4.6.9 上市公司签订的重大合同中涉及按揭销售、融资租赁、先租后售、为经销商提供担保等情形的，除按本所自律监管指南规定的签署重大合同有关公告格式披露有关信息外，还应当就上述模式可能存在的风险敞口进行充分提示，并结合风险情况说明对应的收入确认政策、可能发生风险损失的情形及发生损失时的会计处理原则。

第七节　汽车制造相关业务

4.7.1　本节所称汽车制造相关业务，是指汽车整车制造和汽车零部件制造业务。

4.7.2　本节所称的上市公司，指达到本指引第1.3条规定标准的从事汽车制造相关业务的上市公司。

4.7.3　上市公司根据中国证监会相关格式准则要求披露年度报告时，应当同时按照下列要求履行信息披露义务：

（一）上市公司应当披露反映行业发展状况与公司行业地位的信息，主要包括：

1. 结合宏观经济形势、汽车产业周期及行业指标（如行业总体产销量、同比增幅等），说明所处细分行业发展状况、公司经营情况与行业发展是否匹配，如公司情况与行业情况存在较大差异，应当分析原因；

2. 报告期内对所处细分行业或者公司生产经营有重大影响的行业管理体制、产业政策及主要法规（如市场准入、燃油标准、排放要求、新能源、进出口与消费等方面）发生较大变化的，应当披露变化的具体情况及对公司的影响；

3. 结合公司主要产品类别、经营区域、竞争对手等情况说明所处细分行业的市场竞争格局和公司的行业地位。

鼓励上市公司从行业标准制定、研发能力、产品设计、产品性能、成本控制、专有设备或者技术、营销和服务能力、品牌优势等方面分析公司的核心竞争优势。

（二）上市公司应当披露报告期内主要经营模式（如采购模式、生产模式、销售模式等）的变化情况（如有）及其原因，以及上述变化对公司经营效率的影响。

（三）上市公司应当披露产能状况，已披露的产能扩张、资产收购等重大投资计划在报告期发生较大变化的，应当披露变化的具体情况和原因。鼓励以列表方式披露公司主要工厂的设计产能、产能利用率、在建产能及其投资建设情况等。

（四）上市公司汽车整车制造业务收入占公司最近一个会计年度经审计营业收入30%以上的，应当单独披露下列反映报告期内整车生产经营情况的信息：

1. 按车型类别或者其他方式分类统计的整车产品产销数据及同比变化情况，同比变化30%以上的，需分析说明变化原因；

2. 零部件配套体系建设情况，主要车型类别的核心零部件自主生产、对外采购的情况；

3. 采用经销商销售模式的，应当披露报告期末合作经销商的数量；采用订单销售模式的，应当披露已签订的重大订单截至报告期末的履行情况，包括订单基本情况、生效时间、订单总金额、订单履行的进度、本期及累计确认的销售收入金额、应收账款回款情况等。履行进展与合同约定出现重大差异，影响合同金额30%以上的，还应当说明并披露原因。

（五）上市公司汽车零部件制造业务收入占公司最近一个会计年度经审计营业收入30%以上的，应当单独披露下列反映报告期内零部件生产经营情况的信息：

1. 按零部件类别、整车配套和售后服务市场或者其他方式分类统计的零部件产品产销数据及同比变化情况，同比变化30%以上的，需分析说明变化原因；鼓励按照区域披露销售数据及同比变化情况；

2. 零部件销售方式，包括销售模式、销售渠道及其变化情况。

（六）上市公司采用按揭销售、融资租赁等模式的销售金额占营业收入比重达到10%以上的，应当披露其业务模式、各类销售模式报告期内的销售金额及占营业收入的比例、期初应收或者存在风险敞口的余额、前期款项回收的进展情况（如报告期收取租金或者收到对方还款的总金额、款项逾期金额及占比）、期末应收或者存在风险敞口的余额。

相关销售模式中由公司承担回购、追偿、垫付保证金（或者月供、租金）义务或者合同存在其他风险条款的，应当披露风险条款的设置情况，并结合条款内容说明公司销售收入的确认政策、计量标准及其合理性，说明可能发生风险损失的情形、会计处理等。

报告期内触发上述风险条款相关义务且对当期扣除非经常性损益后净利润的影响达到10%以上的，公司应当披露风险触发的具体情况，包括但不限于触发情形和原因，涉及回购、追偿或者垫付的金额，相关会计处理，对当期主要财务指标的影响等，同时对未来报告期的风险情况进行充分评估和预判，披露公司的风险应对措施并作出相应风险提示。

（七）经销商向金融机构申请贷款并作为货款直接支付给上市公司，同时由上市公司对经销商的上述贷款提供担保且实质风险敞口为已收讫货款的，公司应当披露前述担保尚存在担保责任的期末余额、与该担保责任对应的销售收入金额、占营业收入的比例以及相关销售收入的确认政策、计量标准及其合理性。

报告期内触发上市公司履行相应担保义务且对当期扣除非经常性损益后净利润的影响达到10%以上的，应当披露触发相关义务的具体情形和原因、涉及金额、相关会计处理、对当期主要财务指标的影响、公司采取的风险应对措施等。

（八）上市公司开展汽车金融业务的，应当披露报告期内相关子公司经营汽车金融业务的业务模式及其注册资本、总资产、净资产、营业收入、营业利润、净利润等。

4.7.4 上市公司开展新能源汽车（包括纯电动汽车、插电式混合动力汽车、燃料电池汽车等）相关业务的，应当参照第4.7.3条的相关要求，在年度报告中单独披露报告期内新能源汽车整车及零部件的生产经营情况，包括产品类别、产能状况、产销数据、销售收入等方面。

4.7.5 上市公司开展自动驾驶、智能网联汽车、共享出行等新兴业务，公司拟就相关技术研发取得的阶段性进展或者相关合作协议的签订情况进行披露的，应当披露对当期及未来发展的影响，并充分提示政策、财务、市场及运营等方面的风险。

4.7.6 上市公司定期向相关机构报送月度产销数据的，披露时间应当不晚于报送时间，披露内容主要包括按车型类别或者按下属公司类别统计的整车月度产销数据、本年累计产销数据、上年同期数据及同比变动情况。

4.7.7 上市公司日常生产经营中出现下列情形之一的，应当及时披露相关情况，充分提示风险并说明对公司生产经营的影响、公司后续处理措施等：

（一）上市公司年度报告披露的行业影响因素发生重大变化，或者发生对公司有重大影响的行业性重大事件；

（二）上市公司因生产或者销售的产品质量、提供的服务等问题受到投诉、起诉或者媒体质疑，或者出现产品召回情况，可能对公司产生重大影响的；

（三）发生重大安全、质量、环保事故，或者被相关部门要求进行安全、环保整改，影响重大的。

4.7.8 本节所称车型类别，是指中国汽车工业协会统计口径下的车型类别，分为乘用车和商用车两大类。乘用车分为基本型乘用车（轿车）、多功能乘用车（MPV）、运动型多用途乘用车（SUV）和交叉型乘用车4类。商用车分为客车、货车、半挂牵引车、客车非完整车辆和货车非完整车辆5类。其中，客车分为大型客车、中型客车和轻型客车3类，货车分为重型货车、中型货车、轻型货车和微型货车4类。上市公司可以参照上述分类并结合自身产品特点进行细分披露。

上市公司根据本节要求按零部件类别披露时，应当根据自身零部件产品的特点进行分类，并保持分类的一致性。

第八节　珠宝相关业务

4.8.1 本节所称的珠宝相关业务，是指从事珠宝、贵金属首饰产品的设计、研发、采购、生产及销售业务。

4.8.2 本节所称的上市公司，指达到本指引第1.3条规定标准的从事珠宝相关业务的上市公司。

4.8.3 上市公司根据中国证监会相关格式准则要求披露年度报告、半年度报告时，应当同时按照下列要求履行信息披露义务：

（一）上市公司应当披露反映珠宝行业发展状况与公司经营概况的信息，主要包括下列内容：

1. 结合宏观经济数据与行业指标说明行业发展状况、公司经营情况与行业发展是否匹配，如公司情况与行业情况存在较大差异，应当分析原因。

2. 公司所在细分行业或者地区的市场竞争状况、公司的市场地位及竞争优势等情况。

3. 结合公司业务特点，具体分析并披露对公司有重大影响的各类风险，如原材料价格波动、黄金交易业务风险、存货余额较大的风险等，以及已经或者计划采取的应对措施。

（二）在披露报告期内主要经营情况时，应当详细披露下列内容：

1. 主要销售模式的具体内容，包括但不限于经销、直营、专营、联营、加盟、批发等，不同模式下的营业收入、营业成本与毛利率，以及特有风险和模式变化情况。

2. 主要生产模式的具体内容，包括但不限于自产、委托加工、外购半成品等，如公司采用其中两种及以上生产模式的，应当披露每种模式的生产量与占比，以及特有风险和模式变化情况。

3. 主要采购模式的具体内容，包括但不限于现货交易、延期交易、租赁业务等，不同模式下的采购量、采购金额与占比，以及特有风险和模式变化情况。

（三）在披露报告期内实体经营门店的经营情况时，应当详细披露下列内容：

1. 营业收入排名前 10 名的直营门店的名称、地址、营业收入、营业成本、营业利润等。

2. 按地区披露，报告期内上市公司新增及关闭门店的概况，包括新增及关闭门店的数量，新增直营门店的应当披露报告期内营业收入金额，关闭直营门店的应当披露最近一年又一期营业收入金额。鼓励上市公司披露下一年度的新增及关闭门店的计划。

（四）在披露报告期内线上销售的经营情况时，应当详细披露下列内容：

1. 报告期内，线上销售的概况，包括自建销售平台及第三方销售平台的交易额、营业收入；自建销售平台的注册用户数量、注册用户人均消费金额。

2. 线上销售低于公司营业收入 5% 的，可只披露自建销售平台及第三方销售平台的营业收入与占比。

鼓励上市公司披露线上销售的退回情况。

（五）在披露报告期内的存货情况时，应当详细披露下列内容：

1. 报告期内，原材料、在产品、库存商品、在途物资等存货项目中，各存货类型的分布情况，包括但不限于黄金（产品）、铂金（产品）、K 金（产品）、白银（产品）、钻石（产品）等。

2. 报告期内，如公司进行以规避商品价格风险为目的的金融衍生品交易，包括但不限于商品期货套期保值、远期协议等，应当披露交易的具体情况，包括初始投资成本、资金来源、报告期内购入或者售出及投资收益情况、公允价值变动情况等。

4.8.4 上市公司根据《15 号编报规则》披露财务报告附注时，应当同时按照下列要求履行信息披露义务：

（一）结合上市公司的经营特点，披露不同销售模式下的收入结算方式、确认时点和确认方法，以及退货、以旧换新等特殊业务的会计处理。

（二）结合上市公司的经营特点，披露存货计价方法、存货成本结转、存货跌价准备，以及进行金融衍生品交易的会计政策与会计估计。

4.8.5 上市公司新增直营门店的，应当每月度通过临时公告形式披露该月度新增直营门店的概况（如有），包括但不限于门店名称、所在地区、拟开设时间、投资金额、主要商品类别等。鼓励上市公司每月度通过临时公告形式披露该月度新增其他门店的概况（如有）。

4.8.6 在一个会计年度内，上市公司关闭门店（不包含变更门店地址等情形）的最近一个会计年度营业收入累计达到上市公司同期营业收入的 10% 以上的，应当按照不同经营模式，及时披露门店名称、所在地区、关闭时间、关闭原因、主营商品类别、该等门店最近一年又一期贡献的营业收入等内容。

4.8.7 上市公司收购同类公司股权，除应当按照本所自律监管指南规定的公告格式进行披露外，还应当披露收购标的的经营模式、门店数量、地区分布等情况。

4.8.8 上市公司因生产或者销售的产品质量或者提供的服务等问题受到消费者投诉、起诉的，或者发生生产经营事故、知识产权纠纷、媒体质疑的，应当判断对公司生产经营是否产生重大影响，如是，应当及时披露相关事项、对公司的影响及公司后续处理措施等。

第五章　电力供应业

5.1　本章所称电力相关业务，主要是指电力生产，包括火力发电、热电联产、水力发电、核力发电、风力发电、太阳能发电、生物质能发电等方面的电力生产活动。

5.2　本章所称的上市公司，指达到本指引第 1.3 条规定标准的从事电力供应相关业务的上市公司。

5.3　上市公司应当在年度报告“经营情况讨论与分析”部分结合自身的电源种类、经营区域、生产规模等介绍主要经营区域（分省、直辖区）内公司的电力生产、销售状况及发展趋势。

报告期内对电力业务存在重要影响的政策发生较大变化，或者新政策出台对公司装机容量、发电量、电力业务收入或者成本有重大影响的，上市公司应当以临时公告形式及时披露具体情况及对公司的影响，并在当年度的年度报告“经营情况讨论与分析”部分汇总披露。

5.4　上市公司应当在年度报告中披露主要经营模式，如经营模式发生重大变化的，应当披露变化的具体情况和原因，以及对公司经营效率的影响。

上市公司参与电力市场化交易的，鼓励公司披露市场化交易总电量、占总上网电量的比例及同比变动情况。

上市公司经营售电业务的，应当披露售电业务的经营模式及服务内容。

5.5　上市公司应当在年度报告中分电源种类、经营区域披露下列经营信息：

（一）公司总装机容量、新投产机组的装机容量、核准和在建项目的计划装机容量等。

（二）报告期及上年同期发电量、上网电量或者售电量、平均上网电价或者售电价。公司有售电业务的，还应当披露代理或者外购电量的具体情况及占公司总销售电量的比重。如报告期相关数据发生重大变化的，应当披露变化原因。

（三）报告期及上年同期的发电厂平均用电率、利用小时数。

（四）报告期及上年同期的收入构成、成本构成、毛利率等财务指标，如相关财务指标发生较大变化的，应当说明原因。

5.6　上市公司涉及到新能源发电业务的（如风电、水电、光伏发电、生物质能发电、潮汐能发电等），鼓励披露新能源发电业务的产能投建、扩张以及资产收购进展及未来规划情况。

5.7　上市公司应当披露供电煤耗等节能减排关键指标的情况（如适用）。公司可以披露脱硫设备投运率、二氧化硫、氮氧化物、烟尘和废水排放情况等与节能减排相关的指标。

5.8　上市公司发生重大环境污染事故的，应当及时披露下列信息：

（一）环境事故发生的基本情况，包括但不限于发生日期、地点、原因、初步影响和损害程度；

（二）超标或者违规排放的情况，包括但不限于污染物名称和污染源分布情况，超标或者违规排放次数、排放总量、最高排放浓度/强度等；

（三）超标或者违规排放对环境、社会及其他利益相关者造成的影响和损失；

（四）事故处理方式和处理结果，受到的处罚情况（如有），以及对公司后续生产经营的影响及公司的整改措施。

公司如无法在事故发生后及时披露前款全部内容的，可以按照分阶段披露原则及时披露环境事故的具体情况和进展情况。

公司应当在年度报告、半年度报告中持续披露上述环境事故的后续处理情况，并核查公司环境监测方案和风险管理措施是否存在重大缺陷；如是，应当披露相关解决或者整改方案。

5.9 上市公司拟新增或者减少的装机容量、发电量累计分别占上年度公司总装机容量、发电量的10%以上的，以及新投产项目、新核准项目、在建项目发生重大变化，达到公司上年度总装机容量的10%以上的，应当在月末汇总披露经营数据时披露相关事项的具体情况及影响因素，包括但不限于政策变化、产能变化、经营模式变化、业绩影响等。

5.10 上市公司拟通过股权收购方式收购从事电力业务标的公司的，达到本所《股票上市规则》披露标准的，应当参照本章第5.4条、第5.5条及第5.7条有关经营模式、经营数据、主要财务指标、环保信息的相关要求披露标的公司的相关情况。

5.11 上市公司出售和关停子公司影响重大的，除应当按照本所《股票上市规则》等的要求进行披露外，还应当披露子公司装机容量及其占上市公司总装机容量比重、当年已发电量及其占上市公司累计已发电量的比重，以及出售或者关停子公司对上市公司经营及业绩的影响，包括但不限于经营损失、处置损益、资产减值等情况。

5.12 上市公司发生重大安全事故，或者被相关部门要求进行安全整改，影响重大的，应当及时披露事故的原因、涉事公司预计全年发电量、已发电量、停产整改期限、对公司经营的影响及拟采取的应对措施等。

第六章 建筑业

第一节 土木工程建筑业务

6.1.1 本节所称的上市公司，指达到本指引第1.3条规定标准的从事土木工程建筑相关业务的上市公司。

6.1.2 上市公司根据中国证监会相关格式准则要求披露年度报告时，应当同时按照下列要求履行信息披露义务：

（一）上市公司应当说明与土木工程建筑行业相关的宏观经济形势、行业政策环境等外部因素的变化情况，公司主营业务的行业发展及国内外市场需求情况，并说明对公司当期及未来发展的具体影响，以及公司已经或者计划采取的应对措施。

（二）上市公司所处细分行业的市场竞争格局、公司的市场地位；上市公司在品牌、专业技术、项目管理及项目融资等方面的竞争优势及劣势。

（三）上市公司报告期内取得的行业资质类型及有效期，报告期内相关资质发生重大变化的，公司应当说明影响及应对措施，下一报告期内相关资质有效期限届满的，公司应当披露续期条件的达成情况。

（四）上市公司应当详细披露实施工程项目的主要业务模式，不同模式的特有风险、定价机制、回款安排、融资方式、政策优惠，以及报告期内业务模式的变化情况。

（五）上市公司应当按照不同业务模式披露报告期内完工（已竣工验收）项目的总数量、总金额以及完工重大项目的验收、收入确认、结算和回款情况；

公司重大项目采用融资合同模式并涉及后续运营的，还应当披露特许经营、运营期限、收入来源及归属、保底运营量、投资收益的保障措施等主要安排；

本节所称重大项目，是指项目预计投资金额或者已投资金额占上市公司最近一期经审计总资产的10%以上，或者报告期内项目所产生的收入占上市公司最近一期经审计营业收入的10%以上，或者报告期内项目所产生的净利润占上市公司最近一期经审计净利润的10%以上。

（六）上市公司应当按照不同业务模式披露报告期内未完工项目的情况，包括项目数量、项目金额、累计确认收入、未完工部分金额。公司需披露未完工重大项目的进展情况，包括项目名称、项目金额、业务模式、开工日期和工期、履约进度、本期及累计确认收入、回款情况、应收账款余额。项目进展与合同约定出现重大变化或者重大差异的（影响项目或者合同收入30%以上的情况），还应当说明并披露原因；

公司重大项目采用融资合同模式并涉及后续运营的，还应当披露特许经营、运营期限、收入来源及归属、保底运营量、投资收益的保障措施等主要安排。

（七）上市公司应当汇总披露存货、合同资产中已完工未结算项目的情况，包括累计已发生成本、累计已确认毛利、预计损失、已办理结算的金额、已完工未结算的余额。公司需披露已完工未结算重大项目的情况，包括项目名称、合同金额、已办理结算的金额、已完工未结算的余额，并说明是否存在未按合同约定及时结算情况、交易对手方的履约能力是否存在重大变化，以及相关项目结算是否存在重大风险，还应当说明长期未结算的原因及预计损失。

（八）上市公司应当按照融资途径（如银行贷款、票据、债券、信托融资、基金融资等）披露报告期末各类融资余额、融资成本区间、期限结构等。

（九）上市公司应当披露公司的质量控制体系、执行标准、控制措施及整体评价；

公司应当披露报告期内的重大项目质量问题，并说明可能产生的工程回款、收入确认及诉讼仲裁等风险。

（十）上市公司应当披露报告期内安全生产制度的运行情况。公司发生重大安全事故的，还应当披露影响及应对措施，涉及重大风险的，应当进行相应的风险提示。

6.1.3　上市公司根据《15号编报规则》披露财务报告附注时，应当依据自身业务模式和结算方式对收入确认会计政策进行详细披露，包括披露行业特殊的收入确认条件、确认时点、核算依据、确定履约进度的方法等。

6.1.4　上市公司应当每个季度结束之日起一个月内通过临时报告形式披露公司上一

季度的下列经营情况：

（一）新签订单数量及金额、截至报告期末累计已签约未完工订单数量及金额、已中标尚未签约订单数量及金额。

（二）重大项目对应合同金额、业务模式、开工日期和工期、工程进度、收入确认情况、结算情况及收款情况等，并说明是否存在未按合同约定及时结算与回款的情况、交易对手方的履约能力是否存在重大变化，以及相关项目结算和回款是否存在重大风险。

6.1.5 上市公司中标重大项目，在获悉已被确定为中标单位并已进入公示期、但尚未取得中标通知书或者其他相关证明文件时，应当及时披露提示性公告，披露中标公示的有关内容，包括但不限于：公示媒体名称、招标人、项目概况、项目金额、项目执行期限、中标单位、公示起止时间、中标金额、中标事项对公司业绩的影响、关于获得中标通知书存在不确定性和项目执行过程中面临的困难等事项的风险提示。公司在后续取得中标通知书时，应当及时披露项目中标的有关情况。预计无法取得中标通知书的，公司应当及时披露进展情况并提示风险。

公司以项目联合体方式中标重大项目的，还应当披露联合体的相关信息，并在联合体的合作模式确定时及时披露参与工程项目的方式、工程量、收入分成等相关权利义务安排。

6.1.6 上市公司重大项目已签订合同的，应当及时披露重大项目合同的各方基本情况、合同金额、业务模式、施工期限、结算条件等重要合同条款。

6.1.7 上市公司应当按照分阶段披露原则及时披露重大项目的进展情况。项目执行过程中发生重大质量问题、重大资金问题、重大用工问题，以及中止和撤销等可能导致影响项目或者合同收入30%以上的情况的，应当说明影响及后续安排。

6.1.8 上市公司境外项目达到重大项目标准的，本所鼓励公司按照本节关于重大项目的披露要求披露相关信息。

第二节　装修装饰业务

6.2.1 本节所称的上市公司，指达到本指引第1.3条规定标准的从事装修装饰相关业务的上市公司。

6.2.2 上市公司根据中国证监会相关格式准则要求披露年度报告时，应当同时按照下列要求履行信息披露义务：

（一）上市公司应当说明与装修装饰行业相关的宏观经济形势、行业政策环境等外部因素的变化情况，公司主营业务的行业发展及市场需求情况，并说明对公司当期及未来发展的具体影响，以及公司已经或者计划采取的应对措施；

（二）上市公司在披露报告期内主要经营情况时，应当详细披露实施工程项目的主要业务模式、模式的特有风险和模式变化情况；

（三）上市公司所处细分行业的市场竞争格局、公司的市场地位；上市公司在品牌、专业技术、项目管理及项目融资等方面的竞争优势及劣势；

（四）上市公司报告期内取得的行业资质类型及有效期，报告期内相关资质发生重大变化的，公司应当说明影响及应对措施，下一报告期内相关资质有效期限届满的，公司应当披露续期条件的达成情况；

（五）上市公司应当披露公司的质量控制体系、执行标准、控制措施及整体评价。

公司应当披露报告期内的重大项目质量问题，并说明可能产生的工程回款、收入确认及诉讼仲裁等风险。重大项目是指项目金额占公司最近一个会计年度经审计营业收入10%以上的项目；

（六）上市公司应当区分不同业务类型（如公共装修、住宅装修、家装业务、设计业务等）披露营业收入、营业成本、毛利率等财务数据以及相关数据的统计口径。

公司通过互联网渠道开展业务的，还应当披露互联网业务开展情况，如互联网业务分部的体验店数量、体验店分布区域及营收情况等；

（七）上市公司应当区分不同业务类型（如公共装修、住宅装修、家装业务、设计业务等）披露近2年项目成本的主要构成，如原材料、人力成本等，并分析近2年成本构成要素的变动情况及原因；

（八）上市公司应当汇总披露报告期内未完工项目的情况，包括项目金额、累计确认产值、未完工部分金额。公司需披露重大未完工项目的进展情况，包括项目名称、项目金额、工期、履约进度、本期及累计确认收入、回款情况、应收账款余额。项目进展与合同约定出现重大变化或者重大差异的，还应当说明并披露原因；

（九）上市公司应当汇总披露报告期内已完工未结算项目的情况，包括累计已发生成本、累计已确认毛利、预计损失、已办理结算的金额、已完工未结算的余额。公司需披露重大已完工未结算项目的情况，包括项目名称、合同金额、已办理结算的金额、已完工未结算的余额，并说明是否存在未按合同约定及时结算情况、交易对手方的履约能力是否存在重大变化，以及相关项目结算是否存在重大风险，还应当说明长期未结算的原因及预计损失；

（十）上市公司应当披露报告期安全生产制度的运行情况。公司发生重大安全事故的，还应当披露影响及应对措施；

（十一）上市公司开展境外项目的，还应当披露境外项目的数量、金额、区域分布情况以及重大境外项目的工期、结算、回款情况等。

6.2.3　上市公司根据《15号编报规则》披露财务报告附注时，应当同时按照下列要求履行信息披露义务：

（一）依据自身业务模式和结算方式对收入确认会计政策进行详细披露，并披露行业特殊的收入确认条件、确认时点、核算依据、确定履约进度的方法等；

（二）按照不同业务模式对应收款项的确认、回款条件、坏账计提政策进行详细披露。

6.2.4　鼓励上市公司在下一季度第一个月内通过临时报告形式披露公司上一季度的下列经营情况：

（一）按业务类型（如公共装修、住宅装修、家装业务、设计业务等）披露新签订单金额、截至报告期末累计已签约未完工的合同金额（不含已完工部分）、已中标尚未签约订单金额；

（二）说明是否存在尚未完工的重大项目，若存在，应当说明重大项目对应合同金额、工期安排、工程进度、收入确认情况、结算情况及收款情况等，并说明是否存在未按合同约定及时结算与回款的情况、交易对手方的履约能力是否存在重大变化，以及相关项目结算和回款是否存在重大风险。

6.2.5　上市公司应当按照分阶段披露原则及时披露重大项目的进展情况。项目执行过程中发生中止、撤销等可能导致影响项目或者合同收入30%以上的情况的，应当说明影响及后续安排。

第七章　零售业

7.1　本章所称的零售业务，是指以百货商场、购物中心、大型综合卖场、连锁超市、便利店、线上销售等经营业态形式面向终端消费者销售商品的业务模式。

7.2　本章所称的上市公司，指达到本指引第1.3条规定标准的从事零售相关业务的上市公司。

7.3　上市公司根据中国证监会相关格式准则要求披露年度报告、半年度报告时，应当同时按照下列要求履行信息披露义务：

（一）上市公司应当披露反映零售行业发展状况与公司行业地位相关的信息：

1. 结合宏观经济数据与行业指标（如社会消费品零售总额等）说明行业发展状况、公司经营情况与行业发展是否匹配，如公司情况与行业情况存在较大差异，应当分析原因。

2. 公司应当披露所在细分行业或者区域的市场竞争状况、公司的市场地位及竞争优势等情况。

（二）上市公司应当披露报告期内实体经营业态即门店的经营情况：

1. 报告期末门店的经营情况，包括按所在地区、经营业态披露所有门店的分布情况，直营店营业收入和来自加盟店收入（加盟费、品牌使用费、批发收入等）情况，并披露公司收入排名在前10名的门店的名称、地址、开业日期、合同面积（建筑面积或者使用面积）、经营业态、经营模式（直营、加盟或者其他模式）、物业权属状态（自有物业、租赁物业或者其他权属状态）等。

2. 报告期内门店的变动情况，包括按地区、经营业态披露新增和关闭门店的数量、合同面积、对公司业绩的影响；新增门店对公司业绩有重大影响的，应当披露新增门店的名称、地址、开业时间、合同面积（建筑面积或者使用面积）、经营业态、经营模式（直营、加盟或者其他模式）、物业权属状态（自有物业、租赁物业或者其他权属状态）；关闭门店对公司业绩有重大影响的，应当披露关闭门店的名称、地址、关闭原因、停业时间、合同面积（建筑面积或者使用面积）。

本所鼓励上市公司披露下一年度新增和关闭门店的计划。

3. 门店店效信息。公司应当按地区和经营业态披露直营门店店面平效（终端零售收入除以经营面积）、平均销售增长率、门店可比营业收入、净利润的变化情况。如加盟门店与公司存在关联交易，应当比照上述要求进行披露。

本所鼓励上市公司披露加盟门店的店效信息。

（三）上市公司应当披露报告期内线上销售情况，包括自建销售平台及第三方销售平台的交易额（GMV）、营业收入；自建销售平台的注册用户数量、注册用户人均消费金额、入驻商家数量。

线上销售低于公司总销售额5%的，可以只披露自建销售平台及第三方销售平台的交易额、营业收入。

本所鼓励上市公司披露线上销售的退回情况。

（四）上市公司应当披露报告期内采购、仓储及物流情况：

1. 商品采购与存货情况，包括按照总采购金额披露前五名供应商的供货比例、向关联方采购的金额及占比、存货管理政策、对滞销及过期商品的处理政策等。

2. 仓储与物流情况，包括物流体系总体情况或者模式、仓储中心的数量及地区分布、仓储与物流支出、自有物流与外包物流运输支出占比情况等。

（五）自有品牌（定制包销、定牌生产、原始设计等）商品销售收入占总销售额5%以上的上市公司，应当披露自有品牌商品的类别、营业收入及占比情况。

7.4　上市公司根据《15号编报规则》披露财务报告附注时，应当同时按照下列要求履行信息披露义务：

（一）结合上市公司的经营特点，披露不同销售模式下的收入结算方式、确认时点和确认方法，以及存货计量和跌价准备等会计政策。

（二）结合上市公司的经营特点，披露会员消费积分、积分兑换、销售退回、销售返利及销售奖励的会计核算方法和账务处理方式。

7.5　上市公司签订购买、租入、租出或者续租物业的相关协议，按照年度相关购买、租赁合同总额达到《股票上市规则》相关标准的，应当及时履行相关审议程序及信息披露义务。

相关购买、租赁合同金额虽未达到披露标准但影响重大的，上市公司应当参照前述要求进行披露。

7.6　上市公司开设门店，预计对公司经营业绩产生重大影响的，鼓励及时披露新增门店的名称、地址、开设时间、合同面积（建筑面积或者使用面积）、投资金额、主营商品类别、经营业态、经营模式（直营、加盟或者其他模式）、物业权属状态（自有物业、租赁物业或者其他权属状态）等内容。公司前期已披露相关物业的购买、租赁信息的，可援引前期公告。

上市公司关闭门店，对公司经营业绩产生重要影响的，应当及时披露关闭门店的名称、地址、开业及停业时间、关闭原因、对公司的影响等。

7.7　上市公司收购同类公司股权，影响重大的，除应当按照本所自律监管指南规定的公告格式进行披露外，还应当披露收购标的的经营业态、经营模式（直营、加盟或者其他模式）、门店数量、地区分布、合同面积（建筑面积或者使用面积）、物业权属状态（自有物业、租赁物业或者其他权属状态）等情况。

收购对公司经营业态分布产生重大影响的，公司应当披露变动后的业态分布情况。

7.8 上市公司因生产或者销售的产品质量或者提供的服务等问题受到消费者投诉、起诉的，或者发生生产经营事故、媒体质疑的，应当判断对公司生产经营是否产生重大影响，如是，应当及时披露相关事项、对公司的影响及公司后续处理措施等。

第八章 快递服务业

8.1 本章所称的快递服务，是指快速收寄、运输、投递单独封装的、有名址的快件或者其他不需要储存的物品，按承诺时限递送到收件人或者指定地点，并获得签收的寄递服务。

8.2 本章所称的上市公司，指达到本指引第1.3条规定标准的从事快递服务相关业务的上市公司。

8.3 上市公司根据中国证监会相关格式准则要求，披露年度报告时，应当同时按照下列要求履行信息披露义务：

（一）公司应当披露与快递服务行业相关的宏观经济形势、行业政策环境等外部因素的变化情况，并说明相关情况对公司当期及未来发展的具体影响，以及公司已经或者计划采取的应对措施；

公司应当披露快递服务行业的发展情况，并结合公司业务特点，披露公司所处行业的市场竞争格局、公司的市场地位；公司在品牌、专业技术、运输网络、信息管理等方面的竞争优势及劣势等。

（二）公司应当分业务类型（如快递服务、物料销售等）披露营业收入、营业成本和毛利率等财务数据；应当分季度披露营业收入、营业成本和毛利率等财务数据；

营业收入、营业成本的构成因素较上年变动30%以上的，公司应当结合宏观经济、行业发展和自身经营等情况，披露具体原因、影响程度、风险和应对措施；毛利率变动5个百分点以上的，应当详细披露变化原因；境外营业收入占比30%以上的，应当按主要国家和地区披露营业收入情况。

（三）公司应当区分服务产品类型（如国内时效产品、仓储配送业务、重货运输业务、国际快递业务等）、收入类型（如面单收入、中转收入、物料收入等）等分类披露公司快递服务业务收入及其变动情况，区分经营模式（如加盟和直营等）分类披露年度快递发件量及其变动情况，区分收入类型披露单票业务收入及其变动情况，并分析上述快递服务业务收入、快递发件量和单票业务收入变动的原因及合理性；公司应当披露快递服务业务的电子面单和纸质面单使用比例、各收入类型的定价机制及公司主要客户情况等。

（四）公司应当披露快递服务网络节点的数量及区域分布情况，例如加盟商、网点及门店、转运中心、航空部等，并披露相关快递服务网络节点的加盟、直营或者外包的比例；

公司应当披露加盟商的管理制度的变化情况，包括但不限于加盟商准入标准及流程、培训制度、日常管理、考核与淘汰的相关变化情况；

公司应当披露占公司销售金额前十名加盟商的名称（如涉及商业秘密，可用指代标识代替）、所属城市、发件量、快递服务业务量、员工数量等，并披露前十名加盟商的变化情况及主要原因；公司应当披露报告期内加盟商的流失情况，并说明相关原因及风险应急的措施。本所鼓励公司披露加盟商的实际名称。

（五）公司应当披露主要运输网络的建设情况（包括陆路运输、航空运输等），以及陆路运输、航空运输等运输方式的快递业务完成量及其占当年总业务完成量的比重；

关于陆路运输，公司应当区分运营模式（如自营、租赁、第三方运输、卡班车、网点车等）披露公司使用的陆路运输工具的数量；公司应当披露与关联第三方运输公司签订长期运输合同的总金额及合同期限范围；

关于航空运输，公司应当按照运营方式（如自营保有、融资租赁、经营租赁等）披露公司使用的飞机型号、数量、平均机龄，并披露报告期内飞机的保养政策及成本、报告期内飞机的折旧成本等，鼓励披露飞机及相关设备的引进和融资计划。

（六）公司应当披露全快递服务网络管理的快递员总数，鼓励公司区分管理层级（如公司、加盟商和外包）披露全快递服务网络管理的快递员总数及比例。

（七）公司应当结合公司业务特点，在“风险因素”部分具体分析并披露对公司有重大影响的各类风险，如燃油价格大幅波动的风险、安全运营的风险、人力成本上涨的风险和信息系统的风险等；

关于燃油价格波动风险，公司应当披露燃油成本占营业成本总额的比例、燃油成本波动对营业成本总额的敏感性分析等；

关于安全运营风险，公司应当披露报告期内关于安全运营的内控管理制度及其执行情况，包括但不限于快件安全、运输安全、仓储安全、现金收支安全等方面；公司发生重大安全事故的，应当披露相关事件对公司的影响及采取的应对措施；

关于信息系统风险，公司应当披露报告期内公司信息系统建设情况，针对信息系统风险的防范及补救措施；公司应当及时披露对公司日常经营活动的正常开展或者对业务开展带来重大不利影响的信息系统故障、无法正常运行或者数据泄露的情形。

（八）公司应当披露关于公司快递服务质量的相关指标（如延误率、遗失率、申诉率等）和客户申诉的处理机制；

报告期内存在重大消费者投诉事件的，公司应当披露相关事件对公司的影响及采取的措施。

（九）公司应当披露国际包裹业务、同城包裹业务、零担运输业务、冷链运输业务、供应链服务业务等新业务领域的发展情况及有关发展战略。

8.4 上市公司根据《15号编报规则》披露财务报告附注时，应当按照下列要求履行信息披露义务：

（一）依据自身业务模式和结算方式对收入确认会计政策进行详细披露，并披露行业特殊的收入确认条件、确认时点、核算依据等；

（二）结合公司自身经营特点和发展战略，在财务报表附注中细化披露固定资产折旧政策；报告期内公司处置飞机、发动机、高价周转件等重要固定资产的情况；

（三）公司应当披露报告期内资本支出细分项目情况，包括土地、仓库、分拣中心、飞机、车辆、IT设备及服务等。公司也可根据实际情况划分资本支出细分项目，但应当说明具体划分情况及标准，并保持划分标准的连贯性。

8.5 上市公司根据中国证监会相关格式准则要求，披露半年度报告时，应当同时按照下列要求履行信息披露义务：

（一）公司应当区分业务类型披露营业收入、营业成本、毛利率等财务数据；营业收入、营业成本构成因素较上年同期变动30%以上的，公司应当结合宏观经济、行业发展和自身经营等情况，披露具体原因、影响程度、风险和应对措施；

（二）披露报告期快递发件量及单票业务收入情况，并分析变动的原因及合理性；

（三）公司应当披露对公司有重大影响的各类风险的具体情况，如燃油价格大幅波动的风险、安全运营的风险、人力成本上涨的风险、信息系统的风险等。

8.6 上市公司每月定期披露月度快递服务业务收入及其同比变动情况，在同比变动幅度超过30%时，还应当披露具体原因。公司应当在报告月度结束后20日内披露上述有关内容。

鼓励公司每月披露快递服务业务量、快递服务业务单票收入等其他日常经营数据及其同比变动情况；鼓励公司披露快递服务业务旺季的快递服务业务量及票均业务收入情况。

8.7 上市公司重要的加盟商、网点及门店或者转运中心流失或者无法正常经营的，应当及时披露该加盟商、网点及门店或者转运中心的所在城市、员工数量、主要经营情况、流失或者无法正常经营的具体原因以及对公司的影响。

第九章 软件与信息技术服务业

9.1 本章所称软件与信息技术服务业务，是指为政府、企事业单位等客户提供软件开发、信息系统集成服务、信息技术咨询服务、数据处理和运营服务等业务。

9.2 本章所称的上市公司，指达到本指引1.3条规定标准的从事软件与信息技术服务相关业务的上市公司。

9.3 上市公司根据中国证监会相关格式准则要求披露年度报告和半年度报告时，应当同时按照下列要求履行信息披露义务：

（一）上市公司应当说明客户所处行业相关的宏观经济形势、行业政策环境和信息化投资需求等外部因素的变化情况，并说明对公司当期及未来发展的影响，以及公司已经或者计划采取的应对措施；

（二）上市公司应当结合客户所处行业和自身实际情况，对占公司营业收入或者营业利润10%以上的行业，分项列示该行业营业收入、营业成本、毛利率，并分析其变动情况。

9.4 上市公司根据中国证监会相关格式准则要求披露年度报告时，应当同时按照下列要求履行信息披露义务：

（一）上市公司经营存在季节性或者周期性特征的，应当结合公司经营模式说明经营季节性（或者周期性）发生的原因，结合最近两个年度内各季度的经营情况（如营业收入、净利润等）量化说明经营的季节性（或者周期性），并提示经营季节性（或者周期性）波动风险；

（二）上市公司存在研发投入资本化情形的，应当披露研发资本化的金额、相关项目的基本情况、实施进度；研发投入资本化的依据及相关内控制度的内容和执行情况；

（三）上市公司应当披露报告期内职工薪酬总额（计入成本部分）及占公司成本总额的比重，分析公司利润对职工薪酬总额变化的敏感性。同时，披露报告期内核心技术人员数量占比和薪酬占比，以及变动情况；

（四）报告期内存在已授予股权激励的，应当披露实施股权激励计提的费用及对上市公司净利润的影响。上市公司应当披露核心技术人员的股权激励费用及占公司当期股权激励费用的比重。

9.5　上市公司根据《15号编报规则》披露财务报告附注时，应当同时按照下列要求履行信息披露义务：

（一）依据自身业务模式和结算方式对收入确认会计政策进行详细披露，包括披露行业特殊的收入确认条件、确认时点、核算依据、确定履约进度的方法等；

（二）根据不同业务模式，分类披露成本构成情况，如原材料、人工成本、设备折旧、无形资产摊销等项目的金额和占比；

（三）披露报告期内公司享受的税收优惠政策，如软件增值税退税等，以及相关税收优惠对公司当期损益的影响。

9.6　适用于本章的上市公司为政府、企事业单位等客户提供SaaS（Software as a Service，软件即服务）服务的，若实现收入金额达到公司报告期内营业收入10%或者实现营业利润达到公司报告期内营业利润10%的，应当在年度报告和半年度报告中披露企业客户数量、最终用户数量和续费率。

9.7　上市公司应当及时披露公司新取得的对公司经营有重要影响的业务资质或者认证（如国家规划布局内的重点软件企业证书、高新技术企业证书、系统集成资质证书、武器装备质量管理体系认证等）的情况，和现有资质的变动情况（如证书已到期），披露内容包括许可证类型、有效期、取得主体、适用范围以及对公司经营的影响等，如资质发生不利变化，应当同时提示相关风险。

9.8　上市公司应当按照分阶段披露原则及时披露单一销售合同金额占公司最近一个会计年度经审计营业收入30%以上且金额超过五千万元的重大合同的进展情况。合同执行过程中如发生中止、撤销等可能导致影响合同收入30%以上的情况，应当说明影响及后续安排。

第十章　房地产业

10.1　本章所称的上市公司，指达到本指引第1.3条规定标准的从事房地产相关业务的上市公司。

10.2　上市公司应当在年度报告的“经营情况讨论与分析”等部分披露下列信息：

（一）与房地产行业相关的宏观经济形势、行业政策环境的变化情况，上市公司主要项目所在城市的行业发展现状及政策情况，并说明其对上市公司未来经营业绩和盈利能力的影响；

（二）上市公司主要经营模式、经营项目业态，主要项目所在城市的房地产销售情况，上市公司市场地位及竞争优势，面临的主要风险及应对措施；

（三）报告期内新增主要土地储备项目情况，包括但不限于宗地或者项目名称、所在位置、土地规划用途、土地面积、计容建筑面积、土地取得方式、权益比例、土地总价款、权益对价等；分项目或者区域列示的累计土地储备情况，包括但不限于项目或者区域名称、总土地面积、总计容建筑面积、剩余可开发计容建筑面积等；

（四）报告期内主要项目开发情况，包括但不限于项目名称、所在位置、项目业态、权益比例、开工时间、开发进度（在建、竣工、停工等）、土地面积、计容建筑面积、累计竣工面积、本期竣工面积、预计总投资金额、累计已投资金额；项目实际开发进度与计划进度在投资金额、建设周期等方面出现50%以上差异，或者项目出现停工、达到可销售条件后的十二个月内未实现销售等情形的，应当披露具体情况及原因；

（五）报告期内主要项目销售情况，包括但不限于项目名称、所在位置、项目业态、权益比例、计容建筑面积、可售面积、累计预售（销售）面积、本期预售（销售）面积、本期预售（销售）金额、累计结算面积、本期结算面积、本期结算金额等；

（六）报告期内主要项目出租情况，包括但不限于项目名称、所在位置、项目业态、权益比例、可出租面积、累计已出租面积、平均出租率等；

（七）涉及一级土地开发业务的，应当披露报告期内主要项目情况，包括但不限于项目名称、所在位置、权益比例、预计总投资金额、累计投资金额、规划平整土地面积、累计平整土地面积、本期平整土地面积、累计销售面积、本期销售面积、累计结算土地面积、本期结算土地面积、累计一级土地开发收入、本期一级土地开发收入、相关款项回收情况等；

（八）按融资途径（如银行贷款、票据、债券、信托融资、基金融资等）披露截至报告期末各类融资余额、融资成本区间或者平均融资成本、期限结构等；

（九）结合房地产宏观环境及上市公司经营情况，披露发展战略和未来一年经营计划，包括但不限于土地储备、开发、销售和融资安排等；

（十）报告期内存在向其商品房承购人因银行抵押贷款提供担保的，应当披露截至报告期末尚存在担保责任的担保余额、报告期内已承担担保责任且涉及金额占上市公司最近一期经审计净利润10%以上的具体情况等；

（十一）上市公司直接或者间接与其员工共同投资开展房地产业务的，上市公司应当披露开展前述业务的总体情况，包括但不限于项目总数、员工跟投总额、占项目资金峰值比例、退出情况等。投资主体为上市公司董事、监事、高级管理人员及其所控制或者委托的组织，或者与其关系密切的家庭成员，且参与投资金额在三十万元以上的，上市公司应当披露投资项目情况，包括但不限于项目名称、投资主体类别、各类主体投资金额及占比、占项目资金峰值比例、累计收益、退出情况等，并说明实际投资金额与收益分配金额的匹配性。

本所鼓励上市公司在半年度报告中披露前述信息。

10.3 上市公司应当依据自身经营模式和结算方式，在年度财务报告部分披露与房地产行业特征相关的收入确认、存货、投资性房地产等具体会计政策，并披露下列信息：

（一）在“存货”项目附注中按“开发成本”“开发产品”披露主要项目信息，包括但不限于项目名称、期初余额、本期增加、本期减少、期末余额；存货余额中的利息资本化金额及利息资本化率情况，截至报告期末权属受限存货的期末账面价值、受限原因等；

（二）在“存货跌价准备”项目附注中披露主要项目信息，包括但不限于项目名称、期初余额、本期增加、本期减少、期末余额，对于其中的在建项目，可以合并列示；涉及“停工”“烂尾”“空置”项目但不计提或者计提比例较低的，应当说明原因；

（三）对投资性房地产采用公允价值进行后续计量的，在“投资性房地产”项目附注中披露下列信息：

1. 报告期内新增以公允价值计量的投资性房地产的，披露主要项目的原会计核算方法、原账面价值、入账公允价值、变动时间、差额的处理方式及依据等；

2. 处于建设期的投资性房地产的主要项目情况，包括但不限于项目名称、所处位置、开工日期、预计投资总额、期初金额、期末金额、预计竣工时间；

3. 已竣工投资性房地产的主要项目情况，包括但不限于项目名称、所处位置、竣工时间、建筑面积、报告期内租金收入、期初公允价值、期末公允价值等；报告期内投资性房地产公允价值变动超过10%的，应当对比可比项目披露变动原因；投资性房地产公允价值变动损益占公司最近一期经审计净利润30%以上的，应当单独披露投资性房地产公允价值评估报告、评估说明或者市场价值调研报告；

（四）在“合同负债”项目附注中披露预售房产收款的信息，包括但不限于截至报告期末预售金额前五项目的名称、期初余额、期末余额；

（五）在“营业收入”项目附注中披露报告期内确认收入金额前五的项目名称、收入金额等。

本所鼓励上市公司在半年度报告中披露前述信息。

10.4 按照中国证监会行业分类，属于房地产行业的上市公司取得与房地产开发业务相关的土地储备时，视同购买原材料；涉及金额达到本所规定的重大合同标准的，应当及时披露土地位置、取得方式、土地规划用途、土地面积、计容建筑面积、容积率、成交金额、权益比例、权益对价等。

10.5 上市公司出售其持有的土地、未建成项目以及以出售股权的形式出售房产，达到《股票上市规则》规定标准的，应当及时履行相应的审议程序和临时信息披露义务。

上市公司所持有土地出现被政府收储、置换，或者市政规划调整等情形，且可能或者已经对上市公司产生重大影响的，应当及时披露并说明其影响情况。

10.6 上市公司拟建、在建项目的预计投资金额增减变化达到或者超过原预计投资金额50%，且原预计投资金额占上市公司最近一期经审计净资产的10%以上的，应当及时披露项目的基本情况、投资成本变化情况、已投入金额、调整后年度预计投资计划、变化原因及影响等。

10.7 上市公司主要项目在开发、销售、售后过程中可能或者已经出现重大风险情形的，如项目的权益比例或者利益分配等发生重大变化、项目开发中出现“烂尾”“停工”“空置”等情况、发生重大安全事故、已竣工项目或者在建项目存在重大质量缺陷等，应当及时披露相关情况、影响及拟采取的措施。

10.8 按照中国证监会行业分类，属于房地产行业的上市公司及其控股子公司向其为开展房地产业务而成立的项目公司提供财务资助，同时满足下列条件的，上市公司可以对未来十二个月内拟新增资助总额度进行合理预计，并提交股东大会审议：

（一）被资助对象符合《股票上市规则》规定的对象范围，且不是上市公司的董事、监事、高级管理人员、持股5%以上的股东控制的法人或者其他组织；

（二）被资助对象从事单一主营业务且为房地产开发业务，且资助资金仅用于主营业务；

（三）被资助对象的其他股东或者其他合作方按出资比例提供同等条件的财务资助，包括资助金额、期限、利率、违约责任、担保措施等；

（四）拟新增资助总额度不超过上市公司最近一期经审计净资产的50%，对单个被资助对象的资助额度不超过上市公司最近一期经审计净资产的10%。

前述资助事项实际发生时，上市公司应当及时披露，任一时点的资助余额不得超过股东大会审议通过的资助额度。

10.9 上市公司直接或者间接与其员工共同投资开展房地产业务的，应当制定投资管理制度，并经董事会审议通过后及时披露。参与主体涉及上市公司董事、监事、高级管理人员及其所控制或者委托的组织，或者与其关系密切的家庭成员的，投资管理制度还应当提交股东大会审议。与该事项有关联关系的董事、股东应当在上市公司履行相应审议程序时回避表决。

投资管理制度的内容应当包括但不限于参与主体、参与项目范围（所在区域、开工时间等）、除上市公司以外的参与主体合计及单个主体所占权益比例上限、项目收益分配比例。涉及收益分配比例与参与主体实缴出资比例不一致的，上市公司应当充分说明收益分配政策的合理性，并由独立董事发表意见。投资管理制度应当明确上市公司不得对参与主体提供借款、担保或者任何融资便利。

10.10 上市公司开展投资性房地产业务，出现下列情形之一的，应当及时披露：

（一）拟变更投资性房地产后续计量模式的，应当按照会计政策变更的相关要求，履行审议程序和临时信息披露义务；

（二）采用公允价值对投资性房地产进行后续计量的企业，预计相关公允价值变动损益影响占上市公司最近一期经审计净利润10%以上的，应当在明确损益影响后及时披露，包括但不限于项目名称、所处位置、建筑面积、公允价值变动情况、公允价值评估方法、主要评估参数、变动原因及依据、对上市公司的影响等；

（三）在建投资性房地产、存货、在建工程或者固定资产等转为以公允价值计量的投资性房地产，如预计该次转换影响金额占上市公司最近一期经审计净利润或者净资产10%以上的，应当在明确转换时点后及时披露，包括但不限于项目名称、所处位置、建筑面积、原会计核算方法、原账面价值、入账公允价值、公允价值评估方法、主要评估参数、转换时间、转换原因、内部决策程序、差额的处理方式及依据、对上市公司的影响等；

（四）投资性房地产公允价值变动或者计量模式转换的影响金额占上市公司最近一期经审计净利润或者净资产30%以上的，还应当单独披露投资性房地产公允价值评估报告、评估说明或者市场价值调研报告。

10.11　本所鼓励上市公司每月定期披露销售面积、销售金额、新增土地储备、新增融资等反映房地产业务特征的主要经营数据。公司披露前述数据时，各月数据的统计口径原则上应当保持一致，并披露统计口径。

10.12　本章所称“主要项目”，是指房地产项目预计投资金额或者已投资金额占上市公司最近一期经审计总资产的10%以上，或者报告期内项目所产生的收入占上市公司最近一期经审计营业收入的10%以上，或者报告期内项目所产生的净利润占上市公司最近一期经审计净利润的10%以上。

第十一章　附　　则

11.1　本指引所称“以上”含本数，“超过”“低于”不含本数。

11.2　本指引由本所负责解释。

11.3　本指引自发布之日起施行。本所2022年1月7日发布的《关于发布〈深圳证券交易所上市公司自律监管指引第3号——行业信息披露〉的通知》（深证上〔2022〕15号）同时废止。

关于发布《深圳证券交易所上市公司自律监管指引第 4 号——创业板行业信息披露（2023 年修订）》的通知

（2023 年 2 月 10 日　深证上〔2023〕79 号）

各市场参与人：

为落实中国证监会《关于推动提高上市公司质量三年行动方案（2022—2025）》，助力上市公司高质量发展，进一步提升行业信息披露的针对性、有效性，本所对《深圳证券交易所上市公司自律监管指引第 4 号——创业板行业信息披露》进行了修订，现予以发布，自发布之日起施行。

本所于 2022 年 1 月 7 日发布的《关于发布〈深圳证券交易所上市公司自律监管指引第 4 号——创业板行业信息披露〉的通知》（深证上〔2022〕16 号）同时废止。

特此通知。

深圳证券交易所

2023 年 2 月 10 日

2.4

深圳证券交易所上市公司自律监管指引第4号——创业板行业信息披露（2023年修订）

（2023年2月10日　深证上〔2023〕79号）

目　录

第一章　一般规定

1.1　为了规范深圳证券交易所（以下简称本所）创业板上市公司（以下简称上市公司或者公司）行业信息披露行为，保护投资者的合法权益，根据《中华人民共和国公司法》《中华人民共和国证券法》《上市公司信息披露管理办法》等法律、行政法规、部门规章、规范性文件和《深圳证券交易所创业板股票上市规则》（以下简称《股票上市规则》）等业务规则，制定本指引。

1.2　上市公司应当按照本指引的规定，披露对投资者决策有重大影响的行业经营性信息。

本指引所称行业经营性信息，是指与上市公司业务相关的行业信息和经营性信息。

上市公司除遵守本指引的要求外，还应当根据法律、行政法规、部门规章、规范性文件、《股票上市规则》及本所其他规定，履行相应的信息披露义务。

1.3　上市公司及其控股子公司除按照本指引一般规定要求披露行业经营性信息外，其从事本指引第二章至第六章所涉及行业业务，相关营业收入占公司最近一个会计年度经审计的合并财务报表营业收入30%以上，或者归属于母公司所有者的净利润（以下简称净利润）占公司最近一个会计年度经审计的合并财务报表净利润30%以上，或者该业务可能对公司业绩或者股票及其衍生品种交易价格产生重大影响的，应当按照本指引相关章节的规定履行信息披露义务。

上市公司及其控股子公司同时从事多个行业业务均达到前款标准的，应当分别按照本指引相关章节的规定履行信息披露义务。

上市公司及其控股子公司从事本指引第二章至第六章相关业务未达到本条第一款标准的，本所鼓励公司参照本指引相关规定执行。

1.4　上市公司应当在年度报告、半年度报告中披露所属行业的基本特点、发展状况、技术趋势以及公司的行业地位，行业主管部门在报告期内发布的重要政策及其对公司的影响，并对公司的商业模式、竞争优势、经营成果、经营风险等能够反映自身投资价值的事项进行讨论和分析。

1.5　上市公司根据《公开发行证券的公司信息披露编报规则第15号——财务报告的一般规定》披露财务报告附注时，应当依据自身经营模式和结算方式，披露与行业特征相关的具体会计政策、会计估计和会计科目注释。

本所鼓励上市公司在半年度报告中披露前述信息。

1.6　本所鼓励上市公司每月或者每季度披露反映行业特点的主要经营数据。

本指引第二章至第六章规定上市公司应当定期披露主要经营数据的，从其规定。

1.7　上市公司披露的行业经营性信息发生或者可能发生变化，对投资者决策有重大影响的，公司应当及时披露，并说明对当期及未来发展的影响。

前款所称重大影响，是指达到《股票上市规则》规定的相关披露标准或者可能对公司股票及其衍生品种交易价格产生较大影响的其他情形。本指引第二章至第六章另有规定的，从其规定。

1.8　上市公司应当结合公司的经营模式和关键指标，有针对性地披露具体相关的行业经营性信息、公司经营发展趋势，提示行业风险。

1.9　上市公司披露行业经营性信息时，应当合理、审慎、客观，简明清晰、通俗易懂；涉及引用数据的，应当确保引用内容客观、权威，并注明来源；涉及专业术语或者具体指标的，应当说明其具体含义，并说明相关指标的假定条件、计算方法、选取依据、变化原因及趋势（如适用），便于投资者理解。

上市公司应当保证不同报告期采用指标的一致性，相关指标的计算依据、假定条件等发生变化的，应当及时予以说明。

1.10　上市公司因特殊原因无法按照本指引中个别条款的规定履行信息披露义务的，可以根据实际情况调整披露内容或者不披露相关内容，但应当说明并披露原因、提示相关风险。

第二章　新一代信息技术产业

第一节　通信相关业务

2.1.1　本节所称通信相关业务是指传输设备、交换设备、接入设备等通信系统设备及其零部件的制造业务，以及网络设计、网络优化、网络运行与维护、通信工程建设等配套服务业务。

2.1.2　上市公司应当在年度报告、半年度报告中详细披露行业基本情况和公司业务模式等，包括但不限于：

（一）结合行业发展驱动因素（如运营商资本投入金额、基站建设数量等）、通信相关行业政策等的变化，说明公司所处细分行业基本情况及未来发展趋势；

（二）公司所处通信产业链位置、生产经营模式、市场地位、核心竞争力、报告期内行业或者公司重大技术创新变化等。

2.1.3　上市公司披露年度报告、半年度报告时，应当充分披露报告期内占公司营业收入10%以上产品或者业务适用的关键技术或者性能指标：

（一）从事通信传输设备或者其零部件制造的，披露相关产品的复用技术、传输速率、信号传输损耗、抗干扰指标、封装模式、控制管理软件性能指标等；

（二）从事通信交换设备或者其零部件制造的，披露相关产品的调制解调效率、信号差错控制指标、误比特率、控制管理软件性能指标等；

（三）从事通信接入设备或者其零部件制造的，披露相关产品适用的接入网类型（如铜线接入、光纤接入、光纤同轴电缆混合接入、无线接入等）、传输速率、带宽利用率、控制管理软件性能指标等；

（四）从事通信配套服务的，披露相关服务类型及对应资质要求、质量要求（如通信网络覆盖范围、抗干扰指标、速率、容量等核心指标的设计、改善、维护要求，以及工程建设的其他质量要求）等。

上市公司在披露上述关键技术或者性能指标时，应当详细披露指标含义、指标变化情况及其反映的技术水平变化情况，并重点分析指标变化原因及其对公司当期和未来经营业绩的影响情况。

2.1.4 上市公司披露年度报告、半年度报告时，应当充分披露公司生产经营和投资项目情况：

（一）主要产品或者业务的产能、产量、销量、营业收入、毛利率及其变化情况等；

（二）通过招投标方式获得重大合同的，应当披露客户招投标方式（如运营商总部集中招标或者区域集中招标等）、报告期内通过招投标方式获得的主要订单数量、金额及占当期营业收入比重，以及相关合同履行是否发生重大变化等；

（三）报告期内涉及重大投资项目建设的，应当披露项目投资进展情况、相应的资金来源或者融资安排，以及项目建设是否发生重大变化等。

2.1.5 上市公司披露年度报告、半年度报告时，应当充分披露公司的研发创新能力：

（一）报告期内对公司主要产品或者业务有重要影响的专利或者专利授权发生变动的，应当披露相关专利或者专利授权的基本信息、对应产品或者服务的实际应用、对公司生产经营的影响等；

（二）报告期内公司研发投入金额、研发投向等，如披露重要新产品开发情况的，应当披露目前所处阶段、预计完成开发和量产的时间、对公司生产经营的影响等；

（三）报告期内公司的研发模式（如自主研发、合作研发、外包研发等）及其变化情况等，报告期内存在合作或者外包研发的，应当披露合作或者外包研发对公司核心技术的贡献情况，并说明对合作方或者外包方是否存在技术依赖。

2.1.6 上市公司从事通信相关业务，报告期内海外销售收入占同期营业收入30%以上的，应当在年度报告、半年度报告中结合当地销售情况、汇率、利率、税收或者贸易政策的重大变化情况等，说明公司海外业务的稳定性并充分提示风险。

2.1.7 上市公司披露年度报告、半年度报告时，应当充分披露主要资产减值准备计提的情况及依据：

（一）结合通信相关产品迭代、技术更新、市场竞争、产品定制化程度、产品售价变动趋势等说明存货跌价准备计提的情况及依据；

（二）结合应收账款主要欠款方所属通信细分行业等基本情况、应收账款金额及账期等说明应收账款坏账准备计提的情况及依据；

（三）其他主要资产减值准备计提的情况及依据。

2.1.8 上市公司日常生产经营中出现下列情形之一的，应当及时披露，充分提示风险并说明对公司生产经营的影响：

（一）市场出现新产品或者技术路线，可能对公司核心竞争力产生重大不利影响；

（二）主要客户或者供应商发生变动，可能对公司生产经营产生重大不利影响；

（三）核心技术人员发生变动，可能对公司生产经营产生重大不利影响；

（四）被有关方提起对公司有重大影响的专利侵权等诉讼。

2.1.9　上市公司披露通过重要客户认证进入供应商名录的，应当同时披露客户名称及所属细分行业、具体认证情况、在客户供应链体系中的位置或者级别、预计对公司生产经营的影响、存在的主要风险等信息。

上市公司应当及时披露上述事项的重要进展或者重大变化情况，以及对公司生产经营的影响。

2.1.10　上市公司应当及时披露新取得与通信相关的重要业务资质情况，或者现有重要业务资质的变动情况，披露内容包括资质类型、有效期、取得主体、适用范围、新增或者变动情况、对公司生产经营的影响等。

第二节　LED 产业链相关业务

2.2.1　本节所称 LED（英文名称 Light Emitting Diode、中文名称发光二极管）产业链相关业务是指 LED 产业链相关核心产品的研发、生产、销售等业务活动，主要包括上游的 LED 芯片衬底材料、外延片及芯片领域，中游的 LED 封装领域，下游的 LED 照明、显示、背光等应用领域，以及 LED 产业链的其他关键产品或者设备。

2.2.2　上市公司应当在年度报告、半年度报告中充分披露公司所处行业基本情况、公司业务模式等，包括：

（一）行业现状及未来发展趋势；

（二）同行业公司的名称、基本情况；

（三）公司目前所处 LED 产业链的环节、业务模式、市场地位及变化情况、核心竞争力分析、公司具备的重要业务资质、报告期内行业的重大技术创新、公司的重大研发成果及其对公司生产经营和未来发展的具体影响等。

2.2.3　上市公司在披露年度报告、半年度报告时，应当运用逐年比较、数据列表等方式对报告期内占公司营业收入 10% 以上产品的关键技术指标进行列示，以增进投资者的理解。LED 产业链各环节主要产品相关的关键技术或者性能指标如下：

（一）从事 LED 芯片衬底材料业务的，披露衬底的材料类别（蓝宝石、碳化硅、硅等）、长晶方法、长晶尺寸、综合良率等；

（二）从事 LED 外延片业务的，披露 MOCVD（英文名称 Metal - organic Chemical Vapor Deposition、中文名称金属有机化合物化学气相沉淀）设备各机型（2 英寸、4 英寸、6 英寸等）的数量、外延片产品的综合良率等；

（三）从事 LED 芯片业务的，披露芯片产品的发光波长、发光颜色、结构类型（正装、倒装等）、综合良率等；

（四）从事 LED 封装业务的，披露封装产品的封装类型、产品用途（照明、显示、背光等）、综合良率等；

（五）从事 LED 照明业务的，披露照明产品的具体应用领域（室内照明、汽车照明、景观照明等）、综合良率等；

（六）从事 LED 显示业务的，披露显示技术情况（大间距 LED、小间距 LED、Mini LED、Micro LED 等）、应用领域等；

（七）从事 LED 背光业务的，披露背光产品类型、综合良率、应用领域等；

（八）从事 LED 重要设备、材料、组件及其他产品研发、生产、销售业务的，披露相关产品的应用领域、重要性能指标等。

上市公司应当详细披露指标含义、指标变化情况及其反映的技术水平变化情况，重点分析指标变化的原因及其对公司当期和未来经营业绩的影响情况，并保持指标的合理性、一致性、可比性。

2.2.4　上市公司在披露年度报告、半年度报告时，应当同时按照下列要求履行信息披露义务：

（一）披露报告期内销售收入占公司营业收入 10% 以上产品的销售量、销售收入、销售毛利率，并进行同比变动分析；

（二）披露报告期内销售收入占公司营业收入 10% 以上产品的产能、产量、产能利用率、在建产能等；

（三）按照销售模式类别（直销、代销、经销等）披露报告期内及去年同期的销售收入构成。

2.2.5　上市公司从事 LED 产业链相关核心产品的研发、生产、销售等业务的，报告期内公司产品海外销售收入占同期营业收入 30% 以上的，应当在年度报告、半年度报告中披露主要收入来源地（大洲或者国家、地区等）的名称、销售的产品、销售数量、销售收入、报告期内当地行业政策、汇率或者贸易政策发生的重大不利变化及其对公司当期和未来经营业绩的影响情况。

2.2.6　上市公司从事 LED 相关工程业务的，应当在年度报告、半年度报告中按照下列要求披露重大合同的相关信息：

（一）披露交易对方的基本情况，包括名称、注册资本、成立时间、经营范围、关联关系、履约能力等；

（二）披露业务开展的具体模式，包括工程总承包（EPC）、合同能源管理（EMC）、政府与社会资本合作（PPP）等。如为 EPC 模式的，应当披露合作各方承担的具体业务、收入划分原则等；EMC 模式的，应当披露节能效益的分享期限、节能效益的分享方式、最低节能量（率）、节能量的确认方法、节能效益的划分、节能效益款项的结算方式等；PPP 模式的，应当披露项目建设期、项目运营期、投资回收期、政府方资金投入金额、融资方式及担保、是否已纳入当地财政中长期预算、项目入库与清库情况、是否设立项目公司（SPV）、项目公司（SPV）的股权结构及出资情况（如适用）等；

（三）披露工程项目目前的进度、资金投入情况、收入回款情况、收益确认情况、项目执行时面临的主要风险及应对措施等；

（四）披露工程业务在资金投入、建设施工、后期运营、收益核算等各阶段的会计处理政策。

2.2.7　上市公司以 LED 显示屏换取广告权益的，应当在年度报告、半年度报告中按照下列要求披露重大合同的相关信息：

（一）披露交易对方的基本情况，包括名称、注册资本、成立时间、经营范围、关联关系、履约能力等；

（二）披露合同的主要内容，包括合同的有效期、金额、广告权益的时间长度、收益分配方式，量化分析对公司当期及未来财务状况的影响等；

（三）披露合同主要的经营风险、合同发生变更或者违约的情况下相应的处理或者赔偿方案等；

（四）披露合同有关会计处理政策，包括收入的确认、成本的确认等。

2.2.8 上市公司在年度报告、半年度报告中应当充分提示如下事项可能对日常生产经营造成的重大影响：

（一）占公司最近一个会计年度销售收入30%以上产品的销售均价出现大幅下跌，下跌幅度较年初超过30%的；

（二）市场出现新的产品或者技术路线，可能对公司核心竞争力造成重大不利影响；

（三）被有关方提起对公司有重大影响的专利侵权诉讼；

（四）相关行业政策、贸易政策等发生重大变化。

第三节　集成电路业务

2.3.1 本节所称集成电路业务是指集成电路设计、晶圆制造、封装测试业务。

2.3.2 上市公司披露年度报告、半年度报告时，应当披露下列反映集成电路行业发展状况的信息并分析其对公司未来经营业绩的影响：

（一）报告期内集成电路细分行业整体发展情况、行业政策变化情况，并分析对公司未来生产经营影响；

（二）报告期内公司主要集成电路产品所属细分领域的主流技术水平及市场需求变化情况，分析对公司影响；

（三）结合报告期内公司主要集成电路产品核心技术以及成本控制等因素，分析说明行业竞争情况和公司综合优劣势。

2.3.3 上市公司集成电路设计业务收入占公司最近一个会计年度经审计的合并财务报表营业收入30%以上的，在披露年度报告、半年度报告时，应当充分披露公司经营模式、产品类别、成本构成等情况，包括：

（一）公司经营模式简介（无晶圆厂Fabless模式、垂直整合制造商IDM模式）、委外生产情况、研发设计模式，经营模式为IDM模式的，应当披露各环节业务收入占比；

（二）公司芯片产品所属集成电路细分行业（微处理器、逻辑集成电路、存储器、模拟电路等），主要芯片产品的类别、基础架构、下游应用领域及应用示例；

（三）披露报告期内占主营业务收入10%以上的单项产品（列明细分用途）营业成本主要构成情况、销售金额和产能利用率，以及同比变化情况，同比变化30%以上的，应当披露变化原因等；

（四）下一报告期内下游应用领域的宏观需求分析等；

（五）公司所处行业市场竞争格局情况。

2.3.4 上市公司集成电路晶圆制造业务收入占公司最近一个会计年度经审计的合并

财务报表营业收入30%以上的，在披露年度报告、半年度报告时，应当披露下列反映报告期内集成电路制造业务情况的信息：

（一）晶圆厂数量和生产规模，按晶圆尺寸披露相关产线产能等情况；

（二）在建晶圆厂或者产线情况，包括晶圆尺寸、建设周期以及预计产能等信息。

2.3.5 上市公司集成电路封装测试业务收入占公司最近一个会计年度经审计的合并财务报表营业收入30%以上的，在披露年度报告、半年度报告时，应当披露下列反映报告期内封装测试业务情况的信息：

（一）报告期内公司采用的主要封装技术以及产品类别情况；

（二）公司在建的封装测试生产基地情况，包括拟生产产品类别、预估建设周期以及预计投产时间等。

2.3.6 上市公司从事集成电路业务，在披露年度报告、半年度报告时，应当充分披露公司的研发创新能力，主要包括：

（一）拥有的国内外专利、国内外专利授权情况（主营业务为集成电路设计的，应当披露集成电路布图设计权、软件著作权等知识产权情况）；

（二）报告期内研发投入金额和研发投向；

（三）研发人员占比、研发团队学历构成、研发人员工作年限比例、核心技术人员变化情况等。

2.3.7 上市公司从事集成电路业务，应当在披露年度报告、半年度报告时，说明公司发展战略及经营计划，包括竞争战略、业务调整计划等。

公司在年度报告、半年度报告中披露重要新产品或者新工艺开发情况的，应当披露目前所处阶段、预计完成开发、量产的时间及对公司可能产生的影响。

公司在报告期内涉及重大投资项目建设的，应当披露项目投资进展情况、相应的资金来源或者融资安排以及对公司未来生产经营的影响。

2.3.8 上市公司日常生产经营中出现下列情形之一的，应当及时披露，充分提示风险并说明对公司生产经营的影响：

（一）占公司上一个报告期内销售收入30%以上产品的销售均价较上一报告期末上下变动超过20%；

（二）市场出现替代产品或者技术路线，可能对公司核心竞争力造成重大不利影响；

（三）下游应用领域发生重大变化，可能使公司产品需求和营业收入产生重大波动；

（四）贸易环境、产业规范、行业政策等发生重大变化且预计对公司未来生产经营产生重大影响；

（五）公司核心技术人员发生变动且对公司生产经营具有重大影响；

（六）公司被有关方提起对公司有重大影响的专利侵权诉讼。

2.3.9 上市公司从事集成电路业务，发生重大安全、质量、环保事故，或者被相关部门要求进行安全、环保整改，影响重大的，应当及时披露事项原因、涉事生产线预计全年产量、停产整改期限及其对公司经营的影响。

第四节　网络安全相关业务

2.4.1　本节所称网络安全相关业务是指为客户提供的用于防范对客户所拥有、运营或者使用网络的攻击、侵入、干扰、破坏、非法使用和意外事故，保障网络处于稳定、安全、可靠的运行状态，以及网络数据完整性、保密性和可用性的产品与服务。

2.4.2　上市公司披露年度报告、半年度报告时，应当在“管理层讨论与分析”部分披露下列信息：

（一）截至报告期末公司所处行业适用的监管规定和行业政策，包括但不限于相关规定与政策的名称、发布部门、发布时间、政策简要内容，以及对公司业务活动的影响与意义等；

（二）报告期内公司所处行业发展情况、市场需求特点及变化情况、行业技术研发趋势、行业整体规模情况、公司主要产品（服务）的市场占有分布情况，以及公司对于下一年度行业发展情况的展望等。

2.4.3　上市公司从事网络安全相关业务，报告期内单一产品（服务）收入占公司最近一个会计年度经审计的合并财务报表营业收入10%以上的，在披露年度报告、半年度报告时，应当在“管理层讨论与分析”部分披露下列产品（服务）与技术相关信息：

（一）以列表形式披露相关产品（服务）名称、主要型号、应用场景、主要功能、使用的技术及其特点，报告期内主要产品及收入较上年是否发生变化及变化的原因；

（二）相关产品（服务）所处产业链位置、营运及盈利模式，报告期内产业链上、下游环境是否发生重大变化。相关产品下游客户以B端为主的，应当披露该产品主要客户所处的领域及各主要领域客户收入占比；相关产品下游客户以C端为主的，应当披露报告期内产品用户数量、新增用户情况、付费用户数量（如有）及用户续费率等信息，C端产品为免费使用的，应当结合盈利模式重点说明相关收入的来源及变化情况；

（三）相关产品属于安全软硬件产品的，应当结合产品的销售模式、渠道、产品客户所处领域披露报告期内产品销售情况；存在经销商代销的，应当披露单一销售占比达30%以上的经销商情况，报告期内与经销商合作是否稳定，是否存在依赖；

（四）结合相关软件及硬件产品特点，披露产品核心技术的变化、革新情况，包括但不限于算法、传输处理、漏洞库、数据库优势等；

（五）相关产品因升级迭代导致产品名称发生变化的，应当说明该产品以前年度的名称，同一报告期单一产品存在不同销售版本的，应当合并为同一产品进行统计计算。

2.4.4　上市公司披露年度报告、半年度报告时，应当在重要事项部分披露下列与业务开展相关的主要资质信息：

（一）报告期内新增的网络安全相关业务资质的情况，包括但不限于名称、有效期、取得主体和适用范围等，以及相关业务资质对公司业务活动的影响；

（二）公司产品（服务）列入《网络关键设备和网络安全专用产品目录》范围或者属于其他按照监管要求需要事先进行审查才可对外销售的，应当披露相关产品（服务）报告期内接受认证、检测、审查的结果；

（三）报告期内公司相关资质证书因违反网络安全相关法律法规被吊销、收回或者失去效力的情况，以及因公司产品（服务）不符合强制性标准或者未通过相关认证、检测、审查导致无法对外销售的情况。

2.4.5 上市公司披露年度报告、半年度报告时，应当在重要事项部分披露下列经营合规相关信息：

（一）报告期内公司网络安全相关业务经营遵守所适用监管规定的总体情况；

（二）报告期内公司因网络安全相关业务经营活动涉嫌违法违规行为被行业主管部门要求自查，或者被行业主管部门采取立案调查等行政措施的情况及进展；

（三）报告期内公司被行业主管部门依据网络安全相关法律法规给予行政处罚的情况，以及公司的整改情况；

（四）报告期内保障产品（服务）质量与安全的有关情况，包括可控性相关的内部控制体系的建立、完善与运行情况；网络安全产品相关的运营设施、网络、数据安全保障情况及平台管理情况等。

2.4.6 上市公司通过自有的云计算平台为客户提供网络安全产品或者服务，且云安全收入占公司最近一个会计年度经审计的合并财务报表营业收入10%以上的，披露年度报告、半年度报告时，应当披露下列云平台业务相关信息：

（一）云计算平台的基本情况，包括但不限于名称、主要功能、运营模式、安全防护情况，以及截至报告期末的用户数量和报告期内的收入确认情况；

（二）报告期内接受云计算服务安全评估的情况（如有），包括但不限于安全评估的申请时间、评估进展、评估结果及有效期，以及接受主管部门持续监督的情况。

2.4.7 上市公司网络安全相关业务发生下列风险事项，应当及时披露有关事件的详细情况及进展，并进行风险提示：

（一）相关法律法规与政策发生重大不利变化；

（二）主要经营许可被暂停或者撤销、主要产品（服务）的资质认证被撤销或者资质认证期限届满后相关部门不予续期；

（三）受到行业主管部门重大行政处罚、产品（服务）出现重大漏洞或者隐患被行业主管部门或者其他有权机构公开通报，以及公司出现大规模数据泄露事件造成重大社会影响等。

2.4.8 本所鼓励上市公司在年度报告、半年度报告的环境和社会责任部分披露报告期内履行与网络安全业务相关的社会责任的情况，包括但不限于为国家重大项目或者重要活动提供专项网络安全保障服务的情况，牵头或者参与网络安全业务相关的国家与行业标准制定的情况，按照有关规定向国家有关部门报送和向社会发布网络安全漏洞信息的情况，以及在网络安全工作方面做出突出贡献等。

第三章　生物产业

第一节　药品、生物制品业务

3.1.1　本节所称药品、生物制品业务是指《药品注册管理办法》规定的中药、化学药和生物制品等药品业务。其中，有关研发的药品指《药品注册管理办法》规定的注册分类为1－3类的中药、注册分类为1－3类的化学药品、注册分类为1－3.2类的治疗用生物制品、注册分类为1－3.2类的预防用生物制品，以及本所或者公司认为可能对上市公司业绩或者股票及其衍生品种交易价格产生重大影响的其他药品。

3.1.2　上市公司披露年度报告、半年度报告时，应当在“管理层讨论与分析”部分详细披露报告期内药品和生物制品项目的研发、生产及销售情况，至少包括下列内容：

（一）已进入注册程序的药品和生物制品的名称或者代码、注册分类、适应症或者功能主治、注册所处的阶段、进展情况；

（二）报告期内新进入或者退出国家级《国家基本医疗保险、工伤保险和生育保险药品目录》（以下简称《医保药品目录》）的药品名称、适应症或者功能主治、核心发明专利起止期限、所属注册分类、是否属于中药保护品种等；

（三）本报告期及去年同期销售额占公司同期主营业务收入10%以上的主要药品名称、适应症或者功能主治、发明专利起止期限、所属注册分类、是否属于中药保护品种等；

（四）本报告期及去年同期的生物制品批签发数量及其变动比例；

（五）报告期内公司生产销售的药品在国家级、省级药品集中带量采购中的中标情况，包括药品名称、中标价格、医疗机构的合计实际采购量及对公司的影响。

3.1.3　上市公司在药品研发、注册过程中，出现下列情形之一的，应当及时披露：

（一）按相关规定可以开展临床试验；

（二）临床试验取得阶段性进展（进入Ⅰ、Ⅱ、Ⅲ、Ⅳ期）；

（三）终止临床试验；

（四）收到新药证书；

（五）收到药品生产许可批件（包括《药品注册证书》《进口药品注册证》《医药产品注册证》等）；

（六）获得药品生产许可证；

（七）产品通过或者未通过一致性评价；

（八）本所或者公司认为可能对公司药品研发、注册产生重大影响的其他情形。

3.1.4　上市公司披露第3.1.3条规定的事项，应当包括下列内容：

（一）该药品的基本信息，包括药品名称或者代码、注册分类、适应症或者功能主治；

（二）该药品注册目前所处的审批阶段，以及后续所需的审批流程；

（三）同类药品的市场竞争及潜在竞争状况；

（四）该药品研发、注册过程中存在的主要风险；

（五）本所或者公司认为需要说明的其他内容。

3.1.5 上市公司在美国或者欧盟实施相关药品的注册，应当参照境内注册程序及时披露。

3.1.6 上市公司通过自行研发以外的其他途径获得境内外临床试验许可、新药证书、药品生产许可批件等资质许可文件，应当及时披露。

3.1.7 药品研发、注册过程中，上市公司完成了临床试验并取得了临床试验总结报告的，应当及时发布提示性公告。

临床试验总结报告的提示性公告除披露第3.1.4条规定的内容外，还应当披露有关试验药品的疗效、安全性以及风险和收益之间的关系等结论性意见。

3.1.8 上市公司提出撤回药品注册申请的，在收到各级主管部门有关撤回药品注册的审批文件后应当及时披露。除披露第3.1.4条规定的内容外，还应当披露撤回注册申请的原因及对公司的影响。

3.1.9 上市公司出现下列情形之一的，应当及时披露，并说明对公司的影响：

（一）最近一个会计年度销售额占公司同期主营业务收入10%以上的药品生产许可批件等有效期届满前公司决定不申请再注册、被注销或者不予再注册；

（二）占公司最近一个会计年度销售收入30%以上产品的销售均价出现大幅下跌，下跌幅度较年初超过30%；

（三）最近一个会计年度销售额占公司同期主营业务收入10%以上的药品适用范围发生重大变化；

（四）主管部门对公司GMP（药品生产质量管理规范）检查得出不合格的结论性意见，因质量问题导致产品抽检不合格，发生属于《药品召回管理办法》规定的一级和二级的产品召回；

（五）公司产品使用发生群体不良反应或者出现较大范围的媒体质疑、安全投诉；

（六）公司药品进入或者退出国家级《医保药品目录》；

（七）行业政策发生重大变化，公司主要产品被提起重大专利侵权诉讼，市场出现新的产品或者技术路线、且对公司有重大不利影响；

（八）本所或者公司认为对公司生产经营有重大影响的其他情形。

3.1.10 上市公司生产销售的药品中标进入药品集中带量采购目录的，应当及时披露下列信息：

（一）该药品的基本信息，包括药品名称或者代码、注册分类、适应症或者功能主治；

（二）该药品最近一个会计年度销售额及占公司同期主营业务收入的比例；

（三）该药品被纳入药品集中带量采购目录的中标价格、采购数量及采购区域；

（四）该药品被纳入药品集中带量采购目录对公司的影响。

上市公司生产销售的药品未中标药品集中带量采购的，应当在相关中标结果公布后及时披露并说明对公司的影响。

第二节　医疗器械业务

3.2.1　本节所称医疗器械业务是指《医疗器械监督管理条例》规定的第二类、第三类医疗器械的研发、生产、销售等业务。

3.2.2　上市公司在披露年度报告、半年度报告时，应当充分披露报告期内医疗器械项目的研发、生产及销售情况，至少包括下列内容：

（一）处于注册申请中的医疗器械名称、注册分类、临床用途、注册所处的阶段、进展情况、是否按照国家药品监督管理部门的相关规定申报创新医疗器械；

（二）最近一个会计年度销售额占公司同期主营业务收入10%以上或者销售额前十大产品，已获得注册证的医疗器械名称、注册分类、临床用途、注册证有效期，并注明是否为报告期内新注册、变更注册或者注册证失效；

（三）上市公司采取特定商业模式的，包括但不限于与医院合作共建大型医疗设备、体外诊断试剂与仪器闭环销售、设备投放耗材盈利、销售产品同时提供融资租赁服务、与医院收费分成等，应当详细说明该商业模式的特征；

（四）报告期内公司生产销售的产品在国家级、省级医疗器械集中带量采购中的中标情况，包括产品名称、中标价格、医疗机构的合计实际采购量及对公司的影响。

3.2.3　上市公司应当在年度报告、半年度报告中明确对医疗器械研发、临床试验和注册过程中所产生费用的会计政策并予以披露，明确在不同销售模式下对销售收入的会计确认政策并予以披露。

3.2.4　上市公司在进行《医疗器械监督管理条例》规定的第二类、第三类医疗器械中重要产品的首次注册或者变更注册过程中，出现下列情形之一的，应当及时披露：

（一）按相关规定可以开展临床试验或者完成临床试验；

（二）已披露的医疗器械注册申请如发生终止的，应当及时披露终止的原因以及对公司的影响；

（三）进入创新医疗器械审批流程；

（四）在审评过程中被责令退回注册申请；

（五）获得医疗器械注册证或者医疗器械生产许可证；

（六）最近一个会计年度销售额占公司同期主营业务收入10%以上或者销售额前十大产品的医疗器械注册证或者医疗器械生产许可证内容发生变更；

（七）本所或者公司认为可能对公司医疗器械研发、注册产生重大影响的其他情形。

3.2.5　上市公司通过自行研发以外的其他途径获得医疗器械注册证或者进入注册程序时应当及时披露。

3.2.6　上市公司在美国或者欧盟实施医疗器械注册时应当参照境内注册程序及时披露。

3.2.7　上市公司披露本指引第3.2.4条至第3.2.6条规定的事项，应当包括下列内容：

（一）该医疗器械的基本信息，包括医疗器械名称、注册分类、临床用途等；

（二）该医疗器械目前所处的注册审批阶段，以及后续所需的审批流程；

（三）同类医疗器械的市场状况（例如同类医疗器械在国内外的研究现状、生产、销售及使用情况等）；

（四）该医疗器械研发、注册过程中存在的主要风险；

（五）本所或者公司认为需要说明的其他内容。

3.2.8 上市公司出现下列情形之一的，应当及时披露，并说明对公司的影响：

（一）最近一个会计年度销售额占公司同期主营业务收入10%以上或者销售额前十大产品的医疗器械注册证有效期届满前公司决定不再申请续期，被吊销、注销或者到期失效；

（二）占公司最近一个会计年度销售收入30%以上或者销售额前五大产品的销售均价出现大幅下跌，下跌幅度较年初超过30%；

（三）公司主要产品出现重大医疗事故或者产品质量问题，因质量问题导致产品抽检不合格、发生属于《医疗器械召回管理办法》规定的一级和二级的产品召回、出现较大范围的媒体质疑和安全投诉；

（四）行业政策发生重大变化，公司主要产品被提起重大专利侵权诉讼，市场出现新的产品或者技术路线且对公司有重大不利影响；

（五）本所或者公司认为对公司生产经营有重大影响的其他情形。

3.2.9 上市公司生产销售的医疗器械中标进入集中带量采购目录的，应当及时披露下列信息：

（一）该产品的基本信息，包括产品名称、注册分类、临床用途；

（二）该产品最近一个会计年度销售额及占公司同期主营业务收入的比例；

（三）该产品被纳入集中带量采购目录的中标价格、采购数量及采购区域；

（四）该产品被纳入集中带量采购目录对公司的影响。

上市公司生产销售的产品未中标集中带量采购的，应当在相关中标结果公布后及时披露并说明对公司的影响。

第四章 数字创意产业

第一节 互联网游戏业务

4.1.1 本节所称互联网游戏业务是指互联网游戏的研发、发行和运营等业务活动。

4.1.2 上市公司在年度报告、半年度报告时，应当结合公司所处的产业链环节、盈利模式和经营特点，充分披露各项业务的经营情况：

（一）报告期内主要游戏（指研发、发行及运营收入在游戏业务中排名前五的游戏，下同）的详细信息，包括主要游戏的名称、版号、所属游戏类型（端游、页游、手游等）、运营模式（自主运营、联合运营、第三方运营等）及对应的运营商名称、游戏分发渠道、收费方式（时间收费、道具收费等）、报告期内主要游戏收入及其占公司游戏业务收入的比例；

（二）按季度统计并披露主要游戏的运营数据，包括主要游戏的用户数量、活跃用户数、付费用户数、ARPU 值、充值流水等；

（三）上市公司从事游戏运营业务的，应当披露报告期内游戏平台新增运营的游戏数量、报告期末运营的游戏数量、季度总用户数量、季度总活跃用户数、季度游戏类型情况等；

（四）报告期内主要游戏推广方式，投入的推广营销费用总额及占公司游戏推广营销费用总额、主要游戏收入总额的比例；

（五）上市公司游戏业务涉及境外市场，且境外收入占游戏收入 30% 以上的，应当参考本条第一、二、三、四项规定披露报告期内境外主要游戏的相关运营数据。

4.1.3　上市公司披露财务报告附注时，应当同时按照下列要求履行信息披露义务：

（一）披露主要会计政策和会计估计时，应当结合业务的盈利模式、产品特点、收费方式以及公司承担的义务和风险，详细披露公司游戏开发和运营业务的收入确认、成本结转的具体方法；

（二）详细披露报告期末存货及无形资产余额前五名游戏的合计账面余额及其占公司全部存货、无形资产余额的比例，以及存货结转和无形资产摊销的方法（如适用）。

4.1.4　上市公司应当在年度报告、半年度报告中结合游戏行业发展情况、公司游戏业务和产品运营情况，充分披露可能对公司未来发展战略和经营目标实现产生重大不利影响的风险因素，包括行业政策变动风险、知识产权风险、单一游戏依赖风险、游戏产品生命周期风险、新游戏开发和运营失败风险、游戏平台吸引力下降风险、游戏版号申请风险等。

4.1.5　上市公司开发或者运营的新游戏上线后的十二个月内，累计已实现收入首次达到公司最近一个会计年度经审计营业收入 30% 以上的，应当及时披露该产品的运营情况，包括用户数量、活跃用户数、付费用户数、ARPU 值、充值流水、已确认收入、统计收入与经审计营业收入可能存在差异的风险提示等。

4.1.6　上市公司开发或者运营的主要游戏月度充值流水较前三个月的月均值下降首次达到 50% 以上时，应当及时披露该产品该月度的运营情况，包括用户数量、活跃用户数、付费用户数、ARPU 值、充值流水等，并分析月度充值流水大幅下降对公司当期经营业绩的影响及相应的风险。

第二节　电子商务业务

4.2.1　本节所称的电子商务业务是指通过互联网等信息网络销售商品或者提供服务的经营活动，包括电子商务平台经营以及通过自建网站、其他网络服务销售商品或者提供服务的经营活动。

4.2.2　上市公司从事电子商务平台经营业务的，应当在年度报告、半年度报告中结合其平台的盈利模式和经营特点，对其报告期内的运营情况进行披露：

（一）上市公司应当按电子商务行业通用指标，披露其主要电子商务平台、网站的运营数据，包括但不限于主要平台的浏览量、注册用户数量、平台商家数量、买家数量、活跃用户数量（MAU）、总成交金额（GMV）等；

（二）电子商务平台存在广告投放服务的，应当披露其广告收入金额，广告客户总量及变化情况；

（三）电子商务平台存在佣金收入的，应当披露其佣金收入金额，不同佣金的分类标准及报告期内客户数量变化情况；

（四）电子商务平台存在会员或者其他增值服务收费的，应当披露各类业务的收入金额、付费用户数量、平均付费金额及报告期内变动情况。

4.2.3　上市公司通过互联网等信息网络销售商品或者提供服务的（包括自有平台、第三方平台、其他网络渠道等），应当在年度报告、半年度报告中结合自身业务的盈利模式和经营特点，充分披露各项业务的经营情况：

（一）公司通过自有平台、第三方平台等不同渠道的销售收入占比，对于收入占比在10%以上的平台，列示其具体名称、销售金额及同比变动情况、总订单数、期末网店数量、报告期内新增和关闭网店数量、销售模式等；

（二）公司核心产品品类的经营数据，包括但不限于总交易金额、总订单数、人均消费频次等。

4.2.4　上市公司存在多平台经营或者多渠道销售，且平台、渠道收入占比在10%以上，其中一个或者多个平台、销售渠道的主要经营数据同比下滑50%以上的，应当在年度报告、半年度报告中详细披露原因并提示风险。

4.2.5　上市公司应当在年度报告、半年度报告中结合电子商务业务的盈利模式、收费方式、结算时点以及公司承担的义务与风险，充分披露电子商务业务收入确认及成本结转的具体方法。

4.2.6　上市公司应当在年度报告、半年度报告中结合电子商务业务的发展情况及行业变化趋势，充分披露可能对公司未来发展战略和经营目标实现产生重大不利影响的风险因素，并披露公司在网络及数据信息安全、个人信息保护、消费者权益保护、商业道德风险等领域所实施的保障措施。

4.2.7　上市公司报告期内新增、变更、终止电子商务领域有关业务的，应当遵循《中华人民共和国电子商务法》的有关规定，并及时披露新增、变更、终止有关业务的进展情况、经营许可资质获得情况、业务主管部门审批情况、适用的法律法规等，并对进展过程中可能存在的风险进行提示。

4.2.8　上市公司电子商务业务出现重大风险（例如有关行业政策变化、发生网络安全事件、主要合作方终止合作等）或者可能对公司日常经营及其衍生品种交易价格产生影响的其他重大事件的，应当及时披露有关事件的详细情况及进展，并进行风险提示。

第三节　互联网视频业务

4.3.1　本节所称互联网视频业务是指通过互联网向用户提供有偿或者无偿视频播放、下载服务等业务活动，相关营业收入包括与经营互联网视频业务相关的用户付费、广告以及版权分销等收入。

4.3.2 上市公司应当在年度报告、半年度报告中披露报告期内互联网视频业务的关键业务指标，包括累计注册用户数、新增注册用户数、日均活跃用户数、付费用户数、ARPU 值等。

公司应当按照不同终端类型（如 PC 端、移动端、电视端、其他终端等）分别披露前述通用指标，及其与同行业公司相应指标的对比（如能获得相关数据），说明公司在行业中的竞争地位。

4.3.3 上市公司应当在年度报告、半年度报告中结合互联网视频业务的盈利模式和经营特点，充分披露各项业务的经营情况：

（一）对于用户付费业务，应当披露报告期内付费用户数量和付费用户的平均付费金额等，并说明该业务收入的占比和同比变化情况；

（二）对于广告业务，应当披露广告主数量和平均广告收入金额，前五大客户的合计收入等，并说明该业务收入的占比和同比变化情况；

（三）对于版权分销业务，应当披露版权销售数量和平均销售金额，前五大客户的合计收入等，并说明该业务收入的占比和同比变化情况。

4.3.4 上市公司编制财务报表附注时，应当同时披露报告期内公司自制、外购和通过版权互换等方式所取得的视频版权成本金额及占比，计入存货或者无形资产的金额，并对其成本结转或者摊销方式进行说明，披露当年结转或者摊销金额及余额变动情况，同时说明相关会计处理是否与同行业公司存在明显差异，如是请说明原因。

4.3.5 上市公司新取得经营许可资质的，应当及时披露许可证类型（如增值电信业务经营许可证、信息网络传播视听节目许可证、网络文化经营许可证等）、有效期、取得主体和适用范围等。

4.3.6 上市公司新增互联网视频业务的，应当及时披露相关业务的经营许可资质获得情况、业务主管部门审批情况、新业务适用的法律、法规及可能存在的法律风险，新增业务的运营模式、盈利模式及可能存在的运营风险等。

第四节 影视业务

4.4.1 本节所称的影视业务是指围绕电影、电视剧及其他类型影视作品所进行的制作、发行、放映等业务活动。

4.4.2 上市公司披露年度报告、半年度报告时，应当同时按照下列要求履行信息披露义务：

（一）披露公司所处的产业链环节、业务范围、盈利模式，并结合业务模式重点披露相关业务指标、财务信息；

（二）在年度报告中披露报告期内收入情况时，应当按所处产业链环节详细披露：

1. 从事电影、电视剧及其他类型影视作品制作或者发行业务且收入占公司同期主营业务收入 10% 以上的，应当披露制作或者发行收入占公司主营业务收入前五名的电影、电视剧及其他类型影视作品的名称、合作方、合作方式（主投或者参投/主发行或者联合发

行等)、主要演职人员、放映渠道、合计收入金额及占公司同期主营业务收入的比例;

前述合计收入包括票房分账收入、发行收入、网络播放权许可收入、版权销售收入、相关衍生收入等;

2. 从事电影放映业务且收入占公司同期主营业务收入10%以上的,应当披露影院放映收入、直营影院与加盟影院数量及其变动、屏幕数量及其变动、观影人次等;

(三)在年度报告中分析公司竞争能力时,应当详细披露对公司核心竞争能力有重大影响演职人员(包括制片人、导演、演员)的变动情况,以及前述变动对公司经营的影响;

(四)披露报告期内主要经营情况时,应当详细披露报告期内拍摄电影、电视剧及其他类型影视作品的名称、实际进展情况、发行或者放映档期、放映渠道和许可资质的取得情况,如与计划情况存在重大差异的,应当说明原因;

(五)在年度报告中披露未来经营计划时,应当详细披露下一年度公司新增和取消电影、电视剧及其他类型影视作品的拍摄计划,包括开拍时间(如确定)、预计发行或者上映档期(如确定)、合作方及合作方式(如确定)、拍摄或者制作进度、主要演职人员(如签约)。

4.4.3 上市公司披露财务报告附注时,应当同时按照下列要求履行信息披露义务:

(一)在披露公司主要会计政策和会计估计时,应当详细披露公司电影、电视剧及其他类型影视作品制作、发行和分销业务收入确认和成本结转的具体方法,如果采用"计划收入比例法"的,应当说明具体的计算原则和方法;

(二)在披露公司财务报表项目附注时,应当详细披露报告期末存货余额前五名的电影、电视剧及其他类型影视作品的名称、开机时间、拍摄或者制作进度、合计账面余额及其占公司全部存货余额的比例。

4.4.4 上市公司应当在新取得影视业务相关经营许可资质后及时披露,披露内容包括许可证类型、有效期、取得主体和适用范围。

4.4.5 上市公司参与制作或者发行的电影上映后,当累计票房收入首次超过公司最近一个会计年度经审计的合并财务报表营业收入的50%时,应当在知悉前述票房收入信息后及时披露,披露内容包括电影的上映期间、累计票房收入及统计区间,并披露截至公告前一日来源于该电影的营业收入区间,区间范围在30%以内。

上市公司应当就票房收入与公司实际可确认营业收入存在的差异进行说明并提示风险。

4.4.6 上市公司累计投入成本占公司最近一个会计年度经审计净利润50%以上且金额超过1000万元的电影、电视剧或者其他类型影视作品,在申请发行许可证或者公映许可证过程中被主管部门出具明确否定意见的,或者在发行、放映过程中发生其他重大不利变化的,上市公司应当在知悉或者应当知悉前述事项后及时披露,披露内容包括前述电影、电视剧或者其他类型影视作品的累计制作成本、对公司业绩的影响情况并提示风险。

上述指标计算中涉及的数据如为负值,取其绝对值计算。

4.4.7 上市公司与对其有重大影响的演职人员合作的,应当及时披露具体的合作方式、合作期限、项目安排、授权事项、排他性条款等。

涉及收购演职人员及其关联方公司股权的，除披露标的公司估值基础、业绩承诺和补偿方式、商誉或者无形资产的确认及减值摊销情况外，还应当披露演职人员及其关联方出资作价的依据、与其他投资者作价是否存在差异、演职人员与上市公司是否存在前述第一款的合作安排。

上市公司应当对演职人员的个人影响力变化、政策法规对演职人员从业限制等可能影响双方合作或者标的公司盈利能力的因素进行风险提示。

上市公司与对其有重大影响的演职人员终止合作的，应当及时披露终止原因和对公司经营可能产生的影响。

第五节　互联网营销及数据服务相关业务

4.5.1　本节所称的互联网营销及数据服务是指以互联网为基础，利用数字化的信息和网络媒体来实现营销目标的市场营销方式，以及技术推送、用户画像等垂直领域相关数据服务。

4.5.2　上市公司应当在年度报告、半年度报告中充分披露公司所处的产业链环节、商业模式、价值实现过程、服务计费方式等，并结合业务模式重点披露相关业务指标、财务及非财务信息、核心竞争力等，便于投资者阅读和理解。

4.5.3　上市公司披露年度报告、半年度报告时，应当在“管理层讨论与分析部分”部分，结合所处的产业链环节及从事的具体业务类型，披露下列能够反映公司业务特点、核心竞争力及经营风险的信息，并进行针对性分析及讨论：

（一）对于需求方平台（DSP）、供应方平台（SSP）、广告交易平台（ADX）业务，应当重点披露公司广告业务的主要投放渠道，与主要媒介资源的合作情况或者签订合同情况，包括门户网站、搜索平台、视频、电商、社交、直播等各类网站、应用开发商、手机厂商、自媒体等；

（二）对于互联网营销服务类业务（包括方案策划、内容制作、投放代理等），应当重点披露报告期内主要客户情况、服务的具体内容、广告主要投放渠道等；

（三）对于数据管理平台（DMP）业务，应当重点披露公司在用户数据及流量方面的竞争优势，包括数据及流量获取入口及方式、数据挖掘及处理能力、拥有的流量情况等（如覆盖群体、活跃用户、日均流量）。

公司还应当结合具体业务类型及经营管理活动中使用的关键业绩指标，披露可以反映广告投放效果及业务竞争力的指标，包括展示率、投放点击率、注册量、下载量、客户转化率等（如适用），以及核心技术优势情况等信息。

4.5.4　上市公司在年度报告、半年度报告中披露公司经营情况时，应当披露下列能反映公司业务构成、盈利能力、经营趋势的信息：

（一）对于面向广告主的业务类型（包括需求方平台、广告交易平台、互联网营销方案策划、内容制作、投放代理等），说明广告主所处的主要行业领域，列示收入占比在10%以上的行业名称、收入金额及占比；

（二）按照直接类客户和代理类客户分别披露客户数量、收入金额及客户留存率（如适用）；

（三）对于各类主要业务，结合公司实际情况，分别按照媒介成本、数据成本、流量成本、人工成本等针对性披露营业成本构成。如媒介成本占该项业务比例在50%以上，应当说明不同采购计费模式（如包断计费、流量计费）下的采购金额；

（四）公司在单一平台交易金额占交易总额50%以上的，应当披露其名称和交易金额所占比例。

4.5.5 上市公司在披露公司主要会计政策和会计估计时，应当结合具体的盈利模式、收费方式、结算时点以及公司承担的义务和风险，详细披露收入确认和成本结转的具体方法。

4.5.6 上市公司应当在年度报告、半年度报告中结合行业发展情况、公司业务运营情况，充分披露可能对公司未来发展战略和经营目标实现产生重大不利影响的风险因素，如客户变动风险、媒体合作风险、数据来源及使用合法合规性风险、数据安全风险、商业道德风险、个人隐私保护法规变化风险等。

4.5.7 上市公司日常生产经营中出现下列情形的，应当及时披露，充分提示风险并说明对公司业务开展产生及可能产生的影响：

（一）公司主要客户不再续约或者提前终止合作；

（二）公司主要合作媒介或者广告投放渠道发生变化；

（三）出现数据安全或者信息泄漏事件；

（四）出现行业政策变化等可能对公司日常经营或者股票及其衍生品种交易价格产生重大影响的事项。

第五章 新能源产业

第一节 光伏产业链相关业务

5.1.1 本节所称光伏产业链相关业务是指光伏产业链相关核心产品的研发、生产、销售以及光伏电站的建设、运营、出售等业务活动，其中光伏产业链相关核心产品主要包括多晶硅、硅棒、硅锭、硅片、电池片、电池组件、逆变器以及光伏产业链领域的其他关键产品或者设备。

5.1.2 上市公司从事光伏产业链相关核心产品的研发、生产、销售业务的，在披露年度报告、半年度报告时，应当同时披露报告期内所销售产品的关键技术指标。光伏产业链各环节主要产品的关键技术指标如下：

（一）多晶硅产品的少子寿命、生产综合电耗等；

（二）硅片产品的少子寿命、厚度、非硅成本情况等；

（三）电池片产品的量产平均转换效率、研发最高转换效率等；

（四）电池组件产品的转换效率、1年和25年的衰减率等；

（五）逆变器产品的转换效率等。

上市公司在披露所销售产品的关键技术指标时，应当详细披露指标含义和指标变化情况，并重点讨论与分析指标变化的原因及其对公司当期和未来经营业绩的影响情况。

5.1.3　上市公司从事光伏产业链相关核心产品的研发、生产、销售业务的，在披露年度报告、半年度报告时，应当同时按照下列要求履行信息披露义务：

（一）按所属核心产品类别披露报告期内所销售产品的销售量、销售收入、销售毛利率；

（二）按所属核心产品类别披露报告期内所销售产品截至报告期末的产能、产量、在建和计划建设产能。

5.1.4　上市公司从事电池组件、逆变器等产品的研发、生产、销售业务，报告期内海外销售收入占同期营业收入30%以上的，应当在年度报告、半年度报告中结合当地销售情况、汇率、利率、税收或者贸易政策的重大变化情况等，说明公司海外业务的稳定性并充分提示风险。

5.1.5　上市公司从事集中式光伏电站业务的，应当在年度报告、半年度报告中披露报告期内各电站项目的基本情况，至少包括下列内容：

（一）电站规模及所在地；

（二）所采取的业务模式，包括工程总承包（EPC）、建设－转让（BT）、建设－运营－转让（BOT）、持有待售、持有运营等；

（三）电站项目的进展情况，包括已核准、已并网、已出售等；

（四）自产产品在电站项目的供应情况；

（五）不同业务模式下相关业务活动的会计处理方法，包括资产的分类依据和计量方法、收入的确认原则和计量方法等；

（六）持有待售、持有运营等模式下，已并网项目的并网电价及其承诺年限，已运营电站的发电量、并网电量、电费收入和营业利润等；

（七）持有待售等模式下，已出售电站项目的规模、交易价格、交易产生的利润以及未出售电站项目的风险提示等。

上市公司电站项目数量较多的，可依据前款规定逐项披露报告期内规模前十名光伏电站项目的基本情况，对于其余电站项目则按照业务模式汇总披露。

上市公司从事分布式光伏电站业务的，应当在年度报告、半年度报告中，参照本条第一款第一项至第五项要求，按业务模式（直销、租赁、合作开发等）分类披露报告期内新增电站项目的基本情况。其中，公司出售电站项目的，还应当披露报告期出售电站项目总规模、平均交易价格、交易产生的利润、公司需承担的运维、质量保证和融资担保责任等；公司持有电站项目的，还应当披露报告期新增已运营电站的总发电量、并网电量、电费收入、电费收益分配方式等；属于担保贷款销售等合作开发模式的，还应当披露担保贷款或者其他融资方式的融资金额、期限、公司所负担保责任等。

5.1.6　上市公司从事光伏电站业务的，与地方政府等签订的光伏电站投资框架性协议达到披露标准的，或者对公司股票及其衍生品种交易价格可能产生重大影响的，应当及时披露框架性协议的主要内容、尚需取得的相关手续、主要风险因素以及后续进展情况。

5.1.7　上市公司采用 EPC、BT、BOT 等模式从事光伏电站业务的，新签合同金额占公司最近一个会计年度经审计营业收入 50% 以上且金额超过一亿元的，应当参照创业板《上市公司日常经营重大合同（框架性协议）公告格式》履行临时信息披露义务，披露内容还应当同时包括项目规模、所在地、交易价格、结算方式、自产产品供应情况、主要风险等。

5.1.8　上市公司采用持有待售、持有运营等模式从事光伏电站业务的，投资金额占公司最近一期经审计净资产 10% 以上的，应当按照下列要求履行临时信息披露义务：

（一）在项目建设所需的全部合法手续履行完毕后，应当及时披露项目规模、所在地及当地电网公司接纳可再生能源的历史情况、项目公司股权结构、项目周期、自产产品供应情况、资金来源及规模、预期收益、主要风险等；

（二）在项目执行过程中出现重大不确定性情形（如所在地光伏电站政策发生变动等）时，应当及时披露并提示相关风险；

（三）应当及时披露项目的重大进展情况，包括项目的并网、出售等。

第二节　锂离子电池产业链相关业务

5.2.1　本节所称锂离子电池产业链相关业务是指正极材料及其前驱体、负极材料、隔膜、电解液（含电解质）、单体电池、电池组及电池管理系统、相关制造设备、回收利用等业务。

5.2.2　上市公司披露年度报告、半年度报告时，应当充分披露所处行业的基本情况及与公司行业地位相关的信息，包括但不限于：

（一）所处锂离子电池产业链的位置、所处细分行业发展现状及未来发展趋势、公司经营情况与行业发展是否匹配，如公司情况与行业情况存在较大差异，应当分析原因；

（二）公司业务模式、该细分行业的市场竞争状况、公司的市场地位以及是否发生较大变化、核心竞争力、报告期内行业或者公司重大技术创新变化、同行业主要可比公司简要情况等。

5.2.3　上市公司披露年度报告、半年度报告时，应当同时披露报告期内营业收入占比 10% 以上产品或者业务的关键指标并对关键指标进行描述。锂离子电池产业链各环节主要产品或者业务相关的关键技术或者性能指标如下：

（一）从事正极材料业务的，披露正极材料技术路线（产品类型）、比容量、循环寿命、倍率性能等；

（二）从事负极材料业务的，披露负极材料主要原料、比容量、循环寿命等；

（三）从事电解液业务的，披露循环寿命、一致性水平等，鼓励披露溶剂及添加剂含量；

（四）从事隔膜业务的，披露隔膜技术路线（干法、湿法等）、穿刺及拉伸强度、孔隙率、厚度等；

（五）从事单体电池或者电池组业务的，披露公司主要产品、技术路线、下游应用领域、能量密度、倍率性能、充电时间、安全性等；

（六）从事锂离子电池其他重要设备、材料及其他产品研发、生产、销售业务的，披露相关产品的应用领域、重要性能指标等。

5.2.4 上市公司披露年度报告、半年度报告时，应当同时按照下列要求履行信息披露义务：

（一）披露报告期内及去年同期销售收入占公司营业收入10%以上产品或者业务的销售量、销售收入、销售毛利率及其变化情况；

（二）占公司最近一个会计年度销售收入30%以上产品的销售均价较期初变动幅度超过30%的，应当详细说明变动原因及未来的价格变动趋势，并结合价格和销量变化说明对公司生产经营的影响；

（三）披露报告期内销售收入占公司营业收入10%以上产品或者业务的产能、在建产能、产能利用率、产量等。

本所鼓励上市公司在年度报告、半年度报告中披露前期生产计划执行情况或者进展情况。

5.2.5 上市公司从事锂离子电池产业链相关业务，报告期内海外销售收入占同期营业收入30%以上的，应当在年度报告、半年度报告中结合当地销售情况、汇率、利率、税收或者贸易政策的重大变化情况等，说明公司海外业务的稳定性并充分提示风险。

5.2.6 上市公司日常生产经营过程中出现下列情形的，应当及时披露，充分提示风险并说明对公司生产经营的影响：

（一）市场出现新产品或者技术路线，或者公司自身实现技术突破，可能对公司核心竞争力产生重大影响；

（二）公司主要产品或者行业定价模式发生重大变化；

（三）公司被提起对公司有重大影响的专利侵权等诉讼；

（四）主要客户发生变动，可能对公司生产经营产生重大不利影响。

5.2.7 上市公司因生产或者销售的产品质量、提供的服务，发生重大诉讼、仲裁，或者发生较大安全生产事故、受到媒体重大质疑的，应当及时披露相关事项、对公司的影响及公司后续处理措施等。

上市公司因违反安全生产法律法规及相关行业监管规定被主管部门处以重大行政处罚的，应当及时披露处罚原因、内容以及对公司业务的影响。

第六章　其他产业

第一节　工业机器人产业链相关业务

6.1.1 本节所称工业机器人是指面向工业领域的集机械、电子、控制、计算机、传感器、人工智能等多学科先进技术于一体的自动化装备。上市公司从事工业机器人产业链相关业务是指进行工业机器人产业链相关核心产品的研发、生产、销售等业务活动。核心产品主要是指机器人核心零部件（如减速器、伺服电机、控制器等）、工业机器人本体、工业机器人系统集成装备或者解决方案等。

6.1.2　上市公司披露年度报告、半年度报告时，应当充分披露所处行业的基本情况，包括但不限于主要同行业公司的简要情况、行业内国产产品的市场份额及其变化情况，以及公司产品的市场地位、技术水平及竞争优势与劣势等。

公司可结合自身产品情况划分所属细分行业或者大行业并选择统计口径，从定性或者定量角度分析行业内国产产品的市场份额变化情况及其呈现的趋势。在产品结构未发生较大调整情况下，不同年度对所属细分行业或者大行业的划分应当保持口径一致。

6.1.3　上市公司披露年度报告、半年度报告时，应当同时按照下列要求披露生产经营情况：

（一）报告期内所销售产品（项目）的产能（包括名义产能和实际产能）、产量、销量等；如相关产品的产销量难以用台（套）等统计单位准确核算的，可采用金额进行披露；

（二）报告期内所销售产品（项目）的主要客户名称及其所属行业；

（三）报告期内所销售产品（项目）新增订单、确认收入订单及期末在手订单的数量和金额；

（四）报告期内分类别的产品销售收入、毛利率及其变化情况。从事工业机器人本体业务的，按产品类别和产品来源类别（包括自制、组装和贸易等，其中自制是指自主生产的核心零部件成本占50%以上情形，组装是指自主生产的核心零部件成本低于50%情形，贸易为核心零部件全部外购）披露；从事工业机器人系统集成业务的，按终端应用市场披露。上市公司可结合实际情况对产品类别或者终端应用市场进行分类披露。

6.1.4　上市公司披露年度报告、半年度报告时，应当同时披露能够反映所销售产品核心竞争力的关键技术或者性能指标：

（一）减速器的技术类型、一致性水平、精度等；

（二）伺服电机主要驱动方式、功率质量比等；

（三）工业机器人本体的类别、应用领域、负载、重复性精度等；

（四）工业机器人系统集成装备或者解决方案的应用功能、工艺及性能要求。

上市公司可结合实际情况选择其他能够反映产品核心竞争力的关键技术或者性能指标，在披露所销售产品的关键技术或者性能指标时，应当详细披露指标含义、指标变化情况及其反映的技术水平变化情况，并重点讨论与分析指标变化的原因及其对公司当期和未来经营业绩的影响情况。

6.1.5　上市公司从事工业机器人系统集成装备或者解决方案的，披露年度报告、半年度报告时，应当同时披露下列信息：

（一）产品的主要功能、主要应用领域及其发展阶段、市场规模等，公司可以按产品的应用领域进行归集，选择营业收入占比30%以上的应用领域披露其发展阶段和市场规模；

（二）核心零部件的自主生产、对外采购及外协加工比例变化情况；

（三）按终端应用市场分类别披露应收账款期末余额情况；

（四）报告期内研发投入情况、新产品投入情况及主要储备技术研发进展情况。

6.1.6 上市公司从事工业机器人核心零部件或者本体相关业务的，本季度公司产品整体市场销售均价较去年同期变动30%以上的，应当在定期报告中详细说明变动原因及未来的价格变动趋势，并结合价格和销量变化说明对公司生产经营的影响；从事工业机器人系统集成装备或者解决方案业务的，本季度核心零部件采购价格较去年同期变动30%以上的，应当在定期报告说明价格变化对公司当期和未来经营业绩的影响。

6.1.7 上市公司在新应用领域或者新市场获取订单，可能对公司股票及其衍生产品交易价格产生重大影响的，应当及时披露交易对方基本情况、订单金额、订单履行期限及订单对公司当期业绩和未来经营情况的影响，并参照第6.1.5条第一项披露新开发应用领域的基本情况。

6.1.8 上市公司在通过下游重要客户认证进入供应商名录时，可能对公司股票及其衍生产品交易价格产生重大影响的，应当及时披露下游客户名称、所属行业、具体认证情况、对公司生产经营的影响等信息，并及时披露该事项的进展情况。

6.1.9 上市公司日常生产经营中出现下列情形之一的，应当及时披露，充分提示风险并说明对公司生产经营的影响：

（一）公司被有关方提起对公司有重大影响的专利侵权诉讼；

（二）相关行业政策、贸易政策等发生重大变化。

第二节 节能环保服务业务

6.2.1 本节所称节能环保服务业务是指上市公司通过工程承包（EPC、EP）、建设－转让（BT）等方式承建节能环保工程（以下简称节能环保工程类业务），或者通过合同能源管理（EMC）、建设－运营－转让（BOT）、运营维护（O&M）、建设－拥有－经营（BOO）等方式提供节能环保特许经营服务（以下简称节能环保特许经营类业务）等业务活动。

6.2.2 上市公司从事节能环保工程类业务的，在披露年度报告、半年度报告时，应当同时按照本指引附表1的披露格式，履行下列信息披露义务：

（一）在年度报告、半年度报告中区分不同业务类型披露报告期内新增订单（以收到《中标通知书》或者签订《框架性协议》等文件为准，下同）数量及合计金额、新增订单中尚未签订合同的数量及合计金额，报告期内确认收入的订单数量以及合计确认收入金额、期末在手订单数量以及合计未确认收入金额等内容；

（二）在年度报告、半年度报告中详细披露报告期内订单金额占公司最近一个会计年度经审计营业收入50%以上且金额超过1亿元的正在履行的订单情况，包括项目名称、订单金额、业务类型、项目执行进度、本期确认收入、累计确认收入、回款情况等内容，项目进展未达到计划进度或者预期的，应当说明并披露原因。

6.2.3 上市公司从事节能环保特许经营类业务的，在披露年度报告、半年度报告时，应当同时按照本指引附表2的披露格式，履行下列信息披露义务：

（一）在年度报告、半年度报告中区分不同业务类型披露报告期内新增订单的数量以及合计投资金额、新增订单中尚未签订合同的数量及合计投资金额，未执行订单的数量及合计投资金额，处于施工期阶段的订单数量、本期完成的投资金额、本期确认收入金额及尚未完成的投资金额，已处于运营期阶段的订单数量以及合计的运营收入等内容；

（二）在年度报告、半年度报告中详细披露合同约定的投资金额占公司最近一个会计年度经审计营业收入50%以上且金额超过1亿元的处于施工期阶段的订单情况，包括项目名称、业务类型、执行进度、本期投资金额、累计投资金额、未完成的投资金额、收入确认情况等内容，项目进展未达到计划进度或者预期的，应当说明并披露原因；

（三）在年度报告、半年度报告中详细披露已进入运营期阶段，项目年度运营收入占公司最近一个会计年度经审计营业收入10%以上且金额超过1000万元，或者年度营业利润占公司最近一个会计年度经审计营业利润10%以上且金额超过100万元的订单履行情况，包括项目名称、业务类型、产能情况（如废弃物处理量、发电量等）、定价依据、营业收入、营业利润、回款情况等；如果存在项目不能正常履约的，应当说明情况，并进行相应的风险揭示。

6.2.4 上市公司从事节能环保服务业务的，在披露年度报告时，应当同时按照下列要求履行信息披露业务：

（一）披露报告期内采用的新技术或者新工艺情况，包括技术优势、风险因素、发展前景等内容；

（二）披露报告期内新增的业务类型情况，包括盈利模式、发展前景、核心优势、风险因素等内容；

（三）披露报告期内与公司环保业务相关的污染物排放标准或者其他相关标准的变化情况及其影响等；

（四）披露报告期内国家或者上市公司业务所在地区相关的产业发展政策发生的重大变化及其影响；

（五）结合公司业务特点，在“风险因素”部分具体分析并披露对公司未来业务有重大影响的各类风险，如合同数量及金额大幅波动的风险、下游客户或者其行业分布较为集中的风险、市场开拓面临障碍的风险、业务占用资金较大且现金流紧张的风险、杠杆较高且融资不足的风险等；

（六）披露报告期末应收账款余额、占同期营业收入的比例、应收账款前五名客户的合计金额及占总应收账款的比例等；单个客户逾期应收账款占营业收入比例超过10%且金额超过1000万元的，应当详细披露客户名称、应收账款较高的原因并提示回款风险等。

6.2.5 上市公司在披露财务报告附注时，应当同时按照下列要求履行信息披露义务：

（一）从事节能环保工程类业务的公司应当分别披露不同业务类型下的收入确认方法，如按产出法、投入法的履约进度确认收入的，还应当详细披露确定履约进度的方法；

（二）从事节能环保特许经营类业务的公司应当分别披露不同业务类型下的相关业务活动对应的会计处理政策，包括各项资产的确认、工程建设阶段的收入确认、运营维护阶段的收入确认以及折旧计提等。

6.2.6 上市公司从事节能环保服务业务，新签订单金额占公司最近一个会计年度经审计营业收入50%以上且金额超过一亿元的，应当按照如下要求履行临时披露义务：

（一）参照创业板《上市公司日常经营重大合同（框架性协议）公告格式》的相关要求进行披露；

（二）节能环保特许经营类订单还应当披露：项目所有权归属、投资回收方式、运营期间收入构成及定价依据、保底运营量、节能效益分享方式、建设期和运营期的收入确认方式等内容。

后续如涉及成立项目公司等事项，应当按照《股票上市规则》的相关规定，履行相应审议程序和信息披露义务。

6.2.7 上市公司应当及时披露新取得节能环保服务相关资质（如环保工程专业承包资质等）的情况，或者现有资质的变动情况，披露内容包括许可证类型、有效期、取得主体和适用范围等。

6.2.8 上市公司运营的节能环保项目出现污染物排放超标，或者发生重大环保事故等可能对公司股票及其衍生品种交易价格产生重大影响的事件时，应当及时进行披露并揭示风险。

第七章 附 则

7.1 本指引所称“以上”含本数，“超过”“低于”不含本数。

7.2 本指引由本所负责解释。

7.3 本指引自发布之日起施行。本所于2022年1月7日发布的《关于发布〈深圳证券交易所上市公司自律监管指引第4号——创业板行业信息披露〉的通知》（深证上〔2022〕16号）同时废止。

附表：1. 节能环保工程类订单信息披露格式

2. 节能环保特许经营类订单信息披露格式

附表1　　节能环保工程类订单信息披露格式

1. 报告期内节能环保工程类订单新增及执行情况										
业务类型	新增订单						确认收入订单		期末在手订单	
	数量	金额（万元）	已签订合同		尚未签订合同		数量	确认收入金额（万元）	数量	未确认收入金额（万元）
			数量	金额（万元）	数量	金额（万元）				
EPC										
EP										
BT										
其他										
合计										

续表

2. 报告期内节能环保工程类重大订单的执行情况（订单金额占公司最近一个会计年度经审计营业收入 50% 以上且金额超过 1 亿元）

项目名称	订单金额（万元）	业务类型	项目执行进度	本期确认收入（万元）	累计确认收入（万元）	回款金额（万元）	项目进度是否达预期，如未达到披露原因

注：适用于年度报告、半年度报告；尚未签订合同指的是已经收到《中标通知书》或者签订《框架协议》，但未正式签订合同。

附表 2　　　　节能环保特许经营类订单信息披露格式

1. 报告期内节能环保特许经营类订单新增及执行情况

业务类型	新增订单						尚未执行订单		处于施工期订单				处于运营期订单	
	数量	投资金额（万元）	已签订合同		尚未签订合同		数量	投资金额（万元）	数量	本期完成的投资金额（万元）	本期确认的收入金额（万元）	未完成投资金额（万元）	数量	运营收入（万元）
			数量	投资金额（万元）	数量	投资金额（万元）								
EMC														
BOT														
O&M														
BOO														
其他														
合计														

2. 报告期内处于施工期的节能环保特许经营类重大订单的执行情况（投资金额占公司最近一个会计年度经审计营业收入 50% 以上且金额超过 1 亿元）

项目名称	业务类型	执行进度	报告内投资金额（万元）	累计投资金额（万元）	未完成投资金额（万元）	确认收入（万元）	进度是否达预期，如未达到披露原因

3. 报告期内处于运营期的节能环保特许经营类重大订单的执行情况（运营收入占公司最近一个会计年度经审计营业收入 10% 以上且金额超过 1000 万元，或者营业利润占公司最近一个会计年度经审计营业利润 10% 以上且金额超过 100 万元）

项目名称	业务类型	产能	定价依据	营业收入（万元）	营业利润（万元）	回款金额（万元）	是否存在不能正常履约的情形，如存在请详细披露原因

注：适用于年度报告、半年度报告；尚未签订合同指的是已经收到《中标通知书》或者签订《框架协议》，但未正式签订合同。

关于发布《深圳证券交易所上市公司自律监管指引第5号——信息披露事务管理》的通知

（2022年1月7日　深证上〔2022〕17号）

各市场参与人：

为优化上市公司自律监管规则体系，结合监管实践，本所在整合相关规定的基础上形成了《深圳证券交易所上市公司自律监管指引第5号——信息披露事务管理》，现予以发布，自发布之日起施行。

特此通知

深圳证券交易所

2022年1月7日

2.5

深圳证券交易所上市公司自律监管指引第5号——信息披露事务管理

（2022年1月7日　深证上〔2022〕17号）

第一章　总　　则

第一条　为规范上市公司及相关信息披露义务人的信息披露行为，提高公司信息披露管理水平和信息披露质量，引导和督促公司做好信息披露及相关工作，保护投资者合法权益，根据《证券法》《上市公司信息披露管理办法》和《深圳证券交易所股票上市规则》《深圳证券交易所创业板股票上市规则》（以下统称《股票上市规则》）等规定，制定本指引。

第二条　在深圳证券交易所（以下简称本所）上市的股票及其衍生品种的信息披露及相关工作（以下简称信息披露工作），适用本指引，本所另有规定的除外。

第三条　上市公司应当按照《上市公司信息披露管理办法》《股票上市规则》和本指引的规定制定信息披露事务管理制度，保证信息披露事务管理制度内容的完整性与实施的有效性。

第四条　上市公司应当明确负责本公司信息披露的常设机构，即信息披露事务管理部门。

公司应当指定董事会秘书具体负责信息披露工作，保证董事会秘书能够及时、畅通地获取相关信息，除董事会秘书外的其他董事、监事、高级管理人员和其他相关人员，非经董事会书面授权并遵守《股票上市规则》及本指引等有关规定，不得对外发布任何公司未公开重大信息。

第五条　上市公司信息披露采用直通披露和非直通披露两种方式。公司应当通过本所信息披露业务技术平台（以下简称本所技术平台）和本所认可的其他方式将公告文件相关材料报送本所，并通过本所网站和符合中国证监会规定条件的媒体（以下统称符合条件媒体）对外披露。

第六条　上市公司应当按照本指引和本所自律监管指南有关信息披露业务的规定做好信息披露有关工作。

公司应当完整、准确地选择公告类别，不得错选、漏选公告类别，不得以直通披露公告类别代替非直通披露公告类别。

公司应当特别关注公告中涉及的业务参数等信息的录入工作，保证完整、准确地录入业务参数等信息。

第七条 在本所上市的公司同时有股票及其衍生品种在境外证券交易所上市的，公司及相关信息披露义务人应当保证境外证券交易所要求其披露的信息，同时在符合条件媒体上按照本指引和本所其他有关规定的要求对外披露。

公司及相关信息披露义务人在境外市场进行信息披露时，不属于本所市场信息披露时段的，应当在本所市场最近一个信息披露时段内予以披露。

上市公司及相关信息披露义务人就同一事件履行报告和公告义务时，应当保证同时向本所和境外证券交易所报告，公告内容应当一致。出现重大差异时，公司及相关信息披露义务人应当向本所说明，并披露更正或者补充公告。

第八条 上市公司应当按照《证券法》《上市公司监管指引第 5 号——上市公司内幕信息知情人登记管理制度》和《股票上市规则》等相关规定建立内幕信息知情人登记管理制度，对内幕信息的保密管理及在内幕信息依法公开披露前的内幕信息知情人的登记管理等作出规定。

第二章　信息披露事务管理制度

第九条 信息披露事务管理制度应当包括：

（一）明确上市公司应当披露的信息，确定披露标准；

（二）未公开信息的传递、审核、披露流程；

（三）信息披露事务管理部门及其负责人在信息披露中的职责；

（四）董事和董事会、监事和监事会、高级管理人员等的报告、审议和披露的职责；

（五）董事、监事、高级管理人员履行职责的记录和保管制度；

（六）未公开信息的保密措施，内幕信息知情人登记管理制度，内幕信息知情人的范围和保密责任；

（七）财务管理和会计核算的内部控制及监督机制；

（八）对外发布信息的申请、审核、发布流程；与投资者、中介机构、媒体等的信息沟通与制度；

（九）信息披露相关文件、资料的档案管理；

（十）涉及子公司的信息披露事务管理和报告制度；

（十一）未按规定披露信息的责任追究机制，对违反规定人员的处理措施；

（十二）中国证监会或者本所要求的其他内容。

信息披露事务管理制度应经公司董事会审议通过并披露。

第十条 上市公司信息披露事务管理制度应当结合信息披露相关法律法规以及本所相关业务规则规定的披露要求，确定本公司的信息披露标准，明确界定应当披露的信息范围。

第十一条 上市公司应当在信息披露事务管理制度中明确未公开信息的内部流转、审核及披露流程。

当出现、发生或者即将发生可能对公司股票及其衍生品种的交易价格产生较大影响的情形或者事件时，负有报告义务的责任人应当及时履行内部报告程序。董事长在接到报告后，应当立即向董事会报告，并敦促董事会秘书组织临时报告的披露工作。

第十二条 上市公司信息披露事务管理制度应当明确规定董事会秘书和信息披露事务管理部门在信息披露事务中的责任和义务，明确董事长对公司信息披露事务管理承担首要责任。

董事会秘书负责组织和协调公司信息披露事务，汇集上市公司应予披露的信息并报告董事会，持续关注媒体对公司的报道并主动求证报道的真实情况，办理公司信息对外公布等相关事宜。董事会秘书有权参加股东大会、董事会会议、监事会会议和高级管理人员相关会议，有权了解公司的财务和经营情况，查阅涉及信息披露事宜的所有文件。

董事会秘书需了解重大事件的情况和进展时，相关部门（包括公司控股子公司）及人员应当予以积极配合和协助，及时、准确、完整地进行回复，并根据要求提供相关资料。

第十三条 上市公司应当在信息披露事务管理制度中明确规定，董事和董事会、监事和监事会、高级管理人员应当配合董事会秘书信息披露相关工作，为董事会秘书和信息披露事务管理部门履行职责提供工作便利，财务负责人应当配合董事会秘书在财务信息披露方面的相关工作，董事会、监事会和公司管理层应当建立有效机制，确保董事会秘书能够第一时间获悉公司重大信息，保证信息披露的及时性、准确性、公平性和完整性。

董事会应当定期对公司信息披露管理制度的实施情况进行自查，发现问题的，应当及时改正。

独立董事和监事会负责对信息披露事务管理制度的实施情况进行监督，对公司信息披露事务管理制度的实施情况进行检查，发现重大缺陷应当及时提出处理建议并督促公司董事会进行改正，公司董事会不予改正的，应当立即向本所报告。独立董事、监事会应当在独立董事年度述职报告、监事会年度报告中披露对公司信息披露事务管理制度进行检查的情况。

第十四条 上市公司信息披露事务管理制度应当包括公司信息披露文件、内部资料的档案管理相关要求，设置明确的档案管理岗位及其工作职责，特别应当确立董事、监事、高级管理人员履行职责的记录和保管制度。

第十五条 上市公司信息披露事务管理制度应当健全对未公开信息的保密管理，明确应予保密的信息范围及判断标准，加强未公开重大信息内部流转过程中的保密工作，对公司、控股股东、实际控制人、董事、监事、高级管理人员以及其他核心人员使用网站、博客、微博、微信等媒体发布信息进行必要的关注和引导，明确未公开重大信息的密级，尽量缩小知情人员范围，防止泄露未公开重大信息。

第十六条 信息披露事务管理制度应当确立财务管理和会计核算的内部控制及监督机制。公司应当根据国家财政主管部门的规定建立并执行财务管理和会计核算的内部控制，公司董事会应当负责内部控制的制定和执行，保证相关控制规范的有效实施。公司内部审计部门应当对公司内部控制制度的建立和实施、公司财务信息的真实性和完整性等情况进行检查监督。

第十七条 信息披露事务管理制度应当明确公司对外发布信息的申请、审核、发布等流程，以及公司与投资者、中介机构、媒体等的信息沟通制度，确保严格遵守公平信息披露原则，保证投资者关系管理工作的顺利开展。

第十八条 上市公司应当在信息披露事务管理制度中明确规定对各部门及分公司、控股子公司的信息披露事务管理和报告制度，明确各部门及分公司、控股子公司重大信息的范围和报告流程。

上市公司应当要求控股子公司参照上市公司规定建立信息披露事务管理制度。

上市公司各部门及分公司、控股子公司的负责人是该单位向上市公司报告信息的第一责任人，应当督促该单位严格执行信息披露事务管理和报告制度，确保应予披露的重大信息及时上报给上市公司信息披露事务管理部门或者董事会秘书。

参股公司的信息披露事务管理和报告参照适用本条第一款、第二款的规定。

第十九条 上市公司信息披露事务管理制度应当明确公司实际控制人、控股股东和持股5%以上的股东相关重大信息的范围和通报流程，确保应予披露的重大信息及时通报给上市公司信息披露事务管理部门或者董事会秘书，履行相应的披露义务。

第二十条 上市公司信息披露事务管理制度应当明确，当市场出现有关公司的传闻时，公司董事会应当针对传闻内容是否属实、结论能否成立、传闻的影响、相关责任人等事项进行认真调查、核实，调查、核实传闻时应当尽量采取书面函询或者委托律师核查等方式进行。

公司董事会调查、核实的对象应当为与传闻有重大关系的机构或者个人，例如公司股东、实际控制人、行业协会、主管部门、公司董事、监事、高级管理人员、公司相关部门、参股公司、合作方、媒体、研究机构等。

第二十一条 上市公司应当在信息披露事务管理制度中健全对信息披露暂缓、豁免事项的管理，明确信息披露暂缓、豁免事项的内部审核程序。

公司应当审慎确定信息披露暂缓、豁免事项，公司决定对特定信息作暂缓、豁免披露处理的，应当由公司董事会秘书负责登记，并经公司董事长签字确认后，妥善归档保管。

第二十二条 上市公司应当在信息披露事务管理制度中明确未履行信息披露职责的责任追究机制，对违反信息披露事务管理制度或者对公司信息披露违规行为负有直接责任的部门和人员规定明确的处分措施，以及必要时追究相关责任人员法律责任的机制。

第二十三条 上市公司应当在信息披露事务管理制度中明确收到监管部门相关文件的内部报告、通报的范围、方式和流程。

第二十四条 董事会秘书应当定期对公司董事、监事、高级管理人员以及其他负有信息披露职责的人员开展信息披露制度方面的相关培训，将信息披露制度方面的相关内容通报给实际控制人、控股股东、持股5%以上的股东。

第三章　直通披露

第二十五条　本指引所称直通披露，是指上市公司将应当对外披露的信息通过本所技术平台直接提交至符合条件媒体进行披露的方式。

第二十六条　上市公司信息披露原则上采用直通披露方式，本所可以根据信息披露质量、规范运作程度等情况调整直通披露主体范围。

直通披露公告范围由本所确定，本所可以根据业务需要进行调整。

第二十七条　上市公司应当强化信息披露的责任意识，建立健全直通披露业务内部工作流程，严格按照本所相关规定编制公告，加强业务操作的风险防控，确保直通披露质量。

上市公司和相关信息披露义务人不得滥用直通披露业务，损害投资者合法权益。

第二十八条　上市公司可以在交易日 6：00—20：30 时段，单一非交易日或者连续非交易日的最后一日 12：00—16：00 时段提交直通披露公告。本所技术平台将相关公告发送至符合条件媒体的时间具体如下：

（一）对于交易日 6：00—7：30 时段提交的，本所技术平台在 7：30 后发送；7：30—8：00 时段提交的，本所技术平台实时发送；8：00—11：30 时段提交的，本所技术平台在 11：30 后发送；11：30—15：30 时段提交的，本所技术平台在 15：30 后发送；15：30—20：30 时段提交的，本所技术平台实时发送；

（二）对于单一非交易日或者连续非交易日的最后一日 12：00—16：00 时段提交的，本所技术平台在 16：00 后发送。

第二十九条　上市公司应当使用本所技术平台的上市公司业务专区提交信息披露相关文件。

为确保公司在提交信息披露相关文件等网上业务中能正确标识实体身份，保障网上业务的安全性，本所向公司发放“深圳证券交易所身份认证系统数字证书”（以下简称数字证书）。数字证书用于本所面向公司开放的各项网上业务，公司应当妥善保管数字证书及其密码，使用数字证书办理业务的行为视同公司行为，公司应当承担由此产生的法律责任。

本所向公司提供身份认证服务，办理公司与数字证书相关的业务，如数字证书的申领、挂失、冻结等。

第三十条　本所只提供上市公司将信息披露公告提交至符合条件媒体的技术平台，公司应当检查信息披露文件是否已经在符合条件媒体及时披露，如发现异常，应当立即向本所报告。

信息披露文件经符合条件媒体确认发布后，上市公司不得修改或者撤销。

第三十一条　上市公司和相关信息披露义务人通过直通方式披露信息，出现错误、遗漏或者误导等情形的，应当及时披露补充或者更正公告。

第三十二条　因不可抗力、意外事件及技术故障等原因，导致直通披露业务不能正常办理的，上市公司应当按照本所规定的其他方式办理信息披露事项。

第三十三条 上市公司及相关信息披露义务人违反本指引和有关规定，滥用直通披露公告发布应当事前审核的非直通披露公告，或者利用直通披露违规发布不当信息的，本所将视情况采取自律监管措施或者予以纪律处分。

第四章 内幕信息知情人登记管理

第三十四条 上市公司内幕信息知情人登记管理制度应当包括对公司下属各部门、分公司、控股子公司及上市公司能够对其实施重大影响的参股公司的内幕信息管理的内容，明确上述主体的内部报告义务、报告程序和有关人员的信息披露职责。

内幕信息知情人登记管理制度应当明确内幕信息知情人的保密义务、违反保密规定的责任和通过签订保密协议、禁止内幕交易告知书等必要方式将上述事项告知有关人员等内容。

第三十五条 本指引所称内幕信息，是指根据《证券法》相关规定，涉及上市公司的经营、财务或者对公司股票及其衍生品种交易价格有重大影响的尚未公开的信息。

第三十六条 本指引所称内幕信息知情人，是指可以接触、获取内幕信息的上市公司内部和外部相关人员，包括但不限于：

（一）公司及其董事、监事、高级管理人员；公司控股或者实际控制的企业及其董事、监事、高级管理人员；公司内部参与重大事项筹划、论证、决策等环节的人员；由于所任公司职务而知悉内幕信息的财务人员、内部审计人员、信息披露事务工作人员等。

（二）持有公司5%以上股份的股东及其董事、监事、高级管理人员；公司控股股东、第一大股东、实际控制人及其董事、监事、高级管理人员；公司收购人或者重大资产交易相关方及其控股股东、实际控制人、董事、监事、高级管理人员（如有）；相关事项的提案股东及其董事、监事、高级管理人员（如有）；因职务、工作可以获取内幕信息的证券监督管理机构工作人员，或者证券交易场所、证券登记结算机构、中介机构有关人员；因法定职责对证券的发行、交易或者对上市公司及其收购、重大资产交易进行管理可以获取内幕信息的有关主管部门、监管机构的工作人员；依法从公司获取有关内幕信息的其他外部单位人员；参与重大事项筹划、论证、决策、审批等环节的其他外部单位人员。

（三）由于与第（一）（二）项相关人员存在亲属关系、业务往来关系等原因而知悉公司有关内幕信息的其他人员。

（四）中国证监会规定的可以获取内幕信息的其他人员。

第三十七条 上市公司在内幕信息依法公开披露前，应当填写公司内幕信息知情人档案，并在内幕信息首次依法披露后五个交易日内向本所报送。

内幕信息知情人档案应当包括：姓名或者名称、国籍、证件类型、证件号码或者统一社会信用代码、股东代码、联系手机、通讯地址、所属单位、与上市公司关系、职务、关系人、关系类型、知情日期、知情地点、知情方式、知情阶段、知情内容、登记人信息、登记时间等信息。

知情时间是指内幕信息知情人知悉或者应当知悉内幕信息的第一时间。知情方式包括但不限于会谈、电话、传真、书面报告、电子邮件等。知情阶段包括商议筹划，论证咨询，合同订立，公司内部的报告、传递、编制、决议等。

第三十八条 上市公司发生以下重大事项的，应当按本指引规定向本所报送相关内幕信息知情人档案：

（一）重大资产重组；

（二）高比例送转股份；

（三）导致实际控制人或者第一大股东发生变更的权益变动；

（四）要约收购；

（五）证券发行；

（六）合并、分立、分拆上市；

（七）股份回购；

（八）年度报告、半年度报告；

（九）股权激励草案、员工持股计划；

（十）中国证监会或者本所要求的其他可能对公司股票及其衍生品种的交易价格有重大影响的事项。

公司披露重大事项后，相关事项发生重大变化的，公司应当及时向本所补充提交内幕信息知情人档案。

公司披露重大事项前，其股票及其衍生品种交易已经发生异常波动的，公司应当向本所报送相关内幕信息知情人档案。

上市公司应当结合具体情形，合理确定本次应当报送的内幕信息知情人的范围，保证内幕信息知情人登记档案的完备性和准确性。

第三十九条 公司进行第三十八条规定的重大事项的，应当做好内幕信息管理工作，视情况分阶段披露相关情况；还应当制作重大事项进程备忘录，记录筹划决策过程中各个关键时点的时间、参与筹划决策人员名单、筹划决策方式等内容，并督促筹划重大事项涉及的相关人员在备忘录上签名确认。上市公司股东、实际控制人及其关联方等相关主体应当配合制作重大事项进程备忘录。

重大事项进程备忘录应记载重大事项的每一具体环节和进展情况，包括方案论证、接洽谈判、形成相关意向、作出相关决议、签署相关协议、履行报批手续等事项的时间、地点、参与机构和人员。公司应当在内幕信息依法披露后五个交易日内向本所报送重大事项进程备忘录。

第四十条 上市公司筹划重大资产重组（包括发行股份购买资产），应当于首次披露重组事项时向本所报送内幕信息知情人档案。首次披露重组事项是指首次披露筹划重组、披露重组预案或者披露重组报告书的孰早时点。

公司首次披露重组事项至披露重组报告书期间重组方案重大调整、终止重组的，或者首次披露重组事项未披露标的资产主要财务指标、预估值、拟定价等重要要素的，应当于披露重组方案重大变化或者披露重要要素时补充提交内幕信息知情人档案。

公司首次披露重组事项后股票交易异常波动的，本所可以视情况要求公司更新内幕信息知情人档案。

第四十一条 内幕信息知情人档案和重大事项进程备忘录自记录（含补充完善）之日起至少保存十年。本所可视情况要求上市公司披露重大事项进程备忘录中的相关内容。

第四十二条 上市公司应当加强内幕信息管理，严格控制内幕信息知情人的范围。

第四十三条 在本指引第三十八条规定的重大事项公开披露前或者筹划过程中，上市公司依法需要向相关行政管理部门进行备案、报送审批或者进行其他形式的信息报送的，应当做好内幕信息知情人登记工作，并依据本所相关规定履行信息披露义务。

第四十四条 内幕信息知情人负有保密义务，在内幕信息依法披露前，不得透露、泄露上市公司内幕信息，不得利用内幕信息买卖或者建议他人买卖上市公司股票及其衍生品种，不得在投资价值分析报告、研究报告等文件中使用内幕信息。

第四十五条 上市公司应当按照中国证监会、本所的规定和要求，在年度报告、半年度报告和相关重大事项公告后五个交易日内对内幕信息知情人买卖本公司股票及其衍生品种的情况进行自查，发现内幕信息知情人进行内幕交易、泄露内幕信息或者建议他人利用内幕信息进行交易的，应当进行核实并依据其内幕信息知情人登记管理制度对相关人员进行责任追究，并在二个交易日内将有关情况及处理结果对外披露。

第四十六条 内幕信息知情人应当积极配合上市公司做好内幕信息知情人登记工作，按照本指引的相关要求，及时向公司提供真实、准确、完整的内幕信息知情人档案信息。

第四十七条 上市公司董事会应当对内幕信息知情人信息的真实性、准确性、完整性进行核查，保证内幕信息知情人档案的真实、准确和完整，报送及时。

公司董事会秘书负责办理公司内幕信息知情人登记入档和报送工作。

公司在报送内幕信息知情人档案的同时应当出具书面承诺，保证所填报内幕信息知情人档案及重大事项进程备忘录内容的真实、准确、完整，并向全部内幕信息知情人通报了法律法规对内幕信息知情人的相关规定。董事长及董事会秘书应当在书面承诺上签字确认。

监事会应当对内幕信息知情人登记管理制度实施情况进行监督。

第四十八条 保荐人、财务顾问、律师事务所等中介机构应当明确告知内幕信息知情人关于内幕信息登记报送的相关规定以及内幕信息知情人的相关法律责任，督促、协助上市公司核实内幕信息知情人档案、重大事项进程备忘录的真实、准确和完整，并及时报送。

第四十九条 本所可以根据相关规定、中国证监会要求及监管需要，对内幕信息知情人的股票及其衍生品种交易情况进行核查。

第五十条 上市公司应当按照中国证监会、国务院国有资产监督管理委员会关于内幕信息登记管理的相关要求，及时向本所报送内幕信息知情人档案和重大事项进程备忘录。

第五十一条 有下列情形之一的，本所将视情节和后果严重程度，对上市公司及相关主体采取相应的自律监管措施或者纪律处分：

（一）未按照本指引要求报送内幕信息知情人档案和重大事项进程备忘录；

（二）内幕信息知情人档案、重大事项进程备忘录存在虚假记载、重大遗漏和重大错误；

（三）拒不配合上市公司进行内幕信息知情人登记、重大事项备忘录制作；

（四）其他违反本指引规定的行为。

本所依照前款规定采取自律监管措施或者纪律处分，涉及国有控股上市公司或者其控股股东的，通报有关国有资产监督管理机构。

第五章　附　　则

第五十二条　本指引由本所负责解释。

第五十三条　本指引自发布之日起施行。

关于修改、废止部分业务规则和业务指南的通知

（2023 年 8 月 25 日　深证上〔2023〕737 号）

各市场参与人：

为了提高本所业务规则的系统性和协调性，进一步构建简明清晰规则体系，本所对 5 件业务规则和业务指南的文字表述进行修改，对 3 件业务规则予以废止。现将有关事项通知如下：

一、将《深圳证券交易所上市公司自律监管指引第 6 号——停复牌》第一条修改为："为了规范上市公司股票及其衍生品种的停复牌业务，提高市场效率，保护投资者的交易权、知情权等合法权益，根据《中华人民共和国证券法》《证券交易所管理办法》《上市公司信息披露管理办法》《上市公司重大资产重组管理办法》《上市公司证券发行注册管理办法》《上市公司股票停复牌规则》等法律、行政法规、部门规章、规范性文件和《深圳证券交易所股票上市规则》《深圳证券交易所创业板股票上市规则》（以下统称《股票上市规则》）等规定，制定本指引。"

第二十二条第二款第二项修改为："（二）交易对手方关于不存在《上市公司监管指引第 7 号——上市公司重大资产重组相关股票异常交易监管》第十二条情形的说明文件。"

……

七、本通知自发布之日起施行。根据本通知，本所现发布《深圳证券交易所上市公司自律监管指引第 6 号——停复牌（2023 年修订）》等 5 件业务规则和业务指南。《深圳证券交易所上市公司监管指引第 6 号——停复牌》（深证上〔2022〕18 号）、《香港中央结算有限公司参与深股通上市公司网络投票实施指引（2020 年修订）》（深证上〔2020〕518 号）、《深圳证券交易所创业板股票异常交易实时监控细则（试行）》（深证上〔2020〕513 号）、《深圳证券交易所会员管理业务指引第 2 号——会员违规行为监管》（深证会〔2021〕588 号）和《深圳证券交易所证券交易业务指南第 2 号——风险警示板交易事项》同时废止。

深圳证券交易所

2023 年 8 月 25 日

2.6

深圳证券交易所上市公司自律监管指引第6号——停复牌（2023年修订）

（2023年8月25日　深证上〔2023〕737号）

第一章　总　　则

第一条　为了规范上市公司股票及其衍生品种的停复牌业务，提高市场效率，保护投资者的交易权、知情权等合法权益，根据《中华人民共和国证券法》《证券交易所管理办法》《上市公司信息披露管理办法》《上市公司重大资产重组管理办法》《上市公司证券发行注册管理办法》《上市公司股票停复牌规则》等法律、行政法规、部门规章、规范性文件和《深圳证券交易所股票上市规则》《深圳证券交易所创业板股票上市规则》（以下统称《股票上市规则》）等规定，制定本指引。

第二条　上市公司发生《股票上市规则》和本指引规定的停复牌事项，应当向本所申请对其股票及其衍生品种停牌与复牌，并严格按照《股票上市规则》和本指引的要求及时履行相应的信息披露义务。

未有明确规定的，公司可以以本所认为合理的理由向本所申请对其股票及其衍生品种停牌与复牌，本所视情况决定公司股票及其衍生品种的停牌与复牌事宜。

第三条　上市公司应当维护证券交易连续性，审慎申请停牌，不得以停牌代替相关方的信息保密义务。

第四条　上市公司筹划重大事项，应当分阶段披露所筹划事项的具体情况，不得以相关事项结果尚不确定为由随意申请停牌。

难以按照前款规定分阶段披露所筹划重大事项，确有需要申请停牌的，公司应当明确停牌事由，合理确定停牌时间，尽可能缩短停牌时长，并及时申请复牌。

第五条　上市公司及其股东、实际控制人，董事、监事、高级管理人员和其他交易各方，以及提供服务的中介机构，在筹划重大事项过程中，应当严格履行保密义务，建立健全保密制度，做好信息管理和内幕信息知情人登记工作，及时履行相关审议程序和信息披露义务，保证投资者及时、充分、公平地获取信息。

第六条　上市公司申请停牌的，应当在非交易时间向本所提交停牌申请、停牌公告、筹划相关事项的证明文件（如适用）和本所要求提供的其他文件。停牌申请和停牌公告应当包括公司股票及其衍生品种的停复牌安排、停牌具体事由、停牌期限、申请停牌的规则依据等。

停牌期间，公司应当分阶段披露所筹划重大事项的进展情况，避免笼统、概括式披露，并至少每5个交易日披露一次进展公告。

公司完成重大事项筹划、停牌期限届满或者终止筹划重大事项的，应当立即申请复牌。公司应当披露停牌期间筹划事项的主要工作、事项进展、对公司的影响以及后续安排等事项，并充分提示相关事项的风险和不确定性。终止筹划重大事项的，还应当披露终止筹划的具体原因及决策程序。

第七条 上市公司董事、监事、高级管理人员和其他交易各方等，应当勤勉尽责，在停牌期间积极推进所筹划事项，严格履行信息披露义务，尽可能缩短停牌时长，保障投资者的交易权利。

为公司筹划重大事项提供服务的中介机构，应当勤勉尽责，严格按照职业操守和执业要求，及时开展尽职调查以及审计、评估等工作，客观公正地发表意见，协助公司尽快完成各项筹划工作。

第八条 上市公司因筹划重大事项申请停牌的，本所依据本指引及本所相关业务规则予以办理，公司的停牌申请不符合本指引规定的事由、条件和要求的，本所不予受理。

本所可以依据中国证监会的要求、市场情况或者上市公司股票及其衍生品种的交易情况，作出公司股票及其衍生品种停牌和复牌的决定。

当证券市场交易出现极端异常情况，本所可以根据中国证监会的决定或者市场实际情况，暂停办理上市公司停牌申请，维护市场交易的连续性和流动性，保护投资者的交易权。

第二章　筹划重大资产重组

第九条 上市公司筹划发行股份购买资产，可以根据实际情况申请短期停牌，停牌时间不超过10个交易日。停牌期间更换重组标的，累计停牌时间不得超过10个交易日。

公司筹划发行股份购买资产拟申请停牌的，应当在首次提交披露有关事项的同时申请停牌。

公司不停牌筹划发行股份购买资产的，应当做好信息保密工作，在重组预案或者报告书披露前，不得披露所筹划重组的相关信息。相关信息发生泄露的，公司应当及时申请停牌或在第一时间披露重组预案或者报告书。

公司筹划其他类型重组的，应当分阶段披露相关情况，不得申请停牌。

公司筹划发行可转换公司债券购买资产的，参照发行股份购买资产适用本指引规定。

公司分阶段披露所筹划重组（涉及发行股份购买资产的除外）的有关情况，首次披露应当包括该次重组交易方式、交易标的所属行业、是否已签署交易意向性文件、是否可能不构成重大资产重组等信息。

第十条 上市公司筹划发行股份购买资产申请停牌的，应当在停牌公告中披露重组标的名称、交易对手方、交易方式、本次重组的意向性文件或者框架协议、本次重组涉及的中介机构（如有）等基本信息。

重组交易涉及通过竞拍方式进行，在停牌公告中披露重组标的名称可能不利于公司参与竞拍的，公司可以暂缓披露。中介机构（如有）应当就此发表核查意见并对外披露。暂缓披露的原因已消除的，公司应当及时披露重组标的名称、交易对手方及进展情况。

重组标的涉及境外上市公司，在停牌公告中披露重组标的名称可能影响重组标的境外市场交易的，公司可以暂缓披露标的资产及交易对手方名称，但应当披露重组标的资产的行业类型。中介机构（如有）应当就此发表核查意见并对外披露。公司最迟应当与境外上市公司同步披露标的资产及交易对手方。

第十一条　上市公司筹划发行股份购买资产申请停牌的，应当在复牌前披露截至停牌前1个交易日的公司前10大股东和前10大流通股股东的名称、持股数量和所持股份类别。

第十二条　上市公司应当在停牌期限届满前披露经董事会审议通过的重组预案或者报告书，并申请复牌；未能按期披露重组预案或者报告书的，应当终止筹划本次重组并申请复牌。

公司无法在本指引第九条规定的停牌期限届满前披露重组预案或者报告书，但国家有关部门对相关事项的停复牌时间另有要求的，公司可以在充分披露筹划事项的进展、继续停牌的原因和预计复牌时间后向本所申请继续停牌，但连续停牌时间原则上不得超过25个交易日。涉及国家重大战略项目、国家军工秘密等事项，对停复牌时间另有要求的，从其要求。

第十三条　上市公司披露重组预案或者报告书后，本所按规定进行信息披露审查问询及公司回复本所问询期间，公司股票及其衍生品种原则上不停牌。

第十四条　上市公司筹划重组期间更换财务顾问等中介机构，不得以此为由申请停牌或者延期复牌，并应当及时披露有关事项，充分提示风险。

第十五条　上市公司筹划涉及发行股份购买资产，可以在披露重组预案或者报告书后，以对相关方案作出重大调整为由申请停牌，停牌时间不得超过5个交易日。公司应及时披露重大调整的具体情况、当前进展、后续安排以及尚需履行的程序等事项，并申请复牌。

第十六条　上市公司筹划重组至披露重大资产重组报告书期间，应当编制交易进程备忘录。

公司应当每个月披露一次相关事项的具体进展情况及筹划的事项是否发生变更等具体信息，逾期未披露的，本所可以视情况对公司所筹划重组事项的真实性予以核查。

第十七条　上市公司筹划发行股份购买资产，公司或其现任董事、监事、高级管理人员、控股股东、实际控制人等在停牌期间因涉嫌违法违规被司法机关立案侦查或者被中国证监会立案调查的，公司应当核实并披露该事项对公司本次重组的影响，不能继续推进的，应当及时申请复牌。

公司筹划其他重大事项，相关主体在停牌期间因涉嫌违法违规被司法机关立案侦查或者被中国证监会立案调查的，参照上述规定办理。

第三章　其他重大事项

第十八条　上市公司筹划控制权变更、要约收购等事项的，原则上应当分阶段披露筹划进展。确需申请停牌的，可以申请停牌不超过 2 个交易日。确有必要的，可以延期至 5 个交易日。

公司首次披露筹划控制权变更、要约收购事项的，应当披露交易对手方所属行业、所涉及的股权比例范围，以及是否涉及有权部门事前审批等。

第十九条　上市公司破产重整期间原则上股票及其衍生品种不停牌，公司应当分阶段披露重整事项的进展。确需申请停牌的，应当披露停牌具体事由、重整事项的进展和预计复牌时间等内容，可以申请停牌不超过 2 个交易日。确有必要的，可以延期至 5 个交易日。

第二十条　上市公司筹划本指引规定的可停牌事项之外的其他重大事项，应当分阶段披露筹划进展，不得申请停牌，但中国证监会及本所另有规定的除外。

第二十一条　上市公司风险事项存在重大不确定性，可能严重影响市场秩序、损害投资者合法权益，中国证监会或者本所认为有必要的，公司可以申请停牌。

第四章　停复牌的办理和监管

第二十二条　上市公司申请停复牌的，应当向本所提交下列文件：

（一）经董事长签字、董事会盖章的停复牌申请表；

（二）按本指引第六条的规定编制的停复牌公告；

公司筹划发行股份购买资产申请停牌的，还应当向本所提交以下文件：

（一）经本次重组的交易对手方或者其主管部门盖章确认的关于本次重组的意向性文件或者框架协议；

（二）交易对手方关于不存在《上市公司监管指引第 7 号——上市公司重大资产重组相关股票异常交易监管》第十二条情形的说明文件。

公司无法按照本指引的规定在申请停牌时提交相关文件的，本所不予受理公司停牌申请，但国家有关部门对相关事项另有要求的除外。

第二十三条　上市公司停牌后，本所发现公司的停牌事由不成立，或者其停牌申请不符合或不再符合本指引规定的条件和要求的，本所可以要求公司立即申请复牌。公司未按要求申请的，本所可以予以强制复牌，并要求公司披露相关情况，作出解释说明。

第二十四条　本所可以视情况，要求公司及相关方补充提交有关文件，或者要求公司及相关方聘请财务顾问等中介机构，对公司停牌事由和停牌时间合理性、重大事项终止原因的真实性等事项发表意见，并对外披露。

第二十五条　上市公司违反本指引等有关规定，滥用停牌或者不履行相应决策程序和信息披露义务，损害投资者合法权益的，本所可以交易所公告等形式，向市场说明有关情况，并对公司股票及其衍生品种实施强制复牌。

公司股票及其衍生品种被本所实施强制停牌或者复牌，公司应当及时披露相关内容，向市场作出解释说明。

第二十六条 对于股票及其衍生品种累计停牌时间过长或者频繁停牌的上市公司，本所将在官网公示公司的停牌情况，包括停牌时长、最近一年内停牌次数、停牌原因、公司停牌进展披露情况等。

第二十七条 上市公司申请停牌不审慎，或者公司及其控股股东、实际控制人等相关方存在滥用停牌、拖延复牌时间、违反承诺、不履行相应决策程序以及信息披露不真实、不准确、不完整等行为的，本所可以采取开展现场检查等措施，并视情况对公司及相关当事人采取监管措施或者予以纪律处分。

为公司提供服务的中介机构在公司停复牌办理中未勤勉尽责，出具意见不审慎的，本所视情况采取监管措施或者予以纪律处分。

本所发现公司在停复牌过程中涉嫌违反法律、行政法规及中国证监会有关规定的，视情况提请中国证监会及其派出机构核查。

第五章　附　　则

第二十八条 本指引由本所负责解释。

第二十九条 本指引自发布之日起施行。本所 2022 年 1 月 7 日发布的《深圳证券交易所上市公司自律监管指引第 6 号——停复牌》（深证上〔2022〕18 号）同时废止。

关于发布《深圳证券交易所上市公司自律监管指引第7号——交易与关联交易（2023年修订）》的通知

（2023年1月13日　深证上〔2023〕21号）

各市场参与人：

为贯彻落实《中华人民共和国期货和衍生品法》，规范上市公司有序开展期货和衍生品交易，进一步支持上市公司利用套期保值进行风险管理，本所对《深圳证券交易所上市公司自律监管指引第7号——交易与关联交易》进行了修订，现予以发布，自发布之日起施行。

《深圳证券交易所上市公司自律监管指引第7号——交易与关联交易》（深证上〔2022〕19号）同时废止。

特此通知。

深圳证券交易所

2023年1月13日

2.7

深圳证券交易所上市公司自律监管指引第7号——交易与关联交易（2023年修订）

（2023年1月13日 深证上〔2023〕21号）

第一章 总 则

第一条 为规范上市公司交易与关联交易行为，提高上市公司规范运作水平，保护投资者的合法权益，根据《中华人民共和国公司法》（以下简称《公司法》）、《中华人民共和国证券法》（以下简称《证券法》）和《上市公司信息披露管理办法》等法律法规、部门规章、规范性文件，以及《深圳证券交易所股票上市规则》《深圳证券交易所创业板股票上市规则》（以下统称《股票上市规则》）等业务规则，制定本指引。

第二条 上市公司发生《股票上市规则》规定的交易与关联交易事项适用本指引。

第三条 上市公司应当建立健全交易与关联交易的内部控制制度，明确交易与关联交易的决策权限和审议程序，并在关联交易审议过程中严格实施关联董事和关联股东回避表决制度。

上市公司交易与关联交易行为应当定价公允、审议程序合规、信息披露规范。

第四条 上市公司交易与关联交易行为应当合法合规，不得隐瞒关联关系，不得通过将关联交易非关联化规避相关审议程序和信息披露义务。相关交易不得存在导致或者可能导致上市公司出现被控股股东、实际控制人及其他关联人非经营性资金占用、为关联人违规提供担保或者其他被关联人侵占利益的情形。

第五条 上市公司交易或关联交易事项应当根据《股票上市规则》的相关规定适用连续十二个月累计计算原则。上市公司已披露但未履行股东大会审议程序的交易或关联交易事项，仍应当纳入累计计算范围以确定应当履行的审议程序。

上市公司交易或关联交易事项因适用连续十二个月累计计算原则达到披露标准的，可以仅将本次交易或关联交易事项按照相关要求披露，并在公告中简要说明前期累计未达到披露标准的交易或关联交易事项。

上市公司交易或关联交易事项因适用连续十二个月累计计算原则应当提交股东大会审议的，可以仅将本次交易或关联交易事项提交股东大会审议，并在公告中简要说明前期未履行股东大会审议程序的交易或关联交易事项。

第六条 上市公司在审议交易或关联交易事项时，应当详细了解交易标的真实状况和交易对方诚信记录、资信状况、履约能力等，审慎评估相关交易的必要性与合理性、定价依据的充分性、交易价格的公允性和对上市公司的影响，重点关注是否存在交易标的权属不清、交易对方履约能力不明、交易价格不明确等问题，并按照《股票上市规则》的要求聘请中介机构对交易标的进行审计或者评估。

交易对方应当配合上市公司履行相应的审议程序和信息披露义务。

第七条 上市公司应当及时通过本所网站业务管理系统填报或更新上市公司关联人名单及关联关系信息。

第八条 除《股票上市规则》规定的情形外，上市公司依据其公司章程或其他规定，以及上市公司自愿提交股东大会审议的交易或关联交易事项，应当适用《股票上市规则》有关审计或者评估的要求，本所另有规定的除外。涉及关联交易的，还应当披露独立董事的事前认可情况和发表的独立意见。

第九条 上市公司购买或出售交易标的少数股权，达到应当提交股东大会审议标准的，应当按照规定聘请会计师事务所对交易标的最近一年又一期财务会计报告进行审计。如因上市公司在交易前后均无法对交易标的形成控制、共同控制或重大影响等客观原因，导致确实无法对交易标的最近一年又一期财务会计报告进行审计或者提供相应审计报告的，上市公司可以充分披露相关情况并免于披露审计报告，中国证监会或者本所另有规定的除外。

第十条 上市公司因合并报表范围发生变更等情形导致新增关联人的，在相关情形发生前与该关联人已签订协议且正在履行的交易事项，应当在相关公告中予以充分披露，并可免于履行《股票上市规则》规定的关联交易相关审议程序，不适用关联交易连续十二个月累计计算原则，此后新增的关联交易应当按照《股票上市规则》的相关规定披露并履行相应程序。

上市公司因合并报表范围发生变更等情形导致形成关联担保的不适用前款规定。

第十一条 上市公司披露的交易事项涉及资产评估的，应当按照相关规定披露评估情况。

提交股东大会审议的交易事项涉及的交易标的评估值增减值较大或与历史价格差异较大的，上市公司应当详细披露增减值原因、评估结果的推算过程。上市公司董事会应当对评估机构的选聘、评估机构的独立性、评估假设和评估结论的合理性发表明确意见。独立董事应当对选聘评估机构的程序、评估机构的胜任能力、评估机构的独立性、评估假设和评估结论的合理性发表明确意见。

第二章 关联交易的审议和披露

第一节 财务公司关联交易

第十二条 上市公司与存在关联关系的企业集团财务公司（以下简称财务公司）以及

上市公司控股的财务公司与关联人发生存款、贷款等金融业务的，相关财务公司应当具备相应业务资质，且相关财务公司的基本财务指标应当符合中国人民银行、中国银行保险监督管理委员会等监管机构的规定。

上市公司通过不具备相关业务资质的财务公司与关联人发生关联交易，构成关联人非经营性资金占用的，上市公司应当及时披露并按照规定予以解决。

第十三条 上市公司与存在关联关系的财务公司发生存款、贷款等金融业务，应当以存款本金额度及利息、贷款利息金额等的较高者为标准适用《股票上市规则》的相关规定。

上市公司控股的财务公司与关联人发生存款、贷款等金融业务，应当以存款利息、贷款本金额度及利息金额等的较高者为标准适用《股票上市规则》的相关规定。

第十四条 上市公司与关联人发生涉及财务公司的关联交易，应当签订金融服务协议，作为单独议案提交董事会或者股东大会审议并披露。

金融服务协议应当明确协议期限、交易类型、各类交易预计额度、交易定价、风险评估及控制措施等内容，并予以披露。

金融服务协议超过三年的，应当每三年重新履行审议程序和信息披露义务。

第十五条 上市公司与存在关联关系的财务公司签署金融服务协议，应当在资金存放于财务公司前取得并审阅财务公司经审计的年度财务报告，并对财务公司的经营资质、业务和风险状况进行评估，出具风险评估报告，作为单独议案提交董事会审议并披露。风险评估报告应当至少包括财务公司及其业务的合法合规情况、是否存在违反《企业集团财务公司管理办法》等规定情形、经符合《证券法》规定的会计师事务所审计的最近一年主要财务数据、持续风险评估措施等内容。

第十六条 上市公司与关联人发生涉及财务公司的关联交易，应当制定以保障资金安全性为目标的风险处置预案，分析可能出现的影响上市公司资金安全的风险，针对相关风险提出解决措施及资金保全方案并明确相应责任人，作为单独议案提交董事会审议并披露。

关联交易存续期间，上市公司应当指派专门机构和人员对存放于财务公司的资金风险状况进行动态评估和监督。如出现风险处置预案确定的风险情形，上市公司应当及时予以披露，并积极采取措施保障上市公司利益。财务公司等关联人应当及时书面告知上市公司，并配合上市公司履行信息披露义务。

第十七条 上市公司独立董事应当对财务公司的资质、关联交易的必要性、公允性以及对上市公司的影响等发表意见，并对金融服务协议的合理性、风险评估报告的客观性和公正性、风险处置预案的充分性和可行性等发表意见。

第十八条 上市公司与存在关联关系的财务公司或上市公司控股的财务公司与关联人发生存款、贷款等关联交易，应当披露存款、贷款利率等的确定方式，并与存款基准利率、贷款市场报价利率等指标对比，说明交易定价是否公允，是否充分保护上市公司利益和中小股东合法权益。

第十九条 上市公司与关联人签订金融服务协议约定每年度各类金融业务规模，应当在协议期间内的每个年度及时披露预计业务情况：

（一）该年度每日最高存款限额、存款利率范围；

（二）该年度贷款额度、贷款利率范围；

（三）该年度授信总额、其他金融业务额度等。

上市公司与关联人签订超过一年的金融服务协议，约定每年度各类金融业务规模，并按照规定提交股东大会审议，且协议期间财务公司不存在违法违规、业务违约、资金安全性和可收回性难以保障等可能损害上市公司利益或风险处置预案确定的风险情形的，上市公司应当按照前款规定履行信息披露义务，并就财务公司的合规经营情况和业务风险状况、资金安全性和可收回性，以及不存在其他风险情形等予以充分说明。

如财务公司在协议期间发生前述风险情形，且上市公司拟继续在下一年度开展相关金融业务的，上市公司与关联人应当重新签订下一年度金融服务协议，充分说明继续开展相关金融业务的主要考虑及保障措施，并履行股东大会审议程序。

第二十条 上市公司应当在定期报告中持续披露涉及财务公司的关联交易情况，每半年取得并审阅财务公司的财务报告，出具风险持续评估报告，并与半年度报告、年度报告同步披露。

风险持续评估报告应当强化现金管理科学性，结合同行业其他上市公司资金支出情况，对报告期内资金收支的整体安排及其在财务公司存款是否将影响正常生产经营作出必要说明，包括是否存在重大经营性支出计划、同期在其他银行存贷款情况、在财务公司存款比例和贷款比例及其合理性、对外投资理财情况等。其中，上市公司在财务公司存（贷）款比例是指上市公司在财务公司的存（贷）款期末余额占其在财务公司和银行存（贷）款期末余额总额的比例。

为上市公司提供审计服务的会计师事务所应当每年度提交涉及财务公司关联交易的存款、贷款等金融业务的专项说明，按照存款、贷款等不同金融业务类别，分别统计每年度的发生额、余额，并与年度报告同步披露。保荐人、独立财务顾问在持续督导期间应当每年度对金融服务协议条款的完备性、协议的执行情况、风险控制措施和风险处置预案的执行情况，以及上市公司对上述情况的信息披露的真实性进行专项核查，并与年度报告同步披露。独立董事应当结合会计师事务所等中介机构的专项说明，就涉及财务公司的关联交易事项是否公平、上市公司资金独立性、安全性以及是否存在被关联人占用的风险、是否损害上市公司利益等发表明确意见，并与年度报告同步披露。

第二节　关联共同投资

第二十一条 上市公司与关联人共同投资，向共同投资的企业增资、减资，或者通过增资、购买非关联人投资份额而形成与关联人共同投资或者增加投资份额的，应当以上市公司的投资、增资、减资、购买投资份额的发生额作为计算标准，适用《股票上市规则》关联交易的相关规定。

第二十二条 上市公司关联人单方面向上市公司控制的企业增资或者减资，应当以关联人增资或者减资发生额作为计算标准，适用《股票上市规则》关联交易的相关规定。涉及有关放弃权利情形的，还应当适用放弃权利的相关规定。

上市公司关联人单方面向上市公司参股企业增资，或者上市公司关联人单方面受让上市公司拥有权益主体的其他股东的股权或者投资份额等，构成关联共同投资，涉及有关放弃权利情形的，应当适用放弃权利的相关规定；不涉及放弃权利情形，但可能对上市公司的财务状况、经营成果构成重大影响或者导致上市公司与该主体的关联关系发生变化的，上市公司应当及时披露。

董事会应当充分说明未参与增资或收购的原因，并分析该事项对公司的影响。

第二十三条 上市公司及其关联人向上市公司控制的关联共同投资企业以同等对价同比例现金增资，达到应当提交股东大会审议标准的，可免于按照《股票上市规则》的相关规定进行审计或者评估。

第三节 日常关联交易

第二十四条 上市公司根据《股票上市规则》的相关规定对日常关联交易进行预计应当区分交易对方、交易类型等分别进行预计。若关联人数量众多，上市公司难以披露全部关联人信息的，在充分说明原因的情况下可简化披露，其中预计与单一法人主体发生交易金额达到《股票上市规则》规定披露标准的，应当单独列示预计交易金额及关联人信息，其他法人主体可以同一控制为口径合并列示上述信息。

第二十五条 上市公司对日常关联交易进行预计，在适用关于实际执行超出预计金额的规定时，以同一控制下的各个关联人与上市公司实际发生的各类关联交易合计金额与对应的预计总金额进行比较。非同一控制下的不同关联人与上市公司的关联交易金额不合并计算。

第二十六条 上市公司委托关联人销售公司生产或者经营的各种产品、商品，或者受关联人委托代为销售其生产或者经营的各种产品、商品的，除采取买断式委托方式的情形外，可以按照合同期内应支付或者收取的委托代理费为标准适用《股票上市规则》的相关规定。

第四节 关联购买和出售资产

第二十七条 上市公司向关联人购买资产，按照规定应当提交股东大会审议且成交价格相比交易标的账面值溢价超过100%的，如交易对方未提供在一定期限内交易标的盈利担保、补偿承诺或者回购承诺的，上市公司应当说明具体原因，是否采取相关保障措施，是否有利于保护上市公司利益和中小股东合法权益。

第二十八条 上市公司因购买或出售资产可能导致交易完成后上市公司控股股东、实际控制人及其他关联人对上市公司形成非经营性资金占用的，应当在公告中明确合理的解决方案，并在相关交易实施完成前解决，避免形成非经营性资金占用。

第三章　重大交易的审议和披露

第一节　证券投资

第二十九条　上市公司从事证券投资的，适用本节规定，但下列情形除外：

（一）作为公司或其控股子公司主营业务的证券投资行为；

（二）固定收益类或者承诺保本的投资行为；

（三）参与其他上市公司的配股或者行使优先认购权利；

（四）购买其他上市公司股份超过总股本的10%，且拟持有三年以上的证券投资；

（五）公司首次公开发行股票并上市前已进行的投资。

第三十条　本节所述证券投资，包括新股配售或者申购、证券回购、股票及存托凭证投资、债券投资以及本所认定的其他投资行为。

第三十一条　上市公司应当合理安排、使用资金，致力发展公司主营业务，不得使用募集资金从事证券投资。

第三十二条　上市公司从事证券投资，应当遵循合法、审慎、安全、有效的原则，建立健全内控制度，控制投资风险，注重投资效益。

公司应当分析证券投资的可行性与必要性，制定严格的决策程序、报告制度和监控措施，明确授权范围、操作要点与信息披露等具体要求，并根据公司的风险承受能力确定投资规模及期限。

公司董事会应当持续跟踪证券投资的执行进展和投资安全状况，如出现投资发生较大损失等异常情况的，应当立即采取措施并按规定履行披露义务。

第三十三条　上市公司因交易频次和时效要求等原因难以对每次证券投资履行审议程序和披露义务的，可以对未来十二个月内证券投资范围、额度及期限等进行合理预计，证券投资额度占公司最近一期经审计净资产10%以上且绝对金额超过一千万元人民币的，应当在投资之前经董事会审议通过并及时履行信息披露义务。证券投资额度占公司最近一期经审计净资产50%以上且绝对金额超过五千万元人民币的，还应当提交股东大会审议。

相关额度的使用期限不应超过十二个月，期限内任一时点的交易金额（含前述投资的收益进行再投资的相关金额）不应超过证券投资额度。

上市公司与关联人之间进行证券投资的，还应当以证券投资额度作为计算标准，适用《股票上市规则》关联交易的相关规定。

第二节　委托理财

第三十四条　本节所称委托理财，是指上市公司委托银行、信托、证券、基金、期货、保险资产管理机构、金融资产投资公司、私募基金管理人等专业理财机构对其财产进行投资和管理或者购买相关理财产品的行为。

以资金管理、投资理财等投融资活动为主营业务的上市公司或其控股子公司，其业务行为不适用本节规定。

第三十五条 上市公司进行委托理财的，应当建立健全委托理财专项制度，明确决策程序、报告制度、内部控制及风险监控管理措施等。

上市公司应当选择资信状况及财务状况良好、无不良诚信记录及盈利能力强的合格专业理财机构作为受托方，并与受托方签订书面合同，明确委托理财的金额、期限、投资品种、双方的权利义务及法律责任等。

第三十六条 上市公司如因交易频次和时效要求等原因难以对每次委托理财履行审议程序和披露义务的，可以对未来十二个月内委托理财范围、额度及期限等进行合理预计，委托理财额度占公司最近一期经审计净资产10%以上且绝对金额超过一千万元人民币的，应当在投资之前经董事会审议通过并及时履行信息披露义务。委托理财额度占公司最近一期经审计净资产50%以上且绝对金额超过五千万元人民币的，还应当提交股东大会审议。

相关额度的使用期限不应超过十二个月，期限内任一时点的交易金额（含前述投资的收益进行再投资的相关金额）不应超过委托理财额度。

上市公司与关联人之间进行委托理财的，还应当以委托理财额度作为计算标准，适用《股票上市规则》关联交易的相关规定。

第三十七条 上市公司不得通过委托理财等投资的名义规避购买资产或者对外投资应当履行的审议程序和信息披露义务，或者变相为他人提供财务资助。

公司可对理财产品资金投向实施控制或者重大影响的，应当充分披露资金最终投向、涉及的交易对手方或者标的资产的详细情况，并充分揭示投资风险以及公司的应对措施。

第三十八条 进行委托理财的上市公司发生以下情形之一的，应当及时披露相关进展情况和拟采取的应对措施：

（一）理财产品募集失败、未能完成备案登记、提前终止、到期不能收回；

（二）理财产品协议或相关担保合同主要条款变更；

（三）受托方或资金使用方经营或财务状况出现重大风险事件；

（四）其他可能会损害上市公司利益或具有重要影响的情形。

第三节 与专业投资机构共同投资及合作

第三十九条 上市公司与专业投资机构共同设立并购基金或产业基金等投资基金（以下简称投资基金，组织形式包括但不限于公司制、普通合伙、有限合伙等）、认购专业投资机构发起设立的投资基金份额，与上述投资基金进行后续资产交易，以及上市公司与专业投资机构签订战略合作、市值管理、财务顾问、业务咨询等合作协议（以下简称合作协议），适用本节规定。

上市公司控股股东、实际控制人、持股5%以上的股东、董事、监事、高级管理人员与专业投资机构进行合作，涉及向上市公司购买或转让资产等相关安排的，参照本节规定执行。

上市公司因实施证券发行、权益变动、股权激励等事项按照相关规定与中介机构签订财务顾问、业务咨询等合作协议，或者以资金管理、投资理财、经纪业务等投融资活动为主营业务的上市公司涉及本节规定的共同投资及合作事项的，可免于适用本节规定。

本节所称专业投资机构是指私募基金、私募基金管理人、基金管理公司、证券公司、期货公司、资产管理公司及证券投资咨询机构等专业从事投资业务活动的机构。

第四十条 上市公司与专业投资机构共同投资，无论参与金额大小均应当及时披露，并以其承担的最大损失金额，参照上市公司对外投资相关规定履行相应的审议程序，构成关联交易的还应当履行关联交易审议程序。

前款所称“最大损失金额”，应当以上市公司因本次投资可能损失的投资总额、股份权益或承担其他责任可能导致的损失金额的较高者为准。

第四十一条 上市公司与专业投资机构共同投资，应当及时披露相关公告，并向本所报备有关协议。公告内容应当包括专业投资机构基本情况、关联关系或其他利益关系说明、投资基金的具体情况、管理模式、投资模式和利益分配方式、投资协议主要条款，并说明对上市公司的影响和存在的风险，是否可能导致同业竞争或关联交易等。

如上市公司控股股东、实际控制人、持股5%以上的股东、董事、监事、高级管理人员参与投资基金份额认购、在有关专业投资机构或者投资基金中任职的，还应当在公告中说明具体情况。

第四十二条 上市公司将超募资金用于永久性补充流动资金后的十二个月内，不得与专业投资机构共同投资。

上市公司与专业投资机构共同投资与主营业务相关的投资基金，或者市场化运作的贫困地区产业投资基金和扶贫公益基金等投资基金，不适用前款规定。

第四十三条 上市公司与专业投资机构共同投资，发生以下情形时，应当及时披露相关进展情况：

（一）拟参与设立或认购份额的投资基金募集完毕或募集失败；

（二）投资基金完成备案登记（如涉及）；

（三）投资基金进行对上市公司具有重大影响的投资或资产收购事项；

（四）投资基金发生重大变更事项或投资运作出现重大风险事件，可能会对上市公司造成较大影响。

第四十四条 上市公司与专业投资机构签订合作协议的，应当披露专业投资机构基本情况、与上市公司存在的关联关系或其他利益关系，并完整披露合作协议主要条款、专业投资机构提供服务内容等，并对合作协议可能存在的风险进行充分揭示。上市公司应当完整披露与专业投资机构签订的各项协议，并承诺不存在其他未披露的协议。

第四十五条 上市公司与专业投资机构签订合作协议，发生以下情形时，应当及时披露相关进展情况：

（一）完成合作协议约定的各项主要义务或计划安排；

（二）根据合作协议筹划对公司有重大影响的事项；

（三）合作协议发生重大变更或提前终止。

第四十六条 上市公司与专业投资机构存在前述共同投资及合作事项，又购买其直接、间接持有或推荐的交易标的，除按照法律、行政法规、部门规章、规范性文件及本所

《股票上市规则》等相关规定进行信息披露外，还应当披露该专业投资机构及其控制的其他主体，管理的全部基金、信托、资产管理计划等产品在交易标的中持有的股份或投资份额情况，最近六个月内买卖上市公司股票情况，与上市公司及交易标的存在的关联关系及其他利益关系等情况。

第四十七条 上市公司在与专业投资机构共同投资及合作事项的筹划和实施过程中，应当建立有效的防范利益输送与利益冲突的机制，健全信息隔离制度，不得从事内幕交易、操纵市场、虚假陈述等违法违规行为。

第四十八条 上市公司应当在年度报告披露与专业投资机构共同投资及合作事项进展情况。

第四节 期货和衍生品交易

第四十九条 上市公司从事期货和衍生品交易的，适用本节规定，但作为公司或其控股子公司主营业务的期货和衍生品交易行为除外。

第五十条 本节所述期货交易是指以期货合约或者标准化期权合约为交易标的的交易活动。本节所述衍生品交易是指期货交易以外的，以互换合约、远期合约和非标准化期权合约及其组合为交易标的的交易活动。期货和衍生品的基础资产既可以是证券、指数、利率、汇率、货币、商品等标的，也可以是上述标的的组合。

第五十一条 上市公司参与期货和衍生品交易应当遵循合法、审慎、安全、有效的原则。本所支持内部控制制度健全、具备风险管理能力的上市公司利用期货市场和衍生品市场从事套期保值等风险管理活动，不鼓励公司从事以投机为目的的期货和衍生品交易。

公司不得使用募集资金从事期货和衍生品交易。

第五十二条 上市公司从事套期保值业务，是指为管理外汇风险、价格风险、利率风险、信用风险等特定风险而达成与上述风险基本吻合的期货和衍生品交易的活动。公司从事套期保值业务的期货和衍生品品种应当仅限于与公司生产经营相关的产品、原材料和外汇等，且原则上应当控制期货和衍生品在种类、规模及期限上与需管理的风险敞口相匹配。用于套期保值的期货和衍生品与需管理的相关风险敞口应当存在相互风险对冲的经济关系，使得相关期货和衍生品与相关风险敞口的价值因面临相同的风险因素而发生方向相反的变动。

本节所述套期保值业务主要包括以下类型的交易活动：

（一）对已持有的现货库存进行卖出套期保值；

（二）对已签订的固定价格的购销合同进行套期保值，包括对原材料采购合同进行空头套期保值、对产成品销售合同进行多头套期保值，对已定价贸易合同进行与合同方向相反的套期保值；

（三）对已签订的浮动价格的购销合同进行套期保值，包括对原材料采购合同进行多头套期保值、对产成品销售合同进行空头套期保值，对浮动价格贸易合同进行与合同方向相同的套期保值；

（四）根据生产经营计划，对预期采购量或预期产量进行套期保值，包括对预期原材料采购进行多头套期保值、对预期产成品进行空头套期保值；

（五）根据生产经营计划，对拟履行进出口合同中涉及的预期收付汇进行套期保值；

（六）根据投资融资计划，对拟发生或已发生的外币投资或资产、融资或负债、浮动利率计息负债的本息偿还进行套期保值；

（七）本所认定的其他情形。

以签出期权或构成净签出期权的组合作为套期工具时，应当满足《企业会计准则第24号——套期会计》的相关规定。

第五十三条 上市公司从事期货和衍生品交易应当建立健全内控制度，合理配备投资决策、业务操作、风险控制等专业人员，制定严格的决策程序、报告制度和风险监控措施，明确授权范围、操作要点、会计核算及信息披露等具体要求，并根据公司的风险承受能力确定期货和衍生品交易的品种、规模及期限。

公司应当指定董事会相关委员会审查期货和衍生品交易的必要性、可行性及风险控制情况，必要时可以聘请专业机构出具可行性分析报告。董事会相关委员会应加强对期货和衍生品交易相关风险控制政策和程序的评价与监督，及时识别相关内部控制缺陷并采取补救措施。

公司应当制定切实可行的应急处理预案，以及时应对交易过程中可能发生的重大突发事件。公司应当针对各类期货和衍生品或者不同交易对手设定适当的止损限额（或者亏损预警线），明确止损处理业务流程并严格执行。

第五十四条 上市公司拟在境外开展期货和衍生品交易的，应当审慎评估交易必要性和在相关国家和地区开展交易的政治、经济和法律等风险，充分考虑结算便捷性、交易流动性、汇率波动性等因素。公司拟开展场外衍生品交易的，应当评估交易必要性、产品结构复杂程度、流动性风险及交易对手信用风险。

第五十五条 上市公司从事期货和衍生品交易，应当编制可行性分析报告并提交董事会审议，独立董事应当发表专项意见。

期货和衍生品交易属于下列情形之一的，应当在董事会审议通过后提交股东大会审议：

（一）预计动用的交易保证金和权利金上限（包括为交易而提供的担保物价值、预计占用的金融机构授信额度、为应急措施所预留的保证金等，下同）占公司最近一期经审计净利润的50%以上，且绝对金额超过五百万元人民币；

（二）预计任一交易日持有的最高合约价值占公司最近一期经审计净资产的50%以上，且绝对金额超过五千万元人民币；

（三）公司从事不以套期保值为目的的期货和衍生品交易。

公司因交易频次和时效要求等原因难以对每次期货和衍生品交易履行审议程序和披露义务的，可以对未来十二个月内期货和衍生品交易的范围、额度及期限等进行合理预计并审议。相关额度的使用期限不应超过十二个月，期限内任一时点的金额（含前述交易的收益进行再交易的相关金额）不应超过已审议额度。

第五十六条 上市公司拟开展期货和衍生品交易时，应当披露交易目的、交易品种、交易工具、交易场所、预计动用的交易保证金和权利金上限、预计任一交易日持有的最高合约价值、专业人员配备情况等，并进行充分的风险提示。

公司以套期保值为目的开展期货和衍生品交易的，应当明确说明拟使用的期货和衍生品合约的类别及其预期管理的风险敞口，明确两者是否存在相互风险对冲的经济关系，以及如何运用选定的期货和衍生品合约对相关风险敞口进行套期保值。公司应当对套期保值预计可实现的效果进行说明，包括持续评估是否达到套期保值效果的计划举措。

公司从事以投机为目的的期货和衍生品交易的，应当在公告标题和重要内容提示中真实、准确地披露交易目的，不得使用套期保值、风险管理等类似用语，不得以套期保值为名变相进行以投机为目的的期货和衍生品交易。

第五十七条 上市公司相关部门应当跟踪期货和衍生品公开市场价格或者公允价值的变化，及时评估已交易期货和衍生品的风险敞口变化情况，并向管理层和董事会报告期货和衍生品交易授权执行情况、交易头寸情况、风险评估结果、交易盈亏状况、止损规定执行情况等。

公司开展以套期保值为目的的期货和衍生品交易，应当及时跟踪期货和衍生品与已识别风险敞口对冲后的净敞口价值变动，对套期保值效果进行持续评估。

第五十八条 上市公司期货和衍生品交易已确认损益及浮动亏损金额每达到公司最近一年经审计的归属于上市公司股东净利润的10%且绝对金额超过一千万元人民币的，应当及时披露。公司开展套期保值业务的，可以将套期工具与被套期项目价值变动加总后适用前述规定。

公司开展套期保值业务出现前款规定的亏损情形时，还应当重新评估套期关系的有效性，披露套期工具和被套期项目的公允价值或现金流量变动未按预期抵销的原因，并分别披露套期工具和被套期项目价值变动情况等。

第五十九条 上市公司开展以套期保值为目的的期货和衍生品交易，在披露定期报告时，可以同时结合被套期项目情况对套期保值效果进行全面披露。套期保值业务不满足会计准则规定的套期会计适用条件或未适用套期会计核算，但能够通过期货和衍生品交易实现风险管理目标的，可以结合套期工具和被套期项目之间的关系等说明是否有效实现了预期风险管理目标。

第五节 融资类交易

第六十条 上市公司发生与他人签订资产出售及回购一揽子协议，或者控股子公司增资引入股权投资方并约定股权回购安排等以获取融资为目的的行为，应当参照《股票上市规则》购买资产、出售资产或者对外投资的相关规定履行相应审议程序和信息披露义务。

上市公司在资产出售或者增资行为发生时已经充分披露回购义务且履行相应审议程序的，此后按照原协议履行回购义务时，可以不再履行相应审议程序，但应当及时披露进展情况。若上市公司未按照原协议履行回购义务的，应当说明原因，并以放弃回购资产对应的财务指标与相关资产的评估值较高者为标准参照《股票上市规则》出售资产的相关规定履行相应审议程序和信息披露义务。

第六十一条 上市公司开展保理或者售后租回业务涉及出售应收账款或其他资产的，应当按照《股票上市规则》出售资产的相关规定履行相应审议程序和信息披露义务。

第六节 放弃权利

第六十二条 本节所称放弃权利，是指除行政划拨、司法裁决等情形外，上市公司主动放弃对其控股或参股的公司、非公司制主体及其他合作项目等所拥有以下权利的行为：

（一）放弃《公司法》规定的优先购买权；

（二）放弃《公司法》规定的优先认缴出资权利；

（三）放弃《合伙企业法》规定的优先购买权；

（四）放弃公司章程或协议约定的相关优先权利；

（五）其他放弃合法权利的情形。

第六十三条 上市公司直接或者间接放弃所控制企业的优先购买或者认缴出资等权利，导致合并报表范围发生变更的，应当以放弃金额与该主体的相关财务指标适用《股票上市规则》重大交易或关联交易的相关规定。

公司放弃权利未导致上市公司合并报表范围发生变更，但相比于未放弃权利，所拥有该主体权益的比例下降的，应当以放弃金额与按权益变动比例计算的相关财务指标适用《股票上市规则》重大交易或关联交易的相关规定。

公司部分放弃权利的，还应当以放弃金额、该主体的相关财务指标或者按权益变动比例计算的相关财务指标，以及实际受让或者出资金额，适用《股票上市规则》重大交易或关联交易的相关规定。

第六十四条 对于未达到相关金额标准，但上市公司董事会或本所认为放弃权利可能对上市公司构成重大影响的，上市公司应当及时履行信息披露义务。

第四章 附　　则

第六十五条 上市公司及有关各方违反本指引规定，本所可以采取开展现场检查、提请中国证监会及其派出机构核查等措施，并视情况对上市公司及相关当事人采取自律监管措施或者予以纪律处分。

第六十六条 本指引由本所负责解释。

第六十七条 本指引自发布之日起施行。

关于发布《深圳证券交易所上市公司自律监管指引第8号——重大资产重组（2023年修订）》的通知

（2023 年 2 月 17 日　深证上〔2023〕114 号）

各市场参与人：

为了落实全面实行股票发行注册制相关要求，进一步规范上市公司重大资产重组信息披露行为，本所对《深圳证券交易所上市公司自律监管指引第 8 号——重大资产重组》进行了修订，现予以发布，自发布之日起施行。

本所于 2022 年 1 月 7 日发布的《深圳证券交易所上市公司自律监管指引第 8 号——重大资产重组》（深证上〔2022〕20 号）同时废止。

深圳证券交易所

2023 年 2 月 17 日

2.8

深圳证券交易所上市公司自律监管指引第8号——重大资产重组（2023年修订）

（2023年2月17日　深证上〔2023〕114号）

第一章　总　　则

第一条　为了规范深圳证券交易所（以下简称本所）上市公司重大资产重组信息披露相关行为，根据《中华人民共和国证券法》（以下简称《证券法》）、《上市公司重大资产重组管理办法》（以下简称《重组办法》）、《创业板上市公司持续监管办法（试行）》《公开发行证券的公司信息披露内容与格式准则第26号——上市公司重大资产重组》（以下简称《26号准则》），以及《深圳证券交易所股票上市规则》《深圳证券交易所创业板股票上市规则》（以下统称《股票上市规则》）、《深圳证券交易所上市公司重大资产重组审核规则》（以下简称《重组审核规则》）等规定，制定本指引。

第二条　上市公司及其股东、实际控制人、董事、监事、高级管理人员和其他交易各方，以及提供服务的证券服务机构和人员等相关方（以下统称上市公司及有关各方）依照《重组办法》筹划、实施重大资产重组的信息披露及相关事宜，应当遵守《重组办法》《26号准则》《股票上市规则》《重组审核规则》和本指引等规定。

上市公司及有关各方筹划、实施发行股份、优先股、定向可转债、定向权证、存托凭证购买资产、吸收合并等其他资产交易行为的信息披露及相关事宜，适用本指引规定。

第三条　上市公司及有关各方应当审慎研究、筹划决策涉及上市公司的重大资产重组事项，保证筹划中的重大资产重组事项的真实性、可行性和可操作性，有利于提高上市公司质量。

第四条　上市公司及有关各方应当及时、公平地披露或者提供信息，保证所披露或者提供信息的真实、准确、完整，不得有虚假记载、误导性陈述或者重大遗漏。

第五条　提供服务的证券服务机构和人员应当遵守法律、行政法规和中国证监会的相关规定，以及本所的相关规则，遵循本行业公认的业务标准和道德规范，诚实守信，勤勉尽责，严格履行职责，对其所制作、出具文件的真实性、准确性和完整性承担责任。

第六条　上市公司应当维护证券交易连续性，审慎向本所申请对公司股票及其衍生品种停牌，切实保护投资者的交易权和知情权，不得随意以存在重大资产重组事项为由向本所申请停牌或者故意虚构重大资产重组信息损害投资者合法权益，严格控制停牌时间，避免滥用停牌或者无故拖延复牌时间，不得以申请停牌代替上市公司及有关各方的信息保密义务。

涉及停复牌业务的，上市公司应当按照《深圳证券交易所上市公司自律监管指引第6号——停复牌》相关规定办理（停牌申请表、公告格式见附件1、附件2）。

第七条 上市公司应当在非交易时间向本所提交重大资产重组相关的信息披露文件。本所对重大资产重组信息披露文件进行审查，并可以根据监管需要要求上市公司及有关各方作出解释说明、补充披露或者提供其他相关文件。

第八条 上市公司及有关各方应当采取必要且充分的保密措施，制定严格有效的保密制度，限定相关敏感信息的知悉范围，按照中国证监会及本所相关规定登记、报送内幕信息知情人档案，并编制交易进程备忘录。

重大资产重组有关各方对所知悉的重大资产重组事项在依法依规披露前负有保密义务。

第九条 上市公司应当关注公共媒体或者市场出现的关于公司重大资产重组的相关报道。如相关报道可能或者已经对公司股票及其衍生品种交易价格产生较大影响，上市公司及有关各方应当按照《股票上市规则》等规定，及时予以核实并发布澄清公告。

第二章　重组方案

第一节　重组方案披露

第十条 上市公司首次披露重组方案，可以披露重组预案，也可以直接披露重组报告书。上市公司披露重大资产重组方案，应当按照《26号准则》和本指引相关规定的内容和格式要求编制重组信息披露文件。

上市公司筹划不涉及发行股份的重大资产重组，可以按照分阶段披露原则，在披露重组方案前披露筹划重大资产重组提示性公告。提示性公告应当至少包括本次重组交易方式、交易标的所属行业、是否已签署交易意向性文件、必要的风险揭示等信息。

第十一条 上市公司披露重组预案的，应当按照本指引附件3规定的重组预案报送材料要求向本所报送相关文件；披露重组报告书的，应当按照《26号准则》《重组审核规则》有关规定进行信息披露并向本所报送相关文件。

第十二条 上市公司应当在首次披露重组方案的同时披露风险提示公告，就本次重组进程可能被暂停或者可能被终止作出风险提示。

第十三条 重组预案和重组报告书应当披露本次重组相关主体是否存在依据《上市公司监管指引第7号——上市公司重大资产重组相关股票异常交易监管》第十二条或者本指引第三十条不得参与任何上市公司重大资产重组情形的说明。

第十四条 上市公司与有关各方签订业绩补偿协议的，补偿协议应当包含下列内容：业绩承诺方、补偿方式、补偿的数量和金额、触发补偿的条件、补偿的执行程序、补偿的时间期限、补偿的保障措施、争议解决方式等。补偿协议条款应当清晰明确、切实可行，不存在争议。

上市公司董事会和独立财务顾问应当基于现有条件客观论证分析业绩承诺的可实现性，包括补偿时间安排、股份解限安排、股份质押安排、补偿股份的表决权和股利分配权安排等，并说明业绩补偿协议是否明确可行，以及保证上市公司能够获得足额业绩补偿的相关措施，并充分提示是否存在补偿不足、补偿不及时的风险等。

第十五条 上市公司披露重组报告书的，独立财务顾问应当按照《重组办法》《26号准则》《上市公司并购重组财务顾问业务管理办法》《重组审核规则》等规定，出具独立财务顾问报告和相关核查意见。

上市公司及有关各方存在不规范行为的，独立财务顾问应当督促其整改，并将整改情况在相关核查意见中予以说明。因上市公司或者重组交易对方不配合，使尽职调查范围受限制，导致独立财务顾问无法做出判断的，独立财务顾问不得为上市公司出具独立财务顾问报告和相关核查意见。

第十六条 上市公司重大资产重组出现下列情形的，本次重组方案应当提供现金选择权或者其他合法形式的异议股东权利保护措施：

（一）上市公司被其他公司通过换股方式吸收合并的；

（二）上市公司吸收合并其他公司，并给予其股东现金收购请求权的；

（三）上市公司分立成两个或者两个以上独立法人，并给予其股东现金收购请求权的。

第十七条 重大资产重组报告书、独立财务顾问报告、法律意见书以及重组涉及的审计报告、资产评估报告或者估值报告至迟应当与召开股东大会的通知同时公告。

第十八条 上市公司在召开股东大会审议重组方案之前，应当披露内幕信息知情人股票交易自查报告。股票交易自查期间为首次披露重组事项或者就本次重组申请股票停牌（孰早）前六个月至披露重组报告书。

上市公司披露重组报告书后重组方案重大调整、终止重组的，应当补充披露股票交易自查报告。股票交易自查期间为披露重组报告书至披露重组方案重大调整或者终止重组。

上市公司披露股票交易自查报告时，独立财务顾问和律师应当核查并发表明确意见。

上市公司披露股票交易自查报告，暂时无法及时提供证券登记结算机构就相关单位及自然人二级市场交易情况出具的文件的，可以在后续取得相关文件时补充提交。

第十九条 上市公司发行股份购买资产导致特定对象持有或者控制的股份达到法定比例的，应当按照《上市公司收购管理办法》的规定履行相关义务。

交易对方免于发出要约的，应当按照《上市公司收购管理办法》的规定编制相关文件，并在规定期限内履行信息披露义务。

第二十条 上市公司应当根据本所出具的审核问询等函件及时对重组方案等信息披露文件进行补充完善，并在规定的时限内披露本所审核问询等函件的完整内容及对重组方案补充完善的具体情况。

第二十一条 上市公司首次披露重组方案后，应当每三十日公告一次筹划、尽职调查、审计、评估、取得有权部门事前审批意见等工作进展情况，直至发出召开股东大会通知。

前款规定的进展公告应当以特别提示的方式，充分披露本次重组事项尚存在的重大不确定风险，说明是否存在可能导致中止、取消本次重组方案或者对本次重组方案产生实质性变更的相关事项。

上市公司披露重组提示性公告的，应当参照前两款规定，及时履行进展情况的信息披露义务。首次披露重组提示性公告后六个月届满时，上市公司未能披露重组预案的，应当详细披露筹划本次重组事项的具体工作、主要进展，以及未能披露重组预案的原因，并充分论证筹划本次重组事项的必要性和可行性；十二个月届满时，仍未披露重组预案的，还应当说明预计披露重组方案的时间安排，确实无法继续推进重组的，应当终止筹划本次重组。

第二十二条 上市公司披露重组方案后，出现下列情形之一的，应当及时披露并提示相关风险，确实已不具备实施条件的，应当尽快终止本次重组：

（一）交易对方、重组标的资产范围出现重大变化或者调整；

（二）与交易对方就已签订的重组框架或者意向协议作出重大修订或者变更；

（三）重组标的资产涉及重大诉讼或者仲裁；

（四）重组标的资产因产业、行业及市场因素导致其估值可能出现重大变化；

（五）上市公司及有关各方无法在预定时间内完成重组方案中作出的相关承诺；

（六）本次重组方案无法在规定时间内取得有关部门的批准；

（七）变更证券服务机构；

（八）知悉本次重大资产重组相关方被中国证监会立案调查或者被司法机关立案侦查；

（九）其他可能对本次重组产生较大影响的情形。

上市公司披露重组提示性公告的，应当参照前款规定，及时履行信息披露义务。

第二节 重组方案审议

第二十三条 上市公司董事会审议重大资产重组方案的，应当对下列议案作出决议：

（一）《关于上市公司进行重大资产重组的议案》，至少应当包括：重大资产重组的方式、交易标的和交易对方，交易价格或者价格区间（如有），定价方式或者定价依据，相关资产自定价基准日至交割日期间损益的归属，相关资产办理权属转移的合同义务和违约责任，决议的有效期，对董事会办理重大资产重组事宜的具体授权，以及其他需要明确的事项（需逐项表决）；

（二）《关于本次重组符合〈上市公司监管指引第 9 号——上市公司筹划和实施重大资产重组的监管要求〉第四条规定的议案》；

（三）《关于评估机构或者估值机构的独立性、评估（估值）假设前提的合理性、评估（估值）方法与评估（估值）目的的相关性以及评估（估值）定价的公允性的议案》（如有）；

（四）《关于本次重组是否构成关联交易的议案》；

（五）《关于本次重组符合〈重组审核规则〉第十条或者第十一条规定的议案》（如

适用）；

（六）《关于签订重组相关协议的议案》；

（七）《关于批准本次重组有关审计、评估和盈利预测报告的议案》（如有）；

（八）《重大资产重组预案》或者《重大资产重组报告书及其摘要》；

（九）《关于提请股东大会审议同意相关方免于按照有关规定向全体股东发出（全面）要约的议案》（如适用）；

（十）《关于本次重组符合〈重组办法〉第十三条规定的议案》（适用于构成重组上市的情形）；

（十一）《关于召开上市公司股东大会的议案》（如有）。

第二十四条 上市公司股东大会审议重大资产重组方案的，应当对本指引第二十三条第一项所列事项进行逐项表决。

上市公司发行股份购买资产同时募集配套资金的，如购买资产不以募集配套资金为前提，购买资产与募集配套资金的交易方案可以分拆为两项议案、分别表决；如购买资产与募集配套资金互为前提，购买资产与募集配套资金的议案均获审议通过后，交易方案方可继续推进。

第二十五条 上市公司在发行股份购买资产的首次董事会决议公告后，六个月内未发出召开股东大会通知的，应当在六个月期限届满时，及时披露关于未发出召开股东大会通知的专项说明。专项说明应当披露相关原因，并明确是否继续推进或者终止本次重组事项。继续推进的，上市公司应当重新召开董事会审议发行股份购买资产事项，并以该次董事会决议公告日作为发行股份的定价基准日。

发行股份购买资产事项提交股东大会审议未获批准的，上市公司董事会如再次作出发行股份购买资产的决议，应当以该次董事会决议公告日作为发行股份的定价基准日。

第二十六条 上市公司披露重组方案后，拟对交易对方、交易标的、交易价格等作出变更，构成对原交易方案重大调整的，应当重新履行相关决策程序并作出公告。

第三章　重组终止

第二十七条 上市公司首次披露重组事项至召开相关股东大会前，如该重组事项涉嫌内幕交易被中国证监会立案调查或者被司法机关立案侦查的，公司应当暂停本次重组进程，不得将重组事项提交股东大会进行审议，并及时披露相关信息，以及就本次重组可能被终止等情况进行风险提示。

上市公司召开相关股东大会后至向本所报送发行股份购买资产申请文件前，如该重组事项涉嫌内幕交易被中国证监会立案调查或者被司法机关立案侦查的，公司应当暂停本次重组进程，及时公告相关信息并就本次重组可能被终止等情况进行风险提示。

第二十八条 上市公司按照本指引第二十七条的规定暂停重组进程的，在满足下列条件后，可以恢复本次重组进程：

（一）中国证监会或者司法机关经调查核实未发现上市公司、占本次重组总交易金额比例在百分之二十以上的交易对方（如涉及多个交易对方违规的，交易金额合并计算），及上述主体的控股股东、实际控制人及其控制的机构存在内幕交易的；

（二）中国证监会或者司法机关经调查核实未发现上市公司董事、监事、高级管理人员，上市公司控股股东、实际控制人的董事、监事、高级管理人员，交易对方的董事、监事、高级管理人员，占本次重组总交易金额比例在百分之二十以下的交易对方及其控股股东、实际控制人及上述主体控制的机构，为本次重大资产重组提供服务的证券公司、证券服务机构及其经办人员，参与本次重大资产重组的其他主体等存在内幕交易的；或者上述主体虽涉嫌内幕交易，但已被撤换或者退出本次重大资产重组交易的；

（三）被立案调查或者立案侦查的事项未涉及本款第一项、第二项所列主体的。

依据前款第二项规定撤换独立财务顾问的，上市公司应当重新聘请独立财务顾问出具独立财务顾问报告，本所可就独立财务顾问的聘任及专业意见发表情况通过问询、现场督导等方式进行监管。

上市公司对交易对象、交易标的等作出变更导致重大资产重组方案重大调整的，还应当重新履行相应的决策程序。

上市公司有证据证明其重大资产重组符合恢复进程条件的，经聘请的独立财务顾问及律师事务所对本次重大资产重组有关主体进行尽职调查，并出具确认意见，可以恢复进程。

第二十九条 上市公司按照本指引第二十七条的规定暂停重组进程后，本指引第二十八条第一款第一项所列主体因本次重大资产重组相关的内幕交易被中国证监会行政处罚或者被司法机关依法追究刑事责任的，上市公司应当终止本次重大资产重组。

第三十条 上市公司筹划重组停牌后又终止重组的，或者披露重组提示性公告、重组预案或者重组报告书后又终止重组的，应当披露终止重大资产重组公告（见附件4），说明终止本次重大资产重组的原因、具体过程、履行的相关审议程序等，同时承诺自公告之日起至少一个月内不再筹划重大资产重组。

上市公司筹划、实施重大资产重组期间，其控股股东或者实际控制人因本次重组事项相关的内幕交易行为被中国证监会行政处罚或者被司法机关依法追究刑事责任的，公司应当及时终止本次重组进程，并发布终止重大资产重组公告，同时承诺自公告之日起至少十二个月内不再筹划重大资产重组。

本指引第二十八条所列主体因涉嫌本次重大资产重组相关的内幕交易被立案调查或者立案侦查的，自立案之日起至责任认定前不得参与任何上市公司的重大资产重组。中国证监会作出行政处罚或者司法机关依法追究刑事责任的，上述主体自中国证监会作出行政处罚决定或者司法机关作出相关裁判生效之日起至少三十六个月内不得参与任何上市公司的重大资产重组。

第三十一条 上市公司筹划、实施重大资产重组期间，因出现违反《重组办法》《重组审核规则》及本指引等相关规定被中国证监会责令暂停重组活动或者被本所要求暂停本次交易的，应当暂缓召开股东大会或者实施重组方案，并及时履行信息披露义务；被中国证监会责令终止重组活动或者被本所要求终止本次交易的，公司应当终止本次重组进程，并及时发布终止重大资产重组公告。

第三十二条 上市公司首次披露重组方案后、股东大会审议前，公司或者交易对方拟终止本次重大资产重组的，应当及时召开董事会审议终止重大资产重组事项，并披露董事会决议公告、终止重大资产重组公告、独立董事意见和独立财务顾问核查意见（如适用）。

交易对方提出终止本次重大资产重组的，应当同时通过上市公司披露其关于终止重大资产重组事项的说明，上市公司应当配合交易对方进行信息披露。

第三十三条 重大资产重组方案经上市公司股东大会审议通过，且尚在股东大会决议有效期内，公司或者交易对方拟终止本次重大资产重组的，上市公司除应当按照本指引第三十条、第三十二条履行董事会审议程序和信息披露义务外，还应当召开股东大会审议终止重组事项。

除另有规定外，上市公司股东大会此前已经授权董事会在必要情况下办理终止重组事项相关事宜的，在授权有效期内，上市公司原则上可以不再召开股东大会。

第四章 重组相关说明会

第一节 媒体说明会

第三十四条 上市公司重大资产重组事项涉及下列情形之一的，应当按照本指引第三十五条的规定召开媒体说明会：

（一）属于《重组办法》第十三条规定的交易情形的；

（二）涉嫌规避重组上市监管要求的；

（三）受到重大媒体质疑或者投诉举报的；

（四）中国证监会及其派出机构和本所认为必要的其他情形。

上市公司发现前款第三项情形的，应当主动、及时向本所报告。

第三十五条 上市公司应当在召开媒体说明会前发出召开通知，公告媒体说明会召开时间、地点、参与方式、网络直播地址、参与人员以及议程等事项。

出现本指引第三十四条第一款第一项情形的，上市公司应当在披露关于对本所重组问询函的回复公告时发出召开通知，并在发出通知后的两个交易日内召开媒体说明会。

出现本指引第三十四条第一款第二项至第四项情形的，上市公司应当在发现相关情形或者有权部门提出要求后及时发出召开通知，并在发出通知后的两个交易日内召开媒体说明会。

第三十六条 上市公司股票及其衍生品种处于交易状态的，媒体说明会应当在非交易时间召开。

第三十七条 上市公司召开媒体说明会应当有不少于三家符合中国证监会规定条件的媒体参加。

第三十八条 媒体说明会的参会人员应当包括上市公司的现任控股股东、实际控制人或其授权代表，上市公司主要董事、监事及高级管理人员，拟新进入的控股股东、实际控制人（如有）或者其授权代表和其他主要交易对方代表，重组标的主要董事和高级管理人员以及中介机构代表。

参会人员应当认真答复媒体的问询，全面回应市场关注和质疑，保证发言的真实、准确、完整，不得含有宣传、广告、恭维或者夸大等性质的词句，不得有误导性陈述，不得透露、泄露未公开重大信息。

媒体说明会应当为媒体留出充足的提问时间，充分回应市场关注和质疑的问题。

第三十九条 媒体说明会应当详细介绍重大资产重组方案情况，并至少包括下列内容：

（一）上市公司现任控股股东、实际控制人应当充分说明本次交易的必要性、交易作价的合理性、承诺履行和规范运作等情况；

（二）上市公司董事、监事及高级管理人员应当充分说明其对交易标的及其行业的了解情况、重大媒体质疑和投诉举报的主要内容及说明（如有），以及董事、监事及高级管理人员在本次重大资产重组项目的推进和筹划中是否切实履行忠实、勤勉义务等；

（三）拟新进入的控股股东、实际控制人应当详细说明交易作价的合理性、业绩承诺的合规性和合理性（如有）；

（四）交易对方和重组标的董事及高级管理人员应当充分说明重组标的报告期生产经营情况和未来发展规划，以及对相关的重大媒体质疑和投诉举报的说明（如有）；

（五）中介机构应当充分说明核查过程和核查结果，评估机构应当说明重组标的的估值假设、估值方法、估值过程的合规性和估值结果的合理性，披露重组预案但未披露交易标的预估值及拟定价的，应当说明原因及影响（如适用）；

（六）参会人员认为应当说明的其他问题；

（七）中国证监会及其派出机构和本所要求说明的其他问题。

因涉嫌规避重组上市监管要求召开媒体说明会的，上市公司现任控股股东、实际控制人以及独立财务顾问应当明确说明本次重大资产重组是否构成重组上市。

第四十条 上市公司应当做好媒体说明会的会议记录。上市公司应当将参会媒体的身份证明、会议记录、现场录音（如有）、演示文稿（如有）、向参会媒体提供的文档（如有）等资料存档并妥善保管。

第四十一条 上市公司应当在媒体说明会召开后次一交易日披露媒体说明会的召开情况，主要包括：

（一）时间、地点、参会人员及媒体；

（二）涉及重大资产重组的主要问题及答复情况；

（三）上市公司认为应当说明的其他事项。

上市公司应当在媒体说明会召开后的两个交易日内，在互动易刊载媒体说明会文字记录。

第二节　投资者说明会

第四十二条 上市公司披露重组事项后出现重大市场质疑的，可以在披露澄清公告的同时主动召开投资者说明会。本所可以视情况要求上市公司及有关各方召开投资者说明会。

第四十三条 上市公司披露重组预案或者重组报告书后终止重组的，应当在董事会审议通过终止重大资产重组决议后，及时召开投资者说明会。

上市公司披露重组提示性公告后，终止筹划重组的，本所鼓励上市公司召开投资者说明会，并可以视情况要求上市公司召开投资者说明会。

上市公司根据前两款规定召开投资者说明会的，应当就终止重组事项的具体原因、决策过程及其影响等内容作出说明，并及时披露投资者说明会的相关情况。

第四十四条 上市公司应当在非交易时间召开投资者说明会，并履行通知和相应的信息披露义务。

第四十五条 投资者说明会的参会人员至少应当包括上市公司董事长或者总经理、董事会秘书、交易对方或者其代表、重组标的主要董事和高级管理人员、独立财务顾问主办人。

第五章　重组审核与注册

第四十六条 上市公司重大资产重组事项需由本所审核、中国证监会注册的，在向本所提交重组相关申请文件后，重组申请被本所作出受理、不予受理、中止审核、恢复审核或者终止审核决定的，或者被本所出具审核问询等函件的，以及其他部门在行政审批程序中作出相关决定的，上市公司应当及时披露有关情况，并作出风险提示（见附件5）。

上市公司应当在本次重组方案中就重组可能无法获得批准的风险作出特别提示。

第四十七条 本所对重组方案审核期间，上市公司拟申请中止审核、恢复审核的，应当及时召开董事会审议并披露。

第四十八条 上市公司收到本所出具的审核问询等函件的，应当及时提供书面回复意见并予以披露，相关证券服务机构应当按照要求出具专业意见。涉及需履行决策程序的，应当及时履行决策程序。

第四十九条 上市公司重大资产重组需提交本所并购重组审核委员会（以下简称并购重组委）审议的，应当在收到拟召开并购重组委工作会议的通知时，披露并购重组委审议提示性公告。上市公司应当密切关注本所网站公告，在并购重组委工作会议召开日期明确后，及时披露并购重组委工作会议安排公告。上市公司在本所并购重组委工作会议召开日原则上无须申请停牌。

上市公司收到并购重组委审议结果后，应当在次一交易日公告相关情况。公告应当说明，上市公司在收到本所作出的认为符合重组条件和信息披露要求的审核意见或者终止审核的决定、中国证监会作出的予以注册或者不予注册的决定后将再行公告。

第五十条 上市公司收到本所作出的认为符合重组条件和信息披露要求的审核意见或者终止审核的决定、中国证监会作出的予以注册或者不予注册决定后，应当在次一交易日公告决定相关情况。

第五十一条 本所出具认为本次交易符合重组条件和信息披露要求的审核意见、中国证监会予以注册的，上市公司应当在公告相关决定的同时，披露重组报告书修订说明公告，及修订后的重组报告书全文和相关证券服务机构专项意见，同时披露尚需取得有关部门批准的情况。

第五十二条 本所终止审核、中国证监会不予注册的，上市公司董事会应当在收到前述决定后十日内，根据股东大会的授权，就是否修改或者终止本次重组方案作出决议并予以公告。

上市公司董事会根据股东大会的授权决定终止重组的，应当在董事会公告中予以明确披露；上市公司董事会根据股东大会的授权拟重新申报的，应当在董事会公告中充分披露重新申报的原因、后续安排等情况。

第六章 重组实施及持续监管

第一节 重组实施

第五十三条 上市公司重大资产重组事项完成必要的批准程序或者取得全部相关部门审批后，应当及时公告并尽快安排实施。

重组方案自完成相关批准、注册程序之日起六十日内未实施完毕的，上市公司应当于期满后次一交易日披露重组实施进展情况公告，并在此后每三十日披露一次进展公告，直至实施完毕。中国证监会予以注册的重组交易，自收到注册文件之日起未在注册文件规定时间内实施完毕的，注册文件失效。

第五十四条 置入和置出资产（含负债）全部过户完毕后，上市公司应当在三个交易日内提交并披露过户结果公告，同时提交资产（含负债）转移手续完成的相关证明文件。独立财务顾问和律师事务所应当对重组标的资产（含负债）过户事宜的合规性及风险进行核查，发表明确的结论性意见并披露。

第五十五条 上市公司重大资产重组如涉及新增股份上市，需在披露重组标的资产（含负债）过户结果公告及相关中介机构核查意见后向证券登记结算机构申请办理新增股份登记工作，并在证券登记结算机构出具《股份登记申请受理确认书》后的次一交易日到本所办理股份上市手续。

如涉及定向可转债发行的，上市公司应当在发行结束后及时向本所申请定向可转债代码，向证券登记结算机构申请办理新增定向可转债登记手续并及时披露相关公告。

第五十六条 上市公司重大资产重组申请取得中国证监会注册文件后，若因实施利润分配或者资本公积转增股本方案需要调整股份发行价格及发行数量的，公司应当在办理新增股份登记托管及上市手续前，根据重组方案规定的调整办法对发行价格及发行数量进行调整，并对外披露调整公告，同时聘请律师出具专项法律意见书。

第五十七条 上市公司重大资产重组实施完成后，应当在三个交易日内按照《26 号准则》第六章和本指引附件 6 的要求编制重大资产重组实施情况报告书并予以公告，并披露独立财务顾问、律师事务所出具的意见和重大资产重组相关承诺事项。

第五十八条 上市公司未能在股东大会决议有效期内实施重大资产重组，拟继续推进本次重组的，应当在决议有效期结束前召开股东大会审议延长决议有效期事项。

第二节 持续监管

第五十九条 上市公司重组交易产生商誉的，公司应当按照《企业会计准则》和《会计监管风险提示第8号——商誉减值》的规定，每年进行减值测试，并在定期报告中披露资产组认定、选取的关键参数和假设等与商誉减值相关的重要信息。

第六十条 上市公司应当在年度报告管理层讨论与分析中披露重组整合管控的具体进展情况，包括但不限于上市公司在报告期内对交易标的进行整合管控的具体措施、是否与前期计划相符、面临的整合风险与阶段性效果评估等内容，独立董事应当对此发表意见。

整合管控效果的披露期限自本次重组交易实施完毕之日起，不少于三个会计年度。如重组交易存在业绩承诺的，直至相关业绩承诺事项全部完成。

独立财务顾问应当在持续督导期间督促上市公司有效控制并整合标的资产，并就公司控制标的资产的能力、整合计划及实施效果发表明确意见。

第六十一条 重大资产重组实施完毕后、承诺事项未完全履行完毕前，上市公司应当在披露年度报告的同时，就有关各方重大资产重组承诺事项的履行情况予以单独披露；在承诺事项履行完毕时，公司应当及时披露承诺事项完成情况公告。

第六十二条 上市公司向控股股东、实际控制人或者其控制的关联人购买资产，或者向除前述主体之外的特定对象购买资产导致控制权发生变更，且采取收益现值法、假设开发法等基于未来收益预期的估值方法对购买资产进行评估或者估值并作为定价参考依据的，上市公司应当在重大资产重组实施完毕后业绩承诺期内的年度报告中单独披露相关资产的实际盈利数与利润预测数的差异情况，并由符合《证券法》规定的会计师事务所对此出具专项审核意见，与公司年度报告同时披露。

上市公司在重组交易中自愿披露盈利预测报告或者交易对方自愿作出业绩承诺的，应当参照前款要求执行。

第六十三条 上市公司与交易对方签订业绩补偿协议，且相关资产的实际盈利数低于利润预测数的，公司董事会应当在审议年度报告的同时，对实际盈利数与利润预测数的差异情况进行单独审议，详细说明差异情况及上市公司已采取或者拟采取的措施，并督促交易对方履行承诺。

交易对方应当及时、足额履行业绩补偿承诺，不得逃废、变更补偿义务。交易对方超期未履行或者违反业绩补偿协议、承诺的，上市公司应当及时披露，并说明相应解决措施。

上市公司与交易对方存在每股收益填补措施安排的，应披露相关填补安排的具体履行情况。

第六十四条 上市公司向控股股东、实际控制人或者其控制的关联人发行股份购买资产，或者发行股份购买资产将导致上市公司实际控制权发生变更的，公司董事会及独立财务顾问应当充分关注本次交易完成后六个月内上市公司股票是否存在连续二十个交易日的收盘价低于发行价，或者交易完成后六个月期末收盘价低于发行价的情况。如出现上述情况，上市公司应当及时提请认购股份的特定对象公告其持有公司股票的锁定期自动延长至少六个月（如适用）。

第六十五条 独立财务顾问应当通过日常沟通、定期回访等方式，结合上市公司定期报告的披露，做好持续督导工作，切实履行持续督导义务。持续督导期内，交易对方对上市公司存在业绩补偿承诺的，独立财务顾问应当督促交易对方切实履行相关业绩补偿承诺和保障措施，如发现交易标的存在重大财务造假嫌疑、重大风险事项，可能损害上市公司利益情况的，应当及时向本所报告，并督促上市公司及有关各方提供解决措施。

第七章 附 则

第六十六条 上市公司及有关各方违反本指引规定，本所可以采取现场检查等措施，并视情况对公司及相关当事人采取自律监管措施或者予以纪律处分。

为上市公司重大资产重组事项提供服务的证券服务机构和人员在公司重组过程中未能勤勉尽责，出具意见不审慎的，本所视情况采取自律监管措施或者予以纪律处分。

本所发现上市公司及有关各方在重组过程中涉嫌违反法律、行政法规及中国证监会相关规定的，本所将及时提请中国证监会及其派出机构核查。

第六十七条 本指引由本所负责解释。

第六十八条 本指引自发布之日起施行。本所于 2022 年 1 月 7 日发布的《深圳证券交易所上市公司自律监管指引第 8 号——重大资产重组》（深证上〔2022〕20 号）同时废止。

附件一：上市公司重大资产重组停牌申请表

附件二：××公司关于筹划发行股份购买资产/发行定向可转债购买资产事项的停牌公告

附件三：重组预案报送材料

附件四：××公司关于终止筹划重大资产重组公告

附件五：××公司董事会关于重大资产重组申请不予受理（暂停审核、暂停注册或者终止审核、终止注册）的风险提示公告

附件六：××公司董事会关于重大资产重组实施情况报告书

附件一：

上市公司重大资产重组停牌申请表

重要提示：

1. 上市公司及有关各方承诺不进行重大资产重组的期限未届满的，本所不受理重组停牌申请；

2. 除“其他”栏目和注明适用栏可以视实际情况选择填写外，其余栏目均为必填项目。

公司简称		证券代码	
重组涉及金额（万元）（如适用）		是否构成《上市公司重大资产重组管理办法》第十二条规定的重大资产重组	
是否发行股份购买资产或者发行定向可转债购买资产		是否构成《上市公司重大资产重组管理办法》第十三条规定的重组上市	
是否涉及配套融资		是否需由中国证监会予以注册	
上市公司及其现任董事、高级管理人员是否存在因涉嫌犯罪正被司法机关立案侦查或者涉嫌违法违规正被中国证监会立案调查的情形		上市公司最近一年及一期财务会计报告是否被注册会计师出具无保留意见的审计报告	
上市公司及有关各方是否存在公开承诺不进行重大资产重组且承诺期限未届满的情形		上市公司本次向特定对象发行股份或可转债是否未违反《上市公司证券发行注册管理办法》第十一条、第十三条和第十四条的规定	
创业板上市公司标的资产所属行业是否符合创业板定位，或者与公司处于同行业或者上下游		创业板上市公司本次交易构成重组上市的，是否符合《上市公司重大资产重组管理办法》第十三条、《深圳证券交易所上市公司重大资产重组审核规则》第十条、第十一条的规定	
本次交易是否符合行业准入相关规定		重组事项是否需要向相关部门咨询论证	

续表

<table>
<tr><td>公司简称</td><td></td><td>证券代码</td><td></td></tr>
<tr><td>本次交易是否已经完成前置审批程序或者前置审批不存在实质性障碍</td><td></td><td>独立财务顾问名称（如适用）</td><td></td></tr>
<tr><td>独立财务顾问联系人（如适用）</td><td></td><td>独立财务顾问联系电话（如适用）</td><td></td></tr>
<tr><td>上市公司经办人</td><td></td><td>上市公司经办人联系电话</td><td></td></tr>
<tr><td>停牌申请提交时间</td><td colspan="3">________年______月______日</td></tr>
<tr><td>预计最晚复牌时间</td><td colspan="3">________年______月______日</td></tr>
<tr><td colspan="4">申请内容</td></tr>
<tr><td>申请事项</td><td colspan="3">本公司申请对下列证券自下一交易日至________年______月______日停牌：
证券 1 简称：__________，证券 1 代码：__________；
证券 2 简称：__________，证券 2 代码：__________；
证券 3 简称：__________，证券 3 代码：__________。</td></tr>
<tr><td>重组方案简介</td><td colspan="3"></td></tr>
<tr><td>承诺</td><td colspan="3">1. 本公司保证申请停牌的重组事项是真实的，且具备可行性和可操作性，无重大法律政策障碍。本公司经慎重决定，申请公司证券停牌。本公司不存在故意虚构重组信息及其他损害投资者权益的情形。
2. 深交所在下列情形下可以对本公司股票强制复牌：（1）本公司证券停牌后，深交所发现本公司的停牌事由不成立，或者其停牌申请不符合或者不再符合相关规定的条件和要求，深交所要求本公司立即申请复牌但本公司未按要求申请的；（2）本公司违反有关规定滥用停牌或者不履行相应决策程序和信息披露义务，损害投资者合法权益的，深交所可以交易所公告等形式，向市场说明有关情况，并对本公司股票及其衍生品种实施强制复牌处理。
3. 本公司承诺预计于________年______月______日前披露符合《公开发行证券的公司信息披露内容与格式准则第 26 号——上市公司重大资产重组》要求的重组预案或者重组报告书。</td></tr>
<tr><td>其他</td><td colspan="3"></td></tr>
<tr><td>上市公司
董事长签字</td><td></td><td>上市公司
董事会签章</td><td></td></tr>
</table>

附件二：

××公司关于筹划发行股份购买资产/发行定向可转债购买资产事项的停牌公告

本公司及董事会全体成员（或者除董事×××、×××外的董事会全体成员）保证信息披露的内容真实、准确、完整，没有虚假记载、误导性陈述或者重大遗漏。 董事×××因（具体和明确的理由）不能保证公告内容真实、准确、完整。

一、停牌事由和工作安排

本公司正在筹划发行股份购买资产/发行定向可转债购买资产事项，因有关事项尚存不确定性，为了维护投资者利益，避免对公司证券交易造成重大影响，根据深圳证券交易所的相关规定，经公司申请，公司证券（品种、简称、代码）自××××年××月××日×时×分起（或者开市时起）开始停牌。

公司预计在不超过10个交易日的时间内披露本次交易方案，即在××××年××月××日前按照《公开发行证券的公司信息披露内容与格式准则第26号——上市公司重大资产重组》的要求披露相关信息。

若公司未能在上述期限内召开董事会审议并披露交易方案，公司证券最晚将于××××年××月××日开市起复牌并终止筹划相关事项，同时披露停牌期间筹划事项的主要工作、事项进展、对公司的影响以及后续安排等事项，充分提示相关事项的风险和不确定性，并承诺自披露相关公告之日起至少1个月内不再筹划重大资产重组事项。

二、本次筹划事项的基本情况

（一）标的资产的名称；

（二）主要交易对方的名称；

（三）交易方式；

（四）本次重组的意向性文件或者框架协议的主要内容，包括但不限于交易基本方案、交易定价依据、是否有业绩补偿安排、股份锁定安排、违约条款等；

（五）本次重组涉及的中介机构名称，包括独立财务顾问、律师事务所、审计机构、评估机构等（如适用）。

三、停牌期间安排

公司自停牌之日起将按照相关规定，积极开展各项工作，履行必要的报批和审议程序，督促公司聘请的独立财务顾问、审计、评估等中介机构加快工作，按照承诺的期限向交易所提交并披露符合相关规定要求的文件。

四、必要风险提示

本公司筹划发行股份购买资产/发行定向可转债购买资产事项，尚存较大不确定性，敬请广大投资者注意投资风险。

五、备查文件

（一）经董事长签字、董事会盖章的《上市公司重大资产重组停牌申请表》；

（二）经本次重组的交易对方或者其主管部门盖章确认的关于本次重组的意向性文件或者框架协议；

（三）交易对方关于不存在《上市公司监管指引第7号——上市公司重大资产重组相关股票异常交易监管》第十二条或者本指引第三十条情形的说明文件；

（四）本所要求的其他文件。

特此公告

××公司董事会

年　月　日

附件三：

重组预案报送材料

1. 按照《公开发行证券的公司信息披露内容与格式准则第26号——上市公司重大资产重组》第二章规定编制的重组预案。

2. 上市公司与交易对方签订的附生效条件的交易合同或者协议。

3. 相关董事会决议。

4. 关于重组预案的独立董事意见。

5. 董事会关于重组履行法定程序的完备性、合规性及提交的法律文件的有效性的说明。

6. 上市公司拟购买资产的，在本次交易的首次董事会决议公告前，资产出售方原则上应当提供已经合法拥有标的资产的完整权利的证明文件，及不存在限制或者禁止转让的情形的说明材料。

7. 重大资产重组事项交易进程备忘录。

8. 独立财务顾问、律师出具的核查意见（如有）。

9. 上市公司拟采用发行股份购买资产，且最近一年及一期财务会计报告被会计师事务所出具保留意见、否定意见或者无法表示意见的审计报告的，应当根据《上市公司重大资产重组管理办法》第四十三条提交会计师事务所专项核查意见。专项核查意见应当明确说明相关非标准审计意见涉及事项的重大影响是否已经消除或者将通过本次交易予以消除（如有）。

10. 本所要求的其他材料。

附件四：

××公司
关于终止筹划重大资产重组公告

本公司及董事会全体成员（或者除董事×××、×××外的董事会全体成员）保证信息披露的内容真实、准确、完整，没有虚假记载、误导性陈述或者重大遗漏。 董事×××因（具体和明确的理由）不能保证公告内容真实、准确、完整。

本公司曾于××××年××月××日与交易对方筹划重大资产重组事项。公司证券已于××××年××月××日开始停牌（如有）。

一、本次筹划的重大资产重组基本情况

（一）交易对方

（二）筹划的重大资产重组基本内容

二、公司筹划重组期间的相关工作

三、终止筹划的原因

四、终止筹划的决策程序

五、内幕信息知情人买卖上市公司股票及其衍生品种的自查情况（如适用）

六、终止筹划重组对上市公司的影响分析，相关违约责任及已采取或者拟采取的措施（如适用）

七、承诺：本公司自公告之日起至少1个月内（或者至少12个月内）不再筹划重大资产重组事项（如适用）

八、证券复牌安排：公司证券将于××××年××月××日开市起复牌（如有）

九、备查文件

（一）终止本次重大资产重组的协议；

（二）交易对方对终止本次重大资产重组事项的说明（如适用）；

（三）终止本次重大资产重组事项的交易进程备忘录。

特此公告

××公司董事会

年　月　日

附件五：

××公司董事会关于重大资产重组申请不予受理（暂停审核、暂停注册或者终止审核、终止注册）的风险提示公告

本公司及董事会全体成员（或者除董事×××、×××外的董事会全体成员）保证信息披露的内容真实、准确、完整，没有虚假记载、误导性陈述或者重大遗漏。

董事×××因（具体和明确的理由）不能保证公告内容真实、准确、完整。

上市公司简述重大资产重组相关情况。

立案调查情形：根据《上市公司监管指引第7号——上市公司重大资产重组相关股票异常交易监管》，本公司重大资产重组相关方因涉嫌内幕交易被中国证监会立案调查（或者被司法机关立案侦查），导致本次重大资产重组申请被作出不予受理（暂停审核、暂停注册）决定。

行政处罚情形：根据《上市公司监管指引第7号——上市公司重大资产重组相关股票异常交易监管》，本公司重大资产重组相关方因内幕交易被中国证监会行政处罚（或者被司法机关追究刑事责任），本次重大资产重组申请被作出终止审核、终止注册决定。

本公司郑重提示投资者注意投资风险。

××公司董事会

年　月　日

附件六：

××公司董事会关于重大资产重组实施情况报告书

本公司及董事会全体成员（或者除董事×××、×××外的董事会全体成员）保证信息披露的内容真实、准确、完整，没有虚假记载、误导性陈述或者重大遗漏。

董事×××因（具体和明确的理由）不能保证公告内容真实、准确、完整。

一、说明本次重组的实施过程，相关资产过户或者交付、相关债权债务处理以及证券发行登记等事宜的办理状况

（一）本次重大资产重组方案简介

（二）说明本次重大资产重组的实施过程

（三）说明本次重大资产重组实施结果

1. 说明相关资产过户或者交付情况和相关后续安排。如果有相关资产过户或者交付的手续未办理完毕，说明该等安排是否存在实质性法律障碍。

2. 说明相关债权债务处理情况。分类别说明相关债权、有息债务、担保等或有债务、生产经营性债务等的处理情况。

3. 说明证券发行登记等事宜的办理状况（如适用）。说明公司完成增发股份、定向可转债的登记情况，包括增发股数，增发前后公司总股本等，并提示投资者关注公司发布的证券发行暨上市公告。

4. 说明关于期间损益的认定及其实施结果。

二、说明相关实际情况与此前披露的信息是否存在差异

（一）说明相关资产的权属情况及历史财务数据是否如实披露。

（二）说明相关盈利预测、利润预测或者管理层预计达到的目标是否实现。

（三）说明控股股东及其一致行动人、董事、监事、高级管理人员等特定主体自本次重组预案或重组报告书披露之日起至实施完毕期间的股份减持情况是否与计划一致。

（四）说明其他情况与此前披露的信息是否存在差异。

三、说明人员更换或者调整情况

（一）说明上市公司在重组期间董事、监事、高级管理人员的更换情况及其他相关人员的调整情况。

（二）主要标的资产是公司股权的，说明在重组期间，该公司董事、监事、高级管理人员的更换情况及其他相关人员的调整情况（如适用）。

四、说明是否存在资金占用和违规担保情形

（一）说明重组实施过程中以及实施后，是否发生上市公司资金、资产被实际控制人或者其他关联人占用的情形。

（二）说明重组实施过程中以及实施后，上市公司为实际控制人或者其他关联人提供担保的情形。

五、说明相关协议的履行情况

六、说明相关承诺及其履行情况

说明与该次重大资产重组相关的承诺及其履行情况，包括关于利润预测的承诺（如适用）、关于规范和减少关联交易的承诺、关于维护上市公司独立性的承诺、关于锁定期的承诺（如适用）、关于资产注入的承诺（如适用）、其他承诺等。

七、说明相关后续事项的合规性及风险

八、摘录独立财务顾问对资产重组实施情况的结论性意见

九、摘录律师事务所对本次资产重组实施情况的结论性意见

十、备查文件

（一）经加盖董事会印章的重大资产重组实施情况报告书；

（二）资产重组相关资产过户或者交付证明、相关债权债务处理证明以及证券发行登记证明（涉及新增股份上市的）；

（三）新增股份上市的书面申请（涉及新增股份上市的）；

（四）独立财务顾问核查意见；

（五）法律意见书；

（六）独立财务顾问协议及保荐协议（如有）；

（七）发行完成后经符合《证券法》规定的会计师事务所出具的验资报告（涉及新增股份上市的）；

（八）证券登记结算机构对新增股份、可转债登记托管情况的书面证明（涉及新增股份、可转债上市的）；

（九）控股股东、实际控制人、其他重组方和上市公司在重大资产重组中作出的承诺（上市公司及有关各方签字盖章）；

（十）本所要求的其他文件。

××公司董事会

年　月　日

关于发布《深圳证券交易所上市公司自律监管指引第 9 号——回购股份》的通知

（2022 年 1 月 7 日　深证上〔2022〕21 号）

各市场参与人：

为优化上市公司自律监管规则体系，结合监管实践，本所对《深圳证券交易所上市公司回购股份实施细则》进行了修订，并更名为《深圳证券交易所上市公司自律监管指引第 9 号——回购股份》，现予以发布，自发布之日起施行。

《深圳证券交易所上市公司回购股份实施细则》（深证上〔2019〕22 号）同时废止。

特此通知

深圳证券交易所

2022 年 1 月 7 日

2.9

深圳证券交易所上市公司自律监管指引第9号——回购股份

（2022年1月7日　深证上〔2022〕21号）

第一章　总　　则

第一条　为引导和规范上市公司回购股份行为，维护证券市场秩序，保护投资者和上市公司合法权益，根据《中华人民共和国公司法》（以下简称《公司法》）、《中华人民共和国证券法》（以下简称《证券法》）、《关于支持上市公司回购股份的意见》（以下简称《意见》）、《上市公司股份回购规则》（以下简称《回购规则》）、《深圳证券交易所股票上市规则》及《深圳证券交易所创业板股票上市规则》等规定，制定本指引。

第二条　在深圳证券交易所（以下简称本所）上市的公司，因下列情形回购本公司股份（以下简称回购股份）的，适用本指引：

（一）减少公司注册资本；

（二）将股份用于员工持股计划或者股权激励；

（三）将股份用于转换上市公司发行的可转换为股票的公司债券；

（四）为维护公司价值及股东权益所必需。

前款第（四）项所指情形，应当符合以下条件之一：

（一）公司股票收盘价低于其最近一期每股净资产；

（二）连续二十个交易日内公司股票收盘价跌幅累计达到百分之三十；

（三）中国证监会规定的其他条件。

上市公司除上述情形外回购股份的，应当按照《公司法》《证券法》、中国证监会和本所的相关规定办理。

第三条　上市公司回购股份，应当符合《公司法》《证券法》《意见》《回购规则》、本指引和公司章程的规定，有利于公司的可持续发展，不得损害股东和债权人的合法权益，并严格按照相关规定履行决策程序和信息披露义务。

未经法定或者公司章程规定的程序授权或者审议，上市公司、大股东不得对外发布回购股份的有关信息。

第四条　上市公司董事会应当充分关注公司的资金状况、债务履行能力和持续经营能力，审慎制定、实施回购股份方案，回购股份的数量和资金规模应当与公司的实际财务状况相匹配。

上市公司回购股份，应当建立规范有效的内部控制制度，制定具体的操作方案，防范内幕交易及其他不公平交易行为，不得利用回购股份操纵本公司股价，或者向董事、监事、高级管理人员、控股股东、实际控制人等进行利益输送。

第五条 上市公司全体董事在上市公司回购股份事项中应当诚实守信、勤勉尽责，维护上市公司利益及股东和债权人的合法权益。

全体董事应当承诺回购股份不损害上市公司的债务履行能力和持续经营能力。

第六条 上市公司控股股东、实际控制人应当积极支持上市公司依法回购股份，不得滥用权利、利用上市公司回购股份实施内幕交易、操纵市场等损害上市公司及其他股东利益的违法违规行为。

本所鼓励控股股东、实际控制人为上市公司回购股份依法提供资金支持。

第七条 上市公司以现金为对价，采用要约方式、集中竞价方式回购股份的，当年已实施的回购股份金额视同现金分红金额，纳入该年度现金分红的相关比例计算。

第八条 为上市公司回购股份提供服务、出具意见的证券服务机构及其相关人员，应当诚实守信、勤勉尽责，保证所出具的文件内容真实、准确、完整。

第九条 任何组织或者个人不得利用上市公司回购股份从事内幕交易、操纵市场、证券欺诈和利益输送等违法违规活动。

第二章　回购股份的基本要求

第十条 上市公司回购股份应当符合以下条件：

（一）公司股票上市已满一年；

（二）公司最近一年无重大违法行为；

（三）回购股份后，公司具备债务履行能力和持续经营能力；

（四）回购股份后，公司的股权分布原则上应当符合上市条件；公司拟通过回购股份终止其股票上市交易的，应当符合相关规定并经本所同意；

（五）中国证监会和本所规定的其他条件。

上市公司因本指引第二条第一款第（四）项情形回购股份并为减少注册资本的，不适用前款关于公司股票上市已满一年的要求。

第十一条 上市公司回购股份可以采用以下方式之一进行：

（一）集中竞价交易方式；

（二）要约方式；

（三）中国证监会认可的其他方式。

上市公司因本指引第二条第（二）项、第（三）项、第（四）项规定的情形回购股份的，应当通过本条第一款第（一）项、第（二）项规定的方式进行。

上市公司采用要约方式回购股份的，参照《上市公司收购管理办法》关于要约收购的规定执行。因上市公司回购股份，导致股东持有或者通过协议、其他安排与他人共同持有该公司已发行的有表决权股份超过百分之三十的，该等股东可以免于发出要约。

第十二条 上市公司因本指引第二条第一款第（二）项、第（三）项、第（四）项情形回购股份的，合计持有的本公司股份数不得超过公司已发行股份总额的百分之十，并应当在披露回购结果暨股份变动公告后三年内转让或者注销。

第十三条 上市公司可以使用下列资金回购股份：

（一）自有资金；

（二）发行优先股、债券募集的资金；

（三）发行普通股取得的超募资金、募投项目节余资金和已依法变更为永久补充流动资金的募集资金；

（四）金融机构借款；

（五）其他合法资金。

第十四条 上市公司应当合理安排回购股份的数量和资金规模，并在回购股份方案中明确拟回购股份数量或者资金总额的上下限，且上限不得超出下限的一倍。

上市公司回购股份方案包含本指引第二条第一款第（一）项、第（二）项、第（三）项等多种情形的，应当按照前款规定在回购股份方案中明确披露各种用途的拟回购股份数量或者资金总额。

上市公司因本指引第二条第一款第（四）项情形回购股份的，应当按照本条第一款规定在回购股份方案中明确披露拟用于减少注册资本或者出售的回购股份数量或者资金总额。回购方案中未明确披露用于出售的，已回购股份不得出售。

第十五条 上市公司回购股份应当确定合理的价格区间，回购价格区间上限高于董事会通过回购股份决议前三十个交易日公司股票交易均价百分之一百五十的，应当在回购股份方案中充分说明其合理性。

前款规定的交易均价按照董事会通过回购股份决议前三十个交易日的股票交易总额除以股票交易总量计算。

第十六条 上市公司应当在回购股份方案中明确回购的具体实施期限。因本指引第二条第一款第（一）项、第（二）项、第（三）项情形回购股份的，回购期限自股东大会或者董事会审议通过最终回购股份方案之日起不超过十二个月。

上市公司因本指引第二条第一款第（四）项情形回购股份的，回购期限自股东大会或者董事会审议通过最终回购股份方案之日起不超过三个月。

第十七条 上市公司在下列期间不得回购股份：

（一）公司年度报告、半年度报告公告前十个交易日内，因特殊原因推迟公告日期的，自原预约公告日前十个交易日起算；

（二）公司季度报告、业绩预告、业绩快报公告前十个交易日内；

（三）自可能对本公司股票交易价格产生重大影响的重大事项发生之日或者在决策过程中，至依法披露之日内；

（四）中国证监会规定的其他情形。

上市公司因本指引第二条第一款第（四）项情形回购股份并为减少注册资本的，不适用前款规定。

第十八条 上市公司应当合理安排每日回购股份数量，因本指引第二条第一款第（一）项、第（二）项、第（三）项情形回购股份的，每五个交易日回购股份的数量，不得超过首次回购股份事实发生之日前五个交易日公司股票累计成交量的百分之二十五，但每五个交易日回购数量不超过一百万股的除外。

上市公司回购 B 股原则上按前款规定执行，未按前款规定执行的，应当充分披露理由及其合理性。

第十九条 上市公司以集中竞价交易方式回购股份的，应当符合下列要求：

（一）委托价格不得为公司股票当日交易涨幅限制的价格；

（二）不得在本所开盘集合竞价、收盘前半小时内及股票价格无涨跌幅限制的交易日内进行股份回购的委托；

（三）中国证监会和本所规定的其他要求。

第二十条 上市公司在回购期间不得实施股份发行行为，但依照有关规定实施优先股发行行为的除外。

第二十一条 上市公司应当通过回购专用账户回购股份。回购专用账户仅限于存放所回购的股份。

第二十二条 上市公司回购专用账户中的股份，不享有股东大会表决权、利润分配、公积金转增股本、认购新股和可转换公司债券等权利，不得质押和出借。

第二十三条 上市公司因本指引第二条第一款第（四）项情形回购股份的，公司董事、监事、高级管理人员、控股股东、实际控制人、回购股份提议人自公司首次披露回购股份事项之日至披露回购结果暨股份变动公告期间，不得直接或间接减持本公司股份。

第二十四条 上市公司应当按照本所和中国证券登记结算有限责任公司（以下简称中国结算）的有关业务规则，办理与回购股份相关的申领股东名册、开立回购专用账户、查询相关人员和证券服务机构买卖股票情况、注销回购股份等手续。

第二十五条 回购股份情况复杂、涉及重大问题专业判断的，上市公司可以聘请财务顾问、律师事务所、会计师事务所等证券服务机构就相关问题出具专业意见，并与回购股份方案一并披露。

第三章　实施程序和信息披露

第二十六条 根据相关法律法规及公司章程等享有提案权的提议人可以向上市公司董事会提议回购股份。提议人的提议应当明确具体，符合公司的实际情况，具有合理性和可行性，并至少包括本指引第二十七条第（二）项、第（三）项、第（四）项规定的内容。

提议人拟提议公司进行本指引第二条第一款第（四）项情形回购股份的，应当在本指引第二条第二款规定的相关事实发生之日起十个交易日内向上市公司董事会提出。

第二十七条 上市公司收到回购股份提议后，应当尽快召开董事会审议，并将回购股份提议与董事会决议同时公告。公告的内容应当包括：

（一）提议人基本情况及提议时间；

（二）提议人提议回购股份的原因和目的；

（三）提议人提议回购股份的种类、用途、方式、价格区间、数量、占公司总股本的比例及拟用于回购的资金总额；回购股份数量、资金总额至少有一项明确上下限，且上限不得超出下限的一倍；

（四）提议人在提议前六个月内买卖本公司股份的情况，以及提议人在回购期间的增减持计划；

（五）提议人将推动公司尽快召开董事会或者股东大会审议回购股份事项，并对公司回购股份议案投赞成票的承诺（如适用）；

（六）公司董事会对回购股份提议的意见及后续安排；

（七）中国证监会和本所认为需要披露的其他内容。

第二十八条 上市公司董事会应当充分评估公司经营、财务、研发、现金流以及股价等情况，审慎论证、判断和决策回购股份事项。

上市公司董事会可以就公司的财务和资金等情况是否适合回购、回购规模及回购会计处理等事项与会计师进行沟通，并在听取会计师意见后，审慎确定回购股份的数量、金额、价格区间和实施方式等关键事项。

第二十九条 上市公司应当制定合理可行的回购股份方案，并按照有关规定经股东大会或者董事会决议通过。

上市公司因本指引第二条第一款第（一）项情形回购股份的，董事会审议通过后应当经股东大会决议，并经出席会议的股东所持表决权的三分之二以上通过。

上市公司因本指引第二条第一款第（二）项、第（三）项、第（四）项情形回购股份的，可以依照公司章程的规定或者股东大会的授权，经三分之二以上董事出席的董事会会议决议。上市公司股东大会对董事会作出授权的，应当在提交股东大会审议的授权议案及决议中，明确授权实施回购股份的具体情形和授权期限。

第三十条 上市公司回购股份后拟予以注销的，应当在股东大会作出回购股份注销的决议后，依照《公司法》的有关规定通知债权人。

上市公司已发行公司债券的，还应当按照债券募集说明书履行相应的程序和义务。

第三十一条 上市公司因本指引第二条第一款第（四）项情形回购股份的，应当在本指引第二条第二款规定的相关事实发生之日起十个交易日内或者收到该情形回购股份提议之日起十个交易日内，召开董事会审议回购方案。

第三十二条 上市公司董事会审议通过回购股份方案后，应当及时披露董事会决议、回购股份方案、独立董事意见和其他相关材料。

按照《公司法》和公司章程规定，本次回购股份需经股东大会决议的，上市公司应当在董事会审议通过回购股份方案后，及时发布股东大会召开通知，将回购股份方案提交股东大会审议。

第三十三条 上市公司回购股份方案披露后，非因充分正当事由不得变更或者终止。

因公司生产经营、财务状况、外部客观情况发生重大变化等原因，确需变更或者终止的，应当及时披露拟变更或者终止的原因、变更的事项内容，说明变更或者终止的合理性、必要性和可行性，以及可能对公司债务履行能力、持续经营能力及股东权益等产生的影响，并应当按照公司制定本次回购股份方案的决策程序提交董事会或者股东大会审议。

上市公司回购股份用于注销的，不得变更为其他用途。

第三十四条 回购股份方案的内容应当包括：

（一）回购股份的目的、方式、价格区间；

（二）拟回购股份的种类、用途、数量、占公司总股本的比例及拟用于回购的资金总额；

（三）回购股份的资金来源；

（四）回购股份的实施期限；

（五）预计回购完成后公司股权结构的变动情况；

（六）管理层关于本次回购股份对公司经营、盈利能力、财务、研发、债务履行能力、未来发展影响和维持上市地位等情况的分析；

（七）上市公司董事、监事、高级管理人员、控股股东、实际控制人在董事会作出回购股份决议前六个月内买卖本公司股份的情况，是否存在单独或者与他人联合进行内幕交易及操纵市场行为的说明，以及在回购期间的增减持计划；

（八）本次回购股份方案的提议人、提议时间、提议理由、提议人在提议前六个月内买卖本公司股份的情况，是否存在单独或者与他人联合进行内幕交易及操纵市场行为的说明，以及在回购期间的增减持计划（如适用）；

（九）持股百分之五以上股东未来六个月的减持计划（如适用）；

（十）回购股份后依法注销或者转让的相关安排；

（十一）防范侵害债权人利益的相关安排；

（十二）对董事会办理本次回购股份事宜的具体授权（如适用）；

（十三）中国证监会和本所要求披露的其他内容。

第三十五条 上市公司独立董事应当在充分了解相关信息的基础上，就回购股份事宜发表独立意见。独立董事意见应当包括以下内容：

（一）公司回购股份是否符合《公司法》《证券法》《意见》《回购规则》、本指引及公司章程等相关规定；

（二）结合回购股份的目的、股价表现、公司价值分析等因素，说明回购的必要性；

（三）结合公司的经营、财务、研发、资金状况及回购股份所需资金和来源等因素，说明回购股份方案的合理性、可行性；

（四）其他应当说明的事项。

第三十六条 上市公司应当在披露回购方案后五个交易日内，披露董事会公告回购股份决议的前一个交易日登记在册的前十名股东和前十名无限售条件股东的名称及持股数量、比例。

回购方案需经股东大会决议的，上市公司应当在股东大会召开前三日，披露股东大会的股权登记日登记在册的前十名股东和前十名无限售条件股东的名称及持股数量、比例。

第三十七条 上市公司应当在股东大会或者董事会审议通过最终回购股份方案、开立回购专用账户后，按照中国证监会和本所的有关规定及时披露回购报告书。

第三十八条 回购期间，上市公司应当在以下时间及时披露回购进展情况，并在定期报告中披露回购进展情况：

（一）在首次回购股份事实发生的次日予以披露；

（二）回购股份占上市公司总股本的比例每增加百分之一的，应当在事实发生之日起三日内予以披露；

（三）每个月的前三个交易日内披露截至上月末的回购进展情况。

前款规定的公告内容，至少应当包括已回购股份数量和比例、购买的最高价和最低价、已支付的总金额。

上市公司在回购股份方案规定的回购实施期限过半时，仍未实施回购的，董事会应当公告未能实施回购的原因和后续回购安排。

公告期间无须停止回购行为。

第三十九条 回购期限届满或者回购股份已实施完毕的，上市公司应当停止回购行为，在两个交易日内披露回购结果暨股份变动公告。

上市公司应当在回购结果暨股份变动公告中，将实际回购股份数量、比例、使用资金总额与股东大会或者董事会审议通过的回购股份方案进行对照，就回购实施情况与方案的差异作出解释，并就回购股份方案的实施对公司的影响作出说明。

第四十条 上市公司董事、监事、高级管理人员、控股股东、实际控制人、回购股份提议人在上市公司首次披露回购股份事项之日至披露回购结果暨股份变动公告前一日买卖本公司股票的，应当及时向公司报告买卖情况及理由，由公司在回购结果暨股份变动公告中披露。

第四十一条 上市公司拟注销回购股份的，应当向本所提交回购股份注销申请，以及中国结算出具的回购专用账户持股数量查询证明。

股份注销完成后，上市公司应当及时披露，并及时办理变更登记手续。

第四章 回购股份的处理

第四十二条 上市公司已回购的股份，应当根据披露的回购用途按照《公司法》《证券法》等法律法规、中国证监会及本所相关规定办理注销或者转让事宜。

第四十三条 上市公司因本指引第二条第一款第（四）项情形回购的股份，可以按照本章规定在披露回购结果暨股份变动公告十二个月后采用集中竞价交易方式减持，但下列期间除外：

（一）公司年度报告、半年度报告公告前十个交易日内，因特殊原因推迟公告日期的，自原预约公告日前十个交易日起算；

（二）公司季度报告、业绩预告、业绩快报公告前十个交易日内；

（三）自可能对本公司股票交易价格产生重大影响的重大事项发生之日或者在决策过

程中，至依法披露之日内；

（四）中国证监会规定的其他情形。

第四十四条 上市公司采用集中竞价交易方式减持已回购股份的，应当经董事会审议通过，在首次卖出股份的十五个交易日前披露减持计划，并至少公告以下内容：

（一）减持回购股份的董事会决议；

（二）减持的原因、目的和方式；

（三）拟减持的数量及占总股本的比例；

（四）减持的价格区间；

（五）减持的实施期限（每次披露的减持时间区间不得超过六个月）；

（六）减持所得资金的用途及使用安排；

（七）预计减持完成后公司股权结构的变动情况；

（八）管理层关于本次减持回购股份对公司经营、财务及未来发展影响等情况的分析；

（九）上市公司董事、监事、高级管理人员、控股股东、实际控制人、回购股份提议人在董事会作出减持股份决议前六个月内买卖本公司股份的情况；

（十）中国证监会和本所要求披露的其他内容。

第四十五条 上市公司采用集中竞价交易方式减持已回购股份的，应当符合下列要求：

（一）委托价格不得为公司股票当日交易跌幅限制的价格；

（二）不得在本所开盘集合竞价、收盘前半小时内及股票价格无涨跌幅限制的交易日内进行减持的委托；

（三）每日减持的数量不得超过减持预披露日前二十个交易日日均成交量的百分之二十五，但每日减持数量不超过二十万股的除外；

（四）在任意连续九十日内，减持股份的总数不得超过公司股份总数的百分之一；

（五）中国证监会和本所规定的其他要求。

第四十六条 上市公司采用集中竞价交易方式减持回购股份的，应当在以下时间及时披露减持进展情况，并在定期报告中披露减持进展情况：

（一）在首次减持回购股份事实发生的次日予以披露；

（二）减持回购股份占上市公司总股本的比例每达到百分之一的，应当在事实发生之日起三日内予以披露；

（三）每个月的前三个交易日内披露截至上月末的减持进展情况。

前款规定的公告内容，至少应当包括已减持股份数量及占公司总股本的比例、减持的最高价、最低价、均价、回购均价、减持所得资金总额。

公告期间无须停止减持行为。

第四十七条 上市公司采用集中竞价交易方式减持回购股份的，在减持期限届满或者减持计划已实施完毕时，应当停止减持行为，并在两个交易日内披露减持结果暨股份变动公告。

上市公司应当在减持结果暨股份变动公告中，将实际减持股份数量、比例、减持所得资金总额与减持计划进行对照，就减持实施情况与减持计划的差异作出解释，并就本次减持对公司的影响作出说明。

第四十八条 上市公司回购的股份未按照披露用途转让，根据有关规定在三年持有期限届满前注销的，应当经公司股东大会决议，并及时履行债权人通知义务。

第五章 回购股份的日常监管

第四十九条 上市公司及相关各方在回购股份等信息依法披露前，必须做好内幕信息管理，相关内幕信息知情人不得利用内幕信息从事证券交易。

上市公司董事会应当在披露回购股份方案的同时，将下列相关信息知情人名单报送本所：

（一）上市公司及其董事、监事和高级管理人员；

（二）上市公司的控股股东或者第一大股东、实际控制人、董事、监事和高级管理人员（含主要负责人）；

（三）回购方案的提议人及其控股股东或第一大股东、实际控制人、董事、监事和高级管理人员（含主要负责人）（如适用）；

（四）为本次回购股份提供服务以及参与本次回购股份的咨询、制定、论证等各环节的相关证券服务机构，及其法定代表人和经办人（如适用）；

（五）上述第（一）至（四）项规定的自然人的配偶、父母和子女；

（六）其他在公司回购股份前通过直接或者间接方式知悉本次回购信息的知情人及其配偶、父母和子女。

第五十条 本所将对上市公司通过回购专用账户进行回购股份的交易行为，以及相关内幕信息知情人买卖公司股票等交易行为进行监管。

第五十一条 上市公司未按照本指引及其他相关规定披露回购股份信息的，本所可以要求其补充披露相关信息、暂停或者终止回购股份活动。

第五十二条 上市公司回购股份违反本指引规定的，本所将视情节轻重对上市公司及相关当事人采取自律监管措施或者给予纪律处分。涉嫌违反法律法规及中国证监会有关规定的，本所将上报中国证监会查处。

第六章 附　　则

第五十三条 上市公司计算已回购股份占公司总股本的比例时，总股本以公司最近一次公告的总股本为准，不扣减回购专用账户中的股份。

上市公司计算定期报告中每股收益等相关指标时，发行在外的总股本以扣减回购专用账户中的股份数为准。

第五十四条 本指引关于控股股东、实际控制人、持股百分之五以上股东、提议人、第一大股东的相关规定，适用于其一致行动人。

第五十五条 本指引由本所负责解释。

第五十六条 本指引自发布之日起施行。

关于发布《深圳证券交易所上市公司自律监管指引第10号——股份变动管理》的通知

（2022年1月7日　深证上〔2022〕22号）

各市场参与人：

为优化上市公司自律监管规则体系，结合监管实践，本所对《深圳证券交易所上市公司董事、监事和高级管理人员所持本公司股份及其变动管理业务指引》进行了整合、修订，并更名为《深圳证券交易所上市公司自律监管指引第10号——股份变动管理》，现予以发布，自发布之日起施行。

《深圳证券交易所上市公司董事、监事和高级管理人员所持本公司股份及其变动管理业务指引》（深证上〔2007〕61号）和《关于严格执行〈上市公司收购管理办法〉等有关规定的通知》（深证上〔2008〕162号）同时废止。

特此通知

深圳证券交易所

2022年1月7日

2.10

深圳证券交易所上市公司自律监管指引第10号——股份变动管理

（2022年1月7日 深证上〔2022〕22号）

第一章 总 则

第一条 为规范深圳证券交易所（以下简称本所）上市公司股东以及董事、监事和高级管理人员等主体所持本公司股份及其变动，根据《中华人民共和国公司法》、《中华人民共和国证券法》（以下简称《证券法》）、《上市公司收购管理办法》（以下简称《收购管理办法》）、《上市公司董事、监事和高级管理人员所持本公司股份及其变动管理规则》等法律、行政法规、部门规章、规范性文件（以下统称法律法规），以及《深圳证券交易所股票上市规则》《深圳证券交易所创业板股票上市规则》（以下统称《股票上市规则》）等规定，制定本指引。

第二条 上市公司股东以及董事、监事和高级管理人员等主体应当遵守法律法规、本所相关规定以及公司章程等规定。

上市公司股东以及董事、监事和高级管理人员等主体对持有股份比例、持有期限、变动方式、变动价格等作出承诺的，应当严格履行所作出的承诺。

第二章 董事、监事和高级管理人员持股变动管理

第三条 上市公司董事、监事、高级管理人员在买卖本公司股份前，应当将其买卖计划以书面方式通知董事会秘书，董事会秘书应当核查上市公司信息披露及重大事项等进展情况，如该买卖行为可能违反法律法规、本所相关规定和公司章程的，董事会秘书应当及时书面通知相关董事、监事、高级管理人员。

第四条 因上市公司发行股份、实施股权激励计划等情形，对董事、监事和高级管理人员转让其所持本公司股份作出附加转让价格、附加业绩考核条件、设定限售期等限制性条件的，上市公司应当在办理股份变更登记等手续时，向本所申请并由中国证券登记结算有限公司深圳分公司（以下简称中国结算深圳分公司）将相关人员所持股份登记为有限售条件的股份。

第五条 上市公司董事、监事、高级管理人员应当在下列时间内委托公司向本所申报其个人及其近亲属（包括配偶、父母、子女、兄弟姐妹等）的身份信息（包括姓名、担任职务、身份证件号码、证券账户、离任职时间等）：

（一）新上市公司的董事、监事、高级管理人员在公司申请股票上市时；

（二）新任董事、监事在股东大会（或职工代表大会）通过其任职事项后两个交易日内；

（三）新任高级管理人员在董事会通过其任职事项后两个交易日内；

（四）现任董事、监事、高级管理人员在其已申报的个人信息发生变化后的两个交易日内；

（五）现任董事、监事、高级管理人员在离任后两个交易日内；

（六）本所要求的其他时间。

以上申报信息视为相关人员向本所提交的将其所持本公司股份按相关规定予以管理的申请。

第六条 上市公司及其董事、监事和高级管理人员应当保证其向本所申报信息的真实、准确、及时、完整，同意本所及时公布相关人员持有本公司股份的变动情况，并承担由此产生的法律责任。

第七条 上市公司董事、监事和高级管理人员在委托公司申报个人信息后，本所将其申报数据资料发送中国结算深圳分公司对其身份证件号码项下开立的证券账户中已登记的本公司股份予以锁定。

上市已满一年的公司的董事、监事和高级管理人员证券账户内通过二级市场购买、可转债转股、行权、协议受让等方式年内新增的本公司无限售条件股份，按75%自动锁定；新增有限售条件的股份，计入次年可转让股份的计算基数。

上市未满一年的公司的董事、监事、高级管理人员证券账户内新增的本公司股份，按100%自动锁定。

第八条 每年的第一个交易日，以上市公司董事、监事和高级管理人员在上年最后一个交易日登记在其名下的在本所上市的本公司股份为基数，按25%计算其本年度可转让股份法定额度；同时，中国结算深圳分公司对该人员所持的在本年度可转让股份额度内的无限售条件的流通股进行解锁。

当计算可解锁额度出现小数时，按四舍五入取整数位；当某账户持有本公司股份余额不足一千股时，其本年度可转让股份额度即为其持有本公司股份数。

因公司进行权益分派等导致董事、监事和高级管理人员所持本公司股份变化的，本年度可转让股份额度相应变更。

第九条 上市公司董事、监事和高级管理人员所持股份登记为有限售条件股份的，当解除限售的条件满足后，董事、监事和高级管理人员可以委托公司向本所和中国结算深圳分公司申请解除限售。

第十条 在锁定期间，董事、监事和高级管理人员所持本公司股份依法享有的收益权、表决权、优先配售权等相关权益不受影响。

第十一条 上市公司董事、监事和高级管理人员自实际离任之日起六个月内，不得转让其持有及新增的本公司股份。

第十二条 上市公司董事、监事和高级管理人员所持本公司股份发生变动之日起的两个交易日内，本所在网站上公开下列内容：

（一）本次变动前持股数量；

（二）本次股份变动的日期、数量、价格；

（三）本次变动后的持股数量；

（四）本所要求的其他事项。

第十三条 上市公司董事、监事、高级管理人员在下列期间不得买卖本公司股份：

（一）公司年度报告、半年度报告公告前三十日内，因特殊原因推迟公告日期的，自原预约公告日前三十日起算；

（二）公司季度报告、业绩预告、业绩快报公告前十日内；

（三）自可能对本公司股票及其衍生品种交易价格产生较大影响的重大事件发生之日或者进入决策程序之日至依法披露之日；

（四）中国证监会及本所规定的其他期间。

第三章 增持股份行为规范

第十四条 本章规定适用于下列增持股份情形：

（一）在一个上市公司中拥有权益的股份达到或者超过本公司已发行股份的30%但未达到50%的，自上述事实发生之日起一年后，每十二个月内增持不超过本公司已发行的2%的股份；

（二）在一个上市公司中拥有权益的股份达到或者超过本公司已发行股份的50%的，继续增加其在本公司拥有的权益不影响本公司的上市地位；

（三）上市公司控股股东、5%以上股东、董事、监事和高级管理人员披露股份增持计划。

第十五条 上市公司控股股东、5%以上股东、董事、监事和高级管理人员在未披露股份增持计划的情况下，首次披露其股份增持情况并且拟继续增持的，应当披露其后续股份增持计划。

第十六条 上市公司控股股东、5%以上股东、董事、监事和高级管理人员按照本指引第十五条的规定披露股份增持计划或者自愿披露股份增持计划的，公告应当包括下列内容：

（一）相关增持主体的姓名或者名称，已持有本公司股份的数量、占公司总股本的比例；

（二）相关增持主体在本次公告前的十二个月内已披露增持计划的实施完成的情况（如有）；

（三）相关增持主体在本次公告前六个月的减持情况（如有）；

（四）拟增持股份的目的；

（五）拟增持股份的数量或金额，明确下限或区间范围，且下限不得为零，区间范围应当具备合理性，且上限不得超出下限的一倍；

（六）拟增持股份的价格前提（如有）；

（七）增持计划的实施期限，应结合敏感期等因素考虑可执行性，且自公告披露之日起不得超过六个月；

（八）拟增持股份的方式；

（九）相关增持主体在增持期间及法定期限内不减持公司股份的承诺；

（十）增持股份是否存在锁定安排；

（十一）增持计划可能面临的不确定性风险及拟采取的应对措施；

（十二）相关增持主体限定了最低增持价格或股份数量的，应明确说明在发生除权除息等事项时的调整方式；

（十三）本所要求的其他内容。

披露上述增持计划的，相关增持主体应当同时作出承诺，将在上述实施期限内完成增持计划。

第十七条　相关增持主体披露股份增持计划后，在拟定的增持计划实施期限过半时，应当在事实发生之日通知公司，委托公司在次一交易日前披露增持股份进展公告。公告应当包括下列内容：

（一）概述增持计划的基本情况；

（二）已增持股份的数量及比例、增持方式（如集中竞价、大宗交易等）；

（三）如增持计划实施期限过半时仍未实施增持的，应当详细披露原因及后续安排；

（四）增持行为将严格遵守《证券法》《收购管理办法》等法律法规、本所相关规定的说明；

（五）本所要求的其他内容。

第十八条　属于本指引第十四条第（一）项情形的，应当在增持股份比例达到公司已发行股份的2%时，或者在全部增持计划完成时或者实施期限届满时（如适用），按孰早时点，及时通知公司，聘请律师就本次股份增持行为是否符合《证券法》《收购管理办法》等有关规定发表专项核查意见，并委托公司在增持行为完成后三日内披露股份增持结果公告和律师核查意见。

第十九条　属于本指引第十四条第（二）项情形的，应当在增持行为完成时，及时通知公司，聘请律师就本次股份增持行为是否符合《证券法》《收购管理办法》等有关规定发表专项核查意见，并委托公司在增持行为完成后三日内披露股份增持结果公告和律师核查意见。

属于本指引第十四条第（二）项情形的，通过集中竞价方式每累计增持股份比例达到公司已发行股份的2%的，应当披露股份增持进展公告。在事实发生之日起至公司披露股份增持进展公告日，不得再行增持公司股份。

第二十条　本指引第十八条、第十九条第一款规定的股份增持结果公告应当包括下列内容：

（一）相关增持主体姓名或者名称；

（二）首次披露增持公告的时间（如适用）；

（三）增持具体情况，包括增持期间、增持方式、增持股份的数量及比例、增持前后的持股数量及比例；

（四）增持计划的具体内容及履行情况（如适用）；

（五）对于增持期间届满仍未达到计划增持数量或金额下限的，应当公告说明原因（如适用）；

（六）说明增持行为是否存在违反《证券法》《收购管理办法》等法律法规、本所相关规定的情况，是否满足《收购管理办法》规定的免于发出要约的条件以及律师出具的专项核查意见；

（七）相关增持主体在法定期限内不减持公司股份的承诺；

（八）增持行为是否会导致公司股权分布不符合上市条件，是否会导致公司控制权发生变化；

（九）公司或者本所认为必要的其他内容。

相关增持主体完成其披露的增持计划，或者在增持计划实施期限内拟提前终止增持计划的，应当比照前款要求，通知上市公司及时履行信息披露义务。

第二十一条 上市公司按照规定发布定期报告时，相关增持主体的增持计划尚未实施完毕，或其实施期限尚未届满的，上市公司应在定期报告中披露相关增持主体增持计划的实施情况。

第二十二条 在上市公司发布相关增持主体增持计划实施完毕公告前，该增持主体不得减持本公司股份。

第四章 其他事项

第二十三条 上市公司根据公司章程的规定，对董事、监事和高级管理人员所持本公司股份规定更长的禁止转让期间、更低的可转让股份比例或者附加其他限制转让条件的，应当及时披露并做好后续管理。

第二十四条 上市公司董事、监事、高级管理人员应当确保下列自然人、法人或者其他组织不发生因获知内幕信息而买卖本公司股份的行为：

（一）公司董事、监事、高级管理人员的配偶、父母、子女、兄弟姐妹；

（二）公司董事、监事、高级管理人员控制的法人或者其他组织；

（三）中国证监会、本所或者公司根据实质重于形式的原则认定的其他与公司或者公司董事、监事和高级管理人员有特殊关系，可能获知内幕信息的自然人、法人或者其他组织。

第二十五条 上市公司的董事、监事和高级管理人员以及持有公司股份5%以上的股东，不得从事以本公司股票为标的证券的融资融券交易。

第二十六条 上市公司应当建立董事、监事、高级管理人员及本指引第二十四条规定的自然人、法人或其他组织所持本公司股份及其变动的专项管理制度，明确上述主体买卖本公司股份的报告、申报和监督程序，并对外披露。

上市公司董事会秘书负责管理公司董事、监事、高级管理人员及本指引第二十四条规定的自然人、法人或其他组织的身份及所持本公司股份的数据和信息，统一为以上人员办理个人信息的网上申报，并定期检查其买卖本公司股票的披露情况。

第五章 附 则

第二十七条 本所对上市公司股东以及董事、监事和高级管理人员等主体买卖本公司股份进行日常监管。

本所可通过发出问询函、约见谈话等方式对上述主体买卖本公司股份的目的、资金来源等进行问询。

第二十八条 上市公司股东以及董事、监事和高级管理人员等主体违反本指引规定的，本所视情节轻重给予纪律处分或采取自律监管措施。

第二十九条 除第二章所规定的事项外，本指引关于股东、董事、监事和高级管理人员的相关规定，适用于其一致行动人。

第三十条 本指引由本所负责解释。

第三十一条 本指引自发布之日起施行。

关于发布《深圳证券交易所上市公司自律监管指引第 11 号——信息披露工作评价（2023 年修订）》的通知

（2023 年 8 月 4 日　深证上〔2023〕681 号）

各市场参与人：

为了贯彻落实中国证监会《推动提高上市公司质量三年行动方案（2022—2025）》，进一步优化信息披露评价机制，提升上市公司信息披露质量，本所对《深圳证券交易所上市公司自律监管指引第 11 号——信息披露工作考核》进行了修订，并更名为《深圳证券交易所上市公司自律监管指引第 11 号——信息披露工作评价》，现予以发布，自发布之日起施行。本所 2022 年 1 月 7 日发布的《深圳证券交易所上市公司自律监管指引第 11 号——信息披露工作考核》（深证上〔2022〕23 号）同时废止。

2022—2023 年度信息披露评价工作评价期为 2022 年 5 月 1 日至 2023 年 6 月 30 日，自 2023—2024 年度开始，评价期为上年 7 月 1 日至当年 6 月 30 日。

深圳证券交易所

2023 年 8 月 4 日

2.11

深圳证券交易所上市公司自律监管指引第11号——信息披露工作评价（2023年修订）

（2023年8月4日　深证上〔2023〕681号）

第一章　总　　则

第一条　为了加强深圳证券交易所（以下简称本所）上市公司信息披露监管，引导和督促本所上市公司及相关信息披露义务人做好信息披露工作，提高信息披露质量水平，根据《深圳证券交易所股票上市规则》《深圳证券交易所创业板股票上市规则》（以下统称《股票上市规则》）等有关规定，制定本指引。

第二条　本指引适用于本所上市公司信息披露等相关工作（以下简称信息披露工作）的评价。

前款所称信息披露工作，包括上市公司的信息披露及规范运作情况，以及上市公司控股股东、实际控制人、董事、监事和高级管理人员等相关主体与上市公司有关的信息披露及规范运作情况。

第三条　每年上市公司年度报告披露工作结束后，本所对上年12月31日前（含当日）已在本所上市的公司信息披露工作进行评价。

第四条　上市公司信息披露工作评价采用公司自评与本所考评相结合的方式，评价期间为上年7月1日至当年6月30日。

第五条　上市公司信息披露工作评价结果主要依据上市公司信息披露质量，同时结合上市公司规范运作水平、对投资者权益保护程度等因素，从高到低依次划分为A、B、C、D四个等级。

本所对上市公司信息披露工作进行评价的结果，不代表本所对上市公司投资价值的任何判断，也不代表任何投资建议。

第二章　评价内容

第六条　本所对上市公司信息披露工作进行评价的内容包括：

（一）信息披露的规范性情况，包括真实性、准确性、完整性、及时性、公平性和合法合规性，以及信息披露业务操作、信息披露事务管理情况；

（二）信息披露的有效性情况；

（三）投资者关系管理情况；

（四）履行社会责任的披露情况；

（五）被处罚、处分及采取监管措施情况；

（六）上市公司与本所配合情况；

（七）本所认定的其他情况。

第七条 本所对上市公司信息披露的真实性进行评价，重点关注下列方面：

（一）披露的信息是否以客观事实或者具有事实基础的判断和意见为依据；

（二）披露的信息是否如实反映客观情况，是否存在虚假记载或者不实陈述；

（三）相关备查文件是否存在伪造、变造等虚假情形。

第八条 本所对上市公司信息披露的准确性进行评价，重点关注下列方面：

（一）披露的信息是否出现关键文字或者数字错误，错误的影响程度；

（二）披露的信息是否存在歧义、误导性陈述。

第九条 本所对上市公司信息披露的完整性进行评价，重点关注下列方面：

（一）披露的信息是否完整，是否存在重大遗漏；

（二）提供的文件是否齐备。

第十条 本所对上市公司信息披露的及时性进行评价，重点关注下列方面：

（一）是否在规定期限内披露定期报告、业绩快报、业绩预告及修正公告（如需）；

（二）是否在规定期限内以临时报告形式披露可能对公司股票及其衍生品种交易价格产生较大影响的事项（以下简称重大事项）；

（三）是否及时核实市场关于公司的报道、传闻，主动澄清市场和投资者质疑的问题，并补充披露公司重大事项。

第十一条 本所对上市公司信息披露的公平性进行评价，重点关注下列方面：

（一）是否同时向所有投资者披露，是否不存在提前向特定投资者单独披露、透露或者泄露的情形；

（二）公司股票及其衍生品种交易在信息披露前是否因信息泄露而出现异常波动；

（三）通过符合条件媒体进行信息披露之前，其他媒体是否出现相关报道或者传闻且不符合本所规定的情形；

（四）公司是否在投资者关系活动结束后及时通过本所投资者关系互动平台（以下简称互动易平台）披露《投资者关系活动记录表》和相关附件；

（五）在本所上市的公司同时有股票及其衍生品种在境外证券交易所上市的，在境外披露的信息是否同时在境内披露。

第十二条 本所对上市公司信息披露的合法合规性进行评价，重点关注下列方面：

（一）信息披露的内容及格式是否符合法律、行政法规、部门规章及规范性文件（以下统称法律法规）和本所相关业务规则的规定；

（二）信息披露涉及的程序是否符合法律法规和本所相关业务规则的规定。

第十三条 本所对上市公司信息披露业务操作进行评价，重点关注下列方面：

（一）是否按照本所业务规则要求、募集说明书约定、公司承诺等，在规定期限内提交业务操作申请；

（二）提交的业务操作申请是否符合本所相关规定的要求，是否内容完整、文件齐备，是否存在重大错漏；

（三）是否在规定期限内填报并持续维护公司基本信息、拟任独立董事及董事会秘书信息、内幕信息知情人名单、定期报告预约披露日期，以及董事、监事、高级管理人员持股变动情况等资料。

第十四条 本所对上市公司信息披露事务管理情况进行评价，重点关注下列方面：

（一）是否按照有关规定制定信息披露事务管理制度并严格执行；

（二）公司的信息披露内部控制是否完善并有效执行；

（三）公司是否配置足够熟悉相关法律法规和业务规则的工作人员从事信息披露工作，公司董事会秘书、证券事务代表是否具备相应的履职能力；

（四）公司董事长是否充分重视和支持信息披露工作，公司董事、监事、高级管理人员及各部门、控股子公司或者分公司等是否支持、配合公司信息披露工作；

（五）公司是否积极组织董事、监事、高级管理人员及相关工作人员参加证券市场法律法规及专业知识培训。

第十五条 本所对上市公司信息披露的有效性进行评价，重点关注下列方面：

（一）披露的信息是否有针对性地反映公司情况，充分、及时提示可能出现的不确定性和风险；

（二）披露的信息是否以投资者需求为导向，有利于投资者作出价值判断和投资决策；

（三）披露的信息是否内容简明清晰、语言通俗易懂，是否存在篇幅冗长、模板化、宽泛化的情况；

（四）除按照本所相关行业信息披露指引要求以外，是否在定期报告中主动结合公司所在行业政策和市场动态，深入披露并比较分析公司的行业发展趋势、经营模式、核心竞争力、经营计划等行业及经营性信息，并在临时报告中主动披露行业经营数据、业务开展的重要阶段性信息；

（五）自愿披露的信息是否遵守公平披露原则，是否保持信息披露的完整性、持续性和一致性，是否以明确的警示文字具体列明相关的风险因素，提示可能出现的不确定性和风险，是否存在选择性信息披露、误导投资者的情形；

（六）是否有效运用信息披露等多种手段，积极支持市场稳定健康发展。

第十六条 本所对上市公司投资者关系管理情况进行评价，重点关注下列方面：

（一）是否常态化召开投资者说明会，向投资者介绍公司业绩或者说明重大事项；

（二）是否采用图文、视频等创新信息披露形式向投资者介绍定期报告主要信息，增加定期报告的可读性、实用性；

（三）是否通过热线电话、电子邮箱、互动易平台等及时有效回答投资者问题，是否以公告形式及时回应投资者的重要关注事项；

（四）是否积极通过现金分红、股份回购等多种途径，提高投资者回报水平；

（五）是否结合投资者类型与诉求，多渠道、多平台、多方式针对性开展投资者关系管理工作；

（六）是否及时回应投资者的投诉、建议，定期向投资者征求意见，并相应改进信息披露工作。

第十七条 本所对上市公司履行社会责任的披露情况进行评价，重点关注下列方面：

（一）是否主动披露社会责任报告，报告内容是否充实、完整；

（二）是否主动披露环境、社会责任和公司治理（ESG）履行情况，报告内容是否充实、完整；

（三）是否践行新发展理念，积极融入国家重大方针政策，主动披露相关情况且内容真实、准确、客观、完整。

第十八条 本所对上市公司因信息披露工作被处罚、处分及采取监管措施情况进行评价，重点关注下列方面：

（一）被中国证监会及其派出机构行政处罚或者采取行政监管措施的情况；

（二）被本所实施公开谴责、通报批评等纪律处分的情况；

（三）被本所采取口头警示、书面警示等自律监管措施的情况。

第十九条 本所对上市公司支持与配合本所工作情况进行评价，重点关注下列方面：

（一）公司发生异常情况时是否及时、主动向本所报告，是否及时关注媒体报道，主动求证真实情况并及时向本所报告、履行信息披露义务；

（二）是否落实本所要求，在规定期限内如实回复本所问询，按要求接受约见、进行整改、完成本所要求的其他事项等；

（三）公司董事会秘书、证券事务代表是否与本所保持畅通的联络渠道，联系电话、传真号码发生变化时是否及时通知本所；

（四）是否积极参与本所信息披露相关规则的制定及修订工作，积极提出政策建议和意见；

（五）是否积极参与本所组织的相关信息统计、调研及各类沟通交流活动；

（六）是否积极支持市场稳定健康发展，共建良好市场生态。

第二十条 本所对上市公司信息披露工作进行评价时关注的其他内容包括：

（一）公司配合股东等相关信息披露义务人履行信息披露义务情况，是否存在损害投资者合法权益的情况；

（二）公司是否充分、及时揭示风险，包括退市风险、被实施退市风险警示或者其他风险警示风险、重大投资损失、重组标的业绩承诺未达标、募投项目进度明显缓慢或者未能实现预期效益以及控股股东质押股份被平仓等风险；

（三）如存在重大投资损失、重组标的业绩承诺未达标等情形，公司是否积极采取诉讼等方式保障公司权益；

（四）公司控股股东、实际控制人规范运作情况，积极配合公司履行信息披露义务、解决同业竞争、履行承诺等方面情况；

（五）公司董事、监事和高级管理人员遵守法律法规、履职尽责等方面情况；

（六）本所关注的其他情况。

第三章　评价标准

第二十一条　上市公司评价基准分为 80 分。本所按照本指引规定的评价标准，对上市公司信息披露工作进行评价，在基准分基础上予以加分或者减分，并对照本指引第二十四条、第二十五条和第二十六条负面清单指标，确定上市公司评价结果。

评价结果从高到低依次划分为 A、B、C、D 四个等级：

（一）A：公司信息披露工作优秀；

（二）B：公司信息披露工作良好；

（三）C：公司信息披露工作合格；

（四）D：公司信息披露工作不合格。

第二十二条　评价期间内，上市公司在信息披露工作方面表现突出的，本所按照规定的标准予以加分，具体加分标准详见附表。

同类加分类型下存在不符合合规性要求信息披露事项的，本所对符合该类加分类型下的其他事项不予考虑；同一工作涉及附表规定的多个加分事项的，按最高分值的事项加分，不重复加分。

第二十三条　上市公司及相关责任人在评价期间内因信息披露工作违法违规被本所采取自律监管措施或者实施纪律处分的，或者触及重大负面事项的，本所按照规定的标准予以扣分，具体减分标准详见附表。

上市公司信息披露工作因同一事项被扣分的，按最高分值扣分，不重复扣分；本所就同一事项对上市公司及相关责任人先后采取多项自律监管措施或者纪律处分的，按照最高分值扣分，不重复扣分，但因限期整改不到位再次被采取自律监管措施或者纪律处分的除外；上市公司因信息披露工作受到中国证监会及其派出机构行政处罚或者被采取行政监管措施，并因同一事项被本所采取自律监管措施或者纪律处分的，原则上不重复扣分。

第二十四条　上市公司在评价期内存在下列情形之一的，其信息披露工作评价结果不得评为 A：

（一）上市当年营业利润比上年下滑 50% 以上或者上市当年即亏损，上市时尚未盈利的公司除外；

（二）最近一个会计年度公司实现的盈利低于盈利预测或者业绩承诺的 80%，或者最近一个会计年度公司重大资产重组标的资产实现的盈利低于业绩承诺的 80%；

（三）公司因违规行为被中国证监会及其派出机构采取行政监管措施；

（四）公司被本所采取书面警示或者约见谈话等自律监管措施；

（五）公司董事、监事、高级管理人员、控股股东、实际控制人因与公司相关事项受到中国证监会及其派出机构行政处罚、本所公开谴责或者通报批评处分，或者被本所书面警示累计 2 次以上，或者因涉嫌违反相关证券法律法规，被有权机关立案调查；

（六）董事会秘书空缺（包括由董事长或者指定董事、高级管理人员代行董事会秘书职责等情形）累计时间超过 6 个月，聘任流程需由国家有关主管部门审批核准的除外；

（七）公司未召开年度业绩说明会；

（八）本所认定的其他情形。

评价期间不满 12 个月的上市公司原则上不得为 A。

第二十五条 上市公司在评价期内存在下列情形之一的，其信息披露工作评价结果不得高于 C：

（一）评价期末公司股票或者存托凭证在风险警示板交易；

（二）评价期末公司因信息披露工作涉嫌违反相关证券法律法规处于被有权机关立案调查阶段；

（三）公司年度财务会计报告被会计师事务所出具非标准意见审计报告；

（四）公司年度内部控制审计报告、鉴证报告被会计师事务所出具非标准意见或者公司披露的年度内部控制自我评价报告显示内部控制存在重大缺陷，但因最近一个会计年度发生并购交易，根据有关规定豁免对被并购企业财务报告内部控制有效性的评价而被出具带强调事项段内部控制审计意见的除外；

（五）董事会秘书空缺（包括由董事长或者指定董事、高级管理人员代行董事会秘书职责等情形）累计时间超过 9 个月，聘任流程需由国家有关主管部门审批核准的除外；

（六）公司董事会、监事会或者股东大会无法正常召开并形成有效决议；

（七）评价期末公司控股股东及其一致行动人持有的公司股份超过 80% 被质押或冻结；

（八）本所认定的其他情形。

第二十六条 上市公司在评价期内存在下列情形之一的，其信息披露工作评价结果评为 D：

（一）公司年度财务会计报告被会计师事务所出具无法表示意见或者否定意见的审计报告；

（二）公司年度内部控制审计报告或鉴证报告被会计师事务所出具无法表示意见或者否定意见；

（三）公司受到中国证监会及其派出机构行政处罚，前期因同一事项被本所实施纪律处分且当年评价结果因此为 D 的除外；

（四）公司出现股票及其衍生品种应当被实施退市风险警示、其他风险警示或者被终止上市的情形，但未按照《股票上市规则》等规定的期限和要求向本所报告、办理相关操作并披露；

（五）公司信息披露存在重大问题，本所要求公司限期整改，公司在期限内未落实整改要求的；

（六）公司存在大额资金占用、违规担保行为，且评价期末余额达到最近一期经审计净资产绝对值 5% 以上或者金额超过 1000 万元；

（七）公司被本所公开谴责或者累计 2 次以上通报批评处分；

（八）本所认定的其他情形。

第四章 评价实施

第二十七条 上市公司应当在评价期结束后5个交易日内，对公司信息披露工作进行自评，并通过公司业务系统向本所提交信息披露工作自评表。其中，涉及减分事项的，公司应当如实填报；涉及加分事项的，由公司在自评表中提出申请，并说明具体事由。公司未申请加分、申请加分未说明具体事由或者申请事由不符合加分标准的，本所不予加分。

第二十八条 本所对公司信息披露工作自评表进行核实，经评价工作小组合议，按照本指引规定形成上市公司评价结果。

第二十九条 本所将公司评价结果及时通报上市公司，并加强与公司信息披露年度评价情况的沟通交流。

公司对其评价结果有异议的，可以在评价结果通报之日起5个交易日内向本所提交书面异议，本所在收到异议后5个交易日内予以答复。

第三十条 本所将上市公司信息披露工作评价结果通报中国证监会相关监管部门和上市公司所在地证监局，并在本所官网公开。

第五章 评价结果应用

第三十一条 本所在职责范围内对上市公司再融资、并购重组等事项进行审核时，将上市公司信息披露评价结果纳入考量范围。

第三十二条 最近一年评价结果为A的公司，本所可以给予下列支持和便利：

（一）本所重组审核机构及再融资审核机构依据相关规定可以减少问询轮次或者不进行审核问询；

（二）应上市公司申请提供定向培训；

（三）邀请公司董事长、董事会秘书等担任培训讲师，向市场推广信息披露和规范运作经验；

（四）优先推荐公司董事会秘书等高级管理人员为本所上诉复核委员会委员或者其他专业委员会委员人选。

第三十三条 最近一年评价结果为D的公司，本所在下列方面加强监督和引导：

（一）原则上不开通信息披露直通车；

（二）为公司控股股东、实际控制人、董事长、董事会秘书及其他高级管理人员等提供合规培训服务；

（三）通过电话、发函等方式督促公司董事、监事及高级管理人员加强信息披露相关规则的学习，督促公司完善信息披露内部控制，提升执行效果等。

第六章 附 则

第三十四条 红筹企业根据实际情况适用本指引的相关规定。

第三十五条 本指引所称“以上”含本数，“超过”“低于”“高于”不含本数。

第三十六条 本指引由本所负责解释。

第三十七条 本指引自发布之日起施行。本所2022年1月7日发布的《深圳证券交易所上市公司自律监管指引第11号——信息披露工作考核》（深证上〔2022〕23号）同时废止。

附表 **上市公司信息披露工作评价计分表**

分类	序号	情形	加（减）分标准
加分事项			
信息披露规范性情况	1.1	信息披露基础工作良好，信息披露真实、准确、完整，以客观事实或者具有事实基础的判断和意见为依据，不存在虚假记载或者不实陈述；相关备查文件不存在伪造、变造等虚假情形，不存在因信息披露工作被处罚、处分或者采取监管措施的情形	加1分
	1.2	披露的信息内容客观、准确、完整，不存在夸大其辞、重大遗漏或者歧义、误导性陈述，不存在关键文字或者重要数据错误，不存在需要补充或者更正公告的情形	加1分
	1.3	在规定期限内披露对上市公司股票及其衍生品种交易价格可能产生较大影响的重大事件；适度提前披露定期报告；及时核实市场关于公司的报道、传闻并主动澄清市场和投资者关注的问题，并确保所有投资者可以平等地获取信息	加1分
	1.4	公司充分重视并配合信息披露工作，信息披露内部控制完善且有效执行，配置足够熟悉相关业务规则的工作人员从事信息披露工作；积极组织公司董事、监事、高级管理人员及相关工作人员参加证券市场法律法规及专业知识培训	加1分
	1.5	按要求组织报送重大事项的内幕知情人信息，提交业务操作申请并填报公告后续业务并及时更新董事、监事、高级管理人员等相关信息，督促公司相关人员做好持股管理工作	加1分
信息披露有效性情况	2.1	披露的信息有针对性地反映公司情况，充分、及时提示公司可能出现的不确定性和风险，文字通俗易懂	加1分
	2.2	披露的信息以投资者需求为导向，有利于投资者作出价值判断和投资决策	加1分
	2.3	披露的信息内容简明清晰，语言通俗易懂，不存在篇幅冗长、模板化、宽泛化的情况；有效运用信息披露等多种手段，积极支持市场稳定健康发展	加1分
	2.4	除按照本所相关行业信息披露指引要求以外，在定期报告中主动结合公司所在行业政策和市场动态，深入披露并比较分析公司的行业发展趋势、经营模式、核心竞争力、经营计划等行业及经营性信息；在临时报告中主动披露行业经营数据，业务开展的重要阶段性信息	加1分
	2.5	自愿披露的信息遵守公平披露原则，保持信息披露的完整性、持续性和一致性，与依法披露的信息不冲突，不存在选择性信息披露、误导投资者的情形；自愿披露预测性信息时，以明确的警示文字，具体列明相关的风险因素，提示可能出现的不确定性和风险	加1分

续表

分类	序号	情形	加（减）分标准
加分事项			
投资者关系管理情况	3.1	常态化召开投资者说明会向投资者介绍公司业绩或者说明重大事项	加1分
	3.2	积极通过现金分红、股份回购等多种途径，提高投资者回报水平	加1分
	3.3	采用图文、视频等创新信息披露形式向投资者介绍定期报告主要信息，增加定期报告的可读性、实用性	加1分
	3.4	通过热线电话、互动易平台、邮箱形式等及时有效回答投资者问题，以公告形式及时回应投资者的重要关注	加1分
	3.5	结合投资者类型与诉求，多渠道、多平台、多方式针对性开展投资者关系管理工作；及时回应投资者的投诉、建议，定期向投资者征求意见，并相应改进信息披露等方面的工作	加1分
履行社会责任披露情况	4.1	主动披露社会责任报告，主动披露环境、社会责任和公司治理（ESG）履行情况，相关报告或者情况内容充实、完整	加1分
	4.2	践行新发展理念，主动披露公司积极参与符合国家重大政策方针等事项的信息，相关披露内容真实、准确、客观、完整	加1分
支持与配合本所工作情况	5.1	积极参与本所规则制订及修订工作，提供政策建议和意见	加1分
	5.2	积极支持市场稳定健康发展，参与共建良好市场生态	加1分
	5.3	积极支持本所组织的相关调研工作，参与本所组织的各类沟通交流活动	加1分
减分事项			
重大负面事项	6.1	信息披露基础工作较差，多次出现补充、更正情形，多次出现公告类别漏选、错选、后续业务数据录入错误等情形	最高减3分
	6.2	公司未充分、及时披露重大投资损失、重组标的业绩承诺未达标、控股股东质押股份被平仓等风险；如存在重大投资损失、重组标的业绩承诺未达标等情形，公司未积极采取诉讼等方式保障公司权益	最高减5分
	6.3	对公司有重大影响的其他负面事项，如多次不接听投资者服务电话、长期未回复互动易提问、收到投资者合理投诉、不配合本所监管工作等	最高减4分
自律监管措施	7.1	口头警示（上市公司董事、监事、高级管理人员、控股股东、实际控制人）	减1分
	7.2	口头警示（上市公司）	减2分
	7.3	书面警示（上市公司董事、监事、高级管理人员、控股股东、实际控制人）	减2分
	7.4	书面警示（上市公司）	减4分
	7.5	约见谈话、要求限期改正、要求公开致歉	减3分
	7.6	建议更换相关任职人员	减3分
	7.7	向相关主管部门出具监管建议函	减3分
	7.8	要求限期召开投资者说明会	减4分
	7.9	利用互动易平台、官网、公众号或者其他方式迎合市场热点或者与市场热点不当关联，故意夸大相关事项对公司生产、经营、研发、销售、发展等方面的影响，不当影响公司股票及其衍生品种价格，被本所要求公开补充、更正或者澄清、说明	最高减6分

续表

分类	序号	情形	加（减）分标准
减分事项			
纪律处分	8.1	通报批评（上市公司董事、监事、高级管理人员、控股股东、实际控制人）	减6分
	8.2	通报批评（上市公司）	减10分
	8.3	公开谴责（上市公司董事、监事、高级管理人员、控股股东、实际控制人）	减10分
	8.4	公开谴责（上市公司）	减20分
	8.5	公开认定不适合担任上市公司董事、监事、高级管理人员	减20分
	8.6	暂不接受发行上市申请文件	减20分
	8.7	收取惩罚性违约金	减20分

注：

1. 上市公司信息披露评价基础分80分，评价评级从高到低划分为A、B、C、D四个等级。

2. 上市公司在自评表中提出加分事项申请，且须说明具体事由。未申请加分、申请加分未说明具体事由或者申请事由不符合加分标准的，本所不予加分。

同类加分类型下存在不符合合规性要求信息披露事项的，本所对符合该类加分类型的其他事项不予考虑；同一工作涉及本指引规定的多个加分事项的，按最高分值的事项加分，不重复加分。

3. 上市公司应如实填报减分事项。公司信息披露工作因同一事项被扣分的，按最高分值扣分，不重复扣分。本所就同一事项对公司及相关责任人先后采取多项自律监管措施或者纪律处分的，按照最高分值扣分，不重复扣分，但因限期整改不到位再次被采取自律监管措施或者纪律处分的除外。

关于发布《深圳证券交易所上市公司自律监管指引第12号——纪律处分实施标准》的通知

（2022年1月7日　深证上〔2022〕24号）

各市场参与人：

为优化上市公司自律监管规则体系，结合监管实践，本所对《深圳证券交易所上市公司纪律处分实施标准（试行）》进行了修订，并更名为《深圳证券交易所上市公司自律监管指引第12号——纪律处分实施标准》，现予以发布，自发布之日起施行。

《深圳证券交易所上市公司纪律处分实施标准（试行）》（深证上〔2020〕557号）同时废止。

特此通知

深圳证券交易所
2022年1月7日

2.12

深圳证券交易所上市公司自律监管指引第12号——纪律处分实施标准

（2022年1月7日　深证上〔2022〕24号）

第一章　总　　则

第一条　为提高上市公司监管透明度，明确深圳证券交易所（以下简称本所）在上市公司持续监管领域的纪律处分实施标准，维护证券市场秩序，根据《中华人民共和国证券法》（以下简称《证券法》）、《中华人民共和国公司法》、《证券交易所管理办法》等法律、行政法规、部门规章、规范性文件，以及《深圳证券交易所股票上市规则》、《深圳证券交易所创业板股票上市规则》（以下统称《股票上市规则》）、《深圳证券交易所自律监管措施和纪律处分实施办法》等本所业务规则，制定本指引。

第二条　本所对上市公司及其董事、监事、高级管理人员、股东或者存托凭证持有人、实际控制人，收购人及其他权益变动主体，重大资产重组、再融资、重大交易、破产事项等有关各方，为前述主体提供证券服务的中介机构及其从业人员，以及本所业务规则规定的其他机构和人员等（以下统称相关当事人）予以纪律处分的，适用本指引。

本所另有规定的，从其规定。

第三条　本所对上市公司及相关当事人实施的纪律处分包括：

（一）通报批评；

（二）公开谴责；

（三）公开认定不适合担任相关职务；

（四）建议法院更换上市公司破产管理人或者管理人成员；

（五）暂不接受发行人提交的发行上市申请文件；

（六）暂不接受控股股东、实际控制人及其控制的其他发行人提交的发行上市申请文件；

（七）暂不受理中介机构或者其从业人员出具的相关业务文件；

（八）收取惩罚性违约金；

（九）本所规定的其他纪律处分。

上市公司及相关当事人违规行为未触及纪律处分实施标准的，本所可以对其采取口头警告、书面警示等自律监管措施。

第四条 纪律处分决定作出前，本所发现上市公司及相关当事人存在多个达到纪律处分标准违规行为的，综合考虑违规事实发生时间、类型、关联性及严重程度等，原则上合并处理。

本所合并处理时，存在情节严重情形的，可以在单个违规行为受到的最重处分以上予以纪律处分。

第五条 本所作出纪律处分时，综合考量以下主观、客观因素：

（一）当事人的违规行为是否存在主观故意；

（二）违规行为发生后，当事人是否掩饰、隐瞒，是否采取适当的补救、纠正措施；

（三）违规行为发生后，当事人是否及时向本所报告，是否积极配合调查，是否干扰、阻碍调查进行；

（四）当事人为单位的，在单位内部是否存在违规共谋，或是否仅因个人行为导致违规；

（五）违规行为涉及的金额及占相关财务数据的比重；

（六）违规行为给上市公司、投资者等造成的损失，违规当事人从中获取的利益；

（七）违规行为发生的次数、频率及持续时间；

（八）违规行为对证券发行上市、停复牌、终止上市、重大资产重组、收购及股份权益变动、股权激励计划等事项或条件、证券及其衍生品种的交易价格或交易量的影响；

（九）违规行为被相关行政机关、司法机关查处的情况；

（十）违规行为对证券市场和自律监管造成的影响程度；

（十一）其他需要考量的因素。

第六条 区分当事人的责任大小，主要从以下方面综合考量：

（一）当事人在违规事项中所起的作用。即对于违规事项发生是起主要作用还是次要作用，是主动参加还是被动参加，是直接参与还是间接参与；

（二）当事人的职务、职责、权限及履职情况。即认定的违规事项是否在当事人职权、职责范围内，是否与当事人的职务存在直接关系，当事人是否忠实、勤勉履行职责，有无懈怠、放弃履行职责，是否履行职责预防、发现和阻止违规行为发生；

（三）当事人的专业背景、技能及履职情况。即是否存在当事人对于与其专业背景或者技能有关的违规事项应当发现而未予指出的情况；

（四）当事人的知情程度。即对于违规事项及其内容是否知情或者应当知情，是否及时反映、报告，是否采取措施有效避免或者减少损害后果，是否放任违规行为发生；

（五）其他需要考量的情节。

第七条 具有下列情形之一，属于情节严重情形：

（一）违规行为导致证券及其衍生品种交易发生异常波动、非正常停牌或交易状态变更等；

（二）违规行为对市场造成恶劣影响；

（三）影响上市公司再融资、股权激励等的实施条件，或影响公司证券及其衍生品种的上市条件；

（四）违规金额巨大，远超相应纪律处分的数量标准；

（五）违规行为长期持续；

（六）最近十二个月内曾被本所实施纪律处分；

（七）干扰、阻碍调查或者拒不配合本所采取的相关措施；

（八）本所认定的其他情节严重情形。

违规行为虽未达到相应纪律处分标准，但存在上述情节严重情形，本所可以视情形从重、加重实施纪律处分。

第八条 具有下列情形之一，可以从轻、减轻或者免除实施纪律处分：

（一）在违规行为被发现前，积极主动采取或要求公司采取纠正措施，并向本所或者证券监管机构报告；

（二）违规行为未对市场造成实际影响，或已采取相关补救、纠正措施消除影响或风险；

（三）违规行为是由于自然灾害等不可抗力、意外事件、失去人身自由等造成；

（四）本所认定的其他情形。

第九条 上市公司董事、监事、高级管理人员、控股股东、实际控制人严重违反本所业务规则，存在下列情形之一且情节严重的，本所可以公开认定其在3年、5年或10年内不适合担任上市公司董事、监事、高级管理人员或者信息披露境内代表等职务：

（一）对上市公司两项以上达到公开谴责标准的违规行为均负有主要责任；

（二）被中国证监会采取证券市场禁入措施；

（三）最近二十四个月内曾被本所予以公开谴责或被三次通报批评；

（四）严重侵害上市公司利益，造成上市公司信息披露或者规范运作的重大违规；

（五）本所规定的其他情形。

上市公司董事、监事、高级管理人员、控股股东、实际控制人等存在前款所述情形之一，且严重扰乱市场秩序并造成严重社会影响，或者致使投资者利益遭受特别严重损害的，本所可以公开认定其终身不适合担任上市公司董事、监事、高级管理人员或者信息披露境内代表等职务。

第十条 控股股东、实际控制人主导、组织、指使违规，非法挪用、侵占上市公司利益，由控股股东、实际控制人及相关当事人承担主要责任。上市公司董事、监事、高级管理人员直接参与相关违规行为，或者对相关违规事项负有主要职责的，应当承担相应责任。

上市公司及董事、监事、高级管理人员对控股股东、实际控制人相关违规行为虽未直接参与或者不知情，但未能建立健全内部控制制度，导致违规行为长期、多次发生，或者事后未能积极采取措施维护公司权益的，上市公司及相关董事、监事、高级管理人员应当承担相应责任。

上市公司对违规事实确不知情，没有明显过错，且及时、真实披露违规事实，限期消除违规影响，未造成严重后果的，本所可以对上市公司从轻、减轻或者免除处分。

上市公司董事、监事、高级管理人员已勤勉尽责，仍对相关违规确不知情，事后能够在上市公司及时真实披露、减轻违规后果等方面积极履职尽责的，本所可以对其从轻、减轻或者免除处分。

第十一条 上市公司董事、监事、高级管理人员应当按照相关规则及公司章程规定，忠实勤勉地履行职责，对其职责范围内或者直接实施、参与的违规事项承担主要责任。

第十二条 上市公司违规行为由公司原控股股东、实际控制人或者原董事、监事、高级管理人员主导实施，且在本所发现违规行为前，上市公司已经更换实际控制人及主要责任人员，同时存在下列情形的，本所对上市公司从轻、减轻或者免除纪律处分：

（一）上市公司已全面纠正违规行为，全面消除市场不良影响，挽回公司实际损失；

（二）保荐人、财务顾问、律师事务所、会计师事务所等中介机构对公司上述整改情况进行核查并出具专项核查意见。

第十三条 上市公司违反本所上市协议、业务规则或者向本所作出承诺的，存在下列情形之一，本所可以对其收取三十万元以上五百万元以下的惩罚性违约金：

（一）最近十二个月内曾被本所予以两次公开谴责；

（二）涉及财务造假、资金占用、国家安全、公共安全、生态安全、生产安全和公众健康等领域的违法违规行为，情形严重，情节恶劣，严重损害投资者合法权益、国家利益、社会公共利益；

（三）其他情节严重、违规性质恶劣的情形。

上市公司董事、监事、高级管理人员、控股股东、实际控制人出现前款所述情形之一，或对前述违规行为负有主要责任的，本所可以对其收取十万元以上三百万元以下的惩罚性违约金。

第二章　上市公司、董监高、股东、实际控制人及相关人员违规

第一节　信息披露违规

第十四条 上市公司未在规定期限内披露年度报告、半年度报告的，本所对上市公司及相关责任人予以公开谴责。

上市公司未在规定期限内披露季度报告的，本所对上市公司及相关责任人予以通报批评。

第十五条 上市公司财务会计报告存在虚假记载，虚假记载的净利润、扣除非经常性损益后的净利润、利润总额、净资产、总资产、营业收入等涉及金额巨大且情节严重的，本所对上市公司及相关责任人予以公开谴责。

虚假记载的净利润、扣除非经常性损益后的净利润、利润总额、净资产、总资产、营业收入等涉及金额较大的，本所可以视情形对上市公司及相关责任人予以通报批评。

第十六条 上市公司财务会计报告存在重大会计差错，更正后导致净利润、扣除非经常性损益后的净利润、利润总额、净资产、总资产、营业收入等发生重大变化且情节严重

的，本所对上市公司及相关责任人予以公开谴责。

前款违规行为导致净利润、扣除非经常性损益后的净利润、利润总额、净资产、总资产、营业收入等发生较大变化的，本所可以视情形对上市公司及相关责任人予以通报批评。

第十七条 上市公司未在规定期限内披露业绩预告，或者披露的业绩预告、业绩快报及其修正公告与定期报告披露的财务数据存在重大差异，情节严重的，本所对上市公司及相关责任人予以公开谴责；不存在情节严重情形的，本所可以视情形对上市公司及相关责任人予以通报批评。

第十八条 上市公司关联交易事项未履行审议程序或未及时披露，涉及交易金额累计超过1亿元且占上市公司最近一期经审计净资产的20%以上，情节严重的，本所对上市公司及相关责任人予以公开谴责。

上市公司未按规定审议及披露关联交易事项，未达到公开谴责标准的，本所可以视情形对上市公司及相关责任人予以通报批评。

上市公司日常关联交易违规的，可以从轻或减轻处分。

第十九条 上市公司未按规定披露重大事项，或者存在其他信息披露违规情形，符合下列条件之一且情节严重的，本所对上市公司及相关当事人予以公开谴责：

（一）上市公司违规行为涉及的资产总额超过1亿元且占最近一个会计年度经审计总资产的30%以上；

（二）上市公司违规行为涉及的营业收入超过1亿元且占最近一个会计年度经审计营业收入的50%以上；

（三）上市公司违规行为涉及的损益金额超过5000万元且占最近一个会计年度经审计净利润的50%以上；

（四）上市公司违规行为涉及金额超过1亿元且占最近一个会计年度经审计净资产的50%以上；

（五）致使公司发行的股票、公司债券、存托凭证等证券被终止上市交易；

（六）违反信息披露程序，以其他方式代替正式公告，或未按规定渠道披露对投资者决策具有重大影响的信息，或向股东、实际控制人等报送、传递重大未公开信息；

（七）可能对投资者决策产生重大误导，或者对公司股票交易价格或数量产生重大影响的其他信息披露违规情形。

上市公司未按规定披露重大事项，或者存在其他信息披露违规情形，未达到公开谴责标准的，本所可以视情形对上市公司及相关当事人予以通报批评。

第二十条 上市公司收购人及相关股份权益变动的信息披露义务人，未按照《证券法》《上市公司收购管理办法》等相关规定及时履行报告、公告等信息披露义务，或者在报告、公告等文件中存在虚假记载、误导性陈述或重大遗漏，情节严重的，本所对相关信息披露义务人予以公开谴责，未达到公开谴责标准的，本所可以视情形予以通报批评。

第二十一条 上市公司股东所持公司5%以上的股份被质押、冻结、司法标记、司法拍卖、托管、设定信托或者被依法限制表决权等，未及时披露且情节严重的，本所对该股东予以通报批评。

前款违规行为涉及的股份受限情况，可能影响上市公司控制权稳定的，本所可以从重、加重实施纪律处分。

第二十二条 上市公司董事、监事、高级管理人员、股东或者存托凭证持有人、实际控制人、收购人及其他权益变动主体、重大资产重组、再融资、重大交易、破产事项等有关各方，对上市公司达到公开谴责标准的信息披露违规行为负有主要责任，或者存在下列信息披露违规情形之一且情节严重的，本所对该当事人予以公开谴责：

（一）持股5%以上的股东或者实际控制人的持股情况或者控制公司的情况发生或者拟发生较大变化，未及时告知上市公司；

（二）发生涉及上市公司的重大事项时未及时告知上市公司；

（三）未及时履行自身的信息披露义务或申报义务；

（四）违反公平信息披露原则泄漏上市公司重大信息；

（五）其他严重违反本所业务规则的情形。

上述人员存在前述信息披露违规情形之一，未达到公开谴责标准的，本所可以视情形对其予以通报批评。

第二节 规范运作违规

第二十三条 上市公司控股股东、实际控制人及其关联人非经营性占用上市公司资金，存在下列情形之一且情节严重的，本所对上市公司及相关责任人、实际占用上市公司资金的实际控制人关联人、实际控制人予以公开谴责：

（一）被占用资金日最高余额为1000万元以上；

（二）被占用资金日最高余额占以该日为基准的上市公司最近一期经审计净资产绝对值的5%以上。

上市公司控股股东、实际控制人及其关联人非经营性占用上市公司资金，未达到公开谴责标准的，本所可以视情形对上市公司及相关当事人予以通报批评。

上市公司无控股股东或者实际控制人的，其第一大股东及其最终控制人比照适用本条规定。

第二十四条 上市公司违规向其董事、监事、高级管理人员、控股股东、实际控制人等关联人提供财务资助，本所参照适用第二十三条规定，对上市公司及相关责任人予以公开谴责或通报批评。

第二十五条 上市公司未履行审议程序或者信息披露义务对外提供财务资助（第二十四条情形除外），资助金额超过5000万元且超过上市公司最近一期经审计净资产10%，情节严重的，本所对上市公司及相关责任人予以公开谴责。

上市公司存在前款违规行为，未达到公开谴责标准的，本所可以视情形对上市公司及相关当事人予以通报批评。

第二十六条 上市公司违规对外提供担保，担保余额超过5000万元或者占最近一期经审计净资产超过10%，情节严重的，本所对上市公司及相关当事人予以公开谴责。

上市公司存在前款违规行为，未达到公开谴责标准的，本所可以视情形对上市公司及相关当事人予以通报批评。

第二十七条 上市公司董事、监事、高级管理人员、股东、实际控制人等滥用权利，违反其对上市公司的忠实义务和诚信义务，通过以上市公司（含合并报表范围内子公司）名义对外签订担保、借款合同等方式损害上市公司利益的，涉及金额超过5000万元或者占最近一期经审计净资产超过10%，本所对相关当事人予以公开谴责。未达到公开谴责标准的，本所可以视情形对相关当事人予以通报批评。

上市公司对前款违规行为负有过错的，本所可以视情形对上市公司予以纪律处分。

第二十八条 上市公司募集资金管理存在下列情形之一且情节严重的，本所对上市公司及相关当事人予以公开谴责：

（一）上市公司将募集资金违规用于证券投资、衍生品投资等高风险投资或者财务性投资，或者直接、间接投资于以买卖有价证券为主要业务的公司（金融类企业除外），涉及金额超过3000万元；

（二）募集资金用途发生变更，未按规定履行审批程序或者信息披露义务，涉及金额超过1亿元或超过当次募集资金净额30%；

（三）其他募集资金管理违规的严重情形。

上市公司募集资金管理违规，未达到公开谴责标准的，本所可以视情形对上市公司及相关当事人予以通报批评。

第二十九条 上市公司涉及股东大会的相关事项存在下列情形之一，情节严重的，本所对上市公司及相关责任人予以公开谴责：

（一）需提交股东大会审议的事项在未履行审议程序前已实施，所涉事项达到第十九条第一款规定的公开谴责数量标准，或者其他公开谴责数量标准；

（二）股东大会的召集、召开和相关信息披露不符合法律、行政法规、中国证监会或者本所相关规定；

（三）未执行股东大会决议；

（四）其他涉及股东大会的严重违规情形。

上市公司涉及股东大会的违规事项未达到公开谴责标准的，或者涉及董事会相关违规事项的，本所可以视情形对上市公司及相关当事人予以通报批评。

第三十条 上市公司未履行承诺，该承诺事项涉及的金额较大且情节严重的，本所对上市公司及相关责任人予以公开谴责。

未达到公开谴责标准的，本所可以视情形对上市公司及相关责任人予以通报批评。

第三十一条 上市公司董事、监事和高级管理人员、股东或者存托凭证持有人、实际控制人、收购人及其他权益变动主体、重大资产重组、再融资、重大交易、破产事项等有关各方，存在下列涉及承诺事项之一且情节严重的，本所对该当事人予以公开谴责：

（一）未在规定期限内签署声明及承诺书，经本所多次提醒后仍未签署；

（二）前述的声明事项存在虚假记载、误导性陈述或重大遗漏；

（三）违反其作出的公开承诺，数额较大。

相关当事人存在涉及承诺的违规行为，未达到公开谴责标准的，本所可以视情形对其予以通报批评。

第三十二条 上市公司股东、董事、监事、高级管理人员等未按披露的股份增持计划实施增持，涉及违规金额较大且情节严重的，本所对相关责任人予以公开谴责。

未达到公开谴责标准的，本所可以视情形对相关责任人予以通报批评。

第三十三条 上市公司不履行配合义务，存在下列情形之一，且造成不良后果的，本所可以视情形对上市公司及相关责任人予以纪律处分：

（一）不配合其他信息披露义务人履行信息披露义务；

（二）不配合中介机构履行核查或验证工作；

（三）不配合本所的监管工作；

（四）未按要求在规定期限内回答本所问询，或问询答复中存在虚假陈述或者重大遗漏；

（五）未按照本所要求在规定的时限内作出公告或履行有关程序；

（六）其他不履行配合义务的违规情形。

第三十四条 上市公司存在下列规范运作违规情形之一，本所可以视情形对上市公司及相关责任人予以纪律处分：

（一）未能按本所《股票上市规则》等业务规则、公司章程等相关规定履行必要的审议程序；

（二）未能按规定申报重大信息、提交资料，或所申报信息、提交资料不真实、不准确、不完整；

（三）未及时补选缺位董事、监事和高级管理人员，影响公司正常运作；

（四）在规范运作、公司治理、内部控制等方面存在重大缺陷或者未能得到有效执行的其他违规行为。

第三十五条 上市公司董事、监事和高级管理人员、股东或者存托凭证持有人、实际控制人、收购人及其他权益变动主体、重大资产重组、再融资、重大交易、破产事项等有关各方，存在下列规范运作违规情形之一，本所可以视情形对该当事人予以纪律处分：

（一）未能履行法律、行政法规、部门规章、规范性文件、公司章程、本所业务规则规定的忠实义务和勤勉义务；

（二）利用非公允的关联交易、利润分配、资产重组、对外投资等方式损害上市公司利益；

（三）作为关联董事或关联股东，在应回避表决时未回避，严重损害上市公司或投资者利益；

（四）未能积极配合上市公司工作或本所的监管工作；

（五）连续十二个月内三次以上无故未出席董事会或监事会；

（六）独立董事未履行职责，对公司重大事项拒不发表意见；

（七）其他违反本所业务规则、公司章程的情形。

第三节　证券交易违规

第三十六条　上市公司董事、监事、高级管理人员，在定期报告、业绩预告或业绩快报、重大信息公开披露的敏感期（窗口期）内买卖公司股票及其衍生品种，涉及成交金额超过1000万元且情节严重的，本所对相关当事人予以公开谴责；涉及成交金额在500万以上且未达到公开谴责标准的，本所对相关当事人予以通报批评。

第三十七条　上市公司控股股东、持有5%以上股份的股东、董事、监事、高级管理人员违反本所《上市公司股东及董事、监事、高级管理人员减持股份实施细则》的，本所综合考虑当事人违规减持金额、比例，以及造成的市场影响等，对相关当事人予以纪律处分。

第三十八条　上市公司董事、监事、高级管理人员、持股5%以上的股东违反《证券法》相关规定，将其所持本公司股票或者其他具有股权性质的证券在买入后六个月内卖出，或者在卖出后六个月内又买入，发生短线交易的，违规金额巨大且情形严重的，本所对相关责任人予以公开谴责。未达到公开谴责标准的，本所可以视情形对相关责任人予以通报批评。

前款所称董事、监事、高级管理人员、持股5%以上股东持有的股票或者其他具有股权性质的证券，包括其配偶、父母、子女持有的及利用他人账户持有的股票或者其他具有股权性质的证券。

第三十九条　通过本所的证券交易等方式，上市公司股东及其一致行动人，持有上市公司已发行的有表决权股份达到《证券法》《上市公司收购管理办法》等法律法规规定的比例要求，但未按规定停止买卖或者履行报告、公告义务，违规股份比例达到或者超过3%且情节严重的，本所对相关当事人予以公开谴责。

前款违规事项涉及违规比例达到或者超过1%，未达到公开谴责标准的，本所可以视情形对相关当事人予以通报批评。

第四十条　上市公司股东、董事、监事、高级管理人员等违反承诺，或者违反《证券法》《上市公司收购管理办法》等法律法规及本所业务规则买卖股票或者其他具有股权性质的证券，本所综合考虑其违规金额、比例，以及造成的市场影响等，对相关当事人予以公开谴责或者通报批评。

第四十一条　因强制平仓、司法强制执行等被动性因素，导致上市公司股东、董事、监事、高级管理人员等违规进行证券交易，除存在恶意规避的情形外，本所比照主动违规的处分标准，视情形减轻或者免除纪律处分。

第三章　中介机构违规

第四十二条　保荐人、保荐代表人存在下列情形之一且情节严重的，本所对其予以公开谴责：

（一）对上市公司达到公开谴责标准的违规事实负有主要责任；

（二）上市公司在持续督导期间受到本所公开谴责处分，保荐人未按规定履行持续督导义务；

（三）出具的文件存在虚假记载、误导性陈述或者重大遗漏的，或者不履行其他法定职责；

（四）本所认定的其他严重违规情形。

第四十三条 保荐人、保荐代表人存在下列情形之一的，本所对其予以通报批评：

（一）对上市公司达到通报批评标准的违规事实负有主要责任，或对上市公司达到公开谴责标准的违规事实负有次要责任；

（二）上市公司在持续督导期间受到本所通报批评处分，保荐人未按规定履行持续督导义务；

（三）在持续督导期间未按本所规定勤勉尽责地履行持续督导义务，情节严重或拒不改正；

（四）出具的文件存在虚假记载、误导性陈述或者重大遗漏的，或者不履行其他法定职责；

（五）拒不配合本所监管；

（六）本所认定的其他违规情形。

第四十四条 证券服务机构及其从业人员存在下列情形之一且情节严重的，本所对其予以公开谴责：

（一）对上市公司达到公开谴责标准的违规事实负有主要责任；

（二）上市公司经审计的定期报告存在重大会计差错或财务报告存在虚假，会计师事务所及其注册会计师未勤勉尽责，对重大会计差错或财务报告虚假负有责任；

（三）出具的文件存在虚假记载、误导性陈述或者重大遗漏的，或者不履行其他法定职责；

（四）本所认定的其他严重违规情形。

第四十五条 证券服务机构及其从业人员存在下列情形之一的，本所对其予以通报批评：

（一）对上市公司达到通报批评标准的违规事实负有主要责任，或对上市公司达到公开谴责标准的违规事实负有次要责任；

（二）上市公司经审计的定期报告存在重大会计差错或财务报告存在虚假，会计师事务所及其注册会计师未勤勉尽责，对重大会计差错或财务报告虚假负有责任；

（三）为上市公司及相关信息披露义务人的证券业务活动制作、出具审计报告、资产评估报告、财务顾问报告、资信评级报告或者法律意见书等文件时，对明显不符合相关法律法规及本所业务规则规定的事项仍发表无异议的结论性意见，且情节严重；

（四）出具的文件存在虚假记载、误导性陈述或者重大遗漏的，或者不履行其他法定职责；

（五）拒不配合本所监管；

（六）未及时在定期报告或其他信息披露文件上签字确认或盖章，影响上市公司信息披露；

（七）本所认定的其他违规情形。

第四十六条 中介机构及其从业人员存在第四十二条、第四十四条规定的违规行为，且情节特别严重的，本所可以视情形在三个月、六个月、十二个月或者三十六月内不受理上述机构或者从业人员出具的相关业务文件。

第四十七条 破产管理人及其管理人成员存在下列情形之一的，本所视情形对其予以通报批评、公开谴责或者建议法院更换管理人或者管理人成员的纪律处分：

（一）未按本所《股票上市规则》及其他相关规定要求及时履行报告和公告义务；

（二）未按本所《股票上市规则》及其他相关规定要求及时告知上市公司应披露重大事项；

（三）未及时在定期报告上签字确认或盖章，影响上市公司披露定期报告；

（四）本所认定的其他严重违规情形。

第四章　附　　则

第四十八条 本指引对上市公司或相关当事人的违规行为未予规定的，适用本所其他业务规则。

第四十九条 本指引所称“达到”“以上”“以下”含本数，“超过”不含本数。

本指引涉及计算的数据如为负值，取其绝对值计算。

第五十条 本指引所称“营业收入”，是指上市公司利润表列报的营业收入；上市公司编制合并财务报表的，为合并利润表列报的营业总收入。

本指引所称“净利润”，是指上市公司利润表列报的净利润；上市公司编制合并财务报表的，为合并利润表列报的归属于母公司所有者的净利润，不包括少数股东损益。

本指引所称“净资产”，是指上市公司资产负债表列报的所有者权益；上市公司编制合并报表的为合并资产负债表列报的归属于母公司所有者权益，不包括少数股东权益。

第五十一条 本指引所称“元”如无特指，均指人民币元。

第五十二条 本指引由本所负责解释。

第五十三条 本指引自发布之日起施行。

关于发布《深圳证券交易所上市公司自律监管指引第13号——保荐业务》的通知

（2022年1月7日　深证上〔2022〕25号）

各市场参与人：

为优化上市公司自律监管规则体系，结合监管实践，本所对《深圳证券交易所上市公司信息披露指引第6号——保荐业务》进行了修订，并更名为《深圳证券交易所上市公司自律监管指引第13号——保荐业务》，现予以发布，自发布之日起施行。

《深圳证券交易所上市公司信息披露指引第6号——保荐业务》（深证上〔2021〕334号）同时废止。

特此通知

深圳证券交易所

2022年1月7日

2.13

深圳证券交易所上市公司自律监管指引第13号——保荐业务

（2022年1月7日　深证上〔2022〕25号）

第一章　总　　则

第一条　为加强保荐人和保荐代表人的作用，提高上市公司规范运作水平，促进上市公司健康发展，根据《证券发行上市保荐业务管理办法》（以下简称《保荐办法》）、《深圳证券交易所股票上市规则》、《深圳证券交易所创业板股票上市规则》（以下统称《股票上市规则》）等有关法律、行政法规、部门规章、规范性文件（以下统称法律法规）和本所相关业务规则，制定本指引。

第二条　本指引适用于保荐人和保荐代表人对深圳证券交易所（以下简称本所）上市公司（以下简称公司或者上市公司）的上市推荐和持续督导工作。

第三条　保荐人和保荐代表人应当遵守《中华人民共和国证券法》（以下简称《证券法》）、《保荐办法》等法律法规以及本所发布的业务规则等相关规定，诚实守信，公正独立，勤勉尽责，尽职推荐公司证券上市，持续督导上市公司履行规范运作、信守承诺、信息披露等义务。

保荐人和保荐代表人不得通过保荐业务谋取任何不正当利益。

第四条　保荐人和保荐代表人应当保证向本所出具的文件真实、准确、完整，不存在任何虚假记载、误导性陈述或者重大遗漏。

第五条　保荐人和保荐代表人在履行保荐职责过程中，上市公司不予以配合的或者拒绝按照保荐人的要求予以整改的，应当及时向本所报告。

第二章　保荐工作的基本要求

第六条　保荐人和保荐代表人在推荐公司证券上市过程中，应当履行尽职调查和审慎核查的义务，并有充分理由确信公司向本所提交的上市公告书等相关文件不存在虚假记载、误导性陈述或者重大遗漏。

第七条　保荐人和保荐代表人应当关注在推荐公司证券上市期间发生的可能对投资者

作出价值判断和投资决策所必需的信息，并及时向本所报告。

第八条 保荐人在推荐公司证券上市之前，应当与公司签订保荐协议，明确双方在推荐公司证券上市期间以及持续督导期间的权利和义务。

公司证券上市后，保荐人与公司对保荐协议内容作出修改的，应当于修改后五个交易日内报本所备案。

终止保荐协议的，保荐人和公司应当自终止之日起五个交易日内向本所报告，并说明原因。

第九条 保荐人与公司应当在保荐协议中约定以下内容：

（一）保荐人及其保荐代表人有权列席公司的股东大会、董事会和监事会；

（二）保荐人及其保荐代表人有权随时查询公司募集资金专用账户资料；

（三）公司应当及时提供保荐人发表专项意见事项所必需的资料，确保保荐人及时发表意见；

（四）公司应当积极配合保荐人和保荐代表人的现场检查工作以及参加保荐人组织的培训等，不得无故阻挠保荐人正常的持续督导工作；

（五）公司有下列情形之一的，应当及时通知保荐人并按约定方式及时提交相关文件：

1. 变更募集资金及投资项目等承诺事项；

2. 发生关联交易、为他人提供担保等事项；

3. 履行信息披露义务或者应向中国证监会、本所报告的有关事项；

4. 公司或者其董事、监事、高级管理人员、控股股东、实际控制人等发生违法违规行为；

5.《证券法》第八十条、八十一条规定的重大事件或者其他对公司规范运作、持续经营、履行承诺和义务具有影响的重大事项；

6. 中国证监会、本所规定或者保荐协议约定的其他事项。

（六）合理确定保荐费用的金额和支付时间，本所鼓励保荐人按照保荐工作进度分期收取保荐费用。

第十条 在保荐工作期间内，保荐人发生变更的，原保荐人应当配合做好交接工作，并在发生变更的五个交易日内向新保荐人提交以下文件，已公开披露的文件除外：

（一）现场检查报告、专项检查报告和保荐工作报告；

（二）向证券监管机构报送的与上市公司相关的其他报告；

（三）其他需要移交的文件。

第十一条 在持续督导期间，上市公司出现以下情形之一的，本所可以视情况要求保荐人延长持续督导时间：

（一）上市公司在规范运作、公司治理、内部控制等方面存在重大缺陷或者较大风险的；

（二）上市公司受到中国证监会行政处罚或者本所公开谴责的；

（三）上市公司连续二年信息披露考核结果为D的；

（四）本所认定的其他情形。

持续督导时间应延长至相关违规行为已经得到纠正、重大风险已经消除时，且不少于上述情形发生当年剩余时间及其后一个完整的会计年度。

第十二条 保荐人应当指定一名保荐业务负责人担任保荐业务代表，组织协调与本所相关的保荐业务；保荐人可以指定一至三名保荐业务联络人，协助保荐业务代表履行职责。

第十三条 保荐业务代表和保荐业务联络人应当履行以下职责：

（一）管理、保存保荐业务专区数字证书，及时更新保荐业务专区相关资料及其他信息，保证本所与各保荐人联系畅通；

（二）及时浏览本所保荐业务专区，接收本所发送的业务文件，予以协调落实；

（三）与本所进行日常沟通，配合本所的日常监管，参加本所组织的相关约见等；

（四）指导、督促保荐代表人及其他承担保荐业务的人员按照相关规定履行现场检查、专项核查、上市公司培训等义务；

（五）组织与保荐业务相关的内部培训；

（六）本所要求履行的其他职责。

第十四条 在保荐工作期间内，保荐代表人发生变更的，保荐人应当合理安排过渡期间的保荐工作，原保荐代表人应当做好保荐工作的交接工作，及时移交工作底稿等相关资料，提供关于上市公司存在的问题、风险以及需重点关注事项的书面说明文件，协助新保荐代表人履行保荐工作职责。

第十五条 保荐人、保荐代表人应当配合本所做好以下工作：

（一）在规定期限内回复本所问询；

（二）按时出席本所约见；

（三）对公司特定事项进行核查；

（四）按规定通过本所保荐业务专区报送相关文件资料；

（五）按本所要求提供保荐工作档案；

（六）参加本所组织的会议等；

（七）本所要求的其他工作。

第十六条 保荐人出具专项意见、现场检查报告、年度保荐工作报告、跟踪报告、保荐工作总结报告书等持续督导文件后，应当在两个交易日内告知上市公司，由上市公司及时通过本所业务专区提交本所网站和符合中国证监会规定条件的媒体（以下统称符合条件媒体）披露，同时上市公司还应当在其公司网站及时披露上述文件，但披露时间不得先于符合条件媒体。

第三章 督导内部制度建立和执行

第十七条 保荐人和保荐代表人应当督导上市公司及其董事、监事和高级管理人员遵守法律法规和本所发布的业务规则，并履行向本所作出的承诺。

第十八条 保荐人和保荐代表人应当督导上市公司建立健全并有效执行公司治理制

度，包括但不限于股东大会、董事会、监事会议事规则以及董事、监事和高级管理人员的行为规范等。

第十九条 保荐人和保荐代表人应当督导上市公司建立健全并有效执行内控制度，包括但不限于财务管理制度、会计核算制度和内部审计制度，以及募集资金使用、关联交易、对外担保、对外投资等重大经营决策的程序与规则等。

第二十条 保荐人和保荐代表人应当督导上市公司建立健全并有效执行信息披露制度，及时审阅信息披露文件及其他相关文件，并有充分理由确信上市公司向本所提交的文件不存在虚假记载、误导性陈述或者重大遗漏。

保荐人和保荐代表人可以对上市公司的信息披露文件事前审阅，未进行事前审阅的，应当在上市公司履行信息披露义务后五个交易日内，完成对有关文件的审阅工作，发现问题的应当及时督促上市公司更正或者补充，并向本所报告。

保荐人和保荐代表人应当对上市公司向中国证监会、本所提交的其他文件进行事前审阅，发现问题的及时督促上市公司更正或者补充。

第四章　关注事项

第二十一条 保荐人和保荐代表人应当主动、持续关注上市公司及相关信息披露义务人是否存在《股票上市规则》规定的应披露而未披露的事项，对上市公司及相关信息披露义务人未履行信息披露义务的，应当督促其及时履行信息披露义务。

第二十二条 保荐人和保荐代表人应当主动、持续关注并了解上市公司以下事项：

（一）经营环境和业务变化情况，包括行业发展前景、国家产业政策或者法规的变化、经营模式的转型、主营业务的变更、产品或者服务品种结构的变化等；

（二）股权变动情况，包括控股股东及实际控制人变更、有限售条件股份的变动等；

（三）管理层重大变化情况，包括重要管理人员的变化、管理结构的变化等；

（四）采购和销售变化情况，包括市场开发情况、采购和销售渠道、采购和销售模式的变化、市场占有率的变化、主要原材料或者主导产品价格的变化、重大客户和重要资产的变化等；

（五）核心技术变化情况，包括技术的先进性和成熟性的变化、新产品开发和试制等；

（六）财务状况，包括会计政策的稳健性、债务结构的合理性、经营业绩的稳定性等；

（七）保荐人和保荐代表人认为需要关注的其他事项。

上述事项发生重大变化时，如达到信息披露标准，保荐人和保荐代表人应当督促上市公司及时履行信息披露义务。

第二十三条 保荐人和保荐代表人应当持续关注并督促上市公司及控股股东、实际控制人等切实履行承诺，对上市公司及控股股东、实际控制人等未履行承诺事项的，保荐人和保荐代表人应当督促相关当事人制定整改计划并及时履行信息披露义务。

第二十四条 保荐人和保荐代表人应当关注公共传媒关于上市公司的报道，及时针对市场传闻进行核查。如果经核查发现上市公司存在应披露未披露的事项或者与披露不符的事实，保荐人和保荐代表人应当及时督促上市公司如实披露或者澄清。

第二十五条 上市公司或者其控股股东、实际控制人、董事、监事、高级管理人员受到中国证监会行政处罚或者本所纪律处分的，保荐人和保荐代表人应当重点关注违规事项相关的内部控制制度、违规事项持续状况及解决措施。

第二十六条 在持续督导期间出现以下情形之一的，保荐人和保荐代表人应当督促上市公司作出说明并限期纠正：

（一）上市公司可能存在违反《股票上市规则》等本所相关业务规则的行为；

（二）证券服务机构及其签名人员出具的专业意见可能存在虚假记载、误导性陈述或者重大遗漏等违法违规情形或者其他不当情形；

（三）持续督导期间上市公司发生《保荐办法》第七十二条规定的情形；

（四）对上市公司信息披露文件审阅中，保荐人和保荐代表人发现上市公司存在违法违规行为或者上市公司存在重大风险；

（五）保荐人认为必要的其他情形。

第五章 发表专项意见

第二十七条 保荐人应当对上市公司应披露的下列事项发表专项意见：

（一）募集资金使用情况；

（二）限售股份上市流通；

（三）关联交易；

（四）对外担保（对合并范围内的子公司提供担保除外）；

（五）委托理财；

（六）提供财务资助（对合并范围内的子公司提供财务资助除外）；

（七）风险投资、套期保值等业务；

（八）控股股东或第一大股东及其一致行动人存在平仓风险或被强制过户风险；

（九）本所或者保荐人认为需要发表专项意见的其他事项。

第二十八条 保荐人发表专项意见应当至少包括以下内容：

（一）上市公司应披露事项的基本情况；

（二）保荐人发表意见的具体依据，包括但不限于所采取的核查方法和措施、核查的文件和资料等；

（三）相关事项的决策程序和信息披露的合规性、可能存在的风险以及上市公司采取的措施是否有效；

（四）保荐人发表的结论性意见及其理由，结论性意见的类型包括同意、保留意见、反对意见、无法发表意见。

保荐人发表专项意见时，应当对相关事项进行审慎核查，获取充分、恰当的核查依据，做出独立、客观的判断。

保荐人应当将上述专项意见及时告知上市公司，并与上市公司相关公告同时披露。

第六章　现场检查

第二十九条　保荐人和保荐代表人应当每年对上市公司至少进行一次定期现场检查，持续督导时间不满三个月的除外。

在持续督导期间，如果所保荐的上市公司上一年度信息披露工作考核结果为C或者D的，保荐人和保荐代表人应当至少每半年对上市公司进行一次定期现场检查。

上市公司出现以下情形之一的，保荐人和保荐代表人在知悉或者应当知悉之日起十五日内或者本所规定的期限内就相关事项进行专项现场检查：

（一）控股股东、实际控制人或者其他关联方非经营性占用上市公司资金；

（二）违规为他人提供担保；

（三）违规使用募集资金；

（四）违规进行风险投资、套期保值业务等；

（五）关联交易显失公允或者未履行审批程序和信息披露义务；

（六）应本所要求的其他情形。

保荐人应当明确现场检查工作要求，确保现场检查工作质量。

第三十条　保荐人和保荐代表人定期现场检查内容至少包括：

（一）公司治理和内部控制情况、三会运作情况；

（二）控股股东、实际控制人持股变化情况；

（三）独立性以及与控股股东、实际控制人及其他关联方资金往来情况；

（四）信息披露情况；

（五）募集资金使用情况；

（六）大额资金往来情况；

（七）关联交易、对外担保、重大对外投资情况；

（八）业绩大幅波动的合理性；

（九）公司及股东承诺履行情况；

（十）现金分红制度的执行情况；

（十一）保荐人认为应予以现场检查的其他事项。

保荐人应当在现场检查报告中充分说明上述事项及其进展是否发生重大变更，是否存在重大风险等。

第三十一条　现场检查工作应至少有一名保荐代表人参加，保荐人和保荐代表人在实施现场检查前应当制定现场检查工作计划，现场检查工作计划至少应包括现场检查的工作进度、时间安排、人员安排和具体事项的现场检查方案。

第三十二条　现场检查开始后，保荐人和保荐代表人应当根据计划确定的现场检查事项、重点和方法，实施现场检查方案，获取现场检查资料和证据，并形成现场检查工作底稿和初步现场检查意见。

第三十三条　保荐人和保荐代表人可以采取以下现场检查手段，以获取充分和恰当的现场检查资料和证据：

（一）对上市公司董事、监事、高级管理人员及有关人员进行访谈；

（二）察看上市公司的主要生产、经营、管理场所；

（三）对有关文件、原始凭证及其他资料或者客观状况进行查阅、复制、记录、录音、录像、照相；

（四）检查或者走访对上市公司损益影响重大的控股或参股公司；

（五）走访或者函证上市公司的控股股东、实际控制人及其关联方；

（六）走访或者函证上市公司重要的供应商或者客户；

（七）聘请会计师事务所、律师事务所、资产评估机构以及其他证券服务机构提供专业意见；

（八）保荐人、保荐代表人认为的其他必要手段。

第三十四条 在现场检查过程中，保荐代表人应当及时记录和整理现场检查资料和证据，对资料是否详实和可靠、证据是否充分和恰当进行评估，并对照现场检查工作计划，检查现场检查方案是否已全面实施。

第三十五条 保荐人应当及时完成对保荐代表人现场检查工作底稿的复核工作，复核人员应当重点关注保荐代表人现场检查程序、内容是否符合规定以及基于现场检查资料和证据形成的判断是否恰当。

第三十六条 保荐人应当在现场检查结束后的十个交易日内以书面方式告知上市公司现场检查结果及提请公司注意的事项，并对存在的问题提出整改建议。

第三十七条 保荐人应当在现场检查结束后的十个交易日内完成现场检查报告，并报送本所备案。

《定期现场检查报告》应当按照本指引规定的内容与格式编制。

《专项现场检查报告》应当至少包括以下内容：

（一）本次现场检查的基本情况；

（二）所采取的检查方法和措施、获取的现场检查资料和证据等；

（三）本次现场检查发现的问题及下一步工作计划。

第七章　保荐人其他义务

第三十八条 保荐人和保荐代表人应当按照与公司及公司存放募集资金的商业银行签订的募集资金三方监管协议的要求，做好公司募集资金使用的督导和检查工作。

第三十九条 保荐人每年应当至少对上市公司董事、监事、高级管理人员、中层以上管理人员及上市公司控股股东和实际控制人等相关人员进行一次培训，培训内容包括但不限于《股票上市规则》、本所发布的其他业务规则等相关规定以及上市公司违规案例等。保荐人应当在每次培训结束后十个交易日内完成培训情况报告，并报送本所备案。

第四十条 上市公司出现以下情形之一的，保荐人应当在十个交易日内对上市公司董事、监事、高级管理人员、中层以上管理人员及上市公司控股股东和实际控制人等相关人员进行专门培训：

（一）实际控制人发生变更的；

（二）受到中国证监会行政处罚或者本所通报批评、公开谴责处分的；

（三）信息披露工作考核结果为D的；

（四）本所要求的其他情形。

第四十一条 保荐人按照有关规定对上市公司违法违规事项公开发表声明的，应当于披露前向本所报告，经本所审查后在符合条件媒体上公告。本所对上述公告进行形式审查，对其实质内容不承担责任。

第四十二条 保荐人应当在主板上市公司披露年度报告之日起的十个交易日内按照本指引规定的内容与格式向本所报送年度保荐工作报告，持续督导期开始之日至该年度结束不满三个月的除外。

创业板上市公司的保荐人应当在公司披露年度报告、半年度报告后十五个交易日内按照本指引规定的内容与格式向本所报送并在符合条件媒体披露跟踪报告。

第八章 保荐工作内部管理

第四十三条 保荐人应当建立并有效执行保荐工作的内控制度，包括持续督导的业务流程、监督和复核机制等。

第四十四条 承担持续督导职责的保荐人和保荐代表人应当针对上市公司的具体情况，制定持续督导工作计划和实施方案，就持续督导工作的主要内容、重点、实施方式、步骤等作出完整、有效的安排。

保荐人和保荐代表人应当根据上市公司具体情况、结合上市公司重要风险点以及影响上市公司规范运作、信守承诺、履行信息披露义务的关键因素，明确持续督导工作重点。

第四十五条 保荐人应当指定专人进行持续督导的复核工作，复核人员应当重点关注保荐代表人发表专项意见、现场检查以及培训工作等履责情况。

第四十六条 保荐人应当建立健全上市推荐和持续督导业务工作底稿制度，为每一项目建立独立的工作底稿。保荐工作底稿应当内容完整、记录清晰、结论明确，真实、准确、完整地反映整个保荐工作的全过程，包括与上市推荐、持续关注及报告、现场检查、发表专项意见等保荐工作相关的所有重要事项。

工作底稿应当载明下列事项：

（一）工作底稿编制的时间；

（二）保荐工作履行的程序、核查的文件以及现场检查的资料等；

（三）发表的结论性意见；

（四）执行人员姓名和执行日期；

（五）复核人员姓名、复核日期和复核意见；

（六）其他需要记载的事项等。

第四十七条 保荐工作底稿的保存期应当不少于二十年。

第四十八条 保荐人应当建立保荐工作底稿的复核制度，明确规定复核的要求和责任。复核人员应当做出必要的复核记录，明确表示复核意见并签名。

如果发现保荐工作底稿存在问题，复核人员应当在复核意见中加以说明，并要求相关人员补充或者重编工作底稿。

第四十九条 保荐人应当建立健全保荐代表人及从事保荐业务其他相关人员的保荐业务持续培训制度。

保荐人应至少每年组织一次对保荐代表人及其他保荐业务相关人员上市推荐和持续督导业务培训，强化保荐代表人对保荐相关业务规则的学习，并将培训情况在五个交易日内报送本所备案。

第五十条 保荐人应当建立执业质量考核机制，每年对保荐代表人上一年度的保荐工作进行考核。

第五十一条 保荐人应当建立持续督导工作与自营、资产管理、研究等部门业务之间的信息隔离制度，不得向其透露上市公司未公开的重大信息，保荐人及其相关工作人员不得进行内幕交易。

第九章　保荐工作的监管

第五十二条 本所对保荐人、保荐代表人的上市推荐和持续督导实施日常监管，具体措施包括：

（一）约见保荐业务代表、保荐代表人；

（二）要求保荐人组织相关培训；

（三）向保荐人、保荐代表人发出各项通知和函件；

（四）调阅保荐工作底稿等资料；

（五）要求保荐人、保荐代表人对有关事项作出解释和说明；

（六）向中国证监会报告；

（七）其他监管措施。

第五十三条 保荐人、保荐代表人违反有关规定，本所视情节轻重给予以下纪律处分：

（一）通报批评；

（二）公开谴责；

（三）本所规定的其他纪律处分。

情节严重的，本所依法报中国证监会查处。

第十章　附　　则

第五十四条 本指引由本所负责解释。

第五十五条 本指引自发布之日起施行。

附件一：定期现场检查报告
附件二：年度保荐工作报告（主板适用）
年度或者半年度跟踪报告（创业板适用）

附件一：

定期现场检查报告

保荐人名称：		被保荐公司简称：	
保荐代表人姓名：		联系电话：	
保荐代表人姓名：		联系电话：	
现场检查人员姓名：			
现场检查对应期间：			
现场检查时间：			
一、现场检查事项	现场检查意见		
（一）公司治理	是	否	不适用
现场检查手段（包括但不限于本指引第三十三条所列）：			
1. 公司章程和公司治理制度是否完备、合规			
2. 公司章程和三会规则是否得到有效执行			
3. 三会会议记录是否完整，时间、地点、出席人员及会议内容等要件是否齐备，会议资料是否保存完整			
4. 三会会议决议是否由出席会议的相关人员签名确认			
5. 公司董监高是否按照有关法律法规和本所相关业务规则履行职责			
6. 公司董监高如发生重大变化，是否履行了相应程序和信息披露义务			
7. 公司控股股东或者实际控制人如发生变化，是否履行了相应程序和信息披露义务			
8. 公司人员、资产、财务、机构、业务等方面是否独立			
9. 公司与控股股东及实际控制人是否不存在同业竞争			
（二）内部控制			
现场检查手段（包括但不限于本指引第三十三条所列）：			
1. 是否按照相关规定建立内部审计制度并设立内部审计部门（如适用）			
2. 是否在股票上市后六个月内建立内部审计制度并设立内部审计部门（如适用）			
3. 内部审计部门和审计委员会的人员构成是否合规（如适用）			
4. 审计委员会是否至少每季度召开一次会议，审议内部审计部门提交的工作计划和报告等（如适用）			
5. 审计委员会是否至少每季度向董事会报告一次内部审计工作进度、质量及发现的重大问题等（如适用）			

续表

一、现场检查事项	现场检查意见		
（二）内部控制	是	否	不适用
6. 内部审计部门是否至少每季度向审计委员会报告一次内部审计工作计划的执行情况以及内部审计工作中发现的问题等（如适用）			
7. 内部审计部门是否至少每季度对募集资金的存放与使用情况进行一次审计（如适用）			
8. 内部审计部门是否在每个会计年度结束前二个月内向审计委员会提交次一年度内部审计工作计划（如适用）			
9. 内部审计部门是否在每个会计年度结束后二个月内向审计委员会提交年度内部审计工作报告（如适用）			
10. 内部审计部门是否至少每年向审计委员会提交一次内部控制评价报告（如适用）			
11. 从事风险投资、委托理财、套期保值业务等事项是否建立了完备、合规的内控制度			
（三）信息披露			
现场检查手段（包括但不限于本指引第三十三条所列）：			
1. 公司已披露的公告与实际情况是否一致			
2. 公司已披露的内容是否完整			
3. 公司已披露事项是否未发生重大变化或者取得重要进展			
4. 是否不存在应予披露而未披露的重大事项			
5. 重大信息的传递、披露流程、保密情况等是否符合公司信息披露管理制度的相关规定			
6. 投资者关系活动记录表是否及时在本所互动易网站刊载			
（四）保护公司利益不受侵害长效机制的建立和执行情况			
现场检查手段（包括但不限于本指引第三十三条所列）：			
1. 是否建立了防止控股股东、实际控制人及其他关联人直接或者间接占用上市公司资金或者其他资源的制度			
2. 控股股东、实际控制人及其他关联人是否不存在直接或者间接占用上市公司资金或者其他资源的情形			
3. 关联交易的审议程序是否合规且履行了相应的信息披露义务			
4. 关联交易价格是否公允			
5. 是否不存在关联交易非关联化的情形			
6. 对外担保审议程序是否合规且履行了相应的信息披露义务			
7. 被担保方是否不存在财务状况恶化、到期不清偿被担保债务等情形			
8. 被担保债务到期后如继续提供担保，是否重新履行了相应的审批程序和披露义务			

续表

一、现场检查事项	现场检查意见		
（五）募集资金使用	是	否	不适用
现场检查手段（包括但不限于本指引第三十三条所列）：			
1. 是否在募集资金到位后一个月内签订三方监管协议			
2. 募集资金三方监管协议是否有效执行			
3. 募集资金是否不存在第三方占用或违规进行委托理财等情形			
4. 是否不存在未履行审议程序擅自变更募集资金用途、暂时补充流动资金、置换预先投入、改变实施地点等情形			
5. 使用闲置募集资金暂时补充流动资金、将募集资金投向变更为永久性补充流动资金或者使用超募资金补充流动资金或者偿还银行贷款的，公司是否未在承诺期间进行高风险投资			
6. 募集资金使用与已披露情况是否一致，项目进度、投资效益是否与招股说明书等相符			
7. 募集资金项目实施过程中是否不存在重大风险			
（六）业绩情况			
现场检查手段（包括但不限于本指引第三十三条所列）：			
1. 业绩是否存在大幅波动的情况			
2. 业绩大幅波动是否存在合理解释			
3. 与同行业可比公司比较，公司业绩是否不存在明显异常			
（七）公司及股东承诺履行情况			
现场检查手段（包括但不限于本指引第三十三条所列）：			
1. 公司是否完全履行了相关承诺			
2. 公司股东是否完全履行了相关承诺			
（八）其他重要事项			
现场检查手段（包括但不限于本指引第三十三条所列）：			
1. 是否完全执行了现金分红制度，并如实披露			
2. 对外提供财务资助是否合法合规，并如实披露			
3. 大额资金往来是否具有真实的交易背景及合理原因			
4. 重大投资或者重大合同履行过程中是否不存在重大变化或者风险			
5. 公司生产经营环境是否不存在重大变化或者风险			
6. 前期监管机构和保荐人发现公司存在的问题是否已按相关要求予以整改			
二、现场检查发现的问题及说明			
注：针对每个问题逐项说明公司存在的问题、已采取的持续督导措施及效果和进一步的整改计划。			

保荐代表人签名：　　　　　　　　　　　　　　年　月　日

保荐人：　　　　　　　　　　　　　　　　　　年　月　日

（加盖公章）

附件二：

年度保荐工作报告（主板适用）
年度或者半年度跟踪报告（创业板适用）

保荐人名称：	被保荐公司简称：
保荐代表人姓名：	联系电话：
保荐代表人姓名：	联系电话：

一、保荐工作概述

项目	工作内容
1. 公司信息披露审阅情况	
（1）是否及时审阅公司信息披露文件	
（2）未及时审阅公司信息披露文件的次数	
2. 督导公司建立健全并有效执行规章制度的情况	
（1）是否督导公司建立健全规章制度（包括但不限于防止关联方占用公司资源的制度、募集资金管理制度、内控制度、内部审计制度、关联交易制度）	
（2）公司是否有效执行相关规章制度	
3. 募集资金监督情况	
（1）查询公司募集资金专户次数	
（2）公司募集资金项目进展是否与信息披露文件一致	
4. 公司治理督导情况	
（1）列席公司股东大会次数	
（2）列席公司董事会次数	
（3）列席公司监事会次数	
5. 现场检查情况	
（1）现场检查次数	
（2）现场检查报告是否按照本所规定报送	
（3）现场检查发现的主要问题及整改情况	
6. 发表专项意见情况	
（1）发表专项意见次数	
（2）发表非同意意见所涉问题及结论意见	
7. 向本所报告情况（现场检查报告除外）	
（1）向本所报告的次数	
（2）报告事项的主要内容	

续表

项目	工作内容
（3）报告事项的进展或者整改情况	
8. 关注职责的履行情况	
（1）是否存在需要关注的事项	
（2）关注事项的主要内容	
（3）关注事项的进展或者整改情况	
9. 保荐业务工作底稿记录、保管是否合规	
10. 对上市公司培训情况	
（1）培训次数	
（2）培训日期	
（3）培训的主要内容	
11. 其他需要说明的保荐工作情况	

二、保荐人发现公司存在的问题及采取的措施

事项	存在的问题	采取的措施
1. 信息披露		
2. 公司内部制度的建立和执行		
3. “三会”运作		
4. 控股股东及实际控制人变动		
5. 募集资金存放及使用		
6. 关联交易		
7. 对外担保		
8. 购买、出售资产		
9. 其他业务类别重要事项（包括对外投资、风险投资、委托理财、财务资助、套期保值等）		
10. 发行人或者其聘请的证券服务机构配合保荐工作的情况		
11. 其他（包括经营环境、业务发展、财务状况、管理状况、核心技术等方面的重大变化情况）		

三、公司及股东承诺事项履行情况

公司及股东承诺事项	是否履行承诺	未履行承诺的原因及解决措施
1.		
2.		
3.		
……		

四、其他事项

报告事项	说明
1. 保荐代表人变更及其理由	
2. 报告期内中国证监会和本所对保荐人或者其保荐的公司采取监管措施的事项及整改情况	
3. 其他需要报告的重大事项	

保荐代表人签名：　　　　　　　　　　　　　　　　年　　月　　日

保荐人：　　　　　　　　　　　　　　　　　　　　年　　月　　日
（加盖公章）

关于发布《深圳证券交易所上市公司自律监管指引第14号——破产重整等事项》的通知

（2022年3月31日　深证上〔2022〕325号）

各市场参与人：

为全面贯彻落实《证券法》要求，进一步规范上市公司破产事项，保护中小投资者合法权益，本所总结上市公司破产事项监管实践经验，制定了《深圳证券交易所上市公司自律监管指引第14号——破产重整等事项》。现予以发布，自发布之日起施行。

特此通知

深圳证券交易所

2022年3月31日

2.14

深圳证券交易所上市公司自律监管指引 第14号——破产重整等事项

（2022年3月31日　深证上〔2022〕325号）

第一章　总　　则

第一条　为规范深圳证券交易所（以下简称本所）上市公司重整、和解及破产清算事项（以下统称破产事项），根据《中华人民共和国公司法》、《中华人民共和国证券法》（以下简称《证券法》）、《中华人民共和国企业破产法》（以下简称《企业破产法》）等法律、行政法规、部门规章、规范性文件，以及《深圳证券交易所股票上市规则》《深圳证券交易所创业板股票上市规则》（以下统称《股票上市规则》）等规定，制定本指引。

第二条　上市公司实施破产事项适用本指引。实施预重整等程序的上市公司，参照本指引规定履行信息披露义务。

上市公司控股股东、第一大股东、对上市公司经营具有重要影响的子公司和参股公司发生破产事项，可能对上市公司股票及其衍生品种交易价格产生较大影响的，参照本指引规定履行信息披露义务。

第三条　上市公司及其控股股东、实际控制人，董事、监事、高级管理人员，破产管理人及其成员，债权人，重整投资人等破产事项相关方（以下统称上市公司及有关各方）应当按照本指引履行信息披露义务，确有原因无法履行的，应当说明原因。

进入破产程序的上市公司除按照本指引披露信息外，还应当按照本所相关规定，及时披露定期报告和临时报告。

根据《企业破产法》以及人民法院要求应当公告的事项，上市公司或者管理人应当及时披露。

第四条　上市公司及有关各方不得通过披露破产事项，从事市场操纵、内幕交易等违法违规行为。

上市公司实施破产事项期间，应当及时、公平地披露相关信息，并保证所披露的信息真实、准确、完整。股票交易出现异常波动的，应当按照本所要求及时披露股票交易异常波动公告，说明破产事项的最新进展，并提示相关风险。

第五条　上市公司在破产事项推进期间出现重大市场质疑、投资者投诉或者其他情形的，上市公司或者管理人可以主动召开投资者说明会或者媒体说明会，本所也可以视情况要求召开。

第二章　停复牌和内幕交易防控

第六条　上市公司实施预重整、重整、和解、破产清算期间，原则上股票及其衍生品种不停牌，上市公司及有关各方应当切实做好内幕信息保密及内幕交易防控工作，分阶段披露破产事项的进展，并充分提示相关风险。

第七条　上市公司董事会或者管理人认为确有需要的，可以向本所申请股票及其衍生品种停牌，停牌时间原则上不超过二个交易日，确有必要的，可以延期至五个交易日。

上市公司申请停牌的，应当披露停牌具体事由、事项进展和预计复牌时间等内容。

上市公司应当披露停牌期间相关事项的主要工作、事项进展、对上市公司的影响以及后续安排等，并充分提示相关事项的风险和不确定性。

第八条　上市公司、破产管理人及其成员、重整投资人、债权人、为破产事项提供有关服务的中介机构及有关各方，对所知悉的破产事项在依法依规披露前负有保密义务。

上市公司应当在作出破产申请决定或者知悉被申请破产、法院裁定受理破产事项、债权人会议审议重整计划或者和解协议、确定重整投资人后的五个交易日内向本所提交内幕信息知情人档案及进程备忘录。本所可以视情况要求上市公司补充提交内幕信息知情人档案。

第三章　破产事项的申请和受理

第九条　上市公司拟主动提出重整、和解或者破产清算申请的，应当充分评估是否符合《企业破产法》等规定的条件、被法院受理的可行性以及对上市公司持续经营能力的影响等，并提交董事会、股东大会审议。

第十条　上市公司应当在董事会作出向法院申请重整、和解或者破产清算的决定时，或者知悉被申请重整或者破产清算时，及时披露下列事项：

（一）上市公司作出申请决定的具体原因、申请目的、正式递交申请的时间，以及已履行和仍需履行的审议程序（适用于主动申请情形）；

（二）申请人的基本情况、申请目的、申请的事实和理由，以及申请人与上市公司及其董事、监事、高级管理人员、控股股东、实际控制人是否存在关联关系、一致行动关系（适用于债权人、股东申请情形）；

（三）破产事项被法院受理可能存在的障碍及解决措施（如适用）；

（四）破产事项对上市公司的影响；

（五）上市公司董事、监事、高级管理人员、控股股东、实际控制人未来六个月的减持计划；

（六）后续是否进入重整、和解或者破产清算程序尚存在重大不确定性，上市公司股票可能被实施退市风险警示、终止上市的相关风险提示；

（七）本所要求披露的其他内容。

上市公司向人民法院申请和解的，除应当按照前款规定履行信息披露义务外，还应当披露明确的和解协议草案，并充分提示和解不成功被宣告破产的风险。上市公司制定和解协议草案时，应当采取有效措施保护中小投资者利益，并按照《股票上市规则》等规定，履行股东大会审议程序。

上市公司根据本条规定披露信息，应当以客观事实或者具有事实基础的判断和意见为依据，保证信息披露的真实、准确、完整。

第十一条 上市公司应当在董事会作出向法院申请重整、和解或者破产清算的决定时，或者知悉债权人向法院申请上市公司重整或者破产清算的五个交易日内，披露上市公司专项自查报告，自查报告应当包括以下内容：

（一）截至自查报告披露日，上市公司控股股东、实际控制人及其他关联方非经营性占用上市公司资金情况；

（二）截至自查报告披露日，上市公司存在的违规对外担保情况；

（三）上市公司、控股股东、实际控制人及其他关联方等相关主体尚未履行的承诺事项；

（四）其他应当予以关注的事项；

（五）上述事项的解决方案及可行性。

上市公司应当在定期报告中持续披露专项自查事项进展情况，直至自查事项结束。

第十二条 上市公司依据《企业破产法》的规定对债权人申请提出异议的，应当及时披露异议所涉及的具体内容。

第十三条 法院受理破产申请前，申请人撤回申请的，上市公司应当及时披露撤回时间及原因。法院作出裁定的，上市公司应当在收到法院裁定后及时披露。

第十四条 在法院裁定是否受理破产申请前，上市公司应当至少每月披露一次进展公告，对破产申请被受理的不确定性、上市公司股票可能被实施退市风险警示、终止上市的风险等进行提示。

第十五条 法院裁定不予受理上市公司破产申请的，上市公司应当在收到裁定后及时披露法院作出裁定的时间以及裁定书的主要内容。

申请人对法院裁定不服，向上一级人民法院提起上诉的，上市公司应当及时披露相关情况。

第十六条 法院裁定受理上市公司破产申请的，上市公司应当在收到法院裁定后及时披露下列事项：

（一）申请人名称；

（二）法院作出裁定的时间以及裁定书的主要内容；

（三）法院受理破产申请对上市公司的影响；

（四）本所要求披露的其他内容。

上市公司应当在公告中充分提示其股票可能存在被终止上市的风险。

第十七条 法院指定管理人的，上市公司还应当披露以下内容：

（一）管理人的基本情况，包括管理人名称、负责人、成员、职责及联系方式等；

（二）上市公司财产和营业事务的管理模式；

（三）后续信息披露事务责任主体名称、成员、联系方式等。

第十八条 法院裁定受理重整、和解或者破产清算申请的，上市公司应当及时披露相关情况。本所根据《股票上市规则》对其股票实施退市风险警示。

第十九条 进入破产程序的上市公司采取管理人管理运作模式的，管理人及其成员应当按照有关法律法规及本所业务规则等及时、公平地向所有债权人和股东披露信息，并保证信息披露内容的真实、准确、完整。

上市公司披露的定期报告应当由管理人的成员签署书面确认意见，披露的临时报告应当由管理人发布并加盖管理人公章。

第二十条 进入破产程序的上市公司采取管理人监督运作模式的，上市公司应当及时披露自行管理财产和营业事务职权范围，董事会、监事会和高级管理人员应当按照有关法律法规及本所业务规则有关规定履行信息披露义务。

在行使管理人职责期间，管理人应当及时将涉及信息披露的所有事项告知上市公司董事会，并监督董事、监事和高级管理人员勤勉尽责地履行信息披露义务。

第二十一条 在第一次债权人会议召开之前，管理人决定上市公司继续或者停止营业并获得法院同意的，应当及时向本所报告并公告相关情况。

第二十二条 上市公司预重整程序转换或者结束时，上市公司应当及时披露预重整期间临时管理人等的履职情况、预重整程序取得的成效、预重整与破产重整程序衔接安排等内容。

第二十三条 破产事项程序发生转换的，上市公司应当在收到法院裁定书后，及时披露以下内容：

（一）申请人名称、与上市公司之间的关系；

（二）法院作出裁定的时间以及裁定书的主要内容；

（三）破产事项程序转换对上市公司的影响；

（四）本所要求披露的其他内容。

第四章　重整投资人

第二十四条 上市公司或者管理人在重整计划制定过程中拟通过公开征集方式招募重整投资人的，应当同时通过上市公司公告披露征集（招募）通知，披露内容应当包括征集目的、征集条件、征集流程和遴选机制等。

上市公司应当遵循分阶段信息披露原则披露公开征集重整投资人的重大进展事项。

第二十五条 上市公司通过管理人寻找和洽谈等其他方式引进重整投资人的，应当在上市公司、管理人和重整投资人签订投资协议后及时披露，并披露未通过公开征集方式招募重整投资人的原因、合理性。

第二十六条 上市公司、管理人与重整投资人签订投资协议的，应当及时公告并披露以下内容：

（一）重整投资人基本情况，包括基本工商登记信息、股权结构、实际控制人情况、近三年主营业务情况和主要财务数据、与上市公司及其董事、监事、高级管理人员、控股股东、实际控制人等是否存在关联关系或者一致行动关系，重整投资人之间是否存在关联关系或者一致行动关系以及是否存在出资安排等；

（二）投资协议主要内容，包括重整投资人投资目的、投资金额、拟获得股份情况、对上市公司未来生产经营计划及协议生效条件等；

（三）重整投资人取得相关股份所需支付的对价、定价依据及公允性、资金来源、支付方式，引入重整投资人过程中是否存在损害上市公司及中小投资者利益情形；

（四）重整投资人股份锁定安排，上市公司股权结构及控制权变化情况；

（五）重整投资人作出的相关承诺、履约措施、履约能力及履约保障等；

（六）执行投资协议对上市公司的影响；

（七）本所、上市公司或者管理人认为应当披露的其他事项。

第二十七条 重整投资人取得上市公司股份涉及国家产业政策、行业准入等事项的，应当说明是否需要取得相关部门批准及其批准情况。

外国投资者参与破产重整，应当遵守相关法律、行政法规、部门规章、规范性文件以及本所《股票上市规则》等规定。

第二十八条 重整投资协议涉及重整投资人受让上市公司资本公积转增股份的，相关受让股份价格定价应当合理、公允，不得损害中小投资者利益。

相关受让股份价格低于上市公司股票在投资协议签署当日（遇到非交易日的，则以签署日前一个交易日为基准日）收盘价百分之八十的，上市公司或者管理人应当聘请财务顾问出具专项意见并予以披露。

第五章 债权人会议

第二十九条 发出召开债权人会议通知的，上市公司或者管理人应当及时披露以下内容：

（一）会议召开的时间、地点和方式，采用网络会议方式召开的，应当说明参会的具体方法；

（二）审议议案的主要内容（如有）；

（三）截至会议通知发出日，债权申报及审核、资产调查情况，以及财产管理、上市公司营业等破产事务的最新进展情况（如有）；

（四）上市公司或者重要子公司专项审计、评估报告（如有）；

（五）管理人报酬（如有）；

（六）关于债权人会议结果存在不确定性的风险提示；

（七）本所、上市公司或者管理人认为应当披露的其他事项。

管理人等发出关于审议重整计划草案或者和解协议的债权人会议通知时，上市公司或者管理人除按第一款规定进行披露外，还应当及时披露重整计划草案、和解协议的主要内容，无法披露的，应当说明原因。

第三十条 债权人会议结束后，上市公司或者管理人应当及时披露以下内容：

（一）会议议程；

（二）债权核查情况（如有）；

（三）债权人会议关于继续或者停止上市公司营业的决定（如有）；

（四）对上市公司财产管理方案、财产变价方案、破产财产分配方案等的表决情况（如有）；

（五）各债权人组对重整计划草案或者和解协议的表决情况（如有）；

（六）会议决议涉及的其他事项；

（七）上市公司股票可能被终止上市的风险提示；

（八）本所、上市公司或者管理人认为应当披露的其他事项。

债权人会议审议通过重整计划草案或者和解协议的，上市公司或者管理人除按第一款规定进行披露外，还应当及时披露重整计划草案、和解协议全文。

债权人会议当日未形成决议需延期表决的，上市公司或者管理人应当及时披露会议召开情况、未形成决议的原因及后续安排，并在形成最终决议后及时公告。

第三十一条 对于重整计划草案首次未获债权人组表决通过的，上市公司或者管理人应当在结果公告中明确披露是否与相关表决组通过协商后再次进行表决。

进行二次表决的，相关表决组第二次表决结束后，上市公司或者管理人应当及时公告表决结果。再次表决未获通过的，应当及时披露是否将按照《企业破产法》的规定，向法院申请强制批准重整计划草案。

第三十二条 债权人会议或者管理人决定停止上市公司全部或者部分营业的，上市公司或者管理人应当披露被停止营业相关业务最近一年及一期的收入、利润、资产等财务状况和经营成果，以及停止营业对上市公司的具体影响，并提示相关风险。

第三十三条 债权人会议表决通过或者法院裁定财产变价方案，达到本所《股票上市规则》规定的披露标准的，上市公司或者管理人应当单独就财产变价方案披露以下内容：

（一）被处置财产的基本情况，包括范围及确定依据、权属状况、账面值及评估值、在生产经营中的作用等；

（二）处置价格及定价依据、处置方式及流程、付款安排；

（三）处置方案相关会计处理，处置方案对上市公司当期损益和持续经营能力的影响；

（四）中介机构出具的专业报告（如适用）。

第三十四条 上市公司或者管理人应当就重整计划草案中约定的经营方案单独履行信息披露义务，详细说明执行步骤和时间安排，分析论证方案制定依据，并对依据的充分性、方案的可行性以及是否有利于提高上市公司持续经营能力进行说明。

重整计划草案中有关经营方案涉及购买资产构成重大资产重组等事项的，上市公司或者管理人应当聘请中介机构按照证券监管机构的有关要求核查并编制信息披露文件，作为重整计划草案及其经营方案的必备文件。

第六章　出资人组会议及权益调整安排

第三十五条　重整计划草案涉及出资人权益调整等与股东权利密切相关的重大事项时，应当设出资人组对相关事项进行表决。出资人组会议表决事项涉及引入重整投资人等事项且重整投资人与上市公司控股股东、实际控制人、持股百分之五以上股东、董事、监事、高级管理人员等存在关联关系的，上述关联股东应当回避表决，并且不得代理其他股东行使表决权。

出资人组对出资人权益调整相关事项作出决议，必须经出席会议的出资人所持表决权三分之二以上通过。上市公司披露表决结果时，还应当对除上市公司董事、监事、高级管理人员以及单独或者合计持有上市公司百分之五以上股份的股东以外的其他股东的表决单独计票并披露。

第三十六条　出资人组会议的召开程序应当参照中国证监会及本所关于召开股东大会的相关规定，上市公司或者管理人应当提供网络投票方式，为出资人行使表决权提供便利，法院另有要求的除外。

第三十七条　上市公司或者管理人应当在发出出资人组会议通知时单独披露出资人权益调整方案，对出资人权益调整的必要性、范围、内容、除权（息）处理原则、是否有利于保护上市公司及中小投资者利益等进行说明，并就方案实施时可能涉及除权（息）安排等进行风险提示。

出资人组会议召开后，应当及时披露表决结果情况和律师事务所出具的法律意见书。

第三十八条　对于出资人权益调整方案首次未获出资人组表决通过的，上市公司或者管理人应当在结果公告中明确披露是否与相关表决组通过协商后再次进行表决。

进行二次表决的，相关表决组第二次表决结束后，应当及时公告表决结果。再次表决未获通过的，应当及时披露是否将按照《企业破产法》的规定，向法院申请强制批准重整计划草案。

第三十九条　上市公司破产重整程序中涉及权益调整方案的，应当按照本所《交易规则》的相关规定，对其股票作除权（息）处理。

上市公司拟调整除权（息）参考价格计算公式的，应当结合重整投资人支付对价、转增股份、债务清偿等情况，明确说明调整理由和规则依据，并聘请财务顾问就调整的合规性、合理性及除权（息）参考价格计算结果的适当性发表明确意见。如权益调整方案约定的转增股份价格高于上市公司股票价格的，可以不对上市公司股票作除权（息）处理。

第四十条　上市公司或者管理人应当于实施权益调整方案的股权登记日前三至五个交易日内披露方案实施公告，公告应当包括以下内容：

（一）法院裁定批准重整计划情况；

（二）权益调整方案的具体内容、转增股份实施办法以及转增股份分配情况；

（三）转增股份的股权登记日、除权除息日、股份上市日；

（四）除权（息）具体安排；

（五）上市公司股本结构变动表及持股百分之五以上股东变化情况；

（六）上市公司股票存在终止上市风险等相关风险提示。

第七章　法院裁定及破产事项实施

第四十一条　重整计划草案、和解协议经债权人会议、出资人组会议（如有）审议通过后，上市公司或者管理人应当及时披露向法院申请批准重整计划草案、认可和解协议的情况。

上市公司或者管理人按照《企业破产法》的相关规定，延期提交重整计划草案的，应当及时披露进展情况。

第四十二条　上市公司或者管理人依据《企业破产法》的规定申请法院强制批准重整计划草案的，上市公司或者管理人应当及时公告并说明相关申请的具体情况及依据。

第四十三条　法院裁定批准重整计划、认可和解协议或者终止重整、和解程序等，上市公司或者管理人应当在收到法院裁定后及时披露裁定内容，并披露重整计划、和解协议全文。如重整计划、和解协议与前次披露内容存在差异的，应当说明差异内容及原因。

重整计划草案或者和解协议未获得批准或者认可的，上市公司或者管理人还应当及时披露法院裁定内容及未获批准或者认可的原因，并充分提示因法院裁定终止重整、和解程序并被宣告破产，上市公司股票可能被终止上市的风险。

因重整计划草案或者和解协议未获得法院批准或者认可，上市公司被宣告破产的，上市公司应当按照本所《股票上市规则》的要求启动其股票退市程序，并应当按要求履行信息披露义务。

第四十四条　破产事项中涉及股东、债权人、重整投资人等持有上市公司股份权益变动的，相关方应当按照《证券法》《上市公司收购管理办法》等法律法规及本所业务规则等规定，自法院裁定重整计划或者投资协议签署之日起，履行相关信息披露义务。

第四十五条　根据《证券法》《上市公司收购管理办法》等相关规定，重整计划执行可能导致相关方触发强制要约收购义务，且不符合《上市公司收购管理办法》规定的免于发出要约情形的，相关方应当按照相关规定及时向全体股东发出收购要约。

第四十六条　重整投资人取得上市公司股份后成为控股股东、实际控制人的，应当承诺在取得股份之日起三十六个月内不转让或者委托他人管理其直接和间接持有的上市公司股份。

上市公司控股股东、实际控制人未发生变更的，其控股股东、实际控制人应当承诺所持上市公司股份在重整计划执行完毕后的三十六个月内不转让或者委托他人管理其直接和间接持有的上市公司股份。如控股股东、实际控制人在重整时取得股份的，参照前款规定执行。

重整计划执行完毕时，上市公司披露无控股股东、实际控制人的，其第一大股东及其最终控制人应当比照控股股东、实际控制人遵守本条前两款规定。

前述规定外的其他重整投资人应当承诺在取得股份之日起十二个月内不转让或者委托他人管理其直接和间接持有的上市公司股份。

转让双方存在控制关系或者受同一实际控制人控制的，不受本条规定的限制。

第四十七条 在重整计划、和解协议执行期间，上市公司应当每月或者在相关事项取得进展时及时披露执行进展情况。

监督期届满时管理人向法院提交监督报告的，管理人应当及时公告监督报告的主要内容。上市公司应当在收到法院裁定书后，及时披露裁定内容。

重整计划、和解协议执行完毕后，上市公司应当及时披露相关情况，说明破产事项对上市公司合并报表范围、主营业务、财务状况、当期损益等方面的具体影响。

第四十八条 重整计划、和解协议执行完毕后，上市公司可以向本所申请撤销对其股票实施的退市风险警示，并同时作出公告。

申请撤销材料应当包括：

（一）关于撤销退市风险警示的申请；

（二）管理人出具的监督报告；

（三）人民法院作出确认重整计划、和解协议执行完毕的裁定书（如有）；

（四）律师事务所出具的对上市公司重整计划、和解协议执行情况的法律意见书；

（五）本所要求的其他说明文件。

上市公司提交完备的撤销退市风险警示申请材料的，本所在十五个交易日内决定是否撤销对其股票实施的退市风险警示。

本所决定撤销退市风险警示的，上市公司应当按照本所要求在撤销退市风险警示之前一个交易日作出公告。上市公司股票及其衍生品种在公告披露日停牌一天。自复牌之日起，本所撤销对其股票实施的退市风险警示。

第四十九条 上市公司不能执行或者不执行重整计划、和解协议的，应当及时披露，说明具体原因、相关责任归属、后续安排等，并充分提示上市公司可能因此被法院裁定终止重整计划或者和解协议的执行并被宣告破产，从而导致其股票终止上市等相关风险。

因上市公司不能执行或者不执行重整计划、和解协议，法院裁定终止重整计划、和解协议执行并宣告上市公司破产的，本所决定终止其股票上市，上市公司应当按照《股票上市规则》的要求履行信息披露义务。

第五十条 上市公司、重整投资人等承诺相关方在破产事项中作出的承诺必须有明确的履约时限，不得使用“尽快”“时机成熟时”等模糊性词语。承诺相关方在作出承诺前应当分析论证承诺事项的可实现性并公开披露相关内容，不得承诺根据当时情况判断明显不可能实现的事项。

承诺相关方作出业绩承诺，应当对作出业绩承诺的依据、合理性、是否与上市公司签订了明确可行的补偿协议、履约能力、履约保障措施等进行说明。

上市公司或者管理人应当对承诺的具体内容、履约方式及时限、承诺人履约能力、履约风险及对策、不能履约时的制约措施等进行充分披露，并督促相关方及时履行承诺。

第五十一条 上市公司重整计划执行完毕后，如生产经营情况与重整计划约定的经营方案存在重大差异，应当及时披露差异情况，说明是否符合重整计划的规定。

上市公司应当在重整计划执行完毕当年和执行完毕后的第一个会计年度的年度报告中，披露以下内容：

（一）重整计划中相关经营方案、资产注入方案等的实施情况；

（二）重整后上市公司各项业务的发展情况；

（三）重整后置入资产运营和盈利情况（如适用）；

（四）上市公司治理结构与规范运作情况；

（五）后续经营中与重整计划存在差异的事项及原因。

第八章　附　　则

第五十二条　上市公司、破产管理人及其成员、重整投资人、债权人及有关各方违反本指引规定的，本所可以采取自律监管措施或者纪律处分。

为上市公司破产事项提供服务的中介机构和人员在上市公司破产事项推进过程中未能勤勉尽责，出具意见不审慎的，本所可以采取自律监管措施或者纪律处分。

第五十三条　本指引由本所负责解释。

第五十四条　本指引自发布之日起施行。

关于发布《深圳证券交易所上市公司自律监管指引第15号——可转换公司债券》的通知

（2022年7月29日　深证上〔2022〕731号）

各市场参与人：

为落实《可转换公司债券管理办法》的要求，进一步规范可转换公司债券（以下简称可转债）上市与挂牌、转股、赎回、回售、信息披露等相关业务，根据中国证监会统一部署，本所对《深圳证券交易所可转换公司债券业务实施细则》（以下简称《可转债细则》）进行了修订，形成《深圳证券交易所上市公司自律监管指引第15号——可转换公司债券》（以下简称《可转债指引》），现予以发布，自发布之日起施行。

为做好新旧规则衔接，确保可转债相关业务有序运行，稳定市场预期，《可转债指引》施行前，上市公司已披露拟实施可转债赎回或回售的，按照《可转债细则》相关规定办理；其中，赎回日前触发可转债流通面值总额少于3000万元情形的，停止交易日为披露相关公告后第4个交易日与赎回日的孰早之日。

特此通知

深圳证券交易所

2022年7月29日

2.15

深圳证券交易所上市公司自律监管指引第15号——可转换公司债券

（2022年7月29日　深证上〔2022〕731号）

第一章　总　　则

第一条　为了规范深圳证券交易所（以下简称本所）上市公司可转换公司债券（以下简称可转债）业务，保护投资者合法权益，维护市场秩序和社会公共利益，根据《中华人民共和国公司法》《中华人民共和国证券法》《可转换公司债券管理办法》等法律、行政法规、部门规章、规范性文件以及《深圳证券交易所股票上市规则》《深圳证券交易所创业板股票上市规则》等业务规则的规定，制定本指引。

第二条　本指引所称可转债，是指上市公司依法发行、在一定期间内依据约定的条件可以转换成本公司股票的公司债券，属于《中华人民共和国证券法》规定的具有股权性质的证券，包括向不特定对象发行的可转债和向特定对象发行的可转债。

向特定对象发行的可转债包括根据中国证券监督管理委员会（以下简称中国证监会）相关规定向特定对象发行可转债募集资金、购买资产及募集配套资金。

第三条　本所上市公司可转债的上市与挂牌、转股、赎回、回售、本息兑付以及信息披露等相关事项，适用本指引。中国证监会及本所另有规定的，适用其规定。

第二章　上市与挂牌

第四条　上市公司申请可转债在本所上市或者挂牌时，仍应当符合可转债发行条件，并向本所提交下列文件：

（一）上市或者挂牌转让申请书；

（二）申请可转债上市或者挂牌转让的董事会决议；

（三）上市公告书或者挂牌转让公告书；

（四）保荐协议和保荐人出具的上市或者挂牌转让保荐书，或者独立财务顾问协议和独立财务顾问出具的专业意见；

（五）法律意见书；

（六）发行完成后经会计师事务所出具的验资报告（如适用）；

（七）中国证券登记结算有限责任公司深圳分公司（以下简称中国结算）对可转债已登记托管的书面确认文件；

（八）受托管理协议或者受托管理事项；

（九）发行对象关于承诺及履行情况的说明（如适用）；

（十）本所要求的其他文件。

第五条 在本所同意其可转债上市或者挂牌的申请后，上市公司应当于可转债上市或者挂牌前5个交易日内披露上市或者挂牌转让公告书，公告书内容应当载明可转债的基本情况、发行人概况、主要发行条款、担保事项（如有）、发行人的资信情况、偿债措施、发行人财务会计资料、承诺履行情况（如有）、符合上市或者挂牌条件的说明、上市或者挂牌推荐意见等。

第六条 上市公司股票被终止上市的，可转债同步终止上市或者挂牌。可转债终止上市或者挂牌事宜，参照股票终止上市的有关规定办理。

可转债全部完成转股、回售、赎回或者到期兑付的，应当同时向本所申请摘牌。

第三章 转 股

第七条 可转债自发行结束之日起不少于6个月后方可转换为上市公司股票，转股期限由公司根据可转债的存续期限及公司财务状况确定。

可转债持有人对转股或者不转股有选择权，并于转股的次日成为上市公司股东。

第八条 上市公司应当在可转债转股期开始前3个交易日内披露实施转股的公告。公告应当包括可转债的基本情况、转股的起止时间、转股的程序、转股来源、转股价格的历次调整和修正情况（如有）、转股后股份的流通条件及日期（如有）等内容。

第九条 可转债进入转股期后，可转债持有人申请转换为公司股票的，申报要素应当包括证券代码、转股数量。投资者当日买入的可转债当日可申报转股。投资者可于当日交易时间内撤销转股申报。

第十条 可转债转股的最小单位为1股。可转债持有人申报转股的可转债数额大于其实际拥有的可转债数额的，按其实际拥有的数额进行转股。可转债持有人转股申报中不足转换1股股份的可转债票面余额，由上市公司通过中国结算进行资金兑付。

第十一条 向不特定对象发行的可转债转换后的股票将于转股后的次一交易日上市交易。

向特定对象发行的可转债，转换后的股票无限售期要求的，将于转股后的次一交易日上市交易；转换后的股票有限售期要求的，上市公司可以在有关股票满足解除限售相关条件后，按照本所相关规定申请办理解除股份限售业务，并在解除限售前3个交易日内披露提示性公告。

第十二条 上市公司可以将回购股份用于转股，拟新增使用回购股份作为转股来源方式的，应当按照本所回购股份相关规定以及募集说明书或者重组报告书的约定履行相应审议程序。

上市公司拟将回购股份用于转股的，需要向中国结算申请指定其名下一个回购专用证券账户作为转股专门账户，并使用该转股专门账户回购股份或者将其他回购专用证券账户中的回购股份划入转股专门账户用于转股。

第十三条 以回购股份与新增股份结合作为转股来源的，应当优先以回购股份转股，不足部分以新增股份转股。

第十四条 可转债发行后，因派息，配股、增发、送股、分立、减资及其他原因引起上市公司股份变动的，公司应当按照募集说明书或者重组报告书规定的原则及方式，同时调整转股价格，并及时履行信息披露义务。

第十五条 上市公司应当在预计触发转股价格修正条件的5个交易日前及时披露提示性公告。

触发转股价格修正条件当日，上市公司应当召开董事会审议决定是否修正转股价格，在次一交易日开市前披露修正或者不修正可转债转股价格的提示性公告，并按照募集说明书或者重组报告书的约定及时履行后续审议程序和信息披露义务。上市公司未按本款规定履行审议程序及信息披露义务的，视为本次不修正转股价格。

上市公司决定修正转股价格的，应当及时披露转股价格修正公告。公告应当包括修正前的转股价格、修正后的转股价格、修正转股价格履行的审议程序、转股价格修正的起始时间等内容。

上市公司不修正转股价格的，下一触发转股价格修正条件的期间从本次触发修正条件的次一交易日重新起算。

第十六条 可转债转换为股票的数额累计达到可转债开始转股前公司已发行股份总额10%时，上市公司应当及时履行信息披露义务。

第十七条 上市公司应当在每一季度结束后及时披露因可转债转换为股票所引起的股份变动情况。

第十八条 发行可转债的上市公司涉及下列事项时，应当向本所申请暂停可转债转股：

（一）向不特定对象发行新股或者可转债；

（二）实施权益分派方案（如需）；

（三）可转债实施回售；

（四）中国证监会和本所认为应当暂停转股的其他事项。

第十九条 可转债在停止交易或者转让后、转股期结束前，可转债持有人仍然可以依据约定的条件申请转股。

上市公司在可转债转股期结束的20个交易日前应当至少发布3次提示性公告，提醒投资者可转债将在转股期结束前的3个交易日停止交易或者转让的事项。

第四章　赎　回

第二十条 上市公司可以按照募集说明书或者重组报告书约定的条件和价格，赎回无限售条件的可转债。

向特定对象发行的可转债的赎回条款应当与业绩承诺期间、锁定期相衔接，确保业绩承诺履行和限售规定执行。

第二十一条 在可转债存续期内，上市公司应当持续关注赎回条件是否满足，预计可能触发赎回条件的，应当在赎回条件触发日5个交易日前及时披露提示性公告，向市场充分提示风险。

第二十二条 上市公司应当在满足可转债赎回条件的当日召开董事会审议决定是否行使赎回权，并在次一交易日开市前披露赎回或者不赎回的公告。上市公司未按本款规定履行审议程序及信息披露义务的，视为不行使本次赎回权。

上市公司行使赎回权的，应当及时披露实施赎回公告，此后在赎回日前每个交易日披露1次赎回提示性公告。公告应当载明赎回条件、赎回日期、最后交易日、赎回价格、赎回程序、付款方法、付款时间、赎回条件触发日等内容，并重点提示可转债赎回的相关风险。赎回条件触发日与赎回日的间隔期限应当不少于15个交易日且不超过30个交易日。公司股票在赎回日前4个交易日内出现全天停牌情形的，赎回日应当相应顺延。

上市公司不行使赎回权的，应当充分说明不赎回的具体原因，且在未来至少3个月内不得再行使赎回权，并在公告中说明下一满足赎回条件期间的起算时间。

第二十三条 上市公司决定行使或者不行使赎回权的，应当充分披露其实际控制人、控股股东、持有5%以上股份的股东、董事、监事、高级管理人员在赎回条件满足前的6个月内交易该可转债的情况。披露内容应当包括期初持有数量、期间合计买入数量、期间合计卖出数量、期末持有数量等。

上市公司决定不行使赎回权的，还应当披露上述主体未来6个月内减持可转债的计划，相关主体应当予以配合。

第二十四条 可转债在赎回日至赎回完成期间应当停止转股。

第二十五条 上市公司根据赎回日登记在册的可转债数量，于赎回日后的5个交易日内将资金划入中国结算指定的收款银行账户。

第二十六条 赎回日后的7个交易日内，上市公司应当披露赎回结果公告。公告应当包括赎回价格、赎回数量、赎回金额以及赎回事项对公司财务状况、股本结构、经营成果及现金流量的影响。

上市公司全部赎回后，还应当披露可转债的摘牌公告。公告应当包括可转债基本情况、赎回情况、摘牌时间等内容。

第五章 回　　售

第二十七条 可转债持有人可以按照募集说明书或者重组报告书约定的条件和价格，将所持全部或者部分无限售条件的可转债回售给上市公司。

向特定对象发行的可转债的回售条款应当与业绩承诺期间、锁定期相衔接，确保业绩承诺履行和限售规定执行。

第二十八条 上市公司应当在满足回售条件的次一交易日开市前披露回售公告，此后在回售期结束前每个交易日披露1次回售提示性公告。公告应当载明回售条件、申报期间、回售价格、回售程序、付款方法、付款时间、回售条件触发日等内容。回售条件触发日与回售申报期首日的间隔期限应当不超过15个交易日。

第二十九条 经股东大会批准变更募集资金投资项目的，上市公司应当在股东大会通过后20个交易日内赋予可转债持有人一次回售的权利。有关回售公告至少发布3次，其中，在回售实施前、股东大会决议公告后5个交易日内至少发布一次，在回售实施期间至少发布一次，余下一次回售公告发布的时间视需要而定。

第三十条 在可转债的回售期内，可转债持有人可通过本所交易系统进行回售申报，回售申报可在当日交易时间内撤销。在回售期结束后的5个交易日内，上市公司应当将资金划入中国结算指定的收款银行账户。

第三十一条 回售期结束后的7个交易日内，上市公司应当披露回售结果公告。公告应当包括回售价格、回售数量、回售金额以及回售事项对公司财务状况、股本结构、经营成果及现金流量的影响。全部回售的，还应当披露可转债的摘牌公告。

第三十二条 如在同一交易日内分别收到可转债持有人的交易或者转让、转托管、转股、回售等两项以上业务申请的，按照交易或者转让、回售、转股、转托管的顺序处理申请。

第六章　本息兑付

第三十三条 上市公司应当在可转债约定的付息日前3至5个交易日内披露付息公告。公告应当载明付息方案、债权登记日与除息日、兑息日、付息对象、付息方法等内容。

第三十四条 上市公司应当在可转债期满前3至5个交易日披露本息兑付公告。本息兑付公告内容参照付息公告。

上市公司应当自可转债期满后5个交易日内办理完毕偿还可转债余额本息的事项。

第七章　其他重大事项

第三十五条 上市公司股票停复牌的，其可转债同时停复牌并暂停或者恢复转股。公司因业务需要，可以单独申请可转债停复牌、暂停或者恢复转股。

上市公司出现可转债按规定须停牌、暂停转股、停止交易或者转让的情形时，应当及时履行信息披露义务。

第三十六条 可转债出现下列情形之一的，应当停止交易或者转让：

（一）向不特定对象发行可转债流通面值总额少于3000万元的，自上市公司发布相关公告3个交易日后。

赎回条件触发日次一交易日至赎回日 3 个交易日前发生前述情形的，可转债不停止交易；

（二）可转债自转股期结束前的第 3 个交易日起；

（三）可转债自赎回日前的第 3 个交易日起；

（四）中国证监会和本所认定的其他情形。

第三十七条 投资者持有上市公司已发行的可转债达到发行总量的 20% 的，应当在事实发生之日起 2 个交易日内通知公司予以公告。

持有上市公司已发行的可转债 20% 及以上的投资者，其所持公司已发行的可转债比例每增加或者减少 10% 的，应当依照前款规定履行通知公告义务。

第三十八条 上市公司持有 5% 以上股份的股东、董事、监事、高级管理人员申购或者认购、交易或者转让本公司发行的可转债，应当遵守《中华人民共和国证券法》第四十四条短线交易的相关规定。可转债转股、赎回及回售不适用短线交易的相关规定。

第三十九条 投资者因持有或者买卖可转债中有权转股部分导致所持上市公司权益发生变动的，应当根据《上市公司收购管理办法》的相关规定及时履行权益变动报告、公告和其他法定义务。

第四十条 除本指引规定的信息披露事项外，发生下列可能对可转债的价格产生较大影响的其他重大事件时，上市公司应当及时向本所报告并披露，说明事件的起因、目前的状态和可能产生的法律后果：

（一）公司信用状况发生重大变化，可能影响如期偿还可转债本息；

（二）可转债担保人发生重大资产变动、重大诉讼、合并、分立等情况；

（三）信用评级机构对可转债的信用或者公司的信用进行评级，并已出具信用评级结果；

（四）公司重大资产抵押、质押、出售、转让、报废；

（五）公司发生未能清偿到期债务的情况；

（六）公司新增借款或者对外提供担保超过上年末净资产的 20%；

（七）公司放弃债权或者财产超过上年末净资产的 10%；

（八）公司发生超过上年末净资产 10% 的重大损失；

（九）中国证监会和本所规定的其他情形。

第四十一条 因重组业绩承诺未实现等原因，上市公司需对向特定对象发行的可转债实施回购注销的，上市公司应当及时办理并披露。

第四十二条 可转债受托管理、持有人会议等事项，按照中国证监会相关规定执行。

第四十三条 持续督导期内，保荐人或者独立财务顾问应当在持续督导报告书中对可转债相关业务是否符合相关法律法规、本所相关规定和募集说明书或者重组报告书的约定，是否误导投资者或者损害投资者合法权益等出具专项意见。上市公司选择赎回或者不赎回可转债的，保荐人或者独立财务顾问应当及时发表明确意见。

第八章　附　　则

第四十四条　上市公司及其董事、监事、高级管理人员、控股股东、实际控制人、投资者，以及保荐人、承销商、独立财务顾问等中介机构及其相关人员等监管对象违反本指引、承诺或者本所其他相关规定的，本所可以对其采取自律监管措施或者予以纪律处分。

第四十五条　本指引由本所负责解释。

第四十六条　本指引自发布之日起施行。本所2018年12月28日发布的《深圳证券交易所可转换公司债券业务实施细则》（深证上〔2018〕655号）同时废止。

3. 其　　他

3.1 交易

关于发布《深圳证券交易所交易规则（2023年修订）》的通知

（2023年2月17日　深证上〔2023〕98号）

各市场参与人：

为了落实全面实行股票发行注册制相关要求，规范深圳证券交易所（以下简称本所）主板和创业板交易活动，本所对《深圳证券交易所交易规则》进行了修订，经中国证监会批准，现予以发布。

本规则自按照《首次公开发行股票注册管理办法》发行的首只主板股票上市首日起施行。

深圳证券交易所

2023年2月17日

3.1.1

深圳证券交易所交易规则（2023年修订）

（2023年2月17日　深证上〔2023〕98号）

（2001年11月30日实施；2006年5月15日第一次修订；2011年1月17日第二次修订；2012年11月30日第三次修订；2013年7月29日第四次修订；根据2013年11月30日《关于修改〈深圳证券交易所交易规则（2013年修订）〉第3.1.4条的决定》修订；根据2015年1月9日《关于修改〈深圳证券交易所交易规则〉第3.1.4条的通知》修订；根据2015年12月4日《关于修订〈深圳证券交易所交易规则〉新增第四章第六节的通知》修订；根据2016年4月28日《关于修改〈深圳证券交易所交易规则〉的通知》修订；根据2016年9月30日《关于修改〈深圳证券交易所交易规则〉涉及交易参与人若干条款的通知》修订；根据2019年1月11日《关于修订〈深圳证券交易所交易规则〉第3.1.4条的通知》修订；根据2020年3月13日《关于发布〈深圳证券交易所交易规则（2020年修订）〉的通知》修订；根据2020年12月31日《关于发布〈深圳证券交易所交易规则（2020年12月修订）〉的通知》修订；根据2021年3月31日《关于修改〈深圳证券交易所交易规则〉的通知》修订；根据2023年2月17日《关于发布〈深圳证券交易所交易规则（2023年修订）〉的通知》修订）

目　录

第一章　总　　则

1.1　为规范证券市场交易行为，维护证券市场秩序，保护投资者合法权益，根据《中华人民共和国证券法》《证券交易所管理办法》等法律、行政法规、部门规章、规范性文件（以下统称法律法规）以及《深圳证券交易所章程》，制定本规则。

1.2　深圳证券交易所（以下简称本所）上市股票、存托凭证、基金、权证及中国证券监督管理委员会（以下简称证监会）批准的其他交易品种（以下统称证券）的交易，适用本规则。

主板存托凭证交易按照主板 A 股交易相关规定执行，创业板存托凭证交易按照创业板 A 股交易相关规定执行。本所对存托凭证、优先股、公开募集基础设施证券投资基金等交易另有规定的，从其规定。

1.3　证券交易遵循公开、公平、公正的原则。

1.4　证券交易应当遵守法律法规、本规则及本所其他相关规定，遵循自愿、有偿、诚实信用原则。

1.5　证券交易采用无纸化的集中交易或经证监会批准的其他方式。

第二章　交易市场

第一节　交易场所及品种

2.1.1　本所为证券交易提供交易场所及设施。交易场所及设施由交易主机、交易单元、报盘系统及相关的通信系统等组成。

2.1.2　下列证券可以在本所市场上市交易：

（一）股票；

（二）存托凭证；

（三）基金；

（四）权证；

（五）经证监会批准的其他交易品种。

第二节　交易参与人

2.2.1　会员及本所认可的机构进入本所市场进行证券交易，应当向本所申请取得交易权限，成为本所交易参与人。

交易参与人应当通过在本所申请开设的交易单元进行证券交易，并遵守本规则以及本所其他业务规则关于证券交易业务的相关规定。

2.2.2　交易单元，是指交易参与人向本所申请设立的、参与本所证券交易与接受本所监管及服务的基本业务单位。

2.2.3　交易单元和交易权限的具体规定，由本所另行制定。

第三节　交易时间

2.3.1　本所交易日为每周一至周五。

国家法定假日和本所公告的休市日，本所市场休市。

2.3.2　证券采用竞价交易方式的，每个交易日的9：15至9：25为开盘集合竞价时间，9：30至11：30、13：00至14：57为连续竞价时间，14：57至15：00为收盘集合竞价时间。

经证监会批准，本所可以调整交易时间。

2.3.3　交易时间内因故停市，交易时间不作顺延。

第三章　证券买卖

第一节　一般规定

3.1.1　会员接受投资者的买卖委托后，应当确认投资者具备相应证券或资金，并按照委托的内容向本所申报，承担相应的交易、交收责任。

会员接受投资者买卖委托达成交易的，投资者应当向会员交付其委托会员卖出的证券或其委托会员买入证券的款项，会员应当向投资者交付卖出证券所得款项或买入的证券。

3.1.2　交易参与人通过报盘系统向本所交易主机发送买卖申报指令，并按本规则达成交易，交易记录由本所发送至交易参与人。

3.1.3　交易参与人应当按有关规定妥善保管委托和申报记录。

3.1.4　投资者买入的证券，在交收前不得卖出，但实行回转交易的除外。

证券的回转交易，是指投资者买入的证券，经确认成交后，在交收完成前全部或部分卖出。

3.1.5　下列证券品种实行当日回转交易：

（一）债券交易型开放式基金；

（二）上市交易的货币市场基金；

（三）黄金交易型开放式基金；

（四）跨境交易型开放式基金和跨境上市开放式基金；

（五）商品期货交易型开放式基金。

前款所述的跨境交易型开放式基金和跨境上市开放式基金仅限于所跟踪指数成份证券或投资标的实施当日回转交易的开放式基金。

B 股实行次交易日起回转交易。

经证监会批准，本所可以调整实行回转交易的证券品种和回转方式。

3.1.6　本所可以根据市场需要，实行主交易商制度，具体规定由本所另行制定，报证监会批准后生效。

3.1.7　投资者参与本所市场证券交易或者相关业务的，应当充分知悉和了解相关风险事项、法律法规和本所业务规则，遵守投资者适当性管理相关要求，结合自身风险认知和承受能力，审慎判断是否参与证券交易或者相关业务。

会员应当切实履行投资者适当性管理义务，充分揭示投资风险，引导客户理性投资。

3.1.8　通过计算机程序自动生成或者下达交易指令进行程序化交易的，应当符合证监会的规定，并向本所报告，不得影响本所系统安全或者正常交易秩序。

第二节　委托

3.2.1　投资者买卖证券，应当以实名方式开立证券账户和资金账户，并与会员签订证券交易委托代理协议。协议生效后，投资者为该会员经纪业务的客户。

投资者开立证券账户，按证券登记结算机构的规定办理。

3.2.2　投资者可以通过书面或电话、自助终端、互联网等自助委托方式委托会员买卖证券。

投资者通过自助委托方式参与证券买卖的，会员应当与其签订自助委托协议。

3.2.3　投资者通过电话、自助终端、互联网等方式进行自助委托的，应当按相关规定操作。

会员应当记录投资者委托的电话号码、网卡地址、IP 地址等信息。

3.2.4　除本所另有规定外，投资者的委托指令应当包括：

（一）证券账户号码；

（二）证券代码；

（三）买卖方向；

（四）委托数量；

（五）委托价格；

（六）委托类型；

（七）本所及会员要求的其他内容。

3.2.5　投资者可以采用限价委托或市价委托的方式委托会员买卖证券。

限价委托，是指投资者委托会员按其限定的价格买卖证券，会员必须按限定的价格或低于限定的价格申报买入证券；按限定的价格或高于限定的价格申报卖出证券。

市价委托，是指投资者委托会员按市场价格买卖证券。

3.2.6　投资者可以撤销委托的未成交部分。

3.2.7　被撤销或失效的委托，会员应当在确认后及时向投资者返还相应的资金或证券。

第三节　申报

3.3.1　本所接受交易参与人竞价交易申报的时间为每个交易日 9：15 至 9：25、9：30 至 11：30、13：00 至 15：00。

每个交易日 9：20 至 9：25、14：57 至 15：00，本所交易主机不接受参与竞价交易的撤销申报；在其他接受申报的时间内，未成交申报可以撤销。

本所可以调整接受申报的时间。

3.3.2　会员应当按照接受投资者委托的时间先后顺序及时向本所申报。

买卖申报和撤销申报经本所交易主机确认后方为有效。

3.3.3　通过竞价交易买卖证券的，本所接受交易参与人的限价申报和市价申报。

3.3.4　本所可以接受下列类型的市价申报：

（一）对手方最优价格申报；

（二）本方最优价格申报；

（三）最优五档即时成交剩余撤销申报；

（四）即时成交剩余撤销申报；

（五）全额成交或撤销申报；

（六）本所规定的其他类型。

对手方最优价格申报，以申报进入交易主机时集中申报簿中对手方队列的最优价格为其申报价格。

本方最优价格申报，以申报进入交易主机时集中申报簿中本方队列的最优价格为其申报价格。

最优五档即时成交剩余撤销申报，以对手方价格为成交价，与申报进入交易主机时集中申报簿中对手方最优五个价位的申报队列依次成交，未成交部分自动撤销。

即时成交剩余撤销申报，以对手方价格为成交价，与申报进入交易主机时集中申报簿中对手方所有申报队列依次成交，未成交部分自动撤销。

全额成交或撤销申报，以对手方价格为成交价，如与申报进入交易主机时集中申报簿中对手方所有申报队列依次成交能够使其完全成交的，则依次成交，否则申报全部自动撤销。

3.3.5　市价申报只适用于有价格涨跌幅限制证券连续竞价期间的交易。其他交易时间，交易主机不接受市价申报。

3.3.6　本方最优价格申报进入交易主机时，集中申报簿中本方无申报的，申报自动撤销。

其他市价申报类型进入交易主机时，集中申报簿中对手方无申报的，申报自动撤销。

3.3.7　限价申报指令应当包括证券账户号码、证券代码、交易单元代码、证券营业部识别码、买卖方向、数量、价格等内容。

市价申报指令应当包括申报类型、证券账户号码、证券代码、交易单元代码、证券营业部识别码、买卖方向、数量等内容。

申报指令应当按本所规定的格式传送。

本所可以根据市场需要，调整申报的内容。

3.3.8　通过竞价交易买入证券的，申报数量应当为100股（份）或其整数倍。

卖出证券时，余额不足100股（份）部分，应当一次性申报卖出。

3.3.9　证券竞价交易单笔申报数量不得超过100万股（份）。

创业板股票限价申报的单笔申报数量不得超过30万股，市价申报的单笔申报数量不得超过15万股。

3.3.10　股票交易的计价单位为“每股价格”，存托凭证的计价单位为“每份存托凭证价格”，基金交易的计价单位为“每份基金价格”。

3.3.11　A股交易的申报价格最小变动单位为0.01元人民币；基金的申报价格最小变动单位为0.001元人民币；B股的申报价格最小变动单位为0.01港元。

本所可以依据股价高低，实施不同的申报价格最小变动单位。

3.3.12　本所可以根据市场需要，调整证券单笔买卖申报数量和申报价格的最小变动单位。

3.3.13　本所对证券交易实行价格涨跌幅限制。

主板股票的价格涨跌幅限制比例为10%，创业板股票的价格涨跌幅限制比例为20%。

基金的价格涨跌幅限制比例为10%。跟踪指数成份股仅为创业板股票或其他实行20%涨跌幅限制股票的指数型ETF和LOF，以及基金合同约定投资于创业板股票或其他实行20%涨跌幅限制股票的资产占非现金基金资产比例不低于80%的LOF，价格涨跌幅限制比例为20%。本所另有规定的除外。

本所向市场公布涨跌幅限制比例为20%的基金名单。

3.3.14　涨跌幅限制价格的计算公式为：涨跌幅限制价格 = 前收盘价 ×（1 ± 涨跌幅限制比例）。

3.3.15　属于下列情形之一的，股票不实行价格涨跌幅限制：

（一）首次公开发行上市后的前五个交易日；

（二）重新上市首日；

（三）进入退市整理期的首日；

（四）本所认定的其他情形。

3.3.16　股票连续竞价阶段限价申报的有效申报价格，应当符合下列规定：

（一）买入申报价格不得高于买入基准价格的102%和买入基准价格以上十个申报价格最小变动单位的孰高值；

（二）卖出申报价格不得低于卖出基准价格的98%和卖出基准价格以下十个申报价格最小变动单位的孰低值。

买入（卖出）基准价格，为即时揭示的最低卖出（最高买入）申报价格；无即时揭示的最低卖出（最高买入）申报价格的，为即时揭示的最高买入（最低卖出）申报价格；无即时揭示的最高买入（最低卖出）申报价格的，为最近成交价；当日无成交的，为前收盘价。

开市期间临时停牌阶段的限价申报，不适用前两款规定。

3.3.17　买卖无价格涨跌幅限制的股票，开盘集合竞价期间的有效申报价格范围为即时行情显示的前收盘价的900%以内，盘中临时停牌期间、收盘集合竞价期间的有效申报价格范围为最近成交价的上下10%，收盘集合竞价在有效申报价格范围内进行撮合。

3.3.18　申报时超过涨跌幅限制价格或有效申报价格范围的申报为无效申报。

3.3.19　涨跌幅限制价格、有效申报价格范围的计算结果按照四舍五入原则取至申报价格最小变动单位。

涨跌幅限制价格与前收盘价之差、有效申报价格范围上限或下限与基准价格之差的绝对值低于申报价格最小变动单位的，以前收盘价、基准价格增减一个申报价格最小变动单位计算相应价格。

涨跌幅限制价格、有效申报价格范围上限或下限低于申报价格最小变动单位的，以申报价格最小变动单位作为相应价格。

3.3.20　经证监会批准，本所可以调整证券的涨跌幅限制比例和有效申报价格范围。

3.3.21　申报当日有效。每笔竞价交易的申报不能一次全部成交时，未成交部分继续参加当日竞价，但第3.3.4条第三项至第五项市价申报类型除外。

第四节　竞价与成交

3.4.1　证券竞价交易采用集合竞价和连续竞价两种方式。

集合竞价，是指对一段时间内接受的买卖申报一次性集中撮合的竞价方式。

连续竞价，是指对买卖申报逐笔连续撮合的竞价方式。

3.4.2　证券竞价交易按价格优先、时间优先的原则撮合成交。

价格优先的原则为：较高价格买入申报优先于较低价格买入申报，较低价格卖出申报优先于较高价格卖出申报。

时间优先的原则为：买卖方向、价格相同的，先申报者优先于后申报者。先后顺序按交易主机接受申报的时间确定。

3.4.3　集合竞价时，成交价的确定原则为：

（一）可实现最大成交量；

（二）高于该价格的买入申报与低于该价格的卖出申报全部成交；

（三）与该价格相同的买方或卖方至少有一方全部成交。

两个以上价格符合上述条件的，取在该价格以上的买入申报累计数量与在该价格以下的卖出申报累计数量之差最小的价格为成交价；买卖申报累计数量之差仍存在相等情况的，开盘集合竞价时取最接近即时行情显示的前收盘价的价格为成交价，盘中、收盘集合竞价时取最接近最近成交价的价格为成交价。

集合竞价的所有交易以同一价格成交。

3.4.4　连续竞价时，成交价的确定原则为：

（一）最高买入申报与最低卖出申报价格相同，以该价格为成交价；

（二）买入申报价格高于集中申报簿当时最低卖出申报价格时，以集中申报簿当时的最低卖出申报价格为成交价；

（三）卖出申报价格低于集中申报簿当时最高买入申报价格时，以集中申报簿当时的最高买入申报价格为成交价。

3.4.5　买卖申报经交易主机撮合成交后，交易即告成立。符合本规则各项规定达成的交易于成立时生效，买卖双方必须承认交易结果，履行清算交收义务。

因不可抗力、意外事件、交易系统被非法侵入等原因造成严重后果的交易，本所可以采取适当措施或认定无效。

对显失公平的交易，经本所认定，可以采取适当措施。

违反本规则，严重破坏证券市场正常运行的交易，本所有权宣布取消交易。由此造成的损失由违规交易者承担。

3.4.6　依照本规则达成的交易，其成交结果以交易主机记录的成交数据为准。

3.4.7　证券交易的清算交收业务，应当按照证券登记结算机构的规定办理。

第五节　大宗交易

3.5.1　在本所进行的证券交易符合以下条件的，可以采用大宗交易方式：

（一）A股单笔交易数量不低于30万股，或者交易金额不低于200万元人民币；

（二）B股单笔交易数量不低于3万股，或者交易金额不低于20万元港币；

（三）基金单笔交易数量不低于200万份，或者交易金额不低于200万元人民币。

本所可以根据市场需要，调整大宗交易的最低限额。

3.5.2　本所大宗交易采用协议大宗交易和盘后定价大宗交易方式。

协议大宗交易，是指大宗交易双方互为指定交易对手方，协商确定交易价格及数量的交易方式。

盘后定价大宗交易，是指证券交易收盘后按照时间优先的原则，以证券当日收盘价或证券当日成交量加权平均价格对大宗交易买卖申报逐笔连续撮合的交易方式。

3.5.3　采用协议大宗交易方式的，本所接受申报的时间为每个交易日9：15至11：30、13：00至15：30。

采用盘后定价大宗交易方式的，本所接受申报的时间为每个交易日15：05至15：30。

当天全天停牌、处于临时停牌期间或停牌至收市的证券，本所不接受其协议大宗交易申报。

当天全天停牌或停牌至收市的证券，本所不接受其盘后定价大宗交易申报。

3.5.4　有价格涨跌幅限制证券的协议大宗交易的申报价格在该证券当日涨跌幅限制价格范围内确定。

无价格涨跌幅限制证券协议大宗交易的申报价格，不得高于该证券当日竞价交易实时成交均价的120%和已成交最高价的孰低值，且不得低于该证券当日竞价交易实时成交均价的80%和已成交最低价的孰高值。

均价的计算公式为：均价=已成交金额/已成交股数。

计算结果按照四舍五入的原则取至申报价格最小变动单位。

3.5.5　本所接受下列类型的协议大宗交易申报：

（一）意向申报；

（二）成交申报；

（三）定价申报；

（四）其他申报。

3.5.6　协议大宗交易意向申报指令应当包括证券账户号码、证券代码、买卖方向和本方交易单元代码等内容。意向申报不承担成交义务，意向申报指令可以撤销。

协议大宗交易成交申报指令应当包括证券账户号码、证券代码、买卖方向、价格、数量、本方及对手方交易单元代码、约定号等内容。成交申报要求明确指定价格和数量。本所对约定号、证券代码、买卖方向、价格、数量等各项要素均匹配的成交申报进行成交确认，成交确认前申报可以撤销。

协议大宗交易定价申报指令应当包括证券账户号码、证券代码、买卖方向、价格、数量和本方交易单元代码等内容。市场所有参与者可以提交成交申报，按指定的价格与定价申报全部或部分成交，本所按时间优先顺序进行成交确认。定价申报的未成交部分可以撤销。定价申报每笔成交的数量或交易金额，应当满足协议大宗交易最低限额的要求。

3.5.7　证券协议大宗交易的成交确认时间为每个交易日15：00至15：30。

3.5.8　盘后定价大宗交易的申报指令应当包括证券账户号码、证券代码、交易单元代码、证券营业部识别码、买卖方向、数量、价格类型等内容。

盘后定价大宗交易的价格类型包括：

（一）证券当日收盘价；

（二）证券当日成交量加权平均价格。

在接受申报的时间内，未成交申报可以撤销。

3.5.9　本所在交易时间内通过交易系统即时公布盘后定价大宗交易的交易信息，内容包括：证券代码、证券简称、价格、当日累计成交数量、当日累计成交金额以及实时买入或卖出的申报数量等。

3.5.10　本所在每日交易结束后通过交易所网站公布以下交易信息：

（一）协议大宗交易的每笔成交信息，内容包括：证券代码、证券简称、成交量、成交价格以及买卖双方所在会员证券营业部或交易单元的名称；

（二）单只证券盘后定价大宗交易的累计成交量、累计成交金额，及该证券当日买入、卖出金额最大五家会员证券营业部或交易单元的名称和各自的买入、卖出金额；

（三）单只证券大宗交易的累计成交量、累计成交金额，及该证券当日买入、卖出金额最大五家会员证券营业部或交易单元的名称和各自的买入、卖出金额。

3.5.11　大宗交易不纳入本所即时行情和指数的计算，成交量在大宗交易结束后计入当日该证券成交总量。

3.5.12　会员应当保证大宗交易参与者实际拥有与交易申报相对应的证券或资金。

第六节　创业板盘后固定价格交易

3.6.1　创业板盘后固定价格交易，是指在创业板股票交易收盘后按照时间优先的原则，以当日收盘价对盘后固定价格买卖申报逐笔连续撮合的交易方式。

3.6.2　每个交易日的15：05至15：30为盘后固定价格交易时间。盘后固定价格交易申报的时间为每个交易日9：15至11：30、13：00至15：30。

开市期间停牌的，停牌期间可以继续申报。当日15：00仍处于停牌状态的，不进行盘后固定价格交易。

接受申报的时间内，未成交的申报可以撤销。撤销指令经本所交易主机确认方为有效。

盘后固定价格申报当日有效。

3.6.3　投资者通过盘后固定价格交易买卖创业板股票的，应当向会员提交盘后固定价格委托指令。盘后固定价格委托指令应当包括证券账户号码、证券代码、买卖方向、限价、委托数量等内容。

3.6.4　会员等交易参与人的盘后固定价格申报指令应当包括证券账户号码、证券代码、交易单元代码、证券营业部识别码、买卖方向、限价、数量等内容。

深股通盘后固定价格申报指令应当包括券商客户编码、证券代码、经纪商代码、买卖方向、限价、数量等内容。

3.6.5　买入限价低于收盘价或卖出限价高于收盘价的盘后固定价格申报无效。

3.6.6　通过盘后固定价格交易买入创业板股票的，申报数量应当为100股或其整数倍。卖出股票时，余额不足100股部分，应当一次性申报卖出。

盘后固定价格申报的单笔申报数量不得超过100万股。

3.6.7　盘后固定价格交易期间，本所以收盘价为成交价，按照时间优先原则对盘后固定价格申报进行逐笔连续撮合。

3.6.8　每个交易日9：15至15：05，盘后固定价格申报不纳入即时行情；15：05至15：30，盘后固定价格申报及成交纳入即时行情。

即时行情内容包括：证券代码、收盘价、盘后固定价格交易当日累计成交数量、盘后固定价格交易当日累计成交金额以及买入或卖出的实时未成交申报数量。

3.6.9　盘后固定价格交易成交量、成交金额在盘后固定价格交易结束后计入该股票当日总成交量、总成交金额。

3.6.10　通过盘后固定价格交易减持股份的，视同通过竞价交易减持股份。

3.6.11　盘后固定价格交易纳入深股通额度控制，当日额度在本所盘后固定价格交易阶段使用完毕的，联交所证券交易服务公司停止接受当日后续的买入申报，但仍接受卖出申报。停止接受买入申报的，当日不再恢复，本所另有规定的除外。

第七节　融资融券交易

3.7.1　融资融券交易，是指投资者向会员提供担保物，借入资金买入证券或借入证券并卖出的行为。

3.7.2　会员参与本所融资融券交易，应当向本所申请融资融券交易权限，并通过融资融券专用交易单元进行。

3.7.3　投资者进行融资融券交易，应当按照规定开立信用证券账户。信用证券账户的开立和注销，根据会员和证券登记结算机构的有关规定办理。

3.7.4　本所对融资融券交易的下列事项作出规定：

（一）交易业务流程；

（二）可用于融资买入和融券卖出的证券；

（三）可充抵保证金证券的种类和最高折算率；

（四）融资融券的最长期限；

（五）初始保证金比例及最低维持担保比例；

（六）信息披露与报告制度；

（七）市场风险控制措施；

（八）其他事项。

3.7.5　会员向投资者融资、融券前，应当与其签订融资融券合同，向其讲解融资融券业务规则和合同内容，并要求其签署风险揭示书。

3.7.6　融资融券交易活动出现异常，已经或者可能危及市场稳定的，本所认为必要时，可以暂停全部或部分证券的融资融券交易，并予以公告。

3.7.7　融资融券交易的具体规定，由本所另行制定，报证监会批准后生效。

第四章　其他交易事项

第一节　转托管

4.1.1　投资者可以以同一证券账户在单个或多个会员的不同证券营业部买入证券。

4.1.2　投资者买入的证券可以通过原买入证券的交易单元委托卖出，也可以向原买入证券的交易单元发出转托管指令，转托管完成后，在转入的交易单元委托卖出。

转托管的具体规定，由证券登记结算机构制定。

第二节　开盘价与收盘价

4.2.1　证券的开盘价为当日该证券的第一笔成交价。

4.2.2　证券的开盘价通过集合竞价方式产生，不能通过集合竞价产生的，以连续竞价方式产生。

4.2.3　除本规则另有规定外，证券的收盘价通过集合竞价的方式产生。收盘集合竞价不能产生收盘价或未进行收盘集合竞价的，以当日该证券最后一笔交易前一分钟所有交易的成交量加权平均价（含最后一笔交易）为收盘价。

当日无成交的，以前收盘价为当日收盘价。

第三节　挂牌、摘牌、停牌与复牌

4.3.1　本所对上市证券实施挂牌交易。

4.3.2　证券上市期届满或依法不再具备上市条件的，本所终止其上市交易，予以摘牌。

4.3.3　证券交易出现第6.1条规定的异常交易行为或情形的，本所可以视情况对相关证券实施停牌，发布公告，并根据需要公布相关交易、股份和基金份额统计信息。有披露义务的当事人应当按照本所的要求及时公告。

具体停牌及复牌的时间，以相关公告为准。

4.3.4　无价格涨跌幅限制股票竞价交易出现下列情形之一的，本所实施盘中临时停牌，单次盘中临时停牌时间为10分钟：

（一）盘中交易价格较当日开盘价格首次上涨或下跌达到或超过30%的；

（二）盘中交易价格较当日开盘价格首次上涨或下跌达到或超过60%的；

（三）证监会或者本所认定的其他情形。

盘中临时停牌具体时间以本所公告为准，临时停牌时间跨越14：57的，于14：57复牌并对已接受的申报进行复牌集合竞价，再进行收盘集合竞价。

本所可以视盘中交易情况调整相关指标阈值，或采取进一步的盘中风险控制措施。

4.3.5　证券停牌时，本所发布的行情中包括该证券的信息；证券摘牌后，行情信息中无该证券的信息。

4.3.6　证券在9：25前停牌的，当日复牌时对已接受的申报实行开盘集合竞价，复牌后继续当日交易。

证券在9：30及其后临时停牌的，当日复牌时对已接受的申报实行盘中集合竞价，复牌后继续当日交易。

停牌期间，可以申报，也可以撤销申报。

停牌期间不揭示集合竞价参考价、匹配量和未匹配量。

4.3.7　证券的挂牌、摘牌、停牌与复牌，由本所或证券发行人予以公告。

4.3.8　证券挂牌、摘牌、停牌与复牌的其他规定，按照本所上市规则及其他有关规定执行。

第四节　除权与除息

4.4.1　上市证券发生权益分派、公积金转增股本、配股等情况，本所在权益登记日（B 股为最后交易日）次一交易日对该证券作除权除息处理，本所另有规定的除外。

4.4.2　除权（息）参考价计算公式为：

除权（息）参考价 =［（前收盘价 - 现金红利）+ 配股价格 × 股份变动比例］÷（1 + 股份变动比例）

证券发行人认为有必要调整上述计算公式时，可以向本所提出调整申请并说明理由。经本所同意的，证券发行人应当向市场公布该次除权（息）适用的除权（息）参考价计算公式。

4.4.3　除权（息）日证券买卖，按除权（息）参考价作为计算涨跌幅度的基准，本所另有规定的除外。

第五节　风险警示板交易事项

4.5.1　按照本所上市规则被实施风险警示的股票（以下简称风险警示股票）、被本所作出终止上市决定但处于退市整理期尚未摘牌的股票（以下简称退市整理股票），在风险警示板交易，其交易信息独立于其他股票的交易信息，予以分别揭示。

4.5.2　普通投资者首次买入风险警示股票或退市整理股票，应当以纸面或电子方式分别签署风险警示股票风险揭示书或退市整理股票风险揭示书。普通投资者未签署风险揭示书的，会员不得接受其买入委托。

4.5.3　参与退市整理股票买入交易的个人投资者，必须具备两年以上股票交易经验，申请权限开通前 20 个交易日证券账户及资金账户内的资产日均不低于人民币 50 万元，其中不包括该投资者通过融资融券融入的证券和资金。

4.5.4　投资者当日通过竞价交易、大宗交易和盘后固定价格交易累计买入的单只风险警示股票，数量不得超过 50 万股，本所另有规定的除外。

会员应当采取有效措施，对投资者在该会员当日累计买入单只风险警示股票的数量进行监控；发现违反前款规定的，应当予以警示和制止，并及时向本所报告。

4.5.5　本所对风险警示股票、退市整理股票交易实行价格涨跌幅限制。主板风险警示股票价格涨跌幅限制比例为 5%，退市整理股票价格涨跌幅限制比例为 10%。创业板风险警示股票、退市整理股票价格涨跌幅限制比例为 20%。进入退市整理期的首日不实行价格涨跌幅限制。

经证监会批准，本所可以调整风险警示股票、退市整理股票的涨跌幅限制比例。

4.5.6　股票退市整理期间，本所公布其当日买入、卖出金额最大的五家会员证券营业部或交易单元的名称及其各自的买入、卖出金额。

4.5.7　股票退市整理期间交易不纳入证券公开信息披露、异常波动指标和严重异常波动指标的计算。

4.5.8　股票退市整理期间交易不纳入本所指数的计算，成交量计入当日市场成交总量。

第五章　交易信息

第一节　一般规定

5.1.1　本所每个交易日实时发布证券交易即时行情、证券指数，并发布证券交易公开信息等交易信息。

5.1.2　本所及时编制反映市场成交情况的各类日报表、周报表、月报表和年报表，并通过本所网站或其他媒体予以公布。

5.1.3　本所交易信息归本所所有。未经许可，任何机构和个人不得使用和传播。

经本所许可使用交易信息的机构和个人，未经同意，不得将交易信息提供给其他机构和个人使用或予以传播。

证券交易信息的管理办法，由本所另行制定。

第二节　即时行情

5.2.1　开盘、收盘集合竞价期间，即时行情内容包括：证券代码、证券简称、集合竞价参考价、匹配量和未匹配量等。

5.2.2　连续竞价期间，即时行情内容包括：证券代码、证券简称、前收盘价、最近成交价、当日最高价、当日最低价、当日累计成交数量、当日累计成交金额、实时最高五个价位买入申报价和数量、实时最低五个价位卖出申报价和数量等。

5.2.3　即时行情显示的前收盘价为该证券上一交易日的收盘价，但下列情形的除外：

（一）首次公开发行股票上市首日，其即时行情显示的前收盘价为其发行价；

（二）重新上市首日，其即时行情显示的前收盘价为公司股票在全国中小企业股份转让系统等证券交易场所的最后一个交易日的收盘价，本所另有规定的除外；

（三）基金份额上市首日，其即时行情显示的前收盘价为基金管理人最近公布的基金份额净值，本所另有规定的除外；

（四）证券除权（息）日，其即时行情显示的前收盘价为该证券除权（息）参考价；

（五）本所规定的其他情形。

5.2.4　即时行情通过本所许可的通信系统传输，交易参与人应在本所许可的范围内使用。

5.2.5　本所可以根据市场需要，调整即时行情发布的方式和内容。

第三节　证券指数

5.3.1　本所编制综合指数、成份指数、分类指数等证券指数，以反映证券交易总体价格或某类证券价格的变动和走势，随即时行情发布。

5.3.2　证券指数的设置和编制方法，由本所另行制定。

第四节　证券竞价交易公开信息

5.4.1　有价格涨跌幅限制的股票、封闭式基金竞价交易出现下列情形之一的，本所分别公布相关证券当日买入、卖出金额最大五家会员证券营业部或交易单元的名称及其各自的买入、卖出金额：

（一）当日收盘价涨跌幅偏离值达到±7%的各前五只主板股票和封闭式基金，当日收盘价涨跌幅达到±15%的前五只创业板股票。

收盘价涨跌幅偏离值的计算公式为：

收盘价涨跌幅偏离值=单只证券涨跌幅－对应分类指数涨跌幅

证券价格达到涨跌幅限制的，取对应的涨跌幅限制比例进行计算。

（二）当日价格振幅达到15%的各前五只主板股票和封闭式基金，当日价格振幅达到30%的前五只创业板股票。

价格振幅的计算公式为：

价格振幅=（当日最高价－当日最低价）/当日最低价×100%

（三）当日换手率达到20%的各前五只主板股票和封闭式基金，当日换手率达到30%的前五只创业板股票。

换手率的计算公式为：

换手率=成交股数（份额）/无限售流通股数（份额）×100%

收盘价涨跌幅偏离值、收盘价涨跌幅、价格振幅或换手率相同的，依次按成交金额和成交量选取。

主板A股股票、创业板股票、B股股票、封闭式基金的对应分类指数分别是本所编制的深证A股指数、创业板综合指数、深证B股指数和深证乐富基金指数。

5.4.2　第3.3.15条规定的无价格涨跌幅限制股票，本所公布其当日买入、卖出金额最大的五家会员证券营业部或交易单元的名称及其各自的买入、卖出金额。

股票首次公开发行上市的，仅在上市首日公布上述信息。

5.4.3　股票、封闭式基金竞价交易出现下列情形之一的，属于异常波动，本所分别公布其在交易异常波动期间累计买入、卖出金额最大五家会员证券营业部或交易单元的名称及其各自累计买入、卖出金额：

（一）主板股票和封闭式基金连续三个交易日内日收盘价涨跌幅偏离值累计达到±20%的，创业板股票连续三个交易日内日收盘价涨跌幅偏离值累计达到±30%的。

收盘价涨跌幅偏离值累计值的计算公式为：

收盘价涨跌幅偏离值累计值=（单只证券期末收盘价/期初前收盘价－1）×100%－（对应指数期末收盘点数/期初前收盘点数－1）×100%

如期间内证券发生过除权除息，则对收盘价做相应调整。

（二）ST和*ST主板股票连续三个交易日内日收盘价涨跌幅偏离值累计达

到 ±12% 的。

（三）主板股票和封闭式基金连续三个交易日内日均换手率与前五个交易日的日均换手率的比值达到 30 倍，且该证券连续三个交易日内的累计换手率达到 20% 的。

（四）证监会或本所认为属于异常波动的其他情形。

5.4.4　股票竞价交易出现下列情形之一的，属于严重异常波动，本所公布严重异常波动期间的投资者分类交易统计等信息：

（一）主板股票连续十个交易日内四次出现第 5.4.3 条第一、第二项规定的同向异常波动情形，创业板股票连续十个交易日内三次出现第 5.4.3 条规定的同向异常波动情形；

（二）连续十个交易日内日收盘价涨跌幅偏离值累计达到 +100%（-50%）；

（三）连续三十个交易日内日收盘价涨跌幅偏离值累计达到 +200%（-70%）；

（四）证监会或者本所认定属于严重异常波动的其他情形。

股票交易出现严重异常波动的多种情形的，本所一并予以公布。

5.4.5　本所可以根据市场情况，调整异常波动和严重异常波动的认定标准。

异常波动指标和严重异常波动指标自本所公布的次一交易日或复牌之日起重新计算。

第 3.3.15 条规定的无价格涨跌幅限制股票不纳入异常波动指标和严重异常波动指标的计算。

5.4.6　股票交易出现严重异常波动情形的，上市公司应当按照上市规则规定及时予以核查并采取相应措施。

经上市公司核查后无应披露未披露重大事项，也无法对异常波动原因作出合理解释的，除按照上市规则规定处理外，本所可根据市场情况，加强异常交易监控，并要求会员采取有效措施向客户提示风险。

5.4.7　证券交易公开信息涉及机构专用交易单元的，公布名称为“机构专用”。

第六章　证券交易监督

6.1　本所对证券交易中的下列事项，予以重点监控：

（一）涉嫌内幕交易、利用未公开信息交易、操纵市场等违法违规行为；

（二）证券买卖的时间、数量、方式等受到法律法规及本所业务规则等相关规定限制的行为；

（三）可能影响证券交易价格或者证券交易量的异常交易行为；

（四）证券交易价格或者证券交易量明显异常的情形；

（五）证监会或者本所认为需要重点监控的其他事项。

6.2　可能影响证券交易价格或者证券交易量的异常交易行为包括：

（一）虚假申报，即不以成交为目的，通过大量申报并撤销等行为，以引诱、误导或者影响其他投资者正常交易决策；

（二）拉抬打压，即大笔申报、连续申报、密集申报或者以明显偏离证券最新成交价的价格申报成交，期间证券交易价格明显上涨或者下跌；

（三）维持涨（跌）幅限制价格，即通过大笔申报、连续申报、密集申报，维持证券交易价格处于涨（跌）幅限制状态；

（四）单个账户、自己实际控制的账户之间或者涉嫌关联账户之间大量或者频繁进行自买自卖、互为对手方的交易或者反向交易；

（五）通过大笔申报、连续申报、密集申报或者以明显偏离合理价值的价格申报，意图加剧证券价格异常波动或者影响本所正常交易秩序；

（六）通过计算机程序自动生成或者下达交易指令进行程序化交易，影响本所系统安全或者正常交易秩序；

（七）交易价格明显偏离合理价值，涉嫌通过证券交易进行利益输送；

（八）在证券价格敏感期内，通过异常申报，影响相关证券或者其衍生品的交易价格、结算价格或者参考价值；

（九）对单一证券在一段时期内进行大量且连续的交易；

（十）利用其他相关市场的交易影响证券交易，或者利用证券市场交易影响其他相关市场交易；

（十一）证监会或者本所认为需要重点监控的其他异常交易行为。

本所对投资者以本人名义开立或者由同一投资者实际控制的单个或者多个普通证券账户、信用证券账户以及其他涉嫌关联的证券账户（组）进行合并监控。

6.3 证券交易价格或证券交易量明显异常的情形包括：

（一）同一证券营业部或同一地区的证券营业部集中买入或卖出同一证券且数量较大；

（二）证券交易价格连续大幅上涨或下跌，明显偏离同期相关指数的涨幅或跌幅，且上市公司无重大事项公告；

（三）证监会或者本所认为需要重点监控的其他异常交易情形。

6.4 本所根据市场需要，可以联合其他证券、期货交易所等机构，对出现第6.2条第八项、第十项等情形进行调查。

6.5 会员应当对其客户的证券交易行为进行实时监控。发现客户交易行为存在异常的，应当及时告知、提醒、警示客户。对可能严重影响证券交易秩序的异常交易行为或者涉嫌违法违规的交易行为，应当根据与客户之间的证券交易委托代理协议拒绝接受其委托，并及时向本所报告。

6.6 本所可以针对证券交易中重点监控事项进行现场或非现场调查，会员及其证券营业部、其他交易参与人以及投资者应当予以配合。

6.7 本所在现场或非现场调查中，可以根据需要要求相关会员及其证券营业部、其他交易参与人以及投资者及时、准确、完整地提供下列文件和资料：

（一）投资者的开户资料、授权委托书、资金账户情况和相关证券账户的交易情况等；

（二）相关证券账户或资金账户的实际控制人和操作人情况、资金来源以及相关账户间是否存在关联的说明等；

（三）对证券交易中重点监控事项的解释；

（四）其他与本所重点监控事项有关的资料。

6.8　对第6.1条所列重点监控事项中情节严重的行为，本所可以视情况采取下列自律监管措施：

（一）口头警示；

（二）书面警示；

（三）约见谈话；

（四）要求提交书面承诺；

（五）将证券账户列入重点监控账户；

（六）盘中暂停当日交易；

（七）盘后限制交易；

（八）本所规定的其他自律监管措施。

对前款第七项措施有异议的，可以自收到本所有关决定或者本所公告送达有关决定之日（以在先者为准）起15个交易日内，向本所申请复核。复核期间相关措施不停止执行。

本所对在交易监控中发现的涉嫌内幕交易、操纵市场、利用未公开信息交易等违法违规行为，及时上报证监会查处。

6.9　本所对证券交易进行风险监测。出现重大异常波动的，本所可以采取限制交易、强制停牌等处置措施，并向证监会报告；严重影响证券市场稳定的，本所可以采取临时停市等处置措施并公告。具体办法由本所另行规定。

第七章　交易异常情况处理

7.1　因下列突发性事件，导致部分或全部交易不能正常进行的，为维护证券交易正常秩序和市场公平，本所可以决定采取技术性停牌、临时停市等措施：

（一）不可抗力；

（二）意外事件；

（三）重大技术故障；

（四）重大人为差错；

（五）本所认定的其他异常情况。

因前款规定的突发性事件导致证券交易结果出现重大异常，按交易结果进行交收将对证券交易正常秩序和市场公平造成重大影响的，本所可以采取取消交易、通知证券登记结算机构暂缓交收等措施。

7.2　出现无法申报或行情传输中断情况的，会员应及时向本所报告。无法申报或行情传输中断的证券营业部数量超过本所全部会员证券营业部总数10%以上的，属于交易异常情况，本所可以实行临时停市。

7.3　本所认为可能发生第7.1条、第7.2条规定的交易异常情况，并严重影响交易正常进行的，可以决定技术性停牌或临时停市。

经证监会要求，本所实行临时停市。

7.4　本所对技术性停牌、临时停市、取消交易、通知证券登记结算机构暂缓交收的决定予以公告，并及时向证监会报告。

技术性停牌或临时停市原因消除后，本所可以决定恢复交易，并予以公告。

7.5　因交易异常情况、重大异常波动及本所采取的相应措施造成损失的，本所不承担民事赔偿责任，但存在重大过错的除外。

7.6　交易异常情况处理的具体规定，由本所另行制定。

第八章　交易纠纷

8.1　交易参与人之间、会员与客户之间发生交易纠纷，相关会员及其他交易参与人应当记录有关情况，以备本所查阅。交易纠纷影响正常交易的，会员及其他交易参与人应当及时向本所报告。

8.2　交易参与人之间、会员与客户之间发生交易纠纷，本所可以按有关规定，提供必要的交易数据。

8.3　客户对交易有疑义的，会员有义务协调处理。

第九章　交易费用

9.1　投资者买卖证券成交的，应当按规定向会员交纳佣金。

9.2　交易参与人应当按规定向本所交纳交易经手费及其他费用；会员还应当按规定向本所交纳会员管理费用。

9.3　证券交易的收费项目、收费标准和管理办法按照有关规定执行。

第十章　附　　则

10.1　交易参与人违反本规则的，本所根据《深圳证券交易所会员管理规则》等相关规定采取自律监管措施或纪律处分。

10.2　通过本所交易系统进行证券发行、认购、申购、赎回、行权等业务的，参照本规则的相关规定执行；证监会及本所另有规定的，从其规定。

10.3　本规则中所述时间，以本所交易主机的时间为准。

10.4　本规则下列用语具有如下含义：

（一）市场：指本所设立的证券交易市场。

（二）委托：指投资者向会员进行具体授权买卖证券的行为。

（三）申报：指交易参与人向本所交易主机发送证券买卖指令的行为。

（四）集中申报簿：指交易主机某一时点按买卖方向以及价格优先、时间优先顺序排列的所有未成交申报队列。

（五）对手方（本方）队列最优价格：指集中申报簿中买方的最高价或卖方的最低价。

（六）集合竞价参考价：指截至揭示时集中申报簿中所有申报按照集合竞价规则形成的虚拟集合竞价成交价。

（七）匹配量：指截至揭示时集中申报簿中所有申报按照集合竞价规则形成的虚拟成交数量。

（八）未匹配量：指截至揭示时集中申报簿中在集合竞价参考价位上的不能按照集合竞价参考价虚拟成交的买方或卖方申报剩余量。

（九）证券价格敏感期：指计算相关证券及其衍生品的交易价格、结算价格、参考价值的特定期间，包括计算修正可转换债券转股价的特定时间，计算证券增发价的特定时间，计算证券单位净值的特定时间，计算衍生品结算价格的特定时间等。

10.5　本规则未定义的用语的含义，依照法律、行政法规、部门规章、规范性文件及本所有关业务规则确定。

10.6　本规则所称“超过”“低于”“不足”不含本数，“达到”“以上”“以下”含本数。

10.7　本规则经本所理事会通过，报证监会批准后生效。修改时亦同。

10.8　本规则由本所负责解释。

10.9　本规则自按照《首次公开发行股票注册管理办法》发行的首只主板股票上市首日起施行。本所 2020 年 6 月 12 日发布的《深圳证券交易所创业板交易特别规定》（深证上〔2020〕515 号）、2014 年 6 月 13 日发布的《关于完善首次公开发行股票上市首日交易机制有关事项的通知》（深证会〔2014〕54 号）、2016 年 1 月 7 日发布的《关于暂停实施指数熔断机制的通知》（深证会〔2016〕8 号）、2020 年 7 月 10 日发布的《关于创业板风险警示股票和退市整理期股票交易制度安排的通知》（深证上〔2020〕620 号）、2022 年 8 月 19 日发布的《关于调整无价格涨跌幅限制股票及存托凭证协议大宗交易价格范围的通知》（深证会〔2022〕298 号）同时废止。

关于发布《深圳证券交易所融资融券交易实施细则（2023年修订）》的通知

（2023年2月17日　深证上〔2023〕102号）

各市场参与人：

为了落实全面实行股票发行注册制相关要求，促进融资融券业务平稳发展，本所对《深圳证券交易所融资融券交易实施细则》（以下简称《融资融券细则》）进行了修订。经中国证监会批准，现予以发布，并将有关事项通知如下：

一、《融资融券细则》自按照《首次公开发行股票注册管理办法》发行的首只主板股票上市首日起施行。本所2021年3月31日发布的《深圳证券交易所融资融券交易实施细则（2021年修订）》（深证会〔2021〕263号）、2015年7月1日发布的《关于发布〈深圳证券交易所融资融券交易实施细则（2015年修订）〉的通知》（深证会〔2015〕191号）同时废止。

二、《融资融券细则》第2.10条第三款继续暂不实施，具体实施时间由本所另行通知。

三、请各会员单位做好相关业务和技术准备。

深圳证券交易所

2023年2月17日

3.1.2

深圳证券交易所融资融券交易实施细则（2023年修订）

（2023年2月17日　深证上〔2023〕102号）

第一章　总　则

1.1　为了规范融资融券交易行为，维护证券市场秩序，保护投资者的合法权益，根据《证券公司融资融券业务管理办法》《深圳证券交易所交易规则》及其他有关规定，制定本细则。

1.2　本细则所称融资融券交易，是指投资者向具有深圳证券交易所（以下简称本所）会员资格的证券公司（以下简称会员）提供担保物，借入资金买入证券或者借入证券并卖出的行为。

1.3　在本所进行的融资融券交易，适用本细则。本细则未作规定的，适用《深圳证券交易所交易规则》和本所其他有关规定。

第二章　业务流程

2.1　会员申请本所融资融券交易权限的，应当向本所提交下列书面文件：

（一）中国证券监督管理委员会（以下简称证监会）颁发的获准开展融资融券业务的“经营证券业务许可证”及其他有关批准文件；

（二）融资融券业务实施方案、内部管理制度的相关文件；

（三）负责融资融券业务的高级管理人员与业务人员名单及其联络方式；

（四）本所要求提交的其他文件。

2.2　会员在本所从事融资融券业务，应当通过融资融券专用交易单元进行。

2.3　会员按照有关规定开立融券专用证券账户、客户信用交易担保证券账户、融资专用资金账户及客户信用交易担保资金账户后，应当在三个交易日内向本所报告。

2.4　会员应当加强客户适当性管理，明确客户参与融资融券交易应具备的资产、交易经验等条件，引导客户在充分了解融资融券业务特点的基础上合法合规参与交易。

对未按照要求提供有关情况、从事证券交易时间不足半年、缺乏风险承担能力、最近二十个交易日日均证券类资产低于50万元或者有重大违约记录的客户，以及本会员股东、关联人，会员不得为其开立信用账户。

专业机构投资者参与融资、融券，可以不受前款从事证券交易时间、证券类资产条件限制。

本条第二款所称股东，不包括仅持有上市会员5%以下上市流通股份的股东。

2.5　会员在向客户融资、融券前，应当按照有关规定与客户签订融资融券合同及融资融券交易风险揭示书，并为其开立信用证券账户和信用资金账户。

2.6　投资者应当按照有关规定，通过会员为其开立的信用证券账户，在本所进行融资融券交易。

信用证券账户的开立和注销，根据会员和证券登记结算机构有关规定办理。

2.7　融资融券交易采用竞价交易方式。

2.8　会员接受客户的融资融券交易委托后，应当按照本所规定的格式申报，申报指令应包括客户的信用证券账户号码、融资融券专用交易单元代码、证券代码、买卖方向、价格、数量、融资融券相关标识等内容。

2.9　融资买入、融券卖出股票或者基金的，申报数量应当为100股（份）或者其整数倍。

融资买入、融券卖出债券的，申报数量应当为10万元面额或者其整数倍。

2.10　融券卖出的申报价格不得低于该证券的最近成交价；当天还没有产生成交的，其申报价格不得低于前收盘价。低于上述价格的申报为无效申报。

投资者在融券期间卖出通过其所有或者控制的证券账户所持有与其融入证券相同证券的，其申报卖出该证券的价格应当满足前款要求，但超出融券数量的部分除外。

交易型开放式基金或者经本所认可的其他证券，其融券卖出不受本条前两款规定的限制。

2.11　本所不接受融券卖出的市价申报。

2.12　投资者融资买入证券后，可以通过直接还款或者卖券还款的方式向会员偿还融入资金。

以直接还款方式偿还融入资金的，按照会员与客户之间的约定办理。

2.13　投资者融券卖出后，自次一交易日起可以通过直接还券或者买券还券的方式向会员偿还融入证券。

以直接还券方式偿还融入证券的，按照会员与客户之间约定，以及证券登记结算机构的有关规定办理。

投资者融券卖出的证券暂停交易的，可以按照约定以现金等方式向会员偿还融入证券。

2.14　投资者卖出信用证券账户内融资买入尚未了结合约的证券所得价款，应当先偿还该投资者的融资欠款。

2.15　未了结相关融券交易前，投资者融券卖出所得价款除下列用途外，不得另作他用：

（一）买券还券。

（二）偿还融资融券交易相关利息、费用或者融券交易相关权益现金补偿。

（三）买入或者申购证券公司现金管理产品、货币市场基金，以及买入在本所上市的债券交易型开放式基金（跟踪指数成份证券含可转换公司债券的除外）、本所认可的其他高流动性证券。会员可以根据市场情况调整投资者可以买入或者申购的前述资产名单。

（四）证监会及本所规定的其他用途。

2.16　会员与客户约定的融资、融券合约期限自客户实际使用资金或者证券之日起开始计算，最长不超过六个月。合约到期前，会员可以根据客户的申请为客户办理展期，每次展期的期限最长不得超过六个月。

会员在为客户办理合约展期前，应当对客户的信用状况、负债情况、维持担保比例水平等进行评估。

2.17　会员融券专用证券账户不得用于证券买卖。

2.18　投资者信用证券账户不得用于买入或者转入除可充抵保证金证券范围以外的证券，也不得用于参与定向增发、股票交易型开放式基金和债券交易型开放式基金申购及赎回、债券回购等。

2.19　客户未能按期交足担保物或者到期未偿还融资融券债务的，会员可以根据与客户的约定处分其担保物，不足部分可以向客户追索。

2.20　会员根据与客户的约定采取强制平仓措施的，应当按照本所规定的格式申报强制平仓指令，申报指令应当包括客户的信用证券账户号码、融资融券专用交易单元代码、证券代码、买卖方向、价格、数量、融资强制平仓或者融券强制平仓标识等内容。

第三章　标的证券

3.1　在本所上市交易的下列证券，经本所认可，可以作为融资买入标的证券或者融券卖出标的证券（以下简称标的证券）：

（一）股票；

（二）证券投资基金；

（三）债券；

（四）其他证券。

本所选取和确定标的证券，不表明本所对标的证券的投资价值或者投资者的收益作出实质性判断或者保证。

3.2　注册制下首次公开发行的股票自上市首日起可以作为标的证券。

3.3　标的证券为本细则第3.2条以外的股票的，应当符合下列条件：

（一）在本所上市交易超过三个月；

（二）融资买入标的股票的流通股本不少于1亿股或者流通市值不低于5亿元，融券卖出标的股票的流通股本不少于2亿股或者流通市值不低于8亿元；

（三）股东人数不少于4000人；

（四）在最近三个月内没有出现下列情形之一：

1. 日均换手率低于基准指数日均换手率的15%，且日均成交金额低于5000万元；

2. 日均涨跌幅平均值与基准指数涨跌幅平均值的偏离值超过4%；

3. 波动幅度达到基准指数波动幅度的5倍以上。

（五）股票交易未被本所实行风险警示；

（六）本所规定的其他条件。

3.4 标的证券为交易型开放式基金的，应当符合下列条件：

（一）上市交易超过五个交易日；

（二）最近五个交易日内的日平均资产规模不低于5亿元；

（三）基金持有户数不少于2000户；

（四）本所规定的其他条件。

3.5 标的证券为上市开放式基金的，应当符合下列条件：

（一）上市交易超过五个交易日；

（二）最近五个交易日内的日平均资产规模不低于5亿元；

（三）基金持有户数不少于2000户；

（四）基金份额不存在分拆、合并等分级转换情形；

（五）本所规定的其他条件。

3.6 标的证券为债券的，应当符合下列条件：

（一）债券托管面值在1亿元以上；

（二）债券剩余期限在一年以上；

（三）债券信用评级达到AA级（含）以上；

（四）本所规定的其他条件。

3.7 本所按照从严到宽、从少到多、逐步扩大的原则，从满足本细则规定的证券范围内，审核、选取并确定可以作为标的证券的名单，并向市场公布。

本所可以根据市场情况调整标的证券的选择标准和名单。

3.8 会员向其客户公布的标的证券名单，不得超出本所公布的标的证券范围。

3.9 标的证券暂停交易的，会员与其客户可以根据双方约定了结相关融资融券合约。

标的证券暂停交易，且恢复交易日在融资融券债务到期日之后的，融资融券的期限可以顺延，顺延的具体期限由会员与其客户自行约定。

3.10 标的股票交易被实行风险警示的，本所自该股票被实行风险警示当日起将其调整出标的证券范围。

注册制下首次公开发行的股票被撤销风险警示的，本所自该股票被撤销风险警示当日起将其调入标的证券范围。

3.11 标的证券进入终止上市程序的，本所自发行人作出相关公告当日起将其调整出标的证券范围。

3.12 证券被调整出标的证券范围的，在调整前未了结的融资融券合约仍然有效。会员与其客户可以根据双方约定提前了结相关融资融券合约。

第四章　保证金和担保物

4.1　会员向客户融资、融券，应当向客户收取一定比例的保证金。保证金可以本所上市交易的股票、证券投资基金、债券，货币市场基金、证券公司现金管理产品及本所认可的其他证券充抵。

4.2　可充抵保证金的证券，在计算保证金金额时应当以证券市值或者净值按下列折算率进行折算：

（一）深证100指数成份股股票的折算率最高不超过70%，非深证100指数成份股股票的折算率最高不超过65%；

（二）交易型开放式基金折算率最高不超过90%；

（三）证券公司现金管理产品、货币市场基金、国债的折算率最高不超过95%；

（四）被实行风险警示或者进入退市整理期的证券，静态市盈率在300倍以上或者为负数的A股股票，以及权证的折算率为0%；

（五）其他上市证券投资基金和债券折算率最高不超过80%。

4.3　本所遵循审慎原则，审核、选取并确定可充抵保证金证券的名单，并向市场公布。

本所可以根据市场情况调整可充抵保证金证券的名单和折算率。

4.4　会员公布的可充抵保证金证券的名单，不得超出本所公布的可充抵保证金证券范围。

会员应当根据流动性、波动性等指标对可充抵保证金证券的折算率实行动态管理与差异化控制，但会员公布的折算率不得高于本所规定的标准。

4.5　投资者融资买入证券时，融资保证金比例不得低于100%。

融资保证金比例是指投资者融资买入证券时交付的保证金与融资交易金额的比例。其计算公式为：

融资保证金比例＝保证金/（融资买入证券数量×买入价格）×100%

4.6　投资者融券卖出时，融券保证金比例不得低于50%。

融券保证金比例是指投资者融券卖出时交付的保证金与融券交易金额的比例。其计算公式为：

融券保证金比例＝保证金/（融券卖出证券数量×卖出价格）×100%

4.7　投资者融资买入或者融券卖出时所使用的保证金不得超过其保证金可用余额。

保证金可用余额是指投资者用于充抵保证金的现金、证券市值及融资融券交易产生的浮盈经折算后形成的保证金总额，减去投资者未了结融资融券交易已用保证金及相关利息、费用的余额。其计算公式为：

保证金可用余额＝现金＋∑（可充抵保证金的证券市值×折算率）＋∑［（融资买入证券市值－融资买入金额）×折算率］＋∑［（融券卖出金额－融券卖出证券市值）×折算率］－∑融券卖出金额－∑融资买入证券金额×融资保证金比例－∑融券卖出证券市值×

融券保证金比例 - 利息及费用

公式中，融券卖出金额 = 融券卖出证券的数量 × 卖出价格，融券卖出证券市值 = 融券卖出证券数量 × 市价，融券卖出证券数量指融券卖出后尚未偿还的证券数量；Σ［（融资买入证券市值 - 融资买入金额）× 折算率］、Σ［（融券卖出金额 - 融券卖出证券市值）× 折算率］中的折算率是指融资买入、融券卖出证券对应的折算率，当融资买入证券市值低于融资买入金额或者融券卖出证券市值高于融券卖出金额时，折算率按 100% 计算。

4.8　会员向客户收取的保证金、客户融资买入的全部证券和融券卖出所得的全部价款，整体作为客户对会员融资融券所生债务的担保物。

4.9　会员应当对客户提交的担保物进行整体监控，并计算其维持担保比例。

维持担保比例是指客户担保物价值与其融资融券债务之间的比例。其计算公式为：

维持担保比例 =（现金 + 信用证券账户内证券市值总和 + 其他担保物价值）/（融资买入金额 + 融券卖出证券数量 × 当前市价 + 利息及费用总和）

公式中，其他担保物是指客户维持担保比例低于最低维持担保比例时，客户经会员认可后提交的除现金及信用证券账户内证券以外的其他担保物，其价值根据会员与客户约定的估值方式计算或者双方认可的估值结果确定。

客户信用证券账户内的证券，出现被调出可充抵保证金证券范围、被暂停交易、被实行风险警示等特殊情形或者因权益处理等产生尚未到账的在途证券，会员在计算客户维持担保比例时，可以根据与客户的约定按照公允价格或者其他定价方式计算其市值。

4.10　会员应当加强对客户担保物的管理，对客户提交的担保物中单一证券市值占其担保物市值的比例进行监控。

对于担保物中单一证券市值占比达到一定比例的客户，会员应当按照与客户的约定，暂停接受其融资买入该证券的委托或者采取其他风险控制措施。

4.11　会员应当根据市场情况、客户资信和公司风险管理能力等因素，审慎评估并与客户约定最低维持担保比例要求。

当客户维持担保比例低于最低维持担保比例时，会员应当通知客户在约定的期限内追加担保物，客户经会员认可后，可以提交除可充抵保证金证券外的其他证券、不动产、股权等依法可以担保的财产或者财产权利作为其他担保物。

会员可以与其客户自行约定追加担保物后的维持担保比例要求。

4.12　仅计算现金及信用证券账户内证券市值总和的维持担保比例超过 300% 时，客户可以提取保证金可用余额中的现金或者充抵保证金的证券，但提取后仅计算现金及信用证券账户内证券市值总和的维持担保比例不得低于 300%。

维持担保比例超过会员与客户约定的数值时，客户可以解除其他担保物的担保，但解除担保后的维持担保比例不得低于会员与客户约定的数值。

本所对提取现金、充抵保证金的证券，或者解除其他担保物的担保另有规定的除外。

4.13　本所认为必要时，可以调整融资、融券保证金比例及维持担保比例的标准，并向市场公布。

4.14　会员公布的融资、融券保证金比例及维持担保比例，不得低于本所规定的标准。

4.15　投资者不得将已设定担保或者其他第三方权利及被采取查封、冻结等司法强制措施的证券提交为担保物，会员不得向客户借出此类证券。

第五章　信息披露和报告

5.1　本所在每个交易日开市前，根据会员报送数据，向市场公布下列信息：

（一）前一交易日单只标的证券融资融券交易信息，包括融资买入额、融资余额、融券卖出量、融券余量等信息；

（二）前一交易日市场融资融券交易总量信息。

5.2　会员应当按照本所要求每个交易日向本所报送当日各标的证券融资买入额、融资还款额、融资余额、融券卖出量、融券偿还量以及融券余量等数据。

会员应当保证所报送数据的真实、准确、完整。

第六章　风险控制

6.1　单只标的股票的融资余额、信用账户担保物市值占其上市可流通市值的比例均达到25%时，本所可以在次一交易日暂停其融资买入，并向市场公布。该标的股票的融资余额或者信用账户担保物市值占其上市可流通市值的比例降低至20%以下时，本所可以在次一交易日恢复其融资买入，并向市场公布。

单只标的交易型开放式基金的融资余额、信用账户担保物市值占其上市可流通市值的比例均达到75%时，本所可以在次一交易日暂停其融资买入，并向市场公布。该标的交易型开放式基金的融资余额或者信用账户担保物市值占其上市可流通市值的比例降低至70%以下时，本所可以在次一交易日恢复其融资买入，并向市场公布。

6.2　单只标的股票的融券余量达到其上市可流通量的25%时，本所可以在次一交易日暂停其融券卖出，并向市场公布。该标的股票的融券余量降低至20%以下时，本所可以在次一交易日恢复其融券卖出，并向市场公布。

单只标的交易型开放式基金的融券余量达到其上市可流通量的75%时，本所可以在次一交易日暂停其融券卖出，并向市场公布。该标的交易型开放式基金的融券余量降低至70%以下时，本所可以在次一交易日恢复其融券卖出，并向市场公布。

6.3　本所对市场融资融券交易进行监控。融资融券交易出现异常或者市场持续大幅波动时，本所可以视情况采取下列措施并向市场公布：

（一）调整标的证券标准或者范围；

（二）调整可充抵保证金证券的折算率；

（三）调整融资、融券保证金比例；

（四）调整维持担保比例；

（五）暂停特定标的证券的融资买入或者融券卖出交易；

（六）暂停整个市场的融资买入或者融券卖出交易；

（七）本所认为必要的其他措施。

6.4 标的证券发生重大风险情形的，本所可以视情况将其调出标的证券范围，并向市场公布；重大风险情形消除的，本所可以视情况将其调入标的证券范围，并向市场公布。

6.5 融资融券交易存在异常交易行为的，本所可以视情形采取限制相关证券账户交易等措施。

6.6 会员应当按照本所的要求，对客户的融资融券交易进行监控，并主动、及时地向本所报告其客户的异常融资融券交易行为。

6.7 本所可以根据需要，对会员与融资融券业务相关的内部控制制度、业务操作规范、风险管理措施、交易技术系统的安全运行状况及对本所相关业务规则的执行情况等进行检查。

6.8 会员违反本细则的，本所可以依据《深圳证券交易所会员管理规则》的相关规定采取自律监管措施或者给予纪律处分，并可以视情形暂停或者取消其在本所的融资或者融券交易权限。

第七章 其他事项

7.1 会员在向客户提供融资融券交易服务时，应当要求客户申报其持有限售股份、解除限售存量股份情况，以及是否为上市公司董事、监事、高级管理人员或者持股5%以上股东等相关信息。会员应当对客户的申报情况进行核实，并进行相应的前端控制。

7.2 个人或者机构客户持有上市公司限售股份的，会员不得接受其融券卖出该上市公司股份，也不得接受其以普通证券账户持有的限售股份充抵保证金。

参与注册制下首次公开发行股票战略配售的投资者及其关联方，在参与战略配售的投资者承诺持有期限内，不得融券卖出该上市公司股票，本所另有规定的除外。

会员不得以其普通证券账户持有的限售股份提交作为融券券源。

7.3 个人客户持有上市公司解除限售存量股份的，会员不得接受其以普通证券账户持有的该上市公司股份充抵保证金。

7.4 会员不得接受上市公司的董事、监事、高级管理人员、持股5%以上的股东开展以该上市公司股票为标的证券的融资融券交易。

7.5 会员通过客户信用交易担保证券账户持有的股票不计入其自有股票，会员无须因该账户内股票数量的变动而履行相应的信息报告、披露或者要约收购义务。

投资者及其一致行动人通过普通证券账户和信用证券账户合计持有一家上市公司股票及其权益的数量或者其增减变动达到规定的比例时，应当依法履行相应的信息报告、披露或者要约收购义务。

7.6 对客户信用交易担保证券账户记录的证券，由会员以自己的名义，为客户的利益，行使对发行人的权利。会员行使对发行人的权利，应当事先征求客户的意见，提醒客户遵守关联关系事项回避表决的规定，并按照其意见办理。客户未表示意见的，会员不得行使对发行人的权利。

本条所称对发行人的权利，是指请求召开证券持有人会议、参加证券持有人会议、提案、表决、配售股份的认购、请求分配投资收益等因持有证券而产生的权利。

7.7　会员客户信用交易担保证券账户内证券的分红、派息、配股等权益处理，按照《证券公司融资融券业务管理办法》和证券登记结算机构有关规定办理。

第八章　附　　则

8.1　本细则中下列用语的含义：

（一）证券类资产，是指投资者持有的客户交易结算资金、股票、债券、基金、证券公司资产管理计划等资产。

（二）买券还券，是指客户通过其信用证券账户委托会员买券，在结算时由证券登记结算机构直接将买入的证券划转至会员融券专用证券账户内的一种还券方式。

（三）卖券还款，是指客户通过其信用证券账户委托会员卖券，在结算时卖出证券所得资金直接划转至会员融资专用资金账户内的一种还款方式。

（四）现金管理产品，是指适用《现金管理产品运作管理指引》进行运作的货币型集合资产管理计划或者货币市场基金。

（五）日均换手率，是指最近三个月内标的证券或者基准指数每日换手率的平均值。

（六）日均涨跌幅，是指最近三个月内标的证券或者基准指数每日涨跌幅绝对值的平均值。

（七）波动幅度，是指最近三个月内标的证券或者基准指数最高价与最低价之差对最高价和最低价的平均值之比。

（八）基准指数，是指深证 A 股指数、创业板综合指数。

（九）静态市盈率，是指股票收盘价与相应上市公司最近一个会计年度经审计的基本每股收益的比值。

（十）证券投资基金上市可流通市值，是指其当日收盘价与当日清算后的场内份额的乘积，基金发生权益分派、份额拆分合并等情况的，其上市可流通市值为其除权（息）参考价与当日清算后的场内份额的乘积。

（十一）异常交易行为，是指《深圳证券交易所交易规则》证券交易监督相关条款规定的行为。

（十二）存量股份，是指已完成股权分置改革、在本所上市的公司有限售期规定的股份，以及新老划断后在本所上市的公司于首次公开发行前已发行的股份。

（十三）专业机构投资者，是指经国家金融监管部门批准设立的金融机构，包括商业银行、证券公司、基金管理公司、期货公司、信托公司和保险公司等；上述金融机构管理的金融产品；经证监会或者其授权机构登记备案的私募基金管理机构及其管理的私募基金产品；证监会认可的其他投资者。

8.2　存托凭证融资融券交易相关事宜，按照本细则有关股票的规定执行，本所另有规定的除外。

8.3　投资者通过上海普通证券账户持有的深圳市场发行上海市场配售股份划转到深圳普通证券账户后，方可提交作为融资融券交易的担保物。

投资者通过深圳普通证券账户持有的上海市场发行深圳市场配售股份划转到上海普通证券账户后，方可提交作为融资融券交易的担保物。

8.4　依照本细则达成的融资融券交易，其清算交收的具体规则，依照证券登记结算机构的规定执行。

8.5　本细则所称“超过”“低于”“少于”不含本数，“以上”“以下”“达到”含本数。

8.6　本细则由本所负责解释。

8.7　本细则自按照《首次公开发行股票注册管理办法》发行的首只主板股票上市首日起施行。本所2021年3月31日发布的《深圳证券交易所融资融券交易实施细则（2021年修订）》（深证会〔2021〕263号）、2015年7月1日发布的《关于发布〈深圳证券交易所融资融券交易实施细则（2015年修订）〉的通知》（深证会〔2015〕191号）同时废止。

3.1.3

关于修改《深圳证券交易所融资融券交易实施细则（2023 年修订）》第 4.5 条的通知

（2023 年 8 月 27 日　深证会〔2023〕267 号）

各市场参与人：

为促进融资融券业务长期平稳发展，经中国证监会批准，本所对《深圳证券交易所融资融券交易实施细则（2023 年修订）》（以下简称《实施细则》）第 4.5 条进行修改，现将有关事项通知如下：

一、将《实施细则》第 4.5 条修改为：“4.5 投资者融资买入证券时，融资保证金比例不得低于 80%。

“融资保证金比例是指投资者融资买入证券时交付的保证金与融资交易金额的比例。其计算公式为：

“融资保证金比例 = 保证金/（融资买入证券数量 × 买入价格）×100%。”

二、证券公司在计算投资者的保证金可用余额时，若投资者在本次《实施细则》修改施行前有尚未了结的融资合约，证券公司可以按照修改后的规定相应下调其保证金比例。

三、各市场参与人应当认真做好融资保证金比例调整相关业务和技术系统准备，确保业务平稳运行。

四、本通知自 2023 年 9 月 8 日收市起施行。

深圳证券交易所

2023 年 8 月 27 日

3.1.4

关于优化融券交易和转融通证券出借交易相关安排的通知

（2023 年 10 月 14 日　深证上〔2023〕957 号）

各市场参与人：

为加强融券逆周期调节，维护证券市场交易秩序，经中国证监会批准，深圳证券交易所（以下简称本所）现就优化融券交易和转融通证券出借交易相关安排通知如下：

一、投资者融券卖出时，融券保证金比例不得低于 80%。其中，投资者为私募证券投资基金的，融券卖出时，融券保证金比例不得低于 100%。

本通知实施前尚未了结的融券合约，融券保证金比例要求仍按照原规定执行。

二、投资者持有上市公司限售股份、战略配售股份，以及持有以大宗交易方式受让的大股东或者特定股东减持股份等有转让限制的股份的，在限制期内，投资者及其关联方不得融券卖出该上市公司股票。

投资者及其关联方在获得本条前款规定的相关股份前，如有尚未了结的该上市公司股票融券合约的，应当在获得相关股份前了结融券合约。

三、发行人的高级管理人员与核心员工参与战略配售设立的专项资产管理计划，不得在承诺持有期限内出借其获配的股票。

本通知实施前尚未了结的出借合约到期不得展期。

四、在股票首次公开发行上市后的前五个交易日，本通知第三条规定以外的其他战略投资者出借获配股票的，应当通过非约定申报方式出借，且出借数量应当同时符合下列要求：

（一）前五个交易日内单日出借获配股票数量占其获配股票总数量的比例不得超过 20%；

（二）前五个交易日内合计出借获配股票数量占其获配股票总数量的比例不得超过 50%。

五、战略投资者出借获配股票的，不得与融券投资者或者其他主体合谋，锁定配售股票收益、实施利益输送或者谋取其他不当利益。

六、会员应当遵循公平、风险可控的原则，建立健全融券券源分配机制，防范利益输送。会员应当按照穿透原则核查投资者情况，并对投资者融券行为加强管理。根据投资者类型、交易行为特点，建立相应的准入机制，会员负责合规风控的高级管理人员对准入机制执行情况承担管理责任。

会员应当对投资者的相关交易行为进行前端核查，严禁参与违规或者为违规提供便利，发现投资者交易行为不符合相关规定的，不得为其办理融券或者转融通证券出借业务。

七、会员及投资者违反本通知规定的，本所可以根据《深圳证券交易所融资融券交易实施细则》《深圳证券交易所转融通证券出借交易实施办法（试行）》等有关规定采取自律监管措施或者实施纪律处分。

八、存托凭证的融券交易及转融通证券出借交易相关事宜，参照本通知执行。

九、本通知第一条自 2023 年 10 月 30 日起施行，其他条款自 2023 年 10 月 16 日起施行。本所此前发布的其他业务规则与本通知规定不一致的，以本通知为准。

各会员应当根据本通知的相关要求开展投资者教育，认真做好相关业务和技术系统准备，并确保业务平稳运行。

深圳证券交易所

2023 年 10 月 14 日

关于发布《深圳证券交易所可转换公司债券交易实施细则》的通知

（2022 年 7 月 29 日　深证上〔2022〕719 号）

各市场参与人：

为落实《可转换公司债券管理办法》的要求，完善上市公司发行的可转换公司债券（以下简称可转债）交易制度，防范可转债交易风险，维护证券市场秩序，保护投资者合法权益，按照中国证监会统一部署，本所制定了《深圳证券交易所可转换公司债券交易实施细则》（以下简称《交易细则》）。经中国证监会批准，现予以发布，自 2022 年 8 月 1 日起施行。本所此前有关可转债交易的规定与《交易细则》不一致的，以《交易细则》为准。

为做好与《深圳证券交易所债券交易规则》的衔接，《交易细则》对部分专用名词表述进行了调整，调整前后实际含义相同。为便于市场各方理解和使用，现将《交易细则》与此前可转债相关规则中相关表述的对照关系列示如下：

项目	前期规则表述	《交易细则》表述
交易方式	竞价交易	匹配成交
	协议大宗交易	协商成交
	盘后定价大宗交易	盘后定价成交
数量单位	张	百元面额

因市场及会员技术准备原因，本规则施行时上述表述尚未完全调整到位，但对投资者正常交易申报没有实质影响，请本所会员做好解释说明工作。

特此通知

深圳证券交易所

2022 年 7 月 29 日

3.1.5

深圳证券交易所可转换公司债券交易实施细则

（2022 年 7 月 29 日　深证上〔2022〕719 号）

第一章　总　则

第一条　为了规范深圳证券交易所（以下简称本所）上市公司可转换公司债券（以下简称可转债）市场交易业务，维护市场秩序和社会公共利益，保护投资者合法权益，根据《中华人民共和国证券法》《可转换公司债券管理办法》等法律、行政法规、部门规章、规范性文件以及《深圳证券交易所债券交易规则》等业务规则的规定，制定本细则。

第二条　本细则所称可转债，是指上市公司依法发行、在一定期间内依据约定的条件可以转换成本公司股票的公司债券，属于《中华人民共和国证券法》规定的具有股权性质的证券，包括向不特定对象发行的可转债和向特定对象发行的可转债。

向特定对象发行的可转债包括根据中国证券监督管理委员会（以下简称证监会）相关规定向特定对象发行可转债募集资金、购买资产及募集配套资金。

第三条　本所上市公司可转债的交易与转让，适用本细则。本细则未作规定的，适用《深圳证券交易所债券交易规则》和本所其他有关规定。

第四条　投资者参与本所可转债市场交易、转让或者相关业务的，应当充分知悉和了解相关风险事项、法律法规和本所业务规则，遵守投资者适当性管理相关要求，结合自身风险认知和承受能力，审慎判断是否参与市场交易、转让或者相关业务。

本所会员应当切实履行投资者适当性管理义务，引导客户理性、规范参与可转债市场交易、转让或者相关业务。

第五条　可转债交易或者转让采用全价价格进行申报，实行当日回转交易或者转让。

第六条　可转债交易或者转让的计价单位为“每百元面额债券的价格”。申报价格最小变动单位为 0.001 元。

本所可以根据市场需要，调整前款规定的可转债申报价格最小变动单位。

第二章　向不特定对象发行的可转债的交易

第一节　一般规定

第七条　向不特定对象发行的可转债采用匹配成交、协商成交、盘后定价成交等交易方式。

匹配成交是指交易系统按价格优先、时间优先的原则，对向不特定对象发行的可转债交易申报自动匹配成交的交易方式。

协商成交是指交易双方互为指定交易对手方，协商确定交易价格及数量的交易方式。

盘后定价成交是指可转债交易收盘后按照时间优先的原则，以可转债当日收盘价或者当日匹配成交量加权平均价格对买卖申报逐笔连续撮合的交易方式。

第八条 会员应当保证参与向不特定对象发行的可转债交易的经纪客户实际拥有与其申报相对应的证券或者资金。

交易参与人参与向不特定对象发行的可转债交易的，应当确保拥有与申报相对应的证券或者资金。

第九条 向不特定对象发行的可转债交易以多边净额方式结算。

第十条 向不特定对象发行的可转债发生付息的，本所在权益登记日次一交易日对该可转债作除息处理。

除息日即时行情中显示的该可转债的前收盘价为除息参考价，其中除息参考价 = 前收盘价 – 本次支付的利息。

向不特定对象发行的可转债在除息日的交易，以其除息参考价作为计算涨跌幅的基准。

第十一条 向不特定对象发行的可转债最后一个交易日证券简称首位字母为“Z”。上市公司股票因交易类强制退市被终止上市，其向不特定对象发行的可转债被终止上市的情形除外。

第二节 匹配成交

第十二条 向不特定对象发行的可转债采用匹配成交方式的，每个交易日的9：15至9：25为开盘集合匹配时间，9：30至11：30、13：00至14：57为连续匹配时间，14：57至15：00为收盘集合匹配时间。每个交易日的9：20至9：25、14：57至15：00，本所交易主机不接受参与匹配成交的撤销申报。

第十三条 向不特定对象发行的可转债采用匹配成交方式的，买入申报数量应当为1000元面额或者其整数倍，单笔申报最大数量应当不超过1亿元面额；卖出可转债时，余额不足1000元面额部分，应当一次性申报卖出。

本所可以根据市场需要，调整向不特定对象发行的可转债交易申报数量。

第十四条 向不特定对象发行的可转债的开盘价、收盘价通过集合匹配方式产生。

开盘价不能通过集合匹配产生的，以连续匹配方式产生，为当日连续匹配第一笔成交价。收盘集合匹配不能产生收盘价或者未进行收盘集合匹配的，以当日该可转债最后一笔匹配成交（含）前一分钟内所有匹配成交的成交量加权平均价为收盘价。

当日匹配成交无成交的，以前收盘价为当日收盘价。

收盘集合匹配与盘中临时停牌复牌集合匹配的成交原则相同。

第十五条 除上市首日外，向不特定对象发行的可转债的价格涨跌幅限制比例为 20%。

涨跌幅限制价格的计算公式为：涨跌幅限制价格 = 前收盘价 ×（1 ± 涨跌幅限制比例）。计算结果按照四舍五入原则取至价格最小变动单位。

涨跌幅限制价格与前收盘价之差的绝对值低于申报价格最小变动单位的，以前收盘价增减一个申报价格最小变动单位计算相应价格。涨跌幅限制价格低于申报价格最小变动单位的，以申报价格最小变动单位作为相应价格。

第十六条　向不特定对象发行的可转债上市首日匹配成交出现下列情形的，本所可以对其实施盘中临时停牌：

（一）盘中成交价较发行价首次上涨或者下跌达到或者超过 20% 的，临时停牌时间为 30 分钟；

（二）盘中成交价较发行价首次上涨或者下跌达到或者超过 30% 的，临时停牌至 14：57。

盘中临时停牌的具体时间以本所公告为准，临时停牌时间跨越 14：57 的，于当日14：57 复牌，并对已接受的申报进行复牌集合匹配，再进行收盘集合匹配。

第十七条　向不特定对象发行的可转债上市首日，开盘集合匹配期间的有效申报价格范围为发行价的上下 30%，连续匹配、盘中临时停牌、收盘集合匹配期间的有效申报价格范围为匹配成交最近成交价的上下 10%，收盘集合匹配在有效申报价格范围内进行撮合，且全日有效申报价格不得高于发行价的 157.3% 并不得低于发行价的 56.7%。除上市首日外，有效申报价格范围与涨跌幅限制范围一致。

集合匹配期间没有达成成交的，后续匹配期间有效申报价格范围的基准价为匹配成交最近成交价；当日无成交的，为前收盘价。

第十八条　申报时超过涨跌幅限制或者有效申报价格范围的申报为无效申报。

经证监会批准，本所可以调整涨跌幅限制比例和有效申报价格范围。

第十九条　本所实时发布向不特定对象发行的可转债匹配成交的即时行情。

开盘、收盘集合匹配期间，即时行情内容包括：证券代码、证券简称、集合匹配参考价、匹配量和未匹配量等。

连续匹配期间，即时行情内容包括：证券代码、证券简称、前收盘价、最近成交价、当日最高价、当日最低价、当日累计成交数量、当日累计成交金额、实时最高五个价位买入申报价和数量、实时最低五个价位卖出申报价和数量等。

第二十条　向不特定对象发行的可转债上市首日，本所公布其匹配成交当日买入、卖出金额最大的五家会员证券营业部或者交易单元的名称及其各自的买入、卖出金额。

上市首日后，出现下列情形之一的，本所公布其当日买入、卖出金额最大五家会员证券营业部或者交易单元的名称及其各自的买入、卖出金额：

（一）当日收盘价涨跌幅达到 ±15% 的前五只可转债；

（二）当日价格振幅达到 30% 的前五只可转债。

价格振幅的计算公式为：价格振幅 =（当日最高价 - 当日最低价）/当日最低价 × 100%

收盘价涨跌幅或者价格振幅相同的，依次按成交金额和成交量选取。

第二十一条 向不特定对象发行的可转债匹配成交出现下列情形之一的，属于异常波动，本所分别公布其在交易异常波动期间累计买入、卖出金额最大五家会员证券营业部或者交易单元的名称及其各自累计买入、卖出金额：

（一）连续三个交易日内日收盘价涨跌幅偏离值累计达到±30%的；

收盘价涨跌幅偏离值的计算公式为：收盘价涨跌幅偏离值=单只转债涨跌幅-对应深证转债指数涨跌幅

价格达到涨跌幅限制的，取对应的涨跌幅限制比例进行计算。

（二）证监会或者本所认定属于异常波动的其他情形。

第二十二条 向不特定对象发行的可转债匹配成交出现下列情形之一的，属于严重异常波动，本所公布严重异常波动期间的投资者分类交易统计等信息：

（一）连续十个交易日内三次出现第二十一条规定的同向异常波动情形；

（二）连续十个交易日内日收盘价涨跌幅偏离值累计达到+100%（-50%）；

（三）连续三十个交易日内日收盘价涨跌幅偏离值累计达到+200%（-70%）；

（四）证监会或者本所认定属于严重异常波动的其他情形。

向不特定对象发行的可转债匹配成交出现两种以上严重异常波动情形的，本所一并予以公布。

向不特定对象发行的可转债交易出现严重异常波动情形的，本所可根据市场情况，加强异常交易监控，并要求会员采取有效措施向客户提示风险。

第二十三条 本所可以根据异常波动程度和监管需要，采取下列措施：

（一）要求上市公司披露可转债异常波动公告；

（二）要求上市公司停牌核查并披露核查公告；

（三）向市场提示异常波动可转债投资风险；

（四）对可转债实施盘中强制停牌；

（五）本所认为必要的其他措施。

第二十四条 向不特定对象发行的可转债交易出现异常波动时，上市公司或者相关信息披露义务人应当及时核查下列事项：

（一）是否存在导致可转债价格异常波动的未披露事项；

（二）可转债价格偏离可转债价值的程度；

（三）上市公司董事、监事、高级管理人员、实际控制人、控股股东及其一致行动人买卖公司可转债的情况；

（四）是否存在导致可转债价格异常波动的重大信息或者重大风险事项。

上市公司应当于可转债发生异常波动次一交易日披露可转债交易异常波动公告，明确异常波动的具体情况与相关核查结果，向市场充分提示风险。

可转债交易出现严重异常波动情形时，应当按照前两款规定披露核查公告；无法披露的，应当申请其可转债自次一交易日起停牌核查，直至披露核查公告后复牌。

可转债交易涨跌幅、交易换手率、转股溢价率等指标出现异常时，本所可以视情况要求上市公司进行核查。上市公司应当在核查公告中充分提示可转债交易风险。

第二十五条 本所可以根据市场情况，调整异常波动和严重异常波动的认定标准。

异常波动指标和严重异常波动指标自本所公布的次一交易日或者复牌之日起重新计算。

向不特定对象发行的可转债上市首日不纳入异常波动指标和严重异常波动指标的计算。

向不特定对象发行的可转债不适用债券交易价格偏离报告制度。

第二十六条 本所对可能影响向不特定对象发行可转债交易价格或者交易量的异常交易行为予以重点监控。

前款所称异常交易行为除《深圳证券交易所债券交易规则》第 7.2 条规定的行为外，还包括：

（一）维持涨（跌）幅限制价格，即通过大笔申报、连续申报、密集申报，维持可转债交易价格处于涨（跌）幅限制状态；

（二）通过大笔申报、连续申报、密集申报或者以明显偏离合理价值的价格申报，意图加剧可转债价格异常波动或者影响本所正常交易秩序；

（三）大量或者频繁进行日内回转交易，影响本所正常交易秩序；

（四）证监会或者本所认为需要重点监控的其他异常交易行为。

第三节　协商成交、盘后定价成交

第二十七条 向不特定对象发行的可转债采用协商成交方式的，交易时间为每个交易日的9：15 至 11：30、13：00 至 15：30。当天全天停牌、处于临时停牌期间或者停牌至收市的可转债，本所不接受其协商成交交易申报。

采用盘后定价成交方式的，交易时间为每个交易日的 15：05 至 15：30。当天全天停牌或者停牌至收市的可转债，本所不接受其盘后定价成交交易申报。

第二十八条 向不特定对象发行的可转债采用协商成交、盘后定价成交方式的，单笔交易数量不低于 50 万元面额，或者交易金额不低于 50 万元。

本所可以根据市场需要，调整向不特定对象发行的可转债交易最低限额的要求。

第二十九条 向不特定对象发行的可转债采用协商成交方式的，本所接受下列类型的申报：

（一）意向申报：意向申报指令应当包括证券账户号码、证券代码、买卖方向和本方交易单元代码等内容。意向申报不承担成交义务，意向申报指令可以撤销。

（二）成交申报：成交申报指令应当包括证券账户号码、证券代码、买卖方向、价格、数量、本方及对手方交易单元代码、约定号等内容。成交申报要求明确指定价格和数量。本所对约定号、证券代码、买卖方向、价格、数量等各项要素均匹配的成交申报进行成交确认。

（三）定价申报：定价申报指令应当包括证券账户号码、证券代码、买卖方向、价格、数量和本方交易单元代码等内容。市场所有参与者可以提交成交申报，按指定的价格与定价申报全部或者部分成交，本所按时间优先顺序进行成交确认。定价申报每笔成交的数量或者交易金额，应当满足协商成交最低限额的要求。

（四）本所认可的其他申报类型。

第三十条 向不特定对象发行的可转债采用盘后定价成交方式的，申报指令应当包括证券账户号码、证券代码、交易单元代码、证券营业部识别码、买卖方向、数量、价格类型等内容。

盘后定价成交的价格类型包括可转债当日收盘价和当日匹配成交量加权平均价格。

第三十一条 向不特定对象发行的可转债上市首日，协商成交申报价格在发行价的上下30%范围内确定。除上市首日外，协商成交申报价格在当日涨跌幅限制价格范围内确定。

第三十二条 本所在交易时间内通过交易系统或者本所网站即时公布下列交易信息：

（一）协商成交的报价信息，内容包括证券代码、证券简称、申报类型、买卖方向、数量、价格等；

（二）盘后定价成交的交易信息，内容包括：证券代码、证券简称、价格、当日累计成交数量、当日累计成交金额以及实时买入或者卖出的申报数量等。

第三十三条 本所在每日交易结束后公布下列交易信息：

（一）协商成交的每笔成交信息，内容包括：证券代码、证券简称、成交量、成交价格以及买卖双方所在会员证券营业部或者交易单元的名称；

（二）单只可转债盘后定价成交的累计成交量、累计成交金额，及该可转债当日买入、卖出金额最大五家会员证券营业部或者交易单元的名称和各自的买入、卖出金额；

（三）单只可转债协商成交及盘后定价成交合计的累计成交量、累计成交金额，及该可转债当日买入、卖出金额最大五家会员证券营业部或者交易单元的名称和各自的买入、卖出金额。

第三十四条 协商成交及盘后定价成交不纳入本所即时行情和指数的计算，成交量在协商成交及盘后定价成交结束后计入当日该可转债成交总量。

第三章 向特定对象发行的可转债的转让

第三十五条 向特定对象发行的可转债不得采用公开的集中交易方式，本所为其提供转让服务。

无限售期要求的可转债，在挂牌首日即可以转让；有限售期要求的可转债，上市公司可以在满足解除限售相关条件后，按照本所相关规定申请办理解除限售业务，并在解除限售前三个交易日内披露提示性公告。

第三十六条 本所接受向特定对象发行的可转债转让申报时间为每个交易日的9：15至11：30、13：00至15：30，转让申报当日有效。

第三十七条 向特定对象发行的可转债单笔转让申报数量应当不低于5万元面额，持有不足5万元面额的应当一次性全部申报卖出。

本所可以根据市场需要，调整前款规定的可转债单笔转让申报数量。

第三十八条　本所接受意向申报、成交申报、定价申报和本所认可的其他申报类型。

不同申报类型的申报要素和成交确认原则等参照本细则第二十九条的规定执行，但其中关于定价申报每笔成交数量或者交易金额的要求除外。

第三十九条　本所按照时间先后顺序对向特定对象发行的可转债转让申报进行成交确认。可转债转让经本所交易系统确认成交后不得撤销或者变更，转让双方应当承认转让结果，并履行交收义务。

第四十条　向特定对象发行的可转债的转让以逐笔全额方式结算。

第四十一条　本所在交易时间内通过交易系统即时公布向特定对象发行的可转债的报价信息。

本所在每日交易结束后，通过本所网站公布向特定对象发行的可转债转让每笔成交信息。

第四章　附　　则

第四十二条　本细则由本所负责解释。

第四十三条　本细则自 2022 年 8 月 1 日起施行。本所 2020 年 10 月 30 日发布的《关于完善可转换公司债券盘中临时停牌制度的通知》（深证会〔2020〕579 号）同时废止。

关于发布《深圳证券交易所主板股票异常交易实时监控细则》的通知

（2023 年 2 月 17 日　深证上〔2023〕104 号）

各市场参与人：

为了落实全面实行股票发行注册制相关要求，加强主板股票异常交易行为监管，维护股票交易秩序，保护投资者合法权益，本所制定了《深圳证券交易所主板股票异常交易实时监控细则》，经中国证监会批准，现予以发布，自按照《首次公开发行股票注册管理办法》发行的首只主板股票上市首日起施行。

深圳证券交易所

2023 年 2 月 17 日

3.1.6

深圳证券交易所主板股票异常交易实时监控细则

（2023 年 2 月 17 日　深证上〔2023〕104 号）

第一章　总　则

第一条　为了维护深圳证券交易所（以下简称本所）主板上市的股票和存托凭证（以下统称主板股票）交易秩序，保护投资者合法权益，防范交易风险，根据《深圳证券交易所交易规则》（以下简称《交易规则》）、《深圳证券交易所会员管理规则》（以下简称《会员管理规则》）等规定，制定本细则。

第二条　主板股票异常交易行为监控及监督管理等事宜，适用本细则。本细则未作规定的，适用《交易规则》及其他有关规定。

第三条　投资者参与主板股票交易，应当遵守法律、行政法规、部门规章、规范性文件、本所业务规则的规定及证券交易委托代理协议的约定，不得实施异常交易行为，影响股票交易正常秩序。

第四条　会员应当加强对客户主板股票交易行为的管理，按照本所会员客户交易行为管理相关规定，及时识别、管理和报告客户异常交易行为，积极配合、协同本所异常交易行为监管工作，共同维护主板股票交易秩序。

第五条　本所对主板股票交易实行实时监控和自律管理，对违反本细则的投资者、会员采取相应自律监管措施或者纪律处分，对涉嫌内幕交易、操纵市场、利用未公开信息交易等违法违规行为，依法上报中国证监会查处。

第二章　投资者异常交易行为

第一节　一般规定

第六条　本细则所称异常交易行为，包括下列类型：

（一）虚假申报；

（二）拉抬打压股价；

（三）维持涨（跌）幅限制价格；

（四）自买自卖或者互为对手方交易；

（五）严重异常波动股票申报速率异常；

（六）违反法律、行政法规、部门规章、规范性文件或者本所业务规则的其他异常交易行为。

第七条 本所根据本细则规定的异常交易行为类型，结合申报数量和频率、股票交易规模、市场占比、价格波动情况、股票基本面、上市公司重大信息和市场整体走势等因素进行定性与定量分析，对投资者异常交易行为进行认定。

投资者的主板股票交易行为虽未达到相关监控指标，但接近指标且多次实施同类型交易行为的，本所可以将其认定为相应类型的异常交易行为。

本所可以根据市场情况，调整主板股票异常交易行为监控标准。

第八条 投资者以本人名义开立或者由同一投资者实际控制的单个或者多个普通证券账户、信用证券账户以及其他涉嫌关联的证券账户（组）的申报数量、申报金额、成交数量、成交金额及占比等合并计算。

第九条 投资者的申报和成交同时存在买、卖两个方向时，按照单个方向分别计算相关申报数量、申报金额、成交数量、成交金额、全市场申报总量等指标。

第二节 虚假申报

第十条 虚假申报，是指不以成交为目的，通过大量申报并撤销等行为，引诱、误导或者影响其他投资者正常交易决策的异常交易行为。

第十一条 开盘集合竞价阶段同时存在下列情形的，本所对有关交易行为予以重点监控：

（一）主板风险警示股票以偏离前收盘价3%以上的价格，或者其他股票以偏离前收盘价5%以上的价格申报买入或者卖出；

（二）累计申报数量或者金额较大；

（三）累计申报数量占市场同方向申报总量的比例较高；

（四）累计撤销申报数量占累计申报数量的50%以上；

（五）以低于申报买入价格反向申报卖出或者以高于申报卖出价格反向申报买入；

（六）主板风险警示股票开盘集合竞价虚拟参考价涨（跌）幅3%以上，或者其他股票开盘集合竞价虚拟参考价涨（跌）幅5%以上。

第十二条 连续竞价阶段同时存在下列情形的，本所对有关交易行为予以重点监控：

（一）最优5档内申报买入或者卖出；

（二）单笔申报后，在实时最优5档内累计剩余有效申报数量或者金额巨大，且占市场同方向最优5档剩余有效申报总量的比例较高；

（三）满足本条第一项、第二项规定情形的申报发生多次；

（四）申报后撤销申报，且累计撤销申报数量占同方向累计申报数量的50%以上；

（五）存在反向卖出（买入）成交。

第十三条 连续竞价阶段2次以上同时存在下列情形的，本所对有关交易行为予以重点监控：

（一）股票交易价格处于涨（跌）幅限制状态；

（二）单笔以涨（跌）幅限制价格申报后，在该价格剩余有效申报数量或者金额巨大，且占市场该价格剩余有效申报总量的比例较高；

（三）单笔撤销以涨（跌）幅限制价格的申报后，在涨（跌）幅限制价格的累计撤销申报数量占以该价格累计申报数量的50%以上。

第三节　拉抬打压股价

第十四条　拉抬打压股价，是指大笔申报、连续申报、密集申报或者以明显偏离股票最新成交价的价格申报成交，期间股票交易价格明显上涨（下跌）的异常交易行为。

第十五条　在有价格涨跌幅限制股票的开盘集合竞价阶段，同时存在下列情形的，本所对有关交易行为予以重点监控：

（一）成交数量或者金额较大；

（二）成交数量占期间市场成交总量的比例较高；

（三）主板风险警示股票开盘价涨（跌）幅3%以上，或者其他股票开盘价涨（跌）幅5%以上；

（四）股票开盘价达到涨（跌）幅限制价格的，在涨（跌）幅限制价格有效申报数量占期间市场该价格有效申报总量的10%以上。

第十六条　连续竞价阶段任意3分钟内同时存在下列情形的，本所对有关交易行为予以重点监控：

（一）买入成交价呈上升趋势或者卖出成交价呈下降趋势；

（二）成交数量或者金额较大；

（三）成交数量占成交期间市场成交总量的比例较高；

（四）股票涨（跌）幅4%以上。

第十七条　收盘集合竞价阶段同时存在下列情形的，本所对有关交易行为予以重点监控：

（一）成交数量或者金额较大；

（二）成交数量占期间市场成交总量的比例较高；

（三）股票涨（跌）幅3%以上。

第十八条　在有价格涨跌幅限制的股票交易中，同时存在下列情形的，本所对有关交易行为予以重点监控：

（一）开盘集合竞价阶段成交数量或者金额较大；

（二）开盘集合竞价阶段成交数量占期间市场成交总量的比例较高；

（三）股票开盘价涨（跌）幅2%以上；

（四）当日10时以前反向卖出（买入）成交数量在10万股以上或者金额在100万元以上。

第十九条　股票交易中同时存在下列情形的，本所对有关交易行为予以重点监控：

（一）连续竞价阶段任意3分钟内买入成交价呈上升趋势或者卖出成交价呈下降趋势；

（二）期间成交数量或者金额较大；

（三）期间成交数量占市场成交总量的比例较高；

（四）期间股票涨（跌）幅2%以上；

（五）期间及其后30分钟内累计反向卖出（买入）成交数量在10万股以上或者金额在100万元以上。

第二十条 股票交易中同时存在下列情形的，本所对有关交易行为予以重点监控：

（一）收盘集合竞价阶段成交数量或者金额较大；

（二）收盘集合竞价阶段成交数量占期间市场成交总量的比例较高；

（三）收盘集合竞价阶段股票涨（跌）幅2%以上；

（四）当日收盘集合竞价阶段及次一交易日10时以前累计反向卖出（买入）成交数量在10万股以上或者金额在100万元以上。

第四节 维持涨（跌）幅限制价格

第二十一条 维持涨（跌）幅限制价格，是指通过大笔申报、连续申报、密集申报，维持股票交易价格处于涨（跌）幅限制状态的异常交易行为。

第二十二条 连续竞价阶段同时存在下列情形的，本所对有关交易行为予以重点监控：

（一）股票交易价格处于涨（跌）幅限制状态；

（二）单笔以涨（跌）幅限制价格申报后，在该价格剩余有效申报数量或者金额巨大，且占市场该价格剩余有效申报总量的比例较高；

（三）本条第二项情形的状态持续时间10分钟以上，或者持续至连续竞价结束；

（四）本条第二项情形的剩余有效申报及其后在该价格的新增申报中，当日累计成交数量比例低于70%。

第二十三条 收盘集合竞价阶段同时存在下列情形的，本所对有关交易行为予以重点监控：

（一）连续竞价结束时股票交易价格处于涨（跌）幅限制状态；

（二）连续竞价结束时和收盘集合竞价结束时，市场涨（跌）幅限制价格剩余有效申报数量或者金额巨大；

（三）收盘集合竞价结束时，收盘集合竞价阶段新增涨（跌）幅限制价格申报的剩余有效申报数量或者金额较大；

（四）收盘集合竞价结束时，涨（跌）幅限制价格剩余有效申报数量占市场该价格剩余有效申报总量的比例较高。

第五节 自买自卖和互为对手方交易

第二十四条 自买自卖和互为对手方交易，是指单个账户、自己实际控制的账户之间或者涉嫌关联账户之间大量进行股票交易，影响股票交易价格或者交易量的异常交易行为。

第二十五条　竞价交易阶段同时存在下列情形的，本所对有关交易行为予以重点监控：

（一）在单个账户或者自己实际控制的账户之间进行交易；

（二）成交数量占股票全天累计成交总量的10%以上或者收盘集合竞价阶段成交数量占期间市场成交总量的30%以上。

第二十六条　竞价交易阶段同时存在下列情形的，本所对有关交易行为予以重点监控：

（一）涉嫌关联的账户之间互为对手方进行交易；

（二）成交数量占股票全天累计成交总量的10%以上或者收盘集合竞价阶段成交数量占期间市场成交总量的30%以上。

第六节　严重异常波动股票申报速率异常

第二十七条　严重异常波动，是指主板股票竞价交易出现《交易规则》规定的严重异常波动情形。

第二十八条　严重异常波动股票申报速率异常，是指违背审慎交易原则，在股票交易出现严重异常波动情形后的10个交易日内，利用资金优势、持股优势，在短时间内集中申报加剧股价异常波动的异常交易行为。

第二十九条　股票交易出现严重异常波动情形后10个交易日内，连续竞价阶段1分钟内单向申报买入（卖出）单只严重异常波动股票金额巨大的，本所对有关交易行为予以重点监控。

第三章　投资者异常交易行为监管

第三十条　投资者在主板股票交易中实施异常交易行为的，本所可以对其采取下列自律监管措施：

（一）口头警示；

（二）书面警示；

（三）约见谈话；

（四）将证券账户列入重点监控账户；

（五）要求投资者提交合规交易承诺书；

（六）盘中暂停当日交易；

（七）盘后限制交易；

（八）本所规定的其他自律监管措施。

本所对投资者采取自律监管措施的，按照《交易规则》《深圳证券交易所自律监管措施和纪律处分实施办法》等规定执行。

第三十一条　投资者实施异常交易行为具有下列情形之一的，本所可以下调本细则规定的监控指标从严认定异常交易行为，从重采取自律监管措施：

（一）在一定时间内反复、连续实施异常交易行为；

（二）对严重异常波动股票、风险警示股票、退市整理股票、存在退市风险的股票实施异常交易行为；

（三）对本所交易监管中向市场公开的重点监控股票实施异常交易行为；

（四）异常交易行为涉嫌操纵市场；

（五）因异常交易行为受到过本所盘后限制交易，或者因内幕交易、操纵市场、利用未公开信息交易等证券违法行为受到过行政处罚或者刑事制裁；

（六）本所认定的其他情形。

从严认定异常交易行为的，监控指标下调幅度不超过50%，情节特别严重的除外。

第三十二条 会员未按本细则及本所其他相关规定履行客户交易行为管理职责的，本所可以按照《会员管理规则》等规定，对会员及其负有责任的相关人员采取自律监管措施或者纪律处分。

第四章 附 则

第三十三条 本细则下列用语的含义：

（一）数量或者金额较大，是指风险警示股票数量在30万股以上或者金额在100万元以上，其他股票数量在30万股以上或者金额在300万元以上；

（二）数量或者金额巨大，是指风险警示股票数量在50万股以上或者金额在200万元以上，其他股票数量在100万股以上或者金额在1000万元以上；

（三）比例或者占比较高，是指比例或者占比30%以上；

（四）多次，是指实施3次以上；

（五）实际控制，是指通过股权、协议、委托或者其他方式，直接或者间接拥有对某个账户的交易活动作出决策或者导致形成决策的权利；

（六）涉嫌关联，是指两个以上证券账户在开户信息、交易终端信息、交易行为趋同性或者交易资金来源等方面存在或者可能存在关联。

本细则所称“以上”“以前”“内”含本数，“高于”“低于”不含本数。

第三十四条 本细则由本所负责解释。

第三十五条 本细则自按照《首次公开发行股票注册管理办法》发行上市的首只主板股票上市首日起施行。

关于修改、废止部分业务规则和业务指南的通知

（2023 年 8 月 25 日　深证上〔2023〕737 号）

各市场参与人：

为了提高本所业务规则的系统性和协调性，进一步构建简明清晰规则体系，本所对 5 件业务规则和业务指南的文字表述进行修改，对 3 件业务规则予以废止。现将有关事项通知如下：

……

三、将《深圳证券交易所创业板股票异常交易实时监控细则（试行)》第一条修改为：“为了维护深圳证券交易所（以下简称本所）创业板上市的股票和存托凭证（以下统称创业板股票）交易秩序，保护投资者合法权益，防范交易风险，根据《深圳证券交易所交易规则》（以下简称《交易规则》）等规定，制定本细则。”

第二十四条修改为：“严重异常波动，是指创业板股票竞价交易出现《交易规则》规定的严重异常波动情形。”

第二十七条第二款修改为：“本所对投资者采取自律监管措施的，按照《交易规则》《深圳证券交易所自律监管措施和纪律处分实施办法》等规定执行。”

……

七、本通知自发布之日起施行。根据本通知，本所现发布《深圳证券交易所上市公司自律监管指引第 6 号——停复牌（2023 年修订)》等 5 件业务规则和业务指南。《深圳证券交易所上市公司监管指引第 6 号——停复牌》（深证上〔2022〕18 号)、《香港中央结算有限公司参与深股通上市公司网络投票实施指引（2020 年修订)》（深证上〔2020〕518 号)、《深圳证券交易所创业板股票异常交易实时监控细则（试行)》（深证上〔2020〕513 号)、《深圳证券交易所会员管理业务指引第 2 号——会员违规行为监管》（深证会〔2021〕588 号）和《深圳证券交易所证券交易业务指南第 2 号——风险警示板交易事项》同时废止。

深圳证券交易所
2023 年 8 月 25 日

3.1.7

深圳证券交易所创业板股票异常交易实时监控细则（试行）（2023年修订）

（2023年8月25日　深证上〔2023〕737号）

第一章　总　　则

第一条　为了维护深圳证券交易所（以下简称本所）创业板上市的股票和存托凭证（以下统称创业板股票）交易秩序，保护投资者合法权益，防范交易风险，根据《深圳证券交易所交易规则》（以下简称《交易规则》）等规定，制定本细则。

第二条　创业板股票异常交易行为监控及监督管理等事宜，适用本细则。本细则未作规定的，适用《交易规则》及其他有关规定。

第三条　投资者参与创业板股票交易，应当遵守法律、行政法规、部门规章、规范性文件、本所业务规则的规定及证券交易委托代理协议的约定，不得实施异常交易行为，影响股票交易正常秩序。

第四条　会员应当加强对客户创业板股票交易行为的管理，事前了解客户、事中监控交易，及时识别、管理和报告客户异常交易行为，积极配合、协同本所异常交易行为监管工作，共同维护创业板股票交易秩序。

第五条　本所对创业板股票交易实行实时监控和自律管理，对违反本细则的投资者、会员采取相应自律监管措施或者纪律处分，对涉嫌内幕交易、市场操纵、利用未公开信息交易等违法违规行为，依法上报中国证监会查处。

第二章　投资者异常交易行为

第一节　一般规定

第六条　本细则所称异常交易行为，包括下列类型：

（一）虚假申报；

（二）拉抬打压股价；

（三）维持涨（跌）幅限制价格；

（四）自买自卖或者互为对手方交易；

（五）严重异常波动股票申报速率异常；

（六）违反法律、行政法规、部门规章、规范性文件或者本所业务规则的其他异常交易行为。

第七条　本所根据本细则规定的异常交易行为类型，结合申报数量和频率、股票交易规模、市场占比、价格波动情况、股票基本面、上市公司重大信息和市场整体走势等因素进行定性与定量分析，对投资者异常交易行为进行认定。

投资者的创业板股票交易行为虽未达到相关监控指标，但接近指标且反复多次实施的，本所可以将其认定为相应类型的异常交易行为。

本所可以根据市场情况，调整创业板股票异常交易行为监控标准。

第八条　投资者以本人名义开立或者由同一投资者实际控制的单个或者多个普通证券账户、信用证券账户以及其他涉嫌关联的证券账户（组）的申报数量、申报金额、成交数量、成交金额及占比等合并计算。

第九条　投资者的申报和成交按照单只股票计算，同时存在买、卖两个方向的申报或者成交时，按照单个方向分别计算相关申报数量、申报金额、成交数量、成交金额、全市场申报总量等指标。

第二节　虚假申报

第十条　虚假申报，是指不以成交为目的，通过大量申报并撤销等行为，引诱、误导或者影响其他投资者正常交易决策的异常交易行为。

第十一条　开盘集合竞价阶段同时存在下列情形的，本所对有关交易行为予以重点监控：

（一）以偏离前收盘价5%以上的价格申报买入或者卖出；

（二）累计申报数量或者金额较大；

（三）累计申报数量占市场同方向申报总量的比例较高；

（四）累计撤销申报数量占累计申报数量的50%以上；

（五）以低于申报买入价格反向申报卖出或者以高于申报卖出价格反向申报买入；

（六）股票开盘集合竞价虚拟参考价涨（跌）幅5%以上。

第十二条　连续竞价阶段3次以上同时存在下列情形的，本所对有关交易行为予以重点监控：

（一）最优5档内申报买入或者卖出；

（二）单笔申报后，在实时最优5档内累计剩余有效申报数量或者金额巨大，且占市场同方向最优5档内剩余有效申报总量的比例较高；

（三）申报后撤销申报，且累计撤销申报数量占累计申报数量的50%以上。

第十三条　连续竞价阶段2次以上同时存在下列情形的，本所对有关交易行为予以重点监控：

（一）股票交易价格处于涨（跌）幅限制状态；

（二）单笔以涨（跌）幅限制价格申报后，在该价格剩余有效申报数量或者金额巨大，且占市场该价格剩余有效申报总量的比例较高；

（三）单笔撤销以涨（跌）幅限制价格的申报后，在涨（跌）幅限制价格的累计撤销申报数量占以该价格累计申报数量的50%以上。

第三节　拉抬打压股价

第十四条　拉抬打压股价，是指大笔申报、连续申报、密集申报或者以明显偏离股票最新成交价的价格申报成交，期间股票交易价格明显上涨（下跌）的异常交易行为。

第十五条　在有价格涨跌幅限制股票的开盘集合竞价阶段，同时存在下列情形的，本所对有关交易行为予以重点监控：

（一）成交数量或者金额较大；

（二）成交数量占期间市场成交总量的比例较高；

（三）股票开盘价涨（跌）幅5%以上；

（四）股票开盘价达到涨（跌）幅限制价格的，在涨（跌）幅限制价格有效申报数量占期间市场该价格有效申报总量的10%以上。

第十六条　连续竞价阶段任意3分钟内同时存在下列情形的，本所对有关交易行为予以重点监控：

（一）买入成交价呈上升趋势或者卖出成交价呈下降趋势；

（二）成交数量或者金额较大；

（三）成交数量占成交期间市场成交总量的比例较高；

（四）股票涨（跌）幅4%以上。

第十七条　收盘集合竞价阶段同时存在下列情形的，本所对有关交易行为予以重点监控：

（一）成交数量或者金额较大；

（二）成交数量占期间市场成交总量的比例较高；

（三）股票涨（跌）幅3%以上。

第四节　维持涨（跌）幅限制价格

第十八条　维持涨（跌）幅限制价格，是指通过大笔申报、连续申报、密集申报，维持股票交易价格处于涨（跌）幅限制状态的异常交易行为。

第十九条　连续竞价阶段同时存在下列情形的，本所对有关交易行为予以重点监控：

（一）股票交易价格处于涨（跌）幅限制状态；

（二）单笔以涨（跌）幅限制价格申报后，在该价格剩余有效申报数量或者金额巨大，占市场该价格剩余有效申报总量的比例较高，且持续10分钟以上。

第二十条　收盘集合竞价阶段同时存在下列情形的，本所对有关交易行为予以重点监控：

（一）连续竞价结束时股票交易价格处于涨（跌）幅限制状态；

（二）连续竞价结束时和收盘集合竞价结束时，市场涨（跌）幅限制价格剩余有效申报数量或者金额巨大；

（三）收盘集合竞价结束时，收盘集合竞价阶段新增涨（跌）幅限制价格申报的剩余有效申报数量或者金额较大；

（四）收盘集合竞价结束时，涨（跌）幅限制价格剩余有效申报数量占市场该价格剩余有效申报总量的比例较高。

第五节　自买自卖和互为对手方交易

第二十一条　自买自卖和互为对手方交易，是指在自己实际控制的账户之间或者关联账户之间大量进行股票交易，影响股票交易价格或者交易量的异常交易行为。

第二十二条　股票交易同时存在下列情形的，本所对有关交易行为予以重点监控：

（一）在自己实际控制的账户之间进行交易；

（二）成交数量占股票全天累计成交总量的10%以上或者收盘集合竞价阶段成交数量占期间市场成交总量的30%以上。

第二十三条　股票交易同时存在下列情形的，本所对有关交易行为予以重点监控：

（一）两个或者两个以上涉嫌关联的证券账户之间互为对手方进行交易；

（二）成交数量占股票全天累计成交总量的10%以上或者收盘集合竞价阶段成交数量占期间市场成交总量的30%以上。

第六节　严重异常波动股票申报速率异常

第二十四条　严重异常波动，是指创业板股票竞价交易出现《交易规则》规定的严重异常波动情形。

第二十五条　严重异常波动股票申报速率异常，是指违背审慎交易原则，在股票交易出现严重异常波动情形后的10个交易日内，利用资金优势、持股优势，在短时间内集中申报加剧股价异常波动的异常交易行为。

第二十六条　股票交易出现严重异常波动情形后10个交易日内，连续竞价阶段1分钟内单向申报买入（卖出）单只严重异常波动股票金额超过1000万元的，本所对有关交易行为予以重点监控。

第三章　投资者异常交易行为监管

第二十七条　投资者在创业板股票交易中实施异常交易行为的，本所可以对其采取以下自律监管措施：

（一）口头警示；

（二）书面警示；

（三）约见谈话；

（四）将账户列为重点监控账户；

（五）要求投资者提交合规交易承诺书；

（六）盘中暂停当日交易；

（七）盘后限制交易；

（八）本所规定的其他自律监管措施。

本所对投资者采取自律监管措施的，按照《交易规则》《深圳证券交易所自律监管措施和纪律处分实施办法》等规定执行。

第二十八条 投资者实施异常交易行为具有下列情形之一的，本所可以从重采取自律监管措施：

（一）在一定时间内反复、连续实施异常交易行为；

（二）对严重异常波动股票实施异常交易行为；

（三）实施异常交易行为的同时存在反向交易；

（四）实施异常交易行为涉嫌市场操纵；

（五）因异常交易行为受到过本所盘后限制交易，或者因内幕交易、市场操纵、利用未公开信息交易等证券违法行为受到过行政处罚或者刑事制裁；

（六）本所认定的其他情形。

第二十九条 会员未按本细则及本所其他相关规定履行客户交易行为管理职责的，本所可以按照《深圳证券交易所会员管理规则》等规定，对会员及其负有责任的相关人员采取自律监管措施或者纪律处分。

第四章 附 则

第三十条 本细则下列用语具有如下含义：

（一）数量或者金额较大，是指数量在30万股以上或者金额在300万元以上；

（二）数量或者金额巨大，是指数量在100万股以上或者金额在1000万元以上；

（三）比例或者占比较高，是指比例或者占比30%以上；

（四）反复多次，是指同一交易日同类型异常交易行为实施3次以上；

（五）“以上”“内”含本数，“高于”“低于”不含本数；

（六）实际控制，是指通过股权、协议、委托或者其他方式，直接或者间接拥有对某个账户的交易活动作出决策或者导致形成决策的权利；

（七）涉嫌关联，是指多个证券账户在开户信息、交易终端信息、交易行为趋同性或者交易资金来源等方面存在或者可能存在关联。

第三十一条 本细则由本所负责解释。

第三十二条 本细则自发布之日起施行。本所2020年6月12日发布的《深圳证券交易所创业板股票异常交易实时监控细则（试行）》（深证上〔2020〕513号）同时废止。

3.1.8

关于注册制下股票和存托凭证暂不作为股票质押回购及约定购回交易标的证券的通知

（2023 年 2 月 17 日　深证会〔2023〕50 号）

各会员单位：

为了落实全面实行股票发行注册制相关要求，防范股票质押式回购交易（以下简称股票质押回购）、约定购回式证券交易（以下简称约定购回交易）业务风险，保障市场稳健运行，现就深市股票和存托凭证涉及股票质押回购及约定购回交易相关事项通知如下：

一、在注册制下首次公开发行股票或者存托凭证并上市的公司，其股票或者存托凭证暂不作为股票质押回购及约定购回交易标的证券。其他股票可以继续作为股票质押回购及约定购回交易标的证券。

二、会员应当做好股票质押回购、约定购回交易的前端检查控制。如因不当操作导致相关交易完成的，会员应当及时要求融入方提前购回。

三、对违反本通知要求的会员，本所将根据《深圳证券交易所会员管理规则》及相关业务规则，采取相应的自律监管措施或者纪律处分。

四、本通知自发布之日起施行。本所 2020 年 6 月 12 日发布的《关于创业板股票涉及股票质押回购及约定购回交易有关事项的通知》（深证会〔2020〕306 号）同时废止。

深圳证券交易所

2023 年 2 月 17 日

3.1.9

关于股票及存托凭证证券简称和标识的通知

（2023年2月17日　深证上〔2023〕115号）

各市场参与人：

为了提示在深圳证券交易所（以下简称本所）上市股票及存托凭证交易风险，保护投资者合法权益，根据《深圳证券交易所交易规则》等业务规则，本所现就股票及存托凭证证券简称和标识有关事项通知如下：

一、首次公开发行股票或者存托凭证上市首日证券简称首位字母为“N”，上市后第二至第五个交易日证券简称首位字母为“C”；以非新增股票为基础证券上市中国存托凭证的除外。

二、上市交易存托凭证的特别标识为“D”。

三、上市时尚未盈利、具有表决权差异安排及具有协议控制架构或者类似特殊安排的发行人，其股票或者存托凭证相应标识如下：

（一）发行人尚未盈利的，其股票或者存托凭证的特别标识为“U”；发行人首次实现盈利的，该特别标识取消。

（二）发行人具有表决权差异安排的，其股票或者存托凭证的特别标识为“W”；上市后不再具有表决权差异安排的，该特别标识取消。

（三）发行人具有协议控制架构或者类似特殊安排的，其股票或者存托凭证的特别标识为“V”；上市后不再具有相关安排的，该特别标识取消。

四、本通知所列证券简称或者特别标识通过本所行情信息的产品信息文件发布，供行情软件显示，并在本所网站“市场数据-产品目录-股票-股票列表”栏目展示。

五、本通知自按照《首次公开发行股票注册管理办法》发行的首只主板股票上市首日起施行。本所于2020年6月12日发布的《关于创业板股票及存托凭证证券简称及标识的通知》（深证上〔2020〕516号）同时废止。

深圳证券交易所

2023年2月17日

关于发布《深圳证券交易所主板投资风险揭示书必备条款》及相关事项的通知

（2023 年 2 月 17 日　深证上〔2023〕116 号）

各市场参与人：

为了做好全面实行股票发行注册制相关工作，强化会员投资者适当性管理职责，保护投资者合法权益，本所制定了《深圳证券交易所主板投资风险揭示书必备条款》（以下简称《必备条款》），现予发布，并就相关事项通知如下：

一、自按照《首次公开发行股票注册管理办法》发行的首只主板股票、存托凭证（以下统称股票）发行首日起，新增普通投资者（新开通深市 A 股证券账户的普通投资者）首次参与主板股票的申购、交易前，应当以纸面或者电子方式签署《主板投资风险揭示书》（以下简称《风险揭示书》）。投资者未签署《风险揭示书》的，会员不得接受相关委托。

二、会员应当切实履行投资者适当性管理义务，根据《必备条款》制定《风险揭示书》，完善相应管理制度及流程，并做好组织《风险揭示书》签署、技术改造等相关工作。

三、会员应当多渠道、全方位做好风险提示与投资者教育工作，通过短信、电话或者交易软件登录弹窗等适当方式，向存量投资者（已开通深市 A 股证券账户且未销户的投资者）及时、充分告知注册制后主板相关制度变化及风险特征，并做好留痕。会员应当通过公司官方网站、投教基地网站、营业部专栏等渠道切实做好投资者教育。

四、本通知未作规定的，适用本所其他相关规定。

附件：深圳证券交易所主板投资风险揭示书必备条款

深圳证券交易所
2023 年 2 月 17 日

3.1.10

深圳证券交易所主板投资风险揭示书必备条款

（2023年2月17日　深证上〔2023〕116号）

为了使投资者充分了解深圳证券交易所（以下简称深交所）主板的相关风险，开展经纪业务的会员应当制定《主板投资风险揭示书》（以下简称《风险揭示书》），向参与主板股票、存托凭证（以下统称股票）申购、交易的投资者充分揭示风险。《风险揭示书》应当至少包括下列内容：

一、全面实行股票发行注册制后，主板股票发行、上市、交易、持续监管等相关制度安排发生一定变化，投资者应当充分知悉并关注相关规则。

二、主板上市公司可能存在有累计未弥补亏损、最近3个会计年度未能连续盈利等情形；已在境外上市的红筹企业、未在境外上市的红筹企业、存在表决权差异安排的企业具有差异化上市标准，投资者应当关注。

三、首次公开发行主板股票可能采用直接定价或者询价定价方式。采用询价定价方式的，询价对象除证券公司等八类专业机构投资者外，还包括符合一定条件的其他法人和组织、个人投资者。

四、首次公开发行主板股票采用询价方式的，初步询价结束后，发行人预计发行后总市值不满足其在招股说明书中明确选择的市值与财务指标上市标准的，将按规定中止发行。

五、首次公开发行主板股票采用询价方式的，可能存在发行价格超过剔除最高报价部分后所有网下投资者剩余报价的中位数和加权平均数，以及公募基金等六类产品剩余报价的中位数和加权平均数的孰低值的情况；可能存在发行价格超过境外市场价格或者发行价格对应市盈率超过同行业上市公司二级市场平均市盈率等情形，投资者参与申购前应当关注投资风险特别公告等与定价合理性相关的信息，注意投资风险。

六、根据首次公开发行主板股票发行后总股本差异等情形，网上初始发行比例可能有所差别；根据网上投资者有效申购倍数差异，可能存在不同的网下向网上回拨比例，投资者应当关注。

七、首次公开发行主板股票时，发行人和主承销商可以采用超额配售选择权，即存在发行人增发主板股票的可能性。投资者应当关注发行公告中披露全额行使超额配售选择权拟发行证券的具体数量。

八、主板股票可能主动终止上市，也可能因触及退市情形被强制终止上市。主动终止上市以及因触及交易类强制退市情形被终止上市的，不进入退市整理期，直接予以摘牌；因触及财务类、规范类或者重大违法类强制退市情形被终止上市的，进入退市整理期交易15个交易日后予以摘牌。投资者应当及时了解相关信息和规定，密切关注退市风险。

九、主板上市公司可能设置表决权差异安排。上市公司可能根据此项安排，存在控制权相对集中，以及因每一特别表决权股份拥有的表决权数量大于每一普通股份拥有的表决权数量等情形，而使普通投资者的表决权利及对公司日常经营等事务的影响力受到限制。

十、出现《深圳证券交易所股票上市规则》以及上市公司章程规定的情形时，特别表决权股份将按1:1的比例转换为普通股份。股份转换自相关情形发生时即生效，可能与相关股份转换登记时点存在差异。投资者应当及时关注上市公司相关公告，以了解特别表决权股份变动事宜。

十一、主板普通股票及退市整理股票价格涨跌幅限制比例为10%，风险警示股票为5%，但主板股票在首次公开发行上市后的前五个交易日、重新上市首日、进入退市整理期的首日以及深交所认定的其他情形下不实行价格涨跌幅限制，投资者应当关注可能发生的股价波动风险。

十二、主板无价格涨跌幅限制股票竞价交易盘中交易价格较当日开盘价格首次上涨或者下跌达到或者超过30%、60%，以及出现证监会或者深交所认定的其他情形的，实施盘中临时停牌，单次临时停牌时间为10分钟，停牌时间跨越14：57的，于当日14：57复牌并对已接受的申报进行复牌集合竞价，再进行收盘集合竞价。

十三、投资者应当关注股票集合竞价阶段及连续竞价阶段有效申报价格范围的相关要求，以免影响申报。申报时超过涨跌幅限制价格或者有效申报价格范围的申报为无效申报。

十四、按照《首次公开发行股票注册管理办法》发行的主板股票，上市首日即可作为融资融券标的，投资者应当注意相关风险。

十五、投资者应当关注主板股票交易可能触发的异常波动和严重异常波动情形，知悉严重异常波动情形可能导致停牌核查，审慎参与相关股票交易。

十六、符合相关规定的红筹企业可以在主板上市。红筹企业在境外注册，可能采用协议控制架构，在上市标准、信息披露、分红派息、退市标准等方面可能与境内上市公司存在差异。红筹企业的股权结构、公司治理、运行规范等事项适用境外注册地公司法等法律法规的，其投资者权益保护水平总体上应不低于境内法律法规等要求，但可能与境内法律法规等要求为境内投资者权益提供的保护存在差异。

十七、红筹企业可以发行股票或者存托凭证并在主板上市。存托凭证由存托人签发、以境外证券为基础在中国境内发行，代表境外基础证券权益。红筹企业存托凭证持有人实际享有的权益与境外基础证券持有人的权益虽然基本相当，但并不能等同于直接持有境外基础证券。投资者应当充分知悉存托协议和相关规则内容，关注交易和持有过程中可能存在的风险。

十八、主板相关法律、行政法规、部门规章、规范性文件（以下统称法律法规）和交易所业务规则，可能根据市场情况进行修改，或者制定新的法律法规和业务规则，投资者应当及时予以关注和了解。

除上述风险提示外，各会员还可以根据具体情况在本公司制定的《风险揭示书》中对主板股票交易存在的风险作进一步列举。

《风险揭示书》应当以醒目的文字载明：

本《风险揭示书》的揭示事项仅为列举性质，未能详尽列明主板股票交易的所有风险，且未来有关法律法规和业务规则修订时可能不会要求投资者重新签署《风险揭示书》，投资者在参与交易前，应当认真阅读有关法律法规和交易所业务规则等相关规定，对其他可能存在的风险因素也应当有所了解和掌握，并确信自己已做好足够的风险评估与财务安排，避免因参与主板股票交易遭受难以承受的损失。

投资者在本《风险揭示书》上签字，即表明投资者已经理解并愿意自行承担参与主板股票交易的风险和损失。

关于发布《深圳证券交易所创业板投资者适当性管理实施办法（2020 年修订）》的通知

（2020 年 4 月 27 日　深证上〔2020〕343 号）

各市场参与人：

为顺利推进创业板改革并试点注册制，强化会员投资者适当性管理职责，保护投资者合法权益，本所对《深圳证券交易所创业板市场投资者适当性管理实施办法》进行了修订，形成《深圳证券交易所创业板投资者适当性管理实施办法（2020 年修订）》（以下简称《实施办法》），经中国证监会批准，现予以发布，自 2020 年 4 月 28 日起施行。为做好新旧规则适用的衔接安排，现将有关事项通知如下：

一、《实施办法》施行前已开通创业板交易权限的个人投资者，不适用《实施办法》第五条第二款的规定。

二、《实施办法》施行前已开通创业板交易权限的普通投资者不适用《实施办法》第七条第一款的规定，但首次参与按照注册制相关法律法规发行上市的创业板股票、存托凭证申购、交易的，应当以纸面或电子方式重新签署《创业板投资风险揭示书》。

三、各会员单位应当认真做好相关业务和技术准备，确保创业板投资者适当性管理工作规范有效开展。

四、本所发布的《深圳证券交易所创业板市场投资者适当性管理实施办法》（深证会〔2009〕147 号）、《会员持续开展创业板市场投资者适当性管理业务指引（2016 年修订）》（深证会〔2016〕1 号）、《关于做好创业板上市公司可转换公司债券适当性管理工作的通知》（深证会〔2016〕24 号）、《关于进一步深化落实创业板市场投资者适当性管理工作的通知》（深证会〔2012〕72 号）同时废止。

特此通知

深圳证券交易所

2020 年 4 月 27 日

3.1.11

深圳证券交易所创业板投资者适当性管理实施办法（2020年修订）

（2020年4月27日　深证上〔2020〕343号）

第一条　为促进创业板规范发展，引导投资者树立正确的投资观念，理性参与创业板交易，根据《中华人民共和国证券法》《证券期货投资者适当性管理办法》《深圳证券交易所会员管理规则》，制定本办法。

第二条　创业板实行投资者适当性管理制度。

投资者参与创业板股票、存托凭证申购、交易（以下统称创业板交易）的适当性管理适用本办法。本办法未作规定的，适用本所其他有关规定。

第三条　会员应当切实履行适当性管理职责，建立健全适当性管理的业务制度和操作流程，加强系统建设和业务人员培训，充分了解投资者信息，有针对性的进行风险揭示，引导投资者在充分了解创业板特性的基础上审慎参与创业板交易。

第四条　投资者应当充分知悉和了解创业板的风险事项、法律法规和本所业务规则，客观评估自身的风险认知和承受能力，审慎决定是否参与创业板交易。

第五条　投资者参与创业板交易应当符合本办法相关规定。

个人投资者还应当符合下列条件：

（一）申请权限开通前20个交易日证券账户及资金账户内的资产日均不低于人民币10万元（不包括该投资者通过融资融券融入的资金和证券）；

（二）参与证券交易24个月以上。

本所可以根据市场情况对前款所述条件作出调整。

第六条　会员应当充分了解投资者的基本信息、财务状况、证券投资经验、交易需求、风险偏好等相关信息，对其风险认知与承受能力进行评估，并对个人投资者是否符合条件进行核查。评估结果及适当性匹配意见应当告知投资者。

第七条　普通投资者首次参与创业板交易的，会员应当要求其签署《创业板投资风险揭示书》。

《创业板投资风险揭示书》可以以纸面或电子方式签署。

第八条　会员应当通过严格的内部制度及系统前端控制等手段，确保参与创业板交易的投资者符合适当性管理要求。

第九条　投资者不配合适当性管理提供相关信息，提供信息不真实、不准确、不完整的，会员应当告知其后果，并拒绝为其开通创业板交易权限。

第十条　会员应当动态跟踪和持续了解投资者交易情况，至少每两年进行一次风险承受能力的后续评估。

会员认为投资者信息已明显不准确的，应当及时督促其更新。

第十一条　会员应当妥善保管投资者适当性管理的全部记录，并依法对投资者信息承担保密义务。

第十二条　会员应当采取多种有效方式和途径，及时向投资者发布本所有关创业板的风险提示信息，持续提醒其关注市场变化、交易和投资风险。

第十三条　会员应当建立健全创业板投资者教育工作机制，结合创业板特点，从制度、组织、人员、流程、经费等方面保障投资者教育工作的有序开展，丰富投资者教育的内容和形式，并通过多种渠道向投资者告知适当性管理的具体要求，做好解释和宣传工作。

第十四条　会员或相关人员违反本办法的，本所将依据《深圳证券交易所会员管理规则》等有关业务规则，采取自律监管措施或纪律处分。

第十五条　参与创业板可转换公司债券转股、可交换公司债券换股的投资者，参照适用创业板投资者适当性管理要求。

第十六条　本办法由本所负责解释。

第十七条　本办法自 2020 年 4 月 28 日起施行。

附件：

深圳证券交易所创业板投资风险揭示书必备条款

为了使投资者充分了解深圳证券交易所创业板的相关风险，开展经纪业务的会员应当制定《创业板投资风险揭示书》（以下简称《风险揭示书》），向参与创业板股票、存托凭证申购、交易（以下统称创业板交易）的投资者充分揭示风险。《风险揭示书》应当至少包括下列内容：

一、创业板上市公司往往高度依赖新技术、新模式、新业态，且多为轻资产结构，具有技术迭代快、产业升级快、模式易复制、业绩波动大等特点，公司上市后的持续创新能力、盈利能力和抗风险能力具有较大的不确定性。

二、创业板上市公司可能存在首次公开发行前最近 3 个会计年度未能连续盈利、公开发行并上市时尚未盈利、有累计未弥补亏损，以及在上市后仍无法盈利、持续亏损、无法进行利润分配等情形。

三、创业板新股发行价格、规模、节奏等坚持市场化导向，询价、定价、配售等环节由机构投资者主导。创业板新股发行可能采用直接定价和询价定价方式。采用询价定价方式的，询价对象限定在证券公司等七类专业机构投资者，而个人投资者无法直接参与发行定价。

四、初步询价结束后，创业板发行人预计发行后总市值不满足其在招股说明书中明确选择的市值与财务指标上市标准的，将按规定中止发行。

五、创业板的网上发行比例、网上网下回拨机制、投资风险特别公告发布等可能与创业板原有发行规则及其他板块存在差异，投资者应当在申购环节充分知悉并关注相关规则。

六、首次公开发行股票时，发行人和主承销商可以采用超额配售选择权，即存在超额配售选择权实施结束后，发行人增发股票的可能性。

七、创业板退市制度更为严格，退市情形更多，市值低于规定标准、上市公司信息披露或者规范运作存在重大缺陷的可能导致退市；执行标准更严，明显丧失持续经营能力，仅依赖与主业无关的贸易或者不具备商业实质的关联交易维持收入的上市公司可能会被退市。

八、创业板上市公司可能设置表决权差异安排。上市公司可能根据此项安排，存在控制权相对集中，以及因每一特别表决权股份拥有的表决权数量大于每一普通股份拥有的表决权数量等情形，而使普通投资者的表决权利及对公司日常经营等事务的影响力受到限制。

九、出现《深圳证券交易所创业板股票上市规则》以及上市公司章程规定的情形时，特别表决权股份将按 1:1 的比例转换为普通股份。股份转换自相关情形发生时即生效，并可能与相关股份转换登记时点存在差异。投资者需及时关注上市公司相关公告，以了解特别表决权股份变动事宜。

十、创业板上市公司的股权激励制度可能更为灵活，包括股权激励计划所涉及的股票比例上限和对象有所扩大、价格条款更为灵活、实施方式更为便利。实施该等股权激励制度安排可能导致公司实际上市交易的股票数量超过首次公开发行时的数量。

十一、实施注册制后，创业板股票竞价交易设置较宽的涨跌幅限制，首次公开发行上市的股票，上市后的前 5 个交易日不设涨跌幅限制，其后涨跌幅限制为 20%，投资者应当关注可能产生的股价波动的风险。

十二、投资者需关注创业板交易的单笔申报限制数量、有效竞价范围等与深圳证券交易所其他板块交易存在的差异，避免产生无效申报。

十三、投资者需关注创业板交易方式包括竞价交易、盘后定价交易及大宗交易，不同交易方式的交易时间、申报要求、成交原则等存在差异。

十四、按照《创业板首次公开发行股票注册管理办法（试行）》发行上市的股票，上市首日即可作为融资融券标的，投资者应注意相关风险。

十五、创业板股票交易盘中临时停牌情形和严重异常波动股票核查制度与深圳证券交易所其他板块规定不同，投资者应当关注与此相关的风险。

十六、符合相关规定的红筹企业可以在创业板上市。红筹企业在境外注册，可能采用协议控制架构，在信息披露、分红派息等方面可能与境内注册的上市公司存在差异。红筹企业注册地、境外上市地等地法律法规对当地投资者提供的保护，可能与境内法律为境内投资者提供的保护存在差异。

十七、红筹企业可以发行股票或存托凭证。存托凭证由存托人签发、以境外证券为基础在中国境内发行，代表境外基础证券权益。红筹企业存托凭证持有人实际享有的权益与境外基础证券持有人的权益虽然基本相当，但并不能等同于直接持有境外基础证券。投资者应当充分知悉存托协议和相关规则的具体内容，了解并接受在交易和持有红筹企业股票或存托凭证过程中可能存在的风险。

十八、创业板相关法律、行政法规、部门规章、规范性文件（以下简称法律法规）和交易所业务规则，可能根据市场情况进行修改，或者制定新的法律法规和业务规则，投资者应当及时予以关注和了解。

《风险揭示书》应当以醒目的文字载明：

本《风险揭示书》的揭示事项仅为列举性质，未能详尽列明创业板交易的所有风险，投资者在参与交易前，应当认真阅读有关法律法规和交易所业务规则等相关规定，对其他可能存在的风险因素也应当有所了解和掌握，并确信自己已做好足够的风险评估与财务安排，避免因参与创业板交易遭受难以承受的损失。

投资者在本《风险揭示书》上签字，即表明投资者已经理解并愿意自行承担参与创业板交易的风险和损失。

3.2 减持

关于发布《深圳证券交易所上市公司股东及董事、监事、高级管理人员减持股份实施细则》的通知

（2017 年 5 月 27 日　深证上〔2017〕820 号）

各市场参与人：

近日，中国证监会修订发布了《上市公司股东、董监高减持股份的若干规定》（证监会公告〔2017〕9 号）。根据该规定和相关法律规范，深圳证券交易所（以下简称本所）制定了《深圳证券交易所上市公司股东及董事、监事、高级管理人员减持股份实施细则》（以下简称《实施细则》），经中国证监会批准予以发布，自发布之日起施行。现就相关事项通知如下：

一、请各上市公司加强《实施细则》的宣传教育，提醒相关股东及董事、监事、高级管理人员严格遵守《实施细则》的规定。特别应当提醒，《实施细则》发布后，上市公司控股股东、持股 5% 以上的股东及董事、监事、高级管理人员拟通过集中竞价交易减持股份的，应当在首次卖出股份的 15 个交易日前向本所报告减持计划，并予以公告。

二、在本所完成与证券公司技术系统联合调试前，本所将根据相关临时安排为股东办理其按照《实施细则》通过大宗交易方式减持股份的业务。

三、请各会员单位加强《实施细则》宣传和投资者教育，并按照本细则及本所相关要求，做好各项技术、业务准备和落实工作。

四、本所对相关减持股份的行为进行监管，发现违规的，将按业务规则采取监管措施或者予以纪律处分，情节严重的，将上报中国证监会处理。

五、《实施细则》执行过程中有疑问，可以通过下列途径咨询本所：电话：400－808－9999；邮箱：cis@ szse. cn。

特此通知

深圳证券交易所

2017 年 5 月 27 日

3.2.1

深圳证券交易所上市公司股东及董事、监事、高级管理人员减持股份实施细则

（2017 年 5 月 27 日　深证上〔2017〕820 号）

第一条　为了规范深圳证券交易所（以下简称本所）上市公司股东及董事、监事、高级管理人员（以下简称董监高）减持股份的行为，维护市场秩序，保护投资者合法权益，根据《公司法》、《证券法》和中国证监会《上市公司股东、董监高减持股份的若干规定》以及本所《股票上市规则》《创业板股票上市规则》《交易规则》等有关规定，制定本细则。

第二条　本细则适用于下列减持行为：

（一）大股东减持，即上市公司控股股东、持股 5% 以上的股东（以下统称大股东）减持其持有的股份，但其减持通过集中竞价交易取得的股份除外；

（二）特定股东减持，即大股东以外持有公司首次公开发行前股份、上市公司非公开发行股份（以下统称特定股份）的股东（以下简称特定股东），减持其持有的该等股份；

（三）董监高减持其持有的股份。

因司法强制执行、执行股权质押协议、赠与、可交换债换股、股票权益互换等减持股份的，适用本细则。

特定股份在解除限售前发生非交易过户，受让方后续对该部分股份的减持，适用本细则。

第三条　股东及董监高减持股份，应当遵守法律、行政法规、部门规章、规范性文件、本细则以及本所其他业务规则；对持股比例、持股期限、减持方式、减持价格等作出承诺的，应当严格履行所作出的承诺。

第四条　大股东减持或者特定股东减持，采取集中竞价交易方式的，在任意连续九十个自然日内，减持股份的总数不得超过公司股份总数的百分之一。

股东通过集中竞价交易减持上市公司非公开发行股份的，除遵守前款规定外，在股份限制转让期间届满后十二个月内，减持数量还不得超过其持有的该次非公开发行股份的百分之五十。

第五条　大股东减持或者特定股东减持，采取大宗交易方式的，在任意连续九十个自然日内，减持股份的总数不得超过公司股份总数的百分之二。

前款交易的受让方在受让后六个月内，不得转让其受让的股份。

大宗交易买卖双方应当在交易时明确其所买卖股份的性质、数量、种类、价格，并遵守本细则相关规定。

第六条　大股东减持或者特定股东减持，采取协议转让方式的，单个受让方的受让比例不得低于公司股份总数的百分之五，转让价格下限比照大宗交易的规定执行，法律、行政法规、部门规章、规范性文件及本所业务规则等另有规定的除外。

大股东减持采取协议转让方式，减持后不再具有大股东身份的，出让方、受让方在六个月内应当继续遵守本细则第四条第一款减持比例的规定，还应当继续遵守本细则第十三条、第十四条信息披露的规定。

特定股东减持采取协议转让方式，出让方、受让方在六个月内应当继续遵守本细则第四条第一款减持比例的规定。

第七条　同一股东开立多个证券账户（含信用证券账户）的，计算本细则第四条、第五条规定的减持比例时，对多个证券账户持股合并计算，可减持数量按照其在各账户和托管单元上所持有关股份数量的比例分配确定。

第八条　计算本细则第四条、第五条规定的减持比例时，大股东与其一致行动人的持股应当合并计算。

一致行动人的认定适用中国证监会《上市公司收购管理办法》的规定。

第九条　具有下列情形之一的，上市公司大股东不得减持股份：

（一）上市公司或者大股东因涉嫌证券期货违法犯罪，在被中国证监会立案调查或者被司法机关立案侦查期间，以及在行政处罚决定、刑事判决作出之后未满六个月的；

（二）大股东因违反证券交易所业务规则，被证券交易所公开谴责未满三个月的；

（三）法律、行政法规、部门规章、规范性文件以及本所业务规则规定的其他情形。

第十条　上市公司存在下列情形之一的，自相关决定作出之日起至公司股票终止上市或者恢复上市前，其控股股东、实际控制人、董监高不得减持其持有的公司股份：

（一）上市公司因欺诈发行或者因重大信息披露违法受到中国证监会行政处罚；

（二）上市公司因涉嫌欺诈发行罪或者因涉嫌违规披露、不披露重要信息罪被依法移送公安机关。

前款规定的控股股东、实际控制人、董监高的一致行动人应当遵守前款规定。

上市公司披露为无控股股东、实际控制人的，其第一大股东及第一大股东的实际控制人应当遵守前两款对控股股东、实际控制人的相关规定。

第十一条　具有下列情形之一的，上市公司董监高不得减持股份：

（一）董监高因涉嫌证券期货违法犯罪，在被中国证监会立案调查或者被司法机关立案侦查期间，以及在行政处罚决定、刑事判决作出之后未满六个月的；

（二）董监高因违反证券交易所业务规则，被证券交易所公开谴责未满三个月的；

（三）法律、行政法规、部门规章、规范性文件以及本所业务规则规定的其他情形。

第十二条　董监高在任期届满前离职的，应当在其就任时确定的任期内和任期届满后六个月内，继续遵守下列限制性规定：

（一）每年转让的股份不得超过其所持有本公司股份总数的百分之二十五；

（二）离职后半年内，不得转让其所持本公司股份；

（三）《公司法》对董监高股份转让的其他规定。

第十三条　上市公司大股东、董监高通过本所集中竞价交易减持股份的，应当在首次卖出的十五个交易日前向本所报告减持计划，在本所备案并予以公告。

前款规定的减持计划的内容包括但不限于拟减持股份的数量、来源、原因、方式、减持时间区间、价格区间等信息。

每次披露的减持时间区间不得超过六个月。在减持时间区间内，大股东、董监高在减持数量过半或减持时间过半时，应当披露减持进展情况。公司控股股东、实际控制人及其一致行动人减持达到公司股份总数百分之一的，还应当在该事实发生之日起二个交易日内就该事项作出公告。

在前款规定的减持时间区间内，上市公司发生高送转、并购重组等重大事项的，前款规定的股东应当同步披露减持进展情况，并说明本次减持与前述重大事项的关联性。

第十四条　上市公司大股东、董监高减持股份，应当在股份减持计划实施完毕后的二个交易日内予以公告。上述主体在预先披露的股份减持时间区间内，未实施股份减持或者股份减持计划未实施完毕的，应当在股份减持时间区间届满后的二个交易日内予以公告。

第十五条　上市公司股东、董监高减持股份违反本细则规定，或者通过交易、转让或者其他安排规避本细则规定，或者违反本所其他业务规则规定的，本所可以采取限制交易等监管措施或者实施纪律处分。严重影响市场交易秩序或者损害投资者利益的，本所从重处分。

前款规定的减持行为涉嫌违反法律、法规、部门规章、规范性文件的，本所报中国证监会查处。

第十六条　本细则下列术语是指：

（一）股份总数，是指上市公司人民币普通股票（A股）、人民币特种股票（B股）、香港交易所上市股票（H股）的股份数量之和；

（二）减持股份，是指上市公司股东减持公司A股的行为；

（三）以上，是指本数以上（含本数）。

第十七条　本细则经本所理事会审议通过并报中国证监会批准后生效，修改时亦同。

第十八条　本细则由本所负责解释。

第十九条　本细则自发布之日起施行。本所2016年1月9日发布的《关于落实〈上市公司大股东、董监高减持股份的若干规定〉相关事项的通知》（深证上〔2016〕11号）同时废止。

本细则施行之前本所发布的其他业务规则与本细则规定不一致的，以本细则为准。

3.2.2

关于就《深圳证券交易所上市公司股东及董事、监事、高级管理人员减持股份实施细则》有关事项答投资者问

（2017 年 5 月 27 日）

一、《实施细则》出台的主要背景与目的是什么？

答：近日，中国证监会发布了修订后的《上市公司股东、董监高减持股份的若干规定》（证监会公告〔2017〕9 号，以下简称《若干规定》），进一步规范了上市公司股东及董事、监事、高级管理人员的减持行为，促进市场长远健康稳定发展。为落实《若干规定》的要求，在系统总结股东减持一线监管实践的基础上，本所制定了《深圳证券交易所上市公司股东及董事、监事、高级管理人员减持股份实施细则》（以下简称《实施细则》）。

《实施细则》坚持以问题为导向，对股东通过大宗交易“过桥减持”规避减持数量限制，大股东、董监高利用信息优势实施“精准减持”，首发限售股及定增限售股解禁后的“断崖式”减持，以及董监高任期内离职减持规避减持限制等市场中存在的突出问题，制定了具体且有针对性的制度规范。

细则制定过程中，在中国证监会的统一部署下，本所秉承保护投资者权益，维护市场交易秩序，平衡一二级市场股东利益，兼顾股东转让权利，引导有序减持等理念，结合深市上市公司股东减持行为实际，经反复测算、评估、论证，确定了各类股东、各类股份具体的减持数量、比例、期限及信息披露等监管要求，并将根据实施情况及时予以调整和完善。在新规后续执行过程中，本所将督促相关主体严格遵守股份减持相关规定、及时履行信息披露义务，对违反规则的股份减持行为采取相应的监管措施，对涉嫌违反法律法规及证监会规定的减持行为及时报证监会处理。

二、《实施细则》的规范范围有哪些？

答：依据《若干规定》相关规定，《实施细则》第二条规定了具体的适用范围。对比原《上市公司大股东、董监高减持股份的若干规定》（证监会公告〔2016〕1 号），新规的规范对象由上市公司控股股东和持股百分之五以上股东（以下并称大股东）、董事、监事、高级管理人员（以下简称董监高）扩展到大股东以外的持有公司首次公开发行前股份、上市公司非公开发行股份的股东（以下简称特定股东）。同时，将无需适用减持规范

的情形，进一步调整至仅针对大股东减持其“通过集中竞价交易取得的股份”的情况。

需强调的是，除对上述“关键少数”股东的减持行为进行规范外，细则不涉及对其他投资者，特别是中小投资者股票交易的限制，并未改变现行二级市场的股票交易规则。

三、针对通过大宗交易方式减持股份的行为有何特殊安排？

答：受《实施细则》规范的股东，在任意连续九十个自然日内，除通过集中竞价交易减持股份不得超过公司总股本1%的比例限制外，还可按照《实施细则》第五条规定，采取大宗交易方式减持其所持有的不超过公司股份总数百分之二的股份。针对《实施细则》规定的大宗交易方式减持行为，本所将采取人工受理方式予以处理，具体业务流程可参见本所同日发布的《上市公司股东减持股份相关业务办理指南》（以下简称《业务指南》）。

四、关于大宗交易的受让方有何具体要求？

答：为进一步防范股东通过大宗交易“过桥减持”的方式，规避减持数量、比例要求，上市公司大股东或特定股东采取大宗交易方式减持股份的，除前述对出让方的合理限制外，相关受让方还需严格按照《实施细则》规定，在受让后的六个月内，不得转让其受让的股份。

五、股东通过大宗交易人工受理方式减持股份，具体应如何办理？

答：股东通过大宗交易人工受理方式减持股份的，与正常办理大宗交易方式基本相同，需与受让方分别向各自托管券商提出申请。需要特别注意的是，按照《业务指南》相关要求，股份转让双方还需配合托管券商，填报相关交易前后股份变动情况，减持方需填报其开立的所有证券账户减持同一证券的相关信息。

六、券商如何为其客户办理以大宗交易人工受理方式减持股份业务？

答：《业务指南》对会员为其客户办理以大宗交易人工受理方式减持股份，作出了详细规定。与办理现有大宗交易业务相同，会员需对客户提交的大宗交易委托，按照相关规定就客户身份信息、交易账户、交易价格、交易股数、交易金额、减持股份数量等进行合规性检查，确保客户身份信息与交易账户准确有效，确保大宗交易申报符合《深圳证券交易所交易规则》有关大宗交易等相关规定，确保减持股份数量符合《若干规定》《实施细则》有关减持比例限制的规定。

需要特别注意的是，由于是人工受理，会员应当实时对投资者通过大宗交易申报的股份数量或资金金额予以相应处理，确保人工申报数据及时纳入交易管理系统，严防清算交收违约风险。

具体办理流程方面，一是交易双方所涉会员应当就同一笔交易，完整准确了解买卖双方资料、申报指令要素、减持股东类别和股份来源等信息，分别填写《深圳证券交易所上市公司股东及董监高股份减持大宗交易人工受理申请表》（以下简称《申请表》）并加盖会员单位、分支机构或相关业务部门公章；二是交易双方所涉会员必须于交易日下午13：00前，以传真方式提交《申请表》至本所市场监察部，并电话予以确认；三是本所依据相关规定，对符合要求的申请予以处理，大宗交易具体成交结果以中国结算深圳分公司当日确认并发送的清算交收数据为准，本所不再发送成交回报信息；对不符合要求的申请，本所将不予受理，并电话告知会员业务联络人。

七、券商为上市公司相关股东办理大宗交易方式减持业务时，还需特别履行哪些职责？

答：券商应当向提出大宗交易委托的客户履行相关提醒、告知和督促义务：一是提醒股份减持方，其减持行为必须符合中国证监会及本所有关上市公司股东股份变动的监管要求，并督促其按规定履行相关停止交易、报告及信息披露义务；二是提醒股份受让方，知晓并遵守《实施细则》有关受让方转让限制的相关规定。

八、对于股东通过协议转让减持股份，《实施细则》有何规定？

答：本所 2016 年 1 月发布的减持通知，对协议转让的最低受让比例、转让价格下限及后续义务等事项作出了规定。《实施细则》在保留原有规定的基础上，就本次新增的特定股东减持等事宜作出了补充规定。

一是继续明确协议转让中单个受让方受让股份的比例不得低于总股本的 5%，转让价格下限比照大宗交易的规定执行。

二是新增规定通过协议转让受让特定股份的股东的后续义务。要求其在受让后 6 个月内，继续与出让方共同遵守细则关于减持比例的要求。6 个月后，如果受让方构成 5% 以上股东或者减持特定股份的，仍应遵守《实施细则》相关规定。

三是进一步明确因协议转让导致持股比例低于 5% 的股东的后续义务。要求其与受让方在随后 6 个月内，继续共同遵守细则关于减持比例的要求，并按照规定履行减持信息披露义务。

为强化相关股东的合规意识，本所将要求转让双方在办理协议转让业务时，书面承诺在转让完成后 6 个月内继续遵守细则关于减持比例以及信息披露的要求。

例如：股东 A 原持有上市公司甲股份总数 15% 的股份，拟协议转让 12% 的股份给 B，转让完成后，A 持有甲公司的股份降至 3%。对此，交易完成后，虽然股东 A 已不再具有大股东身份，但根据上述规定，在此后的 6 个月内，股东 A 与 B 应当共同遵守“通过集中竞价交易方式在任意连续 90 日内，减持股份总数不得超过公司股份总数百分之一”规定中有关 1% 的减持比例的要求。而且，股东 B 在交易完成后属于持股 5% 以上的大股东，其还应当遵守《实施细则》其他有关大股东减持的规定。

九、对于持有多种来源股份的情况，股东减持时应当如何计算其减持比例？

答：对于大股东及特定股东持有多种不同来源股份的，其减持股份过程中，计算《实施细则》第四条、第五条规定的减持比例按以下优先顺序原则予以执行：

（1）股东持有的公司首次公开发行前的股份；

（2）股东持有的上市公司非公开发行股份，其中，同时持有解除限售时间不同的股份的，优先计算解除限售时间在先的股份；

（3）股东持有非集中竞价交易取得的股份。

例如：股东 C 持有上市公司乙 3% 的股份，其中 0.5% 属于乙公司首次公开发行前股份，1.5% 为认购乙公司非公开发行的股份；其余的 1% 来源于集中竞价交易买入的股份，不适用《实施细则》的规定。假定 C 在连续 90 个自然日内，通过集中竞价交易进行两笔减持，分别减持了 0.7%、0.8% 的股份，共计减持了 1.5% 的股份。根据《实施细则》相关规定和上述计算原则，C 在其第一笔减持中已将持有的乙公司首次公开发行前股份全部减持完毕，剩余 0.2% 为其持有的乙公司非公开发行的股份；第二笔减持比例中包含了 0.3% 的来源于认购乙公司非公开发行的股份和 0.5% 的来源于集中竞价买入的股份。同时，C 在上述减持过程中，共计减持了 0.5% 的来源于认购乙公司非公开发行的股份，未超过其认购该次非公开发行股份数量的 50%，也符合《实施细则》第四条第二款“关于股东在限售期届满后 12 个月内，减持数量不得超过其持有的该次非公开发行股份的 50%”的要求。

再如：股东 D 持有上市公司丙 10% 的股份，其中 8% 来源于协议方式受让的股份，2% 来源于集中竞价交易买入的股份。假定 D 在连续 90 个自然日内，通过集中竞价交易发生一笔减持，共减持 1.5% 的股份。根据《实施细则》相关规定和上述计算原则，上述减持行为中，可认定其中 1% 的比例属于减持来源于 D 持有的协议方式受让的股份；其余 0.5% 为减持其集中竞价交易买入的股份，不适用《实施细则》的规定。在减持行为发生后，D 仍持有丙公司 8.5% 的股份，其中 7% 来源于协议方式受让的股份，1.5% 来源于集中竞价交易买入的股份。

十、对于同一股东开立多个证券账户的情形，应当如何计算其减持比例？

答：股东开立多个证券账户的，在计算《实施细则》第四条、第五条规定的减持比例时，对证券账户名称与证件号码相同的证券账户的持股合并计算；股东开立客户信用证券账户的，对客户信用证券账户与证券账户的持股合并计算。

股东开立多个证券账户、客户信用证券账户的，可减持数量按照投资者在各账户和托管单元上所持无限售条件的受限股份数量的比例分配确定。其中，受限股份是指相关股东持有的受《实施细则》规范的股份。

例如：股东 E 持有上市公司丁 10% 的股份，其中，通过证券账户 1 持有丁公司 3% 股份，来源于大宗交易买入；通过证券账户 2 的 X 托管单元持有 3% 的股份，来源于丁公司非公开发行的股份，通过证券账户 2 的 Y 托管单元持有 4% 的股份，来源于集中竞价交易买入。如 E 拟通过集中竞价交易减持股份的，那么在任意连续 90 个自然日内，其通过证券账户 1 可减持 0.5% 的股份，通过证券账户 2 的 X 托管单元可减持另外 0.5% 的股份，而其通过证券账户 2 的 Y 托管单元持有的股份均无需适用《实施细则》的规定。

十一、对董监高在任期届满前离职的，其减持股份限制性规定应当如何理解？

答：为遏制上市公司董监高通过提前离职方式，规避对其减持限制规定，《实施细则》明确了董监高减在任期届满前离职的，应当在其就任时确定的任期内和任期届满后六个月内，继续遵守相关减持限制性规定。

例如：自然人 F 为上市公司戊的董事，任期自 2014 年 1 月 1 日至 2016 年 12 月 31 日，且持有戊公司股份总数 1% 的股份。2014 年 6 月 30 日，F 提出离职申请，并获得戊公司董事会的批准。2014 年 1 月 1 日至 6 月 30 日期间，F 未减持其持有的股份。对此，根据《实施细则》相关规定，首先，在 2014 年 6 月 30 日后的 6 个月内，F 不得转让其持有戊公司的股份；其次，在 2014 年 6 月 30 日后的 6 个月期限届满后，即从 2015 年 1 月 1 日起计算其原任期所剩余的时间（两年半），在此期间内（2015 年 1 月 1 日至 2017 年 6 月 30

日）减持股份的，每年不得超过其所持有戊公司股份总数的25%。

十二、关于对大股东、董监高减持股份的信息披露监管要求，具体包含有哪些内容？

答：为充分保护广大中小投资者的知情权，进一步完善大股东、董监高在股份减持前的预披露制度，《实施细则》根据监管实践需要，将大股东、董监高纳入减持预披露的适用范围，同时从下列三方面对信息披露要求作了优化完善。

在事前披露方面，要求大股东、董监高拟在未来6个月内通过集中竞价交易减持股份的，需提前15个交易日报告并公告其减持计划，披露减持股份的数量、来源、原因以及时间区间和价格区间。

在事中披露方面，要求大股东、董监高在实施减持计划过程中，其减持数量过半或减持期间过半时，应当披露减持的进展情况。同时，还规定在减持期间内，上市公司披露高送转或筹划并购重组的，应立即披露减持进展情况。

在事后披露方面，要求大股东、董监高在其披露的减持计划实施完毕后或者减持期间届满后2个交易日内，再次公告减持的具体情况。

十三、《实施细则》施行前已经解禁但尚未卖出的特定股份，是否适用细则的规定？

答：为统一监管标准，明确市场预期，促进市场稳健运行，防止规则适用复杂化，《实施细则》自发布之日起实施，所有符合《实施细则》相关规定的市场主体，即《实施细则》发布日起，持股5%以上股东和控股股东、持有特定股份的股东以及上市公司董监高，均应遵守细则的减持规定。

因此，对于细则发布前已经解除限售但尚未卖出的特定股份，其减持同样应当遵守细则关于特定股份的减持要求。

十四、针对存在违法违规行为的股东，《实施细则》对其股份减持有何限制？

答：为强化证券市场监管、震慑违法违规行为，《实施细则》禁止存在特定违法违规情形的大股东和董监高减持股份。主要禁止情形包括四种：

一是上市公司或大股东因涉嫌证券期货违法犯罪被立案调查或侦查期间，行政处罚、刑事判决做出后6个月内，大股东不得减持股份。

二是董监高因涉及证券期货违法犯罪处于上述期间的，不得减持股份。

三是大股东、董监高被本所公开谴责后3个月内不得减持股份。

四是上市公司因重大违法触及退市风险警示标准的，在相关行政处罚或移送公安机关决定作出后、公司股票终止上市或恢复上市前，其控股股东、实际控制人和董监高，及其上述主体的一致行动人，不得减持股份。

十五、在自律监管方面，《实施细则》对于股东违规减持行为有什么措施？

答：《实施细则》发布后，本所将综合采用事前、事中、事后多种手段，切实加强对股份减持的监管，严肃查处各类违规减持行为。

对于违规减持行为，本所将视情况采取以下措施：

一是对相关股东、董监高予以书面警示、通报批评、公开谴责、限制交易等监管措施或者纪律处分。

二是对导致股价异常波动、严重影响市场交易秩序或者损害投资者利益的违规减持行为，从重从快予以处分。

三是对涉嫌违法违规的减持行为，上报中国证监会予以查处。

十六、《实施细则》发布后，针对股东执行规则中存在的问题有何处理机制？

答：《实施细则》发布后，上市公司相关股东对规则执行过程中有疑问的，可以咨询本所或中国证券登记结算有限责任公司深圳分公司，具体业务流程亦可参见《业务指南》。

3.2.3

关于就《深圳证券交易所上市公司股东及董事、监事、高级管理人员减持股份实施细则》有关事项答投资者问（二）

（2018 年 1 月 12 日）

为落实中国证监会《上市公司股东、董监高减持股份的若干规定》（证监会公告〔2017〕9 号，以下简称《若干规定》），本所于 2017 年 5 月 27 日发布了《深圳证券交易所上市公司股东及董事、监事、高级管理人员减持股份实施细则》（以下简称《实施细则》）。同日，本所发布了《关于就〈深圳证券交易所上市公司股东及董事、监事、高级管理人员减持股份实施细则〉有关事项答投资者问》。为进一步便于市场主体理解和执行减持相关规定，本所针对《实施细则》施行以来投资者普遍关心的规则适用问题，进行再次解答。主要内容如下：

一、大股东依据《实施细则》减持股份至低于 5% 的，如何适用《实施细则》第四条、第五条“任意连续 90 个自然日”的规定？

答：大股东依据《实施细则》通过集中竞价交易、大宗交易、协议转让等方式减持股份至低于 5%，自持股比例减持至低于 5% 之日起 90 个自然日内，通过集中竞价交易、大宗交易继续减持的，仍应当遵守《实施细则》有关大股东减持的规定。大股东减持至低于 5%、但仍为控股股东的，还应当遵守《实施细则》有关大股东减持的规定。大股东减持至低于 5%、但持有特定股份的，对特定股份的减持仍应当遵守《实施细则》有关特定股东减持的规定。

二、上市公司按照《上市公司重大资产重组管理办法》的规定，发行股份购买资产及配套融资发行的股份，是否属于《实施细则》规定的“上市公司非公开发行股份”，投资者减持这类股份如何适用《实施细则》？

答：上市公司按照《上市公司重大资产重组管理办法》的规定，发行股份购买资产及配套融资过程中非公开发行的股份，属于《实施细则》规定的“上市公司非公开发行股份”；投资者减持这类股份，适用《实施细则》中有关非公开发行股份的减持规定。

三、投资者减持因股权激励获得的股份，如何适用《实施细则》的规定？

答：投资者减持因股权激励获得的股份，不适用《实施细则》关于特定股份减持的规定。但投资者属于《实施细则》规定的大股东或者担任上市公司董监高的，仍应当遵守《实施细则》关于大股东减持、董监高减持的规定。

四、员工持股计划减持股份的，如何适用《实施细则》的规定？

答：单只员工持股计划持股5%以上或者构成控股股东的，适用《实施细则》关于大股东减持的规定。

员工持股计划的股票来源于认购上市公司非公开发行股份的，还应当遵守《实施细则》关于非公开发行股份减持的规定。

员工持股计划股票来源于股东赠与的，该赠与行为适用《实施细则》关于协议转让减持的规定，但《实施细则》第六条第一款有关受让比例、转让价格下限的规定除外；赠与后，赠与股东不再具有大股东身份或者赠与标的为特定股份的，赠与股东、员工持股计划的后续减持应当遵守《实施细则》第六条第二款、第三款有关减持比例、信息披露的规定。

员工本人所持股份与其通过员工持股计划持有的上市公司股份，在减持股份时不合并计算，但员工与员工持股计划构成一致行动人的除外。

五、优先股的减持是否适用《实施细则》的规定？

答：优先股不计入公司股份总数，其减持也不适用《实施细则》的规定。

六、《实施细则》规定，大股东减持或者特定股东减持采取协议转让方式的，如减持后出让方不再具有大股东身份或者减持标的为特定股份的，出让方、受让方在6个月内继续遵守《实施细则》有关减持比例要求，具体应当如何执行？

答：大股东减持采取协议转让方式，减持后不再具有大股东身份的，出让方、受让方应当在6个月内，共同遵守任意连续90个自然日通过集中竞价交易减持股份合计不得超过公司股份总数的1%的规定，即共用该1%的减持额度，并分别履行相应信息披露义务。受让方持股5%以上或者为控股股东、或者为董监高的，还应当遵守《实施细则》关于大股东减持、董监高减持的规定。

股东通过协议转让方式减持特定股份的，出让方、受让方应当在6个月内，共同遵守任意连续90个自然日通过集中竞价交易减持股份合计不得超过公司股份总数的1%的规定，即共用该1%的减持额度。受让方持股5%以上或者为控股股东、或者为董监高的，还应当遵守《实施细则》关于大股东减持、董监高减持的规定。

七、大股东协议转让特定股份是否要遵守出让方、受让方在6个月内继续遵守减持比例的限制？

答：根据《若干规定》第十条第二款的规定，大股东通过协议转让方式减持其所持有的特定股份，出让方、受让方应当在6个月内共同遵守任意连续90个自然日通过集中竞价交易减持股份合计不得超过公司股份总数的1%的规定，即共用该1%的减持额度。受让方持股5%以上或者为控股股东、或者为董监高的，还应当遵守《实施细则》关于大股东减持、董监高减持的规定。

八、对于既持有依照《实施细则》应当受到减持限制的股份，又持有无减持限制股份的混合持股情况，在通过协议转让方式减持时，如何确定股东减持的是哪一部分股份？

答：通过协议转让方式减持的，按照以下原则来认定股东减持股份的性质：

一是优先减持未受到减持规定限制的股份；

二是首次公开发行前股份视为优先于上市公司非公开发行股份进行减持。

此外，通过大宗交易受让依照《实施细则》应当受到减持限制的股份且持有时间未满6个月的，投资者不得通过协议转让进行减持。

九、司法强制执行、执行股权质押协议涉及的股份转让，如何适用《实施细则》的规定？

答：对于司法强制执行和执行股权质押协议，应当按照具体执行方式分别适用《实施细则》。通过集中竞价交易执行的，适用《实施细则》关于集中竞价交易减持的规定。通过大宗交易执行的，适用《实施细则》关于大宗交易减持的规定。通过司法扣划、划转等非交易过户的，比照适用《实施细则》关于协议转让减持的规定，但《实施细则》第六条第一款关于受让比例、转让价格下限的规定除外；过户后，过出方不再具有大股东身份或者过户标的是特定股份的，过出方、过入方的后续减持应当遵守《实施细则》第六条第二款、第三款有关减持比例、信息披露的规定。

十、投资者赠与股份的，如何适用《实施细则》的规定？

答：投资者赠与股份的，比照适用《实施细则》关于协议转让减持的规定，但《实施细则》第六条第一款关于受让比例、转让价格下限的规定除外。赠与后，赠与人不再具有大股东身份或者赠与标的是特定股份的，赠与人、受赠人的后续减持应当遵守《实施细则》第六条第二款、第三款的有关减持比例、信息披露的规定。

十一、投资者及其一致行动人之间，采取大宗交易、协议转让等方式转让股份的，是否适用《实施细则》规定？

答：投资者及其一致行动人之间，采取大宗交易、协议转让等方式转让股份的，视为减持股份，同样需要遵守《实施细则》规定。即构成大股东减持、特定股东减持或者董监高减持的，分别适用《实施细则》相关规定。

十二、在《实施细则》发布前，大股东减持、特定股东减持采取大宗交易方式的，后续相关减持行为是否适用《实施细则》的相关规定？

答：在《实施细则》发布前，大股东减持、特定股东减持，采取大宗交易方式的，《实施细则》不追溯适用，且前述交易中的受让方不受6个月不得转让其受让股份的限制。

十三、董监高在《实施细则》发布前离职的，其后续减持行为是否适用《实施细则》相关规定？

答：董监高在《实施细则》发布前离职的，离职后的减持行为不适用《实施细则》有关董监高减持的规定，但仍为大股东或者持有特定股份的，应当遵守《实施细则》的相关规定。

十四、《实施细则》规定，投资者通过集中竞价交易减持上市公司非公开发行股份的，在股份限制转让期限届满后12个月内，减持数量不得超过其持有的该次非公开发行股份的50%，那么，对《实施细则》发布前的减持是否要追溯合并计算？

答：需要。《实施细则》发布后，对于解除限售未满12个月的上市公司非公开发行股份，投资者减持时仍应当遵守《实施细则》规定的12个月内通过集中竞价交易减持数量合计不得超过其持有的该次非公开发行股份 50% 的要求。

具体操作上，需将其在《实施细则》发布前的减持数量与《实施细则》发布后的减持数量合并计算。也就是说，对《实施细则》发布前的减持需要追溯合并计算，即：《实施细则》发布前投资者通过集中竞价交易减持达到或者超过其持有的该次非公开发行股份数量 50% 的，《实施细则》发布后不得继续减持，直至解除限售满 12 个月；《实施细则》发布前投资者通过集中竞价交易减持数量不到其持有的该次非公开发行股份 50% 的，投资者可以继续减持，但自解除限售之日起 12 个月内通过集中竞价交易合计减持数量不得超过其持有的该次非公开发行股份数量的 50%。

十五、《实施细则》发布前上市公司及其大股东、董监高出现《实施细则》规定的违法违规情形，《实施细则》发布后相关主体是否要遵守禁止减持的规定？

答：上市公司及其大股东、董监高在《实施细则》发布前，出现因涉嫌证券期货违法犯罪被中国证监会立案调查，或者被司法机关立案侦查，或者被行政处罚、刑事判决、公开谴责等《实施细则》第九条、第十条、第十一条规定的违法违规情形，《实施细则》发布后仍在立案期间或者被行政处罚、刑事判决、公开谴责未满规定期限或者公司仍未恢复上市或者公司终止上市的，相关主体仍需遵守《实施细则》不得减持股份的规定。

十六、《实施细则》发布后，本所《中小企业板上市公司规范运作指引》第 3.8.3 条和第 3.8.14 条第二款以及《关于进一步规范创业板董事、监事和高级管理人员买卖本公司股票行为的通知》对两个板块上市公司的董监高减持本公司股票的其他限制性规定，是否还需要执行？

答：根据《实施细则》第十九条第二款的规定，《实施细则》发布后不再执行本所《中小企业板上市公司规范运作指引》第 3.8.3 条和第 3.8.14 条第二款以及《关于进一步规范创业板董事、监事和高级管理人员买卖本公司股票行为的通知》的相关规定。

3.2.4

关于就《深圳证券交易所上市公司股东及董事、监事、高级管理人员减持股份实施细则》有关事项答投资者问（三）

（2023 年 8 月 25 日）

为进一步明确上市公司大股东（即控股股东、持股 5% 以上股东）和董事、监事、高级管理人员（以下简称董监高）因离婚、法人或者非法人组织终止、公司分立等形式分配股份后减持的相关要求，规范“关键少数”的减持行为，深圳证券交易所就此前颁布的《上市公司股东及董事、监事、高级管理人员减持股份实施细则》（以下简称《实施细则》）适用问题进行解答。

问：大股东、董监高因离婚、法人或者非法人组织终止、公司分立等减持股份的，如何适用《实施细则》的规定？

答：大股东、董监高因离婚、法人或者非法人组织终止、公司分立等形式分配股份的，股份过出方、过入方应当在股份过户后持续共同遵守《实施细则》等相关规定关于大股东和董监高信息披露、减持额度、减持限制等规定。

大股东因离婚、法人或者非法人组织终止、公司分立等形式分配股份后进行减持的，股份过出方、过入方应当合并计算判断大股东身份，合并适用《实施细则》第四条第一款和第五条关于减持比例的规定，即持续共用大股东通过集中竞价交易任意连续 90 个自然日内减持不超过 1%、通过大宗交易任意连续 90 个自然日内减持不超过 2% 的减持额度，并分别履行大股东通过集中竞价交易减持的预披露义务等。

董监高因离婚分割股份后进行减持的，股份过出方、过入方在该董监高任职期间每年转让的股份不得超过其各自所持有的本公司股份总数的 25%，并分别履行董监高通过集中竞价交易减持的预披露义务等。董监高任期届满前离职的，股份过出方、过入方均应当遵守《实施细则》第十二条的限制性规定。

大股东、董监高因离婚、法人或者非法人组织终止、公司分立等形式拟分配股份的，应当及时披露相关情况。大股东分配股份过户前，上市公司应当督促股份过出方和过入方商定并披露减持额度分配方案；未能商定的，各方应当按照各自持股比例确定后续减持额度并披露。

3.2.5

关于进一步规范股份减持行为有关事项的通知

（2023 年 9 月 26 日　深证上〔2023〕924 号）

各市场参与人：

为落实中国证监会关于进一步规范股份减持行为的监管要求，深圳证券交易所（以下简称本所）就有关事项通知如下：

一、上市公司存在破发、破净情形，或者最近三年未进行现金分红、累计现金分红金额低于最近三年年均净利润 30%（以下统称分红不达标）的，控股股东、实际控制人不得通过二级市场减持本公司股份。

前款所称二级市场减持，是指通过本所集中竞价交易或者大宗交易减持股份。控股股东、实际控制人计划通过大宗交易减持股份的，应当参照《深圳证券交易所上市公司股东及董事、监事、高级管理人员减持股份实施细则》第十三条、第十四条的规定披露有关信息。

二、控股股东、实际控制人在预先披露减持计划时，应当对是否存在破发、破净或者分红不达标等情形进行判断；不存在有关情形的，可以披露减持计划，并说明具体情况。

三、控股股东、实际控制人预先披露的减持计划中，减持时间区间不得超过 3 个月。未预先披露减持计划的，控股股东、实际控制人不得通过本所集中竞价交易、大宗交易减持股份。

四、本通知所称破发是指，减持计划公告前 20 个交易日中的任一日股票收盘价低于首次公开发行时的股票发行价格。股票收盘价以首次公开发行日为基准向后复权计算。

破发情形下不得通过二级市场减持的要求，适用于首次公开发行时的控股股东、实际控制人及其一致行动人。

前款所述主体在上市后不再具有相关身份或者解除一致行动协议的，应当继续遵守本通知相关规定。

五、本通知所称破净是指，减持计划公告前 20 个交易日中的任一日股票收盘价低于最近一个会计年度或者最近一期财务会计报告期末每股净资产。股票收盘价以最近一个会计年度或者最近一期财务会计报告资产负债表日为基准分别向后复权计算。

六、最近三年未进行现金分红或者累计现金分红金额低于最近三年年均净利润的 30%，以最近三个已披露经审计的年度报告的会计年度为基准，但净利润为负值的会计年度不计算在内。

七、控股股东、实际控制人的一致行动人减持股份比照本通知执行；上市公司披露为无控股股东、实际控制人的，第一大股东及其实际控制人、一致行动人减持股份比照本通知执行。

八、2023 年 8 月 27 日前，股份已被质押并办理质押登记的，或者已作为融资融券业务担保物的，因违约处置导致的股份减持不适用本通知规定。

九、股东减持股份违反本通知的，本所根据《深圳证券交易所上市公司股东及董事、监事、高级管理人员减持股份实施细则》及相关业务规则采取自律监管措施或者实施纪律处分。

十、本通知自发布之日起施行，本所其他相关规定与本通知不一致的，适用本通知规定。

深圳证券交易所

2023 年 9 月 26 日

关于发布《深圳证券交易所上市公司创业投资基金股东减持股份实施细则（2020 年修订）》的通知

（2020 年 3 月 6 日　深证上〔2020〕143 号）

各市场参与人：

近日，中国证监会发布修订后的《上市公司创业投资基金股东减持股份的特别规定》（证监会公告〔2020〕17 号）。为进一步加大对创业投资基金支持力度，根据该规定和相关法律规范，本所对《深圳证券交易所上市公司创业投资基金股东减持股份实施细则》进行了修订，报经中国证监会批准，现予以发布，自 2020 年 3 月 31 日起施行。本所于 2018 年 3 月 2 日发布的《深圳证券交易所上市公司创业投资基金股东减持股份实施细则》（深证上〔2018〕94 号）同时自 2020 年 3 月 31 日起废止。

特此通知

附件：深圳证券交易所上市公司创业投资基金股东减持股份实施细则（2020 年修订）

深圳证券交易所
2020 年 3 月 6 日

3.2.6

深圳证券交易所上市公司创业投资基金股东减持股份实施细则（2020年修订）

（2020年3月6日　深证上〔2020〕143号）

第一条　为鼓励创业投资基金长期健康发展，规范深圳证券交易所（以下简称本所）上市公司创业投资基金股东减持股份的行为，根据《公司法》、《证券法》、中国证监会《上市公司股东、董监高减持股份的若干规定》（以下简称《减持若干规定》）以及《上市公司创业投资基金股东减持股份的特别规定》（以下简称《减持特别规定》）等有关规定，制定本细则。

第二条　符合《减持特别规定》的创业投资基金，减持其持有的上市公司首次公开发行前股份的，适用本细则。

第三条　符合条件的创业投资基金，在其投资的早期企业、中小企业或高新技术企业上市后，通过集中竞价交易方式减持其持有的首次公开发行前股份的，适用下列比例限制：

（一）截至首次公开发行上市日，投资期限不满三十六个月的，创业投资基金在任意连续九十个自然日内，减持股份的总数不得超过公司股份总数的百分之一。

（二）截至首次公开发行上市日，投资期限已满三十六个月不满四十八个月的，创业投资基金在任意连续六十个自然日内，减持股份的总数不得超过公司股份总数的百分之一。

（三）截至首次公开发行上市日，投资期限已满四十八个月不满六十个月的，创业投资基金在任意连续三十个自然日内，减持股份的总数不得超过公司股份总数的百分之一。

（四）截至首次公开发行上市日，投资期限已满六十个月的，创业投资基金减持股份总数不受比例限制。

第四条　符合条件的创业投资基金，在其投资的早期企业、中小企业或高新技术企业上市后，通过大宗交易方式减持其持有的首次公开发行前股份的，适用下列比例限制：

（一）截至首次公开发行上市日，投资期限不满三十六个月的，创业投资基金在任意连续九十个自然日内，减持股份的总数不得超过公司股份总数的百分之二。

（二）截至首次公开发行上市日，投资期限已满三十六个月不满四十八个月的，创业投资基金在任意连续六十个自然日内，减持股份的总数不得超过公司股份总数的百分之二。

（三）截至首次公开发行上市日，投资期限已满四十八个月不满六十个月的，创业投资基金在任意连续三十个自然日内，减持股份的总数不得超过公司股份总数的百分之二。

（四）截至首次公开发行上市日，投资期限已满六十个月的，创业投资基金减持股份总数不受比例限制。

前款交易的股份受让方在受让后不受“六个月内不得转让其受让股份”的限制。

第五条　创业投资基金减持其持有的上市公司首次公开发行前股份，本细则未作规定的，适用中国证监会《减持若干规定》以及《深圳证券交易所上市公司股东及董事、监事、高级管理人员减持股份实施细则》等有关规定。

第六条　创业投资基金股东减持股份违反本细则规定的，或者通过交易、转让或其他方式规避本细则规定，或者违反本所其他业务规则规定的，本所可以采取限制交易等监管措施或者实施纪律处分。严重影响市场秩序或者损害投资者权益的，本所从重处分。

前款规定的减持行为涉嫌违反法律、法规、部门规章、规范性文件的，本所报中国证监会查处。

第七条　符合中国证监会相关规定且在中国证券投资基金业协会备案的私募股权投资基金，参照本细则执行。

第八条　本细则经本所理事会审议通过并报中国证监会批准后生效，修改时亦同。

第九条　本细则由本所负责解释。

第十条　本细则自2020年3月31日起施行。本所于2018年3月2日发布的《深圳证券交易所上市公司创业投资基金股东减持股份实施细则》（深证上〔2018〕94号）同时废止。

关于发布《深圳证券交易所上市公司股东减持股份相关业务办理指南》的通知

（2017 年 5 月 27 日　深证上〔2017〕337 号）

各市场参与人：

为明确《深圳证券交易所上市公司股东及董事、监事、高级管理人员减持股份实施细则》规范的部分业务办理，本所依据《深圳证券交易所股票上市规则》《深圳证券交易所创业板股票上市规则》《深圳证券交易所交易规则》等规定制定《深圳证券交易所上市公司股东减持股份相关业务办理指南》，现予发布，请遵照执行。

特此通知

深圳证券交易所

2017 年 5 月 27 日

3.2.7

深圳证券交易所上市公司股东减持股份相关业务办理指南

（2017年5月27日　深证上〔2017〕337号）

为明确《深圳证券交易所上市公司股东及董事、监事、高级管理人员减持股份实施细则》（以下简称《实施细则》）规范的部分业务办理，本所依据《深圳证券交易所股票上市规则》、《深圳证券交易所创业板股票上市规则》、《深圳证券交易所交易规则》（以下简称《交易规则》）等规定制定本业务指南。

一、大宗交易手工处理流程

上市公司股东根据《实施细则》第五条规定，采取大宗交易方式减持股份的，本所将采取大宗交易人工受理方式予以处理。具体流程如下：

1. 会员对客户提出的大宗交易委托，应当按照相关规定进行合规性检查，包括但不限于：

（1）本方客户的身份信息和交易账户检查，确保投资者证券账户为有效账户，相关账户信息与投资者的姓名、证件号码等身份信息相符；

（2）交易价格检查，确保交易价格符合《交易规则》有关大宗交易价格限制的规定；

（3）交易股数、交易金额检查，确保符合《交易规则》有关大宗交易最低限额的要求，确保投资者具备相应证券或资金；

（4）减持股份数量检查，确保符合《上市公司股东、董监高减持股份的若干规定》（以下简称《若干规定》）、《实施细则》有关减持比例限制的规定。

2. 会员应当实时对投资者通过大宗交易申报的股份数量或资金金额予以相应处理，确保人工申报数据及时纳入交易管理系统，严防清算交收违约风险。

3. 会员应当向提出大宗交易委托的客户履行相关提醒、告知和督促义务：

（1）提醒股份减持方，其减持行为必须符合中国证监会及本所有关上市公司股东股份变动的监管要求，并督促其按规定履行相关停止交易、报告及信息披露义务；

（2）提醒股份受让方，知晓并遵守《实施细则》有关受让方转让限制的相关规定。

4. 上市公司相关股东、大宗交易股份受让方应当按照会员要求，准确真实提供相关信息，并按照上市公司股东股份变动的监管要求，履行相关义务。

5. 交易双方所涉会员应当就同一笔交易，完整准确了解买卖双方资料、申报指令要素、减持股东类别和股份来源等信息，分别填写《深圳证券交易所上市公司股东及董监高股份减持大宗交易人工受理申请表》（以下简称《申请表》），加盖会员单位、分支机构或相关业务部门公章，于交易日下午 13：00 前，以传真方式提交至本所市场监察部，并电话予以确认。《申请表》及本所具体联系方式详见附表。

6. 本所依据相关规定，对交易日下午 13：00 前交易双方提交的《申请表》进行审核，对符合要求的申请予以处理。大宗交易具体成交结果以中国证券登记结算有限公司深圳分公司（以下简称中国结算深圳分公司）当日确认并发送的清算交收数据为准。

对不符合要求的申请，本所将不予受理，并电话告知会员业务联络人。

二、问题咨询及解决机制

1.《实施细则》发布后，上市公司相关股东对规则执行过程中有疑问的，可以咨询本所或中国结算深圳分公司。具体联系方式如下：

深交所服务热线：400－808－9999

深交所工作建议与投诉邮箱：cis@ szse. cn

中国结算深圳分公司热线电话：400－805－8058

中国结算深圳分公司信箱：szbranch@ chinaclear. com. cn

2. 本所及中国结算深圳分公司成立专项工作小组统一对有关问题予以处理，主要组成部门包括本所法律部、三个公司管理部、市场监察部、系统运行部、投资者教育中心，以及中国结算深圳分公司发行人业务部、投资者业务部、客户服务部等部门。

3. 股东咨询相关问题应当至少提供以下信息：

（1）股东名称、身份类别（持股 5% 以上的大股东、持有 IPO 前认购的股份或非公开发行认购的股份的特定股东、上市公司董事、监事、高级管理人员）；

（2）初始持股具体来源（集中竞价交易、大宗交易、协议转让，以及司法强制执行、赠与、执行股权质押协议等非交易过户等）；

（3）持有期间的持股变动情况；

（4）有关问题主张及其他诉求；

（5）相应证明文件或证明信息。

4. 专项工作小组在收到问题申请后的五个交易日内，对股东提出的问题予以核查，并将相关情况反馈至本所或中国结算深圳分公司的受理部门，由受理部门统一答复至相关股东。

深圳证券交易所

2023 年 5 月 27 日

附表：　　深圳证券交易所上市公司股东及董监高股份减持大宗交易人工受理申请表

证券简称		证券代码		交易时间	年　月　日
交易数量（股）		交易价格（元）			
减持股东类别	□控股股东　□持股 5% 以上股东　□特定股东　□董监高人员　□其他				
减持股份来源	□IPO 前持有的股份　□非公开发行股份　□其他				

卖出投资者名称		买入投资者名称	
卖出证券账户		买入证券账户	
卖出交易单元名称		买入交易单元名称	
卖出交易单元号		买入交易单元号	
卖方营业部识别码		买方营业部识别码	
卖方营业部名称		买方营业部名称	

卖出前持有该证券	数量（股）		买入前持有该证券	数量（股）	
	比例（%）			比例（%）	
卖出后持有该证券	数量（股）		买入后持有该证券	数量（股）	
	比例（%）			比例（%）	

减持股东开立的多个证券账户减持信息（卖出方填写）	证券账户	规定期限内已减持数量（股）	规定期限内已减持比例（%）	今日拟减持数量（股）	今日拟减持比例（%）
	合计				

会员单位名称			□买方　□卖方
联系人		联系电话	

会员单位承诺：

1. 保证大宗交易委托的真实性和有效性；
2. 保证大宗交易投资者实际拥有与委托数量相对应的证券或资金；
3. 保证大宗交易申报价格、数量等要素符合《深圳证券交易所交易规则》有关大宗交易的相关规定；
4. 保证实时处理投资者大宗交易申报的股份数量或资金金额，确保人工申报数据及时纳入交易管理系统，严防清算交收违约风险；
5. 保证提醒受让方委托人，知晓并遵守《深圳证券所上市公司股东及董事、监事、高级管理人员减持股份实施细则》有关受让方转让限制的相关规定；
6. 保证提醒大宗交易委托人，其相关委托须符合中国证监会及本所有关上市公司股东股份变动的监管要求，并督促其按规定履行相关停止交易、报告及信息披露义务。

特此承诺

会员单位、分支机构或业务部门（每页盖章）：

年　月　日

传真请发至深交所市场监察部

传真：0755－8866 6204

联系电话：0755－8866 6248，0755－8866 6207

3.2.8

关于上市公司股东通过大宗交易减持股份不再采用人工受理方式的通知

（2017 年 7 月 28 日　深证会〔2017〕234 号）

各市场参与人：

2017 年 5 月 27 日，本所发布了《深圳证券交易所上市公司股东及董事、监事、高级管理人员减持股份实施细则》（以下简称《实施细则》）及《深圳证券交易所上市公司股东减持股份相关业务办理指南》（以下简称《业务指南》），明确了技术系统改造完成前，上市公司股东根据《实施细则》第五条规定，通过大宗交易减持股份的，本所采用人工受理方式办理。近期，相关技术系统改造已完成，并将于 7 月 31 日上线。系统上线后，本所将不再采用人工受理方式办理大宗交易股份减持业务。现就有关事项通知如下：

一、自 2017 年 7 月 31 日起，上市公司股东根据《实施细则》第五条规定，通过大宗交易减持股份的，应当采用协议大宗交易方式，并应当将受减持规定限制的股份与不受减持规定限制的股份分别申报卖出。股份减持方和受让方均应当知晓并承诺遵守中国证监会和本所有关股份减持的相关规定。

二、上市公司股东通过大宗交易减持股份的，本所仅接受其协议大宗交易的成交申报。买卖双方的申报指令，除应当包括本所《交易规则》中第 3.6.6 条规定的协议大宗交易申报要素外，还应当明确买卖股份是否属于受减持规定限制的股份。本所将对各项申报要素均匹配的成交申报进行成交确认。

三、会员应当向提出大宗交易委托的客户履行相关提醒、告知和督促义务。会员应当提醒股份减持方，其减持行为必须符合中国证监会及本所有关上市公司股东股份变动的监管要求，督促其按规定履行相关停止交易、报告及信息披露义务，并应当提醒股份受让方，知晓并遵守《实施细则》有关受让方转让限制的相关规定。会员应当要求客户签署承诺书，承诺其已知晓并遵守中国证监会和本所有关股份减持的相关规定。

四、本通知自 2017 年 7 月 31 日起施行。施行后，《业务指南》中关于大宗交易减持股份采用人工受理方式的规定不再执行。

请各会员单位、基金管理公司等做好相关业务和技术准备工作。

特此通知

深圳证券交易所

2017 年 7 月 28 日

3.2.9

上市公司流通股协议转让业务办理暂行规则

（2006 年 8 月 14 日）

第一条　为规范已完成股权分置改革上市公司的流通股股份协议转让行为，满足相关公司因正常经营所产生的并购重组等特定股份转让需求，维护证券市场秩序，保护投资者的合法权益，根据《公司法》和《证券法》，制定本规则。

第二条　上市公司流通股协议转让必须在证券交易所进行，由上海证券交易所、深圳证券交易所（以下统一简称“证券交易所”）和中国证券登记结算有限责任公司（以下简称“结算公司”）集中统一办理。

严禁进行场外非法股票交易和转让活动。

第三条　上市公司流通股股份转让涉及下列情形之一的，可以通过证券交易所和结算公司办理流通股协议转让手续：

（一）与上市公司收购及股东权益变动相关的股份转让；

（二）转让双方存在实际控制关系，或均受同一控制人所控制的；

（三）外国投资者战略投资上市公司所涉及的股份转让；

（四）中国证监会认定的其他情形。

收回股权分置改革中的垫付股份、行政划转上市公司股份等情形，比照本规则办理。

第四条　证券交易所负责对股份转让双方当事人提出的股份转让申请进行合规性确认。结算公司负责办理与股份转让相关的股份查询和过户登记业务。

第五条　证券交易所和结算公司对转让双方提交的申请材料进行形式审核，转让双方应当对其提供的申请材料的真实性、准确性、完整性和合法性负责。

第六条　股份持有人拟转让其持有的流通股股份，应当向结算公司提出查询拟转让股份持有状况的申请，并提交以下文件：

（一）股份持有查询申请表；

（二）股份持有人证券账户卡原件及复印件；

（三）股份持有人有效身份证明文件及复印件（境内法人需提供营业执照及复印件、法定代表人证明书、法定代表人身份证复印件、法定代表人授权委托书、经办人有效身份证明文件及复印件；境外法人需提供经公证的有效商业登记证明文件、授权人有效身份证明文件复印件、经办人有效身份证明文件及复印件；自然人需提供身份证，委托他人代办的还需提供经公证的委托代办书、代办人身份证及复印件，以下同）；

（四）结算公司要求提交的其他文件。

结算公司对前述股份查询的申请材料进行形式审核，符合要求的，予以查询，并出具持有证明文件。

第七条 股份转让协议达成后，股份转让双方应向证券交易所申请确认其股份转让合规性，并提交以下文件：

（一）股份转让确认申请表；

（二）股份转让协议正本；

（三）股份转让双方有效身份证明文件及复印件；

（四）股份转让双方的证券账户卡；

（五）结算公司出具的拟转让股份的持有证明文件；

（六）证券交易所要求提交的其他文件。

第八条 证券交易所对转让申请材料进行形式审核，自受理股份转让确认申请后的3个交易日内做出是否予以确认的决定。需要相关当事人补充文件的，补充文件的时间不计算在审核时限内。

第九条 取得证券交易所对股份转让的确认文件后，股份转让双方应向结算公司申请办理股份转让过户登记，并提交以下文件：

（一）股份转让过户登记申请表；

（二）股份转让协议正本；

（三）证券交易所出具的股份转让确认书；

（四）股份转让双方有效身份证明文件及复印件；

（五）股份转让双方的证券账户卡原件及复印件；

（六）结算公司要求提交的其他文件。

第十条 结算公司对过户登记申请材料进行形式审核，审核通过的，于3个交易日内办理过户登记手续。

第十一条 股份持有人转让其持有的流通股股份，涉及以下情形的，在办理股份转让确认及过户登记时，还应当向证券交易所和结算公司提交以下文件：

（一）涉及信息披露的，需提供本次股份转让的公告；

（二）拟转让股份由上市公司董事、监事、高级管理人员持有的，或者上市公司董事、监事、高级管理人员离职后拟转让股份的，需提供上市公司董事会的相关证明文件；

（三）转让双方存在实际控制关系，或者均为同一控制人所控制的，需提供有权机关出具的可证明上述关系存在的法律文件；

（四）属于上市公司收购的，需提供已公告的收购报告书；触发要约收购义务的，还应当提供中国证监会豁免要约收购的文件或者要约收购结果公告；

（五）涉及国有主体所持股份的，需提供国有资产监督管理机构的批准文件；

（六）涉及外国投资者对上市公司战略投资的，需提供商务部的批准文件；

（七）银行业上市公司股东持股变动达到或者超过总股本5%的，需提供中国银行业监督管理委员会的批准文件；

（八）证券业上市公司股东持股变动达到或者超过总股本5%的，需提供中国证券监督管理委员会的批准文件；

（九）保险业上市公司股东持股变动达到或者超过总股本10%的，需提供中国保险监督管理委员会的批准文件；

（十）其他须经行政审批方可进行的股份转让，需提供有关主管部门的批准文件。

第十二条　协议转让双方可以临时委托结算公司保管协议转让的股票，并将资金存放于指定的银行。具体操作办法按照结算公司的有关规定办理。

第十三条　因司法强制执行或自然人继承、遗赠或者法人丧失法人资格涉及股份变动的，申请人应当提供有效的股权归属证明文件，并按照结算公司的有关规定办理相关手续。

第十四条　依法负有信息披露义务的相关当事人，应就股份转让事项及时予以披露。

第十五条　股份过户完成后3个月内，同一股份受让人不得就其所受让的股份再次向证券交易所和结算公司提出有关协议转让的申请，法律法规另有规定的除外。

第十六条　股份出让人不得以规避限售规定为目的进行股份转让。对于未按照本规则规定提出的股份转让申请，证券交易所有权对股份转让不予确认，结算公司有权不予办理过户登记手续。

第十七条　股份转让双方当事人应当按照证券交易所和结算公司关于股票交易的相关收费规定，缴纳股份转让和过户登记手续费，并应当按照国家有关规定缴纳印花税。

第十八条　本规则由证券交易所和结算公司共同解释。

第十九条　本规则经中国证监会批准后生效，修改时亦同。

第二十条　本规则自公布之日起实施。

上海证券交易所
深圳证券交易所
中国证券登记结算有限责任公司
2006年8月14日

关于发布《深圳证券交易所上市公司股份协议转让业务办理指引（2021年修订）》的通知

（2021年10月22日　深证上〔2021〕1004号）

各市场参与人：

为进一步提高本所上市公司股份协议转让业务办理规范化、便利化水平，本所对《深圳证券交易所上市公司股份协议转让业务办理指引（2020年修订）》进行了修订，现予以发布，自发布之日起施行。

本所于2020年7月24日发布的《深圳证券交易所上市公司股份协议转让业务办理指引（2020年修订）》（深证上〔2020〕653号）同时废止。

特此通知

深圳证券交易所

2021年10月22日

3.2.10

深圳证券交易所上市公司股份协议转让业务办理指引（2021年修订）

（2021年10月22日　深证上〔2021〕1004号）

第一条　为规范深圳证券交易所（以下简称本所）上市公司股份协议转让业务，明晰业务受理要求和办理程序，提升市场服务水平，根据《中华人民共和国证券法》《上市公司收购管理办法》《上市公司重大资产重组管理办法》《上市公司股东、董监高减持股份的若干规定》以及《上市公司流通股协议转让业务办理暂行规则》（以下简称《暂行规则》）《深圳证券交易所上市公司股东及董事、监事、高级管理人员减持股份实施细则》（以下简称《减持细则》）等有关规定，制定本指引。

第二条　转让双方依据依法订立的协议，办理本所上市公司流通股股份转让业务（以下简称协议转让），适用本指引。

本所对通过协议转让方式进行股票质押式回购交易违约处置另有规定的，从其规定。

第三条　转让双方在本所办理协议转让业务，应当遵守法律、行政法规、部门规章、规范性文件、本所业务规则的相关规定，不得违反转让双方作出的承诺。

转让双方应当保证向本所提交的办理材料真实、准确、完整、合法合规，并自行承担协议转让的风险和与之有关的法律责任，如办理材料存在不真实、不准确、不完整或者不合法合规等情形，转让双方须承担由此引起的法律后果。

第四条　转让双方在本所办理协议转让业务，应当保证拟转让的股份为依法取得、有权处分的资产，并已根据相关规定履行相应的审批或者备案程序。

转让双方对因协议转让引发的任何风险，自行承担责任。

第五条　本所依据《暂行规则》以及本指引等相关规定办理协议转让业务，对转让双方提交的办理材料进行完备性核对，对符合条件的协议转让出具确认意见。

第六条　具有下列情形之一的，可以向本所提交协议转让办理材料：

（一）转让股份数量不低于上市公司境内外发行股份总数5%的协议转让；

（二）因自然人、法人或者其他主体对公司持股超过50%，或者根据中国证监会有关规定构成实际控制关系或者均受同一控制人所控制的协议转让，转让股份数量不受前项不低于5%的限制；

（三）外国投资者战略投资上市公司所涉及的协议转让；

（四）法律法规、中国证监会及本所业务规则认定的其他情形。

涉及国有股东转让所持上市公司股份、收回股权分置改革中的垫付股份等情形的，比照本指引办理。

第七条 上市公司股东通过协议转让方式转让股份的，单个受让方的受让比例不得低于5%，转让双方存在实际控制关系、均受同一控制人所控制、有权机关认定或者法律法规另有规定的除外。

第八条 转让双方办理协议转让业务，应当符合以下要求：

（一）转让协议依法生效；

（二）协议各方为自然人或者依法设立并有效存续的法人、其他组织；

（三）拟转让股份的性质为无限售条件流通股，法律、行政法规、部门规章、规范性文件及本所业务规则另有规定的除外；

（四）依据相关规定须经行政审批方可进行的协议转让，已经获得有权机关的批准；

（五）转让双方须披露相关信息的，已经依法合规履行信息披露义务；

（六）中国证监会以及本所认定的其他要求。

第九条 转让双方办理协议转让业务存在以下情形之一的，本所不予受理：

（一）不符合本指引第八条规定的要求；

（二）拟转让的股份已被质押且质权人未出具书面同意函；

（三）拟转让的股份存在尚未了结的诉讼、仲裁或者其他争议或者被司法冻结等权利受限情形，但存在司法标记，且按照《关于进一步规范人民法院冻结上市公司质押股票工作的意见》规定取得人民法院准许文件的除外；

（四）本次转让存在中国证监会《上市公司股东、董监高减持股份的若干规定》或者《减持细则》规定的不得减持的情形；

（五）转让双方任意一方被中国证监会及其派出机构采取不得在证券交易场所交易证券的市场禁入措施，但根据《证券市场禁入规定》第六条可以交易证券的除外；

（六）违反转让双方作出的相关承诺；

（七）本次转让可能导致规避股份限售相关规定；

（八）本次转让可能构成短线交易或者其他违反法律、行政法规、部门规章、规范性文件或者本所业务规则的情形；

（九）本所认定的其他情形。

第十条 上市公司股份协议转让应当以协议签署日的前一交易日转让股份二级市场收盘价为定价基准，转让价格范围下限比照大宗交易的规定执行，法律、行政法规、部门规章、规范性文件及本所业务规则等另有规定的除外。

转让双方就股份转让协议签订补充协议，补充协议内容涉及变更转受让主体、转让价格或者转让股份数量的，以补充协议签署日的前一交易日转让股份二级市场收盘价为定价基准。

第十一条 国有主体行政划转或者协议转让上市公司股份应当遵守国有资产管理的相关规定，确定协议转让价格并根据规定履行审批或者备案程序。

第十二条　外国投资者以战略投资方式协议受让上市公司 A 股股份，应当根据外国投资者对上市公司战略投资的相关规定办理。

第十三条　办理协议转让，转让双方涉及自然人的，由本人或者持公证授权委托书的代理人办理；涉及法人、其他组织的，由法定代表人、负责人或者其授权的代理人办理。

第十四条　本所办理协议转让的工作程序如下：

（一）转让方应当于提交协议转让办理材料当日，向中国证券登记结算有限责任公司深圳分公司（以下简称结算公司）申请查询并打印拟转让股份的持有情况证明文件，确认拟转让股份不存在限制转让的情形。

（二）转让双方可通过电子系统、现场或者邮寄方式向本所提交完备的办理材料，包括但不限于股份转让协议、转让双方有效身份证明文件、有权机关的批准或者备案文件、协议转让确认申请表等，办理材料的格式和内容应当符合本所相关办理指南要求。通过电子系统办理的，转让双方应保证所提交的电子文件与纸质文件完全一致。

可以通过公开的政府官方渠道进行网络核验的营业执照等证照类文件，原则上不再提交，由转让双方提供相关信息，并保证所提供的信息真实、准确、完整。

（三）本所对转让双方提交的协议转让办理材料进行完备性核对，对符合条件的协议转让予以确认，转让双方按要求缴纳经手费后，领取确认意见书。

第十五条　本所出具的确认意见书有效期为六个月。转让双方未在确认意见书有效期届满前向结算公司申请办理过户登记的，应当重新提交申请。

转让双方应当按照本所确认意见书载明的转让股份数量一次性办理过户登记。

第十六条　转让双方在本次协议转让后减持公司股份的，应当严格遵守法律、行政法规、部门规章、规范性文件、本所业务规则以及转让双方自行承诺的关于股份减持的相关规定。

第十七条　转让双方办理协议转让，如存在违反法律、行政法规、部门规章、规范性文件、本所业务规则的相关规定及转让双方作出的承诺等情形，本所可以对其采取相应的自律监管措施或者纪律处分。

第十八条　转让双方应当按照本所关于股票竞价交易的收费标准缴纳经手费。对于每笔转让的单个转让方和受让方，经手费的上限均为十万元人民币。

第十九条　本指引由本所负责解释。

第二十条　本指引自发布之日起施行。本所于 2020 年 7 月 24 日发布的《深圳证券交易所上市公司股份协议转让业务办理指引》（深证上〔2020〕653 号）同时废止。

关于发布《深圳证券交易所上市公司股份协议转让业务办理指南（2023年修订）》的通知

（2023年9月8日　深证上〔2023〕858号）

各市场参与人：

为进一步明确上市公司股份协议转让办理要求，提高市场服务水平，本所对《深圳证券交易所上市公司股份协议转让业务办理指南》进行了修订，现予以发布，自发布之日起施行。

本所于2021年10月22日发布的《深圳证券交易所上市公司股份协议转让业务办理指南》（深证上〔2021〕1014号）同时废止。

深圳证券交易所

2023年9月8日

3.2.11

深圳证券交易所上市公司股份协议转让业务办理指南（2023年修订）

（2023年9月8日　深证上〔2023〕858号）

为明确深圳证券交易所（以下简称本所）上市公司股份协议转让（以下简称协议转让）办理要求，便利市场主体办理相关业务，根据《上市公司流通股协议转让业务办理暂行规则》（以下简称《暂行规则》）、《深圳证券交易所上市公司股份协议转让业务办理指引》（以下简称《办理指引》）、《关于通过协议转让方式进行股票质押式回购交易违约处置相关事项的通知》（以下简称《违约处置通知》）等有关规定，制定本指南。

一、协议转让业务办理一般规定

（一）办理情形

具有以下情形之一的，可以向本所提交上市公司股份协议转让办理材料：

1. 转让股份数量不低于上市公司境内外发行股份总数5%的协议转让；

2. 因自然人、法人或者其他主体对公司持股超过50%，或者根据中国证监会有关规定，构成实际控制关系或者均受同一控制人所控制的协议转让，转让股份数量不受前项不低于5%的限制；

3. 外国投资者战略投资上市公司所涉及的协议转让；

4. 法律法规规定及中国证监会认定的其他情形。

涉及国有股东转让所持上市公司股份、收回股权分置改革中的垫付股份等情形的，比照《办理指引》和本指南办理。

办理协议转让，单个受让方的受让比例不得低于5%，转让双方存在实际控制关系、均受同一控制人所控制、有权机关认定或者法律法规另有规定的除外。

（二）办理条件

1. 转让协议依法生效。

2. 协议双方为自然人或者依法设立并有效存续的法人、其他组织。

3. 拟转让股份的性质为无限售条件流通股，法律、行政法规、部门规章、规范性文件及本所业务规则另有规定的除外。

符合相关规定的限售股份可以办理协议转让：（1）根据《上市公司收购管理办法》

第七十四条规定，可在同一实际控制人之下不同主体之间转让的限售股份；（2）根据《〈上市公司收购管理办法〉第六十二条、第六十三条及〈上市公司重大资产重组管理办法〉第四十六条有关限制股份转让的适用意见——证券期货法律适用意见第4号》，可在同一实际控制人之下不同主体之间转让的限售股份；（3）根据《深圳证券交易所股票上市规则》或者《深圳证券交易所创业板股票上市规则》有关规定，可在转让双方存在实际控制关系或者均受同一控制人所控制的主体之间转让的限售股份。

4. 依据相关规定须经行政审批方可进行的股份转让，已经获得有权机关的批准。

5. 转让双方须披露相关信息的，已经依法合规履行信息披露义务。

6. 中国证监会以及本所认定的其他要求。

（三）转让价格

协议转让的定价以协议签署日的前一交易日转让股份二级市场收盘价为定价基准，转让价格范围下限比照大宗交易的规定执行，法律、行政法规、部门规章、规范性文件及本所业务规则等另有规定的除外。

转让双方就股份转让协议签订补充协议，补充协议内容涉及变更转受让主体、转让价格或者转让股份数量的，以补充协议签署日的前一交易日转让股份二级市场收盘价为定价基准。

（四）办理流程

1. 电子系统办理

1.1　签署股份转让协议，履行信息披露义务（如需）。

1.2　转让双方通过本所官方网站“股东业务专区”股份协议转让电子系统（以下简称电子系统）填报注册信息，经本所法律事务部确认，完成账号注册（转让双方共同使用一个账号）。

1.3　转让双方按材料清单（见附件1）要求准备材料，通过电子系统提交材料的彩色电子扫描件。

1.4　本所法律事务部收到电子材料后，进行初步完备性核对，办理材料形式完备的，予以受理。通过电子系统办理的，转让双方接到受理通知后向本所邮寄全套纸质办理材料和电子与纸质文件一致的承诺函（参考格式见附件3－8），邮寄地址：深圳市深南大道2012号深圳证券交易所法律事务部。

本所法律事务部经征求相应公司管理部门意见后，原则上自转让双方提交完备申请材料之日起3个交易日内作出确认意见。

需要补充相关材料的，通过电子系统向转让双方反馈需补充的材料清单，转让双方按要求补充材料后，法律事务部再次予以形式核对。材料无法补充完备的，终止业务办理。

需要补充材料的，补充材料的时间不计算在3个交易日确认时限内。

1.5　本所形成协议转让确认意见后，通过电子系统向转让双方发出收取协议转让经手费的通知书。

1.6　转让双方按照收费通知书缴费后，本所财务部开具缴费发票。

1.7　本所收到全套纸质办理材料并存档后，将根据转让双方填报的地址邮寄缴费发票和股份协议转让确认意见书原件。

1.8　转让双方持确认意见书及中国证券登记结算有限责任公司（以下简称中国结算）要求的其他材料，前往中国结算深圳分公司办理股份过户登记。

2. 现场办理

2.1　签署股份转让协议，履行信息披露义务（如需）。

2.2　转让双方按材料清单（见附件1）要求准备材料，通过现场的方式向本所法律事务部提交。本所法律事务部现场核验有关身份证明文件原件。

2.3　本所法律事务部收到材料后，进行初步完备性核对，办理材料形式完备的，予以受理。经征求相应公司管理部门意见后，原则上自转让双方提交完备申请材料之日起3个交易日内作出确认意见。

需要补充相关材料的，法律事务部向转让双方反馈需补充的材料清单，转让双方按要求补充材料后，法律事务部再次予以形式核对。材料无法补充完备的，材料予以退回。

需要补充材料的，补充材料的时间不计算在3个交易日确认时限内。

2.4　本所形成协议转让确认意见后，向转让双方发出收取协议转让经手费的通知书。

2.5　转让双方按照收费通知书缴费后，本所财务部开具缴费发票。

2.6　转让双方将发票复印件提交本所法律事务部，领取股份协议转让确认意见书。

2.7　转让双方持确认意见书及中国结算要求的其他材料，前往中国结算深圳分公司办理股份过户登记。

3. 邮寄办理

3.1　签署股份转让协议，履行信息披露义务（如需）。

3.2　转让双方按材料清单（见附件1）要求准备材料，通过邮寄的方式向本所法律事务部提交。

转让双方采用邮寄办理，应当知悉可能存在文件丢失、毁损、延误等风险并提交承诺函（参考格式见附件3－7）。

材料邮寄地址：深圳市深南大道2012号深圳证券交易所法律事务部。

3.3　本所法律事务部收到材料后，进行初步完备性核对，办理材料形式完备的，予以受理。经征求相应公司管理部门意见后，原则上自转让双方提交完备申请材料之日起3个交易日内作出确认意见。

需要补充相关材料的，法律事务部向转让双方反馈需补充的材料清单，转让双方按要求补充材料后，法律事务部再次予以形式核对。材料无法补充完备的，材料予以退回。

需要补充材料的，补充材料的时间不计算在3个交易日确认时限内。

3.4　本所形成协议转让确认意见后，向转让双方发出收取协议转让经手费的通知书。

3.5　转让双方按照收费通知书缴费后，本所财务部开具缴费发票。

3.6　本所根据转让双方填报的地址邮寄缴费发票和股份协议转让确认意见书原件。

3.7　转让双方持确认意见书及中国结算要求的其他材料，前往中国结算深圳分公司办理股份过户登记。

（五）完备性核对

本所对办理材料形式完备性进行核对，并对材料完备的协议转让出具确认意见，不对办理材料及内容的真实性、准确性、完整性等做实质性审核。

本所在事后监管中如发现申请人提交材料不真实、不准确、不完整，或者违反相关规定或者承诺的，依规予以相应处理。

二、办理股票质押回购违约处置协议转让

股票质押回购违约处置协议转让，是指股票质押式回购交易的出质人违约后，质权人依据业务协议的约定行使质权，由出质人将标的股票转让给质权人或者第三方的协议转让业务。

（一）办理条件

符合以下条件的股票质押回购违约处置协议转让，可以向本所提交办理申请：

1. 拟转让股票为股票质押式回购交易初始交易或者合并管理的补充质押股票，且拟转让股票质押登记已满 12 个月。

2. 提交协议转让申请时，该笔交易出质人为对应上市公司持股 2% 以上的股东。

3. 不存在《办理指引》规定的不予受理情形。

4. 办理股票质押回购违约处置协议转让，单个受让方的受让比例不得低于公司股份总数的 2%，转让双方存在实际控制关系、均受同一控制人所控制或者法律法规等另有规定的除外。

5. 股票质押回购违约处置协议转让的转让价格，不得低于转让协议签署日前一交易日股票收盘价格的 70%。

（二）办理流程

1. 转让方（出质人）、受让方与质权人就质押股票协议转让签订三方协议，通过上市公司披露本次协议转让事项的相关公告。

2. 证券公司通过会员业务专区向本所会员管理部提交关于该笔股票质押式回购交易的相关说明及承诺（即《违约处置（协议转让）报告》，参考格式见附件 4）彩色电子扫描件和 word 版本；如证券公司不为质权人时，还需提交承诺函（参考格式见附件 3-6）彩色电子扫描件。

3. 本所会员管理部根据《违约处置通知》对《违约处置（协议转让）报告》予以核对，核对通过的，通知证券公司，告知本所法律事务部。

4. 转让双方协商确定协议转让办理方式，并参照前述“一、协议转让业务办理一般规定（办理流程）1. 现场办理；2. 邮寄办理；3. 电子系统办理”的相应规定，向本所法律事务部提交全套办理材料，包括转让双方及质权人签署的三方协议、三方承诺函（参考格式见附件 3-6）、证券公司的《违约处置（协议转让）报告》（参考格式见附件 4）以及办理一般协议转让所需要提交的其他材料。

三、联系方式

有关上市公司股份协议转让事宜，请与本所法律事务部联系，联系人及联系方式如下：

黄女士 电话：0755-8866 8986 邮箱：huangjm@szse.cn

张女士 电话：0755-8866 8642 邮箱：arzhang@szse.cn

杨女士 电话：0755－8866 8266 邮箱：liyang@ szse. cn
罗女士 电话：0755－8866 8079 邮箱：wxluo. oth@ szse. cn

附件一：深圳证券交易所上市公司股份协议转让业务办理材料清单（2023 年修订）
附件二：深圳证券交易所上市公司股份协议转让确认申请表
附件三：参考格式文本
附件四：违约处置（协议转让）报告

附件一：

深圳证券交易所上市公司股份协议转让业务办理材料清单（2023 年修订）

序号	类型	名称	说明
1	通用材料	一、深圳证券交易所上市公司股份协议转让确认申请表	如转让方或者受让方涉及多个主体的，按照一转一的原则填写并提交多份申请表。 申请表须由转让双方本人签署。
2		二、证券查询信息单	转让方应于提交办理材料当日，向中国结算深圳分公司申请查询并打印证券查询信息单原件（可通过“中国结算营业厅”微信公众号等渠道获取证券查询信息单电子凭证）。
			证券查询信息单需要包含拟转让证券的持有信息单及冻结信息单。
			拟转让股份已经设定质押的，须提供质权人出具的书面同意转让文件（质权人同意函参考格式见附件 3－4）。
3		三、股份转让协议	提交股份转让协议原件。股份转让协议附生效条件的，须提供协议生效说明。 股份转让协议非本人/法定代表人/负责人/执行事务合伙人/委派代表签署的，须提交签署协议的授权委托书和被授权人身份证复印件。
			涉及补充协议的，一并提交依法生效的补充协议原件。补充协议内容涉及变更转受让主体、转让价格或者转让股份数量的，计算转让价格时以补充协议签署日的前一交易日作为定价基准日。
4		四、转让双方有效身份证明文件及复印件	境内法人或者其他组织： ①主体资格证明文件复印件（主体资格证明文件为营业执照或者事业单位法人证书的，无须提交）； ②法定代表人/负责人/执行事务合伙人/委派代表身份证明文件复印件； ③法定代表人/负责人/执行事务合伙人/委派代表授权委托书（参考格式见附件 3－1）； ④经办人身份证明文件复印件。

续表

序号	类型	名称	说明
4	通用材料	四、转让双方有效身份证明文件及复印件	境内自然人： ①身份证明文件复印件； ②经公证的授权委托书（如委托他人代办，参考格式见附件3－2）； ③经办人身份证明文件复印件，通过电子系统或者邮寄办理的，还须提交经办人手持身份证照片（如委托他人代办）。
			境外法人： ①所在国（地区）有权机关核发的证明境外法人主体资格的证明文件（如该证明文件未包含该法人合法存续内容，还须提供该法人合法存续证明）； ②授权人签署的授权委托书（关于协议签署以及业务办理的授权）； ③境外机构或者有权机关出具的能够证明授权人有权签署授权委托书的证明文件； ④授权人身份证明文件复印件； ⑤经办人身份证明文件复印件。
			境外自然人： ①身份证明文件复印件； 境外自然人身份证明文件包括：外国（地区）公民身份证或者护照；有外国（地区）永久居留权的中国公民的永久居留证明及中国护照；台湾居民来往大陆通行证；香港永久性居民身份证、澳门永久性居民身份证。 ②授权委托书（如委托他人代办，参考格式如附件3－2）； ③经办人身份证明文件复印件（如委托他人代办）。
			境外主体的身份证明文件、授权委托书以及授权人有权授权的证明文件需要符合以下要求： 申请人所在国（地区）为《取消外国公文书认证要求的公约》签署方，提交的文件应当按照公约要求附有附加证明书。 申请人所在国（地区）未参加《取消外国公文书认证要求的公约》，但与我国共同缔结或者参加了其他国际公约，或者与我国缔结了其他双边条约，提交的文件应当按照公约或者双边条约要求履行身份证明手续。 申请人所在国（地区）与我国已建立外交关系，但未参加任何国际公约、未与我国缔结双边条约，提交的文件应经过我国驻该国使、领馆认证。 申请人所在国（地区）与我国无外交关系，提供的文件，需要经该国（地区）外交机构或者其授权机构和我国有外交关系国家驻该国（地区）使、领馆认证后，再办理我国驻该第三国使、领馆认证。 香港地区申请人提交的文件，应当经我国司法部委托的香港公证人公证，并加盖中国法律服务（香港）有限公司转递香港公证文书专用章。 澳门地区申请人提交的文件，应当经澳门政府公证部门或者我国司

续表

序号	类型	名称	说明
4	通用材料	四、转让双方有效身份证明文件及复印件	法部委托的公证人公证，并经中国法律服务（澳门）公司加盖核验章。 台湾地区申请人提交的文件，应当经台湾地区的公证部门公证，并由台湾海峡交流基金会按照1993年《海峡两岸公证书使用查证协议》寄送公证书副本。台湾地区申请人还应当提交接收台湾公证书的内地公证协会出具的公证书正本与台湾海峡交流基金会寄送该会的副本一致的核对证明。 境外主体的身份证明文件、授权委托书以及其他授权人有权授权的证明文件非中华人民共和国官方语言的，应当经过有资质的翻译机构的翻译和境内公证。
5		五、受让方证券账户卡	受让方提交中国结算出具的证券查询信息单原件（可通过“中国结算营业厅”微信公众号等渠道获取电子凭证）或者证券账户卡复印件。
6	分类材料	六、拟转让股份涉及所列情形的，还应当按要求提交其他文件	（一）拟转让股份由上市公司董事、监事、高级管理人员持有的，或者上市公司董事、监事、高级管理人员离职后拟转让股份的，提供上市公司董事会的相关说明文件原件（参考格式见附件3－5）。
7			（二）转让双方如有任何承诺，提交列示承诺内容和履行情况的说明原件（参考格式见附件3－3）。 说明须由转让双方本人签署。
8			（三）非国有股东协议转让，转让双方存在实际控制关系或者为同一控制人所控制，单一受让方受让比例低于5%的，提供转让双方的工商登记资料，以证明自然人、法人或者其他主体对公司持股超过50%的绝对控股形成的控制关系。
9			（四）转让方为国有主体且直接适用《上市公司国有股权监督管理办法》的，须提交国有资产监督管理部门出具的批准或者备案文件。 转让方为国有主体且比照适用《上市公司国有股权监督管理办法》的，须提交本次转让所适用的有效的国有资产管理规范、已按照所适用的规范获得的批准或者备案文件，以及转让双方自行承担所有法律责任的承诺。 转让方为国有主体进行有偿转让的，须提交协议转让价款的收款证明或者说明和证明材料。 受让方为国有主体的，须提供国有资产监督管理部门出具的批准文件或者备案文件，或者受让方出具的不需要/无法履行批准或者备案手续的说明以及自行承担所有法律责任的承诺。
10			（五）涉及外国投资者对上市公司战略投资的，提供符合商务主管部门相关管理要求的证明文件。
11			（六）转让股份为银行、证券、保险等特定行业的上市公司的股份，须符合有关行业的股东资格或者持股比例限制的规定，提供行业主管部门或者相关机构的批准文件。

续表

序号	类型	名称	说明
12	分类材料	六、拟转让股份涉及所列情形的，还应当按要求提交其他文件	（七）其他须经行政审批方可进行的股份转让，提供有关主管部门的批准文件。
13			（八）符合《关于通过协议转让方式进行股票质押式回购交易违约处置相关事项的通知》办理条件，申请办理股票质押回购违约处置协议转让的，提供股票质押回购违约处置协议转让承诺函（参考格式见附件3－6）和证券公司的《违约处置（协议转让）报告》原件（参考格式见附件4）。 无须再提交《质权人同意函》（参考格式见附件3－4）。
14			（九）拟依据《最高人民法院 最高人民检察院 公安部 中国证券监督管理委员会关于进一步规范人民法院冻结上市公司质押股票工作的意见》的规定转让被司法标记的股票，须提供人民法院出具的同意本次转让的准许文件原件。
15			（十）采用邮寄方式办理的，提供邮寄办理承诺函（参考格式见附件3－7）。
16			（十一）采用电子系统方式办理的，提供股份协议转让电子与纸质文件一致的承诺函原件（参考格式见附件3－8）。
17			（十二）涉及限售股转让的： 1. 拟依据《上市公司收购管理办法》第七十四条转让限售股份的，提交能证明转让双方属于同一实际控制人之下的工商登记资料； 2. 拟依据《〈上市公司收购管理办法〉第六十二条、第六十三条及〈上市公司重大资产重组管理办法〉第四十六条有关限制股份转让的适用意见——证券期货法律适用意见第4号》相关规定转让限售股份的，按照该意见要求，提交法律意见书原件及能证明转让双方属于同一实际控制人之下不同主体的工商登记资料； 3. 拟依据《深圳证券交易所股票上市规则》或者《深圳证券交易所创业板股票上市规则》有关规定转让限售股份的，提交能证明转让双方存在实际控制关系或者为同一控制人所控制的工商登记资料。
18		七、其他文件	本所认为需要提交的其他文件。

备注：所有文件材料需转让双方签署的，须由转让双方本人签署，文件涉及多页的需加盖骑缝章或者逐页签字。转让双方提交的文件为复印件的，应当由转让双方签字/盖章或者由经办人员签字，并提供原件予以核验。

附件二：

深圳证券交易所上市公司股份协议转让确认申请表

<table>
<tr><td colspan="3">办理协议转让的情形</td><td colspan="3">☐股东权益变动（转让股份数量不低于上市公司境内外发行股份总数的5%）
☐转让双方存在实际控制关系或者均受同一控制人所控制
☐外国投资者战略投资上市公司所涉及的股份转让
☐国有股东协议出让
☐国有股东无偿划转
☐股票质押回购违约处置协议转让
☐其他</td></tr>
<tr><td rowspan="5">转让股份情况</td><td colspan="2">上市公司名称</td><td colspan="3"></td></tr>
<tr><td colspan="2">证券简称</td><td></td><td>证券代码</td><td></td></tr>
<tr><td colspan="2">上市公司境内外发行股份总数</td><td></td><td>转让股份数量</td><td></td></tr>
<tr><td colspan="2">每股转让价格</td><td></td><td>占上市公司境内外发行股份总数比例</td><td></td></tr>
<tr><td colspan="2">转让前股份性质</td><td colspan="3">☐限售流通股　☐无限售流通股　☐非流通股</td></tr>
<tr><td rowspan="7">转让双方基本情况</td><td rowspan="7">转让方（股份持有方）</td><td>名称/姓名</td><td colspan="3"></td></tr>
<tr><td>实体性质</td><td colspan="3">☐国有或者国有控股主体
☐非国有或者非国有控股主体
☐上市公司董事、监事、高级管理人员
☐上市公司离职董事、监事、高级管理人员
☐其他</td></tr>
<tr><td>注册号码/身份证件号码</td><td></td><td>证券账户号码</td><td></td></tr>
<tr><td>法定代表人/负责人/执行事务合伙人/委派代表姓名及身份证件号码</td><td></td><td>本次申请前6个月是否增持过股份</td><td>☐是
取得方式及登记过户时间：
____
☐否</td></tr>
<tr><td>本人或者经办人姓名及身份证号码</td><td></td><td>本人或者经办人地址及联系电话</td><td></td></tr>
<tr><td>本次变动前持股比例（含直接、间接持股）</td><td></td><td>本次变动后持股比例（含直接、间接持股）</td><td></td></tr>
</table>

续表

<table>
<tr><td rowspan="6">转让双方基本情况</td><td rowspan="6">受让方</td><td>名称/姓名</td><td colspan="3"></td></tr>
<tr><td>实体性质</td><td colspan="3">□境内国有或者国有控股主体
□境内非国有或者非国有控股主体
□外国投资者（含境内的外商投资性公司、外商投资创业投资企业）
□其他</td></tr>
<tr><td>注册号码/身份证号码</td><td></td><td>证券账户号码</td><td></td></tr>
<tr><td>法定代表人/负责人/执行事务合伙人/委派代表姓名及身份证件号码</td><td></td><td>是否触发要约收购</td><td>□是
□否</td></tr>
<tr><td>本人或者经办人姓名及身份证号码</td><td></td><td>本人或者经办人地址及联系电话</td><td></td></tr>
<tr><td>本次变动前持股比例（含直接、间接持股）</td><td></td><td>本次变动后持股比例（直接、间接持股）</td><td></td></tr>
<tr><td>本次转让涉及的全部信息披露文件名称及披露时间</td><td colspan="5"></td></tr>
<tr><td>转让双方提交的文件</td><td colspan="5">□1. 证券持有信息单和冻结信息单；
□2. 质权人同意函（如适用）；
□3. 股份转让协议正本；
□4. 转让双方及经办人的身份证明文件；
□5. 受让方的证券查询信息单或者证券账户卡；
□6. 工商机关出具的转让双方工商信息查询单（如适用）；
□7. 上市公司董事会说明（如适用）；
□8. 转让双方承诺与履行情况说明（如适用）；
□9. 证监会、国资委、商务部等有权机关的批准或者备案文件（如适用）；
□10. 法律意见书（如适用）；
□11. 股票质押回购违约处置协议转让承诺函及《违约处置（协议转让）报告》（如适用）；
□12. 人民法院出具的同意转让准许文件（如适用）；
□13. 邮寄办理承诺函（如适用）；
□14. 电子与纸质文件一致的承诺函（如适用）。</td></tr>
</table>

续表

转让双方承诺与签章	转让双方承诺并确认： □1. 转让双方保证提交的全部股份转让申请材料真实、准确、完整、合法合规。 □2. 转让双方已依据《证券法》和《上市公司收购管理办法》等有关规定，依法合规地就本次股份变动履行了信息披露义务。 □3. 转让双方保证本次股份转让已按照法律法规等规定履行了国有资产管理、外国投资者对上市公司战略投资等相关程序。 □4. 转让双方确认本次拟转让的股份不存在质押；如本次拟转让的股份存在质押，质权人已出具书面同意函（另附质权人同意函）。 □5. 转让双方保证拟转让股份不存在尚未了结的诉讼、仲裁或者其他争议或者被司法冻结等权利受限情形，如存在前述情形，自愿承担由此引起的一切后果（如存在司法标记的，已提供人民法院出具的准许文件）。 □6. 转让双方保证拟转让股份为合法取得并有权处置，本次股份转让不损害其他任何第三人的权利，如存在任何权利障碍或者引发任何纠纷，自愿承担由此引起的一切后果。 □7. 转让双方保证本次拟转让的股份不存在不得转让的情形，且不存在《上市公司股东、董监高减持股份的若干规定》《深圳证券交易所上市公司股东及董事、监事、高级管理人员减持股份实施细则》及其他法律、行政法规、部门规章、规范性文件、深圳证券交易所业务规则等文件规定的不得减持相关股份的情形。 □8. 转让双方保证本次股份转让不违背转让双方作出的承诺。 □9. 转让双方保证本次股份转让不存在可能导致规避股份限售相关规定的情形。 □10. 转让双方保证本次股份转让不构成短线交易，不存在违反《证券市场禁入规定》等规定情形。 □11. 转让双方保证本次股份转让不存在其他违反法律、行政法规、部门规章、规范性文件、深圳证券交易所业务规则等规定的情形，不存在深圳证券交易所认定的不予受理的情形。 □12. 转让双方保证按照深圳证券交易所确认意见书载明的转让股份数量一次性办理过户登记。 □13. 转让双方保证本次股份转让不存在法律障碍，或者在中国证券登记结算有限责任公司深圳分公司办理股份过户时相关法律障碍能够消除，否则，自愿承担由此引起的一切后果。 □14. 转让双方提交的协议转让办理材料经深圳证券交易所受理后，双方对本次协议转让事项进行重大变更的，须待首次提交日三十日后再次提交股份协议转让办理材料。 □15. 转让双方承诺，在本次协议转让后减持股份的，将严格遵守法律、行政法规、部门规章、规范性文件、本所业务规则关于股份减持的相关规定，并遵守转让双方关于股份减持的相关承诺。 转让方减持后不再具有大股东身份的，转让双方承诺在6个月内共同遵守任意连续90日集中竞价交易减持股份数量合计不得超过公司股份总数1%的规定，即全部转让方和受让方共享该1%的减持额度，并分别履行相应信息披露义务。 转让方通过协议转让方式减持特定股份的，转让双方承诺在6个月内共同遵守任意连续90日集中竞价交易减持股份数量合计不超过公司股份总数1%的规定，即全部转让方和受让方共享该1%的减持额度。受让方持股比例达到5%以上或者为上市公司控股股东、董事、监事和高级管理人员的，承诺遵守《深圳证券交易所上市公司股东及董事、监事、高级管理人员减持股份实施细则》关于大股东减持、董监高减持的规定。 □16. 转让双方承诺，如提交的股份转让申请材料存在不真实、不准确、不完整或者不合法合规等情形或者未能遵守上述承诺的，自愿承担由此引起的一切后果。 转让方：（盖章）/签字： 法定代表人/负责人/执行事务合伙人/委派代表（签字）： 年　月　日 受让方：（盖章）/签字： 法定代表人/负责人/执行事务合伙人/委派代表（签字）： 年　月　日

填表说明（填表说明无需打印提交）：

1. 转让方或者受让方涉及多个主体的，按照一转一的原则填写并提交多份申请表。申请表需由转让双方本人签署，多页打印的需加盖骑缝章或者逐页签字。

2. 表中所有方框“□”选项，使用“√”勾选。

3. “上市公司境内外发行股份总数”“转让股份数量”“每股转让价格”按“数值+单位”方式填写。

4. 转让方、受让方的“名称/姓名”按“股东证券账户名称”填写。

5. “变动前持股比例（含直接、间接持股）”“变动后持股比例（含直接、间接持股）”是指转让方或者受让方及其一致行动人持有的股份总数之和，转让双方存在实际控制关系或者构成一致行动人的，仅需填写直接持股比例。转让方或者受让方涉及多个主体的，“变动前持股比例（含直接、间接持股）”“变动后持股比例（含直接、间接持股）”按一定顺序逐笔递增/递减填写。

6. “本次转让涉及的全部信息披露文件名称及披露时间”，是指本次协议转让涉及的相关提示性公告、简式权益变动报告书、详式权益变动报告书、收购报告书及其他相关信息披露文件；触发要约收购义务的，填报要约收购结果公告；符合中国证监会规定的免于发出要约的，填报免于发出要约的有关公告等。

附件3－1：

授权委托书
（参考格式，法人或者其他组织法定代表人/负责人/执行事务合伙人/委派代表授权适用）

兹授权×××（身份证号：××××××××××××××××××）代表×××公司向深圳证券交易所提交股份协议转让办理材料，办理本公司/企业/单位持有的×××公司（股票代码：××××××）的×××股股份以×元/股的价格转让给×××的确认手续。

授权期限：自　　年　　月　　日至　　年　　月　　日。

×××公司（盖章）

法定代表人/负责人/执行事务合伙人/委派代表（签字）：

年　　月　　日

附件：1. 法定代表人/负责人/执行事务合伙人/委派代表身份证复印件

2. 被授权人身份证复印件

附件3－2：

授权委托书
（参考格式，自然人授权适用）

兹授权×××（身份证号：××××××××××××××××××）代表×××（身份证号：××××××××××××××××××）向深圳证券交易所提交股份协议转让办理材料，办理本人持有的×××公司（股票代码：××××××）的×××股股份以×元/股的价格转让给×××的确认手续。

授权期限：自　　年　　月　　日至　　年　　月　　日。

授权人（签字）：
年　　月　　日

附件：被授权人身份证复印件

附件3－3：

转让双方承诺与履行情况说明
（参考格式，转让双方如有任何承诺时适用）

××××年××月××日，×××与×××签订《××股份转让协议》，将其持有的××股×××公司（股票代码：××××××）股票以×元/股的价格转让给×××。

截至本说明出具日，转让方×××作出的承诺及履行情况如下：

序号	承诺来源	承诺方	承诺内容	履行情况
示例1	首次公开发行时作出承诺	×××	自公司股票上市之日起36个月内，不转让或者委托他人管理其持有的公司公开发行股票前已发行的股份，也不由公司回购该部分股份。	履行完毕。公司股票自××年××月××日上市，截至××年××月××日已满36个月，期间未进行转让或者委托他人管理及被回购。
示例2	控股股东、实际控制人声明及承诺书	×××	×××作为控股股东（或者实际控制人）承诺，本人及本人的关联人存在占用上市公司资金或者要求上市公司违法违规提供担保的，在占用资金全部归还、违规担保全部解除之前不转让所持有、控制的上市公司股份。	严格遵守。×××本人及本人的关联人不存在占用上市公司资金或者要求上市公司违法违规提供担保的情况。
…	…	…	…	…

或者：截至本说明出具日，转让方×××未作出任何承诺。

截至本说明出具日，受让方×××作出的承诺及履行情况如下：

序号	承诺来源	承诺方	承诺内容	履行情况
示例1	首次公开发行时作出承诺	×××	本人及本人的关联人不利用上市公司未公开重大信息谋取利益，不以任何方式泄露有关上市公司的未公开重大信息，不从事内幕交易、短线交易、操纵市场等违法违规行为。	严格遵守。
…	…	…	…	…

或者：截至本说明出具日，受让方×××未作出任何承诺。

转让方：×××公司（盖章）/自然人签字：
法定代表人/负责人/执行事务合伙人/委派代表（签字）：

年　　月　　日

受让方：×××公司（盖章）/自然人签字：
法定代表人/负责人/执行事务合伙人/委派代表（签字）：

年　　月　　日

附件3－4：

质权人同意函
（参考格式，拟转让股份处于质押状态时适用）

××××年××月××日，×××与×××签订了股权质押协议，×××将其持有的××股×××公司（股票代码：××××××）股票质押给×××。

经质押双方协商一致，×××作为质权人同意×××将质押股份中的×××股以×元/股的价格转让给×××，并在解除质押后，办理登记过户手续。

×××公司（盖章）/自然人签字：
法定代表人/负责人/执行事务合伙人/委派代表（签字）：
年　　月　　日

附件 3－5：

上市公司董事会关于本次股份协议转让有关情况的说明（参考格式，转让方为上市公司在职或者离任的董监高适用）

××××年××月××日，×××与×××签订《××股份转让协议》将其持有的××股×××公司（股票代码：××××××）股票以×元/股的价格转让给×××。

×××现任×××公司×××职务，任期为××××年××月××日至××××年××月××日（或者：×××曾任×××公司×××职务，任期为××××年××月××日至××××年××月××日，于××××年××月××日离任）。截至本说明出具之日，×××的可转让股份额度为×××股。

转让方×××本次协议转让不违反×××公司章程、转让方×××的承诺（如有）、《公司法》《证券法》《上市公司股东、董监高减持股份的若干规定》《深圳证券交易所上市公司股东及董事、监事、高级管理人员减持股份实施细则》等相关法律、行政法规、部门规章、规范性文件以及深圳证券交易所业务规则关于股份持有及卖出、信息披露等有关要求与规定，不存在不得转让股份的情形。

×××公司
（上市公司公章或者董事会公章）
年　　月　　日

附件 3－6：

股票质押回购违约处置协议转让承诺函（参考格式，办理股票质押回购违约处置协议转让适用）

××××年××月××日，×××与×××签订了股票质押式回购交易业务协议，××××年××月××日，×××、×××与×××就质押股票签订了股份转让协议，经转让方×××、受让方×××、质权人×××协商一致，根据《关于通过协议转让方式进行股票质押式回购交易违约处置相关事项的通知》有关要求，同意通过协议转让方式进行股票质押式回购交易违约处置，并就有关事项承诺如下：

1. 各方认可××证券公司出具的该笔股票质押式回购交易已进入违约处置程序、拟转让股票质押登记已满 12 个月及相关违约处置安排的《违约处置（协议转让）报告》。

2. 经质押双方×××与×××协商一致，×××作为质权人同意×××将质押股份中的×××股以×元/股的价格转让给×××，对应的质押冻结序号（分别）为××××××××××××××。

3. 本次股票质押式回购交易违约处置协议转让符合《关于通过协议转让方式进行股票质押式回购交易违约处置相关事项的通知》的要求，协议转让申请真实、合法、合规。

4. 各方依法有权对上述事项作出承诺。

转让方：×××公司（盖章）/自然人签字：

法定代表人/负责人/执行事务合伙人/委派代表（签字）：

年　　月　　日

受让方：×××公司（盖章）/自然人签字：

法定代表人/负责人/执行事务合伙人/委派代表（签字）：

年　　月　　日

质权人：×××公司（盖章）/自然人签字：

法定代表人/负责人/执行事务合伙人/委派代表（签字）：

年　　月　　日

附件 3－7：

邮寄办理承诺函
（参考格式，邮寄办理时适用）

转让双方确认，××××年××月××日，××与××签订了《××股份转让协议》，经转让双方协商一致，同意以邮寄方式向深圳证券交易所提交股份协议转让办理材料，接收深圳证券交易所出具的收费通知书、交易经手费发票、确认意见书等文件。转让双方承诺：

1. 办理本次股份协议转让是转让双方的真实意思表示，所提交的身份证明文件等材料真实、有效，复印件与原件完全一致。

2. 转让双方通过邮寄方式提交的全部股份协议转让申请材料真实、准确、完整、合法合规，相关签字盖章均真实、有效。

3. 转让双方知悉邮寄办理存在文件丢失、毁损、延误等风险，并自愿承担相关风险、损失及由此引起的一切法律后果。

4. 转让双方依法有权对上述事项作出承诺。

转让方：×××公司（盖章）/自然人签字：
法定代表人/负责人/执行事务合伙人/委派代表（签字）：

年　月　日

受让方：×××公司（盖章）/自然人签字：
法定代表人/负责人/执行事务合伙人/委派代表（签字）：

年　月　日

附件3－8：

股份协议转让电子与纸质文件一致的承诺函
（参考格式，通过电子系统办理时适用）

转让双方确认，××××年××月××日，××与××签订了《××股份转让协议》，并按办理协议转让相关规定制作了股份协议转让办理材料，经转让双方协商一致，于××××年××月××日向深圳证券交易所股份协议转让电子系统提交了办理材料，同意通过邮寄方式接收深圳证券交易所出具的交易经手费发票、确认意见书等文件。转让双方承诺：

1. 办理本次股份协议转让是转让双方的真实意思表示，所提交的身份证明文件等材料真实、有效，复印件与原件完全一致。

2. 转让双方通过电子系统提交的全部股份协议转让申请材料真实、准确、完整、合法合规，相关签字盖章均真实、有效，所提交的协议转让办理文件的电子文本与纸质文件内容一致。

3. 转让双方知悉邮寄纸质文件存在丢失、毁损、延误等风险，并自愿承担相关风险、损失及由此引起的一切法律后果。

转让方：×××公司（盖章）/自然人签字：
法定代表人/负责人/执行事务合伙人/委派代表（签字）：

年　月　日

受让方：×××公司（盖章）/自然人签字：
法定代表人/负责人/执行事务合伙人/委派代表（签字）：

年　月　日

附件四：

违约处置（协议转让）报告

<table>
<tr><td rowspan="13">交易信息</td><td colspan="2">初始交易合同序号</td><td colspan="5">（22 位或 24 位）</td></tr>
<tr><td colspan="2">补充质押合同序号（如有）</td><td colspan="5">（22 位或 24 位）</td></tr>
<tr><td colspan="2">初始交易日期</td><td colspan="2"></td><td colspan="2">初始交易金额</td><td></td></tr>
<tr><td colspan="2">履约保障比例</td><td colspan="2"></td><td colspan="2">融资余额</td><td></td></tr>
<tr><td colspan="2">预警线</td><td colspan="2"></td><td colspan="2">平仓线</td><td></td></tr>
<tr><td colspan="2">回购期限</td><td colspan="2"></td><td colspan="2">到期购回日</td><td></td></tr>
<tr><td colspan="2">质押标的证券代码</td><td colspan="2"></td><td colspan="2">质押标的证券简称</td><td></td></tr>
<tr><td colspan="2">股份性质</td><td colspan="2"></td><td colspan="2">质押标的证券数量</td><td></td></tr>
<tr><td colspan="2">质押数量占总股本比例</td><td colspan="2"></td><td colspan="2">资金用途</td><td></td></tr>
<tr><td colspan="2">融出方证券账户号码</td><td colspan="2"></td><td colspan="2">融出方名称</td><td></td></tr>
<tr><td colspan="2">融出方类别</td><td colspan="2">自有/集合/单一/定向</td><td colspan="2">质权人名称</td><td></td></tr>
<tr><td colspan="2">融入方证券账户号码</td><td colspan="2"></td><td colspan="2">融入方名称</td><td></td></tr>
<tr><td colspan="2">融入方持股数量占公司总股本比例</td><td colspan="2"></td><td colspan="2">融入方股东身份</td><td></td></tr>
<tr><td>违约情形</td><td colspan="7"></td></tr>
<tr><td rowspan="6">协议转让安排</td><td>冻结序号（22 位或 24 位）</td><td>质押登记日期</td><td>受让人名称</td><td>拟转让数量</td><td>拟转让数量占总股本比例</td><td>拟转让价格与协议签署日前一交易日公司股份收盘价的比值</td><td>本次转让价款中优先偿还融出方金额（万元）</td></tr>
<tr><td></td><td></td><td></td><td></td><td>%</td><td>%</td><td></td></tr>
<tr><td></td><td></td><td></td><td></td><td>%</td><td>%</td><td></td></tr>
<tr><td></td><td></td><td></td><td></td><td>%</td><td>%</td><td></td></tr>
<tr><td></td><td></td><td></td><td></td><td>%</td><td>%</td><td></td></tr>
<tr><td colspan="7">其他需要说明的协议转让安排：</td></tr>
<tr><td></td><td colspan="7">我公司承诺已核查该协议转让符合《关于通过协议转让方式进行股票质押式回购交易违约处置相关事项的通知》的要求，协议转让申请及本报告内容真实、合法、合规。

证券公司：（公章）

联系人：　　　　　　联系电话：

________年________月________日</td></tr>
</table>

注："融入方股东身份"处填写融入方是否为上市公司控股股东及其一致行动人、持股 5% 以上股东及其一致行动人、董事、监事、高级管理人员或特定股东。"特定股东"定义参考《深圳证券交易所上市公司股东及董事、监事、高级管理人员减持股份实施细则》相关规定。

3.2.12

关于通过协议转让方式进行股票质押式回购交易违约处置相关事项的通知

（2020 年 4 月 17 日　深证上〔2020〕303 号）

各市场参与人：

为防范化解上市公司股东股票质押风险，保障市场稳健运行，根据《上市公司流通股协议转让业务办理暂行规则》（以下简称《办理规则》）、《深圳证券交易所上市公司股份协议转让业务办理指引》（以下简称《办理指引》）等规定，经中国证监会批准，现就通过协议转让方式进行股票质押式回购交易违约处置（以下简称股票质押回购违约处置协议转让）相关事项通知如下：

一、本通知所称股票质押回购违约处置协议转让，是指股票质押式回购交易的出质人违约后，质权人依据业务协议的约定行使质权，由出质人将标的股票转让给质权人或者第三方的协议转让业务。

二、股票质押回购违约处置协议转让的办理，适用本通知；本通知未作规定的，适用《办理规则》《办理指引》的规定。股票质押式回购交易以外的上市公司股票质押违约处置相关事项另行规定。

三、符合以下条件的股票质押回购违约处置协议转让，可以向本所提交办理申请：

（一）拟转让股票为股票质押式回购交易初始交易或者合并管理的补充质押股票，且拟转让股票质押登记已满 12 个月；

（二）提交协议转让申请时，该笔交易出质人为对应上市公司持股 2% 以上的股东；

（三）不存在《办理指引》规定的不予受理情形。

四、申请人申请办理股票质押回购违约处置协议转让，单个受让方的受让比例不得低于公司股份总数的 2%，转让双方存在实际控制关系、均受同一控制人所控制或者法律法规等另有规定的除外。

股票质押回购违约处置协议转让的转让价格，不得低于转让协议签署日前一交易日股票收盘价格的 70%。

五、转让双方在申请办理股票质押回购违约处置协议转让前，应当及时通过上市公司披露本次协议转让事项的提示性公告。提示性公告的内容至少应当包括：

（一）本次协议转让概述，转让双方基本情况，转让协议主要内容；

（二）本次转让是否违反承诺或法律法规、部门规章、规范性文件等规定；

（三）本次转让是否存在承诺变更、豁免或承接情况；

（四）本次转让对公司生产经营和控制权稳定的影响；

（五）当事人认为应当说明的其他事项以及本所要求的其他内容。

转让双方因持有上市公司股份的权益发生变动达到《上市公司收购管理办法》或本所相关规定确定的标准的，还应当按照相关规定履行信息披露义务。

六、申请人申请办理股票质押回购违约处置协议转让，应当向本所提交以下文件：

（一）转让方（出质人）与质权人、受让方就质押股票协议转让签订的书面协议；

（二）证券公司出具的该笔股票质押式回购交易已进入违约处置程序、拟转让股票质押登记已满12个月及相关违约处置安排的说明，并承诺已核查该协议转让符合本通知的要求，协议转让申请真实、合法、合规；

（三）转让双方及质权人出具的书面承诺函，承诺协议转让符合本通知的要求，协议转让申请真实、合法、合规；

（四）《办理指引》等规定要求提交的其他申请文件。

七、申请人、证券公司提交的文件不符合真实、准确、完整要求，或者违反相关承诺的，本所将视情节轻重，根据本所相关规定对其采取相应监管措施或者纪律处分。

八、本通知自发布之日起施行。

特此通知

深圳证券交易所

2020年4月17日

3.3 网络服务

3.3.1

深圳证券交易所上市公司股东大会网络投票实施细则（2020 年修订）

（2020 年 6 月 12 日　深证上〔2020〕517 号）

第一章　总　　则

第一条　规范上市公司股东大会网络投票业务，保护投资者的合法权益，根据有关法律、行政法规、部门规章、规范性文件和深圳证券交易所（以下简称“本所”）业务规则，制定本细则。

第二条　本细则适用于上市公司利用本所股东大会网络投票系统向其股东提供股东大会网络投票服务。

第三条　本细则所称上市公司股东大会网络投票系统（以下简称“网络投票系统”）是指本所利用网络与通信技术，为上市公司股东行使股东大会表决权提供服务的信息技术系统。

网络投票系统包括本所交易系统、互联网投票系统（网址：http：//wltp. cninfo. com. cn）。

上市公司可以选择使用现场投票辅助系统收集汇总现场投票数据，并委托深圳证券信息有限公司（以下简称“信息公司”）合并统计网络投票和现场投票数据。

第四条　上市公司召开股东大会，除现场会议投票外，应当向股东提供股东大会网络投票服务。

上市公司股东大会现场会议应当在本所交易日召开。

第五条　股东大会股权登记日登记在册的所有股东，均有权通过网络投票系统行使表决权。

第六条　本所授权信息公司接受上市公司委托，提供股东大会网络投票服务。上市公司通过本所网络投票系统为股东提供网络投票服务的，应当与信息公司签订服务协议。

第二章　网络投票的准备工作

第七条　上市公司在股东大会通知中，应当对网络投票的投票代码、投票简称、投票时间、投票提案、提案类型等有关事项作出明确说明。

第八条 上市公司应当在股东大会通知发布日次一交易日在本所网络投票系统申请开通网络投票服务，并将股东大会基础资料、投票提案、提案类型等投票信息录入系统。

上市公司应当在股权登记日次一交易日完成对投票信息的复核，确认投票信息的真实、准确和完整，并承担由此带来的一切可能的风险与损失。

第九条 上市公司应当在网络投票开始日的二个交易日前提供股权登记日登记在册的全部股东资料的电子数据，包括股东名称、股东账号、股份数量等内容。

上市公司股东大会股权登记日和网络投票开始日之间应当至少间隔二个交易日。

第三章 通过交易系统投票

第十条 本所交易系统网络投票时间为股东大会召开日的本所交易时间。

第十一条 本所交易系统对股东大会网络投票设置专门的投票代码及投票简称：

（一）主板（中小企业板）的投票代码为“36 + 证券代码的后四位”；

（二）创业板的投票代码为“35 + 证券代码的后四位”；

（三）投票简称为“××投票”，投票简称由上市公司根据其证券简称设置；

（四）优先股网络投票代码区间为369601 ~ 369899，其中，主板（中小企业板）优先股投票代码区间为369601 ~ 369799，创业板优先股投票代码区间为369801 ~ 369899，网络投票的简称为“××优投”。

第十二条 上市公司股东通过本所交易系统投票的，可以登录证券公司交易客户端，参加网络投票。

第四章 通过互联网投票系统投票

第十三条 互联网投票系统开始投票的时间为股东大会召开当日上午9：15，结束时间为现场股东大会结束当日下午3：00。

第十四条 股东通过互联网投票系统进行网络投票，应当按照《深圳证券交易所投资者网络服务身份认证业务指引》的规定办理身份认证，取得“深圳证券交易所数字证书”或者“深圳证券交易所投资者服务密码”。

第十五条 股东登录互联网投票系统，经过身份认证后，方可通过互联网投票系统投票。

第十六条 根据相关规则的规定，需要在行使表决权前征求委托人或者实际持有人投票意见的下列集合类账户持有人或者名义持有人，应当在征求意见后通过互联网投票系统投票，不得通过交易系统投票：

（一）持有融资融券客户信用交易担保证券账户的证券公司；

（二）持有约定购回式交易专用证券账户的证券公司；

（三）持有转融通担保证券账户的中国证券金融股份有限公司；

（四）合格境外机构投资者（QFII）；

（五）B 股境外代理人；

（六）持有深股通股票的香港中央结算有限公司（以下简称“香港结算公司”）；

（七）中国证券监督管理委员会或者本所认定的其他集合类账户持有人或者名义持有人。

香港结算公司参加深股通上市公司股东大会网络投票的相关事项，由本所另行规定。

第五章　股东大会表决及计票规则

第十七条　股东应当通过其股东账户参加网络投票，A 股股东应当通过 A 股股东账户投票；B 股股东应当通过 B 股股东账户投票；优先股股东应当通过 A 股股东账户单独投票。股东行使的表决权数量是其名下股东账户所持相同类别（股份按 A 股、B 股、优先股分类）股份数量总和。

股东通过多个股东账户持有上市公司相同类别股份的，可以使用持有该上市公司相同类别股份的任一股东账户参加网络投票，且投票后视为该股东拥有的所有股东账户下的相同类别股份均已投出与上述投票相同意见的表决票。股东通过多个股东账户分别投票的，以第一次有效投票结果为准。

确认多个股东账户为同一股东持有的原则为，注册资料的“账户持有人名称”、“有效身份证明文件号码”均相同，股东账户注册资料以股权登记日为准。

第十八条　股东通过网络投票系统对股东大会任一提案进行一次以上有效投票的，视为该股东出席股东大会，按该股东所持相同类别股份数量计入出席股东大会股东所持表决权总数。对于该股东未表决或者不符合本细则要求投票的提案，该股东所持表决权数按照弃权计算。

合格境外机构投资者（QFII）、证券公司融资融券客户信用交易担保证券账户、中国证券金融股份有限公司转融通担保证券账户、约定购回式交易专用证券账户、B 股境外代理人、香港结算公司等集合类账户持有人或者名义持有人，通过互联网投票系统填报的受托股份数量计入出席股东大会股东所持表决权总数；通过交易系统的投票，不视为有效投票，不计入出席股东大会股东所持表决权总数。

第十九条　对于非累积投票提案，股东应当明确发表同意、反对或者弃权意见。

本细则第十六条第一款规定的集合类账户持有人或者名义持有人，应当根据所征求到的投票意见汇总填报受托股份数量，同时对每一提案汇总填报委托人或者实际持有人对各类表决意见对应的股份数量。

第二十条　对于累积投票提案，股东每持有一股即拥有与每个提案组下应选董事或者监事人数相同的选举票数。股东拥有的选举票数，可以集中投给一名候选人，也可以投给数名候选人。股东应当以每个提案组的选举票数为限进行投票，股东所投选举票数超过其拥有选举票数的，或者在差额选举中投票超过应选人数的，其对该提案组所投的选举票不视为有效投票。

股东通过多个股东账户持有上市公司相同类别股份的，其所拥有的选举票数，按照该股东拥有的所有股东账户下的相同类别股份数量合并计算。股东使用持有该上市公司相同类别股份的任一股东账户投票时，应当以其拥有的所有股东账户下全部相同类别股份对应的选举票数为限进行投票。股东通过多个股东账户分别投票的，以第一次有效投票结果记录的选举票数为准。

第二十一条 对于上市公司为方便股东投票设置总提案的，股东对总提案进行投票，视为对除累积投票提案外的其他所有提案表达相同意见。

在股东对同一提案出现总提案与分提案重复投票时，以第一次有效投票为准。如股东先对分提案投票表决，再对总提案投票表决，则以已投票表决的分提案的表决意见为准，其他未表决的提案以总提案的表决意见为准；如先对总提案投票表决，再对分提案投票表决，则以总提案的表决意见为准。

第二十二条 上市公司通过本所交易系统和互联网投票系统为股东提供网络投票服务的，网络投票系统对本所交易系统和互联网投票系统的网络投票数据予以合并计算；上市公司选择采用现场投票辅助系统的，信息公司对现场投票和网络投票数据予以合并计算。

同一股东通过本所交易系统、互联网投票系统和现场投票辅助系统中任意两种以上方式重复投票的，以第一次有效投票结果为准。

第二十三条 需回避表决或者承诺放弃表决权的股东通过网络投票系统参加投票的，网络投票系统向上市公司提供全部投票记录，由上市公司在计算表决结果时剔除上述股东的投票。

上市公司选择使用现场投票辅助系统的，应当在现场投票辅助系统中针对提案进行回避设置，真实、准确、完整地录入回避股东信息。信息公司在合并计算现场投票数据与网络投票数据时，依据上市公司提供的回避股东信息剔除相应股东的投票。

第二十四条 对同一事项有不同提案的，网络投票系统向上市公司提供全部投票记录，由上市公司根据有关规定及公司章程统计股东大会表决结果。

第二十五条 对于持有特别表决权股份的股东、优先股股东的投票情况，网络投票系统仅对原始投票数据进行计票，其表决结果由上市公司在原始计票数据的基础上进行比例折算。

第二十六条 上市公司股东大会审议影响中小投资者利益的重大事项时，对中小投资者的投票结果应当单独统计并披露。

前款所称中小投资者，是指除公司董事、监事、高级管理人员以及单独或者合计持有公司5%以上股份的股东以外的其他股东。

第二十七条 上市公司在现场股东大会投票结束后，通过互联网系统取得网络投票数据。

上市公司选择使用现场投票辅助系统并委托信息公司进行现场投票与网络投票合并计算的，信息公司在现场股东大会投票结束后向上市公司发送网络投票数据、现场投票数据、合并计票数据及其明细。

第二十八条　上市公司及其律师应当对投票数据进行合规性确认，并最终形成股东大会表决结果，对投票数据有异议的，应当及时向本所及信息公司提出。上市公司应当按照有关规定披露律师出具的法律意见书以及股东大会表决结果。

第二十九条　股东大会结束后次一交易日，通过交易系统投票的股东可以通过证券公司交易客户端查询其投票结果。

股东可以通过互联网投票系统网站查询最近一年内的网络投票结果。

对总提案的表决意见，网络投票查询结果回报显示为对各项提案的表决结果。

第六章　附　　则

第三十条　本所会员应当维护相关技术系统，确保网络投票渠道畅通。

第三十一条　本所会员应当参照有关法律、行政法规、部门规章、规范性文件和《深圳证券交易所交易规则》等相关规定妥善保管投资者投票记录，不得盗用或者假借投资者名义进行投票，不得擅自篡改投资者投票记录，不得非法影响投资者的表决意见。会员应当按照投资者的投票意愿，真实、准确、完整地向本所报送投票数据。

第三十二条　本所会员通过本所交易系统报送的网络投票数据量不计入计收交易单元管理年费申报量的范围，本所会员应当按要求为投资者提供相关交易系统网络投票结果的查询服务。

第三十三条　基金、债券等其他产品持有人的网络投票，参照本细则执行。

基金持有人网络投票代码区间为369001~369399，简称为“××基投”；债券等固定收益产品持有人的网络投票代码区间为369501~369599，简称为“××债投”。

第三十四条　因不可抗力、意外事故、技术故障以及其他本所或者信息公司不能控制的异常情况导致网络投票不能正常进行的，本所或者信息公司可以采取调整网络投票时间等相应措施。

对于前款所述因异常情况导致网络投票不能正常进行，以及本所或者信息公司采取相应措施造成投资者不能正常投票的，本所及信息公司不承担责任。

第三十五条　本细则所称“以上”含本数。

第三十六条　本细则由本所负责解释。

第三十七条　本细则自2020年7月27日起施行。本所2019年11月26日发布的《深圳证券交易所上市公司股东大会网络投票实施细则（2019年修订）》（深证上〔2019〕761号）同时废止。

关于发布《深圳证券交易所投资者网络服务身份认证业务指引（2016 年修订）》的通知

（2016 年 4 月 28 日　深证会〔2016〕136 号）

各市场参与人：

为进一步完善深圳证券交易所（以下简称“本所”）投资者网络服务身份认证业务，本所对《深圳证券交易所投资者网络服务身份认证业务指引》进行了修订，现予以发布，自 2016 年 5 月 9 日起施行。

请各会员单位做好相关业务与技术准备。

特此通知

深圳证券交易所

2016 年 4 月 28 日

3.3.2

深圳证券交易所投资者网络服务身份认证业务指引（2016年修订）

（2016年4月28日　深证会〔2016〕136号）

第一章　总　　则

第一条　为规范网络服务身份认证业务，保护投资者合法权益，根据有关法律、行政法规、部门规章、规范性文件和深圳证券交易所（以下简称“本所”）业务规则，制定本指引。

第二条　本所提供“深圳证券交易所投资者服务密码”（以下简称“服务密码”）及“深圳证券交易所数字证书”（以下简称“数字证书”）两种方式对投资者进行身份认证。

机构投资者可以选择上述两种方式之一进行身份认证。个人投资者仅可通过服务密码方式进行身份认证。

第三条　本指引所称“网络服务”是指本所利用网络与通信技术，向投资者提供的服务。

经过本所身份认证的投资者，在本所网络服务中，可以作为经过实名认证的用户参与相关业务。

第二章　服务密码

第四条　本所在网站（网址：http：//www. szse. cn）、互联网投票系统（网址：http：//wltp. cninfo. com. cn）或者其他相关系统开设“深交所密码服务专区”，为持有深圳证券账户的投资者提供服务密码的申请、修改、挂失等服务。

第五条　投资者申请服务密码，应当先在“深交所密码服务专区”注册，再通过本所交易系统激活服务密码。

投资者在“深交所密码服务专区”填写相关信息并设置服务密码，如果注册成功，系统将返回一个校验号码。校验号码的有效期为七日。

投资者通过本所交易系统激活服务密码的，可以通过证券公司交易客户端，在密码激活服务功能下填报校验号码。服务密码可以在提交五分钟后成功激活。

第六条　投资者遗忘服务密码的，可以通过证券公司交易客户端，在密码挂失服务功能下申报挂失，五分钟后原服务密码正式注销，注销后投资者方可重新申领服务密码。

第七条　拥有多个深圳证券账户的投资者申请服务密码，应当按不同账户分别申请服务密码。

第八条　投资者申请、修改、挂失服务密码，本所不收取手续费。

本所会员通过本所交易系统报送的激活密码数据量不计入计收交易单元管理年费申报量的范围。

第三章　数字证书

第九条　数字证书是指由深圳证券数字证书认证中心（以下简称“认证中心”）签发的电子身份凭证。

第十条　机构投资者可以向本所认证中心申请数字证书的新办、更新、解锁等相关业务。

机构投资者可以按照本所认证中心网站（网址：http：//ca. szse. cn）载明的《深圳证券数字证书业务办理说明》申请数字证书的新办、更新、解锁等相关业务。

第十一条　申请数字证书的费用由投资者承担。

第四章　责任和义务

第十二条　投资者应当妥善保管服务密码和数字证书。服务密码和数字证书作为投资者在本所网络服务业务中的身份证明，使用该服务密码和数字证书在网络服务业务中的操作行为均代表投资者自己的行为，由投资者承担相应法律后果。

第十三条　在服务密码和数字证书的申请、挂失、修改、更新、注销等业务期间，投资者不得通过该服务密码和数字证书使用本所网络服务，否则自行承担相应法律后果。

第十四条　本所会员应当妥善保管密码激活、挂失的申报记录和数字证书业务办理的有关文件。

第十五条　因不可抗力、意外事故、技术故障以及其他非本所所能控制的异常情况导致网络服务相关系统不能正常运行，以及本所采取相应措施等原因造成投资者损失的，本所不承担责任。

第五章　附　　则

第十六条　本指引未作规定的其他事项，依本所其他有关规定办理。

第十七条　本指引由本所负责解释。

第十八条　本指引自2016年5月9日起实施。本所2014年9月5日发布的《深圳证券交易所投资者网络服务身份认证业务实施细则（2014年9月修订）》（深证上〔2014〕318号）同时废止。

关于修改、废止部分业务规则和业务指南的通知

（2023 年 8 月 25 日　深证上〔2023〕737 号）

各市场参与人：

为了提高本所业务规则的系统性和协调性，进一步构建简明清晰规则体系，本所对 5 件业务规则和业务指南的文字表述进行修改，对 3 件业务规则予以废止。现将有关事项通知如下：

……

二、将《香港中央结算有限公司参与深股通上市公司网络投票实施指引（2020 年修订）》第四条第一款修改为："根据《上市公司股东大会规则》及《深圳证券交易所上市公司自律监管指引第 1 号——主板上市公司规范运作》《深圳证券交易所上市公司自律监管指引第 2 号——创业板上市公司规范运作》等有关规定，相关提案需要单独披露中小投资者表决情况的，香港结算应当同时提供深股通中小投资者的投票数据。"

……

七、本通知自发布之日起施行。根据本通知，本所现发布《深圳证券交易所上市公司自律监管指引第 6 号——停复牌（2023 年修订）》等 5 件业务规则和业务指南。《深圳证券交易所上市公司监管指引第 6 号——停复牌》（深证上〔2022〕18 号）、《香港中央结算有限公司参与深股通上市公司网络投票实施指引（2020 年修订）》（深证上〔2020〕518 号）、《深圳证券交易所创业板股票异常交易实时监控细则（试行）》（深证上〔2020〕513 号）、《深圳证券交易所会员管理业务指引第 2 号——会员违规行为监管》（深证会〔2021〕588 号）和《深圳证券交易所证券交易业务指南第 2 号——风险警示板交易事项》同时废止。

深圳证券交易所

2023 年 8 月 25 日

3.3.3

香港中央结算有限公司参与深股通上市公司网络投票实施指引（2023年修订）

（2023年8月25日　深证上〔2023〕737号）

第一条　为了规范深股通中香港中央结算有限公司（以下简称香港结算）作为名义持有人参与深股通上市公司股东大会网络投票的行为，保护投资者合法权益，根据中国证监会《上市公司股东大会规则》《深圳证券交易所深港通业务实施办法》《深圳证券交易所上市公司股东大会网络投票实施细则》（以下简称《网络投票实施细则》）等相关规定，制定本指引。

第二条　香港结算作为名义持有人参与深股通上市公司股东大会网络投票的，适用本指引。

本指引未作规定的，适用《网络投票实施细则》及深圳证券交易所（以下简称本所）其他相关业务规则的规定。

第三条　香港结算按照本指引参与深股通上市公司股东大会网络投票的，应当征求深股通投资者的意见，并按照所征求的深股通投资者对每一提案的不同意见逐一进行投票。

第四条　根据《上市公司股东大会规则》及《深圳证券交易所上市公司自律监管指引第1号——主板上市公司规范运作》《深圳证券交易所上市公司自律监管指引第2号——创业板上市公司规范运作》等有关规定，相关提案需要单独披露中小投资者表决情况的，香港结算应当同时提供深股通中小投资者的投票数据。

前款所称深股通中小投资者，是指除公司董事、监事、高级管理人员以及单独或合计持有公司5%以上股份的股东以外的其他深股通投资者。

第五条　香港结算通过互联网投票系统，对股东大会提案中一项或多项提案进行网络投票的，其参与投票的表决权数纳入出席本次股东大会所持表决权数计算，其中未进行投票表决或者投票申报不符合中国证监会《上市公司股东大会规则》、《网络投票实施细则》或者本指引要求的，按照弃权处理。香港结算通过交易系统投票的，不视为有效投票，不计入出席本次股东大会所持表决权总数。

第六条　香港结算按照本指引规定参与深股通上市公司股东大会网络投票，应当通过本所互联网投票系统下的互联网投票通道或者本所内网文件传输通道进行。

第七条　香港结算作为名义持有人参与深股通上市公司网络投票的操作，应当符合

《香港结算参与深股通网络投票操作指南》（见附件）以及《深股通网络投票数据接口》的规定和要求。

第八条　本指引由本所负责解释。

第九条　本指引自发布之日起施行。本所2020年6月12日发布的《香港中央结算有限公司参与深股通上市公司网络投票实施指引（2020年修订）》（深证上〔2020〕518号）同时废止。

附件：香港结算参与深股通网络投票操作指南

附件：

香港结算参与深股通网络投票操作指南

一、网络投票的投票代码和投票简称

本所对股东大会网络投票设置专门的投票代码及投票简称：

（一）主板（中小企业板）的投票代码为“36＋证券代码的后四位”；

（二）创业板的投票代码为“35＋证券代码的后四位”；

（三）投票简称为“××投票”，投票简称由深股通上市公司根据其证券简称设置。

二、网络投票的操作指南

香港结算作为名义持有人行使股东权利，参与深股通上市公司股东大会投票，通过本所互联网投票通道（下称“互联网通道”）或本所内网文件传输通道（下称“内网通道”）报送投票数据，进行网络投票，具体操作要求说明如下：

（一）投票数据报送整体说明

1. 香港结算应当按照本所《深股通网络投票数据接口》要求的数据文件格式报送网络投票数据。

2. 香港结算报送网络投票数据时，应当合并当日所有深股通上市公司的投票数据后一次性报送，不能分次报送。投票数据报送成功后不得修改或重新报送。多次报送的，本所以当日第一次成功报送为准。

因特殊业务需要，股东大会投票时间超过一日的，香港结算应先征求投资者意见，并在最后一个投票日报送该股东大会的投票数据。

3. 香港结算应当于本所交易日9：15—15：00报送当日的网络投票数据。

4. 如果当日没有网络投票数据，无需报送。

5. 香港结算报送的投票数据文件中，至少应包括以下内容：股东大会编码、基础证券代码、投票代码、股东大会提案编号、对提案投票意见（同意/反对/弃权）及所相应代表股份数、征求到的参与该深股通上市公司股东大会股东所持表决权总数（下称为“T”）、征求到的参与该深股通上市公司股东大会中小股东所持表决权总数（下称为“ZT”）。

6. 本所按照以下投票数据校验规则对接收到的投票数据进行校验：

（1）提案编号应当与深股通上市公司网络投票公告相一致。

（2）同一股东大会的同一提案不得重复表决。

（3）同一股东大会每一个普通提案同意、反对、弃权意见股份数总和须等于香港结算征求到的参与该深股通上市公司股东大会股东所持表决权总数T。

（4）同一股东大会每一个普通提案中小股东的同意、反对、弃权意见股份数总和须等于香港结算征求到的参与该深股通上市公司股东大会中小股东所持表决权总数ZT。

（5）对采用累积投票制的提案，应符合相关规定要求。累积提案的总票数不大于参与股东大会股东所持表决权总数T×应选人数。

（6）参与股东大会股东所持表决权总数（T）应当等于或少于香港结算在股权登记日所持的股份数量。

（二）通过互联网通道报送投票数据的说明

1. 香港结算最迟应于深港通业务开通前一周向本所证券数字认证中心申请投票专用EKey，并开通网站投票系统报送权限。

2. 香港结算使用投票专用EKey登陆本所指定的互联网通道进行投票数据报送。

3. 香港结算提交的投票数据文件须通过互联网通道的前端校验后才允许上传。

前端校验的内容包括：接口文件名中的文件名前缀、扩展名须与命名规则一致；文件名中的日期须与股东大会召开当日日期一致。

4. 本所接收到香港结算上传的投票数据文件后，立即按照投票数据校验规则对数据进行校验。校验通过后，当日投票数据报送成功；校验不通过，本所立即通过互联网通道反馈报送失败信息。

5. 香港结算可以实时查看报送结果，包括报送成功或者报送失败及其原因。

（三）通过内网通道报送投票数据的说明

1. 香港结算最迟应于深港通业务开通前一周向深圳证券通信有限公司申请文件证书或者EKey，并开通香港结算与本所之间的通信权限。

2. 香港结算负责将投票数据传送到内网通道香港结算文件网关。

3. 本所接收到香港结算传送的投票数据文件后，按照投票数据校验规则对数据进行校验。

4. 香港结算可以通过内网通道查看报送结果，包括报送成功或者报送失败及其原因。

（四）关于选择投票数据报送通道的说明

1. 互联网通道为报送网络投票数据的主通道，内网通道为备份通道。

2. 香港结算应以互联网通道为默认的网络投票数据报送通道，非该通道出现问题且经事先联系确认，不得使用内网通道。

3. 当日的网络投票数据通过任一通道报送成功后，不得通过另一通道再次报送。

（五）关于本所发送股东大会信息的说明

1. 本所于每个交易日 18：00 之前通过互联网通道及内网通道同时向香港结算发送下一交易日的股东大会信息文件及校验文件。正常情况下，该文件每个交易日只发送一次。如果出现异常情况，本所或香港结算应当及时通知对方，并妥善处理。

因特殊业务需要，股东大会投票时间超过一日的，本所将于每个投票日 18：00 之前发送下一交易日该上市公司的股东大会信息文件及校验文件。

2. 本所向香港结算发送的股东大会信息包括但不限于：股东大会编码、基础证券代码、投票代码、投票简称、投票时间、提案编号、提案类型、提案标题等。

关于推出上市公司股东权利网络征集服务的通知

（2023 年 3 月 14 日　深证上〔2023〕181 号）

各市场参与人：

为贯彻落实中国证监会《公开征集上市公司股东权利管理暂行规定》有关精神，便利上市公司股东权利公开征集活动的开展，我所将向市场提供上市公司股东权利网络征集服务，并配套制定了《深圳证券交易所上市公司股东权利网络征集服务指南》，现予以发布，并自发布之日起施行。

特此通知。

深圳证券交易所
2023 年 3 月 14 日

3.3.4

深圳证券交易所上市公司股东权利网络征集服务指南

（2023 年 3 月 14 日　深证上〔2023〕181 号）

为便利上市公司股东权利公开征集活动开展，规范征集人使用深圳证券交易所（以下简称本所）上市公司股东权利网络征集平台公开征集股东权利的行为，保护投资者合法权益，根据《公开征集上市公司股东权利管理暂行规定》（以下简称《暂行规定》）和本所有关规定，制定本指南。

一、服务介绍及适用

（一）上市公司股东权利网络征集平台

本所通过上市公司股东权利网络征集平台（以下简称网络征集平台）提供股东权利网络征集服务。网络征集平台是本所利用网络与通信技术，为征集人公开征集上市公司股东表决权或者提案权提供服务的信息技术系统。网络征集平台网址为：https：//gkzj. cninfo. com. cn。

（二）适用范围

本指南适用于符合《暂行规定》第三条规定的主体（以下简称征集人）使用网络征集平台公开征集上市公司股东表决权或者提案权（征集人操作说明详见附件 1），以及上市公司股东使用网络征集平台作出授权委托（股东操作说明详见附件 2）。

二、开展网络征集前相关准备工作

（一）签订服务协议

本所委托深圳证券信息有限公司（以下简称信息公司）提供股东权利网络征集服务。征集人应当在使用网络征集平台征集股东权利前与信息公司签订服务协议。

（二）征集人发布征集公告

为便利股东参与网络征集，征集人使用网络征集平台征集股东权利的，应当在征集公告中明确网络征集开始日、网络征集结束日、网络征集平台网址等信息。

征集人发布征集公告后，网络征集平台为其开通股东权利网络征集服务。

（三）股东阅知征集信息

股东使用网络征集平台参与股东权利公开征集活动的，应当认真阅读征集公告及相关文件，充分了解股东权利公开征集相关信息，依法行使股东权利。

（四）股东注册本所投资者服务通行证

股东使用网络征集平台参与股东权利公开征集活动的，应当注册本所投资者服务通行证，登录网络征集平台，参与股东权利公开征集活动。

三、网络征集期间相关事项安排

（一）网络征集开通时间要求

征集人征集股东表决权的，最迟应当于股东大会召开 3 日前开通网络征集。

征集人征集股东提案权的，最迟应当于最近一期股东大会召开 11 日前开通网络征集。

（二）网络征集结束时间要求

征集人征集股东表决权的，最迟应当于股东大会召开 2 日前结束在网络征集平台的征集。

征集人征集股东提案权的，最迟应当于最近一期股东大会召开 10 日前结束在网络征集平台的征集。

（三）调整征集结束日

征集人如需调整网络征集结束日，须披露相关公告后，依据相关公告内容在网络征集平台作出调整。

（四）网络征集期间

网络征集期间为网络征集开始日上午 9：15 至网络征集结束日下午 3：00。

（五）股东授权委托

股东通过网络征集平台作出授权委托的，应当提供授权委托书、身份证明材料、持股证明材料等《暂行规定》第十三条规定的相关材料。

（六）股东撤销授权委托

股东通过网络征集平台撤销授权委托的，可以在网络征集结束日下午 3：00 前通过网络征集平台撤销。网络征集结束日下午 3：00 及其后撤销的，可以根据征集人在平台预留的联系方式自行联系征集人撤销。

股东通过网络征集平台撤销提案权授权委托的，除符合前款时间要求外，应当在提案权确权日前撤销。

（七）征集人查询下载数据

征集人可以在网络征集开始日至股东大会召开日期间查询征集情况并下载股东授权委托书、身份证明材料、持股证明材料以及股东撤销授权委托书面通知等相关材料。

四、其他事项

（一）免责事项

因不可抗力、意外事件、技术故障以及其他本所或者信息公司不能控制的异常情况导致网络征集不能正常进行的，本所以及信息公司不承担责任。

（二）相关用语含义

本指南涉及时间节点的“前”不含本数。

（三）本指南由本所负责解释。

附件一：

征集人操作说明

一、开通网络征集并维护征集信息

征集人登录“深交所成长通”，网址：https://list.cninfo.com.cn/home。点击“公开征集”栏目进入股东权利网络征集平台。点击“申请开通”，进入“维护征集信息”节点，填写网络征集相关基本信息，点击“提交”。

表决权征集－维护征集信息

提案权征集－维护征集信息

二、查看、下载授权委托材料

（一）股东授权委托情况汇总

网络征集开始后，征集人可进入“查看、下载授权委托材料”节点。该节点下包括“股东授权委托情况汇总”和“股东操作明细”两个功能分页。在“股东授权委托情况汇总”分页中，显示截至当前股东授权委托和撤销授权委托的全部操作记录，该操作记录按照股东操作时间倒序排列。征集人可导出“股东授权委托情况汇总”表，查看、下载股东授权委托材料。

股东授权委托情况汇总

点击“查看材料”将显示股东提供的授权委托相关材料，点击缩略图可查看大图。

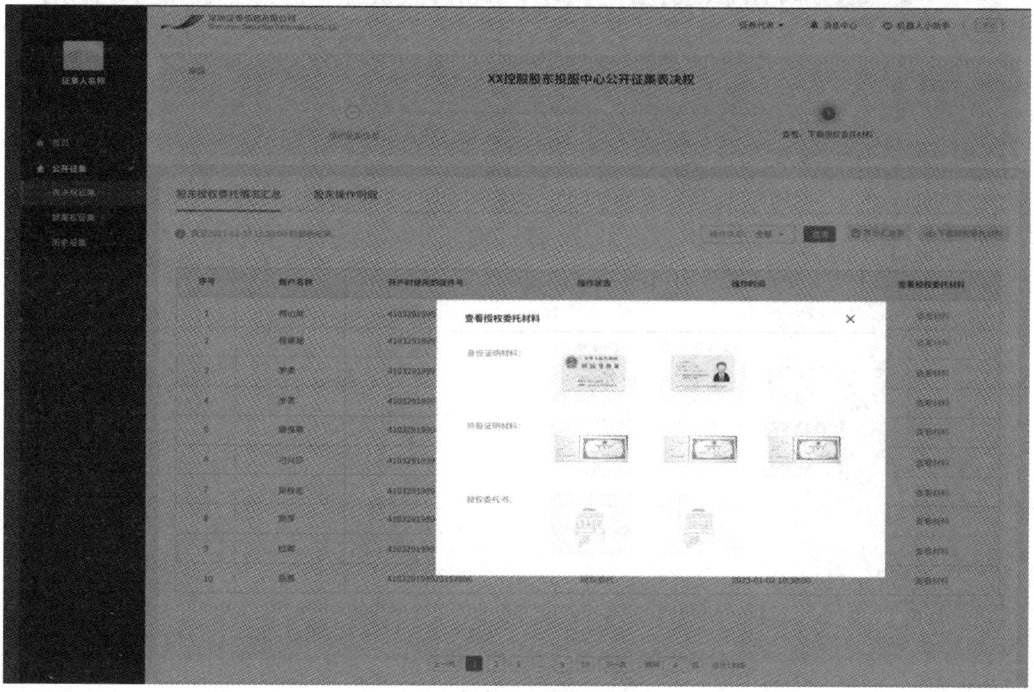

查看材料

点击“导出汇总表”，可导出截至当前股东授权委托情况汇总表格。

股东授权委托情况汇总（截至2023-01-03 16:40:00）				
序号	账户名称	证件号	操作状态	操作时间
1	柯山岚	410329199952312314	授权委托	2023-01-03 11:30:00
2	程娜旭	410329199977777777	撤销授权委托	2023-01-03 11:00:00
3	罗柔	410329199912341235	授权委托	2023-01-03 09:30:00
4	步茗	410329199941231441	撤销授权委托	2023-01-03 09:29:00
5	唐强豪	410329199961235677	撤销授权委托	2023-01-02 14:45:00
6	刁兴莎	410329199931441789	授权委托	2023-01-02 14:00:00
7	吴秋志	410329199931457887	授权委托	2023-01-02 13:00:00
8	贲萍	410329199941256789	授权委托	2023-01-02 11:30:00
9	拉卿	410329199923446786	授权委托	2023-01-02 11:00:00
10	岳茜	410329199923157866	授权委托	2023-01-02 10:30:00
11	程娜旭	410329199977777777	授权委托	2023-01-01 11:45:00
12	步茗	410329199941231441	授权委托	2023-01-01 10:00:00
13	唐强豪	410329199961235677	授权委托	2023-01-01 09:30:00

股东授权委托情况汇总表格

点击“下载授权委托材料”，弹出下载列表对话框。如授权委托材料数据包较大，系统将自动拆分下载。

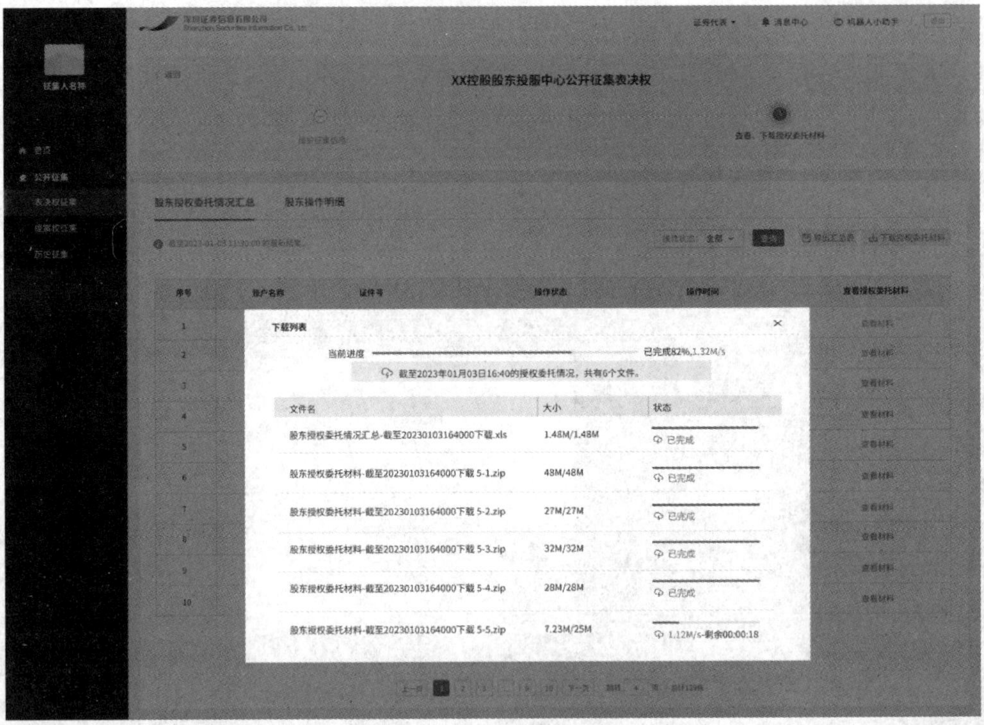

下载授权委托材料 – 下载列表

名称	修改日期	类型	大小
股东授权委托情况汇总-截至20230103164000下载	2023/1/3 16:43	XLSX 工作表	11 KB
股东授权委托材料-截至20230103164000下载 5-1	2023/1/3 16:46	好压 ZIP 压缩文件	61 KB
股东授权委托材料-截至20230103164000下载 5-2	2023/1/3 16:47	好压 ZIP 压缩文件	61 KB
股东授权委托材料-截至20230103164000下载 5-3	2023/1/3 16:47	好压 ZIP 压缩文件	61 KB
股东授权委托材料-截至20230103164000下载 5-4	2023/1/3 16:47	好压 ZIP 压缩文件	61 KB
股东授权委托材料-截至20230103164000下载 5-5	2023/1/3 16:47	好压 ZIP 压缩文件	61 KB

下载授权委托材料 – 压缩包列表

名称	修改日期	类型	大小
柯山岚20230103113000授权委托	2023/1/3 16:46	文件夹	
程娜旭20230103110000撤销授权委托	2023/1/3 16:46	文件夹	
罗柔20230103093000授权委托	2023/1/3 16:46	文件夹	
步茗20230103092900撤销授权委托	2023/1/3 16:46	文件夹	
唐强豪20230102144500撤销授权委托	2023/1/3 16:46	文件夹	
刁兴莎20230102140000授权委托	2023/1/3 16:45	文件夹	
吴秋志20230102130000授权委托	2023/1/3 16:45	文件夹	
贲萍20230102113000授权委托	2023/1/3 16:45	文件夹	
拉卿20230102110000授权委托	2023/1/3 16:45	文件夹	
岳茜20230102103000授权委托	2023/1/3 16:45	文件夹	
程娜旭20230101114500授权委托	2023/1/3 16:45	文件夹	
步茗20230101100000授权委托	2023/1/3 16:45	文件夹	
唐强豪20230101093000授权委托	2023/1/3 16:45	文件夹	

下载授权委托材料 – 解压后文件夹列表

（二）股东操作明细

在“查看、下载授权委托材料”节点下的“股东操作明细”分页中，显示每个股东的全部操作记录。如果股东在平台上进行过多次有效操作，点击“+”可展开该股东全部操作记录；点击“-”可收起该股东操作记录。点击“全部展开”将展开所有股东全部操作记录。页面还提供查询功能，可按账户名称查询对应操作记录。

股东操作明细－收起

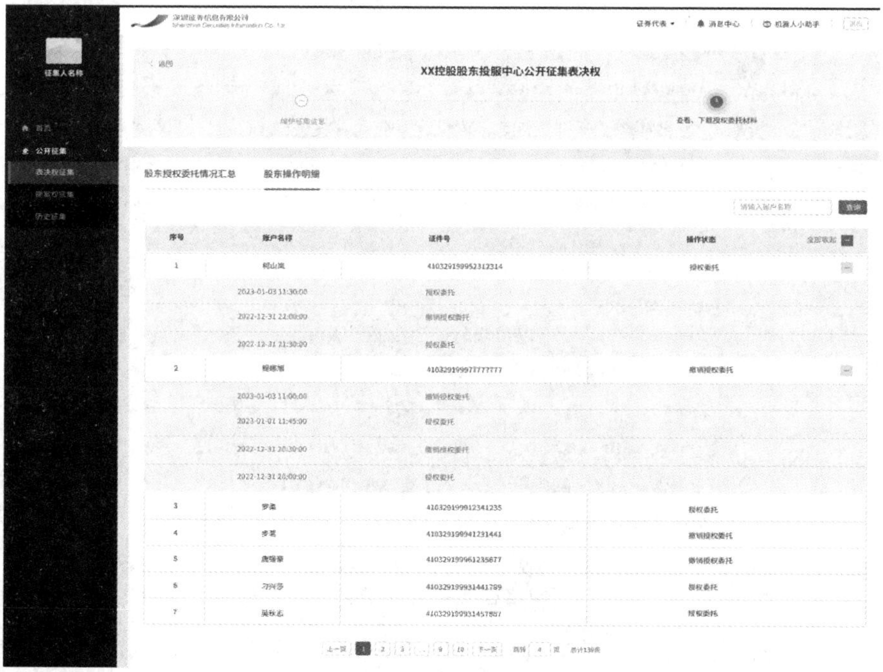

股东操作明细－展开

三、联系方式

征集人在使用网络征集平台时如有任何问题、意见或建议，请向本所反馈，联系电话为：0755－83991192；邮箱为：vote@ cninfo. com. cn。

附件二：

股东操作说明

一、注册与登录

登录深交所上市公司股东权利网络征集平台（以下简称网络征集平台），网址为：https：//gkzj. cninfo. com. cn，点击右上角“注册”按钮，自动跳转至深交所投资者服务通行证注册页面。完成注册后，返回至该页面登录。

网络征集平台包括“首页”“活动列表”“规则指引”三个功能分页。

网络征集平台－首页

二、授权委托操作

在网络征集平台首页或“活动列表”页面中选择您拟参与的公开征集活动，点击“授权委托”。

网络征集平台－活动列表

按照《公开征集上市公司股东权利管理暂行规定》上传授权委托所需身份证明、持股证明、授权委托书等材料，确认无误后点击“授权委托”。

上传授权委托材料

授权委托操作完成后，将显示如下提示页面。

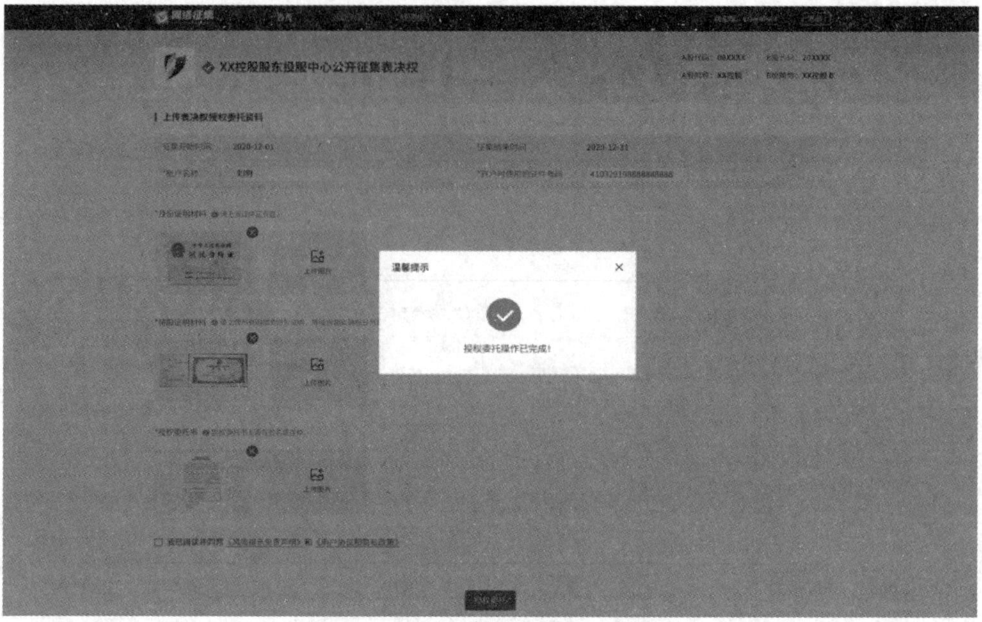

授权委托操作完成

三、查询授权委托记录

点击首页左侧“我的授权委托”，将显示您参与过的活动列表，选择您要查看的征集活动，点击“查看记录”。

我的授权委托－查看记录

四、撤销授权委托

点击首页左侧“我的授权委托”，选择您要撤销授权委托的征集活动，点击“撤销授权委托”。进入撤销授权委托页面，上传撤销授权委托的书面通知，点击“撤销授权委托”。

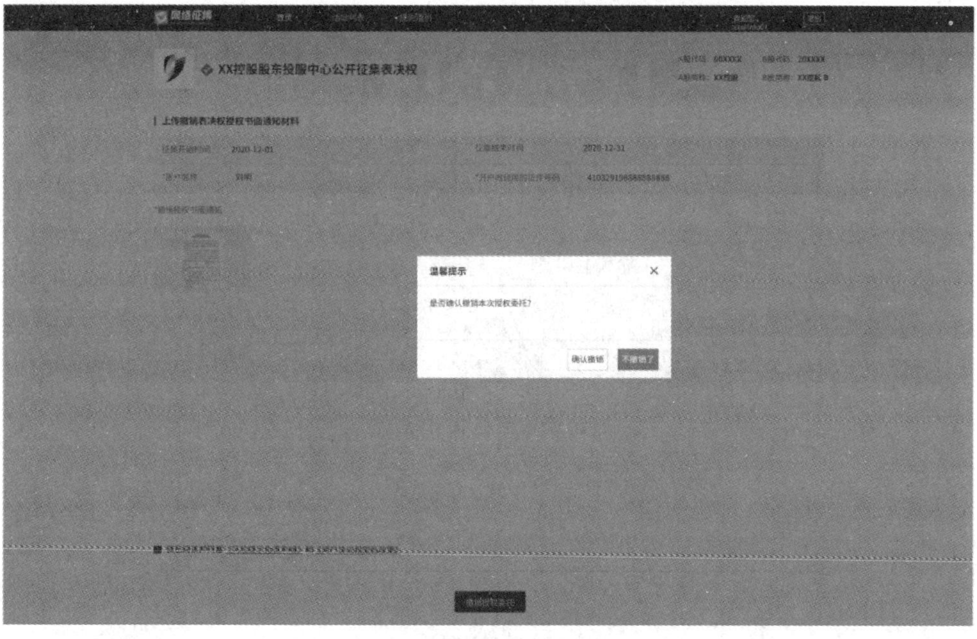

表决权撤销授权委托

撤销授权委托操作完成后，将显示如下提示页面。

提案权撤销授权委托

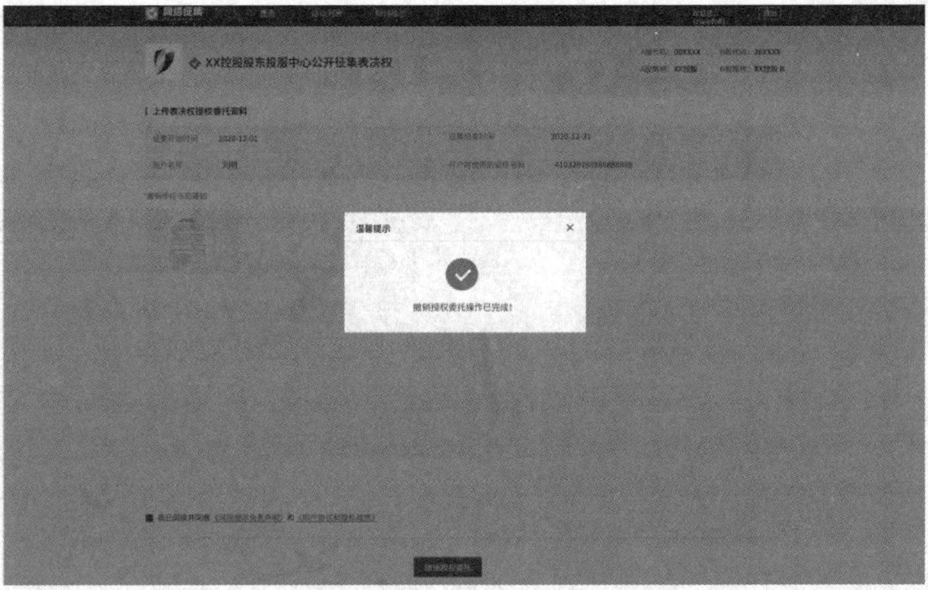

撤销授权委托操作完成

五、联系方式

股东在使用网络征集平台时如有任何问题、意见或建议，请向本所反馈，联系电话为：0755－83991192；邮箱为：vote@ cninfo. com. cn。

3.4 自律监管措施和纪律处分

关于发布《深圳证券交易所自律监管措施和纪律处分实施办法（2022年修订）》的通知

（2022年2月18日　深证上〔2022〕159号）

各市场参与人：

为进一步做好深圳证券交易所（以下简称本所）自律监管措施和纪律处分的实施工作，提高本所自律监管的规范性，本所对《深圳证券交易所自律监管措施和纪律处分实施办法（2020年修订）》进行了修改，形成《深圳证券交易所自律监管措施和纪律处分实施办法（2022年修订）》，现予以发布，并自发布之日起施行。

本所2020年12月31日发布的《深圳证券交易所自律监管措施和纪律处分实施办法（2020年修订）》（深证上〔2020〕1297号）同时废止。

特此通知

深圳证券交易所
2022年2月18日

3.4.1

深圳证券交易所自律监管措施和纪律处分实施办法（2022年修订）

（2022年2月18日　深证上〔2022〕159号）

第一章　总　　则

第一条　为规范深圳证券交易所（以下简称本所）自律监管措施和纪律处分的实施，保障本所有效履行自律监管职责，维护证券市场秩序，保障各市场参与人的合法权益，根据《证券法》《证券交易所管理办法》《深圳证券交易所章程》以及本所相关业务规则，制定本办法。

第二条　本所实施本所业务规则规定的自律监管措施和纪律处分，适用本办法。

第三条　实施自律监管措施和纪律处分，应当遵循依规、公正、及时的原则。

第四条　实施自律监管措施和纪律处分，应当以事实为依据，与行为的性质、情节的轻重以及危害程度相适应。

第五条　自律监管措施和纪律处分可以单独或者合并实施。

第六条　相关当事人被本所实施自律监管措施或者纪律处分的，应当根据本所要求及时自查整改。

相关当事人未按本所要求及时自查整改的，本所可以根据情况进一步实施自律监管措施或者纪律处分。

第七条　行政处罚决定书、行政监管措施决定书或者生效司法裁判文书（以下统称有关法律文书）中对相关事实情况作出认定的，本所可以据此认定当事人的违规事实，并实施相应的自律监管措施或者纪律处分。

如本所认定违规事实所依据的有关法律文书被依法撤销或者变更，或者有关法律文书表明违规事实不存在的，经当事人申请，本所可以撤销或者变更已作出的自律监管措施或者纪律处分。

撤销或者变更的程序按作出该自律监管措施或者纪律处分时的相应程序处理。

第八条　本所对当事人实施自律监管措施或者纪律处分后，发现当事人在相关违规行为中存在其他违规情节，或者该违规行为仍在继续的，本所可以对其进一步实施自律监管措施或者纪律处分。

第二章　自律监管措施和纪律处分的考量因素

第九条　实施自律监管措施和纪律处分，应当根据当事人违规行为的主观、客观因素等予以综合考量认定。

第十条　实施自律监管措施和纪律处分时考量的主观、客观因素包括：

（一）当事人的违规行为是否存在主观故意；

（二）违规行为发生后，当事人是否掩饰、隐瞒，是否采取适当的补救、纠正措施；

（三）违规行为发生后，当事人是否及时向本所报告，是否积极配合，是否干扰、阻碍调查进行；

（四）当事人为单位的，在单位内部是否存在违规共谋，或是否仅因个人行为导致违规；

（五）违规行为涉及的金额及占相关财务数据的比重；

（六）违规行为发生的次数、频率及持续的时间；

（七）违规行为对证券发行上市、风险警示、停复牌、终止上市、重新上市、重大资产重组、收购及股份权益变动、股权激励计划等事项或条件、证券交易价格或证券交易量的影响；

（八）违规行为给上市公司、投资者等造成的损失，违规当事人从中获取的利益；

（九）违规行为被相关行政机关、司法机关查处的情况；

（十）其他需要考量的主观、客观因素。

第十一条　区分当事人的责任大小，可以从以下方面考量：

（一）当事人在违规事项中所起的是主要作用还是次要作用；

（二）当事人的职务、职责、权限、专业背景及履职情况；

（三）其他需要考量的情节。

第十二条　具有下列情形之一的，可以从轻、减轻实施自律监管措施或者纪律处分：

（一）在违规行为被发现前，积极主动采取或要求公司采取纠正措施，并向本所或者证券监管机构报告；

（二）违规行为未对市场造成实际影响，或已经采取有效措施消除不良影响；

（三）违规行为是由于自然灾害等不可抗力、意外事件造成；

（四）本所认定的其他情形。

第十三条　具有下列情形之一的，可以从重、加重实施自律监管措施或者纪律处分：

（一）违规行为导致证券或者证券衍生品种交易发生异常波动、非正常停牌或交易状态变更等；

（二）违规行为对市场造成恶劣影响；

（三）影响上市公司再融资、股权激励等的实施条件，或影响公司证券及其衍生品种的上市条件；

（四）违规金额或占相关财务数据的比重巨大；

（五）违规行为长期持续；

（六）最近十二个月内曾因同类违规行为被中国证监会行政处罚，或被本所实施自律监管措施或者纪律处分；

（七）干扰、阻碍调查或者拒不配合本所采取相关措施；

（八）本所认定的其他情形。

第三章　自律监管措施

第一节　自律监管措施的种类

第十四条　在本所发行、上市或者转让股票、债券、基金、存托凭证等证券的发行人、管理人、上市公司及中介机构等相关主体出现违规行为的，本所或者业务部门可以单独或者合并实施以下自律监管措施：

（一）口头警示，即以口头形式将有关违规事实告知当事人，要求其及时防范、补救或者改正；

（二）书面警示，即以监管函等书面形式将有关违规事实告知当事人，要求其及时防范、补救或者改正；

（三）约见谈话，即要求当事人在指定的时间、地点就有关事项接受训诫，要求其作出说明，督促其澄清事实，采取措施及时防范、补救或者改正；

（四）要求中介机构或者要求聘请中介机构核查并发表意见，即要求中介机构或者要求当事人聘请中介机构核查有关问题、事项并发表意见；

（五）要求限期改正，即要求当事人停止违规行为或者限期改正；

（六）要求公开更正、澄清或说明，即要求监管对象对信息披露中的错漏事项进行公开更正，或者对有关事项或风险情况予以公开澄清或说明；

（七）要求公开致歉，即要求当事人对违规事项以公告或者本所认可的其他方式向投资者公开致歉；

（八）要求限期召开投资者说明会，即要求当事人限期召开说明会，就特定事项公开向投资者作出解释或者说明；

（九）要求上市公司董事会追偿损失，即对于他人给上市公司造成损失，且相关损失已经由司法机关、行政机关或损失造成者予以明确确认，但上市公司董事会未进行追偿的，要求上市公司董事会主动进行追偿；

（十）对未按要求改正的证券发行人相关证券实施停牌，即对于未在规定期限内按要求改正违规行为的上市公司或其他证券发行人，要求其在一定期限内对相关事项予以改正，并在改正期间对公司股票、债券、基金或其衍生品种实施停牌；

（十一）建议更换相关任职人员，即建议当事人更换董事、监事或者高级管理人员，并及时选聘符合资格的董事、监事或者高级管理人员；

（十二）暂停受理或者办理相关业务，即在三个月、六个月、十二个月或者三十六个月内不受理或者办理当事人在本所的部分或者全部业务；

（十三）暂停适用信息披露直通车业务，即暂停上市公司通过本所信息披露系统办理信息披露直通车业务，在暂停期间其提交的信息披露文件需经本所事前审核后方能对外披露；

（十四）限制交易，即根据《证券法》及本所业务规则的相关规定限制投资者交易；

（十五）向相关主管部门出具监管建议函，即对违规行为同时涉嫌违反中国证监会之外的其他主管部门监管规定的当事人，以书面函件等形式将当事人有关行为或者风险状况告知相关主管部门，建议其予以关注；

（十六）本所规定的其他自律监管措施。

第十五条　本所会员、其他交易参与人及相关主体出现违规行为的，本所或者业务部门可以单独或者合并实施以下自律监管措施：

（一）本办法第十四条第（一）项至第（三）项、第（十二）项、第（十四）项规定的自律监管措施；

（二）本所规定的其他自律监管措施。

第十六条　投资者出现违规行为的，本所或者业务部门可以单独或者合并实施以下自律监管措施：

（一）本办法第十四条第（一）项至第（三）项、第（十四）项规定的自律监管措施；

（二）要求提交书面承诺，即就有关异常交易情形要求当事人提交承诺合规交易的书面函件的自律监管措施；

（三）将证券账户列入重点监控账户，即将发生严重异常交易行为或者频繁发生异常交易行为的证券账户列入重点监控账户名单，并要求相关会员或者其他交易参与人予以重点管理的自律监管措施；

（四）提请香港联合交易所有限公司（以下简称香港联交所）采取相关措施，即根据本所与香港联交所深港通相关监管合作安排，提请香港联交所要求其参与者对投资者实施口头警示、书面警示、拒绝接受其深股通交易委托等的自律监管措施；

（五）不接受相关投资者的深股通交易申报，即根据本所相关业务规则及与香港联交所深港通相关监管合作安排，对于在深股通交易中出现异常交易行为的投资者，在一定期限内不予接受香港联交所证券交易服务公司提交的涉及相关投资者的深股通交易申报的自律监管措施；

（六）本所规定的其他自律监管措施。

第二节　自律监管措施的实施程序

第十七条　实施口头警示措施的，由本所或者业务部门通过电话等口头形式向当事人或者当事人的法定代表人、主要负责人、直接责任人作出，或者通过当事人委托交易的会员或者其他交易参与人转达。

第十八条　实施书面警示措施的，由本所或者业务部门向当事人发出监管函等书面警示函件，或者通过当事人委托交易的会员或者其他交易参与人送达。

书面警示函件可以同时抄报中国证监会或者其有关部门，抄送中国证监会有关派出机构。

第十九条 实施约见谈话措施的，本所或者业务部门应当提前向谈话对象发出书面通知，告知其谈话的时间、地点、事由和需要提交的材料等内容。

约见谈话应由两名以上本所工作人员参加，制作谈话笔录并由谈话对象签字确认，必要时可以采取录音等措施。

约见谈话函件可以同时抄报中国证监会或者有关部门，抄送中国证监会有关派出机构。

第二十条 实施要求中介机构或者要求聘请中介机构核查并发表意见措施的，由本所或者业务部门向当事人发出书面通知，告知其需要核查的有关问题、事项以及时限和要求等内容，并要求当事人在规定的时限内回复。

第二十一条 实施限期改正措施的，由本所或者业务部门向当事人发出书面通知，告知其整改的事项、时限和要求等内容。书面通知可以同时抄报中国证监会或者其有关部门，抄送中国证监会有关派出机构。

第二十二条 实施要求公开更正、澄清或说明措施的，由本所或者业务部门向监管对象发出书面通知，告知其要求公开更正、澄清或说明的事项、时限和公开的方式等内容。

第二十三条 实施要求公开致歉措施的，由本所或者业务部门向当事人发出书面通知，告知其需要致歉的事项、时限、方式和要求等内容。

第二十四条 实施要求限期召开投资者说明会措施的，由本所或者业务部门向当事人发出书面通知，告知其召开投资者说明会的事项、时限和要求等内容。

第二十五条 实施要求上市公司董事会追偿损失措施的，由本所或者业务部门向上市公司发出书面通知，告知其应追偿损失的事项、时限和要求等内容。

第二十六条 实施对未按要求改正的证券发行人相关证券实施停牌措施的，由本所向证券发行人发出书面通知，告知其停牌的原因、停牌的品种、停牌日期和具体要求等内容。

第二十七条 实施建议更换相关任职人员措施的，由本所向当事人发出书面通知，告知其建议更换的有关任职人员的姓名、职务和具体要求等内容，以及实施该项自律监管措施的简要理由。书面通知可以同时抄报中国证监会或者其有关部门，抄送中国证监会有关派出机构。

有关单位应当自收到书面通知之日起三十个工作日内，作出是否更换有关人选的决定，及时报告本所并按有关规定公告。

第二十八条 实施暂停适用信息披露直通车业务措施的，由本所或者业务部门向未在规定期限内按要求改正信息披露直通车业务有关违规行为的上市公司发出书面通知，告知其暂停的原因、时间、恢复适用信息披露直通车业务的条件等内容。

第二十九条 实施限制交易措施的，按照本所《限制交易实施细则》等规定的程序实施。

第三十条　实施向相关主管部门出具监管建议函措施的，由本所向相关主管部门发出书面函件，告知其当事人的违规事实、风险状况并建议其采取相应监管措施，同时向当事人发出书面通知，告知其实施自律监管措施的事项、简要理由及监管建议函的主要内容。

第三十一条　实施暂停受理或者办理相关业务措施的，由本所或者业务部门向当事人发出书面通知，告知其暂停受理或者办理相关业务的原因、期限、业务种类以及恢复受理或者办理的条件、时间等内容。书面通知可以同时抄报中国证监会或者其有关部门，抄送中国证监会有关派出机构。

第三十二条　实施要求提交书面承诺措施的，由本所或者业务部门向当事人发出书面通知，或者通过当事人委托交易的会员或者其他交易参与人送达，告知当事人需作出书面承诺的事项和要求等内容。必要时，可以要求当事人公告其书面承诺。

第三十三条　实施将证券账户列入重点监控账户措施的，由本所或者业务部门将有关账户名单发送至会员或者其他交易参与人，会员或者其他交易参与人应当告知当事人并加强相关账户的客户管理工作。

第三十四条　提请香港联交所采取相关措施的，按照本所与香港联交所深港通相关监管合作安排进行。

第三十五条　实施不接受相关投资者的深股通交易申报措施的，由本所或者业务部门在交易系统设置并通过香港联交所通知相关投资者。

第三十六条　自律监管措施由本所或者本所有关业务部门实施。本所业务部门可以设立由本部门专业人员组成的监管工作小组，对发起限制交易或者实施其他自律监管措施进行审议。

本所拟实施以下自律监管措施的，应当提交本所纪律处分委员会审议：

（一）对未按要求改正的证券发行人相关证券实施停牌；

（二）建议更换相关任职人员；

（三）向相关主管部门出具监管建议函；

（四）对会员、其他交易参与人的书面警示、暂停受理或者办理相关业务；

（五）认为有必要的其他自律监管措施。

第四章　纪律处分

第一节　纪律处分委员会

第三十七条　本所设纪律处分委员会，采取审议会或者本办法规定的其他形式审议纪律处分以及本办法第三十六条第二款规定的自律监管措施。

纪律处分委员会委员不少于二十名，由本所专业人员和本所以外的有关专家组成。

第三十八条　纪律处分委员会委员出席审议会，根据自身专业判断，独立发表审议意见并行使表决权，不受任何单位和个人的干涉。

第三十九条　纪律处分委员会委员应当具备下列条件：

（一）熟悉有关证券法律、行政法规、部门规章、规范性文件和本所业务规则；

（二）熟悉证券市场情况及本所自律管理业务；

（三）坚持原则、公正廉洁；

（四）本所要求的其他条件。

第四十条 纪律处分委员会设主任委员一名，副主任委员一至三名。主任委员由本所高级管理人员担任。

纪律处分委员会委员由本所聘任，每届任期三年，可以连任。

本所可以根据需要对纪律处分委员会委员进行调整。

第四十一条 纪律处分委员会工作机构（以下简称工作机构）设于本所法律部，负责案件的受理、审议会的准备以及办理相关事务。

纪律处分委员会设秘书若干名，由法律部指定人员担任，负责准备会议资料、发出会议通知、进行会议记录等具体事宜。

第四十二条 纪律处分委员会每次审议会的参会委员为五名，其中设召集人一名。召集人由纪律处分委员会主任委员、副主任委员或者其指定的委员担任。

第四十三条 纪律处分委员会委员履行职责时，应当遵守下列规定：

（一）勤勉尽责，认真审阅审议事项相关材料；

（二）按时出席审议会，独立公正地发表意见；

（三）不得泄露或者透露审议内容、表决情况及其他有关情况；

（四）不得私下接触审议事项相关人员，不得接受其馈赠；

（五）不得利用在履行职责时获取的非公开信息为本人或者他人谋取利益。

第四十四条 纪律处分委员会委员存在有下列情形之一的，应当回避：

（一）担任审议事项的直接监管人员；

（二）本人或者其近亲属是审议事项当事人，或者担任审议事项当事人的董事、监事、高级管理人员；

（三）本人或者其近亲属持有审议事项当事人1%以上股份或者是其实际控制人，或者担任持有审议事项当事人1%以上股份的股东、实际控制人的董事、监事、高级管理人员；

（四）与审议事项有其他利害关系，可能影响对案件的公正处理。

前款所称“近亲属”，是指配偶、父母、子女、兄弟姐妹。

纪律处分委员会委员申请回避的，应当书面说明理由，在审议会召开前向工作机构提出。

第四十五条 纪律处分委员会委员有下列情形之一的，本所予以解任：

（一）任期内因职务变动不宜担任纪律处分委员会委员；

（二）连续两次无故缺席审议会；

（三）任期内严重渎职或者违反纪律处分委员会工作纪律；

（四）本人提出书面辞职申请经批准；

（五）不适合担任纪律处分委员会委员的其他情形。

第二节　纪律处分的种类和实施程序

第四十六条　本所纪律处分包括：

（一）通报批评，即本所采取公开方式对当事人进行批评的纪律处分；

（二）公开谴责，即本所采取公开方式对当事人进行谴责的纪律处分；

（三）公开认定不适合担任相关职务，即本所公开认定有关人员三年、五年、十年或者终身不适合担任上市公司董事、监事、高级管理人员或者红筹公司信息披露境内代表等职务的纪律处分；

（四）建议法院更换上市公司破产管理人或者管理人成员，即本所建议有关人民法院更换未勤勉尽责的上市公司破产管理人或者管理人成员的纪律处分；

（五）暂不接受发行人、上市申请人提交的发行上市申请文件，即在一定期间内不接受有关发行人或上市申请人提交的发行上市申请文件；

（六）暂不接受控股股东、实际控制人及其控制的其他发行人提交的发行上市申请文件，即在一定期间内不接受有关控股股东、实际控制人及其控制的其他发行人提交的发行上市申请文件；

（七）暂不受理专业机构或者其从业人员出具的相关业务文件，即本所在三个月、六个月、十二个月或者三十六个月内不受理保荐人、财务顾问、承销机构、资信评级机构、受托管理人或者履行同等职责的机构、会计师事务所、资产评估机构、律师事务所等专业机构或者其相关人员提交或签字的相关业务文件的纪律处分；

（八）收取惩罚性违约金，即本所对出现违规行为的发行人、上市公司及相关市场主体、会员等，按照协议以及本所业务规则的规定，收取一定金额违约金的纪律处分，惩罚性违约金的具体收取标准由本所另行规定；

（九）暂停或者限制交易权限，即本所对存在违规的会员或者其他交易参与人，暂停或者限制部分或者全部交易单元的交易品种、方式、规模等交易权限的纪律处分；

（十）取消交易权限，即本所对存在违规的会员，关闭其相关交易单元的交易品种、方式、规模等交易权限的纪律处分；

（十一）取消会员或者其他交易参与人资格，即对存在违规的会员或者其他交易参与人，取消其会员或者其他交易参与人资格的纪律处分；

（十二）报请中国证监会认定会员董事、监事、高级管理人员为不适当人选，即对会员违规行为负有责任的会员董事、监事、高级管理人员，最近三十六个月累计三次受到本所纪律处分的，本所可以报请中国证监会认定其为不适当人选的纪律处分；

（十三）本所规定的其他纪律处分。

本所实施前款第（七）项纪律处分的，同时将该决定通知监管对象所在单位（如适用）。

第四十七条　本所业务部门认为需对当事人实施纪律处分的，应当向其发送纪律处分事先告知书。

纪律处分事先告知书应当载明违规事实、拟实施的纪律处分及简要理由，并告知相关当事人可以在规定时间内提交书面陈述和申辩的权利。根据本所业务规则，属于听证范围的，纪律处分事先告知书还应当载明当事人可以申请听证的权利。

第四十八条 相关当事人在纪律处分事先告知书规定时间内未提交书面陈述和申辩或者在审查当事人的书面陈述和申辩后，本所业务部门仍然认为需要给予其纪律处分的，业务部门应当及时向工作机构提交书面的纪律处分建议及案件材料，提请召开纪律处分审议会。

前款规定的纪律处分建议应当载明违规事实、适用规则条款、建议实施的纪律处分类型及理由等内容；案件材料应当包括违规行为证据材料、纪律处分事先告知书、当事人书面陈述和申辩等。

第四十九条 工作机构应当及时对本所相关业务部门提交的案件材料进行形式审核。材料齐备的，工作机构予以受理，并及时安排审议会。

第五十条 审议会召开前工作机构应当做好通知参会委员、指定会议秘书、确定会议时间及地点等准备。委员会秘书应当及时将会议时间、地点、会议材料通知参会委员和其他参会人员。

第五十一条 审议会由召集人主持，并按照下列程序进行：

（一）本所相关监管人员向参会委员报告有关情况，并接受参会委员询问；

（二）召集人组织参会委员对审议事项发表个人意见，进行充分讨论，并进行总结；

（三）参会委员对讨论形成的意见进行投票表决；

（四）委员会秘书统计投票结果；

（五）召集人宣布表决结果，形成处理意见。

第五十二条 审议会表决以记名方式进行，表决票设同意票和反对票两种。参会委员在投反对票时应当在表决票上说明反对的理由。

同意票数达到三票为通过，未达到三票为未通过。

第五十三条 参会委员发现存在明确影响判断且尚待调查核实的重大问题时，可以提议暂缓表决。经三名及以上参会委员提议，应当暂缓表决。

召集人根据监管人员的核实情况重新安排审议。

第五十四条 审议会结束后，由委员会秘书根据会议讨论情况和投票结果等记录情况，起草会议纪要，供各参会委员查阅。

第五十五条 纪律处分委员会根据审议会的表决结果，对提请审议的纪律处分或者自律监管措施事项，作出下列处理：

（一）认为应当予以纪律处分或者实施自律监管措施的，形成纪律处分或者实施自律监管措施意见；

（二）认为案件事实不清、证据不足或者遗漏违规事实、违规行为人的，退回相关业务部门补充调查；

（三）认为不构成违反本所业务规则，或者虽构成违反本所业务规则但情节轻微不予纪律处分或者不予实施相关自律监管措施的，转交相关业务部门处理。

第五十六条 属于下列情形之一的，经相关业务部门建议，纪律处分委员会主任委员可以指定五名委员直接进行通讯表决，形成处理意见：

（一）拟对相关当事人进行通报批评；

（二）相关当事人均没有申请减免责，或者明确表示接受纪律处分事先告知书所提出的纪律处分；

（三）事实清楚、情况紧急，需要立即启动纪律处分或者自律监管措施程序。

本办法第五十二条、第五十三条关于审议会的有关规定，适用于通讯表决。

第五十七条　除取消会员资格外的纪律处分，由纪律处分委员会审议并报总经理审定后，由本所作出决定。涉及取消会员资格的，由纪律处分委员会审议并报理事会审定后，由本所作出决定。

纪律处分决定书中应当载明当事人的违规事实、决定实施的纪律处分类型、处分理由和适用规则。对于可以申请复核的纪律处分决定，纪律处分决定书中应当告知当事人申请复核的期限及相关要求。

第五十八条　在审议会对审议事项形成意见后至纪律处分决定作出前或者自律监管措施实施前，有关事项出现新情况，业务部门可以提请纪律处分委员会召开会后事项审议会，对该事项重新进行审议。

第五十九条　本所决定收取惩罚性违约金的，应在纪律处分决定书中写明违约金的金额及缴纳方式，当事人应当在收到纪律处分决定书 15 日内足额缴纳违约金至本所的指定账户。

当事人未按期缴纳惩罚性违约金的，应及时披露未缴纳的原因及解决措施。

第五章　附　　则

第六十条　本所工作人员在自律监管措施或者纪律处分工作中，应当严格遵纪守法，公正廉洁，不得利用职务便利谋取不正当利益，不得泄露所知悉的商业秘密。

第六十一条　本所在实施自律监管措施或者纪律处分前可以进行现场检查，或者采取与有关人员进行谈话，发出问询、核查通知书等书面函件，调阅工作底稿等方式查明有关事实。

第六十二条　当事人对本所实施的自律监管措施或者纪律处分不服，且根据本所业务规则可以申请复核的，可以按照本所关于复核程序的相关规定，向本所上诉复核委员会申请复核。

复核期间该自律监管措施或者纪律处分不停止执行，本所业务规则另有规定的除外。

第六十三条　本所可以要求相关当事人在符合中国证监会规定的媒体或者本所网站就被本所实施自律监管措施或者纪律处分的相关情况作出公告。相关当事人未按要求公告的，本所可以根据情况进一步实施相关自律监管措施或者纪律处分。

第六十四条　本所将对相关当事人实施的有关自律监管措施和纪律处分记入诚信档案，并可以根据情况通报中国证监会或者其派出机构、地方政府和行业自律组织、在本所网站予以公布等。

本所在实施纪律处分和自律监管措施过程中，发现监管对象的行为涉嫌违反法律、行政法规或者中国证监会相关规定的，按照相关规定报告中国证监会。

第六十五条 本所可以通过邮寄、传真、公告、电子系统等方式将纪律处分事先告知书、纪律处分决定书及其他相关文件送达至相关当事人。

当事人为投资者的，本所可以通过当事人委托交易的会员或者其他交易参与人送达。当事人为证券发行人董事、监事、高级管理人员、股东、实际控制人、收购人等自然人、机构及其相关人员，保荐人及其保荐代表人、证券服务机构及其相关人员以及交易对手方、承诺人等的，本所可以通过证券发行人送达。

通过公告方式送达的，可以在本所网站发布公告，自公告发布之日起满十个交易日即视为送达。

第六十六条 本办法未规定但本所其他业务规则规定的自律监管措施和纪律处分的实施程序，可以参照本办法执行。

本办法规定的自律监管措施和纪律处分，其他业务规则有特别规定的，优先适用其他业务规则。

第六十七条 本所对从事B股交易业务的境外证券经营机构实施自律监管措施，按照本所《境外证券经营机构B股交易风险管理细则》的相关规定执行。

第六十八条 本办法由本所负责解释。

第六十九条 本办法自发布之日起施行。

关于发布《深圳证券交易所限制交易实施细则（2019 年修订）》的通知

（2019 年 11 月 29 日　深证会〔2019〕390 号）

各市场参与人：

为维护公平有序的市场环境，进一步提高监管透明度，本所对《深圳证券交易所限制交易实施细则（2015 年修订）》进行了修订，现予以发布，自发布之日起施行。本所于 2015 年 12 月 30 日发布的《深圳证券交易所限制交易实施细则（2015 年修订）》（深证会〔2015〕428 号）同时废止。

特此通知

深圳证券交易所

2019 年 11 月 29 日

3.4.2

深圳证券交易所限制交易实施细则（2019年修订）

（2019年11月29日　深证会〔2019〕390号）

第一条　为维护证券市场正常秩序，有效打击证券违规行为，保护投资者的合法权益，依据《证券法》《证券交易所管理办法》（以下简称《管理办法》）、《深圳证券交易所交易规则》（以下简称《交易规则》）、《深圳证券交易所会员管理规则》（以下简称《会员管理规则》）等规定，制定本细则。

第二条　本细则所称限制交易是指深圳证券交易所（以下简称本所）根据《证券法》《管理办法》及本所业务规则的相关规定限制投资者账户交易的措施。

限制交易包括盘中暂停当日交易和盘后限制交易。

第三条　投资者出现下列严重影响证券交易秩序或者交易公平的异常交易行为之一的，本所可以采取限制交易措施：

（一）涉嫌内幕交易、操纵市场等违法违规行为；

（二）违反法律、行政法规、中国证监会或者本所相关规定买卖证券；

（三）发生《交易规则》或者本所其他业务规则、细则、指引等规定的可能或者已经影响证券交易价格或者证券交易量的异常交易行为；

（四）中国证监会或者本所认为应当采取限制交易措施的其他情形。

第四条　投资者出现重大异常交易行为的，本所可以采取下列一种或者一种以上的限制交易措施：

（一）禁止买入指定或者全部交易品种，但允许卖出；

（二）禁止卖出指定或者全部交易品种，但允许买入；

（三）禁止买入和卖出指定或者全部交易品种；

（四）本所认为应采取的其他限制交易措施。

第五条　本所对投资者账户限制交易单次持续时间不超过六个月。

情节特别严重的，本所可以决定延长限制交易的时间。

第六条　实施盘中暂停当日交易措施的，本所盘中直接限制相关账户当日交易权限，并以口头或者书面形式通知托管相关账户的会员，该会员应当在收到通知的当天及时告知相关当事人，确实无法在当天告知的，应当及时向本所报告。

实施盘中暂停当日交易措施的，本所可以根据需要，继续实施盘后限制交易措施。

第七条　实施盘后限制交易措施前，本所向托管相关账户的会员发出《限制交易决定书》。该会员应当在收到《限制交易决定书》的当天将其送达相关当事人，确实无法在当天送达的，应当保留相关证据并及时向本所报告。

机构投资者租用或者直接持有专用交易单元进行交易的，本所在实施盘后限制交易措施前向该机构投资者发出《限制交易决定书》。

第八条　《限制交易决定书》应当载明以下事项：

（一）实施依据；

（二）限制方式；

（三）限制品种；

（四）限制期限。

第九条　相关当事人对盘后限制交易措施有异议的，可以自接到《限制交易决定书》之日起十五个交易日内，向本所申请复核。复核期间不停止该措施的执行。

第十条　本所将对投资者账户实施盘后限制交易措施的有关情况记入诚信档案，向中国证监会报告，并予以公告。

第十一条　会员应当按照有关法律、行政法规、部门规章、规范性文件和《交易规则》《会员管理规则》等规定，规范和约束客户交易行为，并及时、有效地履行告知、送达、配合等义务。

第十二条　会员违反本细则的，本所可以依据《会员管理规则》等业务规则的规定，对其采取自律监管措施或者纪律处分。

第十三条　发生《交易规则》规定的交易异常情况，本所可以参照本细则采取限制交易措施。

第十四条　本细则由本所负责解释。

第十五条　本细则自发布之日起施行。本所于2015年12月30日发布的《深圳证券交易所限制交易实施细则（2015年修订）》（深证会〔2015〕428号）同时废止。

关于发布《深圳证券交易所自律监管听证程序细则（2023年修订）》的通知

（2023年8月18日　深证上〔2023〕769号）

各市场参与人：

为了进一步提升深圳证券交易所（以下简称本所）自律监管听证程序的规范性和透明度，保障市场主体合法权益，本所对《深圳证券交易所自律监管听证程序细则》进行了修订，现予以发布，自发布之日起施行。

本所于2020年12月31日发布的《深圳证券交易所自律监管听证程序细则（2020年修订）》（深证上〔2020〕1295号）同时废止。

深圳证券交易所

2023年8月18日

3.4.3

深圳证券交易所自律监管听证程序细则（2023年修订）

（2023年8月18日　深证上〔2023〕769号）

第一条　为了提高深圳证券交易所（以下简称本所）自律监管的公正性和透明度，保护当事人合法权益，根据《深圳证券交易所股票上市规则》《深圳证券交易所创业板股票上市规则》《深圳证券交易所上市审核委员会和并购重组审核委员会管理办法》《深圳证券交易所自律监管措施和纪律处分实施办法》及本所其他相关业务规则，制定本细则。

第二条　本所作出下列决定前，应当向当事人送达事先告知书，载明当事人享有申请听证的权利。当事人申请听证的，按照本细则组织听证，听取当事人的陈述及申辩意见：

（一）公开谴责；

（二）公开认定不适合担任相关职务；

（三）暂不接受发行上市或者挂牌转让申请文件；

（四）暂不受理专业机构或者其从业人员出具的相关业务文件；

（五）收取惩罚性违约金；

（六）暂停或者限制交易权限，但为维护市场秩序紧急采取的除外；

（七）取消交易权限；

（八）取消会员或者其他交易参与人资格；

（九）终止股票、存托凭证上市，但主动申请终止上市的除外；

（十）本所规定可以申请听证的其他决定。

听证申请涉及前款第一项至第八项纪律处分决定的，由本所纪律处分委员会履行听证职责。听证申请涉及前款第九项终止上市决定的，由本所上市审核委员会履行听证职责。

第三条　听证可以通过现场会议或者视频、电话等非现场会议形式举行。

第四条　听证会由相应委员会的委员参加。每次听证会的听证委员为五名，其中一名为听证召集人。

听证会秘书负责会议组织、会议记录等事务。

第五条　听证委员、听证会秘书存在下列情形之一的，应当回避：

（一）本人与听证当事人有亲属关系；

（二）本人担任听证当事人的董事、监事、高级管理人员或者当事人的代理人，或者与前述人员有亲属关系；

（三）本人或者其亲属为持有听证当事人1%以上股份的股东、实际控制人，或者担任持有听证当事人1%以上股份的股东、实际控制人的董事、监事、高级管理人员；

（四）与听证当事人有利害关系或者其他关系，可能影响对听证事项的公正处理；

（五）本所规定的其他应当回避的情形。

前款所称亲属，是指配偶、父母、子女、兄弟姐妹、配偶的父母、子女的配偶、兄弟姐妹的配偶。

第六条 当事人认为听证委员、听证会秘书存在本细则第五条规定情形的，可以在听证开始前申请其回避，并说明理由。

听证委员、听证会秘书是否回避，由听证召集人决定；听证召集人是否回避，由相应委员会主任委员决定；委员会主任委员担任听证召集人的，其是否回避由分管听证事项相关业务的本所高级管理人员决定。

被申请回避的人员在决定作出前，应当暂停参与听证相关工作。

第七条 当事人申请听证的，应当在收到本所事先告知书或者本所公告送达有关事先告知书之日（以在先者为准）起五个交易日内以书面形式向本所提出听证申请。

听证申请应当载明当事人的身份信息，电话号码、电子邮件等联系方式，听证事项等内容。

当事人逾期未书面提出听证申请的，视为放弃听证权利。

第八条 当事人申请听证的，应当在收到本所事先告知书或者本所公告送达有关事先告知书之日（以在先者为准）起十个交易日内向本所提交书面陈述和申辩意见、证据等材料。

第九条 本所事先告知书涉及多个当事人，部分当事人放弃听证权利的，不影响其他当事人申请听证。

多个当事人申请听证的，本所原则上组织一次听证，安排其共同参加，每位当事人均有独立陈述的权利。本所以收到最后一份听证申请的日期作为组织听证期限的起算点。

本所公告送达事先告知书的，以收到当事人听证申请或者当事人申请听证权利届满之日（以在先者为准）作为组织听证期限的起算点。

第十条 听证申请符合本细则第二条和第七条第一款规定的，本所在收到听证申请后二十个交易日内组织听证，并在举行听证的五个交易日前（听证会召开当日不计入，下同）书面通知当事人。

听证申请不符合规定的，本所不予组织听证，在收到听证申请后及时通知当事人并说明理由。

第十一条 听证通知书应当载明下列事项：

（一）听证的时间、地点；

（二）听证的程序；

（三）听证的纪律；

（四）其他相关事项。

第十二条　当事人应当按期参加听证。除出现本细则第十三条第一款第二项所述情形外，当事人未按期参加听证的，视为放弃听证权利。

第十三条　存在下列情形之一的，本所可以延期举行听证：

（一）因不可抗力、意外事件，致使听证无法按期举行；

（二）当事人因正当理由申请延期且经本所同意；

（三）当事人在听证开始前对听证委员提出回避申请，致使听证无法按期举行；

（四）本所认为其他需要延期的情形。

当事人可以依据前款第二项申请一次延期举行听证。当事人申请延期举行听证的，应当在收到听证通知书后三个交易日内书面提出，且延期时间原则上不得超过十个交易日。

第十四条　本所决定延期举行听证的，应当向当事人书面告知延期事由和重新举行听证的时间。

延期情形消除后，本所及时举行听证。

第十五条　当事人可以亲自参加听证，也可以委托一至二名熟悉听证事项情况的代理人参加。

当事人及其代理人可以一并参加听证。

第十六条　当事人为自然人，亲自参加听证的，应当出示本人身份证明文件；委托代理人参加听证的，应当向本所提交加盖当事人本人签名或者盖章的授权委托书及代理人的身份证明文件。

当事人为法人或者非法人组织，由其法定代表人或者主要负责人出席，并出示法定代表人或者主要负责人证明文件、本人身份证明文件；委托代理人参加听证的，应当向本所提交加盖法人或者非法人组织公章的授权委托书及代理人的身份证明文件。

第十七条　当事人及其代理人在听证程序中应当遵守下列要求：

（一）按时参加听证；

（二）如实陈述相关事实和回答提问，举证客观、真实；

（三）遵守听证纪律，服从听证召集人的要求；

（四）对获知的国家秘密、商业秘密和个人隐私予以保密；

（五）本所业务规则规定的其他要求。

第十八条　听证会按照下列程序进行：

（一）听证会开始前，听证会秘书查明听证当事人及其代理人、本所与听证事项有关的业务部门承办人员（以下简称承办人员）等听证参加人是否到场；

（二）听证召集人核对听证参加人，宣布出席听证的委员、听证会秘书名单，告知听证参加人在听证中的权利义务，询问听证当事人及其代理人是否申请回避；

（三）听证召集人宣布听证开始和案由；

（四）承办人员提出听证事项的具体事实、证据以及作出决定的建议、规则依据；

（五）当事人及其代理人进行陈述和申辩，并提出相关事实、理由和证据；

（六）听证委员可以向当事人或者其代理人、承办人员等提问，相关人员回答；

（七）听证召集人询问各方是否有补充意见；

（八）听证召集人宣布听证结束。

第十九条 听证过程中，听证参加人应当遵守听证纪律，保证听证有序举行。

听证召集人对违反听证纪律、妨碍听证秩序的人员，有权予以制止；情节严重的，可以责令其退场。

第二十条 听证结束后，当事人及其代理人应当当场将听证现场的陈述、申辩材料及其他有关材料提交听证会秘书。

听证会通过非现场会议进行的，当事人及其代理人应当在听证结束后五个交易日内提交上述材料。

第二十一条 听证会秘书应当将听证的内容记入笔录，并交由当事人及其代理人、承办人员等确认无误后当场签字确认。听证会通过非现场会议进行的，听证笔录送达当事人及其代理人后，前述人员应当及时签字确认并提交至本所。

相关人员认为本人陈述的记录有遗漏或者错误的，可以要求补充或者改正。相关人员拒绝签字的，听证会秘书将相关情况记入听证笔录予以存档。

听证会全程录音。

第二十二条 在听证过程中出现下列情形之一的，本所可以中止听证：

（一）因不可抗力、意外事件，致使听证无法继续；

（二）本所认为需要中止听证的其他情形。

中止听证的情形消除后，本所应当及时恢复听证。

第二十三条 存在下列情形之一的，本所可以终止听证，将相关情形记录在案：

（一）当事人书面撤回听证申请；

（二）当事人及其代理人无正当理由不按期参加听证；

（三）当事人及其代理人未经听证召集人允许中途退场；

（四）当事人及其代理人严重违反听证纪律，被听证召集人责令退场；

（五）收到纪律处分听证申请后，本所业务部门决定不向纪律处分委员会提出纪律处分建议；

（六）本所认为应当终止听证的其他情形。

本所因前款第五项情形终止听证的，应当及时通知当事人或者其代理人。

部分当事人被终止听证的，不影响其他当事人继续参加听证。

第二十四条 本所纪律处分委员会或者上市审核委员会对听证涉及事项的后续审议，原则上由听证委员参与。

本所纪律处分委员会或者上市审核委员会审议听证涉及事项时，应当参考听证笔录、当事人提交的陈述、申辩意见及其他有关材料。

听证事项为纪律处分事项的，不得因当事人申请听证而加重纪律处分。

第二十五条 当事人提出听证申请之日至听证结束的期间，不计入本所作出有关决定的期限内。

第二十六条 本所发送听证通知书、听证笔录等相关文件，可以采用本所业务专区、电子邮件、邮寄、传真、即时通讯工具等方式送达当事人。

采用业务专区、电子邮件、即时通讯工具等方式进行电子送达的，以送达信息到达受送达人电子地址所在系统的日期为送达日期。

第二十七条　本所举行听证，不向当事人收取费用。

第二十八条　本细则由本所负责解释。

第二十九条　本细则自发布之日起施行。2020 年 12 月 31 日发布的《深圳证券交易所自律监管听证程序细则（2020 年修订）》（深证上〔2020〕1295 号）同时废止。

附件：听证申请书模板

附件：

听证申请书

（模板，仅供参考）

申请人：法人或者非法人组织名称/自然人姓名

身份信息：法人或者非法人组织统一社会信用代码/自然人身份证号

电话号码：

电子邮件地址（若有）：

邮寄地址：

深圳证券交易所：

申请人于××年××月××日收到贵所出具的《纪律处分事先告知书》（文号）/《终止上市事先告知书》（文号），贵所拟作出××的纪律处分/终止上市决定。

申请人对贵所拟作出的××的纪律处分/终止上市决定存在异议，现根据《深圳证券交易所自律监管听证程序细则》第二条、第七条规定，申请贵所组织听证。

申请人：（签名、法人或者其他组织加盖公章）

年　　月　　日

关于发布《深圳证券交易所理事会上诉复核委员会工作细则（2023年修订）》的通知

（2023年6月28日　深证上〔2023〕558号）

各市场参与人：

为了进一步优化深圳证券交易所（以下简称本所）上诉复核委员会管理运作和工作程序，提升一线监管透明度和规范性，本所对《深圳证券交易所理事会上诉复核委员会工作细则》进行了修订。经本所理事会审议通过，现予以发布，自发布之日起施行。

本所于2020年12月31日发布的《深圳证券交易所上诉复核委员会工作细则（2020年修订）》（深证上〔2020〕1296号）同时废止。

深圳证券交易所

2023年6月28日

3.4.4

深圳证券交易所理事会上诉复核委员会工作细则（2023年修订）

（2023年6月28日　深证上〔2023〕558号）

第一章　总　　则

第一条　为了保护证券发行人、上市公司、会员及投资者等相关主体的合法权益，根据《证券法》《证券交易所管理办法》《深圳证券交易所章程》及深圳证券交易所（以下简称本所）相关业务规则，制定本细则。

第二条　本所理事会下设上诉复核委员会，对复核事项进行审议。

本所依据上诉复核委员会的审议意见作出复核决定。该决定为本所终局决定。

第二章　上诉复核委员会的构成与职责

第三条　上诉复核委员会委员由来自上市公司、会员、基金管理公司、会计师事务所、律师事务所、高等院校、仲裁机构、中国证监会和证券交易所等机构的委员担任，委员以个人身份参与委员会工作。

第四条　上诉复核委员会设主任委员一名、副主任委员一至三名。主任委员、副主任委员由理事会任命，主任委员应当由本所会员理事代表或者非会员理事担任。

第五条　委员应当具备下列条件：

（一）熟悉有关证券法律法规和国家政策；

（二）熟悉证券相关业务和本所业务规则；

（三）坚持原则、公正廉洁、严格守法；

（四）在所从事领域内有良好声誉，所在单位或者本人最近三十六个月内没有受到刑事处罚、中国证监会及其派出机构行政处罚或者相关自律组织的纪律处分；

（五）本所《理事会工作规则》规定的其他条件。

第六条　委员由本所理事会聘任，每届任期与理事会相同，可以连任。本所理事会可以根据需要补聘委员。

委员任期届满但尚未完成换届的，委员仍应当按照本细则的规定履行职责。

第七条 委员应当勤勉尽责，并保证有充分的时间履行职责。

第八条 委员存在下列情形之一的，本所理事会可以予以解聘：

（一）不符合本细则第五条规定条件的；

（二）违反有关法律、行政法规、部门规章或者上诉复核委员会工作纪律的；

（三）两次以上无故不出席其应当出席的上诉复核委员会会议的；

（四）提出不再担任委员的；

（五）因工作变动或者健康等原因无法继续履行职责的；

（六）本所理事会认定的不适合担任上诉复核委员会委员的其他情形。

委员本人出现前款规定情形的，委员提名单位可以向理事会提出补聘人选。

第九条 上诉复核委员会履行下列职责：

（一）审议相关当事人向本所提出的复核事项；

（二）听取本所上诉复核工作情况报告，研提相关意见建议；

（三）就本所上诉复核工作中涉及的重大疑难等事项进行研究，提出相关意见建议；

（四）理事会明确的其他职责。

第十条 上诉复核委员会通过召开上诉复核委员会工作会议（以下简称上诉复核委员会会议）审议复核事项，以投票方式对复核事项进行表决，提出审议意见。

第十一条 委员出席上诉复核委员会会议，应当依法履行职责，独立发表审议意见并行使表决权。

第十二条 委员审议本细则第十七条所列事项时，存在下列情形之一的，应当及时提出回避：

（一）委员本人与申请人有亲属关系；

（二）委员本人或者其亲属担任申请人或者其保荐人的董事、监事、高级管理人员的；

（三）委员本人或者其亲属、委员所在工作单位与申请人或者其保荐人、承销机构、受托管理人存在股权关系，可能影响其公正履行职责的；

（四）其他可能妨碍或者影响委员公正履行职责的情形。

前款所称“亲属”，是指配偶、父母、子女、兄弟姐妹、配偶的父母、子女的配偶、兄弟姐妹的配偶。

第十三条 本所向申请人提供上诉复核委员会全体委员名单，申请人认为委员存在本细则第十二条规定情形的，可以书面提交回避申请，并说明理由。

第十四条 本所根据委员本人或者申请人的书面申请，决定相关委员是否回避。

第十五条 委员应当遵守下列工作纪律：

（一）按要求出席上诉复核委员会会议，并在审议工作中勤勉尽责；

（二）保守国家秘密和申请人的商业秘密，不得泄露上诉复核委员会会议内容、讨论情况、表决情况以及其他有关情况；

（三）不得利用委员身份或者在履职过程中获得的未公开信息，为本人或者他人直接或者间接谋取利益；

（四）不得私下与申请人及其他相关单位或者个人接触，不得直接或者间接接受申请人及其他相关单位或者个人提供的资金、物品等馈赠或者其他利益；

（五）不得与其他委员串通表决，或者影响其他委员的独立判断和表决。

第十六条　本所法律事务部是上诉复核委员会的对口办事部门，负责上诉复核案件的受理、上诉复核委员会会议的准备以及相关事务的办理。

上诉复核委员会设会议秘书，由本所法律事务部指定人员担任，负责准备会议材料、发出会议通知、进行会议记录等具体事宜。

第三章　复核申请

第十七条　监管对象不服本所对其作出的下列决定的，可以向本所提出复核申请：

（一）不予上市、终止上市、不予重新上市、不同意主动终止上市的决定，但根据申请人申请予以终止上市的除外；

（二）暂不接受发行人、上市申请人提交的发行上市申请文件，暂不接受控股股东、实际控制人及其控制的其他发行人提交的发行上市申请文件的纪律处分决定；

（三）暂不受理保荐人及其保荐代表人、承销机构、受托管理人或者履行同等职责的机构、证券服务机构及其相关人员出具的文件的纪律处分决定；

（四）公开谴责，公开认定不适合担任相关职务的纪律处分决定；

（五）收取惩罚性违约金的纪律处分决定；

（六）暂停或者限制交易权限、取消交易权限、取消会员或者其他交易参与人资格；报请中国证监会认定为不适当人选的纪律处分决定；

（七）对投资者账户实施盘后限制交易的措施；

（八）本所业务规则规定的其他可以申请复核的事项。

第十八条　申请人申请复核，应当在收到本所有关决定或者本所公告送达有关决定之日（以在先者为准）起十五个交易日内向上诉复核委员会的对口办事部门提交申请。

第十九条　申请人申请复核，应当采取书面方式提出复核申请。申请人可以通过邮寄或者本所业务专区等方式提交复核申请。

第二十条　申请人申请复核，应当提交下列材料：

（一）复核申请书，其中应当明确复核的具体请求，事实和异议理由，申请人电话号码、电子邮件等联系方式；

（二）申请人的身份证明材料，如身份证件或者营业执照复印件等；

（三）本所要求的其他材料。

前款第一项、第二项材料应当由申请人签名；申请人为法人的，应当加盖公章并由法定代表人签名。

第二十一条　申请人向本所提交的复核申请材料内容应当真实、准确、完整，不存在虚假记载、误导性陈述或者重大遗漏。

第四章　复核受理

第二十二条　申请人提交的复核申请同时符合下列条件的，本所在收到后的五个交易日内予以受理并书面通知申请人：

（一）属于本细则或者本所业务规则规定的可以申请复核的事项；

（二）有具体的复核请求和理由；

（三）在规定申请期限内提出；

（四）复核申请材料符合本细则第二十条的规定。

申请人提交的复核申请不符合前款规定的，本所在收到后的五个交易日内通知申请人不予受理并说明理由。

第二十三条　复核申请材料不齐全或者表述不清楚的，本所自收到申请之日起五个交易日内书面通知申请人补正。补正通知应当一次性载明需要补正的事项。申请人应当自收到补正通知之日起五个交易日内提交补正材料。无正当理由逾期不补正的，视为申请人放弃复核申请并予以记录。

本所收到补正材料后，按照本细则第二十二条的规定办理。

第五章　复核事项审议

第二十四条　上诉复核委员会会议由主任委员主持，每次参会委员为五名。主任委员因故不能参加会议的，由主任委员指定的副主任委员或者其他委员主持。

第二十五条　上诉复核委员会会议对复核事项原则上进行书面审议。

会议可以采用现场会议或者网络视频、电话等非现场会议形式召开。

第二十六条　申请人可以向本所申请到会陈述意见，但本所在作出原自律管理决定过程中已经举行听证的除外。复核受理通知书应当载明申请人享有申请到会陈述意见的权利。

申请人申请到会陈述意见的，应当在收到复核受理通知书之日起两个交易日内书面提出申请。逾期未提出的，视为放弃相关权利。

参加会议的委员认为有必要的，可以要求本所通知申请人到会陈述意见和接受上诉复核委员会委员的询问。

第二十七条　申请人应当按期到会陈述意见和接受询问，未按期到会的，视为放弃相关权利。

第二十八条　本所可以安排申请人通过现场或者网络视频、电话等非现场方式陈述意见和接受上诉复核委员会委员询问。前述人员到会陈述意见和接受询问应当遵守会议纪律，服从会议要求。

同一复核案件申请人人数众多的，可以由申请人推选代表人到会陈述意见和接受委员询问。

第二十九条　上诉复核委员会对口办事部门应当在会议召开二个交易日前将会议通知送达申请人和委员，同时向委员送达会议材料，委员应当在收到会议通知后签署《上诉复核委员会委员声明与承诺》。

第三十条　申请人撤回复核申请的，应当于上诉复核委员会会议召开一个交易日前向上诉复核委员会书面提交撤回申请。

第三十一条　上诉复核委员会会议全程录音，并形成会议纪要，由参会委员签字确认。

第三十二条　复核期间有下列情形之一的，复核程序中止：

（一）申请人对本所作出纪律处分决定所依据的行政处罚决定书、行政监管措施决定书提起行政复议，且行政复议案件尚未审结的；

（二）案件涉及部门规章和规范性文件的理解适用等重大疑难问题，需要请示有权机关的；

（三）因不可抗力致使上诉复核委员会无法按期召开会议的。

复核程序中止的原因消除后，本所恢复复核程序。本所中止、恢复复核程序，应当书面通知申请人。

第三十三条　上诉复核委员会会议按照下列程序进行：

（一）会议开始前，参会委员应当提交声明与承诺，交由会议秘书核对后，会议主持人宣布会议开始并主持会议；

（二）本所工作人员向参会委员介绍案件有关情况；

（三）主持人组织委员对复核事项逐一发表个人审议意见；

（四）参会委员就是否同意维持复核事项涉及的本所决定进行投票表决；

（五）会议秘书负责监票及统计投票结果；

（六）主持人宣布表决结果；

（七）主持人根据表决结果，形成上诉复核委员会会议对复核事项的审议意见；

（八）参会委员对会议记录、表决结果、审议意见确认并签名。

第三十四条　复核期间，本所决定不停止执行，但本所认为确有必要停止执行的除外。

第六章　复核决定

第三十五条　上诉复核委员会会议表决采取记名投票方式，参加会议的委员每人享有一票表决权。

表决票设同意票和反对票两种，参会委员在投反对票时应当在表决票上说明反对的理由。

第三十六条　上诉复核委员会会议根据表决结果形成以下审议意见：

（一）表决同意维持复核事项涉及的本所决定的委员达到三名的，形成同意维持本所决定的审议意见；

（二）表决不同意维持复核事项涉及的本所决定的委员达到三名的，形成不同意维持本所决定的审议意见。

第三十七条 本所自受理复核申请后三十个交易日内，根据上诉复核委员会审议意见，对复核事项作出决定。

上诉复核委员会会议形成同意维持本所决定的审议意见的，本所于上述期限内作出维持原决定的决定。上诉复核委员会会议形成不同意维持本所决定的审议意见的，本所于上述期限内作出撤销原决定的决定。

申请人根据要求补充材料的时间、因委员回避而调整会议日期的时间、复核程序中止的时间等，不计入本所作出有关决定的期限内。

第三十八条 本所撤销原决定的，可以视情况作出新的决定，但不得以同一事实和理由作出与原决定相同的决定。

第三十九条 申请人及其代表人提交的复核申请材料中或者在陈述意见和接受询问时，存在虚假记载、误导性陈述或者隐瞒重要事实的，本所根据有关规定，视情节轻重，采取自律监管措施或者纪律处分。

第四十条 本所可以通过邮寄、传真、业务专区等电子系统、电子邮件、即时通讯工具等方式，向复核申请人直接送达复核受理通知、复核决定书及其他相关文件。

本所也可以通过下列机构向复核申请人送达复核受理通知、复核决定书及其他相关文件：

（一）申请人为投资者的，可以通过申请人委托交易的会员或者其他交易参与人送达；

（二）申请人为证券发行人的董事、监事、高级管理人员、股东、实际控制人、收购人、交易对手方、承诺人等自然人、机构及其相关人员，律师事务所等证券服务机构及其相关人员的，可以通过证券发行人、保荐人送达；

（三）申请人为保荐人、会计师事务所、资产评估机构等机构相关人员的，可以通过该机构送达。

前款规定的机构应当及时向申请人送达并取得送达回执提交本所。

第七章 附 则

第四十一条 上诉复核委员会应当每年形成年度工作报告，提交理事会。

第四十二条 本细则的制定和修改须经本所理事会审议通过。

第四十三条 本细则自发布之日起施行。《深圳证券交易所上诉复核委员会工作细则（2020 年修订）》（深证上〔2020〕1296 号）同时废止。

3.5 退市

关于发布《关于退市公司进入退市板块挂牌转让的实施办法》的通知

（2022 年 4 月 29 日　股转系统公告〔2022〕166 号）

各市场参与人：

为了适应注册制改革和常态化退市的要求，顺畅退市公司进入退市板块挂牌转让，完善退市公司管理，落实《关于完善上市公司退市后监管工作的指导意见》，上海证券交易所、深圳证券交易所、北京证券交易所（以下统称交易所）、全国中小企业股份转让系统有限责任公司和中国证券登记结算有限责任公司联合制定了《关于退市公司进入退市板块挂牌转让的实施办法》（以下简称《实施办法》）。经中国证监会批准，现予以发布，自发布之日起施行。

为实现制度平稳过渡，现将有关安排通知如下：

一、对于《实施办法》施行前被交易所作出终止上市决定、但股票尚未摘牌的公司，交易所退出安排、股票挂牌与转让、自律管理等事项适用《实施办法》。

二、对于《实施办法》施行前股票被交易所摘牌、但尚未在退市板块挂牌转让的公司，主办券商应当切实履行职责，尽快办理公司股票进入退市板块挂牌转让手续。尚未聘请主办券商的，应当在《实施办法》施行后二十个交易日内聘请主办券商，前述期限内仍未能聘请主办券商的，由交易所参照《实施办法》第九条规定协调确定主办券商。

三、对于《实施办法》施行前被交易所作出终止上市决定的公司，股票确权程序原则上参照《实施办法》施行前的有关规则执行。

四、《实施办法》施行前已经开通退市板块交易权限的投资者仍可以继续买卖退市板块所有公司的股票。

特此通知。

上海证券交易所
深圳证券交易所
北京证券交易所
全国中小企业股份转让系统有限责任公司
中国证券登记结算有限责任公司
2022 年 4 月 29 日

3.5.1

关于退市公司进入退市板块挂牌转让的实施办法

（2022年4月29日　股转系统公告〔2022〕166号）

第一章　总　　则

第一条　为规范退市公司股票进入退市板块挂牌转让及相关活动，依据《公司法》《证券法》《关于完善上市公司退市后监管工作的指导意见》，制定本办法。

本办法所称退市板块，是指全国中小企业股份转让系统有限责任公司（以下简称全国股转公司）依托原证券公司代办股份转让系统设立并代为管理的两网公司及退市公司板块。

第二条　上海证券交易所、深圳证券交易所和北京证券交易所（以下简称交易所）退市公司的股票退出交易所市场的登记及进入退市板块的确权、登记、挂牌转让等事宜，适用本办法。

第三条　退市公司应确保公司股票及时进入退市板块挂牌转让，保障投资者的交易权利。

第四条　退市公司应当聘请证券公司（以下简称主办券商）为其办理公司股票在交易所摘牌（以下简称摘牌）后进入退市板块挂牌转让的相关业务，包括办理交易所市场的股份退出登记、股份重新确认、退市板块的股份初始登记、股票挂牌及提供股份转让服务等。主办券商原则上应在摘牌后四十五个交易日内完成挂牌手续。

托管退市公司股票的证券公司（以下简称托管券商）、托管银行等其他市场参与主体应按本办法规定做好退市公司股票登记结算、挂牌转让等工作。

第五条　投资者参与退市公司股票转让，应主动关注退市公司、主办券商及托管券商发布的公告或信息，充分了解投资风险，按要求办理退市公司股份确权及退市板块交易结算等手续。

第六条　交易所、中国证券登记结算有限责任公司（以下简称中国结算）、全国股转公司加强协同配合，强化程序衔接，推动退市公司平稳、有序进入退市板块。

交易所强化退市过程中的风险防范和处置，压实退市公司及相关主体责任，做好相关协调工作，推动证券公司主动承接退市公司股票进入退市板块挂牌转让业务，并为主办券商承接挂牌转让业务提供必要的支持。

中国结算提供退市公司交易所证券账户及登记数据格式初步转换服务，收集并发布各托管券商用于托管退市公司股份的托管单元信息，办理退市公司股票在退市板块的登记、存管、结算等业务。

全国股转公司明确退市公司股票挂牌流程，指导主办券商履行退市公司股票进入退市板块挂牌转让的程序。

第二章　交易所退出安排

第七条　退市公司应根据交易所的要求及时办理摘牌等事宜，充分提示退市风险，并做好股票进入退市板块挂牌转让的工作安排。

第八条　退市公司应在收到交易所终止上市决定后，及时披露公司摘牌后的股票登记、转让和管理等事宜。

退市公司应在收到终止上市决定后每五个交易日披露公告，提示投资者或托管券商等市场主体在摘牌前及时了结股票质押式回购、约定购回、融资融券、转融通、沪深股通等业务。

退市公司应在退市整理期届满当日或摘牌日披露公告，提示投资者确认或申报拟在退市板块使用的证券账户，并明确退市公司股票进入退市板块挂牌转让的安排等事宜。

第九条　退市公司应在摘牌前十个交易日之前聘请主办券商并签订《委托股票转让协议》。退市公司和主办券商应当坚持市场化原则，根据退市公司股票挂牌等实际情况，合理确定收费标准。

退市公司在摘牌前第十个交易日仍未聘请主办券商的，由交易所在退市公司摘牌前协调确定最近一次担任公司保荐机构、财务顾问的证券公司作为主办券商。如公司因欺诈发行而强制退市的，原则上由交易所协调确定公司公开发行并上市或重组上市的保荐机构担任主办券商。如因合并、分立、解散等原因导致前述证券公司不再存续的，以承接原证券公司业务的证券公司作为主办券商。按照前述原则仍无法确定主办券商的，交易所可以结合证券公司业务经验和分类评价情况等因素，协调确定主办券商。

在交易所为退市公司协调确定主办券商前，证券公司可以向交易所主动申请担任主办券商。

第十条　按照第九条第二款和第三款确定主办券商的，退市公司应当及时与主办券商取得联系，签订《委托股票转让协议》，积极配合履行股票进入退市板块挂牌转让的相关程序。

退市公司不办理前款规定事项的，主办券商应当及时向交易所、全国股转公司、中国结算报告，直接办理交易所市场的股份退出登记、股份重新确认、退市板块的股份初始登记及公司股票进入退市板块挂牌转让等事宜。

第十一条　退市公司股票在交易所摘牌后直至退市板块挂牌转让前，按照本办法第九条第一款和第三款确定主办券商的，退市公司和主办券商不得终止《委托股票转让协议》，但存在合理理由的除外。

按照前款规定拟终止协议的，主办券商和退市公司应当及时向交易所、全国股转公司、中国结算报告，说明原因。在退市公司另行聘请到新的主办券商前，原主办券商应当继续按照本办法的规定履行职责。

退市公司股票在交易所摘牌后直至退市板块挂牌转让前，按照本办法第九条第二款确定主办券商的，退市公司不得变更主办券商。

第十二条 证券公司按照第九条第一款和第三款规定担任主办券商的，纳入证券公司当年分类评价考虑，具体遵照中国证券监督管理委员会（以下简称中国证监会）相关规定执行。

第三章 退市公司股票确权登记程序

第一节 一般性规定

第十三条 主办券商在退市公司完成交易所市场的退出登记后，应履行以下职责：

（一）及时接收中国结算移交的退市公司交易所股份登记托管原始数据及按退市板块登记数据格式初步转换后的数据（以下统称原市场数据）；

（二）自接收原市场数据至在退市板块办理完成退市板块公司股份初始登记业务办理期间（以下简称退市登记业务办理期间），负责办理退市公司股份确权、协助执法及投资者证券持有和变动记录维护等业务；

（三）在原市场数据基础上，根据投资者申报的可用于登记退市公司股份的证券账户，及退市登记业务办理期间登记数据变动情况，并按退市板块股份限售等要求，生成退市公司在退市板块的股份登记申请数据，并向中国结算报送；

（四）维护退市板块未确认持有人专用证券账户明细数据，并按要求办理挂牌后的股份确权手续；

（五）交易所、全国股转公司、中国结算规定的其他事项。

第十四条 退市公司在上市期间与中国结算签署的证券登记服务协议，在退市公司股份于退市板块登记后继续沿用，退市公司应按照退市板块业务规则及证券登记服务协议等要求履行相应职责。

退市公司不履行的，主办券商应履行上述职责，包括但不限于妥善保管所接收的退市公司股份登记数据资料，确保向中国结算报送的退市公司在退市板块的股份登记申请数据真实、准确、完整等职责。

第十五条 托管券商应采取线上等方式，为投资者办理退市公司股份确权及退市板块交易结算手续提供便利。

第十六条 主办券商按要求完成退市公司股份登记及挂牌手续后，投资者所持有的退市公司股份方可进行转让。

第十七条 北京证券交易所退市公司进入退市板块的股票确权登记程序参照本办法

执行。

第二节　证券账户及托管单元确认

第十八条　投资者持有的交易所原证券账户可在退市板块使用的，应使用原证券账户。

第十九条　对于原证券账户无法在退市板块使用的个人和普通机构投资者，由中国结算提供证券账户初步转换服务。符合在交易所及退市板块使用的证券账户均为正常状态且关联关系已确认等条件的，中国结算为其在同一一码通账户下自动选择一个可在退市板块使用的证券账户。对于不符合上述条件的，中国结算为其配发一个限制买入的证券账户。

中国结算将上述证券账户信息发送托管券商及主办券商，托管券商及主办券商应将证券账户信息告知投资者。投资者可通过托管券商或自行向主办券商申报调整；未申报调整的，视为确认由中国结算为其选择或配发的在退市板块使用的证券账户。退市公司股份在退市板块全部卖出后，中国结算及托管券商有权注销配发的证券账户。

第二十条　对于原证券账户无法在退市板块使用的特殊机构、证券投资产品等投资者，托管券商应告知其申报可在退市板块使用的证券账户；未申报的，其持有的退市公司股份原则上登记至退市板块未确认持有人专用证券账户。

第二十一条　各托管券商应向中国结算报送一个转入时用于托管退市公司股份的托管单元，并在变更后及时向中国结算申请调整。中国结算对托管券商报送的托管单元信息进行维护更新并予以发布。

第二十二条　退市公司股份在退市前托管在有全国中小企业股份转让系统（以下简称全国股转系统）经纪业务资格托管券商的，在退市板块登记时，托管关系应与退市前保持一致。主办券商根据中国结算发布的托管单元信息为投资者批量填报退市板块托管单元。

退市公司股份在退市前属于证券公司自营业务、无托管券商或托管在无全国股转系统经纪业务资格托管券商的，投资者应通过托管券商或自行向主办券商申报退市板块托管单元。

第二十三条　投资者应申报托管单元而未申报的，所持有的退市公司股份托管至主办券商的退市板块托管单元。

第二十四条　退市登记业务办理期间，托管券商不得变更退市板块托管单元结算路径，或为投资者注销用于退市公司股份登记的证券账户。

第二十五条　对于在退市板块未开展的约定购回、融资融券、转融通、沪深股通等业务，投资者在退市板块登记时仍持有的上述业务相关股份登记至未确认持有人专用证券账户。

第三节　确权登记办理流程

第二十六条　退市公司或主办券商应在公司摘牌前向中国结算申请对证券账户及登记数据进行初步转换，中国结算根据申请按退市板块登记数据格式完成初步转换。

第二十七条　中国结算在公司摘牌后第五个交易日前向主办券商移交原市场数据。主办券商应在公司摘牌后第五个交易日前在退市板块发布股份确权公告，明确投资者办理股份确权、登记和托管手续等安排。

第二十八条 对于按照第十九条、第二十条需申报或调整证券账户及第二十二条需申报托管单元的投资者，可在摘牌后第十五个交易日前通过托管券商或自行向主办券商申请办理。

托管券商应根据主办券商发布的公告内容，告知投资者股份确权相关安排。

第二十九条 主办券商应在公司摘牌后第二十个交易日前向中国结算申请为拟在退市板块使用的证券账户添加北京市场账户标识。

第三十条 主办券商应在公司摘牌后第二十五个交易日前向中国结算提交退市公司股份登记申请。中国结算预审通过后予以受理，并于受理后十个交易日内完成退市公司股份在退市板块的初始登记。

第三十一条 采用托管人结算模式的，管理人应按本办法规定通过托管人办理在退市板块使用的证券账户、托管单元申报等工作。

第四章 股票挂牌与转让

第三十二条 主办券商应按全国股转公司的要求办理退市公司股票在退市板块挂牌手续。退市公司或主办券商应及时披露退市公司挂牌的进展情况。

第三十三条 主办券商在办理退市公司股票挂牌过程中，如退市公司对交易所退市决定提起复核等法律救济的，主办券商应暂停其股票进入退市板块登记及挂牌工作，并根据复核等法律救济的结果决定是否恢复其股票的登记及挂牌工作。

退市公司在退市板块挂牌前存在解散或清算、被法院宣告破产等情形的，其股票不得进入退市板块挂牌，退市公司或主办券商应按中国结算要求办理退出登记手续。

第三十四条 退市公司应当在股票进入退市板块挂牌转让前两个交易日编制并披露股票转让公告。主办券商应同时披露投资风险提示公告。

第三十五条 在交易所摘牌前，退市公司股票限售期尚未届满的，该部分股票的剩余限售期应连续计算。限售期届满后，退市公司或主办券商可以根据全国股转公司的要求办理解除限售手续。

第三十六条 退市公司在上市期间开展股权激励或回购业务的，可依据上市期间审议通过并披露的方案继续执行，方案原则上不得变更。

第三十七条 个人投资者申请参与退市公司股票转让的，应当具备2年以上的股票交易经验，且本人名下证券类资产在申请开通前二十个交易日日均在人民币50万元以上（不含该投资者通过融资融券交易融入的证券和资金）。

个人投资者申请参与退市公司股票转让的，应在充分了解投资风险的基础上签署《风险揭示书》。已持有公司股票但不符合以上规定或未签署《风险揭示书》的个人投资者，只能买卖其持有的退市公司股票。

第三十八条 退市公司申请定向发行股票、实施重大资产重组的，应当符合《非上市公众公司监督管理办法》和《非上市公众公司重大资产重组管理办法》的有关规定。

不符合前款规定的，但根据人民法院裁定，在破产重整中嵌套实施重大资产重组，重组完成后需规范运行两个完整会计年度，在此之前不得进行定向发行或重组。

两网公司（即 STAQ、NET 系统公司，下同）实施重大资产重组和发行股票的监管要求比照退市公司执行。

第三十九条　对于已挂牌的退市公司、两网公司存在未履行法定定期报告披露义务等违法违规行为的，全国股转公司可通过降低交易频次、风险提示等方式对其实施自律管理。

第四十条　退市公司进入退市板块挂牌后，存在解散或清算、被法院宣告破产、股东人数少于 200 人等情形的，其股票应当终止转让并退出退市板块。

第五章　自律管理

第四十一条　主办券商未能积极配合相关工作、怠于履行职责的，交易所、全国股转公司可以依照相关业务规则采取自律管理措施。

第六章　附　　则

第四十二条　因不可抗力、技术系统故障等原因导致证券登记数据发生错误的，中国结算与相关机构核对一致后进行更正。

第四十三条　本办法未明确事项，依据交易所、全国股转公司和中国结算其他业务规则执行。

第四十四条　本办法自 2022 年 4 月 29 日起实施。

关于发布《深圳证券交易所上市审核委员会和并购重组审核委员会管理办法》的通知

（2022 年 12 月 23 日　深证上〔2022〕1182 号）

各市场参与人：

为提高深圳证券交易所（以下简称本所）发行上市审核工作质量，本所制定了《深圳证券交易所上市审核委员会和并购重组审核委员会管理办法》（以下简称《管理办法》），经中国证监会批准，现予以发布。为做好工作衔接，现就有关事项通知如下：

一、本《管理办法》自发布之日起施行。本所按照《管理办法》组建第一届上市审核委员会和第一届并购重组审核委员会（以下统称新两委）。

二、新两委按照本《管理办法》负责实施注册制板块证券发行上市申请、证券退市相关事项和上市公司发行股票（含可转换公司债券等证券）购买资产等申请的审议。

三、新两委聘任公告发布前，本所创业板第一届上市委员会、创业板第一届并购重组委员会和第十届上市委员会继续按照《深圳证券交易所创业板上市委员会管理办法（2021 年修订）》《深圳证券交易所上市委员会工作细则（2020 年修订）》履行职责。

深圳证券交易所

2022 年 12 月 23 日

3.5.2

深圳证券交易所上市审核委员会和并购重组审核委员会管理办法

（2022 年 12 月 23 日　深证上〔2022〕1182 号）

第一章　总　　则

第一条　为了规范深圳证券交易所（以下简称本所）证券发行、上市（以下简称发行上市）及退市审核工作，提高本所上市审核委员会（以下简称上市委）和并购重组审核委员会（以下简称重组委）的工作质量和透明度，根据《中华人民共和国证券法》以及中国证券监督管理委员会（以下简称中国证监会）关于首次公开发行股票、上市公司证券发行、上市公司重大资产重组、转板等规定，制定本办法。

第二条　本所设立上市委，审议发行人、上市公司、转板公司、退市公司（以下统称发行人）证券发行上市申请以及证券退市相关事项。

本所设立重组委，审议上市公司发行股票（含可转换公司债券等证券）购买资产等申请（以下简称重组申请）。

上市委和重组委组成、履职、会议组织、工作纪律与监督管理等适用本办法。

第三条　上市委和重组委依照法律、行政法规、中国证监会规定、本办法以及本所相关规定，独立履行职责，不受任何机构和个人的干扰。

第四条　上市委和重组委通过上市委会议和重组委会议等形式履行职责。会议以合议方式进行审议和复审，通过集体讨论，形成合议意见。

第五条　本所负责上市委、重组委及委员的日常管理，为上市委、重组委及委员履行职责提供必要的条件和便利。

上市委、重组委委员应当按照本所的规定履职尽责，接受本所的考核和监督。

第二章　人员组成与任期

第六条　上市委委员和重组委委员（以下统称委员），由本所以外的专家和本所相关专业人员组成，由本所聘任。

委员包括专职委员和兼职委员，以具有证券监管经验专业人员担任的专职委员为主。

第七条 上市委由不超过三十名委员组成，重组委由不超过二十名委员组成。

本所可以根据需要调整上市委和重组委的委员人数和人员构成。

第八条 委员应当符合下列条件：

（一）政治立场坚定，具有良好的政治素质和职业道德；

（二）坚持原则，公正廉洁，忠于职守，严格遵守法律、行政法规；

（三）熟悉证券发行上市、并购重组、退市相关业务及有关证券法律、行政法规；

（四）熟悉所在领域产业政策及行业发展状况；

（五）最近三年没有影响履行委员职责的违法、违规记录以及严重不良诚信记录；

（六）本所认为必要的其他条件。

第九条 本所遵循依法、公开、择优原则，按照下列程序和要求聘任委员：

（一）本所和本所提请的相关单位推荐委员人选。推荐单位应当就推荐人选的政治素质、专业能力与廉洁自律等情况出具意见。

（二）本所在本所网站公示委员人选名单，公示期不少于五个工作日。

（三）本所根据委员选任条件进行遴选，在履行决策程序后作出聘任决定。

第十条 委员每届任期二年，可以连任，原则上连续任职不超过两届。同时担任上市委和重组委委员的，其重组委委员任期与其上市委委员当届的任期一致。

委员任期届满的，由本所予以续聘或者更换。上市委和重组委完成换届前，委员应当按照本办法的规定继续履行职责。

本所根据需要，经履行相关程序，可以调整委员每届任期年限和连续任职期限。

第十一条 委员有下列情形之一的，本所予以解聘：

（一）不符合本办法第八条规定的条件；

（二）存在不遵守回避制度、利用委员身份开展商业活动等严重违反工作纪律的行为；

（三）未勤勉尽责，不符合本所考核要求；

（四）本人提出辞职申请；

（五）推荐其担任委员的单位提请解聘，经本所研究认为不适合担任委员的；

（六）两次以上无故缺席上市委会议或者重组委会议；

（七）本所认为不适合担任委员的其他情形。

委员的解聘不受任期是否届满的限制。委员解聘后，本所及时选聘新的委员。

第十二条 委员从派出单位离职的，应当及时以书面形式通知本所。

第三章 职责

第十三条 上市委和重组委履行下列职责：

（一）上市委对本所发行上市审核机构出具的审核报告以及发行上市申请文件进行审议，就其提出的初步审核意见，提出审议意见；

（二）重组委对本所重组审核机构出具的审核报告以及重组申请文件进行审议，就其提出的初步审核意见，提出审议意见；

（三）上市委对本所相关业务部门出具的退市相关审查报告以及上市公司提交的相关书面文件进行审议，提出审议意见；

（四）上市委和重组委对发行人提出异议的本所不予受理、终止审核、不同意转板决定进行复审，提出复审意见；

（五）本所作出终止上市决定前，上市公司依规申请听证的，上市委听取其陈述及申辩意见；

（六）本所规定的其他职责。

上市委和重组委对本所发行上市审核机构和重组审核机构（以下统称审核机构）及相关业务部门提交讨论的审核相关事项，进行专题研究，提出建议。

第十四条　委员在履行职责过程中，应当遵守下列规定：

（一）依法依规、独立、客观、公正地发表意见，勤勉尽责，按时出席会议；

（二）及时向本所及其派出单位报告影响或者可能影响其公正履职的有关事项；

（三）及时向本所及其派出单位报告不符合本办法第八条第五项规定的情形，以及其他可能对其职业声誉造成重大影响的事项；

（四）本所规定的其他工作纪律和履职要求。

第十五条　委员应当亲自出席会议，不得委托他人代为出席。兼职委员应当保证足够的时间和精力履行职责。

委员因回避、不可抗力、意外事件或者其他特殊情形不能出席会议的，应当提前通知。本所可以根据情况对参会委员或者会议安排等作相应调整。

第十六条　委员履行职责时，有下列情形之一的，应当回避：

（一）委员或者其亲属近两年内担任发行人、交易对方、标的资产或者其控股股东、实际控制人或者保荐人、独立财务顾问的董事、监事、高级管理人员；

（二）委员或者其亲属、委员派出单位与发行人、交易对方、标的资产、保荐人、独立财务顾问存在股权关系，可能影响其公正履行职责；

（三）委员或者其亲属、委员派出单位近两年内为发行人或者交易对方提供保荐、财务顾问、承销、审计、评估、法律、咨询等服务，可能影响其公正履行职责；

（四）委员或者其亲属担任董事、监事、高级管理人员的公司与发行人、交易对方、标的资产存在行业竞争关系，或者与发行人、交易对方、标的资产、保荐人、独立财务顾问有利害关系，经认定可能影响其公正履行职责；

（五）上市委会议和重组委会议召开前，与发行人、交易对方、标的资产、保荐人、独立财务顾问及其他相关单位或者个人进行过接触，可能影响其公正履行职责；

（六）本所认定的可能产生利害冲突或者委员认为可能影响其公正履行职责的其他情形。

前款所称亲属，包括委员的配偶、父母、子女、兄弟姐妹、配偶的父母、子女的配偶、兄弟姐妹的配偶。

第十七条　本所设立上市委和重组委秘书处（以下简称秘书处），负责处理下列具体事务：

（一）抽选委员参加会议，安排会议场地及设施，通知参会人员，送达会议材料等；

（二）协助会议召集人维护会场秩序，负责上市委会议和重组委会议录音录像，记录会议讨论情况，起草会议纪要；

（三）在本所网站发布上市委会议和重组委会议有关信息，对有关文件资料进行存档；

（四）落实委员遴选、聘任、解聘、换届等工作；

（五）负责委员的联络沟通、服务保障等日常工作；

（六）上市委和重组委要求办理的其他事项。

第四章　上市委会议和重组委会议

第一节　一般规定

第十八条　上市委和重组委以召开审议会议的形式开展审议工作，本办法另有规定的除外。

会议召集人负责召集审议会议，组织委员发表意见和讨论，主持形成合议意见。

第十九条　本所根据审核工作进度，安排审议会议，确定会议召开时间。

第二十条　每次审议会议由五名委员参加，法律、会计专家至少各一名。

本所按照公平公正的原则以抽选等方式确定参会委员，委员因回避等事由无法参会的，可以抽选其他委员补足。

第二十一条　委员收到会议通知后，确认出席会议的，应当签署声明与廉政承诺，并于会议召开前提交秘书处。

委员因回避、不可抗力、意外事件或者其他特殊情形不能出席会议的，原则上应当于审议会议召开四日前将回避或者缺席申请提交秘书处。

第二十二条　发行人、保荐人、独立财务顾问及其他相关单位和个人认为拟参会委员与审议事项存在利害冲突或者潜在利害冲突，可能影响委员独立、客观、公正履行职责的，应当于会议召开四日前向本所提出要求有关委员予以回避的书面申请，并充分说明委员回避的理由。

第二十三条　本所收到拟参会委员回避或者缺席申请或者发行人、保荐人、独立财务顾问及其他相关单位和个人要求委员回避的书面申请后将进行核实。经核实理由成立的，该委员应当回避，本所将及时告知申请人。

委员、发行人、保荐人、独立财务顾问及其他相关单位和个人未在规定时间内向本所提交有关回避申请，但委员存在应当回避情形的，本所要求相关委员回避。

因回避或者缺席导致参会委员人数不符合规定的，本所将安排其他委员参加会议，并及时公布；难以及时安排其他委员参加会议的，本所可以取消该次审议会议或者该次审议会议对特定事项的审议。

第二十四条　审议会议召开前，参会委员不得私自与本次审议事项相关的发行人、交易对方、标的资产、保荐人、独立财务顾问或者其他相关单位和个人进行接触。

发行人、交易对方、标的资产、保荐人、独立财务顾问、其他相关单位和个人，不得直接或者间接以不正当手段影响委员的专业判断，或者以其他方式干扰委员审议。

第二十五条　审议会议召开时，会议召集人负责主持会议，确认应当参会的委员全部到场后，宣读会议纪律、注意事项和拟审议事项。

审议会议应当全程录音录像，形成会议纪要，并由参会委员签字确认。

第二十六条　审议会议过程中，出现不可抗力、意外事件或者其他特殊情形，导致会议无法继续召开的，可以暂停会议。

导致会议暂停情形消除后，会议继续进行；短时间内难以消除的，本所可以另行安排或者取消会议，并在本所网站公布。

第二十七条　参会委员应当于审议会议结束时当场提交委员工作底稿，列明关注的主要问题、对中介机构履职情况的意见和建议（如适用）等内容。委员工作底稿的内容应当与其在审议会议上的审议情况一致。

第二节　证券发行上市申请和重组申请的审议

第二十八条　上市委审议首次公开发行股票或者存托凭证并上市、上市公司向不特定对象发行证券并上市、转板公司向创业板转板、退市公司的股票重新上市等证券发行上市事项，适用本节规定。

重组委审议上市公司发行股票（含可转换公司债券等证券）购买资产等事项，适用本节规定。

第二十九条　本所于会议召开五个工作日前，公布审议会议的时间、拟参会委员名单、审议会议涉及的发行人名单等，同时通知发行人及其保荐人、独立财务顾问。

因不可抗力、意外事件或者其他特殊情形，导致审议会议无法按照原定安排召开，或者特定事项无法在审议会议审议的，本所可以取消会议、取消该事项的审议或者另行安排。

出现前款规定情形的，本所及时在本所网站公布，通知委员、发行人及其保荐人、独立财务顾问。

第三十条　审议会议召开五个工作日前，秘书处将下列材料以电子文档的形式发送给拟参会委员：

（一）会议时间、地点、拟审议发行人名单等；

（二）审核机构出具的审核报告；

（三）发行上市或者重组申请文件、审核问询以及回复；

（四）本所认为需要提交上市委或者重组委审议的其他材料。

审议会议召开二日前，秘书处将经会议召集人汇总后的问询问题告知发行人及其保荐人、独立财务顾问。

第三十一条　审议会议召开时，本所审核机构的审核人员就提交审议的审核报告和初步审核意见向上市委或者重组委进行汇报。

第三十二条　审核人员汇报完毕后，参会委员应当根据委员工作底稿，就审核报告的内容和审核机构提出的初步审核意见发表意见，可以要求审核人员就有关问题进行解释说明。

第三十三条 审议会议过程中，参会委员可以在拟提出问询问题的范围内，向发行人、交易对方、标的资产、保荐人、独立财务顾问、证券服务机构等相关主体代表询问并要求回答。

上述相关主体代表应当遵守会议纪律，对会议内容严格保密。

第三十四条 会议召集人根据参会委员的意见及讨论情况进行总结，经会议合议，按少数服从多数的原则形成审议意见。

本所于审议会议结束当日，在本所网站公布审议意见及问询问题。

第三十五条 审议会议中发现发行人在发行上市条件、重组条件、信息披露要求等方面存在有待进一步核实的重大事项，无法形成审议意见的，经会议合议，上市委或者重组委可以对该发行人的发行上市申请或者重组申请暂缓审议，暂缓审议时间不超过二个月。

暂缓审议后再次审议的，仍由原委员审议，但发出会议通知和发送会议材料可以不受本办法第二十九条、第三十条的限制。原委员无法参会的，应当向本所提出申请，本所按照委员抽选原则另行安排委员进行审议。对发行人的同一发行上市申请或者同一重组申请，只能暂缓审议一次。

审议会议中，发现发行人在转板条件、股票重新上市条件、信息披露要求等方面存在有待进一步核实的重大事项，无法形成审议意见，需要暂缓审议和再次审议的，按照前两款规定执行。

第三十六条 审议意见为发行人符合发行条件、上市条件和信息披露要求的，本所结合审议意见，向中国证监会报送发行人符合发行条件、上市条件和信息披露要求的审核意见及发行上市申请文件，并通知发行人及其保荐人。

审议意见为上市公司发行股票（含可转换公司债券等证券）购买资产申请符合重组条件和信息披露要求的，本所结合审议意见，向中国证监会报送重组交易符合重组条件和信息披露要求的审核意见及相关申请文件。相关意见通知发行人及其独立财务顾问。

审议意见为转板申请符合转板条件和信息披露要求的，本所结合审议意见，作出同意转板的决定，通知转板公司及其保荐人，通报北京证券交易所，并报中国证监会备案。

审议意见为股票重新上市申请符合股票重新上市条件和信息披露要求的，本所结合审议意见，作出同意重新上市的决定，通知退市公司及其保荐人，通报全国中小企业股份转让系统，并报中国证监会备案。

第三十七条 上市委、重组委形成本办法第三十六条规定的审议意见，同时要求发行人补充披露有关信息或者要求保荐人、独立财务顾问、证券服务机构补充核查的，由本所审核机构通知保荐人、独立财务顾问组织落实。

前款规定的补充披露或者补充核查完成后，本所将有关落实情况通报参会委员，按规定程序向中国证监会报送审核意见或者作出相关审核决定，并通知发行人、保荐人、独立财务顾问。

第三十八条 审议意见为发行人不符合发行条件、上市条件或者信息披露要求，或者为重组交易不符合重组条件或者信息披露要求的，本所结合审议意见，作出终止审核的决定。

审议意见为转板申请不符合转板条件或者信息披露要求的，本所结合审议意见，作出不同意转板的决定。

审议意见为股票重新上市申请不符合股票重新上市条件或者信息披露要求的，本所结合审议意见，作出不予重新上市的决定。

第三十九条　审议会议召开前，出现需要对发行人发行上市申请或者重组申请予以中止审核情形的，本所可以取消本次审议会议对所涉及申请的审议。中止审核情形消除后，再行召开审议会议进行审议。

审议会议召开前，发生重大事项，对发行人是否符合发行条件、上市条件、转板条件、股票重新上市条件或者信息披露要求，或者对重组交易是否符合重组条件、信息披露要求产生重大影响的，本所可以取消本次审议会议对所涉及申请的审议。重大事项处理完毕后，再行召开审议会议进行审议。

审议会议后至证券上市交易前，出现前款规定重大事项的，经本所审核机构重新审核后，可以再次提请上市委或者重组委审议。

第四十条　发行人对本所不予受理、终止审核、不同意转板的决定提出异议的，上市委或者重组委召开会议进行复审。

会议召集人负责召集复审会议，组织委员发表意见和讨论，主持形成合议意见。

复审期间，原决定的效力不受影响。

第四十一条　发行人向上市委或者重组委申请复审的，应当自收到本所相关决定之日起五个工作日内，向本所提交下列申请文件：

（一）复审申请书；

（二）保荐人、独立财务顾问就复审事项出具的意见书；

（三）律师事务所就复审事项出具的法律意见书；

（四）本所规定的其他文件。

第四十二条　本所收到复审申请二十个工作日内组织召开复审会议。参加复审会议的委员人数及组成、回避情形、会议程序、会议记录等参照审议会议相关规定执行。

本所审核不通过并作出终止审核、不同意转板的决定后，发行人提出异议进行复审的，参加原审议会议的委员，不得参加本次复审会议。

第四十三条　复审会议召开五个工作日前，秘书处将发行人的复审申请、本所作出的相关决定以及申请文件等相关材料以电子文档形式发送给参会委员，并通知发行人及其保荐人、独立财务顾问。

第四十四条　复审会议认为申请复审理由成立的，本所作出予以受理或者重新审核的决定；复审会议认为申请复审理由不成立的，本所维持原决定，并通知发行人及其保荐人、独立财务顾问。

本所于会议结束当日，在本所网站公布复审结果。

第三节　证券退市事项的审议

第四十五条　上市委按照《深圳证券交易所股票上市规则》《深圳证券交易所创业板股票上市规则》（以下统称《股票上市规则》）审议上市公司股票、存托凭证、可转换公司债券等退市相关事项的，适用本节规定。

第四十六条　审议会议召开五个工作日前，秘书处将下列材料发送给拟参会委员：

（一）会议时间、地点（如适用）、拟审议的事项等；

（二）审查报告；

（三）上市公司在规定期限内提交的相关书面陈述和申辩材料等（如有）；

（四）上市公司申请文件（如有）；

（五）本所认为需要提交上市委审议的其他材料。

第四十七条　上市公司在收到或者本所公告送达终止上市事先告知书后，可以根据《股票上市规则》等规定申请听证，提出陈述和申辩。

听证程序和相关事宜适用本所《深圳证券交易所自律监管听证程序细则》等相关规定。

第四十八条　审议会议召开前，因不可抗力、意外事件或者其他特殊情形，导致审议会议无法按照原定安排召开，或者特定事项无法在审议会议审议的，本所可以取消会议、取消该事项的审议或者另行安排。

第四十九条　审议会议召开时，本所相关业务部门的审查人员就提交审议的审查报告向上市委进行汇报。

第五十条　审查人员汇报完毕后，参会委员应当根据委员工作底稿，就审查报告的内容发表意见，可以要求审查人员就有关问题进行解释说明。

第五十一条　会议召集人根据参会委员的意见及讨论情况进行总结，经会议合议，按少数服从多数的原则形成审议意见。

审议会议中，发现上市公司存在有待进一步核实的重大事项，无法形成审议意见的，经会议合议，上市委可以对相关审议事项暂缓审议。暂缓审议后再次审议的，按照本办法第三十五条相关规定执行。

第五十二条　上市委审议下列事项可以适用简易程序：

（一）上市公司申请主动终止其股票、可转换公司债券在本所上市交易；

（二）上市公司未提出听证、陈述和申辩的强制终止上市。

适用简易程序的，参会委员根据收到的材料，通过通讯方式形成审议意见并签字确认。

第五十三条　上市委审议意见包括同意终止上市和不同意终止上市等。

本所结合审议意见，在《股票上市规则》等规则规定的期限内，对退市相关事项作出决定，并由上市公司对外公告。

第四节　专题会议和全体会议

第五十四条　本所不定期召开上市委、重组委专题会议，对本所审核机构及相关业务部门提交讨论的下列事项进行研究：

（一）审核中具有共性的新情况、新问题；

（二）审核业务规则中需要修订增补的内容；

（三）市场关注度较高的审核相关问题；

（四）其他需要研究讨论的审核相关事项。

第五十五条　上市委、重组委每年至少召开一次全体会议，就下列事项进行讨论：

（一）上市委、重组委当年工作总结；

（二）对本所审核工作的意见和建议；

（三）对本所审核机构及相关业务部门提交的其他事项进行研究、讨论。

全体会议应当由上市委、重组委三分之二以上的委员出席。

第五章　工作纪律与监督管理

第五十六条　委员应当按照本所规定，就廉洁履职和遵守工作纪律等签署履职相关承诺，接受本所的管理和廉政监督。委员为专职委员的，参照适用本所工作人员管理规定。

第五十七条　本所定期从政治素质、专业水平、廉政情况等方面对委员进行考核，并将考核结果通知委员及委员派出单位。

第五十八条　委员应当按时参加本所组织的培训，保持与履职相称的职业能力、专业素养和廉政意识。

第五十九条　委员应当遵守下列规定：

（一）遵守会议纪律，在审核工作中勤勉尽责；

（二）保守国家秘密、发行人的商业秘密和工作秘密；

（三）妥善保管会议材料和系统电子密钥，不得泄露上市委会议或者重组委会议材料及会议讨论内容、合议情况及其他有关情况，不得将电子密钥出借给他人使用；

（四）依法依规、独立、客观、公正地发表意见，不得串通发表意见或者诱导其他委员发表意见；

（五）在规定时间内提交声明与廉政承诺、回避或者缺席申请、委员工作底稿等材料，不得拖延或者经由他人提出回避申请，不得隐瞒可能影响公正履职、应当回避的事项，不得违规对应当回避事项施加影响；

（六）未经允许不得以委员身份接受采访或者发表言论；

（七）不得利用委员身份开展商业活动、提供咨询，或者利用在履行职责时所得到的非公开信息，为本人或者他人直接或者间接谋取利益，不得从事妨碍市场公平竞争的业务活动；

（八）不得与发行人有利害关系，不得直接或者间接接受发行人、交易对方、标的资产、保荐人、独立财务顾问及其他相关单位和个人提供的资金、物品等馈赠和其他利益，不得私下与发行人、交易对方、标的资产、保荐人、独立财务顾问及其他相关单位和个人进行接触；

（九）本所其他有关规定。

第六十条 委员受聘时应当向本所报告本人及配偶、父母、子女、子女的配偶持有的股票和其他具有股权性质的证券情况。

受聘期间，前款规定的主体不得持有所审议、复审发行人的股票或者其他具有股权性质的证券，不得买入、受让或者卖出股票或者其他具有股权性质的证券，但因上市公司送转股、实施股权激励计划新增持有股票和其他具有股权性质的证券的除外。相关主体新增股票和其他具有股权性质的证券应当在过户登记完成后二个工作日内向本所报告。委员为专职委员的，应当遵守本所工作人员禁止买卖股票的规定。

本条所称股票和其他具有股权性质的证券，是指在境内证券交易所上市交易的股票和其他具有股权性质的证券，及其同时在境外证券交易所上市交易的股票和其他具有股权性质的证券。

第六十一条 本所会同派出单位共同加强对委员的日常管理，建立委员信息档案。

第六十二条 发行人聘请的保荐人、独立财务顾问、证券服务机构有义务督促发行人遵守本所有关规定。保荐人、独立财务顾问、证券服务机构唆使、协助或者参与干扰上市委或者重组委工作的，本所按照相关规定进行处理。

第六十三条 委员违反本办法相关规定的，本所可以根据情节轻重对有关委员进行谈话提醒、批评教育等或者予以解聘。

第六十四条 本所建立对委员的举报监督机制。委员涉嫌违反本办法或者本所其他相关规定的，本所可以进行调查，并根据调查结果作相应处理。涉嫌违法的，本所向中国证监会报告。

委员因涉嫌违法违纪违规接受审查调查期间，本所暂停相关委员参加上市委会议或者重组委会议。

第六十五条 本所可以将委员批评教育及予以解聘的相关信息公开，报告中国证监会，并通报其派出单位、有关自律组织。

第六章 附 则

第六十六条 本办法的制定和修改须经本所理事会审议通过，报中国证监会批准。

第六十七条 本办法由本所负责解释。

第六十八条 本办法自发布之日起施行。

3.6 优先股

关于发布《深圳证券交易所优先股试点业务实施细则（2023 年修订）》的通知

（2023 年 2 月 17 日　深证上〔2023〕99 号）

各市场参与人：

为了落实全面实行股票发行注册制相关要求，进一步规范上市公司优先股发行、上市、交易、转让和信息披露等行为，推动提高上市公司质量，本所对《深圳证券交易所优先股试点业务实施细则》进行了修订，经中国证监会批准，现予以发布。

本细则自发布之日起施行。在按照《首次公开发行股票注册管理办法》发行的首只主板股票上市首日前，优先股涨跌幅限制、异常波动标准等交易机制或者转让机制仍按照本所于 2014 年 6 月 12 日发布的《深圳证券交易所优先股试点业务实施细则》（深证上〔2014〕204 号）的有关规定执行。

本所于 2014 年 11 月 6 日发布的《优先股投资风险揭示书必备条款》（深证会〔2014〕125 号）同时废止。

深圳证券交易所

2023 年 2 月 17 日

3.6.1

深圳证券交易所优先股试点业务实施细则（2023 年修订）

（2023 年 2 月 17 日　深证上〔2023〕99 号）

第一章　总　　则

第一条　为了规范优先股的发行、上市、交易、转让、信息披露等行为，保护投资者合法权益，根据《中华人民共和国公司法》（以下简称《公司法》）、《中华人民共和国证券法》（以下简称《证券法》）、《国务院关于开展优先股试点的指导意见》（以下简称《指导意见》）、《优先股试点管理办法》（以下简称《管理办法》）、《深圳证券交易所股票上市规则》《深圳证券交易所创业板股票上市规则》（以下统称《股票上市规则》）、《深圳证券交易所交易规则》（以下简称《交易规则》）等有关规定，制定本细则。

第二条　本细则所称优先股，是指依照《公司法》，在一般规定的普通种类股份之外，另行规定的其他种类股份，其股份持有人优先于普通股股东分配公司利润和剩余财产，但参与公司决策管理等权利受到限制。

第三条　优先股在深圳证券交易所（以下简称本所）的发行、上市、交易、转让和信息披露等事宜，适用本细则。本细则未规定的，适用本所其他有关规定。

第四条　优先股的登记、存管和结算事宜，按照中国证券登记结算公司（以下简称中国结算）相关业务规则办理。

第五条　本所会员应当向首次参与优先股交易或者转让的投资者全面介绍优先股的产品特征和运行规则，充分揭示投资风险，并要求其以书面或者电子方式签署优先股投资风险揭示书。

第二章　发行与上市

第六条　上市公司申请发行优先股的，相关发行审核、承销等事宜，本细则未作规定的，适用《深圳证券交易所上市公司证券发行上市审核规则》《深圳证券交易所上市公司证券发行与承销业务实施细则》等有关规则的规定。

上市公司通过本所交易系统采用资金申购方式上网向不特定对象发行优先股的，参照

《资金申购上网公开发行股票实施办法》执行。

第七条　上市公司向特定对象发行优先股的，其发行对象及人数应当符合《管理办法》第三十四条的规定。

第八条　在本所发行的优先股每股票面金额为100元人民币。

优先股的发行价格不得低于优先股票面金额。

第九条　上市公司申请向不特定对象发行的优先股在本所上市的，应当符合下列条件：

（一）优先股经中国证监会注册并已向不特定对象发行；

（二）本次优先股发行后实际募集资金总额不少于人民币五千万元；

（三）申请优先股上市时仍符合法定的优先股发行条件；

（四）本所要求的其他条件。

第十条　发行人向本所申请优先股上市或者办理转让服务的，应当提交下列文件：

（一）上市或者转让申请书；

（二）上市或者转让公告书；

（三）中国证监会予以注册的决定；

（四）根据《指导意见》和《管理办法》，明确规定优先股相关事项的公司章程；

（五）保荐机构出具的《承销保荐协议》《上市保荐书》或者《转让保荐书》，保荐代表人分别签署的《保荐代表人声明和承诺书》（如适用）；

（六）财务顾问出具的《财务顾问报告》（如适用）；

（七）会计师事务所出具的《验资报告》；

（八）资产、负债转移手续完成情况及其证明文件（如适用）；

（九）律师事务所出具的《法律意见书》；

（十）中国结算出具的优先股登记证明文件；

（十一）董事、监事和高级管理人员持股情况变动的报告；

（十二）发行对象、上市公司等在本次优先股发行中所有承诺及其履行情况的《承诺公告》；

（十三）本所要求的其他文件。

第三章　交易与转让

第一节　一般规定

第十一条　向不特定对象发行的优先股上市交易可以采用竞价交易和大宗交易方式。

本所为向特定对象发行的优先股提供转让服务。

第十二条　优先股交易、转让计价单位为“每股价格”。

第十三条　优先股交易、转让申报价格最小变动单位为0.01元人民币。

第十四条　本所对向不特定对象发行的优先股交易（含上市首日）实行价格涨跌幅限

制。涨跌幅限制范围、计算公式适用《交易规则》关于股票交易的规定。

优先股上市首日涨跌幅价格的计算，以该优先股的发行价格为基准。

第十五条 同一发行人发行的普通股停复牌的，优先股同步停牌或者暂停转让、复牌或者恢复转让，本所另有规定的除外。

第二节 交易

第十六条 通过竞价交易买入优先股的，申报数量应为100股或者其整数倍。卖出优先股时，余额不足100股的部分，应当一次性申报卖出。

第十七条 优先股竞价交易单笔申报最大数量不得超过100万股。

第十八条 优先股竞价交易出现下列情形之一的，属于异常波动，本所分别公布其在交易异常波动期间累计买入、卖出金额最大五家会员证券营业部或者交易单元的名称及其各自累计买入、卖出金额：

（一）主板上市优先股连续三个交易日内收盘价格涨跌幅累计达到±20%的；

（二）主板上市优先股单一交易日换手率达到20%的；

（三）创业板上市优先股连续三个交易日内收盘价格涨跌幅累计达到±30%的；

（四）中国证监会或者本所认为属于异常波动的其他情形。

异常波动指标自上市公司发布异常波动公告或者复牌之日起重新计算。

优先股不适用《交易规则》关于股票交易严重异常波动情形的规定。

第十九条 优先股竞价交易纳入本所即时行情，但不纳入指数计算。

第二十条 优先股进行大宗交易的，单笔申报数量不低于5000股，或者交易金额不低于50万元人民币。

第二十一条 优先股大宗交易采用协议大宗交易方式。

第二十二条 优先股协议大宗交易的成交确认时间为每个交易日的9：15至11：30、13：00至15：30。

第二十三条 本所在交易时间内通过本所网站即时公布优先股协议大宗交易的报价信息和成交信息。其中报价信息内容包括：证券代码、证券简称、申报类型、买卖方向、数量、价格等；成交信息内容包括：证券代码、证券简称、当日最新价、当日最高价、当日最低价、总成交数量、总成交金额、总成交笔数等。

第二十四条 本所在每日交易结束后通过本所网站公布优先股协议大宗交易信息，内容包括：证券代码、证券简称、成交量、成交价格以及买卖双方所在会员证券营业部或者交易单元名称。

第二十五条 在本所上市优先股的交易事宜，本细则未作规定的，适用《交易规则》关于股票交易的规定。

第三节 转让

第二十六条 优先股进行转让的，单笔申报数量（金额）、申报时间、申报类型、成交确认时间参照优先股协议大宗交易有关规定执行。

第二十七条　优先股转让环节的投资者适当性标准应当与发行环节保持一致；向特定对象发行的相同条款优先股经转让后，投资者不得超过二百人。

本所按照申报时间先后顺序对优先股转让进行确认，对导致优先股持有账户数超过200户的转让不予确认。

第二十八条　本所会员应当履行投资者适当性管理职责，通过现场问询、核对资料、签订确认书等方式审查参与优先股转让的投资者是否为符合规定的合格投资者，并保存相关资料。

第四章　信息披露

第二十九条　上市公司召开董事会审议发行优先股相关事项的，应当及时刊登董事会决议公告，并按照中国证监会有关规定及时披露本次优先股发行预案。

上市公司独立董事应当就本次发行优先股对公司各类股东权益的影响发表专项意见，并与董事会决议一同披露。

第三十条　上市公司召开股东大会审议发行优先股相关事项的，应当提供网络投票，并在股东大会通知中逐项列出下列需要进行表决的事项：

（一）本次发行优先股的种类和数量；

（二）发行方式、发行对象及向原股东配售的安排；

（三）票面金额、发行价格或者定价区间及其确定原则；

（四）优先股股东参与分配利润的方式，包括：票面股息率及其确定原则、股息发放的条件、股息支付方式、股息是否累积、是否可以参与剩余利润分配等，涉及财务数据或者财务指标的，应当注明相关报表口径；

（五）回购条款，包括回购的条件、期间、价格及其确定原则、回购选择权的行使主体等（如有）；

（六）募集资金用途；

（七）公司与发行对象签订的附条件生效的优先股认购合同（如有）；

（八）决议的有效期；

（九）公司章程关于优先股股东和普通股股东利润分配、剩余财产分配、优先股表决权恢复等相关政策条款的修订方案；

（十）对董事会办理本次发行具体事宜的授权；

（十一）中国证监会和本所规定的其他事项。

上述事项须经出席会议的普通股股东（含表决权恢复的优先股股东）所持表决权的三分之二以上通过。已发行优先股的，还须经出席会议的优先股股东（不含表决权恢复的优先股股东）所持表决权的三分之二以上通过。上市公司向公司特定股东及其关联人发行优先股的，股东大会就发行方案进行表决时，关联股东应当回避。

第三十一条　上市公司应当在股东大会决议公告中披露普通股股东和优先股股东分别对本细则第三十条第一款规定的每一事项同意、反对和弃权的股份数及其所占比例。

第三十二条 上市公司向不特定对象发行优先股的，应当在优先股发行日前五个交易日内，披露发行公告和募集说明书全文。

第三十三条 上市公司应当在其优先股上市（转让）日前五个交易日内，披露上市（转让）公告书全文。

上市（转让）公告书应当包括下列内容：

（一）发行人基本情况；

（二）本次优先股发行情况；

（三）本次优先股上市（转让）情况；

（四）本次股份变动情况及其影响；

（五）本次发行上市（转让）相关服务机构的基本情况；

（六）保荐机构（财务顾问）的上市（转让）推荐意见；

（七）自募集说明书刊登日至上市（转让）公告书刊登前发生可能对公司有较大影响的其他重要事项（如有）；

（八）本所要求的其他内容。

第三十四条 发行优先股的上市公司披露定期报告时，应当在定期报告中以专门章节的形式，披露下列与优先股有关的情况：

（一）历次发行优先股情况；

（二）优先股股本总额；

（三）前十名优先股股东名单和持有数额；

（四）优先股股东的利润分配情况；

（五）优先股的回购或者转换情况（如有）；

（六）优先股股东表决权恢复及行使情况（如有）；

（七）优先股会计处理情况；

（八）中国证监会和本所规定的其他情况。

第三十五条 发行优先股的上市公司，发生下列可能对其普通股或者优先股交易或者转让价格产生较大影响情况的，应当及时履行披露义务：

（一）优先股的发行、上市和转让情况；

（二）优先股的回购情况；

（三）优先股的转换情况；

（四）公司信用状况发生重大变化，可能影响其向优先股股东分配股息的；

（五）优先股股东表决权恢复、行使及其变动情况；

（六）优先股股东的分类表决情况；

（七）向优先股股东分配利润或者剩余财产的；

（八）优先股的收盘市值低于五千万元的；

（九）优先股募集资金的存放和使用情况；

（十）中国证监会和本所规定的其他情况。

第三十六条 发行优先股的上市公司累计三个会计年度或者连续两个会计年度未按约

定支付优先股股息的，应当在公司股东大会批准当年利润分配方案的次日发布表决权恢复提示性公告，公告应当载明优先股表决权恢复的原因和起始期限、每股优先股享有的表决权比例以及表决权恢复对公司的影响等内容。

对于股息可累积到下一会计年度的优先股，公司应当在其全额支付所欠股息的次日发布表决权终止提示性公告；对于股息不可累积的优先股，公司应当在其全额支付当年股息的次日发布表决权终止提示性公告；公告应当载明优先股表决权终止的原因、日期及其对公司的影响等内容。

上市公司出现公司章程规定的其他优先股表决权恢复、终止情形的，应当参照前两款规定发布提示性公告。

第三十七条　投资者持有上市公司已发行的优先股达到该公司优先股股本总额的20%时，应当在该事实发生之日起两个交易日内向本所报告，并通知上市公司予以公告。

持有上市公司已发行的优先股占该公司优先股股本总额20%以上的，其所持上市公司已发行的优先股比例每增加或者减少10%时，应当在该事实发生之日起两个交易日内依照前款规定履行报告和公告义务。

第三十八条　下列事项计算持股比例或者数额时，仅计算普通股和表决权恢复的优先股：

（一）根据《公司法》第一百条，请求召开临时股东大会；

（二）根据《公司法》第一百零一条，召集和主持股东大会；

（三）根据《公司法》第一百零二条，提交股东大会临时提案；

（四）根据《公司法》第二百一十六条，认定控股股东；

（五）根据《证券法》第四十四条、第五十一条和第八十条，认定持有公司百分之五以上股份的股东；

（六）根据《股票上市规则》有关规定，认定持有公司百分之五以上股份的关联人；

（七）中国证监会和本所规定的其他事项。

第三十九条　上市公司以减少注册资本为目的回购普通股向不特定对象发行优先股的，或者以向特定对象发行优先股为支付手段向公司特定股东回购普通股的，除应当符合优先股发行条件和程序，还应当在董事会审议通过回购股份相关事项后，及时披露董事会决议和回购股份预案。

回购股份预案应当至少包括下列内容：

（一）回购股份的目的；

（二）回购股份的方式；

（三）回购股份的价格或者价格区间、定价原则；

（四）拟回购股份的种类、数量以及占总股本的比例；

（五）以发行优先股作为支付手段的，应当包括拟用于支付的优先股总金额以及支付比例；回购方案实施完毕之日起一年内向不特定对象发行优先股的，应当包括回购的资金总额以及资金来源；

（六）回购股份的期限；

（七）决议的有效期；

（八）对董事会办理本次回购股份事宜的具体授权；

（九）中国证监会和本所规定的其他内容。

第四十条 上市公司按照《上市公司重大资产重组管理办法》规定的条件发行优先股购买资产的，应当按照《管理办法》第五十七条、《股票上市规则》等规定履行报告、公告义务。

第四十一条 上市公司应当在优先股派息前五个交易日内披露付息公告。付息公告应当载明付息方案、付息登记日与除息日、付息对象、付息方法等。

第四十二条 发行人决定行使赎回权的，应当在赎回日前至少发布三次赎回提示性公告。

第四十三条 发行人应当在募集说明书约定的回售条件满足日前至少发布三次回售提示性公告。

第五章　转换与回购

第四十四条 上市公司不得发行可以转换为普通股的优先股。但商业银行可以根据商业银行资本监管规定，向特定对象发行触发事件发生时强制转换为普通股的优先股，并遵守《中国银保监会中国证监会关于商业银行发行优先股补充一级资本的指导意见（修订）》等有关规定。

第四十五条 发行人回购优先股，包括发行人要求赎回优先股和投资者要求回售优先股，优先股回购后相应减记发行在外的优先股股份总数。

第四十六条 优先股存续期内，募集说明书约定的赎回条件满足且所欠股息已支付时，发行人可以行使赎回权，按约定的价格赎回全部或者部分优先股。

第四十七条 在优先股存续期内，募集说明书约定的回售条件满足时，优先股股东可以回售部分或者全部优先股。

第六章　附　　则

第四十八条 优先股的风险警示、终止上市、重新上市以及退市整理期等相关事项，参照《股票上市规则》有关规定执行，但涉及股权分布、股票累计成交量、每日股票收盘价的规定，不适用于优先股。

第四十九条 优先股的发行人及其控股股东、实际控制人、董事、监事、高级管理人员或者其他直接责任人员，中介机构及其责任人员，以及优先股试点的其他市场参与者，违反本细则规定或者其作出的承诺的，本所可以按照《股票上市规则》《交易规则》等规定，对其采取口头警示、书面警示、要求限期改正、建议更换相关任职人员等自律监管措施，或者给予通报批评、公开谴责、公开认定不适合担任上市公司董事、监事和高级管理人员、暂不接受发行人提交的发行上市申请文件、暂不受理中介机构或者其从业人员出具的相关业务文件等纪律处分，并按规定记入诚信档案。

第五十条 承销机构在承销向特定对象发行的优先股时，未按规定配售给符合《管理办法》规定的合格投资者的，本所可以要求限期改正，给予三年内不接受其提交的证券承销业务相关文件的纪律处分。

第五十一条 根据本细则第三十八条规定计算持股比例的，其计算公式为：持股比例＝股东持有的（普通股股数＋恢复表决权的优先股换算为普通股的股数）/上市公司（普通股总数＋恢复表决权的优先股换算为普通股的总数）。

第五十二条 优先股上市、交易、转让的各项费用，暂按普通股收费标准的80%收取。

第五十三条 本细则所称“内”“以上”含本数，“低于”“少于”“超过”不含本数。

第五十四条 本细则的制定和修改须报中国证监会批准。

第五十五条 本细则由本所负责解释。

第五十六条 本细则自发布之日起施行。本所于2014年11月6日发布的《优先股投资风险揭示书必备条款》（深证会〔2014〕125号）同时废止。

附件：优先股投资风险揭示书必备条款

附件：

优先股投资风险揭示书必备条款

优先股是介于股票和债券之间的一种股债混合投融资工具，在产品设计上既有股性也有债性特点，在境内资本市场还是一个新的证券品种。为此，《深圳证券交易所优先股试点业务实施细则》第五条规定，本所会员应当向首次参与优先股交易或者转让的投资者全面介绍优先股的产品特征和运行规则，充分揭示投资风险，并要求其以书面或者电子方式签署优先股投资风险揭示书（以下简称《风险揭示书》）。

上述《风险揭示书》应当包括以下内容：

一、重要提示

（一）优先股发行、上市、交易、转让、信息披露、转换等业务规则与普通股、债券等产品存在差别，投资者参与优先股投资之前，应当了解和熟悉《国务院关于开展优先股试点的指导意见》《优先股试点管理办法》《深圳证券交易所优先股试点业务实施细则》等法规、规章和业务规则。

（二）优先股的条款比较复杂，向特定对象发行的优先股条款约定自由度更高，不同的条款决定了不同的权利义务，投资者参与优先股投资之前，应当充分关注优先股的具体条款，仔细研读相关公司的发行预案、发行公告、转让公告书以及其他相关公告，做到理性投资，切忌盲目跟风。

（三）本风险揭示书无法详尽列示优先股的全部投资风险，投资者在参与此项业务前，务必对此要有清醒认识。

二、风险揭示

（一）权利义务差异可能带来的风险

优先股是一个全新的证券品种，其权利义务与普通股、债券等产品存在差别。如认知不到位，可能给投资者造成投资风险。包括但不限于：

1. 投资者应当充分关注优先股与普通股的差异。优先股股份持有人优先于普通股股东分配公司利润和剩余财产，但参与公司决策管理等权利受到限制。除与优先股股东利益相关的若干事项外，如修改公司章程中与优先股相关的内容、发行优先股、减少注册资本超过百分之十、公司合并、分立、解散或者变更公司形式等，优先股股东一般无权出席股东大会决议并行使表决权。

2. 投资者应当充分关注优先股表决权恢复及终止情形。公司累计 3 个会计年度或者连续 2 个会计年度未按约定支付优先股股息的，优先股股东有权出席股东大会并行使表决权。对于股息可累积到下一会计年度的优先股，表决权恢复直至公司全额支付所欠股息；对于股息不可累积的优先股，表决权恢复直至公司全额恢复当年所欠股息。公司章程可规定优先股表决权恢复的其他情形。

3. 投资者应当充分关注优先股与债券的差异。优先股具有固定收益证券的特征，但与债券不同，优先股股东与公司不属于一般意义上的债权债务关系。一般而言，公司无到期归还本金的义务，可分配税后利润不足以足额支付股息的并不构成违约。

4. 投资者应当充分关注优先股的具体条款内容：（1）优先股股息率是采用固定股息率还是浮动股息率，并相应明确固定股息率水平或者浮动股息率计算方法；（2）公司在有可分配税后利润的情况下是否必须分配利润；（3）如果公司因本会计年度可分配利润不足而未向优先股股东足额派发股息，差额部分是否累积到下一会计年度；（4）优先股股东按照约定的股息率分配股息后，是否有权同普通股股东一起参加剩余利润分配；（5）优先股是否可以转换成普通股，或者在何种情形下可以转换为普通股；（6）发行人是否可以行使赎回权，优先股股东是否可以行使回售权，等等。

（二）规则制度差异可能带来的风险

优先股在发行、上市、交易、转让、信息披露等方面与普通股的业务规则存在较大的差异。如认知不到位，可能给投资者造成投资风险。包括但不限于：

1. 投资者应当充分关注向特定对象发行优先股的特殊性。向特定对象发行优先股的票面股息率不得高于公司最近两个会计年度的年均加权平均净资产收益率，且只能向规定的合格投资者发行，每次发行对象不得超过二百人，且相同条款优先股的发行对象累计不得超过二百人。向特定对象发行优先股转让环节的投资者适当性标准与发行环节保持一致，向特定对象发行相同条款优先股经转让后不得超过二百人，交易所按照申报时间先后顺序进行确认，对导致优先股持有账户数超过二百户的转让不予确认。

2. 投资者应当充分关注优先股交易平台和门槛的特殊性。向不特定对象发行的优先股可以采用竞价交易和大宗交易方式，向特定对象发行的优先股仅采用转让方式。优先股每股票面金额为100元，竞价交易门槛为单笔买入申报数量为100股或其整数倍，大宗交易和转让单笔交易数量不低于5000股，或者交易金额不低于50万元人民币。

3. 投资者应当充分关注优先股的涨跌幅、停复牌和异常波动标准。向不特定对象发行上市的优先股交易（含上市首日）实行价格涨跌幅限制。涨跌幅限制范围、计算公式参照适用《交易规则》对发行人普通股股票交易的有关规定。优先股的停复牌与普通股联动操作，交易信息单独显示，不纳入深交所有关普通股的指数计算。主板上市优先股的异常波动标准为连续三个交易日内收盘价格涨跌幅累计达到±20%或者单一交易日换手率达到20%等，创业板上市优先股的异常波动标准为连续三个交易日内收盘价格涨跌幅累计达到±30%的。在按照《首次公开发行股票注册管理办法》发行的首只主板股票上市首日前，优先股涨跌幅限制、异常波动标准等交易机制或者转让机制仍按照深圳证券交易所于2014年6月12日发布的《深圳证券交易所优先股试点业务实施细则》（深证上〔2014〕204号）的有关规定执行。

4. 投资者应当充分关注优先股信息披露的特殊情形。优先股表决权恢复及其终止时，投资者应当充分关注相关提示性公告。投资者持有优先股达到优先股股本总额20%时应当及时披露，以后每增加或者减少10%时披露，涉及股份回购、重大资产重组的，还需按照股份回购、重大资产重组程序和要求履行审议程序和披露义务。

5. 投资者应当充分关注需要合并计算恢复表决权的优先股与普通股的特殊情形：（1）根据《公司法》第一百条，请求召开临时股东大会；（2）根据《公司法》第一百零一条，召集和主持股东大会；（3）根据《公司法》第一百零二条，提交股东大会临时提案；（4）根据《公司法》第二百一十六条，认定控股股东；（5）根据《证券法》第四十四条、第五十一条和第八十条，认定持有公司百分之五以上股份的股东；（6）根据《股票上市规则》的有关规定，认定持有公司百分之五以上股份的关联人。

6. 投资者应当充分关注优先股的退市相关事项。优先股的风险警示、终止上市、重新上市以及退市整理期等相关事项，参照深交所《股票上市规则》有关规定执行，但上述相关事项中涉及股权分布、股票累计成交量、每日股票收盘价的规定，不适用于优先股。

风险揭示书应以醒目的文字载明：

上述风险揭示事项仅为列举性质，未能详尽列明投资优先股的所有风险因素，您在参与优先股投资前，还应认真阅读相关公司的发行预案、招股说明书和上市公告书等，对其他可能存在的风险因素也应有所了解和掌握，并确信自己已做好足够的风险评估与财务安排，避免因参与优先股投资而遭受难以承受的损失。

投资者在本风险揭示书上签字，即表明投资者已经理解并愿意自行承担参与优先股投资的风险和损失。

投资者签署栏：

本人（投资者）对上述《优先股投资风险揭示书》的内容已经充分理解，承诺本人愿意参与优先股的投资，并愿意承担优先股的投资风险。

特此声明。

股东代码

签名

日期

说明：

1. 本风险揭示书内容的字号应当不小于小三号。

2. 本风险揭示书列示的条款为必备条款，各证券公司会员在其制定的《优先股投资风险揭示书》标准文本中必须包括本风险揭示书列示的条款，证券公司会员可以根据实际需要在公司制定的风险揭示书中增加有关内容。

3. 各证券公司会员应与投资者以书面或者电子形式签署《优先股投资风险揭示书》。

3.7　互联互通存托凭证

关于发布《深圳证券交易所与境外证券交易所互联互通存托凭证上市交易暂行办法（2023年修订）》的通知

（2023年7月18日　深证上〔2023〕627号）

各市场参与人：

为了进一步规范境内上市公司境外发行可转换为境内基础股票的全球存托凭证行为，本所对《深圳证券交易所与境外证券交易所互联互通存托凭证上市交易暂行办法》（以下简称《暂行办法》）进行了修订。经中国证监会批准，现予以发布，并自发布之日起施行。

2023年3月31日前，本所上市公司已在境外提交全球存托凭证发行申请，但未获中国证监会核准的，应当按照修订后《暂行办法》的规定向本所提交全球存托凭证境内新增基础股票发行上市申请。

本所于2022年3月25日发布的《深圳证券交易所与境外证券交易所互联互通存托凭证上市交易暂行办法》（深证上〔2022〕299号）同时废止。

深圳证券交易所

2023年7月18日

3.7.1

深圳证券交易所与境外证券交易所互联互通存托凭证上市交易暂行办法（2023年修订）

（2023年7月18日　深证上〔2023〕627号）

第一章　总　　则

第一条　为了规范深圳证券交易所（以下简称本所）与境外证券交易所互联互通存托凭证（以下简称互联互通存托凭证）上市、交易、跨境转换和信息披露等行为，维护市场秩序，保护投资者合法权益，根据《中华人民共和国证券法》（以下简称《证券法》）、《关于开展创新企业境内发行股票或存托凭证试点的若干意见》《存托凭证发行与交易管理办法（试行）》（以下简称《存托凭证管理办法》）、《上市公司证券发行注册管理办法》（以下简称《注册管理办法》）、《上市公司信息披露管理办法》（以下简称《信息披露管理办法》）、《境内外证券交易所互联互通存托凭证业务监管规定》（以下简称《监管规定》）等法律、行政法规、部门规章、规范性文件（以下统称境内法律）以及本所相关业务规则，制定本办法。

第二条　本办法所称互联互通存托凭证业务，是指符合条件的在境外证券交易所上市的境外基础证券发行人在境内公开发行存托凭证（以下简称中国存托凭证）并在本所主板上市，以及符合条件的在本所上市的境内上市公司在境外发行存托凭证（以下简称全球存托凭证）并在境外证券交易所上市。

前款规定的境外基础证券发行人（以下简称境外发行人）须为中国证券监督管理委员会（以下简称中国证监会）认可范围内的境外证券交易所上市公司。

中国存托凭证的上市、交易、跨境转换和信息披露等事宜，适用本办法。本办法对交易事宜未作规定的，适用《深圳证券交易所交易规则》（以下简称《交易规则》）及本所其他相关规定。

全球存托凭证在本所市场进行的基础股票发行上市、信息披露和跨境转换等事宜，适用本办法。本办法未作规定的，适用《深圳证券交易所上市公司证券发行上市审核规则》（以下简称《再融资审核规则》）、《深圳证券交易所股票上市规则》《深圳证券交易所创业板股票上市规则》（以下统称《股票上市规则》）、《交易规则》及本所其他相关规定。

本办法所称跨境转换，包括将基础股票转换为存托凭证（以下简称生成），以及将存托凭证转换为基础股票（以下简称兑回）。

第三条　参与互联互通存托凭证业务的下列市场主体，应当遵守境内法律和本所业务规则，接受本所自律监管：

（一）中国存托凭证对应的境外发行人及其董事、监事、高级管理人员、中国存托凭证持有人、境内证券事务机构及信息披露境内代表、实际控制人、收购人；

（二）全球存托凭证对应的境内上市公司及其董事、监事、高级管理人员、控股股东、实际控制人；

（三）互联互通存托凭证的存托人；

（四）中国存托凭证保荐人及其保荐代表人、证券服务机构及其相关人员；

（五）全球存托凭证对应基础股票保荐人及其保荐代表人、证券服务机构及其相关人员；

（六）中国存托凭证做市商、从事中国存托凭证跨境转换业务的境内证券公司（以下简称中国跨境转换机构）；

（七）从事全球存托凭证跨境转换业务的境外证券经营机构（以下简称境外跨境转换机构）及其委托的本所会员；

（八）本所规定的其他市场主体。

本办法所称董事、监事、高级管理人员，是指境内外发行人的董事、监事、高级管理人员或者执行类似职权的人员。没有监事、监事会或者执行类似职权的人员、组织安排的，不适用本办法及本所其他有关监事、监事会的规定。

第四条　境外发行人的股权结构、公司治理、运行规范等事项适用境外注册地法律、规则的，应当充分披露与境内相关规定的差异，以及依法落实保护投资者合法权益规定的各项措施。

中国存托凭证保荐人、存托人及相关证券服务机构应当按照境内法律、本所业务规则及其他相关规定和协议，忠实、勤勉地履行各项职责和义务，不得损害中国存托凭证持有人的合法权益。

第五条　中国存托凭证在本所上市交易，应当在中国证券登记结算有限责任公司（以下简称中国结算）办理登记、存管和结算。

第二章　中国存托凭证上市

第六条　境外发行人申请中国存托凭证首次在本所上市，应当符合下列条件：

（一）符合《证券法》《存托凭证管理办法》规定的中国存托凭证公开发行条件，并经中国证监会行政许可公开发行中国存托凭证；

（二）发行申请日前 120 个交易日按基础股票收盘价计算的境外发行人平均市值不低于人民币 200 亿元（根据发行申请日前一日中国人民银行公布的人民币汇率中间价计算）；

（三）在境外证券交易所上市满 3 年及中国证监会与境外证券监管机构根据境外基础

股票上市地（以下简称境外上市地）市场分层情况约定的其他上市年限条件；

（四）申请上市的中国存托凭证数量不少于5000万份且对应的基础股票市值不少于人民币5亿元（根据基础股票最近收盘价及上市申请日前一日中国人民银行公布的人民币汇率中间价计算）；

（五）本所要求的其他条件。

本所可以根据市场需要，对中国存托凭证的上市条件进行调整。

第七条 境外发行人申请中国存托凭证在本所上市，由本所进行审核，境外发行人应当按照《监管规定》第五条的规定及本所要求提交相关审核申请文件。

境外发行人申请调整适用本所相关信息披露要求和持续监管规定的，应当一并提交申请调整适用的具体规定、原因和替代方案，以及律师事务所出具的法律意见。

审核申请文件的内容应当真实、准确、完整，简明清晰、通俗易懂。

第八条 本所收到审核申请文件后5个工作日内，对文件进行核对，作出是否受理的决定，告知境外发行人及其保荐人，并在本所网站公示，本所另有规定的除外。本所受理审核申请文件当日，境外发行人应当在本所网站预先披露招股说明书、发行保荐书、上市保荐书、审计报告和法律意见书等文件。

境外发行人将审核申请文件等信息披露文件刊登于其网站或者其他媒体的，应当与其在本所网站披露的内容完全一致，且不得早于在本所网站披露的时间。

第九条 本所根据本办法和其他相关业务规则进行审核，在规定期限内形成审核意见并通知境外发行人及其保荐人。具体审核程序和要求等事宜，由本所另行规定。

第十条 本所完成审核后，向中国证监会报送审核意见及境外发行人申请文件。境外发行人应当将招股说明书、发行保荐书、上市保荐书、审计报告和法律意见书等文件在中国证监会网站和本所网站同步公开。

第十一条 以非新增股票为基础证券上市中国存托凭证的，境外发行人应当披露初始生成公告。

境外发行人应当在初始生成公告中，披露开展跨境转换业务的中国跨境转换机构及初始生成的具体安排等事宜。

第十二条 招股意向书或者初始生成公告刊登后，可以通过现场、电话、互联网等方式向符合适当性管理要求的投资者（以下简称合格投资者）进行路演推介。

境外发行人以新增股票为基础证券上市中国存托凭证的，应当按照《证券发行与承销管理办法》《监管规定》及《深圳市场首次公开发行股票网上发行实施细则》《深圳市场首次公开发行股票网下发行实施细则》等相关规定开展中国存托凭证发行与承销活动。

中国跨境转换机构可以按照本办法、本所其他有关业务规则的规定以及招股说明书、存托协议和初始生成公告（如有）的安排，通过跨境转换生成中国存托凭证，并可以与合格投资者达成通过大宗交易等方式转让中国存托凭证的约定。以新增股票为基础证券发行上市中国存托凭证的，应当根据存托协议的约定在中国存托凭证上市后开始跨境转换。以非新增股票为基础证券上市中国存托凭证的，可以根据初始生成公告的安排在中国存托凭证上市前开始初始生成。

中国跨境转换机构接受不特定合格投资者委托进行跨境转换，存托人向投资者签发相应中国存托凭证的，具体事宜由本所另行规定。

第十三条　以非新增股票为基础证券上市中国存托凭证的，境外发行人、中国跨境转换机构在进行初始生成过程中，应当依法合规，公平对待投资者。保荐人应当制定并组织实施初始生成计划，并对相关业务活动的合规性和公平性进行有效监督和督促。

初始生成期间，存托人应当根据相关规定和约定办理中国存托凭证生成业务，不予办理中国存托凭证兑回业务。

第十四条　发行承销完成后或者初始生成期结束后，中国存托凭证的数量和对应市值符合本办法第六条第一款第四项规定的条件的，境外发行人应当及时向本所提出上市申请。

第十五条　境外发行人申请中国存托凭证首次在本所上市，应当提交下列文件：

（一）上市申请书；

（二）中国证监会关于本次公开发行的行政许可文件；

（三）境外托管人出具的基础股票已托管的证明；

（四）中国存托凭证已由中国结算存管的证明文件；

（五）本所审核后至上市申请前，按规定新增的财务资料和有关重大事项的说明（如适用）；

（六）境内证券事务机构、信息披露境内代表的有关资料；

（七）上市保荐书；

（八）上市公告书；

（九）本所要求的其他文件。

本所收到境外发行人提交的全部上市申请文件后，在2个交易日内作出是否同意其中国存托凭证上市的决定。除本所审核期间相关事项发生重大变化的情形外，无须再次提交上市审核委员会（以下简称上市委员会）审议。出现特殊情况时，本所可以暂缓作出决定。

第十六条　境外发行人在本所上市后，因增发、配股等行为申请新增中国存托凭证上市，应当提交上市申请书、中国证监会关于本次发行的行政许可文件、本次拟上市的中国存托凭证已由中国结算存管的证明等文件。

第十七条　中国存托凭证在本所上市交易，境外发行人应当与本所签订上市协议，明确双方的权利、义务和有关事项。

境外发行人应当于中国存托凭证上市前2个交易日内，按照本所规定披露上市公告书、公司章程、上市保荐书、法律意见书等相关文件。

第十八条　上市公告书应当符合本所相关内容与格式要求，并包括下列事项：

（一）本次发行上市的概况，其中应当包括中国证监会行政许可的数量上限、中国存托凭证发行情况或者初始生成情况等相关信息；

（二）上市公告书披露前10个交易日境外基础股票在境外证券交易所市场（以下简称境外市场）的主要交易信息，包括每个交易日的最高价、最低价、收盘价、成交量等相关信息；

（三）本次中国存托凭证上市交易的相关信息，包括上市地点、上市时间、上市数量、上市首日前收盘价格的计算方式、跨境转换安排、登记结算机构、中国跨境转换机构和做市商等相关信息；

（四）前10名中国存托凭证持有人的名单和持有量及持有比例（如适用）；

（五）招股说明书披露的事项在中国存托凭证上市前发生重大变化的情况，以及境外发行人主要会计数据及财务指标信息的更新（如有）；

（六）境外发行人及本所认为需要披露的其他事项。

第十九条 境外发行人向本所提交的审核申请文件、上市申请文件，应当由其董事、监事、高级管理人员签署。

境外发行人应当保证向本所提交的申请文件和持续信息披露文件真实、准确、完整，不存在虚假记载、误导性陈述或者重大遗漏。

第二十条 境外发行人提交的申请文件和持续信息披露文件，应当使用简体中文，本所另有规定的除外。

境外发行人和相关信息披露义务人应当按照中国证监会和本所规定，在本所网站披露上市和持续信息披露文件。

第二十一条 境外发行人应当在境内设立证券事务机构，聘任信息披露境内代表，负责办理中国存托凭证上市期间的信息披露和监管联络事宜。信息披露境内代表应当具备境内上市公司董事会秘书的相应任职能力，熟悉境内信息披露规定和要求，并能够熟练使用中文。

境外发行人应当建立与境内投资者、监管机构及本所的有效沟通渠道，按照规定保障境内投资者的合法权益，保持与境内监管机构及本所的畅通联系。

第二十二条 境外发行人申请中国存托凭证首次在本所上市，应当聘请符合要求的保荐人及律师事务所、会计师事务所等证券服务机构提供相关服务。

保荐人应当与境外发行人签订保荐协议，明确双方在境外发行人申请上市期间和持续督导期间的权利和义务。

保荐人和证券服务机构可以聘请境外机构协助其工作，但不能因此免除其依法应当承担的责任。

第三章 中国存托凭证持续信息披露

第一节 一般规定

第二十三条 境外发行人和相关信息披露义务人应当在本所市场及时披露所有可能对基础股票、中国存托凭证及其衍生品种交易价格产生较大影响的重大信息。已披露的信息发生重大变化，可能对境外发行人基础股票、中国存托凭证及其衍生品种交易价格产生较大影响的，境外发行人应当及时披露进展公告。

境外发行人和相关信息披露义务人应当保证所披露信息的真实、准确、完整，简明清晰、通俗易懂，不存在虚假记载、误导性陈述或者重大遗漏。

第二十四条　境外发行人和相关信息披露义务人应当向境内外投资者公平披露重大信息，确保境内外投资者可以平等地获取同一信息，不得透露、泄露尚未披露的重大信息。

境外发行人和相关信息披露义务人通过业绩说明会、分析师会议、路演、接受投资者调研等形式或者其他场合，就境外发行人生产经营状况、财务状况等与任何机构和个人进行沟通时，不得提供境外发行人尚未披露的重大信息。

境外发行人及相关信息披露义务人向境外发行人股东、实际控制人或者其他第三方报送文件和传递信息涉及未公开重大信息的，应当及时履行信息披露义务。

第二十五条　境外发行人和相关信息披露义务人在境外市场披露的信息，应当在本所市场同时披露。

境外发行人和相关信息披露义务人原则上应当在非交易时间信息披露时段披露公告。境外发行人和相关信息披露义务人在境外市场进行信息披露时，不属于本所市场非交易时间信息披露时段的，应当在本所市场最近一个非交易时间信息披露时段内进行披露。境外发行人可以在下列非交易时间信息披露时段披露公告：

（一）交易日盘后信息披露时段，具体时间为15：30至次日8：30，但系统维护时间除外；交易日次日为非交易日的，该交易日盘后信息披露时段为15：30至23：30。

（二）交易日午间信息披露时段，具体时间为11：30至12：30。

（三）非交易日信息披露时段，具体时间为在单一非交易日或者连续非交易日的最后一日13：00至次日8：30，但系统维护时间除外。

有重大事项必须立即披露的，可以在交易时间信息披露时段披露公告。

境外发行人及相关信息披露义务人不得以新闻发布或者答记者问等其他形式代替信息披露或者泄露未公开重大信息。

境外发行人及相关信息披露义务人确有需要的，可以在非交易时段通过新闻发布会、媒体专访、公司网站、网络自媒体等方式对外发布重大信息，但应当于下一交易时段开始前披露相关公告。

第二十六条　境外发行人和相关信息披露义务人在本所市场披露的信息，应当与其在境外市场披露的信息内容一致。

境内外市场披露的信息内容出现实质差异的，境外发行人和相关信息披露义务人应当向本所作出专项说明，并按照本所要求披露更正或者补充公告。

第二十七条　境外发行人应当密切关注境内外公共媒体关于公司的重大报道或者市场传闻，相关报道、传闻可能对其基础股票、中国存托凭证及其衍生品种交易价格产生重大影响的，境外发行人应当及时予以核实，并根据需要予以披露或者澄清。

本所认为相关报道、传闻可能对境外发行人基础股票、中国存托凭证及其衍生品种交易价格产生较大影响的，可以要求境外发行人予以核实、澄清。

第二十八条　境外发行人和相关信息披露义务人拟披露的信息属于商业秘密等，按照本办法披露或者履行相关义务可能引致不当竞争、损害公司及投资者利益或者误导投资者的，可以按照本所相关规定暂缓或者免于按照本所有关规定披露或者履行相关义务。

拟披露的信息根据境内法律被认定为国家秘密，按照本办法披露或者履行相关义务可能导致其违反境内法律或者危害国家安全的，可以免于按照本所有关规定披露或者履行相关义务。

境外发行人和相关信息披露义务人应当审慎确定信息暂缓披露、免于披露事项，不得随意扩大暂缓、免于披露事项的范围。暂缓披露的信息已经泄露的，应当及时披露。

第二十九条 境外发行人和相关信息披露义务人适用本所相关信息披露要求和持续监管规定，可能导致其难以符合公司注册地、境外上市地有关规定及境外市场实践中普遍认同的标准的，可以向本所申请调整适用，但应当说明原因和替代方案，并聘请律师事务所出具法律意见。本所认为依法不应调整适用的，境外发行人和相关信息披露义务人应当执行本所相关规定。

第三十条 境外发行人和相关信息披露义务人应当按照本所有关业务规则的规定，采用直通披露方式披露相关信息。本所对境外发行人和相关信息披露义务人披露的信息进行形式审核。

第三十一条 为保证信息披露的及时、公平，本所可以根据实际情况或者境外发行人申请，决定其中国存托凭证及其衍生品种的停牌与复牌事宜。

中国存托凭证及其衍生品种的停牌和复牌，应当遵守本办法及本所相关规定。境外发行人出现下列情形之一的，应当按本所相关规定申请停牌和复牌，未按规定申请停牌和复牌的，本所可以决定对中国存托凭证及其衍生品种实施停牌和复牌：

（一）未在规定期限内披露定期报告，或者半数以上董事无法保证定期报告真实、准确、完整且在法定期限届满前仍有半数以上董事无法保证的；

（二）财务会计报告因存在重大会计差错或者虚假记载，被中国证监会责令改正但未在规定期限内改正的；

（三）信息披露方面存在重大缺陷，被本所要求改正但未在要求期限内改正的；

（四）因收购人履行要约收购义务，或者收购人以终止境外发行人上市地位为目的而发出全面要约的；

（五）本所规定的其他情形。

境外发行人筹划发行中国存托凭证购买资产、控制权变更、要约收购等重大事项，可以根据中国证监会及本所有关规定，向本所申请停牌。境外发行人应当审慎申请停牌，明确停牌事由，合理确定停牌时间，尽可能缩短停牌时长，并及时申请复牌。

境外发行人在境外市场申请停牌、被要求停牌或者被暂停上市、终止上市的，应当及时通知本所，并进行披露，本所根据实际情况予以处理。

第二节　定期报告和临时报告

第三十二条 境外发行人应当按照《证券法》《信息披露管理办法》《存托凭证管理办法》《监管规定》以及本办法的规定，编制并披露定期报告和临时报告。

第三十三条 境外发行人的年度报告和中期报告，应当至少包括《证券法》《信息披露管理办法》《存托凭证管理办法》《监管规定》要求披露的内容。

境外发行人按照境外市场要求或者自愿披露季度报告等文件的，应当在本所市场同时披露。

境外发行人已经按照境外市场要求的格式披露年度报告、中期报告或者季度报告的，在确保具备本条第一款要求披露的内容、不影响信息披露完整性的前提下，可以继续按照境外市场原有格式编制定期报告。

第三十四条　境外发行人可采用人民币或者外币编制定期报告，采用外币的，需披露报表日外汇交易中心外币兑人民币的汇率中间价信息。

第三十五条　境外发行人进行日常经营以外的重大交易事项，达到下列标准之一的，应当及时披露：

（一）交易涉及的资产总额（同时存在账面值和评估值的，以孰高者为准）占境外发行人最近一期经审计总资产的10%以上；

（二）交易的成交金额（包括承担的债务和费用）占境外发行人最近一个会计年度经审计净资产的10%以上；

（三）交易标的（如股权）在最近一个会计年度相关的营业收入占境外发行人最近一个会计年度经审计营业收入的10%以上，且金额超过人民币5000万元。

相关交易虽未达到前款规定的标准，但可能对境外发行人基础股票、中国存托凭证及其衍生品种交易价格产生较大影响的，境外发行人也应当及时披露。

境外发行人与其合并报表范围内的控股子公司发生的或者上述控股子公司之间发生的交易，除中国证监会和本所另有规定外，免于按照前款规定披露。

第三十六条　境外发行人与关联人发生关联交易，达到下列标准之一的，应当及时披露：

（一）与关联自然人发生的金额在人民币1000万元以上的交易；

（二）与关联法人发生的金额在人民币5000万元以上，且占境外发行人最近一期经审计总资产的0.1%以上的交易；

（三）境外发行人或者本所认为可能引发境外发行人与关联人之间利益倾斜的交易。

境外发行人关联方和关联关系的认定，应当参照境外发行人首次申请境内公开发行中国存托凭证时的披露标准执行。

第三十七条　发生本办法第三十六条规定的关联交易，其定价符合下列公允情形之一的，可以仅在年度报告和中期报告中汇总披露：

（一）根据政府定价或者在政府指导价范围内合理定价的；

（二）根据公开市场价格定价的；

（三）根据公开招标、公开拍卖等方式定价的。

相关关联交易不符合前款规定的公允情形的，或者可能对境外发行人的资产、负债、权益和经营成果产生重要影响的，境外发行人应当及时披露。

第三十八条　境外发行人可以按类别合理预计当年度日常关联交易金额，预计金额达到本办法第三十六条标准的，应当履行信息披露义务；实际执行超出预计金额且超出金额达到本办法第三十六条标准的，应当及时披露。

境外发行人应当在年度报告和中期报告分类汇总披露日常关联交易的实际履行情况。

第三十九条 境外发行人发生下列重大事件之一，可能对其基础股票、中国存托凭证及其衍生品种交易价格产生较大影响的，境外发行人应当及时披露，并说明事件的起因、目前的状态和可能产生的法律后果：

（一）涉案金额超过境外发行人最近一期经审计总资产绝对值10%以上的重大诉讼、仲裁事项；

（二）重大财务资助事项；

（三）基础股票、存托凭证回购相关事项；

（四）董事、监事、高级管理人员所持基础股票或者存托凭证发生变动；

（五）《证券法》和中国证监会规定的其他重大事项。

本所认为相关事项可能对境外发行人基础股票、中国存托凭证及其衍生品种交易价格产生较大影响的，可以要求其及时披露相关情况。

第四十条 境外发行人可以披露业绩预告、业绩快报和盈利预测。境外发行人在境外市场披露上述信息的，应当在本所市场同时披露。

境外发行人披露业绩预告、业绩快报和盈利预测的，应当谨慎、客观，不得利用该等信息不当影响其基础股票、中国存托凭证及其衍生品种交易价格。

第三节 其他事项

第四十一条 境外发行人开展本章规定的重大交易、关联交易或者其他重大事项，可以按照公司注册地、境外市场的规定和公司章程中的决策权限和程序执行，法律、行政法规以及中国证监会另有规定的除外。

境外发行人按照前款规定，将相关事项提交股东大会审议的，应当及时披露。境外发行人根据境外市场有关规定编制的股东大会会议资料等，应当与股东大会通知一并披露。

第四十二条 境外发行人董事会、监事会、独立董事应当按照公司注册地、境外上市地的规定以及境外市场实践中普遍认同的标准，积极履行职责或者发表意见。本所认为相关事项对境外发行人或者投资者影响重大的，可以要求境外发行人董事会、监事会、独立董事对相关事项发表意见。

境外发行人及其董事、监事、高级管理人员按照境内有关规定签署书面确认意见、作出声明或者承诺的，在遵守《证券法》的前提下，可以结合公司注册地、境外市场规定或者实践中普遍认同的标准，对确认意见、声明或者承诺的表述作出适当调整。

第四十三条 境外发行人、存托人应当按照存托协议的约定，及时披露涉及中国存托凭证持有人权利行使事宜的公告，明确中国存托凭证持有人权利行使的时间、方式等具体安排和权利行使相关结果，保障其有效行使各项权利。

境外发行人、存托人通过本所或者本所子公司提供的网络系统征集中国存托凭证持有人投票意愿的，具体业务流程按照本所相关规定或者业务协议的约定办理，并由境外发行人、存托人按照存托协议的约定向市场公告。

第四十四条　境外发行人应当在年度报告和中期报告中披露存托、托管相关安排在报告期内的实施和变化情况，以及报告期末前10名中国存托凭证持有人的名单和持有量及持有比例。发生下列情形之一的，境外发行人应当及时披露：

（一）存托人、托管人发生变化；

（二）存托的基础财产发生被质押、挪用、司法冻结或者其他权属变化；

（三）对存托协议、托管协议作出重大修改；

（四）中国存托凭证与基础股票的转换比例发生变动；

（五）中国证监会和本所要求披露的其他情形。

境外发行人变更中国存托凭证与基础股票的转换比例的，应当经本所同意。

发生本条第一款第一项、第二项规定的情形，或者托管协议发生重大修改的，存托人应当及时告知境外发行人，由境外发行人及时进行披露。

第四十五条　境外发行人的股东、实际控制人、董事、监事、高级管理人员以及持有境外发行人在境内外发行的存托凭证的投资者，应当按照《监管规定》和本所业务规则的有关规定，及时履行权益变动、收购和持有存托凭证变动情况等相关信息披露义务。

投资者及其一致行动人直接或者间接持有境外发行人在境内外发行的股份或者存托凭证的，其所拥有的权益应当合并计算。

存托人、托管人因存托、托管安排持有境外基础股票变动达到境外发行人股份权益变动标准的，不适用本所有关境外发行人股份权益变动信息披露的规定。

第四十六条　通过本所的证券交易、协议转让或者类似安排，投资者及其一致行动人持有境外发行人已发行的中国存托凭证，达到、拟达到或者超过境外发行人已发行的中国存托凭证总数的5%时，应当在该事实发生之日起2个交易日内披露提示性公告。

投资者及其一致行动人持有境外发行人已发行的中国存托凭证，达到境外发行人已发行的中国存托凭证总数的5%后，通过本所的证券交易、协议转让或者类似安排，导致其持有的境外发行人中国存托凭证每达到、拟达到或者跨过境外发行人已发行的中国存托凭证总数5%的整数倍时，应当按照前款规定的时限披露提示性公告。

因境外发行人已发行的中国存托凭证总数的增减，导致投资者及其一致行动人所持境外发行人中国存托凭证的比例被动出现本条情形的，投资者及其一致行动人免于履行公告义务。但投资者及其一致行动人其后又主动增减持境外发行人中国存托凭证的，应当按本条规定履行公告义务。

第四章　中国存托凭证交易

第一节　投资者适当性管理

第四十七条　中国存托凭证申购、交易（以下统称交易）实行投资者适当性管理制度。

会员应当制定中国存托凭证投资者适当性管理的相关工作制度，对投资者进行适当性管理。

参与中国存托凭证交易的投资者应当符合本所规定的适当性管理要求，个人投资者还应当通过会员组织的中国存托凭证投资者适当性综合评估。

第四十八条 个人投资者参与中国存托凭证交易，应当符合下列条件：

（一）申请权限开通前20个交易日证券账户及资金账户内的资产日均不低于人民币50万元（不包括该投资者通过融资融券交易融入的资金和证券）；

（二）参与证券交易24个月以上；

（三）不存在严重的不良诚信记录；

（四）不存在境内法律、本所业务规则等规定的禁止或者限制参与证券交易的情形。

机构投资者参与中国存托凭证交易，应当符合境内法律及本所业务规则的规定。

第四十九条 会员应当对投资者是否符合中国存托凭证投资者适当性条件进行核查，并对个人投资者的资产状况、知识水平、风险承受能力和诚信状况等进行综合评估。

会员应当重点评估个人投资者是否了解中国存托凭证交易的业务规则与流程，以及是否充分知晓中国存托凭证投资风险。

会员应当动态跟踪和持续了解个人投资者交易情况，至少每两年进行一次风险承受能力的后续评估。

第五十条 会员应当全面了解参与中国存托凭证业务的投资者情况，提出明确的适当性匹配意见，不得接受不符合适当性管理要求的投资者参与中国存托凭证交易。

第五十一条 会员应当通过适当方式，向投资者充分揭示中国存托凭证交易风险事项，提醒投资者关注投资风险，引导其理性、规范地参与中国存托凭证交易。

普通投资者首次参与中国存托凭证交易的，会员应当要求其以纸面或者电子方式签署中国存托凭证风险揭示书。普通投资者未签署风险揭示书的，会员不得接受其申购或者买入委托。

第五十二条 投资者应当充分知悉和了解中国存托凭证交易风险事项、境内法律和本所业务规则，结合自身风险认知和承受能力，审慎判断是否参与中国存托凭证交易。

投资者持有中国存托凭证即成为存托协议当事人，视为同意并遵守存托协议的约定。

第二节　交易特别规定

第五十三条 中国存托凭证在本所上市交易，以人民币为计价货币，计价单位为“每份中国存托凭证价格”，申报价格最小变动单位为人民币0.01元。

通过竞价交易买卖中国存托凭证的，申报数量应当为100份或者其整数倍，单笔申报最大数量不得超过100万份。卖出余额不足100份的部分，应当一次性申报卖出。

本所可以根据市场情况，对中国存托凭证计价单位、申报价格最小变动单位及单笔申报最大数量等进行调整，并向市场公告。

第五十四条 投资者当日买入的中国存托凭证，当日不得卖出，本所另有规定的除外。

第五十五条 本所对中国存托凭证交易实行价格涨跌幅限制，涨跌幅比例为10%，本办法另有规定的除外。

涨跌幅价格的计算公式为：涨跌幅价格 = 前收盘价 × （1 ± 涨跌幅比例）。计算结果按照四舍五入原则取至价格最小变动单位。

本所全天休市达到或者超过 7 日的，其后首个交易日的涨跌幅比例为 20%。

境外发行人以新增股票为基础证券首次在本所上市中国存托凭证的，适用本所《交易规则》等关于首次公开发行上市的股票涨跌幅限制的规定。

本所可以根据市场需要，调整中国存托凭证的价格涨跌幅比例。

第五十六条　境外发行人以新增股票为基础证券首次在本所上市中国存托凭证的，上市首日即时行情显示的前收盘价格为其发行价，本所另有规定的除外。

境外发行人以非新增股票为基础证券首次在本所上市中国存托凭证的，上市首日即时行情显示的前收盘价格，为境外市场基础股票最近收盘价转换所得的人民币价格（根据存托凭证与基础股票转换比例及上市首日前一日中国人民银行公布的人民币汇率中间价计算），本所另有规定的除外。

境外发行人应当按照前款规定，计算并提供中国存托凭证上市首日的前收盘价格。

第五十七条　境外发行人发生权益分派、公积金转增股本、配股等情况的，本所根据境外发行人的申请，参照《交易规则》关于股票除权的有关规定，对其在本所上市的中国存托凭证作除权处理，本所另有规定的除外。

境外发行人发放现金红利的，本所不对其在本所上市的中国存托凭证作除息处理，本所另有规定的除外。

第五十八条　投资者、做市商以及中国跨境转换机构参与中国存托凭证的交易，应当遵守境内法律、《交易规则》、本办法以及本所其他业务规则的有关规定，不得进行异常交易行为，影响正常交易秩序。

会员应当按照《交易规则》《深圳证券交易所会员管理规则》（以下简称《会员管理规则》）及本所其他业务规则的要求，切实履行客户交易行为管理职责，及时识别、管理和报告客户在中国存托凭证交易中的异常交易行为。

第五十九条　本所对中国存托凭证交易情况开展实时监控，及时发现和处理违反《交易规则》、本办法及其他相关业务规则的异常交易行为。

中国存托凭证交易出现本所认定的异常波动，或者涉嫌违法违规交易的，本所可以对其实施特别停牌并予以公告，相关当事人应当按照本所的要求提交书面报告。

特别停牌及复牌的时间和方式由本所决定。

第六十条　本所按照《交易规则》关于股票交易信息的规定和监管需要，向市场公布中国存托凭证交易即时行情和交易统计信息，但不适用《交易规则》关于交易公开信息的规定。

本所向市场公布中国存托凭证前一交易日存续数量、当日跨境转换生成数量等信息。

第六十一条　中国存托凭证单笔交易数量不低于 30 万份，或者交易金额不低于人民币 200 万元的，可以采用大宗交易方式。

中国存托凭证协议转让业务，参照本所股票协议转让相关业务规则的规定办理。

第六十二条 中国存托凭证交易实行竞价和做市混合交易制度。符合条件的会员可以向本所申请为中国存托凭证提供做市服务。

第六十三条 中国存托凭证做市商应当根据本所业务规则和做市协议，承担为中国存托凭证提供双边报价等义务，并享有相应权利。

做市商从事中国存托凭证做市业务，应当严格遵守境内法律、本所有关规定和做市协议的约定；建立健全信息隔离制度，防范做市业务与其他业务之间的利益冲突；不得利用从事做市业务的机会，进行内幕交易、市场操纵等违法违规行为，或者谋取其他不正当利益。

中国存托凭证做市商的权利、义务、做市要求以及监督管理等事宜，由本所另行规定。

第三节 中国存托凭证跨境转换

第六十四条 在本所上市交易的中国存托凭证，可以根据中国证监会、本所的规定以及境外发行人披露的招股说明书、上市公告书和存托协议的约定，通过中国跨境转换机构与境外基础股票进行跨境转换。

第六十五条 中国存托凭证生成业务中，中国跨境转换机构在境外市场买入或者以其他合法方式获得基础股票并交付存托人，存托人根据相关规定和存托协议的约定签发相应中国存托凭证。中国存托凭证兑回业务中，存托人根据相关规定和存托协议的约定注销相应中国存托凭证，并将相应基础股票交付中国跨境转换机构。

合格投资者参与中国存托凭证跨境转换的，应当委托中国跨境转换机构办理，具体事宜由本所另行规定。

第六十六条 符合下列条件的会员，可以向本所备案，成为中国跨境转换机构：

（一）具有证券经纪和自营业务资格；

（二）具有开展国际证券业务的经验；

（三）证券公司分类结果达到本所规定的级别；

（四）过去一年中未因证券经纪、自营业务受到行政处罚；

（五）本所规定的其他条件。

中国跨境转换机构备案管理等具体事宜，由本所另行规定。

第六十七条 中国跨境转换机构申请对特定中国存托凭证开展跨境转换业务，或者主动申请终止对该中国存托凭证开展跨境转换业务的，应当按照本所要求进行备案。

中国跨境转换机构申请对特定中国存托凭证开展跨境转换业务的，应当已经本所公告为该中国存托凭证的做市商，本所另有规定的除外。

第六十八条 中国跨境转换机构应当开立中国存托凭证跨境转换和做市业务专用证券账户和资金账户，并使用自有资金开展跨境转换业务，本所另有规定的除外。

中国跨境转换机构开展跨境转换和做市业务的账户和资产，应当与其开展其他业务的账户及资产有效隔离、分别管理、分别记账。

第六十九条 中国跨境转换机构应当委托境外市场具有交易资格的机构开展境外基础

股票买卖和相关投资业务，并向本所报告跨境转换和境外投资相关信息。

中国跨境转换机构应当严格按照国家关于跨境资金管理的有关规定和中国证监会规定的投资范围、资产余额上限，依法合规开展跨境交易，不得利用从事跨境转换业务的机会，进行内幕交易、市场操纵等违法违规行为，或者谋取其他不正当利益。

第七十条　中国存托凭证的存托人按照存托协议的约定参与分红派息等公司行为，应当符合国家关于跨境资金管理的有关规定，并于相关公司行为涉及的境内事务履行完毕后，及时向本所报告对应的跨境资金流动情况。

第七十一条　中国跨境转换机构委托的境内托管人应当于每个交易日日终，向本所报告该中国跨境转换机构当日跨境转换业务涉及的资金跨境流动情况，并定期报告该中国跨境转换机构在境外市场投资的品种名称及资产余额等信息。

第七十二条　中国跨境转换机构向存托人发送中国存托凭证生成申请的，应当按照相关业务协议的约定及时将在境外市场合法取得的基础股票交付存托人，并按照本所要求及时向本所报送相应信息，供本所比对。

中国跨境转换机构应当保证报送的信息真实、准确、完整，并保证向本所报送的信息与向存托人发送的生成申请一致。

第七十三条　中国存托凭证的存托人应当根据境外托管人确认收到基础股票的通知，对中国跨境转换机构发送的生成申请进行核对，经确认无误后，应当及时向本所报送中国存托凭证当日签发信息。

中国存托凭证的存托人应当按照本所要求的格式、途径和时间报送签发信息，并保证所报送信息真实、准确、完整。

中国存托凭证的存托人应当在中国跨境转换机构交付足额基础股票后才可签发相应数量的存托凭证，不得在未取得足额基础股票的情况下签发中国存托凭证。本所另有规定的除外。

第七十四条　本所对存托人报送的中国存托凭证当日签发信息和中国跨境转换机构报送的存托凭证生成申请信息进行比对。信息一致的，本所根据存托人发送的中国存托凭证当日签发信息，相应增加中国跨境转换机构的中国存托凭证当日可卖余额。

存托人、中国跨境转换机构未及时向本所报送相关信息，或者相关信息不一致的，本所可不对当日签发信息进行处理，相关后果由当事人自行承担。

第七十五条　中国存托凭证的存托人应当按要求及时向本所提供中国存托凭证当日存续份额数量以及托管人出具的当日基础股票托管数据。

中国跨境转换机构应当在每日开盘前核对当日可卖余额，如可卖余额与其实际交付托管人的相应基础股票数量不一致的，应当立即向存托人及本所报告，并不得卖出超出部分的中国存托凭证。

第七十六条　出现下列情形之一的，中国存托凭证的存托人应当暂停办理中国存托凭证生成或者兑回业务：

（一）境外发行人进行权益分派、召开股东大会等公司行为的，存托人应当在境外发行人确定的境外证券交易所和本所市场的权益登记日之间（含权益登记日前一交易日和当日）暂停中国存托凭证生成和兑回业务，存托协议另有约定的除外；

（二）单只中国存托凭证存续份额数量占中国证监会批复的数量上限的比例达到100%的，存托人应当暂停办理中国存托凭证生成业务；

（三）本所公告的休市期间，存托人应当暂停办理中国存托凭证生成和兑回业务；

（四）存托协议约定或者本所认为应当暂停中国存托凭证生成或者兑回业务的其他情形。

除前款第三项情形外，境外发行人、存托人应当按照存托协议的约定，向市场公告暂停和恢复办理中国存托凭证生成、兑回业务的事由及时间。

境外发行人和存托人应当合理安排权益分派、召开股东大会等公司行为的权益登记日，避免暂停跨境转换的时间过长。

第七十七条 中国存托凭证的存托人根据中国跨境转换机构的兑回申请，将其账户内的相应中国存托凭证注销的，应当按照中国结算相关规定办理。

第七十八条 因不可抗力、意外事件、技术故障、人为差错等原因导致中国存托凭证生成、兑回数据发生错误的，经本所、中国结算、存托人、托管人和中国跨境转换机构等相关主体核对一致后，可以进行更正。

第七十九条 存托人签发的中国存托凭证数量超过托管人实际托管的基础股票对应的中国存托凭证数量的，存托人及相关中国跨境转换机构应当及时注销超出部分的中国存托凭证。

相关中国跨境转换机构持有的中国存托凭证数量不足超出部分数量的，应当及时买入足额中国存托凭证并办理注销；无法在规定时间内买入足额中国存托凭证的，应当及时补足基础股票。

存托人、相关中国跨境转换机构未按本条第一款、第二款规定及时注销超出部分的中国存托凭证或者补足基础股票的，本所可以根据托管人出具的基础股票托管数据，提请中国结算注销相关中国跨境转换机构超出部分的中国存托凭证，或者作出其他处理，并向中国证监会报告。

第八十条 因中国存托凭证跨境转换异常情况及采取的相应措施造成的损失和相应法律后果，由相关当事方依法承担，不得损害存托凭证持有人合法权益。

第五章　中国存托凭证终止上市

第一节　主动终止上市

第八十一条 出现下列情形之一的，境外发行人可以向本所申请中国存托凭证主动终止上市：

（一）境外发行人股东大会决议主动撤回其中国存托凭证在本所的交易；

（二）中国证监会和本所认可的其他主动终止上市情形。

境外发行人基础股票申请终止上市的，应当同时向本所申请中国存托凭证主动终止上市。

第八十二条　境外发行人应当在筹划申请中国存托凭证主动终止上市的过程中，及时披露提示性公告，说明筹划进展与主动终止上市方案安排。

境外发行人申请中国存托凭证主动终止上市的提示性公告应在不迟于审议该事项的股东大会召开通知发出当天披露。

第八十三条　境外发行人股东大会审议通过主动撤回其中国存托凭证在本所交易的，境外发行人应当及时披露决议内容。

第八十四条　境外发行人向本所提出中国存托凭证主动终止上市申请的，应当对中国存托凭证投资者的安排及保护措施提出明确方案，提供回购中国存托凭证或者由第三方提供现金选择权，并经本办法第八十一条第一款第一项规定的股东大会审议通过。

中国存托凭证投资者有权拒绝境外发行人的方案，委托存托人根据存托协议的约定代为持有或卖出相应基础股票。

第八十五条　境外发行人申请中国存托凭证主动终止上市的，应当及时向本所申请其中国存托凭证停牌或者复牌。境外发行人应当在提出申请后，及时发布相关公告。

第八十六条　境外发行人向本所提出中国存托凭证主动终止上市申请的，至少应当提交下列文件：

（一）主动终止上市申请书；

（二）股东大会决议及独立董事意见；

（三）主动终止上市的方案；

（四）财务顾问出具的关于中国存托凭证主动终止上市的专项意见；

（五）律师出具的关于中国存托凭证主动终止上市的专项法律意见；

（六）本所要求的其他材料。

主动终止上市方案应详细说明退市原因、对中国存托凭证投资者的安排及保护措施、回购或者现金选择权等定价依据、退市后对投资者转让中国存托凭证的安排。财务顾问和律师应对中国存托凭证投资者的安排是否符合中国存托凭证投资者的最大利益出具专业意见。境外发行人还应当聘请境外律师对中国存托凭证退市方案是否遵守了境外上市地法律法规出具专业意见。

第八十七条　本所在收到境外发行人提交的中国存托凭证主动终止上市申请文件之日后 15 个交易日内，作出是否受理的决定并通知境外发行人。境外发行人未能按照本节规定提供申请文件的，本所不受理其中国存托凭证主动终止上市申请。境外发行人应当在收到决定后及时披露决定的有关内容，并发布其存托凭证是否可能终止上市的风险提示公告。

第八十八条　本所在受理境外发行人中国存托凭证主动终止上市申请之日后的 30 个交易日内，作出是否同意其中国存托凭证终止上市的决定。在此期间，本所要求境外发行人提供补充材料的，境外发行人提供补充材料期间不计入上述作出有关决定的期限。

第八十九条　本所上市委员会对境外发行人中国存托凭证主动终止上市事宜进行审议，重点从保护中国存托凭证投资者角度，在审查境外发行人决策程序合规性的基础上，作出独立的专业判断并形成审核意见。

本所根据上市委员会的审核意见，作出是否终止境外发行人中国存托凭证上市的决定。

境外发行人对本所作出的不同意主动终止上市决定不服的，可以在收到本所相关决定或者本所公告送达有关决定之日（以在先者为准）起 15 个交易日内以书面形式向本所申请复核。复核程序和相关事宜适用本所有关规定。

第九十条 本所在作出终止境外发行人中国存托凭证上市的决定之日后 2 个交易日内通知境外发行人并发布相关公告。

境外发行人应当在收到本所关于终止其中国存托凭证上市的决定后，及时披露中国存托凭证终止上市公告。

第九十一条 境外发行人主动终止上市的，自本所公告终止上市之日起 5 个交易日内，中国存托凭证退出本所市场交易。

第九十二条 本所在作出同意或者不同意中国存托凭证主动终止上市决定之日起 15 个交易日内，以及中国存托凭证退出市场交易之日起 15 个交易日内，将中国存托凭证主动终止上市的情况报中国证监会备案。

第二节 强制终止上市

第九十三条 出现下列情形之一的，由本所决定终止境外发行人中国存托凭证在本所上市：

（一）境外发行人基础股票被境外监管机构或者境外证券交易所终止上市；

（二）境外发行人因其中国存托凭证的信息披露方面存在重大缺陷，被本所要求限期改正但境外发行人未在规定期限内改正，此后境外发行人自前述期限届满 2 个月内仍未改正；

（三）境外发行人公开发行中国存托凭证申请或者披露文件存在虚假记载、误导性陈述或者重大遗漏，被中国证监会依据《证券法》第一百八十一条作出行政处罚决定，或者被人民法院依据《刑法》第一百六十条作出有罪裁判且生效；

（四）本所根据境外发行人违法行为的事实、性质、情节及社会影响等因素认定的其他严重损害证券市场秩序的情形。

第九十四条 本办法第九十三条第二项规定的信息披露方面存在重大缺陷，具体包括下列情形：

（一）本所失去境外发行人有效信息来源；

（二）境外发行人拒不披露应当披露的重大信息；

（三）境外发行人严重扰乱信息披露秩序，并造成恶劣影响；

（四）本所认为境外发行人存在信息披露重大缺陷的其他情形。

境外发行人是否存在信息披露重大缺陷，及前述重大缺陷是否改正，由本所上市委员会予以认定。上市委员会认定期间不计入公司改正期限。

第九十五条 境外发行人基础股票根据境外证券交易所有关规定，被实施暂停上市的，或者被实施暂停上市后又恢复上市的，本所相应地对其中国存托凭证实施停止交易或者恢复交易。

境外发行人基础股票根据境外证券交易所有关规定，被实施暂停上市的，境外发行人应及时发布公告，并申请中国存托凭证停止交易。境外发行人中国存托凭证于基础股票暂停上市公告披露日起开始停牌。披露日为非交易日的，于下一交易日起开始停牌。境外发行人未按规定申请停牌并披露有关情况的，本所知悉有关情况后可以对其中国存托凭证实施停牌，并向市场公告。

境外发行人基础股票根据境外证券交易所有关规定，在被暂停上市后，被实施恢复上市的，境外发行人应及时发布公告，并申请中国存托凭证恢复交易。

本所自收到境外发行人中国存托凭证停止交易或者恢复交易申请之日后 15 个交易日内，作出是否停止或者恢复其中国存托凭证交易的决定，及时通知境外发行人并发布相关公告。

境外发行人应当在收到本所关于停止或者恢复其中国存托凭证交易的决定后，及时披露中国存托凭证停止交易或者恢复交易公告。境外发行人披露中国存托凭证恢复交易公告后的 5 个交易日内，其中国存托凭证恢复交易。

第九十六条　境外发行人可能触及本办法第九十三条规定情形的，应当于知悉相关情况时及时披露有关内容，并就其中国存托凭证可能被终止上市进行风险提示。

境外发行人触及本办法第九十三条规定情形的，应当及时发布其中国存托凭证可能被终止上市的风险提示公告，中国存托凭证于公告披露日起开始停牌。披露日为非交易日的，于下一交易日起开始停牌。

境外发行人未按前款规定申请停牌并披露有关情况的，本所知悉有关情况后可以对其中国存托凭证实施停牌，并向市场公告。

第九十七条　本所根据本办法第九十六条对中国存托凭证实施停牌的，自停牌之日起 5 个交易日内，向境外发行人发出拟终止其中国存托凭证上市的事先告知书，境外发行人应当在收到本所事先告知书后及时披露。

第九十八条　境外发行人可以在收到或者本所公告送达终止上市事先告知书之日起（以在先者为准）5 个交易日内，以书面形式向本所提出听证要求，并载明具体事项及理由。有关听证程序和相关事宜，适用本所有关规定。

境外发行人对终止上市有异议的，可以在收到或者本所公告终止上市事先告知书之日起 10 个交易日内，向本所提交相关书面陈述和申辩，并提供相关文件。

公司未在本条规定期限内提出听证要求、书面陈述和申辩的，视为放弃相应权利。

第九十九条　本所根据本办法第九十六条对中国存托凭证实施停牌的，自停牌之日起 30 个交易日内，根据上市委员会的审核意见，作出是否终止其中国存托凭证上市的决定。

境外发行人向本所申请听证的，自本所收到公司听证申请至听证程序结束期间不计入前述期限。

第一百条　本所在作出终止中国存托凭证上市的决定之日后 2 个交易日内通知境外发行人并发布相关公告。

境外发行人应当在收到本所关于终止其中国存托凭证上市的决定后，及时披露中国存托凭证终止上市公告。

境外发行人对本所作出的强制终止上市决定不服的，可以在收到本所相关决定或者本所公告送达有关决定之日（以在先者为准）起 15 个交易日内以书面形式向本所申请复核。复核程序和相关事宜适用本所有关规定。

第一百零一条 中国存托凭证被本所强制终止上市的，境外发行人应当对中国存托凭证投资者的安排及保护措施提出明确方案，并及时公告。财务顾问和律师应当对中国存托凭证投资者的安排是否公平以及是否符合中国存托凭证投资者的最大利益出具专业意见。

中国存托凭证投资者有权拒绝境外发行人的方案，委托存托人根据存托协议的约定代为持有或者卖出相应基础股票。

第一百零二条 境外发行人发布中国存托凭证终止上市公告后 5 个交易日内，其中国存托凭证复牌。复牌后，境外发行人中国存托凭证继续在本所市场交易 15 个交易日。15 个交易日届满后的 5 个交易日内，中国存托凭证退出本所市场交易。

第一百零三条 本所在作出终止中国存托凭证上市的决定之日起 15 个交易日内，以及中国存托凭证退出市场交易之日起 15 个交易日内，将中国存托凭证强制终止上市的情况报中国证监会备案。

第六章 全球存托凭证相关事项

第一节 境内新增基础股票发行上市

第一百零四条 本所上市公司以其境内新增股票为基础证券在境外发行上市存托凭证的，应当符合《证券法》、中国证监会及本所有关上市公司证券发行的规定，并符合《监管规定》规定的条件。

第一百零五条 本所上市公司在境外发行上市全球存托凭证，申请其境内新增基础股票在本所发行上市的，应当符合下列条件：

（一）《注册管理办法》规定的发行条件；

（二）在本所上市满 1 年，存在重组上市情形的，应当自重组上市完成后满 1 年；

（三）发行申请日前 120 个交易日按股票收盘价计算的上市公司 A 股平均市值不低于人民币 200 亿元；

（四）本所规定的其他条件。

第一百零六条 本所发行上市审核机构对境内新增基础股票的发行上市申请文件进行审核。上市公司基础股票发行上市的申请与受理、发行上市审核机构审核、向中国证监会报送审核意见、会后事项、复审、审核中止与终止、审核相关事项等，适用《再融资审核规则》等关于向特定对象发行证券的规定，本办法另有规定的除外。

第一百零七条 本所上市公司申请全球存托凭证在境外证券交易所发行上市的，应当在下列时点及时披露进展情况：

（一）向境外有权机构提交全球存托凭证发行上市申请文件，但依照境外监管规定采用非公开方式申请的除外；

（二）境外有权机构就全球存托凭证发行上市申请作出审核结果；

（三）全球存托凭证发行上市获中国证监会备案；

（四）全球存托凭证在境外证券交易所发行上市；

（五）募集资金到账；

（六）上市公司中止或者终止全球存托凭证发行上市；

（七）其他重要进展情况。

第一百零八条　本所上市公司在境外证券交易所发行上市全球存托凭证，并申请对应的境内新增基础股票上市的，应当在全球存托凭证上市日前2个交易日向本所提交下列材料：

（一）新增股票上市申请书；

（二）中国结算出具的股份登记申请受理确认书；

（三）全球存托凭证发行上市情况说明；

（四）上市提示性公告；

（五）本所要求的其他文件。

全球存托凭证存在兑回限制期安排的，本所上市公司应当在上市提示性公告中予以披露。

境内新增基础股票上市后，全球存托凭证按照本办法以及存托协议跨境转换为基础股票的，可以在本所市场进行交易。

第一百零九条　本所上市公司在境外证券交易所发行的全球存托凭证出现下列情形之一的，应当及时在本所市场进行信息披露：

（一）全球存托凭证存续数量所对应的基础股票数量不足中国证监会批复数量的50%；

（二）全球存托凭证在境外证券交易所被暂停上市、终止上市；

（三）全球存托凭证兑回限制期届满前5个交易日；

（四）可能对基础股票交易价格产生重大影响的其他情形。

出现前款第三项规定情形的，本所上市公司应当在兑回限制期届满前至少发布3次提示性公告。

全球存托凭证发行人应在定期报告中披露全球存托凭证存续数量。

第一百一十条　投资者及其一致行动人通过全球存托凭证、境内基础股票等方式拥有境内上市公司权益的，应当合并计算其权益，并按照《上市公司收购管理办法》《股票上市规则》等规定履行信息披露等义务。全球存托凭证的存托人因履行存托职责持有基础股票的除外。

第一百一十一条　境外投资者通过全球存托凭证、境内基础股票等方式拥有境内上市公司权益的，应当遵守《监管规定》中的持股比例限制。

单个境外投资者通过全球存托凭证、境内基础股票等方式拥有境内上市公司权益超过持股比例限制的，应当在5个交易日内对超出部分实施平仓。

所有境外投资者通过全球存托凭证、境内基础股票等方式拥有同一上市公司股票合并计算超过限定比例的，本所可按照后买先卖的原则，向相关主体发出平仓通知。

境外投资者拥有境内上市公司权益超过规定限制的平仓事宜，参照《深圳证券交易所合格境外机构投资者和人民币合格境外机构投资者证券交易实施细则》《深圳证券交易所深港通业务实施办法》的有关规定执行。

第二节　全球存托凭证跨境转换

第一百一十二条　境外证券经营机构申请在本所市场开展全球存托凭证跨境转换业务，应当符合下列条件，并向本所备案：

（一）具有全球存托凭证上市交易所的交易资格；

（二）自身或者与其存在控制关系的主体或者均受同一实际控制人控制的主体具有合格境外机构投资者或者人民币合格境外机构投资者资格，本所另有规定的除外；

（三）财务稳健，资信良好，具有较高的资产规模；

（四）有健全的治理结构和完善的内控制度，经营行为规范，近3年未受到监管机构的重大处罚；

（五）本所规定的其他条件。

境外跨境转换机构备案管理的具体事宜，由本所另行规定。

第一百一十三条　符合条件的境外证券经营机构，应当委托会员向本所提交备案申请材料，依法开展跨境转换和境内证券交易所市场（以下简称境内市场）证券投资业务。

接受委托的会员，应当对境外证券经营机构的资质、规模、业务经验等进行审慎核查，保证其所提交的备案申请材料真实、准确、完整。

会员应当与境外跨境转换机构签署服务协议，对其在境内市场开展跨境转换和证券投资活动予以有效监督和约束。境外跨境转换机构备案信息发生变化的，会员应当及时向本所报告。

第一百一十四条　境外跨境转换机构获得本所备案后，应当依法开立跨境转换专用证券账户和资金账户，并保证跨境转换业务的账户和资产与其在境内市场依法开立的其他账户和资产有效隔离、分别管理、分别记账。

第一百一十五条　境外跨境转换机构应当严格按照国家关于跨境资金管理的有关规定和中国证监会规定的投资范围、资产余额上限，依法合规开展跨境交易，不得利用从事跨境转换业务的机会，进行内幕交易、市场操纵等违法违规行为，或者谋取其他不正当利益。

境外跨境转换机构在境内市场进行投资，超出中国证监会规定的投资范围、资产余额上限，或者存在其他异常交易行为的，会员应当拒绝接受其相应委托，并及时向本所报告。

第一百一十六条　全球存托凭证的存托人应当在全球存托凭证上市前，委托会员向本所备案，具体备案材料由本所另行规定。

存托人未向本所备案的，不得在本所市场开展全球存托凭证跨境转换业务。

第一百一十七条　全球存托凭证的存托人应当依法开立存托业务专用证券账户，并委托本所会员开展存托协议约定的基础股票卖出等业务。存托人不得利用境内证券账户从事与存托业务和基础股票无关的证券交易。

接受委托的会员应当对存托人在境内市场的证券交易活动进行有效监督和约束。发现存托人超出规定范围进行证券交易，或者未按规定暂停办理全球存托凭证生成业务的，会员应当拒绝接受其相应委托，并及时向本所报告。

全球存托凭证的存托人按照存托协议的约定参与分红派息等公司行为的，应当符合国家关于跨境资金管理的有关规定。

第一百一十八条　本所可以根据监管需要，要求境内托管人向本所提供全球存托凭证的存托人和境外跨境转换机构的资金跨境流动情况、在境内市场持有的品种名称及资产余额等信息。

第一百一十九条　出现下列情形之一的，全球存托凭证的存托人应当暂停办理全球存托凭证生成或者兑回业务：

（一）根据中国证监会的规定和招股说明书的约定，在特定期间内不允许兑回的，存托人在该期间内不得办理全球存托凭证兑回业务；

（二）单只全球存托凭证存续份额数量所对应的基础股票数量占中国证监会批复数量上限的比例达到100%的，存托人应当暂停办理全球存托凭证生成业务；

（三）存托协议约定或者本所认为应当暂停全球存托凭证生成或者兑回业务的其他情形。

第一百二十条　全球存托凭证的存托人和境外跨境转换机构为开展跨境转换业务，将专用证券账户内的基础股票划转至对方专用证券账户的，应当按照中国结算相关规定办理。

第七章　自律管理

第一百二十一条　本所对本办法第三条规定的主体实施日常监管，可以单独或者合并采取下列日常工作措施：

（一）要求对有关问题作出解释和说明；

（二）要求提供相关文件或材料；

（三）要求保荐人或者证券服务机构进行核查并发表意见；

（四）发出各种通知和函件等；

（五）约见有关人员；

（六）调阅、查看工作底稿、证券业务活动记录及相关资料；

（七）要求公开更正、澄清或者说明；

（八）要求限期召开投资者说明会；

（九）要求境外发行人董事会追偿损失；

（十）开展现场检查；

（十一）向中国证监会报告有关情况；

（十二）向有关单位通报相关情况；

（十三）向市场说明有关情况；

（十四）其他措施。

第一百二十二条 境内外发行人及其董事、监事、高级管理人员、信息披露境内代表、相关信息披露义务人、保荐人和保荐代表人、证券服务机构及其相关人员违反本办法、本所其他相关业务规则的，本所可以视情节轻重，单独或者合并采取自律监管措施或者纪律处分。

本所可以根据本办法及本所其他规定采取下列自律监管措施：

（一）口头警示；

（二）书面警示；

（三）监管谈话；

（四）要求限期改正；

（五）要求公开致歉；

（六）要求聘请保荐人或者证券服务机构进行核查并发表意见；

（七）建议更换相关任职人员；

（八）向相关主管部门出具监管建议函；

（九）其他监管措施。

本所可以根据本办法及本所其他规定实施下列纪律处分：

（一）通报批评；

（二）公开谴责；

（三）公开认定一定期限内不适合担任上市公司董事、监事、高级管理人员或者境外发行人信息披露境内代表；

（四）暂不接受发行上市申请文件；

（五）暂不接受保荐人、证券服务机构或者其从业人员出具的相关业务文件；

（六）收取惩罚性违约金；

（七）其他纪律处分。

本所实施前款第五项纪律处分的，同时将该决定通知监管对象所在单位（如适用）。

第一百二十三条 本所根据《交易规则》、本办法以及本所其他有关业务规则的规定，对投资者在中国存托凭证交易中的异常交易行为，采取相应自律监管措施或者纪律处分；对涉嫌内幕交易、市场操纵等违法违规行为，依法上报中国证监会查处。

对于严重影响证券交易秩序或者交易公平的异常交易行为，本所可以对相关投资者采取限制交易等措施，并向中国证监会报告。

中国存托凭证交易中投资者异常交易行为的认定和处理，按照《交易规则》及本所其他相关业务规则关于股票交易中投资者异常交易行为的有关规定执行，本所另有规定的除外。

第一百二十四条　中国跨境转换机构出现下列情形之一的，本所视情况对其采取《会员管理规则》规定的自律监管措施或者纪律处分：

（一）在跨境交易中违反国家关于跨境资金管理的有关规定或者超出中国证监会规定的投资范围和资产余额上限；

（二）未按本所要求及时、准确报送跨境转换业务和境外市场投资相关信息；

（三）未及时向本所报送中国存托凭证生成申请信息，或者所提供信息存在错误、遗漏；

（四）未交付足额基础股票的情况下申请签发中国存托凭证；

（五）在跨境转换业务中从事违法违规行为或者谋取其他不正当利益；

（六）违反本办法的其他情形。

中国跨境转换机构违规情节严重的，本所还可以终止其中国跨境转换机构备案。

第一百二十五条　中国存托凭证做市商出现下列情形之一的，本所视情况对其采取《会员管理规则》规定的自律监管措施或者纪律处分：

（一）在中国存托凭证做市业务中存在异常交易行为；

（二）利用做市业务从事违法违规行为或者谋取其他不正当利益；

（三）严重违反做市协议；

（四）将跨境转换和做市专用账户用于其他用途；

（五）违反本办法的其他情形。

中国存托凭证做市商违规情节严重的，本所还可以终止其在本所市场开展中国存托凭证做市业务。

第一百二十六条　中国存托凭证的存托人出现下列情形之一的，本所可以视情况对其采取口头警示、书面警示、监管谈话、要求限期改正、要求公开更正、澄清或说明、建议发行人更换存托人等自律监管措施；情节严重的，还可以采取通报批评、公开谴责等纪律处分，并向其主管机关通报：

（一）未按规定及时向本所提供中国存托凭证份额存续数量及托管人出具的基础股票托管数据等相关信息；

（二）未及时向本所提供中国存托凭证签发信息，或者所提供信息存在错误、遗漏；

（三）未持有足额基础股票的情况下签发中国存托凭证；

（四）未按规定暂停办理中国存托凭证的生成或者兑回；

（五）未及时向本所报送跨境资金流动情况；

（六）违反本办法的其他情形。

第一百二十七条　境外跨境转换机构出现下列情形之一的，本所视情况对其采取《交易规则》等规定的自律监管措施或者纪律处分：

（一）在跨境交易中违反国家关于跨境资金管理的有关规定或者超出中国证监会规定的投资范围和资产余额上限；

（二）出现本所业务规则规定的异常交易行为；

（三）违反本办法的其他情形。

境外跨境转换机构出现前款规定的违规情形的，本所可以要求其在限期内改正；违规情节严重的，本所还可以终止其境外跨境转换机构备案。

第一百二十八条 全球存托凭证的存托人出现下列情形之一的，本所可以视情况轻重，对其采取《交易规则》等规定的口头警示、书面警示、要求限期改正、建议发行人更换存托人等自律监管措施或者纪律处分：

（一）未按规定暂停办理全球存托凭证的生成或者兑回业务；

（二）利用境内证券账户从事与存托业务和基础股票无关的证券业务；

（三）违反本办法的其他情形。

全球存托凭证的存托人违规情节严重的，本所可以终止其全球存托凭证存托人备案。

第一百二十九条 会员出现下列情形之一的，本所视情况对其采取《会员管理规则》等规定的自律监管措施或者纪律处分：

（一）未按本办法规定履行投资者适当性管理职责；

（二）未按本办法规定履行客户交易行为管理职责；

（三）接受境外跨境转换机构委托的会员未按规定对境外跨境转换机构的资质、规模、业务经验等进行审慎核查，未能保证境外跨境转换机构的报备信息真实、准确、完整，或者未及时报备境外跨境转换机构的账户变更等信息；

（四）接受境外跨境转换机构委托的会员未按规定对境外跨境转换机构在境内市场的跨境转换和证券投资活动进行有效监督；

（五）接受全球存托凭证存托人委托的会员未按规定对存托人在境内市场的证券交易活动进行有效监督；

（六）违反本办法的其他情形。

第一百三十条 中国跨境转换机构委托的境内托管人未按规定及时、准确向本所报送中国跨境转换机构资金跨境流动、境外市场投资情况等信息，或者全球存托凭证的存托人和境外跨境转换机构委托的境内托管人未按本所要求及时、准确报送全球存托凭证的存托人和境外跨境转换机构资金跨境流动、境内市场投资情况等信息的，本所可以视情况对其采取口头警示、书面警示、监管谈话、建议更换境内托管人等自律监管措施，并向其主管机关通报。

第八章 附 则

第一百三十一条 中国存托凭证在本所上市、交易等各项费用，参照本所 A 股相关标准收取。

第一百三十二条 本办法的制定和修改须经本所理事会审议通过，报中国证监会批准。

第一百三十三条 本办法由本所负责解释。

第一百三十四条 本办法自发布之日起施行。本所于 2022 年 3 月 25 日发布的《深圳证券交易所与境外证券交易所互联互通存托凭证上市交易暂行办法》（深证上〔2022〕299 号）同时废止。

3.8 红筹企业

关于发布《深圳证券交易所股票发行上市审核业务指引第3号——创新试点红筹企业财务报告信息披露》的通知

（2023年2月17日　深证上〔2023〕108号）

各市场参与人：

为了规范公开发行证券并在本所上市的创新试点红筹企业的财务报告信息披露行为，保护红筹企业和投资者的合法权益，本所制定了《深圳证券交易所股票发行上市审核业务指引第3号——创新试点红筹企业财务报告信息披露》，经中国证监会批准，现予以发布，并自发布之日起施行。

本所于2020年6月12日发布的《深圳证券交易所创业板创新试点红筹企业财务报告信息披露指引》（深证上〔2020〕507号）同时废止。

深圳证券交易所

2023年2月17日

3.8.1

深圳证券交易所股票发行上市审核业务指引第3号——创新试点红筹企业财务报告信息披露

（2023年2月17日　深证上〔2023〕108号）

第一条　为了规范公开发行证券并在深圳证券交易所（以下简称本所）上市的创新试点红筹企业（以下简称红筹企业）的财务报告信息披露行为，保护红筹企业和投资者的合法权益，根据《公开发行证券的公司信息披露编报规则第24号——注册制下创新试点红筹企业财务报告信息特别规定》（以下简称《特别规定》）等有关规定，制定本指引。

第二条　在境内公开发行股票或者存托凭证并上市的红筹企业，采用等效会计准则或者境外会计准则编制首次发行股票或者存托凭证的申报财务报告，披露年度财务报告及按照相关规定需要参照年度财务报告披露有关财务信息时，适用本指引。

本指引所称等效会计准则，是指经财政部认可与中国企业会计准则等效的会计准则。

本指引所称境外会计准则，是指国际财务报告准则或者美国会计准则。

第三条　采用等效会计准则编制财务报告的红筹企业，应当根据《特别规定》的要求，披露按照中国企业会计准则调节的关键财务指标。

采用境外会计准则编制财务报告的红筹企业，应当根据《特别规定》的要求，披露按照中国企业会计准则调节的重述财务报表（合并资产负债表、合并利润表、合并现金流量表和合并所有者权益变动表）。

采用等效会计准则或者境外会计准则编制财务报告的红筹企业，应当以表格形式披露归属于母公司所有者权益和归属于母公司净利润按照中国企业会计准则调节的情况，包括：

（一）调节前金额、调节项目的性质及其金额；

（二）调节后中国企业会计准则下的相应金额；

（三）对主要调节项目的解释说明，包括红筹企业实际采用的原会计准则下的会计政策与中国企业会计准则的准则差异、影响金额等；

（四）本所或者会计师认为应当说明的其他事项。

第四条　红筹企业应当分类披露主要流动资产的期初、期末余额和资产减值准备于报告期内变动情况、计提减值准备的方法。

对于存货，应当披露主要的存货类别金额，如产成品、半成品、原材料等，并披露发出存货的计价方法。

对于与收入相关的应收款项，应当披露其账龄情况并汇总披露按欠款方归集的期末余额前5大应收款项情况。报告期末存在与收入无关的应收款项且金额较大的，应当说明形成的原因及对回收风险的判断情况。

第五条 红筹企业应当分类披露生产用长期资产成本、累计折旧、累计摊销和减值准备的期初、期末余额和报告期内变动情况，并披露计提资产减值准备的方法。

存在租入生产用长期资产的，应当披露租入资产的类别（按用途分类）及会计处理方法。

第六条 红筹企业应当披露生物资产的类别及分类标准，并分类披露生物资产的期初、期末余额。采用公允价值计量的，应当披露公允价值的确定方法。

第七条 红筹企业应当披露报告期内研发活动费用化与资本化情况。对于资本化的开发支出，应当披露资本化的起始时点、依据及截至报告期末的研发进度情况。

第八条 红筹企业应当按被投资单位披露对外权益投资（纳入合并范围的子公司和由金融工具准则规范的除外）的持股比例、会计核算方法、期初、期末余额和报告期内变动情况。对于重要的对外权益投资，应当披露被投资单位基本信息，包括企业名称、主要经营地及注册地、业务性质；还应当披露被投资单位的主要财务信息，包括净资产、净利润和营业收入等。

第九条 红筹企业应当披露所持各类金融资产的期初、期末余额。按公允价值计量的金融资产，应当披露其公允价值的确定方法；按摊余成本计量的金融资产和以公允价值计量且其变动计入其他综合收益的债务工具，应当披露减值准备的计提方法。

对发行的金融工具，如单项金额重大的，应当披露其基本条款特征，并披露作为金融负债和权益工具确认的依据以及所确认金融负债、权益工具的期初、期末余额。

第十条 红筹企业应当披露因抵押、质押或者冻结等导致权利受到限制，以及存放在境外且资金汇回境内受限的资产情况，主要包括资产类别、金额及相关受限情况，并充分提示风险。

第十一条 红筹企业应当披露报告期内股份支付计划的基本情况、报告期内确认的股份支付费用金额及相关会计处理所涉及公允价值的确定方法。

第十二条 红筹企业应当分类列示预计负债期初、期末余额及形成原因，并披露资产负债表日存在的未确认预计负债的重大或有事项。

第十三条 红筹企业应当根据产生收入的具体业务类型分别披露相关收入确认的会计政策，披露各类业务在报告期内确认收入的金额。报告期内存在来源于关联方销售收入的，应当披露来源于关联方的销售收入金额及其占比。

第十四条 红筹企业应当分类披露经营活动、投资活动、筹资活动的现金流量情况。

第十五条 红筹企业应当披露重要子公司的基本信息，包括但不限于公司名称、主要经营地及注册地、业务性质、红筹企业的持股比例、取得方式；子公司的持股比例不同于表决权比例的，应当说明表决权比例及存在差异的原因；子公司的少数股东权益对红筹企业影响重大的，应当披露相关子公司的主要财务信息，包括净利润、净资产、资产总额和营业收入等。

第十六条 报告期内发生的重大企业合并交易，红筹企业应当披露其会计处理方法及对财务报表的影响。

红筹企业应当按被投资单位披露商誉的期初、期末余额和报告期内增减变动情况。商誉金额重大的，应当披露减值测试方法、所采用的重要假设、参数。存在减值的，还应当披露减值准备的期初、期末余额和报告期内增减变动情况。

第十七条 红筹企业应当披露资产负债表日后发生的重大非调整事项，分析其对财务状况、经营成果的影响。

第十八条 前述第四条至第十七条规定的相关信息，红筹企业若已在其按照等效会计准则或者境外会计准则编制的财务报告附注中披露的，无须另行披露。

第十九条 红筹企业应当按照中国企业会计准则和中国证监会的有关规定界定关联方，披露关联方情况，并分类披露销售、采购、租赁等关联方交易情况以及报告期末存在的与关联方应收应付款项余额。

第二十条 红筹企业应当根据中国证监会的有关规定，识别非经常性损益项目并披露按中国企业会计准则调节的非经常性损益项目及金额。

第二十一条 红筹企业应当根据中国证监会的有关规定计算和披露按中国企业会计准则调节的净资产收益率和每股收益。

第二十二条 红筹企业按照本指引编制补充财务信息或者差异调节信息，存在实际困难导致不切实可行的，可以向本所申请调整适用，但应当说明原因和替代方案。本所认为不应当调整适用的，红筹企业应当执行本指引相关规定。

第二十三条 除本指引规定事项外，存在其他对投资者决策有影响的重要事项的，红筹企业应当披露具体交易事项、判断依据及相关会计处理。

第二十四条 本指引由本所负责解释。

第二十五条 本指引自发布之日起施行。本所于 2020 年 6 月 12 日发布的《深圳证券交易所创业板创新试点红筹企业财务报告信息披露指引》（深证上〔2020〕507 号）同时废止。

附件：合并财务报表中归属于母公司所有者权益、归属于母公司净利润的差异调节信息附件：

合并财务报表中归属于母公司所有者权益、归属于母公司净利润的差异调节信息

	归属于母公司所有者权益		归属于母公司净利润	
	××年××月××日	××年××月××日	××年	××年
按等效会计准则或者境外会计准则				
调增净资产/净利润的调节项目：				
1.				
2.				
…				
调减净资产/净利润的调节项目				
1.				
2.				
…				
小计				
少数股东权益/损益影响额				
按中国企业会计准则				

调节项目的说明如下：

1.

2.

……

3.9 创新企业

关于发布《深圳证券交易所试点创新企业股票或存托凭证上市交易实施办法》的通知

（2018 年 6 月 15 日　深证上〔2018〕284 号）

各市场参与人：

为了规范试点创新企业股票、存托凭证在本所上市和交易，保护投资者合法权益，维护证券市场秩序，根据《关于开展创新企业境内发行股票或存托凭证试点的若干意见》《存托凭证发行与交易管理办法（试行）》等相关规定，本所制定了《深圳证券交易所试点创新企业股票或存托凭证上市交易实施办法》，现经中国证监会批准予以发布，自发布之日起施行。

特此通知

深圳证券交易所

2018 年 6 月 15 日

3.9.1

深圳证券交易所试点创新企业股票或存托凭证上市交易实施办法

（2018 年 6 月 15 日　深证上〔2018〕284 号）

第一章　总　　则

第一条　为了规范试点创新企业（以下简称创新企业）股票、存托凭证在深圳证券交易所（以下简称本所）上市和交易，保护投资者合法权益，维护证券市场秩序，根据《中华人民共和国证券法》《关于开展创新企业境内发行股票或存托凭证试点的若干意见》（以下简称《若干意见》）、《存托凭证发行与交易管理办法（试行）》（以下简称《存托凭证管理办法》）、《试点创新企业境内发行股票或存托凭证并上市监管工作实施办法》《创新企业境内发行股票或存托凭证上市后持续监管实施办法（试行）》（以下简称《持续监管实施办法》）等法律、行政法规、部门规章、规范性文件（以下统称境内法律）以及《深圳证券交易所股票上市规则》《深圳证券交易所创业板股票上市规则》（以下统称《上市规则》）、《深圳证券交易所交易规则》（以下简称《交易规则》）等业务规则，制定本办法。

第二条　创新企业公开发行的股票以及尚未在境外上市红筹公司公开发行的存托凭证在本所上市及信息披露事宜，适用本办法；本办法未作规定的，适用《上市规则》及本所其他相关规定。

已在境外上市红筹公司公开发行存托凭证在本所上市及信息披露事宜，适用本办法。

创新企业公开发行的股票或者存托凭证在本所上市后的交易事宜，适用本办法；本办法未作规定的，适用《交易规则》以及本所其他业务规则关于股票交易的相关规定。

本办法所称创新企业，是指按照《若干意见》规定，经中国证监会核准公开发行股票或存托凭证的公司，包括境内注册的创新企业（以下简称境内创新公司）和境外注册但主要经营活动在境内的创新企业（以下简称红筹公司）。

第三条　创新企业及其董监高人员、股东或存托凭证持有人、信息披露境内代表、实际控制人、收购人、存托人、保荐人及其保荐代表人、证券服务机构及其相关人员等主体，应当遵守境内法律和《上市规则》《交易规则》、本办法以及本所其他相关规定，接受本所自律监管。

本办法所称董监高人员，是指创新企业的董事、监事、高级管理人员或者执行类似职权的人员。没有监事、监事会或者执行类似职权的人员或者组织安排的，不适用本办法及本所其他相关规定有关监事、监事会的规定。

第四条 创新企业存在特定经营风险以及红筹公司具有投票权差异、协议控制架构或者类似特殊安排的，应当充分、详细披露相关情况特别是风险、公司治理等信息，以及依法落实保护投资者合法权益规定的各项措施。

存托人应当按照境内法律、本所业务规则及其他相关规定和存托协议，忠实、勤勉地履行存托人的各项职责和义务，不得损害存托凭证持有人的合法权益。

第五条 创新企业股票或者存托凭证在本所上市交易，应当与本所签订上市协议，明确双方权利义务和有关事项。

第六条 创新企业的股票或者存托凭证在本所上市交易，应当在中国证券登记结算有限责任公司（以下简称中国结算）办理登记、存管和结算。

第二章 上　　市

第一节 境内创新公司首次公开发行股票上市

第七条 境内创新公司申请其首次公开发行的股票在本所上市，应当符合《上市规则》规定的首次公开发行股票上市条件。

第八条 境内创新公司申请其首次公开发行的股票在本所上市，应当按照《上市规则》的规定向本所提交上市申请文件。

第九条 境内创新公司应当于其股票上市前五个交易日内，按照《上市规则》披露上市公告书等文件。上市公告书应当符合本所规定的内容与格式要求，并在显要位置披露招股说明书中作出特别提示的重大事项和主要风险。

公司控股股东、实际控制人和董监高人员应当按照境内法律、《上市规则》的规定作出相关承诺并在上市公告书中披露。

第十条 境内创新公司股票的退市事宜，适用境内法律和《上市规则》的规定，本所另有规定的除外。

按照《上市规则》以及本办法认定公司股票是否触发退市风险警示、暂停上市或者终止上市情形时，相关会计年度从公司股票上市后首个完整会计年度起算。

第十一条 境内创新公司上市后的股份减持，应当遵守境内法律、《上市规则》及《深圳证券交易所上市公司股东及董事、监事、高级管理人员减持股份实施细则》（以下简称《减持实施细则》）等相关业务规则的规定。

境内创新公司上市时尚未盈利的，其控股股东、实际控制人、董事、高级管理人员在公司实现盈利前不得减持上市前持有的股票。

第二节 红筹公司境内首次公开发行股票或存托凭证上市

第十二条 红筹公司申请其境内首次公开发行的股票在本所上市，应当符合《上市规则》规定的首次公开发行股票上市条件。

第十三条　红筹公司申请其境内首次公开发行的存托凭证在本所上市，应当符合下列条件：

（一）本次公开发行的存托凭证不少于1亿份或上市时本次公开发行的存托凭证市值不低于50亿元；

（二）公司最近三年无重大违法行为、财务会计报告无虚假记载；

（三）本所要求的其他条件。

具有投票权差异安排的红筹公司申请其境内首次公开发行的股票、存托凭证在本所上市的，还应当符合本章第三节的规定。

第十四条　红筹公司向本所申请其境内首次公开发行的股票上市，应当按照《上市规则》等规定提交上市申请文件（有关股票托管、聘任董事会秘书及首次公开发行前股份已锁定等文件除外），还应当向本所提交本次境内发行股票已经中国结算存管的证明文件、公司在境内设立的证券事务机构及其聘任的信息披露境内代表等有关资料。

根据境外注册地公司法等法律法规和公司章程或者章程性文件（以下简称公司章程）规定，红筹公司无须就本次境内发行上市事宜提交股东大会审议的，其申请上市时可不提交股东大会决议，但应当提交相关董事会决议。

第十五条　红筹公司向本所申请其境内首次公开发行的存托凭证上市，应当提交下列文件：

（一）上市申请书；

（二）中国证监会核准本次公开发行文件；

（三）申请存托凭证上市的董事会决议和股东大会决议（如适用）；

（四）营业执照或公司注册文件复印件；

（五）公司章程；

（六）经具有证券期货相关业务资格的会计师事务所按照中国审计准则审计的发行人最近三年的财务报告及相关财务信息；

（七）经签署的存托协议、托管协议文本；

（八）托管人出具的存托凭证所代表基础证券的托管凭证；

（九）保荐协议和保荐人出具的上市保荐书；

（十）律师事务所出具的法律意见书；

（十一）本次发行结束后，具有证券期货相关业务资格的会计师事务所出具的验资报告；

（十二）公司本次发行的存托凭证已经中国结算存管的证明文件；

（十三）董事（监事、高级管理人员）声明及承诺书；

（十四）公司在境内设立的证券事务机构及信息披露境内代表的相关资料；

（十五）本次发行后至上市前，按规定新增的财务资料和有关重大事项的说明（如适用）；

（十六）最近一次的招股说明书和经中国证监会审核的全套发行申报材料；

（十七）上市公告书；

（十八）本所要求的其他文件。

第十六条 红筹公司应当于其股票、存托凭证上市前五个交易日内，按照本所规定披露上市公告书、上市保荐书、法律意见书等相关文件。上市公告书应当包括以下内容：

（一）本次发行的概况和上市安排；

（二）公司章程的治理实践与境内上市公司遵循的公司治理规则的主要差异及影响；

（三）公司具有投票权差异、协议控制架构或者类似特殊安排所带来的风险事项和公司治理等信息，以及依法落实保护投资者合法权益规定的各项措施；

（四）公司本次招股说明书披露的事项在公司股票或者存托凭证上市前发生重大变化；

（五）公司及控股股东、实际控制人和董监高人员作出的承诺（如适用）；

（六）本所要求披露的其他事项。

红筹公司已在招股说明书中披露前款规定事项的，可以在上市公告书中以转引方式进行披露。

第十七条 红筹公司向本所提交的上市公告书，可由公司授权的高级管理人员签署。

红筹公司应当保证向本所提交的上市申请文件内容真实、准确、完整，不存在虚假记载、误导性陈述或重大遗漏。

第十八条 红筹公司提交的上市申请文件和持续信息披露文件，应当使用中文。

红筹公司及相关信息披露义务人应当按照中国证监会和本所规定，在中国证监会指定信息披露媒体、本所官方网站及巨潮资讯网披露上市和持续信息披露文件。

第十九条 红筹公司应当在境内设立证券事务机构，并聘任信息披露境内代表，负责办理公司股票或者存托凭证上市期间的信息披露和监管联络事宜。信息披露境内代表应当具备境内上市公司董事会秘书的相应任职能力，熟悉境内信息披露规定和要求，并能够熟练使用中文。

红筹公司应当建立与境内投资者、监管机构及本所的有效沟通渠道，按照规定保障境内投资者的合法权益，保持与境内监管机构及本所的畅通联系。

第二十条 红筹公司向本所申请其境内首次公开发行的股票或存托凭证在本所上市，应当聘请境内保荐人、律师事务所、具有证券期货相关业务资格的会计师事务所等证券服务机构提供相关服务。保荐人及其保荐代表人应当遵守本所上市保荐的相关规定。

境内保荐人及证券服务机构可以聘请境外机构协助其工作，但不能因此免除其依法应当承担的责任。

第二十一条 红筹公司在本所上市股票的退市事宜，适用境内法律、《上市规则》和本办法第十条的规定，本所另有规定的除外。

红筹公司在本所上市存托凭证的退市事宜，原则上适用《上市规则》和本办法第十条的规定，但涉及社会公众持股比例和一定期间内累计成交量的退市指标除外。具体事宜由本所另行规定。

存托凭证终止上市的，红筹公司、存托人应当按照《存托凭证管理办法》规定以及存托协议的约定履行相关义务，保障存托凭证持有人合法权益。

第二十二条　红筹公司发行存托凭证并在本所上市的，实际控制人应当承诺境内上市后三年内不主动放弃实际控制人地位。

尚未盈利的红筹公司发行股票并在本所上市，以及尚未盈利且尚未在境外上市红筹公司发行存托凭证并在本所上市的，其控股股东、实际控制人、董事、高级管理人员应当承诺在公司实现盈利前不得减持上市前持有的股票。

第二十三条　红筹公司股东、存托凭证持有人减持境内股票或者存托凭证的，应当遵守境内法律和《上市规则》《减持实施细则》以及本办法。

红筹公司董监高人员及信息披露境内代表减持本公司境内发行的股票或者存托凭证的，应当遵守《持续监管实施办法》《减持实施细则》关于董监高人员减持的相关规定。

第二十四条　红筹公司对战略投资者及其他有限售安排的投资者在境内配售或者定向发行股票或存托凭证的，相关股票或者存托凭证限售期届满后，应当按照《上市规则》及本所其他业务规定，向本所提交上市流通申请文件。

股票或存托凭证上市流通申请经本所同意后，公司应当在相关股票或存托凭证上市流通前三个交易日内披露提示性公告，上市流通提示性公告应当包括以下内容：

（一）限售股份或存托凭证的上市流通时间和数量；

（二）有关股东或者持有人所作出的限售承诺及其履行情况；

（三）本所要求的其他内容。

第三节　具有投票权差异安排红筹公司上市的特别要求

第二十五条　持有特别投票权股份的股东应当为对红筹公司发展或业务增长等作出重大贡献，并且在红筹公司上市前及上市后持续担任公司董事或者董事会认可的其他职务的人员，或者该等人员实际控制的持股主体。

特别投票权股东在红筹公司中拥有权益的股份合计应当达到公司全部已发行有表决权股份10%以上。

第二十六条　红筹公司的公司章程应当规定每份特别投票权股份的投票权数量。

红筹公司每份普通投票权股份的投票权数量不得为零，每份特别投票权股份的投票权数量不得超过每份普通投票权股份的投票权数量的20倍。

第二十七条　红筹公司股票、存托凭证在本所上市后，除同比例配股、转增股本以及境内公开发行前公司章程规定的情形外，不得在境内外发行特别投票权股份，不得提高特别投票权比例。

本办法所称特别投票权比例，是指全部特别投票权股份的投票权数量占红筹公司全部已发行股份的投票权数量的比例。

第二十八条　红筹公司应当保证普通投票权比例不得低于10%，并且有权提议召开临时股东大会；提出股东大会议案的股东所需拥有权益的股份不得超过公司全部已发行有表决权股份的10%。

本办法所称普通投票权比例，是指全部普通投票权股份的投票权数量占公司全部已发行股份的投票权数量的比例。

第二十九条 出现下列情形之一的，特别投票权股份应当按照1:1的比例转换为普通投票权股份：

（一）持有特别投票权股份的股东不再符合本办法第二十五条第一款规定的资格，或者丧失相应履职能力，或者身故；

（二）持有特别投票权股份的股东向他人转让所持有的特别投票权股份，或者将特别投票权股份的投票权委托他人行使，但转让或者委托给符合本办法第二十五条第一款规定资格的主体或者受特别投票权股东实际控制的主体除外；

（三）红筹公司的控制权发生变更。

发生前款第（三）项情形的，红筹公司发行的全部特别投票权股份均应当转换为普通投票权股份。

第三十条 红筹公司股东对下列事项行使表决权时，特别投票权股份的投票权数量应当与普通投票权股份相同：

（一）对公司章程作出实质修改；

（二）改变特别投票权股份或者普通投票权股份包含的股东权利；

（三）公司合并、分立、解散或者变更公司形式。

红筹公司可以在章程中规定，改变每份特别投票权股份或者普通投票权股份的投票权数量的，需经该类股份持有人所持投票权数量的一定比例通过。

第三十一条 已在境外上市红筹公司的投票权差异安排与本节规定存在差异的，可以按照境外注册地公司法等法律法规、境外上市地规则和公司章程的规定执行。公司应当详细说明差异情况和原因，以及依法落实保护投资者合法权益要求的对应措施。

第三十二条 持有特别投票权股份的股东应当按照所适用的法律以及公司章程行使权利，不得滥用特别投票权，不得利用特别投票权损害境内投资者的合法权益。

出现前款情形，损害境内投资者合法权益的，本所可以要求红筹公司及特别投票权股东予以改正。

第三章 交 易

第三十三条 会员应当制定创新企业股票或存托凭证投资者适当性管理的相关工作制度，全面了解参与创新企业股票或存托凭证业务的客户情况，提出明确的适当性匹配意见。

会员应当通过适当方式，向投资者充分提示创新企业股票、存托凭证各类风险事项，并提醒投资者关注投资风险，引导其理性、规范地参与网上发行申购、交易。

第三十四条 会员应当要求投资者在首次参与创新企业股票或存托凭证网上发行申购、交易前，以书面或电子方式签署相关风险揭示书。客户未签署风险揭示书的，会员不得接受其申购或买入委托。

第三十五条 投资者应当充分知悉和了解创新企业股票和存托凭证的性质、境内外股东和存托凭证持有人的权利差异、创新企业特定经营风险、投票权差异安排、协议控制架构或者类似特殊安排等风险事项以及境内法律和本所业务规则，结合自身风险认知和承受能力，审慎判断是否参与交易。

投资者持有存托凭证即成为存托协议当事人，视为同意并遵守存托协议的约定。

第三十六条　本所可以通过适当方式，对创新企业在本所上市的存托凭证以及尚未盈利、具有投票权差异安排等创新企业在本所上市的股票或者存托凭证作出相应标识，具体事宜由本所另行规定。

第三十七条　红筹公司存托凭证以人民币为计价货币，计价单位为“每份存托凭证价格”，申报价格最小变动单位为0.01元。

通过竞价交易买入红筹公司存托凭证的，申报数量应当为100份或其整数倍，单笔申报最大数量不得超过100万份。卖出余额不足100份的部分，应当一次性申报卖出。

本所可以根据市场需要，对红筹公司存托凭证计价单位、单笔买卖申报数量和申报价格的最小变动单位等进行调整，并向市场公告。

第三十八条　红筹公司存托凭证交易实行价格涨跌幅限制，涨跌幅限制比例为10%。存托凭证上市首日不实行价格涨跌幅限制，具体交易安排参照本所关于首次公开发行股票上市首日的相关规定执行。

红筹公司发生权益分派、公积金转增股本、配股等情况的，本所根据公司的申请，参照《交易规则》关于股票除权除息的有关规定，对该公司在本所上市的存托凭证作除权除息处理，本所另有规定的除外。

第三十九条　红筹公司存托凭证单笔交易数量不低于30万份，或者交易金额不低于200万元的，可以采用大宗交易方式。

红筹公司存托凭证协议转让业务，参照本所股票协议转让相关业务规则的规定办理。

第四十条　红筹公司存托凭证竞价交易纳入本所即时行情。

第四十一条　红筹公司存托凭证出现下列情形之一的，本所公布当日买入、卖出金额最大五家会员证券营业部或交易单元的名称及其各自的买入、卖出金额：

（一）当日收盘价涨跌幅偏离值达到±7%且排名前五；

（二）当日价格振幅达到15%且排名前五；

（三）当日换手率达到20%且排名前五。

本所计算前款第（一）项涨跌幅偏离值的对应分类指数为本所编制的深证A股指数。

第四十二条　红筹公司存托凭证竞价交易出现下列情形之一的，属于异常波动，本所分别公布其在交易异常波动期间累计买入、卖出金额最大五家会员证券营业部或交易单元的名称及其各自累计买入、卖出金额：

（一）连续三个交易日内收盘价格涨跌幅偏离值累计达到±20%的；

（二）ST和*ST存托凭证连续三个交易日内日收盘价涨跌幅偏离值累计达到±12%的；

（三）连续三个交易日内日均换手率与前五个交易日的日均换手率的比值达到30倍，且该证券连续三个交易日内的累计换手率达到20%的；

（四）中国证监会或本所认为属于异常波动的其他情形。

本所计算前款第（一）项涨跌幅偏离值的对应分类指数为本所编制的深证 A 股指数。

异常波动指标自相关信息披露义务人发布异常波动公告或复牌之日起重新计算。

第四十三条 会员应当按照《交易规则》《深圳证券交易所会员管理规则》（以下简称《会员管理规则》）及本所其他业务规则的要求，切实履行客户交易行为管理职责，及时发现、制止和报告客户在创新企业股票和存托凭证交易中的异常交易行为。

第四十四条 红筹公司存托凭证在本所上市期间，不得与境外基础证券进行相互转换，中国证监会或者本所另有规定的除外。

第四章 持续信息披露

第一节 一般规定

第四十五条 创新企业及相关信息披露义务人应当及时披露所有对公司股票、存托凭证及其衍生品种交易价格可能产生较大影响的重大事件。

创新企业及相关信息披露义务人应当保证向本所提交的持续信息披露文件真实、准确、完整，不存在虚假记载、误导性陈述或者重大遗漏。

创新企业及相关信息披露义务人向股东、实际控制人、市场机构及其他第三方报送的文件或透露的事项涉及未公开重大信息的，应当要求相关方严格履行保密义务。重大信息已经泄露的，应当及时披露。

第四十六条 创新企业及相关信息披露义务人应当向所有投资者公平披露重大信息，不得向单个或者部分投资者提前透露或泄露。

创新企业通过业绩说明会、分析师会议、路演、接受投资者调研等形式或者其他场合，就公司生产经营状况、财务状况等与任何机构和个人进行沟通时，不得提供公司尚未披露的重大信息。

第四十七条 创新企业应当审慎披露尚未实现商业应用的新技术、新业态、新模式、新产品等事项，不得夸大其辞、以偏概全，不得误导投资者。

创新企业自愿披露预测性信息或者其他具有较大不确定性的信息的，应当谨慎、客观，不得利用该等信息不当影响公司股票、存托凭证及其衍生品种交易价格。

第四十八条 创新企业应当密切关注公共媒体关于公司的重大报道或市场传闻，相关报道、传闻对公司股票、存托凭证及其衍生品种交易价格产生较大影响的，公司应当及时予以核实，并视情况需要予以披露或者澄清。

本所认为相关报道、传闻可能对公司股票、存托凭证及其衍生品种交易价格产生较大影响的，可以要求公司予以核实、澄清。

第四十九条 创新企业股票、存托凭证及其衍生品种的交易达到本所业务规则规定的异常波动标准的，公司应当及时核实是否存在应披露而未披露的信息，并披露异常波动公告。

创新企业股票、存托凭证及其衍生品种的交易虽未达到异常波动标准，但交易发生大幅波动或者持续异常的，公司应当及时核实是否存在应披露而未披露的信息。相关情况可能对公司股票、存托凭证及其衍生品种交易价格产生较大影响的，公司应当及时披露。

创新企业按照前两款规定核实相关情况时，可以向本所申请停牌。公司未申请停牌的，本所可以视情况要求公司停牌核查，并披露相关情况。

第五十条　创新企业应当建立并严格执行信息披露管理制度。

创新企业及相关信息披露义务人应当按照《深圳证券交易所上市公司信息披露直通车业务指引》的规定，采用直通车方式披露相关信息。

创新企业向本所提交的信息披露及其他报备文件，应当通过本所相关业务专区提交，具体业务办理参照本所《上市公司业务办理指南第 1 号——信息披露业务办理》《上市公司业务办理指南第 2 号——办理数字证书》等有关规定执行。

第五十一条　创新企业拟披露的信息存在不确定性、属于临时性商业秘密或者本所认可的其他情形，及时披露可能会损害公司利益或者误导投资者的，可以暂缓披露。

创新企业拟披露的信息属于国家秘密、商业秘密的，按照《上市规则》、本办法披露或者履行相关义务，可能导致其违反国家有关保密的法律法规、引发不正当竞争或者损害公司利益的，可以免予披露。

创新企业依据前两款规定暂缓或者免予披露相关信息的，应当符合下列条件：

（一）相关信息未泄露；

（二）有关内幕人士已书面承诺保密；

（三）股票或者存托凭证的交易未发生异常波动。

创新企业应当审慎确定暂缓或者免予披露的事项范围，不得随意扩大。暂缓或者免予披露的原因已经消除或者不再符合前款规定条件的，公司应当及时披露。

第五十二条　红筹公司及相关信息披露义务人适用本所相关信息披露要求和持续监管规定，可能导致其难以符合公司注册地、境外上市地有关规定的，可以向本所申请调整适用，但应当说明原因和替代方案，并聘请律师事务所出具法律意见。

本所认为依法不应调整适用的，红筹公司及相关各方应当执行本所相关规定。

第五十三条　红筹公司股东、实际控制人、董监高人员以及持有公司境内外发行的存托凭证的投资者，应当按照《持续监管实施办法》和本所业务规则的有关规定，及时履行权益变动、收购和持有公司境内股份或者存托凭证变动情况等信息披露义务。

投资者及其一致行动人直接或者间接持有红筹公司在境内外发行的股份或者存托凭证，所拥有的权益应当合并计算。

存托人因存托安排而持有红筹公司境外基础证券变动达到上市公司股份权益变动标准的，不适用本所有关上市公司股份权益变动信息披露的规定。

第五十四条　红筹公司董监高人员及信息披露境内代表在下列期间不得买卖本公司在境内发行的股票或者存托凭证：

（一）定期报告公告前三十日内，因特殊原因推迟年度报告、半年度报告公告日期的，自原预约公告日前三十日起算，至公告前一日；

（二）业绩预告、业绩快报公告前十日内（如适用）；

（三）自可能对公司股票、存托凭证及其衍生品种交易价格产生较大影响的重大事件发生之日，至依法披露后二个交易日内；

（四）中国证监会及本所规定的其他期间。

第五十五条 红筹公司控股股东、实际控制人在下列期间不得买卖本公司在境内发行的股票或者存托凭证：

（一）年度报告公告前三十日内，因特殊原因推迟年度报告公告日期的，自原预约公告日前三十日起算，直至公告前一日；

（二）公司业绩预告、业绩快报公告前十日内（如适用）；

（三）自可能对公司股票、存托凭证及其衍生品种交易价格产生较大影响的重大事件发生之日，至依法披露后二个交易日内；

（四）中国证监会及本所规定的其他期间。

第二节 境内创新公司持续信息披露

第五十六条 境内创新公司应当在年度报告中，结合其所属的互联网、大数据、云计算、人工智能、软件和集成电路、高端装备制造或生物医药等行业的政策环境以及新技术、新产业、新业态、新模式的发展状况，披露下列业务与技术信息：

（一）所处行业的基本特点、主要技术门槛和技术壁垒，以及报告期内有关新技术、新产业、新业态、新模式等的发展情况和未来发展趋势。

（二）主要商业模式、经营模式、盈利模式及相关独特性分析，以及在所属行业中的创新地位和引领作用；核心经营团队和技术团队的竞争力分析；报告期内的研发投入，已获得相关权利证书或者批准文件的核心技术储备。

（三）尚未盈利或存在累计未弥补亏损的，应当结合行业特点分析该等情形的成因，充分披露尚未盈利或存在累计未弥补亏损对公司现金流、业务拓展、人才吸引、团队稳定性、研发投入、战略性投入、生产经营可持续性等方面的影响。

（四）其他可能对公司股票及其衍生品种交易价格产生较大影响的经营信息。

前款规定的披露事项出现重大变化，可能对公司股票及其衍生品种交易价格产生较大影响的，公司及相关信息披露义务人应当及时予以披露。

第五十七条 境内创新公司应当在年度报告中，结合创新业务投入大、迭代快、风险高、易被颠覆等特点，披露由于重大技术、产品、政策、经营模式变化等可能导致的经营风险，充分揭示业绩下滑或者亏损的风险。

公司尚未盈利或者存在累计未弥补亏损的，应当在年报显要位置充分、详细披露相关情况，特别是未来无法盈利、无法进行利润分配的风险，并披露依法落实保护投资者合法权益规定的各项措施。

第五十八条 境内创新公司进行重大收购或资产处置等交易或者其他安排，可能导致公司业务构成发生重大变化的，应当及时披露以下事项，并履行相应审议程序：

（一）原业务构成的基本情况；

（二）业务构成变化的具体原因、合理性，以及可能给公司带来的影响；

（三）新增业务的基本情况、可行性分析和风险提示；

（四）新业务所依赖的技术、研发进展和商业化情况；

（五）新增业务已经取得或者尚待有关部门审批的说明（如适用）；

（六）独立董事、监事会、保荐人对公司业务构成重大变化的意见；

（七）本所或公司认为需要披露的其他重要内容。

第三节　尚未在境外上市红筹公司持续信息披露

第五十九条　尚未在境外上市红筹公司应当按照本章第二节规定，在年度报告中披露有关创新业务与技术、特定经营风险等信息，并根据有关事项的重大变化情况，及时履行临时信息披露义务。

第六十条　尚未在境外上市红筹公司具有投票权差异、协议控制架构或者类似特殊安排的，应当在年度报告中披露该等安排在报告期内的实施和变化情况，以及该等安排下保护境内投资者合法权益有关措施的实施情况。

前款规定事项出现重大变化或者调整，可能对公司股票、存托凭证及其衍生品种交易价格产生较大影响的，公司及相关信息披露义务人应当及时予以披露。

第六十一条　尚未在境外上市红筹公司在本所上市存托凭证的，应当在年度报告及中期报告中披露存托、托管相关安排在报告期内的实施和变化情况以及报告期末前十名境内存托凭证持有人的名单和持有量。发生以下情形之一的，应当及时履行临时信息披露义务：

（一）存托人、托管人发生变化；

（二）存托的基础财产发生被质押、挪用、司法冻结或者其他权属变化；

（三）对存托协议、托管协议作出重大修改；

（四）存托凭证与基础证券的转换比例发生变动；

（五）中国证监会和本所认为需要披露的其他情形。

存托凭证上市后，未经本所同意，红筹公司不得改变存托凭证与基础证券之间的转换比例。

发生本条第一款第（一）项、第（二）项规定的情形，或者托管协议发生重大修订的，存托人应当及时告知红筹公司，公司应当及时进行披露。

第六十二条　尚未在境外上市红筹公司、存托人应当合理安排存托凭证持有人权利行使的时间和方式，保障其有足够时间和便利条件行使相应权利，并根据存托协议的约定及时披露存托凭证持有人权利行使的时间、方式、具体要求和权利行使结果。

红筹公司、存托人通过本所股东大会网络投票系统征集存托凭证持有人投票意愿的，具体业务流程参照《深圳证券交易所上市公司股东大会网络投票实施细则》办理，并由公司、存托人按照存托协议的约定向市场公告。

第六十三条　尚未在境外上市红筹公司应当履行下列临时信息披露义务：

（一）公司在上市申请文件中披露的相关事项发生重大变化的，应当及时披露；

（二）拟在境外发行股票或者存托凭证的，应当及时披露发行的基本情况；

（三）公司注册地以及境内法律发生变化的，应当及时披露对其在上市申请文件及定期报告中披露事项产生的重大影响；

（四）公司证券拟在境外市场上市交易的，应当及时披露境外上市地监管制度与本所监管制度存在的差异以及由此可能给境内投资者权益带来的不利影响；

（五）依境外注册地公司法等法律法规、境外上市地规则应当披露的信息，应当同步披露。

除前款规定外，公司还应当及时披露对公司境内股票、存托凭证及其衍生品种交易价格或者投资者投资判断产生较大影响，以及充分和公平披露所必需的其他信息。

第六十四条 尚未在境外上市红筹公司开展涉及《上市规则》第九章、第十章规定需提交股东大会审议的重大交易、关联交易等事项，可以按照其已披露的境外注册地公司法等法律法规和公司章程规定的权限和程序执行，境内法律或者中国证监会另有规定的除外。

公司按照前款规定，将相关事项提交股东大会审议的，应当及时予以披露。

第六十五条 尚未在境外上市红筹公司境外注册地公司法等法律法规或者实践中普遍认同的标准对公司董事会、独立董事职责有不同规定或者安排，导致董事会、独立董事无法按照本所规定履行职责或者发表意见的，红筹公司应当详细说明情况和原因，并聘请律师事务所就上述事项出具法律意见。

第四节　已在境外上市红筹公司持续信息披露

第六十六条 已在境外上市红筹公司境内发行的股票或者存托凭证在本所上市，其持续信息披露及监管事项，适用本章第一节、第二节、第三节第六十条至第六十二条以及本节规定。

第六十七条 已在境外上市红筹公司及相关信息披露义务人应当保证其在境外市场披露的信息同步在境内市场披露，确保境内投资者可以平等地获取同一信息，不得向境内外单个或部分投资者透露或泄露未披露重大信息。

公司在境外市场进行信息披露时，不属于本所市场信息披露时段的，应当在本所市场最近一个信息披露时段内予以披露。

第六十八条 已在境外上市红筹公司及相关信息披露义务人在境内市场提交的信息披露文件，应当与其在境外上市地提交的信息披露文件内容一致，但按照境内法律和中国证监会相关规定采用不同会计准则编制财务报告及披露特定财务信息的除外。

境内外市场信息披露文件内容出现实质差异的，公司及相关信息披露义务人应当向本所作出专项说明，并按照本所要求披露更正或补充公告。

第六十九条 已在境外上市红筹公司应当按照《持续监管实施办法》的规定编制并披露年度报告、中期报告和季度报告。

第七十条 已在境外上市红筹公司可以根据境外上市地规则要求，决定是否披露业绩预告、业绩快报和盈利预测。公司在境外上市地披露上述信息的，应当在境内市场同步披露。

公司披露业绩预告、业绩快报和盈利预测的，应当谨慎、客观，不得使用夸大、模糊或者误导性陈述，不得利用该等信息不当影响公司股票、存托凭证及其衍生品种交易价格。

第七十一条　已在境外上市红筹公司进行下列交易事项，达到本办法第七十二条规定的披露标准的，应当及时进行披露：

（一）重要收购或者资产处置（与公司日常经营相关且不构成资产置换的资产购买或者出售行为除外）；

（二）对外投资；

（三）订立技术购买或许可使用协议；

（四）转让或受让重大研发项目；

（五）租入或者租出资产；

（六）签订管理方面的合同（含委托经营、受托经营等）；

（七）赠与或者受赠资产；

（八）中国证监会和本所规定的其他重大交易事项。

第七十二条　已在境外上市红筹公司发生本办法第七十一条规定的交易事项，达到以下标准之一的，应当及时履行临时信息披露义务：

（一）交易涉及的资产总额（同时存在账面值和评估值的，以较高者为准）占公司最近一期经审计总资产的10%以上；

（二）交易的成交金额（包括承担的债务和费用）占公司最近一个会计年度经审计净资产的10%以上；

（三）交易标的（如股权）在最近一个会计年度相关的营业收入占公司最近一个会计年度经审计营业收入的10%以上，且金额超过5000万元。

相关交易虽未达到前款规定的标准，但可能对公司股票、存托凭证及其衍生品种交易价格产生较大影响的，也应当及时披露。

第七十三条　已在境外上市红筹公司应当在最先发生的以下任一时点，及时履行重大交易、关联交易及其他重大事项的披露义务：

（一）董事会或者监事会就该重大事件形成决议时；

（二）有关各方就该重大事件签署意向书或者协议时；

（三）董监高人员知悉该重大事件发生并报告时。

前款规定的重大事件存在较大不确定性，立即披露可能会损害公司利益或者误导投资者，且有关内幕人士已书面承诺保密的，公司应当至迟在有关各方就该重大事件形成最终决议、签署最终协议文件或者虽未签署协议但交易确定能够达成时，在境内市场进行披露。

相关信息已经泄露或者出现市场传闻，导致公司股票、存托凭证及其衍生品种交易价格发生大幅波动的，公司应当立即披露。

第七十四条　已在境外上市红筹公司与关联人发生以下关联交易之一的，应当及时履行临时信息披露义务：

（一）与关联自然人发生的金额在1000万元以上的交易；

（二）与关联法人发生的金额在5000万元以上，且占上市公司最近一期经审计总资产的0.1%以上的交易；

（三）本所或者公司认为可能引发公司与关联人之间利益倾斜的其他情形。

已在境外上市红筹公司的关联方和关联关系认定应当参照红筹公司首次申请境内公开发行股票或存托凭证时的披露标准执行。

第七十五条 已在境外上市红筹公司发生本办法第七十四条规定的关联交易，其定价符合下列公允情形之一的，可以仅在年度报告和中期报告中汇总披露：

（一）根据政府定价或者在政府指导价范围内合理定价的；

（二）根据公开市场价格定价的；

（三）根据公开招标、公开拍卖等方式定价的。

相关关联交易不符合前款规定的公允情形的，公司应当及时予以披露。

第七十六条 已在境外上市红筹公司发生下列重大事件，基于相关事件的重大性判断，可能对公司股票、存托凭证及其衍生品种交易价格产生较大影响的，公司应当及时披露，并说明事件的起因、目前的状态和可能产生的法律后果：

（一）对外提供担保、财务资助；

（二）涉案金额超过公司最近一期经审计总资产绝对值10%以上的重大诉讼、仲裁事项；

（三）获得大额政府补贴等额外收益；

（四）中国证监会和本所规定的其他重大事项。

本所认为相关事项可能对公司股票、存托凭证及其衍生品种交易价格产生较大影响的，可以要求公司及时披露相关情况。

除本条第一款规定的披露义务外，公司应在年度报告中分类汇总披露报告期内发生的达到《上市规则》规定需提交股东大会审议的重大对外担保事项以及向关联方提供财务资助的情况。

第七十七条 已在境外上市红筹公司发生本节规定的重大交易、关联交易或者其他重大事项，可以按照其已披露的境外注册地公司法等法律法规、境外上市地规则和公司章程的规定的权限和程序执行，境内法律或者中国证监会另有规定的除外。

公司按照前款规定，将相关事项提交股东大会审议的，应当及时披露。

第七十八条 已在境外上市红筹公司境外注册地公司法等法律法规、境外上市地规则或者实践中普遍认同的标准，对公司董事会、独立董事职责有不同规定或者安排，导致董事会、独立董事无法按照本所相关规定履行职责或者发表意见的，红筹公司应当详细说明情况和原因，聘请律师事务所就上述事项出具法律意见。

已在境外上市红筹公司及其董监高人员按照境内有关规定签署书面确认意见、作出声明或者承诺的，在不改变实质内容的前提下，可以结合境外注册地公司法等法律法规、境外上市地有关规则要求或者实践中普遍认同的标准，对确认意见、声明或者承诺的表述作出适当调整。

第七十九条　已在境外上市红筹公司在境外上市地被要求停牌或者被暂停上市、终止上市的，应当及时通知本所，并进行披露，本所视情况予以处理。

为保证信息披露的及时、公平，本所可以根据公司申请或者实际情况，决定公司境内股票或者存托凭证的停牌与复牌事宜。

第五章　自律管理

第八十条　本所对本办法第三条规定的主体实施监管，可以采取下列措施：

（一）要求创新企业及其他监管对象对有关问题作出解释和说明，并予以披露；

（二）要求创新企业聘请相关证券服务机构对所存在的问题进行核查并发表意见；

（三）发出各种通知和函件等；

（四）约见有关人员；

（五）要求整改；

（六）对创新企业开展现场检查；

（七）向中国证监会报告有关违法违规行为；

（八）向相关主管部门出具监管建议函；

（九）其他监管措施。

前款规定的主体应当接受并积极配合本所的日常监管，在规定期限内如实回答本所问询，按要求提交说明，并根据需要披露相应更正或者补充公告。

除本办法另有规定外，公司及相关信息披露义务人不得以相关事项存在不确定性或需要保密为由不履行信息披露义务。

第八十一条　境内创新公司、尚未在境外上市红筹公司及相关信息披露义务人等主体违反本办法、《上市规则》、本所其他相关业务规则或其作出的声明与承诺的，本所可以视情节轻重，给予《上市规则》等业务规则规定的相应监管措施或者纪律处分。

存托人具有前款规定情形的，本所可以视情节轻重，给予通报批评、公开谴责等纪律处分。

第八十二条　已在境外上市红筹公司及相关信息披露义务人等主体违反本办法或其作出的声明与承诺的，本所可以视情节轻重，给予下列一项或者多项纪律处分：

（一）对公司、相关信息披露义务人、存托人给予通报批评、公开谴责；

（二）对公司董监高人员给予通报批评、公开谴责、公开认定其不适合担任上市公司董监高人员；

（三）对公司信息披露境内代表给予通报批评、公开谴责、公开认定其不适合担任红筹公司信息披露境内代表；

（四）对保荐人及其保荐代表人、证券服务机构及其相关人员、破产管理人和相关人员给予通报批评、公开谴责、暂不受理其出具的文件等纪律处分。

前款规定的主体违反本办法或其作出的声明与承诺，情节严重的，本所依法报中国证监会查处。

第八十三条 本所对已在境外上市红筹公司及相关信息披露义务人实施监管措施或者纪律处分，按照《深圳证券交易所自律监管措施和纪律处分实施细则》等规定执行，并按规定记入诚信档案。

公司及相关信息披露义务人可以按照《深圳证券交易所自律监管听证程序细则》《深圳证券交易所上诉复核委员会工作细则》规定的范围和程序，向本所申请听证、复核。

第八十四条 本所根据《交易规则》、本办法以及本所其他有关业务规则的规定，对投资者在创新企业股票或者存托凭证交易中的异常交易行为等情形，采取相应监管措施；对涉嫌内幕交易、市场操纵等违法违规行为，依法上报中国证监会查处。

对于严重影响证券交易秩序或者交易公平的异常交易行为等情形，本所可以对相关投资者采取限制账户交易等措施，并向中国证监会报告。

第八十五条 会员未按照本办法和本所其他有关业务规则的规定，履行创新企业投资者适当性管理职责或者客户交易行为管理职责，或者违反本办法的其他规定的，本所可以视情节轻重，给予《会员管理规则》等业务规则规定的相应监管措施或纪律处分。

第八十六条 经中国证监会批准，本所可以与红筹公司注册地、境外上市地的监管机构、交易所建立下列跨市场监管协作机制：

（一）信息交换机制；

（二）风险预警和防控机制；

（三）联合调查机制；

（四）自律惩戒协助执行机制；

（五）其他必要的协作机制。

本所为开展市场监管的需要，可以根据前款规定的跨市场监管协作机制，向境内外相关监管机构、交易所提供或者获取自律监管对象的相关信息。

第八十七条 本所对创新企业以及相关境外机构或者个人发送文件，可以采取公告送达、向红筹公司信息披露境内代表送达等方式进行。

第六章 附　　则

第八十八条 红筹公司存托凭证的上市、交易等各项费用，参照本所主板 A 股相关标准收取。

第八十九条 本办法以下用语具有如下含义：

（一）已在境外上市红筹公司，指在境内市场首次公开发行并上市时，已经在境外市场公开发行股票或者存托凭证并上市的红筹公司。在境内外市场同步进行股票或者存托凭证公开发行上市并在境外发行完成后满足《若干意见》关于已在境外上市红筹公司对应市值要求的红筹公司，视同已在境外上市红筹公司。

（二）投票权差异，指公司发行不同种类的股份，其中一类股份的投票权利优于另一类股份的投票权利。其中，具有更优表决权的股份为特别投票权股份，反之为普通投票权股份。

（三）协议控制架构，指红筹公司通过协议方式实际控制境内实体运营企业的一种投资结构。

（四）实现盈利，指上市时尚未盈利的创新企业上市后在一个完整会计年度实现盈利。

第九十条 本办法所称“少于”“低于”“不足”“超过”不含本数，“以上”“达到”含本数。

第九十一条 本办法所称“元”，如无特指，均指人民币元。

第九十二条 本办法的制定和修改须经本所理事会通过，报中国证监会批准。

第九十三条 本办法由本所负责解释。

第九十四条 本办法自发布之日起施行。

3.10 深港通

3.10.1

关于深港通业务中上市公司信息披露及相关事项的通知

（2016 年 9 月 30 日　深证上〔2016〕680 号）

各上市公司及相关信息披露义务人：

根据《深圳证券交易所深港通业务实施办法》（以下简称《深港通实施办法》）的规定，在定期调整考察截止日前六个月 A 股日均市值不低于人民币 60 亿元（上市不足六个月的按实际上市时间计算市值）的深证成份指数及深证中小创新指数成份股，以及深港两地同时上市公司（H 股在联交所主板上市，以下简称“A + H 股公司”）发行的在深圳证券交易所（以下简称“本所”）上市的 A 股，除 ST 及 * ST 股票、退市整理股票和 B 股等股票外，原则上将成为深股通股票。为保障深港通业务顺利实施，保护境内外投资者合法权益，现就深股通股票发行人（以下简称“深股通公司”）信息披露工作相关事项通知如下：

一、深港通遵循“不改变两地现行的监管框架、不改变投资者的交易习惯”总体原则，深股通公司仍应遵循境内原有规则体系，按照《上市公司信息披露管理办法》、本所《股票上市规则》、《创业板股票上市规则》等规定履行信息披露义务。

二、经中国证监会指定，本所官方网站（www. szse. cn）及巨潮资讯网（www. cninfo. com. cn）为深股通公司指定信息披露网站。深港通业务开通后，深股通公司在本所官方网站及巨潮资讯网进行信息披露的同时，应当继续按照现行规定在信息披露指定媒体披露相关信息；相关信息披露具体操作方式仍按现行规定执行。

三、深股通公司应当关注深港通业务开通所带来的变化和影响。深港通业务开通后，境外投资者将通过依法交易深股通股票成为公司股东。公司股东结构发生相应变化后，公司的信息披露方式和要求、股东大会的召开和股东权利的行使、投资者关系管理等将面临新的环境。深股通公司应当重视并适应外部环境的变化，进一步规范信息披露，加强投资者关系管理。

四、深股通公司及其相关信息披露义务人应当同时向境内外所有投资者公开披露重大信息，确保所有投资者可以平等地获取同一信息，不得向单个或部分投资者透露或泄漏。

五、深股通公司应当按照《公司法》等相关法律法规和公司章程的规定，充分保障境内外股东的决策参与、利润分配等股东权利。其中，在深港通架构下，境外投资者作为实际权益拥有人应当根据相关法律法规规定，通过相关名义持有人行使股东权利，包括请求召开股东大会、向股东大会提案、在股东大会上投票表决、获得分红或其他投资权益等。

六、深股通公司召开股东大会，应当考虑境内外股东现场出席的便利性，在召开现场会议之外，还应为境内外股东提供网络投票，并明确股东参与网络投票的方式及其他相关事项。

七、深股通公司应当实时关注境内外媒体关于公司的相关报道，及时核实情况，严格按照相关法律法规、部门规章和本所《股票上市规则》的规定，履行信息披露义务，确保信息披露的真实、准确、完整、及时和公平。

八、深股通公司应当做好投资者关系管理，充分考虑境外投资者地域的特殊性，积极利用本所“互动易”平台、股东大会、分析师会议、投资者说明会、业绩说明会、媒体说明会等多种渠道进行沟通交流，并及时回复境内外投资者关注事项。

九、根据《公开发行证券的公司信息披露内容与格式准则第2号——年度报告的内容与格式》的规定，年报中应当披露报告期末股东总数、持有5%以上股份的股东名称等，若持股5%以上股东少于10人，则应列出至少前10名股东的持股情况。深股通公司应依照登记结算机构提供的股东名册确认股东身份，即应以名义持有人披露定期报告中前十大股东信息。

十、境外投资者应当密切关注其对单个上市公司的持股比例是否符合《内地与香港股票市场交易互联互通机制若干规定》的相关规定，如发生不符合相关规定的情形，投资者应当严格按照《深港通实施办法》第二章第五节相关规定，在5个深股通交易日内对超出部分予以平仓，并按照有关规定及时履行信息披露义务。

单个境外投资者对单个上市公司的持股比例不得超过该上市公司股份总数的10%，所有境外投资者对单个上市公司的持股比例不得超过该上市公司股份总数的30%。

十一、投资者及其一致行动人根据相关规定计算持股比例和履行信息披露义务时，其通过深股通交易与通过其他方式持有的同一上市公司的境内、境外上市股份应当合并计算，同一QFII管理的不同产品的持股情况也应当合并计算。

十二、深股通公司中的A+H股公司在交易时间内发生重大事件且无法及时披露的，可以向本所申请停牌；本所也可以视情况直接采取停牌措施，上市公司应及时配合发布相关公告。

出现上述停牌情形的，上市公司应当向本所与H股上市地交易所申请公司股票及其衍生品种同步停牌。上市公司应当切实维护投资者交易权和知情权，采取必要措施尽可能实现两地同步复牌。

十三、深股通公司中的A+H股公司及其相关信息披露义务人就同一事件履行报告和公告义务时，若仅触及境内外一方相关信息披露义务的，应当同步履行信息披露义务。若境内外相关规定存在差异的，应当遵循披露内容从多不从少、披露要求从严不从宽原则履行信息披露义务。

十四、深股通公司应当关注本所网站深港通专栏，及时了解深股通股票调整等相关情况。

十五、本通知自深港通启动之日起施行。

深圳证券交易所

2016 年 9 月 30 日

3.10.2

关于深股通标的上市公司披露中英文要览的通知

（2017 年 11 月 28 日　深证上〔2017〕766 号）

各深股通标的上市公司：

为规范上市公司要览的编制和披露行为，便于境内外投资者查阅上市公司的基本信息，根据有关法律法规和《深圳证券交易所股票上市规则》等相关规定，深圳证券交易所（以下简称“本所”）就有关事项通知如下：

一、在中华人民共和国境内公开发行股票并纳入深港通下的深股通标的上市公司（以下简称“上市公司”）应当按照本通知的要求分别编制和披露中、英文要览，并保证中、英文内容的一致性。

二、上市公司要览应通过本所指定网站披露，并于新纳入深股通标的时点、基本信息发生重大变化时以及定期报告披露日及时更新。

三、上市公司应当保证所披露的要览内容真实、准确、完整，不得有虚假记载、误导性陈述或者重大遗漏。上市公司要览主要内容和数据应当来自于已披露的定期报告。

四、上市公司要览应当包括上市公司基本信息、业务概况、价格走势、公司亮点、交易信息、董事及高管、前五大股东、营业收入、风险提示、分红数据、每股数据以及财务报表中主要财务数据等内容，具体内容及格式请见附件。

五、深圳证券信息有限公司（以下简称“信息公司”）提供要览编制信息集成服务，上市公司负责对要览内容进行核对、补充、修改及确认，信息公司不对要览内容的真实、准确及完整性负责。

六、本通知自 2017 年 12 月 28 日起施行。

特此通知

附件：上市公司中、英文要览模版（略）

深圳证券交易所

2017 年 11 月 28 日

4. 自律监管指南

关于发布《深圳证券交易所上市公司自律监管指南第1号——业务办理（2023年11月修订）》的通知

（2023年11月8日　深证上〔2023〕1035号）

各市场参与人：

为切实保护投资者利益，本所对《深圳证券交易所上市公司自律监管指南第1号——业务办理》进行了修订，现予以发布，自发布之日起施行。

本所2023年8月4日发布的《深圳证券交易所上市公司自律监管指南第1号——业务办理（2023年8月修订）》（深证上〔2023〕705号）同时废止。

深圳证券交易所

2023年11月8日

4.1

深圳证券交易所上市公司自律监管指南第1号——业务办理（2023年11月修订）

（2023年11月8日　深证上〔2023〕1035号）

详见深圳证券交易所官网“法律规则”栏目。

关于发布《深圳证券交易所创业板上市公司自律监管指南第1号——业务办理（2023年11月修订）》的通知

（2023年11月8日　深证上〔2023〕1036号）

各市场参与人：

为切实保护投资者利益，本所对《深圳证券交易所创业板上市公司自律监管指南第1号——业务办理》进行了修订，现予以发布，自发布之日起施行。

本所2023年8月4日发布的《深圳证券交易所创业板上市公司自律监管指南第1号——业务办理（2023年8月修订）》（深证上〔2023〕706号）同时废止。

深圳证券交易所

2023年11月8日

4.2

深圳证券交易所创业板上市公司自律监管指南第1号——业务办理（2023年11月修订）

（2023年11月8日　深证上〔2023〕1036号）

详见深圳证券交易所官网“法律规则”栏目。

关于发布《深圳证券交易所上市公司自律监管指南第2号——公告格式（2023年8月修订）》的通知

（2023年8月4日　深证上〔2023〕707号）

各市场参与人：

为了落实《国务院办公厅关于上市公司独立董事制度改革的意见》和中国证监会《上市公司独立董事管理办法》的有关要求，推动形成更加科学的独立董事制度体系，促进独立董事发挥应有作用，本所对《深圳证券交易所上市公司自律监管指南第2号——公告格式》进行了修订，现予以发布。

本指南自2023年9月4日起施行。本所2023年4月7日发布的《深圳证券交易所上市公司自律监管指南第2号——公告格式（2023年4月修订）》（深证上〔2023〕279号）同时废止。

深圳证券交易所
2023年8月4日

4.3

深圳证券交易所上市公司自律监管指南第2号——公告格式（2023年8月修订）

（2023年8月4日　深证上〔2023〕707号）

详见深圳证券交易所官网“法律规则”栏目。

关于发布《深圳证券交易所创业板上市公司自律监管指南第2号——公告格式（2023年8月修订）》的通知

（2023年8月4日　深证上〔2023〕708号）

各市场参与人：

为了落实《国务院办公厅关于上市公司独立董事制度改革的意见》和中国证监会《上市公司独立董事管理办法》的有关要求，推动形成更加科学的独立董事制度体系，促进独立董事发挥应有作用，本所对《深圳证券交易所创业板上市公司自律监管指南第2号——公告格式》进行了修订，现予以发布。

本指南自2023年9月4日起施行。本所2023年1月13日发布的《深圳证券交易所创业板上市公司自律监管指南第2号——公告格式（2023年修订）》（深证上〔2023〕25号）同时废止。

深圳证券交易所

2023年8月4日

4.4

深圳证券交易所创业板上市公司自律监管指南第2号——公告格式（2023年8月修订）

（2023年8月4日　深证上〔2023〕708号）

详见深圳证券交易所官网“法律规则”栏目。